भारतीय तथा पाश्चात्य दर्शन में निरीश्वरवाद

सुविचारित एवं निष्ठापूर्ण कर्म ही सच्ची पूजा तथा मनुष्य का एकमात्र वास्तविक अवलंब है

लेखक परिचय

अमृतसर के अंधविद्यालय में प्राथमिक शिक्षा ग्रहण करने के पश्चात प्रो. वेदप्रकाश वर्मा ने उत्तर प्रदेश, मध्य प्रदेश तथा दिल्ली में माध्यमिक और उच्च शिक्षा प्राप्त की। आगरा कॉलेज के छात्र के रूप में उन्होंने 1960 में आगरा विश्वविद्यालय से दर्शनशास्त्र में एम.ए. की परीक्षा उत्तीर्ण की जिसमें उन्होंने केवल प्रथम श्रेणी ही नहीं, अपितु संपूर्ण विश्वबिद्यालय में प्रथम स्थान भी प्राप्त किया। सेंट जॉन्स कॉलेज आगरा तथा आगरा कॉलेज में. लगभग दो वर्ष तक अस्थायी रूप से अध्यापन कार्य करने के उपरांत प्रो. वर्मा को विश्वविद्यालय अनुदान आयोग से शोध-छात्रवृत्ति प्राप्त हुई और अक्तूबर 1963 में उन्होंने दिल्ली विश्वविद्यालय के दर्शन-विभाग में शोध-कार्य प्रारंभ किया। 'समकालीन नैतिक दर्शन में व्यक्ति-निष्ठवाद तथा संवेगवाद' पर शोध प्रबंध लिखकर उन्होंने 1967 में इसी विश्व-विद्यालय से डॉक्टरेट की उपाधि प्राप्त की। सितंबर 1967 से वे दिल्ली विश्व-विद्यालय के दर्शन-विभाग में अध्यापन कार्य कर रहे हैं। धर्म-दर्शन तथा नैतिक दर्शन उनके अध्ययन और अध्यापन के प्रमुख क्षेत्र हैं जिनमें उन्होंने विशेष रूप से कार्य किया है।

अब तक उनकी निम्नलिखित नौ पुस्तकें प्रकाशित हो चुकी हैं–

1. 'नीतिशास्त्र के मूल सिद्धांत', अलाइड पब्लिशर्स, नई दिल्ली, प्रथम संस्करण 1977, द्वितीय संस्करण 1982, तृतीय संस्करण 1988, चतुर्थ संस्करण 1994.
2. 'डेविड ह्यूम का दर्शन', राजस्थान हिंदी ग्रंथ अकादमी, जयपुर, 1978.
3. 'सम कन्टेम्प्रेरी मैटा–ऐथिकल थ्योरीज़', दिल्ली विश्वविद्यालय, 1978.
4. 'महात्मा गांधी का नैतिक दर्शन', इंदु प्रकाशन, दिल्ली, प्रथम संस्करण 1979, द्वितीय संस्करण 1989.
5. 'लुई ब्रेल–व्यक्तित्व और कृतित्व', रोटरी क्लब, दिल्ली नॉर्थ, 1981.
6. 'समकालीन विश्लेषणात्मक धर्म-दर्शन', हिंदी माध्यम कार्यान्वय निदेशालय, दिल्ली विश्वविद्यालय, प्रथम संस्करण 1982, द्वितीय संस्करण 1986.
7. 'अधि-नीतिशास्त्र के मुख्य सिद्धांत', अलाइड पब्लिशर्स, नई दिल्ली, प्रथम संस्करण 1987, द्वितीय संस्करण 1995.
8. 'दर्शन-विवेचना', हिंदी माध्यम कार्यान्वय निदेशालय, दिल्ली विश्व-विद्यालय 1989.
9. 'धर्म दर्शन की मूल समस्याएँ', हिंदी माध्यम कार्यान्वय निदेशालय, दिल्ली विश्वविद्यालय, प्रथम संस्करण 1991, संशोधित एवं परिवर्धित द्वितीय संस्करण 1995.

प्रोफ़ेसर वर्मा की इन पुस्तकों में से पहली, दूसरी, चौथी तथा सातवीं पुस्तक उत्तर प्रदेश हिंदी संस्थान, लखनऊ और छठी पुस्तक अखिल भारतीय दर्शन परिषद द्वारा पुरस्कृत हो चुकी हैं।

उपर्युक्त पुस्तकों के अतिरिक्त प्रोफ़ेसर वर्मा ने विभिन्न दार्शनिक समस्याओं पर बहुत-से शोध-पत्र भी लिखे हैं जो दर्शन संबंधी अनेक पुस्तकों तथा पत्रिकाओं में प्रकाशित हो चुके हैं।

भारतीय तथा पाश्चात्य दर्शन में निरीश्वरवाद

डॉ. वेद प्रकाश वर्मा
प्रोफ़ेसर एवं भूतपूर्व विभागाध्यक्ष
दर्शनशास्त्र विभाग
दिल्ली विश्वविद्यालय
दिल्ली

अलाइड पब्लिशर्स लिमिटेड
नई दिल्ली, मुंबई, कलकत्ता, चेन्नई, नागपुर,
अहमदाबाद, बंगलौर, हैदराबाद, लखनऊ

अलाइड पब्लिशर्स लिमिटेड

रजि. ऑफिस : 15 जे. एन. हेरेडिया मार्ग, बैलार्ड ईस्टेट, मुंबई-400038
प्रार्थना फ्लैट्स (द्वितीय तल) नवरंगपुरा, अहमदाबाद-380009
16-ए अशोक मार्ग, पटियाला हाउस, लखनऊ-226001
3-5-1114/1 काचीगुडा क्रॉस रोड, हैदराबाद-500027
13/14 आसफ अली रोड, नई दिल्ली-110002
पाँचवीं मेन रोड, गांधीनगर, बंगलौर-560009
81 हिल रोड, रामनगर, नागपुर-440010
17 चित्तरंजन एवेन्यू, कलकत्ता-700072
751 अन्नासलाई, चेन्नई-600002

प्रथम संस्करण 1999

ISBN 10: 81-7023-923-0
ISBN 13: 978-81-7023-923-9

श्रद्धेय प्रोफ़ेसर मार्गरेट चैटर्जी को
सादर समर्पित,
जिन्होंने मुझे
हिंदी में लेखन-कार्य के लिए
प्रेरित एवं प्रोत्साहित किया

इस पुस्तक के विषय में

प्रस्तुत पुस्तक का उद्देश्य प्राचीन काल से आधुनिक युग तक भारतीय तथा पाश्चात्य दर्शन में विकसित निरीश्वरवाद का तुलनात्मक विवेचन करना है। इसमें उन महत्त्वपूर्ण निरीश्वरवादी विचारधाराओं एवं सिद्धांतों की सविस्तार व्याख्या और विवेचना की गई है जिनका विकास भारतीय सभ्यता के वैदिक काल तथा पाश्चात्य सभ्यता के सुकरात-पूर्व युग से लेकर बीसवीं शताब्दी तक के दीर्घ काल में हुआ है। जहाँ भी संभव हो सका है, वहाँ लेखक ने यह स्पष्ट करने का प्रयास किया है कि भारतीय दर्शन तथा पाश्चात्य दर्शन में उपलब्ध होनेवाले इन निरीश्वरवादी सिद्धांतों में क्या समानताएँ और अंतर हैं जिनके आधार पर इन सिद्धांतों की भली-भाँति तुलना की जा सकती है।

इस पुस्तक में ईश्वरवाद तथा निरीश्वरवाद के स्वरूप; भारतीय एवं पाश्चात्य दर्शन में इन दोनों सिद्धांतों के विकास; भौतिकवाद, अज्ञेयवाद, संशयवाद, प्रकृतिवाद तथा मानवतावाद के साथ निरीश्वरवाद के संबंध; निरीश्वरवाद के विरुद्ध ईश्वरवादियों द्वारा प्रायः उठाई जानेवाली आपत्तियों की तार्किक दुर्बलता और मनुष्य के व्यावहारिक जीवन में इस सिद्धांत के महत्त्व; भारतीय दर्शन में निरीश्वरवाद के अर्थ; भारत के चार्वाक, जैन, बौद्ध, सांख्य एवं मीमांसा–इन सभी प्राचीन दर्शनों में उपलब्ध होनेवाले निरीश्वरवाद और आधुनिक भारतीय दर्शन में 'देवात्मा' तथा मानवेंद्र नाथ रॉय द्वारा प्रतिपादित निरीश्वरवादी सिद्धांतों का विस्तृत विवेचन किया गया है।

इन समस्त भारतीय निरीश्वरवादी सिद्धांतों के साथ-साथ पाश्चात्य दर्शन में प्राचीन यूनानी एवं रोमन दार्शनिकों द्वारा स्थापित निरीश्वरवाद की आधार-भूमि; पंद्रहवीं शताब्दी से सत्रहवीं शताब्दी तक के 'पुनर्जागरण-काल' और अठारहवीं शताब्दी के 'तर्क-युग' में विकसित निरीश्वरवाद; डेविड ह्यूम, जियां मैस्लियर, जूलियन डी ला मैत्री, डेविस डिडरो, पॉल हैन्री हॉलबाक, पी.बी. शैली, लुडविग फायरबाक, चार्ल्स डार्विन, कार्ल मार्क्स, जॉर्ज जैकब हॉलियोक, चार्ल्स ब्रैडलॉफ, अर्न्स्ट हैकल, लुडविग बुचनर, जी.ई. मूर, जे.ई. मैक्टागार्ट, सिगमन्ड फ़्रायड, ए.जे. एयर, रुडोल्फ़ कार्नेप, ऐन्टोनी फ़्ल्यू, काई नीलसन, जॉर्ज एच. स्मिथ, जियां पॉल सार्त्र और बरट्रेन्ड रसल द्वारा प्रस्तुत किए गए प्रकृतिवादी, भौतिकवादी तथा निरीश्वरवादी सिद्धांतों की भी इस पुस्तक में विस्तारपूर्वक विवेचना की गई है।

'भारतीय तथा पाश्चात्य दर्शन में निरीश्वरवाद' पर हिंदी में यह प्रथम पुस्तक है जिसमें लेखक ने इस कठिन दार्शनिक विषय का यथासंभव सरल भाषा-शैली में व्यापक और तुलनात्मक विवेचन किया है।

विषय-सूची

भाग 3. पाश्चात्य दर्शन में निरीश्वरवाद

आभार

प्रस्तुत पुस्तक मैंने भारत के विश्वविद्यालय अनुदान आयोग की शोध-परियोजना के अंतर्गत उच्चतम श्रेणी के शोधकर्ता के रूप में पाँच वर्ष तक कार्य करते हुए लिखी है जिसके लिए आयोग ने मुझे पर्याप्त आर्थिक सहायता प्रदान की है। इस सहायता के बिना यह पुस्तक लिखना मेरे लिए संभव न होता, अतः मैं सर्वप्रथम इस आयोग के प्रति अपना आभार व्यक्त करता हूँ।

दिल्ली विश्वविद्यालय के दर्शनशास्त्र-विभाग में अपने सहयोगी, प्रोफ़ेसर सिद्धेश्वर भट्ट का भी मैं बहुत आभारी हूँ जिन्होंने इस पुस्तक की मूल शोध-परियोजना को तैयार करने में मुझे सहयोग दिया है।

मैं अपनी भूलपूर्व सहयोगी, प्रोफ़ेसर मार्गरिट चैटर्जी तथा स्वर्गीय श्री एस.पी. कनल के प्रति भी अपनी कृतज्ञता व्यक्त करता हूँ जिन्होंने यह पुस्तक लिखने के लिए मुझे कुछ उपयोगी पुस्तकें प्रदान की हैं।

इस पुस्तक के लिए आवश्यक सामग्री एकत्र करने में मेरे एक भूतपूर्व शोध-छात्र, श्री टोमी मैथ्यू ने मेरी बहुत सहायता की है जिसके अभाव में मेरे लिए यह पुस्तक लिखना अत्यंत कठिन होता। श्री टोमी मैथ्यू की इस उदार और स्नेहपूर्ण सहायता के लिए मैं उनके प्रति हार्दिक कृतज्ञ हूँ!

पूर्वलिखित मेरी अन्य पुस्तकों की भाँति इस संपूर्ण पुस्तक की रचना में भी मेरी पत्नी, कृष्णा ने बहुत बड़ा योगदान किया है, जिसमें इसकी पांडुलिपि तथा इसके प्रूफ़्स की अशुद्धियों को सुधारने का दुष्कर कार्य भी सम्मिलित है। इस महत्त्वपूर्ण योगदान के लिए मैं उसके प्रति अपना हार्दिक आभार अभिव्यक्त करता हूँ।

अपने भतीजे, अवधेश, पुत्र, मनीष तथा पुत्रवधू, ऋचा का भी मैं बहुत आभारी हूँ जिन्होंने इस पुस्तक के लिए सामग्री एकत्र करने और इसकी पांडुलिपि की अशुद्धियों को सुधारने में मुझे पर्याप्त सहयोग प्रदान किया है।

प्रस्तुत पुस्तक को लिखने के लिए मैंने बहुत-से भारतीय तथा पाश्चात्य विद्वानों की पुस्तकों और उनके लेखों से पर्याप्त सहायता प्राप्त की है जिसके बिना मैं इस पुस्तक की रचना नहीं कर सकता था। इन विद्वानों और उनकी कृतियों के नाम मैंने

इस पुस्तक की पाद-टिप्पणियों में यथास्थान दे दिए हैं। मैं इन सभी विद्वानों के प्रति अपनी हार्दिक कृतज्ञता व्यक्त करता हूँ।

मैं अलाइड पब्लिशर्स (विशेष रूप से श्री सुनील सचदेव तथा श्री सुरजीत बनर्जी) के प्रति भी अपना आभार व्यक्त करता हूँ जिन्होंने इस पुस्तक को प्रकाशित करने का कष्ट किया है।

इस पुस्तक की प्रूफ़्स की अशुद्धियों को सुधारने में श्री अवधेश पाण्डेय ने जिस गहन निष्ठा एवं कार्य-कुशलता का प्रदर्शन किया, उसके लिए मैं उनका हार्दिक रूप से आभार व्यक्त करता हूँ। पुस्तक की लेजर कंपोज़िंग में श्री ललित ठाकुर ने धैर्यपूर्वक जो सहयोग प्रदान किया, उसके लिए वे हमारे हार्दिक धन्यवाद के पात्र हैं।

–वेद प्रकाश वर्मा

प्राक्कथन

मानव-जाति के वैचारिक इतिहास में शताब्दियों से प्रचलित ईश्वर विषयक अवधारणा का मनुष्य के जीवन पर बहुत व्यापक और गहरा प्रभाव पड़ा है जो आज भी पर्याप्त सीमा तक विद्यमान है। विभिन्न देवी-देवताओं में विश्वास करनेवाले प्राचीन धार्मिक सिद्धांत, बहुदेववाद से कालांतर में विकसित ईश्वर के प्रत्यय में मानव-जीवन के लगभग सभी महत्त्वपूर्ण पक्षों को प्रभावित किया है। अपने जीवन के विकास-क्रम में अनभिज्ञता के आदिकाल से लेकर वैज्ञानिक प्रगति के आधुनिक युग तक मनुष्य जब भी अपने आप को दुर्बल तथा असहाय अनुभव करता रहा है, तभी उसने किसी देवी-देवता या ईश्वर से सहायता की याचना और प्रार्थना की है। यही कारण है कि लगभग सभी उन्नत मानवीय सभ्यताओं में ईश्वर की सत्ता से संबंधित विश्वास किसी-न-किसी रूप में प्रायः प्रचलित रहा है। इस प्रकार यह स्पष्ट है कि ईश्वर के अस्तित्व एवं स्वरूप की विवेचना करनेवाला ईश्वरवाद बहुत प्राचीन सिद्धांत है जिसमें लाखों व्यक्ति शताब्दियों से विश्वास करते रहे हैं और जिसका आज भी मानव-समाज में पर्याप्त महत्त्व है।

परंतु यहाँ यह उल्लेखनीय है कि मनुष्य के जीवन पर ईश्वरवाद से संबंधित उपर्युक्त विश्वास का हानिकारक प्रभाव पड़ा है और इसके साथ ही स्वयं ईश्वरवाद में भी गंभीर दोष तथा दार्शनिक असंगतियाँ विद्यमान हैं जिन पर कुछ प्रबुद्ध विचारक उसी समय से विचार करते रहे हैं जबसे एक निश्चित विचारधारा के रूप में ईश्वरवाद का विकास हुआ है। ईश्वरवाद के विषय में इन प्रबुद्ध विचारकों के इसी आलोचनात्मक मूल्यांकन के परिणामस्वरूप उस विशेष दार्शनिक सिद्धांत का उदय हुआ है जिसे 'निरीश्वरवाद' की संज्ञा दी जाती है और जो तार्किक दृष्टि से ईश्वरवाद का खंडन करता है। वस्तुतः ईश्वर विषयक विश्वास का निषेध करनेवाला यह निरीश्वरवाद भी लगभग उतना ही प्राचीन सिद्धांत है जितना स्वयं ईश्वरवाद। इसका कारण यह है कि जब से दार्शनिक सिद्धांत के रूप में ईश्वरवाद का विकास हुआ है तभी से कुछ महान विचारक किसी-न-किसी रूप में इस सिद्धांत की त्रुटियों, अपूर्णताओं तथा असंगतियों की ओर विचारशील विद्वानों का ध्यान आकृष्ट करते रहे हैं। ईश्वरवाद की इस दार्शनिक आलोचना के अतिरिक्त इन निरीश्वरवादी विचारकों ने मनुष्य के व्यावहारिक

जीवन पर पड़नेवाले इस सिद्धांत के हानिकारक प्रभाव की भी विस्तृत विवेचना की है। इस प्रकार दार्शनिक जगत् में निरीश्वरवाद का भी प्राचीन काल से बहुत महत्त्वपूर्ण स्थान रहा है और पिछले चार-पाँच सौ वर्षों में इस सिद्धांत का विशेष रूप से विकास हुआ है।

प्रस्तुत पुस्तक का उद्देश्य प्राचीन काल से आधुनिक युग तक भारतीय तथा पाश्चात्य दर्शन में विकसित इसी निरीश्वरवाद का तुलनात्मक विवेचन करना है। इसमें उन महत्त्वपूर्ण निरीश्वरवादी विचारधाराओं एवं सिद्धांतों की सविस्तार व्याख्या और विवेचना की गई है जिनका विकास भारतीय सभ्यता के वैदिक काल तथा पाश्चात्य सभ्यता के सुकरात-पूर्व युग से लेकर बीसवीं शताब्दी तक के दीर्घ काल में हुआ है। जहाँ भी संभव हो सका है, वहाँ मैंने यह स्पष्ट करने का प्रयास किया है कि भारतीय दर्शन तथा पाश्चात्य दर्शन में उपलब्ध होनेवाले इन निरीश्वरवादी सिद्धांतों में क्या समानताएँ और अंतर हैं जिनके आधार पर इन सिद्धांतों की भली-भाँति तुलना की जा सकती है।

संपूर्ण पुस्तक को तीन भागों में विभाजित किया गया है। प्रथम भाग में ईश्वरवाद और निरीश्वरवाद के स्वरूप एवं विकास की सामान्य विवेचना की गई है जिसका संबंध भारतीय दर्शन तथा पाश्चात्य दर्शन दोनों से है। निरीश्वरवाद के स्वरूप और विकास को समझने के लिए उस ईश्वरवाद को जानना आवश्यक है जिसका निरीश्वरवाद खंडन करता है। इसी कारण प्रस्तुत पुस्तक के प्रथम अध्याय में ईश्वरवाद के स्वरूप और भारतीय एवं पाश्चात्य दर्शन में इस सिद्धांत के विकास पर कुछ विस्तार से विचार किया गया है। दूसरे अध्याय में निरीश्वरवाद के अर्थ और उससे संबंधित अज्ञेयवाद, संशयवाद, प्रकृतिवाद, मानवतावाद आदि उन सिद्धांतों की विस्तृत व्याख्या की गई है जिनमें ईश्वरवाद के लिए कोई स्थान नहीं है। ईश्वरवाद तथा निरीश्वरवाद की इस सामान्य विवेचना के पश्चात तीसरे अध्याय में निरीश्वरवाद के विरुद्ध ईश्वरवादियों द्वारा उठाई गई कुछ प्रमुख आपत्तियों का उत्तर दिया गया है और यह बताया गया है कि मनुष्य के व्यावहारिक जीवन में निरीश्वरवाद का क्या महत्त्व है।

इस पुस्तक का दूसरा भाग भारतीय दर्शन में निरीश्वरवाद की विवेचना से संबंधित है। चौथे अध्याय में यह स्पष्ट किया गया है कि भारतीय दर्शन में निरीश्वरवाद का अर्थ क्या है और इस दर्शन के अंतर्गत वैदिक काल से आधुनिक युग तक निरीश्वरवाद का विकास किस प्रकार हुआ है। चार्वाक दर्शन भारत का प्रथम निरीश्वरवादी एवं पूर्णतः भौतिकवादी दर्शन है, अतः पाँचवें अध्याय में इसकी ऐतिहासिक पृष्ठभूमि, ज्ञानमीमांसा, तत्त्वमीमांसा तथा आचारमीमांसा की विवेचना की गई है और इसकी समीक्षा करते हुए यह बताया गया है कि इसके समस्त मूल ग्रंथों को नष्ट करके परंपरागत धार्मिक विचारों के समर्थक रूढ़िवादी असहिष्णु व्यक्तियों ने इस दर्शन के प्रति कितना अन्याय किया है। यह दर्शन जिस भौतिकवाद पर आधारित है उसके मूल स्वरूप की व्याख्या भी इसी अध्याय के प्रथम खंड में की गई है। छठे अध्याय में जैन दर्शन और बौद्ध दर्शन के निरीश्वरवादी सिद्धांतों को सविस्तार प्रस्तुत किया गया है। इसके प्रथम खंड में हरिभद्र सूरी, गुणरत्न, सिद्धसेन दिवाकर, हेमचंद्र आदि

जैन विचारकों तथा द्वितीय खंड में गौतम बुद्ध, अश्वघोष, नागार्जुन, शांतिदेव, शांत रक्षित आदि बौद्ध विचारकों के उन प्रमुख तर्कों की विवेचना की गई है जो उन्होंने ईश्वरवाद के विरुद्ध और निरीश्वरवाद के समर्थन में दिए हैं। इन तर्कों के अतिरिक्त बौद्ध दर्शन के वैभाषिक तथा माध्यमिक संप्रदायों के निरीश्वरवादी सिद्धांतों का भी इस अध्याय के दूसरे खंड में उल्लेख किया गया है। सातवें अध्याय में सांख्य दर्शन तथा मीमांसा दर्शन के निरीश्वरवादी सिद्धांतों की विस्तृत व्याख्या की गई है। इसके प्रथम खंड में कपिल, ईश्वर कृष्ण, वाचस्पति मिश्र, गौड़पाद, विज्ञान भिक्षु आदि सांख्या-चार्यों और दूसरे खंड में जैमिनि, शबरस्वामी, कुमारिल, प्रभाकर आदि मीमांसाचार्यों के निरीश्वरवादी विचारों की विस्तारपूर्वक विवेचना की गई है। आधुनिक भारतीय दर्शन में भी निरीश्वरवाद का विकास हुआ है जिसे इस पुस्तक के आठवें अध्याय में प्रस्तुत किया गया है। इस अध्याय के प्रथम खंड में सत्य नारायण अग्निहोत्री (जिन्हें 'देवात्मा' कहा जाता है) द्वारा निरीश्वरवाद के समर्थन में दिए गए सरल व्यावहारिक तर्कों और दूसरे खंड में मानवेंद्र नाथ रॉय के विशुद्ध भौतिकवादी दर्शन पर आधारित उनके निरीश्वरवादी विचारों की सविस्तार व्याख्या की गई है। यहाँ मैं यह स्पष्ट कर देना आवश्यक समझता हूँ कि चौथे अध्याय से आठवें अध्याय तक मैंने भारतीय दर्शन के केवल उन्हीं सिद्धांतों का विवेचन किया है जो इस दर्शन में उपलब्ध निरीश्वरवाद के साथ प्रत्यक्ष या परोक्ष रूप से संबंधित हैं।

इस पुस्तक के तीसरे भाग में पाश्चात्य दर्शन के उन प्रमुख निरीश्वरवादी सिद्धांतों को सविस्तार प्रस्तुत किया गया है जिनका विकास ईसा पूर्व छठी शताब्दी से लेकर वर्तमान बीसवीं शताब्दी तक के दीर्घ काल में हुआ है। नौवाँ अध्याय पाश्चात्य दर्शन में निरीश्वरवाद के विकास की विस्तृत पृष्ठभूमि प्रस्तुत करता है। इस अध्याय में सुकरात-पूर्व युग, सुकरात युग, सुकरातोत्तर युग तथा रोमन काल के उन महान दार्शनिकों के प्रकृतिवादी, भौतिकवादी एवं निरीश्वरवादी सिद्धांतों का विवेचन किया गया है जिन्होंने पाश्चात्य दर्शन में निरीश्वरवाद के विकास के लिए सुदृढ़ आधार-शिला स्थापित की थी। दुर्भाग्यवश मध्य युग में निरीश्वरवाद का विकास अवरुद्ध हो गया था, क्योंकि इस युग में रूढ़िवादी धर्मपरायण विचारकों का मानव-जीवन के सभी पक्षों पर पूर्ण वर्चस्व था जिसने मनुष्य की तर्कबुद्धि के आलोक को आच्छादित कर लिया था और इसी कारण यूरोप के इस मध्य युग को 'अंधकारमय युग' की संज्ञा दी जाती है। परंतु पंद्रहवीं शताब्दी से सत्रहवीं शताब्दी तक के 'पुनर्जागरण-काल' तथा अठारहवीं शताब्दी के 'तर्क-युग' में प्राचीन यूनानी दार्शनिकों के भौतिकवादी, प्रकृतिवादी एवं निरीश्वरवादी विचारों के अध्ययन और विज्ञान के उदय के परिणामस्वरूप पाश्चात्य दर्शन में पुनः निरीश्वरवाद का विकास प्रारंभ हुआ जिसे इस पुस्तक के दसवें अध्याय में प्रस्तुत किया गया है। इसी अध्याय में यह भी स्पष्ट किया गया है कि डेकार्ट, स्पिनोज़ा, लॉक, कान्ट आदि कुछ ईश्वरवादी दार्शनिकों ने प्रत्यक्ष या परोक्ष रूप से निरीश्वरवाद के विकास में किस प्रकार योगदान किया था। ग्यारहवें अध्याय में अठारहवीं शताब्दी के डेविड ह्यूम, जियां मैस्लियर, जूलियन डी ला मैत्री, डेनिस डिडरो तथा पॉल हैन्री हॉलबाक–इन प्रमुख विचारकों के निरीश्वरवादी सिद्धांतों की विस्तृत

विवेचना की गई है। बारहवें अध्याय में उन्नीसवीं शताब्दी के कुछ महान क्रांतिकारी विचारकों के प्रकृतिवादी तथा निरीश्वरवादी विचारों को सविस्तार प्रस्तुत किया गया है। इन विचारकों में पी.बी. शैली, लुडविग फ़ॉयरबाक, चार्ल्स डार्विन, कार्ल मार्क्स, जॉर्ज जैकब हॉलियोक, चार्ल्स ब्रैडलॉफ़, अर्न्स्ट हैकल तथा लुडविग बुचनर के नाम विशेष रूप से उल्लेखनीय हैं। इस अध्याय में मैंने यह स्पष्ट करने का प्रयास किया है कि इन सभी विचारकों ने प्राणी-विज्ञान, अर्थशास्त्र, द्वंद्वात्मक भौतिकवाद आदि विभिन्न क्षेत्रों में अपने क्रांतिकारी विचारों द्वारा निरीश्वरवाद के विकास में किस प्रकार सहायता प्रदान की है।

इस पुस्तक का अंतिम अध्याय उन निरीश्वरवादी विचारधाराओं तथा सिद्धांतों से संबंधित है जिनका विकास वर्तमान बीसवीं शताब्दी में हुआ है। इन विचारधाराओं एवं सिद्धांतों में मनोविश्लेषणवाद, तर्कीय प्रत्यक्षवाद, भाषा-विश्लेषणवाद तथा अस्तित्ववाद मुख्य हैं जिनके प्रमुख प्रवर्तकों अथवा प्रतिनिधि विचारकों के रूप में सिगमन्ड फ़्रॉयड, ए.जे. एयर, रुडॉल्फ़ कार्नैप, एन्टोनी फ़्ल्यू, काई नीलसन, जॉर्ज एच. स्मिथ और जियां पाल सार्त्र के निरीश्वरवादी विचारों की विस्तृत विवेचना इस अध्याय में की गई है। इन विचारकों के अतिरिक्त वर्तमान शताब्दी के सुविख्यात महान क्रांतिकारी विचारक, बरट्रेन्ड रसल के निरीश्वरवादी विचारों को भी इसी अध्याय में सविस्तार प्रस्तुत किया गया है। बीसवीं शताब्दी के इन सभी विचारकों ने ईश्वरवाद के विरुद्ध तथा निरीश्वरवाद के समर्थन में अपने प्रबल तर्कों द्वारा निरीश्वरवादी विचारधारा को उसके विकास की चरम सीमा तक पहुँचाया है और यह प्रमाणित किया है कि ईश्वरवाद के स्थान पर निरीश्वरवाद ही विवेकशील मनुष्य के लिए एकमात्र तर्कसंगत विकल्प है।

प्रस्तुत पुस्तक में ईश्वरवाद तथा निरीश्वरवाद से संबंधित समस्त सिद्धांतों एवं विवादास्पद विचारों की प्रामाणिकता के लिए आवश्यक पाद-टिप्पणियाँ यथास्थान दे दी गई हैं जिनसे इस महत्त्वपूर्ण विषय पर भविष्य में शोध करनेवाले प्रबुद्ध पाठकों को पर्याप्त सहायता प्राप्त हो सकेगी। पुस्तक के अंत में पाठकों की सुविधा के लिए पारिभाषिक हिंदा शब्दों के अंग्रेज़ी पर्याय भी दे दिए गए हैं जिनकी सहायता से इस विषय को समझना अपेक्षाकृत अधिक सुगम हो जाएगा।

जहाँ तक मुझे ज्ञात है, 'भारतीय तथा पाश्चात्य दर्शन में निरीश्वरवाद' पर हिंदी भाषा में यह प्रथम पुस्तक है जिसमें इस कठिन दार्शनिक विषय की व्यापक और तुलनात्मक विवेचना की गई है। मुझे आशा है कि हिंदी के माध्यम से इस विषय का अध्ययन करनेवाले विद्यार्थियों, शोधकर्ताओं, शिक्षकों तथा अन्य विचारशील पाठकों के लिए यह पुस्तक सहायक और ज्ञानवर्धक सिद्ध हो सकेगी। यदि यह पुस्तक कुछ प्रबुद्ध पाठकों को 'भारतीय तथा पाश्चात्य दर्शन में निरीश्वरवाद' के विषय पर अधिक गहन शोध-कार्य करने के लिए प्रोत्साहन और प्रेरणा प्रदान कर सके तो मैं अपने इस लघु प्रयास को सार्थक समझूँगा।

–वेद प्रकाश वर्मा

भाग-1

ईश्वरवाद और निरीश्वरवाद

अध्याय-1

ईश्वरवाद

1. ईश्वरवाद का स्वरूप

प्रस्तुत पुस्तक का उद्देश्य भारतीय एवं पाश्चात्य दार्शनिकों द्वारा प्रतिपादित कुछ प्रमुख निरीश्वरवादी सिद्धांतों की तुलनात्मक विवेचना तथा उनका यथासंभव निष्पक्ष मूल्यांकन करना है। परंतु इसके लिए उस ईश्वरवाद को समझ लेना आवश्यक है जिसका ये सभी सिद्धांत समान रूप से खंडन करते हैं। वस्तुतः ईश्वरवाद के स्वरूप और उसकी मुख्य विशेषताओं एवं आधारभूत मान्यताओं को जानकर ही हम उसका खंडन करनेवाले निरीश्वरवादी सिद्धांतों को भली-भाँति समझ सकते हैं।

प्राचीन काल से आधुनिक युग तक विभिन्न ईश्वरवादी विचारक 'ईश्वर' शब्द का प्रयोग भिन्न-भिन्न अर्थों में करते रहे हैं, अतः इस प्रश्न का कोई निश्चित और सर्वमान्य उत्तर देना बहुत कठिन है कि ईश्वर का ठीक-ठीक स्वरूप क्या है। इस जटिल प्रश्न में न उलझते हुए हम यह कह सकते हैं कि ईश्वरवादी सामान्यतः ईश्वर को एक ऐसी आध्यात्मिक (अभौतिक) सत्ता मानते हैं जो सभी दृष्टियों से पूर्ण है—अर्थात्, जो व्यक्तित्वसंपन्न, शाश्वत, अपरिवर्तनशील, सर्वशक्तिमान, सर्वज्ञ, सर्वव्यापक, पूर्णतः शुभ, प्रेममय, अत्यंत दयालु, पूजा का विषय तथा न्यायशील है, और जो इस विश्व का रचयिता, संरक्षक एवं संहारक है। ईश्वरवादियों के अनुसार, सभी दृष्टियों से पूर्ण होने के कारण यह ईश्वर ही मनुष्य की पूजा अथवा उपासना का एकमात्र विषय है। यह संपूर्ण ब्रह्माण्ड अपने अस्तित्व के लिए ईश्वर पर ही पूर्णतः निर्भर है, क्योंकि वही इसका रचयिता अथवा मूल आधार है। जब ईश्वरवादी विचारक ईश्वर को 'व्यक्तित्वसंपन्न' कहते हैं तो इससे उनका तात्पर्य यह होता है कि ईश्वर में भी मनुष्य के समान इच्छा, प्रयत्न, प्रेम, दया, न्यायशीलता, शक्ति, ज्ञान आदि मानवीय गुण हैं और वह मनुष्य की पूजा का विषय है। ईश्वर में विश्वास करनेवाले धर्मपरायण व्यक्ति अथवा भक्त ऐसे ही व्यक्तित्वसंपन्न ईश्वर की उपासना करते हैं।

जो व्यक्ति ईश्वर की उपर्युक्त अवधारणा को स्वीकार करते हैं उन्हें 'ईश्वरवादी' कहा जाता है और उनके ईश्वर विषयक सिद्धांत को ही 'ईश्वरवाद' की संज्ञा दी

जाती है। अनेक विचारकों ने अपने-अपने ढंग से इस ईश्वरवाद की सविस्तार व्याख्या की है। उदाहरणार्थ, एच.पी. ओवन का कथन है : "ईश्वरवाद एक ऐसे ईश्वर में विश्वास का द्योतक है जो (क) व्यक्तित्वसंपन्न है, (ख) पूजा का अधिकारी है और (ग) विश्व से पृथक् किंतु (घ) इसमें सतत सक्रिय है। ईश्वरवाद के अनुसार, ईश्वर एक ऐसा विषय है जिसमें केवल मनस् ही नहीं, अपितु संकल्प भी विद्यमान है। पूर्णतः व्यक्तित्वसंपन्न होने के कारण उसे मानव-जीवन से प्राप्त प्रतिभाओं के माध्यम से समझा जा सकता है और प्रार्थना या उपासना में 'तू' के रूप में संबोधित किया जा सकता है। ईश्वरवादी धर्म-संबंधी इस व्यक्तित्वसंपन्न ईश्वर को ही अंतिम सत्ता मानते हैं। . . . ईश्वरवादी यह दावा करते हैं कि ईश्वर दो कारणों के आधार पर आराधना या पूजा का अधिकारी है। प्रथम, वह पूर्णतः शुभ है; द्वितीय, वह मनुष्यों की अपेक्षा कहीं अधिक शक्तिशाली है। . . . ईश्वरवादी मानते हैं कि ईश्वर मूलतः विश्व से पृथक् है। यह विश्वास ईश्वरवाद को सर्वेश्वरवाद से पृथक् करता है जिसके अनुसार विश्व ईश्वर का ही एक भाग है। ईश्वरवाद के अनुसार, ईश्वर ने विश्व को अभाव से उत्पन्न किया है।"[1]

इसी प्रकार, ए.ई. टेलर ईश्वरवाद की परिभाषा एक ऐसे सिद्धांत के रूप में करते हैं जिसके अनुसार विश्व का अंतिम आधार एक ही सर्वोच्च सत्ता है "जो स्वयं अपने आप को छोड़कर अन्य प्रत्येक वस्तु का स्रोत है और स्वतः पूर्ण है तथा अपनी इस पूर्णता के कारण आराधना अथवा पूजा का पर्याप्त विषय है। . . . वस्तुतः यह परिभाषा संत ऐन्सैल्म के उस प्रसिद्ध नियम के अनुरूप ही है जिसके अनुसार, 'ईश्वर एक ऐसी सत्ता है जिसकी अपेक्षा अधिक महान सत्ता का चिंतन करना संभव नहीं है।' ('प्रोस्लोजियन', अध्याय 2) . . . यह स्पष्ट है कि इस रूप में ईश्वरवाद बहुदेववाद तथा अन्य किसी भी ऐसे धर्मशास्त्रीय अथवा तत्त्वमीमांसीय सिद्धांत के विरुद्ध है जो अनेक स्वतंत्र और समान रूप से अंतिम सत्ताओं को स्वीकार करता है। . . . इस बात को स्पष्ट रूप से समझ लेना शायद और भी अधिक आवश्यक है कि जिस रूप में यहाँ ईश्वरवाद की परिभाषा की गई है उस रूप में वह एकतत्त्ववाद नामक दार्शनिक सिद्धांत से भी समानतः असंगत है। . . . यदि ईश्वर से हमारा तात्पर्य एक ऐसी सत्ता है जिससे समस्त अस्तित्ववान पदार्थ उत्पन्न होते हैं और जिसकी पूजा की जा सकती है तो ईश्वर में विश्वास का अनिवार्यतः यही अर्थ है कि उन व्यक्तियों का वास्तविक अस्तित्व है जो उसकी पूजा करते हैं। ईश्वर समस्त वस्तुओं के अस्तित्व का स्रोत है–इस कथन का अर्थ यह है कि जिन वस्तुओं का अस्तित्व है वे सब ईश्वर नहीं हैं।"[2] उपर्युक्त उद्धरण से स्पष्ट है कि टेलर ईश्वरवाद को बहुदेववाद, एकतत्त्ववाद तथा सर्वेश्वरवाद से भिन्न सिद्धांत मानते हैं।

एक अन्य दार्शनिक, पी.ए. बटौकी ने भी ईश्वरवाद को इसी प्रकार परिभाषित किया है। वे इस सिद्धांत को तटस्थेश्वरवाद तथा सर्वेश्वरवाद से भिन्न सिद्धांत मानकर

1. एच.पी. ओवन, 'दि ऐन्साइक्लोपीडिया ऑफ़ फ़िलॉसॉफ़ी', खंड 8, पृ. 17-18.
2. ए.ई. टेलर, 'ऐन्साइक्लोपीडिया ऑफ़ रिलिजन ऐंड ऐथिक्स', खंड 12, पृ. 261.

बहुदेववाद आदि उन सभी सिद्धांतों का खंडन करता है जो अनेक अंतिम सत्ताओं को स्वीकार करते हैं।

(2) यह सिद्धांत ईश्वर को ऐसी शरीररहित अभौतिक अथवा आध्यात्मिक सत्ता मानता है जो इंद्रियजन्य अनुभव से परे है। इस ईश्वर में शक्ति, ज्ञान, शाश्वतता, शुभत्व, प्रेम, दया, न्यायशीलता आदि समस्त प्रशंसनीय सद्‌गुण विद्यमान हैं, अतः यह सभी दृष्टियों से पूर्ण है।

(3) शरीररहित अभौतिक सत्ता होते हुए भी ईश्वर व्यक्तित्वसंपन्न है–अर्थात्, उसमें मनुष्य के समान मनस्, संकल्प, इच्छा, प्रयत्न, क्रियाशीलता आदि वैयक्तिक गुण विद्यमान हैं। इसी कारण ईश्वरवादी उसे उपासना अथवा पूजा का विषय मानते हैं और यह कहते हैं कि वह समस्त प्राणियों के प्रति अत्यंत दयालु तथा प्रेममय है। संकट-काल में मनुष्य प्रार्थना द्वारा ईश्वर से सहायता की याचना कर सकता है। ईश्वरवाद की यह विशेषता इस सिद्धांत को तटस्थेश्वरवाद से पृथक् करती है, क्योंकि तटस्थेश्वरवाद विश्व-व्यवस्था में ईश्वरीय हस्तक्षेप के विचार को स्वीकार नहीं करता और इसी कारण इस सिद्धांत में प्रार्थना के लिए कोई स्थान नहीं है। इसी प्रकार ईश्वरवाद की यह विशेषता उसे एकतत्त्ववाद से भी पृथक् करती है जो केवल निर्वैयक्तिक सत्ता में विश्वास करता है।

(4) ईश्वरवाद के अनुसार, विश्व का रचयिता होने के कारण ईश्वर उससे भिन्न है, किंतु भिन्न होते हुए भी वह विश्व में अंतर्निहित तथा सदैव क्रियाशील रहता है। विश्व का सृजन तथा विकास ईश्वर की दैवी योजना के अनुसार ही होता है और वही विश्व को अस्तित्व में बनाए रखता है। इसी कारण ईश्वरवादी यह कहते हैं कि विश्व ईश्वर पर ही पूर्णतः निर्भर अथवा आधारित है। ईश्वरवाद की इस विशेषता से यह स्पष्ट है कि वह सर्वेश्वरवाद से भिन्न है जो ईश्वर तथा विश्व में पूर्ण अभेद स्वीकार करता है–अर्थात्, इन दोनों को एक ही मानता है। तटस्थेश्वरवाद की भाँति सर्वेश्वरवाद में भी ईश्वर की उपासना के लिए कोई स्थान नहीं है, क्योंकि यह सिद्धांत उपासक (विश्व) को उपास्य (ईश्वर) से भिन्न नहीं मानता। यदि मनुष्य और ईश्वर एक ही हैं, जैसा कि सर्वेश्वरवाद मानता है, तो मनुष्य द्वारा ईश्वर की पूजा का प्रश्न ही नहीं उठता। इसी कारण ईश्वरवादी तटस्थेश्वरवाद के साथ-साथ सर्वेश्वरवाद को भी अस्वीकार करते हैं। वे एकतत्त्ववाद का भी खंडन करते हैं, क्योंकि यह सिद्धांत एक अंतिम सत्ता–ब्रह्म, निरपेक्ष तत्त्व या पुद्‌गल–को स्वीकार करते हुए भी उसे ईश्वर के विपरीत पूर्णतः निर्वैयक्तिक सत्ता मानता है। ऐसी स्थिति में एकतत्त्ववाद में भी उपासना अथवा पूजा के लिए कोई स्थान नहीं रह जाता।

इस प्रकार ईश्वरवाद की उपर्युक्त सभी विशेषताओं से यह स्पष्ट है कि अपने विशिष्ट अर्थ में यह सिद्धांत द्वैतवाद, बहुदेववाद, तटस्थेश्वरवाद, सर्वेश्वरवाद तथा एकतत्त्ववाद से भिन्न है। इन विशेषताओं के आधार पर ईश्वरवाद के अर्थ को अन्य सभी सिद्धांतों की तुलना में अधिक स्पष्ट रूप से समझा जा सकता है।

ईश्वरवाद के संबंध में ऊपर जो कुछ कहा गया है उससे इस सिद्धांत के अनुसार ईश्वर का स्वरूप पर्याप्त सीमा तक स्पष्ट हो जाता है। परंतु यहाँ ईश्वर के स्वरूप

के विषय में प्रचलित दो प्रमुख अवधारणाओं का उल्लेख कर देना आवश्यक है। ये दो अवधारणाएँ हैं–मानवत्वारोपी अवधारणा तथा तत्त्वमीमांसीय अवधारणा। जो ईश्वरवादी विचारक ईश्वर की मानवत्वारोपी अवधारणा में विश्वास करते हैं उनके मतानुसार ईश्वर के स्वरूप को मानवीय गुणों के आधार पर ही समझा जा सकता है। उनका कथन है कि जब हम ईश्वर में विद्यमान शक्ति, ज्ञान, शुभत्व, प्रेम, दया, न्यायशीलता आदि गुणों की बात करते हैं तो इन शब्दों का वही अर्थ होता है जो मनुष्य के संदर्भ में माना जाता है। इसका तात्पर्य यह है कि ईश्वर को एक ऐसे महामानव के रूप में समझा जा सकता है जो इस जगत् का रचयिता, संरक्षक, प्रशासक तथा संहारक है। अधिकतर धर्मपरायण व्यक्ति तथा कुछ ईश्वरवादी दार्शनिक ईश्वर के संबंध में इसी मानवत्वारोपी अवधारणा को स्वीकार करते हैं, क्योंकि यह अवधारणा मानव-जीवन के निकट होने के कारण मनुष्य के लिए अपेक्षाकृत अधिक बोधगम्य है। उदाहरणार्थ, जॉर्ज बर्कले, जॉन स्टुअर्ट मिल आदि दार्शनिकों ने ईश्वर विषयक इस अवधारणा का प्रबल समर्थन किया है। इस अवधारणा के समर्थकों का विचार है कि केवल इसके माध्यम से ही मनुष्य उपासक के रूप में अपने आराध्य ईश्वर के साथ वास्तविक संपर्क स्थापित कर सकता है।

इस मानवत्वारोपी अवधारणा के समर्थकों को दो वर्गों में विभाजित किया जा सकता है। प्रथम वर्ग उन ईश्वरवादी धर्मपरायण व्यक्तियों तथा दार्शनिकों का है जो यह मानते हैं कि ईश्वर में विद्यमान शक्ति, ज्ञान, शुभत्व, न्यायशीलता, दया, प्रेम आदि गुणों की कोई सीमा नहीं है, अतः वह सभी दृष्टियों से असीम है। इस मत के समर्थक ईश्वर को सर्वशक्तिमान, सर्वज्ञ, पूर्णतः शुभ, अत्यंत दयालु, न्यायशील तथा प्रेममय मानते हैं। दूसरे वर्ग के अंतर्गत ऐसे ईश्वरवादी दार्शनिक आते हैं जो ईश्वर की कुछ सीमाओं को स्वीकार करते हैं। इन दार्शनिकों का विचार है कि ईश्वर में जो प्रशंसनीय गुण पाए जाते हैं उनकी मात्रा निश्चय ही बहुत अधिक है, किंतु वे असीमित नहीं हैं। उदाहरणार्थ, ईश्वर की शक्ति-और उसके शुभत्व की सीमा है। प्रसिद्ध दार्शनिक, जे.एस. मिल इसी मत का समर्थन करते हैं। परंतु यहाँ यह उल्लेखनीय है कि इस मत के समर्थकों की संख्या अपेक्षाकृत बहुत कम है। सभी ईश्वरवादी धर्मपरायण व्यक्ति और अधिकतर ईश्वरवादी दार्शनिक ईश्वर को पूर्ण तथा असीम ही मानते हैं।

ईश्वर के स्वरूप के संबंध में दूसरी अवधारणा तत्त्वमीमांसीय अवधारणा है। इस अवधारणा के समर्थक ईश्वर को महामानव न मानकर तत्त्वमीमांसी सत्ता मानते हैं। उनका विचार है कि ईश्वरीय गुणों के लिए 'शक्ति', 'ज्ञान', 'शुभत्व', 'प्रेम', 'दया' आदि जिन शब्दों का प्रयोग किया जाता है उनका अर्थ सामान्य मानवीय संदर्भों में प्रयुक्त इन शब्दों के अर्थ से भिन्न-रूपात्मक अथवा प्रतीकात्मक ही होता है। जब हम ईश्वर को पूर्णतः शुभ, शक्तिशाली, दयालु, प्रेममय आदि कहते हैं तो इन शब्दों का अर्थ वह नहीं होता जो किसी मनुष्य के लिए प्रयुक्त होने पर इनका अर्थ समझा जाता है। उदाहरणार्थ, ईश्वर उस सामान्य अर्थ में प्रेम अथवा दया नहीं करता जिस अर्थ में कोई मनुष्य प्रेम या दया करता है। ईश्वर के संदर्भ में इन शब्दों तथा ऐसे ही अन्य सभी शब्दों का अर्थ केवल सादृश्य के आधार पर ही समझा जा सकता है। इसका कारण यह है कि ईश्वर कोई महान मनुष्य न होकर तत्त्वमीमांसी अभौतिक सत्ता है जिसके

के विषय में प्रचलित दो प्रमुख अवधारणाओं का उल्लेख कर देना आवश्यक है। ये दो अवधारणाएँ हैं–मानवत्वारोपी अवधारणा तथा तत्त्वमीमांसीय अवधारणा। जो ईश्वरवादी विचारक ईश्वर की मानवत्वारोपी अवधारणा में विश्वास करते हैं उनके मतानुसार ईश्वर के स्वरूप को मानवीय गुणों के आधार पर ही समझा जा सकता है। उनका कथन है कि जब हम ईश्वर में विद्यमान शक्ति, ज्ञान, शुभत्व, प्रेम, दया, न्यायशीलता आदि गुणों की बात करते हैं तो इन शब्दों का वही अर्थ होता है जो मनुष्य के संदर्भ में माना जाता है। इसका तात्पर्य यह है कि ईश्वर को एक ऐसे महामानव के रूप में समझा जा सकता है जो इस जगत् का रचयिता, संरक्षक, प्रशासक तथा संहारक है। अधिकतर धर्मपरायण व्यक्ति तथा कुछ ईश्वरवादी दार्शनिक ईश्वर के संबंध में इसी मानवत्वारोपी अवधारणा को स्वीकार करते हैं, क्योंकि यह अवधारणा मानव-जीवन के निकट होने के कारण मनुष्य के लिए अपेक्षाकृत अधिक बोधगम्य है। उदाहरणार्थ, जॉर्ज बर्कले, जॉन स्टुअर्ट मिल आदि दार्शनिकों ने ईश्वर विषयक इस अवधारणा का प्रबल समर्थन किया है। इस अवधारणा के समर्थकों का विचार है कि केवल इसके माध्यम से ही मनुष्य उपासक के रूप में अपने आराध्य ईश्वर के साथ वास्तविक संपर्क स्थापित कर सकता है।

इस मानवत्वारोपी अवधारणा के समर्थकों को दो वर्गों में विभाजित किया जा सकता है। प्रथम वर्ग उन ईश्वरवादी धर्मपरायण व्यक्तियों तथा दार्शनिकों का है जो यह मानते हैं कि ईश्वर में विद्यमान शक्ति, ज्ञान, शुभत्व, न्यायशीलता, दया, प्रेम आदि गुणों की कोई सीमा नहीं है, अतः वह सभी दृष्टियों से असीम है। इस मत के समर्थक ईश्वर को सर्वशक्तिमान, सर्वज्ञ, पूर्णतः शुभ, अत्यंत दयालु, न्यायशील तथा प्रेममय मानते हैं। दूसरे वर्ग के अंतर्गत ऐसे ईश्वरवादी दार्शनिक आते हैं जो ईश्वर की कुछ सीमाओं को स्वीकार करते हैं। इन दार्शनिकों का विचार है कि ईश्वर में जो प्रशंसनीय गुण पाए जाते हैं उनकी मात्रा निश्चय ही बहुत अधिक है, किंतु वे असीमित नहीं हैं। उदाहरणार्थ, ईश्वर की शक्ति और उसके शुभत्व की सीमा है। प्रसिद्ध दार्शनिक, जे.एस. मिल इसी मत का समर्थन करते हैं। परंतु यहाँ यह उल्लेखनीय है कि इस मत के समर्थकों की संख्या अपेक्षाकृत बहुत कम है। सभी ईश्वरवादी धर्मपरायण व्यक्ति और अधिकतर ईश्वरवादी दार्शनिक ईश्वर को पूर्ण तथा असीम ही मानते हैं।

ईश्वर के स्वरूप के संबंध में दूसरी अवधारणा तत्त्वमीमांसीय अवधारणा है। इस अवधारणा के समर्थक ईश्वर को महामानव न मानकर तत्त्वमीमांसी सत्ता मानते हैं। उनका विचार है कि ईश्वरीय गुणों के लिए 'शक्ति', 'ज्ञान', 'शुभत्व', 'प्रेम', 'दया' आदि जिन शब्दों का प्रयोग किया जाता है उनका अर्थ सामान्य मानवीय संदर्भों में प्रयुक्त इन शब्दों के अर्थ से भिन्न-रूपात्मक अथवा प्रतीकात्मक ही होता है। जब हम ईश्वर को पूर्णतः शुभ, शक्तिशाली, दयालु, प्रेममय आदि कहते हैं तो इन शब्दों का अर्थ वह नहीं होता जो किसी मनुष्य के लिए प्रयुक्त होने पर इनका अर्थ समझा जाता है। उदाहरणार्थ, ईश्वर उस सामान्य अर्थ में प्रेम अथवा दया नहीं करता जिस अर्थ में कोई मनुष्य प्रेम या दया करता है। ईश्वर के संदर्भ में इन शब्दों तथा ऐसे ही अन्य सभी शब्दों का अर्थ केवल सादृश्य के आधार पर ही समझा जा सकता है। इसका कारण यह है कि ईश्वर कोई महान मनुष्य न होकर तत्त्वमीमांसी अभौतिक सत्ता है जिसके

विषय में हम केवल रूपकों अथवा प्रतीकों के माध्यम से ही बात कर सकते हैं, अतः ईश्वर के संदर्भ में 'शक्ति', 'ज्ञान', 'शुभत्व', 'प्रेम' आदि शब्दों का भी विशेष अर्थ होता है जिसे सादृश्य की सहायता से समझा जा सकता है। ईश्वरवादी सामान्य धर्मपरायण व्यक्तियों के विपरीत अधिकतर ईश्वरवादी दार्शनिक ईश्वर विषयक मानवत्वारोपी अवधारणा के स्थान पर इसी तत्त्वमीमांसीय अवधारणा को स्वीकार करते हैं। उदाहरणार्थ, प्लेटो, अरस्तू, टॉमस ऐक्वाइनस, डीन मैन्सल, पॉल तिलिक आदि दार्शनिकों ने इसी अवधारणा का समर्थन किया है। प्लेटो के विचार में ईश्वर विश्वातीत–अर्थात्, समस्त प्राणियों तथा वस्तुओं से परे है; सीमित विश्व तथा असीम ईश्वर में अलंघ्य दूरी है। इस प्रकार तत्त्वमीमांसीय अवधारणा के समर्थक ईश्वर को विश्वातीत तत्त्वमीमांसीय सत्ता मानने के कारण मानवत्वारोपी अवधारणा का खंडन करते हैं।

ईश्वर के स्वरूप की विवेचना करते हुए ऊपर यह कहा गया है कि ईश्वरवादी विचारक ईश्वर को विश्व का रचयिता मानते हैं। यहाँ संक्षेप में इस प्रश्न पर विचार करना आवश्यक है कि ईश्वर को 'विश्व का रचयिता' कहने से उनका क्या तात्पर्य है। वस्तुतः इस प्रश्न का कोई स्पष्ट और निश्चित उत्तर देना बहुत कठिन है, क्योंकि इसके संबंध में स्वयं ईश्वरवादियों में मतभेद है। कुछ ईश्वरवादी विचारक यह मानते हैं कि ईश्वर ने पहले से विद्यमान सामग्री अथवा शाश्वत द्रव्यों के आधार पर ही इस विश्व की रचना की है। इसके लिए ईश्वर ने जिन द्रव्यों का प्रयोग किया है उनकी रचना उसने नहीं की; वे ईश्वर के समान ही शाश्वत हैं। भारत में न्याय, वैशेषिक तथा योग दर्शन इसी मत का समर्थन करते हैं। न्याय-वैशेषिक के मतानुसार, ईश्वर ने पहले से विद्यमान परमाणुओं, दिक्, काल, आकाश, आत्मा आदि शाश्वत द्रव्यों द्वारा विश्व की रचना की है। इसी प्रकार, योग दर्शन का विचार है कि जिस प्रकृति की सहायता से ईश्वर ने इस विश्व की रचना की है उसे ईश्वर ने उत्पन्न नहीं किया; वह ईश्वर की भाँति शाश्वत है। इस मत का समर्थन करनेवाले सभी विचारक ईश्वर को विश्व का उपादान कारण न मानकर केवल निमित्त कारण ही मानते हैं। इसका अर्थ यह है कि ईश्वर ने विश्व की रचना के लिए पूर्ववर्ती शाश्वत सामग्री को विशेष रूप ही प्रदान किया है; वह उस सामग्री का रचयिता नहीं है। यह समझना कठिन नहीं है कि विश्व-रचना संबंधी यह सिद्धांत ईश्वर को सीमित कर देता है, क्योंकि पूर्ववर्ती शाश्वत सामग्री उसकी क्रियाशीलता की सीमा को निर्धारित करती है। इसी कारण कुछ ईश्वरवादी विचारकों ने इस सिद्धांत के स्थान पर विश्व-रचना के संबंध में एक अन्य सिद्धांत का प्रतिपादन किया है जिसके अनुसार ईश्वर ही विश्व का उपादान कारण भी है और निमित्त कारण भी। इस सिद्धांत का समर्थन करनेवाले कुछ विचारक यह मानते हैं कि ईश्वर ने अभाव से ही इस विश्व को उत्पन्न किया है। ईसाई धर्म तथा यहूदी धर्म के विचारक इसी मत को स्वीकार करते हैं। परंतु इस सिद्धांत के समर्थक कुछ अन्य ईश्वरवादी दार्शनिकों का मत है कि ईश्वर ने स्वयं अपने ही स्वरूप से इस विश्व का निर्माण किया है। शंकर, रामानुज आदि दार्शनिक इसी अर्थ में ईश्वर को जगत् का रचयिता मानते हैं। विश्व-रचना से संबंधित इस संपूर्ण समस्या पर हम प्रस्तुत पुस्तक में आगे यथास्थान कुछ विस्तार से विचार करेंगे। यहाँ इतना कह देना

ही पर्याप्त है कि सभी ईश्वरवादी दार्शनिक ईश्वर को ही विश्व का रचयिता और उसका एकमात्र मूल आधार मानते हैं, अतः उनके विचार में यह विश्व उसी पर पूर्णतः निर्भर है।

ईश्वरवाद के स्वरूप को स्पष्ट करते हुए ऊपर हम ईश्वर विषयक विश्वास संबंधी दो मुख्य सिद्धांतों–तटस्थेश्वरवाद तथा सर्वेश्वरवाद–का संक्षिप्त उल्लेख कर चुके हैं। यहाँ कुछ विस्तार से इन दोनों सिद्धांतों के स्वरूप की विवेचना करना आवश्यक है, क्योंकि अनेक दार्शनिक इन सिद्धांतों को एकेश्वरवाद के ही विभिन्न रूप मानते हैं।[5] ये दोनों सिद्धांत एक ही अंतिम सत्ता, ईश्वर में विश्वास करते हैं जो आध्यात्मिक है और विश्व का रचयिता अथवा मूल आधार है। इसी कारण इन सिद्धांतों को एकेश्वरवाद का रूप मानना उचित ही प्रतीत होता है। परंतु उपर्युक्त समानता के होते हुए भी ये दोनों सिद्धांत एक-दूसरे से पर्याप्त सीमा तक भिन्न हैं।

तटस्थेश्वरवाद का प्रतिपादन सत्रहवीं शताब्दी में यूरोप के कुछ ऐसे धर्मपरायण विचारकों ने किया था जो तत्कालीन वैज्ञानिक प्रगति और मानवतावाद से बहुत प्रभावित थे। इन विचारकों के मतानुसार, ईश्वर ने विश्व की रचना अवश्य की है, किंतु इसके संचालन में वह कभी किसी प्रकार का हस्तक्षेप नहीं करता। इस विश्व का संचालन ऐसे अनुल्लंघनीय नियमों द्वारा होता है, जिनका निर्माण ईश्वर ने एक बार कर दिया है। ईश्वर की रचना होते हुए भी विश्व उससे पूर्णतः पृथक् है। इसका अर्थ यह है कि ईश्वर विश्वातीत है और मनुष्य के लिए उसका ज्ञान प्राप्त करना अथवा पूजा या उपासना द्वारा उसे प्रभावित करना संभव नहीं है। तटस्थेश्वरवाद की इन्हीं मान्यताओं को ध्यान में रखते हुए अनेक ईश्वरवादी दार्शनिकों ने यह कहा है कि इस सिद्धांत में चमत्कारों तथा ईश्वर की उपासना या प्रार्थना के लिए कोई स्थान नहीं है। इस सिद्धांत के अनुसार, यह विश्व एक महायंत्र के समान है जो एक बार निर्मित ईश्वरीय नियमों द्वारा स्वतः संचालित होता रहता है। ईश्वर से प्रार्थना करके मनुष्य विश्व की कार्य-प्रणाली को किसी भी रूप में प्रभावित नहीं कर सकता। यह समझना कठिन नहीं है कि तटस्थेश्वरवाद की ये मान्यताएँ सामान्य ईश्वरवादी धार्मिक विश्वासों के विरुद्ध हैं, अतः अनेक धर्मपरायण ईश्वरवादी विचारकों ने इस सिद्धांत का खंडन किया है। परंतु यहाँ यह उल्लेखनीय है कि तटस्थेश्वरवाद अन्य सभी ईश्वरवादी सिद्धांतों की तुलना में अपेक्षाकृत अधिक युक्तिसंगत और विश्व-रचना संबंधी वैज्ञानिक सिद्धांतों के अधिक निकट प्रतीत होता है। संभवतः इसी कारण न्यूटन जैसे महान वैज्ञानिक ने भी इसी बौद्धिक सिद्धांत का समर्थन किया था।

ईश्वर विषयक विश्वास संबंधी दूसरा सिद्धांत सर्वेश्वरवाद है जो तटस्थेश्वरवाद की भाँति एकेश्वरवाद का रूप होते हुए भी उससे बहुत भिन्न है। जैसा कि हम ऊपर बता चुके हैं, तटस्थेश्वरवाद ईश्वर को विश्व से पृथक् और तटस्थ मानता है, यही कारण है कि इसे 'तटस्थेश्वरवाद' की संज्ञा दी गई है। परंतु इस सिद्धांत के विपरीत सर्वेश्वरवाद ईश्वर और विश्व में कोई भेद ही नहीं मानता। इसके अनुसार, यह संपूर्ण ब्रह्माण्ड ईश्वरमय है; ईश्वर से पृथक् इसका कोई अस्तित्व नहीं है। दूसरे शब्दों में,

5. देखिए, ऐटकिन्सन ली, 'ग्राऊंडवर्क ऑफ़ दि फ़िलॉसॉफ़ी ऑफ़ रिलिजन', पृ. 249-263.

यह विश्व ईश्वर ही है; ईश्वर के अतिरिक्त वह और कुछ नहीं है। विश्व का प्रत्येक कण ईश्वर का ही रूप है, अतः ऐसी कोई वस्तु नहीं है जिसमें ईश्वर व्याप्त न हो। "सब कुछ ईश्वर ही है"—इस मान्यता को स्वीकार करने के कारण इस सिद्धांत को 'सर्वेश्वरवाद' कहा जाता है। इस सिद्धांत के समर्थकों का विचार है कि सर्वत्र व्याप्त ईश्वर की ही एकमात्र सत्ता है; उससे अलग विश्व का अपना कोई अस्तित्व नहीं है। ईश्वर और विश्व में पूर्ण अभेद अथवा एकता को स्वीकार करने के कारण वे तटस्थेश्वरवाद का खंडन करते हैं जो ईश्वर तथा विश्व को एक-दूसरे से पृथक् मानता है। परंतु सर्वेश्वरवादी ईश्वर तथा विश्व को एक या अभिन्न मानते हुए भी ईश्वर को ही विश्व का मूल आधार मानते हैं। अपनी इस मान्यता को सोदाहरण स्पष्ट करते हुए वे कहते हैं कि जिस प्रकार सूर्य की किरणों का मूल आधार सूर्य और अग्नि की चिंगारियों का मूल आधार अग्नि है ठीक उसी प्रकार इस जगत् का मूल आधार भी ईश्वर ही है। जिस प्रकार सूर्य से उत्पन्न किरणें और अग्नि से उत्पन्न चिंगारियाँ सूर्य तथा अग्नि से भिन्न नहीं हैं उसी प्रकार ईश्वर से उत्पन्न यह विश्व भी उससे पृथक् नहीं है। दूसरे शब्दों में, ईश्वर एवं विश्व में वैसी ही अभिन्नता है जैसी सूर्य और उसकी किरणों तथा अग्नि और उसकी चिंगारियों में होती है। इस प्रकार सर्वेश्वरवादी संपूर्ण विश्व को ईश्वरमय मानकर इन दोनों में अभेद स्थापित करते हैं। अनेक भारतीय तथा पाश्चात्य दार्शनिकों ने इस सर्वेश्वरवाद का समर्थन किया है। उदाहरणार्थ, ब्रह्म को ही एकमात्र अंतिम सत्ता मानते हुए उपनिषदों में मुख्यतः इसी सिद्धांत को स्वीकार किया गया है। शंकर, रामानुज, राधाकृष्णन आदि अनेक भारतीय दार्शनिक भी मूलतः इसी सिद्धांत का समर्थन करते रहे हैं। इसी प्रकार, पाश्चात्य दर्शन में स्टॉइक्स, प्लोटिनस, स्पिनोज़ा, हीगल, ब्रैडले आदि दार्शनिकों ने भी किसी-न-किसी रूप में इसी सिद्धांत को स्वीकार किया है। इससे यह स्पष्ट है कि सर्वेश्वरवाद को प्राचीन काल से आधुनिक युग तक अनेक महान विचारकों का पर्याप्त समर्थन प्राप्त होता रहा है। परंतु धर्मपरायण ईश्वरवादी विचारक तटस्थेश्वरवाद की भाँति इस सिद्धांत का भी खंडन करते हैं, क्योंकि उनके मतानुसार यह सिद्धांत ईश्वर तथा विश्व को अभिन्न मानकर उपासना अथवा भक्ति की संभावना को ही समाप्त कर देता है। इसके अतिरिक्त सर्वेश्वरवाद के विरुद्ध वे यह आपत्ति भी करते हैं कि यह सिद्धांत विश्व में विद्यमान विविधता की संतोषप्रद व्याख्या नहीं कर पाता। सर्वेश्वरवाद की इन्हीं कठिनाइयों के कारण अनेक धर्मपरायण ईश्वरवादी विचारक इस सिद्धांत को भी संतोषजनक नहीं मानते। इस प्रकार उपर्युक्त विवेचन से यह स्पष्ट है कि अधिकतर ईश्वरवादी दार्शनिक तथा धर्मशास्त्री ईश्वर के स्वरूप के संबंध में केवल उसी सिद्धांत को स्वीकार करते हैं जिसे 'ईश्वरवाद' अथवा 'एकेश्वरवाद' की संज्ञा दी गई है और जिसकी विस्तृत विवेचना हम ऊपर कर चुके हैं।[6]

6. ईश्वर के अस्तित्व संबंधी प्रमाणों तथा उसके स्वरूप के विस्तृत अध्ययन के लिए देखिए लेखक की एक अन्य पुस्तक, 'धर्म-दर्शन की मूल समस्याएँ', हिंदी माध्यम कार्यान्वय निदेशालय, दिल्ली विश्वविद्यालय, 1991, अध्याय 3 तथा अध्याय 4.

2. भारतीय दर्शन में ईश्वरवाद का विकास

पिछले खंड में ईश्वरवाद के अर्थ को स्पष्ट करते हुए ईश्वर के जिस स्वरूप का उल्लेख किया गया है उसका विकास कब, क्यों और कैसे हुआ, इस प्रश्न का कोई सर्वमान्य तथा पूर्णतः संतोषप्रद उत्तर देना बहुत कठिन है, क्योंकि इसके संबंध में हमारे पास कोई निश्चित एवं विश्वसनीय ऐतिहासिक प्रमाण उपलब्ध नहीं हैं। फिर भी कुछ विचारकों ने आदिकालीन मानवीय सभ्यता के विकास से संबंधित अनेक तथ्यों के आधार पर अनुमानतः इस जटिल प्रश्न का उत्तर देने का प्रयास किया है। यह एक सर्वमान्य तथ्य है कि अपने विकास के प्रारंभिक युग में आदिकालीन मनुष्य को अत्यंत प्रतिकूल प्राकृतिक परिस्थितियों में जीवन व्यतीत करना पड़ता था। विश्वव्यापी प्राकृतिक नियमों से अनभिज्ञ तथा अनेक भयानक हिंस्र पशुओं की तुलना में शारीरिक दृष्टि से दुर्बल मनुष्य उस समय सदा भयभीत और चिंताग्रस्त रहता था। बाढ़, भूकंप, आँधी, तूफ़ान आदि प्राकृतिक विपत्तियों के कारण वह अपने आप को अत्यधिक असुरक्षित अनुभव करता था। इसके अतिरिक्त उस समय विभिन्न जनजातियों में निरंतर होनेवाले पारस्परिक युद्धों के फलस्वरूप भी मनुष्य का जीवन सदा संकटग्रस्त ही रहता था। यह समझना कठिन नहीं है कि इस सर्वव्यापी भय, चिंता एवं संकट की दुखद स्थिति में मनुष्य को किसी ऐसी शक्ति के सहारे की आवश्यकता का अनुभव हुआ होगा जो संकट-काल में उसकी सहायता करके उसके जीवन की रक्षा कर सके। अपनी इसी आवश्यकता के कारण आदिकालीन मानव को कल्पना-शक्ति द्वारा अनेक दैवी अथवा अलौकिक शक्तियों की सृष्टि करने के लिए बाध्य होना पड़ा। इन अलौकिक शक्तियों का आधार सूर्य, चंद्र, जल, वायु, अग्नि आदि वे प्राकृतिक वस्तुएँ थीं जिनका वह अपने चारों ओर सदा अनुभव करता था और जिन पर उसका संपूर्ण जीवन निर्भर था। मनुष्य की कल्पना द्वारा उत्पन्न ये अलौकिक शक्तियाँ ही कालांतर में उस जीवन-दृष्टि या जीवन-पद्धति का मूल आधार बनीं जिसे 'धर्म' की संज्ञा दी जाती है।

सभ्यता के विकास के दीर्घकाल तक मानव इन्हीं प्राकृतिक वस्तुओं अथवा शक्तियों को देवी-देवता मानकर इनकी उपासना या पूजा करता रहा है और आज भी उसकी यह प्रवृत्ति पूर्णतः समाप्त नहीं हुई है। विभिन्न मानवीय सभ्यताओं का इतिहास इस बात का साक्षी है कि विश्व के लगभग सभी भागों में अनेक देवी-देवताओं की यह उपासना-पद्धति प्रचलित रही है जिसे 'बहुदेववाद' कहा जाता है। भारत, बेबीलोनिया, यूनान, मिस्र आदि की प्राचीन सभ्यताओं में इस बहुदेववाद को स्पष्ट रूप में देखा जा सकता है। प्रेम, ज्ञान, युद्ध, सुरक्षा आदि मानव-जीवन के सभी महत्त्वपूर्ण क्षेत्रों के लिए मनुष्य ने भिन्न-भिन्न देवियों अथवा देवताओं की कल्पना की थी जिन्हें अपने-अपने क्षेत्र में सर्वोच्च सत्ता माना जाता था। इन्हीं सब कल्पित देवी-देवताओं की पूजा करके उसने सुख, समृद्धि, स्वास्थ्य, सुरक्षा आदि वह सब कुछ प्राप्त करने का प्रयास किया जिसकी उसे आवश्यकता थी। इस प्रकार संकट-काल में जीवन-रक्षा तथा शांति के समय में सुख-समृद्धि, स्वास्थ्य और सुरक्षा के लिए ही सर्वप्रथम उस बहुदेववाद के रूप में धर्म का उदय हुआ जो आज भी किसी-न-किसी रूप में विद्यमान है।

परंतु कालांतर में मनुष्य की बौद्धिक क्षमता के विकास के फलस्वरूप यह बहुदेववाद उसे असंतोषप्रद सिद्धांत प्रतीत होने लगा, क्योंकि इसमें उसने अनेक कठिनाइयों का अनुभव किया। जीवन के विभिन्न पक्षों के लिए अलग-अलग देवी-देवताओं का अस्तित्व होने के कारण उसे इन सबकी पूजा करनी पड़ती थी जिसके लिए काफी परिश्रम और समय की आवश्यकता होती थी। इसके अतिरिक्त अपने-अपने क्षेत्र में सर्वोच्च माने जानेवाले इन देवी-देवताओं में परस्पर संघर्ष की संभावना भी बनी रहती थी। यही कारण है कि मनुष्य कभी एक देवता को और कभी किसी दूसरे देवता को उच्चतम सत्ता मानने के लिए बाध्य होता था। बहुदेववाद की इन्हीं कठिनाइयों के कारण उसने एक ऐसे सर्वोच्च देवता की आवश्यकता का अनुभव किया जो संपूर्ण विश्व का स्वामी हो और जो अन्य सभी देवी-देवताओं को नियंत्रित कर सके। मानव के लिए ऐसे सर्वोच्च देवता की कल्पना करना कठिन नहीं था, क्योंकि उसके समक्ष समुदाय के मुखिया अथवा राजा का स्पष्ट उदाहरण विद्यमान था जिसे उच्चतम और सर्वश्रेष्ठ व्यक्ति माना जाता था। उसमें सभी प्रशंसनीय तथा उत्कृष्ट गुणों के होने की कल्पना की जाती थी। कालांतर में समुदाय का यही मुखिया अथवा राजा संपूर्ण विश्व के सर्वोच्च देवता के सृजन की कल्पना का आधार बना और इसे ही 'ईश्वर' की संज्ञा दी गई। इस ईश्वर में मानव ने असीमित मात्रा में शक्ति, ज्ञान, शुभत्व, प्रेम, दया, न्याय आदि उन सभी गुणों को आरोपित किया जिन्हें वह उत्कृष्ट तथा प्रशंसनीय मानता था और जो स्वयं उसमें सीमित मात्रा में विद्यमान थे। ईश्वर को सांसारिक राजा से पृथक् करने के लिए उसने अलौकिक या अतिप्राकृतिक शक्ति के रूप में उसकी कल्पना की और उसमें उन सभी विशेषताओं को आरोपित किया जिनका उल्लेख हम पिछले खंड में कर चुके हैं। लौकिक राजा के विपरीत ईश्वर को मनुष्य ने एक ऐसी आध्यात्मिक एवं अतिप्राकृतिक सत्ता माना जो शरीररहित, व्यक्तित्वसंपन्न, असीम, शाश्वत, सर्वज्ञ, सर्वशक्तिमान, सर्वव्यापक, पूर्णतः शुभ, अत्यंत प्रेममय, दयालु तथा न्यायशील है और जो इस संपूर्ण ब्रह्माण्ड का रचयिता, संरक्षक, शासक एवं संहारक है। इस प्रकार मानव ने स्वयं अपने स्वरूप तथा गुणों के आधार पर ईश्वर की कल्पना की है, अतः वह ईश्वर की रचना नहीं, अपितु स्वयं ईश्वर उसकी कल्पना-शक्ति की कृति है।

परंतु यहाँ यह उल्लेखनीय है कि ईश्वर की उपर्युक्त अवधारणा किसी एक विशेष समय में तुरंत उत्पन्न तथा विकसित नहीं हुई, इसका विकास दीर्घकाल में धीरे-धीरे हुआ है। आज हम सामान्यतः ईश्वर की जिस अवधारणा को जानते हैं और जिसे सभी ईश्वरवादी धर्मों में स्वीकार किया जाता है वह मनुष्य की कल्पना-शक्ति का दीर्घकालीन परिणाम है। ईश्वर की इस अवधारणा ने उसके संपूर्ण जीवन को युगों तक व्यापक रूप से प्रभावित और शासित किया है। आज भी उसके जीवन पर इसके गहरे एवं व्यापक प्रभाव को स्पष्टतः देखा जा सकता है। वह ईश्वर से अपने लिए सुख, समृद्धि, स्वास्थ्य, शांति, सुरक्षा और संकट-काल में सहायता की याचना करता है। मनुष्य ईश्वर से वह सब कुछ पाना चाहता है जिसे वह स्वयं प्राप्त करने में अपने आप को असमर्थ पाता है। इस प्रकार उपर्युक्त संपूर्ण विवेचन के निष्कर्ष के रूप में हम यह कह सकते हैं कि आदिकाल में अपने जीवन की कुछ अनिवार्य आवश्यकताओं की पूर्ति के लिए ही मानव ने पहले अनेक देवी-देवताओं की कल्पना की और फिर

इस बहुदेववाद की कठिनाइयों से मुक्त होने के लिए उसने ईश्वर की उस अवधारणा को जन्म दिया जो आज भी प्रचलित है तथा जो ईश्वरवाद का मूल आधार है।

भारतीय दर्शन में ईश्वर की इस अवधारणा का विकास वैदिक युग से ही आरंभ हो गया था। यह सत्य है कि भारतीय संस्कृति के उस प्रारंभिक काल में बहुदेववाद की ही प्रधानता थी। वैदिक ऋषि उस समय सूर्य, चंद्र, वायु, अग्नि आदि प्राकृतिक शक्तियों का मानवीकरण करके प्रायः उनकी ही देवी-देवताओं के रूप में पूजा करते थे। उनकी इस पूजा का मुख्य उद्देश्य स्वयं अपने लिए भौतिक सुख-समृद्धि, स्वास्थ्य और सुरक्षा प्राप्त करना था। वेदों में ऐसी प्रार्थनाएँ बहुत अधिक संख्या में उपलब्ध होती हैं जिनमें मनुष्यों के लिए भोजन, वस्त्र आदि भौतिक वस्तुओं, अच्छी फ़सलों, पशु-धन, स्वस्थ संतान, सुखी तथा सुरक्षित जीवन, स्वास्थ्यपूर्ण दीर्घ आयु आदि की आराध्य देवी-देवताओं से याचना की गई है। इस प्रकार वैदिककालीन आर्य अपने जीवन में सभी प्रकार के सांसारिक सुख प्राप्त करने के लिए अनेक देवी-देवताओं की उपासना करते थे, अतः उस युग का प्रमुख सिद्धांत बहुदेववाद ही था। मानव-जीवन के विभिन्न पक्षों के लिए भिन्न-भिन्न देवी-देवताओं की कल्पना की गई थी। इसी तथ्य की बड़े रोचक ढंग से व्याख्या करते हुए राधाकृष्णन ने लिखा है : "मानव-मस्तिष्क के कारखाने में देवताओं के निर्माण की प्रक्रिया जितनी अधिक स्पष्टतः ऋग्वेद में देखी जा सकती है उतनी और कहीं नहीं देखी जा सकती। . . . मनुष्य स्वयं अपने ही रूप में देवताओं का निर्माण करने में व्यस्त है।"[7]

परंतु उपर्युक्त विवेचन से यह निष्कर्ष निकालना उचित नहीं होगा कि वैदिक-कालीन आर्यों की विचारधारा केवल बहुदेववाद तक ही सीमित थी और वे एकेश्वर-वाद से अनभिज्ञ थे। वस्तुतः उस समय भी कुछ विचारक बहुदेववाद की पूर्ववर्णित कठिनाइयों के कारण इस सिद्धांत से संतुष्ट नहीं थे। बहुदेववाद की इन कठिनाइयों के अतिरिक्त उन्होंने प्राकृतिक शक्तियों की भिन्नता के साथ-साथ प्रकृति में एकरूपता का भी अनुभव किया था। इसी कारण वे एक ऐसे देवता अथवा एक ऐसी शक्ति की कल्पना करने लगे थे जिसकी सर्वोच्च सत्ता हो और जो अन्य सभी देवी-देवताओं को नियंत्रित कर सके। ऋग्वेद के उत्तरार्ध में सर्वोच्च सत्ता का यह स्थान बारी-बारी से बृहस्पति, विश्वकर्मा तथा प्रजापति को प्रदान किया गया था।[8] इससे पूर्व वैदिक ऋषि वरुण देवता को ही उच्चतम सत्ता के रूप में स्वीकार करते थे और उसमें ऐसे अनेक गुणों को भी आरोपित करते थे जो बाद में ईश्वर में आरोपित किए जाने लगे। उदाहरणार्थ, वरुण को ही संपूर्ण विश्व-व्यवस्था और नैतिक व्यवस्था का नियामक माना जाता था। उसकी उपासना करनेवाले वैदिक ऋषि यह मानते थे कि उसके कारण ही यह पृथ्वी तथा आकाश अलग-अलग हैं और इस संपूर्ण ब्रह्माण्ड में भौतिक एवं नैतिक व्यवस्था बनी हुई है। वह सर्वज्ञ है और अन्य सभी देवी-देवता उसी के आदेशों का पालन करते हैं। विश्व में उसी की सर्वोच्च सत्ता है और वही अन्य सभी देवी-देवताओं का शासक है। उसने ही इस जगत् में ऋत् के रूप में नैतिक नियम की स्थापना की है।

7. सर्वपल्ली राधाकृष्णन, 'इंडियन फ़िलॉसॉफ़ी', खंड 1, पृ. 72-73.

8. 'ऋग्वेद', 10, 72, 81-82, 85.

वरुण की उपर्युक्त सभी विशेषताओं को ध्यान में रखते हुए राधाकृष्णन ने कहा है : "वैष्णव तथा भागवत के ईश्वरवाद का उद्‌गम वरुण की वैदिक उपासना में खोजा जा सकता है जिसमें भक्ति, पाप-संबंधी चेतना और दैवी क्षमा के विश्वास को विशेष महत्त्व दिया गया है। . . . उस नियम को ऋत् कहा गया है जिसका संरक्षक वरुण है। . . . ईश्वर की किसी भी सही अवधारणा के लिए एकेश्वरवाद अनिवार्य है। सर्वोच्च सत्ता केवल एक ही हो सकती है। हम दो सर्वोच्च तथा असीम सत्ताओं को स्वीकार नहीं कर सकते। . . . वरुण की उपासना में हम एकेश्वरवाद के अधिकतम निकट पहुँच जाते हैं। उसमें न्याय, परोपकार, सत्यनिष्ठा और दया—इन नैतिक तथा आध्यात्मिक गुणों को आरोपित किया गया था। . . . वरुण एक ऐसा देवता है जो मनुष्य तथा प्रकृति और इस लोक एवं परलोक, सबका स्वामी है। वह केवल बाह्य आचरण पर ही नहीं, अपितु जीवन की आंतरिक शुद्धता पर भी ध्यान देता है।"[9] इस प्रकार यह स्पष्ट है कि वरुण को सर्वोच्च देवता मानकर उसी की उपासना द्वारा वैदिक ऋषियों ने उस एकेश्वरवाद अथवा ईश्वरवाद का प्रारंभ कर दिया था जिसका बाद में धीरे-धीरे भारतीय दर्शन में विकास हुआ और जो आज भी जनसाधारण में प्रचलित है।

वस्तुतः वैदिक युग में बहुदेववाद की प्रधानता होते हुए भी तत्कालीन कुछ विचारक यह अनुभव करने लगे थे कि देवी-देवताओं के रूप में स्वीकार की जानेवाली समस्त प्राकृतिक शक्तियों के मूल में कोई एक सर्वोच्च सत्ता अवश्य है और सभी देवी-देवता इसी सर्वोच्च सत्ता के विभिन्न रूप हैं। ऋग्वेद के एक मंत्र में स्पष्टतः यह कहा गया है : "सत् तो एक ही है और उसी को विद्वान लोग अग्नि, यम आदि विभिन्न नामों से पुकारते हैं।"[10] इसका तात्पर्य यह है कि यह एक सत्ता ही संपूर्ण ब्रह्माण्ड का मूल तत्त्व है जो सभी प्राकृतिक शक्तियों अथवा देवी-देवताओं में विद्यमान है। वैदिक युग का यह विचार एकतत्त्ववाद का स्पष्ट उदाहरण है जिसका आगे चलकर उपनिषदों में पूर्ण विकास हुआ है और जिसे हम ब्रह्म के सिद्धांत के रूप में जानते हैं। इस एकतत्त्ववाद में 'सत्' नामक जिस मूल तत्त्व या विश्वव्यापी सत्ता की ओर संकेत किया गया है वह कोई देवी अथवा देवता न होकर निश्चय ही निर्वैयक्तिक तत्त्व है। इसी तथ्य के आधार पर वैदिक युग के एकतत्त्ववाद की व्याख्या करते हुए मैक्समूलर ने लिखा है : "वह चाहे कोई भी युग रहा हो, जब हमारी ऋग्वेद-संहिता का निर्माण हुआ था, उस युग से पूर्व ही यह विश्वास दृढ़ हो चुका था कि कोई एक सत्ता अवश्य है—ऐसी सत्ता जो न पुरुष है और न स्त्री, जो व्यक्तित्व तथा मानव-स्वभाव की समस्त सीमाओं से बहुत ऊपर है और जिसे इंद्र, अग्नि, मातरिश्वन, प्रजापति आदि नामों से जाना जाता है।"[11] इस प्रकार यह स्पष्ट है कि वैदिक काल में ही एकेश्वरवाद और एकतत्त्ववाद, इन दोनों दार्शनिक सिद्धांतों का बीजारोपण हो चुका था।

9. सर्वपल्ली राधाकृष्णन, 'इंडियन फ़िलॉसॉफ़ी', खंड 1, पृ. 78, 90.
10. ऋग्वेद, 1, 164, 46.
11. मैक्समूलर, 'सिक्स सिस्टम्ज़ ऑफ़ इंडियन फ़िलॉसॉफ़ी', पृ. 51-52.

परंतु यहाँ यह उल्लेखनीय है कि उपर्युक्त दोनों सिद्धांतों में ईश्वर की वह अवधारणा विद्यमान नहीं है जिसकी व्याख्या पिछले खंड में की गई है और जिसका विकास बाद में वेदांत, योग तथा परवर्ती न्याय-वैशेषिक दर्शनों में हुआ। ऐसी स्थिति में संभवतः यह कहना अनुचित न होगा कि वैदिक युग में उस रूप में ईश्वरवाद का विकास नहीं हुआ था जिस रूप में यह हमें कुछ परवर्ती भारतीय दर्शनों में उपलब्ध होता है। वैदिककालीन एकेश्वरवाद के विषय में इस तथ्य को स्पष्टतः स्वीकार करते हुए राधाकृष्णन कहते हैं : "ऋग्वेद के कुछ मंत्रों में एकेश्वरवाद पाया जाता है। इसमें कोई संदेह नहीं है कि कभी-कभी कई देवताओं को एक ही विश्वव्यापी सत्ता के भिन्न-भिन्न नामों और उसकी विभिन्न अभिव्यक्तियों के माध्यम से समझा जाता था। परंतु यह एकेश्वरवाद आधुनिक संसार का स्पष्ट और सुनिश्चित एकेश्वरवाद नहीं है।"[12] इस प्रकार निष्कर्ष के रूप में हम यह कह सकते हैं कि वैदिक युग में एकेश्वरवाद अथवा ईश्वरवाद का बीजारोपण अवश्य हो चुका था, परंतु उस समय इसका स्पष्ट तथा पर्याप्त विकास नहीं हुआ था।

वैदिक युग के पश्चात् उपनिषद-काल में भी ईश्वरवाद का विशेष विकास नहीं हो सका, क्योंकि तत्कालीन विचारक मुख्यतः निर्वैयक्तिक, निर्गुण एवं निराकार ब्रह्म को विश्व की अंतिम सत्ता मानते थे और ब्रह्म की यह अवधारणा पूर्वोल्लिखित ईश्वर की अवधारणा से बहुत भिन्न है। अधिकतर उपनिषदों में ब्रह्म के स्वरूप के विषय में जो कुछ कहा गया है उससे यह स्पष्ट है कि वह उस प्रकार का उपास्य देवता नहीं है जिस प्रकार के देवताओं का वर्णन हमें ऋग्वेद तथा अन्य वेदों में उपलब्ध होता है। उपनिषदकालीन ऋषि वैदिक देवताओं के विपरीत ब्रह्म को निर्वैयक्तिक, निर्गुण, निराकार, असीम, शाश्वत, अनादि तथा अनंत और अपरिवर्तनशील सत्ता मानते थे जिसके स्वरूप का ठीक-ठीक वर्णन करना संभव नहीं है। इसी कारण उन्होंने 'नेति-नेति' (यह नहीं है, यह नहीं है) कहकर ब्रह्म के स्वरूप को समझाने का प्रयास किया है। हम जिस वस्तु के स्वरूप तथा गुणों का वर्णन कर सकते हैं वह अनिवार्यतः सीमित, परिवर्तनशील और नश्वर होती है, किंतु ब्रह्म असीम, अपरिवर्तनशील एवं शाश्वत सत्ता है, अतः उसके स्वरूप का निश्चित वर्णन करना असंभव है। ब्रह्म के संबंध में इसी विचार को स्पष्ट करते हुए याज्ञवल्क्य ने कहा है : "वह यह नहीं है, यह नहीं है। वह अचिंत्य है, क्योंकि उसे समझा नहीं जा सकता; वह अपरिवर्तनशील है, क्योंकि उसमें कभी किसी प्रकार का परिवर्तन नहीं होता; वह अस्पर्श्य है, क्योंकि उसे कोई भी स्पर्श नहीं कर सकता।"[13] इसी प्रकार, 'कठ उपनिषद' में भी ब्रह्म के विषय में कहा गया है : "वह जो अश्रव्य, अस्पर्श्य, अदृश्य तथा अनश्वर है, जिसका स्वाद नहीं जाना जा सकता, जिसे सूँघा नहीं जा सकता, जो शाश्वत अनादि, अनंत, महानतम तथा स्थायी है--जो ऐसे ब्रह्म को जानता है वही मृत्यु के मुख से मुक्त हो सकता है--अर्थात्, वही मोक्ष प्राप्त कर सकता है।"[14] वस्तुतः

12. सर्वपल्ली राधाकृष्णन, 'इंडियन फ़िलॉसॉफ़ी', खंड 1, पृ. 69.
13. 'वृहदारण्यक उपनिषद', 4, 5, 15.
14. 'कठ उपनिषद', 3, 15.

अधिकतर उपनिषदों में मुख्यतः ब्रह्म की यही अवधारणा उपलब्ध होती है। इसी निर्गुण, निराकार तथा निर्वैयक्तिक ब्रह्म को जगत् की अंतिम सत्ता के रूप में स्वीकार किया गया है। इस ब्रह्म को ही जगत् का ऐसा मूल आधार माना गया है जिससे यह जगत् उत्पन्न होता है, जिसके कारण इसका अस्तित्व बना रहता है और जिसमें यह अंततः विलीन हो जाता है।

निर्गुण ब्रह्म की उपर्युक्त अवधारणा से यह स्पष्ट है कि यह ब्रह्म उस ईश्वर से भिन्न है जो व्यक्तित्वसंपन्न तथा भक्तों का आराध्य है और जो विश्व का रचयिता, संरक्षक, शासक एवं संहारक है। हम देख चुके हैं कि ईश्वर में विश्वास करनेवाले दार्शनिक तथा धर्मपरायण व्यक्ति सामान्यतः ऐसे ही ईश्वर की अवधारणा को स्वीकार करते हैं, क्योंकि ऐसा ईश्वर ही उपासना अथवा पूजा का विषय हो सकता है, निर्वैयक्तिक, निर्गुण तथा निराकार ब्रह्म नहीं। कुछ विद्वानों का मत है कि निर्गुण ब्रह्म की अवधारणा के साथ-साथ उपनिषदों में सर्वेश्वरवाद तथा एकेश्वरवाद, इन दोनों सिद्धांतों का भी प्रतिपादन किया गया था। उदाहरणार्थ, इसी मत का समर्थन करते हुए सुरेंद्रनाथ दासगुप्त ने लिखा है : "यदि हम उपनिषदों में ब्रह्म के विचार के विकास से संबंधित . . . मुख्य विचारधाराओं को देखें तो हम पाते हैं कि प्रबलतम विचारधारा, जो अधिकतर उपनिषदों में अभिव्यक्त हुई है, यह है कि आत्मा अथवा ब्रह्म ही एकमात्र सत्ता है और इसके अतिरिक्त अन्य प्रत्येक वस्तु अवास्तविक है। दूसरी विचारधारा, जो अनेक उपनिषदों में पाई जाती है, सर्वेश्वरवादी सिद्धांत है जो आत्मा अथवा ब्रह्म के साथ विश्व का अभेद या तादात्म्य स्थापित करता है। तीसरी विचारधारा ईश्वरवाद की है जो ब्रह्म को विश्व-नियंता ईश्वर के रूप में स्वीकार करती है। उस समय इन सभी विचारधाराओं का विकास प्रारंभ हुआ था और इनमें से किसी की भी सुव्यवस्थित व्याख्या नहीं की गई थी, इसी कारण इनके आधार पर अपने सुसंगत एवं व्यवस्थित दर्शन का विकास करने के लिए उपनिषदों के अर्थ के विषय में शंकर, रामानुज तथा वेदांत के अन्य परवर्ती व्याख्याकारों में विवाद होता रहा।"[15] इस प्रकार निष्कर्ष के रूप में हम यह कह सकते हैं कि यद्यपि उपनिषदों में सर्वेश्वरवाद तथा ईश्वरवाद इन दोनों सिद्धांतों का भी उल्लेख मिलता है, फिर भी उनकी प्रमुख विचारधारा निर्वैयक्तिक, निर्गुण और निराकार ब्रह्म की ही है।

वस्तुतः जिस अर्थ में आज हम ईश्वरवाद को जानते हैं उस अर्थ में इसका पूर्ण विकास कुछ भारतीय दर्शनों में ही हुआ है। यह सत्य है कि अधिकतर भारतीय दर्शन निरीश्वरवादी हैं, किंतु योग, परवर्ती न्याय-वैशेषिक, शंकर की अद्वैत वेदांत, रामानुज का विशिष्टाद्वैतवादी दर्शन तथा अन्य वैष्णव दर्शन किसी-न-किसी रूप में ईश्वरवाद को स्वीकार करते हैं। यहाँ हम इन सभी दर्शनों में वर्णित ईश्वरवाद के स्वरूप तथा उनके द्वारा प्रस्तुत किए गए ईश्वर के अस्तित्व संबंधी प्रमाणों की संक्षिप्त विवेचना करेंगे।

यद्यपि योग दर्शन निरीश्वरवादी सांख्य की तत्त्वमीमांसा और ज्ञानमीमांसा को पूर्णतः स्वीकार करता है, फिर भी सांख्य के विपरीत वह ईश्वरवादी दर्शन है। योग

15. सुरेंद्र नाथ दासगुप्त, 'ए हिस्ट्री ऑफ़ इंडियन फ़िलॉसॉफ़ी', खंड 1, पृ. 50.

दर्शन के प्रवर्तक, महर्षि पतंजलि ने अपने 'योग-सूत्र' में प्रकृति तथा पुरुष से भिन्न विश्व की सर्वोच्च सत्ता के रूप में ईश्वर का स्पष्टतः उल्लेख किया है। उनके पश्चात व्यास ने अपने 'योग-भाष्य' में और वाचस्पति मिश्र ने अपनी प्रमुख कृति, 'तत्त्व-वैशार्दी' में ईश्वर के स्वरूप तथा उसके अस्तित्व से संबंधित प्रमाणों की सविस्तार विवेचना की है। ये सभी दार्शनिक ईश्वर को ऐसी उत्कृष्टतम आध्यात्मिक सत्ता मानते हैं जो समस्त जीवों से पृथक् और उनकी अपेक्षा अधिक श्रेष्ठ है। योग दर्शन में ईश्वर को 'पुरुष-विशेष' कहा गया है जो बंधन में आबद्ध सभी जीवों तथा मुक्त पुरुषों से भिन्न है। जीवों के विपरीत ईश्वर पूर्णतः स्वतंत्र, सर्वदा मुक्त, शाश्वत, सर्वशक्तिमान, असीम तथा सर्वज्ञ है। इसी प्रकार, वह मुक्त पुरुषों से भी भिन्न है, क्योंकि वह कभी बंधन में नहीं रहा, जबकि मुक्त पुरुष मोक्ष प्राप्त करने से पूर्व बंधन में आबद्ध थे। ईश्वर पाप-पुण्य, कर्मों, कर्म-फल तथा समस्त क्लेशों–अविद्या, अस्मिता (स्वार्थपूर्ण वैयक्तिक चेतना), राग, द्वेष और अभिनिवेश (जीने की इच्छा)–से पूर्णतः अप्रभावित रहता है। इस दृष्टि से भी ईश्वर सभी जीवों की अपेक्षा अधिक उत्कृष्ट है जो समस्त क्लेशों, पाप-पुण्य, कर्मों और कर्म-फल में अनिवार्यतः आबद्ध रहते हैं। वस्तुतः ईश्वर ही विश्व की अंतिम और सर्वोच्च सत्ता है जिसके समान दूसरा कोई नहीं है। उत्कृष्टतम होने के साथ-साथ ईश्वर सर्वज्ञ भी है–अर्थात्, उसका ज्ञान अन्य सभी जीवों के ज्ञान की अपेक्षा कहीं अधिक गहन तथा व्यापक है। वही सभी गुरुओं का गुरु और संपूर्ण ज्ञान का अंतिम स्रोत है। वेदों, उपनिषदों तथा अन्य श्रुति-ग्रंथों में उसी की अभिव्यक्ति हुई है और वही इन सबका मूल आधार है। ईश्वर केवल सर्वज्ञ ही नहीं, अत्यंत दयालु भी है; जीवों के प्रति अपार दया से प्रेरित होकर उसने स्वतः वेदों को अभिव्यक्त किया है।[16] व्यास की भाँति वाचस्पति मिश्र भी ईश्वर को ही श्रुति-ग्रंथों का रचयिता मानते हैं।

पतंजलि तथा योग दर्शन के अन्य आचार्यों का मत है कि ईश्वरोपासना अथवा ईश्वर की भक्ति–जिसे योग दर्शन में 'ईश्वर-प्रणिधान' कहा गया है–योग के अंतिम लक्ष्य, समाधि में बहुत सहायक सिद्ध होती है। ईश्वर की भक्ति का अर्थ है उसके प्रति विशेष प्रेम रखना, सदा उसका चिंतन तथा स्मरण करना और कर्म-फलाकांक्षा को त्यागकर अपने समस्त कर्मों को उसे ही समर्पित कर देना। अन्य साधनों के अतिरिक्त यह ईश्वर-भक्ति अथवा ईश्वर-प्रणिधान भी समाधि का महत्त्वपूर्ण साधन है।[17] इसी कारण योग के पाँच नियमों में शौच, संतोष, तप एवं स्वाध्याय के साथ-साथ ईश्वर-प्रणिधान को भी समाधि के इच्छुक व्यक्ति के लिए आवश्यक माना गया है। योग दर्शन के आचार्यों का विचार है कि समाधि में उपस्थित होनेवाली समस्त बाधाओं का निराकरण करके ईश्वर उस व्यक्ति की सहायता करता है जो ईश्वरोपासना या ईश्वर-प्रणिधान का सहारा लेता है। परंतु यहाँ यह उल्लेखनीय है कि योग दर्शन के अनुसार, ईश्वर-प्रणिधान समाधि का अनिवार्य तथा एकमात्र साधन नहीं है और वह स्वतः साध्य न होकर समाधि का केवल एक साधन ही है। इसी प्रकार, सांख्य की भी

16. व्यास, 'योग-भाष्य', 1, 24.
17. पतंजलि, 'योग-सूत्र', 1, 23.

भाँति इस दर्शन में भी विश्व-विकास के दो मूल तत्त्वों–पुरुष तथा प्रकृति–को अनादि एवं शाश्वत माना गया है जिनकी रचना किसी ने नहीं की, अतः ईश्वर को विश्व के संचालक और शासक के रूप में ही स्वीकार किया गया है; उसके रचयिता के रूप में नहीं। पुरुष और प्रकृति में संयोग स्थापित करके ईश्वर विश्व-विकास की प्रक्रिया को आरंभ करता है, अतः वह विश्व का उपादान कारण न होकर केवल निमित्त कारण है। वह विश्व में व्यवस्था स्थापित करता है और सभी मनुष्यों को उनके शुभ-अशुभ कर्मों का समुचित फल भी प्रदान करता है। इसी कारण ईश्वर को विश्व का संचालक तथा शासक कहा गया है।[18]

ईश्वर के अस्तित्व को प्रमाणित करने के लिए योग दर्शन में निम्नलिखित प्रमाण प्रस्तुत किए गए हैं : (1) जैसा कि हम ऊपर देख चुके हैं, सांख्य की भाँति योग दर्शन भी पुरुष और प्रकृति को ही विश्वोत्पत्ति के मूल तत्व मानता है। परंतु योग दर्शन के अनुसार, इन दोनों में स्वतः संयोग संभव नहीं है, क्योंकि पुरुष निष्क्रिय तथा प्रकृति जड़ है। इसी कारण किसी ऐसी शक्ति की आवश्यकता है जो पुरुष और प्रकृति में संयोग स्थापित कर सके। यह शक्ति ईश्वर ही है जो इन दोनों में संयोग स्थापित करके विश्वोत्पत्ति की प्रक्रिया आरंभ करता है। ईश्वर की सत्ता के अभाव में विश्व की उत्पत्ति और उसके विकास की प्रक्रिया की संतोषप्रद व्याख्या करना संभव नहीं है, अतः उसके अस्तित्व को स्वीकार करना आवश्यक है। इसे 'कारणात्मक युक्ति' अथवा 'सृष्टि-कारण युक्ति' कहा जा सकता है, क्योंकि इसमें विश्व के निमित्त कारण के रूप में ईश्वर के अस्तित्व को प्रमाणित करने का प्रयास किया गया है।

(2) इस विश्व में छोटे-बड़े, कम-अधिक तथा निम्न-उच्च की अवधारणा विद्यमान है। वस्तुओं तथा व्यक्तियों में कुछ गुण कम या अधिक मात्रा में पाए जाते हैं। उदाहरणार्थ, कुछ व्यक्तियों में ज्ञान, शक्ति आदि गुण कम मात्रा में और कुछ अन्य व्यक्तियों में अधिक मात्रा में प्राप्त होते हैं। इससे हम यह अनुमान लगा सकते हैं कि कोई ऐसी शक्ति अवश्य है जिसमें ज्ञान, शक्ति आदि गुण अधिकतम मात्रा में विद्यमान हैं। यह शक्ति ईश्वर ही है जो सर्वज्ञ तथा सर्वशक्तिमान है–अर्थात्, जिसमें ज्ञान और शक्ति अधिकतम मात्रा में पाए जाते हैं। इस प्रकार उक्त प्रमाण में उच्च तथा उच्चतर की अवधारणा से उच्चतम ईश्वर के अस्तित्व को प्रमाणित करने का प्रयास किया गया है जिसके समान अन्य कोई सत्ता नहीं है।[19]

(3) वेदों, उपनिषदों तथा अन्य श्रुति-ग्रंथों में ईश्वर की विस्तारपूर्वक चर्चा की गई है। इन ग्रंथों से हमें ईश्वर के अस्तित्व, उसके गुणों तथा जगत् और मनुष्यों के साथ उसके संबंध की विस्तृत जानकारी प्राप्त होती है। ईश्वर विषयक यह ज्ञान मिथ्या नहीं हो सकता, क्योंकि स्वयं ईश्वर की अभिव्यक्ति होने के कारण ये ग्रंथ पूर्णतः सत्य एवं असंदिग्ध रूप से प्रामाणिक माने जाते हैं। इससे स्पष्ट है कि इन श्रुति-ग्रंथों में उपलब्ध ईश्वर विषयक ज्ञान से भी उसका अस्तित्व प्रमाणित होता है। हम आगे देखेंगे कि योग दर्शन के अतिरिक्त न्याय, वैशेषिक, वेदांत आदि अन्य दर्शनों ने भी ईश्वर के अस्तित्व को प्रमाणित करने के लिए यह शब्द-प्रमाण प्रस्तुत किया है।

18. वाचस्पति मिश्र, 'तत्व-वैशारदी', 4, 3.

19. व्यास, 'योग-भाष्य', 1, 24.

योग दर्शन के आचार्यों का मत है कि उपर्युक्त सभी प्रमाणों द्वारा असंदिग्ध रूप से ईश्वर का अस्तित्व सिद्ध होता है। परंतु किसी भी प्रबुद्ध विचारक के लिए यह समझना कठिन नहीं है कि उनके ये प्रमाण कितने दुर्बल और दोषपूर्ण हैं। उदाहरणार्थ, प्रथम प्रमाण में ईश्वर के अस्तित्व को प्रमाणित करने के स्थान पर उसे प्रकृति और पुरुष में संयोग स्थापित करने के लिए एक पूर्वमान्यता के रूप में स्वीकार कर लिया गया है। योग दर्शन की इस पूर्वमान्यता से निश्चय ही ईश्वर का अस्तित्व सिद्ध नहीं होता। इसी प्रकार, दूसरे प्रमाण में उच्च तथा उच्चतर की सामान्य अवधारणा के आधार पर उच्चतम सत्ता के रूप में ईश्वर की केवल कल्पना कर ली गई है जो वास्तव में उसके अस्तित्व को प्रमाणित नहीं करती। किसी विशेष अवधारणा के आधार पर किसी वस्तु का अनुमान लगाना अथवा उसकी कल्पना कर लेना उसके अस्तित्व को सिद्ध करना नहीं है। योग दर्शन के इन दोनों प्रमाणों की भाँति उसका तीसरा प्रमाण भी बहुत दोषपूर्ण है। इस प्रमाण में पहले तो श्रुति-ग्रंथों को ईश्वर की अभिव्यक्ति मानकर उन्हें असंदिग्ध रूप से सत्य मान लिया गया है और फिर इन्हीं ग्रंथों के आधार पर ईश्वर के अस्तित्व को प्रमाणित करने का प्रयास किया गया है। ऐसी दोषपूर्ण तर्क-पद्धति द्वारा वस्तुतः कुछ भी प्रमाणित नहीं होता। इस प्रकार ईश्वर के अस्तित्व को प्रमाणित करने के लिए योग दर्शन ने जो प्रमाण प्रस्तुत किए हैं वे दोषपूर्ण होने के कारण वास्तव में उसके अस्तित्व को सिद्ध नहीं करते। हम आगे देखेंगे कि ईश्वर के अस्तित्व को सिद्ध करने के लिए अन्य ईश्वरवादी दर्शनों द्वारा प्रस्तुत प्रमाणों की भी यही स्थिति है।

योग दर्शन की भाँति परवर्ती न्याय और वैशेषिक दर्शन भी ईश्वरवाद में विश्वास करते हैं। यह सत्य है कि इन दोनों दर्शनों के प्रवर्तकों ने अपने मूल सिद्धांतों में ईश्वर को कोई महत्त्व नहीं दिया था और इसी कारण अधिकतर विचारकों का मत है कि ये दर्शन अपने मूल रूप में ईश्वरवादी नहीं थे। इन विचारकों की इस मान्यता पर हम अगले अध्याय में कुछ विस्तार से विचार करेंगे। यहाँ इतना कह देना ही पर्याप्त है कि यद्यपि न्याय दर्शन के प्रवर्तक, महर्षि गौतम तथा वैशेषिक दर्शन के प्रणेता, महर्षि कणाद ईश्वरवाद के प्रति उदासीन थे, फिर भी इन दोनों दर्शनों के परवर्ती आचार्यों ने ईश्वरवाद का प्रबल समर्थन किया है। ईश्वर के अस्तित्व संबंधी प्रमाणों और उसके स्वरूप तथा जगत् एवं मनुष्यों के साथ उसके संबंध के विषय में न्याय-वैशेषिक के इन परवर्ती आचार्यों के विचार लगभग समान ही हैं, अतः यहाँ ईश्वरवाद के संबंध में इन दोनों दर्शनों के मत पर एक साथ ही विचार किया जाएगा।

ईश्वर के स्वरूप के विषय में न्याय-वैशेषिक का मत योग दर्शन के मत से बहुत भिन्न नहीं है। योग दर्शन के समान ही ये दोनों दर्शन भी ईश्वर को एक ऐसी अभौतिक अथवा आध्यात्मिक सत्ता मानते हैं जो व्यक्तित्वसंपन्न, सर्वज्ञ, सर्वशक्तिमान, शाश्वत एवं अत्यंत दयालु है और जिसमें इच्छा, प्रयत्न आदि गुण विद्यमान हैं। न्याय-वैशेषिक के मतानुसार, ईश्वर ने ही शाश्वत परमाणुओं तथा आत्माओं के माध्यम से इस जगत् का निर्माण किया है और वही इसका शासक, संरक्षक एवं संहारक है। सर्वज्ञ तथा सर्वशक्तिमान होने के कारण ईश्वर ही सूक्ष्मतम असंख्य परमाणुओं को जानता है और

वही इन परमाणुओं द्वारा इस जगत् की रचना करने में समर्थ है। अचेतन परमाणुओं तथा सीमित आत्माओं में इस जगत् के निर्माण, संचालन और संहार की क्षमता नहीं है। प्राणियों के कल्याण के लिए ईश्वर ही इस जगत् की रचना करता है और पिता की भाँति वह सदा सबके हित के लिए कार्य करता है।[20]

जगत् का रचयिता होने के अतिरिक्त ईश्वर सभी मनुष्यों को उनके शुभ-अशुभ कर्मों का समुचित फल भी प्रदान करता है, अतः उसे 'कर्माध्यक्ष' भी कहा गया है। ईश्वर मनुष्यों को यह कर्म-फल कर्म के अनिवार्य नियम के अनुसार ही देता है, किंतु यह नियम उसकी स्वतंत्रता को सीमित नहीं करता, क्योंकि इस नियम का निर्माण स्वयं उसी ने किया है। सभी दृष्टियों से पूर्ण और अत्यंत दयालु होने के कारण ईश्वर ने इस विश्व की रचना किसी स्वार्थ से प्रेरित होकर नहीं, अपितु जीवों के आध्यात्मिक विकास एवं उत्थान के लिए ही की है।[21]

योग दर्शन की भाँति न्याय-वैशेषिक भी ईश्वर को एक ऐसा विशेष पुरुष मानते हैं जो अधर्म, मिथ्या ज्ञान, प्रमाद आदि समस्त दुर्गुणों से मुक्त है और जिसमें ज्ञान, समाधि, धर्म आदि सद्गुण सदा विद्यमान रहते हैं। इन गुणों के अतिरिक्त ईश्वर में इच्छा, प्रयत्न, शाश्वत आनंद आदि गुण भी पाए जाते हैं। ईश्वर के स्वरूप के संबंध में वात्स्यायन ने अपने 'न्याय-भाष्य' में और प्रशस्तपाद ने अपने 'पदार्थ-धर्म-संग्रह' में इस तथ्य का विशेष रूप से उल्लेख किया है। उनका कथन है कि अपने उपर्युक्त गुणों द्वारा ईश्वर ही संपूर्ण विश्व में व्यवस्था स्थापित करता है, अतः वही विश्व का नियामक है। ईश्वर ही विश्व का आदि-गुरु भी है, क्योंकि उसी ने मनुष्यों को वेदों तथा समस्त कलाओं का ज्ञान प्रदान किया है। ईश्वर साधारण आत्माओं से भिन्न है। साधारण आत्माएँ अनेक, सीमित और सांसारिक बंधनों में आबद्ध हैं, किंतु ईश्वर एक, असीम तथा सर्वदा मुक्त है। इसके अतिरिक्त साधारण आत्माओं के सीमित ज्ञान के विपरीत ईश्वर में शाश्वत ज्ञान विद्यमान रहता है। अपने ग्रंथ, 'न्याय-वार्तिक' में उद्योतकर ने साधारण आत्माओं से ईश्वर की इस भिन्नता का सविस्तार वर्णन किया है। वे ईश्वर के ज्ञान के साथ-साथ उसकी शक्ति को भी असीम और शाश्वत मानते हैं जिसके द्वारा वह विश्व का शासन तथा नियमन करता है। अपनी शक्ति द्वारा ईश्वर ही परमाणुओं को गति प्रदान करता है और उनमें परस्पर संयोग स्थापित करके संपूर्ण विश्व की रचना करता है। इस प्रकार योग दर्शन की भाँति न्याय-वैशेषिक भी ईश्वर को व्यक्तित्वसंपन्न, सर्वज्ञ, सर्वशक्तिमान, असीम, शाश्वत, अत्यंत दयालु, कर्माध्यक्ष तथा निमित्त कारण के रूप में विश्व का रचयिता, संरक्षक, नियामक और संहारक मानते हैं। ईश्वर के स्वरूप और जगत् के साथ उसके संबंध के विषय में इस विवेचन से यह स्पष्ट है कि ये सभी दर्शन ईश्वर की मानवत्वारोपी अवधारणा में ही विश्वास करते हैं।

योग दर्शन के समान ही न्याय-वैशेषिक ने भी ईश्वर के अस्तित्व को प्रमाणित करने के लिए अनेक प्रमाण प्रस्तुत किए हैं। इन प्रमाणों में कारणात्मक अथवा

20. वात्स्यायन, 'न्याय-भाष्य', 4, 1, 21.

21. माधवाचार्य, 'सर्व-दर्शन-संग्रह', अध्याय 11.

कारणपरक प्रमाण सबसे अधिक महत्त्वपूर्ण है। उद्योतकर, वाचस्पति मिश्र, उदयन, जयंत भट्ट, श्रीधर आदि दार्शनिकों ने किसी-न-किसी रूप में यह कारणात्मक प्रमाण प्रस्तुत किया है। इन दार्शनिकों के अनुसार, इस विश्व की उत्पत्ति हुई है और इसका निर्माण अनेक भागों द्वारा हुआ है, अतः यह एक 'कार्य' है जिसका कोई कारण होना अनिवार्य है। हम अपने अनुभव द्वारा यह जानते हैं कि घट, वस्त्र, भवन आदि जिन वस्तुओं का निर्माण हुआ है और जो सावयव हैं–अर्थात्, जिनके अनेक भाग हैं–उनका कोई रचयिता अथवा निर्माता अवश्य होता है। यह विश्व भी सावयव है, क्योंकि इसका निर्माण असंख्य सूक्ष्म परमाणुओं के संयोग से हुआ है। विश्व के सावयव तथा कार्य होने से यह स्पष्ट है कि इसका भी कोई रचयिता–अर्थात्, निमित्त कारण अवश्य है और यह निमित्त कारण ईश्वर ही है, क्योंकि वही सर्वज्ञ, सर्वशक्तिमान एवं शाश्वत है। वही सूक्ष्मतम असंख्य परमाणुओं को जानता है, उन्हें गति देता है और उनके संयोग द्वारा विश्व का निर्माण करता है। अचेतन होने के कारण परमाणु स्वयं गतिशील नहीं हो सकते और विश्व-रचना के लिए परस्पर संयोग भी स्थापित नहीं कर सकते। यह कठिन कार्य सर्वज्ञ एवं सर्वशक्तिमान ईश्वर ही कर सकता है, क्योंकि उसमें विश्व के निर्माण के लिए ज्ञान तथा शक्ति के अतिरिक्त इच्छा, प्रयत्न आदि अन्य गुण भी विद्यमान हैं। वही सबको गति प्रदान करता है, किंतु उसे गति देनेवाला कोई नहीं है, क्योंकि वह स्वतः गतिशील है।[22] इस प्रकार उपर्युक्त कारणपरक युक्ति द्वारा न्याय-वैशेषिक ने परमाणुओं को विश्व का उपादान कारण मानकर केवल निमित्त कारण के रूप में ईश्वर का अस्तित्व प्रमाणित करने का प्रयास किया है।

यहाँ यह उल्लेखनीय है कि न्याय-वैशेषिक द्वारा दी गई यह कारणात्मक युक्ति पाश्चात्य दार्शनिकों द्वारा प्रस्तुत कारणात्मक युक्ति से कुछ भिन्न है। हम देख चुके हैं कि न्याय-वैशेषिक ईश्वर को विश्व का केवल निमित्त कारण ही मानते हैं, उपादान कारण नहीं; इससे ईश्वर निश्चय ही सीमित हो जाता है। परंतु पाश्चात्य दर्शन में ईश्वर को केवल निमित्त कारण मानकर उसे सीमित नहीं किया गया है, क्योंकि उसके अनुसार, ईश्वर ने इस विश्व की रचना पहले से विद्यमान परमाणुओं अथवा किसी अन्य सामग्री द्वारा न करके अभाव से ही की है। यह सत्य है कि पाश्चात्य दार्शनिकों की यह मान्यता तार्किक दृष्टि से न्याय-वैशेषिक की मान्यता की अपेक्षा निश्चय ही अधिक संतोषजनक नहीं है, किंतु इसके पक्ष में इतना अवश्य कहा जा सकता है कि यह ईश्वर को सीमित नहीं करती। न्याय-वैशेषिक इस मान्यता के विरुद्ध यह उचित और प्रबल तर्क दे सकते हैं कि अभाव से केवल अभाव की ही सृष्टि होती है, किसी अन्य वस्तु की नहीं। संभवतः इसी कारण इन दोनों दर्शनों तथा योग दर्शन ने ईश्वर को विश्व का उपादान कारण न मानकर केवल निमित्त कारण ही माना है। परंतु उनकी इस मान्यता को स्वीकार कर लेने पर ईश्वर निश्चय ही असीम नहीं रह जाता।

न्याय-वैशेषिक तथा पाश्चात्य दार्शनिकों द्वारा प्रस्तुत कारणात्मक युक्ति में दूसरा अंतर यह है कि न्याय-वैशेषिक ईश्वर को विश्व का रचयिता मानने के साथ-साथ उसका शासक, संरक्षक एवं संहारक भी मानते हैं, किंतु पाश्चात्य दार्शनिक इस युक्ति

22. उदयन, 'न्याय-कुसुमांजलि', 5, 1.

द्वारा ईश्वर को विश्व का केवल रचयिता ही सिद्ध करते हैं, शासक, संरक्षक और संहारक नहीं। इस दृष्टि से पाश्चात्य दार्शनिकों की कारणात्मक युक्ति अनावश्यक रूप से विस्तृत न होने के कारण अपेक्षाकृत अधिक संतोषजनक प्रतीत होती है। परंतु सभी भारतीय और पाश्चात्य ईश्वरवादी दार्शनिकों द्वारा दी गई इस कारणात्मक युक्ति के विरुद्ध यह मूल प्रश्न अवश्य उठाया जा सकता है कि यदि प्रत्येक वस्तु का कारण होना अनिवार्य है तो ईश्वर का कारण क्या है। जहाँ तक मुझे ज्ञात है, कोई भी ईश्वरवादी दार्शनिक इस महत्त्वपूर्ण प्रश्न का तर्कसंगत और संतोषप्रद उत्तर नहीं दे सका। इस कारणात्मक युक्ति का रूप चाहे कोई भी हो, उसके विरुद्ध वे सभी आपत्तियाँ उठाई जा सकती हैं जो कान्ट तथा अन्य दार्शनिकों ने उठाई हैं और जिन पर हम इस पुस्तक में आगे यथास्थान कुछ विस्तार से विचार करेंगे।

न्याय-वैशेषिक ने विश्व के निमित्त कारण के अतिरिक्त कर्माध्यक्ष के रूप में भी ईश्वर के अस्तित्व को सिद्ध करने का प्रयत्न किया है। हम देख चुके हैं कि ये दोनों दर्शन ईश्वर को ही कर्म-फल-प्रदाता मानते हैं जो सभी मनुष्यों को उनके शुभ-अशुभ कर्मों के अनुसार सुख-दुःख प्रदान करता है। इन दार्शनिकों का मत है कि मनुष्यों द्वारा किए गए कर्मों के फलस्वरूप एक विशेष अदृश्य शक्ति का जन्म होता है जिसे 'अदृष्ट' कहा जाता है और जो कर्म करनेवाले मनुष्य की आत्मा में सदैव विद्यमान रहती है। प्रत्येक मनुष्य द्वारा किए गए शुभ और अशुभ कर्मों से उत्पन्न पुण्य तथा पाप इसी अदृष्ट में सदा संचित रहते हैं। इसी अदृष्ट के फलस्वरूप उपयुक्त समय और स्थान पर मनुष्य को उसके शुभ-अशुभ कर्मों के अनुरूप सुख-दुःख प्राप्त होता है। परंतु गौतम तथा कणाद के विपरीत न्याय-वैशेषिक के परवर्ती आचार्यों का मत है कि अचेतन होने के कारण यह अदृष्ट स्वयं मनुष्यों को उनके कर्मों का फल प्रदान नहीं कर सकता, अतः इसका मार्गदर्शन करने के लिए सर्वज्ञ एवं सर्वशक्तिमान ईश्वर के अस्तित्व को स्वीकार करना आवश्यक है। ऐसे ईश्वर के निर्देशन एवं मार्गदर्शन में ही अदृष्ट प्रत्येक मनुष्य को उसके शुभ-अशुभ कर्मों के अनुरूप उचित सुख-दुःख प्रदान कर सकता है। ईश्वर न तो इस अदृष्ट को उत्पन्न करता है और न उसमें कोई परिवर्तन कर सकता है; वह केवल इसके आधार पर सभी मनुष्यों को उनके कर्मों का समुचित फल प्रदान करता है जिसके कारण सुख-दुःख की दृष्टि से उनमें भिन्नता पाई जाती है। ईश्वर के मार्गदर्शन के बिना अचेतन अदृष्ट मनुष्यों को समुचित कर्म-फल प्रदान करने से संबंधित कार्य करने में असमर्थ है, अतः इसके लिए उसे सर्वज्ञ तथा सर्वशक्तिमान ईश्वर के निर्देशन की आवश्यकता होती है। इसी कारण न्याय-वैशेषिक में ईश्वर को 'कर्माध्यक्ष' की संज्ञा दी गई है और उसके अस्तित्व को स्वीकार करना आवश्यक माना गया है। न्याय-वैशेषिक की इस युक्ति को 'नीतिपरक युक्ति' कहा जा सकता है जिसकी विस्तृत विवेचना कान्ट ने अपने दर्शन में की है। ईश्वर के अस्तित्व को सिद्ध करने के लिए उदयन ने कारणात्मक युक्ति के अतिरिक्त यह नीतिपरक युक्ति भी दी है जिसे वे बहुत महत्त्वपूर्ण मानते हैं।[23] उदयन की भाँति वाचस्पति मिश्र, उद्योतकर, जयंत भट्ट, श्रीधर आदि अन्य दार्शनिकों ने भी इस नीतिपरक युक्ति का समर्थन किया है।

23. वही पुस्तक, 1, 19.

परंतु कारणात्मक युक्ति के समान ही यह नीतिपरक युक्ति भी वास्तव में ईश्वर के अस्तित्व को प्रमाणित नहीं करती। इसका कारण यह है कि जिस रूप में न्याय-वैशेषिक ने इसे प्रस्तुत किया है उस रूप में यह कर्म-सिद्धांत पर ही पूर्णतः निर्भर है। जो विचारक भारतीय दर्शन के इस कर्म-सिद्धांत को स्वीकार नहीं करते उनके लिए इस युक्ति का कोई महत्त्व नहीं हो सकता। इसके अतिरिक्त नीतिपरक युक्ति को विश्वसनीय मानने के लिए आत्मा की अमरता और पुनर्जन्म के सिद्धांत को स्वीकार करना भी आवश्यक है जो अत्यंत विवादास्पद है। इस प्रकार निष्कर्ष के रूप में हम यही कह सकते हैं कि कारणात्मक युक्ति की भाँति नीतिपरक युक्ति भी ईश्वर के अस्तित्व को प्रमाणित नहीं कर पाती।

उपर्युक्त दो प्रमाणों के अतिरिक्त श्रुति अथवा शब्द-प्रमाण द्वारा भी न्याय-वैशेषिक ने ईश्वर की सत्ता को सिद्ध करने का प्रयास किया है। उनका यह प्रमाण मुख्यतः वेदों की प्रामाणिकता पर आधारित है। तीन नास्तिक दर्शनों–चार्वाक, जैन तथा बौद्ध–को छोड़कर शेष सभी भारतीय दर्शन वेदों को पूर्णतः प्रामाणिक मानते हैं और इसी कारण इन्हें 'आस्तिक दर्शन' कहा जाता है। इन आस्तिक दर्शनों के अनुसार, वेदों में जो ज्ञान हमें उपलब्ध होता है वह असंदिग्ध रूप से सत्य और प्रामाणिक है। इसी कारण न्याय-वैशेषिक के परवर्ती आचार्यों का मत है कि वेदों का रचयिता कोई मनुष्य नहीं हो सकता, क्योंकि सभी मनुष्य अपूर्ण हैं और उनका ज्ञान दोषमुक्त नहीं है। ऐसी स्थिति में यह मानना आवश्यक हो जाता है कि वेदों का रचयिता सर्वज्ञ ईश्वर ही है जिसने उनमें पूर्णतः प्रामाणिक और असंदिग्ध रूप से सत्य ज्ञान को अभिव्यक्त किया है। उदयन इस प्रमाण का प्रबल समर्थन करते हैं।[24] उनके अतिरिक्त जयंत भट्ट, व्योमशिव, श्रीधर, उद्योतकर आदि अन्य दार्शनिकों ने भी इस प्रमाण को स्वीकार किया है। इन दार्शनिकों का यह भी कथन है कि वेदों, उपनिषदों तथा अन्य श्रुति-ग्रंथों में सर्वज्ञ, सर्वशक्तिमान, शाश्वत और असीम ईश्वर की सत्ता को स्वीकार किया गया है जिससे यह प्रमाणित होता है कि उसका अस्तित्व है। अपने इस मत के समर्थन में उद्योतकर ने 'महाभारत' तथा 'मनुस्मृति' से उदाहरण भी प्रस्तुत किए हैं।[25] इस प्रकार न्याय-वैशेषिक ने उपर्युक्त शब्द-प्रमाण के आधार पर भी ईश्वर के अस्तित्व को सिद्ध करने का प्रयत्न किया है।

परंतु उपर्युक्त अन्य दो प्रमाणों की भाँति न्याय-वैशेषिक का यह शब्द-प्रमाण भी वस्तुतः ईश्वर के अस्तित्व को प्रमाणित करने में असमर्थ है। इसका कारण यह है कि यह प्रमाण मूलतः वेदों की प्रामाणिकता पर ही आधारित है जो सभी विचारकों को मान्य नहीं है। हम देख चुके हैं कि चार्वाक, जैन तथा बौद्ध ये तीनों दर्शन वेदों की प्रामाणिकता में विश्वास नहीं करते। इन दर्शनों के अतिरिक्त अन्य बहुत-से विचारक भी यह नहीं मानते कि वेदों में उपलब्ध संपूर्ण ज्ञान असंदिग्ध रूप से सत्य है। स्पष्ट है कि इन सभी विचारकों के लिए इस प्रमाण का कोई महत्त्व नहीं हो सकता। फिर यदि वेदों की प्रामाणिकता को स्वीकार कर लिया जाए तो भी इससे यह सिद्ध नहीं

24. वही पुस्तक, 2, 1.

25. उद्योतकर, 'न्यायवार्तिक', 'ईश्वर-प्रक्रिया' संबंधी अध्याय का अंतिम भाग।

होता कि उनका रचयिता ईश्वर ही है। अनेक भारतीय दर्शन वेदों को प्रामाणिक मानते हुए भी ईश्वर की सत्ता में विश्वास नहीं करते। सांख्य और मीमांसा दर्शन इसके स्पष्ट उदाहरण हैं। ये दोनों दर्शन वेदों की प्रामाणिकता में विश्वास करते हुए भी ईश्वर को उनका रचयिता नहीं मानते, क्योंकि इनके अनुसार वेद अपौरुषेय, अनादि तथा शाश्वत हैं। इन उदाहरणों से यह स्पष्ट है कि वेदों की प्रामाणिकता ईश्वर के अस्तित्व को सिद्ध नहीं करती। इसके अतिरिक्त कुछ धार्मिक ग्रंथों के आधार पर ईश्वर की सत्ता को स्वीकार कर लेना उसे तार्किक दृष्टि से प्रमाणित करने के स्थान पर स्वयं उसमें तथा इन धार्मिक ग्रंथों में केवल हमारी आस्था को ही अभिव्यक्त करता है। इस प्रकार उपर्युक्त विवेचन से हम यही निष्कर्ष निकाल सकते हैं कि न्याय-वैशेषिक के शब्द-प्रमाण द्वारा भी वास्तव में ईश्वर का अस्तित्व प्रमाणित नहीं होता।

न्याय-वैशेषिक द्वारा प्रस्तुत पूर्वोल्लिखित तीन प्रमाणों के अतिरिक्त एक नैयायिक, जयंत भट्ट ने अपनी पुस्तक, 'न्याय-मंजरी' में ईश्वर की सत्ता को सिद्ध करने के लिए प्रयोजनपरक युक्ति भी प्रस्तुत की है। उनका कथन है कि घट, वस्त्र, भवन, सड़क आदि जिन वस्तुओं का विशेष प्रयोजन होता है और जिनमें व्यवस्था पाई जाती है उन सबका निर्माण बुद्धिमान व्यक्तियों द्वारा ही किया जाता है। इस विश्व में भी हम विशेष प्रयोजन, व्यवस्था और समायोजन देखते हैं जिससे यह प्रमाणित होता है कि इसकी रचना भी किसी बुद्धिमान व्यक्ति द्वारा ही की गई है। इस विश्व की विशालता एवं जटिलता से यह स्पष्ट है कि इसका रचयिता सर्वज्ञ तथा सर्वशक्तिमान ईश्वर ही हो सकता है, क्योंकि वही इतने बड़े विश्व में प्रयोजन, व्यवस्था और समायोजन स्थापित कर सकता है। यह व्यवस्थित और समायोजन से परिपूर्ण विशाल विश्व किसी आकस्मिक घटना का परिणाम मात्र नहीं हो सकता। सर्वज्ञ तथा सर्वशक्तिमान ईश्वर ही ऐसे विश्व की रचना कर सकता है, अतः इस विश्व में विद्यमान प्रयोजन, व्यवस्था और समायोजन से ईश्वर का अस्तित्व प्रमाणित होता है।

परंतु न्याय-वैशेषिक के अन्य सभी प्रमाणों की भाँति जयंत भट्ट का यह प्रमाण भी संतोषप्रद तथा विश्वसनीय प्रतीत नहीं होता। इसका कारण यह है कि विश्व में व्यवस्था एवं समायोजन के साथ-साथ अनेक अपूर्णताएँ भी पाई जाती हैं जो बाढ़, भूकंप, आँधी, तूफ़ान आदि प्राकृतिक विपत्तियों तथा प्राणियों के भयंकर रोगों और मनुष्य के दुराचार के रूप में व्यक्त होती हैं। प्रयोजनपरक युक्ति के समर्थक इन अपूर्णताओं की उपेक्षा करते हुए विश्व में केवल व्यवस्था और समायोजन ही देखते हैं जो निश्चय ही एकांगी दृष्टिकोण है। फिर यदि विश्व में प्रयोजन, व्यवस्था एवं समायोजन को स्वीकार कर लिया जाए तो भी इससे एक महान बुद्धिमान शिल्पी का अस्तित्व ही प्रमाणित होता है, सर्वज्ञ, सर्वशक्तिमान, असीम तथा शाश्वत ईश्वर का नहीं। इन गंभीर आपत्तियों के अतिरिक्त उक्त प्रमाण के विरुद्ध वे सभी आपत्तियाँ भी उठाई जा सकती हैं जो कान्ट, ह्यूम आदि दार्शनिकों ने उठाई हैं और जिन पर इस पुस्तक में आगे यथास्थान कुछ विस्तार से विचार किया जाएगा। इस प्रकार जयंत भट्ट के प्रयोजनपरक प्रमाण द्वारा भी वस्तुतः सर्वज्ञ, सर्वशक्तिमान शाश्वत और असीम ईश्वर की सत्ता सिद्ध नहीं होती।

योग तथा न्याय-वैशेषिक की भाँति अद्वैत वेदांत भी व्यावहारिक दृष्टि से ईश्वर के अस्तित्व में विश्वास करता है। उपनिषदों पर आधारित इस दर्शन के मूल सिद्धांतों की संक्षिप्त विवेचना सर्वप्रथम बादरायण ने 'ब्रह्म-सूत्र' में की थी जिस पर बाद में विस्तृत भाष्य लिखकर शंकराचार्य ने उसके सिद्धांतों का सविस्तार प्रतिपादन किया। बादरायण, शंकर तथा अद्वैत वेदांत के अन्य समर्थक पारमार्थिक दृष्टि से केवल निर्गुण, निर्विशेष, निराकार, शाश्वत, असीम, अपरिवर्तनीय तथा समस्त भेदों से रहित, विशुद्ध चैतन्यस्वरूप ब्रह्म की सत्ता को ही स्वीकार करते हैं। इस ब्रह्म के अतिरिक्त पारमार्थिक दृष्टि से अन्य किसी वस्तु की सत्ता स्वीकार न करने के कारण ही इसे अद्वैतवादी दर्शन माना जाता है। इसके अनुसार आत्मा की सत्ता भी ब्रह्म से पृथक् नहीं है, क्योंकि ये दोनों मूलतः एक ही हैं। निराकार, निर्विशेष तथा निर्गुण होने के कारण ब्रह्म निर्वैयक्तिक सत्ता है जिसमें कभी किसी प्रकार का विकार अथवा परिवर्तन संभव नहीं है। यह स्पष्ट है कि ऐसा ब्रह्म मनुष्य की पूजा या उपासना का विषय नहीं हो सकता, अतः वह उस ईश्वर से भिन्न है जिसमें ईश्वरवादी दार्शनिक तथा धर्मपरायण व्यक्ति विश्वास करते हैं और जिसकी वे आराधना करते हैं। इस दृष्टि से विचार करने पर हम यह कह सकते हैं कि अद्वैत वेदांत वास्तव में ईश्वरवादी दर्शन नहीं है। परंतु अपने जटिल दर्शन को सामान्य व्यक्तियों द्वारा ग्राह्य बनाने तथा उनकी धार्मिक भावनाओं को संतुष्ट करने के लिए शंकर ने व्यावहारिक दृष्टि से ईश्वर, जीव और जगत् की सत्ता को भी स्वीकार किया है। जैसा कि हम ऊपर देख चुके हैं, उनके मतानुसार, पारमार्थिक दृष्टि से केवल ब्रह्म की ही सत्ता है, किसी अन्य वस्तु की नहीं, अतः हम व्यावहारिक दृष्टि से ही ईश्वर, जीव और जगत् के अस्तित्व को स्वीकार कर सकते हैं। इस प्रकार जहाँ तक पारमार्थिक सत्ता का प्रश्न है, ईश्वर, जीव तथा जगत् की स्थिति समान ही है—अर्थात्, इन तीनों की पारमार्थिक सत्ता नहीं है। वस्तुतः शंकर के इस आधारभूत सिद्धांत के कारण उनके अद्वैत वेदांत को सामान्य अर्थ में ईश्वरवादी दर्शन नहीं माना जा सकता।

परंतु इसका अर्थ यह नहीं है कि शंकर निरीश्वरवाद में विश्वास करते हैं। जैसा कि हम ऊपर संकेत कर चुके हैं, पारमार्थिक दृष्टि से एकमात्र ब्रह्म की सत्ता को मानते हुए भी उन्होंने व्यावहारिक दृष्टि से ईश्वर की सत्ता को स्वीकार किया है। इसी कारण अन्य ईश्वरवादी दार्शनिकों की भाँति उन्होंने भी अपने दर्शन में ईश्वर के स्वरूप तथा जीवों और जगत् के साथ उसके संबंध की विस्तृत विवेचना की है। शंकर का मत है कि मायोपाधिक सगुण ब्रह्म ही ईश्वर है जो इस जगत् का रचयिता, संरक्षक तथा संहारक है और जो हमारी पूजा तथा उपासना का विषय है। ईश्वर अपनी माया की शक्ति द्वारा केवल लीला के लिए इस जगत् की रचना करता है किंतु वह स्वयं इससे पूर्णतः अप्रभावित रहता है। यह ईश्वर ही जगत् का निमित्त कारण भी है और उपादान कारण भी। उसने जगत् का निर्माण पहले से विद्यमान किसी सामग्री द्वारा न करके स्वयं अपनी माया की शक्ति द्वारा ही किया है, अतः वह जगत् में सर्वत्र व्याप्त रहता है। परंतु सर्वव्यापक होते हुए भी ईश्वर जीवों के सुख-दुःख तथा पाप-पुण्य से प्रभावित नहीं होता। इस सगुण ब्रह्म अथवा ईश्वर में शंकर ने वे सभी गुण स्वीकार किए हैं

जिनका वर्णन योग, न्याय-वैशेषिक तथा अन्य ईश्वरवादी दर्शनों में किया गया है। अन्य ईश्वरवादी दार्शनिकों की भाँति शंकर भी ईश्वर को सर्वज्ञ, सर्वशक्तिमान, सर्वव्यापक, असीम, शाश्वत, अत्यंत दयालु तथा सभी दृष्टियों से पूर्ण मानते हैं। उन्होंने भी ईश्वर को कर्माध्यक्ष के रूप में स्वीकार किया है जो सभी मनुष्यों को उनके शुभ-अशुभ कर्मों का समुचित फल प्रदान करता है।

शंकर के विचार में ईश्वर समस्त जीवों की अपेक्षा कहीं अधिक उत्कृष्ट है। अपनी शक्ति माया से प्रभावित न होने के कारण ईश्वर ब्रह्म के साथ अपने पूर्ण अभेद को जानता है, किंतु जीव अविद्या अथवा माया से भ्रमित होकर स्वयं अपने आप को तथा इस नामरूपात्मक दृश्यमान जगत् को ब्रह्म से भिन्न मानने लगते हैं। इसी अज्ञान के कारण वे सांसारिक बंधनों में तब तक आबद्ध रहते हैं जब तक ब्रह्म-ज्ञान के फलस्वरूप उनका यह अज्ञान नष्ट नहीं हो जाता और वे ब्रह्म के साथ अपने वास्तविक तादात्म्य को नहीं जान लेते। स्पष्ट है कि जीवों को अपनी मुक्ति के लिए प्रयास करना पड़ता है, परंतु ईश्वर कभी भी बंधन में आबद्ध न होने के कारण सर्वदा मुक्त ही रहता है। ईश्वर ही जीवों का शासक और नियंता है, अतः वे उसकी पूजा अथवा उपासना करते हैं। इस दृष्टि से जीवों तथा ईश्वर में केवल सेवक-सेव्य संबंध है। जीव अपने शुभ-अशुभ कर्मों के फलस्वरूप संसार में सुख-दुःख भोगते हैं, किंतु ईश्वर पाप-पुण्य से ऊपर होने के कारण सुख-दुःख से नितांत अप्रभावित रहता है। वह तो कर्माध्यक्ष के रूप में जीवों को उनके शुभ-अशुभ कर्मों के अनुरूप सुख-दुःख प्रदान करता है। इस प्रकार शंकर के विचार में ईश्वर सर्वज्ञ, सर्वशक्तिमान, असीम, शाश्वत, सर्वदा मुक्त, जगत् का रचयिता, शासक तथा कर्माध्यक्ष है। परंतु ईश्वर के विपरीत जीव अज्ञानी, दुर्बल, सीमित, नश्वर, सांसारिक बंधनों में आबद्ध और ईश्वर के उपासक हैं।[26] इस विवेचन से यह स्पष्ट है कि शंकर पारमार्थिक दृष्टि से ईश्वर, जीवों तथा जगत् को समान रूप से मिथ्या प्रतीतियाँ मानते हुए भी ईश्वर को जीवों और जगत् की अपेक्षा कहीं अधिक उत्कृष्ट स्थान प्रदान करते हैं।

जहाँ तक ईश्वर के अस्तित्व को प्रमाणित करने का प्रश्न है, शंकर ने इस समस्या को उतना अधिक महत्त्व नहीं दिया जितना योग तथा न्याय-वैशेषिक ने दिया है। इसका कारण यह है कि योग एवं न्याय-वैशेषिक के विपरीत शंकर पारमार्थिक दृष्टि से ईश्वर को अंतिम सत्ता न मानकर केवल मिथ्या प्रतीति मानते हैं। परंतु फिर भी व्यावहारिक दृष्टि से ईश्वर की सत्ता को सिद्ध करने के लिए शंकर ने भी वे मुख्य तीन युक्तियाँ दी हैं जो योग और न्याय-वैशेषिक द्वारा प्रस्तुत की गई हैं। सर्वप्रथम ईश्वर के अस्तित्व के समर्थन में कारणात्मक युक्ति प्रस्तुत करते हुए योग तथा न्याय-वैशेषिक की भाँति शंकर भी व्यावहारिक दृष्टि से जगत् को कार्य और ईश्वर को उसका कारण मानते हैं। उनका मत है कि जिस प्रकार कुंभकार घट का कारण अथवा निर्माता है उसी प्रकार ईश्वर भी इस जगत् का कारण या रचयिता है। परंतु, जैसा कि हम ऊपर देख चुके हैं, शंकर ईश्वर को जगत् का केवल निमित्त कारण ही नहीं मानते। न्याय-वैशेषिक तथा योग के विपरीत उनका मत है कि ईश्वर जगत् का

26. शंकराचार्य, 'शंकर-भाष्य', 3, 2, 9.

निमित्त कारण होने के साथ-साथ उसका उपादान कारण भी है, क्योंकि उसी ने अपनी माया की शक्ति द्वारा अपने आप में से इस जगत् की रचना की है, पहले से विद्यमान किसी सामग्री के आधार पर नहीं। शंकर की इस मान्यता के कारण ईश्वर के सीमित हो जाने की उस कठिनाई का निराकरण हो जाता है जो योग और न्याय-वैशेषिक द्वारा उसे जगत् का केवल निमित्त कारण मानने के फलस्वरूप उत्पन्न होती है। परंतु शंकर की यह मान्यता एक नई समस्या को जन्म देती है जिसका सामना योग एवं न्याय-वैशेषिक को नहीं करना पड़ा था। वह समस्या यह है कि शंकर एक ओर तो ईश्वर को पूर्णतः आध्यात्मिक तथा विशुद्ध चैतन्य सत्ता मानते हैं और दूसरी ओर वे यह भी कहते हैं कि इस भौतिक जगत् की उत्पत्ति उसी ईश्वर से हुई है। परंतु तर्कसंगत रूप से उनकी इन दोनों मान्यताओं को एक साथ स्वीकार करना बहुत कठिन है। यदि ईश्वर वास्तव में पूर्णतः अभौतिक अथवा आध्यात्मिक सत्ता है, जैसा कि शंकर मानते हैं, तो उससे भौतिक जगत् की उत्पत्ति तार्किक दृष्टि से संभव प्रतीत नहीं होती। इसके अतिरिक्त शंकर की कारणपरक युक्ति के विरुद्ध वे सभी आपत्तियाँ भी उठाई जा सकती हैं जो इस युक्ति के विरुद्ध अनेक भारतीय तथा पाश्चात्य दार्शनिकों ने उठाई हैं और जिन पर हम संक्षेप में पहले ही विचार कर चुके हैं।

संभवतः इसी कारण शंकर ने ईश्वर के अस्तित्व के लिए उक्त कारणात्मक युक्ति के साथ-साथ प्रयोजनपरक युक्ति भी प्रस्तुत की है। उनका कथन है कि इस विश्व में प्रयोजन, व्यवस्था और समायोजन के स्पष्ट प्रमाण विद्यमान हैं जिनसे यह सिद्ध होता है कि इसका रचयिता सर्वज्ञ तथा सर्वशक्तिमान ईश्वर ही है। जिस प्रकार एक प्रयोजनपूर्ण घट से उसके निर्माता कुंभकार का अस्तित्व प्रमाणित होता है उसी प्रकार इस व्यवस्थित एवं प्रयोजनयुक्त विश्व से उसके रचयिता ईश्वर की सत्ता सिद्ध होती है। परंतु कारणात्मक युक्ति की भाँति इस प्रयोजनपरक युक्ति द्वारा भी वास्तव में ईश्वर का अस्तित्व प्रमाणित नहीं होता, क्योंकि यह युक्ति भी दोषपूर्ण तथा अविश्वसनीय है और इसके विरुद्ध भी अनेक गंभीर आपत्तियाँ उठाई जा सकती हैं जिनकी संक्षिप्त विवेचना हम ऊपर कर चुके हैं।

उपर्युक्त दोनों युक्तियों के अतिरिक्त शंकर ने ईश्वर की सत्ता को सिद्ध करने के लिए नीतिपरक युक्ति भी प्रस्तुत की है जो योग तथा न्याय-वैशेषिक द्वारा दी गई नीतिपरक युक्ति से भिन्न नहीं है। शंकर भी मनुष्यों को उनके शुभ-अशुभ कर्मों के अनुरूप सुख-दुःख प्रदान करने के लिए कर्माध्यक्ष के रूप में ईश्वर का अस्तित्व प्रमाणित करने का प्रयास करते हैं। उनका कथन है कि कर्म का नियम मनुष्यों को स्वतः उनके कर्मों का समुचित फल प्रदान नहीं कर सकता, अतः इसके लिए सर्वज्ञ तथा सर्वशक्तिमान ईश्वर के अस्तित्व को स्वीकार करना आवश्यक है। परंतु अन्य दो युक्तियों की भाँति यह नीतिपरक युक्ति भी वस्तुतः ईश्वर की सत्ता को प्रमाणित नहीं करती, क्योंकि यह भी दोषपूर्ण और अविश्वसनीय है। इसके विरुद्ध उठाई जानेवाली कुछ गंभीर आपत्तियों पर हम पहले ही विचार कर चुके हैं, अतः यहाँ उनकी पुनरावृत्ति की आवश्यकता नहीं है। इस प्रकार यह स्पष्ट है कि कोई भी युक्ति तर्कसंगत रूप से ईश्वर के अस्तित्व को सिद्ध करने में समर्थ नहीं है। इस तथ्य को स्वयं शंकर ने स्पष्टतः स्वीकार किया

है और इसी कारण उन्होंने अंत में यही कहा है कि ईश्वर की सत्ता को तर्क द्वारा प्रमाणित नहीं किया जा सकता, अतः श्रुति ही इसके लिए अंतिम प्रमाण है।

भारतीय दर्शन में ईश्वरवाद का सर्वाधिक विकास रामानुज के दर्शन में हुआ है जिन्होंने अपने दार्शनिक सिद्धांत को 'विशिष्टाद्वैतवाद' की संज्ञा दी है, क्योंकि इसमें ईश्वर को 'विशेष्य' तथा जीव और जगत् को उसके 'विशेषण' कहा गया है। रामानुज ने 'श्रीभाष्य', 'वेदार्थसंग्रह', 'वेदांत-सार' आदि अनेक ग्रंथों में अपने इस सिद्धांत की विस्तृत विवेचना की है। वस्तुतः उन्होंने अपने इस सिद्धांत का प्रतिपादन शंकर के अद्वैतवादी सिद्धांत के विरुद्ध प्रतिक्रिया के फलस्वरूप किया है, क्योंकि जैसा कि हम ऊपर देख चुके हैं, शंकर के अनुसार, ब्रह्म निराकार, निर्विशेष, निर्गुण तथा निर्वैयक्तिक है जो हमारी पूजा या उपासना का विषय नहीं हो सकता। इस अद्वैतवादी सिद्धांत के विपरीत रामानुज ब्रह्म को सगुण, साकार, व्यक्तित्वसंपन्न तथा स्वगत भेदों से युक्त मानते हैं और उसे ही 'ईश्वर' की संज्ञा देते हैं। उनके मतानुसार, ब्रह्म और ईश्वर अलग-अलग न होकर वास्तव में एक ही सत्ता के नाम हैं जो विश्व की एकमात्र अंतिम सत्ता है। इसी कारण रामानुज के दर्शन को भी मूलतः अद्वैतवादी दर्शन ही माना जाता है। परंतु उन्होंने सगुण ब्रह्म अथवा ईश्वर के स्वरूप तथा जीव और जगत् के साथ उसके संबंध का जो वर्णन किया है वह शंकर के निर्गुण ब्रह्म, जीव एवं जगत् के विवेचन से बहुत भिन्न है। शंकर के विपरीत वे जीव तथा जगत् को भी सत्य एवं वास्तविक मानते हैं, क्योंकि उनके विचार में ये दोनों भी ईश्वर के ही अंश हैं।

रामानुज ने ईश्वर को ही जगत् के मूल आधार अथवा अंतिम तत्त्व के रूप में स्वीकार किया है, किंतु उनका मत है कि ईश्वर अंशी या विशेष्य है और चिद् (आत्मा अथवा जीव) तथा अचिद् (जड़ या भौतिक पदार्थ) ये दोनों उसके अंश अथवा विशेषण हैं जिनकी वास्तविक सत्ता है। परंतु जीव और जगत् ईश्वर से भिन्न तथा स्वतंत्र न होकर उसी पर पूर्णतः निर्भर हैं। ईश्वर ही इन दोनों की उत्पत्ति, स्थिति तथा लय का मूल कारण है। शंकर की भाँति रामानुज भी ईश्वर या सगुण ब्रह्म को जगत् का निमित्त और उपादान कारण दोनों मानते हैं, किंतु शंकर के विपरीत परिणामवाद को स्वीकार करते हुए उन्होंने कहा है कि स्वयं ब्रह्म ही जगत् के रूप में परिणत अथवा व्यक्त हो जाता है, अतः जगत् मिथ्या न होकर ब्रह्म का वास्तविक रूपांतर है और इसी कारण वह भी सत्य तथा नित्य है। प्रलय के पश्चात् समस्त जीव तथा भौतिक पदार्थ सूक्ष्म चिद् और अचिद् में परिणत होकर पुनः ब्रह्म में ही लय हो जाते हैं, अतः वे कभी नष्ट नहीं होते। अन्य ईश्वरवादी विचारकों की भाँति रामानुज भी ईश्वर को सर्वज्ञ, सर्वशक्तिमान, सर्वव्यापक, शाश्वत, असीम, करुणामय तथा व्यक्तित्वसंपन्न मानते हैं जो हमारी पूजा अथवा उपासना का विषय है। ईश्वर ही जगत् का रचयिता, संरक्षक, शासक तथा संहारक है और वही कर्माध्यक्ष के रूप में सभी मनुष्यों को उनके शुभ-अशुभ कर्मों के अनुरूप सुख-दुःख प्रदान करता है।[27] वही समस्त जीवों तथा जगत् का नियामक, नियंता और मूल आधार है।

27. रामानुज, 'श्रीभाष्य', 3, 2, 37.

रामानुज के मतानुसार, यद्यपि चिद् और अचिद् ईश्वर के अंश होने के कारण सत्य एवं वास्तविक हैं, फिर भी उनकी ईश्वर से पृथक् तथा स्वतंत्र सत्ता नहीं है। चिदचिद् के रूप में सभी जीव तथा भौतिक पदार्थ सीमित, प्रकार, शेष एवं नियम्य हैं, किंतु ईश्वर असीम, प्रकारी, शेषी और नियंता है जो अपने भीतर से इन दोनों तत्त्वों का नियमन तथा संचालन करता है।[28] ईश्वर चिदचिद् को उसी प्रकार नियमित एवं नियंत्रित करता है जिस प्रकार आत्मा शरीर को नियमित और संचालित करती है। भौतिक पदार्थों के विकारों तथा जीवों के दुःख और दुर्गुणों से ईश्वर कभी प्रभावित नहीं होता। इसका अर्थ यह है कि ईश्वर चिदचिद्विशिष्ट होते हुए भी अपरिणामी तथा अविकारी ही बना रहता है।[29] यह अविकारी ईश्वर केवल लीला के लिए जगत् का निर्माण तथा संहार करता है। इस प्रकार रामानुज के अनुसार, ईश्वर साकार, सगुण, सविशेष, चिदचिद्विशिष्ट, सर्वज्ञ, सर्वशक्तिमान, सर्वव्यापक, असीम, नित्य, शाश्वत तथा समस्त सद्गुणों से परिपूर्ण है और वही जगत् का मूल आधार एवं अंतिम तत्त्व है।

रामानुज ने ईश्वर के अस्तित्व को प्रमाणित करने के लिए केवल शब्द-प्रमाण को ही स्वीकार किया है। उनका मत है कि ईश्वर मानव के अनुभव तथा उसकी तर्कबुद्धि से परे है, अतः उसकी सत्ता को तर्कों अथवा युक्तियों द्वारा प्रमाणित नहीं किया जा सकता। केवल श्रुति के माध्यम से ही हम उसके अस्तित्व को जान सकते हैं। उपनिषदों, भगवद्गीता, महाभारत आदि ग्रंथों में ईश्वर के स्वरूप तथा जगत् के साथ उसके संबंध की विस्तृत विवेचना उपलब्ध होती है और यही उसके अस्तित्व का एकमात्र विश्वसनीय प्रमाण है। अपनी इसी मान्यता के कारण रामानुज ने ईश्वर की सत्ता को सिद्ध करने के लिए किसी प्रकार के तर्क या प्रमाण प्रस्तुत नहीं किए। इसका अर्थ यही है कि उनके अनुसार, केवल धर्म-ग्रंथों में आस्था के आधार पर ही ईश्वर के अस्तित्व को स्वीकार किया जा सकता है। उनकी इस मान्यता को ईश्वरवादी धर्मपरायण व्यक्ति अवश्य स्वीकार कर सकते हैं और करते हैं, किंतु केवल तर्क के आधार पर सत्य का अनुसंधान करनेवाले दार्शनिकों को यह मान्यता निश्चय ही स्वीकार्य नहीं हो सकती। वस्तुतः किसी विचार या सिद्धांत को केवल आस्था के आधार पर मान लेना उसे सत्य प्रमाणित करना नहीं है। इस तथ्य को ध्यान में रखते हुए हम यही कह सकते हैं कि ईश्वर के अस्तित्व के संबंध में रामानुज की उपर्युक्त मान्यता दार्शनिक दृष्टि से संतोषप्रद नहीं है।

इसके अतिरिक्त रामानुज का सिद्धांत ईश्वर तथा जीवों और जगत् के पारस्परिक संबंध की भी संतोषजनक व्याख्या नहीं कर पाता। एक ओर तो रामानुज यह मानते हैं कि ईश्वर के अभिन्न अंश होने के कारण चिद् और अचिद् के रूप में जीवों तथा जगत् की वास्तविक सत्ता है और वे ईश्वर के समान ही शाश्वत अथवा नित्य हैं, परंतु दूसरी ओर वे यह भी कहते हैं कि जीवों के सुख-दुःख तथा भौतिक जगत् के परिवर्तनों या विकारों का ईश्वर पर कोई प्रभाव नहीं पड़ता। उनकी इन दोनों मान्यताओं को

28. वही पुस्तक, 2, 4, 14.
29. वही पुस्तक, 1, 1, 21.

तर्कसंगत रूप से एक साथ स्वीकार करना संभव प्रतीत नहीं होता। इसका कारण यह है कि यदि चिद् और अचिद् के रूप में जीव तथा जगत् ईश्वर के अभिन्न अंश हैं तो उनमें होनेवाले विकारों अथवा परिवर्तनों का ईश्वर पर प्रभाव पड़ना अनिवार्य है। ऐसी स्थिति में ईश्वर अपरिवर्तनशील तथा शाश्वत नहीं बना रह सकता। ईश्वर के अभिन्न अंशों–चिद् और अचिद्, में परिवर्तन होते रहने के कारण स्वयं उसके स्वरूप में भी परिवर्तन को स्वीकार करना अनिवार्य हो जाता है। परंतु रामानुज ईश्वर को जीवों तथा जगत् के विपरीत नित्य, अपरिवर्तनशील और शाश्वत मानते हैं।

फिर यहाँ यह प्रश्न भी उठाया जा सकता है कि जीवों और भौतिक जगत् की ईश्वर से भिन्न तथा स्वतंत्र सत्ता है या नहीं। जहाँ तक मुझे ज्ञात है, इस प्रश्न का भी रामानुज ने कोई संतोषप्रद उत्तर नहीं दिया। एक ओर तो वे यह कहते हैं कि चिद् और अचिद् के रूप में ईश्वर के अंश होने के कारण जीव तथा जगत् ईश्वर से पृथक् एवं स्वतंत्र नहीं हैं, किंतु दूसरी ओर वे ईश्वर के समान ही इन दोनों की वास्तविक सत्ता को भी स्वीकार करते हैं। उनकी इन दोनों मान्यताओं में तार्किक संगति स्थापित करना बहुत कठिन है, क्योंकि यदि जीवों तथा जगत् की वास्तविक सत्ता है तो ईश्वर से इन दोनों को भिन्न मानना आवश्यक हो जाता है और यदि ये दोनों ईश्वर के केवल अभिन्न अंश हैं तो तर्कसंगत रूप से इनकी वास्तविक सत्ता को स्वीकार नहीं किया जा सकता। परंतु रामानुज इन दोनों परस्पर विरोधी मान्यताओं को एक ही साथ स्वीकार कर लेते हैं जिससे उनके सिद्धांत में असंगति उत्पन्न हो जाती है। इस प्रकार ईश्वरवाद के विषय में रामानुज का विशिष्टाद्वैतवादी सिद्धांत भी पूर्णतः संतोषप्रद प्रतीत नहीं होता।

रामानुज के अतिरिक्त माधव, निम्बार्क, वल्लभ, चैतन्य आदि अन्य वैष्णव दार्शनिक भी ईश्वरवाद का ही समर्थन करते हैं और उन्होंने अपने-अपने सिद्धांतों के अनुसार इसकी भिन्न-भिन्न व्याख्याएँ की हैं। इसी प्रकार, रामायण, महाभारत, भगवद्‌गीता आदि ग्रंथों और विभिन्न धर्मशास्त्रों तथा पुराणों में किसी-न-किसी रूप में ईश्वरवाद को स्वीकार किया गया है। परंतु यहाँ स्थानाभाव के कारण इन सबके ईश्वरवादी सिद्धांतों पर विचार करना संभव नहीं है, अतः अंत में यहाँ इतना कह देना ही पर्याप्त होगा कि भारतीय दर्शन तथा वांगमय में ईश्वरवाद का महत्त्वपूर्ण स्थान है जिसकी उपेक्षा नहीं की जा सकती।

3. पाश्चात्य दर्शन में ईश्वरवाद का विकास

भारतीय दर्शन की भाँति पाश्चात्य दर्शन में भी ईश्वरवाद का पर्याप्त महत्त्व रहा है, अतः इसके विकास के संबंध में कुछ प्रमुख पाश्चात्य दार्शनिकों के मत पर भी संक्षेप में विचार कर लेना आवश्यक है। सामान्यतः प्राचीन यूनानी दर्शन को पश्चिमी दर्शन का मूल स्रोत माना जाता है। अनेक विद्वानों का मत है कि प्राचीन यूनानी दर्शन में ईश्वरवाद का विकास आरंभ हो चुका था। उदाहरणार्थ, यूनानी देवता, 'ज़ीअस' को विश्व पर शासन करनेवाले उच्चतम देवता के रूप में स्वीकार किया जाता था। सुकरात-पूर्व युग में ही ज़ेनोफ़ेन्स नामक दार्शनिक ने एक, अजन्मा, अपरिवर्तनशील

तथा समस्त वस्तुओं में अंतर्निहित, विश्व की आध्यात्मिक सत्ता का उल्लेख किया है। इसी प्रकार, प्लेटो तथा अरस्तू के दर्शन से भी एक, अपरिवर्तनशील, शाश्वत, पूर्णतः शुभ और विशुद्ध चैतन्य सत्ता के रूप में ईश्वर की अवधारणा विद्यमान है जिसे विश्व का मूल कारण माना गया है।[30] प्राचीन यूनानी दर्शन के पश्चात् ऐन्सेल्म, ऑगस्टाइन, टॉमस ऐक्वाइनस आदि दार्शनिकों ने ईश्वरवाद का प्रबल समर्थन किया है। इन सभी दार्शनिकों से प्रेरणा ग्रहण करते हुए डेकार्ट, लाइब्नीज़, बर्कले आदि परवर्ती दार्शनिकों ने भी विश्व की व्याख्या के लिए ईश्वरवाद को प्रमुख आधार बनाया है। इस प्रकार प्राचीन काल से आधुनिक युग तक अनेक महान पाश्चात्य दार्शनिकों ने किसी-न-किसी रूप में ईश्वरवाद को स्वीकार किया है। यहाँ हम ईश्वरवाद के संबंध में कुछ प्रमुख पाश्चात्य दार्शनिकों के विचारों का संक्षेप में उल्लेख करेंगे।

संभवतः यह कहना अनुचित न होगा कि पाश्चात्य दर्शन में ईश्वरवाद का सुव्यवस्थित विवेचन महान विचारक, प्लेटो के दर्शन से आरंभ होता है। प्लेटो ने 'थिएटेटस', 'टाइमिअस', 'फ़ीडो', 'लॉज़' आदि अपनी अनेक कृतियों में ईश्वर के स्वरूप और उसके अस्तित्व के लिए कुछ प्रमाणों का विवेचन किया है। योग दर्शन की भाँति वे भी ईश्वर को उत्कृष्टतम आत्मा मानते हैं जो पूर्णतः शुभ है। उनके मतानुसार, यह ईश्वर ही विश्व का मूल कारण है जिसने सर्वोत्तम विश्व की रचना की है और इसमें व्यवस्था भी स्थापित की है। विश्व की समस्त वस्तुएँ अपने अस्तित्व और स्वरूप के लिए ईश्वर पर ही पूर्णतः निर्भर हैं। प्लेटो ने ईश्वर में शुभत्व, न्यायशीलता आदि नैतिक गुणों को विशेष महत्त्व दिया है। उनका मत है कि स्वयं पूर्णतः शुभ होने के कारण ईश्वर विश्व नें शुभ का शासन स्थापित करता है और सभी मनुष्यों के प्रति पूर्ण रूप से न्याय करता है। उसने मनुष्यों के कल्याण के लिए ही इस विश्व की रचना की है। ईश्वर द्वारा रचित यह विश्व सर्वोत्तम है, क्योंकि पूर्णतः शुभ ईश्वर निकृष्ट विश्व को रचना कर ही नहीं सकता था। इस प्रकार स्पष्ट है कि प्लेटो ईश्वरवाद से संबंधित 'अशुभ की समस्या' की पूर्णतः उपेक्षा करते हैं जो प्राचीन काल से ईश्वरवाद के लिए गंभीर चुनौती बनी हुई है।

अपनी अंतिम कृति, 'लॉज' में ईश्वर के अस्तित्व को प्रमाणित करने के लिए प्लेटो ने जो प्रमाण दिया है उसमें कारणपरक युक्ति तथा प्रयोजनपरक युक्ति दोनों एक साथ सम्मिलित हैं। उनका कथन है कि कारणों की अनंत शृंखला से बचने के लिए विश्व के एक ऐसे मूल कारण को मानना आवश्यक है जो स्वयंभू है—अर्थात्, जिसका कोई कारण नहीं है और जो सबको गति प्रदान करता है। यह मूल कारण पूर्णतः शुभ ईश्वर ही हो सकता है। इसी प्रकार, विश्व में विद्यमान व्यवस्था से यह सिद्ध होता है कि उसका रचयिता पूर्णतः बुद्धिमान ईश्वर है जिसने समस्त ग्रह-नक्षत्रों में व्यवस्था स्थापित की है। इस विश्व में सर्वत्र जो नियम का शासन दिखाई देता है वह इसके रचयिता ईश्वर की पूर्णता को सिद्ध करता है। इस प्रकार भारतीय दार्शनिकों की भाँति प्लेटो ने भी कारणपरक युक्ति तथा प्रयोजनपरक युक्ति द्वारा ईश्वर के अस्तित्व को प्रमाणित करने का प्रयास किया है। इन युक्तियों के विरुद्ध उठाई गई अनेक गंभीर

30. थियोडोर एम. लुडविग, 'मोनोथीइज़्म', 'ऐन्साइक्लोपीडिया ऑफ़ रिलिजन', खंड 10, पृ. 69-70.

आपत्तियों के कारण ईश्वर की सत्ता को सिद्ध करने में इनकी अविश्वसनीयता एवं असमर्थता पर हम पहले ही विचार कर चुके हैं, अतः यहाँ उसकी पुनरावृत्ति की आवश्यकता नहीं है। इस संबंध में यहाँ इतना कह देना ही पर्याप्त होगा कि अन्य ईश्वरवादी दार्शनिकों की भाँति प्लेटो भी तार्किक दृष्टि से ईश्वर के अस्तित्व को प्रमाणित नहीं कर सके।

अरस्तू का ईश्वर विषयक सिद्धांत प्लेटो के ईश्वर संबंधी सिद्धांत से बहुत भिन्न नहीं है। प्लेटो की भाँति वे भी ईश्वर को विश्व का मूल कारण, शाश्वत तथा अपरिवर्तनशील सत्ता मानते हैं। उनके मतानुसार, इस विश्व में जो गति है वह मूलतः ईश्वर द्वारा ही प्रदान की गई है। स्वयं अचल होते हुए भी ईश्वर संपूर्ण ब्रह्माण्ड को गतिशील करता है, अतः वही समस्त ग्रह-नक्षत्रों को गति प्रदान करनेवाला स्थिर मूल तत्त्व है। गति के मूल कारण के रूप में ईश्वर को स्वीकार किए बिना हम विश्व में विद्यमान गति की व्याख्या नहीं कर सकते। मुख्यतः अपने इसी तर्क के आधार पर अरस्तू ने ईश्वर की सत्ता को स्वीकार करना आवश्यक माना है। उनका कथन है कि विश्व में पाई जानेवाली गति के कारणों की अनंत शृंखला से बचने के लिए अचल, अपरिवर्तनशील तथा शाश्वत ईश्वर को गति का मूल कारण मानना अनिवार्य है। यह स्थिर ईश्वर–जो विश्व का प्रथम गतिदायक कारण है–सदा अपने संबंध में ही निरंतर चिंतन करता है–अर्थात्, उसके चिंतन का अन्य कोई विषय नहीं है। इस दृष्टि से ईश्वर विशुद्ध चैतन्य सत्ता है।[31]

यहाँ यह उल्लेखनीय है कि प्लेटो के विपरीत अरस्तू ईश्वर के नैतिक गुणों को कोई विशेष महत्त्व नहीं देते। इसी कारण उन्होंने अपने दर्शन में कहीं भी ईश्वर को 'पूर्णतः शुभ' नहीं कहा है। उनका विचार है कि विशुद्ध बौद्धिक सत्ता होने के कारण ईश्वर का मानवीय नैतिकता से कोई संबंध नहीं है। स्पष्टतः इसका अर्थ यही है कि अनेक धर्मपरायण ईश्वरवादी विचारकों के विपरीत अरस्तू नैतिकता को ईश्वर पर आधारित नहीं मानते।[32] उनके अनुसार, विश्व के प्रथम गतिदायक कारण के रूप में ईश्वर मनुष्य के सुख-दुःख तथा उसकी आवश्यकताओं के प्रति पूर्णतः उदासीन है, अतः वह पूजा या उपासना से प्रभावित नहीं होता। ईश्वर के विषय में अरस्तू के इन्हीं विचारों के कारण अनेक विद्वानों ने उन्हें तटस्थेश्वरवाद का प्रवर्तक माना है। उदाहरणार्थ, इस संबंध में टेलर का कथन है : "जिस प्रकार प्लेटो दार्शनिक ईश्वरवाद के प्रवर्तक थे उसी प्रकार ईश्वर के विचार से संपूर्ण नैतिक तत्त्व का निष्कासन कर देने के कारण अरस्तू को दार्शनिक तटस्थेश्वरवाद का प्रवर्तक कहा जा सकता है।"[33] इसका अर्थ यह है कि अरस्तू का ईश्वर मनुष्य की उपासना या पूजा का विषय नहीं हो सकता। यही कारण है कि अनेक विचारक अरस्तू को वास्तविक अर्थ में ईश्वरवादी नहीं मानते। परंतु फिर भी यह कहना अनुचित न होगा कि विश्व के मूल कारण के रूप में ईश्वर का प्रत्यय प्लेटो के दर्शन की भाँति अरस्तू के दर्शन का भी प्रमुख तत्त्व है।

31. अरस्तू, 'मैटाफ़िज़िक्स', 1074-बी, 33.
32. अरस्तू, 'निकोमेकियन ऐथिक्स', 1178-बी, 7-23.
33. ए. ई. टेलर, 'थीइज़्म', 'ऐन्साइक्लोपीडिया ऑफ़ रिलिजन ऐंड ऐथिक्स', खंड 12, पृ. 264.

प्राचीन यूनानी दर्शन के पश्चात् ऐतिहासिक दृष्टि से पाश्चात्य दर्शन के मध्य युग में ऐन्सेल्म तथा टॉमस ऐक्वाइनस ने ईश्वरवाद के विकास में विशेष योगदान किया है। ऐन्सेल्म ने ईश्वर के अन्य सभी गुणों की तुलना में उसकी पूर्णता को सर्वाधिक महत्त्वपूर्ण माना है और इसी के आधार पर ईश्वर के अस्तित्व के समर्थन में अपनी वह विशेष युक्ति प्रस्तुत की है जिसे 'प्रत्यय-सत्ता युक्ति' कहा जाता है। उनके अनुसार, ईश्वर वह सत्ता है जिसकी अपेक्षा अधिक महान्–अर्थात्, अधिक पूर्ण सत्ता के होने का विचार भी नहीं किया जा सकता और इसी कारण जिसके अनस्तित्व की कल्पना भी नहीं की जा सकती। दूसरे शब्दों में, ईश्वर स्वरूपतः ऐसी पूर्ण सत्ता है जिसकी अपेक्षा अधिक पूर्ण सत्ता के होने तथा जिसके अनस्तित्व के विषय में हम विचार भी नहीं कर सकते। ईश्वर के इस स्वरूप से यह सिद्ध होता है कि वह केवल हमारा मानसिक प्रत्यय ही नहीं है, अपितु वास्तव में उसका अस्तित्व है। ईश्वर के अस्तित्व के समर्थन में दिए गए ऐन्सेल्म के इसी प्रमाण को 'प्रत्यय-सत्ता युक्ति' कहा जाता है जिसकी विस्तृत विवेचना उन्होंने अपनी पुस्तक, 'प्रोस्लोज़ियन' में की है। इस युक्ति द्वारा उन्होंने यह सिद्ध करने का प्रयास किया है कि अधिकतम पूर्ण सत्ता के रूप में ईश्वर का अस्तित्व अनिवार्य है, क्योंकि वास्तव में ऐसी सत्ता के अनस्तित्व की कल्पना तार्किक दृष्टि से असंगत और स्वतोव्याघातपूर्ण होगी। ऐन्सेल्म के पश्चात् अनेक परवर्ती पाश्चात्य दार्शनिकों ने ईश्वर के अस्तित्व को प्रमाणित करने के लिए यह प्रत्यय-सत्ता युक्ति दी है, अतः पश्चिमी ईश्वरवादी दर्शन में इस युक्ति का बहुत महत्त्व है।

परंतु ऐन्सेल्म के समय में ही इस युक्ति की आलोचना आरंभ हो गई थी। उदाहरणार्थ, उनके समकालीन विचारक, गोनीलो ने तर्कतः यह सिद्ध किया था कि इस युक्ति द्वारा वस्तुतः ईश्वर का अस्तित्व प्रमाणित नहीं होता। इस युक्ति के विरुद्ध अपना तर्क देते हुए उन्होंने कहा था कि यदि इसे स्वीकार कर लिया जाए तो हम इसके आधार पर एक ऐसे अधिकतम पूर्ण काल्पनिक दीप के अस्तित्व को सिद्ध कर सकते हैं जिसकी वास्तव में सत्ता नहीं है। गोनीलो की इस आपत्ति का ऐन्सेल्म कोई संतोषप्रद उत्तर नहीं दे सके। इसके उत्तर में ऐन्सेल्म ने केवल इतना ही कहा था कि उनकी यह युक्ति केवल ईश्वर पर ही लागू होती है, किसी सांसारिक वस्तु पर नहीं, क्योंकि स्वरूपतः केवल ईश्वर का अस्तित्व ही अनिवार्य है। परंतु अपनी इस युक्ति के समर्थन में उनका यह तर्क उचित प्रतीत नहीं होता। वस्तुतः इस प्रत्यय-सत्ता युक्ति का सबसे बड़ा दोष यह है कि इसमें 'अस्तित्व' को भी 'शुभत्व', 'शक्ति', 'प्रेम' आदि गुणों के समान एक गुण मान लिया गया है जो उचित नहीं है। मुख्यतः इसी दोष के कारण बाद में कान्ट ने इस युक्ति का खंडन किया था। आज भी अधिकतर दार्शनिक इस युक्ति के विरुद्ध कान्ट के उक्त तर्क को स्वीकार करते हुए यह कहते हैं कि अन्य युक्तियों की भाँति यह युक्ति भी वास्तव में ईश्वर के अस्तित्व को सिद्ध करने में असमर्थ है।

यहाँ यह उल्लेखनीय है कि भारतीय दर्शन में ईश्वर के अस्तित्व को प्रमाणित करने के लिए इस प्रत्यय-सत्ता युक्ति का प्रयोग नहीं किया गया है। संभवतः भारतीय

दार्शनिक इस तथ्य को भली-भाँति समझते थे कि किसी वस्तु के विचार मात्र से उसका वास्तविक अस्तित्व सिद्ध नहीं होता। इसी तथ्य को ध्यान में रखते हुए अनेक ईश्वरवादी दार्शनिकों ने भी प्रत्यय-सत्ता युक्ति की व्यर्थता को स्पष्टतः स्वीकार किया है। उदाहरणार्थ, इस युक्ति की आलोचना करते हुए जॉन हिक कहते हैं: "यदि अस्तित्व कोई 'गुण नहीं' है तो वह ईश्वर का स्वरूप लक्षण नहीं हो सकता, और यह प्रश्न कि सोची जा सकनेवाली अधिकतम पूर्ण सत्ता की अवधारणा के अनुरूप वास्तव में कोई वस्तु है या नहीं, विचारार्थ बना रहता है। ईश्वर की परिभाषा किसी व्यक्ति की ईश्वर विषयक अवधारणा का वर्णन करती है, किंतु यह ऐसे ईश्वर का वास्तविक अस्तित्व सिद्ध नहीं कर सकती।"[34] इस प्रकार यह स्पष्ट है कि अन्य युक्तियों की भाँति प्रत्यय-सत्ता युक्ति भी ईश्वर के अस्तित्व को प्रमाणित करने में सफल नहीं हो पाती।

ऐन्सेल्म के अतिरिक्त एक अन्य मध्ययुगीन ईश्वरवादी विचारक, टॉमस ऐक्वाइ-नस का भी ईश्वरवाद के विकास में महत्त्वपूर्ण योगदान रहा है। ईश्वर के स्वरूप तथा जगत् के साथ उसके संबंध के विषय में उनका मत अन्य पाश्चात्य ईश्वरवादी दार्शनिकों के मत से अधिक भिन्न नहीं है। संभवतः इसी कारण उन्होंने इन दोनों समस्याओं की अपेक्षा ईश्वर के अस्तित्व को प्रमाणित करने की समस्या पर अधिक ध्यान दिया है। ऐन्सेल्म के विपरीत ऐक्वाइनस का निश्चित मत है कि हम विश्व संबंधी अपने अनुभव के आधार पर उसके मूल कारण के रूप में ईश्वर की सत्ता को प्रमाणित कर सकते हैं, अतः उन्होंने ऐन्सेल्म की अनुभवनिरपेक्ष प्रत्यय-सत्ता युक्ति का खंडन किया है। इस युक्ति के विरुद्ध उनका कथन है कि हमें ऐसी किसी वस्तु का ज्ञान नहीं है जिसकी अपेक्षा अधिक महान सत्ता का विचार नहीं किया जा सकता अथवा जिसके अनस्तित्व की कल्पना नहीं की जा सकती। इस संबंध में ऐक्वाइनस ऐन्सेल्म के विरुद्ध गोनीलो से पूर्णतः सहमत हैं। उनका कथन है कि जो व्यक्ति ईश्वर के अस्तित्व में विश्वास करते हैं उन्हें भी यह ज्ञात नहीं है कि ईश्वर की अपेक्षा अधिक महान सत्ता का विचार नहीं किया जा सकता। फिर यदि उन्हें यह ज्ञात हो तो भी इसके द्वारा वास्तव में ईश्वर का अस्तित्व प्रमाणित नहीं होता; इससे केवल इतना ही सिद्ध होता है कि हम ऐसे ईश्वर के विषय में स्वतोव्याघात के बिना तर्कतः विचार कर सकते हैं। अपनी इसी मान्यता के कारण ऐक्वाइनस ऐन्सेल्म के विरुद्ध स्पष्ट रूप से यह कहते हैं कि ईश्वर के अनस्तित्व के विचार में कोई तार्किक दोष अथवा असंगति नहीं है।[35]

ऐन्सेल्म की प्रत्यय-सत्ता युक्ति का खंडन करने के पश्चात् ऐक्वाइनस ने अपनी इस मान्यता के समर्थन में तर्क दिए हैं कि हम अपने अनुभव के आधार पर विश्व के मूल कारण के रूप में ईश्वर की सत्ता को सिद्ध कर सकते हैं। अनुभवनिरपेक्ष प्रत्यय-सत्ता युक्ति के विपरीत उनके ये तर्क या प्रमाण विश्व की कुछ ऐसी विशेषताओं

34. जॉन हिक 'फ़िलॉसॉफ़ी ऑफ़ रिलिजन', पृ. 20.

35. टॉमस ऐक्वाइनस, 'सम्मा थियॉलॉजिका', 1, 2, 2.

पर आधारित हैं जिनका हम स्वयं अनुभव करते हैं। ईश्वर के अस्तित्व को प्रमाणित करने के लिए ऐक्वाइनस ने पाँच प्रमाण प्रस्तुत किए हैं जो संक्षेप में इस प्रकार हैं :

(1) अरस्तू की भाँति ऐक्वाइनस भी यह मानते हैं कि विश्व में विद्यमान गति की व्याख्या करने के लिए एक स्थिर, प्रथम गतिदायक कारण को स्वीकार करना आवश्यक है और यह कारण ईश्वर ही है। (2) विश्व में प्रत्येक वस्तु तथा घटना का कोई कारण अवश्य होता है, अतः कारणों की अनंत शृंखला से बचने के लिए इस विश्व का एक मूल कारण मानना अनिवार्य है और यह मूल कारण स्वयंभू ईश्वर ही है। (3) इस विश्व की सभी वस्तुएँ आपातिक हैं–अर्थात्, प्रत्येक वस्तु के विषय में हम यह कह सकते हैं कि उसका अस्तित्व नहीं भी हो सकता था अथवा उसका स्वरूप उसके वर्तमान स्वरूप से भिन्न भी हो सकता था। किसी वस्तु को 'आपातिक' कहने का तात्पर्य यह है कि वह अपने अस्तित्व के लिए किसी अन्य वस्तु पर निर्भर है और इस अर्थ में विश्व की प्रत्येक वस्तु आपातिक है। प्रत्येक वस्तु की किसी अन्य वस्तु पर निर्भरता की अनंत शृंखला से मुक्त होने के लिए किसी ऐसी सत्ता को स्वीकार करना आवश्यक है जो आपातिक न हो–अर्थात्, जो अनिवार्य हो और किसी अन्य वस्तु पर निर्भर न रहकर अपना आधार स्वयं हो। ऐसी अनिवार्य तथा स्वाधारित सत्ता ईश्वर ही है जो संपूर्ण विश्व का अंतिम मूल आधार है। विश्व की अन्य सभी वस्तुओं के विपरीत ईश्वर अपने अस्तित्व के लिए किसी बाहरी वस्तु पर निर्भर न होकर स्वयं अपने ऊपर ही निर्भर है और इस अर्थ में वह 'अनिवार्य सत्ता' है। (4) इस विश्व में वस्तुओं की उत्कृष्टता का परिमाण भिन्न-भिन्न होता है–कुछ वस्तुएँ अन्य वस्तुओं की अपेक्षा कम या अधिक उत्कृष्ट होती हैं। वस्तुओं की उत्कृष्टता में पाए जानेवाले परिमाण के इस अंतर से हम एक ऐसी सत्ता को अनुमित कर सकते हैं जो उत्कृष्टतम है और समस्त उत्कृष्ट वस्तुओं का मूल कारण है। यह उत्कृष्टतम सत्ता ईश्वर ही है। हम पिछले खंड में देख चुके हैं कि योग दर्शन ने भी ईश्वर की सत्ता के समर्थन में यह प्रमाण प्रस्तुत किया है। (5) इस विश्व में सर्वत्र व्यवस्था और समायोजन को देखा जा सकता है जिनसे यह प्रमाणित होता है कि इसकी रचना किसी बुद्धिमान व्यवस्थापक ने एक विशेष प्रयोजन से प्रेरित होकर की है। यह बुद्धिमान व्यवस्थापक तथा प्रयोजनकर्ता ईश्वर ही है जो सर्वज्ञ और सर्वशक्तिमान है। ऐसे ईश्वर के अभाव में व्यवस्थित एवं प्रयोजनपूर्ण विश्व की रचना संभव नहीं थी, अतः ईश्वर का अस्तित्व स्वीकार करना अनिवार्य है।[36] इस प्रकार उपर्युक्त सभी प्रमाणों द्वारा ऐक्वाइनस ने ईश्वर की सत्ता को सिद्ध करने का प्रयास किया है।

परंतु यहाँ यह उल्लेखनीय है कि टॉमस ऐक्वाइनस से पूर्व प्लेटो, अरस्तू, प्लोटिनस आदि दार्शनिक किसी-न-किसी रूप में ये सभी प्रमाण प्रस्तुत कर चुके थे, अतः इन्हें ऐक्वाइनस के मौलिक प्रमाण नहीं माना जा सकता। हम देख चुके हैं कि न्याय, वैशेषिक, योग, वेदांत आदि भारतीय दर्शनों ने भी ईश्वर के अस्तित्व को प्रमाणित करने के लिए इनमें से अधिकतर प्रमाणों का किसी-न-किसी रूप में प्रयोग किया है।

36. वही पुस्तक, 1, 2, 3.

इन सभी प्रमाणों के विरुद्ध जो प्रमुख आपत्तियाँ उठाई गई हैं या उठाई जा सकती हैं उनकी संक्षिप्त चर्चा हम पहले ही कर चुके हैं, अतः यहाँ उनकी पुनरावृत्ति अनावश्यक है।

प्राचीन तथा मध्ययुगीन पाश्चात्य दर्शन की भाँति आधुनिक पाश्चात्य दर्शन में भी ईश्वरवाद का महत्त्वपूर्ण स्थान है। आधुनिक पश्चिमी दर्शन का प्रारंभ फ्रांस के महान दार्शनिक, रेने डेकार्ट से माना जाता है जिन्होंने ईश्वरवाद के विकास में अपना विशेष योगदान किया है। अपनी प्रमुख पुस्तक, 'मैडिटेशन्ज़' 3 और 5 में उन्होंने ईश्वर के स्वरूप तथा उसके अस्तित्व संबंधी प्रमाणों की विस्तृत विवेचना की है। अन्य ईश्वरवादी दार्शनिकों की भाँति डेकार्ट भी ईश्वर को शाश्वत, सर्वज्ञ, सर्वशक्तिमान, सभी दृष्टियों से पूर्ण तथा इस जगत् का रचयिता, शासक और संरक्षक मानते हैं। उन्होंने ईश्वर के अस्तित्व को प्रमाणित करने के लिए तीन प्रमाण प्रस्तुत किए हैं जो संक्षेप में निम्नलिखित हैं :

(1) डेकार्ट का कथन है कि मेरे मन में असीम तथा पूर्ण ईश्वर का स्पष्ट और जन्मजात प्रत्यय है जिसका कारण स्वयं ईश्वर ही हो सकता है। अपूर्ण होने के कारण मैं स्वयं अथवा कोई अन्य मनुष्य मेरे मन में विद्यमान ईश्वर के इस प्रत्यय का कारण नहीं हो सकता। परंतु बिना कारण के किसी भी वस्तु की उत्पत्ति संभव नहीं है, अतः ईश्वर के इस प्रत्यय का कारण वास्तव में असीम तथा पूर्ण ईश्वर ही है जिससे उसका अस्तित्व निश्चित रूप से प्रमाणित होता है।[37] इस प्रकार डेकार्ट ने स्वयं अपने मन में विद्यमान असीम तथा पूर्ण ईश्वर के प्रत्यय के आधार पर उसकी वास्तविक सत्ता को सिद्ध करने का प्रयास किया है। उनके इस प्रमाण को कारणात्मक प्रमाण का ही एक रूप माना जा सकता है, क्योंकि इसमें ईश्वर को उसके प्रत्यय का कारण मानकर उसके अस्तित्व को प्रमाणित करने का प्रयत्न किया गया है।

परंतु डेकार्ट का उपर्युक्त प्रमाण बहुत ही दुर्बल तथा दोषपूर्ण है। इसके विरुद्ध प्रथम आपत्ति तो यह है कि सभी मनुष्यों के मन में असीम और पूर्ण ईश्वर का प्रत्यय विद्यमान नहीं होता। विश्व में लाखों निरीश्वरवादी, अज्ञेयवादी तथा संशयवादी विचारक इस तथ्य के स्पष्ट प्रमाण हैं। इन सब विचारकों का यह निश्चित मत है कि उनके मन में ईश्वर का प्रत्यय विद्यमान नहीं है। फिर यदि यह मान भी लिया जाए कि सभी मनुष्यों के मन में ईश्वर का प्रत्यय विद्यमान है तो भी इससे वास्तविक ईश्वर की सत्ता सिद्ध नहीं होती, क्योंकि किसी वस्तु का प्रत्यय उसके वास्तविक अस्तित्व का प्रमाण नहीं है। उदाहरणार्थ, किसी व्यक्ति के मन में उड़नेवाले घोड़े अथवा स्वर्णिम पर्वत का प्रत्यय हो सकता है, किंतु इन प्रत्ययों के आधार पर वस्तुपरक जगत् में इन वस्तुओं का वास्तविक अस्तित्व प्रमाणित नहीं होता। इस प्रकार डेकार्ट द्वारा दिया गया उपर्युक्त प्रमाण वास्तव में ईश्वर की सत्ता को सिद्ध नहीं करता।

(2) ईश्वर के अस्तित्व को प्रमाणित करने के लिए डेकार्ट ने जो दूसरा प्रमाण प्रस्तुत किया है वह भी वस्तुतः कारणपरक प्रमाण ही है। उनका कथन है कि चिंतनशील

37. रेने डेकार्ट, 'मैडिटेशन्ज़', 3.

प्राणी के रूप में निश्चय ही मेरा अस्तित्व है और मेरे मन में असीम तथा पूर्ण ईश्वर का प्रत्यय विद्यमान है। इस प्रत्यय के साथ मैं स्वयं अपने आप को उत्पन्न नहीं कर सकता था, क्योंकि मैं तो सीमित और अपूर्ण हूँ। मुझमें अपने आप को उत्पन्न करने तथा अपना अस्तित्व बनाए रखने की क्षमता नहीं है। यही बात मेरे माता-पिता, उनके माता-पिता आदि सभी व्यक्तियों के विषय में भी कही जा सकती है, क्योंकि वे सब भी मेरे समान ही सीमित, अपूर्ण और दूसरों पर निर्भर थे। इससे यही सिद्ध होता है कि पूर्ण एवं असीम ईश्वर ने ही मुझे उत्पन्न किया है और उसी ने रचयिता के रूप में अपना प्रत्यय जन्म से ही मेरे मन में स्थापित कर दिया है। इस प्रकार मेरे अपने निर्विवाद अस्तित्व के आधार पर मेरे रचयिता के रूप में निश्चय ही ईश्वर की सत्ता प्रमाणित होती है।[38]

परंतु प्रथम प्रमाण की भाँति डेकार्ट का यह दूसरा प्रमाण भी वास्तव में ईश्वर के अस्तित्व को प्रमाणित नहीं करता। इसके विरुद्ध भी वे सभी आपत्तियाँ उठाई जा सकती हैं जो कारणात्मक युक्ति के विरुद्ध उठाई गई हैं। उदाहरणार्थ, यदि मेरे अस्तित्व का कोई कारण होना अनिवार्य है क्योंकि अकारण किसी वस्तु की उत्पत्ति नहीं होती तो इसी नियम के अनुसार ईश्वर का भी कोई कारण होना अनिवार्य है–अर्थात्, वह भी स्वयं अपने आप को उत्पन्न नहीं कर सकता। परंतु अन्य ईश्वरवादियों की भाँति डेकार्ट भी ईश्वर को स्वयंभू–अर्थात्, अकारण–ही मानते हैं जो स्वयं उनकी कारणात्मक युक्ति के विरुद्ध है। इसके अतिरिक्त डेकार्ट के उपर्युक्त प्रमाण के विरुद्ध यह भी कहा जा सकता है कि यदि मेरे अस्तित्व के लिए माता-पिताओं की अनंत शृंखला को स्वीकार कर लिया जाए तो इसमें कोई तार्किक दोष नहीं है। ऐसी स्थिति में ईश्वर के अस्तित्व को स्वीकार करने की आवश्यकता ही नहीं रहेगी। अंत में डार्विन के विकासवाद के आधार पर भी डेकार्ट के उक्त प्रमाण का खंडन किया जा सकता है। यदि यह विकासवाद सत्य है, जैसा कि आज लगभग सभी वैज्ञानिक मानते हैं, तो ईश्वर के अस्तित्व को स्वीकार किए बिना ही डेकार्ट की समस्या का समाधान हो जाता है। परंतु डेकार्ट के समय में इस सिद्धांत का प्रतिपादन नहीं किया गया था, अतः उन्हें अपने अस्तित्व की व्याख्या के लिए ईश्वर की सत्ता की कल्पना करनी पड़ी। इस प्रकार यह स्पष्ट है कि डेकार्ट का दूसरा प्रमाण भी ईश्वर के अस्तित्व को प्रमाणित नहीं कर पाता।

(3) ईश्वर की सत्ता को सिद्ध करने के लिए डेकार्ट ने जो तीसरा प्रमाण दिया है वह प्रत्यय-सत्ता युक्ति ही है जो मध्य युग में ऐन्सेल्म ने प्रस्तुत की थी और जिसका उल्लेख हम ऊपर कर चुके हैं। ऐन्सेल्म की भाँति डेकार्ट का भी यही मत है कि पूर्ण ईश्वर के प्रत्यय द्वारा वस्तुतः ईश्वर का अस्तित्व प्रमाणित होता है। इसके लिए उन्होंने भी वही तर्क दिया है जो ऐन्सेल्म ने दिया था। डेकार्ट का कथन है कि हमारे मन में ऐसे ईश्वर का प्रत्यय है जिसकी अपेक्षा अधिक महान या पूर्ण सत्ता का विचार करना संभव नहीं है और इसी कारण जिसके अनस्तित्व की कल्पना भी नहीं की जा सकती।

38. वही पुस्तक, 3.

ईश्वर में 'अस्तित्व' नामक गुण का अभाव नहीं हो सकता, क्योंकि इससे उसमें अपूर्णता आ जाएगी। यह कहना कि मेरे मन में पूर्ण ईश्वर का प्रत्यय है, किंतु उसका वास्तव में अस्तित्व नहीं है उसी प्रकार स्वतोव्याघातपूर्ण कथन है जिस प्रकार यह कहना कि कोई आकृति त्रिकोण है, परंतु उसमें तीन कोण नहीं हैं। इस प्रकार पूर्ण ईश्वर का प्रत्यय अनिवार्यतः उसके वास्तविक अस्तित्व को सिद्ध करता है। अपनी इस प्रत्यय-सत्ता युक्ति की व्याख्या करते हुए डेकार्ट कहते हैं: "ईश्वर का अस्तित्व उसके स्वरूप पर विचार करने से ही ज्ञात हो जाता है। जब हम यह समझ लेते हैं कि 'ईश्वर' शब्द का अर्थ क्या है तो हम यह जान लेते हैं कि यह वह सत्ता है जिसकी अपेक्षा अधिक महान सत्ता का विचार भी नहीं किया जा सकता। परंतु जिसका अस्तित्व वास्तविक जगत् तथा मन में है वह उसकी अपेक्षा अधिक महान है जिसका अस्तित्व केवल मन में ही है। इसलिए जब हम 'ईश्वर' शब्द का अर्थ समझ लेते हैं तो हम यह भी जान लेते हैं कि ईश्वर का अस्तित्व यथार्थ जगत् में भी है और हमारे मन में भी।"[39] डेकार्ट अपने इस प्रमाण से पूर्णतः संतुष्ट थे, क्योंकि वे इसे असंदिग्ध रूप से सत्य और विश्वसनीय मानते थे।

परंतु ऐन्सेल्म की प्रत्यय-सत्ता युक्ति का विवेचन करते हुए हम देख चुके हैं कि उपर्युक्त प्रमाण वास्तव में बहुत ही दुर्बल तथा दोषपूर्ण है। इस प्रमाण के विरुद्ध गोनिलो और कान्ट ने जो गंभीर आपत्तियाँ उठाई हैं उनकी संक्षिप्त चर्चा हम पहले ही कर चुके हैं। इन आपत्तियों के अतिरिक्त इस प्रमाण के विरुद्ध समकालीन पाश्चात्य दर्शन में यह आपत्ति भी उठाई गई है कि किसी वस्तु के 'अनिवार्य अस्तित्व' की बात करना निरर्थक है, क्योंकि 'अनिवार्यता' केवल विश्लेषणात्मक कथनों अथवा पुनरुक्तियों में ही पाई जाती है, अनुभवात्मक जगत् में नहीं। हम जिस वस्तु के अस्तित्व का विचार करते हैं उसके अनस्तित्व की भी निश्चय ही कल्पना कर सकते हैं। कोई भी वस्तु ऐसी नहीं हो सकती जिसकी सत्ता अनिवार्य हो—अर्थात्, जिसके अनस्तित्व की कल्पना भी न की जा सके। परंतु प्रत्यय-सत्ता युक्ति के विरुद्ध सबसे अधिक गंभीर आपत्ति कान्ट ने यह कहकर उठाई है कि 'अस्तित्व' कोई ऐसा गुण नहीं है जिसे किसी वस्तु की विशेषता माना जाए। "अमुक वस्तु का अस्तित्व है" इस कथन का अर्थ केवल इतना ही है कि वह वस्तु वास्तव में है; उस वस्तु के लिए 'अस्तित्व' शब्द का प्रयोग करना उसकी किसी विशेषता को अभिव्यक्त करना नहीं है। वस्तुतः अपनी इस आपत्ति द्वारा कान्ट ने प्रत्यय-सत्ता युक्ति का मूल आधार ही समाप्त कर दिया है, क्योंकि यदि 'अस्तित्व' कोई गुण नहीं है तो वह ईश्वर का भी गुण नहीं हो सकता जैसा कि ऐन्सेल्म और डेकार्ट मानते हैं। ऐसी स्थिति में यदि यह मान भी लिया जाए कि किसी के मन में पूर्ण ईश्वर का प्रत्यय है तो भी इससे यह सिद्ध नहीं होता कि वास्तव में ईश्वर का अस्तित्व है। इस प्रकार निष्कर्ष के रूप में हम यही कह सकते हैं कि अन्य सभी युक्तियों की भाँति ऐन्सेल्म और डेकार्ट की यह प्रत्यय-सत्ता युक्ति भी ईश्वर के अस्तित्व को प्रमाणित करने में सफल नहीं हो पाती।

39. वही पुस्तक, 5.

इस अध्याय को समाप्त करने से पूर्व ईश्वर के अस्तित्व के समर्थन में कान्ट द्वारा दी गई नीतिपरक युक्ति पर भी संक्षेप में विचार कर लेना आवश्यक है जिसे पाश्चात्य ईश्वरवादी दर्शन में बहुत महत्त्वपूर्ण माना जाता है। पिछले खंड में ईश्वर के अस्तित्व के लिए भारतीय दर्शनों द्वारा प्रस्तुत प्रमुख प्रमाणों की विवेचना करते हुए हम इस नीतिपरक युक्ति का संक्षिप्त उल्लेख कर चुके हैं। यहाँ इस युक्ति के विषय में कान्ट के मत पर विचार करना आवश्यक है, क्योंकि वे इसी युक्ति के आधार पर केवल पूर्वमान्यता के रूप में ईश्वर के अस्तित्व को स्वीकार करते हैं। अपनी प्रसिद्ध कृति, 'ए क्रिटीक ऑफ़ प्योर रीज़न' में उन्होंने सविस्तार और तर्कतः यह सिद्ध किया है कि बौद्धिक प्रमाणों अथवा युक्तियों द्वारा सैद्धांतिक दृष्टि से ईश्वर की सत्ता को प्रमाणित नहीं किया जा सकता। अपनी इसी मान्यता के कारण उन्होंने ईश्वर के अस्तित्व के समर्थन में प्रस्तुत की गई उन सभी परंपरागत युक्तियों का खंडन किया है जिनकी चर्चा हम ऊपर कर चुके हैं। परंतु इसका यह अर्थ नहीं है कि कान्ट निरीश्वरवादी दार्शनिक थे और वे ईश्वर की सत्ता में विश्वास नहीं करते थे। इसके विपरीत वे यह निश्चित रूप से मानते थे कि ईश्वर में आस्था के लिए स्थान बनाने के उद्देश्य से ही उन्होंने ईश्वर के अस्तित्व से संबंधित परंपरागत युक्तियों का खंडन किया है।

कान्ट के मतानुसार, हम केवल नैतिक आधार पर पूर्वमान्यता के रूप में ही ईश्वर के अस्तित्व को स्वीकार कर सकते हैं। इसके लिए उन्होंने निम्नलिखित नीतिपरक युक्ति प्रस्तुत की है। उनका कथन है कि अपने नैतिक कर्मों के परिणामों पर विचार किए बिना 'केवल कर्त्तव्य के लिए कर्त्तव्य' की चेतना से प्रेरित होकर निरपेक्ष नैतिक आदेश का पालन करना विवेकशील अथवा बौद्धिक प्राणी होने के कारण मनुष्य के लिए अनिवार्य है। यह विशुद्ध कर्त्तव्य-चेतना ही मनुष्य को सद्‌गुण-युक्त व्यक्ति बनाता है जो सुख की इच्छा किए बिना ही नैतिक कर्त्तव्य का अनिवार्यतः पालन करता है। परंतु उच्चतम या पूर्ण नैतिक शुभ में सद्‌गुण के साथ-साथ उसके अनुपात में सुख का समावेश होना भी अनिवार्य है जिसका अर्थ यह है कि मनुष्य को अपने वर्तमान जीवन अथवा आगामी जीवन में उसके सद्‌गुण के अनुपात में उचित सुख भी प्राप्त होना चाहिए। वस्तुतः मनुष्य को सद्‌गुण के अनुपात में सुख की प्राप्ति नैतिकता की अनिवार्य माँग है जिसके अभाव में उच्चतम अथवा पूर्ण शुभ की उत्पत्ति संभव नहीं है। परंतु हम अपने अनुभव द्वारा यह जानते हैं कि इस संसार में मनुष्य को उसके सद्‌गुण के अनुरूप सदैव सुख प्राप्त नहीं होता और इसके लिए स्वयं प्रयत्न करना उसका अधिकार नहीं है। यह कार्य केवल ईश्वर ही कर सकता है जो सर्वज्ञ, सर्वशक्तिमान, न्यायशील तथा सभी दृष्टियों से पूर्ण है। ईश्वर ही केवल कर्तव्य के लिए कर्तव्य-पालन के संकल्प पर आधारित सद्‌गुण-युक्त आचरण करनेवाले मनुष्य को उचित सुख प्रदान करके उच्चतम अथवा पूर्ण शुभ को उत्पन्न कर सकता है। ईश्वर को स्वीकार किए बिना हम सद्‌गुण तथा सुख से परिपूर्ण उच्चतम शुभ की व्याख्या नहीं कर सकते जो नैतिकता का सर्वोच्च लक्ष्य है, अतः नैतिकता की इस माँग के कारण हमारे लिए ईश्वर के अस्तित्व में विश्वास करना आवश्यक है। इस प्रकार कान्ट ने उच्चतम नैतिक शुभ की उत्पत्ति के लिए ईश्वर की सत्ता को स्वीकार करना अनिवार्य माना है।

परंतु यहाँ यह उल्लेखनीय है कि कान्ट अपनी इस नीतिपरक युक्ति को ऐसा बौद्धिक प्रमाण नहीं मानते जो सैद्धांतिक दृष्टि से ईश्वर के अस्तित्व को प्रमाणित करता है। इस संबंध में उन्होंने स्पष्ट कहा है कि यह युक्ति नैतिकता की पूर्वमान्यता के रूप में ही हमारे लिए ईश्वर की आवश्यकता को सिद्ध करती है। इसका अर्थ यही है कि कान्ट की नीतिपरक युक्ति ईश्वर के अस्तित्व के लिए कोई बौद्धिक या तार्किक प्रमाण नहीं है। इसी कारण अपनी इस युक्ति के आधार पर वे यह दावा नहीं करते कि उन्होंने इसके द्वारा सैद्धांतिक दृष्टि से ईश्वर की सत्ता को प्रमाणित कर दिया है। वे केवल इतना ही कहते हैं कि नैतिकता की पूर्वमान्यता के रूप में आत्मा की अमरता की भाँति ईश्वर के अस्तित्व को भी स्वीकार करना आवश्यक है। परंतु कान्ट का यह दावा भी केवल उसी व्यक्ति को मान्य हो सकता है जो उनके मूल नैतिक सिद्धांत का समर्थन करता है, क्योंकि उनकी नीतिपरक युक्ति उनके नैतिक सिद्धांत पर ही पूर्णतः आधारित है। जो व्यक्ति कान्ट के इस नैतिक सिद्धांत को स्वीकार नहीं करता उसके लिए इस पर आधारित नीतिपरक युक्ति का कोई महत्त्व नहीं हो सकता। इस युक्ति के विरुद्ध वह तर्कसंगत रूप से यह कह सकता है कि ईश्वर की सत्ता को प्रमाणित करने के स्थान पर यह पहले से ही उसे केवल मान लेती है। इस प्रकार यह स्पष्ट है कि अन्य सभी युक्तियों की भाँति कान्ट की नीतिपरक युक्ति भी वास्तव में ईश्वर के अस्तित्व को तार्किक दृष्टि से प्रमाणित नहीं कर पाती।

ईश्वर के अस्तित्व से संबंधित उपर्युक्त सभी प्रमाणों अथवा युक्तियों की इस असमर्थता को कुछ ईश्वरवादी दार्शनिकों ने भी स्पष्टतः स्वीकार किया है। उदाहरणार्थ, इस संबंध में जॉन हिक का निम्नलिखित कथन दृष्टव्य है : "इस विवेचना से यह स्पष्ट है कि ईश्वर संबंधी प्रमाणों के विषय में लेखक का अपना निष्कर्ष नकारात्मक है। जिन सूक्तियों की हमने परीक्षा की है उनमें से कोई भी युक्ति उस व्यक्ति के मन में ईश्वर विषयक विश्वास उत्पन्न करने में समर्थ प्रतीत नहीं होती जो ईश्वर में विश्वास नहीं करता।"[40] ईश्वर संबंधी समस्त युक्तियों के विषय में स्वयं ईश्वरवादी दार्शनिक का यह नकारात्मक निष्कर्ष इस तथ्य का स्पष्ट प्रमाण है कि वस्तुतः किसी भी युक्ति अथवा प्रमाण द्वारा तर्कसंगत रूप से ईश्वर के अस्तित्व को प्रमाणित करना संभव नहीं है, अतः उसकी सत्ता संदिग्ध ही प्रतीत होती है।

ईश्वर के अस्तित्व के विषय में गंभीर संदेह के होते हुए भी पाश्चात्य दर्शन में ईश्वरवाद का पर्याप्त महत्त्व रहा है। पूर्वोल्लिखित सभी पश्चिमी दार्शनिकों के अतिरिक्त लाइब्नीज़, लॉक, बर्कले, विलियम जेम्ज़, एफ.आर. टेनेन्ट, ऐल्विन प्लेंटिंगा, रिचर्ड स्विन्बर्न, डेविड ऐल्टन ट्रब्लड, विलियम टेम्पल, जॉन हिक, आइ.एम. क्रौम्बी, ई.एल. मैस्कल, कार्ल बार्थ, ऐमिल ब्रूनर, रीनोल्ड नीबुर, पॉल तिलिक आदि बहुत से दार्शनिकों तथा धर्मशास्त्रियों ने किसी-न-किसी रूप में ईश्वरवाद का समर्थन किया है। अपने-अपने दार्शनिक एवं धार्मिक सिद्धांतों के अनुसार इन सभी पाश्चात्य दार्शनिकों और धर्मशास्त्रियों ने भी ईश्वर के स्वरूप तथा उसके अस्तित्व से संबंधित प्रमाणों की

40. जॉन हिक, 'फिलॉसॉफ़ी ऑफ़ रिलिजन', पृ. 30.

विस्तृत विवेचना की है। परंतु यहाँ स्थानाभाव के कारण ईश्वरवाद के विषय में इन सभी दार्शनिकों तथा धर्मशास्त्रियों के मत पर विचार करना संभव नहीं है। इस संबंध में यहाँ इतना कह देना ही पर्याप्त होगा कि संपूर्ण पाश्चात्य दर्शन पर ईश्वरवाद का बहुत व्यापक प्रभाव पड़ा है।

उपर्युक्त तथ्य को ध्यान में रखते हुए यह कहा जा सकता है कि भारतीय दर्शन की अपेक्षा पाश्चात्य दर्शन ईश्वरवाद द्वारा कहीं अधिक प्रभावित और प्रेरित हुआ है। इसका कारण संभवतः यह है कि पाश्चात्य दर्शन पर यहूदी धर्म तथा ईसाई धर्म का बहुत गहरा और व्यापक प्रभाव पड़ा है जो ईश्वरवादी धर्म है। जिन पश्चिमी दार्शनिकों ने ईश्वरवाद का समर्थन किया है वे सभी किसी-न-किसी रूप में ईसाई धर्म अथवा यहूदी धर्म को स्वीकार करते थे। इस दृष्टि से विचार करने पर हम यह कह सकते हैं कि भारतीय दर्शन के विपरीत ईश्वरवादी पाश्चात्य दर्शन मूलतः धर्मपरायण दर्शन है। सभी ईश्वरवादी पश्चिमी दार्शनिकों की प्रेरणा का मूल स्रोत ईश्वर की वह अवधारणा है जिसे ईसाई धर्म तथा यहूदी धर्म में स्वीकार किया गया है। जैसा कि हम प्रथम खंड में देख चुके हैं, इस अवधारणा के अनुसार ईश्वर असीम, शाश्वत, सर्वज्ञ, सर्वशक्तिमान, सर्वव्यापक, अत्यंत दयालु, न्यायशील, पूर्णतः शुभ और व्यक्तित्व-संपन्न आध्यात्मिक सत्ता है जो सभी दृष्टियों से पूर्ण है, जिसने अभाव से इस विश्व की रचना की है तथा जो इसका शासक एवं संरक्षक है। सभी ईश्वरवादी पाश्चात्य दार्शनिक एवं धर्मशास्त्री यहूदी धर्म एवं ईसाई धर्म में स्वीकृत ईश्वर की इस अवधारणा का समर्थन करते हैं। ऐसी स्थिति में यह कहना संभवतः अनुचित न होगा कि भारतीय दर्शन की तुलना में पाश्चात्य दर्शन ईश्वरवाद द्वारा कहीं अधिक प्रभावित प्रतीत होता है। कुछ विचारकों को हमारा यह निष्कर्ष आश्चर्यजनक प्रतीत हो सकता है, किंतु संपूर्ण भारतीय तथा पाश्चात्य दर्शन के दीर्घकालीन इतिहास का निष्पक्ष तुलनात्मक अध्ययन इस निष्कर्ष की पूर्णतः पुष्टि करता है।

अध्याय-2

निरीश्वरवाद

1. निरीश्वरवाद का स्वरूप

पिछले अध्याय में हम ईश्वरवाद के स्वरूप और भारतीय तथा पाश्चात्य दर्शन में उसके विकास की विस्तृत विवेचना कर चुके हैं। प्रस्तुत अध्याय में निरीश्वरवाद के स्वरूप तथा अज्ञेयवाद, संशयवाद, प्रकृतिवाद आदि कुछ अन्य सिद्धांतों के साथ उसके संबंध पर कुछ विस्तार से विचार किया जाएगा। जैसा कि 'निरीश्वरवाद' के शाब्दिक अर्थ से ही स्पष्ट है, यह मूलतः निषेधात्मक सिद्धांत है जिसके द्वारा अभौतिक या आध्यात्मिक सत्ता के रूप में उस ईश्वर में विश्वास के अभाव को अभिव्यक्त किया जाता है जिसे ईश्वरवादी सर्वशक्तिमान, सर्वज्ञ, सर्वव्यापक, शाश्वत, असीम, अपरिवर्तनशील, अत्यंत दयालु/प्रेममय एवं न्यायशील कहते हैं और जिसे वे व्यक्तित्वसंपन्न, विश्व का रचयिता, संरक्षक, प्रशासक तथा संहारक मानते हुए मनुष्य की पूजा अथवा आराधना के विषय के रूप में स्वीकार करते हैं। ऐसे ईश्वर के विचार या प्रत्यय को अस्वीकार करना अथवा तर्कतः उसका खंडन करना निरीश्वरवाद का प्रमुख उद्देश्य है। ऐसी स्थिति में यह कहना अनुचित न होगा कि ईश्वरवाद के निषेध अथवा खंडन के रूप में ही निरीश्वरवाद का प्रतिपादन किया गया है, अतः इसका उदय और विकास ईश्वरवाद के पश्चात् ही हुआ है।

कुछ कठिन होने के कारण 'निरीश्वरवाद' शब्द जनसाधारण में बहुत प्रचलित नहीं है। सामान्य व्यक्ति ईश्वर में विश्वास न करनेवाले मनुष्य को 'निरीश्वरवादी' न कहकर प्रायः 'नास्तिक' ही कहता है। यहाँ यह उल्लेखनीय है कि 'नास्तिक' शब्द केवल वर्णनात्मक ही नहीं, अपितु संवेगात्मक भी है, क्योंकि इसमें निंदा और तिरस्कार का भाव निहित है। जब कोई ईश्वरवादी व्यक्ति ईश्वर में विश्वास न करनेवाले मनुष्य को 'नास्तिक' कहता है तो इससे उसका तात्पर्य केवल इतना ही नहीं होता कि वह मनुष्य ईश्वर में विश्वास नहीं करता, अपितु इसके साथ ही वह इस शब्द के प्रयोग द्वारा उस मनुष्य के प्रति अपनी निंदात्मक एवं तिरस्कारपूर्ण अभिवृत्ति या भावना को भी अभिव्यक्त करता है। इसी कारण 'नास्तिक' शब्द को ऐसा शब्द नहीं माना जा

सकता जिसका केवल वर्णनात्मक अर्थ है। इसके अतिरिक्त भारतीय दर्शन में 'नास्तिक' शब्द का विशेष पारिभाषिक अर्थ भी है जिसका उल्लेख इस पुस्तक के चौथे अध्याय में यथास्थान किया जाएगा। यहाँ यह स्पष्ट कर देना आवश्यक है कि सामान्य भाषा में 'नास्तिक' शब्द के विपरीत दार्शनिक भाषा में 'निरीश्वरवाद' शब्द का प्रयोग प्रायः वर्णनात्मक अर्थ में ही किया जाता है, संवेगात्मक अर्थ में नहीं। इसका तात्पर्य यह है कि 'निरीश्वरवाद' तथा 'निरीश्वरवादी' इन दोनों शब्दों में निंदा और तिरस्कार का वह भाव विद्यमान नहीं है जो 'नास्तिक' शब्द में निहित रहता है। किसी व्यक्ति को 'निरीश्वरवादी' कहने का अर्थ प्रायः यही समझा जाता है कि वह ईश्वर में विश्वास नहीं करता अथवा ईश्वर के प्रत्यय को अस्वीकार करता है। इस शब्द के प्रयोग द्वारा उस व्यक्ति के प्रति प्रायः अनादर या घृणा की भावना अभिव्यक्त नहीं होती। इसी कारण दार्शनिक विवेचन की दृष्टि से तटस्थ एवं वर्णनात्मक शब्द 'निरीश्वरवाद' को अधिक उपयुक्त माना जा सकता है।

भारतीय तथा पाश्चात्य दर्शन में 'निरीश्वरवाद' का स्पष्ट एवं सुनिश्चित अर्थ है जिसे भली-भाँति समझ लेना आवश्यक है। कुछ ईश्वरवादी विचारकों के मतानुसार, निरीश्वरवाद वह सिद्धांत है जो यह मानता है कि किसी प्रकार के ईश्वर का अस्तित्व नहीं है। इसी मत के आधार पर निरीश्वरवाद की परिभाषा करते हुए जॉन हिक कहते हैं : "निरीश्वरवाद वह विश्वास है जिसके अनुसार किसी प्रकार का ईश्वर नहीं है।"[1] इसी प्रकार, निरीश्वरवाद तथा अज्ञेयवाद में अंतर स्पष्ट करते हुए 'न्यू कैथॉलिक ऐन्साइक्लोपीडिया', (खंड 1, पृ. 205), में यह कहा गया है : "अज्ञेयवादी निरीश्वरवादी नहीं है। निरीश्वरवादी ईश्वर के अस्तित्व को अस्वीकार करता है; अज्ञेयवादी उसके अस्तित्व के विषय में अनभिज्ञता व्यक्त करता है।" निरीश्वरवाद की इन परिभाषाओं से यह स्पष्ट है कि इन्हें प्रस्तुत करनेवाले ईश्वरवादी दार्शनिक निरीश्वरवाद को सकारात्मक सिद्धांत मानते हैं—अर्थात्, उनके मतानुसार यह सिद्धांत इस बात की घोषणा करता है कि ईश्वर का अस्तित्व नहीं है। परंतु निरीश्वरवाद के स्वरूप के विषय में इन ईश्वरवादी दार्शनिकों का यह मत पूर्णतः उचित और संतोषप्रद प्रतीत नहीं होता। यही कारण है कि अधिकतर निरीश्वरवादी दार्शनिक और कुछ ईश्वरवादी विचारक इस मत को स्वीकार नहीं करते। इसके विरुद्ध उनकी मुख्य आपत्ति यह है कि इसमें निरीश्वरवाद को उसके वास्तविक रूप में प्रस्तुत नहीं किया गया। इन निरीश्वरवादी दार्शनिकों का मत है कि निरीश्वरवाद वास्तव में यह घोषित नहीं करता कि ईश्वर का अस्तित्व नहीं है; वह तो केवल ईश्वर के अस्तित्व में विश्वास के अभाव को व्यक्त करता है। दूसरे शब्दों में, निरीश्वरवादी वह है जो ईश्वर के अस्तित्व में विश्वास नहीं करता, किंतु वह यह नहीं कहता कि ईश्वर का अस्तित्व नहीं है। इन दोनों बातों में जो अंतर है उसे आगे कुछ विस्तार से स्पष्ट किया जाएगा; यहाँ इतना कह देना आवश्यक है कि अधिकतर निरीश्वरवादी विचारकों तथा कुछ ईश्वरवादी दार्शनिकों ने उपर्युक्त मत के आधार पर ही निरीश्वरवाद की परिभाषा की है।

1. जॉन हिक, 'फ़िलॉसॉफ़ी ऑफ़ रिलिजन', पृ. 8.

उदाहरणार्थ, निरीश्वरवाद का अर्थ स्पष्ट करते हुए उन्नीसवीं शताब्दी के प्रसिद्ध निरीश्वरवादी विचारक, चार्ल्स ब्रैडलॉफ़ ने लिखा है : "निरीश्वरवादी यह नहीं कहता कि ईश्वर नहीं है, किंतु वह यह कहता है कि 'मुझे मालूम नहीं ईश्वर से आपका क्या तात्पर्य है। मेरे मन में ईश्वर का कोई प्रत्यय नहीं है। 'ईश्वर' शब्द मेरे लिए ऐसी ध्वनि है जिसका कोई स्पष्ट अर्थ नहीं है। मैं ईश्वर का निषेध नहीं करता, क्योंकि मैं ऐसी वस्तु का निषेध नहीं कर सकता जिसका मेरे मन में विचार ही नहीं है'।"[2] इसी प्रकार, श्रीमती ऐनी बिसेंट ने भी निरीश्वरवाद की ऐसी ही परिभाषा दी है। उनका कथन है : "निरीश्वरवादी का मत स्पष्ट तथा युक्तिसंगत है। मैं ईश्वर के विषय में कुछ नहीं जानती और इसलिए मैं उसमें विश्वास नहीं करती। अपने ईश्वर के विषय में आप जो कुछ कहते हैं वह स्वतोव्याघातपूर्ण है और इसलिए अविश्वसनीय है। मैं ईश्वर का निषेध नहीं करती जो मेरे लिए अपरिचित शब्द है; मैं आपके ईश्वर का अवश्य निषेध करती हूँ जिसका अस्तित्व असंभव है। मेरे मन में ईश्वर का कोई विचार नहीं है।"[3] वर्तमान शताब्दी के विचारक, चैपमैन कोहन ने भी इसी आधार पर निरीश्वरवाद का अर्थ स्पष्ट किया है। निरीश्वरवाद की व्याख्या करते हुए वे कहते हैं : "यदि कोई व्यक्ति ईश्वर में विश्वास करता है तो वह ईश्वरवादी है। यदि कोई व्यक्ति ईश्वर में विश्वास नहीं करता तो वह निरीश्वरवादी है। . . . निरीश्वरवाद तथा ईश्वरवाद में संपूर्ण एवं मूल अंतर ईश्वर में विश्वास करने अथवा न करने का ही है।"[4]

उपर्युक्त परिभाषाओं में निरीश्वरवाद की जो व्याख्या की गई है उसे एक समकालीन निरीश्वरवादी विचारक, जॉर्ज एच. स्मिथ ने अधिक तर्कसंगत और स्पष्ट रूप से प्रस्तुत किया है। निरीश्वरवाद का अर्थ स्पष्ट करते हुए उन्होंने लिखा है : "निरीश्वरवाद का शाब्दिक अर्थ है 'ईश्वरवाद के बिना' अथवा ईश्वर या देवताओं में विश्वास का अभाव। इसलिए ईश्वर संबंधी विश्वास का अभाव ही निरीश्वरवाद है। जो व्यक्ति ईश्वर के अस्तित्व अथवा अति-प्राकृतिक सत्ता में विश्वास नहीं करता उसे उचित रूप से निरीश्वरवादी कहा जा सकता है। . . . अपने मूल रूप में निरीश्वरवाद कोई विश्वास नहीं है; यह विश्वास का अभाव है। मुख्यतः निरीश्वरवादी वह व्यक्ति नहीं है जो यह विश्वास करता है कि ईश्वर का अस्तित्व नहीं है; अपितु वह ईश्वर के अस्तित्व में विश्वास नहीं करता। यहाँ निरीश्वरवाद की जो परिभाषा दी गई है उससे 'निरीश्वरवाद' शब्द का क्षेत्र इसके सामान्यतः स्वीकृत अर्थ की अपेक्षा अधिक विस्तृत हो जाता है। . . . 'निरीश्वरवाद' एक अभावात्मक शब्द है जो निषेध करता है और जो ईश्वरवाद का विरोधी अर्थ बताता है। . . . 'ईश्वरवाद' तथा 'निरीश्वरवाद' वर्णनात्मक शब्द हैं–वे ईश्वर में विश्वास की उपस्थिति या अनुपस्थिति को विशेष रूप

2. चार्ल्स ब्रैडलॉफ़, 'ए प्ली फ़ॉर ऐथीइज़्म', गॉर्डन स्टीन द्वारा संपादित पुस्तक, 'ऐन ऐन्थॉलॉजी ऑफ़ ऐथीइज़्म ऐंड रैशनलिज़्म' में मुद्रित, पृ. 10.

3. ऐनी बिसेंट, वही पुस्तक, पृ. 8.

4. चैपमैन कोहन, वही पुस्तक, पृ. 5.

से अभिव्यक्त करते हैं। यदि किसी व्यक्ति को ईश्वरवादी कहा जाता है तो इससे यही मालूम होता है कि वह ईश्वर में विश्वास करता है; इससे यह ज्ञात नहीं होता कि वह ईश्वर में विश्वास क्यों करता है। यदि किसी व्यक्ति को निरीश्वरवादी कहा जाता है तो इससे यही मालूम होता है कि वह ईश्वर में विश्वास नहीं करता; इससे यह ज्ञात नहीं होता कि वह ईश्वर में विश्वास क्यों नहीं करता।"[5]

निरीश्वरवाद के स्वरूप के संबंध में एक अन्य प्रसिद्ध समकालीन दार्शनिक, ऐन्टोनी फ़्ल्यू ने भी स्मिथ के उपर्युक्त मत का पूर्णतः समर्थन किया है। संक्षेप में निरीश्वरवाद की नकारात्मक परिभाषा देते हुए वे कहते हैं : "निरीश्वरवादी वह व्यक्ति नहीं है जो सकारात्मक रूप से ईश्वर के अनस्तित्व को घोषित करता है, अपितु वह है जो केवल ईश्वरवादी नहीं है।"[6] इसी प्रकार, एक और प्रमुख समकालीन निरीश्वरवादी विचारक, काई नीलसन भी निरीश्वरवाद की उपर्युक्त नकारात्मक परिभाषा को ही स्वीकार करते हैं। उनके मतानुसार : "यह कहने के बजाय कि निरीश्वरवादी वह है जो यह विश्वास करता है कि यह मिथ्या अथवा लगभग मिथ्या है कि ईश्वर है, निरीश्वरवाद की अधिक उपयुक्त व्याख्या इस जटिल दावे में निहित है कि निरीश्वरवादी वह है जो ईश्वर में विश्वास को अस्वीकार करता है।"[7] निरीश्वरवाद पर लिखित अपने एक विस्तृत लेख में पॉल ऐडवर्ड्स ने भी निरीश्वरवाद की यही नकारात्मक परिभाषा दी है। उनका कथन है : "हमारी परिभाषा के अनुसार, 'निरीश्वरवादी' वह व्यक्ति है जो ईश्वर में विश्वास को अस्वीकार करता है।"[8]

निरीश्वरवाद की उपर्युक्त सभी परिभाषाओं से इस सिद्धांत का वास्तविक स्वरूप पूर्णतः स्पष्ट हो जाता है। इन परिभाषाओं के अनुसार, निरीश्वरवाद के विषय में यह सामान्य मत पूर्णतया उचित प्रतीत नहीं होता कि यह सिद्धांत ईश्वर के अनस्तित्व का दावा करता है। जैसा कि हम ऊपर देख चुके हैं, वस्तुतः निरीश्वरवादी सकारात्मक रूप से यह घोषित नहीं करता कि ईश्वर का अस्तित्व नहीं है, क्योंकि इस प्रकार का सकारात्मक दावा करने की उसे कोई आवश्यकता ही नहीं है। वह तो केवल इतना ही कहता है कि ईश्वर के अस्तित्व में वह विश्वास नहीं करता। दूसरे शब्दों में, निरीश्वरवादी ईश्वर में विश्वास के अभाव अथवा उसकी अस्वीकृति को ही अभिव्यक्त करता है जो ईश्वर के अनस्तित्व की सकारात्मक घोषणा से बहुत भिन्न है। इन दोनों बातों में जो मूल अंतर है उसे भली-भाँति समझ लेना आवश्यक है। यदि निरीश्वरवादी यह कहता है कि ईश्वर का अस्तित्व नहीं है तो निश्चय ही उसे अपने इस दावे को तर्कों या प्रमाणों द्वारा प्रमाणित करना होगा। इसका अर्थ यह है कि ईश्वर के अनस्तित्व को तर्कतः प्रमाणित करने का उत्तरदायित्व स्वयं निरीश्वरवादी पर ही होगा। यही कारण है कि अधिकतर ईश्वरवादी इसी रूप में निरीश्वरवाद की परिभाषा करते हैं।

5. जॉर्ज एच. स्मिथ, 'ऐथीइज़्म : दि केस अगेंस्ट गॉड', पृ. 7-8.
6. ऐन्टोनी फ़्ल्यू, 'गॉड, फ्रीडम ऐंड इम्मॉर्टैलिटी', पृ. 14.
7. काई नीलसन, 'फ़िलॉसॉफ़ी ऐंड ऐथीइज़्म', पृ. 20.
8. पॉल ऐडवर्ड्स, 'ऐथीइज़्म', 'ऐन्साइक्लोपीडिया ऑफ़ फ़िलॉसॉफ़ी', खंड 1, पृ. 175.

उनके अनुसार, निरीश्वरवाद वह सिद्धांत है जो यह दावा करता है कि ईश्वर का अस्तित्व नहीं है। उनके अनुसार, निरीश्वरवाद की इस व्याख्या के कारण ईश्वरवादियों को तर्कसंगत रूप से यह कहने का अवसर मिल जाता है कि निरीश्वरवादी को ईश्वर के अनस्तित्व को प्रमाणित करना चाहिए और यदि वह ऐसा नहीं कर पाता तो उसका सिद्धांत मिथ्या सिद्ध हो जाता है। ईश्वरवादी के मतानुसार, निरीश्वरवादी के लिए ईश्वर के अनस्तित्व को प्रमाणित करना संभव नहीं है, क्योंकि इसके लिए निरीश्वरवादी को समस्त ब्रह्माण्ड की पूर्ण जानकारी होनी चाहिए जो किसी भी मनुष्य के लिए असंभव है। इसी कारण ईश्वरवादी यह दावा करता है कि निरीश्वरवादी ईश्वर के अनस्तित्व को प्रमाणित नहीं कर सकता, अतः उसके सिद्धांत को मिथ्या सिद्ध करने के लिए ईश्वरवादी निरीश्वरवाद की ऐसी व्याख्या करता है जिससे ईश्वर के अनस्तित्व को प्रमाणित करने का असंभव उत्तरदायित्व निरीश्वरवादी पर ही डाला जा सके।

परंतु उपर्युक्त दावा करते हुए ईश्वरवादी इस आधारभूत तथ्य की उपेक्षा करता है कि वास्तव में निरीश्वरवादी के लिए ईश्वर के अनस्तित्व को प्रमाणित करने की आवश्यकता ही नहीं है, क्योंकि वह ईश्वर के अनस्तित्व का सकारात्मक दावा करने के स्थान पर ईश्वर में विश्वास की अनुपस्थिति या अस्वीकृति को ही अभिव्यक्त करता है। इसके लिए निरीश्वरवादी को तर्कों द्वारा केवल इतना ही प्रमाणित करना होगा कि ईश्वर में विश्वास करना युक्तिसंगत क्यों नहीं है। यदि निरीश्वरवादी तर्कतः यह प्रमाणित करने में सफल हो जाता है कि ईश्वरवादियों द्वारा मान्य ईश्वर में विश्वास करना अबौद्धिक या अयुक्तिसंगत है तो इससे निरीश्वरवाद सत्य और ईश्वरवाद मिथ्या सिद्ध हो जाता है। इसी कारण निरीश्वरवादियों ने ईश्वर के अस्तित्व के समर्थन में ईश्वरवादियों द्वारा प्रस्तुत तर्कों का खंडन करने के साथ-साथ अनेक ऐसे प्रबल तर्क भी दिए हैं जिनसे यह प्रमाणित हो ज़ाता है कि ईश्वर में विश्वास करना अयुक्तिसंगत अथवा अबौद्धिक है। इन सभी तर्कों पर हम प्रस्तुत पुस्तक में आगे यथास्थान विस्तारपूर्वक विचार करेंगे। यहाँ यह स्पष्ट कर देना आवश्यक है कि ईश्वर की सत्ता को प्रमाणित करने का उत्तरदायित्व स्वयं ईश्वरवादियों पर ही है, क्योंकि वे ही निश्चित रूप से यह दावा करते हैं कि ईश्वर का अस्तित्व है। यह एक सामान्य सिद्धांत है कि किसी वस्तु के अस्तित्व का सकारात्मक दावा प्रस्तुत करनेवाले व्यक्ति का ही यह उत्तरदायित्व होता है कि वह अपने दावे को तर्कों द्वारा उचित अथवा सत्य सिद्ध करे। इसी सामान्य नियम के अनुसार, स्वयं ईश्वरवादी को ही तर्कों द्वारा यह प्रमाणित करना है कि वास्तव में ईश्वर का अस्तित्व है, क्योंकि वही स्पष्ट रूप से उसके अस्तित्व का दावा करता है। यदि ईश्वरवादी अपने इस दावे को तर्कतः प्रमाणित करने में सफल नहीं होता तो उसका सिद्धांत, ईश्वरवाद मिथ्या सिद्ध हो जाता है जिसका स्पष्ट अर्थ यही है कि निरीश्वरवाद ही मनुष्य के लिए एकमात्र बौद्धिक और तर्कसंगत विकल्प है। इसी कारण निरीश्वरवादी दार्शनिक ईश्वरवादी विचारक से यह माँग करता है कि वह स्वयं ईश्वरवाद को तर्कों द्वारा सत्य प्रमाणित करे। निरीश्वरवादी की यह माँग निश्चय ही उचित और तर्कसंगत है, क्योंकि ईश्वरवादी ही स्पष्ट तथा निश्चित रूप से यह दावा प्रस्तुत करता है कि ईश्वर का अस्तित्व है। इस प्रकार निष्कर्ष के

रूप में हम यह कह सकते हैं कि ईश्वर के अनस्तित्व को प्रमाणित करना निरीश्वरवादी का उत्तरदायित्व नहीं है; इसके विपरीत स्वयं ईश्वरवादी का ही यह उत्तरदायित्व है कि वह तर्कतः ईश्वर का अस्तित्व सिद्ध करे।

निरीश्वरवाद के लिए अंग्रेज़ी में जो 'एथीइज़्म' शब्द प्रचलित है उससे भी यही प्रमाणित होता है कि यह मूलतः नकारात्मक सिद्धांत है। 'एथीइज़्म' शब्द की व्युत्पत्ति यूनानी भाषा के दो शब्दों–'ए' तथा 'थियॉस', से हुई है। 'ए' का अर्थ है 'नहीं' अथवा 'बिना' और 'थियॉस' का अर्थ है 'ईश्वर'। इस प्रकार 'एथीइज़्म' का शाब्दिक अर्थ है 'ईश्वर नहीं' अथवा 'ईश्वर के बिना'। 'एथीइज़्म' के शाब्दिक अर्थ पर विचार करने से भी यह स्पष्ट हो जाता है कि यह वह सिद्धांत है जो ईश्वर में विश्वास के अभाव को अभिव्यक्त करता है। दूसरे शब्दों में यह कहा जा सकता है कि 'एथीइस्ट' वह है जो ईश्वर की सत्ता में विश्वास नहीं करता; उसके लिए सकारात्मक रूप से यह घोषित करना आवश्यक नहीं है कि ईश्वर का अस्तित्व नहीं है। इस दृष्टि से विचार करने पर हम यह कह सकते हैं कि 'एथीइज़्म' और 'निरीश्वरवाद' समानार्थक शब्द हैं जो ईश्वर की सत्ता में विश्वास के अभाव को व्यक्त करते हैं। इस विश्वास के अभाव का कारण चाहे कुछ भी हो, इतना निश्चित है कि जो व्यक्ति ईश्वर के अस्तित्व में विश्वास नहीं करता वह निरीश्वरवादी है। निरीश्वरवाद के इस नकारात्मक अर्थ से यह स्पष्ट है कि यह सिद्धांत ईश्वर विषयक उन सभी सिद्धांतों का निषेध करता है जो किसी भी रूप में एक ईश्वर अथवा अनेक देवी-देवताओं के अस्तित्व को स्वीकार करते हैं। पिछले अध्याय में हम ईश्वरवाद अथवा एकेश्वरवाद, तटस्थेश्वरवाद, सर्वेश्वरवाद तथा बहुदेववाद के स्वरूप को भली-भाँति स्पष्ट कर चुके हैं। यहाँ इस तथ्य का विशेष रूप से उल्लेख करना आवश्यक है कि निरीश्वरवाद इनमें से किसी भी सिद्धांत को स्वीकार नहीं करता। निरीश्वरवादी द्वारा इन सभी सिद्धांतों को अस्वीकार करने का कारण समझना कठिन नहीं है। जो व्यक्ति ईश्वर के अस्तित्व में विश्वास ही नहीं करता–अर्थात्, जो निरीश्वरवादी है–वह तर्कसंगत रूप से ईश्वर विषयक ऐसे किसी सिद्धांत का समर्थन नहीं कर सकता जिसमें ईश्वर की सत्ता को स्वीकार किया गया है–फिर चाहे उस सिद्धांत के अनुसार ईश्वर का स्वरूप कुछ भी हो। इसका तात्पर्य यही है कि निरीश्वरवादी के लिए ईश्वर संबंधी सभी सिद्धांतों तथा अवधारणाओं और बहुदेववाद का पूर्णतः निषेध करना अनिवार्य है।

परंतु यहाँ यह उल्लेखनीय है कि सभी निरीश्वरवादी विचारक प्रत्येक अति-प्राकृतिक या अलौकिक सत्ता को अस्वीकार नहीं करते। उदाहरणार्थ, भारतीय दर्शन में सांख्य, मीमांसा, जैन तथा बौद्ध ईश्वर के अस्तित्त्व का निषेध करते हुए भी आत्मा, अपूर्व, कर्मवाद, पुनर्जन्म आदि अनेक अति-प्राकृतिक सत्ताओं या सिद्धांतों का पूर्णतया समर्थन करते हैं। इन सभी भारतीय निरीश्वरवादी दर्शनों के अनुसार, उपर्युक्त अति-प्राकृतिक सत्ताओं अथवा सिद्धांतों के साथ ईश्वर का कोई संबंध नहीं है, अतः इन्हें स्वीकार करने के लिए ईश्वर के अस्तित्व में विश्वास करना आवश्यक नहीं है। परंतु भारतीय तथा पाश्चात्य सभी निरीश्वरवादी विचारक ईश्वर विषयक समस्त सिद्धांतों का निषेध करने के साथ-साथ ईश्वर संबंधी उन दोनों प्रमुख अवधारणाओं को भी

अस्वीकार करते हैं जिनका उल्लेख पिछले अध्याय में किया गया है। ये दो अवधारणाएँ हैं मानवत्वारोपी अवधारणा और तत्त्वमीमांसीय अवधारणा। इन दोनों अवधारणाओं के स्वरूप की विवेचना हम पहले ही कर चुके हैं, अतः यहाँ इतना कह देना ही पर्याप्त होगा कि निरीश्वरवादी दार्शनिक ईश्वर विषयक इन दोनों अवधारणाओं का पूर्ण रूप से निषेध करते हैं–अर्थात्, वे न तो महामानव के रूप में ईश्वर के अस्तित्त्व को स्वीकार करते हैं और न तत्त्वमीमांसीय सत्ता के रूप में। इन दोनों अवधारणाओं का खंडन करने के लिए निरीश्वरवादी दार्शनिक जो कारण अथवा तर्क प्रस्तुत करते हैं उन पर इस पुस्तक में आगे यथास्थान विचार किया जाएगा।

निरीश्वरवाद के अर्थ या स्वरूप से संबंधित इस विवेचना को समाप्त करने से पूर्व इस सिद्धांत के कुछ प्रमुख भेदों अथवा रूपों का भी उल्लेख कर देना आवश्यक है। जॉर्ज एच. स्मिथ ने निरीश्वरवाद को दो मुख्य वर्गों में विभाजित किया है–अपरीक्षित निरीश्वरवाद तथा आलोचनात्मक निरीश्वरवाद।[9] यदि कोई व्यक्ति ईश्वर के प्रत्यय से अपरिचित है अथवा उससे परिचित होते हुए भी उस पर विचार किए बिना ही उसे अस्वीकार करता है तो ऐसे व्यक्ति के निरीश्वरवाद को 'अपरीक्षित निरीश्वरवाद' कहा जा सकता है। इस प्रकार के निरीश्वरवाद को स्मिथ ने 'अस्पष्ट या अप्रत्यक्ष निरीश्वरवाद' की संज्ञा दी है। इसकी व्याख्या करते हुए वे कहते हैं : "ईश्वर विषयक विश्वास की सुविचारित अस्वीकृति के बिना ही इस विश्वास का अभाव अस्पष्ट या अप्रत्यक्ष निरीश्वरवाद है। . . . अप्रत्यक्ष निरीश्वरवादी वह व्यक्ति है जो ईश्वर में विश्वास नहीं करता, किंतु जिसने ईश्वरवाद संबंधी सत्य का स्पष्टतः खंडन अथवा निषेध नहीं किया है। अप्रत्यक्ष निरीश्वरवादी के लिए ईश्वर के प्रत्यय से परिचित होना आवश्यक नहीं है। उदाहरणार्थ, जिस व्यक्ति को ईश्वर विषयक विश्वास का ज्ञान नहीं है वह ईश्वर में विश्वास नहीं करता, न ही वह ऐसे ईश्वर के अस्तित्व का निषेध करता है। निषेध के लिए ऐसी वस्तु का होना आवश्यक है जिसका निषेध किया जा सके, और ईश्वरवाद को पहले से ही जाने बिना कोई भी व्यक्ति ईश्वरवाद संबंधी सत्य का निषेध नहीं कर सकता। . . . जो व्यक्ति ईश्वरवाद से अपरिचित है वह निरीश्वरवादी है, क्योंकि वह ईश्वर में विश्वास नहीं करता।"[10] इस उद्धरण से स्पष्ट है कि स्मिथ के अनुसार, जो व्यक्ति ईश्वर के प्रत्यय से अपरिचित होने के कारण अथवा ईश्वरवाद पर भली-भाँति विचार या उसकी तर्कसंगत रूप से निष्पक्ष परीक्षा किए बिना ही ईश्वर के अस्तित्व में विश्वास नहीं करता वह 'अप्रत्यक्ष निरीश्वरवादी' है। परंतु मेरे विचार में इस प्रकार के निरीश्वरवाद को 'अपरीक्षित निरीश्वरवाद' कहना अधिक उपयुक्त प्रतीत होता है। स्पष्ट है कि अपरीक्षित निरीश्वरवाद किसी प्रकार के तर्क अथवा प्रमाण पर आधारित नहीं होता; यह अकारण ही ईश्वर की सत्ता में विश्वास के अभाव को व्यक्त करता है। इसी तथ्य को ध्यान में रखते हुए स्मिथ ने ऐसे बच्चे को भी 'निरीश्वरवादी' कहा है जो ईश्वर

9. देखिए जॉर्ज एच. स्मिथ, 'एथीइज़्म : दि केस अगेंस्ट गॉड', पृ. 13-18.

10. वही पुस्तक, पृ. 13-14.

के प्रत्यय का ज्ञान न होने के कारण ईश्वर के अस्तित्व में विश्वास नहीं करता। इसके अतिरिक्त उनके मतानुसार, ऐसा व्यक्ति भी अपरीक्षित निरीश्वरवाद में विश्वास करता है जो ईश्वर के प्रत्यय अथवा ईश्वरवाद से परिचित तो है किंतु जो उसे बिना किसी तर्क के अस्वीकार करता है। स्मिथ का कथन है कि निरीश्वरवादियों पर ईश्वर के अनस्तित्त्व को प्रमाणित करने का उत्तरदायित्व डालने के लिए ईश्वरवादी विचारक जान-बूझकर अपरीक्षित निरीश्वरवाद की उपेक्षा करते हैं। इससे उन्हें यह कहने का अवसर मिल जाता है कि निरीश्वरवादी ईश्वर के अस्तित्व का निषेध करता है, अतः उसे ईश्वर के अनस्तित्व को तर्कतः प्रमाणित करना चाहिए और इसमें असफल होने पर ईश्वरवाद को सत्य मान लेना चाहिए। परंतु, जैसा कि हम ऊपर देख चुके हैं, ईश्वर के अनस्तित्त्व को सिद्ध करना निरीश्वरवादियों का उत्तरदायित्व नहीं है; इसके विपरीत ईश्वर की सत्ता को तर्कसंगत रूप से प्रमाणित करना स्वयं ईश्वरवादियों का उत्तरदायित्व है, क्योंकि वे ही सकारात्मक दावा करते हैं कि ईश्वर का अस्तित्व है।

अब संक्षेप में दूसरे प्रकार के निरीश्वरवाद पर विचार करना आवश्यक है जिसे स्मिथ ने 'स्पष्ट निरीश्वरवाद' की संज्ञा दी है। जब कोई व्यक्ति ईश्वरवाद पर विचार करने के पश्चात् सोच-समझकर उसे अस्वीकार करता है तो स्मिथ के अनुसार उसके सिद्धांत को 'स्पष्ट निरीश्वरवाद' कहा जा सकता है। इस प्रकार के निरीश्वरवाद को स्वीकार करने के लिए ईश्वर के प्रत्यय तथा ईश्वरवाद से भली-भाँति परिचित होना आवश्यक है। ऐसे निरीश्वरवाद का समर्थन करनेवाला व्यक्ति ईश्वरवाद पर विचार करने के उपरांत जान-बूझकर उसका निषेध करता है, अतः इस निरीश्वरवाद को 'विचारित निरीश्वरवाद' कहना अधिक उपयुक्त प्रतीत होता है। स्मिथ का कथन है कि इस प्रकार के निरीश्वरवाद को दो वर्गों में विभाजित किया जा सकता है--मनोवैज्ञानिक निरीश्वरवाद तथा दार्शनिक या आलोचनात्मक निरीश्वरवाद। जब कोई व्यक्ति कुछ विशेष भावनाओं अथवा संवेगों के कारण ईश्वरवाद को अस्वीकार करता है तो उसके सिद्धांत को 'मनोवैज्ञानिक निरीश्वरवाद' की संज्ञा दी जा सकती है। उदाहरणार्थ, कोई व्यक्ति केवल इसलिए ईश्वरवाद को अस्वीकार कर सकता है कि वह अपने ईश्वर-भक्त माता-पिता से घृणा करता है। इसी प्रकार, यदि किसी व्यक्ति की पत्नी अपना संपूर्ण समय ईश्वरोपासना में लगाने के कारण अपने पति की उपेक्षा करती है तो वह व्यक्ति उसकी इस उपेक्षा के फलस्वरूप ईश्वरवाद का निषेध कर सकता है। ऐसे ही संवेगात्मक कारणों से प्रेरित निरीश्वरवाद को 'मनोवैज्ञानिक निरीश्वरवाद' कहा जाता है। दार्शनिक दृष्टि से इस प्रकार के मनोवैज्ञानिक निरीश्वरवाद का कोई महत्त्व नहीं है, क्योंकि यह तर्कों अथवा प्रमाणों पर आधारित नहीं होता।

उपर्युक्त मनोवैज्ञानिक निरीश्वरवाद के विपरीत दार्शनिक या आलोचनात्मक निरीश्वरवाद कुछ विशेष युक्तियों अथवा प्रमाणों पर ही आधारित रहता है। इस आलोचनात्मक निरीश्वरवाद का समर्थन करनेवाला व्यक्ति ईश्वरवाद की दार्शनिक कठिनाइयों पर भली-भाँति विचार करने के पश्चात् कुछ स्पष्ट और सुनिश्चित प्रमाणों के आधार पर उसे अस्वीकार करता है। इस प्रकार के निरीश्वरवाद की व्याख्या करते हुए स्मिथ ने लिखा है : "यह निरीश्वरवाद यह मानता है कि ईश्वर में विश्वास करना

अबौद्धिक है और इसलिए उसे अस्वीकार किया जाना चाहिए। . . . आलोचनात्मक निरीश्वरवाद विभिन्न रूपों में अभिव्यक्त होता है। इसे प्रायः ऐसे कथन द्वारा अभिव्यक्त किया जाता है कि 'मैं ईश्वर के अस्तित्व अथवा अति-प्राकृतिक सत्ता में विश्वास नहीं करता।' अविश्वास की यह घोषणा प्रायः ईश्वरवाद द्वारा अपने पक्ष में पर्याप्त प्रमाण प्रदान करने में असफलता के परिणामस्वरूप ही की जाती है। इस प्रकार का स्पष्ट (अर्थात्, आलोचनात्मक) निरीश्वरवादी प्रमाण के अभाव के फलस्वरूप अति-प्राकृतिक सत्ता में विश्वास करने का कोई कारण नहीं देखता। . . . अंत में ऐसा आलोचनात्मक निरीश्वरवादी भी है जो ईश्वर के अस्तित्व या अनस्तित्व की विवेचना करने से इन्कार करता है, क्योंकि उसका विश्वास है कि 'ईश्वर' का प्रत्यय अबोधगम्य है। . . . यदि ईश्वर का कोई बोधगम्य वर्णन नहीं किया जाता तो ईश्वर-चर्चा को समाप्त कर देना पड़ेगा। . . . आलोचनात्मक निरीश्वरवाद के इन रूपों में एक महत्त्वपूर्ण बात समान है—इनका स्वरूप अनिवार्यतः नकारात्मक है। निरीश्वरवादी, . . . चाहे वह अपरीक्षित हो या सुविचारित, किसी वस्तु के अस्तित्व का दावा नहीं करता; वह कोई सकारात्मक वक्तव्य नहीं देता। . . . ईश्वर विषयक विश्वास का अभाव ही निरीश्वरवाद का मूल तत्त्व है। निरीश्वरवाद के विभिन्न रूपों में अंतर केवल यही है कि उनके अनुसार अविश्वास के कारण भिन्न-भिन्न हैं।"[11] इस प्रकार स्मिथ द्वारा की गई आलोचनात्मक निरीश्वरवाद की उपर्युक्त व्याख्या से यह स्पष्ट है कि दार्शनिक दृष्टि से उनके विचार में ऐसे निरीश्वरवाद का विशेष महत्त्व है।

वस्तुतः प्रस्तुत पुस्तक में 'निरीश्वरवाद' शब्द का प्रयोग इस दार्शनिक अथवा आलोचनात्मक अर्थ में ही किया जा रहा है। कोई भी निरीश्वरवादी दार्शनिक जब ईश्वर की सत्ता में अविश्वास व्यक्त करता है तो वह इसके लिए पर्याप्त कारण या प्रबल प्रमाण प्रस्तुत करना आवश्यक समझता है। इस दृष्टि से उसे अपरीक्षित निरीश्वरवाद तथा मनोवैज्ञानिक निरीश्वरवाद को स्वीकार करनेवाले सामान्य व्यक्ति से भिन्न माना जा सकता है। निरीश्वरवादी विचारक अपने निरीश्वरवाद के समर्थन में मुख्यतः दो प्रकार के प्रमाण प्रस्तुत कर सकता है। सर्वप्रथम वह उन सभी दार्शनिक प्रमाणों अथवा युक्तियों का तर्कतः खंडन कर सकता है जो ईश्वर के अस्तित्व को प्रमाणित करने के लिए ईश्वरवादी विचारकों ने प्रस्तुत की हैं। इन सब प्रमाणों का तर्कसंगत रूप से खंडन करके वह यह सिद्ध कर सकता है कि ईश्वर की सत्ता को तर्कों द्वारा प्रमाणित करना संभव नहीं है। ऐसी स्थिति में वह तर्कतः यह दावा कर सकता है कि यदि ईश्वर की सत्ता को सिद्ध करने के लिए कोई पर्याप्त कारण अथवा प्रबल प्रमाण नहीं है तो उसमें विश्वास करना अतार्किक या अबौद्धिक है। ईश्वर के समर्थन में प्रस्तुत प्रमाणों का खंडन करने के अतिरिक्त निरीश्वरवादी दार्शनिक अनेक प्रबल तर्कों द्वारा यह प्रमाणित कर सकता है कि वास्तव में ईश्वर का प्रत्यय ही स्वतोव्याघातपूर्ण, अयुक्तिसंगत और अबोधगम्य है। ईश्वर के प्रत्यय के विरुद्ध अपने

11. वही पुस्तक, पृ. 17-18.

इन तर्कों द्वारा वह यह सिद्ध कर सकता है कि ईश्वरवादी विचारक अनेक असीम गुणों वाले ईश्वर के जिस स्वरूप में विश्वास करते हैं उसमें बहुत-से गंभीर अंतर्विरोध विद्यमान हैं जो ईश्वर के प्रत्यय को स्वतोव्याघातपूर्ण तथा नितांत अबोधगम्य बना देते हैं। इन दोनों प्रकार के प्रमाणों के आधार पर निरीश्वरवादी दार्शनिक तर्कसंगत रूप से यह निष्कर्ष निकाल सकता है कि ईश्वर में विश्वास करना अतार्किक या अबौद्धिक है, अतः निरीश्वरवाद ही हमारे समक्ष एकमात्र युक्तिसंगत विकल्प रह जाता है।

यहाँ यह उल्लेखनीय है कि निरीश्वरवाद के समर्थन में ऊपर जिन दो प्रकार के प्रमाणों की चर्चा की गई है उनमें से प्रथम प्रकार के प्रमाणों को 'नकारात्मक प्रमाण' तथा दूसरे प्रकार के प्रमाणों को 'सकारात्मक प्रमाण' कहा जा सकता है। इसका कारण यह है कि प्रथम प्रकार के प्रमाणों का संबंध ईश्वर विषयक युक्तियों के खंडन से है, जबकि दूसरे प्रकार के प्रमाण स्वयं ईश्वर के प्रत्यय को ही अयुक्तिसंगत, स्वतोव्याघात-पूर्ण तथा अबोधगम्य सिद्ध करते हैं। हम अगले अध्यायों में देखेंगे कि भारतीय तथा पाश्चात्य, सभी निरीश्वरवादी दार्शनिकों ने निरीश्वरवाद के समर्थन में अपने-अपने ढंग से विस्तारपूर्वक ये दोनों प्रकार के प्रमाण प्रस्तुत किए हैं। अपने इन प्रमाणों द्वारा उन्होंने तर्कतः यह सिद्ध किया है कि ईश्वरवाद में विश्वास करने के लिए हमारे पास पर्याप्त बौद्धिक कारण नहीं है, अतः निरीश्वरवाद को स्वीकार करना हमारे लिए अनिवार्य हो जाता है।

2. निरीश्वरवाद और कुछ अन्य सिद्धांत

(1) निरीश्वरवाद तथा अज्ञेयवाद

निरीश्वरवाद के अर्थ और स्वरूप को स्पष्ट करने के पश्चात् अब संक्षेप में कुछ ऐसे प्रमुख सिद्धांतों का उल्लेख कर देना आवश्यक है जिन्हें किसी-न-किसी रूप में निरीश्वरवाद के साथ प्रायः संबद्ध माना जाता है। इन सिद्धांतों में सर्वप्रथम अज्ञेयवाद का नाम विशेष रूप से उल्लेखनीय है, क्योंकि अनेक विचारक अज्ञेयवाद का निरीश्वरवाद के साथ कुछ संबंध अवश्य स्वीकार करते हैं। 'अज्ञेयवाद' शब्द का प्रयोग सबसे पहले 1869 में टी.एच. हक्सले ने एक विशेष अर्थ में किया था। वे यह मानते थे कि बहुत-से धर्मपरायण विचारक अलौकिक या अति-प्राकृतिक सत्ता को जानने का दावा करते हैं जिसकी पुष्टि के लिए उनके पास पर्याप्त कारण अथवा प्रमाण नहीं हैं। ऐसे विचारकों को 'ज्ञेयवादी' 'ग्नॉस्टिक्स' कहा जाता था। हक्सले इन विचारकों के उपर्युक्त दावे को अनुचित मानते थे, क्योंकि यह तर्कों या प्रमाणों पर आधारित नहीं था। इसी कारण इन विचारकों के विपरीत वे अपने आप को 'अज्ञेयवादी', 'एग्नॉस्टिक' कहते थे जिसका अभिप्राय यह था कि वे किसी अति-प्राकृतिक सत्ता को नहीं जानते, क्योंकि ऐसी सत्ता मानव के लिए अज्ञात एवं अज्ञेय है। अपने इसी सिद्धांत को स्पष्ट करने तथा इसे धर्मपरायण विचारकों के मत से पृथक् करने के लिए उन्होंने इस सिद्धांत को 'अज्ञेयवाद' की संज्ञा दी थी।

इस अज्ञेयवाद की व्याख्या करते हुए हक्सले कहते हैं : "अज्ञेयवाद कोई सिद्धांत नहीं अपितु एक पद्धति है जिसका सारतत्त्व केवल एक ही नियम का दृढ़तापूर्वक प्रयोग करने में निहित है। सकारात्मक रूप से यह नियम इस प्रकार अभिव्यक्त किया जा सकता है कि अन्य बातों पर विचार किए बिना बौद्धिक विषयों के संबंध में उस सीमा तक अपनी तर्कबुद्धि का अनुसरण कीजिए जिस सीमा तक यह आपको ले जा सकती है। नकारात्मक रूप में इस नियम का अर्थ यह है कि उन निष्कर्षों को निश्चित न मानिए जो तर्कों द्वारा प्रमाणित नहीं किए गए अथवा नहीं किए जा सकते। जब तक कोई व्यक्ति ऐसा प्रमाण न दे सके जो किसी कथन की निश्चितता को तर्कतः उचित सिद्ध करता हो तब तक उसके लिए यह कहना अनुचित है कि वह उस कथन के वस्तुपरक सत्य को निश्चित रूप से जानता है। अज्ञेयवाद यही कहता है और मेरे विचार में अज्ञेयवाद के लिए केवल इतना ही अनिवार्य है।"[12] इस प्रकार हक्सले के मतानुसार, अज्ञेयवाद वह सिद्धांत है जो यह कहता है कि मनुष्य को तर्कों द्वारा निश्चित रूप से प्रमाणित मत, विचार या मान्यता को ही स्वीकार करना चाहिए और ऐसे किसी विचार अथवा सिद्धांत का समर्थन नहीं करना चाहिए जिसके लिए पर्याप्त प्रमाण उपलब्ध न हों।

परंतु यहाँ यह उल्लेखनीय है कि सामान्यतः अज्ञेयवाद का वह अर्थ नहीं समझा जाता जो हक्सले ने स्वीकार किया है। अधिकतर विचारक यह मानते हैं कि अज्ञेयवाद वह सिद्धांत है जो ईश्वर या किसी अन्य अति-प्राकृतिक सत्ता को न तो स्वीकार करता है और न अस्वीकार; ऐसी सत्ता के समर्थन में पर्याप्त प्रमाणों के न होने के कारण वह इस संबंध में अपना कोई निश्चित निर्णय नहीं देता। उदाहरणार्थ, अज्ञेयवाद की परिभाषा देते हुए आर. डब्ल्यू. हैप्बर्न ने लिखा है : "इस शब्द के अधिकतम प्रचलित उपयोग के अनुसार, 'अज्ञेयवाद' यह विचार है कि हम यह नहीं जानते कि ईश्वर है या नहीं। . . . अज्ञेयवादी होने का अर्थ यह माना जाता था कि मानव-बुद्धि की अनिवार्य सीमाओं के कारण ईश्वर विषयक ज्ञान असंभव है। . . . वह व्यक्ति जो अपने आप को अज्ञेयवादी कहता है सामान्यतः यह निर्णय देता है कि वह अज्ञेयवाद तथा ईसाई धर्म संबंधी विश्वास, इन दोनों को एक साथ स्वीकार नहीं कर सकता।"[13]

एक अन्य समकालीन निरीश्वरवादी विचारक, काई नीलसन ने भी अज्ञेयवाद की इसी प्रकार व्याख्या की है। उनके अनुसार : "अज्ञेयवादी होने का अर्थ यह मानना है कि ईश्वर अथवा किसी अन्य अनुभवातीत सत्ता या अवस्था के अस्तित्व के विषय में कुछ नहीं जाना जा सकता अथवा इस बात की बहुत कम संभावना है कि उसके संबंध में कुछ जाना जा सके या उसमें तर्कसंगत रूप से विश्वास किया जा सके। . . . इस प्रकार, हम अज्ञेयवाद को इस सीमित दावे के रूप में स्वीकार करेंगे कि या तो हम

12. टी.एच. हक्सले, 'एग्नॉस्टिसिज़्म', गॉर्डन स्टीन, पाद टिप्पणी संख्या 2 में पूर्वोल्लिखित पुस्तक, पृ. 5.

13. आर.डब्ल्यू. हैप्बर्न, 'एग्नॉस्टिसिज़्म', 'ऐन्साइक्लोपीडिया ऑफ़ फ़िलॉसॉफ़ी', खंड 1, पृ. 56-57.

नहीं जानते अथवा नहीं जान सकते कि ईश्वर या किसी अन्य अनुभवातीत सत्ता अथवा अवस्था का अस्तित्व है और इसलिए हमें इस कथन के संबंध में निर्णय स्थगित रखना चाहिए कि ईश्वर की सत्ता है। इसका अर्थ यह है कि अज्ञेयवादी ऐसी सत्ता को न तो स्वीकार करता है और न अस्वीकार।"[14] अन्य अनेक विचारकों ने भी हैप्बर्न तथा नीलसन के समान ही इसी रूप में अज्ञेयवाद की व्याख्या की है। इस व्याख्या के अनुसार, अज्ञेयवादी वह व्यक्ति है जो ईश्वर अथवा किसी अन्य अति-प्राकृतिक शक्ति के अस्तित्व में न तो विश्वास करता है और न अविश्वास; वह इसके संबंध में कोई निश्चित निर्णय नहीं देता, क्योंकि वह यह मानता है कि अलौकिक या अति-प्राकृतिक सत्ता मनुष्य के लिए अज्ञात तथा अज्ञेय है।

परंतु अज्ञेयवाद की उपर्युक्त व्याख्या भी पूर्णतः उचित एवं संतोषप्रद प्रतीत नहीं होती, क्योंकि यह इस सिद्धांत को ईश्वर विषयक ज्ञान के क्षेत्र तक ही सीमित कर देती है। 'अज्ञेयवाद' के शाब्दिक अर्थ पर विचार करने से यह स्पष्ट हो जाता है कि इस सिद्धांत का क्षेत्र केवल ईश्वर ज्ञान तक सीमित नहीं है। 'अज्ञेयवाद' के लिए अंग्रेज़ी में प्रचलित शब्द 'एग्नॉस्टिसिज़्म' है जिसकी व्युत्पत्ति यूनानी भाषा के दो शब्दों–'ए' तथा 'ग्लॉसिस' से हुई है जिनका अर्थ क्रमशः 'नहीं' और 'जानना' होता है। इस प्रकार शब्दिक दृष्टि से 'एग्नॉस्टिसिज़्म' का अर्थ है 'न जानना' या 'न जान सकना'। इस अंग्रेज़ी शब्द के लिए हिंदी भाषा में प्रयुक्त 'अज्ञेयवाद' शब्द का भी ठीक यही अर्थ होता है। 'अज्ञेयवाद' के इस शाब्दिक अर्थ को ध्यान में रखते हुए यह कहा जा सकता है कि यह सिद्धांत किसी एक क्षेत्र विशेष पर सीमित नहीं है। यह सिद्धांत ऐसे प्रत्येक क्षेत्र अथवा विषय पर लागू होता है या हो सकता है जो मानवीय ज्ञान की परिधि से परे है। इस दृष्टि से विचार करने पर हम यह कह सकते हैं कि अज्ञेयवाद वह सिद्धांत है जिसके अनुसार मानवीय ज्ञान की परिधि से बाहर प्रत्येक विषय मनुष्य के लिए अज्ञेय है–अर्थात्, ऐसे विषय के संबंध में मनुष्य कुछ नहीं जान सकता, अतः इसके संबंध में उसे अपना निर्णय स्थगित रखना चाहिए। जॉर्ज स्मिथ ने इसी आधार पर अज्ञेयवाद की परिभाषा दी है। उनका कथन है : "सामान्य शब्द के रूप में 'अज्ञेयवाद' किसी विशेष क्षेत्र में ज्ञान की असंभावना को व्यक्त करता है। अज्ञेयवादी वह व्यक्ति है जो यह विश्वास करता है कि कोई वस्तु मानवीय बुद्धि के लिए अज्ञेय है। ईश्वर विषयक विश्वास के संबंध में अज्ञेयवादी वह व्यक्ति है जो यह मानता है कि अति-प्राकृतिक सत्ता का कोई पक्ष मानवीय ज्ञान के लिए सदैव अगम्य अथवा अज्ञेय है। . . . अपने आप में 'अज्ञेयवादी' शब्द यह व्यक्त नहीं करता कि कोई व्यक्ति ईश्वर में विश्वास करता है या नहीं।"[15] अज्ञेयवाद की इस व्याख्या से यह स्पष्ट है कि इस सिद्धांत का ईश्वरवाद अथवा निरीश्वरवाद के साथ कोई अनिवार्य संबंध नहीं है।

14. काई नीलसन, 'फ़िलॉसॉफ़ी ऐंड एथीइज़्म', पृ. 55-57.
15. जॉर्ज एच. स्मिथ, 'एथीइज़्म : दि केस अगेंस्ट गॉड', पृ. 9-10.

सामान्यतः यह माना जाता है कि अज्ञेयवाद एक ऐसा मध्यवर्ती सिद्धांत है जो न तो ईश्वरवाद को स्वीकार करता है और न निरीश्वरवाद को—अर्थात्, वह इन दोनों के संबंध में अपने निर्णय को स्थगित रखता है। इसी मत का समर्थन करते हुए अनेक विचारकों ने अज्ञेयवाद को ईश्वरवाद तथा निरीश्वरवाद के बीच एक ऐसा तीसरा विकल्प माना है जो इन दोनों से भिन्न सिद्धांत है। उदाहरणार्थ, 'न्यू कैथॉलिक ऐन्साइक्लोपीडिया', (खंड 1, पृ. 205), में स्पष्टतः यह कहा गया है : "अज्ञेयवादी निरीश्वरवादी नहीं है। निरीश्वरवादी ईश्वर के अस्तित्व को अस्वीकार करता है; अज्ञेयवादी उसके अस्तित्व के विषय में अनभिज्ञता व्यक्त करता है। अज्ञेयवादी के अनुसार, ईश्वर का अस्तित्व हो सकता है, किंतु तर्कबुद्धि इसे न तो प्रमाणित कर सकती है और न अप्रमाणित।" इसी प्रकार, अन्य अनेक विचारक भी अज्ञेयवाद को ईश्वरवाद तथा निरीश्वरवाद, दोनों से भिन्न सिद्धांत मानते हैं और इसे विचारशील मनुष्य के लिए एक ऐसे तीसरे विकल्प के रूप में स्वीकार करते हैं जो ईश्वरवाद एवं निरीश्वरवाद की अपेक्षा अधिक तर्कसंगत होने के कारण उसके लिए अधिक वांछनीय है। परंतु अज्ञेयवाद के संबंध में यह मत पूर्णतया उचित प्रतीत नहीं होता। इसका कारण यह है कि अज्ञेयवाद कोई ऐसा सिद्धांत नहीं है जो ईश्वरवाद और निरीश्वरवाद से सदैव तथा अनिवार्यतः भिन्न हो। अज्ञेयवादी व्यक्ति ईश्वरवादी भी हो सकता है और निरीश्वरवादी भी। जो अज्ञेयवादी ईश्वरवाद में विश्वास करता है वह यह मानता है कि ईश्वर का अस्तित्व तो है, किंतु मनुष्य के लिए ईश्वर का स्वरूप अज्ञेय है, क्योंकि ईश्वर अति-प्राकृतिक और अनुभवातीत सत्ता है। मध्ययुगीन यहूदी दार्शनिक, मैमोनाइड्स इसी मत को स्वीकार करते थे। वे ईश्वर के अस्तित्व में विश्वास करते हुए उसके स्वरूप को अज्ञेय मानते थे।[16] इस उदाहरण से यह स्पष्ट है कि ईश्वरवादी व्यक्ति भी अज्ञेयवादी हो सकता है। वह यह कह सकता है कि ईश्वर का अस्तित्व तो है, किंतु अनुभवातीत एवं अति-प्राकृतिक सत्ता होने के कारण उसका स्वरूप हमारे लिए अज्ञेय है।

इसके विपरीत निरीश्वरवाद में विश्वास करनेवाला अज्ञेयवादी यह मानता है कि ईश्वर का अस्तित्व और स्वरूप, दोनों ही मानव के लिए अज्ञेय हैं, क्योंकि ईश्वर को एक ऐसी अलौकिक सत्ता माना जाता है जो मानवीय अनुभव एवं तर्कबुद्धि से परे है। स्पष्ट है कि ऐसा अज्ञेयवादी व्यक्ति ईश्वर के अस्तित्व में विश्वास नहीं करता, अतः उसे निरीश्वरवादी कहा जा सकता है। परंतु ईश्वर को अज्ञेय मानते हुए भी वह सिद्धांततः उसके अस्तित्व की संभावना को स्वीकार करता है; इसी कारण वह यह कहता है कि ईश्वर के अस्तित्व और स्वरूप के विषय में हमें अपना कोई निश्चित निर्णय नहीं देना चाहिए। यदि ऐसे अज्ञेयवादी से यह प्रश्न किया जाए कि 'क्या ईश्वर का अस्तित्व है?' तो उसका उत्तर यही होगा कि ईश्वर के विषय में वह न तो कुछ जानता है और न जान सकता है, अतः इस संबंध में वह अपना कोई निर्णय नहीं देना चाहता। इस दृष्टि से ऐसे अज्ञेयवादी का मत उस निरीश्वरवादी के मत से भिन्न है

16. देखिए, वही पुस्तक, पृ. 10.

जो सैद्धांतिक रूप से भी ईश्वर के अस्तित्व में विश्वास नहीं करता और स्पष्टतः अपना यह निर्णय देता है कि ईश्वर के अस्तित्व में विश्वास करना अबौद्धिक तथा अयुक्तिसंगत है। ऐसी स्थिति में अज्ञेयवादी को पूर्ण रूप से निरीश्वरवादी नहीं माना जा सकता। इसका अर्थ यही है कि अज्ञेयवाद और निरीश्वरवाद में कुछ अंतर अवश्य है। इसी प्रकार, अज्ञेयवाद और ईश्वरवाद भी समानार्थक सिद्धांत नहीं हैं, क्योंकि इन दोनों सिद्धांतों में भी स्पष्ट भिन्नता विद्यमान है। वस्तुतः ईश्वरवाद तथा निरीश्वरवाद का संबंध ईश्वर विषयक विश्वास से है, जबकि अज्ञेयवाद ईश्वर अथवा किसी अन्य अति-प्राकृतिक सत्ता की अज्ञेयता से संबंधित है। इसी आधार पर इन तीनों सिद्धांतों के स्वरूप तथा इनमें विद्यमान अंतर को स्पष्ट करते हुए स्मिथ कहते हैं : "ईश्वरवाद तथा निरीश्वरवाद ईश्वर में विश्वास की उपस्थिति या अनुपस्थिति को व्यक्त करते हैं; अज्ञेयवाद ईश्वर अथवा अति-प्राकृतिक सत्ता के विषय में ज्ञान की असंभावना को व्यक्त करता है।"[17] इस प्रकार निष्कर्ष के रूप में हम यह कह सकते हैं कि अज्ञेयवाद अनिवार्यतः ईश्वरवाद तथा निरीश्वरवाद के बीच मध्यवर्ती सिद्धांत अथवा एक तीसरा विकल्प न होते हुए भी इन दोनों से कुछ भिन्न अवश्य है।

(2) निरीश्वरवाद तथा संशयवाद

अब संक्षेप में इस प्रश्न पर विचार करना आवश्यक है कि निरीश्वरवाद और संशयवाद में परस्पर क्या संबंध है। सामान्यतः 'संशयवाद' उस सिद्धांत को कहा जाता है जो पूर्णतया अथवा आंशिक रूप से मानव की ज्ञान-प्राप्ति की क्षमता में संशय या संदेह करता है। इस संशय का आधार मानवीय ज्ञान के विषय में प्राचीन काल से कुछ दार्शनिकों द्वारा किया गया गंभीर चिंतन है। संशयवाद के लिए अंग्रेज़ी भाषा में जो 'स्केप्टिसिज़्म' शब्द प्रचलित है उसकी व्युत्पत्ति यूनानी भाषा के दो शब्दों–'स्क़ेप्टेस्थाई' तथा 'स्केप्टिकोस'–से हुई है जिनका अर्थ क्रमशः 'विचार करना' और 'जिज्ञासु' अथवा 'विचारक' होता है। इस प्रकार शब्दार्थ की दृष्टि से संशयवादी वह व्यक्ति है जो जिज्ञासा अथवा चिंतन करता है। परंतु, जैसा कि ऊपर कहा गया है, संशयवाद का विशेष दार्शनिक अर्थ है जिसका संबंध मानवीय ज्ञान की सत्यता और निश्चयात्मकता में संशय से है।

संशयवाद के उपर्युक्त विशेष दार्शनिक अर्थ की व्याख्या करते हुए रिचर्ड एच. पॉपकिन कहते हैं : "आलोचनात्मक दार्शनिक अभिवृत्ति के रूप में संशयवाद दार्शनिकों तथा अन्य व्यक्तियों द्वारा किए गए ज्ञान विषयक दावों की विश्वसनीयता के संबंध में प्रश्न उठाता है अथवा संदेह करता है। मूलतः यूनानी भाषा के शब्द 'स्केप्टिकोस' का अर्थ 'जिज्ञासु' था। दार्शनिक संशयवादी विभिन्न क्षेत्रों में तथाकथित मानवीय उपलब्धियों के विषय में यह जानने की जिज्ञासा करते रहे हैं कि उनके द्वारा किसी प्रकार का ज्ञान प्राप्त किया गया है अथवा किया जा सकता है। उन्होंने इस संबंध में संदेह किया है कि वस्तुओं के वास्तविक स्वरूप के विषय में वस्तुतः कोई अनिवार्य या निर्विवाद ज्ञान प्राप्त करना संभव है। . . . अतिशय संशयवाद संभवतः तर्कशास्त्र

17. वही पुस्तक, पृ. 9.

तथा गणित संबंधी ज्ञान के दावों के अतिरिक्त तात्कालिक अनुभव से परे जाने वाले समस्त ज्ञान विषयक दावों के संबंध में संदेह करता है। सीमित संशयवाद विभिन्न मात्रा में धर्मशास्त्रियों, तत्त्वमीमांसकों, वैज्ञानिकों अथवा गणितज्ञों के उन विशेष प्रकार के ज्ञान-संबंधी दावों के विषय में आपत्ति करता है जो अनुभव से परे जाते हैं, किंतु यह कुछ सीमित प्रायिक ज्ञान को स्वीकार करता है। कुछ संशयवादियों का मत है कि तात्कालिक अनुभव से परे कोई ज्ञान संभव नहीं है, जबकि अन्य संशयवादियों ने इसमें भी संदेह किया है कि इतना भी निश्चित रूप से जाना जा सकता है।"[18] संशयवाद की इस व्याख्या से यह स्पष्ट है कि इस सिद्धांत के समर्थक वस्तुओं का ज्ञान प्राप्त करने के संबंध में मनुष्य की क्षमता में पूर्णतः अथवा अंशतः संदेह करते हैं।

यह संशयवाद बहुत प्राचीन दार्शनिक सिद्धांत है जिसका प्रतिपादन सुकरात से भी पहले अनेक प्राचीन यूनानी दार्शनिकों ने किया था। उदाहरणार्थ, हिराक्लिटस ने यह सिद्धांत प्रस्तुत किया था कि विश्व की समस्त वस्तुओं में निरंतर परिवर्तन होता रहता है, अतः हम किसी स्थायी वस्तु का ज्ञान प्राप्त नहीं कर सकते। इसी सिद्धांत का समर्थन करते हुए क्रेटिलस ने कहा था कि स्वयं हममें तथा हमारी भाषा में सतत् परिवर्तन होते रहने के कारण न तो हम किसी वस्तु को जान सकते हैं और न परस्पर कोई विचार-विमर्श कर सकते हैं। प्रसिद्ध सोफिस्ट विचारक, प्रोटेगोरस यह मानते थे कि 'मनुष्य ही समस्त वस्तुओं का मापदंड है' जिससे संभवतः उनका तात्पर्य यह था कि प्रत्येक व्यक्ति विश्व को अपनी ही दृष्टि से देखता है, अतः निरपेक्ष सत्यों का अस्तित्व संभव नहीं है। एक अन्य सोफिस्ट विचारक, गॉर्जियास यह कहा करते थे कि यदि किसी वस्तु का अस्तित्व है तो हम उसे जान नहीं सकते और यदि हम उसे जान भी लें तो उसके स्वरूप के विषय में हम किसी को कुछ बता नहीं सकते। इसी प्रकार, स्वयं अपने ज्ञान के संबंध में सुकरात का यह कथन सुविख्यात है कि वे केवल इतना ही जानते हैं कि वे कुछ नहीं जानते। यूनानी दार्शनिकों के इन संशयात्मक विचारों में संशयवाद की प्रारंभिक अवस्था को स्पष्ट रूप से देखा जा सकता है।

इस संशयवाद को दो यूनानी दार्शनिकों–ऑर्सेसिलास तथा कार्निडिस–ने सर्वप्रथम व्यवस्थित रूप में प्रस्तुत किया। वे यह मानते थे कि मनुष्य वस्तुओं के विषय में सुनिश्चित ज्ञान कभी प्राप्त नहीं कर सकता, अतः उन्होंने स्टाइक और ऐपिक्यूरियन दार्शनिकों के इस दावे का अनेक तर्कों द्वारा खंडन किया है कि मानव के लिए विश्व के संबंध में निश्चित रूप से ज्ञान प्राप्त करना संभव है। इसी कारण इन दोनों विचारकों को प्रमुख प्रारंभिक संशयवादी दार्शनिक माना जाता है। ये दोनों विचारक वस्तुओं का सुनिश्चित इंद्रियजन्य ज्ञान तथा बौद्धिक ज्ञान प्राप्त करने के विषय में मनुष्य की क्षमता में गंभीर संदेह करते थे, अतः वे सत्य और मिथ्या ज्ञान में भेद करने के लिए किसी प्रकार के मानदंडों को स्वीकार नहीं करते थे। इन विचारकों के अतिरिक्त दो अन्य यूनानी दार्शनिकों–पिरो तथा ऐनेसिडेमस–के दर्शन में इस संशयवाद का और

18. रिचर्ड एच. पॉपकिन, 'स्केप्टिसिज़्म', 'ऐन्साइक्लोपीडिया ऑफ़ फ़िलॉसॉफ़ी', खंड 7, पृ. 449.

अधिक विकास हुआ। इन दार्शनिकों का विचार था कि मनुष्य को धर्मशास्त्रीय, तत्त्वमीमांसीय, नैतिक, वैज्ञानिक तथा गणित विषयक प्रश्नों के संबंध में अपना कोई निश्चित निर्णय नहीं देना चाहिए, क्योंकि वह इनके विषय में निश्चयपूर्वक कुछ भी नहीं जान सकता। इन समस्त संशयात्मक विचारों को बाद में एक यूनानी दार्शनिक, सैक्स्टस ऐम्पीरीकस ने अधिक व्यवस्थित एवं क्रमबद्ध रूप में प्रस्तुत किया। आधुनिक संशयवाद पर उनके विचारों का विशेष प्रभाव दिखाई देता है। ये सभी संशयवादी विचारक अन्य महत्त्वपूर्ण प्रश्नों की भाँति इस प्रश्न पर भी अपना निर्णय स्थगित रखते थे कि देवी-देवताओं का अस्तित्व है या नहीं।

पाश्चात्य दर्शन के मध्य युग में इस संशयवाद का और अधिक विकास नहीं हो सका, क्योंकि उस संपूर्ण युग में धर्म-गुरुओं तथा धर्मशास्त्रियों के रूढ़िवादी धार्मिक विचारों की ही प्रधानता रही। परंतु सोलहवीं शताब्दी में विभिन्न क्षेत्रों में अनेक क्रांतिकारी वैज्ञानिक अनुसंधानों के फलस्वरूप बहुत-से विचारक पुनः संशयवाद को विशेष महत्त्व देने लगे। इन विचारकों ने धर्म-गुरुओं द्वारा स्वीकृत मध्ययुगीन धार्मिक मान्यताओं तथा सिद्धांतों को गंभीर चुनौती देना आरंभ किया। उदाहरणार्थ, माइकेल डी मॉन्टेन ने सैक्स्टस ऐम्पीरीकस के विचारों से प्रेरित होकर मध्ययुगीन धर्मशास्त्रीय विश्वासों एवं सिद्धांतों का दृढ़तापूर्वक खंडन किया। इस आधुनिक संशयवाद का चरम विकास डेविड ह्यूम के दर्शन में हुआ जिन्होंने अनेक तर्कों द्वारा सविस्तार यह प्रमाणित करने का प्रयास किया कि किसी भी विश्वास अथवा सिद्धांत को निश्चित रूप से स्वीकार करने के लिए हमारे पास कोई बौद्धिक आधार नहीं है। वे यह मानते थे कि धर्म, विज्ञान आदि से संबंधित हमारे समस्त विश्वास बौद्धिक युक्तियों पर आधारित न होकर हमारी कुछ नैसर्गिक मूल प्रवृत्तियों पर ही आधारित हैं, अतः इन्हें तर्कों द्वारा सत्य प्रमाणित नहीं किया जा सकता। ह्यूम के इस संशयवाद का कान्ट के दर्शन पर भी पर्याप्त प्रभाव पड़ा जिन्होंने अपनी प्रसिद्ध कृति, 'ए क्रिटीक ऑफ़ प्योर रीज़न' में अनेक प्रबल तर्कों द्वारा यह सिद्ध किया कि ईश्वर संबंधी समस्त परंपरागत प्रमाण दोषपूर्ण होने के कारण विश्वसनीय नहीं हैं। स्पष्टतः इसका अर्थ यही है कि कान्ट के मतानुसार, बौद्धिक तर्कों द्वारा ईश्वर के अस्तित्व को प्रमाणित नहीं किया जा सकता। इस प्रकार संशयवाद की चरम परिणति के रूप में ह्यूम और कान्ट, दोनों ने निश्चित रूप से यह सिद्ध कर दिया कि मनुष्य अपनी तर्कबुद्धि द्वारा ईश्वर के अस्तित्व तथा स्वरूप का ज्ञान कभी प्राप्त नहीं कर सकता।

संशयवाद के उपर्युक्त विवेचन से यह स्पष्ट है कि यह सिद्धांत मनुष्य के अन्य विश्वासों के साथ-साथ उसके ईश्वर विषयक विश्वास की सत्यता एवं प्रामाणिकता में भी संदेह करता है। जैसा कि हम पहले ही स्पष्ट कर चुके हैं, इस सिद्धांत के समर्थक यह मानते हैं कि मनुष्य अपने अनुभव तथा अपनी तर्कबुद्धि द्वारा ईश्वर के अस्तित्व और स्वरूप को निश्चित रूप से नहीं जान सकता। स्पष्टतः इसका अर्थ यही है कि ईश्वर के अस्तित्व तथा स्वरूप के विषय में मनुष्य के लिए निश्चयपूर्वक कुछ भी कहना संभव नहीं है। यद्यपि संशयवादियों में परस्पर पर्याप्त मतभेद है, फिर भी सभी संशयवादी ईश्वर विषयक ज्ञान के संबंध में मानव की क्षमता में गंभीर संदेह करते

हैं। इसका तात्पर्य यह है कि कोई भी संशयवादी अपने सिद्धांत में संगति बनाए रखते हुए तर्कसंगत रूप से ईश्वर के अस्तित्व में विश्वास नहीं कर सकता। हम पिछले खंड में देख चुके हैं कि ईश्वर के अस्तित्व में विश्वास का अभाव ही निरीश्वरवाद का मूल आधार है, अतः इस आधारभूत तथ्य और संशयवाद के मूल स्वरूप को ध्यान में रखते हुए हम यह कह सकते हैं कि इस सिद्धांत का अंतिम तर्कसंगत निष्कर्ष निरीश्वरवाद ही हो सकता है। यदि हम ईश्वर के अस्तित्व और स्वरूप के संबंध में निश्चित रूप से कुछ नहीं जान सकते, जैसा कि संशयवादी मानते हैं, तो उसकी सत्ता में विश्वास करने के लिए हमारे पास कोई युक्तिसंगत आधार नहीं रह जाता। ऐसी स्थिति में यह कहना अनुचित न होगा कि संशयवाद बौद्धिक दृष्टि से निरीश्वरवाद के लिए मार्ग प्रशस्त करता है।

परंतु यह आश्चर्य की बात है कि अनेक संशयवादियों ने केवल आस्था के आधार पर समस्त प्रचलित परंपरागत धार्मिक विश्वासों का समर्थन करते हुए देवी-देवताओं तथा ईश्वर के अस्तित्व को पूर्णतः स्वीकार किया है। उनका मत है कि यद्यपि हम देवी-देवताओं और ईश्वर के संबंध में प्रचलित इन धार्मिक विश्वासों को बौद्धिक दृष्टि से प्रमाणित नहीं कर सकते, फिर भी हमें आस्था के आधार पर इन्हें स्वीकार करना चाहिए। संशयवाद के इस आस्थामूलक पक्ष का रिचर्ड एच. पॉपकिन ने विशेष रूप से उल्लेख किया है। इस संबंध में एक संशयवादी विचारक, माइकेल डी. मॉन्टेन के मत की व्याख्या करते हुए उन्होंने लिखा है : "वे (मॉन्टेन) बार-बार यह कहा करते थे कि केवल आस्था और श्रुति के माध्यम से ही वास्तविक ज्ञान प्राप्त किया जा सकता है। . . . वे इंद्रियजन्य अनुभव की विश्वसनीयता का निर्णय करने के संबंध में संशयात्मक कठिनाइयों पर ज़ोर देते थे। वे उन वैयक्तिक, सामाजिक तथा सांस्कृतिक तत्त्वों की ओर संकेत करते थे जिनका लोगों के निर्णयों पर प्रभाव पड़ता है। उन्होंने यह दिखाया कि जब तक ईश्वर हमें कुछ निर्विवाद मूल नियम प्रदान न करे और जब तक वह हमारी मानसिक शक्तियों को विश्वसनीय न बना दे तब तक निर्णयों के मानदंडों को निर्धारित करने वाली कसौटियों के विषय में प्रश्न उठाया जा सकता है और उन पर संदेह किया जा सकता है। ईश्वरीय अनुग्रह की सहायता के बिना मानव की समस्त सफलताएँ–जिनमें वैज्ञानिकों की नवीनतम उपलब्धियाँ भी सम्मिलित हैं–संदेहास्पद हो जाती है। मॉन्टेन यह कहते हैं कि हम केवल इतना ही कर सकते हैं कि . . . प्रकृति तथा परंपरा के अनुरूप अपना जीवन व्यतीत करें और ईश्वर हमें जो ज्ञान प्रदान करता है उसे स्वीकार कर लें।"[19] मॉन्टेन की भाँति अन्य अनेक संशयवादी विचारकों ने भी जीवन और जगत् के प्रति इस विशुद्ध आस्थामूलक दृष्टिकोण का समर्थन किया है।

परंतु मेरे विचार में यह आस्थापरक दृष्टिकोण तर्कसंगत रूप से संशयवाद के अनुरूप प्रतीत नहीं होता। हम देख चुके हैं कि संशयवादी मनुष्य के समस्त ज्ञान की प्रामाणिकता में पूर्णतः अथवा अंशतः संदेह करते हैं जिसका अर्थ यह है कि मनुष्य

19. वही पुस्तक, पृ. 452.

किसी भी वस्तु को निश्चित रूप से कभी नहीं जान सकता। इन संशयवादी विचारकों ने स्पष्टतः यह स्वीकार किया है कि हमारे लिए ईश्वर के अस्तित्व और स्वरूप का निश्चित ज्ञान प्राप्त करना संभव नहीं है। ऐसी स्थिति में संशयवादियों से यह प्रश्न किया जा सकता है कि ईश्वर विषयक सुनिश्चित ज्ञान के अभाव में हम उसकी सत्ता में आस्था कैसे रख सकते हैं। वस्तुतः यदि हम किसी वस्तु के अस्तित्व और स्वरूप से अनभिज्ञ हैं तो उसमें आस्था रखना हमारे लिए संभव नहीं है, क्योंकि ऐसी आस्था का कोई आधार नहीं हो सकता। इस दृष्टि से विचार करने पर यह स्पष्ट हो जाता है कि आस्थापरक दृष्टिकोण का समर्थन करने वाले संशयवादियों की ईश्वर विषयक आस्था वास्तव में निराधार है। इसी कारण ऐसी आस्था के आधार पर ईश्वर के अस्तित्व को स्वीकार नहीं किया जा सकता। इस प्रकार उपर्युक्त विवेचन से यह प्रमाणित होता है कि अज्ञेयवाद की भाँति संशयवाद का अंतिम तार्किक निष्कर्ष भी निरीश्वरवाद ही हो सकता है।

(3) निरीश्वरवाद तथा प्रकृतिवाद

संशयवाद के अतिरिक्त एक अन्य सिद्धांत, प्रकृतिवाद को भी निरीश्वरवाद के साथ अनिवार्यतः संबद्ध माना जाता है। इस संदर्भ में सर्वप्रथम यह स्पष्ट कर देना आवश्यक है कि यहाँ 'प्रकृतिवाद' शब्द का प्रयोग तत्त्वमीमांसीय सिद्धांत के लिए ही किया जा रहा है, नैतिक सिद्धांत के लिए नहीं। तत्त्वमीमांसीय सिद्धांत के रूप में प्रकृतिवाद समस्त अति-प्राकृतिक या अलौकिक सत्ताओं तथा घटनाओं की संभावना का पूर्णतः निषेध करता है। इस सिद्धांत के अनुसार, ऐसी कोई सत्ता अथवा घटना नहीं हो सकती जिसकी व्याख्या प्राकृतिक नियमों के आधार पर न की जा सके। दूसरे शब्दों में, इस सिद्धांत के समर्थक यह मानते हैं कि सिद्धांततः भी किसी अलौकिक घटना या अति-प्राकृतिक शक्ति का अस्तित्व संभव नहीं है। समस्त प्राणियों, वस्तुओं, घटनाओं तथा शक्तियों की व्याख्या केवल प्राकृतिक नियमों द्वारा ही की जा सकती है।

प्रकृतिवाद की उपर्युक्त मूल विशेषताओं के आधार पर ही अनेक दार्शनिकों ने इस सिद्धांत की व्याख्या की है। उदाहरणार्थ, प्रकृतिवाद की परिभाषा देते हुए जेफ़्री स्टाउट कहते हैं : "समकालीन विचार-विमर्श में जब सामान्य दार्शनिक दृष्टिकोण के नाम के रूप में 'प्रकृतिवाद' का प्रयोग किया जाता है तो साधारणतया यह इस विचार को व्यक्त करता है कि समस्त वस्तुएँ, सत्य एवं तथ्य वैज्ञानिक जाँच-पड़ताल के क्षेत्र के अंतर्गत आते हैं और ऐसा कुछ नहीं है जिसकी सिद्धांततः वैज्ञानिक व्याख्या न की जा सके।"[20] इसी प्रकार, एक अन्य विचारक, ए.सी. डैंटो ने भी प्रकृतिवाद की ऐसी ही परिभाषा दी है। उनका कथन है : "प्रकृतिवाद . . . दार्शनिक एकतत्ववाद का वह रूप है जिसके अनुसार जो कुछ भी होता है और जिसका अस्तित्व है वह इस अर्थ में प्राकृतिक है कि प्राकृतिक विज्ञानों में प्रयुक्त विधियों द्वारा उसकी व्याख्या की जा सकती है। . . . इसलिए प्रकृतिवाद की परिभाषा इस मत का खंडन करने के रूप में

20. जेफ़्री स्टाउट, 'नैचरलिज़्म', 'ऐन्साइक्लोपीडिया ऑफ़ रिलिजन', खंड 10, पृ. 315.

दी जा सकती है कि ऐसी वस्तुओं अथवा घटनाओं का अस्तित्व है या हो सकता है जो सिद्धांततः वैज्ञानिक व्याख्या के क्षेत्र से परे हैं।"[21] प्रकृतिवाद की इन परिभाषाओं से यह स्पष्ट है कि यह सिद्धांत केवल प्राकृतिक नियमों एवं वैज्ञानिक विधियों द्वारा संपूर्ण ब्रह्माण्ड की व्याख्या करता है और ईश्वर, देवी-देवताओं, चमत्कारों, स्वर्ग, नरक आदि समस्त अलौकिक या अति-प्राकृतिक सत्ताओं, घटनाओं तथा शक्तियों को पूर्णतः अस्वीकार करता है। इस प्रकार प्रकृतिवाद के समर्थक विश्व को भली-भाँति समझने के लिए अनुल्लंघनीय प्राकृतिक नियमों तथा वस्तुपरक वैज्ञानिक विधियों को विशेष महत्त्व देते हैं।

प्रकृतिवाद के उपर्युक्त स्वरूप को स्पष्ट करने के लिए ए.सी. डैंटो ने इस सिद्धांत की कुछ प्रमुख विशेषताओं का उल्लेख किया है जिन्हें वे 'प्रकृतिवाद के मूल नियम' कहते हैं और जिनकी हम यहाँ संक्षिप्त विवेचना करेंगे :

(1) प्रकृतिवाद के अनुसार, संपूर्ण ब्रह्माण्ड की रचना केवल प्राकृतिक वस्तुओं द्वारा हुई है जो अनिवार्य प्राकृतिक नियमों के कारण कुछ समय तक बनी रहती है और फिर लुप्त हो जाती है। समस्त भौतिक पदार्थों, पेड़-पौधों तथा प्राणियों पर ये प्राकृतिक नियम अनिवार्यतः लागू होते हैं। इन सबका दिक्काल के अंतर्गत ही अस्तित्व है और इन पर कारण-कार्य का नियम लागू होता है। हम केवल इन प्राकृतिक वस्तुओं को ही जानते या जान सकते हैं, अतः इनसे परे अति-प्राकृतिक वस्तुओं के अस्तित्व को स्वीकार करने के लिए हमारे पास कोई तर्कसंगत आधार नहीं है।

(2) प्रकृतिवाद में कारण-कार्य के नियम का विशेष महत्त्व है जो स्वयं एक प्राकृतिक नियम है। समस्त प्राकृतिक वस्तुएँ इसी नियम द्वारा शासित होती हैं और इसी के फलस्वरूप उनमें परिवर्तन होता है। इस नियम द्वारा ही सभी प्राकृतिक वस्तुओं की व्याख्या की जा सकती है, अतः ऐसी कोई वस्तु नहीं है जो इससे स्वतंत्र और परे हो। किसी तथाकथित अति-प्राकृतिक वस्तु द्वारा किसी प्राकृतिक वस्तु की व्याख्या नहीं की जा सकती।

(3) प्राकृतिक प्रक्रिया वस्तुओं में होने वाला वह परिवर्तन है जो प्राकृतिक कारणों के परिणामस्वरूप होता है। किसी निर्प्राकृतिक या अति-प्राकृतिक प्रक्रिया का अस्तित्व संभव नहीं है।

(4) प्रकृति केवल समस्त वस्तुओं का समूह ही नहीं है, अपितु उसमें एक व्यवस्था भी है; इसी कारण प्रकृति को सिद्धांततः समझना संभव होता है। एक व्यवस्था के रूप में प्रकृति आत्मनिर्भर तथा अपने आप में पूर्ण है और प्रत्येक प्राकृतिक वस्तु की व्याख्या दूसरी प्राकृतिक वस्तु अथवा वस्तुओं के आधार पर की जा सकती है, किसी अति-प्राकृतिक सत्ता के आधार पर नहीं।

(5) प्राकृतिक विधि का अर्थ है प्राकृतिक कारणों के माध्यम से प्राकृतिक प्रक्रियाओं की व्याख्या करना और किसी व्याख्या की परीक्षा के लिए उसके परिणामों की वस्तुपरक जाँच करना। प्राकृतिक विधि वह उपाय है जिसके द्वारा एक प्राकृतिक वस्तु

21. ए.सी. डैंटो, 'नैचरलिज़्म', 'ऐन्साइक्लोपीडिया ऑफ़ फ़िलॉसॉफ़ी', खंड 5, पृ. 448.

के दूसरी प्राकृतिक वस्तु या वस्तुओं पर पड़ने वाले प्रभाव का अध्ययन किया जाता है।

(6) प्रकृति को 'बोधगम्य' कहने का तात्पर्य यह है कि समस्त प्राकृतिक प्रक्रियाओं में नियमितता एवं व्यवस्था होती है, अतः प्राकृतिक विधि का उद्देश्य प्राकृतिक नियमों की खोज करना है।

(7) मानवीय तथा मानवेत्तर, सभी संदर्भों में मनुष्य स्वभावतः सर्वत्र प्राकृतिक व्याख्या करने का प्रयास करता है। निर्प्राकृतिक व्याख्या का प्रयास तभी किया जाता है जब प्राकृतिक व्याख्या संभव प्रतीत नहीं होती, किंतु ऐसी निर्प्राकृतिक व्याख्या को वास्तव में 'व्याख्या' नहीं माना जा सकता, क्योंकि यह किसी प्राकृतिक वस्तु को बोधगम्य नहीं बनाती। ऐसी निर्प्राकृतिक व्याख्या के स्थान पर प्राकृतिक व्याख्या करना सिद्धांततः सदैव संभव होता है।

(8) प्रकृतिवाद के लिए तर्कबुद्धि तथा वैज्ञानिक विधि का विशेष महत्त्व है जिनके माध्यम से इस विश्व को समझा जा सकता है। तर्कबुद्धि पर आधारित विज्ञान समस्त प्राकृतिक प्रक्रियाओं को समझने में हमारे लिए सहायक सिद्ध होता है।

(9) विज्ञान ही हमें विश्व के संबंध में वास्तविक ज्ञान प्रदान करता है, क्योंकि वैज्ञानिक सिद्धांतों का प्रतिपादन निष्पक्ष रूप से प्राकृतिक विधि के प्रयोग द्वारा किया जाता है। इन सिद्धांतों में समय-समय पर संशोधन होते रहने के कारण विज्ञान कभी भी अंतिम तथा पूर्णतः निश्चित ज्ञान का दावा नहीं करता। वैज्ञानिक परीक्षणों के फलस्वरूप मानवीय ज्ञान में निरंतर विकास होता रहता है, अतः अंतिम और शाश्वत ज्ञान की कोई संभावना नहीं है।

(10) यह सत्य है कि मनुष्य नैतिकता और मूल्यों को बहुत महत्त्व देता है, किंतु विश्व में कोई नैतिक व्यवस्था नहीं है—अर्थात्, स्वयं प्रकृति नैतिकता के प्रति उदासीन है। अन्य प्राणियों से भिन्न होते हुए भी मनुष्य उन्हीं की भाँति केवल प्राकृतिक नियमों द्वारा शासित होता है और इन्हीं नियमों के आधार पर उसके संपूर्ण जीवन की व्याख्या की जा सकती है, अतः मनुष्य तथा अन्य प्राणियों में कोई मूल भेद नहीं है। प्रकृतिवाद की इस मान्यता से यह स्पष्ट है कि वह नैतिक दृष्टि से तटस्थ सिद्धांत है। वह केवल तर्कबुद्धि तथा वैज्ञानिक विधि द्वारा मनुष्य की समस्त समस्याओं का समाधान करने का प्रयास करता है जिसमें किसी अलौकिक शक्ति या अति-प्राकृतिक सत्ता के लिए कोई स्थान नहीं है।[22]

प्रकृतिवाद के उपर्युक्त विवेचन से यह स्पष्ट है कि इसके समर्थक ईश्वर या किसी अन्य देवी-देवता के अस्तित्व में विश्वास नहीं करते, अतः इसे पूर्णतः निरीश्वरवादी सिद्धांत कहा जा सकता है। जो विचारक दार्शनिक सिद्धांत के रूप में प्रकृतिवाद को स्वीकार करता है वह तर्कसंगत रूप से अतींद्रिय एवं अति-प्राकृतिक सत्ता के अर्थ में ईश्वर या किसी अन्य देवी-देवता के अस्तित्व का समर्थन नहीं कर सकता। ऐसी स्थिति में यह निश्चयपूर्वक कहा जा सकता है कि प्रत्येक प्रकृतिवादी दार्शनिक के

22. देखिए, वही पुस्तक, पृ. 448-449.

लिए निरीश्वरवादी होना अनिवार्य है। उदाहरणार्थ, जो प्राचीन भारतीय विचारक स्वभाववाद अथवा प्रकृतिवाद में विश्वास करते थे वे निश्चय ही निरीश्वरवादी थे। चार्वाक दर्शन को स्वीकार करने वाले विचारक इस बात के स्पष्ट प्रमाण हैं। इसी प्रकार, पाश्चात्य दर्शन में डेमोक्रिट्स, ल्यूसीपस, ल्यूक्रेशियस, चार्ल्स ब्रैडलाफ़, जॉर्ज जैकब हॉलियॉक, कार्ल मार्क्स आदि विचारकों को प्रत्यक्ष या परोक्ष रूप से प्रकृतिवाद का समर्थक माना जा सकता है, और यह सर्वविदित तथ्य है कि ये सभी विचारक ईश्वरवाद में विश्वास नहीं करते थे। इससे यह स्पष्ट है कि निरीश्वरवाद प्रकृतिवाद का अनिवार्य तार्किक परिणाम है—अर्थात्, प्रत्येक प्रकृतिवादी के लिए तर्कतः निरीश्वर-वादी होना अनिवार्य है।

परंतु यहाँ यह उल्लेखनीय है कि किसी भी निरीश्वरवादी के लिए प्रकृतिवादी होना अनिवार्य नहीं है। यह निश्चय ही संभव है कि कोई विचारक निरीश्वरवादी होते हुए भी प्रकृतिवाद में विश्वास न करे। चार्वाक को छोड़कर अन्य सभी भारतीय निरीश्वरवादी दर्शन इस तथ्य के स्पष्ट उदाहरण हैं। जैन, बौद्ध, सांख्य तथा मीमांसा निरीश्वरवाद को स्वीकार करते हैं, किंतु इन्हें प्रकृतिवादी दर्शन नहीं माना जा सकता। इसका कारण यह है कि ये दर्शन आत्मा, अदृष्ट, अपूर्व, कर्मवाद, पुनर्जन्म आदि अति-प्राकृतिक सत्ताओं अथवा सिद्धांतों में पूर्णतः विश्वास करते हैं। इसका अर्थ यही है कि निरीश्वरवादी होते हुए भी ये सभी दर्शन किसी भी रूप में प्रकृतिवाद का समर्थन नहीं करते। वस्तुतः इन निरीश्वरवादी दर्शनों में प्रकृतिवाद के लिए कोई स्थान नहीं है। ऐसी स्थिति में यह कहना उचित नहीं होगा कि निरीश्वरवाद और प्रकृतिवाद में कोई अनिवार्य संबंध है। इस प्रकार निष्कर्ष के रूप में हम यह कह सकते हैं कि प्रत्येक प्रकृतिवादी के लिए निरीश्वरवादी होना अनिवार्य है, किंतु किसी निरीश्वरवादी के लिए प्रकृतिवादी होना अनिवार्य नहीं है।

(4) निरीश्वरवाद तथा प्रत्यक्षवाद

प्रकृतिवाद की भाँति प्रत्यक्षवाद को भी प्रायः निरीश्वरवाद के साथ संबंधित माना जाता है। 'प्रत्यक्षवाद' शब्द का प्रयोग सर्वप्रथम हेनरी कूम्ट डी सैंट-साइमन ने वैज्ञानिक विधि को स्पष्ट करने तथा दर्शन में इस विधि का उपयोग करने के लिए किया था। बाद में फ्रांस के महान् दार्शनिक, आगस्ट कूम्ट ने इस शब्द का प्रयोग अपनी उस वैज्ञानिक विचारधारा को व्यक्त करने के लिए किया जिसका सभी पाश्चात्य देशों में उन्नीसवीं शताब्दी के उत्तरार्ध तथा बीसवीं शताब्दी के पूर्वार्ध में विशेष प्रभाव रहा।[23] जैसा कि 'प्रत्यक्षवाद' शब्द से ही स्पष्ट है, इस सिद्धांत में उन्हीं वस्तुओं, घटनाओं एवं तथ्यों के ज्ञान को वास्तविक तथा महत्त्वपूर्ण माना जाता है जिनका इंद्रियजन्य अनुभव द्वारा प्रत्यक्षतः निरीक्षण करना संभव हो। मुख्यतः इसी आधार पर निकोला अब्बगनानो ने प्रत्यक्षवाद की मूल विशेषताओं को स्पष्ट किया है। उनके मतानुसार : "प्रत्यक्षवाद के मूल विचार ये हैं कि विज्ञान ही एकमात्र प्रामाणिक

23. देखिए, निकोला अब्बगनानो का लेख, 'पॉज़िटिवज़्म', 'ऐन्साइक्लोपीडिया ऑफ़ फ़िलॉसॉफ़ी', खंड 6, पृ. 414.

ज्ञान है और केवल तथ्य ही इस ज्ञान के संभावित विषय हैं; दर्शन की विधि विज्ञान की विधि से भिन्न नहीं है; दर्शन का कार्य सभी विज्ञानों में समान रूप से प्रयुक्त सामान्य नियमों की खोज करना और मानवीय आचरण के मार्गदर्शन तथा सामाजिक संगठन के आधार के रूप में इन नियमों का प्रयोग करना है। परिणामतः प्रत्यक्षवाद उन शक्तियों अथवा द्रव्यों के अस्तित्व या उनकी बोधगम्यता का निषेध करता है जो तथ्यों तथा विज्ञान द्वारा निर्धारित नियमों से परे जाते हैं। यह सामान्यतः ऐसी प्रत्येक तत्त्वमीमांसा और जाँच की ऐसी प्रत्येक पद्धति का विरोध करता है जिसे वैज्ञानिक विधि द्वारा समझा या व्यक्त नहीं किया जा सकता।"[24] इसी प्रकार, प्रत्यक्ष-वाद की परिभाषा देते हुए ऐंगेले क्रैमर-माइटी कहते हैं : "कूम्ट के अनुसार . . . प्रत्यक्षवाद वह दार्शनिक पद्धति या विचारधारा है जो सुनिश्चित तथ्यों और निरीक्षणीय वस्तुओं पर आधारित है। सुनिश्चित तथ्य अलग-अलग न होकर वर्णनात्मक विज्ञानों द्वारा समझे जाते हैं, अतः प्रत्यक्षवाद वह दर्शन है जो उन समस्त विज्ञानों से प्राप्त होता है और वैज्ञानिक विधि प्रत्यक्षवादी सिद्धांत को निर्धारित करती है। परंतु जिस रूप में कूम्ट ने प्रत्यक्षवाद का विकास किया है उस रूप में यह दार्शनिक विचारधारा और उससे विकसित होने वाली धार्मिक विचारधारा, दोनों हैं।"[25]

एक अन्य समकालीन विचारक, माइकेल मार्टिन ने भी इसी प्रकार प्रत्यक्षवाद की संक्षिप्त परिभाषा देते हुए लिखा है : "प्रत्यक्षवाद ऑगस्ट कूम्ट से संबंधित वह सिद्धांत है जो वह मानता है कि निरीक्षणीय वस्तुओं का वर्णन ही ज्ञान का उच्चतम रूप है।"[26] प्रत्यक्षवाद की उपर्युक्त व्याख्याओं से यह पूर्णतः स्पष्ट है कि यह सिद्धांत विज्ञान तथा वैज्ञानिक विधि को विशेष महत्त्व देता है और इंद्रियजन्य अनुभव, प्रयोग एवं निरीक्षण द्वारा प्राप्त ज्ञान को ही वास्तविक ज्ञान मानता है, अतः इस सिद्धांत में अलौकिक शक्तियों, चमत्कारों तथा अति-प्राकृतिक सत्ताओं के लिए कोई स्थान नहीं है। इस दृष्टि से प्रत्यक्षवाद तथा प्रकृतिवाद इन दोनों सिद्धांतों में पर्याप्त समानता है।

उन्नीसवीं शताब्दी के महान् फ्रांसीसी विचारक, ऑगस्ट कूम्ट प्रत्यक्षवाद के प्रमुख प्रणेता माने जाते हैं। सर्वप्रथम उन्होंने ही इस सिद्धांत का सविस्तार प्रतिपादन और मानवीय ज्ञान के विभिन्न क्षेत्रों में इसका प्रयोग किया था। प्रत्यक्षवाद की व्याख्या के लिए मानवीय ज्ञान के विकास के संबंध में उनके द्वारा प्रस्तुत 'तीन सोपानों का नियम' विशेष रूप से उल्लेखनीय है जिस पर वे इस सिद्धांत को आधारित मानते थे। इस नियम के अनुसार प्रत्येक क्षेत्र में मनुष्य के ज्ञान का विकास क्रमशः निम्नलिखित तीन सोपानों में होता है :

(1) धर्मशास्त्रीय सोपान : यह मानवीय ज्ञान के विकास का निम्नतम सोपान है। इसमें मनुष्य प्रत्येक वस्तु तथा घटना की व्याख्या किसी अलौकिक शक्ति की विशेष इच्छा और उद्देश्य की दृष्टि से ही करता है। वह यह मान लेता है कि प्रत्येक प्राकृतिक

24. वही पुस्तक, पृ. 414.
25. ऐंगेले क्रैमर-माइटी, 'पॉज़िटिविज़्म', 'ऐन्साइक्लोपीडिया ऑफ़ रिलिजन', खंड 11, पृ. 458.
26. माइकेल मार्टिन, 'एथीइज़्म : ए फ़िलॉसॉफ़िकल जस्टिफ़िकेशन', पृ. 470.

घटना के मूल में कोई अलौकिक शक्ति है जिसकी इच्छा के फलस्वरूप वह घटना घटित होती है। मनुष्य की इसी प्रवृत्ति के कारण प्राचीन काल में बहुदेववाद का उदय हुआ था जिसमें विभिन्न प्राकृतिक घटनाओं के लिए अनेक देवी-देवताओं की कल्पना की गई थी। इसी सोपान के अधिक विकसित रूप में बहुत-से देवी-देवताओं के स्थान पर एक ही ईश्वर को समस्त प्राकृतिक घटनाओं का कारण माना जाने लगा जिसके फलस्वरूप एकेश्वरवाद का विकास हुआ। इस सोपान को कूम्ट ने 'काल्पनिक सोपान' की संज्ञा दी है, क्योंकि इससे मनुष्य प्राकृतिक घटनाओं तथा वस्तुओं की व्याख्या के लिए एक या अनेक अलौकिक शक्तियों अथवा सत्ताओं की कल्पना करता है। इसी कारण इसे मानवीय ज्ञान का निम्नतम सोपान माना जाता है।

(2) तत्त्वमीमांसीय सोपान : यह सोपान प्रथम सोपान की अपेक्षा ज्ञान के विकास का उच्चतर सोपान है। इसमें मनुष्य निर्वैयक्तिक तथा अमूर्त शक्तियों के आधार पर संपूर्ण जगत् की व्याख्या करता है। इस सोपान में मानव की अपनी इच्छाओं और काल्पनिक अलौकिक सत्ताओं के लिए कोई स्थान नहीं है। यही कारण है कि इसे प्रथम सोपान की अपेक्षा ज्ञान के विकास की अधिक उत्कृष्ट अवस्था माना जाता है।

(3) प्रत्यक्षात्मक सोपान : यह मानवीय ज्ञान के विकास की उच्चतम अवस्था है। इसमें मनुष्य प्राकृतिक नियमों के आधार पर निरीक्षण तथा प्रयोग संबंधी वैज्ञानिक विधियों द्वारा जगत् की व्याख्या करता है। इसके लिए वह न तो अलौकिक देवी-देवताओं की कल्पना करता है और न निर्वैयक्तिक तथा अमूर्त शक्तियों की। वह अपने प्रत्यक्ष अनुभव एवं तर्क के आधार पर विज्ञान की सहायता से ही जगत् की समस्त वस्तुओं तथा घटनाओं को समझने का प्रयास करता है। इसी कारण कूम्ट इस अंतिम सोपान को ही मानवीय ज्ञान के विकास की सर्वोच्च अवस्था मानते हैं। इस सोपान का उन्होंने जो वर्णन किया है उससे यह स्पष्ट है कि इसमें अलौकिक शक्तियों तथा अति-प्राकृतिक सत्ताओं के लिए कोई स्थान नहीं है। वस्तुतः कूम्ट के प्रत्यक्षवादी सिद्धांत में इस अंतिम सोपान का विशेष महत्त्व है, क्योंकि उनके अनुसार इसके आधार पर ही मानवीय ज्ञान के विकास की समुचित व्याख्या की जा सकती है।

कूम्ट के अतिरिक्त हर्बट स्पैंसर, जर्मी बैंथम, जेम्स मिल, फ्रांसिस बैकन, जॉन स्टुअर्ट मिल आदि अनेक महान् विचारकों ने किसी-न-किसी रूप में प्रत्यक्षवाद का समर्थन किया है। ये सभी विचारक मानवीय अनुभव एवं तर्कबुद्धि को ही ज्ञान के प्रमुख मूल स्रोत मानते हैं। बीसवीं शताब्दी के पूर्वार्ध में जिस तर्कीय प्रत्यक्षवाद का विकास हुआ है उसका मूल आधार भी यह अनुभवात्मक प्रत्यक्षवाद ही है। 'ईश्वर' की अवधारणा को असंगत एवं अबोधगम्य मानकर ईश्वर का पूर्णतः निषेध करते हुए तर्कीय प्रत्यक्षवाद निरीश्वरवाद का किस प्रकार समर्थन करता है, इस प्रश्न पर हम प्रस्तुत पुस्तक के तीसरे भाग में यथास्थान सविस्तार विचार करेंगे। यहाँ इतना कह देना ही पर्याप्त होगा कि तर्कीय प्रत्यक्षवाद वस्तुतः प्रत्यक्षवाद का ही संशोधित रूप है।

जहाँ तक प्रत्यक्षवाद तथा निरीश्वरवाद के संबंध का प्रश्न है, इन दोनों सिद्धांतों में ठीक वैसा ही संबंध है जैसा प्रकृतिवाद और निरीश्वरवाद में ऊपर दिखाया गया है। हम देख चुके हैं कि प्रकृतिवाद की भाँति प्रत्यक्षवाद भी मूलतः अनुभवाश्रित सिद्धांत

है जो अलौकिक शक्तियों तथा अति-प्राकृतिक सत्ताओं का पूर्णतः निषेध करता है। इसी कारण प्रत्यक्षवाद में भी अति-प्राकृतिक ईश्वर तथा देवी-देवताओं के लिए कोई स्थान नहीं है। इस दृष्टि से विचार करने पर हम यह कह सकते हैं कि प्रकृतिवाद के समान प्रत्यक्षवाद भी वस्तुतः निरीश्वरवादी सिद्धांत है। जो विचारक प्रत्यक्षवाद का पूर्णतः समर्थन करता है उसके लिए तर्कसंगत रूप से ईश्वरवाद को स्वीकार करना संभव नहीं है। इसका अर्थ यही है कि प्रत्यक्षवाद हमें तार्किक दृष्टि से निरीश्वरवाद की ओर ले जाता है। परंतु किसी निरीश्वरवादी विचारक के लिए प्रत्यक्षवाद को स्वीकार करना अनिवार्य नहीं है। चार्वाक दर्शन को छोड़कर अन्य सभी भारतीय निरीश्वरवादी दर्शन इस बात के स्पष्ट उदाहरण हैं। जैसा कि हम ऊपर बता चुके हैं, जैन, बौद्ध, सांख्य तथा मीमांसा निरीश्वरवादी दर्शन हैं, किंतु ये दर्शन अनुभवात्मक प्रत्यक्षवाद का समर्थन नहीं करते। ये सभी दर्शन कर्मवाद, पुनर्जन्म, आत्मा, अपूर्व आदि अनेक ऐसे सिद्धांतों अथवा ऐसी सत्ताओं को स्वीकार करते हैं जिनकी अनुभववाद द्वारा पुष्टि करना संभव नहीं है। इस प्रकार यह स्पष्ट है कि प्रत्यक्षवाद का अनिवार्य तार्किक परिणाम निरीश्वरवाद ही हो सकता है, किंतु किसी निरीश्वरवादी दार्शनिक के लिए प्रत्यक्षवाद का समर्थन करना अनिवार्य नहीं है।

(5) निरीश्वरवाद तथा मानवतावाद

उपर्युक्त सिद्धांतों के अतिरिक्त निरीश्वरवाद और मानवतावाद को भी अनेक विचारक परस्पर संबद्ध मानते हैं, अतः यहाँ इन दोनों सिद्धांतों के पारस्परिक संबंध पर संक्षेप में विचार करना आवश्यक है। जैसा कि इस सिद्धांत के नाम से ही स्पष्ट है, 'मानवतावाद' मनुष्य के सर्वांगीण विकास एवं कल्याण को अन्य सभी लक्ष्यों की तुलना में सर्वाधिक महत्त्व देता है और मानवता की सेवा तथा प्रतिष्ठा को उच्चतम मूल्य के रूप में स्वीकार करता है। ऐसे प्रत्येक विचार या सिद्धांत को 'मानवतावाद' की संज्ञा दी जा सकती है जो इसी जगत् में मनुष्य के वर्तमान जीवन को मानवीय अनुभव, तर्कबुद्धि तथा वैज्ञानिक विधि द्वारा सभी दृष्टियों से उन्नत एवं आनंदमय बनाने का प्रयास करता है। दूसरे शब्दों में, स्वयं अपने प्रयास द्वारा अपनी समस्त समस्याओं का समाधान करते हुए इसी संसार में अपने वर्तमान जीवन को अधिकाधिक उत्कृष्ट एवं सुखमय बनाने के लिए मनुष्य को प्रेरित और प्रोत्साहित करना ही मानवतावाद का एकमात्र लक्ष्य है। मानवतावाद के इसी मूल उद्देश्य को ध्यान में रखकर अनेक विचारकों ने इस सिद्धांत की व्याख्या की है। उदाहरणार्थ, मानवतावाद की परिभाषा देते हुए निकोला अब्बगनानो ने लिखा है : "मानवतावाद . . . वह दर्शन है जो मनुष्य के मूल्य या उसकी प्रतिष्ठा को स्वीकार करता है और उसे समस्त वस्तुओं का मापदंड बनाता है अथवा मानव-स्वभाव, उसकी सीमाओं या उसके हितों को अपना मुख्य उद्देश्य मानता है।"[27]

एक अन्य समकालीन विचारक, कार्लिस लॉमॉन्ट ने मानवतावाद की उपर्युक्त परिभाषा को अधिक विस्तार से स्पष्ट किया है। उनका कथन है : "संक्षेप में बीसवीं शताब्दी के मानवतावाद की परिभाषा करते हुए मैं यह कहूँगा कि यह इस प्राकृतिक

27. निकोला अब्बगनानो, 'ह्यूमैनिज़्म', 'ऐन्सॉइक्लोपीडिया ऑफ़ फ़िलॉसॉफ़ी', खंड 4, पृ. 69.

जगत् में संपूर्ण मानवता के महान् कल्याण की आनंदमयी सेवा का दर्शन है और यह तर्कबुद्धि, विज्ञान तथा लोकतंत्र की विधियों का समर्थन करता है। . . . मानवतावाद यह विचारधारा है कि मनुष्यों को केवल एक ही जीवन प्राप्त होता है और उन्हें रचनात्मक कार्य तथा आनंद के माध्यम से इसका अधिकतम लाभ उठाना चाहिए; मानवीय आनंद अपने आप में उचित है और उसे अति-प्राकृतिक स्रोतों से स्वीकृति या समर्थन की आवश्यकता नहीं है; ऐसी अति-प्राकृतिक सत्ताओं का अस्तित्व नहीं है जिन्हें स्वर्ग के देवताओं अथवा अमर लोगों के रूप में सामान्यतः समझा जाता है; मनुष्य अपनी बुद्धि का उपयोग तथा एक-दूसरे के साथ उदारतापूर्वक सहयोग करते हुए इस पृथ्वी पर शांति एवं सौंदर्य का सुदृढ़ दुर्ग बना सकते हैं। . . . मानवतावाद यह कहता है कि मनुष्य की अपनी तर्कबुद्धि तथा उसके प्रयत्न ही वस्तुतः उसकी सर्वोत्तम एवं एकमात्र आशा है; और मनुष्य द्वारा इस बात की अस्वीकृति संपूर्ण इतिहास में उसकी असफलताओं के प्रमुख कारणों में से एक है। . . . मानवतावादी दर्शन मनुष्यों को यह याद दिलाने का निरंतर प्रयास करता है कि उनका एकमात्र घर इसी साधारण जगत् में है। हमारा अन्यत्र आनंद एवं तृप्ति खोजना व्यर्थ है, क्योंकि कहीं और जाने के लिए कोई स्थान है ही नहीं। हम मनुष्यों को अपने भाग्य तथा कार्य या सुख की भूमि की खोज इसी जगत् में करनी होगी, अन्यथा हम अन्यत्र कुछ नहीं कर पाएँगे। . . . अपने मूल अर्थ में मानवतावाद का तात्पर्य है . . . केवल मनुष्यों के हितों के प्रति निष्ठा–फिर चाहे वे कहीं भी रहते हों और उनकी स्थिति कुछ भी हो।"[28]

मानवतावाद की उपर्युक्त व्याख्या से यह स्पष्ट है कि प्रकृतिवाद तथा प्रत्यक्षवाद की भाँति इस सिद्धांत में भी अलौकिक शक्तियों और अति-प्राकृतिक सत्ताओं के लिए कोई स्थान नहीं है। वस्तुतः मानवतावाद भी प्रकृतिवाद और प्रत्यक्षवाद की उन सभी आधारभूत मान्यताओं को स्वीकार करता है जिनका उल्लेख हम ऊपर इन दोनों सिद्धांतों के संदर्भ में कर चुके हैं। इस दृष्टि से इन तीनों सिद्धांतों में पर्याप्त समानता है। परंतु मानवतावाद इसी भौतिक जगत् में मानव की सेवा एवं प्रतिष्ठा और उसके सर्वांगीण विकास, कल्याण तथा आनंद को विशेष महत्त्व देता है। इसकी समस्त मान्यताओं का एकमात्र केंद्र तथा मूल आधार स्वयं मानव है; इसी कारण इसे 'मानवतावाद' की संज्ञा दी गई है।

यह मानवतावाद बहुत प्राचीन सिद्धांत है जिसे ईसा से पाँचवीं शताब्दी पूर्व महान यूनानी विचारक, प्रोटेगोरस के दर्शन में स्पष्ट रूप से देखा जा सकता है। उन्होंने ही मानव को सर्वाधिक महत्त्व देते हुए यह कहा था कि 'मनुष्य ही समस्त वस्तुओं का मापदंड है' और उनकी यह प्रसिद्ध उक्ति मानवतावाद का मूल आधार तथा सारतत्त्व है। अज्ञेयवादी होने के कारण प्रोटेगोरस यह मानते थे कि मनुष्य देवी-देवताओं का ज्ञान प्राप्त नहीं कर सकता। इस संबंध में उनका स्पष्ट कथन है : "मेरे पास देवताओं के विषय में यह जानने का कोई साधन नहीं है कि उनका अस्तित्व है या नहीं।

28. कार्लिस लॉमॉन्ट, 'फिलॉसॉफ़ी ऑफ़ ह्यूमैनिज़्म', संशोधित एवं परिवर्धित पंचम संस्करण, पृ. 12, 14-15.

बहुत-सी बाधाएँ हैं जो इस ज्ञान में बाधक सिद्ध होती हैं–यह प्रश्न बहुत ही अस्पष्ट है और हमारा जीवन भी बहुत थोड़ा है।"[29] प्रोटेगोरस के इन क्रांतिकारी विचारों के कारण उन पर नास्तिक तथा अधर्मी होने का आरोप लगाकर उन्हें एथेंस से निकाल दिया गया था और उनकी समस्त कृतियों को सार्वजनिक स्थानों पर जला दिया गया था।

उस प्राचीन युग में प्रोटेगोरस के अतिरिक्त अन्य अनेक ऐसे विचारक भी मुख्यतः मानवतावाद का समर्थन करते थे जिन्हें 'सोफ़िस्ट्स' कहा जाता है। ये सभी विचारक मानव-जीवन की व्यावहारिक समस्याओं के विषय में गंभीरतापूर्वक विचार किया करते थे और इन समस्याओं का व्यावहारिक समाधान भी प्रस्तुत करते थे। यही कारण है कि इन्हें मुख्यतः मानवतावादी विचारक माना जाता है। सोफ़िस्ट्स के अतिरिक्त प्राचीन यूनानी भौतिकवादी विचारकों के दर्शन में भी हमें मानवतावादी विचारधारा का स्पष्ट पूर्वाभास प्राप्त होता है। इन विचारकों में थेल्स, अनैक्सीमैंडर, हिराकिल्टस, डेमोक्रिटस, ऐथिक्यूरस आदि के नाम विशेष रूप से उल्लेखनीय हैं। ये सभी दार्शनिक किसी-न-किसी रूप में मानवतावाद की आधारभूत मान्यताओं का समर्थन करते थे। ऐसी स्थिति में यह कहना अनुचित न होगा कि वस्तुतः मानवतावाद का उदय प्राचीन यूनानी दर्शन में ही हो चुका था।

परंतु मध्य युग में प्राचीन यूनानी दर्शन का यह मानवतावाद लगभग लुप्त हो गया, क्योंकि उस समय पाश्चात्य जगत् में सर्वत्र धर्मांध तथा रूढ़िवादी धर्म-गुरुओं का ही शासन था। यूरोप के पुनर्जागरण-काल में पुनः मानवतावाद का उदय हुआ और साहित्य, कला, विज्ञान, दर्शन आदि अनेक क्षेत्रों में बहुत-से विचारकों ने इस सिद्धांत का समर्थन किया। पुनर्जागरण-काल के पश्चात विभिन्न क्षेत्रों में जो क्रांतिकारी वैज्ञानिक अनुसंधान हुए उनके फलस्वरूप मनुष्य पर धर्म का वर्चस्व कुछ कम हुआ और जीवन तथा जगत् की समस्याओं के विषय में तर्कबुद्धि एवं वैज्ञानिक विधि द्वारा वस्तुपरक चिंतन किया जाने लगा। इस वैज्ञानिक चिंतन में कॉपरनिकस, गैलीलियो, ब्रूनो, डार्विन, न्यूटन, लाप्लास, फ़्रॉयड, टी.एच. हक्सले, बैरन डी-हॉलबाक, चार्ल्स ब्रैडलॉफ़, ई. हैकल, लुडविग फॉयरवाक आदि बहुत-से विचारकों ने विभिन्न रूपों में अपना योगदान किया। इन विचारकों के अतिरिक्त कार्ल मार्क्स, फ़ैड्रिक एंगल्स, जर्मी बैन्थम, जेम्स मिल, जॉन स्टुअर्ट मिल, हरबर्ट स्पैंसर, ऑगस्ट कूम्ट, बरट्रैन्ड रसल, जॉन ड्यूई, ज़ॉर्ज़ सैंटायना, मॉरिस आर. कोहन आदि अन्य अनेक दार्शनिकों ने भी मानवतावादी दृष्टिकोण से मनुष्य की समस्याओं पर विचार किया। इस प्रकार उपर्युक्त सभी विचारकों के वैज्ञानिक एवं दार्शनिक सिद्धांतों के परिणामस्वरूप उन्नीसवीं तथा बीसवीं शताब्दी में मानवतावाद का व्यापक रूप से विकास हुआ।

अब विचारणीय प्रश्न यह है कि मानवतावाद तथा निरीश्वरवाद में परस्पर क्या संबंध है। इस प्रश्न के उत्तर में यही कहा जा सकता है कि इन दोनों सिद्धांतों में ठीक वही संबंध है जो निरीश्वरवाद तथा प्रकृतिवाद और प्रत्यक्षवाद में ऊपर बताया गया है। प्रकृतिवाद और प्रत्यक्षवाद की भाँति मानवतावाद भी वस्तुतः निरीश्वरवाद

29. प्रोटेगोरस, डायोजिनिस लेर्शियस की पुस्तक, 'लाइव्ज़ ऑफ़ ऐमिनेंट फ़िलॉसॉफ़र्ज़', पृ. 51.

का ही समर्थन करता है। जो विचारक मानव-केंद्रित इहलौकिक सिद्धांत के उपर्युक्त अर्थ में मानवतावाद को स्वीकार करता है उसके लिए निरीश्वरवाद में विश्वास करना आवश्यक है, क्योंकि इस अर्थ में मानवतावादी होने के साथ-साथ वह तर्कसंगत रूप से अति-प्राकृतिक ईश्वर या किसी अन्य देवी-देवता के अस्तित्व का समर्थन नहीं कर सकता। वस्तुतः यही कारण है कि मानवतावाद को स्वीकार करने वाले अधिकतर विचारक निरीश्वरवादी ही माने जाते रहे हैं। उदाहरणार्थ, सभी भौतिकवादी, प्रकृतिवादी, प्रत्यक्षवादी तथा मार्क्सवादी विचारकों के विषय में निश्चित रूप से यही बात कही जा सकती है। ये सभी विचारक मानवतावाद के साथ-साथ निरीश्वरवाद का भी पूर्णतः समर्थन करते रहे हैं। उन्होंने स्पष्टतः यह अनुभव किया है कि मानवतावाद तथा ईश्वरवाद को तर्कसंगत रूप से एकसाथ स्वीकार करना संभव नहीं है।

मूलतः उपर्युक्त तथ्य को ध्यान में रखते हुए एक समकालीन दार्शनिक, माइकेल मार्टिन ने मानवतावाद और निरीश्वरवाद के पारस्परिक संबंध की विवेचना की है। उनका कथन है : " 'मानवतावाद' शब्द विचार संबंधी विभिन्न प्रकार के आंदोलनों की ओर संकेत करता है। सामान्यतः यह ऐसे किसी भी विचार का द्योतक है जिसकी मानव-कल्याण में सर्वाधिक रुचि है। इस प्रकार यह उन सभी विचारों का विरोधी है जो परलोक संबंधी विषयों को महत्त्वपूर्ण मानते हैं और इस संसार की समस्याओं को कोई महत्त्व नहीं देते। . . . धार्मिक मानवतावाद वह आधुनिक आंदोलन है जो यह मानता है कि धर्म संबंधी जीवन-पद्धति को विशुद्ध रूप से मानवीय उद्देश्यों एवं लक्ष्यों के संदर्भ में ही समझा जाना चाहिए; इसमें परलोक संबंधी विचारों को पूर्णतः निकाल दिया जाता है। यह दार्शनिक आंदोलन प्रकृतिवाद तथा मानवीय विषयों में वैज्ञानिक विधि के महत्त्व के साथ संबद्ध रहा है। वस्तुतः कुछ विद्वानों ने यह तर्क दिया है कि कोई भी व्यक्ति प्रकृतिवादी हुए बिना मानवतावादी नहीं हो सकता। परंतु कुछ अन्य लेखकों का विचार है कि मानवतावादी होना केवल ईश्वरवादी न होना ही है।"[30]

इसी प्रकार, मानवतावाद को समस्त अति-प्राकृतिक सत्ताओं के विरुद्ध घोषित करते हुए 'दि अकेडेमी ऑफ़ ह्यूमैनिज़्म' ने अपनी 1983 की घोषणा में कहा था : "मानवतावाद वह विचारधारा है जो विश्व की अति-प्राकृतिक तथा रहस्यमयी व्याख्याओं को अस्वीकार करती है और जीवन में तर्कबुद्धि एवं विज्ञान के उपयोग पर विशेष रूप से ध्यान केंद्रित करती है तथा अनुभव के आधार पर व्यक्ति के नैतिक विकास को प्रोत्साहित करती है।"[31] इस प्रकार यह स्पष्ट है कि प्रकृतिवाद और प्रत्यक्षवाद की भाँति मानवतावाद में भी ईश्वर तथा अन्य किसी अति-प्राकृतिक सत्ता के लिए कोई स्थान नहीं है। ऐसी स्थिति में मानवतावाद को उस अर्थ में 'धर्म' नहीं कहा जा सकता जिस अर्थ में धर्म के लिए किसी अलौकिक शक्ति या अति-प्राकृतिक सत्ता में विश्वास करना अनिवार्य माना जाता है और जो 'धर्म' का प्रचलित सामान्य अर्थ है। वस्तुतः इस सामान्य अर्थ में धर्म का निषेध करना मानवतावाद के लिए

30. माइकेल मार्टिन, 'एथीइज़्म : ए फिलॉसॉफ़िकल जस्टिफ़िकेशन', पृ. 472.

31. 'इन्क्वायरी', खंड 3, 1983, पृ. 6.

अनिवार्य प्रतीत होता है। समस्त अति-प्राकृतिक सत्ताओं को अस्वीकार करने के कारण मानवतावादी विचारक 'धर्म' शब्द के प्रचलित सामान्य अर्थ में धार्मिक व्यक्ति नहीं हो सकता।[32]

प्रकृतिवाद और प्रत्यक्षवाद के साथ मानवतावाद की एक अन्य समानता का भी यहाँ उल्लेख कर देना आवश्यक है। जिस प्रकार किसी भी निरीश्वरवादी के लिए प्रकृतिवाद तथा प्रत्यक्षवाद का समर्थन करना आवश्यक नहीं है उसी प्रकार उसके लिए मानवतावाद को भी स्वीकार करना अनिवार्य नहीं है। कोई व्यक्ति मानवतावाद के सिद्धांतों को स्वीकार किए बिना भी सुसंगत रूप से निरीश्वरवादी हो सकता है। इस दृष्टि से निरीश्वरवाद एवं मानवतावाद में वही संबंध है जो निरीश्वरवाद और प्रकृतिवाद तथा प्रत्यक्षवाद में ऊपर बताया गया है।

उपर्युक्त सिद्धांतों के अतिरिक्त भौतिकवाद के साथ भी निरीश्वरवाद का अनिवार्य संबंध माना जाता है, किंतु इन दोनों सिद्धांतों के पारस्परिक संबंध पर प्रस्तुत पुस्तक के दूसरे भाग में विस्तारपूर्वक विचार किया जाएगा।

32. मानवतावाद के विस्तृत अध्ययन और धर्म के साथ उसके संबंध के लिए देखिए लेखक की एक अन्य पुस्तक, 'धर्म-दर्शन की मूल समस्याएँ', अध्याय 14, खंड 5.

अध्याय-3

निरीश्वरवाद और व्यावहारिक जीवन

1. निरीश्वरवाद के विरुद्ध कुछ आपत्तियाँ

पिछले दो अध्यायों में हम ईश्वरवाद तथा निरीश्वरवाद के स्वरूप पर विस्तारपूर्वक विचार कर चुके हैं। भारतीय एवं पाश्चात्य दर्शन में निरीश्वरवाद की तुलनात्मक विवेचना करने से पूर्व प्रस्तुत अध्याय में कुछ विस्तार से यह स्पष्ट कर देना आवश्यक है कि मनुष्य के व्यक्तिगत एवं सामाजिक जीवन में निरीश्वरवाद की क्या भूमिका हो सकती है और उसके व्यावहारिक जीवन के लिए इस सिद्धांत का क्या महत्त्व है। इस संबंध में सर्वप्रथम निरीश्वरवाद के विरुद्ध ईश्वरवादी विचारकों द्वारा उठाई गई कुछ ऐसी आपत्तियों का सविस्तार उत्तर देना आवश्यक है जो नितांत निराधार हैं और जो केवल इस सिद्धांत के समर्थकों को बदनाम करने के लिए ही उठाई जाती रही हैं। इन आपत्तियों का युक्तिसंगत उत्तर देने के पश्चात् ही हम मानव के व्यावहारिक जीवन के लिए निरीश्वरवाद के महत्त्व को भली-भाँति स्पष्ट कर सकेंगे।

प्रथम अध्याय में हम देख चुके हैं कि ईश्वर के प्रत्यय का मनुष्य के व्यक्तिगत और सामाजिक जीवन पर बहुत गहरा तथा व्यापक प्रभाव पड़ता है, अतः ईश्वर का विचार केवल सैद्धांतिक प्रत्यय नहीं है। ऐसी स्थिति में इस प्रश्न का विशेष महत्त्व है कि ईश्वर विषयक विश्वास को अस्वीकार करनेवाला सिद्धांत, निरीश्वरवाद व्यावहारिक दृष्टि से मानव-जीवन के विभिन्न पक्षों पर क्या और किस प्रकार का प्रभाव डालता है या डाल सकता है। इस संबंध में यहाँ सर्वप्रथम यह उल्लेखनीय है कि प्राचीन काल से ही ईश्वरवादी विचारक मानव-जीवन पर निरीश्वरवाद के प्रभाव को रोकने का यथासंभव अधिकाधिक प्रयास करते रहे हैं और अपने इस उद्देश्य की पूर्ति के लिए उन्होंने सदैव निरीश्वरवाद की अत्यधिक निंदा की है तथा निरीश्वरवादियों पर घोर अत्याचार किए हैं। इस दुखद तथ्य को प्रमाणित करने के लिए यहाँ हम दर्शनशास्त्र के इतिहास से कुछ स्पष्ट तथा सुनिश्चित उदाहरण प्रस्तुत करेंगे।

निरीश्वरवाद और निरीश्वरवादियों की निंदा के प्रमाण हमें बहुत प्राचीन काल से उपलब्ध होते हैं। ईसा से पाँचवीं शताब्दी पूर्व अज्ञेयवाद में विश्वास करनेवाले

मानवतावादी विचारक, प्रोटेगोरस की समस्त कृतियों को एथेंस के प्रशासकों द्वारा जला देने और स्वयं उन्हें निष्कासित करने का उल्लेख हम पिछले अध्याय में कर चुके हैं। महान दार्शनिक, सुकरात को मृत्यु-दंड देने के लिए उन पर जो आरोप लगाए गए थे उनमें एक आरोप धर्म-द्रोह–अर्थात्, ईश्वर में विश्वास न करना–भी था। प्लेटो ने आदर्श राज्य के स्वरूप की विवेचन करनेवाली अपनी कृति 'लाज़' में निरीश्वरवादियों को मृत्यु-दंड देने का स्पष्ट रूप से प्रावधान किया था। उन्होंने कहा था कि पहली बार निरीश्वरवाद का प्रचार करनेवाले व्यक्ति को पाँच वर्ष के कठोर कारावास का दंड दिया जाना चाहिए और दूसरी बार इसी सिद्धांत का प्रचार करनेवाले व्यक्ति को मृत्यु-दंड दिया जाना चाहिए।[1] इसी प्रकार, मध्ययुगीन धर्मशास्त्री, टॉमस ऐक्वाइनस भी निरीश्वरवादियों को मृत्यु-दंड देने का पूर्णतः समर्थन करते थे। अपने इस मत के समर्थन में वे यह तर्क देते थे कि निरीश्वरवाद उस आस्था को नष्ट करता है जो आध्यात्मिक जीवन की अनिवार्य आधार-शिला है, अतः इस सिद्धांत का प्रचार करने-वाले व्यक्ति को मृत्यु-दंड देना आवश्यक है।[2]

उपर्युक्त ईश्वरवादी विचारकों के अतिरिक्त सभी ईश्वरवादी धर्मों के समर्थक निरीश्वरवाद तथा निरीश्वरवादियों को बदनाम और समाप्त करने का निरंतर प्रयत्न करते रहे हैं। उदाहरणार्थ, 'बाइबल' के अनुसार : "मूर्ख ही अपने मन में यह कहता है कि 'ईश्वर नहीं है।' ये मूर्ख व्यक्ति भ्रष्ट हैं; ये घृणित कार्य करते हैं; इनमें ऐसा कोई नहीं है जो अच्छा कार्य करता हो।"[3] वस्तुतः निरीश्वरवाद तथा निरीश्वरवादियों के प्रति ईश्वरवादी विचारकों का प्रायः यही निंदात्मक दृष्टिकोण रहा है। पाश्चात्य दर्शन के इतिहास में केवल अंधकारमय मध्य युग में ही नहीं, अपितु यूरोप के पुनर्जागरण-काल में भी ईश्वरवादियों द्वारा निरीश्वरवाद और निरीश्वरवादियों की इसी प्रकार तीव्र निंदा की जाती रही है। इस तथ्य को प्रमाणित करने के लिए यहाँ कुछ उदाहरण प्रस्तुत करना आवश्यक है। 1728 में प्रकाशित अपनी पुस्तक, 'एट सर्मन्स' में एक ईश्वरवादी विचारक, रिचर्ड बैन्टले ने स्पष्ट रूप से यह कहा है : "कोई भी निरीश्वरवादी सच्चा मित्र, स्नेहपूर्ण संबंधी अथवा निष्ठावान नागरिक नहीं हो सकता।"[4] इसी प्रकार, उन्नीसवीं शताब्दी के एक धर्मपरायण विचारक, रॉबर्ट फ़िलन्ट विश्व में निरीश्वरवाद के प्रसार को मानव-समाज के लिए अत्यंत घातक मानते थे। इस सिद्धांत के प्रचार के विरुद्ध मानव-जाति को गंभीर चेतावनी देते हुए वे कहते हैं : "किसी भी देश में निरीश्वरवाद का प्रसार अपने साथ राष्ट्रीय ह्रास तथा विनाश अवश्य लाएगा।"[5] फिलन्ट का निश्चित मत है कि यदि श्रमिकों तथा कृषकों में निरीश्वरवाद फैल गया तो समाज में सर्वत्र अराजकता उत्पन्न हो जाएगी।

1. देखिए, पॉल ऐडवर्ड्स, 'एथीइज़्म', 'ऐन्साइक्लोपीडिया ऑफ़ फ़िलॉसॉफ़ी', खंड 1, पृ. 174.
2. देखिए, टॉमस ऐक्वाइनस, 'सम्मॉथियॉलॉजिका', 2, 11, 3 और 4.
3. 'दि बाइबल', संशोधित संस्करण, 1952, साम्स, 14, 1.
4. रिचर्ड बैन्टले, 'एट सर्मन्स', पॉल ऐडवर्ड्स की पूर्वोल्लिखित पुस्तक से उद्धृत, पृ. 174.
5. राबर्ट फ़िलन्ट, 'ऐन्टी-थीइस्टिक थ्योरीज़', पृ. 36-37.

इसी प्रकार, धार्मिक सहिष्णुता के लिए विख्यात अनुभववादी दार्शनिक, जॉन लॉक भी निरीश्वरवाद तथा निरीश्वरवादियों की निंदा करने में अन्य ईश्वरवादी विचारकों से पीछे नहीं हैं। निरीश्वरवाद को समाज के लिए खतरनाक सिद्धांत मानते हुए उन्होंने स्पष्ट कहा है : "निरीश्वरवादी के लिए उन वादों या वचनों, समझौतों तथा शपथों का कोई महत्त्व नहीं है जो मानव-समाज को सुसंगठित रखते हैं।"[6] सभी धर्मों के प्रति लॉक ने जो सहिष्णुता दिखाई है उसे निरीश्वरवाद के प्रति न दिखाने के लिए उन्होंने यह तर्क दिया है कि निरीश्वरवाद कोई धर्म नहीं है, अपितु वह तो धर्म को नष्ट करता है, अतः वह सहिष्णुता एवं सहानुभूति का अधिकारी नहीं है। इन उदाहरणों से यह स्पष्ट है कि पुनर्जागरण-काल के पश्चात् भी इंग्लैण्ड में निरीश्वरवाद के प्रति घोर निंदा तथा विरोध का मध्ययुगीन दृष्टिकोण पूर्ववत् बना रहा। यही बात यूरोप के अन्य देशों और अमेरिका के विषय में भी कही जा सकती है। निरीश्वरवाद के प्रति इस तीव्र विरोध तथा असहिष्णुता का मुख्य कारण यही था कि पुनर्जागरण-काल के उपरांत भी सभी पाश्चात्य देशों की सरकारों पर धर्म का एकाधिकार पूर्णतः बना रहा।

पाठकों को यह जानकर संभवतः कुछ आश्चर्य होगा कि पाश्चात्य देशों में उन्नीसवीं शताब्दी के अंतिम चरण तक भी निरीश्वरवाद का प्रचार करना तथा उसके समर्थन में कोई लेख या पुस्तक लिखना कानून के विरुद्ध था जिसके लिए निरीश्वरवादी विचारकों को कठोर दंड दिया जाता था। इस तथ्य को अनेक उदाहरणों द्वारा निश्चित रूप से प्रमाणित किया जा सकता है। फ्रांस के एक निरीश्वरवादी विचारक, बैरन डी-हॉलबाक की प्रसिद्ध पुस्तक, 'दि सिस्टम ऑफ़ नेचर' 1770 में प्रकाशित हुई थी और इस पुस्तक पर लेखक के रूप में एक ऐसे व्यक्ति का नाम दिया गया था जिसकी मृत्यु दस वर्ष पूर्व हो चुकी थी। इस पुस्तक के प्रकाशित होते ही फ्रांस के धर्मपरायण प्रशासकों ने इसे कानून के विरुद्ध घोषित कर दिया और इसकी जितनी प्रतियाँ उन्हें उपलब्ध हो सकीं वे सभी एक सार्वजनिक स्थान पर जला दी गईं। इस पुस्तक की प्रतियों को जलाने से पूर्व इस पर विधिवत मुकदमा चलाया गया जिसमें न्यायालय के सरकारी अधिवक्ता ने कहा था कि उसे इस बात का बहुत दुःख है कि वह इसके अज्ञात वास्तविक लेखक को नहीं पकड़ सका जिसे कठोर दंड दिया जाना था। अधिवक्ता ने यह भी कहा था कि इस समय समाज में जो भ्रष्टाचार फैला हुआ है वह ऐसे ही विचारों के कारण है जो इस पुस्तक में व्यक्त किए गए हैं। यहाँ यह उल्लेखनीय है कि आज यह पुस्तक निरीश्वरवाद के संबंध में एक महत्त्वपूर्ण कृति मानी जाती है।

निरीश्वरवादियों के प्रति अन्याय का एक अन्य उदाहरण अंग्रेज़ी भाषा के प्रसिद्ध कवि, पी.बी. शैली से संबंधित है। वे जब ऑक्सफोर्ड विश्वविद्यालय में पढ़ते थे तब उन्होंने बड़ी संयमित भाषा में 'दि नैसेसिटी ऑफ़ एथीइज़्म' 'निरीश्वरवाद की आवश्यकता' नामक एक लघु पुस्तिका लिखी थी जिसके प्रकाशित होते ही संपूर्ण विश्वविद्यालय में उनके प्रति तीव्र विरोध उत्पन्न हो गया। इसका परिणाम यह हुआ

6. जॉन लॉक, 'ए लैटर कन्सर्निंग टालरेशन', पॉल ऐडवर्ड्स की पूर्वोल्लिखित पुस्तक से उद्धृत, पृ. 174.

कि विश्वविद्यालय के प्रशासकों ने इस पुस्तिका की सभी अवितरित प्रतियाँ जला दीं और शैली तथा उनके एक मित्र, टॉमस हॉग को विश्वविद्यालय से निकाल दिया गया। कुछ वर्षों के पश्चात् शैली को अपने बच्चों के संरक्षण से न्यायालय द्वारा केवल इस आधार पर वंचित कर दिया गया था कि वे बच्चों में भी निरीश्वरवादी विचार उत्पन्न कर देंगे। 1877 में समाज-सुधारिका, ऐनी बिसेंट के प्रति भी न्यायालय ने ऐसा ही अन्याय किया। यद्यपि न्यायाधीश ने स्पष्टतः यह स्वीकार किया कि ऐनी बिसेंट एक स्नेहमयी माँ हैं और वे अपने बच्चों की अच्छी तरह देखभाल कर सकती हैं, फिर भी उन्हें इन बच्चों का संरक्षण नहीं दिया गया, क्योंकि वे निरीश्वरवाद में विश्वास करती थीं। निरीश्वरवादियों के प्रति इस प्रकार के अन्याय तथा अत्याचार के बहुत-से उदाहरण प्रस्तुत किए जा सकते हैं।

1869 में एक विशेष अधिनियम के पारित होने से पूर्व इंग्लैण्ड में निरीश्वरवादियों को न्यायालय में गवाही देने के अयोग्य माना जाता था। इसका अर्थ यह है कि वे न तो स्वयं न्यायालय में किसी प्रकार की गवाही दे सकते थे और न ऐसे किसी व्यक्ति पर मुकदमा चला सकते थे जिसने उनके विरुद्ध अपराध किया हो अथवा उनके कानूनी अधिकारों का हनन किया हो। इस प्रकार 1869 से पूर्व इंग्लैण्ड में निरीश्वरवादियों को कोई कानूनी अधिकार प्राप्त नहीं था। इन अन्यायपूर्ण स्थिति का अंत करने के लिए एक निरीश्वरवादी विचारक, चार्ल्स ब्रैडलॉफ़ को बहुत लंबे समय तक निरंतर कानूनी संघर्ष करना पड़ा। वे इंग्लैण्ड की लोकसभा के लिए विधिवत निर्वाचित हुए थे, किंतु निरीश्वरवादी होने के कारण उन्हें इस सभा में नहीं बैठने दिया गया। अपने इस कानूनी अधिकार को प्राप्त करने के लिए उन्होंने तत्कालीन सरकार के विरुद्ध न्यायालय में मुकदमा प्रस्तुत किया जो अनेक वर्षों तक चलता रहा। अंततः वे इस मुकदमे में विजयी हुए और उन्हें लोकसभा में बैठने का अपना कानूनी अधिकार प्राप्त हुआ। वस्तुतः ब्रैडलॉफ़ ने 1869 के उस अधिनियम को पारित कराने में विशेष योगदान किया था जिसके फलस्वरूप निरीश्वरवादियों को उनके कानूनी अधिकार दे दिए गए। इंग्लैण्ड की भाँति अन्य पाश्चात्य देशों में भी निरीश्वरवादियों को अपने सामान्य कानूनी अधिकार प्राप्त करने के लिए दीर्घकाल तक सतत् संघर्ष करना पड़ा।

यह सत्य है कि अब कानून की दृष्टि से निरीश्वरवादियों के साथ कोई भेदभाव नहीं किया जाता और ईश्वरवादियों के समान ही उन्हें भी समस्त कानूनी अधिकार प्रदान किए जाते हैं। परंतु संसार के अधिकतर देशों में आज भी निरीश्वरवादियों को पतित एवं घृणित व्यक्ति मानकर उनकी निंदा की जाती है और समाज में निरीश्वरवाद का प्रचार करना अनुचित तथा निंदनीय कार्य माना जाता है। ईश्वरवाद के विरुद्ध निरीश्वरवादियों के तर्कों का युक्तियों द्वारा उत्तर न देकर उन्हें भ्रष्ट व्यक्ति माना जाता है और उनके चरित्र की निंदा की जाती है। उदाहरणार्थ, हिंदी भाषा में 'निरीश्वरवादी' के लिए जो 'नास्तिक' शब्द प्रचलित है उसका प्रयोग प्रायः ईश्वर में विश्वास न करने वाले व्यक्ति की निंदा तथा भर्त्सना करने के लिए ही किया जाता है। इसी कारण हमारे समाज में 'नास्तिक' शब्द ईश्वरवाद का खंडन करने वाला वर्णनात्मक शब्द न होकर निरीश्वरवादी की निंदा का बोध करानेवाला संवेगात्मक शब्द हो गया है। इन

सभी तथ्यों से यह स्पष्ट है कि समाज में आज भी निरीश्वरवाद को हानिकारक तथा निरीश्वरवादियों को प्रायः निंदनीय ही समझा जाता है।

निरीश्वरवाद के विरुद्ध प्रायः उठाई जाने वाली कुछ अन्य आपत्तियों पर विचार करने से पूर्व यहाँ यह स्पष्ट कर देना आवश्यक है कि इस सिद्धांत तथा इसके समर्थकों की निंदा करने के लिए इसके विरुद्ध ऊपर जो आपत्तियाँ उठाई गई हैं वे नितांत मिथ्या और पूर्णतः निराधार हैं। वस्तुतः इन आपत्तियों का उद्देश्य निरीश्वरवाद का तर्कतः खंडन करना नहीं, अपितु इसकी सत्यता से भयभीत होकर इसे समाप्त करना अथवा इसके प्रसार को रोकना ही प्रतीत होता है। किसी सिद्धांत को हानिकारक बताने और उसके समर्थकों की निंदा करने से वह मिथ्या तथा अयुक्तिसंगत प्रमाणित नहीं हो जाता, क्योंकि इस आधार पर उसके सत्य या असत्य होने का निर्णय नहीं किया जा सकता। यदि हम वास्तव में किसी सिद्धांत को मिथ्या प्रमाणित करना चाहते हैं तो हमें उसके विरुद्ध तथ्यों पर आधारित वस्तुपरक तथा विश्वसनीय प्रमाण प्रस्तुत करने होंगे। परंतु ईश्वरवादियों ने निरीश्वरवाद के विरुद्ध ऊपर जो आपत्तियाँ उठाई हैं उनका तथ्यों और प्रमाणों से कोई संबंध नहीं है। वे केवल निरीश्वरवाद के प्रति ईश्वरवादियों की घृणा को ही अभिव्यक्त करती हैं जो निश्चय ही किसी सिद्धांत को असत्य प्रमाणित नहीं करती। निरीश्वरवादियों को 'मूर्ख', 'भ्रष्ट', 'पतित' आदि अपशब्द कहने और निरीश्वरवाद को राष्ट्रीय ह्रास या विनाश का कारण मान लेने से यह सिद्ध नहीं होता कि निरीश्वरवाद तार्किक दृष्टि से मिथ्या अथवा अयुक्तिसंगत है। इसके अतिरिक्त तथ्यात्मक दृष्टि से भी यह कथन पूर्णतः मिथ्या है कि निरीश्वरवादी मूर्ख, पतित तथा भ्रष्ट होते हैं और निरीश्वरवाद राष्ट्रीय ह्रास अथवा विनाश का कारण बनता है। यह एक सुनिश्चित तथ्य है कि बहुत-से निरीश्वरवादी अत्यंत उत्कृष्ट चरित्र के व्यक्ति और महान आदर्शवादी विचारक रहे हैं। गौतम बुद्ध, महावीर, बृहस्पति, कणाद, कपिल, जैमिनी, डेमोक्रिटस, ल्यूक्रेशियस, ल्यूसिपस, ऐपिक्यूरस, कार्ल मार्क्स, बरट्रैंड रसल, जे.पी. सार्त्र आदि महान दार्शनिक इस तथ्य के ज्वलंत प्रमाण हैं। ऐसी स्थिति में यह निश्चयपूर्वक कहा जा सकता है कि ईश्वरवादियों ने निरीश्वरवाद तथा निरीश्वरवादियों की जो निंदा की है और उन पर समाज में भ्रष्टाचार फैलाने का जो आरोप लगाया है वह पूर्णतः मिथ्या है। इस प्रकार यह स्पष्ट है कि निरीश्वरवाद के विरुद्ध ईश्वरवादियों द्वारा उठाई गई उपर्युक्त आपत्तियों का कोई दार्शनिक और तथ्यात्मक महत्त्व नहीं है।

कुछ ईश्वरवादी विचारक निरीश्वरवाद को बदनाम करने तथा समाज में उसका प्रसार रोकने के लिए उसके साथ ऐसे सिद्धांतों, विचारों और नैतिक एवं राजनैतिक विश्वासों को संबद्ध कर देते हैं जिनका उसके साथ कोई अनिवार्य संबंध नहीं है। उदाहरणार्थ, अनेक ईश्वरवादी व्यक्ति निरीश्वरवाद को साम्यवाद से संबद्ध मान कर यह कहते हैं कि प्रत्येक निरीश्वरवादी साम्यवादी होता है। इसी प्रकार, कुछ अन्य ईश्वरवादी विचारक निरीश्वरवाद को अस्तित्ववाद से संबद्ध बताते हुए प्रत्येक निरीश्वरवादी को निराशावादी व्यक्ति मान लेते हैं। परंतु निरीश्वरवाद तथा निरीश्वरवादियों के प्रति ईश्वरवादियों का यह दृष्टिकोण वास्तव में उचित और

तर्कसंगत नहीं है। हम देख चुके हैं कि निरीश्वरवाद केवल निषेधात्मक सिद्धांत है जो ईश्वर विषयक विश्वास के अभाव को व्यक्त करता है, अतः इस रूप में यह सिद्धांत किसी दार्शनिक विचारधारा, राजनैतिक सिद्धांत और नैतिक विश्वास का अनिवार्यतः समर्थन या विरोध नहीं करता। दार्शनिक दृष्टि से निरीश्वरवाद केवल इतना ही दावा करता है कि ईश्वरवाद मिथ्या और अयुक्तिसंगत सिद्धांत है। ऐसी स्थिति में निरीश्वरवाद को कुछ अन्य विचारधाराओं, सिद्धांतों अथवा विश्वासों से संबद्ध मानकर कुछ ईश्वरवादियों द्वारा उसके खंडन का प्रयास व्यर्थ है।

कुछ ईश्वरवादी विचारक तो यह भी दावा करते हैं कि मनुष्य के लिए मनोवैज्ञानिक दृष्टि से निरीश्वरवाद का समर्थन करना असंभव है और इसी कारण जो व्यक्ति इस सिद्धांत का समर्थन करता है वह वास्तव में मानसिक दृष्टि से अस्वस्थ है। प्रबुद्ध एवं विचारशील पाठकों को कुछ ईश्वरवादियों का यह दावा हास्यास्पद प्रतीत हो सकता है, किंतु अनेक ईश्वरवादियों ने स्पष्ट रूप से इस प्रकार का दावा किया है। इन ईश्वरवादी विचारकों के इस हास्यास्पद दावे को स्पष्ट करने के लिए यहाँ कुछ उदाहरण प्रस्तुत करना आवश्यक है। एक ईश्वरवादी दार्शनिक, जे.सी. मरे का निश्चित मत है कि 'निरीश्वरवादी मनुष्य' स्वतोव्याघातपूर्ण वाक्यांश है, क्योंकि कोई मनुष्य निरीश्वरवादी हो ही नहीं सकता। अपने इसी मत को स्पष्ट करते हुए उन्होंने लिखा है : "अपनी इस प्रसिद्ध कहावत, 'मनुष्य होना ईश्वर से डरना है', द्वारा संत जॉन क्राइस्टम इस परंपरा के एक मूल सत्य का ही वर्णन कर रहे थे। . . . ईश्वर, जो प्रकृति का निर्माता है, मानव-स्वभाव का अभिन्न अंग है। इसलिए जो मनुष्य ईश्वर से डरता नहीं उसका अस्तित्व नहीं है, और उसका स्वभाव मानवीय नहीं है।"[7] इसी मत का समर्थन करते हुए एक अन्य ईश्वरवादी विचारक, रॉबर्ट जे. क्रेचे यह कहते हैं कि ईश्वर में विश्वास करने की इच्छा मानव की एक नैसर्गिक इच्छा है जिसकी पूर्ति न होने पर उसे अत्यधिक निराशा होती है।[8] इस प्रकार इन ईश्वरवादियों के अनुसार, निरीश्वरवादी व्यक्ति वास्तव में मनुष्य नहीं है, क्योंकि वह ईश्वर में विश्वास नहीं करता। ऐसा व्यक्ति एक पहेली है और उसका जीवन स्वतोव्याघात से परिपूर्ण तथा समाज के लिए एक मनोवैज्ञानिक समस्या है।

मूलतः इसी दृष्टिकोण को स्वीकार करते हुए एक अन्य ईश्वरवादी दार्शनिक, एच.सी. रुमके ने लिखा है : "ईश्वर में अविश्वास विकास में बाधक है।"[9] परंतु एक ईश्वरवादी मनोवैज्ञानिक, टॉमस लॉज़ निरीश्वरवाद को मनुष्य के विकास के लिए बाधक ही नहीं, अपितु उसके मानसिक स्वास्थ्य के लिए भी घातक मानते हैं। उनका मत है कि मनुष्य के मानसिक स्वास्थ्य के लिए स्वयं अपने साथ, दूसरों के साथ तथा ईश्वर के साथ उसके अच्छे अंतर्वैयक्तिक संबंध का होना आवश्यक है, अतः इस तथ्य को ध्यान में रखते हुए "सभी निरीश्वरवादियों को मानसिक दृष्टि से अस्वस्थ

7. जे.सी. मरे, मार्टिन ई. मार्टी की पुस्तक, 'वैराइटीज़ ऑफ़ अनबिलीफ़' से उद्धृत, पृ. 11-12.
8. देखिए, रॉबर्ट जे. क्रेचे, 'गॉड ऐंड रियैलिटी', पृ. 3.
9. एच.सी. रुमके, 'दि साइकॉलॉजी ऑफ़ अनबिलीफ़', पृ. 13.

व्यक्तियों के वर्ग में सम्मिलित किया जा सकता है।"[10] जब कुछ ईश्वरवादी विचारक निरीश्वरवादियों को 'मानसिक दृष्टि से बीमार' कहते हैं तो इससे उनका तात्पर्य यह होता है कि ईश्वर विषयक नैसर्गिक विश्वास को अस्वीकार करने के कारण ये निरीश्वरवादी व्यक्ति स्वयं अपने आप से निरंतर संघर्ष करते रहते हैं, अतः वे अपने जीवन में कभी सुखी नहीं रह पाते। इन ईश्वरवादियों के अनुसार, निरीश्वरवादी मनुष्य कभी सुखी हो ही नहीं सकता, क्योंकि जीवन में सुख प्राप्त करने के लिए ईश्वर में विश्वास करना अनिवार्य है। दूसरे शब्दों में, ये ईश्वरवादी निश्चित रूप से यह मानते हैं कि 'सुखी निरीश्वरवादी मनुष्य' एक स्वतोव्याघातपूर्ण वाक्यांश है जिसका कोई अर्थ नहीं हो सकता। इस प्रकार ये ईश्वरवादी विचारक ईश्वरवाद को सुख के साथ अनिवार्यतः संबद्ध करके इस सिद्धांत का प्रचार करते हैं और निरीश्वर-वाद की निंदा करते हैं।

निरीश्वरवाद के विरुद्ध कुछ ईश्वरवादियों की उपर्युक्त आपत्ति इतनी हास्यास्पद तथा दार्शनिक दृष्टि से इतनी महत्त्वहीन है कि इस पर विस्तारपूर्वक विचार करने और इसका उत्तर देने की कोई आवश्यकता ही प्रतीत नहीं होती। फिर भी इसके संबंध में कुछ तथ्यों की ओर प्रबुद्ध पाठकों का ध्यान आकृष्ट करना आवश्यक है। निरीश्वरवाद के दीर्घकालीन इतिहास का अध्ययन करने से यह पूर्णतः स्पष्ट हो जाता है कि इस सिद्धांत के समर्थक मानसिक दृष्टि से अस्वस्थ होने के स्थान पर उन व्यक्तियों की अपेक्षा कहीं अधिक विचारशील एवं तार्किक होते हैं जो केवल तर्करहित आस्था के आधार पर काल्पनिक ईश्वर में विश्वास कर लेते हैं। भारत तथा पाश्चात्य देशों के पूर्वोल्लिखित अनेक महान निरीश्वरवादी विचारक इस तथ्य के प्रबल प्रमाण हैं। इसके अतिरिक्त कुछ ईश्वरवादियों की यह मान्यता नितांत भ्रामक तथा निराधार है कि ईश्वरवाद का मानवीय सुख के साथ अनिवार्य संबंध है। यदि इस मान्यता को सत्य मान लिया जाए तो यह स्वीकार करना पड़ेगा कि सभी निरीश्वरवादी दार्शनिक और जैन, बौद्ध तथा अन्य निरीश्वरवादी धर्मों में विश्वास करने वाले करोड़ों व्यक्ति सदैव दुःखी एवं मानसिक दृष्टि से अस्वस्थ रहते हैं। परंतु ऐसा कहना सुस्पष्ट और सुनिश्चित तथ्यों की पूर्णतः उपेक्षा करना होगा। इस संबंध में वास्तविक स्थिति यह है कि मनुष्य के सुख-दुःख और मानसिक स्वास्थ्य के साथ ईश्वरवाद अथवा निरीश्वरवाद का कोई प्रत्यक्ष तथा अनिवार्य संबंध नहीं है। जो ईश्वरवादी इस प्रकार के संबंध की बात करते हैं वे वस्तुतः इस संपूर्ण विषय से संबंधित मूल समस्या से भागने का प्रयास करते हैं।

दार्शनिक दृष्टि से हमारे समक्ष मूल समस्या यह है कि क्या ईश्वरवाद सत्य है— अर्थात्, क्या ईश्वर के अस्तित्व में विश्वास करने के लिए हमारे पास पर्याप्त, वस्तुपरक और विश्वसनीय प्रमाण या कारण हैं? इस आधारभूत दार्शनिक प्रश्न का उत्तर देने में असमर्थ होने के कारण ही कुछ ईश्वरवादी विचारक निरीश्वरवादियों को मानसिक दृष्टि से अस्वस्थ बताकर समाज में निरीश्वरवाद के प्रसार को रोकने का निष्फल प्रयत्न करते हैं। परंतु वे यह भूल जाते हैं कि इस प्रकार के निराधार भय तथा

10. टॉमस लॉज़, 'आइडियॉलॉजी ऐंड इन्सैनिटी', पृ. 36.

तर्क-विरुद्ध विचारों द्वारा सत्य को अधिक समय तक छिपाया नहीं जा सकता। यदि यह मान भी लिया जाए कि निरीश्वरवाद के फलस्वरूप मनुष्य को दुःख प्राप्त होता है तो इससे वह मिथ्या प्रमाणित नहीं हो जाता, क्योंकि किसी सिद्धांत के सत्य या असत्य होने का निर्णय उसके मनोवैज्ञानिक परिणामों के आधार पर नहीं किया जा सकता। वैसे तो कुछ ईश्वरवादियों का यह दावा पूर्णतः भ्रामक है कि ईश्वर में विश्वास करने के कारण मनुष्य को सुख प्राप्त होता है, किंतु यदि इसे स्वीकार भी कर लिया जाए तो इसके द्वारा ईश्वरवाद सत्य सिद्ध नहीं हो जाता। यह आश्चर्य की बात है कि ऐसा दावा करने वाले ईश्वरवादी विचारक इस सर्वविदित महत्त्वपूर्ण तथ्य की उपेक्षा करते हैं। इसके अतिरिक्त इन ईश्वरवादियों की यह मान्यता भी मिथ्या है कि ईश्वर विषयक विश्वास जन्मजात और मानव-स्वभाव का अभिन्न अंग है। इसके विपरीत वास्तविकता यह है कि मनुष्य ईश्वर संबंधी विश्वास अपने सामाजिक परिवेश से ही प्राप्त करता है। हम पहले ही यह बता चुके हैं कि बहुत छोटे बच्चों के मन में ईश्वर की कोई अवधारणा विद्यमान नहीं होती। बच्चा धीरे-धीरे अपने परिवार तथा समाज से यह अवधारणा ग्रहण करता है। यदि किसी व्यक्ति को जन्म से मृत्यु तक पूर्णतः निरीश्वरवादी परिवेश में रखा जाए तो उसके मन में कभी भी ईश्वर की कोई अवधारणा विकसित नहीं होगी। ऐसी स्थिति में ईश्वर विषयक विश्वास या अवधारणा को जन्मजात और मानव-स्वभाव का अभिन्न अंग मानना अयुक्तिसंगत तथा निराधार ही प्रतीत होता है। इस प्रकार निष्कर्ष के रूप में हम यह कह सकते हैं कि कुछ ईश्वरवादी विचारकों ने निरीश्वरवाद के विरुद्ध ऊपर जो मनोवैज्ञानिक आपत्ति उठाई है वह तर्कहीन और तथ्यों के विपरीत होने के कारण पूर्णतः मिथ्या है।

निरीश्वरवाद के विरुद्ध ईश्वरवादी विचारक प्रायः यह आपत्ति भी उठाते हैं कि यह सिद्धांत संपूर्ण नैतिकता को समाप्त कर देता है, क्योंकि, इन विचारकों के अनुसार, ईश्वर विषयक विश्वास ही नैतिकता का मूल आधार है। ईश्वर ने ही इस विश्व में नैतिक व्यवस्था स्थापित की है और वही समस्त नैतिक मूल्यों, आदर्शों तथा नियमों का एकमात्र उद्‌गम स्रोत है। समाज में आचरण के लिए जो नैतिक नियम प्रचलित हैं वे सब मूलतः ईश्वर की इच्छा अथवा उसके आदेश पर ही आधारित हैं जिसके अभाव में हमारे लिए इन नियमों की कोई सार्थकता नहीं हो सकती। इन नैतिक नियमों का पालन करने का अर्थ है ईश्वर के आदेश को स्वीकार करना और इन्हें न मानने का अर्थ है उसके आदेश का उल्लंघन करना। अपने इसी मान्यता के कारण ईश्वरवादी विचारक निश्चित रूप से यह मानते हैं कि जो व्यक्ति ईश्वर के अस्तित्व में विश्वास नहीं करता वह नैतिक नियमों का पालन करने के लिए भी अपने आप को बाध्य नहीं समझेगा, अतः ईश्वर विषयक विश्वास के बिना नैतिकता का कोई अर्थ ही नहीं रह जाता। हम सब उसी ईश्वर की संतान हैं जिसने विश्व में नैतिक आदर्शों, मूल्यों तथा नियमों की स्थापना की है। ऐसी स्थिति में हमारा यह अनिवार्य कर्तव्य है कि हम उसके आदेश के रूप में इन आदर्शों, मूल्यों और नियमों का पूर्णतः पालन करें। इस संबंध में ईश्वर के आदेश को मानना पुण्य और न मानना पाप है जिसके लिए वह हमें इस जीवन में अथवा आगामी जीवन में क्रमशः अवश्य पुरस्कृत तथा दंडित करेगा।

इस प्रकार ईश्वरवादियों के अनुसार, नैतिकता अंततः ईश्वर की आज्ञा अथवा इच्छा पर ही पूर्ण रूप से निर्भर है, अतः ईश्वर-विषयक विश्वास को अस्वीकार करने का अर्थ है नैतिकता का परित्याग करना। स्पष्टतः इसका तात्पर्य यही है कि कोई भी निरीश्वरवादी व्यक्ति नैतिकता के अनुरूप आचरण नहीं कर सकता।

उपर्युक्त ईश्वरवादी नैतिकता के स्वरूप, उद्गम तथा उद्देश्य की व्याख्या करते हुए एक ईश्वरवादी दार्शनिक, जान ई. स्मिथ ने लिखा है : "वे आदर्श जिन्होंने समाज में मानव के अस्तित्व को शासित करना है ईश्वर के स्वरूप से ही प्राप्त होते हैं, और ईश्वर-प्रेम ही ऐसे संसार में अच्छा जीवन व्यतीत करने की शक्ति प्रदान करता है जो ईसा की पूर्णता को प्राप्त करने के संबंध में हमारे सुदृढ़ प्रयासों को प्रायः रोकता है। . . . मनुष्य के लिए न्यायशील तथा दयालु होना आवश्यक है, क्योंकि ईश्वर अपने लोगों के साथ समस्त संबंधों में न्यायशील और दयालु दोनों ही है। मनुष्य को अपने सांसारिक जीवन में प्रेम व्यक्त करना चाहिए, क्योंकि . . . ईश्वर का स्वभाव प्रेम करना है। और ईश्वर में विश्वास करने वाले व्यक्ति के भीतर जो ईश्वर-प्रेम विद्यमान है वही सभी मामलों में हमारे समस्त मानवीय प्रयासों के लिए अभिप्रेरणा तथा प्रेरक शक्ति प्रदान करता है। . . . ईश्वर का स्वरूप आचरण के लिए प्रतिमान प्रदान करता है . . . और उसे कार्यान्वित करने के लिए आवश्यक अभिप्रेरणा तथा भावना भी ईश्वर का प्रेम प्रदान करता है। . . . ऐसी नैतिकता जो अपने से ऊपर किसी सत्ता पर आधारित नहीं है अनिवार्यतः भ्रष्टाचार में लिप्त हो जाती है, क्योंकि वह अपने आदेशों से परे किसी निर्णायक को स्वीकार नहीं करती। . . . परंतु जो नैतिकता धार्मिक स्वरूप वाले ईश्वरीय प्रेम पर वास्तव में आधारित है और जो ईश्वर की शक्ति को निर्णायक के रूप में स्वीकार करती है वह सिद्धांततः ऐसे भ्रष्टाचार से बची रहती है।"[11] इस उद्धरण से स्पष्ट है कि स्मिथ के अनुसार, नैतिकता पूर्णतः ईश्वर पर ही निर्भर है, क्योंकि उसके सभी पक्षों–उद्गम, स्वरूप, उद्देश्य आदि–की व्याख्या केवल ईश्वर के आधार पर ही की जा सकती है। स्मिथ के अतिरिक्त कार्ल बार्थ, एमिल ब्रूनर, रीनॉल्ड नीबुर आदि अन्य अनेक धर्मशास्त्रियों ने भी नैतिकता के विषय में इसी ईश्वरवादी दृष्टिकोण का समर्थन किया है।

परंतु नैतिकता से संबंधित उपर्युक्त परंपरागत ईश्वरवादी दृष्टिकोण निराधार तथा अयुक्तिसंगत है, क्योंकि नैतिकता का किसी अलौकिक या अति-प्राकृतिक सत्ता से कोई संबंध नहीं है। यदि हम नैतिकता के स्वरूप, उद्गम तथा उद्देश्य पर यथार्थवादी दृष्टि से विचार करें तो यह स्पष्ट हो जाएगा कि वह एक मानव-निर्मित सामाजिक संस्था है जिसे समाज में स्वयं अपने कल्याण और विकास के लिए जन्म दिया है। यहाँ सर्वप्रथम विचारणीय प्रश्न यह है कि नैतिकता का अर्थ क्या है। इस प्रश्न के उत्तर में यही कहा जा सकता है कि नैतिकता कुछ ऐसे रीति-रिवाजों, मूल्यों, आदर्शों एवं नियमों का नाम है जिसका उद्देश्य समाज में रहने वाले मनुष्यों के आचरण तथा चरित्र का मूल्यांकन, मार्गदर्शन एवं नियमन करना और व्यक्ति तथा समाज के कल्याण के

11. जॉन ई. स्मिथ, 'रीज़न ऐंड गॉड–ऐन्काऊंटर्ज़ ऑफ़ फ़िलॉसॉफ़ी विद रिलिजन', पृ. 197-201.

लिए उनके पारस्परिक संबंधों को निर्धारित करना है। इस अर्थ में नैतिकता का उद्गम समाज में व्यवस्था, सुरक्षा तथा शांति बनाए रखने के लिए हुआ है और सामाजिक प्राणी के रूप में ही मनुष्य के लिए उसकी सार्थकता है। आदिकाल से वर्तमान युग तक मानव-समाज में जो नैतिक मूल्य, आदर्श एवं नियम प्रचलित रहे हैं उन सबके महत्त्व को इसी यथार्थवादी दृष्टिकोण से समझा जा सकता है। यदि अपने विकास की प्रारंभिक अवस्था से ही मनुष्य को किसी-न-किसी रूप में सामाजिक जीवन व्यतीत करने के लिए बाध्य न होना पड़ता तो निश्चय ही उसके लिए नैतिकता की भी कोई आवश्यकता न होती। इस प्रकार यह स्पष्ट है कि सामाजिक प्राणी होने के कारण स्वयं मनुष्य ने ही नैतिकता को जन्म दिया है, ईश्वर या किसी अन्य अलौकिक शक्ति ने नहीं। ऐसी स्थिति में नैतिकता को ईश्वर पर आधारित मानना निश्चय ही तर्कसंगत नहीं कहा जा सकता।

उपर्युक्त गंभीर आपत्ति के अतिरिक्त ईश्वरवादी नैतिकता के विरुद्ध अन्य अनेक आपत्तियाँ भी उठाई जा सकती हैं, जिनका यहाँ संक्षेप में उल्लेख कर देना आवश्यक है। सर्वप्रथम स्वयं उस ईश्वर का अस्तित्व ही अत्यंत विवादास्पद तथा संदिग्ध है जिस पर ईश्वरवादी विचारक नैतिकता को आधारित मानते हैं। जैसा कि इस पुस्तक में हम आगे विस्तारपूर्वक स्पष्ट करेंगे, ईश्वर के अस्तित्व के समर्थन में दिए गए सभी प्रमाण दोषपूर्ण होने के कारण अविश्वसनीय हैं; इसके विपरीत उसके अस्तित्व के विरुद्ध अनेक प्रबल तथा विश्वसनीय प्रमाण विद्यमान हैं। फिर यदि ईश्वर के अस्तित्व को स्वीकार कर लिया जाए तो भी ईश्वरवादी नैतिकता के विरुद्ध बहुत-सी गंभीर आपत्तियाँ बनी रहती हैं। उदाहरणार्थ, ईश्वरवादियों से यह प्रश्न किया जा सकता है कि हम ईश्वर की इच्छा अथवा आज्ञा को कैसे जानते या जान सकते हैं। हम यह कैसे निश्चित कर सकते हैं कि कौन-सा नैतिक नियम ईश्वर की आज्ञा के अनुरूप है और कौन-सा उसकी आज्ञा के विरुद्ध है? ईश्वरवादी विचारक इस महत्त्वपूर्ण प्रश्न का कोई संतोषजनक तथा युक्तिसंगत उत्तर नहीं दे पाते। फिर यदि हम ईश्वर के आदेश को जान भी लें तो पुनः यह प्रश्न उठता है कि हम उसके आदेश का पालन क्यों करें। जैसा कि हम ऊपर देख चुके हैं, इस प्रश्न के उत्तर में ईश्वरवादी यह कहते हैं कि यदि हम ईश्वर के आदेश का पालन करेंगे तो वह हमें इस जीवन अथवा मरणोत्तर जीवन में स्वर्ग-सुख प्रदान करेगा और यदि हम उसके आदेश का उल्लंघन करेंगे तो वह हमें नरक में डालकर घोर कष्ट देगा। परंतु ईश्वरवादियों का यह उत्तर बहुत आपत्तिजनक है, क्योंकि यह नैतिकता को प्रलोभन या भय पर ही पूर्णतः आधारित मान लेता है। नैतिकता के संबंध में ईश्वरवादियों का यह स्वार्थपरक दृष्टिकोण निश्चय ही उचित और मान्य नहीं है। इसी कारण उपर्युक्त प्रश्न के उत्तर में कुछ ईश्वरवादी विचारकों ने यह कहा है कि हमें ईश्वर के आदेश का इसलिए पालन करना चाहिए कि ईश्वर पूर्णतः शुभ है और वह सदा शुभ आदेश ही देता है। परंतु ईश्वरवादियों का यह उत्तर स्वयं उनके अपने सिद्धांत का खंडन करता है, क्योंकि इसके द्वारा यह प्रमाणित होता है कि किसी वस्तु को शुभ या अशुभ कहने का प्रतिमान ईश्वर पर निर्भर न होकर उससे पूर्णतः स्वतंत्र है। यदि ऐसा न होता तो हम ईश्वर को सार्थक

रूप से 'पूर्णतः शुभ' नहीं कह सकते थे। इस प्रकार यह स्पष्ट है कि ईश्वरवादी उपर्युक्त गंभीर समस्या का भी कोई संतोषप्रद समाधान प्रस्तुत नहीं कर पाते।

फिर यहाँ ईश्वरवादियों से यह प्रश्न भी किया जा सकता है कि ईश्वर किस आधार पर किसी कर्म को करने या न करने का आदेश देता है। क्या ईश्वर के आदेशों का कोई तर्कसंगत नैतिक आधार है अथवा क्या ये आदेश केवल उसकी मनमानी इच्छा पर ही निर्भर हैं? वस्तुतः ईश्वरवादी विचारकों के लिए यह एक बहुत जटिल प्रश्न है। इस प्रश्न के उत्तर में वे यह कह सकते हैं कि ईश्वर का आदेश ही किसी कर्म को शुभ बना देता है—अर्थात्, हमें कोई कर्म केवल इसलिए करना चाहिए कि उसे करने के लिए ईश्वर हमें आदेश देता है। परंतु यह मत बहुत आपत्तिजनक है, क्योंकि यदि इसे स्वीकार कर लिया जाए तो नैतिकता आत्मारोपित न होकर ईश्वर की मनमानी इच्छा पर पूर्णतः निर्भर होने के कारण बाह्यारोपित हो जाती है। यही कारण है कि कान्ट तथा अन्य अनेक महान दार्शनिकों ने नैतिकता के विषय में ईश्वरवादियों के इस धार्मिक दृष्टिकोण को अस्वीकार किया है। इस कठिनाई से बचने के लिए ईश्वरवादी उपर्युक्त प्रश्न का एक अन्य उत्तर भी दे सकते हैं। वे यह कह सकते हैं कि ईश्वर हमें कोई कर्म करने का आदेश इसलिए देता है कि वह कर्म शुभ है, अतः उसका यह आदेश उसकी मनमानी इच्छा पर निर्भर नहीं है। परंतु इस मत को स्वीकार करने में ईश्वरवादियों के लिए कठिनाई यह है कि इसके द्वारा उनके अपने सिद्धांत का खंडन होता है। यदि किसी कर्म के शुभ होने के कारण ही ईश्वर हमें वह कर्म करने का आदेश देता है तो नैतिकता ईश्वर पर निर्भर न रहकर उससे पूर्णतः स्वतंत्र हो जाती है। उपर्युक्त मत को स्वीकार कर लेने पर हम यह कह सकते हैं कि किसी कर्म के शुभ होने के कारण ही उसे करना हमारा कर्त्तव्य है, ईश्वर के आदेश के कारण नहीं। ऐसी स्थिति में समस्त नैतिक प्रतिमान ईश्वर की इच्छा अथवा आज्ञा से पूर्णतः स्वतंत्र हो जाते हैं। यह समझना कठिन नहीं है कि ईश्वरवादी इस स्थिति को स्वीकार नहीं करना चाहेंगे, क्योंकि यह उनके मूल सिद्धांत के विरुद्ध है जिसके अनुसार नैतिकता ईश्वर पर ही पूर्णतः आधारित है।

उपर्युक्त आपत्तियों के अतिरिक्त नैतिकता के विषय में ईश्वरवादियों के सिद्धांत के विरुद्ध यह आपत्ति भी उठाई जा सकती है कि यह मनुष्य को नैतिक मूल्यों तथा आदर्शों के प्रति उदासीन बनाकर उसे जीवन में पलायनवाद के लिए प्रोत्साहित करता है। यदि ईश्वर ही समस्त नैतिक मूल्यों एवं आदर्शों का स्रोत तथा संरक्षक है, जैसा कि ईश्वरवादी विचारक मानते हैं, तो इसका अर्थ यही है कि इन मूल्यों और आदर्शों के विकास एवं संरक्षण के लिए मनुष्य को कुछ भी करने की आवश्यकता नहीं है। ऐसी स्थिति में वह अपने नैतिक जीवन के विकास का संपूर्ण उत्तरदायित्व केवल ईश्वर पर डालकर स्वयं उसके प्रति उदासीन हो सकता है। वह यह मानकर निश्चिंत हो सकता है कि ईश्वर ही समस्त दुःख, दुराचार तथा अत्याचार का निराकरण कर देगा; इसके लिए उसे स्वयं प्रयास करने की कोई आवश्यकता नहीं है। परंतु यह स्थिति मनुष्य के नैतिक विकास एवं उत्थान के लिए बहुत घातक है और नैतिकता के संबंध

में ईश्वरवादियों का सिद्धांत निश्चित रूप से यह दुखद स्थिति उत्पन्न करता है। इस प्रकार ईश्वरवादियों का सिद्धांत मानव-जीवन में नैतिकता के विकास के स्थान पर उसे आमूल नष्ट कर देता है, अतः इसका समर्थन करना मनुष्य के लिए कदापि श्रेयस्कर नहीं हो सकता। संभवतः इसी कारण अपने व्यावहारिक जीवन में कोई भी व्यक्ति इस सिद्धांत को स्वीकार नहीं करता। जब हम अपने दैनिक जीवन में किसी व्यक्ति के चरित्र अथवा आचरण का मूल्यांकन करते हैं तो निश्चय ही हम इस प्रश्न पर विचार नहीं करते कि वह व्यक्ति ईश्वर के अस्तित्व में विश्वास करता है या नहीं। हम उस व्यक्ति के कर्म की मूल अभिप्रेरणा अथवा उसके अच्छे-बुरे परिणामों के आधार पर ही उसके कर्म का मूल्यांकन करते हैं। हमारे इस नैतिक मूल्यांकन में ईश्वर विषयक विश्वास की कोई भूमिका नहीं होती। इससे भी यही प्रमाणित होता है कि ईश्वर विषयक विश्वास का वास्तव में नैतिकता से कोई संबंध नहीं है, अतः नैतिकता को किसी भी रूप में ईश्वर पर आधारित नहीं माना जा सकता। इस प्रकार नैतिकता के विषय में ईश्वरवादियों के सिद्धांत के विरुद्ध उपर्युक्त सभी गंभीर आपत्तियों को ध्यान में रखते हुए निष्कर्ष के रूप में हम यह कह सकते हैं कि यह सिद्धांत केवल निराधार तथा अयुक्तिसंगत ही नहीं, अपितु मनुष्य के नैतिक जीवन के लिए बहुत हानिकारक एवं घातक भी है।[12]

निरीश्वरवाद के विरुद्ध ऊपर प्रस्तुत की गई आपत्तियों के अतिरिक्त ईश्वरवादियों ने इस सिद्धांत के विरुद्ध एक अन्य तर्क भी दिया है जिस पर यहाँ भली-भाँति विचार करना आवश्यक है। कुछ ईश्वरवादी विचारकों का कथन है कि जो व्यक्ति निरीश्वरवाद का समर्थन करता है वह अपने आप को ईश्वर के समान सर्वव्यापक तथा सर्वज्ञ मान लेता है। अपने इस तर्क की पुष्टि के लिए ये ईश्वरवादी विचारक सकारात्मक रूप से निरीश्वरवाद की व्याख्या करते हैं। उनके मतानुसार, निरीश्वरवादी यह दावा करता है कि ईश्वर का अस्तित्व नहीं है। परंतु अपने इस दावे को प्रमाणित करने के लिए उसका सर्वज्ञ तथा सर्वव्यापक होना अनिवार्य है। इसका कारण यह है कि जब तक निरीश्वरवादी संपूर्ण ब्रह्माण्ड के प्रत्येक स्थान पर स्वयं उपस्थित होकर उसे पूर्णतः न जानता हो तब तक वह निश्चित रूप से यह दावा नहीं कर सकता कि ब्रह्माण्ड में कहीं भी ईश्वर का अस्तित्व नहीं है। जब हम यह कहते हैं कि अमुक स्थान पर कोई वस्तु नहीं है तो हम अपने इस कथन की पुष्टि तभी कर सकते हैं जब हम उस स्थान की भली-भाँति परीक्षा करके यह सिद्ध कर दें कि वहाँ उस वस्तु का अभाव है। निरीश्वरवाद के विरुद्ध इस युक्ति को एक ईश्वरवादी विचारक, राबर्ट फ़िलन्ट ने निम्नलिखित उदाहरण द्वारा इस प्रकार स्पष्ट किया है : "मान लीजिए कि दो व्यक्ति किसी निर्जन द्वीप पर पहुँचते हैं। उनमें से एक व्यक्ति कहता है कि वहाँ कुछ जीवित प्राणी थे और दूसरा कहता है कि वहाँ कोई जीवित प्राणी नहीं था। अब वहाँ किसी भी स्थान पर जीवित प्राणी के एक-दो चिन्ह भी पहले व्यक्ति के कथन की पुष्टि करने

12. इस विषय के विस्तृत अध्ययन के लिए देखिए लेखक की एक अन्य पुस्तक, 'धर्म-दर्शन की मूल समस्याएँ', अध्याय 10.

के लिए पर्याप्त होंगे, किंतु दूसरे व्यक्ति को अपने कथन की पुष्टि के लिए संपूर्ण द्वीप का भ्रमण करना होगा, उसके प्रत्येक कोने और उसकी प्रत्येक वस्तु की अच्छी तरह जाँच करनी पड़ेगी। ऐसा किए बिना दूसरा व्यक्ति अपने कथन को प्रमाणित नहीं कर सकता।"[13]

इसी युक्ति की व्याख्या करते हुए एक अन्य ईश्वरवादी दार्शनिक, टॉमस चामर्ज़ कहते हैं कि ईश्वरवादी के लिए ईश्वर के अस्तित्व को प्रमाणित करना अपेक्षाकृत बहुत सरल है, क्योंकि ब्रह्माण्ड के किसी भी छोटे-से भाग में विद्यमान कुछ थोड़े-से प्रमाण ही ईश्वर की सत्ता को सिद्ध कर सकते हैं। परंतु निरीश्वरवादी के लिए यह प्रमाणित करना असंभव है कि ईश्वर का अस्तित्व नहीं है। इसका कारण यह है कि अपने इस कथन को सत्य सिद्ध करने के लिए उसे संपूर्ण ब्रह्माण्ड की भली-भाँति परीक्षा करनी होगी जो निश्चय ही एक असंभव कार्य है।[14] इसी तथ्य को ध्यान में रखते हुए एक और ईश्वरवादी विचारक, जॉन फ़ॉस्टर यह प्रश्न करते हैं कि कौन-से चमत्कार द्वारा निरीश्वरवादी वह महान बौद्धिक क्षमता प्राप्त कर सकता है जो इस कार्य के लिए अनिवार्य है? जब तक निरीश्वरवादी सर्वव्यापक न हो—अर्थात्, जब तक वह ब्रह्माण्ड में सर्वत्र विद्यमान न हो—तब तक वह निश्चित रूप से यह नहीं कह सकता कि ब्रह्माण्ड में कहीं भी ईश्वर का अस्तित्व नहीं है।[15] निरीश्वरवाद के विरुद्ध इन ईश्वरवादी विचारकों की इस युक्ति को संक्षेप में इस प्रकार प्रस्तुत किया जा सकता है : "निरीश्वरवाद को तभी सत्य माना जा सकता है जब निरीश्वरवादी सब कुछ जानता हो; परंतु यह निश्चय ही असंभव है; अतः निरीश्वरवाद सत्य नहीं हो सकता।"[16] इस प्रकार यह स्पष्ट है कि अनेक ईश्वरवादी विचारकों ने उपर्युक्त तर्क द्वारा यह प्रमाणित करने का प्रयास किया है कि निरीश्वरवाद वास्तव में असत्य और असंभव है।

परंतु निरीश्वरवाद के विरुद्ध ईश्वरवादियों की अन्य युक्तियों की भाँति उनका यह तर्क भी दोषपूर्ण होने के कारण अविश्वसनीय है। इस तर्क के विरुद्ध प्रथम आपत्ति तो यह है कि इसे प्रस्तुत करने वाले ईश्वरवादियों ने निरीश्वरवाद की जो व्याख्या की है वह पूर्णतः उचित नहीं है। जैसा कि हम पहले ही सविस्तार स्पष्ट कर चुके हैं, निरीश्वरवादी के लिए यह दावा करना आवश्यक नहीं है कि ईश्वर का अस्तित्व नहीं है। वह केवल इतना ही कहकर अपने सिद्धांत की व्याख्या कर सकता है कि वह ईश्वर के अस्तित्व में विश्वास नहीं करता। दूसरे शब्दों में, निरीश्वरवाद सकारात्मक सिद्धांत न होकर वस्तुतः नकारात्मक सिद्धांत है जो केवल इतना ही दावा करता है कि ईश्वरवादियों द्वारा प्रस्तुत ईश्वर की अवधारणा में विश्वास करने का कोई तर्कसंगत आधार नहीं है। यह स्पष्ट है कि अपने इस नकारात्मक दावे को सत्य सिद्ध करने के

13. देखिए, रॉबर्ट फ़िलन्ट, 'ऐन्टी-थीइस्टिक थ्योरीज़', पृ. 9-11.
14. देखिए, टॉमस चामर्ज़, 'ऑन नेचुरल थियॉलॉजी', खंड 1, बुक 1, अध्याय 2.
15. जॉन फ़ॉस्टर, 'एसेज़', अठारहवाँ संस्करण, पृ. 35.
16. देखिए, पॉल ऐडवर्ड्स, पूर्वोल्लिखित पुस्तक, पृ. 186.

लिए निरीश्वरवादी का सर्वज्ञ तथा सर्वव्यापक होना आवश्यक नहीं है। फिर यदि ईश्वरवादियों द्वारा की गई निरीश्वरवाद की सकारात्मक व्याख्या को स्वीकार कर लिया जाए—अर्थात्, यदि यह मान लिया जाए कि निरीश्वरवादी यह दावा करता है कि ईश्वर का अस्तित्व नहीं है, तो भी अपने इस दावे को प्रमाणित करने के लिए निरीश्वरवादी का सर्वज्ञ होना आवश्यक नहीं माना जा सकता। स्वयं ईश्वरवादी विचारकों द्वारा प्रस्तुत ईश्वर की अवधारणा में जो गंभीर असंगतियाँ तथा स्वतोव्याघात विद्यमान हैं वे ही ईश्वर के अस्तित्व को अप्रमाणित करने के लिए पर्याप्त एवं प्रबल प्रमाण हैं। उदाहरणार्थ, संसार में दुःख तथा दुराचार के रूप में जो 'अशुभ' विद्यमान है केवल उसी की उपस्थिति जगत् के रचयिता के रूप में सर्वशक्तिमान, सर्वज्ञ एवं अत्यंत दयालु अथवा पूर्णतः शुभ ईश्वर के अस्तित्व को अयुक्तिसंगत सिद्ध करती है। अशुभ की इस समस्या के आधार पर ईश्वर के अस्तित्व को अप्रमाणित करने के लिए निरीश्वरवादी के सर्वज्ञ होने की कोई आवश्यकता नहीं है।

इसके अतिरिक्त विश्व के रचयिता के रूप में शरीर-रहित ईश्वर की अवधारणा में जो गंभीर असंगतियाँ उपस्थित होती हैं वे भी उसके अस्तित्व को अप्रमाणित करने के लिए प्रबल और पर्याप्त प्रमाण हैं। ऐसे प्रमाणों द्वारा ईश्वर के अस्तित्व को अयुक्तिसंगत सिद्ध करने के लिए निरीश्वरवादी का सर्वज्ञ होना निश्चय ही आवश्यक नहीं है। फिर निरीश्वरवादियों ने अनेक प्रबल प्रमाणों द्वारा यह सिद्ध किया है कि ईश्वर की मानवत्वारोपी अवधारणा मिथ्या और उसकी तत्त्वमीमांसीय अवधारणा निरर्थक है। निरीश्वरवादियों के इन प्रमाणों पर हम प्रस्तुत पुस्तक में आगे यथास्थान विस्तारपूर्वक विचार करेंगे। यहाँ इतना कह देना ही पर्याप्त है कि ऐसे प्रमाणों को प्रस्तुत करने के लिए निरीश्वरवादी का सर्वज्ञ होना आवश्यक नहीं है। यहाँ यह भी उल्लेखनीय है कि जो ईश्वरवादी विचारक निरीश्वरवाद के विरुद्ध उपर्युक्त तर्क देते हैं वे स्वयं अपने ही सिद्धांत का खंडन करते हुए यह मान लेते हैं कि ईश्वर कोई ऐसी भौतिक वस्तु या ऐसा प्राणी है जिसके अस्तित्व को सिद्ध करने के लिए उसे ब्रह्माण्ड में खोजा जा सकता है। परंतु सामान्यतः ईश्वरवादी दार्शनिक जिस अभौतिक रूप में ईश्वर को प्रस्तुत करते रहे हैं उस रूप में ब्रह्माण्ड के अंतर्गत ईश्वर को ढूँढ़ने की बात करना निश्चय ही निरर्थक है। ऐसी स्थिति में निरीश्वरवाद के विरुद्ध उनके इस तर्क का कोई अर्थ नहीं रह जाता कि संपूर्ण ब्रह्माण्ड में ईश्वर के अनस्तित्व का पता लगाने के लिए निरीश्वरवादी का सर्वज्ञ होना अनिवार्य है। ईश्वर कोई भौतिक वस्तु अथवा प्राणी नहीं है जिसे ढूँढ़ कर ब्रह्माण्ड में उसके अस्तित्व या अनस्तित्व का पता लगाया जा सके। वस्तुतः ऐसा तर्क देना स्वयं ईश्वरवादियों के अपने मूल सिद्धांत के विरुद्ध है। इस प्रकार इन सभी तथ्यों के आधार पर हम निश्चित रूप से यह कह सकते हैं कि निरीश्वरवाद के विरुद्ध कुछ ईश्वरवादी विचारकों का उपर्युक्त तर्क अत्यंत दुर्बल तथा दोषपूर्ण होने के कारण मान्य एवं विश्वसनीय नहीं है।

ऊपर प्रस्तुत की गई युक्ति के अतिरिक्त ईश्वरवादी विचारक निरीश्वरवाद के विरुद्ध प्रायः यह तर्क भी देते हों कि यह सिद्धांत मानव-जीवन को निरर्थक, निरुद्देश्य, निराशापूर्ण, एकाकी तथा अवलंबहीन बना देता है। इन विचारकों का मत है कि यदि

ईश्वर का अस्तित्व नहीं है तो मनुष्य के जीवन की सार्थकता समाप्त हो जाती है और उसका कोई प्रयोजन भी शेष नहीं रह जाता। ईश्वर विषयक विश्वास के अभाव में वह अपने आप को इस संसार में पूर्णतः अकेला और बेसहारा अनुभव करने लगता है। इसका दुखद परिणाम यह होता है कि मनुष्य अत्यधिक निराश हो जाता है और उसके जीवन में कोई आकर्षण अथवा उत्साह शेष नहीं रह जाता। उसे ऐसा अनुभव होता है कि इस विशाल विश्व में उसका अपना कोई भी नहीं है–अर्थात्, ऐसी कोई शक्ति या सत्ता नहीं है जिससे वह संकट-काल में अवलंब और सहायता की याचना कर सके। मानव के लिए यह निराशापूर्ण स्थिति बहुत दुखद है और निरीश्वरवाद इसी दुखद स्थिति को जन्म देता है। अनेक ईश्वरवादी दार्शनिकों ने अपने इसी तर्क के आधार पर निरीश्वरवाद का खंडन करने का प्रयास किया है। उदाहरणार्थ, अपनी पुस्तक, 'वैराइटीज़ ऑफ़ रिलीजियस ऐक्सपीरियेंस' में विलियम जेम्स ने लिखा है : "वृद्धावस्था का यह अंतिम निर्णय है : जीवन के प्रति विशुद्ध प्रकृतिवादी दृष्टिकोण चाहे कितने ही उत्साह के साथ आरंभ हुआ हो, उसका अंत निश्चित रूप से उदासी में ही होता है।"[17] इसी प्रकार, एक अन्य ईश्वरवादी विचारक, बी. पासकल ईश्वरहीन विश्व के 'भयानक मौन' से बहुत भयत्रस्त रहते थे। वे यह मानते थे कि ऐसे विश्व में हमारे जीवन का अंत अत्यधिक दुखद होता है–मरणोपरांत हमारे शरीर पर थोड़ी-सी मिट्टी डाल दी जाती है और बस सब कुछ सदा के लिए समाप्त हो जाता है।[18] इस प्रकार इन ईश्वरवादी विचारकों ने अपने उपर्युक्त तर्क द्वारा यह सिद्ध करने का प्रयत्न किया है कि निरीश्वरवाद वास्तव में मानव-जीवन के लिए बहुत हानिकारक है, अतः इसका समर्थन करना अनुचित और अवांछनीय है।

परंतु निरीश्वरवाद के विरुद्ध ईश्वरवादियों के पूर्वोल्लिखित अन्य तर्कों की भाँति उनका यह तर्क भी उचित एवं विश्वसनीय प्रतीत नहीं होता। इस तर्क की निष्पक्ष और समुचित परीक्षा के लिए इसे अनेक भागों में विभाजित किया जा सकता है। सर्वप्रथम यह निश्चित करना बहुत कठिन है कि 'जीवन की सार्थकता' से ईश्वरवादियों का वास्तव में क्या तात्पर्य है। इसका कारण यह है कि इस संदर्भ में प्रयुक्त 'सार्थकता' शब्द बहुत ही अस्पष्ट है। संभवतः 'सार्थक जीवन' से ईश्वरवादियों का तात्पर्य ऐसे जीवन से है जिसका कोई उद्देश्य अथवा प्रयोजन हो। यदि 'सार्थक जीवन' का यह अर्थ स्वीकार कर लिया जाए तो यह निश्चित रूप से कहा जा सकता है कि ऐसे जीवन का ईश्वर के साथ कोई अनिवार्य संबंध नहीं है। निरीश्वरवादी व्यक्ति का जीवन भी उद्देश्यपूर्ण हो सकता है और होता है–अर्थात्, वह किसी महान लक्ष्य की पूर्ति के लिए सदा प्रयत्नशील रह सकता है। भारत और पाश्चात्य देशों के अनेक निरीश्वरवादी दार्शनिक तथा वैज्ञानिक इस तथ्य के ज्वलंत प्रमाण हैं। यह एक निर्विवाद तथ्य है कि गौतम बुद्ध, महावीर, कार्ल मार्क्स, बरट्रैंड रसल आदि अनेक निरीश्वरवादी विचारकों ने मानव-समाज के विकास और उत्थान के लिए निरंतर प्रयास किया है। ऐसे महान

17. विलियम जेम्स, पॉल ऐडवर्ड्स की पूर्वोल्लिखित पुस्तक से उद्धृत, पृ. 187.
18. बी. पास्कल, वही पुस्तक, पृ. 187.

विचारकों के जीवन को केवल इसलिए उद्देश्यहीन कहना कि वे ईश्वर में विश्वास नहीं करते थे स्वयं अपनी मूर्खता का प्रदर्शन करने के अतिरिक्त और कुछ नहीं होगा। इस प्रकार यह पूर्णतः स्पष्ट है कि निरीश्वरवाद उपर्युक्त अर्थ में जीवन की सार्थकता को निश्चय ही समाप्त नहीं करता।

ईश्वरवादी जब 'जीवन की सार्थकता' की बात करते हैं तो 'सार्थक जीवन' से उनका तात्पर्य मानवीय कार्यों तथा कुछ विशेष मूल्यों के महत्त्व से भी हो सकता है। इस अर्थ में उसी मनुष्य का जीवन 'सार्थक' है जो महत्त्वपूर्ण कार्य करता है और जिसके जीवन में नैतिक मूल्यों का सर्वोच्च स्थान है। यदि 'जीवन की सार्थकता' का यह दूसरा अर्थ स्वीकार किया जाए तो इसमें भी निरीश्वरवाद किसी प्रकार की बाधा नहीं डालता। मानव-जीवन का ऐसा कोई महत्त्वपूर्ण कार्य नहीं है जो ईश्वरवादी कर सकता है किंतु निरीश्वरवादी नहीं कर सकता। निरीश्वरवादियों द्वारा किए गए दार्शनिक चिंतन, विज्ञान संबंधी अनुसंधान, साहित्य-सृजन, सामाजिक कल्याण आदि महान कार्यों का भी उतना ही महत्त्व है जितना ईश्वरवादियों द्वारा किए गए इन कार्यों का। ऐसे महान कार्यों में निरीश्वरवाद किसी भी रूप में बाधक सिद्ध नहीं होता। इसके विपरीत, अन्य सभी बातों के समान रहने पर, ईश्वर-पूजा में समय तथा शक्ति न लगाने के कारण निरीश्वरवादी व्यक्ति इस प्रकार के कार्यों को ईश्वरवादी व्यक्ति की अपेक्षा कहीं अधिक कुशलतापूर्वक कर सकता है। ऐसी स्थिति में इस दृष्टि से निरीश्वरवादी मनुष्य के जीवन को ईश्वरवादी मनुष्य के जीवन की अपेक्षा अधिक 'सार्थक' मानना ही युक्तिसंगत प्रतीत होता है। इसके अतिरिक्त यदि हम अपने व्यावहारिक जीवन का विश्लेषण करें तो यह स्पष्ट हो जाएगा कि सामान्यतः कोई भी व्यक्ति–चाहे वह ईश्वरवादी हो या निरीश्वरवादी–ईश्वर विषयक विश्वास के आधार पर अपने कार्यों का औचित्य सिद्ध नहीं करता। इससे भी यही प्रमाणित होता है कि वास्तव में मानवीय कार्यों के महत्त्व तथा औचित्य का ईश्वर के साथ कोई संबंध नहीं है।

ठीक यही बात मानव-जीवन के समस्त मूल्यों के विषय में भी कही जा सकती है। ईश्वरवादी विचारकों का मत है कि ईश्वर संबंधी विश्वास के बिना मनुष्य के जीवन में बौद्धिक, नैतिक तथा आध्यात्मिक मूल्यों का कोई स्थान नहीं रह जाता, अतः उसका जीवन नितांत मूल्यहीन हो जाता है। परंतु मानव-जीवन के विषय में इन विचारकों की यह मान्यता उचित और युक्तिसंगत प्रतीत नहीं होती। हम पहले ही यह स्पष्ट कर चुके हैं कि मनुष्य अपने जीवन में जिन मूल्यों को स्वीकार करता है वे किसी भी रूप में ईश्वर पर निर्भर नहीं हैं। इस तथ्य को ध्यान में रखते हुए हम निश्चित रूप से यह कह सकते हैं कि ईश्वर विषयक विश्वास मानव-जीवन के मूल्यों को निर्धारित नहीं करता। हम सामान्यतः ऐसे व्यक्ति के जीवन को मूल्यवान मानते हैं जिसने किसी विशेष क्षेत्र में महत्त्वपूर्ण सफलता प्राप्त की हो अथवा अपने परिवार, राष्ट्र या मानव-समाज के विकास एवं कल्याण में प्रशंसनीय योगदान किया हो। ऐसा व्यक्ति ईश्वरवादी भी हो सकता है और निरीश्वरवादी भी। इससे यह स्पष्ट है कि संसार में मूल्यवान जीवन व्यतीत करने के लिए मनुष्य को ईश्वर या किसी अन्य अति-प्राकृतिक सत्ता में विश्वास करने की कोई आवश्यकता नहीं है। ईश्वरवादी व्यक्ति

के विपरीत निरीश्वरवादी व्यक्ति ईश्वरोपासना के स्थान पर आनंद, ज्ञान, मानव-कल्याण अथवा प्राणी मात्र की सेवा को ही स्वतः मूल्यवान मानकर उसके लिए अपना संपूर्ण जीवन समर्पित कर सकता है। जैसा कि हम ऊपर बता चुके हैं, अनेक निरीश्वरवादी विचारकों ने ऐसा ही किया है। इस प्रकार उपर्युक्त विवेचन से यह पूर्णतः स्पष्ट है कि मानव-जीवन का 'सार्थक', 'उद्देश्यपूर्ण' एवं 'मूल्यवान' होना किसी भी रूप में ईश्वर पर निर्भर नहीं है, अतः ईश्वरवादी विचारकों की यह मान्यता भ्रामक, निराधार तथा अयुक्तिसंगत है कि निरीश्वरवाद मनुष्य के जीवन को निरर्थक, निरुद्देश्य और मूल्यहीन बना देता है।

इसके अतिरिक्त निरीश्वरवाद के विरुद्ध ईश्वरवादियों का यह आरोप भी उचित और सत्य नहीं है कि यह सिद्धांत मनुष्य के जीवन को दुःख तथा निराशा से भर देता है जिसके फलस्वरूप वह कभी भी सुख एवं प्रेम का अनुभव नहीं कर पाता। जहाँ तक मुझे ज्ञात है, अभी तक किसी भी ईश्वरवादी ने अपने इस आरोप को सत्य सिद्ध करने के लिए कोई तथ्यपरक एवं विश्वसनीय प्रमाण प्रस्तुत नहीं किए हैं। निरीश्वरवाद के विरुद्ध अपने पूर्वाग्रह के कारण ईश्वरवादी बिना किसी प्रमाण के यह मान लेते हैं कि ईश्वर में विश्वास न करने वाला व्यक्ति अवश्य ही बहुत निराश तथा दुःखी रहता है। परंतु मनुष्य के व्यावहारिक जीवन का निष्पक्ष विश्लेषण करने से यह स्पष्ट हो जाता है कि उसके सुख-दुःख का ईश्वरवाद या निरीश्वरवाद के साथ कोई अनिवार्य संबंध नहीं है। किसी व्यक्ति का सुखी अथवा दुःखी होना इस बात पर निर्भर नहीं है कि वह ईश्वर में विश्वास करता है या नहीं। संसार में करोड़ों व्यक्ति ऐसे हैं जो निरीश्वरवादी धर्मों के अनुयायी होने के कारण ईश्वर के अस्तित्व में विश्वास नहीं करते, किंतु यह मान लेने के लिए हमारे पास कोई प्रमाण नहीं है कि वे केवल इसी कारण अपने जीवन में निराश तथा दुःखी रहते हैं। इसी प्रकार, यह स्वीकार करने का भी कोई तर्कसंगत कारण नहीं है कि सभी ईश्वरवादी व्यक्ति सुखी और आशावादी होते हैं। वस्तुतः सुख-दुःख मनुष्य की वे मनोदशाएँ हैं जो किन्हीं तत्त्वमीमांसीय सिद्धांतों पर आधारित न होकर कुछ विशेष मनोवैज्ञानिक कारणों के परिणामस्वरूप उत्पन्न होती हैं। परंतु जनसाधारण को निरीश्वरवाद से दूर हटाने के लिए ईश्वरवादियों ने जान-बूझकर समाज में यह मिथ्या प्रचार किया है कि ईश्वर से संबंधित विश्वास मनुष्य के जीवन को सुखमय और इस विश्वास का अभाव उसके जीवन को दुःखमय बना देता है।

इसी प्रकार, ईश्वरवादियों के इस मत को भी स्वीकार करने का कोई तर्कसंगत आधार नहीं है कि ईश्वर में विश्वास करने वाले सभी व्यक्ति आशावादी और उसमें विश्वास न करने वाले सभी व्यक्ति निराशावादी होते हैं। अपनी इस मान्यता को प्रमाणित करने के लिए भी ईश्वरवादियों ने कोई विश्वसनीय प्रमाण नहीं दिए हैं। इसके समर्थन में वे प्रायः यह कहते हैं कि ईश्वर में विश्वास न करने के कारण मनुष्य अपने आप को बिल्कुल अकेला और असहाय अनुभव करने लगता है। परंतु इस संबंध में मूल प्रश्न यह है कि क्या किसी भ्रम अथवा काल्पनिक विश्वास से उत्पन्न तथाकथित

सत्ता पर अपने संपूर्ण जीवन को निर्भर मानकर उससे सहायता और अवलंब की मिथ्या आशा करना विवेकशील मनुष्य के लिए उचित एवं युक्तिसंगत है। जैसा कि हम पिछले अध्याय में स्पष्ट कर चुके हैं, ईश्वर के विचार को स्वयं मनुष्य ने ही कुछ विशेष प्रतिकूल परिस्थितियों में अपने जीवन की मूल आवश्यकताओं की पूर्ति के लिए अपनी कल्पना-शक्ति द्वारा जन्म दिया था। परंतु कालांतर में दुर्भाग्यवश वह अपने इस काल्पनिक विचार पर इतना अधिक आश्रित हो गया कि उसने इसे ही अपने जीवन का एकमात्र अवलंब मान लिया। इतना ही नहीं, अपने इस काल्पनिक ईश्वर में शक्ति, ज्ञान, शुभत्व, प्रेम आदि अपने गुणों को असीमित मात्रा में आरोपित करके मनुष्य उसे ही स्वयं अपना तथा संपूर्ण ब्रह्माण्ड का रचयिता मानने लगा। यह निश्चय ही मानव के जीवन की एक विचित्र तथा दुखद विडंबना थी जिससे वह आज तक मुक्त नहीं हो सका; परंतु स्वयं अपने ही द्वारा निर्मित इस प्रवंचना में वह अनंत काल तक आबद्ध नहीं रह सकता।

अब मनुष्य को परिपक्व होकर अपनी इस शैशवकालीन परावलंबिता को त्यागना पड़ेगा और स्वयं अपनी बौद्धिक शक्ति द्वारा काल्पनिक ईश्वर के इस भ्रम-जाल से अपने आप को मुक्त करना होगा। उसे इस कटु सत्य को स्वीकार करना होगा कि वह इस विश्व में अकेला है और ऐसी कोई अति-प्राकृतिक सत्ता नहीं है जिस पर वह आश्रित रह सके तथा जिससे वह संकट-काल में सहायता की याचना अथवा आशा कर सके। इस वास्तविक स्थिति को स्वीकार करके ही मनुष्य जीवन के इस मूल सत्य को भली-भाँति जान सकता है कि वह स्वयं ही अपने भाग्य का निर्माता है और वह स्वयं अपने आप को नष्ट भी कर सकता है। निरीश्वरवाद का उद्देश्य ईश्वर विषयक काल्पनिक विश्वास का खंडन करके मानव को अपने जीवन के इसी मूल सत्य का ज्ञान कराना है। इस दृष्टि से विचार करने पर हम यही कह सकते हैं कि ईश्वरवाद के स्थान पर निरीश्वरवाद ही वास्तव में मानव-जीवन के लिए श्रेयस्कर है, अतः उस पर यह आरोप लगाना पूर्णतः अनुचित एवं अयुक्तिसंगत है कि वह मनुष्य के जीवन को निराशा तथा अवसाद से भरकर उसे निरर्थक, निरुद्देश्य और मूल्यहीन बना देता है। इसके विपरीत वास्तविक स्थिति यह है कि निरीश्वरवाद मनुष्य को असहायता एवं परावलंबन के अंधकार से मुक्त करके उसे स्वावलंबन के आलोक से परिपूर्ण पथ पर अग्रसर करता है और यही मानव-जाति के लिए एकमात्र मंगलमय मार्ग है।

2. व्यावहारिक जीवन में निरीश्वरवाद का महत्त्व

निरीश्वरवाद के विषय में ऊपर जो कुछ कहा गया है उससे मनुष्य के व्यक्तिगत तथा सामाजिक जीवन में इस सिद्धांत की महत्त्वपूर्ण भूमिका का कुछ संकेत मिल जाता है। परंतु इस अध्याय को समाप्त करने से पूर्व मानव के व्यावहारिक जीवन के लिए निरीश्वरवाद के महत्त्व पर कुछ विस्तार से विचार करना आवश्यक है। इस संबंध में सर्वप्रथम एक ऐसी भ्रांति का निराकरण कर देना आवश्यक प्रतीत होता है जिसका संबंध मनुष्य के व्यावहारिक जीवन में ईश्वर के विचार की भूमिका से है। कुछ विचारक यह मानते हैं कि ईश्वर एक अमूर्त दार्शनिक प्रत्यय है जिसका केवल सैद्धांतिक महत्त्व

है और जो व्यावहारिक दृष्टि से मानव-जीवन को किसी भी रूप में प्रभावित नहीं करता। इन विचारकों के अनुसार, ईश्वरवाद तथा निरीश्वरवाद में शताब्दियों से जो वाद-विवाद और विचार-विमर्श होता रहा है वह दार्शनिकों का बौद्धिक मनोरंजन मात्र है, मनुष्य के व्यावहारिक जीवन के लिए इसकी कोई उपादेयता नहीं है। परंतु मेरे विचार में यह मान्यता मिथ्या है, क्योंकि मानव के व्यावहारिक जीवन से संबंधित तथ्यों द्वारा इसकी पुष्टि नहीं होती। इतना ही नहीं, प्राचीन काल से मनुष्य के व्यक्तिगत तथा सामाजिक जीवन में ईश्वर के विचार की जो व्यापक भूमिका रही है और आज भी है वह इस मान्यता को पूर्णतः भ्रामक एवं निराधार सिद्ध करती है। मानव-जीवन में ईश्वर की इस व्यापक भूमिका से यह स्पष्टतः प्रमाणित होता है कि ईश्वर का विचार केवल अमूर्त सैद्धांतिक प्रत्यय नहीं है; इसके विपरीत यह विचार मनुष्य के जीवन के सभी महत्त्वपूर्ण पक्षों पर बहुत गहरा प्रभाव डालता है।

अपनी कुछ अनिवार्य आवश्यकताओं की पूर्ति के लिए जब से मनुष्य ने ईश्वर के इस विचार को जन्म दिया है तभी से यह विचार उसके संपूर्ण जीवन को किसी-न-किसी रूप में अवश्य प्रभावित करता रहा है। ब्रह्माण्ड की रचना और इसके विकास, इसमें अपने आविर्भाव तथा स्थान, नैतिक आचरण, अपने जीवन के चरम लक्ष्य आदि महत्त्वपूर्ण विषयों से संबंधित मनुष्य के समस्त विश्वास प्राचीन काल से ईश्वर के इसी विचार द्वारा शासित एवं निर्धारित होते रहे हैं। मरणोत्तर जीवन, स्वर्ग, नरक आदि मनुष्य की धार्मिक कल्पनाएँ भी मुख्यतः इसी विचार पर आधारित रही हैं। यही कारण है कि विश्व की समस्त महत्त्वपूर्ण भाषाओं में ईश्वर पर सहस्रों ग्रंथ लिखे गए हैं और आज भी लिखे जा रहे हैं। इन सभी तथ्यों से यह पूर्णतः स्पष्ट है कि ईश्वर का विचार केवल अमूर्त एवं सैद्धांतिक विचार न होकर मानव-जीवन में शताब्दियों से अपनी निर्णायक भूमिका निभाता रहा है।

यहाँ यह उल्लेखनीय है कि मानव-जीवन में ईश्वर के विचार की उपर्युक्त व्यापक भूमिका को ध्यान में रखते हुए ही हम मनुष्य के व्यक्तिगत तथा सामाजिक जीवन के लिए निरीश्वरवाद के व्यावहारिक महत्त्व को समझ सकते हैं। इस संबंध में हमें यह स्मरण रखना चाहिए कि मनुष्य के व्यावहारिक जीवन पर ईश्वर के विचार का जो प्रभाव पड़ा है वह उसके कल्याण एवं उत्थान की दृष्टि से वांछनीय न होकर प्रायः बहुत हानिकारक तथा घातक ही रहा है। हम देख चुके हैं कि प्राचीन काल में शारीरिक दुर्बलता और अज्ञान के फलस्वरूप उत्पन्न अपनी असहाय अवस्था के कारण ही मनुष्य ने ईश्वर के विचार की कल्पना की थी। तभी से वह अपने इस कल्पित ईश्वर के समक्ष स्वयं अपने आप को सदैव नितांत असहाय, नगण्य एवं तुच्छ ही मानता रहा है। उसने अपने समस्त सद्‌गुणों को ईश्वर में ही आरोपित किया है और इस स्वनिर्मित तथाकथित महान ईश्वर की तुलना में स्वयं अपने आप को सभी दृष्टियों से पतित, दुर्बल एवं निकृष्ट माना है। ईश्वर की जिस भक्ति को ईश्वरवादी विचारक बहुत महत्त्व देते हैं उसमें मुख्यतः मनुष्य और ईश्वर के इसी सेवक-सेव्य संबंध की कल्पना की गई है। भक्त अपने आराध्य ईश्वर के समक्ष अपने आप को नितांत तुच्छ तथा असहाय मानकर पूर्ण रूप से ईश्वर के प्रति समर्पित होता है जिससे वह ईश्वर पर निर्भर रह

सके और उसे अपने जीवन में ईश्वर की कृपा एवं सहायता प्राप्त हो सके। वस्तुतः शताब्दियों से मनुष्य तथा ईश्वर में यही समर्पण-संबंध रहा है जिसके फलस्वरूप उसने अपने कल्पित ईश्वर को सभी दृष्टियों से महान एवं उत्कृष्ट और स्वयं अपने आप को तुच्छ, पतित तथा असहाय माना है।

यह समझना कठिन नहीं है कि ईश्वर के प्रति मनुष्य का उपर्युक्त परावलंबी दृष्टिकोण स्वयं मनुष्य के लिए बहुत हानिकारक है, क्योंकि यह उसे अपने जीवन में सदैव पराश्रित और पंगु बनाए रखता है। इस दृष्टिकोण के फलस्वरूप मनुष्य का आत्म-विश्वास नष्ट हो जाता है और वह अपनी समस्त जटिल समस्याओं के समाधान के लिए सदा अपने कल्पित ईश्वर की सहायता की याचना करने लगता है। वह यह भूल जाता है कि अपनी सफलताओं तथा असफलताओं के लिए वह स्वयं ही उत्तरदायी है और अपनी सभी समस्याओं का समाधान उसे स्वयं ही करना है। इसके विपरीत वह अपनी सभी सफलताओं का श्रेय ईश्वर को ही देता है और अपनी असफलताओं के लिए भी उसी की इच्छा को उत्तरदायी मान लेता है। इस परावलंबनात्मक मनोवृत्ति से प्रेरित होकर ही महान वैज्ञानिक, निपुण चिकित्सक, कुशल अभियंता आदि प्रशिक्षित व्यक्ति भी कोई कठिन कार्य करने से पूर्व ईश्वर की सहायता की याचना करने लगते हैं जिससे यही प्रमाणित होता है कि ईश्वर के विचार ने ऐसे प्रशिक्षित व्यक्तियों के आत्म-विश्वास को भी समाप्त कर दिया है। यह निश्चय ही बहुत दुःख तथा चिंता की बात है जिससे मुक्त होने का केवल एक ही उपाय है और वह है निरीश्वरवाद को स्वीकार करना।

वास्तव में ईश्वर के विचार ने मनुष्य को इतना परावलंबी तथा पंगु बना दिया है कि वह ईश्वर की सहायता के बिना कोई कठिन कार्य करने की कल्पना भी नहीं कर पाता। यही कारण है कि वह कोई भी ऐसा कार्य करने से पूर्व ईश्वर से प्रार्थना करता है और इस कार्य को सफलतापूर्वक संपन्न कर लेने के पश्चात उसे ही धन्यवाद देता है। मानव-समाज में सर्वत्र व्याप्त इस परावलंबनात्मक मनोवृत्ति को जीवन के प्रत्येक क्षेत्र में स्पष्ट रूप से देखा जा सकता है। उदाहरणार्थ, यदि कोई कुशल चिकित्सक अपने कठिन परिश्रम द्वारा किसी रोगी को उसके असाध्य रोग से मुक्त करके उसे मृत्यु से बचा लेता है तो वह उस चिकित्सक के प्रति अपना आभार व्यक्त करने के स्थान पर ईश्वर को ही धन्यवाद देता है, क्योंकि उसके विचार में ईश्वर ने ही उसे बचा लिया है। मानव-जीवन के अन्य सभी क्षेत्रों में भी हम ईश्वरवादियों की इसी मनोवृत्ति को स्पष्टतः देख सकते हैं। जैसा कि हम ऊपर बता चुके हैं, मनुष्य की यह हानिकारक मनोवृत्ति उसके इस मिथ्या विश्वास के कारण उत्पन्न होती है कि ईश्वर ही सभी दृष्टियों से महान एवं उत्कृष्टतम है और वह स्वयं नितांत तुच्छ, पतित तथा असहाय है। जब तक मनुष्य का यह मिथ्या विश्वास बना रहेगा तब तक वह कभी भी इस पराश्रितता की दुखद मनोवृत्ति से मुक्त नहीं हो सकता। ऐसी स्थिति में मानव के इस मिथ्या विश्वास को नष्ट करने के लिए निरीश्वरवाद को स्वीकार करना अनिवार्य हो जाता है।

वस्तुतः मनुष्य के व्यावहारिक जीवन के लिए ईश्वरवाद के उपर्युक्त समस्त दुष्परिणामों को ध्यान में रखकर ही हम निरीश्वरवाद की वास्तविक उपादेयता और

आवश्यकता पर भली-भाँति विचार कर सकते हैं। जो व्यक्ति निरीश्वरवाद को स्वीकार करता है वह परावलंबन की उस घातक मनोवृत्ति से मुक्त हो सकता है जिसका उल्लेख हम ऊपर कर चुके हैं और जो ईश्वर के विचार के साथ सदा संबद्ध रही है। वह जानता है कि उसे अपनी सभी समस्याओं का समाधान समाज के सहयोग से स्वयं ही करना होगा, क्योंकि ऐसे किसी ईश्वर का अस्तित्व नहीं है जो इस कार्य में उसकी सहायता कर सके। यह विचार मनुष्य को संसार में स्वयं ही कष्टों तथा संकटों का सामना करने का सुदृढ़ साहस प्रदान करता है और उसे पराश्रित रहने की घातक मनोवृत्ति से बचाता है। संभवतः इसी तथ्य को ध्यान में रखते हुए गौतम बुद्ध ने ईश्वर संबंधी समस्त प्रश्नों को 'अव्याकृत' कहकर मनुष्य को यह अविस्मरणीय महान उपदेश दिया था कि 'आत्म-दीपो भव'—अर्थात्, 'तुम अपने दीपक स्वयं बनो और अपना मार्ग स्वयं खोजो।' वे इस मूल सत्य को भली-भाँति जानते थे कि दुःख-निरोध अथवा दुःख-निवृत्ति में मनुष्य की सहायता करने वाली किसी दैवी या अति-प्राकृतिक शक्ति का अस्तित्व नहीं है। इस स्वावलंबन अथवा जीवन में उपस्थित होनेवाले सभी संकटों का स्वयं सामना करने के साहस को मानव के व्यावहारिक जीवन के लिए निरीश्वरवाद का सर्वाधिक वांछनीय तथा श्रेयस्कर परिणाम माना जा सकता है।

उपर्युक्त शुभ परिणाम के अतिरिक्त निरीश्वरवाद मनुष्य को उस दुखद अपराध-बोध से भी बचाता है जो ईश्वर पर आश्रित रहनेवाले व्यक्तियों के मन में उसकी तथाकथित आज्ञाओं का उल्लंघन करने के फलस्वरूप अनिवार्यतः उत्पन्न होता है। हम देख चुके हैं कि ईश्वरवादी विचारक नैतिकता को ईश्वर पर आधारित मानकर उसके आदेशों के उल्लंघन को 'महापाप' मानते हैं। वे मनुष्य को यही उपदेश देते हैं कि उसे ईश्वर की समस्त आज्ञाओं का मन, वचन और कर्म से अनिवार्यतः पालन करना चाहिए, क्योंकि ऐसा न करने पर ईश्वर मनुष्य को घोर नरक में डाल देगा जहाँ उसे सदा दुःख की भयंकर अग्नि में जलते रहना होगा। ईश्वर में विश्वास करनेवाले साधारण व्यक्ति ईश्वरवादियों के इस मिथ्या उपदेश को अक्षरशः सत्य मान लेते हैं, फलतः अनजाने में भी ईश्वर की तथाकथित आज्ञाओं का उल्लंघन हो जाने के कारण उनके मन में गहरा अपराध-बोध उत्पन्न हो जाता है जो उनके लिए मनोवैज्ञानिक दृष्टि से अत्यंत घातक सिद्ध होता है। यह समझना कठिन नहीं है कि निरीश्वरवाद ही मनुष्य को इस दुखद तथा हानिकारक अपराध-बोध से मुक्त कर सकता है और यह निश्चय ही इस सिद्धांत का बहुत वांछनीय परिणाम है।

अंत में निरीश्वरवाद ही मनुष्य को इस अपरिहार्य सत्य से अवगत कराता है कि व्यक्ति तथा समाज के कल्याण और उत्थान के लिए वह स्वयं ही उत्तरदायी है; ईश्वर या किसी अन्य अति-प्राकृतिक शक्ति को इसके लिए उत्तरदायी मानना पूर्णतः भ्रामक होगा। वस्तुतः अपने सुख-दुःख तथा अपनी सफलता-असफलता के लिए स्वयं अपने आप को उत्तरदायी न मानकर ईश्वर को उत्तरदायी मान लेना आत्म-प्रवंचना के अतिरिक्त और कुछ नहीं है। यदि मनुष्य इस संसार में सुख, सफलता और ज्ञान प्राप्त करना चाहता है तो इन सबके लिए उसे स्वयं ही कठोर परिश्रम करना होगा; किसी दैवी शक्ति की कृपा के परिणामस्वरूप उसे इनकी प्राप्ति नहीं हो सकती, क्योंकि ऐसी

किसी शक्ति का वास्तव में अस्तित्व ही नहीं है। मनुष्य को स्वयं अपनी तर्कबुद्धि द्वारा इस निर्णायक प्रश्न का उत्तर देना होगा कि वह मानव-जाति के लिए सुख, समृद्धि तथा विकास का मार्ग चुनेगा या दुःख, दरिद्रता और विनाश का। कोई बाहरी शक्ति जीवन और मरण से संबंधित इस प्रश्न का उत्तर देने में उसकी सहायता नहीं कर सकती। इस दृष्टि से मनुष्य निश्चय ही संसार में अकेला है, क्योंकि उसे मानव-जाति के अतिरिक्त किसी दैवी शक्ति का अवलंब उपलब्ध नहीं है। यही कारण है कि बहुत-से विचारक--जिनमें ईश्वरवादी तथा निरीश्वरवादी दोनों ही सम्मिलित हैं--स्वावलंबन के इस जीवन-दर्शन को अवसाद और निराशा से परिपूर्ण दर्शन मानते हैं। उनका कथन है कि इस जीवन-दर्शन को स्वीकार करने के फलस्वरूप मनुष्य नितांत एकाकी तथा निराधार हो जाता है और उसका जीवन उदासी एवं निराशा से घिर जाता है।

जैसा कि हम पहले ही संकेत कर चुके हैं, उपर्युक्त आपत्ति के उत्तर में यही कहा जा सकता है कि कल्पित और मिथ्या आधार चाहे कितना ही सुखद क्यों न हो, उस पर आश्रित रहना विवेकशील मनुष्य की प्रतिष्ठा एवं तर्कबुद्धि के विरुद्ध है। कोई भी व्यक्ति आजीवन शिशु रहकर पराश्रित नहीं बना रह सकता; एक विशेष अवस्था में वयस्क होकर उसे आत्म-निर्भर बनना ही पड़ता है। ठीक यही बात मानव-जाति पर भी लागू होती है जो सदा किसी सुखद मिथ्या आधार पर आश्रित नहीं रह सकती। उसे भी कभी-न-कभी अपने सुखद शैशव को छोड़ना ही होगा और 'वयस्क' होकर अंततः स्वावलंबी बनना होगा। मनुष्य को यह कठोर सत्य स्वीकार करना ही पड़ेगा कि इस ब्रह्माण्ड में अपना अस्तित्व बनाए रखने और अपने लिए सभी दृष्टियों से सुख तथा समृद्धि प्राप्त करने का अंतिम उत्तरदायित्व स्वयं उसी का है; इसके लिए ईश्वर या किसी अन्य कल्पित दैवी शक्ति का सहारा लेना उसके विवेक एवं आत्म-गौरव के विरुद्ध है।

यह बहुत दुःख की बात है कि ईश्वरवादी विचारक मनुष्य को उपर्युक्त एकमात्र तर्कसंगत मार्ग से भटकाने का सदैव निरंतर प्रयत्न करते रहते हैं। वे ईश्वर में उसके विश्वास को बनाए रखने और अधिक-से-अधिक दृढ़ करने के लिए सभी उचित-अनुचित उपायों का प्रयोग करते हैं जिनमें स्वर्ग का प्रलोभन, नरक का भय, एकाकी तथा निराश्रित हो जाने की काल्पनिक आशंका आदि सम्मिलित हैं। ये विचारक मानव को नशे की उस अवस्था में बनाए रखना चाहते हैं जो सुखद तो है किंतु जो नितांत काल्पनिक तथा मिथ्या होने के कारण अंततः उसके लिए बहुत हानिकारक और घातक ही सिद्ध होगी। ऐसी स्थिति में उसे सदा ईश्वर पर आश्रित बनाए रखने के लिए इन ईश्वरवादी विचारकों के इस प्रयास को मानवता के विरुद्ध 'अक्षम्य अपराध' ही कहा जा सकता है। केवल निरीश्वरवाद ही मानव-जाति को काल्पनिक ईश्वर के इस मिथ्या अवलंब से मुक्त करके उसे प्रगति, विकास तथा कल्याण के विवेकपूर्ण एवं तर्कसंगत मार्ग पर अग्रसर कर सकता है, अतः सैद्धांतिक दृष्टि से ही नहीं, अपितु मनुष्य के व्यावहारिक जीवन की दृष्टि से भी इस सिद्धांत का विशेष महत्त्व है। हमें आशा है कि विज्ञान के विकास के फलस्वरूप जिस प्रकार विवेकशील मनुष्य भूतों, पिशाचों, चुड़ैलों तथा डायनों से संबंधित प्राचीन अंधविश्वासों से मुक्त हो गए हैं उसी प्रकार वे सुदूर भविष्य में ईश्वर विषयक मिथ्या विश्वास से भी मुक्त हो सकेंगे।

भाग-2

भारतीय दर्शन में निरीश्वरवाद

अध्याय-4

पृष्ठभूमि

1. भारतीय दर्शन में निरीश्वरवाद का अर्थ

प्रथम भाग के पिछले तीन अध्यायों में हम ईश्वरवाद के स्वरूप, भारतीय तथा पाश्चात्य दर्शन में उसके विकास, निरीश्वरवाद के स्वरूप, कुछ अन्य प्रमुख सिद्धांतों के साथ उसके संबंध और मनुष्य के व्यक्तिगत एवं सामाजिक जीवन में उसकी महत्त्वपूर्ण व्यावहारिक भूमिका की विस्तारपूर्वक विवेचना कर चुके हैं। प्रस्तुत भाग का उद्देश्य निरीश्वरवाद के उस रूप की सविस्तार व्याख्या करना है जो हमें प्रमुख भारतीय दर्शनों में उपलब्ध होता है। इन दर्शनों में चार्वाक अथवा लोकायत, जैन, बौद्ध, सांख्य तथा पूर्वमीमांसा के नाम विशेष रूप से उल्लेखनीय हैं। इन निरीश्वरवादी दर्शनों के अतिरिक्त गौतम के 'न्याय-सूत्र', कणाद के 'वैशेषिक सूत्र' तथा शंकर के अद्वैत वेदांत में भी हमें उस अर्थ में ईश्वरवाद प्राप्त नहीं होता जिस अर्थ में ईश्वरवादी विचारक सामान्यतः इस सिद्धांत को स्वीकार करते हैं। ऐसी स्थिति में प्रारंभिक न्याय-वैशेषिक और अद्वैत वेदांत को भी सामान्य अर्थ में ईश्वरवादी दर्शन नहीं माना जा सकता। इस प्रकार यह स्पष्ट है कि अधिकतर भारतीय दर्शन निरीश्वरवादी हैं, अतः इस तथ्य को ध्यान में रखते हुए हम यह कह सकते हैं कि भारतीय दर्शन में निरीश्वरवाद का बहुत महत्त्वपूर्ण स्थान है। अगले अध्यायों में हम उपर्युक्त भारतीय दर्शनों में निरीश्वरवाद की इस महत्त्वपूर्ण भूमिका पर विस्तार से विचार करेंगे। परंतु इन दर्शनों में निरीश्वरवाद के स्वरूप तथा महत्त्व की विवेचना करने से पूर्व प्रस्तुत अध्याय में भारतीय विचारधारा के अनुसार निरीश्वरवाद के अर्थ और भारतीय दर्शन में इस सिद्धांत के विकास पर विचार करना आवश्यक है।

भारतीय दर्शन में 'निरीश्वरवाद' शब्द का एक स्पष्ट तथा सुनिश्चित अर्थ है, जिसे भली-भाँति जान लेने के पश्चात् ही हम यह समझ सकते हैं कि भारत के महान मनीषियों ने निरीश्वरवाद को किस रूप में स्वीकार किया है। सामान्यतः समस्त भारतीय दर्शनों को दो वर्गों में विभाजित किया गया है—आस्तिक दर्शन तथा नास्तिक दर्शन।

'आस्तिक दर्शन' वे हैं जो वेदों की प्रामाणिकता में पूर्णतः विश्वास करते हैं और उन्हें मानव-जीवन के लिए सर्वाधिक महत्त्वपूर्ण मानते हैं। न्याय, वैशेषिक, सांख्य, योग, मीमांसा तथा वेदांत को इसी अर्थ में 'आस्तिक दर्शन' कहा जाता है। इन दर्शनों के विपरीत जो भारतीय दर्शन वेदों की प्रामाणिकता को अस्वीकार करते हैं उन्हें 'नास्तिक दर्शन' की संज्ञा दी जाती है। चार्वाक, जैन तथा बौद्ध दर्शनों को इसी वर्ग में रखा जाता है, क्योंकि ये तीनों दर्शन वेदों की प्रामाणिकता में विश्वास नहीं करते। आस्तिक दर्शनों के समर्थक जब इन दर्शनों को 'नास्तिक दर्शन' कहते हैं तो इससे उनका तात्पर्य केवल इतना ही नहीं होता कि ये दर्शन वेदों की प्रामाणिकता को अस्वीकार करते हैं, अपितु इनके लिए 'नास्तिक' शब्द का प्रयोग करके वे इनकी निंदा और भर्त्सना भी करना चाहते हैं। इस दृष्टि से विचार करने पर यह स्पष्ट हो जाता है कि सामान्य भाषा की भाँति भारतीय दार्शनिक भाषा में भी 'नास्तिक' शब्द केवल वर्णनात्मक न होकर संवेगात्मक भी है। इस शब्द के प्रयोग द्वारा आस्तिक दर्शनों के समर्थक एक ओर तो इस तथ्य का वर्णन करते हैं कि उपर्युक्त तीनों दर्शन वेदों की प्रामाणिकता को स्वीकार नहीं करते और दूसरी ओर वे इसी तथ्य के कारण इन दर्शनों के प्रति अपने विरोध तथा तिरस्कार की भावना को भी अभिव्यक्त करते हैं।

परंतु यहाँ यह उल्लेखनीय है कि सामान्य भाषा के विपरीत भारतीय दार्शनिक भाषा में 'आस्तिक' और 'नास्तिक', इन दोनों शब्दों का ईश्वर विषयक विश्वास के साथ कोई संबंध नहीं है। वस्तुतः ये दोनों शब्द केवल वेदों की प्रामाणिकता में विश्वास से ही संबंधित हैं। इसका प्रमाण यह है कि कुछ आस्तिक दर्शन वेदों की प्रामाणिकता को पूर्णतः स्वीकार करते हुए भी ईश्वर के अस्तित्व में विश्वास नहीं करते। सांख्य तथा मीमांसा ऐसे ही आस्तिक दर्शन हैं। इस विवेचन से यह स्पष्ट है कि भारतीय दर्शनों के जिस वर्गीकरण का ऊपर उल्लेख किया गया है वह ईश्वर विषयक विश्वास पर आधारित न होकर वास्तव में वेदों की प्रामाणिकता से संबंधित विश्वास पर ही आधारित है।

भारतीय दर्शन में ईश्वर संबंधी विश्वास को अभिव्यक्त करने के लिए 'ईश्वरवाद' शब्द का और इस विश्वास के निषेध या अभाव को अभिव्यक्त करने के लिए 'निरीश्वरवाद' शब्द का प्रयोग किया गया है। दूसरे शब्दों में, जो दर्शन ईश्वर के अस्तित्व को स्वीकार करते हैं उन्हें 'ईश्वरवादी दर्शन' और जो दर्शन उसके अस्तित्व को स्वीकार नहीं करते उन्हें 'निरीश्वरवादी दर्शन' कहा जाता है। इसी अर्थ में परवर्ती न्याय-वैशेषिक, योग तथा वैष्णव दर्शनों को 'ईश्वरवादी दर्शन' और चार्वाक, जैन, बौद्ध, सांख्य एवं मीमांसा को 'निरीश्वरवादी दर्शन' माना जाता है। इस संबंध में अद्वैत वेदांत की स्थिति पूर्णतः स्पष्ट नहीं है, क्योंकि सामान्य अर्थ में वह न तो ईश्वरवादी दर्शन है और न निरीश्वरवादी दर्शन। परंतु, जैसा कि हम आगे कुछ विस्तार से स्पष्ट करेंगे, इस दर्शन को ईश्वरवाद की अपेक्षा निरीश्वरवाद के अधिक निकट माना जा सकता है।

ईश्वरवाद में विश्वास करनेवाले सभी भारतीय दर्शन ईश्वर के एक विशेष निश्चित स्वरूप को स्वीकार करते हैं जिसका यहाँ संक्षेप में उल्लेख कर देना आवश्यक है।

इन दर्शनों के अनुसार, ईश्वर सर्वशक्तिमान, सर्वज्ञ, शाश्वत, असीम, परम दयालु, जगत् का रचयिता और इसमें नैतिक व्यवस्था स्थापित करने वाला न्यायशील कर्माध्यक्ष है। उक्त समस्त महान गुणों से परिपूर्ण यह ईश्वर ही मनुष्य की पूजा या उपासना का विषय है। ईश्वर के इस स्वरूप के विषय में ईश्वरवादी भारतीय दर्शनों के मत की विस्तृत विवेचना हम इस पुस्तक के प्रथम अध्याय में कर चुके हैं, अतः यहाँ इतना कह देना ही पर्याप्त है कि ईश्वर के स्वरूप के संबंध में कुछ साधारण पारस्परिक मतभेद के होते हुए भी ये सभी ईश्वरवादी दर्शन उसके उपर्युक्त स्वरूप का सामान्यतः समर्थन करते हैं। इस प्रकार यह कहा जा सकता है कि भारतीय दर्शन के संदर्भ में 'ईश्वर' शब्द का एक स्पष्ट तथा निश्चित अर्थ है, जिसे ध्यान में रखकर ही हम भारतीय ईश्वरवाद और निरीश्वरवाद को भली-भाँति समझ सकते हैं।

जो भारतीय दर्शन निरीश्वरवादी हैं—अर्थात्, जो ईश्वरवादी दार्शनिकों द्वारा प्रतिपादित ईश्वरवाद को अस्वीकार करते हैं—उन्होंने अनेक युक्तियों अथवा तर्कों के आधार पर उपर्युक्त ईश्वर के अस्तित्व का निषेध किया है। ये दर्शन ईश्वर को एक ऐसा निराधार भ्रम मानते हैं जिसके अस्तित्त्व के लिए कोई विश्वसनीय प्रमाण उपलब्ध नहीं है। ऐसी स्थिति में ईश्वर को केवल ईश्वरवादी विचारकों की अपनी वैयक्तिक कल्पना ही माना जा सकता है, कोई वास्तविक तथा वस्तुपरक सत्ता नहीं। इन निरीश्वरवादी दर्शनों ने ईश्वर के अस्तित्व के विरुद्ध जो विशेष प्रमाण दिए हैं उन पर हम आगे यथास्थान सविस्तार विचार करेंगे; यहाँ इस तथ्य का उल्लेख कर देना आवश्यक है कि ये दर्शन ईश्वर का निषेध करने के लिए मुख्य तीन कारण प्रस्तुत करते हैं जो निम्नलिखित हैं :

(1) प्रमाण अथवा यथार्थ ज्ञान के लिए भारतीय दार्शनिकों ने प्रत्यक्ष, अनुमान, शब्द आदि जो प्रमाण स्वीकार किए हैं उनमें से कोई भी असंदिग्ध रूप से ईश्वर की सत्ता को प्रमाणित नहीं करता। इससे यही सिद्ध होता है कि वास्तव में उस ईश्वर का अस्तित्व नहीं है जिसमें ईश्वरवादी विचारक विश्वास करते हैं।

(2) फिर यदि प्रमाण के अभाव में ईश्वर के अस्तित्व को स्वीकार कर भी लिया जाए तो इस ईश्वर से जगत् की उत्पत्ति की व्याख्या में कोई सहायता प्राप्त नहीं होती। अधिकतर भारतीय दर्शन सृष्टि को अनादि या शाश्वत मानते हैं जिसका अर्थ यही है कि किसी विशेष काल में किसी विशेष सत्ता या शक्ति ने उसकी रचना नहीं की। स्पष्ट है कि इस अनादि सृष्टि के लिए रचयिता के रूप में ईश्वर को स्वीकार करने की कोई आवश्यकता नहीं है। इसके अतिरिक्त यदि ईश्वर को जगत् का रचयिता मानकर जगत् की उत्पत्ति की व्याख्या की जाए तो इस व्याख्या में अनेक अंतर्विरोध तथा स्वतोव्याघात उपस्थित हो जाते हैं जिनके कारण यह व्याख्या दोषपूर्ण और अविश्वसनीय हो जाती है। इस समस्या की विवेचना हम आगे यथास्थान करेंगे।

(3) मनुष्य के संकल्प-स्वातंत्र्य, नैतिक उत्तरदायित्व तथा मानव-जीवन के चरम लक्ष्य को निर्धारित करने के लिए ईश्वर को कर्माध्यक्ष के रूप में स्वीकार करने की कोई आवश्यकता नहीं है। ईश्वर के बिना भी इन सभी नैतिक समस्याओं की समुचित

व्याख्या की जा सकती है। ऐसी स्थिति में यह कहना अनुचित न होगा कि नैतिक दृष्टि से भी ईश्वर का विचार व्यर्थ और अनावश्यक है। ईश्वर का निषेध करने के लिए निरीश्वरवादी दार्शनिकों द्वारा प्रस्तुत उपर्युक्त तीन कारणों को क्रमशः ज्ञान-मीमांसात्मक, तत्त्वमीमांसात्मक तथा नैतिक कारण कहा जा सकता है। इन सभी कारणों के आधार पर भारतीय निरीश्वरवादी दार्शनिकों ने यह सिद्ध करने का प्रयास किया है कि वास्तव में ईश्वर का विचार अप्रमाणित, व्यर्थ एवं अनावश्यक है।

यहाँ यह उल्लेखनीय है कि निरीश्वरवादी भारतीय दर्शनों द्वारा प्रतिपादित निरीश्वरवाद का सिद्धांत किसी विशेष दार्शनिक विचारधार पर आधारित न होकर अपने आपमें पूर्ण और स्वतंत्र विषय है। इस बात का प्रमाण यह है कि ज्ञानमीमांसा और तत्त्वमीमांसा के विषय में परस्पर विभिन्न अथवा विरोधी सिद्धांतों को स्वीकार करने वाले भिन्न-भिन्न दर्शनों ने भी निरीश्वरवाद का समान रूप से पूर्णतः समर्थन किया है। उदाहरणार्थ, सांख्य एवं मीमांसा, ये दोनों आस्तिक दर्शन चार्वाक, जैन तथा बौद्ध, इन तीनों नास्तिक दर्शनों के वेद-विरोधी विचारों और ज्ञानमीमांसा एवं तत्त्वमीमांसा संबंधी उनके अन्य अनेक सिद्धांतों का तीव्र विरोध करते हुए भी उनके समान ही निरीश्वरवाद को पूर्णतः स्वीकार करते हैं। इसी प्रकार, बौद्ध दर्शन के हीनयान तथा महायान इन दोनों संप्रदायों में ज्ञानमीमांसा एवं तत्त्वमीमांसा से संबंधित सिद्धांतों के विषय में परस्पर गहरा मतभेद है, किंतु फिर भी ये दोनों संप्रदाय निरीश्वरवाद का समान रूप से पूर्णतः समर्थन करते हैं। यही बात सांख्य तथा मीमांसा के विषय में भी कही जा सकती है जो ज्ञानमीमांसा और तत्त्वमीमांसा के संबंध में परस्पर सहमत न होते हुए भी निरीश्वरवाद को समान रूप से स्वीकार करते हैं।

उपर्युक्त उदाहरणों से यह स्पष्टतः प्रमाणित होता है कि भारतीय दर्शनों का निरीश्वरवाद किसी विशेष दार्शनिक सिद्धांत के साथ अनिवार्यतः संबद्ध नहीं है। वस्तुतः जो भारतीय दर्शन निरीश्वरवाद में विश्वास करते हैं उन्होंने ईश्वरवाद को अपने आप में एक स्वतंत्र विषय मानकर इसका खंडन किया है; इसके लिए उन्होंने किसी विशेष दार्शनिक सिद्धांत का प्रयोग करना आवश्यक नहीं समझा। इन सभी निरीश्वरवादी दर्शनों ने ईश्वर को एक ऐसी स्वतंत्र समस्या के रूप में स्वीकार किया है जिसका उनके अन्य दार्शनिक सिद्धांतों के साथ अनिवार्य संबंध नहीं है। यही कारण है कि अन्य दार्शनिक सिद्धांतों के विषय में परस्पर पूर्णतः असहमत अथवा एक-दूसरे के तीव्र विरोधी होते हुए भी इन दर्शनों ने केवल तार्किक प्रमाणों के आधार पर ईश्वर के विचार का दृढ़तापूर्वक खंडन किया है। भारतीय निरीश्वरवाद के विषय में यह महत्त्वपूर्ण तथ्य उसे विश्व-दर्शन में एक विशेष तथा अद्वितीय स्थिति प्रदान करता है जो संसार के अन्य दर्शनों से संबंधित निरीश्वरवाद में दिखाई नहीं देती। वस्तुतः भारतीय निरीश्वरवाद की यह विशेषता उसे पाश्चात्य दर्शन के निरीश्वरवाद से पृथक् करती है जो मूलतः केवल भौतिकवाद तथा प्रकृतिवाद पर आधारित है।

भारतीय निरीश्वरवाद के विषय में ऊपर जो कुछ कहा गया है उससे यह स्पष्ट है कि मानव-जीवन में ईश्वर विषयक विश्वास की प्रधानता के अर्थ में भारतीय दर्शन निश्चय ही अध्यात्मवादी दर्शन नहीं है। कुछ विचारकों का मत है कि अध्यात्मवाद

भारतीय दर्शन की मुख्य विशेषता है और इस अध्यात्मवाद में ईश्वर का प्रमुख स्थान है। सर्वपल्ली राधाकृष्णन ने अपनी अनेक कृतियों में इस मत का विशेष रूप से प्रतिपादन किया है। उनका विचार है कि ईश्वर संबंधी विश्वास मानव-जीवन का एक मूलभूत महत्त्वपूर्ण तथ्य है जो भारतीय दर्शन को अध्यात्मवादी दर्शन बनाता है। इस संबंध में उन्होंने स्पष्ट कहा है : "भारतीय दर्शन मुख्यतः आध्यात्मिक है। . . . भारत के जीवन में आध्यात्मिक अभिप्रेरणा की प्रधानता है। . . . भारतीय विचारक ईश्वरत्व के स्वरूप से संबंधित प्रश्न, जीवन के लक्ष्य तथा विश्वात्मा के साथ वैयक्तिक आत्मा के संबंध के विषय में परंपरागत रूप से विचार करते रहे हैं।"[1] इस उद्धरण से स्पष्ट है कि राधाकृष्णन ईश्वर विषयक विश्वास को अध्यात्मवाद के साथ संबद्ध मानते हैं।

परंतु यदि ईश्वर के विश्वास को अध्यात्मवाद के लिए अनिवार्य माना जाए तो यह निश्चयपूर्वक कहा जा सकता है कि इस अर्थ में भारतीय दर्शन आध्यात्मिक दर्शन नहीं है। हम देख चुके हैं कि बहुत अधिक संख्या में भारतीय दर्शन ईश्वरवाद को अस्वीकार करते हुए निरीश्वरवाद का समर्थन करते हैं। ऐसी स्थिति में इन निरीश्वरवादी दर्शनों को ईश्वर विषयक विश्वास के आधार पर अध्यात्मवादी दर्शन नहीं कहा जा सकता। वस्तुतः ये सभी दर्शन ईश्वर के अस्तित्व का खंडन करके इस अर्थ में अध्यात्मवाद को अस्वीकार करते हैं। हाँ, यदि अध्यात्मवाद का अर्थ आत्मा की सत्ता और अमरता में विश्वास करना माना जाए तो निश्चय ही अधिकतर भारतीय दर्शनों को अध्यात्मवादी अथवा आध्यात्मिक दर्शन कहा जा सकता है। इसका कारण यह है कि बौद्ध दर्शन तथा भौतिकवादी चार्वाक दर्शन को छोड़कर अन्य सभी भारतीय दर्शन शरीर से पृथक् एवं स्वतंत्र अभौतिक सत्ता के रूप में आत्मा के अस्तित्व और उसकी अमरता को स्वीकार करते हैं। इस दृष्टि से इन दर्शनों को 'आध्यात्मिक दर्शन' की संज्ञा दी जा सकती है। परंतु यह कहना उचित नहीं होगा कि ईश्वर विषयक विश्वास के कारण ये दर्शन आध्यात्मिक दर्शन हैं। वास्तव में भारतीय दर्शन का मूलभूत विश्वास आत्मा संबंधी विश्वास है, ईश्वर विषयक विश्वास नहीं, अतः ईश्वर के आधार पर उसे आध्यात्मिक दर्शन मानना युक्तिसंगत नहीं होगा।

निरीश्वरवाद संबंधी इस विवेचना को समाप्त करने से पूर्व यहाँ इस महत्त्वपूर्ण प्रश्न पर विचार करना आवश्यक है कि बहुत अधिक संख्या में भारतीय दर्शनों के निरीश्वरवादी होते हुए भी भारत के सामान्य व्यक्तियों के जीवन में ईश्वरवाद की प्रधानता क्यों बनी रही है। यह एक सर्वविदित तथ्य है कि शताब्दियों से भारत के जनसाधारण के व्यक्तिगत तथा सामाजिक जीवन पर ईश्वर विषयक विश्वास का बहुत गहरा एवं व्यापक प्रभाव रहा है और यह प्रभाव आज भी विद्यमान है। विचारणीय प्रश्न यह है कि ऐसा क्यों हुआ है। वे कौन-से तत्त्व थे जिनके कारण भारतीय निरीश्वरवादी दार्शनिक अपने तर्कपूर्ण ईश्वर-विरोधी सिद्धांतों द्वारा सामान्य व्यक्तियों के जीवन पर कोई प्रभाव नहीं डाल सके और उनके मन से ईश्वर संबंधी मिथ्या

1. सर्वपल्ली राधाकृष्णन, 'इंडियन फ़िलॉसॉफ़ी', खंड 1, पृ. 24-26; देखिए, उनकी एक अन्य पुस्तक, 'आइडियलिस्ट व्यू ऑफ़ लाइफ़', पृ. 47, 127-133.

विश्वास का निराकरण नहीं कर सके। वस्तुतः यह बहुत ही जटिल प्रश्न है जिसका कोई स्पष्ट, निश्चित और सर्वमान्य उत्तर देना अत्यंत कठिन है। फिर भी यहाँ कुछ ऐसे महत्त्वपूर्ण तथ्यों का उल्लेख किया जाएगा जो इस जटिल प्रश्न का उत्तर खोजने में संभवतः कुछ सहायक सिद्ध हो सकते हैं।

(1) सर्वप्रथम इस दुखद संभावना को अस्वीकार नहीं किया जा सकता कि जिन भारतीय निरीश्वरवादी दार्शनिकों ने ईश्वर विषयक विश्वास का तर्कतः खंडन किया है उनका जनसाधारण के साथ कोई प्रत्यक्ष संपर्क न रहा हो। यह एक कटु सत्य है कि आज भी अधिकतर भारतीय तथा पाश्चात्य दार्शनिक मानव-जाति की सामाजिक, आर्थिक, राजनीतिक एवं धार्मिक समस्याओं के प्रति लगभग उदासीन दिखाई देते हैं और यदि वे इन समस्याओं के समाधान के विषय में कभी कोई मार्गदर्शन प्रदान करते भी हैं तो उस पर धर्म-गुरु तथा राजनीतिक नेता कोई विशेष ध्यान नहीं देते। यह संभव है कि प्राचीन भारत में भी निरीश्वरवादी दार्शनिकों की ऐसी ही दुखद स्थिति रही हो। ऐसा प्रतीत होता है कि इन दार्शनिकों के ईश्वर-विरोधी प्रबल तर्क कुछ बुद्धिजीवी विचारकों तक ही सीमित रहे और जनसाधारण के व्यावहारिक जीवन पर उनका कोई प्रभाव नहीं पड़ा, फलतः ईश्वर संबंधी मिथ्या विश्वास समाज में पूर्ववत बना रहा। वस्तुतः आज भी इस दुखद स्थिति में कोई विशेष परिवर्तन नहीं हुआ है।

(2) समाज के प्रति दार्शनिकों की तथा दार्शनिकों के प्रति समाज की इस उदासीनता के अतिरिक्त धर्मपरायण ईश्वरवादी विचारकों ने भी जनसाधारण में ईश्वर के विश्वास को बनाए रखने और उसे सुदृढ़ करने का यथासंभव निरंतर अधिकाधिक प्रयास किया है। जैसा कि हम पिछले अध्याय में बता चुके हैं, ये धर्मपरायण ईश्वरवादी विचारक जनता में ईश्वर के प्रति श्रद्धा उत्पन्न करने के लिए सभी उचित-अनुचित उपायों का प्रयोग करते रहे हैं और आज भी कर रहे हैं। ईश्वर के संबंध में इन विचारकों के इस व्यापक प्रचार के फलस्वरूप सामान्य व्यक्तियों के जीवन में ईश्वर के प्रति विश्वास को बनाए रखने और उसे अधिकाधिक दृढ़ करने में बहुत सहायता मिली है। यहाँ यह भी उल्लेखनीय है कि इन ईश्वरवादी विचारकों ने समाज में ईश्वर विषयक विश्वास का यह प्रचार उसके हित के लिए नहीं, अपितु स्वयं अपने आर्थिक, सामाजिक तथा धार्मिक स्वार्थों के लिए ही किया है और इस स्वार्थ-सिद्धि में उन्हें पर्याप्त सफलता भी प्राप्त हुई है। समाज के प्रति इन विचारकों का यह स्वार्थपूर्ण निंदनीय दृष्टिकोण आज भी पूर्ववत् बना हुआ है।

(3) धर्मपरायण ईश्वरवादी विचारकों के इस स्वार्थपरक दृष्टिकोण के अतिरिक्त जनसाधारण की मानसिक दुर्बलता ने भी समाज में ईश्वर के विश्वास को बनाए रखा है। यह एक सर्वविदित तथ्य है कि सामान्य व्यक्ति अपने आप को ईश्वर पर आश्रित मानकर वैसा ही सुख अनुभव करता है जैसा एक शिशु को अपने माता-पिता पर निर्भर रहने से अनुभव होता है। यही कारण है कि ईश्वर की तुलना प्रायः पिता के साथ की जाती है। साधारण मनुष्य निश्चित रूप से यह मानता है कि वह संकट-काल में ईश्वर से अवलंब तथा सहायता की याचना कर सकता है और इस संबंध में ईश्वर उसकी प्रार्थना अवश्य सुनेगा। इस विश्वास के फलस्वरूप उसे एक विशेष प्रकार के

संतोष का अनुभव होता है। यह सत्य है कि सामान्य व्यक्ति का यह संतोष वास्तव में मिथ्या है, किंतु उसकी मानसिक दुर्बलता से उत्पन्न इस भ्रामक संतोष के कारण समाज में ईश्वर विषयक विश्वास केवल बना ही नहीं रहता, अपितु अधिकाधिक दृढ़ होता जाता है। मनुष्य की अनिवार्य सीमाएँ तथा अपूर्णताएँ ही उसकी इस मानसिक दुर्बलता को जन्म देती हैं जिससे मुक्त होने के लिए सतत् प्रयास करने की आवश्यकता है।

(4) अंत में जीवन और जगत् की कठोर वास्तविकताओं के विषय में जनसाधारण की अनभिज्ञता भी उसके मन में ईश्वर के विश्वास को बनाए रखती है। शिक्षा तथा बौद्धिक क्षमता के अभाव के कारण सामान्य मनुष्य को संपूर्ण ब्रह्माण्ड पर सदैव लागू होने वाले अनुल्लंघनीय प्राकृतिक नियमों का ठीक-ठीक ज्ञान नहीं हो पाता। इन प्राकृतिक नियमों के संबंध में अपनी इस अनभिज्ञता के परिणामस्वरूप वह यह मिथ्या आशा करने लगता है कि संकट-काल में इन नियमों का उल्लंघन करके ईश्वर उसकी सहायता करेगा और उसे समस्त कष्टों से मुक्त कर देगा। समाज के स्वार्थी प्रशासक तथा धर्म-गुरु अपनी स्वार्थ-सिद्धि के लिए जनसाधारण को अज्ञान की इस दुखद स्थिति में बनाए रखने का सदा प्रयास करते रहते हैं जिससे समाज में ईश्वर विषयक विश्वास का अधिकाधिक प्रसार होता जाता है। प्राचीन काल से वर्तमान युग तक मानव-समाज में शोषण की इस दुखद स्थिति को स्पष्ट रूप से देखा जा सकता है। इस संपूर्ण विवेचन के आधार पर निष्कर्ष के रूप में हम यह कह सकते हैं कि उपर्युक्त सभी कारणों ने जनसाधारण में ईश्वर संबंधी मिथ्या विश्वास को बनाए रखने और सुदृढ़ करने में बहुत योगदान किया है, अतः इस विश्वास का अंत करने के लिए इन कारणों को समाप्त करना आवश्यक है। परंतु दुर्भाग्यवश कुछ अनिवार्य व्यक्तिगत तथा सामाजिक कठिनाइयों के कारण भारतीय निरीश्वरवादी दार्शनिक ऐसा नहीं कर सके जिसके फलस्वरूप साधारण व्यक्तियों के जीवन पर उनके तर्कपूर्ण ईश्वर-विरोधी विचारों का कोई प्रभाव नहीं पड़ा और भारतीय समाज से ईश्वर विषयक मिथ्या विश्वास का निराकरण नहीं हो सका।

2. भारतीय दर्शन में निरीश्वरवाद का विकास

भारत की दार्शनिक विचारधारा के अनुसार निरीश्वरवाद का अर्थ स्पष्ट करने के पश्चात् अब इस प्रश्न पर विचार करना आवश्यक है कि भारतीय दर्शन में इस सिद्धांत का विकास किस प्रकार हुआ है। हम दूसरे अध्याय में सविस्तार यह बता चुके हैं कि ईश्वर विषयक विश्वास का निषेध अथवा खंडन ही निरीश्वरवाद का मूल तत्त्व है, अतः वास्तविक अर्थ में इस सिद्धांत का उदय और विकास ईश्वरवाद के विकास के उपरांत ही संभव है। ईश्वरवादियों द्वारा स्वीकृत ईश्वर संबंधी विश्वास के व्यापक प्रचार तथा प्रसार के अभाव में निरीश्वरवाद का आविर्भाव न तो संभव है और न आवश्यक। परंतु भौतिकवाद, प्रकृतिवाद, संशयवाद, अज्ञेयवाद आदि जिन सिद्धांतों पर निरीश्वरवाद मूलतः आधारित है उनकी पृष्ठभूमि हमें वेदों में प्राप्त होती है जो विश्व के प्राचीनतम ग्रंथ माने जाते हैं। वस्तुतः अधिकतर विद्वानों का मत है कि ये

वेद ही भारतीय धर्म एवं दर्शन में उपलब्ध समस्त आधारभूत सिद्धांतों के मूल स्रोत हैं। इस मान्यता के अनुसार, उन उपर्युक्त मूल सिद्धांतों की पृष्ठभूमि को भी वेदों में ही खोजा जा सकता है जो निरीश्वरवाद के आधारभूत सिद्धांत हैं।

सामान्यतः वेदों से प्राप्त होनेवाली विचारधारा को भौतिकवादी तथा प्रकृतिवादी विचारधारा नहीं माना जाता, क्योंकि अधिकतर विचारकों के मतानुसार वैदिक ऋषि देवी-देवताओं के रूप में अनेक अलौकिक या अति-प्राकृतिक सत्ताओं को स्वीकार करते थे। वैदिक युग का बहुदेववाद निश्चय ही भौतिकवाद अथवा प्रकृतिवाद नहीं है। परंतु इस मान्यता को स्वीकार करते हुए भी यह अवश्य कहा जा सकता है कि जीवन और जगत् के प्रति वैदिककालीन ऋषियों का दृष्टिकोण मुख्यतः इहलौकिक तथा भौतिकवादी ही था। जैसा कि हम प्रथम अध्याय में स्पष्ट कर चुके हैं, वैदिक युग के आर्य सांसारिक सुख-समृद्धि तथा उसे प्राप्त करने के भौतिक साधनों को बहुत महत्त्व देते थे। यही कारण है कि उन्होंने इंद्र, अग्नि, वरुण, सूर्य, वायु आदि विभिन्न प्राकृतिक शक्तियों को देवता मानकर उनकी स्तुति के लिए प्रस्तुत अपने मंत्रों में बार-बार ये प्रार्थनाएँ की हैं कि वे उन्हें अधिकतम मात्रा में सभी सांसारिक सुखों के समस्त साधन प्रदान करने की कृपा करें। वेदों में इस प्रकार की प्रार्थनाएँ हमें बहुत अधिक संख्या में उपलब्ध होती हैं।

भौतिक सुख-समृद्धि के लिए इन वैदिक प्रार्थनाओं के कुछ उदाहरण यहाँ प्रस्तुत हैं। 'ऋग्वेद' के मंडल 1, अनुवाक 5, सूक्त 2-3 में देवताओं के स्वामी तथा शत्रुओं का नाश करनेवाले इंद्र से यह प्रार्थना की गई है कि वह हमें शारीरिक शक्ति, धन-संपत्ति, स्त्रियाँ और भोजन प्रदान करे। इसी प्रकार, 'ऋग्वेद' के मंडल 4, अनुवाक 2, सूक्त 5 में अग्नि से प्रार्थना करते हुए वैदिक ऋषि कहता है : "हे अग्नि, मेरा यह यज्ञ गाएँ, भेड़ें और अश्व प्रदान करनेवाला हो।" 'ऋग्वेद' के मंडल 7, अनुवाक 64, सूक्त 2 में वरुण देवता से प्रार्थना करते हुए यह कहा गया है : "हे वरुण, यहाँ लोगों पर आकाश से पर्याप्त मात्रा में वर्षा करो।" 'ऋग्वेद' के मंडल 6, अनुवाक 13, सूक्त 2 में रुद्र देवता की स्तुति करते हुए वैदिक ऋषि ने कहा है : "हे रुद्र, जो रोग घरों में प्रवेश करके व्यापक रूप से फैल गया है उसे समाप्त कर दो; विपत्ति और दरिद्रता को हमसे दूर रखो; हमें सुख-समृद्धि के बहुत-से साधन उपलब्ध हों।" इस संसार तथा स्वर्ग में भौतिक सुखों के लिए की गई इस प्रकार की सैकड़ों प्रार्थनाएँ हमें वेदों में सर्वत्र प्राप्त होती हैं। उस युग में वैदिक ऋषि जो हवन, यज्ञ आदि करते थे उनका उद्देश्य भी वर्तमान जीवन में सुख, स्वास्थ्य, संतान, धन-संपत्ति और बलवान पशु प्राप्त करना ही होता था। जीवन तथा जगत् के संबंध में संन्यासवाद के विरुद्ध प्रवृत्ति-मार्ग को स्वीकार करनेवाले वैदिक ऋषियों के उपर्युक्त इहलौकिक दृष्टिकोण से यह पूर्णतः स्पष्ट है कि वे मनुष्य के लिए भौतिकवाद को पर्याप्त महत्त्व देते थे, अतः उन्हें संन्यासवादी और अध्यात्मवादी मानना उचित नहीं होगा। इस दृष्टि से विचार करने पर हम यह कह सकते हैं कि वेदों में भौतिकवाद बीज रूप में अवश्य विद्यमान है।

वैदिककालीन ऋषियों ने ऋत् की जिस अवधारणा की कल्पना की थी और जिसे वे अत्यधिक महत्त्व देते थे वह भी कोई आध्यात्मिक अवधारणा नहीं है। उनके

मतानुसार, ऋत् सर्वत्र विद्यमान वह व्यापक नियम है जिसके आधार पर संपूर्ण विश्व में व्यवस्था स्थापित होती है। दूसरे शब्दों में, यह ऋत् ही समस्त ब्रह्माण्ड की व्यवस्था का मूल तत्त्व है जिसके कारण इसमें सदैव नियम का शासन बना रहता है। विश्व के सभी प्राणी तथा भौतिक पदार्थ ही नहीं, अपितु समस्त देवी-देवता भी इसी ऋत् के शासन के अधीन हैं। ऋत् के कारण ही सूर्य, चंद्र, तारागण, जल, वायु, अग्नि आदि सभी नियमित रूप से अपना-अपना कार्य करते हैं, ऋतुओं में नियमित परिवर्तन होता है और रात के बाद दिन तथा दिन के बाद रात होती है। इस प्रकार वैदिक ऋषियों ने संपूर्ण ब्रह्माण्ड में नियमित व्यवस्था को ही 'ऋत्' की संज्ञा दी है।[2] ऋत् की इस अवधारणा से यह पूर्णतः स्पष्ट है कि इसका आध्यात्मिकता अथवा अध्यात्म- वाद के साथ कोई संबंध नहीं है।

यही बात एक अन्य महत्त्वपूर्ण वैदिक अवधारणा के विषय में भी कही जा सकती है और वह है 'सत्' की अवधारणा। वैदिक युग के ऋषि यह मानते थे कि समस्त ब्रह्माण्ड के मूल में एक ही परम तत्त्व है और इसी को उन्होंने 'सत्' कहा है। सभी देवी-देवता इसी 'सत्' के विभिन्न रूप हैं। इस 'सत्' के लिए 'तत्' शब्द का प्रयोग भी किया गया है। वैदिक ऋषियों का कथन है कि यह 'सत्' एक तथा अद्वितीय है और यही जगत् का आधारभूत कारण है। इसी एक परम सत्ता से समस्त प्राणियों तथा भौतिक वस्तुओं की उत्पत्ति हुई है। वास्तव में यह परम तत्त्व या सत्ता एक ही है, किंतु विद्वान लोग इसी 'सत्' को 'अग्नि', 'यम' आदि अनेक नामों से पुकारते हैं।[3] 'सत्' की इस अवधारणा से यह स्पष्टतः प्रमाणित होता है कि उस प्राचीन युग में भी वैदिक ऋषियों ने 'एकतत्त्ववाद' नामक उस महान दार्शनिक सिद्धांत का प्रतिपादन किया था जिसके अनुसार संपूर्ण ब्रह्माण्ड के मूल में केवल एक ही परम तत्त्व या सत्ता विद्यमान है।

यहाँ यह उल्लेखनीय है कि यह एकतत्त्ववाद एकेश्वरवाद से पूर्णतः भिन्न सिद्धांत है। वस्तुतः इस एकतत्त्ववाद का उस ईश्वरवाद से कोई संबंध नहीं है जिसका बाद में कुछ भारतीय दर्शनों में विकास हुआ और जिसके अनुसार ईश्वर ही इस जगत् का रचयिता, संरक्षक, पालनकर्ता, संहारक तथा कर्माध्यक्ष है। जहाँ तक मुझे ज्ञात है, वैदिक ऋषियों ने इस प्रकार के ईश्वरवाद का प्रतिपादन नहीं किया था, अतः यह कहना अनुचित न होगा कि वे ईश्वर की उस अवधारणा में विश्वास नहीं करते थे जिसे सामान्यतः ईश्वरवादी विचारक स्वीकार करते हैं। इस तथ्य को ध्यान में रखते हुए हम यह कह सकते हैं कि वैदिककालीन ऋषि परोक्ष रूप से निरीश्वरवाद का समर्थन करते थे। उनके द्वारा स्वीकृत 'ऋत्' और 'सत्' की उपर्युक्त अवधारणाएँ भी इसी तथ्य की ओर संकेत करती हैं।

इन अवधारणाओं के अतिरिक्त वेदों में संशयवाद तथा अज्ञेयवाद को भी स्पष्ट रूप से देखा जा सकता है जो निरीश्वरवाद के लिए आवश्यक आधार-भूमि प्रस्तुत करते हैं। प्रायः यह माना जाता है कि वैदिककालीन आर्य इंद्र देवता को अत्यधिक

2. देखिए, 'ऋग्वेद', मंडल 4, अनुवाक 23, सूक्त 9.
3. देखिए, 'ऋग्वेद', मंडल 1, अनुवाक 164, सूक्त 46.

महत्त्व देते थे; इसी कारण वेदों में उसकी स्तुति के लिए बहुत अधिक संख्या में मंत्र पाए जाते हैं। परंतु उस युग में भी कुछ ऋषि इंद्र के अस्तित्व में संदेह करने लगे थे। उदाहरणार्थ, 'ऋग्वेद' के मंडल 2, अनुवाक 12, सूक्त 5 में स्पष्टतः यह कहा गया है : "इंद्र नहीं है। उसे किसने देखा है? वह कौन है जिसकी हम स्तुति करें?" इस उदाहरण से यह प्रमाणित होता है कि वैदिक युग में भी कुछ देवताओं के अस्तित्व को अस्वीकार किया जाने लगा था। वैदिककालीन कुछ ऋषियों की इसी प्रवृत्ति को प्रसिद्ध विद्वान, मैक्स मूलर ने 'अदेववाद' की संज्ञा दी है।[4] यह सत्य है कि अधिकतर वैदिक ऋषि इस 'अदेववाद' को स्वीकार नहीं करते थे, किंतु इस तथ्य की भी उपेक्षा नहीं की जा सकती कि उस समय भी कुछ विचारक अपने गंभीर चिंतन के फलस्वरूप तत्कालीन प्रचलित विश्वासों तथा मान्यताओं में संशय करने लगे थे। वे यह अनुभव करने लगे थे कि इस ब्रह्माण्ड की उत्पत्ति के मूल स्रोत तथा अन्य अज्ञात गूढ़ रहस्यों को संभवतः कोई भी नहीं जानता।

'ऋग्वेद' का नासदीय सूक्त कुछ ऋषियों के गंभीर चिंतन एवं उनकी अदम्य जिज्ञासा से उत्पन्न इस संशयवाद तथा अज्ञेयवाद का स्पष्ट उदाहरण है, अतः यहाँ इस सूक्त के कुछ महत्त्वपूर्ण अंशों को उद्धृत करना आवश्यक है : "उस समय (अर्थात्, सृष्टि से पूर्व) न सत् था और न असत् ही था; तब न आकाश था और न स्वर्ग था जो उससे परे है। उस समय गति भी कहाँ थी और उसे कौन निर्देशित कर रहा था? क्या वहाँ जल था? . . . तब मृत्यु नहीं थी और न ही अमरत्व था; उस समय रात और दिन का पार्थक्य भी नहीं था। तब बस वह एक ही था जो वायुरहित होकर भी अपनी शक्ति द्वारा श्वास ले रहा था; उसके अतिरिक्त अन्य कोई वस्तु थी ही नहीं। . . . उसे वास्तव में कौन जानता है और कौन बता सकता है? यह सृष्टि कहाँ से उत्पन्न हुई थी? क्या देवता इसकी उत्पत्ति के साथ ही प्रकट हुए थे? कौन जानता है कि यह सृष्टि कहाँ से उत्पन्न हुई है? यह सृष्टि किसी के द्वारा उत्पन्न भी की गई है या नहीं, इस बात को केवल वही जानता है जो स्वर्ग में उपस्थित रहकर इसे देखता है, अथवा वह स्वयं भी इसे नहीं जानता।"[5] इस उद्धरण में नासदीय सूक्त के रचयिता, वैदिक ऋषि के गंभीर चिंतन और उसकी अदम्य जिज्ञासा के साथ-साथ संशयवाद तथा अज्ञेयवाद को भी हम स्पष्ट रूप से देख सकते हैं। इसी प्रकार, सृष्टि के आदिनिर्माता और आत्मा के अस्तित्व के विषय में अपना संशय व्यक्त करते हुए एक अन्य वैदिक ऋषि कहता है : "आदिपुरुष को उत्पन्न होते हुए किसने देखा है? . . . पृथ्वी से श्वास और रक्त का निर्माण होता है, किंतु आत्मा कहाँ है? . . . अपनी कम समझ तथा अपरिपक्व बुद्धि के कारण मैं उन विषयों के संबंध में प्रश्न पूछता हूँ जो देवताओं से भी छिपे हुए हैं।"[6]

उपर्युक्त संशयवाद तथा अज्ञेयवाद के अतिरिक्त कुछ वैदिक ऋषि उस प्राचीन युग में भी सृष्टि के मूल द्रव्य से संबंधित ऐसे दार्शनिक प्रश्न उठाने लगे थे जिनके फलस्वरूप

4. देखिए, एफ़. मैक्स मूलर, 'लैक्चर्ज़ ऑन दि ओरिजिन ऐंड ग्रोथ ऑफ़ रिलिजन्स', पृ. 303.
5. 'ऋग्वेद', 10, 129.
6. 'ऋग्वेद', 1, 164.

बाद में भौतिकवाद और प्रकृतिवाद का जन्म हुआ। निम्नलिखित उद्धरण में इन आधारभूत दार्शनिक प्रश्नों को स्पष्टतः देखा जा सकता है : "सृष्टि का मूल तत्त्व अथवा अधिष्ठान क्या था? उसका आरंभ कैसे हुआ था? वह कौन-सी वस्तु थी जिससे संपूर्ण सृष्टि के आदिनिर्माता ने अपनी महान शक्ति द्वारा पृथ्वी तथा स्वर्ग का निर्माण किया और उसने इनकी रचना कैसे की थी? वह कौन-सी लकड़ी थी और कौन-सा वृक्ष था जिससे स्वर्ग तथा पृथ्वी का निर्माण किया गया? बुद्धिमान मनुष्यो, तुम अपने आप से यह पूछो कि जब उसने संपूर्ण सृष्टि का निर्माण किया तो वह स्वयं कहाँ खड़ा था?"[7] उपर्युक्त उद्धरण में वैदिक ऋषि ने सृष्टि से संबंधित जो मूल प्रश्न उठाए हैं उनका समुचित एवं संतोषप्रद उत्तर खोजने के लिए विश्व के अनेक महान दार्शनिक शताब्दियों से प्रयास करते रहे हैं, किंतु वे अभी तक इन प्रश्नों का कोई स्पष्ट, निश्चित और सर्वमान्य उत्तर नहीं दे सके। इस तथ्य से यह प्रमाणित होता है कि उस प्राचीन युग में भी कुछ वैदिक ऋषि आधारभूत जटिल दार्शनिक प्रश्नों के विषय में गंभीर चिंतन करने लगे थे। वे केवल आस्था के आधार पर तत्कालीन प्रचलित सृष्टि विषयक मान्यताओं, विश्वासों तथा सिद्धांतों को बिना किसी तर्क के स्वीकार करने के लिए उद्यत नहीं थे।

यहाँ यह उल्लेखनीय है कि संदेह करने, प्रश्न उठाने और तर्क करने की इसी प्रवृत्ति के फलस्वरूप कालांतर में संशयवाद, अज्ञेयवाद, भौतिकवाद, प्रकृतिवाद आदि उन दार्शनिक सिद्धांतों का जन्म हुआ जिन्होंने निरीश्वरवाद के लिए आवश्यक आधार-भूमि प्रस्तुत की। इस तथ्य को ध्यान में रखते हुए हम युक्तिसंगत रूप से यह कह सकते हैं कि भारतीय दर्शन में निरीश्वरवाद के उदय तथा विकास में कुछ महान वैदिक ऋषियों का भी परोक्ष योगदान अवश्य रहा है।

निरीश्वरवाद की जो आधार-भूमि वेदों–विशेषतः 'ऋग्वेद'–में प्रारंभ हुई थी वह कुछ उपनिषदों में और अधिक विकसित तथा सुदृढ़ हुई। सामान्यतः यह माना जाता है कि उपनिषदों में ब्रह्म और आत्मा की एकता के माध्यम से अध्यात्म-विद्या का ही प्रतिपादन किया गया है, अतः उनका एकमात्र विषय अध्यात्मवाद है। शंकर, रामानुज तथा अन्य अनेक दार्शनिकों ने उपनिषदों के विषय में मुख्यतः इसी मत को स्वीकार किया है। परंतु प्रमुख उपनिषदों का निष्पक्ष अध्ययन एवं विश्लेषण करने से यह स्पष्ट हो जाता है कि उनके संबंध में इन दार्शनिकों का उपर्युक्त मत पूर्णतः उचित और सत्य नहीं है। वस्तुतः उपनिषदों की रचना किसी एक युग में तथा किसी एक व्यक्ति या संप्रदाय द्वारा नहीं की गई थी, अतः वे किसी एक विशेष विचारधारा को व्यवस्थित रूप से प्रस्तुत नहीं करतीं। विभिन्न समयों तथा भिन्न-भिन्न ऋषियों द्वारा रचित होने के कारण इन उपनिषदों में केवल भिन्न-भिन्न ही नहीं, अपितु कभी-कभी परस्पर विरोधी विचारधाराएँ भी प्राप्त होती हैं। यही कारण है कि विभिन्न दार्शनिकों ने अपने-अपने सिद्धांतों के अनुसार उनकी भिन्न-भिन्न तथा परस्पर विरोधी व्याख्याएँ प्रस्तुत की हैं। ऐसी स्थिति में किसी भी विचारक के लिए यह दावा करना उचित एवं युक्तिसंगत प्रतीत नहीं होता कि उपनिषदों में किसी एक विशेष दार्शनिक

7. 'ऋग्वेद', 10, 81, 4.

विचारधारा अथवा सिद्धांत का प्रतिपादन किया गया है। इस तथ्य को ध्यान में रखते हुए यह कहा जा सकता है कि अध्यात्मवाद का प्रतिपादन करना ही उपनिषदों का एकमात्र लक्ष्य नहीं था। इस संबंध में वास्तविक स्थिति यह है कि उनमें अध्यात्मवाद के साथ-साथ भौतिकवाद, प्रकृतिवाद आदि वे दार्शनिक सिद्धांत भी विद्यमान हैं जिन पर निरीश्वरवाद मूलतः आधारित है, अतः इन महत्त्वपूर्ण दार्शनिक सिद्धांतों की उपेक्षा करते हुए ब्रह्म-ज्ञान अथवा अध्यात्म-विद्या को ही उनका एकमात्र विषय मान लेना एकांगी दृष्टिकोण होगा।

वस्तुतः अनेक उदाहरणों द्वारा इस तथ्य को निश्चित रूप से प्रमाणित किया जा सकता है कि उपनिषदों में अध्यात्मवाद के अतिरिक्त निरीश्वरवाद की आधार-भूमि प्रस्तुत करनेवाले भौतिकवाद, प्रकृतिवाद आदि दार्शनिक सिद्धांत भी पाए जाते हैं। इस संबंध में सर्वप्रथम 'छांदोग्य उपनिषद' का नाम विशेष रूप से उल्लेखनीय है जिसमें उद्दालक तथा उनके पुत्र के बीच परिसंवाद के माध्यम से भौतिकवाद और प्रकृतिवाद की अनेक आधारभूत मान्यताओं को अभिव्यक्त किया गया है। सृष्टि के मूल तत्त्व के विषय में अपने पुत्र, श्वेतकेतु के प्रश्नों का उत्तर देते हुए उद्दालक कहते हैं : "सृष्टि से पूर्व केवल सत् ही था, सत् के अतिरिक्त और कुछ भी नहीं था। कुछ लोगों का कथन है कि 'सृष्टि से पूर्व केवल असत् था और इसी असत् से उसकी उत्पत्ति हुई है।' परंतु यह कैसे हो सकता है—असत् से सत् की उत्पत्ति कैसे संभव है? इसके विपरीत सृष्टि से पूर्व वास्तव में केवल सत् ही था और सत् के अतिरिक्त अन्य किसी वस्तु का अस्तित्व नहीं था। सत् से तेज या अग्नि की, तेज से जल की तथा जल से पृथ्वी की उत्पत्ति हुई है।"[8] वस्तुतः उद्दालक का विचार है कि ईश्वर भी शून्य या अभाव से जगत् को उत्पन्न नहीं कर सकता, क्योंकि अभाव से केवल अभाव ही उत्पन्न हो सकता है, अन्य कोई वस्तु नहीं। जगत् की उत्पत्ति के संबंध में उद्दालक का यह मत मूलतः भौतिकवाद का समर्थन करता है जिसके अनुसार पुद्गल ही जगत् का मूल तत्त्व है।

यहाँ यह प्रश्न उठाया जा सकता है कि उद्दालक 'सत्' को भौतिक तत्त्व मानते थे या आध्यात्मिक तत्त्व। इस प्रश्न के उत्तर में संभवतः यह कहा जा सकता है कि उनके अनुसार 'सत्' मूलतः भौतिक तत्त्व है। इस संबंध में उन्होंने स्पष्ट कहा है : "केवल उसी वस्तु के विषय में बात की जा सकती है जिसे सुना, देखा या जाना जा सके।"[9] इसका तात्पर्य यही है कि उद्दालक के विचार में 'सत्' अतींद्रिय वस्तु न होकर मूलतः भौतिक तत्त्व है जिसका इंद्रियजन्य अनुभव द्वारा ज्ञान प्राप्त किया जा सकता है। विचार तथा मन के स्वरूप के विषय में उन्होंने जो कुछ कहा है उससे भी यही प्रमाणित होता है कि वे मुख्यतः भौतिकवाद को स्वीकार करते थे। उन्होंने शरीर की भाँति मन तथा विचार को भी अन्न पर ही निर्भर माना है। उनका कथन है : "जिस प्रकार अन्न द्वारा शरीर के स्थूल भागों का निर्माण होता है उसी प्रकार उसके सूक्ष्म कणों द्वारा मन का भी निर्माण होता है।"[10] अन्न पर मन की इस निर्भरता को

8. 'छांदोग्य उपनिषद', अध्याय 6, श्लोक 2.
9. वही पुस्तक, अध्याय 6, श्लोक 4-5.
10. वही पुस्तक, अध्याय 6, श्लोक 5.

सिद्ध करने के लिए उद्दालक ने अपने एक रोचक प्रयोग का उल्लेख किया है। एक ऐसे युवक को वेदों के मंत्र पढ़कर सुनाए गए जो बहुत दिनों से भोजन न करने के कारण अत्यंत दुर्बल हो गया था। उद्दालक ने देखा कि इन मंत्रों द्वारा उसकी यह दुर्बलता समाप्त नहीं हुई, किंतु जब उसे उचित भोजन दिया गया तो उसकी स्थिति में तुरंत सुधार होने लगा। अपने इस प्रयोग से वे इसी निष्कर्ष पर पहुँचे कि शरीर की भाँति मन और उससे उत्पन्न होनेवाली समस्त मानसिक शक्तियाँ भी मूलतः अन्न पर ही निर्भर हैं। इन सभी तथ्यों द्वारा यही सिद्ध होता है कि उद्दालक वास्तव में भौतिकवाद को पर्याप्त महत्त्व देते थे। इसी प्रकार, 'छांदोग्य उपनिषद' के अध्याय 8, श्लोक 7 में वर्णित इंद्र तथा विरोचन की कथा में यह बताया गया है कि विरोचन शरीर और आत्मा को एक ही मानता था—अर्थात्, वह 'देहात्मवाद' नामक उस सिद्धांत का समर्थन करता था जिसे चार्वाक दर्शन ने अत्यधिक महत्त्व दिया है। इससे भी यही सिद्ध होता है कि उपनिषद-काल में भी कुछ विचारक शरीर और आत्मा को एक मानकर मूलतः भौतिकवाद को स्वीकार करते थे।

'छांदोग्य उपनिषद' के अतिरिक्त कुछ अन्य उपनिषदों में भी भौतिकवाद से संबंधित अनेक तत्त्व बीज रूप में प्राप्त होते हैं। उदाहरणार्थ, 'कठ उपनिषद' के अध्याय 2, श्लोक 5 में अग्नि को विश्व का मूल तत्त्व बताया गया है। इसी प्रकार, 'बृहदारण्यक उपनिषद' के अध्याय 5, श्लोक 1 में यह कहा गया है कि जल ही जगत् का मूल तत्त्व है। इस उपनिषद में ब्रह्म के अभौतिक स्वरूप के साथ-साथ उसके भौतिक स्वरूप का भी उल्लेख किया गया है। ब्रह्म के स्वरूप का वर्णन करते हुए इस उपनिषद में स्पष्टतः यह कहा गया है : "ब्रह्म के दो रूप हैं—भौतिक और अभौतिक। वायु तथा आकाश को छोड़कर अन्य प्रत्येक वस्तु भौतिक, नश्वर, ठोस और सीमित है।"[11] 'कठ उपनिषद' में ऐसे व्यक्तियों का उल्लेख किया गया है जो आत्मा की अमरता में विश्वास नहीं करते थे और यह मानते थे कि मृत्यु के पश्चात मनुष्य का सदा के लिए अंत हो जाता है। निम्नलिखित उद्धरण में नचिकेता ने इन व्यक्तियों के इस मत की सत्यता के विषय में जानने की जिज्ञासा प्रकट की है : "नचिकेता ने कहा, 'एक शंका है, जब मनुष्य की मृत्यु हो जाती है तो कुछ लोग कहते हैं कि वह उसके पश्चात भी बना रहता है और कुछ अन्य लोग कहते हैं कि वह समाप्त हो जाता है। मैं इस विषय में आप से जानना चाहता हूँ'।"[12] इस उद्धरण से स्पष्ट है कि उस प्राचीन युग में भी कुछ व्यक्ति आत्मा की अमरता में संदेह प्रकट करने लगे थे। यह इस बात का स्पष्ट प्रमाण है कि उस समय भी कुछ विचारक अध्यात्मवाद के स्थान पर भौतिकवाद में ही विश्वास करते थे। वस्तुतः विभिन्न उपनिषदों से ऊपर जो उदाहरण प्रस्तुत किए गए हैं उनसे यह सिद्ध होता है कि इन उपनिषदों में अध्यात्मवाद के साथ-साथ भौतिकवाद तथा प्रकृतिवाद के भी अनेक मूल तत्त्व विद्यमान हैं जिन्हें निरीश्वरवाद के विकास के लिए आवश्यक आधार-भूमि के रूप में स्वीकार किया जा सकता है।

11. 'बृहदारण्यक उपनिषद', अध्याय 2, श्लोक 1-3.
12. 'कठ उपनिषद', 1, 5, 20.

भारतीय दर्शन में निरीश्वरवाद के विकास को समझने की दृष्टि से उपर्युक्त उपनिषदों के अतिरिक्त 'श्वेताश्वतर उपनिषद' का विशेष महत्त्व है, क्योंकि इस उपनिषद में जगत् की उत्पत्ति के मूल कारण के रूप में ईश्वरवाद को अस्वीकार करनेवाले अनेक सिद्धांतों का स्पष्ट उल्लेख किया गया है। स्वयं ईश्वरवादी होने के कारण इस उपनिषद का रचयिता उन सभी सिद्धांतों का खंडन करना चाहता है जो ईश्वर के स्थान पर किसी अन्य तत्त्व को जगत् का मूल कारण मानते हैं। ईश्वरवाद के प्रति अपने इसी पूर्वाग्रह से प्रेरित होकर वह इन निरीश्वरवादी सिद्धांतों के समर्थकों को 'भ्रमित विचारक' की संज्ञा देता है। वस्तुतः उसका उद्देश्य इन सभी सिद्धांतों का खंडन करके ईश्वरवाद की पुष्टि करना ही है। अपने इसी उद्देश्य को ध्यान में रखते हुए 'श्वेताश्वतर उपनिषद' के रचयिता ने ईश्वरवाद का विरोध करनेवाले निम्नलिखित सात सिद्धांतों का वर्णन किया है : कालवाद, नियतिवाद, यदृच्छावाद, पुरुषवाद अथवा पुरुष संबंधी सिद्धांत, भौतिकवाद, स्वभाववाद और सांख्य दर्शन की प्रकृति का सिद्धांत। ये सिद्धांत ईश्वर के स्थान पर क्रमशः काल, नियति, आकस्मिकता या संयोग, पुरुष, भौतिक तत्त्वों, स्वभाव तथा प्रकृति को ही विश्व की उत्पत्ति का मूल कारण मानते हैं।[13] स्पष्ट है कि ये सभी सिद्धांत ईश्वर को जगत् का रचयिता न मानकर ईश्वरवाद का निषेध करते हैं, अतः इन्हें 'निरीश्वरवादी सिद्धांत' कहना युक्तिसंगत प्रतीत होता है।

'श्वेताश्वतर उपनिषद' के रचयिता द्वारा उपर्युक्त सभी निरीश्वरवादी सिद्धांतों के वर्णन से यह स्पष्टतः ज्ञात होता है कि भारत में निरीश्वरवाद का उदय गौतम बुद्ध से भी पहले हो चुका था, क्योंकि विद्वानों ने इस उपनिषद का रचना-काल ईसा पूर्व सातवीं शताब्दी में माना है। इस उपनिषद से हमें यह भी पता चलता है कि अनेक भारतीय विचारक लगभग उसी समय से ईश्वरवाद का खंडन करने लगे थे जिस समय ईश्वरवादियों द्वारा इसका स्पष्ट रूप से प्रतिपादन किया गया था। इस तथ्य को ध्यान में रखते हुए हम यह कह सकते हैं कि भारत में निरीश्वरवाद उतना ही प्राचीन है जितना स्वयं ईश्वरवाद। इसके अतिरिक्त प्राचीन काल में निरीश्वरवाद का यह आविर्भाव उस समय भारत में विद्यमान विचार-स्वातंत्र्य और तर्कबुद्धि के महत्त्व को भी निश्चित रूप से प्रमाणित करता है।

यहाँ यह उल्लेखनीय है कि 'श्वेताश्वतर उपनिषद' द्वारा प्रस्तुत ईश्वरवाद के विरुद्ध जिन सात वैकल्पिक सिद्धांतों की ऊपर चर्चा की गई है उन सबको भारतीय दर्शन के इतिहास में समान रूप से महत्त्वपूर्ण नहीं माना गया। भारतीय ईश्वरवादियों ने इन सिद्धांतों में से केवल उन्हीं सिद्धांतों का विशेष रूप से खंडन करने का प्रयास किया है जो ईश्वरवाद के विरुद्ध अधिक गंभीर चुनौती प्रस्तुत करते थे। इस दृष्टि से इन ईश्वरवादियों ने कालवाद, नियतिवाद, यदृच्छावाद तथा 'ऋग्वेद' के 'पुरुष सूक्त' में वर्णित 'पुरुष' के सिद्धांत को कोई विशेष महत्त्व नहीं दिया जो क्रमशः काल या समय, नियति अथवा भाग्य, यदृच्छा–अर्थात्, आकस्मिकता या संयोग–और 'पुरुष' को जगत् की उत्पत्ति का मूल कारण मानते थे। इन सब सिद्धांतों का खंडन करना

13. देखिए, 'श्वेताश्वतर उपनियद', अध्याय 1, श्लोक 2.

ईश्वरवादियों ने आवश्यक नहीं समझा, क्योंकि बहुत कम भारतीय विचारकों ने काल, नियति, यदृच्छा या 'पुरुष' को विश्व की उत्पत्ति के मूल कारण के रूप में स्वीकार किया है। स्पष्ट है कि ये चार सिद्धांत ईश्वरवाद के विरुद्ध कोई गंभीर चुनौती प्रस्तुत नहीं कर सके, अतः भारतीय दर्शन के इतिहास में इन सिद्धांतों का विशेष महत्त्व नहीं रहा।

परंतु भौतिकवाद, सांख्य के प्रकृति संबंधी सिद्धांत तथा स्वभाववाद के विषय में यह बात नहीं कही जा सकती। ये तीनों सिद्धांत शताब्दियों से ईश्वरवाद के विरुद्ध गंभीर चुनौती प्रस्तुत करते रहे हैं; इसी कारण भारतीय ईश्वरवादियों ने इन सिद्धांतों का खंडन करने का यथासंभव प्रयास किया है और इस दृष्टि से इन्हें पर्याप्त महत्त्व भी दिया है। भौतिकवाद ईश्वर के स्थान पर पृथ्वी, जल, वायु तथा अग्नि, इन चार भौतिक तत्त्वों–अर्थात्, इनके सूक्ष्म परमाणुओं को ही विश्व की उत्पत्ति का मूल कारण मानता है। हम आगे देखेंगे कि यह भौतिकवाद ही चार्वाक दर्शन का आधारभूत सिद्धांत है। स्पष्ट है कि इस सिद्धांत में ईश्वर या किसी अन्य अति-प्राकृतिक शक्ति अथवा सत्ता के लिए कोई स्थान नहीं है। इसी प्रकार, सांख्य दर्शन का प्रकृति संबंधी सिद्धांत भी जगत् की उत्पत्ति तथा विकास के लिए ईश्वर की आवश्यकता को स्वीकार नहीं करता। इस सिद्धांत पर हम आगे यथास्थान विस्तारपूर्वक विचार करेंगे। यहाँ इतना कह देना ही पर्याप्त होगा कि भौतिकवाद की भाँति सांख्य का यह सिद्धांत भी ईश्वरवाद का निषेध करता है। स्वभाववाद के अनुसार, जगत् की प्रत्येक वस्तु अपने मूल स्वभाव के अनुरूप ही अनिवार्यतः कार्य अथवा व्यवहार करती है, अतः इसमें ईश्वर या कोई अन्य दैवी शक्ति किसी प्रकार का हस्तक्षेप नहीं कर सकती।

भारतीय दर्शन में निरीश्वरवाद के विकास को भली-भाँति स्पष्ट करने के लिए यहाँ उपर्युक्त स्वभाववाद की कुछ विस्तार से विवेचना करना आवश्यक है। जैसा कि ऊपर कहा गया है, यह सिद्धांत प्रत्येक वस्तु के अपने विशेष स्वभाव के अनुसार ही उसकी व्याख्या करता है; इसी कारण इसे 'स्वभाववाद' की संज्ञा दी गई है। किसी वस्तु के 'स्वभाव' से तात्पर्य है उस वस्तु की अपनी एक निश्चित प्रकृति जो उसे एक विशेष स्वरूप प्रदान करती है और उसे अन्य सभी वस्तुओं से पृथक् करती है। उदाहरणार्थ, जल का विशेष स्वभाव है शीतलता और अग्नि का विशेष स्वभाव है उष्णता। इसी प्रकार, संसार में अन्य सभी वस्तुओं का भी अपना एक निश्चित स्वभाव अथवा उनकी अपनी एक निश्चित प्रकृति होती है जिसके कारण वे अपना विशेष स्वरूप ग्रहण करती हैं। स्वभाववाद की इस व्याख्या से यह स्पष्ट है कि इस सिद्धांत को 'प्रकृतिवाद' भी कहा जा सकता है। इस सिद्धांत के अनुसार, यह संपूर्ण ब्रह्माण्ड अनिवार्य प्राकृतिक नियमों द्वारा ही शासित होता है जो इसके पुद्‌गल में स्वतः अंतर्निहित रहते हैं–अर्थात्, जो उस पर किसी बाह्य अति-प्राकृतिक शक्ति द्वारा आरोपित नहीं किए जाते। इस ब्रह्माण्ड में जिन वस्तुओं का अस्तित्व है और इसमें जो घटनाएँ घटित होती हैं, वे इन्हीं अनुल्लंघनीय प्राकृतिक नियमों के ही अनिवार्य परिणाम हैं, अतः इनकी व्याख्या के लिए ईश्वर या किसी अन्य दैवी शक्ति को स्वीकार करने की आवश्यकता नहीं है। वस्तुतः स्वभाववाद के समर्थकों का निश्चित मत है कि ऐसी किसी अति-प्राकृतिक शक्ति का अस्तित्व ही नहीं है जो इन अनिवार्य प्राकृतिक नियमों

में हस्तक्षेप कर सके। उदाहरणार्थ, यदि कोई मनुष्य अग्नि में अपना हाथ डालता है अथवा उसे अग्नि में फेंक दिया जाता है तो वह अवश्य जलेगा, क्योंकि जलाना अग्नि का अनिवार्य स्वभाव है; कोई भी बाह्य अति-प्राकृतिक शक्ति इसके विपरीत परिणाम उत्पन्न नहीं कर सकती। यही बात अन्य समस्त प्राकृतिक वस्तुओं और घटनाओं के विषय में भी निश्चित रूप से कही जा सकती है। इस प्रकार यह स्पष्ट है कि स्वभाववाद के अनुसार संपूर्ण ब्रह्माण्ड पर अनिवार्यतः लागू होनेवाले प्राकृतिक नियमों के विरुद्ध आचरण करने तथा उनके विपरीत परिणाम प्राप्त करने की कोई संभावना नहीं है, अतः इसके लिए ईश्वर या किसी अन्य दैवी शक्ति से प्रार्थना करना निश्चय ही व्यर्थ है। इस सिद्धांत की यही आधारभूत मान्यता इसे पूर्णतः निरीश्वरवादी सिद्धांत बना देती है।

स्वभाववाद की उपर्युक्त व्याख्या को ध्यान में रखते हुए हम निश्चयपूर्वक यह कह सकते हैं कि यह पूर्णतः वैज्ञानिक सिद्धांत है, क्योंकि यह विश्व में अनिवार्य प्राकृतिक नियमों तथा कारण-कार्य-संबंध को अत्यधिक महत्त्व देता है। इस सिद्धांत के अनुसार, विश्व में जिस वस्तु का अस्तित्व है और इसमें जो घटना घटित होती है उसका कोई निश्चित प्राकृतिक कारण अवश्य होता है। इस विश्व में कोई भी वस्तु तथा घटना किसी निश्चित प्राकृतिक कारण के बिना संभव नहीं है। संपूर्ण विश्व अनिवार्य प्राकृतिक नियमों द्वारा ही शासित होता है, अतः किसी वस्तु या घटना के अकारण होने की कल्पना भी नहीं की जा सकती। स्वभाववाद की यह वैज्ञानिक मान्यता उसे एक अन्य निरीश्वरवादी सिद्धांत, यदृच्छावाद से पृथक् करती है। ये दोनों सिद्धांत ईश्वर या किसी अन्य अति-प्राकृतिक शक्ति को किसी वस्तु अथवा घटना के कारण के रूप में स्वीकार नहीं करते और यही तथ्य इन्हें समान रूप से निरीश्वरवादी सिद्धांत बना देता है। परंतु इस समानता के होते हुए भी स्वभाववाद और यदृच्छावाद में आधारभूत अंतर है जिसे समझ लेना आवश्यक है। स्वभाववाद के विपरीत यदृच्छावाद विश्व में कारण-कार्य-संबंध को स्वीकार नहीं करता। इस सिद्धांत के अनुसार, विश्व में जो कुछ भी होता है वह आकस्मिक अथवा संयोगवश ही होता है; उसका कोई निश्चित कारण नहीं होता। इसका तात्पर्य यह है कि हम किसी घटना के विषय में कभी भी कोई भविष्यवाणी नहीं कर सकते, क्योंकि सभी घटनाएँ केवल संयोग का ही परिणाम होती हैं। विश्व में कोई नियमितता अथवा एकरूपता नहीं है। यदृच्छावाद के समर्थकों का विचार है कि वस्तुओं तथा घटनाओं में कारण-कार्य-संबंध को स्वीकार करने के लिए हमारे पास कोई विश्वसनीय आधार नहीं है, क्योंकि इस संबंध को किसी प्रमाण द्वारा सिद्ध नहीं किया जा सकता। इसका अर्थ यह है कि संसार में यदृच्छा अथवा संयोग के परिणामस्वरूप कहीं भी, कभी भी, कुछ भी हो सकता है; कारण-कार्य-संबंध के आधार पर हम उसकी कोई व्याख्या नहीं कर सकते। मनुष्य का जन्म, शैशव, यौवन, जरा, मरण—ये सब संयोग के ही परिणाम हैं। इस प्रकार वस्तुओं तथा घटनाओं में कारण-कार्य-संबंध को अस्वीकार करके यदृच्छावाद के समर्थक यह मान लेते हैं कि विश्व में प्राकृतिक नियमों के शासन के स्थान पर सर्वत्र अराजकता है, अतः उनके इस सिद्धांत को निश्चय ही 'वैज्ञानिक सिद्धांत' नहीं कहा जा सकता।

परंतु, जैसा कि हम ऊपर बता चुके हैं, यदृच्छावाद के विपरीत स्वभाववाद पूर्ण रूप से वैज्ञानिक सिद्धांत है, क्योंकि वह कारण-कार्य-संबंध के आधार पर विश्व में सर्वत्र अनिवार्य प्राकृतिक नियमों के शासन को स्वीकार करता है। वस्तुतः प्राचीन भारतीय विचारकों ने 'स्वभाव' शब्द का प्रयोग 'किसी वस्तु की प्रकृति' के साथ-साथ 'प्राकृतिक नियम' के अर्थ में भी किया है। संसार में सर्वत्र प्राकृतिक नियमों के शासन को पूर्णतः स्वीकार करने के कारण ही स्वभाववाद के समर्थक इसमें अति-प्राकृतिक कारणों की संभावना का निषेध करते हैं। उनका मत है कि हम प्राकृतिक कारणों के आधार पर विश्व की समस्त वस्तुओं और घटनाओं की समुचित व्याख्या कर सकते हैं, अतः इसके लिए अति-प्राकृतिक कारणों को स्वीकार करने की कोई आवश्यकता नहीं है। स्वभाववाद की इस आधारभूत वैज्ञानिक मान्यता को ध्यान में रखते हुए यह कहा जा सकता है कि प्राचीन भारतीय दार्शनिकों का यह सिद्धांत वस्तुतः आधुनिक प्रकृतिवाद ही है जिसकी विस्तृत विवेचना हम दूसरे अध्याय में कर चुके हैं। स्वभाववाद तथा प्रकृतिवाद की मान्यताओं में कोई मूल भेद नहीं है, अतः इन दोनों सिद्धांतों को एक ही माना जा सकता है।

जिस प्रकार आधुनिक युग में प्रकृतिवाद तथा ईश्वरवाद में सतत् संघर्ष दिखाई देता है उसी प्रकार प्राचीन काल में स्वभाववाद और ईश्वरवाद में भी निरंतर संघर्ष होता रहा है। भारतीय दर्शन में इन दोनों परस्पर विरोधी सिद्धांतों में होनेवाले इस संघर्ष की व्याख्या करते हुए डी.पी. चट्टोपाध्याय ने लिखा है : "यहाँ हमारी रुचि प्राचीन भारत में हुए इस संघर्ष में है। ईश्वरवाद तथा स्वभाववाद में जो संघर्ष हुआ उसमें हमें इस संघर्ष के प्राचीनतम रूपों में से एक रूप की झलक मिलती है। यह संघर्ष कम-से-कम ईसा पूर्व छठी शताब्दी के समय का है। इसका स्पष्ट प्रमाण हमें 'श्वेताश्वतर उपनिषद' में मिलता है जो बुद्ध से पहले का है। . . . इस विवाद की मुख्य बात बहुत स्पष्ट थी। इसका संबंध विश्व के निमित्त कारण के रूप में किसी अति-प्राकृतिक कर्ता को स्वीकार करने की आवश्यकता से था। ईश्वरवाद के समर्थन में इस उपनिषद के रचयिता ने यह तर्क दिया था कि ऐसे अति-प्राकृतिक कर्ता के अतिरिक्त अन्य किसी उपाय द्वारा विश्व की उत्पत्ति और इसमें विद्यमान वस्तुओं तथा घटित होनेवाली घटनाओं की व्याख्या नहीं की जा सकती। इसी कारण वह स्वभाववाद का खंडन करने के लिए विशेष रूप से उत्सुक था जो प्रत्येक वस्तु को स्वयं प्रकृति में विद्यमान अपनी अंतर्निहित शक्ति के परिणामस्वरूप उत्पन्न मानता था।"[14] इस उद्धरण से स्पष्ट है कि चट्टोपाध्याय के मतानुसार, ईश्वरवाद के विपरीत स्वभाववाद विश्व की उत्पत्ति की व्याख्या वैज्ञानिक पद्धति के आधार पर ही करता है, अतः इन सिद्धांतों में संघर्ष का होना अनिवार्य है। वस्तुतः वे प्राचीन भारतीय दर्शन के इन दोनों सिद्धांतों में होनेवाले इस संघर्ष को उसी प्रकार का संघर्ष मानते हैं जिस प्रकार का संघर्ष आधुनिक युग में धर्म तथा विज्ञान में दिखाई देता है।

अब विचारणीय प्रश्न यह है कि वे कौन-से भारतीय दर्शन हैं जिन्होंने ईश्वरवाद के विरुद्ध इस वैज्ञानिक सिद्धांत, स्वभाववाद का समर्थन किया है। इस प्रश्न के उत्तर

14. डी.पी. चट्टोपाध्याय, 'इंडियन ऐथीइज़्म', पृ. 56-57.

में यह कहा जा सकता है कि प्रारंभ में स्वभाववाद एक स्वतंत्र सिद्धांत था जिसका किसी विशेष दर्शन के साथ अनिवार्य संबंध नहीं था। इस सिद्धांत के प्रणेता कारण-कार्य-संबंध तथा वस्तुओं के स्वभाव अथवा उनकी प्रकृति के आधार पर विश्व की उत्पत्ति और उसके विकास की व्याख्या करते थे, अतः वे किसी विशेष दर्शन के अनुयायी नहीं थे। परंतु कालांतर में कुछ भारतीय दर्शनों ने स्वयं अपने सिद्धांतों की पुष्टि के लिए स्वभाववाद को स्वीकार कर लिया। इन दर्शनों में लोकायत अथवा चार्वाक और सांख्य के नाम विशेष रूप से उल्लेखनीय हैं। इस प्रकार स्वभाववाद को मुख्यतः उन दर्शनों ने स्वीकार किया जो ईश्वरवाद की इस मान्यता के विरुद्ध थे कि ईश्वर ने ही इस जगत् की रचना की है। केवल भौतिकवाद में विश्वास करने के कारण चार्वाक दर्शन को अपनी आधारभूत मान्यताओं की पुष्टि के लिए यह सिद्धांत विशेष रूप से उपर्युक्त प्रतीत हुआ। यही कारण है कि इस दर्शन के समर्थकों ने स्वभाववाद को पूर्णतः स्वीकार किया है। इसी तथ्य का उल्लेख करते हुए गोपीनाथ कविराज ने कहा है : "प्राचीन भारत में स्वभाववाद के प्रबलतम रूप के सबसे पहले प्रतिनिधि वे स्वतंत्र विचारक थे जिन्हें प्रारंभ में लोकायत कहा जाता था किंतु बाद में जिन्हें चार्वाक के नाम से ही अधिक जाना जाने लगा।"[15]

चार्वाक दर्शन की भाँति सांख्य दर्शन के समर्थक भी स्वभाववाद में विश्वास करते थे। सांख्य के संबंध में इस तथ्य को प्रायः अधिकतर विद्वान स्वीकार नहीं करते, किंतु कुछ विद्वानों ने इसका विशेष रूप से उल्लेख किया है। उदाहरणार्थ, इस संबंध में गोपीनाथ कविराज स्पष्ट कहते हैं : "निमित्त कारण की उत्पादक शक्ति को अस्वीकार करते हुए और पुद्गल को स्वयं अपने स्वभाव द्वारा कार्य के लिए गतिशील मानते हुए सांख्य भी स्वभाववाद की ओर ही प्रवृत्त होता है।"[16] वस्तुतः सांख्य द्वारा स्वभाववाद को स्वीकार करने का मुख्य कारण यह था कि इस दर्शन के अनुसार ईश्वर या किसी अन्य दैवी शक्ति की सहायता के बिना ही संपूर्ण विश्व का विकास प्रकृति–जो पुद्गल का मूल रूप है–से स्वतः होता है। इस तथ्य को स्पष्ट करने के लिए सांख्य ने बछड़े के पोषण हेतु गाय के थनों से बिना किसी प्रयास के स्वतः दूध के निकलने का उदाहरण दिया है। सांख्य के इस उदाहरण की व्याख्या करते हुए शंकर ने लिखा है : "जिस प्रकार घास, पत्ते, पानी आदि बिना किसी अन्य कारण के, केवल अपने स्वभाव द्वारा, दूध में परिवर्तित हो जाते हैं, उसी प्रकार हम यह मानते हैं कि प्रकृति भी स्वतः ही महत् आदि में परिणत हो जाती है।"[17] इन उदाहरणों से यह स्पष्ट है कि चार्वाक दर्शन की भाँति सांख्य दर्शन भी विश्व की उत्पत्ति और विकास के लिए ईश्वरवाद के स्थान पर स्वभाववाद को ही स्वीकार करता है।

'ऋग्वेद' तथा कुछ उपनिषदों में निरीश्वरवाद के विकास की आधार-भूमि को स्पष्ट करने के पश्चात अब इस प्रश्न पर विचार करना आवश्यक है कि विभिन्न भारतीय दर्शनों में निरीश्वरवाद की क्या स्थिति है। हम पहले ही यह बता चुके हैं

15. गोपीनाथ कविराज, 'सरस्वती भवन स्टडीज़', पृ. 95.
16. वही पुस्तक, पृ. 110.
17. शंकराचार्य, 'ब्रह्म-सूत्र', 2, 2, 5.

कि चार्वाक, जैन, बौद्ध सांख्य और मीमांसा निरीश्वरवादी दर्शन हैं। इन दर्शनों में विद्यमान निरीश्वरवाद की विस्तृत विवेचना हम इस पुस्तक के अगले अध्यायों में करेंगे। यहाँ संक्षेप में यह स्पष्ट कर देना आवश्यक है कि सामान्यतः ईश्वरवादी माने जानेवाले न्याय, वैशेषिक, योग तथा वेदांत में भी कुछ सीमा तक निरीश्वरवाद के तत्त्व विद्यमान हैं।

यह सत्य है कि भारतीय दर्शन में न्याय और वैशेषिक दर्शनों के परवर्ती विचारकों ने ईश्वरवाद का प्रबल समर्थन किया है। मुख्यतः इन ईश्वरवादी विचारकों ने ही ईश्वर के अस्तित्व के लिए अनेक प्रमाण प्रस्तुत किए हैं और उसके अस्तित्व के विरुद्ध निरीश्वरवादी दार्शनिकों द्वारा दिए गए तर्कों का खंडन करने का प्रयास किया है। परंतु यहाँ यह उल्लेखनीय है कि अपने मूल रूप में न्याय और वैशेषिक, ये दोनों दर्शन वस्तुतः निरीश्वरवादी थे; इन दोनों दर्शनों के प्रमुख प्रणेताओं–क्रमशः गौतम तथा कणाद–ने जगत् की उत्पत्ति एवं विकास के लिए ईश्वर को कोई स्थान नहीं दिया। इसके अतिरिक्त वे यह भी नहीं मानते थे कि वेदों का रचयिता ईश्वर है–जैसा कि इन दर्शनों के परवर्ती विचारकों का निश्चित मत है। 'न्याय-सूत्र', (2, 1, 68) में कहा गया है कि वेदों के रचयिता महान ऋषि थे, ईश्वर नहीं। इसी प्रकार, 'वैशेषिक सूत्र', (2, 1, 18, 4, 5, 1-4) में भी ईश्वर के स्थान पर अतींद्रिय वस्तुओं और समस्त तथ्यों के ज्ञाता, महान ऋषियों को ही वेदों का रचयिता बताया गया है। इससे स्पष्ट है कि इन दोनों दर्शनों के प्रवर्तक वेदों को न तो अपौरुषेय मानते थे और न ईश्वर द्वारा रचित। इन दर्शनों से संबंधित उपर्युक्त तथ्यों के कारण ही अनेक विद्वानों ने गौतम के 'न्याय-सूत्र' और कणाद के 'वैशेषिक सूत्र' को मूलतः निरीश्वरवादी कृतियों के रूप में स्वीकार किया है। उदाहरणार्थ, न्याय और वैशेषिक को मूल रूप में निरीश्वरवादी दर्शन बताते हुए आर. गार्वे ने लिखा है : "इन दोनों दर्शनों की मूल कृतियाँ–वैशेषिक तथा न्याय-सूत्र–ईश्वर के अस्तित्व को स्वीकार नहीं करती थीं; ये दोनों दर्शन बाद में ही ईश्वरवाद में परिवर्तित हो गए, यद्यपि इनमें से किसी ने भी पुद्गल के किसी रचयिता को कभी स्वीकार नहीं किया।"[18]

इसी प्रकार, प्रारंभिक रूप में न्याय-वैशेषिक को निरीश्वरवादी दर्शन मानते हुए डी.पी. चट्टोपाध्याय कहते हैं : "वेदों की आधिकारिकता से संबंधित विचार-विमर्श में न तो 'न्याय-सूत्र' में और न ही 'वैशेषिक सूत्र' में ईश्वर का कोई उल्लेख किया गया है। . . . न्याय-वैशेषिक के परवर्ती आचार्यों ने बड़ी दृढ़ता से यह तर्क दिया है कि वेदों की आधिकारिकता केवल ईश्वर की अधिकारिकता से ही प्राप्त की जा सकती है। परंतु इस दर्शन की मूल कृतियों ने ईश्वर को वेदों का रचयिता मानने से संबंधित ऐसा कोई तर्क नहीं दिया है। . . . वस्तुतः . . . न्याय-वैशेषिक का परमाणुवाद अपने मूल रूप में संभवतः उतना ही निरीश्वरवादी रहा होगा जितना प्राचीन यूनान का परमाणुवादी दर्शन था।"[19]

18. आर. गार्वे, 'फ़िलॉसॉफ़ी ऑफ़ ऐंशियेंट इंडिया', पृ. 23.
19. डी.पी. चट्टोपाध्याय, 'इंडियन एथीइज़्म : ए मार्क्सिस्ट ऐनालिसिस', पृ. 27-29.

उपर्युक्त दोनों विद्वानों की भाँति राधाकृष्णन भी न्याय और वैशेषिक को उनके मूल रूप में निरीश्वरवादी दर्शन ही मानते हैं। स्वयं ईश्वरवादी विचारक होते हुए भी उन्होंने स्पष्ट रूप से इस तथ्य को स्वीकार किया है कि अपने प्रारंभिक रूप में ये दोनों दर्शन ईश्वर के अस्तित्व में विश्वास नहीं करते थे। इस संबंध में उनका कथन है : " 'न्याय-सूत्र' में हमें ईश्वर का केवल आकस्मिक या अनियमित वर्णन ही मिलता है जिससे इस संदेह की पुष्टि होती है कि न्याय का प्राचीन सिद्धांत ईश्वरवादी नहीं था। . . . कणाद का 'वैशेषिक सूत्र' स्पष्ट रूप से ईश्वर का उल्लेख नहीं करता। वे अदृष्ट के सिद्धांत को ही परमाणुओं तथा आत्माओं की मूल क्रियाओं का कारण मानते हैं। कभी-कभी यह कहा जाता है कि वैशेषिक सूत्रों (2, 1, 18-19) में ईश्वर के अस्तित्व के लिए प्रमाण प्रस्तुत किए गए हैं, किंतु इस मत को स्वीकार करना कठिन है। ऐसा प्रतीत होता है कि कणाद अदृष्ट के सिद्धांत के आधार पर ब्रह्माण्ड की व्याख्या से संतुष्ट थे, परंतु उनके अनुयायियों ने यह अनुभव किया कि अदृष्ट का सिद्धांत बहुत अस्पष्ट तथा अनाध्यात्मिक है और उन्होंने उसे ईश्वर की इच्छा पर निर्भर मान लिया।"[20] इन सभी उदाहरणों से यह पूर्णतः स्पष्ट है कि अपने मूल रूप में न्याय और वैशेषिक वस्तुतः निरीश्वरवादी दर्शन ही थे, किंतु इन दर्शनों के परवर्ती आचार्यों ने बाद में इन दोनों दर्शनों में ईश्वरवाद का समावेश किया। यह आश्चर्य की बात है कि ऐसा करते हुए इन आचार्यों ने उक्त दर्शनों के मूल रूप की पूर्णतः उपेक्षा की है जिसे अनुचित ही माना जाएगा।

यहाँ इस महत्त्वपूर्ण तथ्य का भी उल्लेख कर देना आवश्यक है कि इन परवर्ती आचार्यों ने जिस ईश्वर को स्वीकार किया है वह असीम और सर्वशक्तिमान नहीं है। जैसा कि हम प्रथम अध्याय में सविस्तार स्पष्ट कर चुके हैं, न्याय तथा वैशेषिक द्वारा मान्य ईश्वर जगत् की रचना के लिए दिक्, काल, आकाश, मनस्, आत्मा, परमाणु आदि ऐसे द्रव्यों पर निर्भर है जो उसके समान ही शाश्वत हैं और जिन्हें उसने उत्पन्न नहीं किया है। फिर ईश्वर अदृष्ट के कार्य में भी किसी प्रकार का हस्तक्षेप नहीं कर सकता। यह समझना कठिन नहीं है कि ऐसे ईश्वर को वास्तव में असीम तथा सर्वशक्तिमान नहीं माना जा सकता। इस प्रकार यह स्पष्ट है कि परवर्ती न्याय और वैशेषिक दर्शनों का ईश्वर वस्तुतः वह ईश्वर नहीं है जिसमें सामान्य ईश्वरवादी धर्म-परायण व्यक्ति विश्वास करते हैं।

योग दर्शन के प्रवर्तक पतंजलि ने अपने इस दर्शन में ईश्वर को जो स्थान दिया है उसका दार्शनिक दृष्टि से कोई विशेष महत्त्व नहीं है। पतंजलि ने जिस रूप में ईश्वर का वर्णन किया है उस रूप में वह योग दर्शन का अनिवार्य भाग न होकर बाह्यारोपित ही प्रतीत होता है, क्योंकि वह इस दर्शन के अन्य मूल सिद्धांतों के साथ व्यवस्थित रूप से संबद्ध नहीं है। वस्तुतः यदि योग दर्शन से ईश्वर को हटा लिया जाए तो उसके अन्य मूल सिद्धांतों पर इसका कोई विशेष प्रभाव नहीं पड़ेगा। सांख्य की भाँति योग भी पुरुष और प्रकृति दोनों को शाश्वत मानता है जिन्हें ईश्वर ने उत्पन्न नहीं किया, अतः इस दर्शन के अनुसार ईश्वर जगत् का रचयिता नहीं है। चित्त-वृत्ति-निरोध के

20. सर्वपल्ली राधाकृष्णन, 'इंडियन फ़िलॉसॉफ़ी', खंड 2, पृ. 165, 225.

फलस्वरूप प्राप्त होनेवाली योग-सिद्धि के लिए भी ईश्वर को अनिवार्य नहीं माना गया है। योग द्वारा मान्य मानव-जीवन के चरम लक्ष्य, मोक्ष का भी ईश्वर के साथ कोई अनिवार्य संबंध नहीं है। मोक्ष के अन्य साधनों के अतिरिक्त ईश्वर-प्रणिधान अथवा ईश्वर-भक्ति भी उसका एक साधन मात्र है जिसका अर्थ यही है कि वह मोक्ष के लिए अनिवार्य नहीं है। मोक्ष-प्राप्ति की अवस्था में भी ईश्वर का कोई स्थान नहीं है, क्योंकि मोक्ष प्राप्त करने के पश्चात आत्मा न तो ईश्वर के समान हो जाती है और न ही वह उसमें विलीन होती है। इससे यह स्पष्ट है कि मोक्ष-प्राप्ति के लिए योग दर्शन ने ईश्वर को अधिक महत्त्व नहीं दिया है। फिर विश्व की रचना और विकास में तो ईश्वर का कोई स्थान ही नहीं है।

उपर्युक्त सभी तथ्यों को ध्यान में रखते हुए अनेक विद्वानों ने योग दर्शन के ईश्वर को उसके लिए तार्किक एवं दार्शनिक दृष्टि से अनावश्यक ही माना है। उदाहरणार्थ, योग दर्शन द्वारा स्वीकृत ईश्वर को इस दर्शन के साथ असंबद्ध और इसके लिए अनावश्यक बताते हुए राधाकृष्णन कहते हैं : "ईश्वरवाद पतंजलि के दर्शन का सुव्यवस्थित भाग नहीं है। व्यक्तित्वपूर्ण ईश्वर पतंजलि के व्यावहारिक उद्देश्यों की ही पूर्ति करता है और वे अपने आप को ईश्वरवाद के सैद्धांतिक हितों के साथ संबद्ध नहीं मानते। . . . ईश्वर जगत् का रचयिता नहीं है, क्योंकि परम दयालु ईश्वर दुःख से भरे हुए जगत् की रचना नहीं कर सकता था। . . . योग दर्शन का व्यक्तित्वसंपन्न ईश्वर इसके अन्य सिद्धांतों के साथ बहुत शिथिल और अव्यवस्थित रूप से ही संबद्ध है। मानव-जीवन का चरम लक्ष्य, मोक्ष ईश्वर के साथ तादात्म्य न होकर पुरुष तथा प्रकृति का पूर्ण वैभिन्य है। ईश्वर-भक्ति मोक्ष प्राप्त न करने के अन्य अनेक साधनों में से केवल एक साधन है। ईश्वर केवल पुरुष-विशेष है और वह जगत् का रचयिता तथा संरक्षक नहीं है। वह मनुष्यों को उनके कर्मों के लिए पुरस्कृत या दंडित नहीं करता। . . . ईश्वर की ऐसी अवधारणा निश्चय ही असंतोषप्रद है, और हम यह कहे बिना नहीं रह सकते कि योग दर्शन ने केवल लोकप्रिय बने रहने तथा जनसाधारण को अपनी ओर आकृष्ट करने के लिए ही ईश्वर की अवधारणा को स्वीकार किया है। जो व्यक्ति सांख्य के विश्व संबंधी सिद्धांत तथा योग-पद्धति का प्रचार करने के लिए उत्सुक थे उन्हें मनुष्य की ईश्वर संबंधी प्रवृत्ति को संतुष्ट किए बिना अपने विचारों का प्रसार संभवतः कठिन प्रतीत हुआ।"[21] इस उद्धरण से यह स्पष्ट है कि राधाकृष्णन के अनुसार योग दर्शन का ईश्वर उसका अपरिहार्य अंग न होने के कारण वास्तव में उसके लिए अनिवार्य नहीं है।

एक अन्य विद्वान, आर. गार्बे ने भी योग दर्शन के ईश्वर के संबंध में अपना यही मत व्यक्त किया है। उनका कथन है : "योग द्वारा सांख्य में व्यक्तित्वपूर्ण ईश्वर की अवधारणा को समाविष्ट करने का उद्देश्य केवल ईश्वरवादियों को संतुष्ट करना और सांख्य के विश्व संबंधी सिद्धांत के प्रसार को सुगम बनाना ही था। ईश्वर का विचार योग दर्शन के साथ अपरिहार्य रूप से संबद्ध नहीं है, अपितु उसे इस दर्शन में शिथिल या अव्यवस्थित रूप से समाविष्ट कर दिया गया है। योग-सूत्र में ईश्वर को प्रस्तुत

21. वही पुस्तक, पृ. 369, 371.

करनेवाले अनुच्छेद इस दर्शन से असंबद्ध और वास्तव में इसके विचारों तथा उद्देश्य के प्रत्यक्षतः विरोधी हैं। ईश्वर न तो जगत् को उत्पन्न करता है और न ही वह उस पर शासन करता है। वह मनुष्यों को उनके कर्मों के लिए पुरस्कृत या दंडित नहीं करता और मनुष्य उसके साथ तादात्म्य को अपने जीवन का चरम लक्ष्य नहीं मानते। ईश्वर केवल पुरुष-विशेष है जो उसके समान ही शाश्वत अन्य आत्माओं से मूलतः भिन्न नहीं है। . . . यह स्पष्ट है कि हम 'ईश्वर' शब्द का जो अर्थ समझते हैं उस अर्थ में यह ईश्वर नहीं है। . . . यदि प्रमाण की कोई आवश्यकता है तो इन विचारों से निश्चय ही यह सिद्ध होता है कि वास्तविक सांख्य-योग में व्यक्तित्वपूर्ण ईश्वर के लिए कोई स्थान नहीं है।"[22] इस प्रकार राधाकृष्णन की भाँति गार्वे भी तार्किक दृष्टि से योग दर्शन में ईश्वर के महत्त्व को स्वीकार नहीं करते। इन दोनों विद्वानों के अतिरिक्त अन्य अनेक विद्वानों का भी योग द्वारा स्वीकृत ईश्वर के विषय में लगभग यही विचार है। ऐसी स्थिति में योग दर्शन को वास्तविक अर्थ में ईश्वरवादी दर्शन मानना बहुत कठिन प्रतीत होता है।

अब अंत में निरीश्वरवाद की दृष्टि से वेदांत की स्थिति पर विचार करना आवश्यक है। सामान्यतः न्याय-वैशेषिक तथा योग की भाँति वेदांत को भी ईश्वरवादी दर्शन माना जाता है। हम प्रथम अध्याय में सविस्तार यह बता चुके हैं कि अद्वैतवाद और विशिष्टाद्वैतवाद के प्रणेता क्रमशः शंकर तथा रामानुज दोनों ईश्वर के अस्तित्व में विश्वास करते हैं। इन दो प्रमुख आचार्यों के अतिरिक्त वल्लभ, निंबार्क, मध्व आदि वेदांत के अन्य आचार्यों ने भी ईश्वर के अस्तित्व को स्वीकार किया है। यही कारण है कि सामान्यतः विद्वानों ने वेदांत को ईश्वरवादी दर्शन माना है। परंतु जहाँ तक शंकर के अद्वैत वेदांत का संबंध है, उसे वास्तविक अर्थ में ईश्वरवादी दर्शन मानना युक्तिसंगत प्रतीत नहीं होता। इसका कारण यह है कि शंकर के मतानुसार, पारमार्थिक दृष्टि से केवल निर्गुण, निराकार एवं निर्विशेष ब्रह्म की ही सत्ता है और ईश्वर, जगत् तथा जीव माया अथवा अविद्या से उत्पन्न उसकी मिथ्या प्रतीतियाँ मात्र हैं जिनकी अपनी कोई स्वतंत्र सत्ता नहीं है। दूसरे शब्दों में, पारमार्थिक सत्ता की दृष्टि से इन तीनों की स्थिति समान है–अर्थात्, इस दृष्टि से मायोपाधिक ईश्वर भी उसी प्रकार मिथ्या है जिस प्रकार जीव और जगत्।

उपर्युक्त तथ्य की व्याख्या करते हुए एन.वी. बैनर्जी ने लिखा है : "शंकर के विचार में ईश्वर, जगत् तथा जीवों की एक ही सत्तात्मक स्थिति है, क्योंकि ये सभी समान रूप से व्यावहारिक दृष्टि से यथार्थ अथवा सत्य हैं, किंतु पारमार्थिक दृष्टि से निर्गुण ब्रह्म की मिथ्या प्रतीतियाँ मात्र होने के कारण अयथार्थ हैं।"[23] इस प्रकार शंकर केवल व्यावहारिक दृष्टि से ही ईश्वर की सत्ता को स्वीकार करते हैं जिसका अर्थ यही है कि पारमार्थिक दृष्टि से वास्तव में उसका अस्तित्व नहीं है। इसके अतिरिक्त उनके अनुसार ईश्वर जगत् तथा जीवों का रचयिता भी नहीं है, क्योंकि ईश्वर के समान ही ये दोनों भी पारमार्थिक दृष्टि से मिथ्या हैं और इनका भी वास्तविक अस्तित्व

22. आर. गार्वे, 'ऐन्साइक्लोपीडिया ऑफ़ रिलिजन ऐंड ऐथिक्स', खंड 12, पृ. 831-832.

23. एन.वी. बैनर्जी, 'दि स्पिरिट ऑफ़ इंडियन फ़िलॉसाफ़ी', पृ. 322.

नहीं है। इस तथ्य को ध्यान में रखते हुए हम यह कह सकते हैं कि शंकर के विचार में ईश्वर को जगत् और जीवों का रचयिता मानना पारमार्थिक दृष्टि से पूर्णतः निरर्थक है। इसका कारण यह है कि एक मिथ्या वस्तु द्वारा दूसरी मिथ्या वस्तुओं को उत्पन्न करने का विचार निश्चय ही सार्थक और बोधगम्य नहीं हो सकता। इन सभी तथ्यों से यह स्पष्ट है कि शंकर सामान्य अर्थ में ईश्वरवाद का समर्थन नहीं करते, अतः उनके दर्शन को सामान्यतः प्रचलित अर्थ में 'ईश्वरवादी दर्शन' कहना उचित नहीं होगा।

इस दृष्टि से शंकर के अद्वैत वेदांत की व्याख्या करते हुए डी.पी. चट्टोपाध्याय ने ठीक ही कहा है : "यद्यपि वेदांत के अन्य संप्रदायों ने पूर्णतः भारतीय अर्थ में ईश्वर को स्वीकार किया–अर्थात्, उसे जगत् का रचयिता और कर्माध्यक्ष या नैतिक प्रशासक माना, अद्वैत वेदांत ने ऐसा करने से इन्कार कर दिया। इस दर्शन में जगत् को मिथ्या माना जाता है, अतः उसकी वास्तविक उत्पत्ति होने का प्रश्न ही नहीं उठ सकता था। यही वेदांत का प्रसिद्ध मत है जिसे अजातवाद कहा जाता है–अर्थात्, यह सिद्धांत कि जगत् कभी उत्पन्न ही नहीं हुआ। इसलिए ऐसे अस्तित्वरहित जगत् के वास्तविक रचयिता और नैतिक प्रशासक को स्वीकार करने का कोई कारण ही नहीं था। . . . अद्वैत वेदांत के अनुसार, ईश्वर माया अथवा अविद्या से उत्पन्न भ्रम या मिथ्या प्रतीति के अतिरिक्त और कुछ नहीं है।"[24] इस प्रकार यह स्पष्ट है कि व्यावहारिक दृष्टि से ईश्वर तथा उसमें आरोपित किए जानेवाले समस्त महान सद्गुणों को पूर्णतः स्वीकार करते हुए भी शंकर ने पारमार्थिक दृष्टि से उसे माया के फलस्वरूप उत्पन्न केवल एक ऐसी मिथ्या प्रतीति माना है जिसका कोई वास्तविक एवं स्वतंत्र अस्तित्व नहीं है और इसी कारण जिसकी पूजा अथवा उपासना करने का प्रश्न ही नहीं उठता। ऐसी स्थिति में उनके अद्वैत वेदांत को सामान्य अर्थ में निश्चय ही ईश्वरवादी दर्शन नहीं माना जा सकता। परंतु इसके साथ ही हमें यह भी स्वीकार करना पड़ेगा कि वह वास्तविक अर्थ में निरीश्वरवादी दर्शन भी नहीं है। इसी कारण डी.पी. चट्टोपाध्याय ने शंकर के अद्वैत वेदांत को 'अति-ईश्वरवाद' अथवा 'सुपर-थीइज़्म' की संज्ञा दी है।[25]

वेदांत दर्शन के दूसरे प्रमुख आचार्य, रामानुज के विशिष्टाद्वैतवाद को प्रचलित सामान्य अर्थ में ईश्वरवादी दर्शन माना जा सकता है, क्योंकि शंकर के विपरीत वे ईश्वर को वास्तविक, स्वतंत्र तथा एकमात्र अंतिम सत्ता के रूप में स्वीकार करते हैं और उसे ही जगत् का रचयिता, संरक्षक एवं कर्माध्यक्ष अथवा नैतिक प्रशासक भी मानते हैं। उनके इस ईश्वरवाद की विस्तृत विवेचना हम प्रथम अध्याय में कर चुके हैं, अतः यहाँ इतना कह देना ही पर्याप्त होगा कि उनका दर्शन वास्तविक अर्थ में ईश्वरवादी दर्शन है। परंतु रामानुज का यह ईश्वरवाद किसी प्रकार के तर्कों या प्रमाणों पर आधारित नहीं है। इसका कारण यह है कि वे श्रुति–अर्थात्, वेदों तथा उपनिषदों–को ही ईश्वर के अस्तित्व का एकमात्र विश्वसनीय प्रमाण मानते हैं। शंकर की भाँति उन्होंने भी स्पष्टतः यह स्वीकार किया है कि तर्कों अथवा युक्तियों द्वारा

24. डी.पी. चट्टोपाध्याय, 'इंडियन एथीइज़्म : ए मार्क्सिस्ट ऐनालिसिस', पृ. 24-26.

25. देखिए, वही पुस्तक, पृ. 25.

ईश्वर की सत्ता को सिद्ध नहीं किया जा सकता। इतना ही नहीं, रामानुज ने न्याय-वैशेषिक के परवर्ती आचार्यों द्वारा ईश्वर के अस्तित्व के लिए प्रस्तुत किए गए प्रमाणों का अनेक तर्कों के आधार पर खंडन भी किया है।[26] उदाहरणार्थ, ईश्वर को जगत् का रचयिता मानने के विरुद्ध उनका एक निम्नलिखित तर्क यहाँ प्रस्तुत है। जैसा कि हम प्रथम अध्याय में बता चुके हैं, न्याय-वैशेषिक के परवर्ती विचारकों ने यह तर्क दिया है कि जिस वस्तु (यथा, घड़ा, कपड़ा आदि) के अनेक भाग होते हैं, उसका कोई कर्ता या निर्माता (जैसे, कुम्हार, जुलाहा आदि) अवश्य होता है; विभिन्न परमाणुओं के संयोग से निर्मित इस जगत् के भी बहुत-से भाग हैं, अतः इसका भी कोई कर्ता अथवा रचयिता अवश्य होना चाहिए और वह सर्वज्ञ तथा सर्वशक्तिमान ईश्वर ही है।

परवर्ती न्याय-वैशेषिक के आचार्यों की उपर्युक्त प्रसिद्ध युक्ति के विरुद्ध रामानुज ने यह प्रश्न उठाया है कि क्या मनुष्यों की भाँति ईश्वर भी शरीरवान प्राणी है। यदि ईश्वर को शरीरवान माना जाए तो उसकी रचना के लिए किसी अन्य शरीरयुक्त प्राणी के अस्तित्व को स्वीकार करना पड़ेगा और इस क्रम की यह शृंखला कभी समाप्त नहीं होगी जिसके फलस्वरूप अनवस्था-दोष उत्पन्न हो जाएगा। इसी कारण ईश्वरवादी विचारक ईश्वर को अशरीरी अथवा शरीररहित सत्ता ही मानते हैं। परंतु कोई भी अशरीरी सत्ता किसी प्रकार का कार्य नहीं कर सकती, क्योंकि शरीर के अभाव में किसी के लिए कोई कार्य करना संभव ही नहीं है। इसका अर्थ यही है कि अशरीरी ईश्वर जगत् की रचना का कार्य नहीं कर सकता। इस कठिनाई से बचने के लिए यदि ईश्वर को शरीरवान मान लिया जाए तो फिर यह प्रश्न उठेगा कि उसका यह शरीर अनित्य है या नित्य। यदि ईश्वर का शरीर अनित्य है तो उसका कोई शरीरवान रचयिता अवश्य होगा तथा इस रचयिता का कोई अन्य शरीरयुक्त रचयिता होगा और इस क्रम की अनंत शृंखला के कारण हम पुनः अनवस्था-दोष में फँस जाएँगे। यदि ईश्वर के शरीर को नित्य या शाश्वत माना जाए तो इसका अर्थ यह होगा कि अनेक भागों में निर्मित वस्तु भी नित्य हो सकती है। ऐसी स्थिति में जगत् को भी नित्य माना जा सकता है और तब उसके रचयिता के रूप में ईश्वर की कोई आवश्यकता ही नहीं रह जाती। स्पष्ट है कि ईश्वर को, चाहे शरीरवान माना जाए या शरीररहित, दोनों ही स्थितियों में उसे तर्कसंगत रूप से जगत् का रचयिता सिद्ध नहीं किया जा सकता। इस प्रकार अपने उपर्युक्त तर्क के आधार पर रामानुज ने यह प्रमाणित किया है कि युक्तियों द्वारा ईश्वर को जगत् का रचयिता सिद्ध करना संभव नहीं है। हम अगले अध्यायों में देखेंगे कि ईश्वर को जगत् का रचयिता मानने के विरुद्ध अनेक निरीश्वरवादी दार्शनिकों ने भी यह तर्क दिया है। यहाँ इतना कह देना ही आवश्यक है कि शंकर तथा रामानुज की भाँति वेदांत दर्शन के अन्य अनेक आचार्यों ने भी ईश्वर को तर्कों अथवा युक्तियों से परे मानकर केवल श्रुति के आधार पर उसका अस्तित्व स्वीकार किया है। परंतु उनकी इस मान्यता द्वारा सांख्य का यह मत सत्य प्रमाणित होता है कि ईश्वर के अस्तित्व को सिद्ध नहीं किया जा सकता और यह विचार

26. देखिए, रामानुज, 'श्रीभाष्य', 1, 1-3.

निरीश्वरवाद का प्रमुख आधार है। ऐसी स्थिति में संभवतः यह कहना अनुचित न होगा कि वेदांत दर्शन में भी कुछ सीमा तक निरीश्वरवाद की संभावना विद्यमान है।

भारतीय दर्शन में निरीश्वरवाद के विकास से संबंधित उपर्युक्त संपूर्ण विवेचन से यह स्पष्ट है कि भारत के दार्शनिक जगत् में ईश्वरवाद की स्थिति निरीश्वरवाद की तुलना में बहुत दुर्बल रही है। हम देख चुके हैं कि वेदों में ईश्वर की वह अवधारणा उपलब्ध नहीं होती जिसमें सामान्यतः ईश्वरवादी विचारक और धर्मपरायण व्यक्ति विश्वास करते हैं। इससे ज्ञात होता है कि वैदिक ऋषि उस रूप में ईश्वर के अस्तित्व को संभवतः स्वीकार नहीं करते थे जिसका वर्णन न्याय-वैशेषिक के परवर्ती आचार्यों तथा वैष्णव दार्शनिकों ने किया है और जो आजकल जनसाधारण में सामान्यतः प्रचलित है। ईश्वर की जिस अवधारणा को ईश्वरवादी भारतीय दर्शन स्वीकार करते हैं उसका उदय शायद उपनिषद-काल में हुआ था। परंतु, जैसा कि हम ऊपर बता चुके हैं, उस युग में भी अनेक महान विचारक ईश्वर की इस अवधारणा का समर्थन नहीं करते थे। इसका अर्थ यही है कि उपनिषद-काल में भी ईश्वरवाद सर्वमान्य सिद्धांत नहीं था। जहाँ तक भारतीय दर्शनों का संबंध है, उनमें से बहुत कम दर्शन ही ईश्वरवाद में विश्वास करते हैं। जैसा कि पहले ही कहा गया है, चार्वाक, जैन, बौद्ध, सांख्य मीमांसा तथा मूल रूप में न्याय-वैशेषिक निरीश्वरवादी दर्शन् हैं और योग एवं वेदांत में जो ईश्वरवाद उपलब्ध होता है वह भी बहुत दुर्बल है। इससे यह स्पष्टतः प्रमाणित होता है कि भारतीय मनीषियों ने तार्किक एवं दार्शनिक दृष्टि से ईश्वर के विचार को कोई महत्त्व नहीं दिया। इतना ही नहीं, अधिकतर भारतीय विचारक ईश्वर के प्रत्यय को स्वतोव्याघातपूर्ण और इस प्रत्यय पर आधारित ईश्वरवाद को अयुक्तिसंगत मानते हैं।

यहाँ यह प्रश्न उठाया जा सकता है कि भारतीय मनीषियों ने दार्शनिक दृष्टि से ईश्वर के विचार की उपेक्षा क्यों की है। इस प्रश्न के उत्तर में अनेक कारण प्रस्तुत किए जा सकते हैं। सर्वप्रथम अधिकतर भारतीय विचारक यह अनुभव करते थे कि यथार्थ ज्ञान के किसी भी प्रमाण द्वारा ईश्वर के अस्तित्व को सिद्ध नहीं किया जा सकता। ऐसी स्थिति में ईश्वर की सत्ता को स्वीकार करने के लिए कोई तार्किक आधार उपलब्ध नहीं होता। इसके अतिरिक्त भारतीय दर्शन में सृष्टि को अनादि अथवा शाश्वत माना जाता है, अतः किसी विशेष् काल में उसकी उत्पत्ति के लिए रचयिता के रूप में ईश्वर की आवश्यकता का अनुभव नहीं किया गया। हम देख चुके हैं कि जो भारतीय दर्शन ईश्वर के अस्तित्व में विश्वास करते हैं उनमें से भी अधिकतर उसे सृष्टि का उपादान कारण न मानकर केवल निमित्त कारण ही मानते हैं जिसके फल-स्वरूप वह वास्तविक अर्थ में सर्वशक्तिमान तथा असीम नहीं रह जाता। अंत में अधिकतर भारतीय दार्शनिक यह अनुभव करते थे कि कर्माध्यक्ष तथा मोक्ष-प्रदाता के रूप में भी ईश्वर के अस्तित्व को स्वीकार करने की कोई आवश्यकता नहीं है। वस्तुतः भारतीय दर्शन में कर्म का नियम अपने आप में एक स्वतंत्र नियम है जो किसी बाह्य शक्ति द्वारा निर्देशित न होकर स्वतः कार्य करता है और जिसमें कोई परिवर्तन संभव नहीं है। स्वयं ईश्वरवादी दार्शनिक भी यह स्वीकार करते हैं कि जीवों के कर्म-संस्कारों से उत्पन्न अदृष्ट को ईश्वर भी परिवर्तित नहीं कर सकता। स्पष्ट है कि ऐसे अनिवार्य

तथा अपरिवर्तनशील नियम का मार्गदर्शन करने के लिए तार्किक दृष्टि से ईश्वर की कोई आवश्यकता नहीं रह जाती। इसी कारण सांख्य तथा मीमांसा जैसे आस्तिक दर्शन कर्म-सिद्धांत को स्वीकार करते हुए भी ईश्वर के अस्तित्व में विश्वास नहीं करते।

कर्म के नियम की भाँति अपने मोक्ष-सिद्धांत के लिए भी अधिकतर भारतीय दर्शनों ने ईश्वर की आवश्यकता को स्वीकार नहीं किया। केवल निरीश्वरवादी दर्शन ही नहीं, अपितु सामान्यतः ईश्वरवादी माने जानेवाले न्याय, वैशेषिक, योग तथा अद्वैत वेदांत भी मनुष्य के मोक्ष के लिए ईश्वर को अनिवार्य नहीं मानते। इन ईश्वरवादी दर्शनों ने भी केवल इतना ही स्वीकार किया है कि ईश्वर मोक्ष में सहायक सिद्ध हो सकता है जिसका अर्थ यही है कि वह मोक्ष के लिए अपरिहार्य नहीं है। वस्तुतः लगभग सभी भारतीय दर्शनों का यह निश्चित मत है कि मानव स्वयं अपने प्रयास द्वारा मुक्ति प्राप्त कर सकता है। इस मुक्ति का अर्थ चाहे जो भी समझा जाए, इतना निश्चित है कि भारतीय विचारक इसकी प्राप्ति के लिए मनुष्य को किसी बाह्य शक्ति पर आश्रित रहने के लिए प्रोत्साहित न करके उसे स्वावलंबी अथवा आत्म-निर्भर बनाना चाहते थे। स्वावलंबन का यह विचार संपूर्ण मानव-जाति के लिए भारतीय मनीषियों की एक ऐसी अनुपम देन है जिसे सदा स्मरण रखना और जिसके अनुसार आचरण करना आवश्यक है।

इस प्रकार उपर्युक्त संपूर्ण विवेचन के आधार पर हम युक्तिसंगत रूप से यही निष्कर्ष निकाल सकते हैं कि भारतीय दर्शन में निरीश्वरवाद की तुलना में ईश्वरवाद का महत्त्व लगभग नगण्य ही है।

अध्याय-5

चार्वाक दर्शन

1. भौतिकवाद का स्वरूप

पिछले अध्याय में हम भारतीय दर्शन में निरीश्वरवाद के स्वरूप तथा विकास की विस्तृत विवेचना करते हुए यह स्पष्ट कर चुके हैं कि बहुत अधिक संख्या में भारतीय दर्शन निरीश्वरवाद को स्वीकार करते हैं। इस अध्याय और अगले दो अध्यायों में क्रमशः चार्वाक, जैन, बौद्ध, सांख्य तथा मीमांसा दर्शनों द्वारा प्रस्तुत निरीश्वरवादी मान्यताओं एवं तर्कों पर विस्तारपूर्वक विचार किया जाएगा।

यह लगभग सर्वमान्य तथ्य है कि भारत में चार्वाक दर्शन ही एकमात्र ऐसा दर्शन है जिसे वास्तविक अर्थ में पूर्णतः भौतिकवादी दर्शन कहा जा सकता है, क्योंकि अन्य सभी निरीश्वरवादी तथा ईश्वरवादी भारतीय दर्शनों के विपरीत यह दर्शन ईश्वर की सत्ता के साथ-साथ आत्मा की अमरता, पुनर्जन्म, कर्मवाद, तत्त्वमीमांसीय अर्थ में मोक्ष के सिद्धांत, परलोक, स्वर्ग, नरक और अति-प्राकृतिक शक्तियों के रूप में समस्त देवी-देवताओं के अस्तित्व को अस्वीकार करता है। इस दर्शन के अनुसार, ऐसी कोई सत्ता या शक्ति नहीं है जो मानवीय अनुभव से परे तथा इंद्रियातीत हो और जो किसी भी रूप में मनुष्य के जीवन को प्रभावित कर सके। वस्तुतः चार्वाक दर्शन के अतिरिक्त इस अर्थ में अन्य किसी भी भारतीय दर्शन को पूर्णतः भौतिकवादी दर्शन नहीं माना जा सकता।

भौतिकवाद चार्वाक दर्शन का मूलभूत सिद्धांत है, अतः इस दर्शन की निरीश्वरवादी मान्यताओं एवं सूक्तियों को समझने के लिए भौतिकवाद के स्वरूप को भली-भाँति जान लेना आवश्यक है। जैसा कि इस सिद्धांत के नाम से ही स्पष्ट है, 'भौतिकवाद' केवल पुद्गल अथवा भौतिक पदार्थ को ही ब्रह्माण्ड की एकमात्र अंतिम सत्ता के रूप में स्वीकार करता है और अभौतिक या अति-प्राकृतिक मानी जानेवाली समस्त शक्तियों अथवा सत्ताओं का निषेध करता है। इस सिद्धांत के अनुसार अभौतिक ईश्वर, आत्मा,

देवी-देवता, स्वर्ग, नरक, शैतान, भूत-प्रेत आदि केवल काल्पनिक वस्तुएँ हैं जिनकी कोई वास्तविक सत्ता नहीं है। केवल उन्हीं वस्तुओं तथा प्राणियों की वास्तविक सत्ता है जिनका निर्माण–पृथ्वी, जल, वायु एवं अग्नि–इन चार भौतिक तत्त्वों के परमाणुओं के संयोग से हुआ है और जिनका हम अनुभव तथा ज्ञान प्राप्त कर सकते हैं। इस प्रकार भौतिकवाद वह एकतत्त्ववादी सिद्धांत है जो समस्त अति-प्राकृतिक शक्तियों या सत्ताओं का निषेध करते हुए केवल पुद्‌गल को ब्रह्माण्ड की अंतिम सत्ता मानता है और मानवीय अनुभव एवं तर्कबुद्धि को ही ज्ञान के साधनों के रूप में स्वीकार करता है।

भौतिकवाद की उपर्युक्त विशेषताओं के आधार पर ही अनेक विद्वानों ने इस सिद्धांत के स्वरूप को स्पष्ट करने का प्रयास किया है। उदाहरणार्थ, भौतिकवाद की परिभाषा देते हुए 'ऑक्सफ़ोर्ड डिक्शनरी' में कहा गया है : "इस सिद्धांत के अनुसार पुद्‌गल तथा उसकी गतियों और उसके परिवर्तित रूपों के अतिरिक्त अन्य किसी वस्तु का अस्तित्व नहीं है।" भौतिकवाद की इस परिभाषा को और अधिक स्पष्ट करते हुए बाल्डविन ने कहा है : "भौतिकवाद वह तत्त्वमीमांसीय सिद्धांत है जो यह मानता है कि ब्रह्माण्ड से संबंधित समस्त तथ्यों की समुचित व्याख्या विस्तार-युक्त, अभेद्य, शाश्वत रूप से अस्तित्ववान तथा गतिशील अथवा परिवर्तनशील पुद्‌गल के आधार पर ही की जा सकती है।"[1] एक अन्य विद्वान, ओ. कुल्पे ने भी भौतिकवाद की इन मूल विशेषताओं की इसी प्रकार व्याख्या की है। उनके मतानुसार : "अपने मुख्य विरोधी, अध्यात्मवाद की भाँति भौतिकवाद भी यह मानता है कि अंतिम मूल तत्त्व एक ही है, किंतु अध्यात्मवाद के विपरीत उसका मत है कि इस मूल तत्त्व के स्वरूप का संबंध ज्ञान, विचार अथवा चेतना से न होकर विस्तार तथा अभेद्यता से है; यह अंतिम तत्त्व आत्मा या मनस् नहीं, अपितु पुद्‌गल अथवा भौतिक पदार्थ है। यदि मनस् को पुद्‌गल का पर्यायवाची नहीं तो उसका गुण अथवा परिणाम अवश्य माना जाता है।"[2] पुद्‌गल तथा मनस् के इस पारस्परिक संबंध के आधार पर भौतिकवाद का वर्गीकरण करते हुए कुल्पे ने कहा है कि भौतिकवाद तीन प्रकार का हो सकता है : (1) गुणात्मक भौतिकवाद जो मनस् को पुद्‌गल का गुण मानता है; (2) कारणात्मक भौतिकवाद जो मनस् को पुद्‌गल का परिणाम मानता है; (3) समानार्थक भौतिकवाद जो मनस् तथा पुद्‌गल को पूर्णतः समानार्थक समझता है–अर्थात्, जिसके अनुसार, पुद्‌गल एवं मनस् में कोई मूल भेद नहीं है और समस्त मानसिक प्रक्रियाओं का स्वरूप वास्तव में भौतिक ही है।[3]

कुल्पे की भाँति एक अन्य विचारक, एफ़.आर. टेनेंट ने भी भौतिकवाद के स्वरूप की उपर्युक्त व्याख्या को स्वीकार किया है। उनका कथन है : "भौतिकवादी सिद्धांत के अनुसार, विस्तार-युक्त, अभेद्य, शाश्वत रूप से स्वतः अस्तित्ववान तथा गतिशील

1. बाल्डविन, 'डिक्शनरी ऑफ़ फ़िलॉसॉफ़ी ऐंड साइकॉलॉजी', खंड 2, पृ. 45.
2. ओ. कुल्पे, 'इंट्रोडक्शन टू फ़िलॉसॉफ़ी', पृ. 117.
3. देखिए, वही पुस्तक, पृ. 117.

पुद्गल ही ब्रह्माण्ड का एकमात्र मूल तत्त्व है; मनस् या चेतना इस पुद्गल का केवल रूपांतर अथवा गुण है, और मानसिक प्रक्रियाओं को शारीरिक प्रक्रियाओं में परिवर्तित किया जा सकता है।"[4] उपर्युक्त विचारकों के अतिरिक्त एक अन्य विद्वान, अर्नन मकमुलिन ने भौतिकवाद के स्वरूप को स्पष्ट करने के लिए उसकी नकारात्मक व्याख्या की है। उन्होंने यह बताने का प्रयास किया है कि भौतिकवाद किन वस्तुओं और तत्त्वों का निषेध करता है। इस सिद्धांत की नकारात्मक व्याख्या करते हुए मकमुलिन कहते हैं : "भौतिकवाद की परिभाषा करने के लिए शायद यह स्पष्ट करना अधिक अच्छा होगा कि यह किन बातों का निषेध करता है। यह उन वस्तुओं को अस्वीकार करता है जो हमारे सामान्य अनुभव द्वारा ज्ञात पुद्गल से गुणात्मक रूप से मूलतः भिन्न तथा किसी अर्थ में उसकी अपेक्षा अधिक उत्कृष्ट मानी जाती हैं। इसलिए यह ईश्वर या देवताओं का निषेध करता है जिन पर ब्रह्माण्ड को अपने अस्तित्व अथवा कार्य के लिए निर्भर समझा जाता है; यह देवताओं अथवा आत्माओं के अस्तित्व का निषेध करता है जो विश्व की भौतिक व्यवस्था को प्रभावित कर सकते हैं किंतु उसकी सीमाओं से मुक्त रहते हैं; यदि आत्मा को ऐसी अभौतिक वस्तु माना जाए जो सिद्धांततः मानव-शरीर से पृथक् है तो यह ऐसी आत्मा के विचार पर आपत्ति करता है।"[5] इस प्रकार मकमुलिन के अनुसार, भौतिकवाद उन समस्त अभौतिक वस्तुओं, तत्त्वों, शक्तियों तथा सत्ताओं का निषेध करता है जिन्हें पुद्गल से मूलतः भिन्न माना जाता है।

एक अन्य विचारक, कीथ कैम्पबेल भी यह मानते हैं कि भौतिकवाद विश्व के मूल तत्त्व के रूप में पुद्गल को ही सर्वोच्च स्थान देता है और उसकी तुलना में मनस् या आत्मा को नगण्य समझता है। अपनी इसी मान्यता के आधार पर भौतिकवाद का स्वरूप स्पष्ट करते हुए उन्होंने लिखा है : "भौतिकवाद विश्व के स्वरूप के विषय में उन सिद्धांतों के समुदाय का नाम है जो पुद्गल को प्रमुख स्थान देते हैं और मनस् या आत्मा को गौण, आश्रित सत्ता समझते हैं अथवा उसे कोई स्थान ही नहीं देते। अतिशय भौतिकवाद यह मानता है कि वास्तविक विश्व में विभिन्न अवस्थाओं तथा संबंधों वाली भौतिक वस्तुओं का अस्तित्व है, अन्य किसी वस्तु का नहीं। . . . इस प्रकार भौतिकवाद के मूल सिद्धांत, 'जो कुछ भी है वह भौतिक है', में बहुत-से भिन्न-भिन्न दावे समाहित हैं। इन विभिन्नताओं को समुचित स्थान देने के लिए भौतिक वस्तु की परिभाषा इस रूप में की जा सकती है कि इसके अनेक भाग होते हैं तथा इसमें बहुत-से भौतिक गुण पाए जाते हैं और अन्य कोई गुण नहीं होते। . . . इसका निर्माण उन गुणों से होता है जो भौतिकशास्त्र के विषय हैं। . . . चेतना, प्रयोजनशीलता, आकांक्षा, इच्छा तथा जानने की क्षमता को पुद्गल के गुण नहीं माना जाता।"[6]

4. एफ.आर. टेनेंट, 'ऐन्साइक्लोपीडिया ऑफ़ रिलिजन ऐंड ऐथिक्स', खंड 8, पृ. 488.
5. अर्नन मकमुलिन, 'ऐन्साइक्लोपीडिया ऑफ़ फ़िलॉसॉफ़ी', खंड 5, पृ. 279-280.
6. कीथ कैम्पबेल, 'सेन्साइक्लोपीडिया ऑफ़ फ़िलॉसॉफ़ी', खंड 5, पृ. 179.

विभिन्न विद्वानों द्वारा की गई भौतिकवाद की उपर्युक्त परिभाषाओं तथा व्याख्याओं से इस सिद्धांत का स्वरूप पर्याप्त सीमा तक स्पष्ट हो जाता है। परंतु भौतिकवाद के स्वरूप की पूर्ण व्याख्या के लिए यहाँ इससे संबद्ध एक महत्त्वपूर्ण सिद्धांत, परमाणुवाद का उल्लेख कर देना आवश्यक है जिसका प्रतिपादन प्राचीन काल में भारतीय दार्शनिकों ने भी किया था और पाश्चात्य दार्शनिकों ने भी। भारत में परमाणुवाद वैशेषिक दर्शन का प्रमुख सिद्धांत है। यहाँ यह बता देना आवश्यक है कि परमाणुवाद प्राचीन यूनानी दर्शन का भी बहुत महत्त्वपूर्ण सिद्धांत माना जाता है जिसका प्रतिपादन सर्वप्रथम ईसा से पूर्व पाँचवीं शताब्दी में दो महान भौतिकवादी यूनानी दार्शनिकों–ल्यूसीपस और उनके शिष्य, डेमोक्रिटस–ने किया था। पाश्चात्य दर्शन में इन दोनों यूनानी विचारकों को सर्वप्रथम महत्त्वपूर्ण भौतिकवादी दार्शनिक माना जाता है, क्योंकि इन्होंने केवल भौतिकवाद के आधार पर ही विश्व के उद्गम और स्वरूप की व्याख्या की है। वे यह मानते थे कि पुद्गल ही विश्व का एकमात्र मूल तत्त्व है जो असंख्य भौतिक परमाणुओं के रूप में सर्वत्र विद्यमान है। परमाणु अत्यंत सूक्ष्म, अदृश्य तथा अविभाज्य भौतिक इकाई है और ऐसे ही असंख्य परमाणुओं से संपूर्ण ब्रह्माण्ड का निर्माण हुआ है। इन भौतिक परमाणुओं के अतिरिक्त ब्रह्माण्ड में अन्य किसी अभौतिक वस्तु का अस्तित्व नहीं है।

कीथ कैम्पबैल ने ल्यूसीपस तथा डेमोक्रिटस के उपर्युक्त भौतिकवादी परमाणुवाद के स्वरूप को स्पष्ट करने के लिए इसकी निम्नलिखित प्रमुख विशेषताओं का उल्लेख किया है : (1) परमाणुओं तथा शून्य दिक् के अतिरिक्त अन्य किसी वस्तु की सत्ता नहीं है। (2) आकस्मिक रूप से अथवा अकारण कुछ भी घटित नहीं होता; प्रत्येक वस्तु और घटना का कोई कारण अनिवार्यतः होता है। यह अनिवार्यता प्राकृतिक तथा यांत्रिक है; इसमें किसी प्रकार की प्रयोजनशीलता नहीं होती। (3) अभाव से कुछ भी उत्पन्न नहीं हो सकता; जिस वस्तु का अस्तित्व है उसका विनाश असंभव है। विश्व में समस्त परिवर्तन परमाणुओं के संयोग अथवा वियोग के फलस्वरूप होते हैं। (4) परमाणुओं की संख्या और उनके स्वरूप की भिन्नता अनंत है। वे सब एक ही पुद्गल के विभिन्न रूप हैं। वे अपने ही दबाव के परिणामस्वरूप एक-दूसरे पर प्रतिक्रिया करते हैं। इसका तात्पर्य यह है कि कोई अन्य अति-प्राकृतिक शक्ति या सत्ता इन परमाणुओं की क्रियाशीलता को निर्धारित अथवा प्रभावित नहीं करती। (5) वस्तुओं की विभिन्नता उन परमाणुओं की विभिन्न संख्या, आकृति तथा उनके विभिन्न आकार और संयोग का ही परिणाम है जिनसे इन वस्तुओं का निर्माण हुआ है। (6) परमाणु अनंत काल से अव्यवस्थित रूप से गतिशील रहे हैं। यही उनकी स्वाभाविक अवस्था है जिसकी व्याख्या की आवश्यकता नहीं है।[7] प्राचीन यूनानी परमाणुवाद की इन विशेषताओं से यह स्पष्ट है कि यह सिद्धांत भौतिकवाद के आधार पर ही संपूर्ण ब्रह्माण्ड की व्याख्या करता है, अतः इसमें किसी अति-प्राकृतिक शक्ति या सत्ता के लिए कोई स्थान नहीं है। प्राचीन भारतीय दार्शनिकों द्वारा प्रतिपादित परमाणुवाद का स्वरूप भी यूनानी दर्शन के इस परमाणुवाद के लगभग समान ही है और इन दोनों में कोई आधारभूत अंतर नहीं है।

7. देखिए, वही पुस्तक, पृ. 180.

भौतिकवाद के स्वरूप की व्याख्या करते हुए हम ऊपर बता चुके हैं कि इस सिद्धांत के अनुसार पुद्‌गल ही ब्रह्माण्ड का एकमात्र अंतिम मूल तत्त्व है। यहाँ यह प्रश्न किया जा सकता है कि इस पुद्‌गल का वास्तविक स्वरूप क्या है। इस प्रश्न का कोई स्पष्ट, निश्चित और सर्वमान्य उत्तर देना बहुत कठिन है, क्योंकि पुद्‌गल के स्वरूप के विषय में दार्शनिकों तथा वैज्ञानिकों के मत में परिवर्तन होता रहा है। ल्यूसीपस, डेमोक्रिटस, ऐपिक्यूरस आदि प्राचीन यूनानी भौतिकवादी दार्शनिक यह मानते थे कि पुद्‌गल वह वस्तु है जिसमें कुछ विशेष गुण अनिवार्यतः पाए जाते हैं। इन गुणों में विस्तार, भार, घनत्व, ठोसपन, स्थान घेरना, गति, प्रतिरोध, अभेद्यता, अनश्वरता आदि विशेष रूप से उल्लेखनीय हैं। दूसरे शब्दों में पुद्‌गल वह अनश्वर भौतिक तत्त्व है जो विस्तार के कारण कुछ स्थान घेरता है, ठोसपन तथा घनत्व के फलस्वरूप जिसका कुछ भार होता है और जो प्रतिरोध करता है, जिसमें गति पाई जाती है जो इसके परिवर्तनों का मूल कारण है और अंत में जो अभेद्य होता है—अर्थात्, जिसमें कुछ भी प्रवेश नहीं कर सकता। पुद्‌गल के इन गुणों से यह स्पष्ट है कि यह अनिवार्यतः निर्जीव, जड़ तथा भौतिक वस्तु है जिसे सिद्धांततः इंद्रियगोचर माना जा सकता है और जो प्रकृति का ही भाग होने के कारण प्राकृतिक है। इस दृष्टि से पुद्‌गल ईश्वर, आत्मा आदि उन अभौतिक सत्ताओं से मूलतः भिन्न है जिन्हें अलौकिक या अति-प्राकृतिक सत्ताएँ माना जाता है। वस्तुतः इन तथाकथित अति-प्राकृतिक सत्ताओं और पुद्‌गल में किसी प्रकार की समानता नहीं है। इसके अतिरिक्त अनिवार्यतः भौतिक होने के कारण पुद्‌गल विचार, स्मृति, कल्पना इच्छा आदि मानसिक प्रक्रियाओं से भी भिन्न है जिन्हें भौतिक वस्तुएँ नहीं माना जाता। इन व्यक्तिनिष्ठ मानसिक प्रक्रियाओं के विपरीत पुद्‌गल अनिवार्यतः वस्तुनिष्ठ तत्त्व है जिसका सामान्य परिस्थितियों में सभी साधारण व्यक्ति समान रूप से ज्ञान प्राप्त कर सकते हैं और इसी कारण जिसे सार्वजनिक कहा जा सकता है। पुद्‌गल की यह विशेषता उसे निरीक्षण तथा प्रयोग की वैज्ञानिक विधि का विषय बनाती है जिसके फलस्वरूप समस्त वैज्ञानिक अनुसंधान संभव होते हैं।

लगभग सभी दार्शनिक तथा वैज्ञानिक शताब्दियों तक पुद्‌गल के उपर्युक्त स्वरूप को ही प्रायः स्वीकार करते रहे हैं। परंतु पिछली शताब्दी तथा वर्तमान शताब्दी में जो नवीनतम वैज्ञानिक अनुसंधान हुए हैं उनके कारण पुद्‌गल के स्वरूप के विषय में वैज्ञानिकों के विचारों में कुछ परिवर्तन हुआ है। उदाहरणार्थ, अब परमाणु को अंतिम तथा अविभाज्य इकाई नहीं माना जाता, क्योंकि वैज्ञानिकों ने परमाणु का विश्लेषण करके इसमें विद्यमान अनेक सूक्ष्म तत्त्वों का पता लगाया है जिन्हें इलेक्ट्रोन, न्यूट्रोन और प्रोटोन कहा जाता है। इसी प्रकार, अब पुद्‌गल को केवल ठोस वस्तु न मानकर उसे ऊर्जा के रूप में भी देखा जाता है जिसके लिए वैज्ञानिक 'पुद्‌गल-ऊर्जा' अथवा 'मैटर-ऐनर्जी' शब्द का प्रयोग करते हैं। इसका तात्पर्य यह है कि पुद्‌गल को ऊर्जा में तथा ऊर्जा को पुद्‌गल में परिवर्तित किया जा सकता है। इन उदाहरणों से स्पष्ट है कि अब वैज्ञानिक पुद्‌गल की प्राचीन अवधारणा को पूर्णतः स्वीकार नहीं करते।

परंतु इसका अर्थ यह नहीं है कि नवीनतम वैज्ञानिक अनुसंधानों के कारण अब पुद्‌गल के स्वरूप में आमूल परिवर्तन हो गया है। आज भी कोई विचारक पुद्‌गल को

ईश्वर, आत्मा आदि आध्यात्मिक सत्ताओं की भाँति अभौतिक मानने के लिए उद्यत नहीं होगा जिसका अर्थ यही है कि उसे अब भी मूलतः भौतिक ही माना जाता है। इसी प्रकार, कोई भी दार्शनिक अथवा वैज्ञानिक पुद्गल को ईश्वर तथा आत्मा के समान अति-प्राकृतिक सत्ता नहीं मानता जिससे यही सिद्ध होता है कि उसे अब भी प्राकृतिक वस्तु समझा जाता है जो कम-से-कम सिद्धांततः इंद्रियगोचर है। इसके अतिरिक्त आज भी पुद्गल को व्यक्तिनिष्ठ मानसिक प्रक्रियाओं के विपरीत वस्तुनिष्ठ तत्त्व के रूप में ही स्वीकार किया जाता है जिसका ज्ञान सामान्य परिस्थितियों में सभी साधारण व्यक्ति निरीक्षण और प्रयोग की वैज्ञानिक विधि द्वारा समान रूप से प्राप्त कर सकते हैं। इन तथ्यों से यह स्पष्ट है कि आधुनिकतम वैज्ञानिक अनुसंधानों के कारण पुद्गल के स्वरूप में कोई ऐसा आमूल परिवर्तन नहीं हुआ है जो उसे अभौतिक, अति-प्राकृतिक तथा आध्यात्मिक सत्ता के समान बना दे। ऐसी स्थिति में यह कहना संभवतः अनुचित न होगा कि भौतिकवाद का मूल आधार, पुद्गल आज भी पूर्ववत् सुरक्षित है और यह महत्त्वपूर्ण तथ्य भौतिकवाद को ऐसे सभी सिद्धांतों से पूर्णतः पृथक् करता है जो किसी अभौतिक, आध्यात्मिक या अति-प्राकृतिक सत्ता में विश्वास करते हैं।

भौतिकवाद के स्वरूप को भली-भाँति स्पष्ट करने के लिए इसकी ज्ञानमीमांसा, तत्त्वमीमांसा और आचारमीमांसा अथवा मूल्यमीमांसा पर विचार करना आवश्यक है, अतः अब यहाँ इस सिद्धांत के इन तीनों महत्त्वपूर्ण पक्षों की संक्षिप्त विवेचना की जाएगी।

ज्ञानमीमांसा की दृष्टि से भौतिकवाद पूर्णतः अनुभववादी तथा यथार्थवादी सिद्धांत है। इसका तात्पर्य यह है कि इस सिद्धांत के अनुसार हमारे ज्ञान का एकमात्र साधन इंद्रियजन्य अनुभव है और हम अपने अनुभव द्वारा जगत् की वस्तुओं को उसी रूप में जानते हैं जिस रूप में वे हैं। हम इस जगत् में जो ज्ञान प्राप्त करते हैं उसका मूल आधार हमारा विभिन्न प्रकार का इंद्रियजन्य अनुभव ही होता है। इस अनुभव के अभाव में हमारे लिए किसी प्रकार का सांसारिक ज्ञान प्राप्त करना संभव नहीं है। भौतिकवाद के इस अनुभववाद की सत्यता का एक प्रबल प्रमाण यह है कि यदि मनुष्य की कोई ज्ञानेंद्रिय अपना कार्य करना बंद कर दे तो वह उस ज्ञानेंद्रिय से संबंधित ज्ञान प्राप्त करने में असमर्थ हो जाता है। उदाहरणार्थ, यह सर्वविदित तथ्य है कि दृष्टिहीन व्यक्ति को दृश्य जगत् का और बधिर व्यक्ति को श्रव्य जगत का ज्ञान प्राप्त नहीं होता। इसी प्रकार, नासिका की घ्राण शक्ति के अभाव में मनुष्य किसी गंध का ज्ञान प्राप्त नहीं कर पाता। इन उदाहरणों से यही प्रभाणित होता है कि हमारे समस्त ज्ञान का अंतिम मूल आधार हमारा इंद्रियजन्य अनुभव ही है। हमारे मन में ऐसे कोई प्रत्यय नहीं हैं और न हो सकते हैं जिन्हें हम अपने अनुभव द्वारा प्राप्त नहीं करते। इसका तात्पर्य यह है कि भौतिकवादी दार्शनिक जन्मजात प्रत्ययों के अस्तित्व को अस्वीकार करते हैं। उनके मतानुसार, हम ऐसी किसी वस्तु का ज्ञान कभी प्राप्त नहीं कर सकते जो हमारे समस्त इंद्रियजन्य अनुभव से परे है, अतः ऐसी इंद्रियातीत वस्तु

के अस्तित्व का दावा करना हमारे लिए अयुक्तिसंगत और निराधार होगा। इसी कारण भौतिकवादी दार्शनिक ईश्वर, आत्मा आदि इंद्रियातीत सत्ताओं का निषेध करते हैं।

केवल अनुभववाद में विश्वास करने के कारण भौतिकवाद के समर्थक प्रत्यक्ष को ही ज्ञान का प्रमुख साधन अथवा प्रमाण मानते हैं। इस प्रत्यक्ष में इंद्रियगोचर वस्तुओं का बाह्य ज्ञान तथा मानसिक भावनाओं का आंतरिक ज्ञान दोनों सम्मिलित हैं। अनुमान, शब्द आदि अन्य सभी प्रमाण अंततः इसी प्रत्यक्ष पर आधारित रहते हैं, अतः यह प्रत्यक्ष ही हमारे ज्ञान का सर्वाधिक महत्त्वपूर्ण प्रमाण है। भौतिकवादी विचारकों का मत है कि हम इस प्रत्यक्ष द्वारा जगत् की वस्तुओं को जिस रूप में जानते हैं उसी रूप में वस्तुतः उनका अस्तित्व है। इसका अर्थ यह है कि हम जगत् की समस्त वस्तुओं को किसी अन्य माध्यम के बिना प्रत्यक्षतः जानते हैं। ये विचारक जॉन लॉक के इस मत को स्वीकार नहीं करते कि हम केवल प्रत्ययों को जानते हैं जो अज्ञात और अज्ञेय बाह्य वस्तुओं से उत्पन्न होते हैं। लॉक के इस मत के विरुद्ध वे युक्तिसंगत रूप से यह प्रश्न उठा सकते हैं कि यदि बाह्य वस्तुएँ हमारे लिए वास्तव में अज्ञात तथा अज्ञेय हैं तो यह दावा कैसे किया जा सकता है कि इन वस्तुओं का अस्तित्व है और जिन प्रत्ययों को हम जानते हैं वे इन्हीं से उत्पन्न होते हैं। लॉक और उनके समर्थकों के लिए इस प्रश्न का कोई तर्कसंगत उत्तर देना संभव प्रतीत नहीं होता। ऐसी स्थिति में भौतिकवादी दार्शनिकों का यह मत अपेक्षाकृत अधिक युक्तिसंगत प्रतीत होता है कि हम जगत् की वस्तुओं को प्रत्यक्षतः उसी रूप में जानते हैं जिस रूप में वस्तुतः उनका अस्तित्व है। इसे ही यथार्थवादी सिद्धांत कहा जाता है और साधारण मनुष्य प्रायः इसी का समर्थन करते हैं। इस प्रकार निष्कर्ष के रूप में हम यह कह सकते हैं कि ज्ञानमीमांसा की दृष्टि से भौतिकवादी दार्शनिक अनुभववाद पर आधारित यथार्थवादी सिद्धांत में विश्वास करते हैं जिसके अनुसार जगत् की समस्त वस्तुओं की मनुष्य से स्वतंत्र तथा वस्तुपरक सत्ता है और वे उसके प्रत्यय मात्र नहीं हैं। हम आगे देखेंगे कि चार्वाक दार्शनिक भौतिकवाद के इस मूल सिद्धांत को पूर्णतः स्वीकार करते हैं।

भौतिकवाद की तत्त्वमीमांसा मुख्यतः उसकी उपर्युक्त ज्ञानमीमांसा पर ही आधारित है। जैसा कि हम ऊपर बता चुके हैं, भौतिकवाद पुद्गल को ही विश्व की एकमात्र अंतिम सत्ता के रूप में स्वीकार करता है, अतः तत्त्वमीमांसा की दृष्टि से इसे एकतत्त्ववादी सिद्धांत माना जाता है। इस सिद्धांत के समर्थकों का मत है कि समस्त प्राणियों, पेड़-पौधों तथा भौतिक वस्तुओं का अंतिम मूल आधार यह पुद्गल ही है जो विभिन्न सूक्ष्म परमाणुओं के रूप में ब्रह्माण्ड में सर्वत्र व्याप्त है। ये सूक्ष्म परमाणु ही समय-समय पर विभिन्न वस्तुओं, पेड़-पौधों तथा प्राणियों के भिन्न-भिन्न रूप ग्रहण करते रहते हैं और ये कभी भी नष्ट नहीं होते; इसी कारण इन परमाणुओं के रूप में पुद्गल को शाश्वत एवं अनश्वर समझा जाता है। इस प्रकार शाश्वतता और अनश्वरता भी पुद्गल के अनिवार्य गुण हैं। इसका अर्थ यह है कि पुद्गल को किसी ने उत्पन्न नहीं किया है, वह अनंत काल से परमाणुओं के रूप में सदा रहा है और इस रूप में अनंत काल तक सदैव बना रहेगा। सूक्ष्म भौतिक परमाणुओं के संयोग से निर्मित संपूर्ण ब्रह्माण्ड की अपनी स्वतंत्र एवं वस्तुपरक सत्ता है, अतः वह भ्रम, मनुष्य का प्रत्यय

अथवा किसी भी रूप में उसके अस्तित्व पर निर्भर नहीं है। भौतिकवाद की यह आधारभूत तत्त्वमीमांसीय मान्यता उसे प्रत्ययवाद, अध्यात्मवाद तथा शंकर के अद्वैतवाद से मूलतः पृथक् करती है। इन सभी सिद्धांतों के विपरीत भौतिकवाद किसी अभौतिक, आध्यात्मिक या अति-प्राकृतिक सत्ता अथवा शक्ति को स्वीकार नहीं करता, क्योंकि अनुभवातीत होने के कारण ऐसी कोई भी सत्ता मनुष्य के ज्ञान का विषय नहीं हो सकती। जो वस्तु मनुष्य के ज्ञान का विषय नहीं है और न हो सकती है उसके अस्तित्व को स्वीकार करना अनुचित, निराधार तथा अयुक्तिसंगत ही माना जाएगा। ईश्वर, आत्मा आदि समस्त अलौकिक या अति-प्राकृतिक सत्ताओं का निषेध करने के लिए भौतिकवादी दार्शनिकों ने मुख्यतः यही तर्क प्रस्तुत किया है।

जो अध्यात्मवादी विचारक ईश्वर, आत्मा आदि सत्ताओं में विश्वास करते हैं वे उन्हें अलौकिक या अति-प्राकृतिक सत्ताएँ ही मानते हैं। इसका तात्पर्य यह है कि ये सत्ताएँ अनुभवातीत और अभौतिक हैं, अतः ये मनुष्य के लिए अज्ञात और अज्ञेय हैं। यह समझना कठिन नहीं है कि ऐसी सत्ताओं को स्वीकार करना भौतिकवाद की समस्त आधारभूत मान्यताओं के पूर्णतः विपरीत है। इसी कारण भौतिकवादी दार्शनिक ऐसी अभौतिक और अनुभवातीत सत्ताओं का खंडन करते हैं। उनका निश्चित मत है कि ईश्वर, आत्मा आदि अभौतिक तथा अनुभवातीत सत्ताएँ नितांत काल्पनिक हैं और इनका वास्तविक अस्तित्व संभव नहीं है। ब्रह्माण्ड की उत्पत्ति की व्याख्या के लिए ईश्वर के अस्तित्व को स्वीकार करने की कोई आवश्यकता नहीं है, क्योंकि ब्रह्माण्ड नित्य अथवा शाश्वत है और इसे कभी किसी ने उत्पन्न नहीं किया। इसके अतिरिक्त अभौतिक तथा अनुभवातीत ईश्वर की अवधारणा मनुष्य के लिए नितांत अबोधगम्य है और स्वयं ईश्वरवादी विचारक भी ईश्वर को मानव के लिए अज्ञेय मानते हैं। ऐसी स्थिति में ईश्वर के अस्तित्व को स्वीकार करने का हमारे पास कोई तर्कसंगत आधार नहीं रह जाता। ईश्वर की सत्ता के विरुद्ध इन्हीं प्रबल तर्कों के कारण भौतिकवाद को निरीश्वरवादी सिद्धांत माना जाता है जो निश्चय ही उचित है।

ईश्वर के प्रत्यय का खंडन करने के साथ-साथ भौतिकवादी दार्शनिक ऐसी अभौतिक आत्मा के अस्तित्व का भी निषेध करते हैं जो शरीर से पृथक् तथा स्वतंत्र है और जो एक शरीर के नष्ट हो जाने के पश्चात दूसरे शरीर में प्रवेश करती है। डेमोक्रिटस, ऐपिक्यूरस आदि कुछ प्राचीन भौतिकवादी विचारकों ने आत्मा को स्वीकार अवश्य किया है, किंतु उनके मतानुसार यह आत्मा वास्तव में अभौतिक न होकर सूक्ष्मतम परमाणुओं से निर्मित ऐसा भौतिक द्रव्य है जो शरीर के साथ ही पुनः इन परमाणुओं में विघटित हो जाता है अतः ऐसी भौतिक आत्मा किसी अन्य शरीर में प्रवेश नहीं कर सकती। परंतु अधिकतर भौतिकवादी दार्शनिक भौतिक आत्मा की इस प्राचीन अवधारणा में भी विश्वास नहीं करते। उनके विचार में शरीर एक भौतिक यंत्र के समान है जो स्वतः ही क्रियाशील रहता है, अतः उसकी क्रियाशीलता की व्याख्या के लिए उससे पृथक् और स्वतंत्र आत्मा को स्वीकार करने की कोई आवश्यकता नहीं है। इस प्रकार भौतिकवाद निरीश्वरवादी सिद्धांत होने के साथ-साथ अनात्मवादी सिद्धांत भी है, क्योंकि वह शरीर से पृथक् और स्वतंत्र अभौतिक आत्मा का निषेध करता है।

भौतिकवादी दार्शनिक अभौतिक आत्मा की भाँति शरीर से भिन्न और स्वतंत्र मनस् के अस्तित्व को भी अस्वीकार करते हैं। उनका विचार है कि शरीर से पृथक् तथा स्वतंत्र अभौतिक द्रव्य के रूप में मनस् की सत्ता नहीं है। इसका प्रमाण यह है कि हम कभी भी मनस् को शरीर से अलग और स्वतंत्र रूप में नहीं देख सकते। हमें चेतना अथवा विचारों, भावनाओं तथा अन्य मानसिक क्रियाओं के रूप में जिस मनस् का अनुभव होता है वह पूर्णतः हमारे मस्तिष्क पर निर्भर है जो शरीर का ही एक भाग है। मस्तिष्क के क्षतिग्रस्त या नष्ट हो जाने के पश्चात यह मनस् भी क्षतिग्रस्त अथवा नष्ट हो जाता है। इसके अतिरिक्त मनस् का विकास भी मस्तिष्क के विकास पर ही पूर्ण रूप से आधारित है। वैज्ञानिक परीक्षणों द्वारा अब यह प्रमाणित हो चुका है कि अपने शरीर के अनुपात में किसी प्राणी का मस्तिष्क जितना अधिक विकसित होता है उसके मनस् का भी उतना ही अधिक विकास देखा जाता है। इन अनुभव-सिद्ध तथ्यों से यह स्पष्ट है कि मनस् कोई स्वतंत्र अभौतिक द्रव्य न होकर वास्तव में मस्तिष्क पर ही निर्भर है। मस्तिष्क पर मनस् की इसी निर्भरता की व्याख्या करते हुए एक भौतिकवादी विचारक, ऐन्टोनियो ब्लैनो ने लिखा है : "यदि मनस् को भौतिक शरीर से पृथक् कभी नहीं देखा जाता, यदि मानसिक क्रियाएँ शरीर की स्थितियों पर ही निर्भर देखी जाती हैं, यदि मनस् का विकास शरीर के विकास के अनुपात में होता है, यदि शारीरिक परिवर्तनों के अनुरूप मनस् में भी वैसे ही परिवर्तन होते हैं, यदि शरीर का पक्षाघात मनस् के आधात को उत्पन्न करता है–तो हम व्यर्थ एक काल्पनिक विचारों में प्रवृत्त नहीं हो रहे हैं जब हम एक बहुत प्रायिक प्राक्कल्पना अथवा एक बहुत सही वैज्ञानिक सिद्धांत के रूप में यह कहते हैं कि मनस् भौतिक शरीर का ही एक कार्य है और पृथक् तथा स्वतंत्र वस्तु के रूप में उसका अपना कोई अस्तित्व नहीं है।"[8] इस उद्धरण से यह स्पष्ट है कि भौतिकवादी विचारक आत्मा के समान ही मनस् को भी शरीर से भिन्न और स्वतंत्र अभौतिक द्रव्य नहीं मानते।

भौतिकवाद की तत्त्वमीमांसा को समाप्त करने से पूर्व यहाँ इस तथ्य का भी उल्लेख कर देना आवश्यक है कि यह सिद्धांत ब्रह्माण्ड की व्याख्या के लिए प्रकृतिवाद को पूर्णतः स्वीकार करता है। भौतिकवादी दार्शनिक प्रकृतिवाद की उन सभी आधारभूत मान्यताओं का समर्थन करते हैं जिनकी विस्तृत विवेचना हम दूसरे अध्याय में कर चुके हैं। प्रकृतिवादियों की भाँति ये दार्शनिक भी प्रकृति को शाश्वत और ब्रह्माण्ड में सर्वत्र व्याप्त मानते हैं। उनके विचार में प्रकृति अपने आप में पूर्ण है और वह स्वयं अपने ही नियमों द्वारा स्वतः शासित होती है; ईश्वर या कोई अन्य अति-प्राकृतिक शक्ति उसका निर्देशन अथवा मार्गदर्शन नहीं करती। इस ब्रह्माण्ड में जिन वस्तुओं का अस्तित्व है और इसमें जो घटनाएँ घटित होती हैं उनका कारण अपरिवर्तनीय तथा अनिवार्य प्राकृतिक नियम ही हैं जिनमें कोई दैवी शक्ति किसी प्रकार का हस्तक्षेप नहीं

8. ऐन्टोनिया ब्लैनो, 'ऐग्नॉस्टिसिज़्म ऐंड डिस्गाइज़्ड मैटीरियलिज़्म', 'दि फ़िलॉसॉफ़िकल रिव्यू', खंड 6, 1897, पृ. 172.

कर सकती। प्रकृतिवाद तथा भौतिकवाद की यह मूलभूत मान्यता तथाकथित चमत्कारों की संभावना का पूर्णतः निषेध करती है।

भौतिकवादी विचारक प्रकृतिवाद की उपर्युक्त मान्यताओं के अतिरिक्त उसके इस मत को भी स्वीकार करते हैं कि भौतिक वस्तुओं की भाँति समस्त प्राणियों और उनकी चेतना का विकास भी मूलतः प्रकृति से ही हुआ है, किसी अति-प्राकृतिक स्रोत से नहीं। यद्यपि जीवन तथा चेतना के कारण प्राणी भौतिक वस्तुओं से भिन्न प्रतीत होते हैं, फिर भी वास्तविक स्थिति यह है कि इन दोनों का मूल स्रोत एक ही प्रकृति है। जीवन और चेतना के उद्‌गम के विषय में भौतिकवाद तथा प्रकृतिवाद के इस मूल सिद्धांत की डार्विन के विकासवाद द्वारा भली-भाँति पुष्टि होती है जिसके अनुसार जीवन के स्रोत को प्राकृतिक तत्त्वों में ही खोजा जा सकता है। मनुष्य अन्य प्राणियों से मूलतः भिन्न न होकर उनके समान प्रकृति का ही एक भाग है, अतः उस पर अनिवार्य प्राकृतिक नियम उसी प्रकार लागू होते हैं जिस प्रकार अन्य सभी प्राणियों पर। ईश्वरवादी विचारकों का यह मत भ्रामक तथा अयुक्तिसंगत है कि मनुष्य ईश्वर की विशेष रचना होने के कारण अन्य समस्त प्राणियों की अपेक्षा कहीं अधिक उत्कृष्ट है। मानव के उद्‌गम तथा विकास के संबंध में अभी तक जो वैज्ञानिक अनुसंधान हुए हैं वे सभी इस ईश्वरवादी सिद्धांत का खंडन करते हैं। इस प्रकार उपर्युक्त विवेचन से यह स्पष्ट है कि भौतिकवाद तथा प्रकृतिवाद परस्पर केवल संबद्ध ही नहीं, अपितु अन्योन्याश्रित होने के कारण एक-दूसरे की पुष्टि भी करते हैं।

अब संक्षेप में भौतिकवाद की आचारमीमांसा अथवा मूल्यमीमांसा पर विचार करना आवश्यक है जो मूलतः उसकी ज्ञानमीमांसा और तत्त्वमीमांसा पर ही आधारित है। इस संबंध में सर्वप्रथम विचारणीय प्रश्न यह है कि क्या भौतिकवाद संपूर्ण विश्व के किसी विशेष प्रयोजन को स्वीकार करता है या नहीं। इस प्रश्न के उत्तर में भौतिकवादी दार्शनिकों का स्पष्ट कथन है कि विश्व का ऐसा कोई प्रयोजन नहीं है जिसकी पूर्ति के लिए इसकी रचना की गई हो। इन दार्शनिकों की यह मान्यता इनके मूल सिद्धांत, भौतिकवाद के अनुरूप ही है जो विश्व के किसी रचयिता की सत्ता को स्वीकार नहीं करता। यदि विश्व का कोई रचयिता ही नहीं है तो यह कहना निरर्थक है कि विश्व का एक विशेष प्रयोजन है जो उसके रचयिता ने निश्चित किया है। इसके अतिरिक्त विश्व के किसी विशेष प्रयोजन को स्वीकार करने का अर्थ यह है कि हम केवल मानवीय दृष्टि से ही संपूर्ण विश्व की व्याख्या करना चाहते हैं जो निश्चय ही उचित और युक्तिसंगत नहीं है। यह मानना मनुष्य का केवल दंभ है कि इस विश्व का निर्माण उसी के सुख के लिए किया गया है और वही इसका स्वामी है। इस संबंध में कठोर वास्तविकता यही है कि डायनासोर जैसे विशालकाय प्राणियों की भाँति मनुष्य भी कभी इस धरती से सदा के लिए लुप्त हो सकता है। परंतु ईश्वरवादी विचारक इस कटु सत्य का सामना करने के स्थान पर विश्व को ईश्वर द्वारा रचित मान लेते हैं और फिर इसी कारण विश्व की मिथ्या प्रयोजनशीलता की भी सुखद कल्पना कर लेते हैं। इसके विपरीत भौतिकवादी दार्शनिक हमें मानव-जीवन की उपर्युक्त कठोर वास्तविकता से अवगत कराकर इस समस्या पर अधिक तर्कसंगत एवं यथार्थवादी दृष्टिकोण

से विचार करने के लिए प्रोत्साहित करते हैं। इस तथ्य को ध्यान में रखते हुए हम युक्तिसंगत रूप से यह कह सकते हैं कि मनुष्य के लिए भौतिकवाद ईश्वरवाद की अपेक्षा अधिक कल्याणकारी सिद्ध हो सकता है।

यहाँ यह उल्लेखनीय है कि भौतिकवादी विचारक विश्व की प्रयोजनशीलता का निषेध करते हैं, उसमें विद्यमान व्यवस्था का नहीं जो अनिवार्य प्राकृतिक नियमों पर आधारित है। हम पहले ही यह बता चुके हैं कि प्रकृतिवादियों की भाँति ये विचारक भी अपरिवर्तनीय प्राकृतिक नियमों को बहुत महत्त्व देते हैं, क्योंकि उनके मतानुसार संपूर्ण विश्व इन्हीं नियमों द्वारा शासित होता है। इसकी समस्त वस्तुओं तथा घटनाओं पर ये प्राकृतिक नियम अनिवार्यतः लागू होते हैं। इस विश्व में जिस वस्तु का अस्तित्व है और इसमें जो घटना घटित होती है उसका कोई निश्चित कारण अवश्य होता है। इसका अर्थ यह है कि विश्व में सर्वत्र कारण-कार्य के नियम का ही साम्राज्य है, अतः यहाँ आकस्मिक अथवा संयोगवश कुछ भी नहीं होता। इस प्रकार प्रकृतिवादियों की भाँति भौतिकवादी दार्शनिक भी यदृच्छावाद का निषेध करते हुए कारण-कार्य के प्राकृतिक नियम को विश्व के लिए अनिवार्य मानते हैं जिसके फलस्वरूप इसमें व्यवस्था पाई जाती है।

आचारमीमांसा से संबंधित दूसरा महत्त्वपूर्ण प्रश्न यह है कि मानवीय आचरण का प्रयोजन क्या है—अर्थात्, मनुष्य को कुछ विशेष कर्म क्यों करने चाहिए और कुछ अन्य कर्म क्यों नहीं करने चाहिए। इस प्रश्न के उत्तर में भौतिकवादी विचारकों का कथन है कि स्वयं आनंद प्राप्त करना तथा दूसरों को आनंद देना मनुष्य का सर्वोच्च कर्तव्य है और यही उसके आचरण का अंतिम लक्ष्य होना चाहिए। नैतिकता का मूल आधार मनुष्य की इच्छाएँ तथा आवश्यकताएँ हैं जिनकी पूर्ति होने पर उसे सुख प्राप्त होता है। मानव-समाज में जो नैतिक नियम प्रचलित हैं उनका प्रमुख उद्देश्य समाज में व्यवस्था, सुरक्षा तथा शांति बनाए रखना है जिनके परिणामस्वरूप मनुष्य के जीवन में सुख की वृद्धि और दुःख की कमी होती है। इस प्रकार समस्त नैतिक नियम अंततः मानवीय आनंद के साधन मात्र हैं और इसी उद्देश्य की पूर्ति के लिए मनुष्य ने स्वयं इन नियमों का निर्माण किया है। स्पष्टतः इसका अर्थ यह है कि नैतिकता का ईश्वर या किसी अन्य अलौकिक शक्ति से कोई संबंध नहीं है। स्वयं मनुष्य ही संपूर्ण नैतिकता का मूल स्रोत और लक्ष्य है।

नैतिकता के विषय में भौतिकवादी दार्शनिकों की उपर्युक्त मान्यताओं से यह स्पष्ट है कि वे समस्त नैतिक नियमों को सापेक्ष मानते हैं जिनमें मानवीय आनंद के लिए आवश्यकतानुसार परिवर्तन होता रहता है और होना भी चाहिए। इन दार्शनिकों का निश्चित मत है कि मनुष्य की परिवर्तनशील इच्छाओं तथा आवश्यकताओं पर मूलतः आधारित होने के कारण कोई भी नैतिक नियम सार्वभौम, सार्वकालिक और अपवादरहित नहीं हो सकता। संपूर्ण मानव-समाज के अधिकतम आनंद के लिए सभी नैतिक नियमों में यथोचित परिवर्तन आवश्यक है। जो कर्म अथवा नियम संपूर्ण मानव-समाज के अधिकतम आनंद में बाधक सिद्ध होता है वह नैतिक दृष्टि से अवांछनीय है। अपनी इस मान्यता द्वारा भौतिकवादी विचारक क्षणिक इंद्रिय सुख के

स्थान पर व्यक्ति के संपूर्ण जीवन के स्थायी आनंद को और स्वार्थमूलक सुखवाद के स्थान पर अधिकतम व्यक्तियों के अधिकतम आनंद को नैतिकता के अंतिम लक्ष्य के रूप में स्वीकार करते हैं। ऐसी स्थिति में यह कहना उचित नहीं होगा कि भौतिकवाद व्यक्तिवादी स्वार्थमूलक नैतिकता को प्रश्रय देता है। इसके विपरीत वह नैतिकता को ईश्वर से पूर्णतः स्वतंत्र मानकर उस स्वार्थमूलक ईश्वरवादी नैतिकता का निषेध करता है जो मूलतः नरक के भय तथा स्वर्ग के प्रलोभन पर ही आधारित रहती है। ईश्वरवादी धर्मों ने सदा इसी नैतिकता का समर्थन किया है, किंतु सभी भौतिकवादी दार्शनिक इसे पूर्णतः अस्वीकार करते हैं। इस प्रकार निष्कर्ष के रूप में हम यह कह सकते हैं कि भौतिकवादी आचारमीमांसा का लक्ष्य व्यक्ति और समाज दोनों का अधिकतम कल्याण है, अतः इसमें व्यक्ति-केंद्रित स्वार्थमूलक ईश्वरवादी नैतिकता के लिए कोई स्थान नहीं है। हम आगे देखेंगे कि चार्वाक दार्शनिक भौतिकवाद की ज्ञानमीमांसा की भाँति उसकी तत्त्वमीमांसा तथा आचारमीमांसा का भी पूर्णतः समर्थन करते हैं।

भौतिकवाद की जिन आधारभूत मान्यताओं और उसके जिन मूल सिद्धांतों का वर्णन ऊपर किया गया है उन्हें सभी भारतीय तथा पाश्चात्य भौतिकवादी दार्शनिक किसी-न-किसी रूप में अवश्य स्वीकार करते हैं। इस संबंध में भारतीय भौतिकवादी विचारकों—विशेषतः चार्वाक दार्शनिकों—के मत की विवेचना प्रस्तुत अध्याय के अगले खंडों में की जाएगी। पाश्चात्य दर्शन में भौतिकवाद के विकास तथा निरीश्वरवाद के साथ उसके संबंध पर इस पुस्तक के तीसरे भाग में यथास्थान विस्तारपूर्वक विचार किया जाएगा।

2. चार्वाक दर्शन की ऐतिहासिक पृष्ठभूमि

पिछले खंड में भौतिकवाद के स्वरूप को स्पष्ट करते हुए हम सविस्तार यह बता चुके हैं कि इस सिद्धांत की आधारभूत मान्यताएँ क्या हैं और यह प्रत्ययवादी तथा अध्यात्मवादी सिद्धांतों से किस प्रकार भिन्न है। अब इस प्रश्न पर कुछ विस्तार से विचार करना आवश्यक है कि चार्वाक दर्शन को पूर्णतः भौतिकवादी दर्शन क्यों माना जाता है और इसमें निरीश्वरवाद का क्या स्थान है। इस प्रश्न का उत्तर देने से पूर्व भारत में चार्वाक दर्शन के विकास के इतिहास से संबंधित कुछ महत्त्वपूर्ण बातों का उल्लेख कर देना आवश्यक है। वस्तुतः चार्वाक दर्शन बहुत प्राचीन भारतीय दर्शन है जिसे ईसा से छठी अथवा सातवीं शताब्दी पूर्व बहुत-से विचारकों तथा जनसाधारण द्वारा स्वीकार किया जाता था। अधिकतर विद्वान यह मानते हैं कि बृहस्पति नामक एक महान दार्शनिक ने अपने ग्रंथ, 'बृहस्पति-सूत्र' में सर्वप्रथम इस दर्शन के मूल सिद्धांतों का प्रतिपादन किया था, अतः इसे 'बार्हस्पत्य दर्शन' भी कहा जाता है। इन विद्वानों का यह मत उचित एवं युक्तिसंगत प्रतीत होता है, क्योंकि बाद में जिन परवर्ती दार्शनिकों ने चार्वाक दर्शन के सिद्धांतों का खंडन किया है उन्होंने 'बृहस्पति-सूत्र' से ही अनेक सूत्र उद्धृत किए हैं। इससे यह प्रमाणित होता है कि बृहस्पति कोई काल्पनिक व्यक्ति न होकर वास्तव में ऐतिहासिक व्यक्ति थे जिन्होंने भारत में सर्वप्रथम भौतिकवादी चार्वाक दर्शन की स्थापना की थी। पाणिनी के 'व्याकरण' पर लिखित पतंजलि के

'महाभाष्य', (7, 3, 45) से ज्ञात होता है कि बृहस्पति के अतिरिक्त एक अन्य विचारक, भागुरी ने भी चार्वाक दर्शन पर 'लोकायतशास्त्र' नामक ग्रंथ लिखा था जो अब 'बृहस्पति-सूत्र' की भाँति लुप्त हो चुका है। परवर्ती दार्शनिकों ने भी चार्वाक दर्शन के संबंध में इस ग्रंथ से कुछ भी उद्धृत नहीं किया है, अतः भागुरी की ऐतिहासिकता के विषय में निश्चयपूर्वक कुछ कहना संभव नहीं है। परंतु इतना निश्चित है कि चार्वाक दर्शन के प्रवर्तक बृहस्पति ही थे।

इस दर्शन के लिए प्रयुक्त 'चार्वाक' शब्द के अर्थ के विषय में विद्वानों में मतभेद है। गुणरत्न का कथन है कि 'चार्वाक' शब्द 'चर्व' धातु से उत्पन्न हुआ है जिसका अर्थ है 'चबाना' अथवा 'खा जाना'। इस दर्शन के समर्थक ईश्वर, आत्मा, परलोक, स्वर्ग, नरक, पाप, पुण्य आदि अतींद्रिय विषयों को 'चबा जाते हैं'—अर्थात्, उनमें विश्वास नहीं करते, अतः इसे 'चार्वाक दर्शन' कहा जाता है। परंतु कुछ विद्वानों का मत है कि 'चार्वाक' शब्द की व्युत्पत्ति 'चारु' तथा 'वाक्' इन दो शब्दों से हुई है जिनका अर्थ क्रमशः 'मधुर' और 'वाणी' है। इस दर्शन को स्वीकार करनेवाले विचारक 'खाओ-पियो, आनंद लो' जैसे मधुर वचन बोलते थे जो लोगों को बहुत अच्छे लगते थे; इसी कारण इसे 'चार्वाक दर्शन' की संज्ञा दी गई है। कुछ अन्य विद्वान उपर्युक्त दोनों मतों को अस्वीकार करते हुए यह मानते हैं कि 'चार्वाक' नामक एक विचारक थे जो बृहस्पति के शिष्य अथवा अनुयायी थे और जिन्होंने बार्हस्पत्य दर्शन का प्रचार किया था, अतः इसे 'चार्वाक दर्शन' कहा जाता है। वस्तुतः निश्चयपूर्वक यह कहना बहुत कठिन है कि इन तीनों मतों में से कौन-सा मत सत्य और प्रामाणिक है। संभवतः इन सभी मतों में आंशिक सत्य विद्यमान है, किंतु मेरे विचार में अंतिम मत अपेक्षाकृत अधिक युक्तिसंगत प्रतीत होता है। 'चार्वाक' शब्द का चाहे कोई भी अर्थ स्वीकार किया जाए, यह एक सर्वमान्य तथ्य है कि भारत में 'बार्हस्पत्य दर्शन' के लिए 'चार्वाक-दर्शन' का ही अधिक प्रयोग किया जाता रहा है।

प्राचीन काल में चार्वाक दर्शन को 'लोकायत' भी कहा जाता था, क्योंकि यह दर्शन जनसाधारण में अधिक लोकप्रिय था और इसके समर्थक अपने सभी मूल सिद्धांतों को इस लोक अथवा दृश्य जगत् तक ही सीमित रखते थे। आज भी अनेक विद्वान चार्वाक दर्शन को 'लोकायत' की संज्ञा देते हैं। इन विद्वानों में देवी प्रसार चट्टोपाध्याय का नाम विशेष रूप से उल्लेखनीय है जिन्होंने इस दर्शन पर 'लोकायत' शीर्षक से एक महान ग्रंथ लिखा है। लोकायत दर्शन में विश्वास करनेवाले व्यक्तियों को 'लोकायतिक' कहा जाता था। इस प्रकार भारत में भौतिकवादी दर्शन के लिए 'बार्हस्पत्य दर्शन', 'लोकायत दर्शन' तथा 'चार्वाक दर्शन' इन तीनों नामों को स्वीकार किया गया है, किंतु इनमें से 'चार्वाक दर्शन' ही अधिक प्रचलित है, क्योंकि जनसाधारण इसी नाम से परिचित है।

यह बड़े दुर्भाग्य की बात है कि चार्वाक दर्शन का कोई भी मूल ग्रंथ अब हमें उपलब्ध नहीं है। इस दर्शन के विषय में जो थोड़ी-बहुत जानकारी हमें प्राप्त होती है वह उन दार्शनिकों तथा अन्य विद्वानों की कृतियों में दिए गए इससे संबंधित उद्धरणों पर ही आधारित है जो इसके तीव्र आलोचक और विरोधी थे। ऐसी स्थिति में इस

संभावना को अस्वीकार नहीं किया जा सकता कि चार्वाक दर्शन के विरोधी इन विद्वानों ने इसके उन्हीं अंशों को उद्धृत किया हो जिनका वे भली-भाँति खंडन कर सकते थे। वस्तुतः यह निश्चित रूप से कहा जा सकता है कि इन विद्वानों का उद्देश्य इस दर्शन की निष्पक्ष विवेचना करना नहीं, अपितु इसकी निंदा करते हुए इसका खंडन करना ही था।

यहाँ विचारणीय प्रश्न यह है कि चार्वाक दर्शन के मूल ग्रंथ कैसे और क्यों लुप्त हो गए। अनेक विद्वानों ने अपने-अपने ढंग से इस प्रश्न का उत्तर देने का प्रयास किया है। उदाहरणार्थ, इस संबंध में डी.आर. शास्त्री का मत है कि या तो चार्वाक दर्शन के विरोधियों ने इसके मूल ग्रंथों को जलाकर नष्ट कर दिया अथवा समय व्यतीत होने के साथ-साथ इसकी लोकप्रियता स्वतः समाप्त हो गई जिसके कारण इसका स्वतंत्र अस्तित्व नहीं बना रह सका। अपने इसी मत को स्पष्ट करते हुए उन्होंने लिखा है : "यह संभव है कि रूढ़िवादी विचारधारा के समर्थकों ने अपने उन्मादपूर्ण उत्साह में भारत की अतिशय भौतिकवादी विचारधारा से संबंधित बार्हस्पत्य दर्शन की मूल कृतियों को एकत्र करके नष्ट कर दिया हो। बौद्ध और जैन दर्शनों को पूर्णतः नष्ट नहीं किया गया, क्योंकि वे मूलतः अध्यात्मवादी दर्शन थे। अथवा यह भी संभव है कि काफ़ी समय के बाद इस दर्शन के सिद्धांत दुर्बल एवं अलोकप्रिय हो गए और इसके पश्चात उन्होंने अपना स्वतंत्र अस्तित्व खो दिया तथा अन्य अध्यात्मवादी दर्शनों में विलीन हो गए। यद्यपि बृहस्पति की कृतियों को नष्ट कर दिया गया था, फिर भी उनके दर्शन के प्रभाव की निरंतरता किसी भी काल में पूर्णतः कभी समाप्त नहीं हुई।"[9]

उपर्युक्त उद्धरण में डी.आर. शास्त्री ने चार्वाक दर्शन की मूल कृतियों के लुप्त होने के विषय में जो दो संभव कारण प्रस्तुत किए हैं उन्हें के. सच्चिदानंद मूर्ति भी स्वीकार करते हैं। इस संबंध में उनका कथन है : "भारत में सुव्यवस्थित निरीश्वर-वादी भौतिकवाद के प्रथम प्रणेता बृहस्पति थे जिन्होंने इस दर्शन का प्रतिपादन करते हुए सूत्रों की रचना की थी। आज इन सूत्रों में से अन्य पुस्तकों में उद्धृत कुछ थोड़े-से सूत्र ही उपलब्ध हैं। इस दर्शन की लगभग सभी कृतियाँ या तो अध्यात्मवादी दर्शनों के समर्थकों ने जान-बूझकर नष्ट कर दी हैं अथवा वे स्वतः ही नष्ट हो गई हैं, क्योंकि उन्हें सुरक्षित रखने और उनका प्रचार करने के लिए किसी ने उनमें पर्याप्त रुचि नहीं ली।"[10]

शास्त्री तथा मूर्ति की भाँति कुछ अन्य विद्वानों ने भी चार्वाक दर्शन की मूल कृतियों के उपलब्ध न होने के उपर्युक्त दो संभावित कारण प्रस्तुत किए हैं। परंतु इनमें से दूसरे कारण को स्वीकार करना बहुत कठिन प्रतीत होता है। इस बात में विश्वास करने का कोई तर्कसंगत आधार दिखाई नहीं देता कि समय व्यतीत होने के साथ-साथ चार्वाक दर्शन की लोकप्रियता स्वतः ही कम या समाप्त हो गई होगी जिसके फलस्वरूप

9. डी.आर. शास्त्री, 'ए शॉर्ट हिस्ट्री ऑफ़ इंडियन मैटीरियलिज़्म', देवी प्रसाद चट्टोपाध्याय तथा मृणाल कान्ती गंगोपाध्याय द्वारा संपादित पुस्तक, 'चार्वाक-लोकायत' में मुद्रित, पृ. 423.

10. के. सच्चिदानंद मूर्ति द्वारा संपादित हरिभद्र सूरी का 'षड्दर्शन-समुच्चय', पृ. 101.

लोगों ने उसमें रुचि लेना बंद कर दिया होगा और धीरे-धीरे उसके मूल ग्रंथ अपने आप लुप्त हो गए होंगे। अधिकतर विद्वान यह स्वीकार करते हैं कि प्राचीन काल में चार्वाक दर्शन जनसाधारण में बहुत लोकप्रिय था जिसके कारण इसे 'लोकायत' की संज्ञा दी गई थी। इसका अर्थ यह है कि तब लोग इस दर्शन के मूल सिद्धांतों में विश्वास करते थे और उनके अनुसार आचरण भी करते थे, क्योंकि यह उनकी इच्छाओं तथा आवश्यकताओं की पूर्ति करता था। ऐसी स्थिति में स्वतः ही इस दर्शन की लोकप्रियता कम अथवा समाप्त हो जाने का कोई विश्वसनीय कारण खोज पाना बहुत कठिन है।

उपर्युक्त तथ्य को ध्यान में रखते हुए यही कहा जा सकता है कि चार्वाक दर्शन के विरोधियों ने ही इसके समस्त मूल ग्रंथों को जान-बूझकर नष्ट कर दिया और इसी कारण आज हमें ये उपलब्ध नहीं होते। वस्तुतः समाज के प्रशासकों के साथ मिलकर धर्मगुरु इस बात के लिए सदा प्रयास करते रहे हैं कि जनसाधारण का जीवन धार्मिक विश्वासों द्वारा ही शासित हो जिससे उनके सामाजिक अधिकारों तथा आर्थिक हितों को कोई आघात न पहुँचे। चार्वाक दर्शन समस्त धार्मिक विश्वासों का निषेध करता था, अतः उसे आमूल नष्ट कर देना अध्यात्मवादियों तथा धर्मगुरुओं के लिए आवश्यक हो गया था। इसी कारण समाज में अपना एकाधिकार बनाए रखने के लिए उन्होंने इस दर्शन के सभी मूल ग्रंथों को जान-बूझकर व्यवस्थित रूप से नष्ट कर दिया। इससे यह प्रमाणित होता है कि भारत में धार्मिक और वैचारिक सहिष्णुता प्राचीन काल में ही समाप्त हो गई थी जिसके फलस्वरूप यहाँ निष्पक्ष तथा स्वतंत्र चिंतन का विकास नहीं हो सका।

चार्वाक दर्शन की मूल कृतियों के नष्ट कर दिए जाने के कारण आज हमें इस दर्शन के संबंध में जो थोड़ी-सी जानकारी उपलब्ध है उसका आधार कुछ अध्यात्मवादी दार्शनिकों और साहित्यकारों के ग्रंथ ही हैं जिनमें इसके कुछ अंशों को उद्धृत किया गया है। मुख्यतः निम्नलिखित ग्रंथों से हमें चार्वाक दर्शन के मूल सिद्धांतों के विषय में कुछ ज्ञान प्राप्त होता है : (1) माधवाचार्य का 'सर्व-दर्शन-संग्रह'; (2) हरिभद्र सूरी का 'षड्दर्शन-समुच्चय'; (3) शंकराचार्य का 'सर्व-सिद्धांत-संग्रह'; (4) माधव सरस्वती की 'सर्व-दर्शन-कौमुदी'; (5) शांतरक्षित का 'तत्त्व-संग्रह'; (6) कृष्ण मिश्र का नाटक, 'प्रबोधचंद्रोदय'। इन ग्रंथों के अतिरिक्त 'रामायण', 'महाभारत' और 'भगवद्गीता' से भी हमें चार्वाक दर्शन के कुछ सिद्धांतों की जानकारी प्राप्त होती है जिनमें इन सिद्धांतों की कटु आलोचना की गई है। वस्तुतः अनेक विद्वानों ने अभी तक चार्वाक दर्शन के संबंध में जो कुछ लिखा है वह मुख्यतः इन सभी अथवा इनमें से कुछ ग्रंथों पर आधारित हैं, अतः विभिन्न विचारकों ने इसके सिद्धांतों की भिन्न-भिन्न व्याख्याएँ की हैं। ऐसी स्थिति में इस दर्शन का निष्पक्ष, वस्तुपरक तथा सर्वमान्य मूल्यांकन करना बहुत कठिन है।

जैसा कि हम पिछले अध्याय में बता चुके हैं, भौतिकवाद और प्रकृतिवाद की अनेक आधारभूत मान्यताएँ प्रारंभिक रूप में वेदों तथा उपनिषदों में पाई जाती हैं, अतः यह कहना संभवतः अनुचित न होगा कि भौतिकवादी चार्वाक दर्शन का आरंभ

इन प्राचीन ग्रंथों से हो गया था। उदाहरणार्थ, 'कठोपनिश्रद' में नचिकेता मरणोतर जीवन के विषय में यम से प्रश्न करता है। वह कहता है कि कुछ लोगों के मतानुसार मनुष्य की मृत्यु के पश्चात भी उसका अस्तित्व बना रहता है और कुछ अन्य लोग इस मत को अस्वीकार करते हैं। वह जानना चाहता है कि इन परस्पर विरोधी मतों में से कौन-सा मत सत्य है। नचिकेता के इस प्रश्न का उत्तर देते हुए यम उसे बताता है कि जो लोग मंदबुद्धि हैं और जिन्हें अपनी धन-संपत्ति का अभिमान है वे इसी लोक को वास्तविक एवं सत्य मानते हुए परलोक के अस्तित्व को अस्वीकार करते हैं।[11] इसी प्रकार, 'बृहदारण्यक उपनिषद' में भी यह कहा गया है : "भौतिक तत्त्वों से उत्पन्न होने के पश्चात मनुष्य पुनः इन्हीं तत्त्वों में विलीन होकर समाप्त हो जाता है। मृत्यु के उपरांत चैतन्य शेष नहीं रह जाता।"[12] इस उद्धरण में याज्ञवल्क्य ने उन लोगों के मत को प्रस्तुत किया है जो शरीर को ही आत्मा मानते थे और मृत्यु के पश्चात आत्मा के अस्तित्व का निषेध करते थे। इसी प्रकार, 'छांदोग्य उपनिषद' में सुखवाद का भी उल्लेख मिलता है। असुरों को इस सिद्धांत की शिक्षा देते हुए विरोचन कहता है : "मनुष्य को इसी संसार में सुख प्राप्त करना चाहिए। उसे अपने हित अथवा कल्याण का ही ध्यान रखना चाहिए।"[13] इन उद्धरणों से स्पष्ट है कि उपनिषद-काल में भी कुछ लोग चार भौतिक तत्त्वों से जगत् की उत्पत्ति के सिद्धांत, देहात्मवाद, सुखवाद आदि चार्वाक दर्शन के मूल सिद्धांतों में विश्वास करते थे। उपर्युक्त उपनिषदों के अतिरिक्त 'श्वेताश्वतर उपनिषद' में जगत् की उत्पत्ति के विषय में अन्य सिद्धांतों के साथ-साथ स्वभाववाद तथा चार भौतिक तत्त्वों से संबंधित सिद्धांत की जो चर्चा की गई है उसका विवेचन हम पिछले अध्याय में कर चुके हैं। इससे भी यही सिद्ध होता है कि उपनिषद-काल में कुछ व्यक्ति भौतिकवादी चार्वाक दर्शन को स्वीकार करते थे।

उपनिषदों की भाँति 'रामायण', 'महाभारत', 'भगवद्गीता', 'विष्णु-पुराण', चाणक्य के 'अर्थशास्त्र', 'मनु-स्मृति' आदि प्राचीन ग्रंथों में भी चार्वाक दर्शन के समर्थकों का उल्लेख किया गया है। उदाहरणार्थ, 'रामायण' में जाबाली नामक व्यक्ति चार्वाक दर्शन के सिद्धांतों का समर्थन करता है।[14] इसी प्रकार, 'महाभारत' में चार्वाक दर्शन के समर्थकों की निंदा करते हुए उन्हें 'असुर' अथवा 'राक्षस' कहा गया है।[15] 'भगवद्गीता' में भी भौतिकवादी चार्वाक दर्शन के सिद्धांतों के अनुसार आचरण करने वाले व्यक्तियों को 'असुर' या 'राक्षस' की संज्ञा दी गई है और उनकी कटु आलोचना तथा तीव्र निंदा की गई है।[16] 'विष्णु-पुराण' में चार्वाक दर्शन के अनुयायियों की निंदा

11. 'कठोपनिषद', 1, 20, 2, 6.
12. 'वृहदारण्यक उपनिषद', 2, 4, 12.
13. 'छांदोग्य उपनिषद', 8, 8, 4.
14. 'रामायण', 2, 108, 1-18.
15. 'महाभारत', शांतिपर्व, 38, 22-36; 39, 3-11.
16. 'भगवद्गीता', अध्याय 16, श्लोक 8-18.

करते हुए यह कहा गया है कि वे राक्षस हैं; वे सदा सांसारिक सुखों के लिए ही लालायित रहते हैं; वे भौतिकवादी हैं और वेदों, यज्ञों तथा देवताओं की निंदा करते हैं।[17]

इसी प्रकार, बौद्ध तथा जैन दर्शनों के प्राचीन ग्रंथों में भी हमें चार्वाक दर्शन के अनेक समर्थकों का विस्तृत विवरण प्राप्त होता है। इनमें अजितकेश कंबलि, पूरण कश्यप, मक्खली गौशाल आदि के नाम विशेष रूप से उल्लेखनीय हैं। मक्खली गौशाल गौतम बुद्ध तथा महावीर के समकालीन विचारक थे और उन्होंने 'अजीविक' नामक एक संप्रदाय की स्थापना की थी जो पूर्णतः भौतिकवादी दर्शन में विश्वास करता था। इस संप्रदाय के अनुयायी ईश्वर, आत्मा, परलोक, स्वर्ग, नरक, देवी-देवता आदि समस्त अलौकिक सत्ताओं, पाप-पुण्य, कर्मवाद, पुनर्जन्म तथा मोक्ष संबंधी सिद्धांतों को अस्वीकार करते थे, अतः यह कहना अनुचित न होगा कि अजीविक लोग मूलतः भौतिकवादी चार्वाक दर्शन के ही समर्थक थे।

उपर्युक्त सभी तथ्यों को ध्यान में रखते हुए यह कहा जा सकता है कि चार्वाक दर्शन वास्तव में बहुत प्राचीन दर्शन है जिसका विकास भारत में ईसा से पूर्व कम-से-कम छठी शताब्दी में हो चुका था। एस.एन. दासगुप्त ने तो इस दर्शन का उद्‌गम आर्य-सभ्यता से भी पूर्व सुमेर-सभ्यता के अंतर्गत माना है। उनका मत है कि चार्वाक दर्शन के कुछ मूल विश्वासों का उदय बहुत प्राचीन काल में सुमेर-सभ्यता के अंतर्गत ही हो गया था, किंतु भारत में इसके आगमन के पश्चात इन विश्वासों में पर्याप्त परिवर्तन हुआ। सुमेर-सभ्यता में मृतक लोगों की पूजा की जाती थी और यह माना जाता था कि वे मृत्यु के पश्चात भी सशरीर जीवित रहते हैं। परंतु बाद में इस मान्यता के विरुद्ध यह तर्क दिया गया कि मृत्यु के उपरांत शरीर को जला देने के फलस्वरूप वह नष्ट हो जाता है, अतः शरीर तथा आत्मा के एक ही होने के कारण मृत्यु के पश्चात कुछ भी शेष नहीं रह जाता। चार्वाक दर्शन में इसी मत को स्वीकार किया गया है। सुमेर-सभ्यता में ही इस दर्शन के उद्‌गम की व्याख्या करते हुए दासगुप्त ने लिखा है : "संभवतः लोकायत सिद्धांतों का प्रारंभ सुमेर-सभ्यता में प्रचलित मृतकों की पूजा तथा मरणोतर जीवन संबंधी सिद्धांत से हुआ था। . . . इस प्रकार हम यह जानते हैं कि लोकायत संबंधी विचार बहुत प्राचीन हैं जो आर्यों के समय से भी पहले सुमेर के लोगों में प्रचलित थे।"[18] वस्तुतः निश्चित रूप से यह कहना बहुत कठिन है कि चार्वाक दर्शन के उद्‌गम के विषय में दासगुप्त का उपर्युक्त मत कहाँ तक सत्य एवं प्रामाणिक है, किंतु इसमें संदेह नहीं है कि भारत का यह भौतिकवादी दर्शन बहुत प्राचीन है। वैदिक काल से लेकर वर्तमान युग तक इस दर्शन के अनुयायी सर्वत्र किसी-न-किसी रूप में सदा रहे हैं और सदा बने रहेंगे जिससे इसकी व्यावहारिक उपादेयता सिद्ध होती है।

चार्वाक दर्शन के संबंध में ऊपर जो कुछ कहा गया है उससे यह स्पष्ट है कि इसके समर्थक भौतिकवाद की उन सभी आधारभूत मान्यताओं को स्वीकार करते हैं

17. 'विष्णु-पुराण', 1, 6, 29-31.

18. एस.एन. दासगुप्त, 'ए हिस्ट्री ऑफ़ इंडियन फ़िलॉसॉफ़ी', खंड 3, पृ. 529, 531.

जिनकी विवेचना इस अध्याय के प्रथम खंड में की गई है। इसी कारण इसे पूर्णतः भौतिकवादी दर्शन माना जाता है। यह समझना कठिन नहीं है कि भौतिकवादी होने के कारण इस दर्शन में ईश्वरवाद के लिए कोई स्थान नहीं है। दूसरे शब्दों में, यह कहा जा सकता है कि निरीश्वरवाद चार्वाक दर्शन के अनुभववाद, प्रकृतिवाद तथा भौतिकवाद का अनिवार्य परिणाम है। यह सत्य है कि इस दर्शन के समर्थकों ने ईश्वरवाद के विरुद्ध अपने कोई विशेष मौलिक तर्क प्रस्तुत नहीं किए हैं, किंतु उनके समस्त मूल सिद्धांत ईश्वरवाद का पूर्णतः निषेध करते हैं। इस तथ्य को भली-भाँति स्पष्ट करने के लिए चार्वाक दर्शन की ज्ञानमीमांसा, तत्त्वमीमांसा तथा आचारमीमांसा पर विचार करना आवश्यक है, अतः अब इस दर्शन के इन तीनों महत्त्वपूर्ण पक्षों की क्रमशः विस्तृत विवेचना की जाएगी।

3. ज्ञानमीमांसा

अन्य दर्शनों की भाँति चार्वाक दर्शन की तत्त्वमीमांसा और आचारमीमांसा का मूल आधार भी उसकी ज्ञानमीमांसा ही है। इस दर्शन के समर्थकों का निश्चित मत है कि केवल प्रत्यक्ष द्वारा वास्तविक या असंदिग्ध ज्ञान प्राप्त किया जा सकता है, अतः प्रत्यक्ष ही ज्ञान का एकमात्र विश्वसनीय प्रमाण है। उनका यह मत 'प्रत्यक्षमेव प्रमाणम्' बृहस्पति के इस सूत्र द्वारा व्यक्त किया गया है। जब हमारी ज्ञानेंद्रियों का बाह्य वस्तुओं के साथ सन्निकर्ष अथवा संपर्क होता है तो उससे उत्पन्न ज्ञान को 'प्रत्यक्ष' की संज्ञा दी जाती है। नेत्र, नासिका, कान, जिव्हा तथा त्वचा–इन पाँच ज्ञानेंद्रियों के बाह्य वस्तुओं से संपर्क के फलस्वरूप उत्पन्न होने के कारण यह प्रत्यक्ष पाँच प्रकार का होता है। इसे 'बाह्य प्रत्यक्ष' कहा जाता है, क्योंकि यह बाह्य वस्तुओं के साथ ज्ञानेंद्रियों के सन्निकर्ष या संपर्क के कारण उत्पन्न होता है। इस बाह्य प्रत्यक्ष के अतिरिक्त आंतरिक प्रत्यक्ष भी माना गया है जो हमारे मनस् पर आधारित है और जिसके माध्यम से हम अपनी भावनाओं, इच्छाओं तथा अपने सुख-दुःख का असंदिग्ध ज्ञान प्राप्त करते हैं। चार्वाक दर्शन के अनुसार, उपर्युक्त दोनों प्रकार का प्रत्यक्ष ही हमारे संपूर्ण निश्चित ज्ञान का एकमात्र विश्वसनीय आधार है और इसके अतिरिक्त ज्ञान का अन्य कोई स्वतंत्र प्रमाण नहीं है। अनुमान, शब्द आदि अन्य सभी प्रमाण मूलतः इस प्रत्यक्ष पर ही आधारित हैं, अतः इन्हें स्वतंत्र प्रमाणों के रूप में स्वीकार नहीं किया जा सकता।

अपनी उपर्युक्त मान्यता के कारण चार्वाक दार्शनिकों ने असंदिग्ध ज्ञान की प्राप्ति के लिए स्वतंत्र प्रमाणों के रूप में अनुमान तथा शब्द इन दोनों प्रमाणों का खंडन किया है। अनुमान के विरुद्ध इन दार्शनिकों की मुख्य आपत्ति यह है कि इसके मूल आधार, व्याप्ति–अर्थात्, हेतु तथा साध्य के अनिवार्य एवं अनुपातिक साहचर्य–को असंदिग्ध रूप से सत्य प्रमाणित नहीं किया जा सकता। हम किसी विशेष हेतु और उससे संबद्ध किसी विशेष साध्य को तो प्रत्यक्षतः जान सकते हैं, किंतु हम सभी स्थानों पर तथा सभी कालों में इन दोनों के अनिवार्य संबंध को निश्चित रूप से कभी नहीं जान सकते, अतः हमारे व्याप्ति विषयक ज्ञान को असंदिग्ध नहीं माना जा सकता। उदाहरणार्थ, हम प्रत्यक्ष द्वारा किसी विशेष स्थान पर धूम्र तथा अग्नि के साहचर्य को

जान सकते हैं, किंतु अपने इस सीमित प्रत्यक्ष ज्ञान के आधार पर हम सभी कालों में और सभी स्थानों पर इन दोनों के अनिवार्य साहचर्य को निश्चित रूप से कभी प्रमाणित नहीं कर सकते। यही बात हेतु और साध्य के रूप में उपस्थित होनेवाली अन्य सभी वस्तुओं तथा घटनाओं के साहचर्य के विषय में भी कही जा सकती है। ऐसी स्थिति में उस व्याप्ति की सत्यता असंदिग्ध रूप से प्रमाणित नहीं होती जो अनुमान का मूल आधार है, अतः अनुमान को स्वतंत्र प्रमाण नहीं माना जा सकता।

यहाँ यह उल्लेखनीय है कि अनुमान के विरुद्ध चार्वाक दार्शनिकों की प्रमुख आपत्ति वस्तुतः उन अलौकिक शक्तियों तथा सत्ताओं के ज्ञान के विरुद्ध है जिन्हें अनेक दार्शनिक अनुमान द्वारा प्रमाणित करने का प्रयास करते रहे हैं। उदाहरणार्थ, अध्यात्म-वादी दार्शनिक ईश्वर, आत्मा, परलोक, स्वर्ग, नरक आदि अलौकिक सत्ताओं को प्रायः अनुमान के आधार पर सत्य प्रमाणित करने का प्रयत्न करते हैं। इन दार्शनिकों ने स्वयं स्पष्टतः यह स्वीकार किया है कि ये अलौकिक सत्ताएँ हमारे प्रत्यक्ष ज्ञान का विषय नहीं हैं और न हो सकती हैं; इसी कारण इन्हें प्रमाणित करने के लिए अनुमान का प्रयोग किया जाता है। परंतु चार्वाक दार्शनिक इस प्रकार के अनुमान का तीव्र विरोध करते हैं, क्योंकि इसका हमारे प्रत्यक्ष ज्ञान से न तो कोई संबंध है और न हो सकता है। इन दार्शनिकों का कथन है कि अनुमान द्वारा ऐसी तथाकथित अलौकिक सत्ताओं को सिद्ध करने का दावा करके धर्म के नाम पर ब्राह्मणों ने अपनी आजीविका के लिए सीधे-सादे लोगों को धोखा दिया है और इस छल-कपट के आधार पर उनसे पर्याप्त मात्रा में धन-संपत्ति प्राप्त की है। इसके अतिरिक्त इन अलौकिक सत्ताओं से संबंधित अनुमान चार्वाक दार्शनिकों के ज्ञानमीमांसात्मक मूल सिद्धांत के भी पूर्णतः विरुद्ध है जिसके अनुसार प्रत्यक्ष ही वास्तविक ज्ञान का एकमात्र स्वतंत्र और विश्वस-नीय प्रमाण है।

परंतु अलौकिक सत्ताओं की सिद्धि का दावा करनेवाले इस अनुमान का निषेध करते हुए भी चार्वाक दार्शनिक उस अनुमान के महत्त्व को अवश्य स्वीकार करते हैं जिसका संबंध प्रत्यक्ष ज्ञान से है और जो हमारे व्यावहारिक जीवन के लिए आवश्यक है। उनका मत है कि हम प्रत्यक्षतः ज्ञात किसी वस्तु या घटना के आधार पर किसी ऐसी वस्तु अथवा घटना का अनुमान लगा सकते हैं जो इस समय हमारे समक्ष प्रत्यक्ष रूप से विद्यमान नहीं है किंतु जिसे कम-से-कम सिद्धांततः प्रत्यक्ष द्वारा जानना हमारे लिए संभव है। यह समझना कठिन नहीं है कि प्रत्यक्ष पर आधारित ऐसा अनुमान चार्वाक दार्शनिकों के केवल प्रत्यक्ष को प्रमाण मानने से संबंधित मूल सिद्धांत के अनुरूप ही है। इसी कारण सातवीं शताब्दी के एक चार्वाक दार्शनिक, पुरंदर ने इस प्रकार के लौकिक अनुमान का पूर्णतः समर्थन किया है। वे केवल उस अनुमान का खंडन करते हैं जिसके द्वारा अलौकिक सत्ताओं को प्रमाणित करने का दावा किया जाता है और जिसका हमारे प्रत्यक्ष ज्ञान के साथ सैद्धांतिक रूप से भी किसी प्रकार का संबंध संभव नहीं है।

अनुमान के विषय में पुरंदर के उपर्युक्त मत की व्याख्या करते हुए एस.एन. दासगुप्त ने लिखा है : "पुरंदर . . . उन सब सांसारिक वस्तुओं के स्वरूप को निर्धारित

करने के लिए अनुमान की उपादेयता स्वीकार करते हैं जहाँ प्रत्यक्षात्मक अनुभव उपलब्ध हैं, परंतु अनुमान का प्रयोग इंद्रियातीत परलोक अथवा मरणोतर जीवन या कर्म के नियम से संबंधित किसी ऐसे सिद्धांत की स्थापना के लिए नहीं किया जा सकता जो सामान्य प्रत्यक्षात्मक अनुभव की पहुँच से बाहर है।"[19] अन्य अनेक चार्वाक दार्शनिक भी अनुमान के संबंध में पुरंदर के इस तर्कसंगत मत का समर्थन करते हैं। इन दार्शनिकों के विषय में इसी तथ्य का उल्लेख करते हुए कालीदास भट्टाचार्य ने कहा है : "वे यह मानते हैं कि केवल उसी को अनुमित किया जा सकता है जिसका कम-से-कम कल्पनीय अवस्थाओं में इंद्रिय-प्रत्यक्ष द्वारा ज्ञान प्राप्त करना संभव हो और वे यह कहते हैं कि हम ऐसी किसी स्थिति की कल्पना नहीं कर सकते जहाँ ईश्वर तथा उस जैसी वस्तुओं को इंद्रिय-प्रत्यक्ष द्वारा जाना जा सके।"[20] इन उद्धरणों से यह स्पष्ट है कि चार्वाक दार्शनिक अलौकिक सत्ताओं से संबंधित अनुमान का खंडन करते हुए भी सांसारिक वस्तुओं के ज्ञान के लिए व्यावहारिक जीवन में अनुमान की उपयोगिता को स्वीकार करते हैं। परंतु इन दार्शनिकों का मत है कि ऐसे लौकिक अनुमान द्वारा केवल प्रायिक अथवा संभावित ज्ञान ही प्राप्त किया जा सकता है, अनिवार्य तथा निश्चित ज्ञान नहीं। इसका कारण यह है कि ऐसा अनुमान जिस व्याप्ति पर आधारित रहता है उसकी सत्यता को सभी स्थानों पर तथा सभी कालों में असंदिग्ध रूप से प्रमाणित करना संभव नहीं है। इस प्रकार निष्कर्ष के रूप में हम यह कह सकते हैं कि चार्वाक दार्शनिक प्रत्यक्ष के साथ-साथ लौकिक अनुमान की व्यावहारिक उपादेयता को भी स्वीकार करते हैं।

प्रायः यह कहा जाता है कि चार्वाक दर्शन में अनुमान की भाँति शब्द-प्रमाण के लिए भी कोई स्थान नहीं है। परंतु इस मत को केवल अंशतः ही स्वीकार किया जा सकता है। यह सत्य है कि चार्वाक दर्शन के समर्थक शब्द-प्रमाण को प्रत्यक्ष से मूलतः भिन्न तथा स्वतंत्र प्रमाण नहीं मानते, क्योंकि उनके विचार में अनुमान के समान ही यह प्रमाण भी अंततः प्रत्यक्ष पर आधारित रहता है। आप्तवचनों को सुनने या पढ़ने से हमें उनके अर्थ का जो ज्ञान प्राप्त होता है उसका मूल आधार वस्तुतः प्रत्यक्ष ही है जिसके बिना यह ज्ञान संभव नहीं है। इसके अतिरिक्त चार्वाक दार्शनिक वेदों तथा श्रुति के अंतर्गत सम्मिलित अन्य ग्रंथों को भी ज्ञान के विश्वसनीय प्रमाण के रूप में स्वीकार नहीं करते जिसके लिए उन्होंने अनेक कारण प्रस्तुत किए हैं। उनका विचार है कि वेदों को प्रामाणिक नहीं माना जा सकता, क्योंकि वे असत्यता, स्वतोव्याघात, पुनरावृत्ति, निरर्थक प्रलाप आदि अनेक गंभीर दोषों से ग्रस्त हैं। उदाहरणार्थ, वेदों में यह कहा गया है कि पुत्र-प्राप्ति के लिए पुत्रेष्टि यज्ञ करना चाहिए, किंतु प्रायः यह देखा जाता है कि इस यज्ञ के फलस्वरूप पुत्र का जन्म नहीं होता जिससे वेदों का उपर्युक्त कथन मिथ्या सिद्ध हो जाता है। इसी प्रकार, अनेक स्थानों पर वैदिक वचनों में स्वतोव्याघात और पुनरावृत्ति को भी देखा जा सकता है। इन दोषों के अतिरिक्त वेदों में 'जर्फरी', 'तुर्फरी', 'पफरी', 'जेमना', 'मदेरू' आदि अनेक शब्दों का प्रयोग किया

19. वही पुस्तक, पृ. 536.

20. कालीदास भट्टाचार्य, 'फ़िलॉसॉफ़ी, लॉजिक ऐंड लैंग्वेज', पृ. 266-267.

गया है जिनका कोई अर्थ नहीं है। नैतिक दृष्टि से भी वेदों को मार्गदर्शक नहीं माना जा सकता, क्योंकि इननें मांस-भक्षण, पशु-बलि आदि निंदनीय कर्मों को उचित और कर्तव्य बताया गया है। चार्वाक दार्शनिकों का मत है कि जीविकोपार्जन के लिए ही कुछ धूर्त, कपटी तथा निशाचर लोगों ने वेदों की रचना की है जिनके द्वारा वे सीधे-सादे मनुष्यों को धोखा देते हैं। ऐसे लोगों में अपनी जीविका अर्जित करने के लिए न शारीरिक शक्ति है और न बौद्धिक क्षमता, अतः वे मिथ्या वेद-वचनों द्वारा साधारण मनुष्यों को धोखा देकर जीविकोपार्जन करते हैं। ऐसी स्थिति में वेदों को प्रामाणिक तथा अपने जीवन के लिए मार्गदर्शक मानना मूर्खता है।[21] इस प्रकार चार्वाक दार्शनिक श्रुति की प्रामाणिकता का पूर्णतः निषेध करते हैं।

वेदों के विरुद्ध चार्वाक दार्शनिकों की उपर्युक्त आपत्ति पूर्णतः सत्य एवं प्रामाणिक प्रतीत नहीं होती, क्योंकि यह वेदों के निष्पक्ष मूल्यांकन पर आधारित न होकर उनके विरुद्ध इन दार्शनिकों के पूर्वाग्रह पर आधारित है। इसमें सत्य का अंश संभवतः इतना ही है कि वैदिक यज्ञों तथा अन्य धर्मानुष्ठानों का प्रयोग कुछ ब्राह्मणों ने अपनी जीविकोपार्जन के लिए किया है। परंतु यहाँ यह स्पष्ट कर देना आवश्यक है कि वेदों का खंडन करते हुए भी चार्वाक दर्शन के समर्थक अनुमान की भाँति ऐसे शब्द-प्रमाण की व्यावहारिक उपयोगिता को स्वीकार करते हैं जिसका संबंध सांसारिक वस्तुओं तथा घटनाओं के ज्ञान से है। जीवन को सुखमय बनाने के लिए वे बुद्धिमान तथा विचारशील व्यक्तियों के अनुभव पर आधारित इहलौकिक उपदेशों को विशेष महत्त्व देते हैं। वस्तुतः यदि वे इस प्रकार के लौकिक शब्द-प्रमाण को स्वीकार न करते तो साधारण मनुष्यों के लिए स्वयं उनके अपने उपदेशों का भी कोई महत्त्व नहीं हो सकता था जो अंततः शब्द-प्रमाण पर ही आधारित हैं। इस दृष्टि से विचार करने पर यह स्पष्ट हो जाता है कि चार्वाक दार्शनिक सभी प्रकार के शब्द-प्रमाण का खंडन नहीं करते। वे केवल श्रुति विषयक ऐसे शब्द-प्रमाण का ही निषेध करते हैं जिसके द्वारा ईश्वर, आत्मा, परलोक, स्वर्ग, नरक आदि अलौकिक सत्ताओं का ज्ञान प्रदान करने का दावा किया जाता है और जिसका हमारे अनुभव से कोई संबंध नहीं है। मुख्यतः इसी आधार पर उन्होंने वेदों की प्रामाणिकता को अस्वीकार किया है।

इसके विपरीत चार्वाक दार्शनिक ऐसे लौकिक शब्द-प्रमाण की उपादेयता को पूर्णतः स्वीकार करते हैं जिसके द्वारा हमें सांसारिक वस्तुओं तथा घटनाओं का ज्ञान प्राप्त होता है और जो मूलतः मानवीय अनुभव पर आधारित है। वस्तुतः इस प्रकार का अनुभवाधारित लौकिक शब्द-प्रमाण इन दार्शनिकों की प्रत्यक्षमूलक ज्ञानमीमांसा के अनुरूप ही है, अतः इसे स्वीकार करने में उन्हें कोई आपत्ति नहीं हो सकती। ऐसी स्थिति में यह कहना उचित नहीं होगा कि चार्वाक दर्शन में किसी प्रकार के शब्द-प्रमाण के लिए कोई स्थान नहीं है। इस संबंध में वास्तविक स्थिति यह है कि अलौकिक सत्ताओं के ज्ञान से संबंधित श्रुतिमूलक शब्द-प्रमाण का निषेध करते हुए भी चार्वाक दार्शनिक अनुभवाधारित लौकिक अनुमान की भाँति लौकिक शब्द-प्रमाण का भी समर्थन करते हैं। परंतु उनके विचार में मूलतः प्रत्यक्ष पर आधारित होने के कारण ये दोनों

21. देखिए, माधवाचार्य, 'सर्व-दर्शन-संग्रह', पृ. 4.

प्रमाण उससे स्वतंत्र नहीं हैं और इनके द्वारा प्राप्त ज्ञान असंदिग्ध न होकर संभावित ही होता है, अतः ज्ञान-प्राप्ति के लिए इनका महत्त्व प्रत्यक्ष की तुलना में अपेक्षाकृत गौण ही माना जा सकता है।

चार्वाक दर्शन पर प्रायः यह आरोप भी लगाया जाता है कि इसके समर्थक यदृच्छावाद को स्वीकार करते हैं और इसमें कारण-कार्य-संबंध के लिए कोई स्थान नहीं है। इसी आरोप की सविस्तार व्याख्या करते हुए जदुनाथ सिन्हा कहते हैं : "चार्वाक लोग कारणता और उसकी सार्वभौमता में विश्वास नहीं करते। कारणता अनेक अवसरों पर एक साथ देखी गई पूर्ववर्ती और परवर्ती घटनाओं के बीच काल्पनिक संबंध है। केवल एक घटना का पहले होना और दूसरी घटना का अनिवार्यतः बाद में होना ही देखा जाता है। एक घटना का अनिवार्यतः पहले होना तथा दूसरी घटना का अनिवार्यतः बाद में होना कभी नहीं ज्ञात होता। प्रत्यक्ष विशेष उदाहरणों तक ही सीमित रहता है। यह वर्तमान, भूत एवं भविष्यत के सभी उदाहरणों को कभी नहीं जान सकता। यह संभव है कि भूतकाल में बहुत-से अवसरों पर देखी गई दो घटनाओं का पूर्वापर क्रम भविष्यत काल में अज्ञात परिस्थितियों के अंतर्गत घटित न हो। पूर्ववर्ती तथा परवर्ती घटनाओं में किसी अनिवार्य संबंध के अस्तित्व को नहीं जाना जा सकता। किसी एक घटना के बाद दूसरी घटना को बार-बार देखने के कारण मन में यह आशा उत्पन्न होती है कि भविष्य में सभी अवसरों पर पहली घटना के बाद दूसरी घटना घटित होगी। बहुत-से अवसरों पर किन्हीं दो घटनाओं का संबंध यह आशा उत्पन्न करता है कि वे सदा संबंधित रहेंगी। चार्वाक लोग किसी निश्चित कारण से कार्य की उत्पत्ति और इन दोनों के बीच अनिवार्य तथा अपरिहार्य संबंध में विश्वास नहीं करते।"[22]

इस प्रकार उपर्युक्त उद्धरण से यह स्पष्ट है कि जदुनाथ सिन्हा के मतानुसार चार्वाक दर्शन के समर्थक किन्हीं दो वस्तुओं अथवा घटनाओं में अनिवार्य कारण-कार्य-संबंध को स्वीकार नहीं करते। कुछ अन्य विचारकों ने भी चार्वाक दर्शन के विषय में यही मत व्यक्त किया है। परंतु इस मत की सत्यता कुछ संदिग्ध ही प्रतीत होती है, क्योंकि चार्वाक दार्शनिक यदृच्छावाद के स्थान पर स्वभाववाद में विश्वास करते हैं और हम पिछले अध्याय में देख चुके हैं कि यदृच्छावाद के विपरीत स्वभाववाद कारण-कार्य-संबंध को स्वीकार करता है। ऐसी स्थिति में यह कहना बहुत कठिन है कि स्वभाववाद का समर्थन करनेवाले चार्वाक दार्शनिक कारण-कार्य-संबंध में विश्वास नहीं करते।

चार्वाक दर्शन की ज्ञानमीमांसा के विषय में ऊपर जो कुछ कहा गया है उससे यह स्पष्ट है कि इस दर्शन की ज्ञानमीमांसा मूलतः अनुभववाद और यथार्थवाद पर आधारित है। इसके समर्थक यह मानते हैं कि हम इंद्रिय-प्रत्यक्ष द्वारा जिन बाह्य वस्तुओं का जिस रूप में अनुभव करते हैं उनका वस्तुतः उसी रूप में अस्तित्व है। इसका अर्थ यह है कि हम प्रत्यक्ष रूप से बाह्य वस्तुओं को जानते हैं, उनके प्रत्ययों के माध्यम से नहीं। इस प्रकार चार्वाक दर्शन की ज्ञानमीमांसा यथार्थवाद को स्वीकार करते हुए

22. जदुनाथ सिन्हा, 'ए हिस्ट्री ऑफ़ इण्डियन फ़िलॉसॉफ़ी', पृ. 234.

प्रत्ययवाद का निषेध करती है जिसके अनुसार हमें केवल वस्तुओं के प्रत्ययों का ही ज्ञान प्राप्त होता है। यथार्थवाद के साथ-साथ अनुभववाद भी इस ज्ञानमीमांसा का अनिवार्य मूल सिद्धांत है। इस अनुभववाद में विश्वास करने के कारण चार्वाक दार्शनिक यह मानते हैं कि हम केवल उन्हीं वस्तुओं को जान सकते हैं जो कम-से-कम सिद्धांततः हमारे अनुभव का विषय हो सकती हैं; ऐसी किसी वस्तु या सत्ता का ज्ञान प्राप्त करना हमारे लिए संभव नहीं है जो हमारे अनुभव से परे है। अपने इसी अनुभववादी मूल सिद्धांत के आधार पर चार्वाक दार्शनिकों ने ईश्वर, आत्मा, स्वर्ग, नरक आदि समस्त अलौकिक या अति-प्राकृतिक सत्ताओं को अस्वीकार किया है। इस प्रकार चार्वाक दर्शन की ज्ञानमीमांसा में यथार्थवाद और अनुभववाद का विशेष महत्त्व है।

यहाँ यह भी उल्लेखनीय है कि इस दर्शन की ज्ञानमीमांसा में संशयवाद के लिए कोई स्थान नहीं है। हम देख चुके हैं कि चार्वाक दार्शनिक इंद्रिय-प्रत्यक्ष द्वारा प्राप्त ज्ञान की सत्यता में संदेह नहीं करते। इसके अतिरिक्त वे व्यावहारिक जीवन में लौकिक अनुमान तथा लौकिक शब्द-प्रमाण द्वारा प्राप्त सांसारिक वस्तुओं के ज्ञान की उपादेयता को भी स्वीकार करते हैं। ऐसी स्थिति में चार्वाक दार्शनिकों को संशयवादी कहना उचित एवं तर्कसंगत प्रतीत नहीं होता। वस्तुतः चार्वाक दर्शन की ज्ञानमीमांसा अनुभव-मूलक यथार्थवादी ज्ञानमीमांसा है जो संशयवाद का निषेध करती है।

यहाँ इस तथ्य का भी उल्लेख कर देना आवश्यक है कि डेमोक्रिटस, ऐपिक्यूरस, ल्यूक्रेशियस आदि पाश्चात्य भौतिकवादी दार्शनिक भी चार्वाक दर्शन की उपर्युक्त ज्ञानमीमांसा का मुख्यतः समर्थन करते हैं। वास्तव में भौतिकवादी दार्शनिक होने के कारण इन सभी भारतीय तथा पाश्चात्य दार्शनिकों की ज्ञानमीमांसा में कोई आधारभूत अंतर नहीं है।

4. तत्त्वमीमांसा

चार्वाक दार्शनिकों ने अपनी उपर्युक्त प्रत्यक्षमूलक, अनुभववादी तथा यथार्थवादी ज्ञान-मीमांसा के आधार पर ही ईश्वर, आत्मा, जगत्, परलोक आदि तत्त्वमीमांसीय विषयों की व्याख्या की है। उनका स्पष्ट तथा निश्चित मत है कि ऐसी किसी वस्तु का अस्तित्व नहीं है जिसका प्रत्यक्ष द्वारा ज्ञान प्राप्त नहीं किया जा सकता और जो हमारे अनुभव से परे है। मुख्यतः इसी आधार पर उन्होंने ईश्वर, आत्मा, परलोक, स्वर्ग, नरक आदि समस्त अलौकिक सत्ताओं को अस्वीकार किया है।

हम पिछले अध्यायों में देख चुके हैं कि ईश्वरवादी दार्शनिक ईश्वर को प्रत्यक्ष का विषय न मानकर प्रायः अनुमान तथा शब्द-प्रमाण द्वारा उसकी सत्ता को प्रमाणित करने का प्रयास करते हैं। परंतु अलौकिक सत्ताओं के संबंध में अनुमान और शब्द-प्रमाण का निषेध करने के कारण चार्वाक दार्शनिक निश्चित रूप से यह मानते हैं कि इन दोनों प्रमाणों द्वारा वास्तव में ईश्वर का अस्तित्व सिद्ध नहीं होता। हमारे लिए अशरीरी, अभौतिक तथा अनुभवातीत ईश्वर की सत्ता को प्रमाणित करना असंभव है, क्योंकि वह हमारे प्रत्यक्ष ज्ञान का विषय नहीं है और न हो सकता है। ऐसी स्थिति में ईश्वर के अस्तित्व को स्वीकार करने के लिए हमारे पास कोई विश्वसनीय एवं तर्कसंगत आधार नहीं रह जाता। इसके अतिरिक्त चार्वाक दार्शनिक ईश्वरवादियों के इस मत

का भी खंडन करते हैं कि जगत् की उत्पत्ति की व्याख्या के लिए ईश्वर की सत्ता में विश्वास करना आवश्यक है। इस मत के विरुद्ध उनका कथन है कि जगत् की उत्पत्ति पृथ्वी, जल, वायु तथा तेज या अग्नि–इन चार भौतिक तत्त्वों के सम्मिश्रण के फलस्वरूप ही हुई है और ये सभी तत्त्व अनादि एवं शाश्वत हैं, अतः इस जगत् के रचयिता के रूप में ईश्वर को स्वीकार करने की कोई आवश्यकता नहीं है। जगत् के समस्त पदार्थ तथा प्राणी इन्हीं चार भौतिक तत्त्वों से उत्पन्न होते हैं और पुनः इन्हीं में विलीन हो जाते हैं। यह संपूर्ण प्रक्रिया पूर्णतः भौतिक है और केवल प्राकृतिक नियमों द्वारा शासित होती है। ऐसी स्थिति में इस प्रक्रिया की व्याख्या के लिए ईश्वर की प्राक्कल्पना व्यर्थ और अनावश्यक है। चार्वाक दार्शनिक कर्मवाद में भी विश्वास नहीं करते, अतः उनके द्वारा ईश्वर को कर्माध्यक्ष के रूप में स्वीकार करने का प्रश्न ही नहीं उठता। इसका अर्थ यह है कि ईश्वर विषयक विश्वास का कोई नैतिक आधार भी नहीं है। वास्तव में जगत् के मार्गदर्शन के लिए ईश्वर की कल्पना करना व्यर्थ है, क्योंकि जगत् का कोई विशेष लक्ष्य नहीं है। इस प्रकार चार्वाक दार्शनिकों ने अपने उपर्युक्त सभी तर्कों द्वारा ईश्वर संबंधी विश्वास का खंडन करके निरीश्वरवाद का पूर्णतः समर्थन किया है जो उनके भौतिकवादी दर्शन के अनुरूप ही है।

ईश्वर की भाँति शरीर से भिन्न और स्वतंत्र अभौतिक आत्मा की सत्ता को भी चार्वाक दार्शनिक अस्वीकार करते हैं, क्योंकि वह भी हमारे अनुभव तथा प्रत्यक्ष ज्ञान का विषय नहीं है। इन दार्शनिकों का मत है कि हम केवल चैतन्ययुक्त शरीर को ही जानते हैं; उससे पृथक् अभौतिक आत्मा का ज्ञान प्राप्त करना हमारे लिए असंभव है। ऐसी आत्मा से संबंधित विश्वास केवल अनुमान तथा शब्द-प्रमाण पर आधारित है जिन्हें अलौकिक सत्ताओं के विषय में पहले ही अस्वीकार किया जा चुका है। इसी कारण चार्वाक दार्शनिक शरीर से भिन्न अभौतिक आत्मा के अस्तित्व का खंडन करते हुए शरीर को ही आत्मा मानते हैं। उनके इस विचार को बृहस्पति के निम्नलिखित सूत्र में अभिव्यक्त किया गया है : "चैतन्यविशिष्टः कायः पुरुषः"–अर्थात्, "चैतन्ययुक्त शरीर ही आत्मा है।" चार्वाक दार्शनिकों की इस मान्यता से यह स्पष्ट है कि उनके अनुसार मनुष्य की मृत्यु के फलस्वरूप शरीर के नष्ट हो जाने के पश्चात कुछ भी शेष नहीं रह जाता, अतः पुनर्जन्म, कर्मवाद, स्वर्ग, नरक, परलोक आदि से संबंधित समस्त प्राक्कल्पनाएँ या विचार व्यर्थ और निराधार हैं। इनमें विश्वास करने के लिए हमारे पास कोई युक्तिसंगत कारण अथवा प्रमाण नहीं हैं। शरीर से पृथक् अनश्वर तथा अभौतिक द्रव्य के रूप में आत्मा के अस्तित्व का खंडन करने और शरीर एवं आत्मा को एक ही मानने के लिए चार्वाक दार्शनिकों ने बहुत-से व्यावहारिक तर्क प्रस्तुत किए हैं जिनमें से कुछ निम्नलिखित हैं :

(1) आत्मा की अमरता और पुनर्जन्म के समर्थक यह दावा करते हैं कि प्राणी की मृत्यु के उपरांत आत्मा उसके पुराने शरीर को छोड़कर नए शरीर में प्रवेश करती है जिसके फलस्वरूप उसका पुनर्जन्म होता है। उनके इस दावे को अस्वीकार करते हुए चार्वाक दार्शनिक यह प्रश्न उठाते हैं कि यदि एक ही आत्मा पहले शरीर को छोड़कर दूसरे शरीर में प्रवेश करती है तो उसे अपने पूर्व जन्म का कुछ भी याद क्यों

नहीं रहता। यह अनुभवसिद्ध तथ्य है कि कोई भी मनुष्य अपनी बाल्यावस्था से वृद्धावस्था तक अनेक विशेष महत्त्वपूर्ण घटनाओं को तो भली-भाँति याद रखता है, किंतु उसके मन में अपने किसी पूर्व जन्म की कोई स्मृति नहीं होती। इससे यही सिद्ध होता है कि आत्मा की अमरता और पुनर्जन्म के सिद्धांत का कोई तर्कसंगत आधार नहीं है। यहाँ इस रोचक तथ्य का उल्लेख कर देना प्रासंगिक होगा कि एक पाश्चात्य भौतिकवादी दार्शनिक, ल्यूक्रेशियस ने भी आत्मा की अमरता और पुनर्जन्म के विरुद्ध ठीक यही तर्क प्रस्तुत किया है। इस संबंध में उनका कथन है : "यदि आत्मा का स्वरूप अनश्वर है और वह जन्म के समय हमारे शरीर में प्रवेश करती है तो . . . हमारे मन में पूर्व जन्म के कर्मों की स्मृति के कोई चिन्ह क्यों नहीं हैं?[23]

(2) यदि मनुष्य की मृत्यु के पश्चात भी आत्मा का अस्तित्व बना रहता है और वह परलोक में चली जाती है तो वह अपने प्रियजनों को देखने के लिए संसार में फिर कभी क्यों नहीं आती? हम अपने अनुभव द्वारा यह जानते हैं कि मृत्यु के उपरांत कोई भी व्यक्ति संसार में पुनः दिखाई नहीं देता जिससे यही प्रमाणित होता है कि शरीर के साथ-साथ आत्मा भी नष्ट हो जाती है।

(3) जो लोग आत्मा की अमरता का दावा करते हैं स्वयं उन्हीं के आचरण से यह सिद्ध होता है कि वे वस्तुतः अपने इस सिद्धांत में विश्वास नहीं करते, क्योंकि वे अपने वर्तमान जीवन को बचाने का यथासंभव अधिकतम प्रयास करते हैं और मृत्यु से सदा भयभीत रहते हैं। अपने इसी तर्क को स्पष्ट करते हुए चार्वाक दार्शनिकों ने कहा है : "यदि ज्योतिष्टोम में मारा गया पशु सीधा स्वर्ग जाता है तो यजमान इस यज्ञ में अपने पिता की बलि क्यों नहीं चढ़ा देता?"[24] अपने इसी तर्क के आधार पर श्राद्ध की व्यर्थता सिद्ध करते हुए चार्वाक दार्शनिकों ने कहा है कि यदि मृत व्यक्ति के लिए श्राद्ध के नाम पर किसी ब्राह्मण को भोजन करा देने से उस व्यक्ति को वह भोजन मिल जाता है तो यात्रा पर जानेवाले किसी व्यक्ति को भोजन देने के स्थान पर घर में ही किसी अन्य व्यक्ति को भोजन क्यों नहीं करा दिया जाता? इन व्यावहारिक तर्कों द्वारा चार्वाक दार्शनिकों ने यह प्रमाणित किया है कि आत्मा की अमरता का दावा करनेवाले व्यक्ति स्वयं इसमें विश्वास नहीं करते जो उनकी प्रवंचना का द्योतक है।

(4) स्थायी द्रव्य के रूप में आत्मा के अस्तित्व को स्वीकार न करते हुए भी बौद्ध दार्शनिकों ने पुनर्जन्म के समर्थन में यह तर्क दिया है कि मनुष्य की मृत्यु के समय विद्यमान चैतन्य-शृंखला उसके आगामी जीवन की चैतन्य-शृंखला का कारण बनती है और यही क्रम अनेक जन्मों तक निरंतर चलता रहता है। उनके इस मत के विरुद्ध चार्वाक दार्शनिकों का कथन है कि किसी एक शरीर में विद्यमान चैतन्य-शृंखला उससे पूर्णतः भिन्न किसी दूसरे शरीर के जन्म का कारण नहीं हो सकती, क्योंकि प्रत्येक शरीर की चैतन्य-शृंखला उसके साथ ही नष्ट हो जाती है। ऐसी स्थिति में उपर्युक्त तर्क के आधार पर पुनर्जन्म का समर्थन करना अयुक्तिसंगत है।

23. देखिए, ल्यूक्रेशियस, 'दि नेचर ऑफ़ यूनिवर्स', पृ. 670.

24. माधवाचार्य, 'सर्व-दर्शन-संग्रह', पृ. 10.

(5) चार्वाक दर्शन के समर्थकों का विचार है कि भ्रूणावस्था में ज्ञानेंद्रियों का समुचित विकास न होने के कारण इस अवस्था में चैतन्य विद्यमान नहीं रहता। इससे भी यही सिद्ध होता है कि वास्तव में चैतन्य का विकास ज्ञानेंद्रियों के विकास के साथ ही होता है और उसका तथाकथित पूर्वजन्म के चैतन्य के साथ कोई संबंध नहीं है। लगभग यही तर्क प्रस्तुत करते हुए ल्यूक्रेशियस ने भी कहा है : "आत्मा शरीर के साथ ही जन्म लेती है और इसके साथ ही बढ़ती तथा बूढ़ी होती है।"[25]

(6) पुनर्जन्म के विरुद्ध चार्वाक दार्शनिकों ने यह तर्क भी दिया है कि किसी ने आत्मा को एक शरीर से दूसरे शरीर में प्रवेश करते हुए कभी नहीं देखा, अतः इसे स्वीकार करने के लिए हमारे पास कोई प्रमाण नहीं है। इसके विपरीत वास्तविक स्थिति यह है कि आत्मा अथवा चैतन्य को सदा शरीर के साथ ही देखा जाता है; शरीर के बिना हम चैतन्य की कल्पना भी नहीं कर सकते। इसी कारण यह कहना उचित एवं तर्कसंगत प्रतीत होता है कि चैतन्य या आत्मा शरीर के साथ जन्म लेती है और उसके साथ ही नष्ट हो जाती है।

(7) शरीर तथा आत्मा को एक ही मानने के समर्थन में चार्वाक दार्शनिकों ने एक अन्य व्यावहारिक तर्क भी प्रस्तुत किया है जो इस प्रकार है। मनुष्य प्रायः स्वयं अपने संबंध में यह कहता है कि 'मैं लंबा हूँ', 'मैं छोटा हूँ', 'मैं दुर्बल हूँ', 'मैं मोटा हूँ', 'मैं काला हूँ', 'मैं गोरा हूँ' इत्यादि। यह स्पष्ट है कि लंबाई, लघुता, दुर्बलता, मोटापन, कालापन, गौर वर्ण आदि शरीर के ही गुण हैं जिनके साथ मनुष्य अपने आप को– अर्थात्, चैतन्य या आत्मा को–पूर्णतः संबद्ध करता है अथवा उसका ऐक्य या तादात्म्य स्थापित करता है। इससे यह सिद्ध होता है कि 'मैं'–अर्थात्, 'आत्मा', और शरीर अलग-अलग न होकर वास्तव में एक ही हैं। कोई भी व्यक्ति शरीर के अभाव में अपने इन गुणों की कल्पना नहीं कर सकता, अतः शरीर और आत्मा में कोई भिन्नता नहीं है। ऐसी स्थिति में यह कहना युक्तिसंगत है कि प्राणी की मृत्यु के पश्चात उसके शरीर के साथ ही आत्मा भी नष्ट हो जाती है और उसका कुछ भी शेष नहीं रह जाता।[26]

संक्षेप में उपर्युक्त सभी तर्कों द्वारा चार्वाक दार्शनिकों ने अभौतिक आत्मा की सत्ता, आत्मा की अमरता तथा पुनर्जन्म संबंधी सिद्धांतों का खंडन करते हुए शरीर और आत्मा को एक ही सिद्ध करने का प्रयास किया है। कुछ विद्वानों का मत है कि अनेक परवर्ती चार्वाक दार्शनिक शरीर के स्थान पर इंद्रियों, मनस् अथवा प्राण को आत्मा मानते थे। यह मत शायद सत्य हो सकता है, किंतु यह कहना अधिक तर्कसंगत प्रतीत होता है कि अधिकतर चार्वाक दार्शनिक चैतन्य-युक्त शरीर को ही आत्मा के रूप में स्वीकार करते थे, और इसी कारण उन्हें 'देहात्मवादी' कहा जाता था।

ईश्वर तथा आत्मा की भाँति जगत् के स्वरूप और विकास के विषय में भी चार्वाक दर्शन के समर्थकों का दृष्टिकोण पूर्णतः भौतिकवादी ही है। जैसा कि पहले

25. ल्यूक्रेशियस, 'दि नेचर आफ़ यूनिवर्स', पृ. 445.

26. चार्वाक दर्शन के उपर्युक्त तर्कों में से अधिकतर तर्कों के लिए देखिए, माधवाचार्य, 'सर्व-दर्शन-संग्रह', पृ. 10, एस.एन. दासगुप्त, 'ए हिस्ट्री ऑफ़ इंडियन फ़िलॉसॉफ़ी', खंड 3, पृ. 540.

ही कहा गया है, वे पृथ्वी, जल, तेज या अग्नि तथा वायु–इन चार भौतिक तत्त्वों की सत्ता को ही स्वीकार करते हैं। वे पाँचवें तत्त्व, आकाश के अस्तित्व में विश्वास नहीं करते, क्योंकि अभौतिक होने के कारण वह हमारे अनुभव और प्रत्यक्ष ज्ञान का विषय नहीं हो सकता। चार्वाक दार्शनिकों का मत है कि जगत् के समस्त भौतिक पदार्थों, पेड़-पौधों तथा प्राणियों की रचना उपर्युक्त चार भौतिक तत्त्वों के सम्मिश्रण के फलस्वरूप ही हुई है। सभी पदार्थ तथा प्राणी इन्हीं तत्त्वों के संयोग से उत्पन्न होते हैं और पुनः इन्हीं में विलीन हो जाते हैं। यह संपूर्ण प्रक्रिया इन भौतिक तत्त्वों के स्वभाव के अनुरूप स्वतः ही संपन्न होती है; ईश्वर या कोई अन्य दैवी शक्ति इसका मार्गदर्शन नहीं करती. क्योंकि ऐसी किसी शक्ति का अस्तित्व ही नहीं है। प्रत्येक वस्तु का अपना विशेष स्वभाव होता है जिसके अनुसार वह कार्य करती है, अतः इस कार्य के लिए किसी बाह्य शक्ति के हस्तक्षेप की आवश्यकता नहीं होती।

इस प्रकार चार्वाक दार्शनिक मूलतः स्वभाववाद में ही विश्वास करते हैं जिसकी विवेचना हम पिछले अध्याय में कर चुके हैं। वे यह मानते हैं कि जगत् की उत्पत्ति और उसके विकास की व्याख्या इसी स्वभाववाद के आधार पर की जा सकती है। चारों भौतिक तत्त्व अपने-अपने स्वभाव के अनुरूप स्वतः संगठित और विघटित होते हैं, अतः जगत् का कोई निर्माता या रचयिता नहीं है। प्रकृति स्वयंभू तथा अनश्वर है और सभी पदार्थ एवं प्राणी इसी के अंश हैं। इस प्रकृति का ऐसा कोई विशेष लक्ष्य या प्रयोजन नहीं है जिसकी पूर्ति के लिए वह कार्य करती है। वह मनुष्यों तथा अन्य प्राणियों के सुख-दुःख और उनकी इच्छाओं एवं आवश्यकताओं के प्रति पूर्णतः उदासीन है। प्रकृति के अंतर्गत चार भौतिक तत्त्वों से निर्मित सभी भौतिक पदार्थ, पेड़-पौधे तथा जीव इस अर्थ में क्षणिक हैं कि वे कुछ समय तक अस्तित्व में बने रहते हैं और फिर समाप्त हो जाते हैं। केवल पुद्‌गल ही शाश्वत या अनश्वर है और वही जगत् की एकमात्र सत्ता है। इस प्रकार यह स्पष्ट है कि चार्वाक दार्शनिक केवल भौतिकवादी सिद्धांत के अनुसार ही जगत् की उत्पत्ति और उसके विकास की व्याख्या करते हैं जो उनकी प्रत्यक्षमूलक अनुभववादी ज्ञानमीमांसा के अनुरूप ही है।

यहाँ यह प्रश्न उठाया जा सकता है कि यदि संपूर्ण जगत् की रचना अचेतन भौतिक तत्त्वों से ही हुई है तो मनुष्यों तथा अन्य प्राणियों में जो चैतन्य अथवा चेतना है उसकी व्याख्या किस प्रकार की जा सकती है। इस प्रश्न का उत्तर देते हुंए चार्वाक दार्शनिकों ने कहा है कि चैतन्य की उत्पत्ति इन भौतिक तत्त्वों के सम्मिश्रण के फलस्वरूप ही होती है। यह सत्य है कि सभी भौतिक तत्त्व अपने आप में चैतन्यरहित हैं, किंतु जब ये एक विशेष मात्रा में तथा विशेष प्रकार से परस्पर संयुक्त होते हैं तो इनके इस संयोग के कारण चैतन्य का आविर्भाव होता है। इसका अर्थ यह है कि चैतन्य इन भौतिक तत्त्वों से पृथक् कोई स्वतंत्र वस्तु न होकर इसके संयोग अथवा सम्मिश्रण का ही परिणाम है। भौतिक तत्त्वों से होनेवाली चैतन्य की इस उत्पत्ति को चार्वाक दार्शनिकों ने एक व्यावहारिक उदाहरण द्वारा स्पष्ट किया है। उनका कथन है कि पान का पत्ता, सुपारी, कत्था और चूना–इन चार तत्त्वों में से किसी में भी लालिमा विद्यमान नहीं रहती, किंतु जब इन्हें एक विशेष मात्रा में तथा विशेष प्रकार से मिलाया जाता है तो

इनके संयोग के परिणामस्वरूप पान में लालिमा उत्पन्न हो जाती है। यही बात भौतिक तत्त्वों से चैतन्य की उत्पत्ति के विषय में भी कही जा सकती है। यह सत्य है कि पृथ्वी, जल, तेज तथा वायु इन भौतिक तत्त्वों में से किसी में भी चैतन्य विद्यमान नहीं रहता, परंतु एक विशेष प्रकार से इनके परस्पर सम्मिश्रण के फलस्वरूप रासायनिक प्रतिक्रिया के कारण एक नवीन तत्त्व, चैतन्य का आविर्भाव होता है। इस उदाहरण से स्पष्ट है कि चार्वाक दार्शनिकों के मतानुसार चैतन्य इन भौतिक तत्त्वों से भिन्न होते हुए भी इनसे स्वतंत्र नहीं है; वह तो इनके एक विशेष सम्मिश्रण का ही परिणाम मात्र है जिसकी उत्पत्ति इनके अभाव में संभव नहीं है।

प्रत्येक प्राणी के मस्तिष्क के आकार, विकास तथा उसकी संरचना पर चैतन्य अथवा चेतना की निर्भरता चार्वाक दार्शनिकों के उपर्युक्त मत को सत्य प्रमाणित करती है। जीव-विज्ञान तथा मनोविज्ञान के अनेक विद्वानों ने अब यह सिद्ध कर दिया है कि जिस प्राणी का मस्तिष्क जितना अधिक बड़ा और जटिल होता है उसकी चेतनापूर्ण मानसिक क्रियाएँ भी उतनी ही अधिक विकसित होती हैं। इसी प्रकार, अब शरीर-विज्ञान द्वारा यह तथ्य भी प्रमाणित हो चुका है कि मस्तिष्क के किसी विशेष भाग के क्षतिग्रस्त अथवा नष्ट हो जाने के कारण उससे संबंधित मानसिक क्रियाएँ भी बहुत कम या समाप्त हो जाती हैं। मस्तिष्क के पक्षाघात से पीड़ित और मानसिक दृष्टि से पिछड़े हुए व्यक्ति इस बात के स्पष्ट उदाहरण हैं। उपर्युक्त सभी तथ्यों द्वारा यही प्रमाणित होता है कि चैतन्य मूलतः मस्तिष्क पर ही निर्भर है जो शरीर का एक भाग है। दूसरे शब्दों में, चैतन्य अथवा चेतना कोई ऐसी वस्तु नहीं है जिसका मस्तिष्क से पृथक् और स्वतंत्र अस्तित्व हो। इस प्रकार आधुनिक विज्ञान चार्वाक दार्शनिकों के इस मत को सत्य प्रमाणित करता है कि चैतन्य की उत्पत्ति भौतिक तत्त्वों के सम्मिश्रण से ही होती है और वह मूलतः इन्हीं पर निर्भर है।

चार्वाक दर्शन की तत्त्वमीमांसा को समाप्त करने से पूर्व इस तथ्य का उल्लेख कर देना आवश्यक प्रतीत होता है कि प्राचीन तथा आधुनिक पाश्चात्य भौतिकवादी दार्शनिकों ने भी उसके उपर्युक्त तत्त्वमीमांसीय सिद्धांतों का समर्थन किया है। ये दार्शनिक भी चार्वाक दार्शनिकों के समान ही ईश्वर, आत्मा, परलोक, स्वर्ग, नरक आदि समस्त अभौतिक तथा अति-प्राकृतिक सत्ताओं को अस्वीकार करते हैं और एकमात्र पुद्गल को अंतिम सत्ता मानते हैं। इसके अतिरिक्त चार्वाक दार्शनिकों की भाँति पाश्चात्य भौतिकवादी दार्शनिक भी मनस् को शरीर पर निर्भर मानते हैं जिसका अर्थ यही है कि चैतन्य मूलतः भौतिक तत्त्वों से उत्पन्न होता है। उदाहरणार्थ, ल्यूक्रेशियस यह मानते थे कि चेतना भौतिक परमाणुओं के विशेष सम्मिश्रण से ही उत्पन्न होती है।[27] अन्य पाश्चात्य भौतिकवादी दार्शनिक भी चेतना की उत्पत्ति के विषय में इसी मत को स्वीकार करते हैं। इस प्रकार यह स्पष्ट है कि भारतीय चार्वाक दर्शन तथा पाश्चात्य भौतिकवादी दर्शन की तत्त्वमीमांसा में पर्याप्त समानता है।

परंतु कुछ विद्वानों का मत है कि चार्वाक दर्शन में उस परमाणुवाद का विकास नहीं हो सका जिसका प्रतिपादन प्राचीन यूनानी भौतिकवादी दार्शनिकों ने किया था

27. देखिए, ल्यूक्रेशियस, 'दि नेचर ऑफ़ यूनिवर्स', पृ. 267.

और जो भौतिकवाद का आधारभूत सिद्धांत है। बृहस्पति के जो सूत्र अन्य ग्रंथों से हमें उपलब्ध हुए हैं उनमें परमाणुओं तथा परमाणुवाद का उल्लेख नहीं मिलता। उनसे हमें केवल इतना ही ज्ञात होता है कि चार्वाक दार्शनिक पृथ्वी, जल, तेज और वायु–इन चार भौतिक तत्त्वों की अंतिम सत्ता को स्वीकार करते थे। इसका अर्थ यह है कि चार्वाक दर्शन में उस भौतिक एकतत्त्ववाद का विकास नहीं हो सका जो हमें प्राचीन पाश्चात्य भौतिकवादी दर्शन में प्राप्त होता है। परंतु इस मत को निश्चित रूप से सत्य और प्रामाणिक नहीं माना जा सकता, क्योंकि चार्वाक दर्शन की कोई भी मूल कृति आज हमें उपलब्ध नहीं है। यह संभव है कि इस दर्शन का प्रतिपादन करनेवाले आचार्यों ने परमाणुओं तथा परमाणुवाद की विवेचना की हो, किंतु बाद में इसके सिद्धांतों को प्रस्तुत करनेवाले विरोधी विचारकों ने अपने ग्रंथों में इस परमाणुवाद को उद्धृत करना इसके खंडन के लिए आवश्यक न समझा हो। ऐसी स्थिति में निश्चयपूर्वक यह कहना संभव नहीं है कि चार्वाक दर्शन में वस्तुतः परमाणुवाद का विकास नहीं हुआ था। हम केवल इतना ही कह सकते हैं कि इस दर्शन के जो सूत्र हमें अन्य ग्रंथों से प्राप्त हुए हैं उनमें परमाणुवाद का विवेचन नहीं है।

5. आचारमीमांसा

उपर्युक्त अनुभववादी ज्ञानमीमांसा और भौतिकवादी तत्त्वमीमांसा के आधार पर ही चार्वाक दार्शनिकों ने शुभ, उचित, कर्त्तव्य, मानव-जीवन का चरम लक्ष्य आदि आचारमीमांसा संबंधी विषयों पर विचार किया है, अतः उनकी आचारमीमांसा मूलतः अनुभववाद तथा भौतिकवाद के अनुरूप ही है। इसी जीवन में मनुष्य की इच्छाओं तथा आवश्यकताओं की पूर्ति ही उनकी आचारमीमांसा का मूल आधार है। वे ऐसे किसी नियम, कर्त्तव्य अथवा आदर्श को स्वीकार नहीं करते जिसका संबंध किसी अतींद्रिय सत्ता से हो। इसका तात्पर्य यह है कि उनकी आचारमीमांसा में ईश्वर, परलोक, स्वर्ग, नरक आदि अलौकिक सत्ताओं के लिए कोई स्थान नहीं है। चार्वाक दार्शनिकों का स्पष्ट तथा निश्चित मत है कि तथाकथित स्वर्ग की प्राप्ति अथवा नरक के भय से प्रेरित होकर कोई कर्म करना या न करना व्यर्थ और अनुचित है, क्योंकि स्वर्ग एवं नरक नितांत काल्पनिक वस्तुएँ हैं जिनका वास्तव में अस्तित्व ही नहीं है। इस जीवन में प्राप्त होनेवाले सांसारिक सुखों को छोड़कर काल्पनिक स्वर्ग-सुख के लिए तपस्या करना और व्रत या उपवास द्वारा अपने शरीर को कष्ट देना बहुत बड़ी मूर्खता है।

अपनी उपर्युक्त मान्यता के कारण चार्वाक दार्शनिकों ने समस्त वैदिक यज्ञों तथा वेदविहित विधि-विधानों एवं धार्मिक अनुष्ठानों को पूर्णतः अस्वीकार किया है और इनका प्रचार करनेवाले ब्राह्मणों को धूर्त तथा कपटी कहा है जो अपनी आजीविका के लिए सीधे-सादे लोगों को धोखा देते हैं। उदाहरणार्थ, श्राद्ध को अनुचित एवं व्यर्थ बताते हुए ये दार्शनिक कहते हैं कि किसी ब्राह्मण को भोजन करा देने से मृत व्यक्ति की तृप्ति उसी प्रकार असंभव है जिस प्रकार बुझे दीपक में तेल डालने से उसकी शिखा का बढ़ना अथवा नीचेवाले कक्ष में भोजन रख देने से ऊपर के कक्ष में रहनेवाले

व्यक्ति की तृप्ति होना या घर में किसी को भोजन खिलाने से दूरवर्ती यात्री की क्षुधा का शांत होना। इसी प्रकार, उन्होंने यज्ञों में दी जानेवाली पशु-बलि की भी तीव्र निंदा की है जिसका उल्लेख हम पहले ही कर चुके हैं। उनका कथन है कि ये सब वैदिक धार्मिक अनुष्ठान ब्राह्मणों के लिए ही लाभदायक हैं जो इनके द्वारा साधारण मनुष्यों को धोखा देकर जीविकोपार्जन करते हैं। चार्वाक दार्शनिकों ने वेदों का जो खंडन किया है उसका एक महत्त्वपूर्ण कारण इन वेदों द्वारा प्रतिपादित ये यज्ञ तथा धार्मिक अनुष्ठान भी हैं। इस प्रकार ये दार्शनिक स्वर्ग-प्राप्ति के लिए वेदविहित धार्मिक अनुष्ठानों का निषेध करने के अर्थ में मानव-जीवन के उस प्रथम पुरुषार्थ को अस्वीकार करते हैं जिसे 'धर्म' कहा जाता है और धर्मानुष्ठान संबंधी इस विकृत अर्थ में वस्तुतः उपादेय नहीं है।

चार्वाक दर्शन के अनुयायियों ने धर्म की भाँति तत्त्वमीमांसीय अर्थ में अंतिम पुरुषार्थ, मोक्ष का भी निषेध किया है। सामान्यतः अध्यात्मवादी दार्शनिकों ने मोक्ष की जो व्याख्या की है उसका मूल आधार शरीर से भिन्न तथा स्वतंत्र अभौतिक आत्मा है जिसके विषय में यह कहा जाता है कि मोक्ष-प्राप्ति के फलस्वरूप वह जन्म-मरण के सांसारिक चक्र से मुक्त हो जाती है और उसके समस्त दुःखों की आत्यंतिक निवृत्ति हो जाती है। परंतु शरीर से पृथक् अभौतिक आत्मा के अस्तित्व को स्वीकार न करने के कारण चार्वाक दार्शनिक इस तत्त्वमीमांसीय अर्थ में मोक्ष का खंडन करते हैं। उनके मतानुसार, जब अभौतिक आत्मा की सत्ता ही नहीं है तो उसकी आत्यंतिक दुःख-निवृत्ति के अर्थ में मोक्ष की बात करना पूर्णतः निरर्थक है। स्पष्ट है कि इस तत्त्वमीमांसीय अर्थ में मोक्ष के लिए चार्वाक दर्शन में कोई स्थान नहीं है। इस दर्शन के समर्थक यह मानते हैं कि जब तक मनुष्य का शरीर है तब तक उसे सुख के साथ-साथ दुःख भी अवश्य भोगना पड़ता है, अतः मृत्यु के पश्चात ही उसे इस दुःख से मुक्ति प्राप्त हो सकती है। अपनी इसी मान्यता के आधार पर मोक्ष की भौतिकवादी व्याख्या करते हुए चार्वाक दार्शनिकों ने स्पष्ट रूप से कहा है : "मरणमेवापवर्गः"—अर्थात्, "मृत्यु ही अपवर्ग अथवा मोक्ष है।" इस प्रकार ये दार्शनिक उस तत्त्वमीमांसीय अर्थ में 'मोक्ष' नामक पुरुषार्थ को मानव-जीवन का चरम लक्ष्य नहीं मानते जिस अर्थ में अध्यात्मवादी दार्शनिकों ने सामान्यतः इसकी व्याख्या की है।

धर्म एवं मोक्ष इन दो पुरुषार्थों का निषेध करने के अतिरिक्त चार्वाक दार्शनिक पुनर्जन्म तथा कर्मवाद और इन सिद्धांतों से संबंधित समस्त आध्यात्मिक मान्यताओं को भी अस्वीकार करते हैं। हम देख चुके हैं कि उनके मतानुसार शरीर से भिन्न न होने के कारण आत्मा भी मृत्यु के पश्चात उसके साथ ही नष्ट हो जाती है। ऐसी स्थिति में मनुष्य या किसी अन्य प्राणी के पुनर्जन्म अथवा पूर्व जन्म की बात करना निरर्थक और निराधार है। इसी कारण चार्वाक दार्शनिकों ने स्पष्ट कहा है कि एक बार शरीर के नष्ट हो जाने के पश्चात उसका पुनरागमन असंभव है। मृत्यु के बाद प्राणी का कुछ भी शेष नहीं रह जाता, अतः शुभ या अशुभ कर्मों के फलस्वरूप उसके स्वर्ग अथवा नरक में जाने का प्रश्न ही नहीं उठता। इसी प्रकार, कर्मवाद से संबद्ध पाप और पुण्य की धार्मिक अवधारणाएँ भी चार्वाक दार्शनिकों को स्वीकार्य नहीं हैं।

उनका मत है कि पाप और पुण्य के परिणामस्वरूप नरक तथा स्वर्ग की प्राप्ति काल्पनिक विचार मात्र हैं। सांसारिक सुख के रूप में स्वर्ग और दुःख के रूप में नरक इसी पृथ्वी पर विद्यमान हैं। धार्मिक अर्थ में पाप और पुण्य की भाँति अदृष्ट भी केवल काल्पनिक अवधारणा है जिसकी कोई वास्तविक सत्ता नहीं है। चार्वाक दार्शनिकों के विचार में ईश्वर का अस्तित्व न होने के कारण उसकी पूजा अथवा उपासना भी व्यर्थ है। अलौकिक सत्ताओं से संबंधित इन सभी विचारों अथवा अवधारणाओं का आविष्कार ब्राह्मणों ने अपने लाभ के लिए ही किया है। इन्हें सत्य मानने के लिए हमारे पास कोई विश्वसनीय प्रमाण नहीं है। इस प्रकार चार्वाक दर्शन के समर्थक अध्यात्मवादी दार्शनिकों के समस्त धार्मिक अनुष्ठानों तथा अलौकिक सत्ता संबंधी सिद्धांतों का खंडन करते हैं।

अभी तक हमने मुख्यतः चार्वाक दर्शन के आचारमीमांसा के उस नकारात्मक पक्ष पर विचार किया है जिसका संबंध धर्म और मोक्ष नामक पुरुषार्थों, कर्मवाद, पुनर्जन्म, परलोक, स्वर्ग, नरक, अदृष्ट, पाप, पुण्य, ईश्वरोपासना आदि अवधारणाओं तथा विश्वासों के निषेध से है। परंतु इस नकारात्मक पक्ष के साथ-साथ चार्वाक दर्शन की आचारमीमांसा का सकारात्मक पक्ष भी है जो मनुष्य के कर्तव्यों तथा उसके जीवन के चरम लक्ष्य का निर्धारण करता है। चार्वाक दार्शनिकों का मत है कि मनुष्य को एक बार ही यह जीवन प्राप्त होता है अतः उसे इसी जीवन में यथासंभव अधिकतम सुख अथवा आनंद की प्राप्ति के लिए प्रयास करना चाहिए। काल्पनिक परलोक, स्वर्ग तथा नरक की चिंता किए बिना मनुष्य को केवल वे कर्म करने चाहिए जिनके परिणामस्वरूप उसे अपने वर्तमान जीवन में अधिकाधिक सुख प्राप्त हों और कम-से-कम दुःख भोगना पड़े। अपने शरीर के माध्यम से इसी जीवन में अधिकतम इंद्रिय-सुख प्राप्त करने के लिए मानव को चार्वाक दार्शनिकों ने जो उपदेश दिया है उसके संबंध में उनका निम्नलिखित प्रसिद्ध श्लोक प्रायः उद्धृत किया जाता है : "यावज्जीवेत सुखं जीवेत, ऋणं कृत्वा घृतं पिवेत; भस्मीभूतस्य देहस्य, पुनरागमनं-कुतः?"—अर्थात्, "जब तक जियो सुखपूर्वक जियो, ऋण लेकर भी घी पियो; इस शरीर के भस्म हो जाने के पश्चात इसका पुनरागमन कहाँ संभव है?"[28]

यहाँ यह बात ध्यान देने योग्य है कि अधिकाधिक सुख प्राप्त करने के लिए आग्रह करते हुए भी चार्वाक दार्शनिकों ने मनुष्य को घी पीने—अर्थात्, सात्विक खाद्य पदार्थों का सेवन करने का ही उपेदश दिया है, मदिरा पीने का नहीं। इससे यह सिद्ध होता है कि सुखोपभोग के लिए वे संयम को आवश्यक मानते थे। चार्वाक दर्शन की इस समस्या पर आगे कुछ विस्तार से विचार किया जाएगा। यहाँ इतना कह देना ही पर्याप्त है कि इस दर्शन के समर्थकों के अनुसार अपने वर्तमान जीवन में अधिक-से-अधिक सुख प्राप्त करना मनुष्य का परम ध्येय है जिसकी पूर्ति के लिए उसे यथासंभव निरंतर प्रयास करना चाहिए। इसका तात्पर्य यह है कि जो कर्म सुख की प्राप्ति तथा वृद्धि में सहायक है वह उचित अथवा शुभ है और जो कर्म इसमें बाधक है वह अनुचित

28. माधवाचार्य, 'सर्व-दर्शन-संग्रह', पृ. 10.

या अशुभ है। इस प्रकार स्पष्ट है कि चार्वाक दर्शन मानवीय आचरण के लिए नैतिक सुखवाद को ही एकमात्र तर्कसंगत प्रतिमान अथवा मानदंड मानता है।

चार्वाक दार्शनिक यह भली-भाँति जानते थे कि इस संसार में मनुष्य के लिए ऐसा विशुद्ध सुख प्राप्त करना संभव नहीं है जो दुःख अथवा उसकी संभावना से मुक्त हो। इसी कारण उन्होंने जीवन के इस अनिवार्य तथ्य को स्पष्ट रूप से स्वीकार किया है कि सुख के साथ दुःख की संभावना प्रायः संबद्ध रहती है। परंतु इस तथ्य के आधार पर उन्होंने मानवीय आचरण के लिए जो सिद्धांत प्रस्तुत किया है वह अध्यात्मवादी दार्शनिकों के सिद्धांत के ठीक विपरीत है जिसके अनुसार मनुष्य को समस्त सांसारिक सुखों का परित्याग करना चाहिए, क्योंकि ये सुख दुःख-मिश्रित हैं। इस संन्यासवादी सिद्धांत का विरोध करते हुए चार्वाक दार्शनिक यह कहते हैं कि सुख के साथ दुःख की संभावना के रहते हुए भी मनुष्य को इस सुख की प्राप्ति के लिए यथासंभव अधिकतम प्रयास करना चाहिए; केवल दुःख-मिश्रित होने के कारण सुख का परित्याग करना मूर्खता है। मनुष्य को यह सोचकर सांसारिक सुखों का त्याग नहीं करना चाहिए कि उनके साथ दुःख की संभावना विद्यमान रहती है, क्योंकि यदि वह ऐसा करेगा तो इस संसार में वह जो सुख प्राप्त कर सकता है उससे भी वंचित रह जाएगा। यह सर्वविदित तथ्य है कि इस जगत् में कुछ भी नित्य अथवा शाश्वत नहीं है, अतः जिन व्यक्तियों तथा वस्तुओं से हमें सुख प्राप्त होता है वे सभी नश्वर हैं और उनके मरने या नष्ट होने के कारण हमें निश्चय ही दुःख होता है। परंतु इसका यह अर्थ नहीं है कि इन व्यक्तियों और वस्तुओं से हमें जो सुख मिलता है उसे भी हमें उनकी नश्वरता के कारण छोड़ देना चाहिए।

वस्तुतः दुःख-मिश्रित होने के कारण सुख के परित्याग से संबंधित यह निवृत्ति-मार्ग अथवा संन्यासवादी विचारधारा जीवन और जगत् के प्रति नकारात्मक दृष्टिकोण है जिसे नैतिक दृष्टि से वांछनीय नहीं माना जा सकता। इस नकारात्मक दृष्टिकोण के अनुसार आचरण करते हुए मनुष्य कभी भी आनंदमय जीवन व्यतीत नहीं कर सकता, अतः चार्वाक दार्शनिकों ने इसे पूर्णतः अस्वीकार किया है। वे निश्चित रूप से यह मानते हैं कि दुःख से मिश्रित होने पर भी सांसारिक सुख मनुष्य के लिए अवश्य वांछनीय हैं। अपने इस मत को कुछ व्यावहारिक उदाहरणों द्वारा स्पष्ट करते हुए उन्होंने कहा है कि जिस प्रकार कोई मनुष्य काँटों के कारण मछली को नहीं छोड़ता, भूसी के छिलके के कारण धान्य का परित्याग नहीं करता, भिक्षुकों के भय से भोजन पकाना बंद नहीं करता और मृगों के भय से धान्य की कृषि समाप्त नहीं कर देता, उसी प्रकार दुःख से मिश्रित होने पर भी मनुष्य को सख का परित्याग कदापि नहीं करना चाहिए; इसके विपरीत उसे इस संसार में अपने शरीर द्वारा अधिक-से-अधिक सुख प्राप्त करने की चेष्टा करनी चाहिए।[29] इन सुखद वस्तुओं से मिलनेवाले सुख के साथ जो दुखद तत्त्व अनिवार्यतः विद्यमान रहते हैं उन्हें यथासंभव छोड़कर अथवा उनसे बचकर सुख भोगना मनुष्य का कर्तव्य है। अधिकतम सुख-प्राप्ति पर आधारित

29. देखिए, वही पुस्तक, पृ. 3.

चार्वाक दार्शनिकों का यह सकारात्मक दृष्टिकोण मानव-जीवन के लिए केवल व्यावहारिक दृष्टि से ही नहीं, अपितु नैतिक दृष्टि से भी वांछनीय है, क्योंकि यह उस नैसर्गिक आसक्ति को स्वीकार करता है जिसके बिना सार्थक एवं आनंदमय जीवन व्यतीत करना संभव नहीं है।

यहाँ इस रोचक तथ्य का उल्लेख कर देना भी आवश्यक है कि वास्तव में लगभग सभी व्यक्ति–जिनमें चार्वाक दर्शन के विरोधी भी सम्मिलित हैं–अपने व्यावहारिक जीवन में इसी सुखवादी सिद्धांत के अनुसार आचरण करते हैं। यदि चार्वाक दर्शन के आलोचकों के व्यावहारिक आचरण का सूक्ष्म विश्लेषण किया जाए तो संभवतः यह ज्ञात होगा कि सिद्धांततः सुखवाद के विरोधी होते हुए भी वे अपने दैनिक जीवन में इसी सिद्धांत का अनुसरण करते हैं। वस्तुतः यही स्वाभाविक स्थिति भी है, क्योंकि सुख की इच्छा प्राणीमात्र की नैसर्गिक इच्छा है जिसका दमन करना न तो संभव है और न वांछनीय। सुखवाद से संबंधित जीवन के इस अनिवार्य तथ्य को स्वयं माधवाचार्य ने स्पष्टतः स्वीकार किया है। प्राणीमात्र में विद्यमान सुख की इस स्वाभाविक इच्छा की व्याख्या करते हुए वे कहते हैं : "चार्वाक लोगों के सिद्धांत का निराकरण करना वस्तुतः बहुत कठिन है, क्योंकि अधिकतर प्राणी इस सिद्धांत के अनुसार आचरण करते हैं कि 'जब तक जीवन है, उसे सुखपूर्वक व्यतीत करो, मृत्यु से कोई भी बच नहीं सकता, जब एक बार यह शरीर जलकर नष्ट हो जाता है तो इसे पुनः प्राप्त करना असंभव है'। प्रायः यह देखा जाता है कि साधारण मनुष्य चार्वाक दर्शन के सिद्धांत का ही अनुसरण करते हैं, क्योंकि वे केवल अर्थ एवं काम को ही मानव-जीवन के लक्ष्य मानते हैं और परलोक से संबंधित प्रत्येक वस्तु के अस्तित्व का निषेध करते हैं।"[30] इस उद्धरण से मनुष्य के व्यावहारिक जीवन में चार्वाक दर्शन के सुखवाद का महत्त्व पूर्णतः स्पष्ट हो जाता है।

चार्वाक दर्शन की सुखवादी आचारमीमांसा के विषय में ऊपर जो कुछ कहा गया है उससे यह स्पष्ट है कि इसके समर्थक व्यापक अर्थ में काम को ही मानव-जीवन का प्रमुख पुरुषार्थ मानते हैं। 'काम' शब्द के अर्थ को प्रायः रति-क्रिया अथवा संभोग तक ही सीमित समझा जाता है, किंतु यह इस शब्द का बहुत संकुचित अर्थ है जिसे चार्वाक दर्शन में स्वीकार नहीं किया गया। वस्तुतः भारतीय मनीषियों ने समस्त नैसर्गिक इच्छाओं की तृप्ति को ही 'काम' की संज्ञा दी है और चार्वाक दार्शनिक 'काम' शब्द को इसी व्यापक अर्थ में ग्रहण करते हैं। उनका मत है कि इस व्यापक अर्थ में काम की तृप्ति मनुष्य के लिए अनिवार्य है और यही उसके जीवन का उच्चतम ध्येय भी है। परंतु अर्थ–अर्थात्, सुख के समस्त भौतिक साधनों–के अभाव में काम की तृप्ति संभव नहीं है, अतः काम के साधन के रूप में 'अर्थ' नामक पुरुषार्थ का भी बहुत महत्त्व है। इस प्रकार चार्वाक दार्शनिक चार पुरुषार्थों में से अर्थ और काम को ही मानव-जीवन के पुरुषार्थ मानते हैं और उनके इस मत को बृहस्पति के निम्नलिखित सूत्र में अभिव्यक्त किया गया है : "अर्थकामौ पुरुषार्थौ"–अर्थात्, "अर्थ और काम ये दो ही मानव-जीवन के पुरुषार्थ हैं।"

30. वही पुस्तक, पृ. 2.

यहाँ यह प्रश्न विचारणीय है कि चार्वाक दार्शनिकों ने धर्म को पुरुषार्थ के रूप में स्वीकार क्यों नहीं किया है। इस प्रश्न का उत्तर देने के लिए यह जानना आवश्यक है कि जिस युग में चार्वाक दर्शन का प्रतिपादन किया गया था उस समय साधारण भारतीय व्यक्ति 'धर्म' शब्द का क्या अर्थ समझता था। हम पहले ही यह बता चुके हैं कि सामान्यतः वेदों द्वारा प्रतिपादित यज्ञों तथा अन्य धार्मिक अनुष्ठानों को ही 'धर्म' की संज्ञा दी जाती थी। इस प्रकार उस समय 'धर्म' का अर्थ था वैदिक यज्ञों तथा अन्य सभी धार्मिक अनुष्ठानों एवं कृत्यों के अनुसार आचरण करना जिसे पूर्वमीमांसा दर्शन में विशेष महत्त्व दिया गया है। परंतु, जैसा कि हम ऊपर देख चुके हैं, चार्वाक दार्शनिक इन धार्मिक अनुष्ठानों का तीव्र विरोध करते थे, अतः इनके अनुरूप आचरण करने के अर्थ में उन्होंने धर्म को भी पुरुषार्थ के रूप में स्वीकार नहीं किया। उनके द्वारा दिए गए श्राद्ध, पशु-बलि आदि धार्मिक कृत्यों के उदाहरणों से यह पूर्णतः स्पष्ट है कि जब वे धर्म का निषेध करते हैं तो इससे उनका तात्पर्य इन धार्मिक कृत्यों का खंडन करना ही है, नैतिक आदर्शों, मूल्यों तथा नियमों को अस्वीकार करना नहीं। इस दृष्टि से विचार करने पर हम यह कह सकते हैं कि चार्वाक दार्शनिकों ने जनसाधारण द्वारा मान्य धर्म के जिस सीमित अर्थ का खंडन किया है उस अर्थ में वह वस्तुतः पुरुषार्थ नहीं है।

यज्ञ, पूजा-पाठ, जप-तप, व्रत-उपवास, कीर्तन, प्रार्थना आदि को ही 'धर्म' कहना उसका बहुत संकुचित अर्थ स्वीकार करना है और इस अर्थ में भारतीय ऋषियों ने निश्चय ही धर्म को पुरुषार्थ नहीं माना। जब वे धर्म को पुरुषार्थ कहते हैं तो इससे उनका अभिप्राय मानव-जीवन की समस्त क्रियाओं का नियमन तथा मार्गदर्शन करनेवाले नियामक विचार या तत्त्व से है। इसी अर्थ में धर्म को काम तथा अर्थ दोनों का मार्गदर्शक माना गया है और इसी नियामक अर्थ में उसे 'पुरुषार्थ' की संज्ञा दी गई है। धर्म के दस लक्षणों–धैर्य, क्षमा, संयम, अस्तेय, शौच, इंद्रियनिग्रह, बुद्धि, विद्या, सत्य तथा अक्रोध–का वर्णन करते हुए मनु ने उसके स्वरूप की जो आचार विषयक व्याख्या की है वह मूलतः उसके इसी पुरुषार्थ संबंधी अर्थ पर आधारित है।[31] इस प्रकार पुरुषार्थ के रूप में धर्म वह नियामक तत्त्व है जो अर्थ और काम से संबंधित समस्त मानवीय इच्छाओं का नियमन तथा मार्गदर्शन करता है।

धर्म के उपर्युक्त पुरुषार्थ विषयक अर्थ को ध्यान में रखते हुए यह कहा जा सकता है कि इस अर्थ में चार्वाक दार्शनिकों ने धर्म का निषेध नहीं किया है। उन्होंने जीवन में सुख-प्राप्ति के लिए अनिवार्य दुःख को सहन करने और समाज में व्यवस्था बनाए रखने के लिए राजा और समुचित प्रशासन की जो आवश्यकता बताई है उससे इस तथ्य की भली-भाँति पुष्टि होती है। विद्वान तथा विवेकशील दार्शनिक होने के कारण वे यह अच्छी तरह जानते थे कि नैतिकता के विरुद्ध अनियमित एवं उच्छृंखल जीवन व्यक्ति और समाज, दोनों के सुख में बाधक सिद्ध होता है। ऐसी स्थिति में उनके विरोधी अध्यात्मवादी दार्शनिकों का यह आरोप उचित प्रतीत नहीं होता कि वे मनुष्य को अनैतिक आचरण द्वारा सुख प्राप्त करने का उपदेश देते थे। वस्तुतः अध्यात्मवादी

31. देखिए, 'मनुस्मृति', 6, 92.

विचारकों ने चार्वाक दार्शनिकों के विरुद्ध यह आरोप उन्हें बदनाम करने और जन-साधारण की दृष्टि में उनके दर्शन को घृणित एवं निंदनीय सिद्ध करने के लिए ही लगाया है।

उदाहरणार्थ, श्री हर्ष ने चार्वाक दर्शन को सुख-भोग के लिए सभी प्रकार के अनैतिक आचरण का प्रवल समर्थक बताया है। उनका मत है कि इस दर्शन के अनुयायी असंयमी, इंद्रिय-सुख-लोलुप, समस्त सामाजिक संस्थाओं को नष्ट करनेवाले तथा सर्वत्र स्वच्छंद संभोग का प्रचार करनेवाले व्यक्ति हैं।[32] इस संबंध में चार्वाक दार्शनिकों के विरुद्ध श्री हर्ष के निम्नलिखित आरोप दृष्टव्य हैं : "मनुष्य को वही कर्म करना चाहिए जिसके द्वारा अंततः उसके सुख में वृद्धि हो। . . . तुम जो भी सुख चाहते हो उसे स्वच्छंदतापूर्वक प्राप्त करो। . . . हे ब्राह्मणो, तुम यह विचार छोड़ दो कि अपने गुरु की पत्नी के साथ व्यभिचार करना पाप है। . . . हम दान क्यों दें? धन की देवी, लक्ष्मी तो कंजूस व्यक्ति पर ही कृपा करती है। चोरी न करने का अर्थ है दीर्घ काल तक दरिद्र बने रहना और कुछ खाद्य पदार्थों पर लगी वर्जना का पालन करने के कारण मनुष्य भूखा ही रह जाता है। इसलिए पूर्णतः स्वच्छंद व्यवहार करो, क्योंकि यही सुख का मूल आधार है।"[33] इस प्रकार श्री हर्ष के मतानुसार, चार्वाक दर्शन के समर्थक केवल सुखवादी ही नहीं, अपितु पूर्णतया भ्रष्ट तथा व्यभिचारी भी थे। श्री हर्ष की भाँति अन्य अनेक विचारकों ने भी उन पर ऐसे ही अनैतिक आचरण तथा व्यभिचार का प्रचार करने के आरोप लगाए हैं।

परंतु चार्वाक दार्शनिकों के विरुद्ध लगाए गए उपर्युक्त आरोपों का निष्पक्ष मूल्यांकन करने से ज्ञात होता है कि ये वास्तव में मिथ्या हैं और इन दार्शनिकों के विरुद्ध पूर्वाग्रह तथा दुर्भावना से प्रेरित होकर लगाए गए हैं। हम पहले ही यह बता चुके हैं कि चार्वाक दर्शन के अनुयायी असंयमित जीवन तथा अनैतिक आचरण का समर्थन नहीं करते थे, क्योंकि वे यह भली-भाँति जानते थे कि ऐसा आचरण मनुष्य के लिए सुख के स्थान पर अंततः दुःख का ही कारण बनता है। चार्वाक दार्शनिकों के विषय में अनैतिक आचरण से संबंधित जो कथन उनके विरोधियों के ग्रंथों में उद्धृत किए गए हैं वे संभवतः इन दार्शनिकों के नहीं हैं, अपितु ऐसे कथन उनके विरोधी विचारकों ने उन पर जान-बूझकर आरोपित किए हैं। चार्वाक दर्शन से संबंधित इसी तथ्य का उल्लेख करते हुए भारतीय दर्शन के विद्वान, बलदेव उपाध्याय कहते हैं : "इस प्रसंग में यह जान लेना नितांत आवश्यक है कि बार्हस्पत्य सूत्रों में उच्छृंखल जीवन का ऋण लेकर घृत-पान का कहीं भी विधान नहीं मिलता। उनकी व्याख्या वैज्ञानिक व्याख्या के अनुरूप है। दार्शनिकों ने इन लोकप्रिय उपदेशों को चार्वाक के मत्थे मढ़कर उन्हें स्वार्थी, भौतिक सुखवादी बताया है, परंतु वास्तव में बात कुछ दूसरी ही थी। अतः ये सिद्धांत चार्वाक के न होकर पीछे किसी के द्वारा उनके ऊपर मढ़े गए जान पड़ते हैं। . . . समाज का नियमानुकूल चलना संसार के कल्याण के लिए नितांत आवश्यक है। चार्वाक लोग इसी कारण मनुष्यों के निग्रह तथा अनुग्रह, दंड तथा दया करनेवाले राजा

32. देखिए, श्री हर्ष, 'नैषधचरित', 17, 37-83.

33. वही पुस्तक, 17, 43-83.

को ही ईश्वर मानते थे। . . . इसी कारण चार्वाक उच्छृंखल जीवन के पक्षपाती न थे, प्रत्युत नियमबद्ध सामाजिक जीवन को ही आदर्श मानते थे। अतः आधि भौतिक सुखवाद के पुजारी होने पर भी चार्वाकों ने मानव-जीवन को विशृंखल होने से बचाया और पारलौकिक सुख की मृगतृष्णा में अपने बहुमूल्य शरीर को व्यर्थ गलानेवाले अधिकांश लोगों के सामने इस जीवन को सुखमय बनाने का ठोस उपदेश दिया। सच पूछिए तो चार्वाक प्राचीन काल के भारतीय वैज्ञानिक हैं जो तर्क की कसौटी पर ही सत्य को कसते हैं, परंतु आधुनिक वैज्ञानिकों की अपेक्षा वे संयमी हैं तथा संयत जीवन बिताने के पक्षपाती हैं।"[34]

चार्वाक दार्शनिकों के सिद्धांतों के विषय में बलदेव उपाध्याय का उपर्युक्त मूल्यांकन उचित और युक्तिसंगत प्रतीत होता है। वस्तुतः इन दार्शनिकों की मूल कृतियों के लुप्त हो जाने अथवा नष्ट कर दिए जाने के कारण उनके विरोधी विचारकों को यह अवसर मिल गया था कि वे उन्हें बदनाम करने के लिए उनके संबंध में कुछ भी लिख सकते थे और उन विचारकों ने यही किया। इस तथ्य को ध्यान में रखते हुए हम लगभग निश्चयपूर्वक यह कह सकते हैं कि मूलतः भौतिकवाद के विरोधी होने के कारण परवर्ती अध्यात्मवादी विचारकों द्वारा चार्वाक दर्शन का निष्पक्ष तथा न्यायपूर्ण मूल्यांकन नहीं किया गया। इस संबंध में वास्तविक स्थिति यह है कि चार्वाक दार्शनिकों के भौतिकवादी सिद्धांत ब्राह्मणों के रूढ़िवादी धार्मिक विचारों तथा कर्मकांड का खंडन करते थे, अतः ब्राह्मणों ने इन दार्शनिकों को अधर्मी कहकर इनकी तीव्र निंदा की और इनके दर्शन की प्रतिष्ठा एवं लोकप्रियता को नष्ट करने का प्रयास किया। यदि धर्म का वह अर्थ माना जाए जो मनु ने बताया है और यदि इस अर्थ में उसे पुरुषार्थ कहा जाए तो उसे स्वीकार करने में चार्वाक दार्शनिकों को कोई आपत्ति नहीं हो सकती, क्योंकि ऐसे धर्म का किसी अतींद्रिय या अलौकिक सत्ता से कोई संबंध नहीं है जिसका वे निषेध करते हैं। अपने समस्त भौतिकवादी सिद्धांतों को स्वीकार करते हुए भी वे इस अर्थ में 'धर्म' नामक पुरुषार्थ का तर्कसंगत रूप से समर्थन कर सकते हैं। इस प्रकार 'काम-सूत्र' के रचयिता, वात्स्यायन की भाँति चार्वाक दार्शनिक भी धर्म, अर्थ तथा काम–इन तीनों पुरुषार्थों को बिना किसी कठिनाई के स्वीकार कर सकते हैं और ऐसा करने से उनके दर्शन में कोई विसंगति उत्पन्न नहीं होगी।

धर्म के अतिरिक्त सुखवाद के विषय में भी चार्वाक दार्शनिकों के मत को उचित और निष्पक्ष रूप से प्रस्तुत नहीं किया गया। जैसा कि हम ऊपर देख चुके हैं, अध्यात्मवादी दार्शनिकों ने उन पर यह आरोप लगाया है कि वे संपूर्ण जीवन के वास्तविक आनंद के स्थान पर केवल शारीरिक तथा क्षणिक सुख को ही महत्त्व देते हैं। परंतु चार्वाक दार्शनिकों के विरुद्ध अध्यात्मवादी विचारकों का यह आरोप भी सत्य एवं युक्तिसंगत प्रतीत नहीं होता। बृहस्पति के जो सूत्र हमें उपलब्ध हैं उनसे यह सिद्ध नहीं होता कि चार्वाक दर्शन के समर्थक सुख को केवल शारीरिक तथा क्षणिक सुख तक ही सीमित मानते थे। इसके विपरीत उन्होंने व्यक्ति और समाज के सुखमय जीवन

34. बलदेव उपाध्याय, 'भारतीय दर्शन', पृ. 138, 140.

के लिए कृषि, व्यापार, पशु-पालन, भवन-निर्माण, प्रशासन आदि श्रम-साध्य क्रियाओं की जो आवश्यकता बताई है उससे यही प्रमाणित होता है कि वे मनुष्य के संपूर्ण जीवन के दीर्घकालीन आनंद को विशेष महत्त्व देते थे। वे यह अच्छी तरह जानते थे कि उपर्युक्त क्रियाओं को संपन्न करने के लिए मनुष्य को बहुत परिश्रम करना पड़ता है जिसके कारण उसे काफ़ी कष्ट होता है और क्षणिक सुख को भी छोड़ना पड़ता है। इस तथ्य को जानते हुए भी उन्होंने इन सब क्रियाओं को आवश्यक माना है जिससे यह सिद्ध होता है कि वे मानव-जीवन के दीर्घकालीन आनंद के महत्त्व को पूर्णतः स्वीकार करते थे। इसके अतिरिक्त चार्वाक दर्शन के भौतिकवादी सिद्धांतों में ऐसा कोई तत्त्व नहीं है जो मनुष्य के दीर्घकालीन मानसिक अथवा बौद्धिक आनंद का निषेध करता हो। ये सिद्धांत ईश्वर, आत्मा, परलोक, स्वर्ग, नरक आदि समस्त अलौकिक सत्ताओं का खंडन अवश्य करते हैं, किंतु मानवीय आनंद का इन सत्ताओं से कोई संबंध नहीं है। इसके विपरीत इन अलौकिक सत्ताओं से संबंधित अंधविश्वासों का परित्याग करके ही मनुष्य अपने जीवन में वास्तविक आनंद प्राप्त कर सकता है। इस दृष्टि से विचार करने पर हम यह कह सकते हैं कि भौतिकवादी चार्वाक दर्शन मानव के दीर्घकालीन आनंद में बाधक होने के स्थान पर सहायक ही सिद्ध होता है। वस्तुतः इस दर्शन के अनुयायी जब यह कहते हैं कि मनुष्य को कम-से-कम दुःख सहन करके अधिक-से-अधिक सुख प्राप्त करने का प्रयास करना चाहिए तो इससे उनका तात्पर्य उसके संपूर्ण जीवन के स्थायी आनंद से है जिसमें शारीरिक सुख भी सम्मिलित है।

चार्वाक दार्शनिकों का यह सुखवाद मानव को असंयमी और स्वार्थी होने का उपदेश भी नहीं देता जैसा कि अध्यात्मवादी विचारकों ने उन पर आरोप लगाया है। ये दार्शनिक इस सामान्य तथ्य से अनभिज्ञ नहीं थे कि कोई भी व्यक्ति समाज से पृथक् होकर केवल अपनी स्वार्थ-सिद्धि द्वारा कभी सुख प्राप्त नहीं कर सकता। इसी कारण उन्होंने कृषि, व्यापार, भवन-निर्माण आदि उन सामाजिक क्रियाओं को विशेष महत्त्व दिया है जो बहुत-से मनुष्यों के पारस्परिक सहयोग द्वारा ही सफलतापूर्वक संपन्न की जा सकती हैं। ऐसी स्थिति में उन्हें स्वार्थमूलक सुखवाद के समर्थक मानना उचित एवं तर्कसंगत प्रतीत नहीं होता। इस प्रकार चार्वाक दार्शनिकों के विरुद्ध अध्यात्मवादी विचारकों के ये दोनों आरोप मिथ्या हैं कि वे शारीरिक तथा क्षणिक सुख को ही महत्त्व देते हैं और केवल स्वार्थमूलक सुखवाद को स्वीकार करते हैं।

चार्वाक दर्शन की आचारमीमांसा के उपर्युक्त विवेचन से यह स्पष्ट है कि वह पारलौकिक तथा अति-प्राकृतिक न होकर पूर्णतः इहलौकिक और मानवतावादी है। इस आचारमीमांसा का मूल आधार इसी संसार में निवास करनेवाले मनुष्य की इच्छाओं तथा आवश्यकताओं में ही निहित है, अतः इसमें संन्यासवादी और पारलौकिक अवधारणाओं के लिए कोई स्थान नहीं है। हम देख चुके हैं कि चार्वाक दार्शनिकों के मतानुसार, काल्पनिक स्वर्ग-सुख की प्राप्ति के लिए कठोर तपस्या, व्रत, उपवास, पूजा-पाठ तथा अन्य उपायों द्वारा अपने शरीर पर अत्याचार करना बहुत बड़ी मूर्खता है। इसी कारण उन्होंने वैदिक यज्ञों सहित समस्त धार्मिक कर्मकांड का खंडन किया है। वे निश्चित रूप से यह मानते हैं कि यह कर्मकांड मनुष्य के लिए बहुत हानिकारक

है, क्योंकि यह उसकी सांसारिक इच्छाओं तथा आवश्यकताओं की पूर्ति में बाधक सिद्ध होता है। किसी भी कर्म के शुभ या अशुभ अथवा उचित या अनुचित होने का निर्णय केवल इसी आधार पर किया जा सकता है कि उसके फलस्वरूप अपने वर्तमान जीवन में मनुष्य को सुख प्राप्त होता है अथवा दुःख। यह मानव-केंद्रित इहलौकिक सुखवाद ही चार्वाक दर्शन की आचारमीमांसा का आधारभूत सिद्धांत है जिसके कारण धर्मपरायण अध्यात्मवादी विचारकों ने इसकी तीव्र निंदा करते हुए इसे घोर अनैतिक बताया है। परंतु वास्तव में यह इहलौकिक सुखवाद इस दर्शन की आचारमीमांसा को अन्य सभी भारतीय दर्शनों की आचारमीमांसा की अपेक्षा मनुष्य के लिए अधिक उपादेय तथा श्रेयस्कर बनाता है।

चार्वाक दर्शन की आचारमीमांसा के इस विवेचन को समाप्त करने से पूर्व यहाँ इस तथ्य का उल्लेख कर देना आवश्यक है कि बहुत-से प्राचीन तथा आधुनिक पाश्चात्य दार्शनिकों ने भी ऐसी ही सुखवादी आचारमीमांसा का प्रतिपादन किया है। इन दार्शनिकों में डेमोक्रिटस, अरिस्टिपस, ऐपिक्यूरस, ल्यूक्रेशियस, हॉब्स/बैन्थम, मिल, सिजविक, ह्यूम आदि के नाम विशेष रूप से उल्लेखनीय हैं। ये सभी पाश्चात्य दार्शनिक किसी-न-किसी रूप में चार्वाक दार्शनिकों की भाँति मानव-केंद्रित इहलौकिक सुखवाद को ही स्वीकार करते हैं। वस्तुतः पाश्चात्य दर्शन में इस सुखवाद की बहुत दीर्घकालीन परंपरा है जो कम-से-कम ईसा से पाँचवीं शताब्दी पूर्व यूनानी दार्शनिक, डेमोक्रिटस के भौतिकवादी दर्शन से प्रारंभ होती है। उदाहरणार्थ, चार्वाक दार्शनिकों के समान ही डेमोक्रिटस भी सुख को समस्त मानवीय कर्मों का मूल आधार मानते हुए कहते हैं : "सुख तथा सुख का अभाव इस बात की कसौटियाँ हैं कि क्या लाभदायक है और क्या लाभदायक नहीं है।"[35] इसी प्रकार, चार्वाक दार्शनिकों की भाँति डेमोक्रिटस भी प्रार्थना तथा अन्य धार्मिक कृत्यों को निरर्थक मानते हुए उनका विरोध करते हैं। इस संबंध में उन्होंने स्पष्ट कहा है : "मनुष्य अपनी प्रार्थनाओं में देवताओं से स्वास्थ्य की याचना करते हैं, किंतु वे यह नहीं जानते कि इसे प्राप्त करने की शक्ति स्वयं उन्हीं में निहित है; और इस प्रकार ज्ञान की कमी के कारण विरोधी कार्य करके वे स्वास्थ्य-प्राप्ति के संबंध में स्वयं अपने आप को धोखा देते हैं।"[36] डेमोक्रिटस के पश्चात अरिस्टिपस तथा ऐपिक्यूरस ने भी चार्वाक दार्शनिकों के समान इहलौकिक सुखवाद का प्रबल समर्थन किया है। यही बात हॉब्स/ह्यूम तथा उपयोगितावादी दार्शनिकों के विषय में भी कही जा सकती है जो मुख्यतः सुखवादी हैं। इस प्रकार यह स्पष्ट है कि भारतीय चार्वाक दर्शन और पाश्चात्य नैतिक दर्शन की सुखवादी आचारमीमांसा में पर्याप्त समानता विद्यमान है, क्योंकि इन दोनों की आचारमीमांसा का मूल आधार अनुभववाद ही है।

अभी तक हमने चार्वाक दर्शन की ज्ञानमीमांसा, तत्त्वमीमांसा और आचारमीमांसा से संबंधित कुछ महत्त्वपूर्ण सिद्धांतों पर विचार किया है। जी. तुक्की नामक एक विद्वान ने इस दर्शन के इन समस्त आधारभूत सिद्धांतों का संक्षिप्त सारांश प्रस्तुत

35. डेमोक्रिटस, 'दि कैनन', फ्रैगमैंट 4.

36. वही पुस्तक, फ्रैगमैंट 23.

किया है जो इस प्रकार है : (1) श्रुति विषयक सभी धार्मिक ग्रंथ मिथ्या अथवा अविश्वसनीय हैं। (2) कोई देवता या अलौकिक सत्ता नहीं है। (3) अनश्वर आत्मा नहीं है; शरीर के नष्ट हो जाने के पश्चात कुछ भी शेष नहीं रह जाता। (4) कर्मवाद का कोई महत्त्व नहीं है; यह केवल भ्रम है। (5) संसार में जो कुछ भी है वह सब महाभूतों अथवा भौतिक तत्त्वों से ही उत्पन्न हुआ है। (6) इन भौतिक तत्त्वों का अपना विशिष्ट स्वभाव है। (7) चैतन्य अथवा चेतना की उत्पत्ति इन्हीं भौतिक तत्त्वों से हुई है। (8) केवल प्रत्यक्ष द्वारा ही प्रामाणिक ज्ञान प्राप्त हो सकता है। (9) धार्मिक अनुष्ठान व्यर्थ हैं और इन्हें संपन्न करानेवाले ब्राह्मण-वर्ग का कोई महत्त्व नहीं है। (10) जीवन का लक्ष्य अधिकतम सुख प्राप्त करना ही है।[37] चार्वाक दर्शन के उपर्युक्त सिद्धांतों से यह स्पष्ट है कि इस दर्शन के अनुयायी भौतिकवाद, अनुभववाद, निरीश्वरवाद एवं सुखवाद का पूर्णतः समर्थन करते हैं और इसी कारण उन्होंने ईश्वर, आत्मा आदि समस्त अलौकिक सत्ताओं तथा धार्मिक विश्वासों का खंडन किया है। वस्तुतः चार्वाक दर्शन की ये आधारभूत विशेषताएँ ही उसे अन्य सभी भारतीय दर्शनों से पृथक् करती हैं।

6. समीक्षा

चार्वाक दर्शन के प्रमुख सिद्धांतों की विवेचना करने के पश्चात अब अंत में इस तथ्य की ओर प्रबुद्ध पाठकों का ध्यान आकृष्ट करना आवश्यक है कि सभी भारतीय दर्शनों ने इसकी तीव्र आलोचना की है जिनमें जैन तथा बौद्ध, ये दोनों नास्तिक दर्शन भी सम्मिलित हैं। इसका मूल कारण यह है कि अन्य सभी भारतीय दर्शनों के विपरीत चार्वाक ही एकमात्र ऐसा दर्शन है जो वास्तविक अर्थ में भौतिकवाद को पूर्णतः स्वीकार करते हुए ईश्वर के साथ-साथ शरीर से भिन्न एवं स्वतंत्र अभौतिक आत्मा, परलोक, पुनर्जन्म, कर्मवाद, पाप-पुण्य, स्वर्ग-नरक, देवी-देवताओं के अस्तित्व तथा मोक्ष या निर्वाण के सिद्धांत का भी निषेध करता है। वस्तुतः ऐसा एक भी भारतीय दर्शन नहीं है जिसके समस्त सिद्धांतों का चार्वाक दर्शन ने किसी भी रूप में समर्थन किया हो। ऐसी स्थिति में अन्य सभी भारतीय दर्शनों द्वारा किया गया इसका तीव्र विरोध स्वाभाविक ही प्रतीत होता है। इन दर्शनों ने चार्वाक दर्शन द्वारा प्रत्यक्ष को ज्ञान का एकमात्र स्वतंत्र प्रमाण मानते हुए अनुमान एवं शब्द-प्रमाण का निषेध करने, शरीर तथा आत्मा को एक ही मानने, चैतन्य अथवा चेतना को भौतिक तत्त्वों के संयोग का ही परिणाम मानने और मोक्ष, कर्मवाद, पुनर्जन्म, पाप-पुण्य तथा स्वर्ग-नरक का खंडन करने की विशेष रूप से आलोचना की है। सभी भारतीय दर्शनों द्वारा की गई चार्वाक दर्शन की इस व्यापक आलोचना से यह स्पष्ट है कि इनकी मुख्य आपत्ति इस दर्शन के विशुद्ध भौतिकवाद के विरुद्ध ही है जिसमें इस दर्शन के अतिरिक्त अन्य कोई भी भारतीय दर्शन विश्वास नहीं करता। इस प्रकार चार्वाक दर्शन तथा अन्य भारतीय दर्शनों का संघर्ष वास्तव में भौतिकवाद और अध्यात्मवाद का संघर्ष है जो केवल

37. देखिए, डेल रेपे, 'दि नेचरलिस्टिक ट्रेडीशन इन इंडियन थॉट', पृ. 58.

भारतीय दर्शन में ही नहीं, अपितु पाश्चात्य दर्शन में भी बहुत प्राचीन काल से इन दोनों परस्पर विरोधी विचारधाराओं में निरंतर होता रहा है।

यहाँ स्थानाभाव के कारण चार्वाक दर्शन के विरुद्ध अन्य भारतीय दर्शनों द्वारा उठाई गई सभी आपत्तियों पर विचार करना और उनका उत्तर देना संभव नहीं है। इसके अतिरिक्त इन आपत्तियों में से कुछ महत्त्वपूर्ण आपत्तियों का उत्तर हम पहले ही प्रसंगानुसार दे चुके हैं। उदाहरणार्थ, हम देख चुके हैं कि अध्यात्मवादी विचारकों ने चार्वाक दर्शन पर केवल शारीरिक, क्षणिक एवं स्वार्थमूलक सुखवाद को स्वीकार करने तथा अनैतिक आचरण का प्रचार करने के जो आरोप लगाए हैं वे मिथ्या और निराधार हैं। इसी प्रकार, हम यह भी स्पष्ट कर चुके हैं कि इन विचारकों ने अनुमान तथा शब्द-प्रमाण के विषय में इस दर्शन के समर्थकों के मत की जो व्याख्या की है वह भी पूर्णतः सत्य और उचित नहीं है। वस्तुतः चार्वाक दार्शनिकों की ज्ञानमीमांसा के विरुद्ध इन अध्यात्मवादी विचारकों ने जो आपत्तियाँ उठाई हैं उन सबका मूल आधार इन विचारकों की यह भ्रामक मान्यता ही है कि ये दार्शनिक सामान्य लौकिक अनुमान और लौकिक शब्द-प्रमाण को भी अस्वीकार करते हैं। परंतु, जैसा कि ऊपर बताया गया है, इस संबंध में वास्तविक स्थिति यह है कि चार्वाक दार्शनिक केवल अलौकिक अनुमान तथा अलौकिक शब्द-प्रमाण का ही खंडन करते हैं जिनके द्वारा अध्यात्मवादी विचारकों ने ईश्वर, आत्मा आदि अति-प्राकृतिक सत्ताओं के अस्तित्व को प्रमाणित करने का प्रयास किया है। चार्वाक दार्शनिक ऐसे लौकिक अनुमान और शब्द-प्रमाण का निषेध नहीं करते जिनके आधार पर हम सांसारिक वस्तुओं का संभावित ज्ञान प्राप्त करते हैं। इस तथ्य को ध्यान में रखते हुए हम यह कह सकते हैं कि चार्वाक दर्शन की ज्ञानमीमांसा के विरुद्ध अध्यात्मवादी विचारकों ने जो आपत्तियाँ उठाई हैं वे उचित और युक्तिसंगत प्रतीत नहीं होतीं।

चार्वाक दर्शन की तत्त्वमीमांसा के विरुद्ध अध्यात्मवादी विचारकों द्वारा उठाई गई आपत्तियों का संबंध मुख्यतः आत्मा की अमरता और चैतन्य की उत्पत्ति से है। ये विचारक चार्वाक दर्शन की इस आधारभूत मान्यता का खंडन करते हैं कि शरीर तथा आत्मा मूलतः एक ही हैं और चैतन्य की उत्पत्ति भौतिक तत्त्वों के संयोग के फलस्वरूप होती है। इसके विपरीत बौद्ध दार्शनिकों को छोड़कर अन्द सभी भारतीय अध्यात्मवादी विचारक यह मानते हैं कि आत्मा शरीर से भिन्न तथा स्वतंत्र अभौतिक द्रव्य है और वह सदा अजर-अमर रहती है। इसी अजर-अमर आत्मा के कारण पुनर्जन्म संभव होता है, क्योंकि यह एक शरीर के नष्ट होने के पश्चात दूसरे शरीर में प्रवेश करती है। इसके अतिरिक्त कर्मवाद तथा मोक्ष का आधार भी यह आत्मा ही है।

परंतु यहाँ अध्यात्मवादी विचारकों से यह प्रश्न किया जा सकता है कि अपनी उपर्युक्त सब मान्यताओं के लिए उनके पास क्या प्रमाण हैं। जहाँ तक मुझे ज्ञात है, इस प्रश्न के उत्तर में वे यही कह सकते हैं कि अनुमान तथा शब्द-प्रमाण द्वारा आत्मा की अमरता, पुनर्जन्म, कर्मवाद और मोक्ष से संबंधित सिद्धांतों को प्रमाणित किया जा सकता है। इसका अर्थ यह है कि ये सभी सिद्धांत केवल अलौकिक अनुमान तथा अलौकिक शब्द-प्रमाण पर ही आधारित हैं जिनका चार्वाक दर्शन निषेध करता है।

यह भी निश्चित है कि ऐसे अलौकिक अनुमान एवं अलौकिक शब्द-प्रमाण का प्रत्यक्ष के साथ कोई संबंध नहीं है और इस तथ्य को स्वयं अध्यात्मवादी विचारक भी स्वीकार करते हैं। ऐसी स्थिति में यह क्यों मान लिया जाए कि अध्यात्मवादी विचारकों के उपर्युक्त सिद्धांतों के विषय में उन्हीं का मत सत्य है और चार्वाक दार्शनिकों का मत असत्य है? मेरे विचार में किसी भी भारतीय अध्यात्मवादी विचारक ने इस मूल प्रश्न का कोई संतोषप्रद तथा तर्कसंगत उत्तर नहीं दिया है, अतः इन सभी सिद्धांतों की सत्यता अत्यंत संदिग्ध है। इन्हें प्रमाणित करने के लिए अध्यात्मवादी विचारक जिस अलौकिक अनुमान तथा अलौकिक शब्द-प्रमाण का प्रयोग करते हैं उन्हें स्वीकार करने के लिए हमारे पास कोई विश्वसनीय आधार नहीं है। इसी कारण इन विचारकों के ये सभी सिद्धांत असत्य और काल्पनिक ही प्रतीत होते हैं।

जैसा कि ऊपर बताया गया है, जैन तथा बौद्ध दार्शनिकों सहित सभी भारतीय अध्यात्मवादी विचारकों ने चार्वाक दर्शन के इस मत का खंडन किया है कि चैतन्य की उत्पत्ति भौतिक तत्त्वों के संयोग के परिणामस्वरूप ही होती है। इस मत के विरुद्ध शांतरक्षित, कमलशील आदि बौद्ध दार्शनिकों का कथन है कि चैतन्य भौतिक तत्त्वों से निर्मित शरीर पर निर्भर न होकर वास्तव में उसका कारण है, अतः वह शरीर के नष्ट हो जाने के पश्चात भी बना रहता है और दूसरे शरीर को जन्म देता है। यह चैतन्य अनादि तथा अनंत है और चैतन्यपूर्ण अवस्थाओं की यह अनंत शृंखला ही पुनर्जन्म का कारण बनती है। परंतु मेरे विचार में चैतन्य को अनादि और अनंत कह देने से उसकी उत्पत्ति की व्याख्या नहीं होती। इसके अतिरिक्त बौद्ध दार्शनिकों से यह प्रश्न भी किया जा सकता है कि अपनी उपर्युक्त मान्यता के लिए उनके पास क्या प्रमाण है। जहाँ तक मुझे ज्ञात है, उन्होंने इस महत्त्वपूर्ण प्रश्न का कोई संतोषजनक तथा युक्तिसंगत उत्तर नहीं दिया है, अतः चैतन्य के विषय में उनके मत को स्वीकार नहीं किया जा सकता। इसके विरुद्ध चार्वाक दार्शनिकों का पूर्वोल्लिखित यह तर्क उचित ही प्रतीत होता है कि एक शरीर की चैतन्यमयी अवस्था पूर्णतः भिन्न दूसरे शरीर का कारण नहीं हो सकती।

बौद्ध दार्शनिकों को छोड़कर अन्य सभी भारतीय अध्यात्मवादी विचारक यह मानते हैं कि चैतन्य शरीर से स्वतंत्र तथा भिन्न अभौतिक आत्मा में विद्यमान रहता है, अतः वह वास्तव में आत्मा का ही गुण है। इसके अतिरिक्त चैतन्य तथा शरीर में कोई अनिवार्य संबंध ही नहीं है। अपनी इस मान्यता के लिए ये अध्यात्मवादी विचारक प्रायः यह प्रमाण देते हैं कि निद्रा तथा अचेतनावस्था में और मृत्यु के पश्चात मनुष्य का शरीर तो बना रहता है किंतु उसमें चैतन्य विद्यमान नहीं रहता जिससे यह सिद्ध होता है कि चैतन्य शरीर से मूलतः भिन्न है। परंतु इन विचारकों का यह तर्क उचित प्रतीत नहीं होता। इसका प्रथम कारण तो यह है कि निद्रावस्था में चैतन्य पूर्णतः अनुपस्थित नहीं रहता। यदि ऐसी बात होती तो जगाए जाने पर मनुष्य कभी न जागता और वह यह भी याद न रख पाता कि रात को वह गहरी नींद में सोया था। वस्तुतः निद्रा में चैतन्य सुशुप्तावस्था में विद्यमान रहता है। यही बात अचेतनावस्था के विषय में भी कही जा सकती है जो निद्रा की अपेक्षा अधिक गहन होती है। कुछ

समय के उपरांत जब यह अचेतनावस्था समाप्त हो जाती है तो चैतन्य पुनः जागृतावस्था में आ जाता है। इस प्रकार यह कहना उचित नहीं होगा कि निद्रा और अचेतनावस्था में चैतन्य समाप्त हो जाता है।

हाँ, यह सत्य है कि मृत्यु के पश्चात चैतन्य अवश्य लुप्त हो जाता है। इसका कारण यह है कि मृत्यु के फलस्वरूप शरीर के भौतिक तत्त्वों का वह संतुलन नष्ट हो जाता है जो प्राणी के जीवन-काल में विद्यमान था। ऐसी स्थिति में अध्यात्मवादी विचारकों का यह मत उचित प्रतीत नहीं होता कि मृत्यु के पश्चात शरीर वैसा ही बना रहता है जैसा उससे पूर्व था। इस संबंध में चार्वाक दार्शनिकों का यह कथन सत्य है कि मृत्यु के फलस्वरूप शरीर से तेज तथा वायु, ये दोनों तत्त्व निकल जाते हैं, अतः वह चैतन्य-शून्य हो जाता है। किसी भी शव की परीक्षा करने से यह स्पष्टतः ज्ञात होता है कि उसमें उष्णता और वायु, इन दोनों तत्त्वों का अभाव रहता है। ऐसी स्थिति में यह कहना अयुक्तिसंगत है कि मृत्यु के कारण शरीर में कोई अंतर नहीं आता।[38] इस प्रकार चैतन्य को शरीर से भिन्न सिद्ध करने के लिए अध्यात्मवादी विचारकों ने जो उदाहरण दिए हैं वे दोषपूर्ण हैं। इन उदाहरणों से यह प्रमाणित नहीं होता कि चैतन्य वास्तव में शरीर से मूलतः भिन्न है।

चैतन्य को शरीर से पृथक् सिद्ध करने के लिए उपर्युक्त दोषपूर्ण तर्कों के अतिरिक्त अध्यात्मवादी विचारक इस महत्त्वपूर्ण अनुभवसिद्ध तथ्य की भी उपेक्षा करते हैं कि चैतन्य को शरीर के बिना न तो कभी देखा जाता है और न देखा जा सकता है। चैतन्य सदा केवल शरीर के साथ ही हमारे समक्ष उपस्थित होता है। शरीर के अभाव में हम चैतन्य की उत्पत्ति और उपस्थिति की कल्पना भी नहीं कर सकते जिससे यही सिद्ध होता है कि वह अनिवार्यतः शरीर पर ही निर्भर है। हम पहले ही यह स्पष्ट कर चुके हैं कि चार्वाक दर्शन के मत का समर्थन करते हुए आधुनिक शरीर-विज्ञान भी चैतन्य को शरीर पर ही पूर्णतः निर्भर मानता है। समस्त चैतन्यपूर्ण मानसिक क्रियाओं का शरीर के एक महत्त्वपूर्ण भाग, मस्तिष्क पर ही आधारित रहना इस तथ्य का अकाट्य प्रमाण है। ऐसी स्थिति में शरीर पर चैतन्य की निर्भरता को अस्वीकार करते हुए उसे शरीर से मूलतः भिन्न तथा स्वतः अस्तित्ववान मानना अयुक्तिसंगत और वैज्ञानिक दृष्टि से असत्य है। इस प्रकार निष्कर्ष के रूप में हम यह कह सकते हैं कि शरीर तथा चैतन्य के अनिवार्य संबंध की समस्या के विषय में अध्यात्मवादी विचारकों के विपरीत चार्वाक दार्शनिकों का मत ही वैज्ञानिक दृष्टि से प्रामाणिक प्रतीत होता है।

यहाँ चार्वाक दर्शन के विरोधी, अध्यात्मवादी विचारक यह आपत्ति उठा सकते हैं कि इस भौतिकवादी तथा अनुभववादी दर्शन में अनेक कठिनाइयाँ और त्रुटियाँ हैं। इस संबंध में वे भौतिक तत्त्वों से अभौतिक चैतन्य की उत्पत्ति के विषय में इस दर्शन के मत की कठिनाई का उदाहरण दे सकते हैं। वे यह कह सकते हैं कि चार्वाक दर्शन के समर्थक जड़ पुद्गल से चैतन्य के आविर्भाव की संतोषजनक व्याख्या नहीं कर

38. चार्वाक दार्शनिकों के इस तर्क के लिए देखिए, गुणरत्न द्वारा लिखित 'तर्क-रहस्य-दीपिका' में 'भूत-चैतन्यवाद' नामक अध्याय।

पाते। इसी प्रकार, वे यह आपत्ति भी कर सकते हैं कि वेदों के रचयिता ऋषियों को धूर्त, कपटी तथा निशाचर कहकर चार्वाक दार्शनिकों ने उनके प्रति न्याय नहीं किया है। इन समस्याओं के अतिरिक्त अध्यात्मवादी विचारक चार्वाक दर्शन की कुछ अन्य कठिनाइयों का भी उल्लेख कर सकते हैं।

परंतु यहाँ हमें यह स्मरण रखना चाहिए कि चार्वाक दर्शन का मूल्यांकन उसकी मूल कृतियों के अभाव में उसके विरोधी विचारकों द्वारा ही किया गया है जिसकी निष्पक्षता अत्यंत संदिग्ध है। यह संभव है कि यदि आज हमें इस दर्शन के कुछ मूल ग्रंथ उपलब्ध होते तो इसके विषय में हमारा मूल्यांकन अपेक्षाकृत अधिक वस्तुपरक और निष्पक्ष हो सकता था। इसके अतिरिक्त हमें यह भी नहीं भूलना चाहिए कि विश्व में ऐसा कोई दर्शन नहीं है जिसमें त्रुटियाँ अथवा कठिनाइयाँ न हों। इस तथ्य को ध्यान में रखते हुए हमें यही विचार करना होगा कि किस दर्शन में अपेक्षाकृत कम कठिनाइयाँ हैं। यदि इस कसौटी का प्रयोग किया जाए तो यह कहना संभवतः अनुचित न होगा कि चार्वाक दर्शन में अन्य भारतीय दर्शनों की अपेक्षा कम कठिनाइयाँ हैं और इसी कारण आधुनिक युग में वह अधिक तर्कसंगत तथा वैज्ञानिक दृष्टि से प्रामाणिक प्रतीत होता है। वस्तुतः वर्तमान युग की मानवीय आवश्यकताओं तथा आकांक्षाओं को देखते हुए मनुष्य को अंधश्रद्धा एवं अंधविश्वासों से मुक्त करनेवाला यह दर्शन बहुत उपादेय और श्रेयस्कर है, अतः आज इसके प्रचार-प्रसार की विशेष आवश्यकता है।

अध्याय-6

जैन तथा बौद्ध दर्शन

1. जैन दर्शन में निरीश्वरवाद

जैसा कि हम चौथे अध्याय में बता चुके हैं, भारतीय दर्शन के इतिहास में चार्वाक, जैन और बौद्ध ये तीन दर्शन ऐसे हैं जो केवल निरीश्वरवादी ही नहीं, अपितु नास्तिक दर्शन भी माने जाते हैं क्योंकि ये तीनों दर्शन ईश्वर के अस्तित्व का खंडन करने के साथ-साथ वेदों की प्रामाणिकता को भी अस्वीकार करते हैं। इन दर्शनों के समर्थक वेदों को न तो अपौरुषेय मानते हैं और न ईश्वर द्वारा रचित, अतः उन्होंने वेदों में प्रतिपादित यज्ञों तथा इन यज्ञों से संबंधित समस्त कर्मकांड का विरोध किया है और इस वैदिक कर्मकांड को संपन्न करानेवाले पुरोहितों की भी निंदा की है। यही कारण है कि वेदों की प्रामाणिकता में विश्वास करनेवाले सभी भारतीय दर्शनों ने उपर्युक्त तीनों दर्शनों को 'नास्तिक' की संज्ञा दी है जिसके द्वारा इन दर्शनों के प्रति उनका तिरस्कार स्पष्टतः अभिव्यक्त होता है। मनु ने इन नास्तिक दर्शनों को 'वेद-निंदक' कहकर ही इन्हें परिभाषित किया है। इस प्रकार भारत में वैदिक विचारधारा के समर्थकों तथा नास्तिक दर्शनों के अनुयायियों में बहुत प्राचीन काल से निरंतर संघर्ष होता रहा है।

उपर्युक्त तीन नास्तिक दर्शनों में से चार्वाक दर्शन की विस्तृत विवेचना हम पिछले अध्याय में कर चुके हैं। इस अध्याय में जैन और बौद्ध दर्शनों द्वारा प्रस्तुत निरीश्वरवादी मान्यताओं तथा युक्तियों पर विस्तारपूर्वक विचार किया जाएगा। यहाँ यह उल्लेखनीय है कि इन दोनों दर्शनों के निरीश्वरवादी सिद्धांत इनकी ज्ञानमीमांसा और तत्त्वमीमांसा पर अनिवार्यतः आधारित नहीं हैं, अतः इन दर्शनों के निरीश्वरवाद की व्याख्या के लिए इनकी ज्ञानमीमांसा एवं तत्त्वमीमांसा की विवेचना करना आवश्यक प्रतीत नहीं होता। इसी कारण हम इन दोनों दर्शनों की ज्ञानमीमांसा और तत्त्वमीमांसा से संबंधित सिद्धांतों को प्रस्तुत किए बिना ही उन विशेष तर्कों पर विचार करेंगे जो इन दर्शनों के अनुयायियों में निरीश्वरवाद के समर्थन में दिए हैं।

चार्वाक दर्शन की भाँति जैन दर्शन भी भारत का बहुत प्राचीन दर्शन है। ऋषभदेव, पार्श्वनाथ, वर्धमान महावीर आदि महान विचारकों ने ईसा से सातवीं और छठी शताब्दी पूर्व इस दर्शन के मूल सिद्धांतों का प्रतिपादन किया था। इस दर्शन को सुव्यवस्थित रूप से प्रस्तुत करनेवाले वर्धमान महावीर गौतम बुद्ध के समकालीन विचारक थे, अतः यह निश्चित रूप से कहा जा सकता है कि जैन दर्शन कम-से-कम उतना ही प्राचीन है जितना बौद्ध दर्शन। अनेक विद्वानों का मत है कि इन दोनों दर्शनों के कुछ मूल सिद्धांत वेदों तथा उपनिषदों में विद्यमान हैं। इससे भी इन दोनों दर्शनों की दीर्घकालीन प्राचीन परंपरा स्पष्टतः ज्ञात होती है।

जैन दर्शन में चौबीस महापुरुषों का विशेष महत्त्व है जिन्हें 'तीर्थंकर' कहा जाता है और जिनके प्रति पूर्ण निष्ठा एवं श्रद्धा रखना तथा जिनकी शिक्षाओं के अनुरूप आचरण करना इस दर्शन के प्रत्येक अनुयायी के लिए अनिवार्य माना जाता है। जैन लोग अपने इन तीर्थंकरों को 'जिन' की संज्ञा देते हैं जिसका अर्थ 'जेता' अथवा 'जितेंद्रिय' होता है और जिससे 'जैन' शब्द की व्युत्पत्ति हुई है। इस प्रकार शब्दोत्पत्ति की दृष्टि से जैन वह व्यक्ति है जिसने संयम, कठोर तपस्या तथा पंच महाव्रतों—अहिंसा, सत्य, अस्तेय, अपरिग्रह, ब्रह्मचर्य—द्वारा अपनी समस्त इंद्रियों और अपने मन पर पूर्ण विजय प्राप्त कर ली है। 'जैन' शब्द के इस अर्थ से यह स्पष्ट है कि इस दर्शन में मनुष्य के आचरण की पवित्रता को बहुत महत्त्व दिया जाता है, अतः इसमें मानव के व्यावहारिक जीवन का मार्गदर्शन करनेवाली आचारमीमांसा की विस्तृत विवेचना की गई है। यही बात बौद्ध दर्शन के विषय में भी कही जा सकती है। वस्तुतः ये दोनों केवल दर्शन ही नहीं, अपितु विश्व के महत्त्वपूर्ण धर्म भी हैं जो शताब्दियों से करोड़ों मनुष्यों के जीवन को प्रभावित करते रहे हैं।

निरीश्वरवाद के समर्थन में जैन दार्शनिकों के तर्कों को प्रस्तुत करने से पूर्व यहाँ यह स्पष्ट कर देना आवश्यक है कि जैन दर्शन निरीश्वरवादी तथा नास्तिक होते हुए भी भौतिकवादी नहीं है, चार्वाक दर्शन तथा जैन दर्शन में केवल इतनी ही समानता है कि इन दोनों दर्शनों के समर्थक ईश्वर के अस्तित्व और वेदों की प्रामाणिकता में विश्वास नहीं करते। परंतु इस समानता के होते हुए भी जैन दर्शन चार्वाक दर्शन के विपरीत मुख्यतः अध्यात्मवादी दर्शन है। इस दर्शन के अनुयायी शरीर से पृथक् तथा स्वतंत्र अभौतिक आत्मा की सत्ता एवं अमरता को स्वीकार करते हैं और चैतन्य अथवा चेतना को आत्मा का ही गुण मानते हैं। उनके मतानुसार, अनंत ज्ञान, अनंत दर्शन, अनंत सामर्थ्य और अनंत सुख कर्मों से अप्रभावित तथा मुक्त आत्मा के स्वाभाविक गुण हैं जो उसमें अनिवार्यतः विद्यमान रहते हैं। यह आत्मा ही अपने शुभ-अशुभ कर्मों के कारण संसार में सुख-दुःख भोगती है और प्राणी की मृत्यु के पश्चात एक शरीर का परित्याग करके दूसरे शरीर में प्रवेश करती है जिसके फलस्वरूप प्राणी का पुनर्जन्म संभव होता है। आत्मा की अमरता, कर्मवाद तथा पुनर्जन्म के अतिरिक्त जैन दार्शनिक अपने तीर्थंकरों को भी अलौकिक पुरुष मानते हैं और उनकी पूजा करते हैं। इतना ही नहीं, वे परलोक, स्वर्ग, नरक आदि अति-प्राकृतिक सत्ताओं में भी विश्वास करते हैं। अन्य भारतीय अध्यात्मवादी दार्शनिकों के समान ही उन्होंने भी तत्त्वमीमांसीय तथा

आध्यात्मिक अर्थ में मोक्ष के सिद्धांत को स्वीकार किया है। वस्तुतः अपनी इन सभी आध्यात्मिक मान्यताओं के कारण ही जैन दार्शनिकों ने अन्य भारतीय अध्यात्मवादी दार्शनिकों की भाँति चार्वाक दर्शन के भौतिकवादी सिद्धांतों का खंडन किया है। इस प्रकार उपर्युक्त विवेचन से यह स्पष्ट है कि जैन दर्शन निरीश्वरवादी और नास्तिक होते हुए भी भौतिकवादी न होकर चार्वाक दर्शन के विपरीत मूलतः अध्यात्मवादी दर्शन है।

जैन दर्शन की इस संक्षिप्त भूमिका के पश्चात अब उन तर्कों पर कुछ विस्तार से विचार करना आवश्यक है जो इस दर्शन के अनुयायियों ने निरीश्वरवाद के समर्थन में प्रस्तुत किए हैं। पिछले अध्याय में हम देख चुके हैं कि निरीश्वरवादी होते हुए भी चार्वाक दार्शनिकों ने अपने इस निरीश्वरवाद की पुष्टि के लिए कोई विशेष तर्क या प्रमाण नहीं दिए थे। वस्तुतः इन दार्शनिकों का निरीश्वरवाद उनकी प्रत्यक्षमूलक अनुभववादी ज्ञानमीमांसा का ही अनिवार्य परिणाम था। परंतु जैन दार्शनिकों ने अनेक प्रबल तर्कों द्वारा ईश्वरवाद का खंडन करके सैद्धांतिक दृष्टि से निरीश्वरवाद की पुष्टि की है। उनका निश्चित मत है कि ईश्वर के प्रत्यय में अनेक गंभीर स्वतोव्याघात विद्यमान हैं, अतः तर्कों अथवा युक्तियों द्वारा ईश्वर के अस्तित्व को प्रमाणित करना संभव नहीं है। अपने इस मत को सत्य सिद्ध करने के लिए उन्होंने ईश्वरवाद के समर्थन में परवर्ती नैयायियों द्वारा दी गई सभी महत्त्वपूर्ण युक्तियों का तर्कतः खंडन करते हुए ईश्वर के प्रत्यय को तर्क-विरुद्ध प्रमाणित किया है।

जैसा कि हम पिछले अध्यायों में बता चुके हैं, सभी ईश्वरवादी यह स्वीकार करते हैं कि प्रत्यक्ष प्रमाण द्वारा ईश्वर के अस्तित्व को प्रमाणित नहीं किया जा सकता, क्योंकि वह अतींद्रिय तथा अति-प्राकृतिक सत्ता है। इसी कारण उन्होंने अनुमान तथा शब्द-प्रमाण के आधार पर ही ईश्वर की सत्ता को सिद्ध करने का प्रयास किया है। उदाहरणार्थ, ईश्वर के अस्तित्व को प्रमाणित करने के लिए परवर्ती नैयायिकों ने जो तर्क दिए हैं वे मुख्यतः अनुमान पर ही आधारित हैं। ऐसी स्थिति में यदि उनके इस ईश्वर विषयक अनुमान को मिथ्या एवं अतार्किक सिद्ध कर दिया जाए तो उनका ईश्वरवाद स्वतः ही खंडित हो जाता है। यही कारण है कि जैन दार्शनिकों ने नैयायिकों के ईश्वर संबंधी अनुमान को तर्क-विरुद्ध प्रमाणित करके उनके ईश्वरवाद का खंडन किया है। हम प्रथम अध्याय में देख चुके हैं कि नैयायिक मुख्यतः कारणपरक युक्ति द्वारा ईश्वर की सत्ता को सिद्ध करने का प्रयास करते हैं। उनका कथन है कि यह विश्व घट, वस्त्र, भवन आदि के समान एक 'कार्य'—अर्थात्, रचित वस्तु है, अतः जिस प्रकार इन वस्तुओं का निर्माता कोई बुद्धिमान मनुष्य होता है उसी प्रकार इस विश्व का भी कोई रचयिता अवश्य होना चाहिए और यह रचयिता सर्वज्ञ तथा सर्वशक्तिमान ईश्वर ही है। इस प्रकार नैयायिकों ने विश्व को एक 'कार्य' और ईश्वर को उसका निमित्त कारण मानकर अनुमान द्वारा ईश्वर की सत्ता को प्रमाणित करने का प्रयास किया है, अतः जैन दार्शनिकों ने उनके इस अनुमान को मिथ्या सिद्ध करने के लिए अनेक प्रबल तर्क प्रस्तुत किए हैं।

हरिभद्र सूरी, गुणरत्न, प्रभाचंद्र, सिद्धसेन दिवाकर, हेमचंद्र, मल्लीसेन आदि अनेक जैन दार्शनिकों ने सर्वप्रथम यह सिद्ध किया है कि नैयायिकों का ईश्वर विषयक अनुमान

तार्किक दृष्टि से निराधार है। हम देख चुके हैं कि नैयायिक विश्व को 'कार्य' अथवा रचित वस्तु मानते हैं जिसका कोई रचयिता या निर्माता होना अनिवार्य है। परंतु इस संबंध में जैन दार्शनिकों ने यह महत्त्वपूर्ण प्रश्न उठाया है कि विश्व के कार्यत्व का क्या अर्थ है। दूसरे शब्दों में, हमारे समक्ष प्रश्न यह है कि हम किस अंर्थ में विश्व को 'कार्य' की संज्ञा दे सकते हैं। इस प्रश्न का उत्तर देते हुए जैन दार्शनिकों ने विश्व के कार्यत्व के प्रमुख चार अर्थ बताए हैं और उन्होंने इन सभी अर्थों को अनेक तर्कों द्वारा स्वयं नैयायिकों के अपने सिद्धांतों के विरुद्ध प्रमाणित किया है।

विश्व के कार्यत्व अथवा 'कार्य' होने का प्रथम अर्थ यह हो सकता है कि वह सावयव है—अर्थात्, उसके बहुत-से भाग हैं। इस प्रथम अर्थ के विरुद्ध आपत्ति करते हुए जैन दार्शनिकों ने कहा है कि इसकी दो विभिन्न व्याख्याएँ की जा सकती हैं और ये दोनों व्याख्याएँ नैयायिकों के अपने मूल सिद्धांतों का खंडन करती हैं। इस अर्थ की पहल व्याख्या के अनुसार, 'कार्य' वह है जो किसी वस्तु के सभी भागों में विद्यमान रहता है। परंतु यदि इस व्याख्या को स्वीकार किया जाए तो 'सामान्य' को भी 'कार्य' मानना पड़ेगा, क्योंकि वह किसी वस्तु के सभी भागों तथा एक ही जाति की सभी वस्तुओं में उपस्थित रहता है। उदाहरणार्थ, 'घटत्व' घट के सभी भागों और सभी घटों में पाया जाता है। यही बात 'अश्वत्व', 'मनुष्यत्व' आदि अन्य सभी 'सामान्यों' के विषय में भी कही जा सकती है। परंतु प्रथम अर्थ की यह व्याख्या स्वयं नैयायिकों के अपने सिद्धांत के विरुद्ध है, क्योंकि वे 'सामान्य' को 'कार्य' न मानकर शाश्वत अथवा नित्य मानते हैं। इस प्रकार स्वयं नैयायिकों के अपने सिद्धांत के अनुसार, विश्व के सावयव होने का यह अर्थ नहीं हो सकता कि 'कार्य' वह है जो किसी वस्तु के सभी भागों में विद्यमान रहता है।[1]

विश्व को 'कार्य' मानने से संबंधित प्रथम अर्थ की दूसरी व्याख्या यह हो सकती है कि 'कार्य' वह है जिसकी उत्पत्ति अनेक भागों के संयोग से होती है—अर्थात्, जो बहुत-से भागों द्वारा निर्मित होता है। इस व्याख्या के विरुद्ध जैन दार्शनिकों का कथन है कि यदि इसे स्वीकार कर लिया जाए तो आकाश को भी 'कार्य मानना पड़ेगा, क्योंकि उसके भी अनेक भाग या प्रदेश होते हैं। परंतु स्वयं नैयायिक आकाश को 'कार्य' न मानकर शाश्वत अथवा नित्य द्रव्य मानते हैं। ऐसी स्थिति में यह व्याख्या भी उनके अपने सिद्धांत का खंडन करती है।[2] इस प्रकार जैन दार्शनिकों के मतानुसार, विश्व को इस अर्थ में 'कार्य' मानना कि वह सावयव है अथवा उसके बहुत-से भाग हैं नैयायिकों के अपने सिद्धांतों के विरुद्ध है, अतः विश्व के कार्यत्व का प्रथम अर्थ स्वयं उन्हीं के विचारों में असंगति उत्पन्न करता है।

विश्व को 'कार्य' कहने का दूसरा अर्थ यह हो सकता है कि विश्व में और इसके समस्त भागों में समवाय-संबंध है। उदाहरणार्थ, परमाणुओं और उनसे निर्मित विश्व की प्रत्येक वस्तु में यही समवाय-संबंध पाया जाता है जिसके कारण विश्व को 'कार्य'

1. देखिए, प्रभाचंद्र, 'प्रमेय-कमल-मार्तंड', पृ. 270.

2. देखिए, हरिभद्र सूरी, 'षड्-दर्शन-समुच्चय', अध्याय 3.

कहा जा सकता है। इस अर्थ के विरुद्ध जैन दार्शनिकों की आपत्ति यह है कि स्वयं नैयायिकों के अनुसार समवाय-संबंध शाश्वत अथवा नित्य है; ऐसी स्थिति में उसे 'कार्य' नहीं माना जा सकता, क्योंकि 'कार्य' अनिवार्यतः अनित्य ही होता है। वस्तुतः समवाय कोई 'कार्य' मान लेने से नैयायिकों के अपने मत का खंडन होता है।[3]

विश्व को 'कार्य' कहने का तीसरा अर्थ यह हो सकता है कि वह एक ऐसी वस्तु है जिसे उत्पन्न किया गया है और रचित या उत्पन्न की गई प्रत्येक वस्तु को अनिवार्यतः 'कार्य' माना जाता है। इस अर्थ के विरुद्ध जैन दार्शनिकों का कथन है कि अन्य दो अर्थों की भाँति यह भी नैयायिकों के अपने सिद्धांत का खंडन करता है। नैयायिक दिक् को नित्य या शाश्वत द्रव्य मानते हैं, किंतु यदि इस अर्थ को स्वीकार किया जाए तो वह 'रचित वस्तु' अथवा 'कार्य' हो जाता है। उदाहरणार्थ, जब कोई व्यक्ति धरती में गड्ढा खोदता है अथवा पानी से भरे हुए किसी बर्तन में से पानी निकाल लेता है तो प्रायः यह कहा जाता है कि धरती के उस स्थान पर और उस बर्तन में दिक् की उत्पत्ति हो जाती है—अर्थात्, खाली स्थान बन जाता है। यदि कार्यत्व के उपर्युक्त तीसरे अर्थ को स्वीकार किया जाए तो उत्पन्न किए गए ऐसे दिक् को 'कार्य' मानना पड़ेगा जो स्वयं नैयायिकों के अपने सिद्धांत के विरुद्ध होगा, क्योंकि वे दिक् को नित्य द्रव्य मानते हैं। इस प्रकार कार्यत्व का यह तीसरा अर्थ भी नैयायिकों के अपने मत का खंडन करता है।[4]

कार्यत्व का चौथा अर्थ यह हो सकता है कि 'कार्य' वह है जिसमें परिवर्तन होता रहता है और इस अर्थ में विश्व को 'कार्य' कहा जा सकता है, क्योंकि उसकी प्रत्येक वस्तु परिवर्तनशील है। किसी वस्तु को 'परिवर्तनशील' कहने का अर्थ यह है कि विभिन्न समयों पर उसके स्वरूप तथा गुणों में परिवर्तन होता रहता है। निरंतर परिवर्तनशील होने के कारण इस अर्थ में विश्व को 'कार्य' माना जा सकता है। परंतु जैन दार्शनिकों का कथन है कि 'कार्य' का यह अर्थ भी नैयायिकों के अपने मूल सिद्धांत के विरुद्ध है। यदि इसे स्वीकार कर लिया जाए तो ईश्वर को भी 'कार्य' मानना अनिवार्य हो जाता है, क्योंकि स्वयं नैयायिकों के अनुसार ईश्वर कभी विश्व की रचना करता है और कभी उसका संहार करता है। यह समझना कठिन नहीं है कि ईश्वर की इन क्रियाओं के कारण उसके स्वरूप एवं गुणों में परिवर्तन होता रहता है। ऐसी स्थिति में यदि परिवर्तनशीलता को ही कार्यत्व की कसौटी माना जाए तो ईश्वर को भी 'कार्य' की संज्ञा देना आवश्यक हो जाता है। परंतु नैयायिक ईश्वर को शाश्वत, नित्य तथा अपरिवर्तनशील मानकर उसके कार्यत्व का निषेध करते हैं, क्योंकि यदि उसे 'कार्य' माना जाए तो उसका भी कोई निमित्त कारण स्वीकार करना पड़ेगा और इस कारण का कोई अन्य कारण मानना पड़ेगा जिसके फलस्वरूप अनवस्था दोष उत्पन्न हो जाएगा। इस कठिनाई से यह स्पष्ट है कि अपने मूल सिद्धांत में संगति बनाए रखते हुए नैयायिक किसी वस्तु की परिवर्तनशीलता को उसके 'कार्य' होने की

3. देखिए, गुणरत्न, 'तर्क-रहस्य-दीपिका', पृ. 117-118.
4. देखिए, वही पुस्तक, पृ. 118.

कसौटी नहीं मान सकते। यदि वे ऐसा करते हैं तो ईश्वर के स्वरूप के संबंध में उनके अपने सिद्धांत का खंडन होता है।[5] इस प्रकार यह स्पष्ट है कि विश्व के कार्यत्व से संबंधित उपर्युक्त चारों अर्थ स्वयं नैयायिकों के अपने सिद्धांतों के विरुद्ध हैं, अतः वे इनमें से किसी भी अर्थ के आधार पर तर्कसंगत रूप से विश्व को 'कार्य' की संज्ञा नहीं दे सकते और यदि यह विश्व 'कार्य' नहीं है तो इसके कार्यत्व पर आधारित उनका वह अनुमान मिथ्या सिद्ध हो जाता है जिसके द्वारा उन्होंने ईश्वर की सत्ता को प्रमाणित करने का प्रयास किया है।

विश्व को 'कार्य' मानने के विरुद्ध ऊपर दिए गए तर्कों के अतिरिक्त जैन दार्शनिकों–विशेषतः गुणरत्न–ने यह तर्क भी दिया है कि विश्व को 'कार्य' मान लेने पर भी ईश्वर का अस्तित्व सिद्ध नहीं होता, क्योंकि विश्व का कार्यत्व केवल इतना ही प्रमाणित करता है कि उसका कोई कारण है; इससे यह सिद्ध नहीं होता कि यह कारण सर्वज्ञ तथा सर्वशक्तिमान ईश्वर है। अपने इस तर्क की व्याख्या करते हुए गुणरत्न कहते हैं कि विश्व को या तो सामान्य अर्थ में 'कार्य' माना जा सकता है अथवा विशेष अर्थ में। किसी वस्तु को सामान्य अर्थ में 'कार्य' मानने का तात्पर्य केवल यही है कि उसका कोई कारण अवश्य है, किंतु यह संभव है कि यह कारण कोई बुद्धिमान रचयिता न हो। उदाहरणार्थ, वनों में अनेक झाड़ियाँ, पेड़-पौधे, पत्थर आदि पाए जाते हैं, परंतु इनका कारण कोई बुद्धिमान रचयिता नहीं होता। इसी प्रकार, विश्व में नदियाँ, समुद्र, पर्वत, पशु-पक्षी आदि सहस्रों प्राकृतिक वस्तुएँ ऐसी हैं जिनका कोई बुद्धिमान कारण अथवा रचयिता नहीं है। वस्तुतः हमारा अनुभव ऐसी वस्तुओं के किसी बुद्धिमान कारण की पुष्टि नहीं करता। इस प्रकार यदि सामान्य अर्थ में विश्व को 'कार्य' माना जाए तो इससे सर्वज्ञ तथा सर्वशक्तिमान ईश्वर की सत्ता सिद्ध नहीं होती।[6]

परंतु उपर्युक्त आपत्ति के उत्तर में नैयायिक यह कह सकते हैं कि विश्व सामान्य अर्थ में 'कार्य' न होकर विशेष अर्थ में ही 'कार्य' है। किसी वस्तु को विशेष अर्थ में 'कार्य' मानने का तात्पर्य यह है कि कोई बुद्धिमान रचयिता उसका कारण है जिसने एक विशेष उद्देश्य को ध्यान में रखते हुए उसके समस्त भागों की रचना एवं व्यवस्था की है। इसी अर्थ में कुंभकार, जुलाहा, शिल्पी आदि क्रमशः घट, वस्त्र, भवन आदि वस्तुओं के कारण माने जाते हैं। विश्व को इस विशेष अर्थ में 'कार्य' मानने पर यह अवश्य सिद्ध होता है कि उसका कारण कोई बुद्धिमान रचयिता है। परंतु इसके आधार पर भी अशरीरी, सर्वज्ञ एवं सर्वशक्तिमान ईश्वर की सत्ता प्रमाणित नहीं होती। सर्वप्रथम हम अपने अनुभव द्वारा यह जानते हैं कि प्रत्येक उद्देश्यपूर्ण विशेष वस्तु का बुद्धिमान रचयिता कोई विशेष व्यक्ति अथवा समुदाय होता है। उदाहरणार्थ, घड़े की रचना कुंभकार ही करता है, जुलाहा या शिल्पी नहीं। इसी प्रकार, भवन का निर्माण शिल्पी अथवा शिल्पियों द्वारा ही किया जाता है, कुंभकार या जुलाहे द्वारा नहीं। यही बात

5. देखिए, वही पुस्तक.
6. देखिए, वही पुस्तक, पृ. 118.

मानव-निर्मित अन्य सभी वस्तुओं के विषय में भी कही जा सकती है। इससे स्पष्ट है कि सभी उद्देश्यपूर्ण वस्तुओं का बुद्धिमान रचयिता कोई एक व्यक्ति अथवा समुदाय नहीं हो सकता। अपने इसी अनुभव के आधार पर हम यह कह सकते हैं कि एक ईश्वर को विश्व की समस्त प्रयोजनशील वस्तुओं का रचयिता नहीं माना जा सकता।

इसके अतिरिक्त यदि नैयायिकों के इस तर्क को स्वीकार कर लिया जाए कि जिस प्रकार कुंभकार घड़े का निर्माण करता है उसी प्रकार ईश्वर ने इस विश्व की रचना की है तो कुंभकार की भाँति ईश्वर को भी शरीरवान, अल्पज्ञ तथा अपूर्ण मानना अनिवार्य हो जाता है। हम अपने अनुभव द्वारा निश्चित रूप से यह जानते हैं कि घट, वस्त्र, भवन आदि समस्त प्रयोजनशील वस्तुओं का निर्माण करनेवाले मनुष्य शरीरवान, अल्पज्ञ और अपूर्ण ही होते हैं। ऐसी स्थिति में नैयायिकों के अपने तर्क के आधार पर हम युक्तिसंगत रूप से यह कह सकते हैं कि ईश्वर भी शरीरवान, अल्पज्ञ एवं अपूर्ण है। परंतु नैयायिक निश्चय ही इस मत को स्वीकार नहीं कर सकते, क्योंकि वे ईश्वर को अशरीरी, सर्वज्ञ तथा सर्वशक्तिमान मानते हैं जो सभी दृष्टियों से पूर्ण है। इस प्रकार विश्व को विशेष अर्थ में 'कार्य' मानने पर भी वास्तव में ईश्वर का अस्तित्व प्रमाणित नहीं होता।

यहाँ यह उल्लेखनीय है कि ईश्वर के अस्तित्व के विरुद्ध यही आपत्ति एक पाश्चात्य अनुभववादी दार्शनिक, डेविड ह्यूम ने भी उठाई है। उनका कथन है कि विभिन्न प्रयोजनशील वस्तुओं की रचना करनेवाले मनुष्यों से संबंधित अनुभवमूलक तर्क के आधार पर ऐसे ईश्वर के अस्तित्व को प्रमाणित नहीं किया जा सकता जिसमें सर्वज्ञता, सर्वशक्तिमता आदि गुणों को आरोपित किया जाता है। इसके विपरीत इन वस्तुओं के रचयिता अपूर्ण मनुष्यों के उदाहरण को ध्यान में रखते हुए हम यही कह सकते हैं कि इस विश्व का निर्माण एक बालक के समान अपूर्ण ईश्वर ने किया है। ऐसे ईश्वर के विषय में ह्यूम ने यह भी कहा है कि यदि वह विश्व का कारण या रचयिता है तो उसका भी कोई कारण अथवा रचयिता होना अनिवार्य है।[7] इस प्रकार जैन दार्शनिकों के समान ह्यूम भी यह मानते हैं कि विश्व के कार्यत्व के आधार पर अशरीरी, सर्वज्ञ, सर्वशक्तिमान और पूर्ण ईश्वर की सत्ता को सिद्ध नहीं किया जा सकता, क्योंकि यह अनुमान मिथ्या है। (देखिए, अध्याय 11, खंड 2)

नैयायिकों के ईश्वर विषयक अनुमान के संबंध में गुणरत्न तथा अन्य जैन दार्शनिकों ने यह मूल प्रश्न भी उठाया है कि क्या विश्व को 'कार्य' की संज्ञा दी जा सकती है। इस प्रश्न के उत्तर में इन दार्शनिकों का कथन है कि विश्व वास्तव में 'कार्य' नहीं है। सामान्यतः उस वस्तु को 'कार्य' कहा जाता है जिसकी एक विशेष काल में उत्पत्ति होती है और इसी कारण जो अनित्य है–अर्थात्, जिसका कभी अस्तित्व होता है और कभी नहीं होता। दूसरे शब्दों में, किसी वस्तु की अनित्यता उसके 'कार्य' होने की अनिवार्य शर्त है। यदि इस दृष्टि से विश्व के स्वरूप पर विचार किया जाए तो यह स्पष्ट हो जाता है कि वह वस्तुतः 'कार्य' नहीं है, क्योंकि उसे कभी किसी ने

7. देखिए, डेविड ह्यूम, 'डायलॉग्ज़ कन्सरनिंग नैचरल रिलिजन', भाग 1 और भाग 3.

उत्पन्न नहीं किया और उसका अस्तित्व सदैव बना रहता है। हम सब केवल यही जानते हैं कि विश्व का अस्तित्व है; किसी को भी उसके अनस्तित्व का अनुभव नहीं है और न हो सकता है। इसका तात्पर्य यह है कि विश्व अनित्य न होकर शाश्वत है, अतः उसे तर्कसंगत रूप से 'कार्य' नहीं माना जा सकता। यदि यह विश्व 'कार्य' नहीं है तो इसके निमित्त कारण के रूप में ईश्वर के अस्तित्व को स्वीकार करने का कोई आधार ही नहीं रह जाता। वस्तुतः ईश्वर की सत्ता के समर्थन में कारणपरक युक्ति प्रस्तुत करनेवाले नैयायिकों तथा अन्य ईश्वरवादी दार्शनिकों के विरुद्ध यह एक ऐसा प्रबल तर्क है जिसका कोई युक्तिसंगत उत्तर देना उनके लिए संभव प्रतीत नहीं होता।

ईश्वर के अस्तित्व के विरुद्ध उपर्युक्त तर्कों के अतिरिक्त जैन दार्शनिकों ने यह भी कहा है कि यदि विश्व को 'कार्य' मान लिया जाए तो भी उसके निमित्त कारण के रूप में ईश्वर के स्वरूप का नैयायिकों ने जो वर्णन किया है उसमें अनेक गंभीर दार्शनिक कठिनाइयाँ विद्यमान हैं। उदाहरणार्थ, नैयायिक ईश्वर को नित्य अथवा शाश्वत मानते हैं जिसके स्वरूप में कभी कोई परिवर्तन नहीं होता। इसका अर्थ यह है कि ईश्वर के समस्त गुण भी अनिवार्यतः नित्य अथवा अपरिवर्तनशील हैं। परंतु इसके साथ ही नैयायिक यह भी कहते हैं कि ईश्वर इस विश्व की रचना स्वयं अपने संकल्प, ज्ञान और प्रयत्न द्वारा ही करता है। यहाँ नैयायिकों के मत में गंभीर स्वतोव्याघात या असंगति को स्पष्ट रूप से देखा जा सकता है। यदि ईश्वर विश्व की रचना के लिए अपने संकल्प, ज्ञान, प्रयत्न आदि गुणों का प्रयोग करता है तो इसका अर्थ यह है कि उसके इन गुणों में अनिवार्यतः परिवर्तन होता रहता है, क्योंकि वह कभी विश्व की रचना करता है और कभी नहीं करता। यह समझना कठिन नहीं है कि विश्व की रचना के लिए ईश्वर के इन गुणों में परिवर्तन होने के कारण उसका स्वरूप भी परिवर्तित होता रहता है। ऐसी स्थिति में ईश्वर को निश्चय ही नित्य या अपरिवर्तनशील नहीं माना जा सकता। इसका अर्थ यह है कि विश्व के निमित्त कारण अथवा रचयिता के रूप में ईश्वर भी अनित्य और परिवर्तनशील हो जाता है, अतः उसे भी 'कार्य' की संज्ञा दी जा सकती है। परंतु हम देख चुके हैं कि नैयायिक ईश्वर के कार्यत्व का निषेध करते हैं।

वस्तुतः नैयायिकों तथा अन्य ईश्वरवादी दार्शनिकों की मूल समस्या यह है कि वे ईश्वर को नित्य एवं अपरिवर्तनशील भी मानना चाहते हैं और विश्व का रचयिता भी, किंतु वे इस महत्त्वपूर्ण तथ्य की उपेक्षा करते हैं कि उनका यह मत स्वतोव्याघातपूर्ण होने के कारण अयुक्तिसंगत है। यदि ईश्वर वास्तव में नित्य तथा अपरिवर्तनशील है तो वह विश्व का रचयिता नहीं हो सकता और यदि वह विश्व का रचयिता है तो उसे नित्य एवं अपरिवर्तनशील नहीं माना जा सकता। परंतु नैयायिक इस आधारभूत तथ्य की उपेक्षा करते हुए ईश्वर को अपरिवर्तनशील और विश्व का रचयिता दोनों ही एक साथ मान लेते हैं जिसके कारण उनके मत में गंभीर असंगति उत्पन्न हो जाती है। इस प्रकार नैयायिकों की उपर्युक्त दार्शनिक कठिनाई से यह स्पष्ट है कि वे तर्कसंगत रूप से नित्य तथा अपरिवर्तनशील ईश्वर को विश्व का रचयिता सिद्ध नहीं कर पाते।

विश्व-रचयिता के रूप में ईश्वर के विरुद्ध गुणरत्न और अन्य जैन दार्शनिकों ने यह आपत्ति भी उठाई है कि शरीर-रहित होने के कारण ईश्वर विश्व की रचना नहीं कर सकता। नैयायिक तथा अन्य ईश्वरवादी दार्शनिक ईश्वर को अभौतिक और अशरीरी सत्ता मानते हैं, किंतु प्रश्न यह है कि ऐसा अशरीरी ईश्वर विश्व-रचना की क्रिया किस प्रकार संपन्न कर सकता है। जैसा कि हम ऊपर देख चुके हैं, नैयायिकों ने स्वयं यह स्वीकार किया है कि ईश्वर अपने संकल्प, ज्ञान तथा प्रयत्न द्वारा विश्व की रचना करता है। यहाँ उनसे यह प्रश्न किया जा सकता है कि अशरीरी ईश्वर में संकल्प, ज्ञान, प्रयत्न आदि गुण किस प्रकार पाए जाते हैं। हम अपने अनुभव द्वारा यही जानते हैं कि ऐसे गुणों की उपस्थिति के लिए शरीर का होना अनिवार्य है, अतः हम किसी शरीर-रहित सत्ता में इन गुणों के होने की कल्पना भी नहीं कर सकते। ईश्वर को विश्व-रचयिता सिद्ध करने के लिए नैयायिकों ने कुंभकार, जुलाहा, शिल्पी आदि के जो उदाहरण दिए हैं वे सभी शरीरवान मनुष्यों के हैं। इन उदाहरणों से भी यही सिद्ध होता है कि रचना की क्रिया के लिए शरीर का होना अनिवार्य है, किंतु नैयायिक ईश्वर को अशरीरी सत्ता मानते हुए भी उसे विश्व का रचयिता मानते हैं। उनकी इस मान्यता में विद्यमान तार्किक असंगति अथवा स्वतोव्याघात को स्पष्टतः देखा जा सकता है। यदि ईश्वर वास्तव में शरीर-रहित सत्ता है तो वह विश्व-रचयिता नहीं हो सकता और यदि वह विश्व का रचयिता है तो उसे अनिवार्यतः शरीर-युक्त सत्ता मानना पड़ेगा। परंतु नैयायिक तथा अन्य ईश्वरवादी दार्शनिक इस तर्कसंगत तथ्य की उपेक्षा करते हुए ईश्वर को शरीर-रहित और विश्व-रचयिता दोनों ही एक साथ मान लेते हैं, जिसके फलस्वरूप उनके ईश्वर विषयक सिद्धांत में गंभीर असंगति उत्पन्न हो जाती है।[8]

उपर्युक्त आपत्ति के उत्तर में नैयायिक यह कह सकते हैं कि विश्व-रचना के लिए ईश्वर के शरीर की आवश्यकता नहीं है, क्योंकि इसके लिए उसकी सर्वज्ञता एवं सर्वशक्तिमता ही पर्याप्त है। इसका अर्थ यह है कि ईश्वर शरीर के बिना ही अपने ज्ञान तथा अपनी शक्ति द्वारा विश्व की रचना कर सकता है। नैयायिकों के इस तर्क का खंडन करते हुए जैन दार्शनिकों ने कहा है कि यदि इसे स्वीकार कर लिया जाए तो हम यह कह सकते हैं कि कुंभकार या शिल्पी भी अपने शरीर का प्रयोग किए बिना ही घट अथवा भवन का निर्माण कर सकता है। जिस प्रकार विश्व-रचना के लिए नैयायिक ईश्वर की अमूर्त उपस्थिति को ही पर्याप्त मानते हैं उसी प्रकार घड़े या भवन के निर्माण के लिए कुंभकार अथवा शिल्पी की अमूर्त उपस्थिति को भी पर्याप्त माना जा सकता है। परंतु हम अपने अनुभव द्वारा निश्चित रूप से यह जानते हैं कि किसी मनुष्य की अमूर्त उपस्थिति के परिणामस्वरूप कोई रचना संभव नहीं है। वस्तुतः रचना संबंधी क्रिया के लिए रचयिता का प्रयास अनिवार्य है और यह प्रयास तभी संभव है जब रचयिता शरीरवान हो।

जैन दार्शनिकों का मत है कि जब कोई रचयिता किसी वस्तु की रचना करता है तो उसकी इस क्रिया के लिए निम्नलिखित तत्त्वों का होना आवश्यक है : (1) सामग्री

8. देखिए, गुणरत्न, 'तर्क-रहस्य-दीपिका', पृ. 120-122.

तथा उपकरणों का ज्ञान, (2) इनकी सहायता से उस वस्तु की रचना करने के लिए रचयिता की इच्छा, (3) इस इच्छा को कार्यान्वित करने का संकल्प, (4) रचयिता का शारीरिक या मानसिक प्रयास और (5) इस वस्तु की रचना के लिए आवश्यक साधनों का रचयिता द्वारा समुचित प्रयोग। रचना संबंधी क्रिया के लिए आवश्यक इन सभी तत्त्वों से यह स्पष्ट है कि केवल शरीरवान रचयिता ही इस क्रिया को संपन्न कर सकता है। शरीर के अभाव में रचना की बात करना निरर्थक और निराधार कल्पना मात्र है।

स्वयं नैयायिकों ने अपने अनेक दार्शनिक सिद्धांतों के प्रसंग में उपर्युक्त तथ्य को स्पष्टतः स्वीकार किया है। उदाहरणार्थ, वे यह मानते हैं कि मुक्तावस्था में आत्मा शरीर-रहित होने के कारण पूर्णतः निष्क्रिय रहती है। उनके इस मत को ध्यान में रखते हुए हम तर्कसंगत रूप से यह कह सकते हैं कि अशरीरी होने के कारण ईश्वर भी किसी प्रकार की क्रिया करने में असमर्थ है, अतः वह विश्व की रचना नहीं कर सकता। इसी प्रकार, नैयायिक यह भी मानते हैं कि ज्ञान-प्राप्ति के लिए ज्ञानेंद्रियों–अर्थात्, शरीर–का होना अनिवार्य है। शरीर से मुक्त हो जाने के कारण ही आत्मा मुक्तावस्था में ज्ञान-शून्य हो जाती है। परंतु नैयायिक स्वयं अपने इस सिद्धांत का उल्लंघन करते हुए अशरीरी ईश्वर को सर्वज्ञ अथवा संपूर्ण ज्ञान से संपन्न मानते हैं। यहाँ उनके मोक्ष तथा ईश्वर विषयक सिद्धांतों में तार्किक असंगति स्पष्टतः परिलक्षित होती है। यदि मुक्तावस्था में आत्मा शरीर-रहित होने के कारण निष्क्रिय तथा ज्ञान-शून्य हो जाती है तो इसी तर्क के आधार पर अशरीरी ईश्वर को भी निष्क्रिय और ज्ञान-शून्य मानना अनिवार्य है, किंतु नैयायिक स्वयं अपने ही इस दार्शनिक सिद्धांत के विरुद्ध ईश्वर को क्रियाशील एवं सर्वज्ञ मान लेते हैं जिससे उनके विचारों में गंभीर स्वतोव्याघात उत्पन्न हो जाता है।

विश्व-रचयिता के रूप में ईश्वर की सत्ता के विरुद्ध उपर्युक्त तर्कों के अतिरिक्त जैन दार्शनिकों ने यह तर्क भी प्रस्तुत किया है कि यदि विश्व को 'कार्य' मान लिया जाए तो भी इससे यह सिद्ध नहीं होता कि इसकी रचना केवल एक ही ईश्वर ने की है। यह संभव है कि इस विश्व के रचयिता अनेक ईश्वर या देवता हों। हम अपने सामान्य अनुभव द्वारा यह जानते हैं कि बहुत-से शिल्पी मिलकर एक भवन का निर्माण करते हैं। यही बात मानव-निर्मित अन्य अनेक वस्तुओं के विषय में भी कही जा सकती है। यही नहीं, कुछ अन्य प्राणी भी परस्पर सहयोग द्वारा अपने जीवन के लिए आवश्यक वस्तुओं का निर्माण करते हैं। उदाहरणार्थ, पक्षी एक-दूसरे की सहायता से अपने बच्चों के लिए घोंसला बनाते हैं। इसी प्रकार, बहुत-सी मधुमक्खियाँ पारस्परिक सहयोग द्वारा स्वयं अपने भोजन के लिए मधु अथवा शहद का निर्माण करती हैं। इन सब उदाहरणों से यह स्पष्ट है कि किसी वस्तु की रचना के लिए केवल एक ही प्राणी का प्रयास अनिवार्य नहीं है। इसके विपरीत वास्तविक स्थिति यह है कि विश्व की अधिकतर वस्तुओं की रचना मनुष्यों तथा अन्य प्राणियों के पारस्परिक सहयोग के फलस्वरूप ही होती है। जैन दार्शनिकों का मत है कि इस अनुभवसिद्ध तथ्य को ध्यान में रखते हुए हम यह कह सकते हैं कि इस विश्व की रचना भी एक ही ईश्वर द्वारा

नहीं, अपितु अनेक ईश्वरों अथवा देवताओं द्वारा की गई है। वस्तुतः यह मत नैयायिकों की इस मान्यता की अपेक्षा अधिक तर्कसंगत प्रतीत होता है कि इस विश्व का रचयिता केवल एक ही ईश्वर है। इस प्रकार जैन दार्शनिकों ने अपने उपर्युक्त तर्क द्वारा यह सिद्ध किया है कि विश्व को 'कार्य' मान लेने पर भी उसके रचयिता के रूप में केवल एक ही ईश्वर का अस्तित्व प्रमाणित नहीं होता।

विश्व-रचयिता के रूप में ईश्वर के अस्तित्व के विरुद्ध जैन दार्शनिकों ने यह आपत्ति भी उठाई है कि विश्व की रचना करने के लिए ईश्वर की किसी अभिप्रेरणा को तर्कसंगत रूप से स्वीकार नहीं किया जा सकता। इस संबंध में हमारे समक्ष मूल प्रश्न यह है कि यदि ईश्वर विश्व का रचयिता है तो उसने इसकी रचना क्यों की है। इस प्रश्न के उत्तर में विभिन्न प्रकार के विकल्प प्रस्तुत करते हुए जैन दार्शनिकों ने उन सबका तर्कतः खंडन किया है। कोई भी बुद्धिमान व्यक्ति किसी प्रयोजन के बिना कार्य नहीं करता, अतः उसके प्रत्येक ऐच्छिक कर्म के मूल में कोई अभिप्रेरणा अवश्य होती है जो उसके अभीष्ट प्रयोजन की पूर्ति में सहायता करती है। ईश्वरवादी दार्शनिक ईश्वर को केवल बुद्धिमान ही नहीं, अपितु सर्वज्ञ भी मानते हैं। ऐसी स्थिति में उनसे यह प्रश्न किया जा सकता है कि ईश्वर ने इस विश्व की रचना किस प्रयोजन या अभिप्रेरणा से प्रेरित होकर की है। यदि इस प्रश्न के उत्तर में ईश्वरवादी यह कहते हैं कि ईश्वर ने बिना किसी विशेष प्रयोजन के केवल मनमाने ढंग से विश्व का निर्माण किया है तो उस व्यवस्था की कोई तर्कसंगत व्याख्या करना असंभव हो जाता है जो इस विश्व में पाई जाती है। स्पष्ट है कि यह प्रथम विकल्प उपर्युक्त प्रश्न का संतोषप्रद उत्तर नहीं हो सकता।

इस प्रश्न के उत्तर में ईश्वरवादी दार्शनिक दूसरा विकल्प यह प्रस्तुत कर सकते हैं कि अदृष्ट के अनुसार जीवों को उनके शुभ-अशुभ कर्मों का समुचित फल प्रदान करने के लिए ईश्वर ने इस विश्व की रचना की है। इस विकल्प के विरुद्ध जैन दार्शनिकों का कथन है कि यदि इसे स्वीकार कर लिया जाए तो विश्व-रचना के लिए ईश्वर को अदृष्ट पर निर्भर मानना अनिवार्य हो जाता है जिसके कारण वह असीम तथा सर्वशक्तिमान नहीं रह जाता। जो ईश्वर अपनी रचना-क्रिया के लिए किसी बाह्य तत्त्व पर निर्भर है उसे सर्वशक्तिमान और असीम नहीं माना जा सकता। इसके अतिरिक्त उक्त विकल्प के विरुद्ध जैन दार्शनिक यह भी कह सकते हैं कि विश्व की रचना से पूर्व कर्म करनेवाले जीवों का अस्तित्व था ही नहीं, अतः उन्हें उनके कर्मानुसार समुचित फल प्रदान करने का प्रश्न ही नहीं उठता।

उपर्युक्त प्रश्न के उत्तर में कुछ ईश्वरवादियों ने यह कहा है कि जीवों के प्रति करुणा अथवा दया से प्रेरित होकर ईश्वर ने इस विश्व की रचना की है। परंतु जैन दार्शनिकों ने ईश्वरवादियों के इस तीसरे विकल्प का भी अनेक तर्कों द्वारा खंडन किया है। सर्वप्रथम उन्होंने इसके विरुद्ध यह प्रश्न उठाया है कि यदि विश्व-रचना का प्रयोजन जीवों के प्रति ईश्वर की करुणा है तो इसमें इतना अधिक दुःख क्यों विद्यमान है। दूसरे शब्दों में, करुणामय ईश्वर ने इस विश्व में जीवों के लिए इतना अधिक दुःख क्यों उत्पन्न किया है? यहाँ यह उल्लेखनीय है कि पाश्चात्य धर्मदर्शन में जिसे 'अशुभ

की समस्या' कहा जाता है और जो शताब्दियों से ईश्वरवाद के लिए एक गंभीर चुनौती मानी जाती रही है वह मुख्यतः इसी प्रश्न पर आधारित है। इस प्रश्न के उत्तर में कुछ ईश्वरवादियों ने यह कहा है कि जीवों को अपने शुभ-अशुभ कर्मों के कारण ही दुःख भोगना पड़ता है, अतः इस दुःख का उत्तरदायित्व ईश्वर पर न होकर स्वयं जीवों पर ही है। नैयायिकों तथा अन्य ईश्वरवादी दार्शनिकों के इस तर्क के विरुद्ध जैन दार्शनिकों ने यह प्रश्न उठाया है कि यदि जीव अपने कर्मों के कारण दुःख भोगते हैं और ईश्वर उनके इस दुःख की निवृत्ति के लिए कुछ नहीं करता तो उसे दयालु अथवा करुणामय कैसे माना जा सकता है। यदि इस संसार में सर्वत्र कर्म के नियम का ही शासन है तो फिर ईश्वर की क्या आवश्यकता है?

उपर्युक्त प्रश्न के अतिरिक्त जैन दार्शनिकों ने ईश्वरवादियों से यह प्रश्न भी किया है कि यदि ईश्वर ने जीवों के प्रति करुणा से प्रेरित होकर इस विश्व की रचना की है तो वह इसका संहार क्यों करता है। इस प्रश्न के उत्तर में कुछ ईश्वरवादियों का कथन है कि ईश्वर जीवों को उनके दुःख से मुक्ति देने के लिए इस विश्व का संहार करता है, अतः संहार की इस क्रिया के मूल में भी ईश्वर की करुणा ही है। परंतु ईश्वरवादियों के इस तर्क का खंडन करते हुए जैन दार्शनिकों ने यह कहा है कि पहले जीवों के लिए दुःख उत्पन्न करना और फिर उन्हें उस दुःख से मुक्त करने के लिए विश्व का संहार करना कोई बुद्धिमत्ता का कार्य नहीं है। यदि करुणामय ईश्वर जीवों के लिए दुःख को उत्पन्न ही न होने देता तो यह कहीं अधिक अच्छा होता।[9]

अंत में जैन दार्शनिकों ने ईश्वर की करुणा के विरुद्ध यह तर्क भी प्रस्तुत किया है कि विश्व की रचना से पूर्व इस करुणा का कोई आधार ही नहीं था, क्योंकि उस समय तो दुःखी जीव थे ही नहीं जिन पर ईश्वर दया कर सकता। करुणा अथवा दया केवल दुःखी जीवों के प्रति ही संभव है। जब विश्व-रचना से पूर्व जीवों का अस्तित्व ही नहीं था तो उनके प्रति ईश्वर में करुणा उत्पन्न होने का प्रश्न ही नहीं उठता। इस प्रकार इन सभी प्रबल तर्कों द्वारा जैन दार्शनिकों ने यह सिद्ध किया है कि ईश्वर की करुणा अथवा दया विश्व-रचना की अभिप्रेरणा नहीं हो सकती।

कुछ ईश्वरवादियों का मत है कि ईश्वर ने इस विश्व की रचना किसी विशेष अभिप्रेरणा अथवा प्रयोजन से प्रेरित होकर नहीं, अपितु अपनी क्रीड़ा के लिए ही की है। इस मत के विरुद्ध जैन दार्शनिकों का कथन है कि यदि इसे स्वीकार कर लिया जाए तो ईश्वर को एक ऐसा अबोध शिशु मानना पड़ेगा जो बिना किसी प्रयोजन के खेलता रहता है और जिसके कर्मों का कोई उद्देश्य नहीं होता। ऐसी स्थिति में यह संपूर्ण विश्व भी निष्प्रयोजन हो जाता है जिसे किसी बुद्धिमान प्राणी की रचना नहीं माना जा सकता। परंतु अधिकतर ईश्वरवादी दार्शनिक विश्व को ईश्वर की व्यवस्थित एवं प्रयोजनपूर्ण कृति मानते हैं। इसके अतिरिक्त उपर्युक्त मत को स्वीकार कर लेने पर ईश्वर की पूर्णता का भी खंडन होता है। सामान्यतः मनुष्य अपनी ऊब या थकान से मुक्त होने के लिए ही क्रीड़ा की क्रिया करता है। परंतु सभी दृष्टियों से पूर्ण होने

9. देखिए, प्रभाचंद्र, 'प्रमेय-कमल-मार्तंड', पृ. 281.

के कारण ईश्वर में यह ऊब अथवा थकान उत्पन्न नहीं हो सकती, अतः उसके लिए क्रीड़ा की कोई आवश्यकता ही नहीं रह जाती। यदि ईश्वर को भी क्रीड़ा की आवश्यकता होती है तो एक साधारण मनुष्य की भाँति उसे भी अपूर्ण ही मानना पड़ेगा। इस प्रकार जैन दार्शनिकों ने इन तर्कों द्वारा यह प्रमाणित किया है कि ईश्वर केवल अपनी क्रीड़ा के लिए इस विश्व की रचना नहीं कर सकता।

विश्व-रचना के लिए किसी विशेष ईश्वरीय अभिप्रेरणा अथवा प्रयोजन की कोई तर्कसंगत व्याख्या न कर पाने के कारण कुछ ईश्वरवादी दार्शनिक यह कहते हैं कि ईश्वर केवल अपने स्वभाव से प्रेरित होकर इस विश्व की रचना करता है। दूसरे शब्दों में, वह विश्व की रचना इसलिए करता है कि रचना करना उसका अनिवार्य स्वभाव है। ईश्वरवादियों के इस मत के विरुद्ध भी जैन दार्शनिकों ने अनेक तर्क प्रस्तुत किए हैं। सर्वप्रथम उनका कथन है कि यदि यह मत सत्य है तो ईश्वर की रचना-क्रिया को यांत्रिक ही मानना पड़ेगा, सोच-समझकर की गई बौद्धिक क्रिया नहीं। इसका तात्पर्य यह है कि ईश्वर अपने अपरिहार्य स्वभाव द्वारा विश्व की रचना करने के लिए बाध्य है, क्योंकि वह इसके अतिरिक्त और कुछ कर ही नहीं सकता। फिर यदि यह विश्व ईश्वर की यांत्रिक रचना-क्रिया का अनिवार्य परिणाम है तो इसकी रचना के लिए ईश्वर की कोई आवश्यकता नहीं रह जाती। हम यह भी कह सकते हैं विश्व की सभी वस्तुएँ अपने स्वभाव के कारण ही उत्पन्न होती हैं और नष्ट हो जाती हैं।

ईश्वरवादियों के उपर्युक्त मत के विरुद्ध जैन दार्शनिकों की दूसरी आपत्ति यह है कि यदि रचना करना ही ईश्वर का स्वभाव है तो वह इस विश्व का संहार कैसे कर सकता है। ये दोनों परस्पर विरोधी क्रियाएँ एक ही ईश्वर के स्वभाव का परिणाम कैसे हो सकती हैं? यदि ईश्वर का स्वभाव रचना करना है तो वह इस विश्व का संहार नहीं कर सकता। परंतु ईश्वरवादी दार्शनिक ईश्वर को विश्व का रचयिता मानने के साथ-साथ उसका संहारक भी मानते हैं जिससे उनके विचारों में तार्किक असंगति उत्पन्न हो जाती है।

अंत में ईश्वरवादियों के उपर्युक्त मत के विरुद्ध जैन दार्शनिकों ने यह आपत्ति भी की है कि पहले से विद्यमान जिन शाश्वत अथवा नित्य द्रव्यों द्वारा ईश्वर इस विश्व की रचना करता है वे उसके स्वभाव का परिणाम नहीं हो सकते, क्योंकि वे ईश्वर द्वारा रचित और उस पर निर्भर नहीं हैं। ऐसी स्थिति में नित्य द्रव्यों से यह आशा कैसे की जा सकती है कि वे ईश्वर के स्वभाव के अनुरूप ही कार्य करेंगे? यह आपत्ति विशेषतः नैयायिकों के मत के विरुद्ध उठाई जा सकती है, क्योंकि वे परमाणु, दिक्, काल, आकाश आदि उन द्रव्यों को नित्य और ईश्वर से स्वतंत्र मानते हैं जिनके आधार पर ईश्वर ने इस विश्व की रचना की है। इस प्रकार इन सभी तर्कों द्वारा जैन दार्शनिकों ने ईश्वरवादियों के इस मत का खंडन किया है कि ईश्वर अपने स्वभाव से प्रेरित होकर विश्व की रचना करता है।[10]

विश्व के निमित्त कारण के रूप में ईश्वर के विरुद्ध जैन दार्शनिकों ने ऊपर जो तर्क दिए हैं उनसे यह प्रमाणित होता है कि ईश्वर को विश्व का रचयिता मानने में

10. देखिए, गुणरत्न, 'तर्क-रहस्य-दीपिका', पृ. 122.

अनेक गंभीर तार्किक असंगतियाँ हैं। हम देख चुके हैं कि ईश्वर को विश्व का निमित्त कारण माननेवाले नैयायिक इस प्रश्न का कोई तर्कसंगत एवं संतोषप्रद उत्तर नहीं दे पाते कि विश्व को किस अर्थ में 'कार्य' कहा जा सकता है। वस्तुतः नैयायिकों ने जिन अर्थों में विश्व को 'कार्य' की संज्ञा दी है उन सबका जैन दार्शनिकों ने तर्कतः खंडन किया है।

नैयायिकों के इस मत के विरुद्ध जैन दार्शनिकों के उपर्युक्त तर्कों के अतिरिक्त यह आपत्ति भी उठाई जा सकती है कि विश्व को 'कार्य' मानना भ्रामक है, क्योंकि वह कोई एक वस्तु नहीं है जिसका एक कारण बताया जा सके। वास्तव में विश्व असंख्य वस्तुओं की समष्टि है जिसके भिन्न-भिन्न असंख्य कारण होते हैं। उसे एक ही वस्तु मानकर 'कार्य' की संज्ञा देना 'विश्व' शब्द का भ्रामक अर्थ में प्रयोग करना है। इस आपत्ति को एक उदाहरण द्वारा भली-भाँति स्पष्ट किया जा सकता है। मान लीजिए कि 'क' नामक कोई वस्तु दस इकाइयों की समष्टि है। अब यदि हम इस 'क' की उत्पत्ति के लिए इन सभी दस इकाइयों के अलग-अलग कारण बता देते हैं तो निश्चय ही 'क' की उत्पत्ति की पूर्ण व्याख्या हो जाती है, अतः इस व्याख्या के पश्चात भी यह पूछना भ्रामक और अयुक्तिसंगत है कि 'क' का कारण क्या है। ठीक यही बात विश्व के कारण के विषय में भी कही जा सकती है। वस्तुतः ईश्वर के अस्तित्व के लिए कारणपरक युक्ति प्रस्तुत करनेवाले नैयायिकों तथा अन्य ईश्वरवादी दार्शनिकों की भूल यह है कि वे पहले तो विश्व को एक वस्तु मानकर उसे 'कार्य' की संज्ञा देते हैं और फिर ईश्वर को उसका कारण मान लेते हैं। परंतु उनका यह संपूर्ण प्रयास इस भ्रम पर आधारित है कि विश्व कोई ऐसी एक वस्तु है जिसका एक ही कारण हो सकता है।

इस आधारभूत आपत्ति के अतिरिक्त ईश्वर को विश्व का रचयिता मानने में अन्य अनेक गंभीर तार्किक असंगतियाँ तथा स्वतोव्याघात विद्यमान हैं जिनकी विवेचना हम जैन दार्शनिकों के उपर्युक्त ईश्वर-विरोधी तर्कों के संदर्भ में कर चुके हैं। हम देख चुके हैं कि यदि ईश्वर को विश्व का रचयिता मान लिया जाए तो वह शाश्वत एवं अपरिवर्तनशील नहीं रह जाता, किंतु ईश्वरवादी दार्शनिक उसे विश्व-रचयिता और अपरिवर्तनशील दोनों ही मानते हैं जो पूर्णतः असंगत है। इसी प्रकार, हम यह भी सविस्तार स्पष्ट कर चुके हैं कि ईश्वर का ऐसा कोई युक्तिसंगत प्रयोजन नहीं बताया जा सकता जिससे प्रेरित होकर उसने इस विश्व की रचना की है। परंतु किसी विशेष प्रयोजन या अभिप्रेरणा के अभाव में रचना की ऐच्छिक एवं बौद्धिक क्रिया संभव नहीं है, अतः इस दृष्टि से विचार करने पर भी ईश्वर को तर्कसंगत रूप से विश्व का रचयिता नहीं माना जा सकता। इस प्रकार नैयायिकों तथा कुछ अन्य ईश्वरवादी दार्शनिकों का यह मत मिथ्या सिद्ध हो जाता है कि अनुमान द्वारा विश्व-रचयिता के रूप में ईश्वर की सत्ता को तर्कतः प्रमाणित किया जा सकता है।

विश्व के निमित्त कारण अथवा रचयिता के रूप में ईश्वर के अस्तित्व के विरुद्ध उपर्युक्त तर्क प्रस्तुत करने के अतिरिक्त जैन दार्शनिकों ने उसके स्वरूप एवं गुणों के विषय में भी अनेक गंभीर आपत्तियाँ उठाई हैं। इस संबंध में उनका कथन है कि यदि

ईश्वर की सत्ता को स्वीकार कर लिया जाए और यह भी मान लिया जाए कि वह विश्व का निमित्त कारण या रचयिता है तो भी तर्कसंगत रूप से ईश्वर के उन गुणों का समर्थन करना संभव नहीं है जो ईश्वरवादी दार्शनिक उसमें आरोपित करते हैं। हम देख चुके हैं कि ये दार्शनिक ईश्वर को नित्य अपरिवर्तनशील, पूर्णतः स्वतंत्र, सर्वज्ञ, सर्वशक्तिमान, सर्वव्यापक, करुणामय अथवा अत्यंत दयालु मानते हैं, किंतु जैन दार्शनिकों का मत है कि ईश्वर के इन गुणों को तार्किक दृष्टि से स्वीकार करना असंभव है। सर्वप्रथम ईश्वर को नित्य एवं अपरिवर्तनशील नहीं कहा जा सकता, क्योंकि स्वयं ईश्वरवादी यह मानते हैं कि वह विश्व की रचना और उसका संहार ये दोनों परस्पर विरोधी कार्य करता है। हम पहले ही यह स्पष्ट कर चुके हैं कि जो ईश्वर विश्व का रचयिता और संहारक है उसके स्वरूप में परिवर्तन का होना अनिवार्य है। ऐसी स्थिति में उसे नित्य तथा अपरिवर्तनशील नहीं माना जा सकता। इसके अतिरिक्त ईश्वर का ज्ञान भी शाश्वत अथवा नित्य नहीं हो सकता, क्योंकि सभी प्रकार का ज्ञान अनिवार्यतः कुछ विशेष परिस्थितियों के परिणामस्वरूप उत्पन्न होता है जिसका अर्थ यह है कि वह अनादि नहीं है। वस्तुतः 'शाश्वत ज्ञान' की बात करना असंगत और स्वतोव्याघातपूर्ण होने के कारण निरर्थक है। इस प्रकार जैन दार्शनिकों के मतानुसार ईश्वर तथा उसके ज्ञान को शाश्वत अथवा अपरिवर्तनशील मानना तर्क-विरुद्ध है।

ईश्वर की नित्यता अथवा अपरिवर्तनशीलता के अतिरिक्त जैन दार्शनिकों ने उसकी सर्वव्यापकता का भी खंडन किया है। ईश्वर को सर्वव्यापक मानने का अर्थ यह है कि वह संपूर्ण विश्व में सर्वत्र उपस्थित रहता है। परंतु अशरीरी होने के कारण ईश्वर इस अर्थ में सशरीर सर्वव्यापक नहीं हो सकता। उसे ज्ञान की दृष्टि से भी सर्वव्यापक नहीं माना जा सकता, क्योंकि शरीर-रहित ईश्वर के लिए किसी प्रकार का ज्ञान प्राप्त करना संभव नहीं है। ऐसी स्थिति में ईश्वर को सर्वव्यापक कहना निरर्थक ही प्रतीत होता है।

जैन दार्शनिकों का मत है कि ईश्वर को पूर्णतः स्वतंत्र, सर्वशक्तिमान और अत्यंत दयालु भी नहीं कहा जा सकता। नैयायिक स्वयं यह मानते हैं कि विश्व-रचना के लिए ईश्वर कुछ ऐसे पूर्ववर्ती द्रव्यों पर निर्भर है जो उसके समान ही नित्य हैं और जिनकी उसने रचना नहीं की है। इसी प्रकार, वे यह भी स्वीकार करते हैं कि अदृष्ट के आधार पर ही ईश्वर मनुष्यों को उनके कर्मों का फल प्रदान करता है, किंतु वह स्वयं इस अदृष्ट का रचयिता नहीं है और इसमें वह कोई परिवर्तन भी नहीं कर सकता। इन तथ्यों को ध्यान में रखते हुए यही कहा जा सकता है कि ईश्वर वास्तव में पूर्णतः स्वतंत्र अथवा सर्वशक्तिमान नहीं है। इसके अतिरिक्त ईश्वर को करुणामय या अत्यंत दयालु भी नहीं माना जा सकता, क्योंकि यदि वह दयालु होता तो उसके द्वारा रचित इस विश्व में इतना अधिक दुःख विद्यमान न रहता।[11]

जैन दार्शनिकों ने ईश्वर के उपर्युक्त गुणों की भाँति उसकी सर्वज्ञता के विरुद्ध भी अनेक तर्क प्रस्तुत किए हैं। सर्वप्रथम उनका कथन है कि शरीर-रहित होने के कारण

11. देखिए, माधवाचार्य, 'सर्व-दर्शन-संग्रह', अध्याय 3.

ईश्वर के लिए ज्ञान प्राप्त करना संभव नहीं है, अतः उसे सर्वज्ञ मानना अयुक्तिसंगत है। यह अनुभवसिद्ध तथ्य है कि नेत्र, कान, नासिका आदि ज्ञानेंद्रियों तथा मनस् के अभाव में किसी प्रकार का ज्ञान प्राप्त नहीं किया जा सकता, किंतु अभौतिक तथा अशरीरी ईश्वर में इन सबका अभाव है। इसका अर्थ यह है कि ईश्वर के लिए ज्ञान-प्राप्ति संभव ही नहीं है। ऐसी स्थिति में उसे सर्वज्ञ मानने का प्रश्न ही नहीं उठता। इसके अतिरिक्त ईश्वर की सर्वज्ञता को प्रमाणित करना भी असंभव है, क्योंकि इसके लिए तर्कसंगत रूप से कोई प्रमाण प्रस्तुत नहीं किया जा सकता। उदाहरणार्थ, सर्वप्रथम प्रत्यक्ष द्वारा ईश्वर की सर्वज्ञता को प्रमाणित करना संभव नहीं है। इसका कारण यह है कि प्रत्यक्ष के लिए ज्ञेय वस्तु के साथ ज्ञानेंद्रियों का सन्निकर्ष अनिवार्य है जो भौतिक वस्तुओं के संबंध में ही संभव होता है। परंतु ईश्वर की सर्वज्ञता अतींद्रिय वस्तु है जिसका प्रत्यक्ष संभव नहीं है, अतः प्रत्यक्ष द्वारा उसे प्रमाणित नहीं किया जा सकता। इसी प्रकार, हम अनुमान के आधार पर भी ईश्वर की सर्वज्ञता को सिद्ध नहीं कर सकते, क्योंकि अतींद्रिय होने के कारण वह अनुमान का विषय नहीं हो सकता। अनुमान के लिए हेतु तथा साध्य में व्याप्ति अथवा अनिवार्य साहचर्य का होना आवश्यक है, किंतु ईश्वर की सर्वज्ञता के लिए कोई हेतु नहीं है, अतः अनुमान द्वारा उसे प्रमाणित करना असंभव है।

अंत में शब्द-प्रमाण द्वारा भी ईश्वर को सर्वज्ञ प्रमाणित नहीं किया जा सकता। इस संबंध में मूल प्रश्न यह है कि ईश्वर की सर्वज्ञता के लिए शब्द-प्रमाण का आधार क्या है। यदि स्वयं ईश्वर को इसका आधार माना जाए तो उसकी महानता समाप्त हो जाती है, क्योंकि महान व्यक्ति स्वयं अपने गुणों का प्रचार नहीं करते। इस आपत्ति के उत्तर में यह कहा जा सकता है कि श्रुति अथवा धर्म-ग्रंथों द्वारा ईश्वर की सर्वज्ञता प्रमाणित होती है। परंतु यहाँ प्रश्न यह है कि इन धर्म-ग्रंथों की रचना किसने की है। स्वयं ईश्वर इन ग्रंथों का रचयिता नहीं हो सकता, क्योंकि वह शरीर-रहित है। इसका अर्थ यह है कि इनकी रचना मनुष्यों ने ही की है। परंतु यह निश्चित रूप से माना जाता है कि कोई भी मनुष्य सर्वज्ञ नहीं है, अतः ईश्वर की सर्वज्ञता के विषय में उसके कथन पूर्णतः विश्वसनीय नहीं हो सकते। इसके अतिरिक्त धर्म-ग्रंथों में अनेक परस्पर विरोधी कथन विद्यमान हैं जिनसे यही सिद्ध होता है कि उनके रचयिता सर्वज्ञ नहीं थे। ऐसी स्थिति में ईश्वर की सर्वज्ञता से संबंधित उनके कथनों में विश्वास नहीं किया जा सकता। संक्षेप में इन्हीं सब तर्कों द्वारा जैन दार्शनिकों ने यह सिद्ध किया है कि ईश्वर की सर्वज्ञता को प्रमाणित करना असंभव है, अतः उसे सर्वज्ञ मानने के लिए हमारे पास कोई तर्कसंगत आधार नहीं है। हम देख चुके हैं कि यही बात ईश्वर में आरोपित अन्य सभी गुणों के विषय में भी कही जा सकती है। इस प्रकार जैन दार्शनिकों ने ईश्वर के अस्तित्व की भाँति उसके स्वरूप को भी तर्क-विरुद्ध प्रमाणित किया है।

जैन दार्शनिकों का मत है कि जिस ईश्वर का अस्तित्व अप्रमाणित और स्वरूप तर्क-विरुद्ध है उसे विश्व-रचयिता मानने का कोई तर्कसंगत आधार नहीं हो सकता।

इसके अतिरिक्त केवल ईश्वर को ही संपूर्ण विश्व का रचयिता मानने का अर्थ यह है कि इसमें विद्यमान सभी वस्तुओं की रचना वही करता है, किंतु हमारे प्रत्यक्ष अनुभव द्वारा इस मत का स्पष्टतः खंडन होता है। हम अपने अनुभव द्वारा यह जानते हैं कि घट, वस्त्र, भवन आदि भिन्न-भिन्न वस्तुओं की रचना विभिन्न मनुष्य ही करते हैं, अतः ईश्वर को इनका रचयिता नहीं माना जा सकता। वस्तुतः यदि ईश्वर को ही संपूर्ण विश्व का रचयिता मान लिया जाए तो यह स्वीकार करना पड़ेगा कि समस्त मानव-निर्मित वस्तुओं की रचना भी वही करता है, किंतु हमारे प्रत्यक्ष अनुभव द्वारा यह मत मिथ्या सिद्ध हो जाता है। इस प्रकार जैन दार्शनिकों ने यह प्रमाणित किया है कि ईश्वर को ही संपूर्ण विश्व का रचयिता मानना हमारे प्रत्यक्ष अनुभव और तर्क के विरुद्ध है।

ईश्वर की सत्ता के समर्थन में नैयायिकों द्वारा प्रस्तुत मुख्य कारणपरक युक्ति के विरुद्ध उपर्युक्त प्रबल तर्कों के अतिरिक्त जैन दार्शनिकों ने उसके अस्तित्व को प्रमाणित करने के लिए नैयायिकों द्वारा दी गई नीतिपरक युक्ति का भी खंडन किया है। जैसा कि हम प्रथम अध्याय में बता चुके हैं, नैयायिक विश्व-रचयिता के साथ-साथ कर्माध्यक्ष के रूप में भी ईश्वर की सत्ता को प्रमाणित करने का प्रयास करते हैं। उनके मतानुसार, मनुष्य के शुभ-अशुभ कर्मों के परिणामस्वरूप उसकी आत्मा में जिस अदृष्ट का निर्माण होता है वह जड़ होने के कारण स्वयं मनुष्य को उसके कर्मों का समुचित फल प्रदान नहीं कर सकता, अतः यह फल प्रदान करने के लिए किसी बुद्धिमान शक्ति के मार्गदर्शन की आवश्यकता है और यह शक्ति सर्वज्ञ तथा सर्वशक्तिमान ईश्वर ही है। इस प्रकार नैयायिकों ने ईश्वर को अदृष्ट का नियंता और मार्गदर्शक मानकर कर्माध्यक्ष के रूप में उसके अस्तित्व को सिद्ध करने का प्रयास किया है। इसे 'नीतिपरक युक्ति' की संज्ञा दी जा सकती है, क्योंकि इसका संबंध मनुष्य के कर्मों और उनके फल से ही है।

परंतु जैन दार्शनिक नैयायिकों की उपर्युक्त नीतिपरक युक्ति को भी ईश्वर की सत्ता के लिए विश्वसनीय प्रमाण नहीं मानते। इसके विरुद्ध उनका कथन है कि अदृष्ट के परिणामस्वरूप मनुष्य को उचित समय पर उसके कर्मों का फल स्वतः ही प्राप्त हो जाता है, अतः इसके लिए ईश्वर की कोई आवश्यकता नहीं है। अन्य अनेक नियमों की भाँति कर्म के नियम की प्रक्रिया भी वस्तुतः यांत्रिक प्रक्रिया है जो किसी बाह्य शक्ति के मार्गदर्शन के बिना ही स्वतः संपन्न होती है। ऐसी स्थिति में अदृष्ट के नियंत्रण एवं मार्गदर्शन के लिए ईश्वर के अस्तित्व को स्वीकार करना अनावश्यक और व्यर्थ है। इसके अतिरिक्त नैयायिकों की यह नीतिपरक युक्ति ईश्वर की स्वतंत्रता और सर्वशक्तिमता को भी समाप्त कर देती है। जैसा कि हम पहले ही बता चुके हैं, यदि ईश्वर मनुष्यों को उनके कर्मों का फल प्रदान करने के लिए अदृष्ट पर ही निर्भर है और वह उसमें कोई परिवर्तन भी नहीं कर सकता तो उसे स्वतंत्र तथा सर्वशक्तिमान नहीं माना जा सकता। परंतु नैयायिक ईश्वर को अदृष्ट पर निर्भर मानते हुए भी यह कहते हैं कि वह स्वतंत्र और सर्वशक्तिमान है, अतः इन दोनों परस्पर विरोधी मान्यताओं को एक ही साथ स्वीकार करने के कारण उनके ईश्वर विषयक सिद्धांत में असंगति

उत्पन्न हो जाती है। इस प्रकार जैन दार्शनिकों के मतानुसार, नैयायिकों की नीतिपरक युक्ति भी ईश्वर के अस्तित्व को प्रमाणित नहीं करती।[12]

ईश्वर के अस्तित्व के विरुद्ध जैन दार्शनिकों के उपर्युक्त सभी तर्कों से यह पूर्णतः स्पष्ट है कि उनके दर्शन में उस ईश्वरवाद के लिए कोई स्थान नहीं है जिसे परवर्ती न्याय, वैशेषिक आदि कुछ भारतीय दर्शनों में स्वीकार किया गया है। यही कारण है कि जैन दर्शन को निरीश्वरवादी दर्शन माना जाता है। परंतु यहाँ यह उल्लेखनीय है कि इस दर्शन के समर्थकों ने ईश्वर की सत्ता का खंडन करने के लिए जो तर्क प्रस्तुत किए हैं वे मुख्यतः विश्व-रचयिता के रूप में ईश्वर के विरुद्ध हैं। इन तर्कों का प्रमुख उद्देश्य परवर्ती नैयायिकों के इस मत को मिथ्या सिद्ध करना है कि विश्व को 'कार्य' मानकर उसके निमित्त कारण के रूप में अनुमान द्वारा ईश्वर के अस्तित्व को प्रमाणित किया जा सकता है। हम ऊपर देख चुके हैं कि अपने इस उद्देश्य में जैन दार्शनिकों को पर्याप्त सफलता प्राप्त हुई है। वस्तुतः ये दार्शनिक भी अन्य अनेक भारतीय दार्शनिकों की भाँति सृष्टि को अनादि मानते हैं, अतः इनका निश्चित मत है कि इसका कोई रचयिता नहीं है। यदि इसके किसी रचयिता को स्वीकार किया जाए तो ऐसी अनेक गंभीर तार्किक समस्याएँ उत्पन्न हो जाती हैं जिनका युक्तिसंगत एवं संतोषप्रद समाधान असंभव है। जैन दार्शनिकों ने विश्व-रचयिता के रूप में ईश्वर के विरुद्ध ऊपर जो तर्क प्रस्तुत किए हैं वे सभी इसी तथ्य को प्रमाणित करते हैं। इन तर्कों से यह स्पष्ट है कि तार्किक दृष्टि से ईश्वर को विश्व का रचयिता सिद्ध नहीं किया जा सकता।

ईश्वरवाद की इस समस्या के अतिरिक्त जैन दार्शनिकों ने अपने तर्कों द्वारा यह भी प्रमाणित किया है कि ईश्वर की अवधारणा असंगत और स्वतोव्याघातपूर्ण है। ईश्वरवादी दार्शनिक ईश्वर के स्वरूप को स्पष्ट करने के लिए उसमें सर्वज्ञता, सर्वशक्तिमता, सर्वव्यापकता, नित्यता, अपरिवर्तनशीलता, दयालुता आदि जिन गुणों को आरोपित करते हैं उनके फलस्वरूप ईश्वर की अवधारणा में इतनी अधिक गंभीर असंगतियाँ उत्पन्न हो जाती हैं कि यह अवधारणा हमारे लिए अबोधगम्य तथा निरर्थक हो जाती है। जैन दार्शनिकों ने ईश्वर के स्वरूप के विरुद्ध ऊपर जो तर्क दिए हैं उनसे इसी तथ्य की पुष्टि होती है। ईश्वर में आरोपित लगभग सभी प्रमुख गुण उसके स्वरूप के संबंध में ऐसी दार्शनिक समस्याएँ उत्पन्न करते हैं जिनका कोई तर्कसंगत समाधान संभव प्रतीत नहीं होता। हम इस पुस्तक के तीसरे भाग में देखेंगे कि अनेक पाश्चात्य दार्शनिकों ने भी ईश्वर में आरोपित उपर्युक्त गुणों को ध्यान में रखते हुए उसके स्वरूप के विरुद्ध ऐसे ही तर्क प्रस्तुत किए हैं। इस दृष्टि से ईश्वर के स्वरूप के संबंध में इन पाश्चात्य दार्शनिकों तथा जैन दार्शनिकों के विचारों में पर्याप्त समानता है। ये सभी दार्शनिक ईश्वर के स्वरूप को असंगत और स्वतोव्याघात से परिपूर्ण मानते हैं। इस प्रकार निष्कर्ष के रूप में हम यह कह सकते हैं कि जैन दार्शनिकों ने अपने प्रबल

12. ईश्वर की सत्ता के विरुद्ध जैन दार्शनिकों के उपर्युक्त सभी तर्कों के लिए देखिए, मल्लीसेन सूरी, 'स्याद्वाद मंजरी', ईश्वर विषयक अध्याय, पृ. 29-36.

तर्कों के आधार पर ईश्वर के अस्तित्व और स्वरूप को तर्क-विरुद्ध प्रमाणित किया है, अतः उन्हें निश्चित रूप से निरीश्वरवादी दार्शनिक माना जा सकता है।

जैन दर्शन तथा धर्म में ईश्वर का स्थान न होने के कारण मनुष्य के कैवल्य अथवा मोक्ष की प्राप्ति के लिए उसके अपने प्रयास को विशेष महत्त्व दिया गया है। ईश्वरवादी दार्शनिकों के विपरीत जैन दार्शनिक यह मानते हैं कि मनुष्य ईश्वर के अनुग्रह द्वारा नहीं, अपितु स्वयं अपने पवित्र नैतिक आचरण द्वारा कैवल्य प्राप्त कर सकता है। इसी कारण जैन दर्शन की आचारमीमांसा में मोक्ष-प्राप्ति के लिए ईश्वरोपासना को कोई स्थान नहीं दिया गया। इस दर्शन के समर्थकों का निश्चित मत है कि सांसारिक बंधन के मूल कारण–समस्त कर्मों–को नैतिक उपायों द्वारा नष्ट करके मनुष्य स्वयं ही अपनी मुक्ति के लिए मार्ग प्रशस्त कर सकता है, अतः इसके लिए उसे ईश्वर या किसी अन्य दैवी शक्ति पर निर्भर रहने की कोई आवश्यकता नहीं है। यदि वह अपने चरित्र तथा आचरण को सभी दृष्टियों से पूर्णतः पवित्र रखे तो वह कर्मों के बंधन से मुक्त होकर कैवल्य प्राप्त कर सकता है।

मनुष्य के चरित्र एवं आचरण की इस पवित्रता के लिए जैन दार्शनिकों ने अनेक नैतिक उपाय बताए हैं जिनमें त्रिरत्नों तथा पंच महाव्रतों का विशेष महत्त्व है। सम्यक् दर्शन, सम्यक् ज्ञान एवं सम्यक् चरित्र को 'त्रिरत्न' अथवा 'रत्नत्रय' कहा जाता है जिनका अर्थ क्रमशः तीर्थंकरों तथा उनके द्वारा बताए गए सिद्धांतों में पूर्ण श्रद्धा रखना, इन सिद्धांतों का अध्ययन-मनन करके इनका समुचित ज्ञान प्राप्त करना और अपने व्यावहारिक जीवन में सदैव इन्हीं के अनुसार आचरण करना है। इन त्रिरत्नों के अतिरिक्त अहिंसा, सत्य, अस्तेय, ब्रह्मचर्य तथा अपरिग्रह इन पाँच महाव्रतों का पालन करना भी कैवल्य-प्राप्ति के इच्छुक मनुष्य के लिए आवश्यक है। मन, वचन एवं कर्म से किसी प्राणी को कोई कष्ट न पहुँचाना तथा सभी प्राणियों की यथासंभव सहायता करना अहिंसा; जान-बूझकर किसी तथ्य को न छिपाना अथवा किसी प्रकार का कपट न करना सत्य; किसी प्रकार की चोरी तथा उसका विचार भी न करना अस्तेय; प्रत्यक्ष या परोक्ष रूप से किसी प्रकार की वासना में लिप्त न होना ब्रह्मचर्य और सांसारिक भोगों में आसक्ति न रखते हुए अपने लिए भौतिक वस्तुओं का संचय न करना अपरिग्रह है।

जैन दार्शनिकों का मत है कि उपर्युक्त रत्नत्रय तथा पंच महाव्रतों का निष्ठापूर्वक पालन करने के परिणामस्वरूप मनुष्य के समस्त कर्मों का क्षय हो जाता है और फलतः वह कैवल्य प्राप्त कर लेता है। इसके लिए उसे किसी दैवी शक्ति के अनुग्रह की कोई आवश्यकता नहीं है। मनुष्य को स्वयं ही अपने आचरण की पवित्रता द्वारा मोक्ष-प्राप्ति के लिए अपना मार्ग प्रशस्त करना चाहिए। इस प्रकार यह स्पष्ट है कि निरीश्वरवादी होने के कारण जैन दार्शनिक ईश्वर के स्थान पर स्वयं मनुष्य को ही अपने भाग्य का निर्माता मानते हैं। वस्तुतः मानव-जीवन के संबंध में स्वावलंबन का यह दृष्टिकोण केवल जैन दर्शन की ही नहीं, अपितु प्रत्येक निरीश्वरवादी दर्शन की मूल विशेषता है जो उसे ईश्वरवादी दर्शन से पृथक् करती है और उसकी अपेक्षा मनुष्य के लिए उसे अधिक उपादेय एवं श्रेयस्कर बनाती है।

2. बौद्ध दर्शन में निरीश्वरवाद

जैन दर्शन की भाँति बौद्ध दर्शन भी बहुत प्राचीन भारतीय दर्शन है जिसका उदय लगभग छब्बीस सौ वर्ष पूर्व हुआ था। इस दर्शन के आदिप्रवर्तक विश्व-विख्यात महात्मा गौतम बुद्ध (567-480 ईसा पूर्व) माने जाते हैं जो वर्धमान महावीर के समकालीन विचारक थे और जिन्होंने बौद्ध धर्म की स्थापना की थी। इस बौद्ध दर्शन तथा धर्म का भारतीय दर्शन के इतिहास में ही नहीं, प्रत्युत संपूर्ण विश्व-दर्शन के इतिहास में भी बहुत महत्त्वपूर्ण स्थान है, क्योंकि इसने प्राचीन काल से अब तक करोड़ों व्यक्तियों के जीवन को प्रभावित किया है और आज भी कर रहा है। मनुष्य के समस्त दुःखों का निराकरण इस दर्शन का प्रमुख उद्देश्य है जिसे ध्यान में रखते हुए गौतम बुद्ध ने इसका सर्वप्रथम उपदेश दिया था। वे यह मानते थे कि दुःख से मुक्ति मनुष्य के जीवन का चरम लक्ष्य है जिसकी प्राप्ति के लिए उसे स्वयं ही प्रयास करना होगा। इसी कारण उन्होंने अपने दर्शन में सर्वप्रथम उन चार 'आर्य सत्यों' का प्रतिपादन किय. था जिनका उद्देश्य मानव को दुःख से मुक्ति प्राप्त करने का मार्ग बताना ही है। ये सुविख्यात चार 'आर्य सत्य' निम्नलिखित हैं : (1) विश्व में सर्वत्र दुःख है; (2) इस दुःख के कुछ विशेष कारण हैं; (3) दुःख का निरोध या निराकरण संभव है; (4) दुःख-निरोध का मार्ग अथवा उपाय है जिसे 'अष्टांगिक मार्ग' कहा जाता है।

वस्तुतः बौद्ध दर्शन एवं धर्म में उपर्युक्त चार आर्य सत्यों का विशेष महत्त्व है, क्योंकि उसकी संपूर्ण आचारमीमांसा मुख्यतः इन्हीं सत्यों पर आधारित है। इन आर्य सत्यों के कारण बौद्ध दर्शन को मानव-जीवन का व्यावहारिक दर्शन माना जाता है जिसका प्रतिपादन बुद्ध न मनुष्य की दुःख-निवृत्ति के लिए ही किया था। वे निश्चित रूप से यह मानते थे कि विश्व में सर्वत्र व्याप्त दुःख ही मानव-जीवन की मूल समस्या है जिसके समाधान के लिए मनुष्य को स्वयं प्रयास करना होगा, क्योंकि ईश्वर या कोई अन्य दैवी शक्ति उसे इस दुःख से मुक्त नहीं कर सकती।

अन्य अनेक प्राचीन महान विचारकों की भाँति गौतम बुद्ध भी अपने धर्म का प्रचार करने के लिए मौखिक उपदेश ही दिया करते थे। उनके धर्मोपदेशों की एक प्रमुख विशेषता यह थी कि इनमें दार्शनिक एवं सैद्धांतिक समस्याओं को कोई महत्त्व नहीं दिया जाता था। बुद्ध का दृढ़ विश्वास था कि दुःख से मनुष्य की मुक्ति ईश्वर, आत्मा, जगत् आदि से संबंधित दार्शनिक समस्याओं में उलझने अथवा इनके विषय में वाद-विवाद करने से नहीं, अपितु आचरण की पवित्रता तथा दुःख-निरोध के प्रयास द्वारा ही संभव है, अतः उन्होंने सभी दार्शनिक प्रश्नों को 'अव्याकृत' कहकर अपने शिष्यों और अन्य व्यक्तियों को इन प्रश्नों में न उलझने का उपदेश दिया था। क्या ईश्वर का अस्तित्व है अथवा क्या उसकी अवधारणा केवल एक काल्पनिक विचार मात्र है? क्या आत्मा अजर-अमर है अथवा क्या वह मृत्यु के पश्चात शरीर के साथ ही नष्ट हो जाती है? क्या इस जगत् का कोई रचयिता है अथवा क्या यह अनादि है? क्या प्राणी का पुनर्जन्म होता है अथवा क्या इस शरीर के नष्ट हो जाने के साथ ही वह सदा के लिए समाप्त हो जाता है?

बुद्ध के मतानुसार, ऐसे दार्शनिक प्रश्नों के विषय में वाद-विवाद के परिणामस्वरूप मनुष्य के दुःख का निराकरण नहीं होता। ऐसी स्थिति में इन प्रश्नों को उठाना और इनके संबंध में परस्पर संघर्ष करना पूर्णतः व्यर्थ है। इसी कारण गौतम बुद्ध ऐसे सैद्धांतिक प्रश्नों को 'अव्याकृत' मानते थे और इनका उत्तर देना अनावश्यक समझते थे। जब उनका कोई शिष्य उनसे ऐसे प्रश्न पूछता था तो वे इनका उत्तर न देकर प्रायः मौन ही रहते थे। इन दार्शनिक प्रश्नों के विषय में गौतम बुद्ध के इसी दृष्टिकोण के कारण कुछ विद्वानों ने उन्हें 'अज्ञेयवादी' कहा है। परंतु वास्तव में यह कहना बहुत कठिन है कि वे अज्ञेयवाद में विश्वास करते थे। ऐसा प्रतीत होता है कि वे दार्शनिक अथवा सैद्धांतिक प्रश्नों में उलझना व्यर्थ समझते थे, क्योंकि इससे मनुष्य के दुःख-निरोध में कोई सहायता नहीं मिलती जो उनके धर्म तथा दर्शन का मूल उद्देश्य था। इस तथ्य को ध्यान में रखते हुए उन्हें वास्तविक अर्थ में 'अज्ञेयवादी' नहीं कहा जा सकता, क्योंकि वे दार्शनिक प्रश्नों पर विचार ही नहीं करना चाहते थे।

दुःख-निरोध की दृष्टि से ईश्वर, आत्मा, जगत् आदि से संबंधित दार्शनिक प्रश्नों के विषय में वाद-विवाद की निरर्थकता को गौतम बुद्ध ने एक रोचक उदाहरण द्वारा भली-भाँति स्पष्ट किया है। मालूक्य-पुत्र को इस तत्त्वमीमांसीय प्रश्नों के विवाद में उलझने की व्यर्थता समझाते हुए वे कहते हैं : "मान लीजिए कोई मनुष्य किसी व्यक्ति के विषाक्त तीर से घायल हो गया है। उसके मित्र उसे शीघ्र ही चिकित्सक के पास ले जाते हैं। वह चिकित्सक उस मनुष्य के घाव से तीर निकालने लगता है। परंतु वह घायल मनुष्य चिल्लाते हुए तुरंत यह कहता है, 'ठहरो, मैं इस तीर को तब तक नहीं निकालने दूँगा जब तक मैं यह न जान लूँ कि तीर मारनेवाला कौन है–वह क्षत्रिय है या ब्राह्मण, वैश्य है या शूद्र; वह किस परिवार का सदस्य है; वह लंबा है अथवा छोटा; उसके द्वारा चलाया गया तीर किस प्रकार का है; आदि' उस घायल मनुष्य द्वारा ये सब प्रश्न पूछने का एकमात्र परिणाम यही होगा कि इनके उत्तर प्राप्त करने से पहले ही वह मर जाएगा। इसी प्रकार, जो व्यक्ति ईश्वर, आत्मा, परलोक आदि से संबंधित सभी प्रश्नों के उत्तर पाना चाहता है वह भी ये उत्तर प्राप्त करने से पहले ही मर जाएगा और यह कभी नहीं जान सकेगा कि दुःख क्या है, इसकी उत्पत्ति कैसे होती है तथा इससे मुक्ति किस प्रकार संभव है।"[13] गौतम बुद्ध द्वारा दिए गए इस व्यावहारिक उदाहरण से यह पूर्णतः स्पष्ट है कि वे मानवीय दुःख-निवृत्ति की दृष्टि से तत्त्वमीमांसीय अथवा दार्शनिक प्रश्नों के विषय में वाद-विवाद को निरर्थक मानते थे और इसी कारण उन्होंने इन प्रश्नों को 'अव्याकृत' कहकर मनुष्य को इनमें न उलझने का उपदेश दिया था।

परंतु यद्यपि गौतम बुद्ध ने सैद्धांतिक अथवा दार्शनिक प्रश्नों को 'अव्याकृत' मानते हुए इनसे संबंधित विचार-विमर्श का निषेध किया था, फिर भी कालांतर में उनके शिष्य तथा अनुयायी इन शाश्वत प्रश्नों के विषय में वाद-विवाद से नहीं बच सके। बुद्ध के परिनिर्वाण के पश्चात उनके शिष्यों में इन दार्शनिक प्रश्नों को लेकर तीव्र वाद-विवाद प्रारंभ हो गया। इन शिष्यों ने उनके मौखिक धर्मोपदेशों को भिन्न-भिन्न

13. 'मज्झिम निकाय', 63.

अर्थों में ग्रहण किया जिसके परिणामस्वरूप बौद्ध धर्म एवं दर्शन की विभिन्न विचारधाराओं का विकास हुआ। इन विचारधाराओं में 'हीनयान' तथा 'महायान' संप्रदायों के नाम विशेष रूप से उल्लेखनीय हैं। पुनः हीनयान के अंतर्गत वैभाषिक एवं सौत्रांतिक और महायान के अंतर्गत योगाचार अथवा विज्ञानवाद तथा माध्यमिक या शून्यवाद इन चार प्रमुख बौद्ध दर्शन संबंधी सिद्धांतों का विकास हुआ जिनके समर्थकों में शताब्दियों तक तीव्र दार्शनिक वाद-विवाद होता रहा। हमारा उद्देश्य यहाँ बौद्ध दर्शन के इन सिद्धांतों का विवेचन करना नहीं, अपितु केवल इतना बताना ही है कि दार्शनिक प्रश्नों को 'अव्याकृत' माननेवाले गौतम बुद्ध के अनुयायी कालांतर में इन्हीं प्रश्नों से संबंधित विचार-विमर्श तथा वाद-विवाद में लिप्त हो गए।

लिखित रूप में बुद्ध के उपदेश पालि भाषा में 'विनय पिटक', 'सुत पिटक' तथा 'अभिधम्म पिटक' इन तीन पिटकों–जिन्हें 'त्रिपिटक' कहा जाता है–में प्राप्त होते हैं और इन पिटकों को बुद्ध के तीन शिष्यों–क्रमशः उपाली, आनंद एवं महा कश्यप–ने सर्वप्रथम लिपिबद्ध किया था। इन तीन शिष्यों के अतिरिक्त अश्वघोष, बुद्धघोष, नागार्जुन, वसुबंधु, धर्मकीर्ति, नागसेन, शांतरक्षित, कमलशील, शांतिदेव आदि अनेक विद्वानों ने बौद्ध दर्शन विषयक विभिन्न ग्रंथ लिखकर इसके विकास में महत्त्वपूर्ण योगदान किया। इस प्रकार अन्य भारतीय दर्शनों की भाँति अंततः बौद्ध दर्शन में भी उन्हीं दार्शनिक प्रश्नों की विस्तृत विवेचना की गई जिन्हें गौतम बुद्ध ने 'अव्याकृत' कहा था और जिनका उत्तर देना वे अनावश्यक तथा व्यर्थ समझते थे।

जैसा कि हम इस अध्याय के प्रथम खंड में बता चुके हैं, जैन दर्शन के समान ही बौद्ध दर्शन को भी निरीश्वरवादी तथा नास्तिक दर्शन माना जाता है, क्योंकि यह भी ईश्वर की सत्ता और वेदों की प्रामाणिकता में विश्वास नहीं करता। इस दर्शन के समर्थकों ने भी यज्ञों, इनसे संबंधित समस्त वैदिक कर्मकांड और इस कर्मकांड को संपन्न करानेवाले पुरोहितों का विरोध किया है। इसी कारण वैदिक विचारधारा को स्वीकार करनेवाले विचारकों ने जैन दर्शन की भाँति बौद्ध दर्शन को भी 'नास्तिक' की संज्ञा दी है। परंतु यहाँ यह उल्लेखनीय है कि नास्तिक तथा निरीश्वरवादी होते हुए भी बौद्ध दर्शन भौतिकवादी न होकर वस्तुतः अध्यात्मवादी दर्शन है, क्योंकि इस दर्शन के अनुयायी कर्मवाद, पुनर्जन्म और मोक्ष या निर्वाण से संबंधित आध्यात्मिक सिद्धांतों में पूर्णतः विश्वास करते हैं। इस दृष्टि से जैन दर्शन तथा बौद्ध दर्शन के सिद्धांतों में पर्याप्त समानता है। ये दोनों दर्शन ईश्वरवाद और वैदिक विचारधारा का खंडन करते हुए भी भौतिकवादी चार्वाक दर्शन के विपरीत मूलतः अध्यात्मवादी दर्शन हैं।

बौद्ध दर्शन की उपर्युक्त संक्षिप्त पृष्ठभूमि के पश्चात अब इस दर्शन के निरीश्वरवाद पर कुछ विस्तार से विचार करना आवश्यक है। इस संबंध में यहाँ सर्वप्रथम यह तथ्य विशेष रूप से उल्लेखनीय है कि यद्यपि हीनयान तथा महायान संप्रदायों के विचारकों में अन्य दार्शनिक विषयों और समस्याओं के विषय में पर्याप्त मतभेद है, फिर भी निरीश्वरवाद के संबंध में वे परस्पर सहमत प्रतीत होते हैं। इन दोनों संप्रदायों के अनेक महान दार्शनिकों ने ईश्वर की सत्ता के समर्थन में नैयायिकों तथा अन्य भारतीय ईश्वरवादियों द्वारा दी गई युक्तियों का खंडन करके और ईश्वर के अस्तित्व के विरुद्ध

स्वयं अपने तर्क देकर निरीश्वरवाद का पूर्ण रूप से समर्थन किया है। इससे यही सिद्ध होता है कि बौद्ध दर्शन में निरीश्वरवाद का बहुत महत्त्वपूर्ण स्थान है। ईश्वर की सत्ता के विरुद्ध बौद्ध दार्शनिकों की सैद्धांतिक युक्तियाँ प्रस्तुत करने से पूर्व उसके अस्तित्व का खंडन करने के लिए यहाँ स्वयं गौतम बुद्ध के व्यावहारिक तर्कों का उल्लेख कर देना आवश्यक है।

हम ऊपर देख चुके हैं कि दुःख से मनुष्य की मुक्ति ही बुद्ध के दर्शन का मूल उद्देश्य था जिसकी प्राप्ति के लिए उन्होंने चार आर्य सत्यों का प्रतिपादन किया था। इन आर्य सत्यों में दुःख की सर्वत्र उपस्थिति, उसके मूल कारणों तथा उसके निराकरण के मार्ग अथवा उपायों का विस्तृत विवेचन किया गया है। परंतु मनुष्य की दुःख-निवृत्ति की इस संपूर्ण विवेचना में ईश्वर तथा उसकी उपासना के लिए कोई स्थान नहीं है। इससे यह पूर्णतः स्पष्ट है कि दुःख से मनुष्य की मुक्ति के लिए गौतम बुद्ध ईश्वर को अप्रासंगिक और अनावश्यक मानते थे। यदि ईश्वर की सत्ता में उनका विश्वास होता तो वे अपने दर्शन के इस मूल उद्देश्य की प्राप्ति में उसकी उपेक्षा न करते। अपने समय में बहु-प्रचारित ईश्वरवाद तथा ईश्वरोपासना से वे निश्चय ही अनभिज्ञ नहीं थे, किंतु फिर भी उन्होंने अपने दर्शन में ईश्वर को कोई महत्त्व नहीं दिया जिससे यही प्रमाणित होता है कि वे वास्तव में उसके अस्तित्व को स्वीकार नहीं करते थे। उन्होंने अपने शिष्यों को ईश्वर की चर्चा न करने और उसके विषय में कोई प्रश्न न पूछने का स्पष्ट रूप से आदेश दिया था, क्योंकि वे यह मानते थे कि मानव की दुःख-निवृत्ति के लिए ईश्वर-चर्चा अप्रासंगिक एवं अनावश्यक है।

यहाँ यह भी उल्लेखनीय है कि गौतम बुद्ध ने दुःख से मनुष्य की मुक्ति के लिए ईश्वर को केवल अनावश्यक तथा अप्रासंगिक ही नहीं माना, अपितु उन्होंने उसके अस्तित्व के विरुद्ध अनेक व्यावहारिक तर्क भी प्रस्तुत किए हैं। इन तर्कों द्वारा उन्होंने यह प्रमाणित किया है कि ईश्वर को जगत् का रचयिता मानकर जिस रूप में सामान्यतः उसकी अवधारणा को स्वीकार किया जाता है उसमें अनेक गंभीर असंगतियाँ तथा स्वतोव्याघात विद्यमान हैं। एक प्रसिद्ध बौद्ध दार्शनिक, अश्वघोष ने अपने ग्रंथ, 'बुद्ध-चरित' में ईश्वर की सत्ता के विरुद्ध गौतम बुद्ध के इन व्यावहारिक तर्कों का सविस्तार वर्णन किया है। इस संबंध में उनका कथन है कि जगत् के रचयिता के रूप में ईश्वर के अस्तित्व का खंडन करने के लिए बुद्ध ने मुख्यतः निम्नलिखित तर्क प्रस्तुत किए हैं :

"यदि ईश्वर ने इस जगत् की रचना की होती तो इसमें न कोई परिवर्तन होता और न विनाश; इसमें कोई दुःख या विपत्ति भी न होती और उचित अथवा अनुचित कुछ भी न होता, क्योंकि सभी अच्छी और बुरी वस्तुएँ उसी से उत्पन्न हुई हैं। यदि सभी प्राणियों में उत्पन्न होनेवाले सुख और दुःख, प्रेम एवं घृणा ईश्वर के ही कार्य हैं तो स्वयं उसमें भी सुख तथा दुःख, प्रेम तथा घृणा विद्यमान होंगे, और यदि उसमें ये सब हैं तो उसे पूर्ण कैसे माना जा सकता है? यदि ईश्वर ही रचयिता है और सभी प्राणियों को उसी की शक्ति के अधीन रहकर मौन रूप से सब कुछ करना पड़ता है तो सद्गुण की प्रशंसा का क्या लाभ है? तब उचित और अनुचित कर्म करना एक

समान ही होगा, क्योंकि सभी कर्म ईश्वर के ही कर्म होंगे और उसके लिए ये सब एक समान ही होंगे। परंतु यदि दुःख और पीड़ा का कोई अन्य कारण माना जाए तो इसका अर्थ यह होगा कि कोई वस्तु ऐसी भी है जिसका कारण ईश्वर नहीं है। फिर सभी वस्तुओं को भी अकारण ही क्यों न मान लिया जाए? इसके अतिरिक्त यदि ईश्वर रचयिता है तो उसका कार्य या तो सोद्देश्य होगा अथवा निरुद्देश्य। यदि वह किसी उद्देश्य की प्राप्ति के लिए कार्य करता है तो उसे पूर्ण नहीं माना जा सकता, क्योंकि उद्देश्य में किसी आवश्यकता की पूर्ति अनिवार्यतः निहित रहती है। यदि वह निरुद्देश्य कार्य करता है तो वह पागल अथवा अबोध शिशु के समान है। फिर यदि ईश्वर ही रचयिता है तो लोग सदा उसके प्रति सादर समर्पित क्यों नहीं होते? वे उसकी पूजा तभी क्यों करते हैं जब उन्हें इसकी आवश्यकता होती है? लोग एक ही ईश्वर के स्थान पर अनेक देवी-देवताओं की पूजा क्यों करते हैं? इस प्रकार इन बौद्धिक युक्तियों द्वारा ईश्वर का विचार मिथ्या प्रमाणित हो जाता है, और इसमें विद्यमान समस्त असंगतियों को लोगों के समक्ष प्रस्तुत किया जाना चाहिए।"[14] ईश्वर के विरुद्ध गौतम बुद्ध के उपर्युक्त तर्कों से यह पूर्णतः स्पष्ट है कि वे वस्तुतः उसके अस्तित्व में विश्वास नहीं करते थे, अतः यह कहना उचित नहीं होगा कि वे उसके संबंध में मौन रहते थे।

अश्वघोष के अतिरिक्त एक अन्य बौद्ध दार्शनिक, शांतिदेव ने भी अपनी पुस्तक, 'बोधिचर्यावतार' में ईश्वर के अस्तित्व के विरुद्ध अनेक तर्क प्रस्तुत किए हैं जिनका यहाँ संक्षेप में उल्लेख कर देना आवश्यक है। अपने इन तर्कों द्वारा उन्होंने यह सिद्ध किया है कि ईश्वर की अवधारणा में अनेक स्वतोव्याघात पाए जाते हैं जिनके कारण उसे स्वीकार करना अयुक्तिसंगत है। इस संबंध में सर्वप्रथम शांतिदेव ने यह प्रश्न उठाया है कि ईश्वर कौन है–अर्थात्, उसका वास्तविक स्वरूप क्या है। अपने इस प्रश्न के उत्तर में उन्होंने ईश्वर के स्वरूप के संबंध में बहुत-से विकल्प प्रस्तुत किए हैं और उन सबका तर्कतः खंडन किया है। उदाहरणार्थ, उनका कथन है कि यदि ईश्वर को पृथ्वी, जल आदि की भाँति एक तत्त्व माना जाए तो वह एकमात्र अंतिम सत्ता और पूर्णतः विशुद्ध नहीं रह जाता। यदि उसे दिक् के समान माना जाए तो वह निष्क्रिय हो जाता है। यदि यह कहा जाए कि ईश्वर आत्मा है तो स्थायी द्रव्य के रूप में आत्मा के अस्तित्व के विरुद्ध बौद्ध दार्शनिकों ने जो तर्क दिए हैं उनके द्वारा वह मिथ्या सिद्ध हो जाता है। यदि वह अज्ञेय है तो जगत् के रचयिता के रूप में भी हम उसे कभी नहीं जान सकते। फिर यहाँ यह प्रश्न भी उठाया जा सकता है कि ईश्वर क्या उत्पन्न करता है। वह आत्मा का रचयिता नहीं हो सकता, क्योंकि आत्मा को शाश्वत अथवा नित्य माना जाता है। इसी प्रकार, जगत् और देवताओं की रचना भी उसने नहीं की है, क्योंकि ये स्वतः अस्तित्ववान हैं। सुख और दुःख कर्मों के कारण उत्पन्न होते हैं अतः वह इनका भी रचयिता नहीं है। यदि ये सब ईश्वर की रचनाएँ नहीं हैं तो फिर वह किसका रचयिता है? यदि ईश्वर को जगत् का रचयिता मान भी

14. अश्वघोष, 'बुद्ध-चरित', भाग 3, सर्ग 18, श्लोक 18-29, पृ. 31-33.

लिया जाए तो प्रश्न यह है कि वह इसकी रचना क्यों करता है। यदि ईश्वर अनिच्छा से इसकी रचना करता है तो वह स्वतंत्र नहीं है। यदि वह किसी इच्छा से प्रेरित होकर जगत् की रचना करता है तो भी इस इच्छा पर निर्भर होने के कारण उसे स्वतंत्र नहीं माना जा सकता। इसके अतिरिक्त जगत् की रचना के लिए ईश्वर कुछ शाश्वत अथवा नित्य द्रव्यों पर निर्भर है और यह तथ्य भी उसकी स्वतंत्रता को बहुत सीमित कर देता है। इस प्रकार जगत् के रचयिता के रूप में ईश्वर को स्वतंत्र एवं सर्वशक्तिमान नहीं कहा जा सकता और ऐसे सीमित ईश्वर को संपूर्ण सृष्टि का स्वामी कहना उचित नहीं है।[15] संक्षेप में इन्हीं सब तर्कों के आधार पर शांतिदेव ने ईश्वर के अस्तित्व का खंडन किया है और उसे जगत् के रचयिता के रूप में अनावश्यक माना है।

गौतम बुद्ध तथा उनके अनुयायियों ने जगत् के रचयिता के साथ-साथ कर्माध्यक्ष के रूप में भी ईश्वर की सत्ता को अस्वीकार किया है। उनका मत है कि यह संपूर्ण विश्व कर्म के नियम द्वारा शासित होता है, किंतु इस नियम का कोई मार्गदर्शक अथवा नियंता नहीं है। यह नियम किसी वाह्य शक्ति के हस्तक्षेप के बिना ही स्वतः कार्य करता है, अतः इसके मार्गदर्शन के लिए ईश्वर की कोई आवश्यकता नहीं है। संसार के समस्त जीव कर्म के इसी नियम द्वारा नियंत्रित होते हैं। और केवल अपने कर्मों के कारण ही सुख-दुःख भोगते हैं। यह एक ऐसा अनिवार्य नियम है जिसमें कोई भी हस्तक्षेप तथा परिवर्तन नहीं कर सकता। इसका अर्थ यह है कि मनुष्य अपने कर्मों के फल से कभी नहीं बच सकता, अतः इसके लिए ईश्वर से प्रार्थना करना व्यर्थ है। वस्तुतः मानव ईश्वर की कृपा और सहायता के बिना ही स्वयं अपने कर्मों द्वारा निर्वाण प्राप्त कर सकता है। अपनी इसी मान्यता के कारण गौतम बुद्ध ने अपने शिष्यों से यह कहा था, "आत्मदीपो भव"–अर्थात्, "तुम अपने दीपक स्वयं बनो और अपना मार्ग स्वयं ही खोजो।" इस प्रकार बुद्ध तथा उनके अनुयायियों ने ईश्वर की सत्ता के समर्थन में दी गई नीतिपरक युक्ति को भी अस्वीकार किया है।

उपर्युक्त नीतिपरक युक्ति के विरुद्ध गौतम बुद्ध तथा अन्य बौद्ध दार्शनिकों द्वारा प्रस्तुत कुछ प्रमुख तर्कों का उल्लेख करते हुए राधाकृष्णन कहते हैं : "बुद्ध ने यह अनुभव किया था कि भयत्रस्त करनेवाले देवताओं के डर, आगामी जीवन से अत्याचारों की आशंका तथा चाटुकारिता एवं प्रशंसा द्वारा देवताओं की सदिच्छा को खरीदने से संबंधित मानवीय आत्मा के भ्रष्टाचार के निराकरण का एकमात्र उपाय है इन देवताओं को सदा के लिए नष्ट कर देना। आदिकारण का विचार नैतिक प्रगति में हमारी कोई सहायता नहीं करता। यह हमें अकर्मण्य तथा अनुत्तरदायी बना देता है। यदि ईश्वर का अस्तित्व है तो अच्छा तथा बुरा जो कुछ भी होता है उस सबका कारण केवल वही है और मनुष्य को कोई स्वतंत्रता प्राप्त नहीं हो सकती। यदि वह दुराचार से घृणा करता है और अशुभ की रचना से इन्कार करता है तो वह संपूर्ण विश्व का कर्ता नहीं है। हम यह आशा करते हैं कि ईश्वर हमें क्षमा कर देगा। यदि ईश्वर का

15. देखिए, शांतिदेव, 'बोधिचर्यावतार', अध्याय 9, श्लोक 119-126.

अनुग्रह सर्वाधिक शक्तिशाली है, यदि इसके कारण अपराधी क्षणमात्र में संत हो जाता है तो हम सद्‌गुणयुक्त जीवन और चरित्र-निर्माण के प्रति उदासीन हो सकते हैं। चरित्र-निर्माण के लिए हमारा प्रयास व्यर्थ हो जाता है। केवल स्वर्ग और नरक ही हमारे सद्‌गुण तथा दुर्गुण के पुरस्कार हो जाते हैं। . . . इस प्रचलित विचार का विरोध करते हुए बुद्ध को यह घोषित करना पड़ा कि सद्‌गुण तथा सुख, दुर्गुण और दुःख में अनिवार्य संबंध है। . . . वस्तुओं की प्राकृतिक व्याख्या द्वारा धार्मिक भ्रम का उन्मूलन कर दिया गया। व्यक्तित्वपूर्ण ईश्वर की प्राक्कल्पना इसके साथ असंगत प्रतीत होने लगी। कर्म का नियम हमारे लिए यह आवश्यक बना देता है कि हम पक्षपात, अकारण मत-परिवर्तन तथा मनमाने आचरण से संबंधित सभी विचारों को अस्वीकार कर दें। . . . इसके अतिरिक्त जीवन के हृदय-विदारक तथ्यों के साथ प्रेममय ईश्वर में विश्वास की संगति स्थापित करना सरल नहीं है। संसार के दुःख को केवल कर्म की प्राक्कल्पना के आधार पर ही समझा जा सकता है। यही संसार के समस्त प्राणियों की व्याख्या करता है। . . . कर्म की अपेक्षा कुछ भी उत्कृष्ट नहीं है। . . . ईश्वर हमारे जीवन का निर्माता नहीं है। मनुष्य का जन्म उसके अपने कर्मों के कारण ही होता है। यह भी उसके कर्मों पर ही निर्भर है कि उसके माता-पिता कौन होंगे। . . . संसार की भिन्नता कर्मों के कारण ही उत्पन्न होती है। . . . बुद्ध . . . इस सत्य को समझने में हमारी सहायता करते हैं। वे विगत के किन्हीं विशेष युगों में विश्व-रचयिता की कल्पना नहीं करते।"[16] राधाकृष्णन के उपर्युक्त विस्तृत उद्धरण से यह स्पष्ट है कि उनके मतानुसार गौतम बुद्ध और उनके अनुयायी ईश्वर की सत्ता के समर्थन में प्रस्तुत की गई नीतिपरक युक्ति को अस्वीकार करते थे।

इसी प्रकार, एक अन्य विचारक, वैली पूसिन ने भी यही मत व्यक्त किया है कि बौद्ध दर्शन में नीतिपरक युक्ति के लिए कोई स्थान नहीं है, क्योंकि इस दर्शन के समर्थक कर्माध्यक्ष के रूप में ईश्वर के अस्तित्व का निषेध करते हैं। इन दार्शनिकों के अनुसार, कर्म का नियम ईश्वर के मार्गदर्शन के बिना स्वतः ही कार्य करता है। उनके इसी मत की व्याख्या करते हुए पूसिन कहते हैं : "दार्शनिक विचारधार के रूप में बौद्ध मत उस ईश्वर के विचार के पूर्णतः विरुद्ध है जिसे सर्वोच्च सत्ता माना जाता है। . . . सामान्यतः उसका विश्वास है कि कर्मों का फल उस शक्ति के क़ारण स्वतः ही प्राप्त हो जाता है जिसे 'अदृष्ट' कहा जाता है . . . और इसलिए यह दर्शन निरीश्वरवादी है, क्योंकि यह व्यक्तित्वपूर्ण सत्ता के रूप में ईश्वर के विचार का निषेध करता है।"[17] इस प्रकार राधाकृष्णन की भाँति पूसिन भी यह मानते हैं कि गौतम बुद्ध और उनके अनुयायी ईश्वर के अस्तित्व को प्रमाणित करने के लिए कुछ भारतीय ईश्वरवादी दार्शनिकों द्वारा प्रस्तुत नीतिपरक युक्ति का खंडन करते हैं।

वस्तुतः गौतम बुद्ध के समस्त प्रमुख दार्शनिक सिद्धांतों में ईश्वर की सत्ता का निषेध किया गया है। यद्यपि उन्होंने ईश्वर, आत्मा, जगत् आदि से संबंधित दार्शनिक

16. राधाकृष्णन, 'इंडियन फ़िलॉसॉफ़ी', खंड 1, पृ. 453-456.
17. वैली पूसिन, 'ऐन्साइक्लोपीडिया ऑफ़ रिलिजन ऐंड ऐथिक्स', खंड 2, पृ. 183.

प्रश्नों को 'अव्याकृत' कहकर अपने शिष्यों को इनमें न उलझने का उपदेश दिया था, फिर भी कालांतर में स्वयं उन्हें इन शाश्वत प्रश्नों के विषय में अपने विचार व्यक्त करने पड़े। इन प्रश्नों के संबंध में बुद्ध द्वारा प्रकट किए गए विचारों की व्याख्या के परिणामस्वरूप बौद्ध दर्शन के अनेक महत्त्वपूर्ण दार्शनिक सिद्धांतों का विकास हुआ। इन सिद्धांतों का विश्लेषण करने से यह स्पष्टतः ज्ञात होता है कि बौद्ध दर्शन में ईश्वर की सत्ता के लिए कोई स्थान नहीं है।

बौद्ध दर्शन का प्रथम मुख्य सिद्धांत है विश्व-व्यापी अनिवार्य कारणवाद जिसे 'प्रतीत्यसमुतपाद' कहा जाता है। इस सिद्धांत के अनुसार, विश्व में कुछ भी अकस्मात या अकारण घटित नहीं होता और प्रत्येक वस्तु किसी अन्य वस्तु का परिणाम होने के कारण उस पर निर्भर रहती है। बौद्ध दर्शन में इस सिद्धांत का इतना अधिक महत्त्व है कि इसे 'धर्म' की संज्ञा दी गई है। इस प्रतीत्यसमुतपाद के अर्थ को स्पष्ट करते हुए बुद्ध ने कहा था कि यह कारण-कार्य का अनिवार्य विश्व-व्यापी नियम है जो स्वतः क्रियाशील रहता है और जिसके मूल में कोई चेतन शक्ति निहित नहीं है। संसार में जिन वस्तुओं का अस्तित्व है और इसमें जो घटनाएँ घटित होती हैं उन सबकी व्याख्या इसी सर्वव्यापी कारण-कार्य के नियम द्वारा ही की जा सकती है, अतः इससे पृथक् तथा परे कोई वस्तु नहीं है। प्रतीत्यसमुतपाद की इस व्याख्या से यह स्पष्ट है कि बौद्ध दर्शन के इस सिद्धांत में ईश्वर के लिए कोई स्थान नहीं हो सकता, क्योंकि ईश्वर को ऐसी स्वयंभू सत्ता माना जाता है जिसका कोई कारण नहीं है। परंतु हम देख चुके हैं कि प्रतीत्यसमुतपाद के अनुसार किसी अकारण वस्तु का अस्तित्व असंभव है। ऐसी स्थिति में स्वयंभू या अकारण ईश्वर के अस्तित्व को स्वीकार करना इस सिद्धांत के विरुद्ध है।

बौद्ध दर्शन का दूसरा महत्त्वपूर्ण सिद्धांत है क्षणिकवाद जिसे 'परिणामवाद' अथवा 'संतानवाद' भी कहा जाता है। गौतम बुद्ध ने अपने धर्मोपदेशों में इस सिद्धांत को विशेष महत्त्व दिया था। इसके अनुसार, विश्व में कोई भी वस्तु नित्य, शाश्वत या स्थायी नहीं है, क्योंकि प्रत्येक वस्तु में प्रति क्षण निरंतर परिवर्तन होता रहता है। यह विश्व एक सतत गतिशील प्रवाह है जिसमें किसी प्रकार की नित्य अथवा शाश्वत सत्ता संभव नहीं है। निरंतर परिवर्तन का यह विश्व-व्यापी नियम समस्त वस्तुओं तथा प्राणियों पर समान रूप से लागू होता है। इसी सिद्धांत के आधार पर बुद्ध ने अपने शिष्यों से यह कहा था कि इस संसार में सभी वस्तुएँ अनित्य, परिवर्तनशील तथा क्षणिक हैं, किंतु अविद्या के कारण मनुष्य किसी वस्तु को नित्य अथवा स्थायी समझ लेता है। प्रत्येक वस्तु में प्रति क्षण एक अवस्था के पश्चात दूसरी अवस्था उत्पन्न होती रहती है, परंतु हम भिन्न-भिन्न अवस्थाओं की इस अटूट परंपरा या शृंखला को नहीं जान पाते, अतः हमें वस्तुएँ स्थायी प्रतीत होती हैं। इस तथ्य को नदी के प्रवाह तथा दीप-शिखा के उदाहरणों द्वारा स्पष्ट किया गया है। बौद्ध दर्शन का यह क्षणिकवाद स्थायी द्रव्य के रूप में अजर-अमर आत्मा के साथ-साथ ईश्वर के अस्तित्व का भी स्पष्टतः खंडन करता है, क्योंकि ईश्वरवादी दार्शनिक ईश्वर को एक ऐसी नित्य अथवा शाश्वत सत्ता मानते हैं जिसमें कभी कोई परिवर्तन नहीं होता। परंतु क्षणिकवाद के

अनुसार, ऐसे शाश्वत या अपरिवर्तनशील ईश्वर का अस्तित्व असंभव है। इस प्रकार बौद्ध दर्शन के प्रथम सिद्धांत की भाँति उसका यह दूसरा सिद्धांत भी ईश्वर की सत्ता का पूर्णतः निषेध करता है।

उपर्युक्त दार्शनिक सिद्धांतों के अतिरिक्त बौद्ध दर्शन के निर्वाण संबंधी सिद्धांत में भी ईश्वर के लिए कोई स्थान नहीं है। जैसा कि हम ऊपर बता चुके हैं, इस दर्शन का मूल उद्देश्य समस्त दुःखों से मनुष्य की पूर्ण मुक्ति है जिसे 'निर्वाण' की संज्ञा दी गई है। इस निर्वाण के अर्थ और स्वरूप के विषय में निश्चयपूर्वक कुछ कहना बहुत कठिन है, क्योंकि इसकी व्याख्या के संबंध में विद्वानों में पर्याप्त मतभेद है। परंतु फिर भी यह निश्चित रूप से कहा जा सकता है कि बौद्ध दर्शन के अनुसार निर्वाण के स्वरूप को समझने और उसकी प्राप्ति के लिए ईश्वर का कोई महत्त्व नहीं है। बुद्ध ने दुःख के स्वरूप, उसके मूल कारणों तथा उससे मुक्ति प्राप्त करने के मार्ग या उपायों का जो विस्तृत विश्लेषण किया है उसमें ईश्वर तथा उसकी उपासना को कोई स्थान नहीं दिया गया। इस विश्लेषण में केवल यही बताया गया है कि दुःख का स्वरूप क्या है, उसके कारण कौन-कौन से हैं और किन उपायों द्वारा मनुष्य उससे मुक्त हो सकता है। हम देख चुके हैं कि बुद्ध द्वारा प्रतिपादित चार आर्य सत्यों का संबंध मूलतः इन्हीं प्रश्नों से है और इन आर्य सत्यों में उन्होंने कहीं भी ईश्वर की चर्चा नहीं की है। इससे यही सिद्ध होता है कि वे निर्वाण के लिए ईश्वर तथा उसकी उपासना को अप्रासंगिक और अनावश्यक समझते थे। वस्तुतः उनका दृढ़ विश्वास था कि मनुष्य केवल अपने पवित्र नैतिक आचरण द्वारा ही निर्वाण प्राप्त कर सकता है, ईश्वर या किसी अन्य दैवी शक्ति के अनुग्रह द्वारा नहीं। इसी कारण उन्होंने निर्वाण-प्राप्ति के लिए मानव को स्वावलंबी बनने का उपदेश दिया था। इस प्रकार गौतम बुद्ध द्वारा प्रतिपादित अन्य दार्शनिक सिद्धांतों की भाँति उनका निर्वाण संबंधी सिद्धांत भी ईश्वर की सत्ता का निषेध करता है, अतः उनके संपूर्ण दर्शन को वास्तविक अर्थ में निरीश्वरवादी दर्शन कहा जा सकता है।

अभी तक हमने ईश्वर के विरुद्ध बौद्ध दार्शनिकों के उन तर्कों का विवेचन किया है जिन्हें 'व्यावहारिक तर्क' कहा जा सकता है, क्योंकि उन तर्कों का संबंध मुख्यतः मनुष्य के व्यावहारिक अनुभव से है और इसी कारण इन्हें साधारण व्यक्ति भी भली-भाँति समझ सकता है। गौतम बुद्ध तथा प्रारंभ में उनके कुछ अनुयायियों ने ईश्वर के अस्तित्व का खंडन करने के लिए प्रायः ऐसे ही व्यावहारिक तर्क प्रस्तुत किए थे। उस समय ईश्वर की सत्ता के विरुद्ध अधिक जटिल एवं सैद्धांतिक तर्क देना आवश्यक नहीं समझा गया था, क्योंकि तब ईश्वरवादी विचारक भी ईश्वर का अस्तित्व सिद्ध करने के लिए प्रायः सामान्य तथा व्यावहारिक तर्क ही दिया करते थे। परंतु बाद में ईश्वरवादी दार्शनिकों ने ईश्वर की सत्ता के समर्थन में अपेक्षाकृत अधिक जटिल तथा सैद्धांतिक तर्क देना आरंभ कर दिया जिसके फलस्वरूप निरीश्वरवादी दार्शनिकों को भी इन तर्कों का समुचित उत्तर देने के लिए ईश्वर के विरुद्ध अनेक सैद्धांतिक तर्क प्रस्तुत करने पड़े। अन्य निरीश्वरवादी दार्शनिकों की भाँति परवर्ती बौद्ध दार्शनिकों के विषय में भी यही बात कही जा सकती है। बुद्ध के परिनिर्वाण के पश्चात कालांतर

में हीनयान तथा महायान नामक जिन दो प्रमुख दार्शनिक संप्रदायों का उदय हुआ उनके विचारकों में ज्ञानमीमांसा एवं तत्त्वमीमांसा के विषयों से संबंधित परस्पर गहन मतभेद के होते हुए भी निरीश्वरवाद के विषय में मतैक्य ही बना रहा, अतः इन दोनों संप्रदायों के कुछ दार्शनिकों ने ईश्वर के अस्तित्व का खंडन करने के लिए अनेक प्रबल सैद्धांतिक तर्क प्रस्तुत किए हैं। यहाँ हम ईश्वर के विरुद्ध हीनयान के अंतर्गत वैभाषिकों तथा महायान के अंतर्गत माध्यमिकों अथवा शून्यवादियों द्वारा दिए गए कुछ प्रमुख तर्कों का उल्लेख करेंगे।

वैभाषिक संप्रदाय का उदय बुद्ध के परिनिर्वाण के लगभग तीन सौ वर्ष बाद हुआ था। सर्वप्रथम कात्यायिनीपुत्र ने अपने ग्रंथ, 'अभिज्ञान-धर्म-प्रस्थानशास्त्र' में इस संप्रदाय के प्रमुख सिद्धांतों की विवेचना की थी। पर्याप्त समय के पश्चात इस ग्रंथ पर 'विभाषाशास्त्र' नामक भाष्य लिखा गया जिसे आधारभूत ग्रंथ स्वीकार करने के कारण इस संप्रदाय को 'वैभाषिक' कहा जाने लगा। संघभद्र, वसुबंधु तथा धर्मकीर्ति वैभाषिक मत के मुख्य आचार्य माने जाते हैं, किंतु इसके अंतिम दो आचार्यों ने बाद में वैभाषिक मत के स्थान पर विज्ञानवाद को स्वीकार कर लिया था। वैभाषिक मत के समर्थक यथार्थवाद और बुहतत्त्ववाद में विश्वास करते थे। वे यह मानते थे कि भौतिक जगत् की चित्त अथवा मनस् से स्वतंत्र सत्ता है और हम भौतिक वस्तुओं को उनके वास्तविक रूप में प्रत्यक्षतः जानते हैं। जगत् का यथार्थ ज्ञान प्राप्त करने के लिए वे प्रत्यक्ष को ही मुख्य प्रमाण के रूप में स्वीकार करते थे।

यथार्थवादी दार्शनिक होने के कारण वैभाषिकों ने अनेक तर्कों द्वारा ईश्वर की सत्ता का खंडन किया है, क्योंकि उसे अनुभवातीत, अलौकिक तथा जगत् से परे माना जाता है। उनके ये तर्क मुख्यतः ईश्वरवादियों की इस मान्यता के विरुद्ध है कि ईश्वर ही जगत् का रचयिता है। वैभाषिकों के मतानुसार, जब ईश्वरवादी विचारक ईश्वर को जगत् का रचयिता कहते हैं तो इससे उनका तात्पर्य यह होता है कि ईश्वर ही जगत् का एकमात्र पर्याप्त कारण है। दूसरे शब्दों में, विश्व-रचना के लिए ईश्वर के अतिरिक्त अन्य कोई कारण नहीं हो सकता, क्योंकि वही सर्वज्ञ तथा सर्वशक्तिमान है। ईश्वरवादियों की इस मान्यता के विरुद्ध वैभाषिकों का कथन है कि कारण-कार्य के नियम से संबंधित प्रमुख दो तथ्य इसका स्पष्टतः खंडन करते हैं। ये दो तथ्य–जिनका संबंध कारण से कार्य की उत्पत्ति के साथ है–निम्नलिखित हैं। प्रथम तथ्य है कारण से कार्य की उत्पत्ति में कुछ अनिवार्य सोपानों का होना और दूसरा तथ्य है किन्हीं विशेष प्रदेशों तथा विशेष ऋतुओं में ही कारण से कार्य की उत्पत्ति।

हम अपने प्रत्यक्ष अनुभव द्वारा यह जानते हैं कि जब कोई कार्य किसी कारण से उत्पन्न होता है तो उसकी उत्पत्ति की यह प्रक्रिया अनिवार्यतः कुछ क्रमिक सोपानों के परिणामस्वरूप ही पूर्ण होती है। उदाहरणार्थ, बीज से पौधा, पौधे से वृक्ष, वृक्ष से पत्ते, पत्तों से पुष्प और अंत में पुष्प से फल उत्पन्न होता है। अन्य सभी वस्तुओं की उत्पत्ति अथवा निर्माण के विषय में यही बात कही जा सकती है। इसका अर्थ यह है कि कोई भी कार्य अपने कारण से तुरंत उत्पन्न नहीं हो जाता; अपनी उत्पत्ति की इस प्रक्रिया में उसे अनिवार्यतः अनेक सोपानों से गुज़रना पड़ता है। यह एक ऐसा तथ्य है जो हमारे प्रत्यक्ष अनुभव द्वारा निश्चित रूप से प्रमाणित हो चुका है।

इस तथ्य के अतिरिक्त कारण से कार्य की उत्पत्ति के विषय में दूसरा तथ्य यह है कि कुछ वस्तुएँ किन्हीं विशेष ऋतुओं तथा विशेष प्रदेशों में ही उत्पन्न होती हैं। दूसरे शब्दों में इसी तथ्य को हम इस प्रकार प्रस्तुत कर सकते हैं कि कुछ वस्तुएँ सभी कालों में और सभी स्थानों पर उत्पन्न नहीं होतीं। उदाहरणार्थ, आम, चीकू, संतरा, अंगूर आदि फल किन्हीं विशेष ऋतुओं तथा विशेष प्रदेशों में ही उत्पन्न होते हैं। अन्य अनेक वस्तुओं की उत्पत्ति के विषय में भी हम यही बात कह सकते हैं। इसी तथ्य से संबंधित एक यह तथ्य भी है कि कोई विशेष वस्तु किसी विशेष वस्तु से ही उत्पन्न होती है, सभी वस्तुओं से नहीं। उदाहरणार्थ, तेल तिलहनों से ही उत्पन्न हो सकता है, रेत या किसी अन्य वस्तु से नहीं। इसका अर्थ यही है कि किसी विशेष कार्य की उत्पत्ति के लिए किसी विशेष कारण का होना अनिवार्य है। वस्तुतः कारण से कार्य की उत्पत्ति के संबंध में ये ऐसे तथ्य हैं जिन्हें हमारा प्रत्यक्ष अनुभव पूर्णतः प्रमाणित करता है, अतः इन्हें अस्वीकार नहीं किया जा सकता।

वैभाषिकों का कथन है कि हमारे प्रत्यक्ष अनुभव द्वारा प्रमाणित उपर्युक्त दोनों तथ्य ईश्वर की सत्ता का निश्चित रूप से खंडन करते हैं। विश्व-रचयिता के रूप में ईश्वर को सर्वशक्तिमान तथा सर्वज्ञ माना जाता है जिसका अर्थ यह है कि विश्व में विद्यमान समस्त वस्तुओं का एकमात्र पर्याप्त कारण ईश्वर ही है। ईश्वर के अतिरिक्त किसी भी वस्तु का कोई अन्य कारण नहीं हो सकता, क्योंकि किसी अन्य कारण की उपस्थिति ईश्वर की सर्वशक्तिमता के विरुद्ध है। अब यदि विश्व की सभी वस्तुओं के एकमात्र पर्याप्त कारण के रूप में ईश्वर सदा उपस्थित रहता है तो ये सभी वस्तुएँ बिना किसी विलंब के एक ही साथ तुरंत उत्पन्न हो जानी चाहिए, क्योंकि पूर्ण और पर्याप्त कारण की उपस्थिति के परिणामस्वरूप कार्य का उत्पन्न होना अनिवार्य है। परंतु हम देख चुके हैं कि प्रत्येक वस्तु की उत्पत्ति में अनिवार्यतः कुछ समय लगता है और उसकी उत्पत्ति की इस प्रक्रिया को कुछ अनिवार्य क्रमिक सोपानों से गुज़रना पड़ता है। इस अनुभवसिद्ध तथ्य से यही प्रमाणित होता है कि वास्तव में ईश्वर का अस्तित्व नहीं है, क्योंकि यदि उसका अस्तित्व होता तो सभी वस्तुएँ एक ही साथ तुरंत उत्पन्न हो जातीं। इस प्रकार यह पूर्णतः स्पष्ट है कि कारण से कार्य की उत्पत्ति के विषय में प्रथम तथ्य ईश्वर की सत्ता का खंडन करता है।

यही बात उपर्युक्त दूसरे तथ्य के संबंध में भी कही जा सकती है। यदि विश्व के एकमात्र पूर्ण तथा पर्याप्त कारण के रूप में ईश्वर सर्वत्र उपस्थित है तो समस्त वस्तुएँ सभी कालों में और सभी स्थानों पर उत्पन्न होनी चाहिए, किंतु हम अपने अनुभव द्वारा निश्चित रूप से जानते हैं कि ऐसा नहीं होता। स्पष्टतः इसका अर्थ यही है कि वास्तव में ईश्वर का अस्तित्व नहीं है। इस प्रकार वैभाषिकों के मतानुसार, कारण से कार्य की उत्पत्ति के संबंध में उपर्युक्त दोनों अनुभवसिद्ध तथ्य ईश्वर की सत्ता का निषेध करते हैं, अतः इसमें विश्वास करना अयुक्तिसंगत है।

वैभाषिकों की उपर्युक्त आपत्ति के उत्तर में ईश्वरवादी विचारक यह कह सकते हैं कि सर्वशक्तिमान होने के कारण ईश्वर अपनी इच्छानुसार ही वस्तुओं की रचना करता है। वह यह चाहता है कि प्रत्येक वस्तु की उत्पत्ति कुछ अनिवार्य क्रमिक सोपानों के

परिणामस्वरूप हो और उसकी इच्छानुसार ऐसा ही होता है। इसी प्रकार, ईश्वर यह चाहता है कि कुछ वस्तुएँ किन्हीं विशेष कालों में तथा किन्हीं विशेष स्थानों पर उत्पन्न हों; यही कारण है कि ये वस्तुएँ उन्हीं विशेष कालों में और उन्हीं विशेष स्थानों पर उत्पन्न होती हैं। अपने इन तर्कों के आधार पर ईश्वरवादी यह दावा कर सकते हैं कि ईश्वर के अस्तित्व के विरुद्ध वैभाषिकों की उपर्युक्त आपत्ति उचित और युक्तिसंगत नहीं है।

परंतु वैभाषिकों ने प्रत्यक्ष मानवीय अनुभव द्वारा ईश्वरवादियों के इस दावे का खंडन किया है। उनके मतानुसार, हमारा अनुभव इस तथ्य को निश्चित रूप से प्रमाणित करता है कि किसी भी वस्तु की उत्पत्ति कुछ अनिवार्य क्रमिक सोपानों से गुज़रे बिना कभी नहीं होती। इसी प्रकार, हमारे अनुभव द्वारा यह तथ्य भी पूर्णतः प्रमाणित होता है कि कुछ वस्तुएँ किन्हीं विशेष कालों में तथा किन्हीं विशेष स्थानों पर कभी उत्पन्न नहीं होतीं। इन अनुभवसिद्ध तथ्यों के आधार पर हम तर्कसंगत रूप से यही निष्कर्ष निकाल सकते हैं कि वास्तव में तथाकथित ईश्वर भी किसी वस्तु को उसके लिए अनिवार्य क्रमिक सोपानों से गुज़रे बिना तथा सभी कालों में और सभी स्थानों पर उत्पन्न नहीं कर सकता। ऐसी स्थिति में ईश्वर को विश्व का सर्वशक्तिमान रचयिता नहीं माना जा सकता। ईश्वरवादियों के इस मत को स्वीकार करने का कोई विश्वसनीय और तर्कसंगत कारण नहीं है कि ईश्वर केवल अपनी इच्छानुसार ही सभी वस्तुओं की रचना करता है। वस्तुतः यह उनकी एक ऐसी मान्यता है जिसे सत्य प्रमाणित करने के लिए कोई तर्क नहीं दिया जा सकता। अपने इस अनुभवाधारित तर्क द्वारा वैभाषिकों ने ईश्वरवादी दार्शनिकों की उस आपत्ति का खंडन किया है जो इन दार्शनिकों ने उनके मत के विरुद्ध उठाई थी। इस प्रकार वैभाषिकों का अंतिम निष्कर्ष यही है कि विश्व-रचयिता के रूप में सर्वज्ञ तथा सर्वशक्तिमान ईश्वर के अस्तित्व को तर्कतः प्रमाणित करना वास्तव में संभव नहीं है।

हीनयान संप्रदाय के वैभाषिकों के अतिरिक्त महायान संप्रदाय के कुछ दार्शनिकों ने भी विश्व-रचयिता के रूप में ईश्वर के अस्तित्व का खंडन किया है। इन दार्शनिकों में शांतिदेव, नागार्जुन तथा शांतरक्षित के नाम विशेष रूप से उल्लेखनीय हैं। इनमें से शांतिदेव द्वारा ईश्वर की सत्ता के विरुद्ध दिए गए तर्कों का उल्लेख हम पहले ही कर चुके हैं, अतः यहाँ उनकी पुनरावृत्ति की आवश्यकता नहीं है। महायान संप्रदाय के दूसरे निरीश्वरवादी दार्शनिक नागार्जुन हैं जिन्होंने विश्व-रचयिता के रूप में ईश्वर के अस्तित्व के विरुद्ध अनेक तर्क प्रस्तुत किए हैं। इन तर्कों का विवेचन संस्कृत में लिखित उनकी एक लघु पुस्तिका, 'ईश्वर-कर्तृत्व-निराकरण-विष्णोह-एक-कर्तृत्व-निराकरण' में किया गया है। जैसा कि इस पुस्तक के शीर्षक से ही स्पष्ट है, इसका उद्देश्य विश्व-रचयिता के रूप में ईश्वर का निराकरण करना है।

ईश्वर के विरुद्ध नागार्जुन का प्रथम तर्क इस प्रकार है। ईश्वरवादी विचारक ईश्वर को रचयिता मानते हैं, किंतु प्रश्न यह है कि वह जिस वस्तु की रचना करता है अस्तित्व की दृष्टि से उसकी स्थिति क्या है। नागार्जुन के मतानुसार, इस प्रश्न के उत्तर में ईश्वरवादी दार्शनिक तीन विभिन्न विकल्प प्रस्तुत कर सकते हैं। प्रथम विकल्प

यह है कि ईश्वर जिस वस्तु की रचना करता है वह अस्तित्व-युक्त है—अर्थात्, उसका अस्तित्व है। इस विकल्प के विरुद्ध नागार्जुन का कथन है कि इसे स्वीकार करना अयुक्तिसंगत है, क्योंकि जिस वस्तु का अस्तित्व है उसकी रचना की कोई आवश्यकता नहीं है। यदि किसी वस्तु का पहले से ही अस्तित्व है तो फिर उसकी रचना करने का प्रश्न ही नहीं उठता। इस प्रकार यह कहना निरर्थक है कि ईश्वर अस्तित्व-युक्त वस्तु की रचना करता है।

उपर्युक्त प्रश्न का उत्तर देते हुए दूसरे विकल्प के रूप में ईश्वरवादी यह कह सकते हैं कि ईश्वर उस वस्तु की रचना करता है जिसका अस्तित्व नहीं है। इस विकल्प को अस्वीकार करते हुए नागार्जुन कहते हैं कि ईश्वर ऐसी किसी वस्तु की रचना नहीं कर सकता जो अस्तित्व-रहित है अथवा जिसका अस्तित्व असंभव है। उदाहरणार्थ, हम यह जानते हैं कि रेत में तेल का और कछुए की पीठ पर बालों का अस्तित्व नहीं है। स्वयं ईश्वर भी इन अस्तित्व-रहित वस्तुओं को उत्पन्न नहीं कर सकता—अर्थात्, वह रेत से तेल नहीं निकाल सकता और कछुए की पीठ पर बाल नहीं उगा सकता। यदि ईश्वरवादी यह दावा करते हैं कि सर्वशक्तिमान होने के कारण ईश्वर ऐसा कर सकता है तो उन्हें अपने इस दावे को प्रमाणित करने के लिए ईश्वर से ये वस्तुएँ उत्पन्न करानी चाहिए। परंतु हम जानते हैं कि वे ईश्वर से इन वस्तुओं को उत्पन्न नहीं करवा सकते, अतः हम यह कह सकते हैं कि ईश्वर भी अस्तित्व-रहित वस्तुओं की रचना नहीं कर सकता। फिर ईश्वर भी तो अस्तित्व-रहित ही है और जो स्वयं अस्तित्व-रहित है उसके रचयिता होने का प्रश्न ही नहीं उठता।

उपर्युक्त प्रश्न के उत्तर में ईश्वरवादी अंतिम विकल्प यह कहकर प्रस्तुत कर सकते हैं कि ईश्वर ऐसी वस्तु की रचना करता है जो पहले अस्तित्व-रहित थी किंतु जिसका अब अस्तित्व है। इस विकल्प के विरुद्ध नागार्जुन का कथन है कि अस्तित्व-रहित होना और अस्तित्ववान होना ये दोनों पूर्णतः परस्पर विरोधी बातें हैं जो एक साथ सत्य नहीं हो सकतीं। ईश्वर भी इन दोनों परस्पर विरोधी बातों को सत्य प्रमाणित नहीं कर सकता। जो वस्तु अस्तित्व-रहित है उसका अस्तित्व-युक्त होना असंभव है; इसी प्रकार, जो वस्तु अस्तित्व-युक्त है वह अस्तित्व-रहित नहीं हो सकती, क्योंकि ये दोनों परस्पर विरोधी स्थितियाँ हैं। वस्तुतः अस्तित्व और अनस्तित्व प्रकाश तथा अंधकार अथवा जीवन एवं मृत्यु के समान एक-दूसरे के ठीक विपरीत हैं। ऐसी स्थिति में कोई वस्तु अस्तित्व-रहित और अस्तित्व-युक्त दोनों नहीं हो सकतीं। इसी आधार पर नागार्जुन ने उपर्युक्त प्रश्न के उत्तर में प्रस्तुत ईश्वरवादियों के अंतिम विकल्प को भी अस्वीकार किया है। इस प्रकार इन तीनों विकल्पों का खंडन करके उन्होंने यह सिद्ध करने का प्रयास किया है कि विश्व-रचयिता के रूप में ईश्वर का अस्तित्व नहीं है।

परंतु ईश्वर की सत्ता के विरुद्ध नागार्जुन द्वारा दिया गया उपर्युक्त तर्क बहुत प्रभावशाली तथा विश्वसनीय प्रतीत नहीं होता। यह सत्य है कि इस तर्क द्वारा विश्व-रचयिता के रूप में ईश्वर के अस्तित्व का कुछ सीमा तक खंडन होता है, किंतु यहाँ यह उल्लेखनीय है कि विश्व की प्रत्येक वास्तविक वस्तु के अस्तित्व का निषेध

करने के लिए भी इसी तर्क का प्रयोग किया जा सकता है। उदाहरणार्थ, जिस आधार पर नागार्जुन ने विश्व-रचयिता के रूप में ईश्वर के अस्तित्व का खंडन किया है ठीक उसी आधार पर कुंभ के निर्माता, कुंभकार के अस्तित्व का भी खंडन किया जा सकता है। इसी प्रकार, हम इस तर्क द्वारा भवन, वस्त्र, वृक्ष, पर्वत आदि सभी वस्तुओं के अस्तित्व का निषेध कर सकते हैं। वस्तुतः शून्यवाद के समर्थक होने के कारण स्वयं नागार्जुन ऐसा ही करना चाहते थे, किंतु जो निरीश्वरवादी दार्शनिक उनके शून्यवाद में विश्वास नहीं करते वे निश्चय ही जगत् के अस्तित्व के विषय में उनके इस निषेधात्मक दृष्टिकोण को स्वीकार नहीं कर सकते। यदि कोई तर्क ईश्वर की सत्ता के साथ-साथ संपूर्ण विश्व के अस्तित्व का भी खंडन करता है तो शून्यवादियों को छोड़कर वह अन्य किसी निरीश्वरवादी विचारक को स्वीकार्य नहीं हो सकता।

इस आपत्ति के अतिरिक्त नागार्जुन के उपर्युक्त तर्क के विरुद्ध यह भी कहा जा सकता है कि विश्व-रचयिता के रूप में ईश्वर के अस्तित्व का खंडन करने के लिए तीसरे विकल्प को उन्होंने जिस युक्ति के आधार पर अस्वीकार किया है वह विश्वसनीय प्रतीत नहीं होती। यह ठीक है कि अस्तित्व और अनस्तित्व ये दोनों परस्पर विरोधी अवधारणाएँ हैं, किंतु अपने मत के समर्थन में ईश्वरवादी दार्शनिक यह कह सकते हैं कि वे इन दोनों अवधारणाओं को एक ही साथ स्वीकार करने का दावा नहीं करते। ईश्वर द्वारा विश्व की रचना के विषय में वे केवल यही कहते हैं कि जिस समय ईश्वर ने विश्व की रचना नहीं की थी उस समय उसका अस्तित्व नहीं था, किंतु जब ईश्वर ने उसकी रचना की तभी वह अस्तित्व में आया। ईश्वरवादियों के इस कथन में कोई तार्किक स्वतोव्याघात दिखाई नहीं देता, क्योंकि इसमें विश्व के अस्तित्व और अनस्तित्व को एक ही साथ स्वीकार नहीं किया गया। इस प्रकार उपर्युक्त दोनों आपत्तियों को ध्यान में रखते हुए यही कहा जा सकता है कि ईश्वर की सत्ता के विरुद्ध नागार्जुन का प्रथम तर्क अधिक प्रबल एवं प्रभावशाली नहीं है।

ईश्वर के अस्तित्व का खंडन करने के लिए नागार्जुन ने एक अन्य तर्क भी प्रस्तुत किया है जिसका संबंध स्वयं ईश्वर की उत्पत्ति से है। इस संबंध में उन्होंने यह मूल प्रश्न उठाया है कि यदि ईश्वर विश्व का रचयिता है तो स्वयं उसकी उत्पत्ति कहाँ से हुई है। नागार्जुन का कथन है कि इस प्रश्न के उत्तर में भी ईश्वरवादी दार्शनिक तीन विकल्प प्रस्तुत कर सकते हैं। प्रथम विकल्प यह है कि ईश्वर स्वयंभू है—अर्थात्, वह अपने आप में से उत्पन्न हुआ है। इस विकल्प को अस्वीकार करते हुए नागार्जुन कहते हैं कि यह पूर्णतः अयुक्तिसंगत है, क्योंकि कोई भी वस्तु स्वयं अपने आप में से कभी उत्पन्न नहीं हो सकती। हम किसी ऐसी वस्तु की कल्पना नहीं कर सकते जो स्वयं जन्य भी हो और जनक भी। उदाहरणार्थ, एक ही व्यक्ति स्वयं अपना पिता और पुत्र एक साथ नहीं हो सकता। इसी प्रकार, कोई चाकू—चाहे वह कितना ही तेज़ क्यों न हो—स्वयं अपने आप को नहीं काट सकता। इसके अतिरिक्त ईश्वर को स्वयंभू तभी माना जा सकता है जब पहले से उसके अस्तित्व को स्वीकार कर लिया जाए, क्योंकि बंध्या-पुत्र अथवा आकाश-कुसुम के समान कोई भी अस्तित्व-रहित वस्तु स्वयं अपने आप को उत्पन्न नहीं कर सकती। यहाँ हमारे समक्ष जटिल-प्रश्न यह है कि यदि पहले

ईश्वर का अस्तित्व था ही नहीं तो उसने स्वयं अपने आप को कैसे उत्पन्न किया। इन तथ्यों से यह स्पष्ट है कि स्वंभू ईश्वर की अवधारणा तर्क-विरुद्ध होने के कारण हमारे लिए बोधगम्य नहीं हो सकती, अतः नागार्जुन के मतानुसार ईश्वर की उत्पत्ति से संबंधित उपर्युक्त प्रश्न के उत्तर में प्रस्तुत ईश्वरवादियों के प्रथम विकल्प को युक्तिसंगत नहीं माना जा सकता।

परंतु इस समस्या का समाधान करने के लिए ईश्वरवादी विचारक दूसरे विकल्प के रूप में यह कह सकते हैं कि ईश्वर स्वयंभू न होकर किसी अन्य वस्तु से उत्पन्न हुआ है। उनके इस विकल्प का खंडन करते हुए नागार्जुन कहते हैं कि यह स्वयं ईश्वरवादियों के अपने सिद्धांत के विरुद्ध है। ईश्वरवादी दार्शनिक यह मानते हैं कि ईश्वर ही संपूर्ण जगत् का रचयिता है। इसका अर्थ यही है कि जब तक ईश्वर ने इस जगत् की रचना नहीं की थी तब तक ईश्वर के अतिरिक्त अन्य किसी वस्तु का अस्तित्व था ही नहीं। ऐसी स्थिति में किसी अस्तित्व-रहित अन्य वस्तु से ईश्वर के उत्पन्न होने की बात करना असंगत और स्वतोव्याघातपूर्ण है। इसके अतिरिक्त यदि ईश्वर किसी अन्य वस्तु से उत्पन्न हुआ है तो विश्व की सामान्य वस्तुओं की भाँति वह भी सीमित और अनित्य हो जाता है। परंतु ईश्वरवादी विचारक तो ईश्वर को असीम, नित्य तथा सर्वशक्तिमान मानते हैं। इससे भी यही सिद्ध होता है कि ईश्वर को किसी अन्य वस्तु से उत्पन्न मानना स्वयं ईश्वरवादियों के अपने सिद्धांत के विरुद्ध है।

ईश्वरवादी दार्शनिक अपने सिद्धांत की उपर्युक्त कठिनाई का निराकरण करने के लिए यह कह सकते हैं कि वस्तुतः ईश्वर अनादि है—अर्थात्, उसकी उत्पत्ति का कोई कारण नहीं है। परंतु नागार्जुन के अनुसार, ईश्वरवादियों का यह मत भी उनके अपने सिद्धांत का खंडन करता है, क्योंकि वे किसी वस्तु को अकारण नहीं मानते और इसलिए उन्होंने विश्व के कारण के रूप में ईश्वर के अस्तित्व को स्वीकार करना अनिवार्य माना है। इसके अतिरिक्त यदि ईश्वर को अनादि माना जाए तो उसे अनंत भी मानना पड़ेगा। वस्तुतः इसी कारण स्वयं ईश्वरवादी उसे अनादि और अनंत दोनों ही मानते हैं। अब यदि ईश्वर अनंत है तो उसके द्वारा रचित विश्व को भी अनंत मानना अनिवार्य हो जाता है, क्योंकि यह विश्व ईश्वर का ही 'कार्य' है और जब तक इसके पूर्ण अथवा पर्याप्त कारण के रूप में ईश्वर विद्यमान रहेगा तब तक इसका अस्तित्व भी अनिवार्यतः बना रहेगा। हम अपने अनुभव द्वारा यह जानते हैं कि जब तक किसी वस्तु की उत्पत्ति का पूर्ण या पर्याप्त कारण उपस्थित रहता है तब तक उस वस्तु का अस्तित्व भी अवश्य बना रहता है। परंतु इस तर्कसंगत आधारभूत सिद्धांत के विरुद्ध ईश्वरवादी विचारक ईश्वर को अनादि मानते हुए भी उसके 'कार्य', विश्व को सांत अथवा नश्वर मानते हैं। वे यह भी कहते हैं कि ईश्वर द्वारा उत्पन्न किए जाने से पूर्व विश्व का अस्तित्व नहीं था, किंतु तब भी ईश्वर का अस्तित्व अवश्य था। इसका अर्थ यह है कि कारण के संपूर्ण रूप में उपस्थित होते हुए भी उस समय 'कार्य'—अर्थात्, विश्व—का अभाव था। ईश्वरवादियों की यह मान्यता भी तर्कसंगत नहीं है, क्योंकि यह कारण-कार्य के अनिवार्य साहचर्य संबंधी नियम के विरुद्ध है। ईश्वर के रूप में संपूर्ण अथवा पर्याप्त कारण के उपस्थित होने पर उससे उत्पन्न

होनेवाले 'कार्य'—अर्थात्, विश्व—का अभाव नहीं हो सकता, किंतु इस तथ्य की उपेक्षा करते हुए ईश्वरवादी विचारक विश्व-रचना से पूर्व ईश्वर के अस्तित्व और विश्व के अनस्तित्व दोनों को एक साथ स्वीकार करते हैं जिसके परिणामस्वरूप उनके सिद्धांत में स्वतोव्याघात उत्पन्न हो जाता है। इस प्रकार नागार्जुन के विचार में ईश्वर को न तो स्वयंभू माना जा सकता है और न किसी अन्य वस्तु से उत्पन्न, अतः उसके अस्तित्व की अवधारणा तर्क-विरुद्ध होने के कारण हमारे लिए अबोधगम्य हो जाती है।

नागार्जुन का कथन है कि ईश्वर की उत्पत्ति से संबंधित उपर्युक्त प्रश्न का उत्तर देते हुए ईश्वरवादी विचारक तीसरे विकल्प के रूप में उसे स्वयंभू तथा किसी अन्य वस्तु से उत्पन्न दोनों एक साथ मान सकते हैं। परंतु यह विकल्प पूर्णतः अयुक्तिसंगत है, क्योंकि यह स्वतोव्याघातपूर्ण है और इसमें पहले तथा दूसरे दोनों ही विकल्पों के दोष विद्यमान हैं। ऐसी स्थिति में इसे स्वीकार करने का प्रश्न ही नहीं उठता। नागार्जुन की इस संपूर्ण विवेचना से यह स्पष्ट है कि उनके मतानुसार ईश्वर के अस्तित्व की कोई तर्कसंगत व्याख्या करना संभव नहीं है। ईश्वर को हम अजन्मा नहीं मान सकते, क्योंकि ऐसा करने से वह बंध्या-पुत्र की भाँति अस्तित्व-रहित हो जाएगा और जो स्वयं अस्तित्व-रहित है वह विश्व का रचयिता नहीं हो सकता। इसी प्रकार, हम देख चुके हैं कि ईश्वर को हम न तो स्वयंभू मान सकते हैं और न किसी अन्य वस्तु से उत्पन्न। उसे हम स्वयंभू तथा किसी अन्य वस्तु से उत्पन्न दोनों भी नहीं मान सकते, क्योंकि यह मान्यता स्वतोव्याघातपूर्ण है। इस प्रकार नागार्जुन के मतानुसार, इन सब तथ्यों को ध्यान में रखते हुए निष्कर्ष के रूप में हम यही कह सकते हैं कि ईश्वर के अस्तित्व में विश्वास करना पूर्णतः तर्क-विरुद्ध है, क्योंकि ईश्वर की अवधारणा नितांत अयुक्तिसंगत और अबोधगम्य है।

ईश्वर के अस्तित्व के विरुद्ध नागार्जुन का उपर्युक्त दूसरा तर्क उनके प्रथम तर्क की अपेक्षा कहीं अधिक प्रबल तथा विश्वसनीय है। जिस रूप में ईश्वरवादी दार्शनिकों ने ईश्वर की तत्त्वमीमांसीय अवधारणा को प्रस्तुत किया है उस रूप में वह निश्चय ही तर्क-विरुद्ध तथा स्वतोव्याघातपूर्ण है। नागार्जुन ने ईश्वर की सत्ता के विरुद्ध अपने दूसरे तर्क में इस तथ्य को भली-भाँति स्पष्ट किया है। हम ऊपर देख चुके हैं कि उनका यह तर्क मुख्यतः इस मूल प्रश्न से संबंधित है कि ईश्वर की उत्पत्ति कहाँ से हुई है। उन्होंने यह भली-भाँति सिद्ध किया है कि ईश्वरवादी विचारक इस प्रश्न का कोई तर्कसंगत एवं संतोषप्रद उत्तर नहीं दे पाते। पाश्चात्य दर्शन में भी अनेक निरीश्वरवादी दार्शनिकों ने ईश्वर के समर्थन में दी गई कारणपरक युक्ति का खंडन करते हुए यही आधारभूत प्रश्न उठाया है कि स्वयं ईश्वर का कारण क्या है। जहाँ तक मुझे ज्ञात है, ईश्वरवाद में विश्वास करनेवाले पश्चिमी दार्शनिक भी इस प्रश्न का कोई युक्तिसंगत और संतोषजनक उत्तर नहीं दे सके। ऐसी स्थिति में निरीश्वरवादियों का यह मत उचित ही प्रतीत होता है कि ईश्वर के अस्तित्व की तर्कसंगत व्याख्या असंभव है।

इसी प्रकार, ईश्वरवादी विचारक सर्वज्ञता, सर्वशक्तिमता, सर्वव्यापकता, नित्यता आदि जिन गुणों को ईश्वर में आरोपित करते हैं उनके कारण उसका स्वरूप भी

अबोधगम्य हो जाता है। इस अध्याय के पिछले खंड में हम देख चुके हैं कि कुछ जैन दार्शनिकों ने मुख्यतः इसी आधार पर ईश्वरवाद का खंडन किया है। इन जैन दार्शनिकों की भाँति अनेक पाश्चात्य निरीश्वरवादी दार्शनिक भी ईश्वर के उपर्युक्त गुणों के कारण उसके स्वरूप को अबोधगम्य मानते हैं। उनके इस मत की विस्तृत विवेचना हम प्रस्तुत पुस्तक के तीसरे भाग में करेंगे। यहाँ इतना कह देना ही पर्याप्त होगा कि ईश्वर का अस्तित्व एवं स्वरूप दोनों ही तर्क-विरुद्ध तथा अबोधगम्य है, अतः भारतीय और पाश्चात्य निरीश्वरवादी दार्शनिकों का यह मत उचित एवं युक्तिसंगत प्रतीत होता है कि ईश्वर विषयक विश्वास का कोई बौद्धिक अथवा तार्किक आधार नहीं है।

नागार्जुन के अतिरिक्त एक अन्य बौद्ध दार्शनिक, शांतरक्षित ने भी अपने ग्रंथ, 'तत्त्व-संग्रह' में ईश्वर की सत्ता के विरुद्ध अनेक प्रबल तर्क प्रस्तुत किए हैं। उनके इन तर्कों का मुख्य उद्देश्य ईश्वर के अस्तित्व के समर्थन में परवर्ती न्याय-वैशेषिक दर्शनों द्वारा दिए गए प्रमाणों का खंडन करना है। अन्य भारतीय निरीश्वरवादी दार्शनिकों की भाँति उन्होंने भी विश्व-रचयिता के रूप में ईश्वर के विरुद्ध अपने तर्क प्रस्तुत किए हैं। हम देख चुके हैं कि नैयायिक ईश्वर को बुद्धिमान निमित्त कारण के रूप में विश्व का रचयिता मानते हैं और वे यह भी कहते हैं कि ईश्वर सर्वज्ञ तथा नित्य है। शांतरक्षित ने ईश्वर की इस अवधारणा का अनेक तर्कों द्वारा खंडन किया है। उनका कथन है कि जिस अनुमान द्वारा नैयायिक ईश्वर के अस्तित्व को प्रमाणित करने का प्रयास करते हैं वह तार्किक दृष्टि से दोषपूर्ण है। नैयायिकों के मतानुसार, यह विश्व सावयव अथवा अनेक सुव्यवस्थित भागों से परिपूर्ण होने के कारण एक 'कार्य' है जिसका कोई बुद्धिमान कारण या कर्ता होना अनिवार्य है और यह बुद्धिमान कारण अथवा कर्ता नित्य तथा सर्वज्ञ ईश्वर ही है।

नैयायिकों की उपर्युक्त अनुमानात्मक युक्ति के विरुद्ध शांतरक्षित का प्रथम तर्क यह है कि इसके आधार पर विश्व के किसी बुद्धिमान कारण को प्रमाणित नहीं किया जा सकता। इस युक्ति में विश्व की सावयवता से संबंधित जो हेतु प्रस्तुत किया गया है वह अपने साध्य (ईश्वर) को सिद्ध नहीं करता। यह सत्य है कि घट, वस्त्र, भवन, मंदिर आदि कुछ वस्तुओं की रचना बुद्धिमान व्यक्तियों द्वारा की जाती है। बुद्धिमान रचयिताओं को ऐसी वस्तुओं की रचना करते देखकर हम प्रत्यक्ष द्वारा इस तथ्य का ज्ञान प्राप्त करते हैं। अपनी युक्ति के समर्थन में नैयायिकों ने कुंभकार, जुलाहा आदि के जो लौकिक दृष्टांत दिए हैं वे हमारे प्रत्यक्ष ज्ञान संबंधी इस तथ्य के स्पष्ट प्रमाण हैं। अपने इस प्रत्यक्ष ज्ञान के आधार पर हम यह जानते हैं कि ऐसी वस्तुओं के रचयिता बुद्धिमान व्यक्ति ही होते हैं। इसी कारण जब हम किसी भवन या मंदिर को देखते हैं तो हम यह अनुमान लगाते हैं कि उसकी रचना भी बुद्धिमान व्यक्तियों ने ही की है। यद्यपि उस समय हमारे समक्ष इस भवन अथवा मंदिर के ये बुद्धिमान रचयिता उपस्थित नहीं होते, फिर भी इस संबंध में अपने पूर्व प्राप्त प्रत्यक्ष ज्ञान के आधार पर हम अनुमान द्वारा उनके अस्तित्व को स्वीकार कर लेते हैं। हमारा यह अनुमान उचित एवं तर्कसंगत होता है, क्योंकि इसका आधार पहले से प्राप्त किया गया हमारा प्रत्यक्ष ज्ञान है।

परंतु शांतरक्षित का कथन है कि विश्व की समस्त वस्तुओं के विषय में हम तर्कसंगत रूप से यह अनुमान नहीं लगा सकते कि उनकी रचना किसी बुद्धिमान रचयिता द्वारा की गई है, क्योंकि ऐसे अनुमान के लिए हमारे पास प्रत्यक्ष ज्ञान संबंधी कोई आधार नहीं है। हम केवल मानव-निर्मित उद्देश्यपूर्ण वस्तुओं के विषय में ही इस प्रकार का अनुमान लगा सकते हैं, अन्य वस्तुओं के विषय में नहीं। संसार में नदी, समुद्र, वृक्ष, पर्वत, पशु, पक्षी आदि लाखों वस्तुएँ ऐसी हैं जिनके संबंध में हम यह अनुमान नहीं लगा सकते कि इनकी रचना बुद्धिमान रचयिताओं ने की है, क्योंकि हमने किसी बुद्धिमान रचयिता को ऐसी वस्तुओं की रचना करते हुए कभी नहीं देखा। ऐसी स्थिति में हमारे पास इस अनुमान का कोई तर्कसंगत आधार नहीं है कि इन प्राकृतिक वस्तुओं का कोई बुद्धिमान रचयिता है। इस प्रकार शांतरक्षित के मतानुसार, सावयव होते हुए भी हेतु के रूप में विश्व अपने साध्य (ईश्वर) को सिद्ध नहीं करता, अतः नैयायिकों का यह अनुमान तार्किक दृष्टि से दोषपूर्ण है कि संपूर्ण विश्व का रचयिता बुद्धिमान ईश्वर है। इसके विपरीत समस्त प्राणियों के शरीरों, नदी, समुद्र, वृक्ष, पर्वत आदि प्राकृतिक वस्तुओं के प्रत्यक्ष ज्ञान के आधार पर हम यही कह सकते हैं कि विश्व का कोई बुद्धिमान रचयिता नहीं है।[18]

ईश्वर के अस्तित्व के समर्थन में नैयायिकों द्वारा दी गई विश्व-रचना संबंधी युक्ति के विरुद्ध शांतरक्षित का दूसरा तर्क यह है कि यदि विश्व के किसी बुद्धिमान रचयिता को स्वीकार कर लिया जाए तो भी इससे उस ईश्वर की सत्ता सिद्ध नहीं होती जिसमें नैयायिक विश्वास करते हैं। हम देख चुके हैं कि नैयायिकों के अनुसार विश्व का एकमात्र बुद्धिमान निमित्त कारण ईश्वर है और यह ईश्वर शाश्वत अथवा नित्य है। परंतु नैयायिकों की इस मान्यता के विरुद्ध शांतरक्षित का कथन है कि अनुमान द्वारा तर्कतः इसकी पुष्टि नहीं होती, क्योंकि इसके अनुमान के लिए हमारे पास कोई तार्किक आधार नहीं है। हम मनुष्यों द्वारा निर्मित भवन, मंदिर, घट, वस्त्र आदि जिन वस्तुओं को जानते हैं उनका रचयिता कोई एक बुद्धिमान व्यक्ति न होकर वास्तव में अनेक व्यक्ति होते हैं और ये सभी व्यक्ति अनित्य भी हैं। उदाहरणार्थ, कोई भी भवन किसी एक शाश्वत बुद्धिमान व्यक्ति द्वारा निर्मित नहीं होता; इसके विपरीत उसकी रचना बहुत-से बुद्धिमान व्यक्ति मिलकर करते हैं और ये व्यक्ति नित्य या शाश्वत न होकर मरणशील ही होते हैं। स्वयं नैयायिकों ने जुलाहा, कुंभकार, शिल्पी आदि के ज़ो दृष्टांत दिए हैं उनसे इसी तथ्य की पुष्टि होती है। हमारे समक्ष ऐसा कोई दृष्टांत नहीं है जो किसी एक और शाश्वत बुद्धिमान को विश्व का रचयिता सिद्ध कर सके। इससे यह प्रमाणित होता है कि ईश्वर की सत्ता से संबंधित अनुमान के लिए कोई हेतु विद्यमान नहीं है। इसके विपरीत बुद्धिमान मनुष्यों द्वारा निर्मित वस्तुओं के रूप में जो हेतु हमारे समक्ष विद्यमान है वह नैयायिकों द्वारा स्वीकृत एक तथा नित्य ईश्वर के विरुद्ध विश्व के अनेक और अनित्य बुद्धिमान रचयिताओं के अस्तित्व को प्रमाणित करता है। इस प्रकार शांतरक्षित ने अपने उपर्युक्त तर्क द्वारा यह सिद्ध किया है कि एक तथा नित्य

18. देखिए, शांतरक्षित, 'तत्त्व-संग्रह', गंगानाथ झा द्वारा अंग्रेज़ी में अनूदित, ईश्वर विषयक अध्याय, श्लोक 61-71.

ईश्वर की सत्ता के समर्थन में नैयायिकों ने जो विश्व-रचना संबंधी युक्ति प्रस्तुत की है वह वास्तव में इस ईश्वर को प्रमाणित करने के स्थान पर उसका खंडन करती है।

ईश्वर की नित्यता के विरुद्ध शांतरक्षित ने यह तर्क भी दिया है कि यदि ईश्वर नित्य है तो वह विश्व का रचयिता नहीं हो सकता, क्योंकि 'नित्य होना' और 'रचयिता होना' ये दोनों परस्पर विरोधी विचार हैं। जब कोई रचयिता किसी वस्तु की रचना करता है तो इस रचना-प्रक्रिया के परिणामस्वरूप उसमें अनिवार्यतः कुछ परिवर्तन होता है। ऐसे किसी रचयिता के विचार को तर्कतः स्वीकार करना संभव नहीं है जिसके स्वरूप में उसके द्वारा की गई रचना के कारण कोई परिवर्तन न हो। परंतु नैयायिक एक ओर तो ईश्वर को नित्य मानते हैं जिसका अर्थ यह है कि उसमें कभी किसी प्रकार का परिवर्तन नहीं होता और दूसरी ओर वे ईश्वर को विश्व का रचयिता भी स्वीकार करते हैं। इन दोनों परस्पर विरोधी विचारों को एक ही साथ स्वीकार करने के कारण नैयायिकों के ईश्वर विषयक सिद्धांत में गंभीर स्वतोव्याघात उत्पन्न हो जाता है। उन्होंने ईश्वर की सत्ता को सिद्ध करने के लिए जो लौकिक दृष्टांत दिए हैं वे सब अनित्य व्यक्तियों के दृष्टांत हैं जिनके स्वरूप में उनकी रचनाओं के कारण अनिवार्यतः परिवर्तन होता रहता है। यह स्पष्ट है कि ऐसे दृष्टांतों द्वारा विश्व-रचयिता के रूप में नित्य ईश्वर का अस्तित्व प्रमाणित नहीं होता। इसके विपरीत इन लौकिक दृष्टांतों से यही निष्कर्ष निकलता है कि कुंभकार, शिल्पी आदि की भाँति ईश्वर भी अनित्य और सीमित है।

ईश्वर की नित्यता के अतिरिक्त शांतरक्षित ने नैयायिकों के इस मत का भी खंडन किया है कि उसका ज्ञान नित्य अथवा शाश्वत है। ईश्वर के ज्ञान की नित्यता के विरुद्ध शांतरक्षित का कथन है कि विश्व को अनित्य वस्तुओं से संबंधित होने के कारण उसका ज्ञान नित्य नहीं हो सकता। ईश्वर संसार की जिन वस्तुओं को जानता है वे सब अनित्य हैं, अतः इनसे संबंधित उसके ज्ञान का भी अनित्य होना अनिवार्य है। इस प्रकार शांतरक्षित के मतानुसार, नैयायिकों की यह मान्यता अयुक्तिसंगत है कि ईश्वर का स्वरूप तथा ज्ञान दोनों शाश्वत अथवा नित्य हैं।[19]

ईश्वर के अस्तित्व के विरुद्ध शांतरक्षित का तीसरा तर्क यह है कि स्वयं अजात या अजन्मा होने के कारण वह किसी वस्तु का रचयिता नहीं हो सकता। ईश्वरवादी विचारक यह मानते हैं कि ईश्वर की उत्पत्ति का कोई कारण नहीं है जिसका अर्थ यही है कि उसे किसी वस्तु ने जन्म नहीं दिया। शांतरक्षित के अनुसार, ऐसे ईश्वर को बंध्या-पुत्र अथवा आकाश-कुसुम के समान अस्तित्व-रहित ही माना जा सकता है। स्पष्ट है कि जो ईश्वर स्वयं अस्तित्व-रहित है वह विश्व की रचना नहीं कर सकता, अतः उसे विश्व-रचयिता मानना तर्क-विरुद्ध है।

इसके अतिरिक्त यदि ईश्वर को विश्व का रचयिता मान लिया जाए तो यह प्रश्न उठता है कि संसार की सभी वस्तुएँ तुरंत और एक साथ उत्पन्न क्यों नहीं हो जातीं। ईश्वर को विश्व का एकमात्र निमित्त कारण माना जाता है जिसका तात्पर्य यह है कि

19. ईश्वर के विरुद्ध शांतरक्षित के उपर्युक्त तर्क के लिए देखिए, वही पुस्तक, श्लोक 72-82.

उसमें विश्व को उत्पन्न करने की पूर्ण क्षमता है। नित्य अथवा शाश्वत होने के कारण यह ईश्वर सदा उपस्थित भी रहता है। ऐसी स्थिति में विश्व की सभी वस्तुएँ तुरंत और एक साथ उत्पन्न हो जानी चाहिए, क्योंकि उनकी उत्पत्ति का पर्याप्त अथवा पूर्ण कारण विद्यमान है। नित्य एवं सर्वशक्तिमान ईश्वर के समक्ष ऐसी कोई बाधा नहीं है जो समस्त वस्तुओं की एक साथ और तुरंत उत्पत्ति में व्यवधान उत्पन्न करती हो; परंतु हम अपने प्रत्यक्ष अनुभव द्वारा यह जानते हैं कि संसार की सभी वस्तुएँ तुरंत तथा एक साथ उत्पन्न नहीं होतीं जिससे यही सिद्ध होता है कि ईश्वर विश्व का रचयिता नहीं है। अपने इस तर्क के आधार पर भी शांतरक्षित ने विश्व-रचयिता के रूप में ईश्वर के अस्तित्व को अस्वीकार किया है।[20] हम पहले ही यह बता चुके हैं कि वैभाषिकों ने भी जगत् के रचयिता के रूप में ईश्वर की सत्ता के विरुद्ध यही तर्क प्रस्तुत किया है। इस दृष्टि से उनके और शांतरक्षित के विचारों में पर्याप्त समानता दिखाई देती है।

शांतरक्षित के उपर्युक्त तर्क का उत्तर देते हुए नैयायिक यह कह सकते हैं कि ईश्वर परमाणु, दिक्, काल, आकाश, अदृष्ट धर्म तथा अधर्म आदि के आधार पर ही विश्व की रचना करता है, अतः प्रत्येक वस्तु की रचना इन सहकारी कारणों के उपस्थित होने पर ही की जा सकती है, इससे पूर्व नहीं। यही कारण है कि सभी पदार्थ तथा जीव तुरंत और एक साथ उत्पन्न नहीं होते। परंतु शांतरक्षित का मत है कि नैयायिकों का यह उत्तर युक्तिसंगत एवं संतोषप्रद नहीं है, क्योंकि यदि इसे स्वीकार कर लिया जाए तो ईश्वर सर्वशक्तिमान तथा पूर्णतः स्वतंत्र नहीं रह जाता। नैयायिक ईश्वर को सर्वशक्तिमान, नित्य और सभी दृष्टियों से पूर्ण मानते हैं, अतः ऐसा कोई सहकारी कारण नहीं हो सकता जो इस पूर्ण ईश्वर की रचना-शक्ति में वृद्धि कर सके। स्वयं सभी दृष्टियों से पूर्ण होने के कारण ईश्वर को जगत् की रचना करने के लिए किसी अन्य सहकारी कारण की कोई आवश्यकता नहीं हो सकती। इस प्रकार शांतरक्षित के अनुसार नैयायिकों ने उपर्युक्त तर्क का जो उत्तर दिया है वह केवल अयुक्तिसंगत ही नहीं, अपितु स्वयं उनके अपने ईश्वर विषयक सिद्धांत के भी विरुद्ध है।

परंतु इस उत्तर के अतिरिक्त नैयायिक शांतरक्षित द्वारा ऊपर दिए गए तीसरे तर्क का खंडन करने के लिए एक अन्य युक्ति भी प्रस्तुत करते हैं जिस पर यहाँ संक्षेप में विचार करना आवश्यक है। उद्योतकर का कथन है कि विश्व की उत्पत्ति केवल ईश्वर की उपस्थिति का ही परिणाम नहीं है; वस्तुतः वह इसकी रचना अपनी इच्छानुसार बुद्धिमतापूर्वक किसी उद्देश्य को ध्यान में रखकर करता है। इसी कारण विश्व के समस्त प्राणी तथा पदार्थ तुरंत और एक ही साथ उत्पन्न नहीं होते। उनकी उत्पत्ति यथासमय ईश्वर की इच्छानुसार किसी विशेष उद्देश्य की पूर्ति के लिए ही होती है। अपनी इस युक्ति के आधार पर उद्योतकर यह कहते हैं कि शांतरक्षित के उपर्युक्त तर्क द्वारा ईश्वर की सत्ता का खंडन नहीं होता।[21]

20. देखिए, वही पुस्तक, श्लोक 87.

21. देखिए, उद्योतकर, 'न्यायवार्तिक', सूत्र 4, 1, 21.

परंतु शांतरक्षित का कथन है कि उनके तर्क के विरुद्ध उद्योत्कर की उपर्युक्त युक्ति उचित और विश्वसनीय नहीं है, क्योंकि कारण से कार्य की उत्पत्ति स्वयं उस कारण की इच्छा अथवा बुद्धिमता के परिणामस्वरूप नहीं होती। जब किसी वस्तु का कारण संपूर्ण रूप में उपस्थित होता है तो उस वस्तु का उत्पन्न होना अनिवार्य है। इसमें उस कारण की अपनी इच्छा या बुद्धिमता की कोई भूमिका नहीं होती। उदाहरणार्थ, यदि उपजाऊ भूमि में बीज उपस्थित है और अन्य सभी परिस्थितियाँ अनुकूल हैं तो उस बीज से पौधे की उत्पत्ति अनिवार्य है। इसके अतिरिक्त शांतरक्षित के मतानुसार, एक अन्य अनुभवसिद्ध तथ्य द्वारा भी उद्योत्कर की युक्ति का खंडन होता है। हम जानते हैं कि मनुष्य की इच्छा अथवा बुद्धिमता मात्र से कोई वस्तु उत्पन्न नहीं होती, क्योंकि उसकी उत्पत्ति के लिए पर्याप्त कारण का होना अनिवार्य है। इन तथ्यों से यह स्पष्ट है कि विश्व की समस्त वस्तुओं के तुरंत और एक साथ उत्पन्न न होने का उद्योत्कर ने जो कारण बताया है वह उचित नहीं है। वस्तुतः यदि विश्व के संपूर्ण कारण के रूप में ईश्वर सदा उपस्थित रहता है जैसा कि नैयायिक मानते हैं तो सभी वस्तुओं तथा प्राणियों की तुरंत और एक साथ उत्पत्ति होना अनिवार्य है। परंतु वास्तव में ऐसा नहीं होता, अतः शांतरक्षित का कथन है कि विश्व-रचयिता के रूप में ईश्वर के अस्तित्व को स्वीकार करना तर्क-विरुद्ध है।[22]

शांतरक्षित ने ईश्वर की सत्ता के समर्थन में नैयायिकों द्वारा दिए गए एक अन्य तर्क का भी खंडन किया है जिसका यहाँ संक्षेप में उल्लेख कर देना आवश्यक है। यह तर्क मनुष्यों द्वारा प्रयुक्त भाषा की शिक्षा से संबंधित है। नैयायिकों का कथन है कि सृष्टि के प्रारंभ में कोई भी मनुष्य भाषा का प्रयोग करना नहीं जानता था, अतः इस आदिकाल में सर्वज्ञ ईश्वर ने ही मनुष्यों को सर्वप्रथम भाषा के प्रयोग की शिक्षा दी थी। यदि ईश्वर उन्हें यह शिक्षा न देता तो वे भाषा के प्रयोग में असमर्थ रहते। इस प्रकार नैयायिकों के अनुसार, मनुष्यों द्वारा प्रयुक्त भाषा के आधार पर भी ईश्वर का अस्तित्व प्रमाणित होता है।

नैयायिकों के उपर्युक्त तर्क का खंडन करते हुए शांतरक्षित कहते हैं कि यह निराधार तथा अविश्वसनीय है। हम यह जानते हैं कि केवल वही व्यक्ति भाषा की शिक्षा दे सकता है जो बोल सके और बोलने के लिए मुख का होना अनिवार्य है। परंतु स्वयं शरीर-रहित होने के कारण ईश्वर के मुख का होना संभव नहीं है, अतः वह मनुष्यों को भाषा के प्रयोग की शिक्षा नहीं दे सकता। नैयायिक स्वयं यह स्वीकार करते हैं कि ईश्वर अशरीरी है, क्योंकि उसमें धर्म तथा अधर्म दोनों ही अनुपस्थित रहते हैं और इन दोनों के अभाव में किसी को शरीर प्राप्त नहीं हो सकता। नैयायिकों के इस मत को ध्यान में रखते हुए यही कहा जा सकता है कि ईश्वर मनुष्यों को भाषा की शिक्षा देने में असमर्थ है, क्योंकि स्वयं शरीर-रहित होने के कारण वह बोल ही नहीं सकता। इस तर्क के विरुद्ध यदि नैयायिक यह कहते हैं कि ईश्वर बोलने में

22. देखिए, गंगानाथ झा द्वारा अंग्रेज़ी में अनूदित कमलशील की टीका सहित शांतरक्षित का 'तत्त्व-संग्रह', श्लोक 87, 94-96.

समर्थ है तो स्वयं अपने सिद्धांत के विरुद्ध उन्हें ईश्वर को शरीरवान मानना पड़ेगा जिससे उनके ईश्वर विषयक सिद्धांत का खंडन होगा। इस प्रकार शांतरक्षित के मतानुसार, भाषा के प्रयोग की शिक्षा से संबंधित नैयायिकों के उक्त तर्क द्वारा भी ईश्वर की सत्ता सिद्ध नहीं होती।[23] वस्तुतः नैयायिकों का यह तर्क केवल काल्पनिक ही प्रतीत होता है, क्योंकि इसकी पुष्टि के लिए वे कोई दृष्टांत नहीं दे सकते। ऐसी स्थिति में मनुष्यों को भाषा के प्रयोग की शिक्षा देने के लिए उन्होंने ईश्वर के अस्तित्व का जो अनुमान लगाया है उसे अयुक्तिसंगत तथा निराधार ही कहा जा सकता है।

ईश्वर की सत्ता के विरुद्ध अपने उपर्युक्त तर्कों को ध्यान में रखते हुए शांतरक्षित यह कहते हैं कि इनके द्वारा ईश्वर की सर्वज्ञता का भी खंडन होता है। नैयायिकों ने विश्व-रचयिता होने के आधार पर ही ईश्वर को सर्वज्ञ माना है, क्योंकि उनके अनुसार केवल सर्वज्ञ ईश्वर ही इस विशाल विश्व की रचना से संबंधित समस्त तथ्यों को जान सकता है। परंतु हम देख चुके हैं कि शांतरक्षित के विचार में ईश्वर को विश्व का रचयिता मानना अयुक्तिसंगत है। उनका कथन है कि यदि ईश्वर विश्व का रचयिता नहीं है तो उसे सर्वज्ञ मानने की कोई आवश्यकता नहीं रह जाती, क्योंकि नैयायिकों ने विश्व-रचयिता होने के कारण ही उसे सर्वज्ञ माना है।[24]

इस प्रकार अन्य बौद्ध दार्शनिकों की भाँति शांतरक्षित ने भी अपने उपर्युक्त समस्त तर्कों द्वारा ईश्वर की सत्ता के समर्थन में दी गई नैयायिकों की सभी प्रमुख युक्तियों का खंडन करते हुए निरीश्वरवाद को पूर्णतः स्वीकार किया है जिससे इसी तथ्य की पुष्टि होती है कि बौद्ध दर्शन वास्तव में निरीश्वरवादी दर्शन ही है।

23. देखिए, वही पुस्तक, श्लोक 84-85, पृ. 91-92.

24. देखिए, वही पुस्तक, श्लोक 91, पृ. 97.

अध्याय-7

सांख्य तथा मीमांसा दर्शन

1. सांख्य दर्शन में निरीश्वरवाद

पिछले दो अध्यायों में हम चार्वाक, जैन और बौद्ध इन तीन नास्तिक दर्शनों के निरीश्वरवादी सिद्धांतों की विस्तृत विवेचना कर चुके हैं। हम यह भी स्पष्ट कर चुके हैं कि वेदों की प्रामाणिकता को स्वीकार न करने के कारण ही इन तीनों दर्शनों को 'नास्तिक दर्शन' कहा जाता है। इन नास्तिक दर्शनों के अतिरिक्त अनेक ऐसे दर्शन भी निरीश्वरवाद का समर्थन करते हैं जिन्हें वेदों की प्रामाणिकता में विश्वास करने के कारण 'आस्तिक दर्शन' की संज्ञा दी जाती है। इन निरीश्वरवादी आस्तिक दर्शनों में सांख्य तथा मीमांसा के नाम विशेष रूप से उल्लेखनीय हैं। प्रस्तुत अध्याय में इन दोनों दर्शनों के निरीश्वरवादी सिद्धांतों पर कुछ विस्तार से विचार किया जाएगा।

परंतु उपर्युक्त दो आस्तिक दर्शनों के निरीश्वरवाद का विवेचन करने से पूर्व यहाँ पाठकों को इस तथ्य का स्मरण करा देना आवश्यक प्रतीत होता है कि इनके अतिरिक्त शंकर के अद्वैत वेदांत, योग दर्शन और प्रारंभिक न्याय-वैशेषिक दर्शनों में भी प्रत्यक्ष अथवा परोक्ष रूप से निरीश्वरवाद को स्वीकार किया गया है। हम चौथे अध्याय में देख चुके हैं कि अपने मूल रूप में न्याय तथा वैशेषिक ये दोनों दर्शन वस्तुतः निरीश्वरवादी दर्शन ही थे, किंतु कालांतर में इनके परवर्ती आचार्यों ने निरीश्वरवाद का परित्याग करके ईश्वरवाद को स्वीकार कर लिया। इसी प्रकार, चौथे अध्याय में हम यह भी स्पष्ट कर चुके हैं कि योग तथा अद्वैत वेदांत में भी उस रूप में ईश्वरवाद का कोई स्थान नहीं है जिस रूप में परवर्ती न्याय-वैशेषिक के आचार्यों ने इस सिद्धांत का समर्थन किया है। इस तथ्य को ध्यान में रखते हुए यह कहना संभवतः अनुचित न होगा कि इन चारों आस्तिक दर्शनों में भी किसी-न-किसी रूप में निरीश्वरवाद का कुछ स्थान अवश्य रहा है। इस प्रकार सभी नास्तिक दर्शन तो निरीश्वरवाद का प्रबल समर्थन करते ही हैं, किंतु आस्तिक दर्शनों ने भी निरीश्वरवाद को पूर्णतः अस्वीकार

नहीं किया है, अतः हम यह कह सकते हैं कि समस्त भारतीय दर्शनों पर ईश्वरवाद की अपेक्षा निरीश्वरवाद का कहीं अधिक व्यापक प्रभाव रहा है। हमारा यह कथन कुछ पाठकों को आश्चर्यजनक प्रतीत हो सकता है, परंतु संपूर्ण भारतीय दर्शन का दीर्घकालीन इतिहास इसी तथ्य की पुष्टि करता है।

जैसा कि ऊपर कहा गया है, सांख्य और मीमांसा ये दोनों आस्तिक दर्शन होते हुए भी निरीश्वरवादी दर्शन हैं। नास्तिक दर्शनों के विपरीत इन दोनों दर्शनों का वेदों की प्रामाणिकता में पूर्ण विश्वास है जिसके कारण इन्हें 'आस्तिक दर्शन' माना जाता है। परंतु इस आधारभूत अंतर के साथ-साथ इन दोनों दर्शनों तथा उपर्युक्त तीन नास्तिक दर्शनों में एक महत्त्वपूर्ण समानता यह है कि ये सभी दर्शन ईश्वरवाद का तर्कतः खंडन करते हैं। यही कारण है कि इन सभी दर्शनों को निरीश्वरवादी दर्शनों के रूप में ही स्वीकार किया जाता है जो पूर्णतः उचित और युक्तिसंगत है। यद्यपि तत्त्वमीमांसा और ज्ञानमीमांसा से संबंधित दार्शनिक समस्याओं के विषय में सांख्य तथा मीमांसा में पर्याप्त मतभेद है, फिर भी ये दोनों दर्शन निरीश्वरवाद का समर्थन करने में परस्पर पूर्ण रूप से सहमत हैं। अन्य निरीश्वरवादी दर्शनों की भाँति इन दोनों दर्शनों ने भी विश्व-रचयिता तथा कर्माध्यक्ष के रूप में ईश्वर के अस्तित्व और उसके सामान्य स्वरूप के विरुद्ध अनेक प्रबल तर्क प्रस्तुत किए हैं जिन पर इस अध्याय में विस्तारपूर्वक विचार किया जाएगा।

चार्वाक, जैन तथा बौद्ध दर्शनों की भाँति सांख्य भी बहुत प्राचीन भारतीय दर्शन है। उपनिषदों, 'महाभारत' और पुराणों में इस दर्शन के अनेक मूल सिद्धांतों का उल्लेख मिलता है जिससे इसकी प्राचीनता स्पष्टतः प्रमाणित होती है। कुछ विद्वानों का मत है कि प्राचीन काल में भारत में सांख्य की बहुत प्रतिष्ठा थी जो कालांतर में धीरे-धीरे बहुत कम हो गई। इतना ही नहीं, समय के साथ-साथ इस दर्शन के बहुत-से ग्रंथ भी लुप्त हो गए। सांख्य दर्शन के विषय में इसी मत को व्यक्त करते हुए के.सी. भट्टाचार्य ने लिखा है : "ऐसा प्रतीत होता है कि सांख्य का बहुत सारा साहित्य लुप्त हो गया है और प्राचीन काल से भाष्यकारों के युग तक की परंपरा में कोई निरंतरता दिखाई नहीं देती।"[1] एक अन्य भारतीय विद्वान, देवी प्रसाद चट्टोपाध्याय भी सांख्य दर्शन के संबंध में मुख्यतः इसी मत का समर्थन करते हैं। उनका कथन है : "लोकायत को छोड़कर इस देश में संभवतः अन्य किसी दर्शन को ऐसे व्यापक विनाश का सामना नहीं करना पड़ा जैसा सांख्य ने किया। इस अत्यंत प्राचीन तथा कभी बहुत प्रभावशाली दर्शन का आज जो कुछ उपलब्ध है वह वास्तव में टूटे हुए टुकड़ों का ढेर मात्र है। . . . हमें सांख्य के कुछ प्राचीन ग्रंथों के उल्लेख प्राप्त होते हैं, किंतु वास्तविक ग्रंथ लुप्त हो चुके हैं।"[2] इस प्रकार अनेक विद्वानों के मतानुसार, सांख्य भारत का अत्यधिक प्राचीन दर्शन है जिसकी बहुत-सी मूल कृतियाँ अब लुप्त हो चुकी हैं।

1. के.सी. भट्टाचार्य, 'स्टडीज़ इन फ़िलॉसॉफ़ी', खंड 1, पृ. 27.
2. देवी प्रसाद चट्टोपाध्याय, 'इंडियन एथीइज़्म : ए मार्क्सिस्ट ऐनालिसिस', पृ. 69, 73.

परंतु चार्वाक दर्शन के विपरीत सांख्य के कुछ मूल ग्रंथ सौभाग्यवश आज भी हमें उपलब्ध हैं। इन ग्रंथों में सांख्य दर्शन के प्रणेता, महर्षि कपिल का 'सांख्य-सूत्र' तथा ईश्वर कृष्ण की 'सांख्य-कारिका' विशेष रूप से उल्लेखनीय है। ये दोनों ग्रंथ आज भी सांख्य के प्रामाणिक ग्रंथ माने जाते हैं, क्योंकि इनमें इस दर्शन के मूल सिद्धांतों का प्रतिपादन किया गया है। कपिल तथा ईश्वर कृष्ण इन दो महान सांख्याचार्यों के अतिरिक्त आसुरि, पंचशिख, रुद्रित, वाचस्पति मिश्र, गौड़पाद, अनिरुद्ध, विज्ञान भिक्षु आदि अन्य अनेक आचार्यों ने भी सांख्य दर्शन संबंधी महत्त्वपूर्ण ग्रंथों की रचना करके इसके विकास में विशेष योगदान किया है। इन सभी विचारकों के सतत प्रयास के परिणामस्वरूप आज हमें सांख्य दर्शन के मूल सिद्धांतों के विषय में बहुत-से प्रामाणिक और महत्त्वपूर्ण ग्रंथ उपलब्ध हैं।

सांख्य के नामकरण के संबंध में विद्वानों में मतभेद है। कुछ विद्वानों का विचार है कि सम्यक् ज्ञान तथा मोक्ष की प्राप्ति के लिए तत्त्वों की परिगणना करने के कारण इस दर्शन को 'सांख्य' कहा जाता है। परंतु कुछ अन्य विद्वानों के मतानुसार, संख्या का अर्थ है ज्ञान अथवा विवेक और इस दर्शन में प्रकृति तथा पुरुष के विवेक-ज्ञान की प्रधानता होने के कारण इसे 'सांख्य' की संज्ञा दी जाती है। वस्तुतः सांख्य के नाम के विषय में यह दूसरी व्याख्या पहली व्याख्या की अपेक्षा अधिक युक्तिसंगत और संतोषप्रद प्रतीत होती है। 'सांख्य' शब्द का चाहे कोई भी अर्थ स्वीकार किया जाए, इतना निश्चित है कि भौतिकवादी चार्वाक दर्शन के विपरीत यह दर्शन भी अन्य सभी भारतीय दर्शनों की भाँति मूलतः अध्यात्मवादी दर्शन है। इस दर्शन में भी आत्मा की अमरता, कर्मवाद, पुनर्जन्म तथा मोक्ष से संबंधित सभी आध्यात्मिक सिद्धांतों को पूर्णतः स्वीकार किया गया है और मोक्ष अथवा मुक्ति को ही मानव-जीवन का अंतिम लक्ष्य माना गया है। इस प्रकार जैन तथा बौद्ध दर्शनों के समान ही सांख्य भी निरीश्वरवाद के साथ-साथ अध्यात्मवाद में विश्वास करता है, क्योंकि इन सभी निरीश्वरवादी दर्शनों के अनुसार इन दोनों सिद्धांतों में कोई विरोध नहीं है।

यहाँ यह उल्लेखनीय है कि तत्त्वमीमांसा की दृष्टि से सांख्य द्वैतवाद को ही स्वीकार करता है और यह द्वैतवाद इस दर्शन की एक ऐसी मूल विशेषता है जो इसे अन्य अधिकतर भारतीय दर्शनों से पृथक् करती है। सांख्य में प्रकृति तथा पुरुष इन दो मूल तत्त्वों को अंतिम सत्ताओं के रूप में स्वीकार किया गया है और इन दो तत्त्वों के आधार पर ही संपूर्ण जगत् के उद्भव एवं विकास की सविस्तार व्याख्या की गई है। इस दृष्टि से यह दर्शन न्याय, वैशेषिक, मीमांसा आदि बहुतत्त्ववादी दर्शनों तथा अद्वैतवाद में विश्वास करने वाले शंकर के वेदांत से मूलतः भिन्न है। सांख्य के अनुसार, संपूर्ण विश्व का आर्विभाव तथा विकास प्रकृति और पुरुष इन दो मूल तत्त्वों के संयोग के परिणामस्वरूप ही होता है, अतः इसमें ईश्वर या किसी अन्य दैवी सत्ता के लिए कोई स्थान नहीं है। सत्व, रजस् और तमस् इन तीन गुणों से युक्त प्रकृति जड़ या भौतिक, सक्रिय तथा एक है, किंतु पुरुष चैतन्य, निष्क्रिय एवं अनेक है। इन दो परस्पर विरोधी तत्त्वों का संयोग किस प्रकार होता है और इनके संयोग से जगत् की उत्पत्ति कैसे होती है—इन जटिल दार्शनिक प्रश्नों की विवेचना इस पुस्तक के मूल

विषय–निरीश्वरवाद–की परिधि से बाहर है, अतः यहाँ इतना कह देना ही पर्याप्त होगा कि ईश्वर की सत्ता को अस्वीकार करते हुए सांख्य ने केवल प्रकृति को विश्व की उत्पत्ति का अंतिम कारण माना है और उसके अनुसार यह प्रकृति जड़, अनादि, अनंत, अजन्मा तथा नित्य है। वस्तुतः अन्य भारतीय निरीश्वरवादी दर्शनों की भाँति सांख्य का निरीश्वरवाद भी उसकी तत्त्वमीमांसा और ज्ञानमीमांसा पर अनिवार्यतः आधारित नहीं है। इसी कारण यहाँ सांख्य की तत्त्वमीमांसा तथा ज्ञानमीमांसा से संबंधित जटिल दार्शनिक सिद्धांतों की विवेचना में न उलझते हुए केवल उसके निरीश्वरवाद पर ही विचार किया जाएगा।

सांख्य के निरीश्वरवाद का प्रारंभ महर्षि कपिल द्वारा रचित इस दर्शन के मूल ग्रंथ, 'सांख्य-सूत्र' से ही हो गया था। उन्होंने अपने इस ग्रंथ में अनेक प्रबल तर्कों द्वारा ईश्वरवाद का स्पष्टतः खंडन किया है। उनके ये तर्क ईश्वर की सत्ता, ईश्वरवादी दार्शनिकों द्वारा स्वीकृत उसके स्वरूप तथा विश्व-रचयिता और कर्माध्यक्ष के रूप में ईश्वर की अवधारणा के विरुद्ध हैं। प्रत्यक्ष प्रमाण संबंधी अपनी व्याख्या को युक्तिसंगत सिद्ध करने के लिए 'सांख्य-सूत्र' के प्रथम अध्याय में ही कपिल स्पष्ट रूप से यह घोषित करते हैं कि ईश्वर का अस्तित्व असिद्ध या अप्रमाणित है। अन्य अनेक भारतीय दार्शनिकों की भाँति वे भी यह मानते हैं कि बाह्य वस्तुओं के साथ ज्ञानेंद्रियों के सन्निकर्ष के परिणामस्वरूप उत्पन्न होनेवाला साक्षात् ज्ञान ही प्रत्यक्ष है। यदि हम ईश्वर का ऐसा साक्षात् ज्ञान प्राप्त नहीं कर पाते तो इससे प्रत्यक्ष की उपर्युक्त परिभाषा का खंडन नहीं होता, क्योंकि, कपिल के मतानुसार, स्वयं ईश्वर का अस्तित्व ही असिद्ध है। वस्तुतः उनके इस कथन का तात्पर्य यह है कि यथार्थ ज्ञान के किसी प्रमाण द्वारा ईश्वर की सत्ता को प्रमाणित नहीं किया जा सकता। जैसा कि हम पिछले अध्यायों में देख चुके हैं, स्वयं ईश्वरवादी भी स्पष्टतः यह स्वीकार करते हैं कि प्रत्यक्ष द्वारा ईश्वर के अस्तित्व को प्रमाणित करना संभव नहीं है, क्योंकि ईश्वर इंद्रियातीत और अनुभव से परे है। ऐसे ईश्वर के साथ ज्ञानेंद्रियों का सन्निकर्ष निश्चय ही असंभव है।

यहाँ ईश्वरवादी दार्शनिक यह कह सकते हैं कि अनुमान द्वारा ईश्वर की सत्ता को सिद्ध किया जा सकता है। हम प्रथम अध्याय में यह बता चुके हैं कि न्याय-वैशेषिक दर्शनों के परवर्ती आचार्यों ने मुख्यतः अनुमान द्वारा ईश्वर के अस्तित्व को प्रमाणित करने का प्रयास किया है। परंतु कपिल का स्पष्ट और निश्चित मत है कि अनुमान द्वारा ईश्वर के अस्तित्व को सिद्ध करना संभव नहीं है। इसका कारण यह है कि ईश्वर विषयक अनुमान के साध्य, ईश्वर तथा उसके हेतु, विश्व में अनिवार्य साहचर्य को प्रमाणित नहीं किया जा सकता। जब हम किसी एक वस्तु 'क' के आधार पर दूसरी वस्तु 'ख' के अस्तित्व का अनुमान लगाते हैं तो हमारा यह अनुमान इन दोनों वस्तुओं के उस अनिवार्य साहचर्य पर ही निर्भर रहता है जिसे हमने प्रत्यक्ष द्वारा इन दोनों वस्तुओं के संबंध में पहले अनुभव किया है। इस अनिवार्य साहचर्य के प्रत्यक्ष ज्ञान के अभाव में किसी प्रकार का अनुमान संभव नहीं है। स्पष्टतः इसका तात्पर्य यही है कि अनुमान का अंतिम मूल आधार भी प्रत्यक्ष ही है। अनुमान के इस स्वरूप को ध्यान में रखते हुए कपिल यह कहते हैं कि इसके द्वारा ईश्वर के अस्तित्व को सिद्ध

नहीं किया जा सकता, क्योंकि विश्व के साथ अभौतिक और अनुभवातीत ईश्वर के अनिवार्य साहचर्य को प्रमाणित करना असंभव है। इस प्रकार उनके मतानुसार, ईश्वर की सत्ता को न तो प्रत्यक्ष द्वारा प्रमाणित किया जा सकता है और न अनुमान द्वारा।[3]

कपिल के उपर्युक्त तर्क के उत्तर में कुछ ईश्वरवादी दार्शनिक यह कह सकते हैं कि शब्द-प्रमाण द्वारा ईश्वर के अस्तित्व को प्रमाणित करना संभव है। हम प्रथम अध्याय में देख चुके हैं कि शंकर तथा रामानुज ने मुख्यतः शब्द-प्रमाण अथवा श्रुति के आधार पर ही ईश्वर की सत्ता को सिद्ध करने का प्रयास किया है। इसी प्रकार, परवर्ती नैयायिक भी ईश्वर के अस्तित्व के समर्थन में वेदों के शब्द-प्रमाण को स्वीकार करते हैं। परंतु कपिल ने प्रत्यक्ष तथा अनुमान की भाँति ईश्वर की सत्ता को प्रमाणित करने के लिए इस शब्द-प्रमाण का भी खंडन किया है। उनका कथन है कि श्रुति संबंधी ग्रंथों में ईश्वर की जो चर्चा की गई है वह वास्तव में मुक्तात्माओं अथवा इंद्र, वरुण, अग्नि आदि देवताओं की प्रशंसा मात्र है। जिन आत्माओं ने मोक्ष प्राप्त कर लिया है उन्हें इन ग्रंथों में 'ईश्वर' कहकर उनकी स्तुति की गई है। इसी प्रकार, देवताओं की स्तुति करने के लिए उन्हें भी 'ईश्वर' कहा गया है। मुक्तात्माओं तथा देवताओं की भाँति सिद्ध पुरुषों अथवा महान योगियों को भी 'ईश्वर' कहकर उनकी प्रशंसा की जाती है। इन उदाहरणों से यह स्पष्ट है कि कपिल के अनुसार, वेदों, उपनिषदों आदि श्रुति-ग्रंथों में ईश्वर की जो चर्चा की गई है उसका उद्देश्य किसी ऐसी सत्ता का वर्णन करना नहीं है जो विश्व-रचयिता, सर्वज्ञ तथा सर्वशक्तिमान है, अपितु 'ईश्वर' शब्द द्वारा मुक्तात्माओं, देवताओं और सिद्ध पुरुषों अथवा योगियों की प्रशंसा करना ही है। इस प्रकार अपने उपर्युक्त तर्क द्वारा उन्होंने यह प्रमाणित करने का प्रयास किया है कि प्रत्यक्ष तथा अनुमान की भाँति शब्द-प्रमाण के आधार पर भी ईश्वर का अस्तित्व सिद्ध नहीं होता।[4]

ऊपर प्रस्तुत किए गए तर्कों के अतिरिक्त कपिल ने ईश्वर की सत्ता—विशेषतः विश्व-रचयिता के रूप में उसके अस्तित्व—के विरुद्ध एक अन्य तर्क भी दिया है जिसका यहाँ उल्लेख कर देना आवश्यक है। उनका कथन है कि जिस प्राणी का अस्तित्व है वह या तो स्वतंत्र होता है अथवा पराधीन, किंतु ईश्वर को न तो स्वतंत्र माना जा सकता है और न बंधनों में आबद्ध, अतः जिस रूप में ईश्वरवादी विचारक उसकी कल्पना करते हैं उस रूप में उसका अस्तित्व असिद्ध है। प्रत्येक अस्तित्ववान प्राणी के लिए दो ही विकल्प संभव हैं, और ये विकल्प हैं उसकी स्वतंत्रता अथवा पराधीनता। परंतु ईश्वर के संबंध में इन दोनों विकल्पों को तर्कसंगत रूप से स्वीकार करना असंभव है। ऐसी स्थिति में उसके अस्तित्व को अप्रमाणित ही माना जा सकता है। ईश्वर की स्वतंत्रता से कपिल का तात्पर्य यह है कि वह दुःख, राग-द्वेष, इच्छा आदि से पूर्णतः मुक्त है। अब यदि इस अर्थ में ईश्वर को स्वतंत्र माना जाए तो उसके लिए विश्व की रचना संबंधी क्रिया को संपन्न करना संभव नहीं है। इसका कारण यह है कि यदि

3. देखिए, कपिल का 'सांख्य-सूत्र', अध्याय 1, सूत्र 92; अध्याय 5, सूत्र 10-11.
4. देखिए, वही पुस्तक, अध्याय 1, सूत्र 95; अध्याय 5, सूत्र 12.

ईश्वर समस्त इच्छाओं से मुक्त है तो उसमें विश्व की रचना करने की भी इच्छा नहीं हो सकती और इस इच्छा के बिना उसके लिए विश्व की रचना करना असंभव है। इस प्रकार ईश्वर को पूर्णतः अथवा निरपेक्ष रूप से स्वतंत्र मान लेने पर वह कर्ता नहीं रह जाता, फलतः उसके लिए विश्व-रचना की क्रिया असंभव हो जाती है। इस विकल्प के अतिरिक्त ईश्वरवादी विचारक के समक्ष दूसरा विकल्प यह है कि वह ईश्वर को एक ऐसा कर्ता मान ले जो बंधन में अथवा परतंत्र है–अर्थात्, जो किसी अन्य की इच्छा से प्रेरित होकर ही कर्म करता है। परंतु यदि ईश्वर को ऐसा परतंत्र कर्ता मान लिया जाए तो उसकी सर्वशक्तिमता समाप्त हो जाती है और वह वास्तविक अर्थ में 'ईश्वर' नहीं रह जाता। इसी कारण ईश्वरवादी दार्शनिक ईश्वर के स्वरूप के संबंध में इस दूसरे विकल्प को स्वीकार नहीं कर सकते। इस प्रकार कपिल का मत है कि ईश्वरवादी विचारक जिस रूप में ईश्वर को स्वीकार करते हैं उस रूप में उसे निरपेक्षतः स्वतंत्र तथा परतंत्र दोनों ही नहीं माना जा सकता और किसी भी अस्तित्ववान प्राणी के लिए इन दोनों विकल्पों के अतिरिक्त अन्य कोई विकल्प नहीं है, अतः ईश्वर का अस्तित्व असिद्ध है।[5]

ईश्वर के स्वरूप में विद्यमान उपर्युक्त असंगतियों अथवा स्वतोव्याघातों के अतिरिक्त कपिल ने उसके स्वरूप में पाए जानेवाले एक अन्य स्वतोव्याघात का भी उल्लेख किया है जो उसके अस्तित्व का निषेध करता है। हम देख चुके हैं कि ईश्वरवादी दार्शनिक एक ओर तो ईश्वर को शाश्वत अथवा नित्य मानते हैं और दूसरी ओर वे उसे विश्व-रचयिता तथा कर्माध्यक्ष के रूप में भी स्वीकार करते हैं। परंतु कपिल का मत है कि ईश्वरवादियों की इन दोनों मान्यताओं में स्वतोव्याघात स्पष्टतः दिखाई देता है, क्योंकि ये दोनों परस्पर विरोधी मान्यताएँ हैं। यदि ईश्वर वास्तव में नित्य है तो उसमें कोई इच्छा नहीं हो सकती और किसी प्रकार की इच्छा के अभाव में वह विश्व-रचना तथा कर्म-फल प्रदान करने के कार्य संपन्न नहीं कर सकता। इसके विपरीत यदि ईश्वर विश्व-रचना और कर्म-फल प्रदान करने के कार्य करता है तो यह स्वीकार करना अनिवार्य हो जाता है कि उसमें इन कार्यों को करने की इच्छा विद्यमान है। ऐसी स्थिति में परिवर्तनशील इच्छाओं से परिपूर्ण ईश्वर को शाश्वत या नित्य नहीं माना जा सकता। परंतु ईश्वरवादी विचारक उपर्युक्त तार्किक कठिनाई की उपेक्षा करते हुए ईश्वर को विश्व-रचयिता तथा कर्माध्यक्ष मानने के साथ-साथ उसे शाश्वत या नित्य भी मान लेते हैं जिसके कारण उसके स्वरूप में स्वतोव्याघात उत्पन्न हो जाता है। हम पिछले अध्याय में देख चुके हैं कि जैन तथा बौद्ध दार्शनिकों ने भी ईश्वर की सत्ता के विरुद्ध लगभग ऐसा ही तर्क प्रस्तुत किया है। इस प्रकार कपिल का कथन है कि ईश्वरवादी विचारक ईश्वर का जो स्वरूप स्वीकार करते हैं उसमें गंभीर स्वतोव्याघात विद्यमान है जो तार्किक दृष्टि से उसके अस्तित्व का निषेध करता है।[6]

5. देखिए, वही पुस्तक, अध्याय 1, सूत्र 93-94.
6. देखिए, वही पुस्तक, अध्याय 5, सूत्र 126-127.

ईश्वर के विरुद्ध कपिल द्वारा प्रस्तुत तर्कों की इस विवेचना को समाप्त करने से पूर्व यहाँ इस तथ्य का उल्लेख कर देना भी आवश्यक है कि वे विश्व-रचयिता के साथ-साथ कर्माध्यक्ष तथा विश्व के शासक के रूप में भी ईश्वर को अनावश्यक और व्यर्थ मानते हैं। ईश्वरवादी दार्शनिकों का विचार है कि ईश्वर केवल विश्व का रचयिता ही नहीं, अपितु वह संपूर्ण जगत् का शासक तथा सभी मनुष्यों को उनके कर्मों का समुचित फल प्रदान करनेवाला कर्माध्यक्ष भी है और इस रूप में उसके अस्तित्व को स्वीकार करना अनिवार्य है। परंतु जैन और बौद्ध दार्शनिकों की भाँति कपिल ने भी ईश्वरवादियों के इस मत का तर्कतः खंडन किया है। इस नीतिपरक युक्ति के विरुद्ध उनका कथन है कि मनुष्यों को उनके कर्मों का फल कर्म के अनिवार्य नियम के कारण स्वतः ही प्राप्त हो जाता है, अतः इसके लिए कर्माध्यक्ष के रूप में ईश्वर के अस्तित्व को स्वीकार करना अनावश्यक है। वस्तुतः कर्म का नियम किसी बाह्य शक्ति के मार्गदर्शन के बिना स्वतः ही कार्य करता है; ऐसी स्थिति में उसके लिए ईश्वर को जगत् का नियंता अथवा शासक मानने की कोई आवश्यकता नहीं है। फिर यदि ईश्वर को विश्व का शासक मान लिया जाए तो यह स्वीकार करना पड़ेगा कि सामान्य शासकों की भाँति वह भी केवल अपने लाभ के लिए ही विश्व पर शासन करता है। अपने इस मत की पुष्टि के लिए कपिल यह तर्क देते हैं कि संसार के सभी शासक अपने व्यक्तिगत लाभ के लिए ही शासन-कार्य करते हैं, अतः यदि ईश्वर को विश्व का शासक माना जाए तो अपने सामान्य अनुभव के आधार पर हम यही कह सकते हैं कि वह भी स्वयं अपने हित के लिए विश्व के शासन का संचालन करता है। परंतु ईश्वरवादी दार्शनिक ईश्वर के संबंध में इस स्थिति को स्वीकार नहीं कर सकते, क्योंकि यदि वे ऐसा करते हैं तो साधारण शासकों के समान ईश्वर भी एक स्वार्थी राजा हो जाता है। स्पष्ट है कि ऐसे ईश्वर को अत्यंत दयालु तथा करुणामय नहीं कहा जा सकता जैसा कि ईश्वरवादी विचारक उसे मानते हैं।

उपर्युक्त तर्क के अतिरिक्त कर्माध्यक्ष तथा विश्व के शासक के रूप में ईश्वर के विरुद्ध कपिल ने एक अन्य तर्क भी प्रस्तुत किया है जिसका संबंध ईश्वर की नित्यता से है। उनका कथन है कि यदि ईश्वर को कर्माध्यक्ष और जगत् के शासक के रूप में स्वीकार कर लिया जाए तो उसे नित्य नहीं माना जा सकता। इसका कारण यह है कि कर्माध्यक्ष तथा विश्व के शासक के रूप में कार्य करने के लिए ईश्वर में आसक्ति एवं इच्छा का होना अनिवार्य है और ऐसा ईश्वर नित्य नहीं हो सकता। वस्तुतः जिस ईश्वर में भावनाएँ तथा इच्छाएँ विद्यमान हैं उसके स्वरूप में परिवर्तन होना अनिवार्य है, अतः ऐसे परिवर्तनशील ईश्वर को नित्य नहीं कहा जा सकता। इस प्रकार यह स्पष्ट है कि ईश्वर को कर्माध्यक्ष तथा विश्व का शासक मानने के परिणामस्वरूप उसकी नित्यता का खंडन होता है। संक्षेप में इन्हीं तर्कों द्वारा कपिल ने यह सिद्ध किया है कि ईश्वर न तो विश्व का रचयिता है और न कर्माध्यक्ष तथा जगत् का शासक, अतः इस रूप में उसके अस्तित्व को स्वीकार करने की कोई आवश्यकता नहीं है।[7]

7. देखिए, वही पुस्तक, अध्याय 5, सूत्र 2-7.

ईश्वर के अस्तित्व और स्वरूप के विरुद्ध कपिल ने ऊपर जो तर्क प्रस्तुत किए हैं उनसे यही प्रमाणित होता है कि वे उसके अस्तित्व को स्वीकार नहीं करते थे। परंतु 'सांख्य-सूत्र' के भाष्यकारों में इस प्रश्न के संबंध में मतभेद है कि कपिल ईश्वर के अस्तित्व को असिद्ध मानते थे अथवा वे उसके अस्तित्व का निषेध करते थे। दूसरे शब्दों में, हमारे समक्ष प्रश्न यह है कि कपिल वास्तव में निरीश्वरवादी थे या नहीं। 'सांख्य-सूत्र-वृत्ति' नामक अपने भाष्य में अनिरुद्ध ने स्पष्टतः यह स्वीकार किया है कि कपिल निरीश्वरवाद में ही विश्वास करते थे। इसका तात्पर्य यह है कि अनिरुद्ध के अनुसार, ईश्वर के विरुद्ध अपने तर्कों द्वारा कपिल ने निश्चित रूप से उसके अस्तित्व का खंडन किया है। परंतु 'सांख्य-सूत्र' के दूसरे भाष्यकार, विज्ञानभिक्षु को अनिरुद्ध का यह मत स्वीकार्य नहीं है। 'सांख्य-सूत्र' पर लिखित अपने ग्रंथ, 'सांख्य-प्रवचन-भाष्य' में विज्ञानभिक्षु ने यह सिद्ध करने का प्रयास किया है कि कपिल वस्तुतः निरीश्वरवादी दार्शनिक नहीं थे। अपने इस मत के समर्थन में उन्होंने यह तर्क दिया है कि कपिल ने ईश्वर के अस्तित्व का निषेध नहीं किया, अपितु उसे केवल असिद्ध ही माना है। उनके मतानुसार, कपिल केवल यही कहते हैं कि ईश्वर का अस्तित्व असिद्ध है, वे यह नहीं कहते कि उसका अस्तित्व नहीं है। इन दोनों कथनों के मूल अंतर को न समझने के कारण ही कुछ विचारकों ने कपिल को निरीश्वरवादी दार्शनिक मान लिया है।

अपने उपर्युक्त मत को उचित सिद्ध करने के लिए विज्ञानभिक्षु ने ईश्वर के विरुद्ध कपिल द्वारा प्रस्तुत तर्कों की ऐसी व्याख्या की है जिसके आधार पर इन तर्कों को निरीश्वरवाद के समर्थन में दिए गए तर्क न माना जा सके। अपने 'सांख्य-प्रवचन-भाष्य' की प्रस्तावना में वे स्पष्टतः यह कहते हैं कि ईश्वर से संबंधित सांख्य के सूत्रों की भाषा कपिल को निरीश्वरवादी दार्शनिक सिद्ध नहीं करती। इन सूत्रों में ईश्वर के विषय में कपिल ने जो कुछ कहा है उससे केवल यही निष्कर्ष निकलता है कि ईश्वर का अस्तित्व असिद्ध है; उससे यह प्रमाणित नहीं होता कि ईश्वर का अस्तित्व नहीं है। परंतु विज्ञानभिक्षु केवल इतना कहकर ही संतुष्ट नहीं हो जाते; वे ईश्वर के विरुद्ध कपिल के तर्कों की अपनी मनमानी व्याख्या भी करते हैं। उदाहरणार्थ, उनका कथन है कि ईश्वर के स्वरूप के विषय में कपिल ने जिन तार्किक कठिनाइयों की चर्चा की है उनसे उसका अस्तित्व अप्रमाणित नहीं होता। वे स्पष्ट रूप से यह भी कहते हैं कि कुछ विचारकों का कपिल को निरीश्वरवादी मानने का दावा अनावश्यक तथा अनुचित है। ईश्वर के विषय में कपिल ने जो कुछ कहा है उसका उद्देश्य केवल इतना ही है कि साधारण मनुष्यों को ईश्वर संबंधी अत्यधिक चिंतन से मुक्त रखा जा सके। विज्ञान-भिक्षु के मतानुसार, कपिल के ईश्वर-विरोधी तर्कों का एक उद्देश्य यह भी है कि ईश्वर के विषय में दुष्ट व्यक्तियों को भ्रम में डाल दिया जाए जिससे वे मोक्ष प्राप्त न कर सकें। इस प्रकार अपनी इन सभी युक्तियों द्वारा उन्होंने यह सिद्ध करने का प्रयास किया है कि कपिल वास्तव में निरीश्वरवादी दार्शनिक नहीं थे।

परंतु कपिल के निरीश्वरवाद के संबंध में विज्ञानभिक्षु की उपर्युक्त मनमानी व्याख्या उचित एवं तर्कसंगत प्रतीत नहीं होती। उनके इस दावे में विश्वास करने का कोई

युक्तिसंगत कारण नहीं है कि कपिल के ईश्वर-विरोधी तर्कों का उद्देश्य साधारण लोगों को ईश्वर के संबंध में अत्यधिक चिंतन से दूर रखना अथवा दुष्ट व्यक्तियों को भ्रम में डालकर मोक्ष-प्राप्ति से वंचित करना ही था। वस्तुतः अपने इस दावे की पुष्टि के लिए विज्ञानभिक्षु ने कोई विश्वसनीय तर्क नहीं दिए हैं। इसके अतिरिक्त ईश्वर के अस्तित्व तथा स्वरूप के विरुद्ध कपिल ने जो प्रबल तर्क प्रस्तुत किए हैं उन्हें ध्यान में रखते हुए यह कहना उचित प्रतीत नहीं होता कि वे ईश्वर के अस्तित्व का निषेध नहीं करते थे। इसके विपरीत कपिल के इन तर्कों के आधार पर युक्तिसंगत रूप से यही निष्कर्ष निकाला जा सकता है कि उनके अनुसार विश्व-रचयिता तथा कर्माध्यक्ष और जगत् के शासक के रूप में वस्तुतः ईश्वर का अस्तित्व नहीं है। हम ऊपर देख चुके हैं कि कपिल ईश्वर के अस्तित्व को केवल असिद्ध कहकर ही संतुष्ट नहीं हो जाते; वे उसकी सत्ता तथा उसके विशेष स्वरूप के विरुद्ध अनेक स्पष्ट और प्रबल तर्क भी प्रस्तुत करते हैं। ऐसी स्थिति में विज्ञानभिक्षु के इस मत को स्वीकार करना अत्यंत कठिन प्रतीत होता है कि कपिल वास्तव में ईश्वर के अस्तित्व का खंडन नहीं करते। यदि कपिल की संपूर्ण ईश्वर विषयक विवेचना का उद्देश्य उसके अस्तित्व का निषेध करना नहीं था जैसा कि विज्ञानभिक्षु मानते हैं तो ईश्वर के अस्तित्व और स्वरूप के विरुद्ध उन्हें इतने स्पष्ट, निश्चित तथा प्रबल तर्क प्रस्तुत करने की कोई आवश्यकता नहीं थी। वे केवल इतना कहकर ही संतुष्ट हो सकते थे कि ईश्वर का अस्तित्व असिद्ध है। परंतु हम देख चुके हैं कि उन्होंने ईश्वर के अस्तित्व को केवल असिद्ध ही नहीं बताया, अपितु उसे स्वीकार करने के परिणामस्वरूप उत्पन्न होनेवाली विभिन्न तार्किक कठिनाइयों तथा उसके स्वरूप में विद्यमान अनेक गंभीर असंगतियों एवं स्वतोव्याघातों का भी स्पष्ट वर्णन किया है जिससे यही प्रमाणित होता है कि वे ईश्वर के अस्तित्व तथा स्वरूप दोनों को तर्क-विरुद्ध मानते थे।

संभवतः उपर्युक्त तथ्य को ध्यान में रखते हुए एक विद्वान, कालीवर वेदांत वागीश ने लिखा है : "हमारे विचार में . . . 'ईश्वर असिद्ध है' तथा . . . 'ईश्वर अस्तित्व-रहित है'—इन दोनों वाक्यांशों का अर्थ व्यावहारिक दृष्टि से एक ही है।"[8] इसी प्रकार, स्वयं ईश्वरवाद के प्रबल समर्थक, सर्वपल्ली राधाकृष्णन ने भी यह स्वीकार किया है कि विज्ञानभिक्षु द्वारा की गई सांख्य के ईश्वर विषयक दृष्टिकोण की व्याख्या उचित नहीं है। उनके मतानुसार : "अनेक स्थानों पर विज्ञानभिक्षु सांख्य के विचारों की वेदांत के विचारों के साथ संगति स्थापित करने का प्रयास करते हैं।"[9] एक अन्य विचारक, एस.एस. सूर्यनारायण शास्त्री भी स्पष्ट रूप से यह कहते हैं : "सूत्रों की व्याख्या करते हुए विज्ञानभिक्षु को उनके निरीश्वरवाद का निराकरण करने में बहुत कठिनाई होती है। . . . विज्ञानभिक्षु के तर्क इतने असंयत हैं कि उनका औचित्य अत्यधिक संदेहास्पद हो जाता है।"[10] इस प्रकार उपर्युक्त संपूर्ण विवेचन से

8. कालीवर वेदांत वागीश, 'सांख्य-दर्शनम्', पृ. 222.
9. सर्वपल्ली राधाकृष्णन, 'इंडियन फ़िलॉसॉफ़ी', खंड 2, पृ. 319.
10. एस.एस. सूर्यनारायण शास्त्री द्वारा अंग्रेज़ी में अनूदित तथा संपादित 'सांख्य-कारिका', पृ. 20.

यह स्पष्ट है कि विज्ञानभिक्षु ने सांख्य के निरीश्वरवाद की जो व्याख्या की है वह ईश्वरवाद के प्रति पूर्वाग्रह से प्रेरित होने के कारण उचित एवं तर्कसंगत प्रतीत नहीं होती।

जैसा कि ऊपर बताया गया है, सांख्य दर्शन का दूसरा प्रामाणिक मूल ग्रंथ ईश्वर कृष्ण द्वारा रचित 'सांख्य-कारिका' है जिसमें इस दर्शन के मूल सिद्धांतों की सविस्तार व्याख्या की गई है। कुछ विद्वान दूसरी शताब्दी में लिखित इसी ग्रंथ को सांख्य दर्शन पर अभी तक उपलब्ध प्राचीनतम मौलिक ग्रंथ मानते हैं।[11] इस ग्रंथ में प्रस्तुत सांख्य के सिद्धांतों की विस्तारपूर्वक व्याख्या करने के लिए गौड़पाद तथा वाचस्पति मिश्र ने इस पर अपने विस्तृत भाष्यों की रचना की है। इन दोनों भाष्यों को इस ग्रंथ के प्रामाणिक भाष्य माना जाता है। अनेक विद्वानों का मत है कि 'सांख्य-कारिका' में ईश्वर की प्रत्यक्ष विवेचना नहीं की गई है, किंतु इस ग्रंथ के उपर्युक्त दोनों भाष्यकारों ने स्पष्टतः यह कहा है कि इसमें परोक्ष रूप से निरीश्वरवाद का ही समर्थन किया गया है। इन भाष्यकारों ने अनेक उदाहरणों द्वारा यह सिद्ध किया है कि कपिल की भाँति ईश्वर कृष्ण भी निरीश्वरवाद को ही स्वीकार करते हैं।

गौड़पाद के अनुसार, 'सांख्य-कारिका' में ईश्वरवादियों के इस मत को स्वीकार नहीं किया गया कि विश्व का आदि-कारण ईश्वर ही है। इसके विपरीत जड़ अथवा भौतिक प्रकृति को ही जगत् की उत्पत्ति और उसके विकास का आदि-कारण माना गया है। ईश्वर कृष्ण का स्पष्ट तथा निश्चित मत है कि यह संपूर्ण जगत् पुरुष के सान्निध्य के परिणामस्वरूप प्रकृति से ही उत्पन्न होता है जिसमें सत्व, रजस् और तमस्, ये तीनों गुण अनिवार्यतः विद्यमान रहते हैं। दूसरे शब्दों में, विश्व की समस्त भौतिक तथा अभौतिक वस्तुओं का मूल कारण यह त्रिगुणमयी जड़ प्रकृति ही है। विश्व के इस संपूर्ण विकास में ईश्वर की कोई भूमिका नहीं है, क्योंकि प्रकृति ईश्वर के हस्तक्षेप या मार्गदर्शन के बिना अपने तीनों गुणों के स्वभाव के अनुरूप स्वतः ही कार्य करती है। गौड़पाद का मत है कि सांख्य के अनुसार ईश्वरवादी दार्शनिक ईश्वर को ऐसी विशुद्ध चैतन्य स्वरूप सत्ता मानते हैं जो समस्त गुणों से रहित है, अतः ऐसा अभौतिक ईश्वर इस भौतिक जगत् की उत्पत्ति का मूल कारण नहीं हो सकता। वस्तुतः कारण और उससे उत्पन्न कार्य में आधारभूत समानता का होना अनिवार्य है जो अभौतिक ईश्वर के स्थान पर जड़ प्रकृति तथा उससे उत्पन्न होने वाले भौतिक जगत् में ही पाई जाती है। इस प्रकार गौड़पाद की व्याख्या के अनुसार, 'सांख्य-कारिका' में त्रिगुणमयी जड़ प्रकृति को ही संपूर्ण विश्व की उत्पत्ति के मूल कारण के रूप में स्वीकार किया गया है, ईश्वर को नहीं।[12]

ईश्वर के विरुद्ध गौड़पाद द्वारा प्रस्तुत 'सांख्य-कारिका' के उपर्युक्त तर्क का उत्तर देते हुए परवर्ती नैयायिकों ने यह कहा है कि इस भौतिक जगत् का उपादान कारण

11. देखिए, एस.एन. दासगुप्त, 'ए हिस्ट्री ऑफ़ इंडियन फ़िलॉसॉफ़ी', खंड 1, पृ. 212; देवी प्रसाद चट्टोपाध्याय, 'इंडियन एथीइज़्म : ए मार्क्सिस्ट ऐनालिसिस', पृ. 73.

12. देखिए, 'सांख्य-कारिका' पर गौड़पाद का 'भाष्य', पृ. 61.

अवश्य ही भौतिक परमाणु हैं, किंतु ये परमाणु अचेतन होने के कारण स्वयं जगत् को उत्पन्न नहीं कर सकते, अतः उसके निमित्त कारण के रूप में बुद्धिमान ईश्वर के अस्तित्व को स्वीकार करना आवश्यक है। जिस प्रकार घट का उपादान कारण, मिट्टी उसके बुद्धिमान निमित्त कारण, कुंभकार की सहायता के बिना स्वयं उसे उत्पन्न करने में असमर्थ है, उसी प्रकार विश्व के उपादान कारण, अचेतन परमाणु भी उसके बुद्धिमान निमित्त कारण, ईश्वर की सहायता के अभाव में उसे उत्पन्न नहीं कर सकते। हम देख चुके हैं कि मुख्यतः इसी तर्क के आधार पर न्याय और वैशेषिक दर्शनों के परवर्ती आचार्यों ने विश्व के बुद्धिमान निमित्त कारण के रूप में ईश्वर की सत्ता को सिद्ध करने का प्रयास किया है। उनके इस तर्क के विरुद्ध निरीश्वरवादी विचारकों द्वारा उठाई गई अनेक दार्शनिक आपत्तियों की विस्तृत चर्चा हम पिछले अध्यायों में कर चुके हैं, अतः यहाँ उनकी पुनरावृत्ति की आवश्यकता नहीं है। इस संबंध में यहाँ इतना कह देना ही पर्याप्त होगा कि 'सांख्य-कारिका' के अनुसार विश्व की उत्पत्ति के मूल कारण की व्याख्या करते हुए गौड़पाद ने ईश्वर के विरुद्ध जो तर्क प्रस्तुत किया है उसका उत्तर देना ईश्वरवादियों के लिए बहुत कठिन नहीं है।

संभवतः इसी तथ्य को ध्यान में रखते हुए वाचस्पति मिश्र ने 'सांख्य-कारिका' के अनुसार विश्व के मूल कारण की व्याख्या कुछ भिन्न प्रकार से की है। उनका कथन है कि सांख्य ने जिस त्रिगुणमयी जड़ प्रकृति को विश्व का मूल कारण माना है वह उसकी उत्पत्ति के लिए अपने आप में पर्याप्त कारण है। इसका तात्पर्य यह है कि विश्व की उत्पत्ति के लिए प्रकृति के अतिरिक्त किसी निमित्त कारण को स्वीकार करने की कोई आवश्यकता नहीं है। स्वयं प्रकृति ही जीवों के मोक्ष के लिए विश्व के विभिन्न तत्त्वों तथा पदार्थों में विकसित होती है, अतः जगत् की उत्पत्ति के लिए ईश्वर के अस्तित्व को स्वीकार करना अनावश्यक है। वाचस्पति मिश्र की इस व्याख्या के अनुसार, सांख्य जगत् की उत्पत्ति के लिए निमित्त कारण के रूप में ईश्वर को अनावश्यक और व्यर्थ मानता है। इस संबंध में सांख्य का यह स्पष्ट तथा निश्चित मत है कि जड़ होते हुए भी प्रकृति अपने तीनों स्वाभाविक गुणों के परिणामस्वरूप विश्व के रूप में स्वतः ही विकसित होती है। इसका अर्थ यह है कि जगत् की उत्पत्ति के लिए प्रकृति ईश्वर के मार्गदर्शन और सहयोग पर निर्भर नहीं रहती।

वाचस्पति मिश्र के अनुसार, अपने उपर्युक्त मत को ईश्वर कृष्ण ने एक व्यावहारिक उदाहरण द्वारा इस प्रकार स्पष्ट किया है। उनका कथन है कि जिस प्रकार बछड़े के पोषण के लिए गाय के थनों से अचेतन दूध स्वतः ही प्रवाहित होता है उसी प्रकार जड़ प्रकृति भी जीवों की मुक्ति के लिए इस जगत् को स्वयं ही उत्पन्न करती है। स्वतः प्रवाहित अचेतन दूध के समान जड़ प्रकृति को भी विश्व की उत्पत्ति तथा उसके विकास के लिए ईश्वर के सहयोग और मार्गदर्शन की कोई आवश्यकता नहीं होती। जगत् की उत्पत्ति के संबंध में जड़ प्रकृति की इस आत्म-निर्भरता को स्पष्ट करने के लिए कपिल के 'सांख्य-सूत्र' में भी यही व्यावहारिक उदाहरण प्रस्तुत किया गया है। इस प्रकार ईश्वर कृष्ण तथा कपिल ये दोनों महान सांख्याचार्य यह मानते हैं कि त्रिगुणमयी भौतिक प्रकृति पुरुष के सान्निध्य के परिणामस्वरूप जीवों की मुक्ति के

लिए स्वतः ही इस जगत् को उत्पन्न करती है, अतः इसके लिए निमित्त कारण के रूप में ईश्वर की सत्ता को स्वीकार करना अनावश्यक है।[13] वस्तुतः निरीश्वरवाद की दृष्टि से वाचस्पति मिश्र द्वारा की गई 'सांख्य-कारिका' की यह व्याख्या गौड़पाद द्वारा उपर्युक्त व्याख्या की अपेक्षा अधिक विश्वसनीय प्रतीत होती है।

यहाँ यह उल्लेखनीय है कि गौड़पाद तथा वाचस्पति मिश्र के अनुसार, सांख्य ने विश्व की उत्पत्ति के लिए ईश्वर को केवल व्यर्थ और अनावश्यक ही नहीं, अपितु विश्व-रचयिता के रूप में उसकी अवधारणा को एक प्रबल तर्क द्वारा स्वतोव्याघातपूर्ण भी सिद्ध किया है। इस संबंध में सांख्य का कथन है कि ईश्वर को तर्कसंगत रूप से विश्व का रचयिता सिद्ध करना असंभव है, क्योंकि विश्व की रचना के लिए वह किसी अभिप्रेरणा अथवा प्रयोजन द्वारा प्रेरित नहीं हो सकता। विश्व-रचना के लिए ईश्वर के दो प्रयोजन बताए जा सकते हैं, किंतु ये दोनों ही तर्क-विरुद्ध होने के कारण अमान्य हैं। ये दो प्रयोजन हैं स्वयं ईश्वर की स्वार्थ-सिद्धि तथा उसकी दया अथवा करुणा। यह स्पष्ट है कि ईश्वर अपने स्वार्थ के लिए विश्व की रचना नहीं कर सकता, क्योंकि स्वयं ईश्वरवादियों के अनुसार, वह सभी दृष्टियों से पूर्ण है और उसे किसी वस्तु की आवश्यकता नहीं है तथा उसकी ऐसी कोई इच्छा नहीं हो सकती जिसे वह विश्व-रचना द्वारा संतुष्ट करना चाहता हो। ऐसी स्थिति में स्वयं अपने स्वार्थ की सिद्धि विश्व-रचना के संबंध में ईश्वर का प्रयोजन नहीं हो सकता। यदि अपनी स्वार्थ-सिद्धि के लिए ईश्वर विश्व की रचना करता है तो फिर उसे सभी दृष्टियों से पूर्ण तथा करुणामय मानना संभव नहीं है। स्पष्ट है कि स्वयं ईश्वरवादी विचारक विश्व-रचना के लिए ईश्वर के इस प्रथम प्रयोजन को स्वीकार नहीं करना चाहेंगे।

परंतु यहाँ यह कहा जा सकता है कि ईश्वर दया अथवा करुणा से प्रेरित होकर विश्व की रचना करता है। कुछ ईश्वरवादी दार्शनिकों ने विश्व की रचना के संबंध में ईश्वर का यह दूसरा प्रयोजन ही स्वीकार किया है। उनका कथन है कि दुःखी जीवों के प्रति करुणा से प्रेरित होकर ही ईश्वर ने इस जगत् की रचना की है। परंतु विश्व-रचना के प्रथम प्रयोजन की भाँति यह दूसरा प्रयोजन भी पूर्णतः अयुक्तिसंगत है। ईश्वरवादी स्वयं यह मानते हैं कि ईश्वर द्वारा विश्व की रचना से पूर्व ईश्वर के अतिरिक्त अन्य किसी वस्तु और प्राणी का अस्तित्व नहीं था। इसका अर्थ यह है कि उस समय शरीरवान जीव थे ही नहीं जो दुःखी होते और जिनके प्रति ईश्वर दया करता। ऐसी स्थिति में—अर्थात्, विश्व-रचना से पूर्व—अस्तित्व-रहित जीवों के प्रति ईश्वर की करुणा का प्रश्न ही नहीं उठता। इसके अतिरिक्त यदि ईश्वर ने वास्तव में करुणा से प्रेरित होकर विश्व की रचना की होती तो वह केवल आनंदमय संसार की ही रचना करता, किंतु यह अनुभवसिद्ध तथ्य है कि इस विश्व में दुःख सर्वत्र व्याप्त है। स्पष्ट है कि ऐसे दुःखपूर्ण संसार को करुणामय ईश्वर की रचना नहीं माना जा सकता।

उपर्युक्त तर्क के उत्तर में ईश्वरवादी विचारक यह कह सकते हैं कि ईश्वर विश्व की रचना के पश्चात जीवों के दुःख का निराकरण करने के लिए उन पर दया करता

13. देखिए, ईश्वर कृष्ण, 'सांख्य-कारिका', कारिकाएँ 31, 56-57.

है, अतः वह करुणामय है। परंतु ईश्वरवादियों की यह मान्यता भी दोषपूर्ण तथा अयुक्तिसंगत है, क्योंकि इसमें गंभीर असंगति अथवा स्वतोव्याघात विद्यमान है जिसे इस प्रकार स्पष्ट किया जा सकता है। ईश्वरवादी दार्शनिक यह कहते हैं कि ईश्वर ने ही संपूर्ण विश्व की रचना की है जिसका अर्थ यह है कि उसी ने सभी जीवों के शरीरों, इंद्रियों तथा उन परिस्थितियों को उत्पन्न किया है जिनके कारण जीवों को दुःख भोगना पड़ता है। इस दृष्टि से विचार करने पर यह स्पष्ट हो जाता है कि विश्व में विद्यमान संपूर्ण दुःख का अंतिम मूल कारण स्वयं ईश्वर ही है जिसने इस दुःख के सृजन की समस्त परिस्थितियाँ उत्पन्न की हैं। परंतु ईश्वर द्वारा विश्व में इस संपूर्ण दुःख के उत्पन्न किए जाने पर भी ईश्वरवादी विचारक उसे करुणामय मानते हैं जो निश्चय ही अयुक्तिसंगत है। वस्तुतः ईश्वरवादियों के इस संपूर्ण तर्क का अर्थ यही है कि पहले तो ईश्वर स्वयं जीवों के दुःख को उत्पन्न करता है और फिर उनके उसी दुःख के कारण वह उन पर दया करता है। परंतु ईश्वरवादी विचारकों की यह मान्यता अत्यंत हास्यास्पद और तर्क-विरुद्ध है, अतः इसके द्वारा निश्चय ही यह सिद्ध नहीं होता कि ईश्वर वास्तव में करुणामय है। इस प्रकार उपर्युक्त संपूर्ण विवेचन के आधार पर निष्कर्ष के रूप में हम यही कह सकते हैं कि विश्व-रचना के संबंध में ईश्वर का प्रयोजन न तो स्वार्थ-सिद्धि है और न जीवों के प्रति उसकी करुणा; ऐसी स्थिति में उसे विश्व-रचयिता मानने का कोई तर्कसंगत आधार नहीं रह जाता।

गौड़पाद तथा वाचस्पति मिश्र के अनुसार, अपने इस तर्क द्वारा ईश्वर कृष्ण ने यह प्रमाणित किया है कि ईश्वर को युक्तिसंगत रूप से विश्व का रचयिता नहीं माना जा सकता, क्योंकि विश्व-रचयिता के रूप में ईश्वर की अवधारणा स्वतोव्याघातपूर्ण है। इन दो भाष्यकारों के अतिरिक्त माधवाचार्य ने भी विश्व-रचयिता के रूप में ईश्वर के विरुद्ध सांख्य के इस तर्क का स्पष्ट उल्लेख किया है।[14] हम पिछले अध्याय में देख चुके हैं कि अनेक जैन तथा बौद्ध दार्शनिकों ने भी विश्व-रचयिता के रूप में ईश्वर की सत्ता के विरुद्ध अपने अन्य तर्कों के साथ-साथ यह प्रयोजन संबंधी तर्क भी प्रस्तुत किया है, अतः यह कहना अनुचित न होगा कि लगभग सभी भारतीय निरीश्वरवादी दार्शनिक इस तर्क को विशेष महत्त्व देते हैं।

ईश्वर के विरुद्ध सांख्य के तर्कों के विषय में ऊपर जो कुछ कहा गया है उससे यह स्पष्ट है कि इस दर्शन के आचार्यों के अनुसार ईश्वरवाद को स्वीकार करने में कम-से-कम दो गंभीर दार्शनिक कठिनाइयाँ हैं। ईश्वरवाद के संबंध में पहली कठिनाई तो यह है कि सत्व, रजस् और तमस् इन तीनों गुणों से रहित, विशुद्ध चैतन्यस्वरूप, अभौतिक ईश्वर भौतिक विश्व के रूप में परिणत नहीं हो सकता, अतः उसे विश्व का उपादान कारण मानना संभव नहीं है। इसी तथ्य को ध्यान में रखते हुए स्वयं ईश्वरवादी नैयायिकों ने भी ईश्वर को जगत् के उपादान कारण के रूप में स्वीकार नहीं किया। सांख्य के अनुसार, ईश्वरवाद की इस दार्शनिक कठिनाई का समाधान यह है कि स्वयं त्रिगुणमयी जड़ प्रकृति ही विश्व का उपादान कारण है। जैसा कि हम ऊपर देख चुके

14. देखिए, माधवाचार्य, 'सर्व-दर्शन-संग्रह', पृ. 120.

हैं, यह प्रकृति ईश्वर की सहायता अथवा उसके मार्गदर्शन के बिना स्वयं अपने अनिवार्य स्वाभाविक गुणों के परिणामस्वरूप विश्व के समस्त पदार्थों तथा प्राणियों को उत्पन्न करती है, अतः इसके लिए ईश्वर की सत्ता को स्वीकार करना व्यर्थ और अनावश्यक है।

सांख्याचार्यों के विचार में ईश्वरवाद की दूसरी दार्शनिक कठिनाई यह है कि ईश्वर को विश्व का रचयिता अथवा उसका निमित्त कारण मानना भी तर्क-विरुद्ध है, क्योंकि ऐसा कोई युक्तिसंगत प्रयोजन नहीं बताया जा सकता जिससे प्रेरित होकर ईश्वर इस जगत् की रचना करता है। हम पहले ही यह स्पष्ट कर चुके हैं कि ईश्वर न तो स्वार्थ-सिद्धि से प्रेरित होकर विश्व की रचना कर सकता है और न जीवों के प्रति करुणा से प्रेरित होकर। भारतीय दार्शनिकों के अनुसार, विश्व-रचना के ये दो ही प्रयोजन हो सकते हैं, किंतु सांख्याचार्यों का मत है कि ईश्वरवादी विचारक इनमें से किसी को भी तर्कसंगत रूप से विश्व-रचना का प्रयोजन स्वीकार नहीं कर सकते। ऐसी स्थिति में यही कहा जा सकता है कि ईश्वरवादी दार्शनिकों द्वारा ईश्वर को विश्व का रचयिता या उसका निमित्त कारण स्वीकार करना पूर्णतः अयुक्तिसंगत है। इस कठिनाई का समाधान प्रस्तुत करते हुए सांख्याचार्यों ने यह कहा है कि स्वयं त्रिगुणमयी प्रकृति ही विश्व के रूप में स्वतः विकसित होती है, अतः विश्व का कोई निमित्त कारण मानना अनावश्यक है। इस प्रकार इन आचार्यों के मतानुसार, तार्किक दृष्टि से ईश्वर के अस्तित्व को स्वीकार करना व्यर्थ है, क्योंकि वह न तो विश्व का उपादान कारण है और न उसका निमित्त कारण। विश्व की उत्पत्ति तथा विकास के संबंध में ईश्वरवादी विचारक जो कार्य ईश्वर को सौंपते हैं वे सभी केवल प्रकृति ही स्वतः संपन्न करती है, अतः विश्व-रचयिता के रूप में ईश्वर के अस्तित्व को स्वीकार करने की कोई आवश्यकता ही नहीं रह जाती। इस प्रकार सांख्य का निरीश्वरवाद त्रिगुणमयी प्रकृति संबंधी उसके मूल सिद्धांत का अनिवार्य परिणाम है जिसे इस दर्शन के अधिकतर आचार्यों ने स्पष्टतः स्वीकार किया है।

कुछ विद्वानों का मत है कि सांख्य का उपर्युक्त निरीश्वरवादी सिद्धांत उसे एक ऐसा वैज्ञानिक दर्शन बना देता है जो विश्व की उत्पत्ति और उसके विकास के संबंध में ईश्वर जैसे किसी अति-प्राकृतिक कारण की आवश्यकता का पूर्णतः निषेध करता है। सांख्य अभौतिक ईश्वर के स्थान पर केवल भौतिक प्रकृति को ही विश्व की उत्पत्ति का मूल कारण मानता है और उसकी यह मान्यता उसे विज्ञान के अधिक निकट लाती है। सांख्य के विषय में इसी मत को स्पष्ट करते हुए देवी प्रसाद चट्टोपाध्याय कहते हैं : "बौद्धिक दर्शन के रूप में सांख्य ने कुछ सकारात्मक सिद्धांतों का विकास किया था जिन्होंने ईश्वर की स्वीकृति को पूर्णतः अनावश्यक बना दिया। . . . विश्व के निमित्त कारण के रूप में ईश्वर को स्वीकार करने का कोई प्रश्न ही नहीं था। इस दर्शन की महान प्राचीनता पर विचार करते हुए किसी भी अति-प्राकृतिक सिद्धांत की आवश्यकता को अस्वीकार करने का यह उपाय अवश्य ही अत्यधिक वीरतापूर्ण बौद्धिक साहस का कार्य रहा होगा। . . . विश्व-दर्शन के इतिहास में सांख्य केवल सुव्यवस्थित निरीश्वरवाद के प्राचीनतम रूप का ही प्रतिनिधित्व नहीं करता था, अपितु इसका

निरीश्वरवाद अनिवार्यतः वैज्ञानिक अथवा कम-से-कम विज्ञान-समर्थक कारणों से स्पष्टतः अभिप्रेरित हुआ था।"[15] इस प्रकार चट्टोपाध्याय के मतानुसार, केवल भौतिक प्रकृति से ही संपूर्ण विश्व की उत्पत्ति तथा उसके विकास से संबंधित सिद्धांत और सुव्यवस्थित निरीश्वरवाद में विश्वास करने के कारण सांख्य को वैज्ञानिक दर्शन माना जा सकता है।

परंतु मेरे विचार में चट्टोपाध्याय का यह मत केवल अंशतः ही सत्य है, क्योंकि अन्य अधिकतर भारतीय दर्शनों की भाँति सांख्य भी अनेक ऐसे आध्यात्मिक तथा अति-प्राकृतिक सिद्धांतों में विश्वास करता है जिन्हें वैज्ञानिक विधियों द्वारा प्रमाणित नहीं किया जा सकता। त्रिगुणातीत चैतन्य पुरुष, आत्मा की अमरता, कर्मवाद, पुनर्जन्म, मोक्ष आदि से संबंधित आध्यात्मिक मान्यताएँ ऐसे ही अति-प्राकृतिक सिद्धांत हैं जिन्हें विज्ञान द्वारा सत्य प्रमाणित करना संभव नहीं है। ऐसी स्थिति में सांख्य को पूर्णतः वैज्ञानिक अथवा प्रकृतिवादी दर्शन कहना बहुत कठिन प्रतीत होता है। परंतु फिर भी चट्टोपाध्याय के मत के समर्थन में यह अवश्य कहा जा सकता है कि यह दर्शन कुछ अन्य भारतीय दर्शनों की तुलना में अपेक्षाकृत वैज्ञानिक विचारधारा के अधिक निकट है।

2. मीमांसा दर्शन में निरीश्वरवाद

सांख्य के अतिरिक्त दूसरा निरीश्वरवादी आस्तिक दर्शन मीमांसा है जो मूलतः वेदों पर आधारित है और जो सांख्य के समान ही बहुत प्राचीन भारतीय दर्शन है। मीमांसा दर्शन का मुख्य उद्देश्य वेदों द्वारा प्रतिपादित धर्म तथा यज्ञों से संबंधित कर्मकांड की तर्कसंगत व्याख्या करना ही था। 'मीमांसा' शब्द का अर्थ है तर्कपूर्ण विचार-विमर्श अथवा युक्तिसंगत व्याख्या, अतः जो दर्शन वैदिक धर्म और कर्मकांड की तर्कसंगत व्याख्या करता है उसे 'मीमांसा' की संज्ञा दी गई है। मुख्यतः वैदिक कर्मकांड से संबंधित होने के कारण इसे 'कर्ममीमांसा' भी कहा जाता है। इसके अतिरिक्त इस दर्शन को 'पूर्वमीमांसा' की संज्ञा से भी अभिहित किया जाता है, क्योंकि इसका संबंध यज्ञ, याग आदि कर्मों का वर्णन करनेवाले वेदों के पूर्वार्ध से है। इस प्रकार मीमांसा के लिए प्रयुक्त 'कर्ममीमांसा' तथा 'पूर्वमीमांसा' इन दोनों शब्दों से यह स्पष्ट है कि इस दर्शन का प्रतिपादन वैदिक धर्म और कर्मकांड का तर्कपूर्ण समर्थन करने के लिए ही किया गया था। चार्वाक, जैन तथा बौद्ध दार्शनिकों ने वेदों के विरुद्ध जो आपत्तियाँ उठाई थीं मीमांसकों ने उन सबका युक्तिसंगत उत्तर देने का प्रयास किया है, अतः मीमांसा को पूर्णतः वेद-समर्थक दर्शन माना जाता है। इसमें वैदिक धर्म और यज्ञों से संबंधित कर्मकांड का प्रबल समर्थन किया गया है।

मीमांसा दर्शन के प्रथम सूत्रकार महर्षि जैमिनि थे जिन्होंने सर्वप्रथम इसके मूल सिद्धांतों का प्रतिपादन किया था। इस दर्शन पर जैमिनि द्वारा लिखित मूल ग्रंथ को 'मीमांसा-सूत्र' अथवा 'जैमिनि-सूत्र' कहा जाता है जिसमें उन्होंने सर्वप्रथम इसे

15. देवी प्रसाद चट्टोपाध्याय, 'इंडियन एथीइज़्म : ए मार्क्सिसिस्ट ऐनालिसिस', पृ. 81.

सुव्यवस्थित दर्शन के रूप में प्रस्तुत किया है। यद्यपि जैमिनि से पूर्व भी मीमांसा दर्शन के अनेक आचार्यों का उल्लेख मिलता है, फिर भी इसे सुव्यवस्थित दर्शन के रूप में प्रस्तुत करने का श्रेय जैमिनि को ही दिया जाता है। कालांतर में उनके मूल ग्रंथ, 'मीमांसा-सूत्र' पर शबर स्वामी ने एक विस्तृत 'भाष्य' लिखा जिसमें उन्होंने मीमांसा दर्शन के समस्त सिद्धांतों की विस्तारपूर्वक व्याख्या की। शबर स्वामी का वास्तविक नाम आदित्य देव था और उनके उपर्युक्त 'भाष्य' को मीमांसा दर्शन का महत्त्वपूर्ण प्रामाणिक ग्रंथ माना जाता है। इसका कारण यह है कि मीमांसा के दो सर्वप्रमुख आचार्यों—कुमारिल भट्ट तथा प्रभाकर मिश्र—ने बाद में शबर के इसी 'भाष्य' पर अपने ग्रंथ लिखकर इस दर्शन के समस्त मूल सिद्धांतों की विस्तृत व्याख्या की है।

वस्तुतः उपर्युक्त दो परवर्ती आचार्यों द्वारा शबर के 'भाष्य' की भिन्न-भिन्न व्याख्याओं के परिणामस्वरूप कालांतर में मीमांसा दर्शन के अंतर्गत दो विभिन्न विचारधाराओं का विकास हुआ जिनमें एक विचारधारा के प्रमुख आचार्य थें कुमारिल भट्ट और दूसरी विचारधारा के मुख्य समर्थक थे प्रभाकर मिश्र। मीमांसा के दार्शनिक सिद्धांतों के विषय में इन दोनों आचार्यों में परस्पर पर्याप्त मतभेद है। इन दो आचार्यों के पश्चात जिन दार्शनिकों ने मीमांसा के संबंध में अपने ग्रंथों की रचना की उनमें से कुछ कुमारिल की विचारधारा का समर्थन करते थे और कुछ प्रभाकर की विचारधारा का। शबर के 'भाष्य' पर कुमारिल द्वारा लिखित 'श्लोकवार्तिक', 'तंत्रवार्तिक' तथा 'टुपटीका' ये तीन कृतियाँ उपलब्ध हैं जिनमें उनकी विचारधारा का प्रतिपादन किया गया है। इसी 'भाष्य' पर प्रभाकर द्वारा लिखा गया 'निबंधन' अथवा 'बृहति' नामक एक ग्रंथ प्राप्त होता है जिसमें उन्होंने अपनी भिन्न विचारधारा की सविस्तार व्याख्या की है।

कुमारिल तथा प्रभाकर के पश्चात मीमांसा दर्शन का विकास मुख्यतः इन्हीं दो महान आचार्यों के अनेक शिष्यों अथवा अनुयायियों की विभिन्न महत्त्वपूर्ण कृतियों के परिणामस्वरूप हुआ। उदाहरणार्थ, 'विधि-विवेक' एवं 'मीमांसानुक्रमणि' के लेखक मंडन मिश्र, 'शास्त्र-दीपिका', 'तंत्र-रत्न', 'न्याय-रत्नाकर' तथा 'न्याय-रत्नमाला' के रचयिता पार्थसार्थि मिश्र, 'कौशिक' के लेखक सुचरित मिश्र और 'न्याय-सुधा' के लेखक सोमेश्वर—ये सभी कुमारिल के अनुयायी थे। इसी प्रकार, 'रिजुविमला' तथा 'प्रकरणपंचिका' के रचयिता शालिकनाथ मिश्र प्रभाकर के समर्थक थे। मीमांसा दर्शन में इन सभी दार्शनिकों का बहुत महत्त्वपूर्ण स्थान है। इन दार्शनिकों के अतिरिक्त मुरारि मिश्र, नंदीश्वर, खंडदेव, लोगाक्षि भास्कर आदि अन्य बहुत-से विचारकों ने भी मीमांसा दर्शन पर अपने विद्वतापूर्ण ग्रंथों की रचना करके इस दर्शन के विकास में प्रशंसनीय योगदान किया है। इस विवेचन से यह स्पष्ट है कि भारतीय दर्शन के इतिहास में मीमांसा की बहुत समृद्ध तथा दीर्घकालीन परंपरा रही है और प्राचीन युग में जन-जीवन पर इस दर्शन का व्यापक प्रभाव पड़ा है। इतना ही नहीं, आज भी हिंदू कानून की दृष्टि से इस दर्शन के कुछ सिद्धांतों का पर्याप्त व्यावहारिक महत्त्व है। परंतु कालांतर में धीरे-धीरे वैदिक परंपरा की समाप्ति के साथ-साथ यज्ञों तथा उनसे संबंधित कर्मकांड का भी अंत हो गया जिसके फलस्वरूप भारत के सामाजिक जीवन पर मीमांसा दर्शन

का प्रभाव अपेक्षाकृत बहुत कम रह गया। आज स्थिति यह है कि भारत का सामान्य व्यक्ति मीमांसा दर्शन के सिद्धांतों से लगभग अनभिज्ञ ही है। फिर भी ऐतिहासिक दृष्टि से अन्य सभी प्राचीन भारती . दर्शनों की भाँति इस दर्शन का भी पर्याप्त सैद्धांतिक महत्त्व है।

सांख्य और अद्वैत वेदांत के विपरीत मीमांसा न्याय-वैशेषिक की भाँति यथार्थवादी तथा बहुतत्त्ववादी दर्शन है। इस दर्शन के समर्थक मुख्यतः यथार्थ अनुभव को ज्ञान का आधार मानते हैं और नैयायिकों के समान ही अनेक नित्य द्रव्यों के साथ-साथ जगत् की वास्तविक सत्ता को भी स्वीकार करते हैं। इसी प्रकार, न्याय-वैशेषिक की भाँति मीमांसा में भी परमाणुओं को भौतिक जगत् का उपादान कारण माना गया है। इन तथ्यों से यह स्पष्ट है कि तत्त्वमीमांसीय दृष्टि से मीमांसा दर्शन अद्वैतवादी वेदांत तथा द्वैतवादी सांख्य से बहुत भिन्न है। परंतु इस भिन्नता के होते हुए भी भौतिकवादी चार्वाक दर्शन को छोड़कर मीमांसा तथा अन्य भारतीय दर्शनों में एक आधारभूत समानता विद्यमान है और वह यह है कि ये सभी मूलतः अध्यात्मवादी दर्शन हैं। अन्य भारतीय अध्यात्मवादी दर्शनों के समान ही मीमांसा भी नित्य अभौतिक द्रव्य के रूप में आत्मा की सत्ता तथा अमरता, कर्मवाद, पुनर्जन्म और मोक्ष संबंधी आध्यात्मिक सिद्धांतों में पूर्णतः विश्वास करता है। इन सिद्धांतों के अतिरिक्त यह दर्शन परलोक, स्वर्ग तथा नरक के अस्तित्व को भी स्पष्ट रूप से स्वीकार करता है। इतना ही नहीं, वेदों में धर्म, यज्ञों तथा उनसे संबंधित कर्मकांड का जो प्रतिपादन किया गया है उसे यह दर्शन विशेष महत्त्व देता है। इस प्रकार उपर्युक्त सभी तथ्यों को ध्यान में रखते हुए हम यह कह सकते हैं कि अन्य सभी भारतीय अध्यात्मवादी दर्शनों की भाँति मीमांसा दर्शन का मूल आधार भी अध्यात्मवाद ही है जो इसे चार्वाक तथा अन्य भौतिकवादी और प्रकृतिवादी दर्शनों से पृथक् करता है।

परंतु यहाँ यह उल्लेखनीय है कि जैन, बौद्ध और सांख्य इन तीन भारतीय निरीश्वरवादी दर्शनों के समान मीमांसा के इस अध्यात्मवाद का भी ईश्वरवाद के साथ कोई संबंध नहीं है। जैसा कि हम आगे देखेंगे, मीमांसा दर्शन भी अनेक प्रबल तर्कों द्वारा ईश्वरवाद का उसी प्रकार खंडन करता है जिस प्रकार जैन, बौद्ध तथा सांख्य ने किया है। यही कारण है कि इन सभी अध्यात्मवादी दर्शनों को निरीश्वरवादी दर्शन ही माना जाता है जिससे यह स्पष्टतः प्रमाणित होता है कि अध्यात्मवाद और ईश्वरवाद में कोई अनिवार्य संबंध नहीं है।

ईश्वर के विरुद्ध मीमांसा के तर्कों पर विचार करने से पूर्व यहाँ इस दर्शन के संबंध में एक भ्रांति का निराकरण कर देना आवश्यक है। हम देख चुके हैं कि मीमांसा दर्शन वेदों का प्रबल समर्थक है, क्योंकि इसका उदय ही वैदिक धर्म तथा कर्मकांड की रक्षा करने के लिए हुआ था। इस तथ्य को ध्यान में रखते हुए कुछ विद्वानों ने यह कहा है कि ऐसा वेद-समर्थक दर्शन निरीश्वरवादी नहीं हो सकता। उनके इस कथन का तात्पर्य यह है कि वेदों में ईश्वरवाद को स्वीकार किया गया है और जो दर्शन उनमें इतना दृढ़ विश्वास रखता है वह ईश्वर के अस्तित्व का खंडन नहीं कर सकता। भारतीय विद्या के सुप्रसिद्ध विशेषज्ञ, एफ़. मैक्समूलर ने मीमांसा के निरीश्वरवाद के

विषय में अपना यही मत प्रस्तुत किया है। उनका कथन है कि जो विचारक मीमांसा को निरीश्वरवादी दर्शन मानते हैं उन्होंने उसे समझने में निश्चय ही भूल की है, क्योंकि वेदों का प्रबल समर्थक दर्शन ईश्वर की सत्ता को अस्वीकार नहीं कर सकता।

मीमांसा पर लगाए गए निरीश्वरवाद के आरोप का अपने उपर्युक्त मत के आधार पर खंडन करते हुए मैक्समूलर कहते हैं : "इस दर्शन के स्वरूप, वेद के लिए इसके समर्थन, इसके द्वारा किए गए श्रुति के समर्थन तथा संपूर्ण कर्मकांड का निष्ठापूर्वक पालन करने के विषय में इसके आग्रह को देखते हुए जैमिनि के मीमांसा के विरुद्ध निरीश्वरवाद का आरोप बहुत विचित्र प्रतीत होता है। फिर भी प्राचीन और आधुनिक दोनों युगों में यह आरोप लगाया गया है। . . . परंतु ऐसा प्रतीत होता है कि इस संबंध में भूल हुई है। . . . इस संसार में जो अन्याय विद्यमान है उसके लिए जैमिनि ईश्वर को उत्तरदायी नहीं बनाना चाहते थे, अतः उन्होंने प्रत्येक वस्तु की व्याख्या कारण-कार्य के आधार पर की और संसार में पाई जानेवाली असमानता को शुभ या अशुभ कर्मों का स्वाभाविक परिणाम माना। यह निश्चय ही निरीश्वरवाद नहीं था; वस्तुतः यह ईश्वर को निर्दयता अथवा अनुचित पक्षपात के उन आरोपों से मुक्त करने का प्रयास था जो उस पर प्रायः लगाए जाते रहे हैं। . . . यह ईश्वर की बुद्धिमता को उचित सिद्ध करने का एक और प्रयास था। . . . हम इसके विषय में कुछ भी सोचें, इसे निश्चय ही निरीश्वरवाद की संज्ञा नहीं दी जा सकती। . . . यदि मीमांसकों को निरीश्वरवादी कहा जाता था तो इसका अर्थ इसके अतिरिक्त और कुछ नहीं था कि उन्होंने अपने ढंग से ईश्वर के कार्यों को न्यायोचित सिद्ध करने का प्रयास किया था।"[16] इस प्रकार मैक्समूलर के उपर्युक्त विस्तृत उद्धरण से यह स्पष्ट है कि उनके विचार में पूर्णतः वेद-समर्थक होने के कारण मीमांसा निरीश्वरवादी दर्शन नहीं है।

परंतु मीमांसा के विषय में मैक्समूलर का यह मत उचित प्रतीत नहीं होता, क्योंकि इस दर्शन से संबंधित साहित्य द्वारा इस मत की पुष्टि नहीं होती। इसके विपरीत मीमांसा दर्शन के सभी मुख्य ग्रंथ स्पष्ट रूप से इस मत का खंडन करते हैं। हम आगे देखेंगे कि सभी प्रमुख मीमांसकों ने ईश्वर की सत्ता के विरुद्ध अनेक प्रबल तर्क प्रस्तुत किए हैं। यहाँ केवल इतना कह देना ही पर्याप्त होगा कि मैक्समूलर के उपर्युक्त मत का खंडन करते हुए कुमारिल इस जगत् में पाए जानेवाले दुःख तथा दुराचार के आधार पर इसके रचयिता के रूप में सर्वशक्तिमान एवं पूर्णतः शुभ ईश्वर के अस्तित्व को अस्वीकार करते हैं। उन्होंने कहीं भी ईश्वर को इन आरोपों से मुक्त करने का प्रयास नहीं किया जिनकी चर्चा मैक्समूलर ने की है।[17] यही बात अन्य सभी प्रमुख मीमांसकों के विषय में भी कही जा सकती है। ऐसी स्थिति में मीमांसा दर्शन को ईश्वरवाद का समर्थक मानना किसी भी दृष्टि से उचित और युक्तिसंगत प्रतीत नहीं होता। यही कारण है कि अनेक पाश्चात्य विद्वानों ने मैक्समूलर के उपर्युक्त मत को स्वीकार नहीं किया। उदाहरणार्थ, मीमांसा को स्पष्टतः निरीश्वरवादी दर्शन मानते हुए ए.बी. कीथ कहते हैं : "वास्तविक मीमांसा के निरीश्वरवाद को ऐसी

16. एफ. मैक्समूलर, 'कलेक्टिड वर्क्स', खंड 19, पृ. 210-212.

17. कुमारिल भट्ट, 'श्लोकवार्तिक', 'संबंधाक्षेप-परिहार', श्लोक 29-30, 52-53.

सर्वसम्मति के साथ प्रस्तुत किया गया है कि इसकी उपेक्षा करना असंभव हो जाता है।"[18] मीमांसा के निरीश्वरवाद के संबंध में अन्य अनेक भारतीय और पाश्चात्य विद्वानों का भी यही मत है। इस प्रकार यह कहना अनुचित तथा भ्रामक है कि मीमांसा निरीश्वरवादी दर्शन न होकर किसी भी रूप में ईश्वरवाद का समर्थन करता है।

वस्तुतः मीमांसा के संबंध में मैक्समूलर के उपर्युक्त भ्रामक मत का मूल कारण यह है कि वे वेदों को ईश्वरवाद का समर्थक मान लेते हैं। परंतु उनकी यह मान्यता बहुत संदिग्ध तथा विवादास्पद है। जैसा कि हम पहले तथा दूसरे अध्याय में बता चुके हैं, वेदों में ईश्वरवाद को उस रूप में स्वीकार नहीं किया गया जिस रूप में परवर्ती न्याय-वैशेषिक एवं वैष्णव दर्शन में इस सिद्धांत का विकास हुआ है और जिस रूप में आज यह जनसाधारण में प्रचलित है। यह सत्य है कि वैदिक ऋषि एकेश्वरवाद से अनभिज्ञ नहीं थे, किंतु यह कहना संभवतः उचित नहीं होगा कि वे उस रूप में ईश्वर की सत्ता को स्वीकार करते थे जिस रूप में कुछ परवर्ती भारतीय ईश्वरवादी दार्शनिकों ने उसे स्वीकार किया है। यदि वेदों के विषय में इस तथ्य को ध्यान में रखा जाए तो किसी दर्शन के वेद-समर्थक होने और निरीश्वरवादी होने में वह विरोध नहीं रह जाता जिसके आधार पर मैक्समूलर ने मीमांसा को ईश्वरवादी दर्शन सिद्ध करने का असफल प्रयास किया है। इसका अर्थ यह है कि कोई दर्शन वेदों का अनुयायी होते हुए भी ईश्वर के अस्तित्व को अस्वीकार कर सकता है और वेद-समर्थक सांख्य तथा मीमांसा ऐसे ही निरीश्वरवादी दर्शन हैं।

मीमांसा वेदों को अपौरुषेय मानता है जिसका तात्पर्य यह है कि उनकी रचना ईश्वर ने भी नहीं की है, क्योंकि वे अनादि अथवा नित्य हैं। इस दर्शन के समर्थकों के मतानुसार, वेदों में जिन सिद्धांतों का प्रतिपादन किया गया है वे असंदिग्ध रूप से सत्य एवं प्रामाणिक हैं। अपनी इसी मान्यता के कारण उन्होंने चार्वाक, जैन तथा बौद्ध इन तीनों नास्तिक दर्शनों की कटु आलोचना की है जो वेदों की प्रामाणिकता में विश्वास नहीं करते। मीमांसकों ने इन नास्तिक दर्शनों के वेद-विरोधी सभी प्रमुख तर्कों का खंडन करने का प्रयास किया है। इस प्रकार वेदों की प्रामाणिकता के संबंध में मीमांसकों तथा इन नास्तिक दर्शनों में तीव्र मतभेद है। परंतु जहाँ तक ईश्वरवाद की समस्या का संबंध है, मीमांसक उपर्युक्त तीनों नास्तिक दर्शनों से पूर्णतः सहमत हैं। इन सभी दर्शनों के समर्थकों की भाँति वे भी जगत् के रचयिता तथा कर्माध्यक्ष के रूप में सर्वशक्तिमान, सर्वज्ञ, सर्वव्यापक और पूर्णतः शुभ ईश्वर की सत्ता का निषेध करते हुए निरीश्वरवाद को स्पष्टतः स्वीकार करते हैं। वस्तुतः इस निरीश्वरवाद के तर्कपूर्ण समर्थन के विषय में सभी नास्तिक दर्शनों तथा सांख्य और मीमांसा इन दोनों आस्तिक दर्शनों में कोई मतभेद नहीं है। ये सभी भारतीय निरीश्वरवादी दर्शन ईश्वर के अस्तित्व का अनेक प्रबल तर्कों द्वारा स्पष्ट रूप से खंडन करते हैं।

18. ए.बी. कीथ, 'कर्म-मीमांसा', पृ. 60.

ईश्वर की सत्ता के विरुद्ध मीमांसा दर्शन ने जो तर्क प्रस्तुत किए हैं वे जैन, बौद्ध तथा सांख्य दर्शनों द्वारा दिए गए ईश्वर-विरोधी तर्कों से बहुत भिन्न नहीं हैं। यहाँ सर्वप्रथम यह स्पष्ट कर देना आवश्यक है कि मीमांसा दर्शन के प्रवर्तक, जैमिनि ने अपने मूल ग्रंथ 'मीमांसा-सूत्र' में कहीं भी ईश्वर का उल्लेख नहीं किया है जिससे यही सिद्ध होता है कि वे उसके अस्तित्व में विश्वास नहीं करते थे। उनके पश्चात 'मीमांसा-सूत्र' के भाष्यकार, शबर स्वामी ने अपने विस्तृत 'भाष्य' में ईश्वर की सत्ता को इस आधार पर स्पष्टतः अस्वीकार किया है कि उसके लिए कोई विश्वसनीय प्रमाण उपलब्ध नहीं है। इस अध्याय के पिछले खंड में हम देख चुके हैं कि सांख्य दर्शन के प्रवर्तक, कपिल ने भी इसी आधार पर ईश्वर के अस्तित्व को असिद्ध माना है। इस प्रकार ये दोनों महान दार्शनिक ईश्वर की सत्ता को अप्रमाणित मानकर उसका निषेध करते हैं, अतः सांख्य और मीमांसा इन दोनों दर्शनों को मूलतः निरीश्वरवादी दर्शन ही माना जाता है।

शबर स्वामी के उपरांत उनके 'भाष्य' पर मीमांसा के जिन परवर्ती आचार्यों ने अपनी टीकाएँ लिखी हैं उन्होंने अनेक युक्तियों द्वारा ईश्वर के अस्तित्व का स्पष्ट रूप से खंडन किया है। इन मीमांसाचार्यों में कुमारिल तथा प्रभाकर के नाम विशेष रूप से उल्लेखनीय हैं। जैसा कि हम पहले ही बता चुके हैं, मीमांसा दर्शन में इन दोनों दार्शनिकों का बहुत महत्त्वपूर्ण स्थान है, क्योंकि इनके विभिन्न विचारों के फलस्वरूप इस दर्शन में दो विभिन्न विचारधाराओं का विकास हुआ है। यद्यपि कुमारिल तथा प्रभाकर में लगभग सभी दार्शनिक समस्याओं के संबंध में पर्याप्त मतभेद है, फिर भी निरीश्वरवाद के विषय में ये दोनों महान दार्शनिक परस्पर पूर्णतः सहमत हैं। इन दोनों दार्शनिकों ने ईश्वर के अस्तित्व तथा स्वरूप और विश्व-रचयिता एवं कर्माध्यक्ष के रूप में उसके विरुद्ध अनेक प्रबल तर्क प्रस्तुत किए हैं। मीमांसा दर्शन के निरीश्वरवाद की व्याख्या करने के लिए यहाँ हम ईश्वर की सत्ता के विरुद्ध पहले कुमारिल के तर्कों का और उसके पश्चात प्रभाकर की युक्तियों का विवेचन करेंगे।

अपने प्रसिद्ध ग्रंथ, 'श्लोकवार्तिक' के सोलहवें अध्याय, 'संबंधाक्षेप-परिहार' में कुमारिल ने ईश्वरवाद का सविस्तार तर्कतः खंडन किया है। उन्होंने मुख्यतः भारतीय ईश्वरवादी दार्शनिकों द्वारा प्रतिपादित ईश्वर की दो विभिन्न अवधारणाओं के विरुद्ध विस्तारपूर्वक अपने तर्क प्रस्तुत किए हैं। ये दो अवधारणाएँ हैं बादरायण द्वारा 'ब्रह्म-सूत्र' में प्रतिपादित ईश्वर की अवधारणा और परवर्ती न्याय-वैशेषिक दर्शनों द्वारा प्रस्तुत ईश्वर की अवधारणा। कुमारिल ने ईश्वर विषयक इन दोनों अवधारणाओं के विरुद्ध बहुत-सी व्यावहारिक और गंभीर आपत्तियाँ उठाई हैं। उन्होंने तर्कतः यह प्रमाणित किया है कि ईश्वर संबंधी इन दोनों अवधारणाओं में अनेक असंगतियाँ तथा अंतर्विरोध विद्यमान हैं जिनके कारण तार्किक दृष्टि से इनमें से किसी भी अवधारणा का समर्थन करना संभव नहीं है। इस प्रकार भारतीय ईश्वरवादी दार्शनिकों द्वारा मान्य ईश्वर की उपर्युक्त दोनों अवधारणाओं का खंडन करते हुए कुमारिल ने यही सिद्ध किया है कि निरीश्वरवाद ईश्वरवाद की अपेक्षा कहीं अधिक तर्कसंगत और संतोषप्रद सिद्धांत है।

अपने ग्रंथ, 'श्लोकवार्तिक' में कुमारिल सर्वप्रथम बादरायण द्वारा प्रस्तुत ईश्वर की अवधारणा का अनेक व्यावहारिक तर्कों के आधार पर खंडन करते हैं। जैसा कि हम प्रथम अध्याय में देख चुके हैं, बादरायण के अनुसार ईश्वर जगत् का केवल निमित्त कारण ही नहीं, अपितु उपादान कारण भी है। इसका तात्पर्य यह है कि ईश्वर ने जगत् को किसी बाह्य सामग्री द्वारा उत्पन्न न करके स्वयं अपने आप में से ही उत्पन्न किया है। इस मत का समर्थन करनेवाले दार्शनिक यह मानते हैं कि ईश्वर द्वारा विश्व की रचना से पूर्व स्वयं ईश्वर के अतिरिक्त अन्य किसी वस्तु का अस्तित्व नहीं था, अतः वही विश्व का निमित्त और उपादान कारण दोनों है। ईश्वर के विषय में बादरायण तथा उनके समर्थक अन्य ईश्वरवादी दार्शनिकों के इस मत के विरुद्ध कुमारिल ने अनेक व्यावहारिक तर्क प्रस्तुत किए हैं। इस संबंध में सर्वप्रथम उन्होंने यह प्रश्न उठाया है कि यदि ईश्वर द्वारा विश्व-रचना से पूर्व दिक्, काल, पृथ्वी आदि किसी वस्तु का अस्तित्व नहीं था तो उस समय स्वयं ईश्वर कहाँ रहता था और फिर ईश्वरवादी यह कैसे जानते हैं कि तब उसका अस्तित्व था। इसके अतिरिक्त यहाँ यह प्रश्न भी उठाया जा सकता है कि उस समय ईश्वर की क्या स्थिति थी और उसका वास्तविक स्वरूप क्या था। उस समय जब किसी मनुष्य का अस्तित्व था ही नहीं तो ईश्वर को कौन जान सकता था और मनुष्यों की उत्पत्ति के पश्चात उन्हें उसके स्वरूप के संबंध में कौन बता सकता था? किसी भी रूप में ईश्वर संबंधी ज्ञान के बिना हम यह कैसे मान सकते हैं कि विश्व की उत्पत्ति से पूर्व ईश्वर का अस्तित्व था? वस्तुतः ये सब व्यावहारिक प्रश्न उठाकर कुमारिल ने यह सिद्ध किया है कि ईश्वरवादी विचारक विश्व की उत्पत्ति से पूर्व ईश्वर के अस्तित्व को तर्कतः प्रमाणित नहीं कर सकते, अतः वे बिना किसी प्रमाण के उसकी सत्ता को स्वीकार कर लेते हैं। इसी प्रकार, वे ईश्वर के जिस स्वरूप का वर्णन करते हैं उसके लिए भी वे कोई तर्क या प्रमाण प्रस्तुत नहीं करते।[19] ईश्वर के विरुद्ध कुमारिल के इन तर्कों से यह स्पष्ट है कि उनके मतानुसार विश्व की उत्पत्ति से पूर्व हमारे लिए उसके संबंध में सार्थकतापूर्वक बात करना संभव नहीं है, क्योंकि हम उसके अस्तित्व तथा स्वरूप दोनों को ही जानने और समझने में नितांत असमर्थ हैं।

विश्व-रचयिता के रूप में ईश्वर के विरुद्ध कुमारिल ने यह आपत्ति भी उठाई है कि उसे चाहे शरीर-रहित माना जाए अथवा शरीरवान, दोनों ही स्थितियों में उसको विश्व का रचयिता मानने में हमारे समक्ष अनेक गंभीर दार्शनिक कठिनाइयाँ उत्पन्न होती हैं। यदि ईश्वर अशरीरी है तो उसमें विश्व-रचना की इच्छा विद्यमान नहीं हो सकती और इस इच्छा के बिना वह विश्व की रचना नहीं कर सकता। वस्तुतः शरीर-रहित ईश्वर द्वारा विश्व की रचना का विचार अबोधगम्य और तर्क-विरुद्ध है। इस कठिनाई से बचने के लिए यदि हम ईश्वर को शरीरवान मान लें तो उसे विश्व-रचयिता के रूप में स्वीकार करने में ऐसी अनेक दार्शनिक समस्याएँ उत्पन्न

19. देखिए, गंगानाथ झा द्वारा अंग्रेज़ी में अनूदित तथा संपादित कुमारिल भट्ट का 'श्लोकवार्तिक', अध्याय 16, 'संबंधाक्षेप-परिहार', श्लोक 45-46, पृ. 356.

होती हैं जिनका तर्कसंगत समाधान असंभव है। इस संबंध में प्रथम समस्या तो यह है कि यदि विश्व की उत्पत्ति से पूर्व ईश्वर के अतिरिक्त अन्य किसी वस्तु का अस्तित्व नहीं था जैसा कि बादरायण और उनके समर्थक मानते हैं तो स्वयं ईश्वर के शरीर का निर्माण किन तत्त्वों द्वारा हुआ था? फिर यहाँ यह प्रश्न भी किया जा सकता है कि ईश्वर का शरीर नित्य है या अनित्य। यदि ईश्वर का शरीर नित्य है तो अन्य प्राणियों का शरीर नित्य क्यों नहीं हो सकता? यदि ईश्वर का शरीर अनित्य है तो उसे भी अन्य प्राणियों की भाँति नश्वर मानना पड़ेगा। अंत में हम शरीरवान ईश्वर के विषय में यह प्रश्न भी उठा सकते हैं कि उसके शरीर को किसने उत्पन्न किया है। विश्व की उत्पत्ति से पूर्व तो किसी प्राणी का अस्तित्व था ही नहीं, अतः प्रश्न यह है कि ईश्वर के शरीर की रचना कौन कर सकता है। फिर यदि ईश्वर के शरीर का कोई रचयिता माना जाए तो उस रचयिता को भी शरीरवान मानना पड़ेगा तथा उसका भी कोई शरीरवान रचयिता स्वीकार करना पड़ेगा और यही क्रम अनंत शृंखला तक चलता रहेगा जिसके फलस्वरूप अनवस्था-दोष उत्पन्न हो जाएगा। स्पष्ट है कि ईश्वर को शरीरवान मान लेने के कारण ऐसी अनेक दार्शनिक कठिनाइयाँ उत्पन्न होती हैं जिनका कोई संतोषप्रद समाधान संभव नहीं है। वस्तुतः इन्हीं कठिनाइयों से बचने के लिए ईश्वरवादी दार्शनिकों ने ईश्वर को अशरीरी सत्ता के रूप में स्वीकार किया है। परंतु हम देख चुके हैं कि अशरीरी ईश्वर भी विश्व का रचयिता नहीं हो सकता। इस प्रकार अपने उपर्युक्त तर्क द्वारा कुमारिल ने यह सिद्ध किया है कि न तो अशरीरी ईश्वर विश्व का रचयिता हो सकता है और न शरीरवान ईश्वर, अतः विश्व-रचयिता के रूप में ईश्वर की अवधारणा तर्क-विरुद्ध है।[20]

ईश्वर को विश्व का रचयिता मानने के संबंध में कुमारिल ने यह प्रश्न भी उठाया है कि किसी प्रकार की सामग्री के अभाव में उसने इस विश्व की रचना कैसे की है। किसी वस्तु–यथा, घट–की रचना करने के लिए कुछ सामग्री–यथा, मिट्टी–का होना अनिवार्य है, किंतु बादरायण तथा उनके अनुयायी तो यह मानते हैं कि ईश्वर द्वारा विश्व की उत्पत्ति से पूर्व किसी वस्तु का अस्तित्व था ही नहीं। ऐसी स्थिति में प्रश्न यह है कि किसी प्रकार की सामग्री के बिना ईश्वर ने विश्व को कैसे उत्पन्न किया। इस प्रश्न के उत्तर में बादरायण ने यह कहा है कि जिस प्रकार मकड़ी किसी बाह्य सामग्री की सहायता के बिना स्वयं अपने भीतर से ही जाला बुनती है उसी प्रकार ईश्वर ने भी स्वयं अपने आप में से इस विश्व का निर्माण किया है। परंतु कुमारिल के मतानुसार, बादरायण का यह तर्क उचित और संतोषप्रद नहीं है। इसका कारण यह है कि मकड़ी अपने भीतर से जो जाला बुनती है वह वास्तव में उसके द्वारा खाए गए कीड़ों के रूप में बाह्य सामग्री का परिणाम होता है। दूसरे शब्दों में हम यह कह सकते हैं कि मकड़ी के जाले के लिए कीड़ों के रूप में उसके द्वारा खाया गया भोजन–अर्थात्, बाह्य सामग्री–का होना अनिवार्य है। इस प्रकार कुमारिल के विचार में बादरायण के उपर्युक्त उदाहरण द्वारा उनका यह मत सत्य प्रमाणित नहीं होता कि

20. देखिए, वही पुस्तक, श्लोक 47-49, पृ. 356.

ईश्वर स्वयं अपने आप में से ही इस विश्व की रचना करता है। अपने इसी तर्क के आधार पर उन्होंने बादरायण के इस मत को अस्वीकार किया है।[21]

उपर्युक्त तर्कों के अतिरिक्त ईश्वर द्वारा विश्व-रचना के सिद्धांत के विरुद्ध कुमारिल ने यह तर्क भी प्रस्तुत किया है कि जो ईश्वर पूर्णतः शुभ तथा अत्यंत करुणामय है उसने ऐसे विश्व की रचना क्यों की है जिसमें इतना अधिक दुःख विद्यमान है। इस प्रश्न के उत्तर में ईश्वरवादी यह कहते हैं कि संसार में विद्यमान दुःख का कारण प्राणियों द्वारा किए गए दुष्कर्म ही हैं, अतः इस दुःख के लिए ईश्वर उत्तरदायी नहीं है। परंतु कुमारिल का मत है कि ईश्वरवादी विचारकों का यह तर्क उचित नहीं है, क्योंकि विश्व की उत्पत्ति से पूर्व शुभ या अशुभ कर्म करनेवाले प्राणियों का अस्तित्व ही नहीं था। ऐसी स्थिति में विश्व में पाए जानेवाले दुःख के लिए प्राणियों के दुष्कर्मों को उत्तरदायी नहीं माना जा सकता। इसका अर्थ यही है कि संसार में विद्यमान दुःख के लिए मूलतः उसका रचयिता, ईश्वर ही उत्तरदायी है। यदि वह चाहता तो दुःख-रहित विश्व की रचना कर सकता था, किंतु उसने ऐसा नहीं किया। इस प्रकार कुमारिल के अनुसार, ईश्वरवादी विचारकों ने जगत् में पाए जानेवाले व्यापक दुःख के उत्तरदायित्व से ईश्वर को बचाने के लिए जीवों के दुष्कर्मों का जो तर्क दिया है वह उचित और विश्वसनीय नहीं है।[22] हम देख चुके हैं कि जैन, बौद्ध तथा सांख्य दर्शनों ने भी ईश्वर के विरुद्ध 'अशुभ की समस्या' से संबंधित यह तर्क प्रस्तुत किया है।

अन्य भारतीय निरीश्वरवादी दार्शनिकों की भाँति कुमारिल ने भी यह प्रश्न उठाया है कि ईश्वर ने किस अभिप्रेरणा से प्रेरित होकर इस विश्व की रचना की है। जैसा कि हम पिछले अध्यायों में देख चुके हैं, इस प्रश्न के उत्तर में ईश्वरवादी यह कहते हैं कि जीवों के प्रति दया अथवा करुणा से प्रेरित होकर ईश्वर ने इस जगत् को उत्पन्न किया है। उनके इस मत के विरुद्ध कुमारिल ने वे ही तर्क प्रस्तुत किए हैं जो अन्य भारतीय निरीश्वरवादी दार्शनिकों ने दिए थे। उदाहरणार्थ, कुमारिल का कथन है कि विश्व की उत्पत्ति से पूर्व जीव थे ही नहीं जो दुःखी होते और जिन पर ईश्वर दया करता। ऐसी स्थिति में करुणा से प्रेरित होकर ईश्वर द्वारा विश्व की रचना करने का प्रश्न ही नहीं उठता। इसके अतिरिक्त यदि ईश्वर ने वास्तव में करुणा से प्रेरित होकर जगत् की रचना की होती तो इसमें रहनेवाले सभी जीव पूर्णतः सुखी तथा संतुष्ट होते और इसमें सर्वत्र इतना अधिक दुःख व्याप्त न होता। इस आपत्ति के उत्तर में ईश्वरवादी यह कहते हैं कि जगत् की उत्पत्ति के लिए कुछ-न-कुछ पीड़ा या दुःख का होना अनिवार्य था। उनके इस तर्क के विरुद्ध कुमारिल का कथन है कि सर्वशक्तिमान ईश्वर के लिए दुःख-रहित विश्व की रचना करना असंभव नहीं था। फिर यदि यह मान लिया जाए कि ईश्वर पीड़ा-रहित जगत् की रचना नहीं कर सकता था तो निश्चय ही उसे सर्वशक्तिमान नहीं कहा जा सकता। संक्षेप में अपने इन्हीं तर्कों के आधार पर कुमारिल

21. देखिए, वही पुस्तक, श्लोक 51, पृ. 356.

22. देखिए, वही पुस्तक, श्लोक 49-50, पृ. 356.

ने ईश्वरवादी विचारकों के इस मत का खंडन किया है कि जीवों के प्रति करुणा से प्रेरित होकर ईश्वर ने इस विश्व की रचना की है।[23] इस संबंध में वे अन्य सभी भारतीय निरीश्वरवादी दार्शनिकों से पूर्णतः सहमत हैं।

विश्व-रचना के लिए ईश्वर की मूल अभिप्रेरणा से संबंधित उपर्युक्त समस्या के साथ-साथ कुमारिल ने यह प्रश्न भी उठाया है कि उसने किस प्रयोजन से प्रेरित होकर इस जगत् की रचना की है। किसी वस्तु की रचना करना निश्चय ही प्रयोजनपूर्ण कर्म है, अतः ईश्वरवादी यह नहीं कह सकते कि विश्व-रचना के मूल में ईश्वर का कोई प्रयोजन नहीं है। यदि वे ऐसा कहते हैं तो निष्प्रयोजन कर्म करनेवाले ईश्वर को बुद्धिमान कर्ता नहीं माना जा सकता और उसकी स्थिति सांख्य की जड़ प्रकृति के समान ही हो जाती है जो निर्बौधिक रूप से कार्य करती है। परंतु ईश्वरवादी विचारक तो ईश्वर को केवल बुद्धिमान कर्ता ही नहीं, अपितु सर्वज्ञ भी मानते हैं। यही कारण है कि उन्होंने उसके विश्व-रचना संबंधी कर्म को निष्प्रयोजन नहीं माना है। विश्व-रचना के संबंध में ईश्वर के प्रयोजन का वर्णन करते हुए बादरायण कहते हैं कि वह लीला अथवा क्रीड़ा के लिए जगत् की रचना करता है।[24] परंतु उनके इस मत के विरुद्ध कुमारिल का कथन है कि यह ईश्वर की पूर्णता का स्पष्टतः निषेध करता है। यदि ईश्वर लीला या क्रीड़ा द्वारा स्वयं सुख प्राप्त करने के लिए इस जगत् की रचना करता है तो इसका अर्थ यही है कि उसमें कोई अभाव था जिसकी पूर्ति के लिए उसने विश्व-रचना का यह कार्य किया है। दूसरे शब्दों में, जगत् की रचना करके ईश्वर ने अपनी एक ऐसी इच्छा पूरी की है जो इसकी उत्पत्ति के बिना अपूर्ण रह गई थी। स्पष्ट है कि ऐसे अभाव-ग्रस्त ईश्वर को पूर्ण नहीं माना जा सकता। वस्तुतः ईश्वरवादियों की कठिनाई यह है कि वे ईश्वर द्वारा किए गए विश्व-रचना के कार्य को न तो निष्प्रयोजन मान सकते हैं और न प्रयोजन-युक्त, क्योंकि ये दोनों ही विकल्प उनके अपने सिद्धांत के विरुद्ध हैं। इनमें से प्रथम विकल्प द्वारा ईश्वर की बुद्धिमता का खंडन होता है और दूसरे विकल्प द्वारा उसकी पूर्णता का। इस प्रकार अपने उपर्युक्त तर्क द्वारा कुमारिल ने यह सिद्ध किया है कि विश्व-रचयिता के रूप में ईश्वर की अवधारणा को स्वीकार करना अयुक्तिसंगत है।[25]

ईश्वर को विश्व-रचयिता माननेवाले दार्शनिकों के मत के विरुद्ध कुमारिल ने यह तर्क भी प्रस्तुत किया है कि मनुष्यों के लिए उसे जगत् के रचयिता के रूप में जानना असंभव है। कुमारिल के मतानुसार, मनुष्यों के पास यह जानने का कोई उपाय नहीं है कि उन्हें तथा संपूर्ण विश्व को ईश्वर ने ही उत्पन्न किया है। जिस समय मनुष्यों की उत्पत्ति हुई तब वे यह कैसे जान सकते थे कि उनका और इस जगत् का रचयिता कौन है? उनके पास ऐसा कोई साधन नहीं था जिसके द्वारा वे इस प्रश्न का उत्तर प्राप्त कर पाते। इसी प्रकार, वे यह भी नहीं जान सकते थे कि उनकी उत्पत्ति से पूर्व

23. देखिए, वही पुस्तक, श्लोक 52-54, पृ. 357.

24. देखिए, बादरायण, 'ब्रह्म-सूत्र', 2, 1, 33.

25. देखिए, गंगानाथ झा द्वारा संपादित कुमारिल का 'श्लोकवार्तिक', श्लोक 55-56, पृ. 357.

विश्व की स्थिति क्या थी और वे स्वयं कहाँ से आए। इस संबंध में यह मत भी विश्वसनीय नहीं है कि स्वयं ईश्वर ने ही अपने विश्व-रचयिता होने के विषय में मनुष्यों को बताया है। यह संभव है कि वास्तव में ईश्वर ने विश्व की रचना न की हो, किंतु अपनी महान शक्ति का प्रदर्शन करने के लिए उसने अपने आप को विश्व-रचयिता घोषित कर दिया हो।[26]

यहाँ ईश्वरवादी विचारक यह कह सकते हैं कि वेदों, 'महाभारत' तथा पुराणों के कथन द्वारा विश्व-रचयिता के रूप में ईश्वर का अस्तित्व प्रमाणित होता है। हम प्रथम अध्याय में देख चुके हैं कि शंकर, रामानुज आदि अनेक दार्शनिकों ने ईश्वर की सत्ता के लिए मुख्यतः यह श्रुतिमूलक प्रमाण ही स्वीकार किया है। परंतु कुमारिल इस श्रुतिमूलक प्रमाण का भी स्पष्टतः खंडन करते हैं। इसके विरुद्ध उन्होंने यह तर्क दिया है कि वेदों, 'महाभारत' और पुराणों में ईश्वर को विश्व का रचयिता बतानेवाले जो कथन हैं उनका ठीक-ठीक अर्थ नहीं समझा गया है। वस्तुतः इन कथनों का उद्देश्य ईश्वर को विश्व का रचयिता सिद्ध करना नहीं, अपितु यज्ञों तथा अन्य वैदिक कर्मों की प्रशंसा करना ही है, अतः इन्हें शाब्दिक अर्थ में ग्रहण न करके इस विशेष अर्थ में ही ग्रहण किया जाना चाहिए। इसका तात्पर्य यह है कि ईश्वर को विश्व का रचयिता बतानेवाले वैदिक कथन वस्तुतः यज्ञों की स्तुति के ही द्योतक हैं; इन कथनों द्वारा विश्व-रचयिता के रूप में ईश्वर का अस्तित्व प्रमाणित नहीं होता। जो विचारक इन कथनों द्वारा ईश्वर की सत्ता को सिद्ध करने का प्रयास करते हैं वे वैदिक यज्ञों की स्तुति से संबंधित इनके प्रतीकात्मक अर्थ को नहीं समझते जो इनका वास्तविक अर्थ है। इस प्रकार कुमारिल ने उस श्रुतिमूलक प्रमाण को भी अस्वीकार किया है जो वेदांत के समर्थकों के अनुसार ईश्वर के अस्तित्व के लिए प्रबलतम प्रमाण है।[27] परंतु विश्व-रचयिता के रूप में ईश्वर के विरुद्ध कुमारिल का यह तर्क बहुत प्रभावशाली तथा विश्वसनीय प्रतीत नहीं होता, क्योंकि वेदों, उपनिषदों, पुराणों और 'महाभारत' में उपलब्ध ईश्वर विषयक कथनों को वास्तव में यज्ञों की स्तुति से संबंधित कथन मानना बहुत कठिन है।

बादरायण द्वारा प्रतिपादित ईश्वर विषयक सिद्धांत का खंडन करने के पश्चात कुमारिल ने परवर्ती न्याय-वैशेषिक दर्शनों की ईश्वर संबंधी अवधारणा के विरुद्ध भी अनेक तर्क प्रस्तुत किए हैं। हम देख चुके हैं कि न्याय-वैशेषिक के अनुसार, ईश्वर जगत् का उपादान कारण न होकर उसका केवल निमित्त कारण ही है जिसने परमाणु, दिक्, काल आदि पूर्ववर्ती नित्य द्रव्यों की सहायता से इस जगत् की रचना की है। यह सत्य है कि न्याय-वैशेषिक के इस ईश्वर विषयक सिद्धांत में वह दार्शनिक कठिनाई नहीं है जो ईश्वर को जगत् का उपादान कारण तथा निमित्त कारण दोनों ही एक साथ मानने के परिणामस्वरूप उत्पन्न होती है और जिसकी चर्चा हम ऊपर कर चुके हैं। परंतु इस कठिनाई से मुक्त होते हुए भी यह सिद्धांत तार्किक दृष्टि से संतोषप्रद

26. देखिए, वही पुस्तक, श्लोक 57-60, पृ. 357-358.

27. देखिए, वही पुस्तक, श्लोक 61-64, पृ. 358.

नहीं है, क्योंकि इसके विरुद्ध भी अनेक गंभीर आपत्तियाँ उठाई जा सकती हैं जिनका कुमारिल ने विस्तारपूर्वक वर्णन किया है। सर्वप्रथम उन्होंने न्याय-वैशेषिक के इस मत का खंडन किया है कि ईश्वर ही इस जगत् की रचना करता है तथा वही इसका संहार भी करता है और ये दोनों शाश्वत प्रक्रियाएँ निरंतर चलती रहती हैं। इस मत के विरुद्ध कुमारिल का कथन है कि हमें ईश्वर द्वारा विश्व की समस्त वस्तुओं की रचना का कोई अनुभव नहीं है। इसके विपरीत हम केवल यही जानते हैं कि प्रत्येक वस्तु की उत्पत्ति की एक विशेष क्रमिक प्रक्रिया होती है, अतः हम ईश्वर द्वारा विश्व की सभी वस्तुओं की एक साथ रचना के सिद्धांत को स्वीकार नहीं कर सकते। इसी प्रकार, संपूर्ण विश्व को नष्ट कर देनेवाली प्रलय से संबंधित सिद्धांत का भी हम समर्थन नहीं कर सकते, क्योंकि इसके लिए हमारे पास कोई प्रमाण नहीं है। इसके अतिरिक्त प्रलय द्वारा ईश्वर के किसी लक्ष्य की सिद्धि भी नहीं होती और किसी विशेष उद्देश्य की पूर्ति के बिना कोई भी बुद्धिमान रचयिता संपूर्ण विश्व को नष्ट करने का भयंकर कार्य नहीं कर सकता। इन कठिनाइयों को ध्यान में रखते हुए हम प्रलय संबंधी सिद्धांत का भी तर्कसंगत रूप से समर्थन नहीं कर सकते।

कुमारिल के अनुसार, न्याय-वैशेषिक का यह मत भी उचित नहीं है कि प्रलय के पश्चात आत्माओं का अस्तित्व बना रहता है और उनके सभी शुभ-अशुभ कर्म कोई परिणाम उत्पन्न किए बिना सुषुप्तावस्था में विद्यमान रहते हैं। इन दर्शनों के समर्थक यह भी कहते हैं कि प्रलय के उपरांत जब फिर ईश्वर की इच्छा होती है तो वह पुनः जगत् को उत्पन्न करता है। परंतु कुमारिल का कथन है कि किसी कारण के बिना ईश्वर में विश्व-रचना की यह इच्छा उत्पन्न नहीं हो सकती। यदि ईश्वर की इस इच्छा का कोई कारण है तो वह कारण स्वयं ही जगत् को भी उत्पन्न कर सकता है। ऐसी स्थिति में विश्व की उत्पत्ति के लिए ईश्वर की कोई आवश्यकता नहीं रह जाती। इसके अतिरिक्त विश्व-रचना से संबंधित ईश्वर की इच्छा को तर्कसंगत रूप से न तो नित्य माना जा सकता है और न अनित्य। यदि उसकी इस इच्छा को नित्य मान लिया जाए तो विश्व-रचना तथा प्रलय की क्रियाओं को भी नित्य मानना पड़ेगा जो न्याय-वैशेषिक के अपने सिद्धांत के विरुद्ध होगा। इसके विपरीत यदि ईश्वर की इस इच्छा को अनित्य माना जाए तो इसका कोई कारण स्वीकार करना पड़ेगा; इस कारण का कोई अन्य कारण मानना पड़ेगा और यह क्रम अनंत शृंखला तक चलता रहेगा जिससे अनवस्था-दोष उत्पन्न हो जाएगा। फिर यदि ईश्वर की इस इच्छा का कोई कारण है तो ईश्वर के स्थान पर उस कारण को ही विश्व की उत्पत्ति का मूल कारण माना जा सकता है और तब ईश्वर विश्व-रचना के लिए अनावश्यक हो जाता है। इस प्रकार उपर्युक्त सभी तर्कों के आधार पर कुमारिल ने ईश्वर द्वारा विश्व-रचना तथा प्रलय से संबंधित सिद्धांत का खंडन किया है।[28]

परवर्ती न्याय-वैशेषिक दर्शनों के समर्थक यह मानते हैं कि जीवों के कर्मानुसार उनकी उत्पत्ति के लिए ईश्वर का मार्गदर्शन अथवा नियंत्रण आवश्यक है, किंतु कुमारिल

28. देखिए, वही पुस्तक, श्लोक 67-70, 73 पृ. 359-360.

को उनका यह मत भी स्वीकार्य नहीं है। स्वयं कर्मवाद में विश्वास करने के कारण कुमारिल यह तो मानते हैं कि संपूर्ण जगत् की उत्पत्ति जीवों के कर्मानुसार ही होती है। इस दृष्टि से सृष्टि के लिए बुद्धिमान व्यक्तियों के मार्गदर्शन से संबंधित सिद्धांत का वे भी समर्थन करते हैं। परंतु उनका मत है कि ऐसे मार्गदर्शन के लिए सर्वज्ञ तथा सर्वशक्तिमान ईश्वर के अस्तित्व को स्वीकार करने की कोई आवश्यकता नहीं है, क्योंकि जीवों के कर्म स्वयं ही जगत् में पाई जानेवाली भिन्नता को नियंत्रित करते हैं। ईश्वर के बिना कर्मों के इस स्वतः नियंत्रण के लिए ही मीमांसकों ने 'अपूर्व' की कल्पना की है जिसके कारण सभी मनुष्यों को उनके कर्मों का समुचित फल प्राप्त होता है। इस प्रकार अन्य मीमांसकों की भाँति कर्मवाद को स्वीकार करते हुए भी कुमारिल जीवों के मार्गदर्शन या नियंत्रण के लिए ईश्वर को अनावश्यक मानते हैं।[29]

ईश्वर के स्वरूप के विषय में भी कुमारिल ने न्याय-वैशेषिक दर्शनों के सिद्धांत में विद्यमान एक गंभीर तार्किक कठिनाई का उल्लेख किया है जो इस प्रकार है। इन दर्शनों के समर्थक ईश्वर को या तो शरीरवान मान सकते हैं अथवा शरीर-रहित, किंतु ये दोनों ही विकल्प उनके लिए अनेक दार्शनिक समस्याएँ उत्पन्न करते हैं। यदि वे ईश्वर को शरीरवान मानते हैं तो उन्हें यह स्वीकार करना पड़ेगा कि उसके शरीर का भी कोई बुद्धिमान रचयिता अवश्य है, क्योंकि उन्हीं के सिद्धांत के अनुसार सावयव होने के कारण प्रत्येक शरीर की उत्पत्ति के लिए किसी बुद्धिमान रचयिता का होना अनिवार्य है। यदि वे यह कहते हैं कि ईश्वर के शरीर का कोई रचयिता नहीं है तो इसका अर्थ यह होगा कि किसी रचयिता के बिना भी सावयव शरीर की उत्पत्ति हो सकती है जिससे उनके अपने सिद्धांत का खंडन होगा। स्पष्ट है कि न्याय-वैशेषिक दर्शनों के अनुयायी ईश्वर को शरीरवान नहीं मान सकते। ऐसी स्थिति में उनके समक्ष दूसरा विकल्प यह है कि वे ईश्वर को शरीर-रहित मान लें और वस्तुतः अन्य ईश्वरवादियों की भाँति वे उसे अशरीरी सत्ता ही मानते हैं। परंतु यह विकल्प भी युक्तिसंगत एवं संतोषप्रद नहीं है, क्योंकि यदि ईश्वर अशरीरी सत्ता है तो वह वास्तविक अर्थ में कर्ता नहीं हो सकता। न्याय-वैशेषिक के समर्थक स्वयं यह मानते हैं कि मुक्त आत्मा शरीर-रहित होने के कारण पूर्णतः निष्क्रिय रहती है—अर्थात्, वह कुछ भी करने में असमर्थ होती है। यही बात अशरीरी ईश्वर के विषय में भी कही जा सकती है। यदि ईश्वर शरीर-रहित है तो निष्क्रिय होने के कारण वह निश्चय ही विश्व का रचयिता नहीं हो सकता। दूसरे शब्दों में, अशरीरी ईश्वर शरीर-रहित मुक्त आत्मा के समान कोई भी कर्म करने में असमर्थ ही रहेगा, अतः वह विश्व की रचना नहीं कर सकता। इस प्रकार कुमारिल के मतानुसार, ईश्वर को चाहे शरीरवान माना जाए अथवा शरीर-रहित, दोनों ही स्थितियों में उसे विश्व-रचयिता मानने में अनेक तार्किक कठिनाइयाँ हैं जिनका कोई संतोषप्रद समाधान संभव नहीं है।[30]

परवर्ती न्याय-वैशेषिक दार्शनिकों के ईश्वर विषयक अनुमान के विरुद्ध कुमारिल का एक प्रबल तर्क यह भी है कि इस अनुमान की पुष्टि के लिए प्रस्तुत किए गए

29. देखिए, वही पुस्तक, श्लोक 74-76, पृ. 360.

30. देखिए, वही पुस्तक, श्लोक 77-78, पृ. 361.

लौकिक दृष्टांत वास्तव में इसका समर्थन करने के स्थान पर खंडन ही करते हैं। इन दार्शनिकों का मूल सिद्धांत यह है कि ईश्वर ही संपूर्ण विश्व का रचयिता है–अर्थात्, वही संसार की समस्त वस्तुओं को उत्पन्न करता है। अपने इस सिद्धांत को सत्य प्रमाणित करने के लिए वे कुंभकार, जुलाहा, शिल्पी आदि के लौकिक दृष्टांत प्रस्तुत करते हैं। उनका कथन है कि जिस प्रकार घट, वस्त्र, भवन आदि वस्तुओं के निर्माण के लिए क्रमशः कुंभकार, जुलाहा, शिल्पी आदि बुद्धिमान रचयिताओं की आवश्यकता होती है उसी प्रकार इस विश्व की रचना के लिए भी बुद्धिमान रचयिता के रूप में ईश्वर का होना अनिवार्य है। न्याय-वैशेषिक दार्शनिकों के इन लौकिक दृष्टांतों से यह स्पष्ट है कि उनका ईश्वर विषयक अनुमान मूलतः इन्हीं दृष्टांतों पर आधारित है। परंतु यहाँ कठिनाई यह है कि ये दृष्टांत वास्तव में इस अनुमान की पुष्टि करने के स्थान पर इसका खंडन करते हैं। यदि कुंभकार घट का निर्माण करता है तो निश्चय ही ईश्वर उसका निर्माता नहीं हो सकता। यही बात मानव-निर्मित अन्य सभी वस्तुओं के विषय में भी कही जा सकती है। इसका अर्थ यह है कि इन सभी वस्तुओं का निर्माण ईश्वर नहीं, अपितु बुद्धिमान मनुष्य करते हैं जो मरणशील हैं। ऐसी स्थिति में उपर्युक्त दृष्टांतों द्वारा न्याय-वैशेषिक के इस मूल सिद्धांत का खंडन होता है कि समस्त सावयव वस्तुओं का रचयिता ईश्वर ही है। घट, वस्त्र, भवन आदि सभी वस्तुएँ सावयव हैं, किंतु इनका रचयिता ईश्वर नहीं है जिससे यह सिद्ध होता है कि सावयव वस्तुओं की रचना के लिए ईश्वर की कोई आवश्यकता नहीं है।

यहाँ यह प्रश्न उठाया जा सकता है कि क्या न्याय-वैशेषिक के समर्थक ईश्वर विषयक अनुमान की पुष्टि के लिए उपर्युक्त लौकिक दृष्टांतों का परित्याग कर सकते हैं। इस प्रश्न का उत्तर नकारात्मक ही है, क्योंकि इन दृष्टांतों के बिना तार्किक दृष्टि से इस अनुमान की पुष्टि संभव नहीं है। यही कारण है कि न्याय-वैशेषिक के अनुयायियों ने ईश्वर संबंधी अपने अनुमान को प्रामाणिक सिद्ध करने के लिए ये दृष्टांत प्रस्तुत किए हैं। परंतु हम देख चुके हैं कि इन दृष्टांतों द्वारा ईश्वर का अस्तित्व प्रमाणित नहीं होता। इसके विपरीत ये लौकिक दृष्टांत केवल यही सिद्ध करते हैं कि यदि विश्व का कोई बुद्धिमान रचयिता है तो वह अनित्य अथवा मरणशील है, सर्वज्ञ, सर्वशक्तिमान तथा नित्य ईश्वर नहीं। इस प्रकार कुमारिल का मत है कि ईश्वर विषयक अनुमान की पुष्टि के लिए न्याय-वैशेषिक द्वारा प्रस्तुत किए गए लौकिक दृष्टांत उसकी सत्ता को प्रमाणित करने के स्थान पर वस्तुतः उसका खंडन करते हैं।[31]

कुमारिल के उपर्युक्त तर्क के उत्तर में न्याय-वैशेषिक के समर्थक यह कह सकते हैं कि ईश्वर कुंभकार की भाँति स्वयं अपने हाथों से विश्व का निर्माण नहीं करता; वह तो विश्व-रचना के लिए केवल अपनी इच्छा व्यक्त करता है जिसका पालन करते हुए असंख्य नित्य परमाणु परस्पर संयुक्त होकर संसार की समस्त वस्तुओं की रचना करते हैं। उनके इस तर्क का खंडन करते हुए कुमारिल ने यह प्रश्न उठाया है कि

31. देखिए, वही पुस्तक, श्लोक 79-80, पृ. 361.

जड़ परमाणुओं को ईश्वर की विश्व-रचना संबंधी इच्छा का ज्ञान कैसे होता है और वे उसकी इस इच्छा का पालन किस प्रकार करते हैं। वस्तुतः कुमारिल यह मानते हैं कि स्वयं अचेतन होने के कारण परमाणु न तो ईश्वर की विश्व-रचना संबंधी इच्छा को जान सकते हैं और न वे उसके अनुसार कार्य करते हुए जगत् की रचना कर सकते हैं। अपनी इसी मान्यता के आधार पर उन्होंने ईश्वर द्वारा विश्व-रचना के समर्थन में न्याय-वैशेषिक के उपर्युक्त तर्क का खंडन किया है।[32]

यहाँ यह उल्लेखनीय है कि कुमारिल ने केवल विश्व-रचयिता के रूप में ही नहीं, अपितु वेदों के रचयिता के रूप में भी ईश्वर के अस्तित्व को अस्वीकार किया है। शबर स्वामी के मत का अनुसरण करते हुए वे नैयायिकों की इस मान्यता का खंडन करते हैं कि वेदों का रचयिता कोई मनुष्य न होकर स्वयं ईश्वर ही है। अपने 'भाष्य' में शबर ने शब्दार्थ-संबंध की नित्यता के सिद्धांत का स्पष्टतः प्रतिपादन किया है। उनका कथन है कि शब्द और अर्थ का संबंध नित्य अथवा शाश्वत है—अर्थात्, इन दोनों में यह संबंध ईश्वर जैसी किसी बाह्य शक्ति द्वारा स्थापित नहीं किया गया है। नैयायिकों के इस मत को स्वीकार करने के लिए हमारे पास कोई प्रमाण नहीं है कि शब्द और अर्थ में जो अनिवार्य संबंध है उसे सर्वप्रथम ईश्वर ने ही स्थापित किया है। इसके विपरीत वास्तविक स्थिति यह है कि शब्द और अर्थ का यह संबंध अनादि तथा नित्य है।[33] शब्दार्थ-संबंध के विषय में अपने इसी सिद्धांत के आधार पर शबर ने स्पष्ट रूप से यह कहा है कि वेद अपौरुषेय हैं—अर्थात्, उनकी रचना न तो किसी मनुष्य ने की है और न ईश्वर ने। इस प्रकार शबर नैयायिकों के इस मत को अस्वीकार करते हैं कि ईश्वर ही वेदों का रचयिता है।[34]

अपनी पुस्तक, 'श्लोकवार्तिक' में कुमारिल ने भी वेदों की अपौरुषेयता के संबंध में शबर के उपर्युक्त मत का पूर्णतः समर्थन किया है। वे भी शब्द और अर्थ के संबंध को अनादि तथा शाश्वत मानते हुए यह कहते हैं कि ईश्वर अथवा किसी अन्य बाह्य शक्ति ने इन दोनों में इस संबंध को स्थापित नहीं किया है। शब्दार्थ-संबंध की नित्यता के इसी सिद्धांत के आधार पर शबर की भाँति कुमारिल भी वेदों को किसी मनुष्य अथवा ईश्वर द्वारा रचित न मानकर अपौरुषेय ही मानते हैं।[35] इस प्रकार ईश्वर की सत्ता के विरुद्ध कुमारिल के उपर्युक्त सभी तर्कों को ध्यान में रखते हुए हम निश्चित रूप से यह कह सकते हैं कि जैन तथा बौद्ध दार्शनिकों के समान वे भी निरीश्वरवाद का पूर्णतः समर्थन करते हैं।

यहाँ यह भी उल्लेखनीय है कि परवर्ती न्याय-वैशेषिक के ईश्वरवाद का खंडन करने के अतिरिक्त कुमारिल ने सृष्टि के संबंध में शंकर के मायावाद के विरुद्ध भी अपने अनेक तर्क प्रस्तुत किए हैं, किंतु यहाँ इन तर्कों पर विचार करने की आवश्यकता

32. देखिए, वही पुस्तक, श्लोक 81-82, पृ. 362.

33. देखिए, शबर का 'भाष्य', सूत्र 1, 1, 5.

34. देखिए, वही पुस्तक, सूत्र 1, 1, 27.

35. देखिए, कुमारिल का 'श्लोकवार्तिक', श्लोक 41.

नहीं है क्योंकि, जैसा कि हम पहले ही बता चुके हैं, शंकर स्वयं ईश्वर को पारमार्थिक दृष्टि से मिथ्या मानते हैं।

निरीश्वरवाद के विषय में कुमारिल के मत की विवेचना करने के पश्चात अब संक्षेप में ईश्वर की सत्ता के विरुद्ध प्रभाकर की कुछ प्रमुख युक्तियों पर विचार करना आवश्यक है। कुमारिल की भाँति प्रभाकर ने भी अनेक तर्कों द्वारा विश्व-रचयिता के रूप में ईश्वर के अस्तित्व का खंडन किया है। विश्व के स्वरूप के संबंध में प्रभाकर यह तो स्वीकार करते हैं कि वह सावयव है—अर्थात्, उसके बहुत-से भाग हैं, किंतु उनके अनुसार इससे यह निष्कर्ष निकालना उचित नहीं है कि ईश्वर ने किसी विशेष समय पर उसकी रचना की है। इसके विपरीत वे संपूर्ण रूप में विश्व को अनादि और अनंत मानते हैं। उनका कथन है कि विभिन्न समयों पर विश्व की कुछ वस्तुएँ उत्पन्न होती हैं और कुछ नष्ट हो जाती हैं, किंतु संपूर्ण रूप में विश्व न तो कभी उत्पन्न होता है और न उसका अंत होता है। यह मानने के लिए हमारे पास कोई प्रमाण नहीं है कि किसी विशेष समय पर यह संपूर्ण विश्व उत्पन्न हुआ है और किसी विशेष समय पर यह पूर्णतः नष्ट हो जाएगा। हमारा सामान्य अनुभव केवल इसी तथ्य की पुष्टि करता है कि विभिन्न समयों पर विश्व की कुछ वस्तुओं की उत्पत्ति होती है और कुछ समाप्त हो जाती है, किंतु संपूर्ण रूप में यह विश्व सदा बना रहता है। विश्व के संबंध में प्रभाकर के इस मत से यह स्पष्ट है कि वे ईश्वर को उसका रचयिता नहीं मानते। यही कारण है कि उन्होंने विश्व-रचयिता के रूप में ईश्वर की सत्ता के विरुद्ध अनेक तर्क प्रस्तुत किए हैं जिनका विवेचन उनकी पुस्तक, 'बृहति' में किया गया है और जिनकी व्याख्या शालिक नाथ मिश्र ने 'बृहति' पर लिखे अपने ग्रंथ, 'प्रकरणपंचिका' में की है।

ईश्वर को जगत् का रचयिता मानने के विरुद्ध प्रभाकर का प्रथम तर्क यह है कि समस्त प्राणियों के शरीरों की रचना उनके माता-पिता की प्राकृतिक अथवा जैविक क्रिया के परिणामस्वरूप ही होती है, ईश्वर द्वारा नहीं। इसी प्रकार, विश्व की अन्य वस्तुओं की उत्पत्ति भी ईश्वर की इच्छा का परिणाम न होकर वस्तुतः विभिन्न प्राकृतिक कारणों का ही परिणाम है। अपने इस सामान्य अनुभव के आधार पर हम यह कह सकते हैं कि भूतकाल में विश्व के समस्त पदार्थों तथा प्राणियों की उत्पत्ति के प्राकृतिक कारण ही रहे हैं और भविष्य में भी उनकी उत्पत्ति के ये कारण ही रहेंगे। ऐसी स्थिति में ईश्वर को विश्व-रचयिता मानने का कोई तर्कसंगत आधार नहीं है।

कुमारिल की भाँति प्रभाकर ने भी स्पष्ट रूप से यह कहा है कि शरीर, इच्छा तथा प्रयास के अभाव में ईश्वर जगत् की रचना नहीं कर सकता। यदि ईश्वर वास्तव में अशरीरी सत्ता है जैसा कि ईश्वरवादी विचारक मानते हैं तो यह स्पष्ट है कि कुंभकार, शिल्पी आदि के समान उसके लिए विश्व की रचना करना संभव नहीं है। इसके अतिरिक्त शरीर के बिना ईश्वर में न तो विश्व-रचना की इच्छा उत्पन्न हो सकती है और न वह इसके लिए कोई प्रयास ही कर सकता है। यह समझना कठिन नहीं है कि इच्छा तथा प्रयास के अभाव में कोई भी रचयिता किसी वस्तु की रचना नहीं कर सकता। इस कठिनाई से बचने के लिए यदि ईश्वर को शरीरवान मान लिया जाए तो

वे सभी समस्याएँ उत्पन्न होती हैं जिनका वर्णन कुमारिल ने किया है और जिनकी विवेचना हम ऊपर कर चुके हैं। उदाहरणार्थ, इन प्रश्नों का कोई तर्कसंगत उत्तर देना संभव नहीं है कि ईश्वर के शरीर को कौन उत्पन्न करता है और उसके शरीर का निर्माण किन तत्त्वों द्वारा होता है। इसी प्रकार, यदि ईश्वर की भाँति उसकी इच्छा और उसके प्रयास को भी नित्य मान लिया जाए तो उसके द्वारा की गई विश्व-रचना की प्रक्रिया को भी नित्य ही मानना पड़ेगा जिससे ईश्वरवादियों के अपने सिद्धांत का खंडन होगा, क्योंकि वे विश्व की उत्पत्ति तथा प्रलय के सिद्धांत में विश्वास करते हैं। ईश्वर द्वारा विश्व-रचना के संबंध में इन समस्याओं का विवेचन हम कुमारिल के प्रसंग में पहले ही कर चुके हैं, अतः यहाँ इसकी पुनरावृत्ति की आवश्यकता नहीं है। प्रभाकर द्वारा उठाई गई इन समस्याओं से यह स्पष्ट है कि कुमारिल के समान वे भी विश्व-रचयिता के रूप में ईश्वर की सत्ता को अस्वीकार करते हैं, अतः इस संबंध में ये दोनों महान दार्शनिक पूर्णतः सहमत हैं।

ईश्वर को अशरीरी या शरीरवान मानने से संबंधित उपर्युक्त समस्या के अतिरिक्त प्रभाकर ने यह प्रश्न भी उठाया है कि वह किस प्रयोजन अथवा अभिप्रेरणा से प्रेरित होकर विश्व की रचना करता है। इस प्रश्न के उत्तर भी उन्होंने अपना वही मत व्यक्त किया है जो कुमारिल का है। प्रभाकर भी यह मानते हैं कि तर्कसंगत रूप से ऐसा कोई प्रयोजन नहीं बताया जा सकता जिसकी पूर्ति के लिए ईश्वर ने विश्व की रचना की है। इस समस्या पर भी हम कुमारिल के प्रसंग में पहले ही विचार कर चुके हैं, अतः यहाँ इसकी पुनारवृत्ति न करते हुए इतना कह देना ही पर्याप्त होगा कि ईश्वर द्वारा विश्व-रचना के प्रयोजन के विषय में भी प्रभाकर और कुमारिल में पूर्ण मतैक्य है।

विश्व-रचयिता के रूप में ईश्वर के अस्तित्व के विरुद्ध उपर्युक्त तर्क प्रस्तुत करने के अतिरिक्त प्रभाकर ने ईश्वर के समर्थन में न्याय-वैशेषिक द्वारा दी गई नीतिपरक युक्ति का भी खंडन किया है। हम देख चुके हैं कि इन दर्शनों के अनुसार मनुष्यों को उनके शुभ-अशुभ कर्मों का समुचित फल प्रदान करने के लिए ईश्वर की सत्ता को स्वीकार करना आवश्यक है, क्योंकि इन कर्मों से उत्पन्न धर्म-अधर्म—अर्थात्, अदृष्ट—स्वयं जड़ होने के कारण यह कार्य नहीं कर सकते। न्याय-वैशेषिक की इस नीतिपरक युक्ति का खंडन करने के लिए प्रभाकर ने अनेक तर्क प्रस्तुत किए हैं। सर्वप्रथम उनका कथन है कि धर्म-अधर्म शुभ-अशुभ कर्म करनेवाले मनुष्यों में ही विद्यमान रहते हैं, अतः ईश्वर को उनका ज्ञान नहीं हो सकता। ईश्वर चाहे कितना ही बुद्धिमान क्यों न हो, वह स्वयं अपने से भिन्न मनुष्यों में विद्यमान रहनेवाले धर्म-अधर्म को कभी नहीं जान सकता और इनके ज्ञान के बिना वह इनका मार्गदर्शन भी नहीं कर सकता। प्रत्यक्ष द्वारा धर्म-अधर्म को जानना ईश्वर के लिए संभव नहीं है, क्योंकि ये दोनों अत्यंत सूक्ष्म तथा अदृश्य हैं। इस प्रकार प्रभाकर के अनुसार धर्म-अधर्म का ज्ञान प्राप्त करने में असमर्थ होने के कारण ईश्वर उन्हें नियंत्रित नहीं कर सकता। परंतु ईश्वर के विरुद्ध प्रभाकर का यह तर्क बहुत प्रबल तथा प्रभावशाली प्रतीत नहीं होता, क्योंकि इसके उत्तर में ईश्वरवादी विचारक यह कह सकते हैं कि सर्वज्ञ होने के कारण ईश्वर अदृश्य धर्म-अधर्म का भी ज्ञान प्राप्त कर सकता है।

न्याय-वैशेषिक की नीतिपरक युक्ति के विरुद्ध प्रभाकर का दूसरा तर्क यह है कि धर्म-अधर्म तथा ईश्वर में किसी प्रकार के संबंध की कल्पना नहीं की जा सकती। इन दर्शनों के समर्थक वस्तुओं में दो प्रकार के संबंध स्वीकार करते हैं जिन्हें 'संयोग' तथा 'समवाय' कहा जाता है। संयोग-संबंध केवल दो द्रव्यों के बीच में हो सकता है, किंतु धर्म-अधर्म गुण हैं, अतः उनमें और ईश्वर नामक द्रव्य में यह संबंध संभव नहीं है। इसी प्रकार, धर्म-अधर्म तथा ईश्वर में समवाय-संबंध भी नहीं हो सकता, क्योंकि धर्म-अधर्म शुभ-अशुभ कर्म करनेवाले मनुष्यों में ही विद्यमान रहते हैं, ईश्वर में नहीं। न्याय-वैशेषिक दर्शनों के अनुयायी इन दो संबंधों के अतिरिक्त अन्य किसी प्रकार के संबंध को स्वीकार नहीं करते। ऐसी स्थिति में ईश्वर तथा धर्म-अधर्म में कोई संबंध संभव नहीं है और किसी प्रकार के संबंध के अभाव में वह मनुष्यों के धर्म-अधर्म को नियंत्रित नहीं कर सकता। वस्तुतः ईश्वर का धर्म-अधर्म के साथ कोई संबंध न हो सकने के कारण वह उन्हें अपने किसी कार्य द्वारा प्रभावित करने में असमर्थ है। इसके अतिरिक्त तर्कसंगत रूप से ईश्वर का कोई ऐसा प्रयोजन बताना भी संभव नहीं है जिससे प्रेरित होकर वह धर्म-अधर्म का मार्गदर्शन करे। संक्षेप में इन्हीं तर्कों द्वारा प्रभाकर ने यह सिद्ध किया है कि ईश्वर के लिए मनुष्यों के धर्म-अधर्म का नियंत्रण अथवा मार्गदर्शन करना संभव नहीं है, अतः कर्माध्यक्ष के रूप में उसके अस्तित्व के समर्थन में न्याय-वैशेषिक द्वारा प्रस्तुत की गई नीतिपरक युक्ति को भी स्वीकार नहीं किया जा सकता।[36]

शबर का अनुसरण करते हुए प्रभाकर भी कुमारिल की भाँति यह मानते हैं कि शब्द एवं अर्थ का संबंध नित्य अथवा शाश्वत है—अर्थात्, इन दोनों का यह संबंध अनादि तथा अनंत है और इसे ईश्वर या मनुष्य ने स्थापित नहीं किया। अपनी इसी मान्यता के कारण कुमारिल के समान प्रभाकर भी नैयायिकों के इस मत का खंडन करते हैं कि सर्वप्रथम ईश्वर ने ही शब्दार्थ-संबंध स्थापित किया है और वेदों की रचना भी उसी ने की है। इस मत के विरुद्ध वे भी शब्दार्थ-संबंध को अनादि तथा अनंत और वेदों को अपौरुषेय एवं स्वतः प्रामाण्य मानते हैं। इसका तात्पर्य यही है कि उनके अनुसार ईश्वर न तो वेदों का रचयिता है और न उसने सर्वप्रथम शब्दार्थ-संबंध स्थापित करके मनुष्यों को भाषा के प्रयोग की शिक्षा दी है। इस प्रकार नैयायिकों के विपरीत अन्य मीमांसकों की भाँति प्रभाकर का भी यह निश्चित मत है कि वेदों की रचना तथा प्रामाणिकता के लिए ईश्वर की सत्ता को स्वीकार करने की कोई आवश्यकता नहीं है।[37]

मीमांसा दर्शन के निरीश्वरवाद की विवेचना करते हुए जैमिनि, शबर, कुमारिल तथा प्रभाकर के विषय में ऊपर जो कुछ कहा गया है उससे यह पूर्णतः स्पष्ट है कि इस दर्शन के सभी प्रमुख आचार्य विश्व-रचयिता और कर्माध्यक्ष के रूप में ईश्वर के

36. ईश्वर की सत्ता के विरुद्ध प्रभाकर के उपर्युक्त समस्त तर्कों के लिए देखिए, गंगानाथ झा, 'दि प्रभाकर स्कूल ऑफ़ पूर्वमीमांसा', पृ. 85-87.

37. देखिए, प्रभाकर मिश्र, 'बृहति', पृ. 174; शालिक नाथ मिश्र, 'प्रकरण-पंचिका', पृ. 52, पृ. 137.

अस्तित्व का खंडन करते हैं। परंतु यहाँ यह उल्लेखनीय है कि मीमांसा के इस सुस्पष्ट तथा सुनिश्चित निरीश्वरवाद की उपेक्षा करते हुए इस दर्शन के कुछ परवर्ती आचार्यों ने इसे ईश्वरवादी दर्शन सिद्ध करने का प्रयास किया है। इन आचार्यों में लौगाक्षि भास्कर, वेदांत देशिक, आपदेव आदि के नाम विशेष रूप से उल्लेखनीय हैं। ये परवर्ती मीमांसक स्वयं ईश्वर की सत्ता में विश्वास करते हैं और उनका विचार है कि मीमांसा वास्तव में ईश्वरवादी दर्शन है। उदाहरणार्थ, अपने ग्रंथ, 'अर्थसंग्रह' में लौगाक्षि भास्कर ने ईश्वर के अस्तित्व को स्पष्ट रूप से स्वीकार किया है। इस ग्रंथ के उपसंहार में वे यह कहते हैं कि मनुष्य अपने समस्त कर्म निष्काम भाव से ईश्वर को समर्पित करके मुक्ति प्राप्त कर सकता है। अपने इस मत को उन्होंने 'भगवद्गीता' के आधार पर सत्य एवं प्रामाणिक सिद्ध करने का प्रयास किया है।[38] लौगाक्षि भास्कर के इस मत से यह स्पष्ट है कि वे 'भगवद्गीता' के निष्काम कर्म-सिद्धांत और ईश्वरवाद दोनों में विश्वास करते हैं। इतना ही नहीं, वे यह मानते हैं कि मीमांसा दर्शन भी इन दोनों सिद्धांतों को स्वीकार करता है।

परंतु मीमांसा के विषय में लौगाक्षि भास्कर का उपर्युक्त मत उचित प्रतीत नहीं होता, क्योंकि इस दर्शन में निष्काम-कर्म-सिद्धांत तथा ईश्वरवाद के लिए कोई स्थान नहीं है। इस संबंध में वास्तविक स्थिति यह है कि मीमांसा के किसी प्रमुख आचार्य ने इन दोनों सिद्धांतों का समर्थन नहीं किया। इसी तथ्य की व्याख्या करते हुए ए.बी. गजेंद्रगडकर ने लिखा है : "निष्काम-कर्म का सिद्धांत वास्तव में मीमांसा का अपना सिद्धांत नहीं है। मीमांसा निष्काम-कर्म में विश्वास नहीं करता। . . . मीमांसा को यह विचार भी मान्य नहीं है कि ऐसे ईश्वर की सत्ता है जो अग्नि, इंद्र आदि यज्ञ के देवताओं की अपेक्षा अधिक उत्कृष्ट तथा उनसे भिन्न है, जिसे कर्म का समर्पण किया जाना चाहिए और जो हमारे निष्काम-कर्म द्वारा प्रसन्न होकर हमें मोक्ष प्रदान करेगा। समस्त कर्म ईश्वर को समर्पित करने से संबंधित यह कथन 'भगवद्गीता' के दर्शन के प्रभाव का स्पष्ट द्योतक है।"[39] इस प्रकार लौगाक्षि भास्कर ने मीमांसा दर्शन में ईश्वरवाद को समाविष्ट करने का जो प्रयास किया है वह निश्चय ही इस दर्शन के मूल सिद्धांतों के विरुद्ध है। यही बात वेदांत देशिक के विषय में भी कही जा सकती है जिन्होंने मीमांसा को ईश्वरवादी दर्शन सिद्ध करने के लिए 'सेश्वर मीमांसा' नामक अपना ग्रंथ लिखा है। वस्तुतः ये परवर्ती मीमांसक स्वयं ईश्वरवादी दार्शनिकों के विचारों से अत्यधिक प्रभावित होने के कारण मीमांसा में भी ईश्वरवाद को खोजने का प्रयास करते हैं जो इस दर्शन में है ही नहीं। ईश्वर के विरुद्ध कुमारिल तथा प्रभाकर ने जो तर्क प्रस्तुत किए हैं और जिनकी विस्तृत विवेचना हम ऊपर कर चुके हैं उनसे यह पूर्णतः स्पष्ट है कि मीमांसा दर्शन में ईश्वरवाद के लिए कोई स्थान नहीं है। ऐसी स्थिति में जिन परवर्ती मीमांसकों ने मीमांसा में ईश्वरवाद का समावेश करने का प्रयास किया है वे निश्चय ही इस दर्शन के मूल सिद्धांत, निरीश्वरवाद की पूर्ण रूप से उपेक्षा करते हैं।

38. देखिए, लौगाक्षि भास्कर, 'अर्थसंग्रह', संपादक ए.बी. गजेंद्रगडकर तथा आर.डी. करमरकर, पृ. 69.

39. वही पुस्तक, पृ. 294.

परंतु कुछ विद्वानों ने परवर्ती मीमांसकों द्वारा मीमांसा में ईश्वरवाद के समावेश को इस दर्शन में सुधार करने की दृष्टि से देखा है। इन विद्वानों में सर्वपल्ली राधाकृष्णन का नाम विशेष रूप से उल्लेखनीय है। उनका विचार है कि मीमांसा में ईश्वरवाद का समावेश करके परवर्ती मीमांसकों ने इस दर्शन की एक कमी को दूर करने का प्रयास किया है। मीमांसा में ईश्वर के अभाव का उल्लेख करते हुए वे कहते हैं : "पूर्वमीमांसा की यह कमी इतनी असंतोषप्रद थी कि परवर्ती लेखकों ने इसमें धीरे-से चुपचाप ईश्वर का समावेश कर दिया। इस आलोचना के महत्त्व को समझ लिया गया कि अचेतन अपूर्व का सिद्धांत वे सामंजस्यपूर्ण परिणाम उत्पन्न नहीं कर सकता जो इसे सौंपे गए हैं। धीरे-धीरे ईश्वर के सिद्धांत का समावेश कर दिया गया। . . . बहुत पहले ही इस बात को स्पष्ट रूप से समझ लिया गया था कि यदि मीमांसा दर्शन अपने आप को ईश्वरवाद के साथ संबद्ध नहीं करता तो वह विचारशील व्यक्तियों को संतुष्ट नहीं कर सकेगा। . . . इसलिए आपदेव और लौगाक्षि भास्कर यह घोषित करते हैं कि यदि ईश्वर के सम्मान में यज्ञ किया जाए तो वह परम लक्ष्य—अर्थात्, मोक्ष—का साधन बनेगा। वेदांत देशिक के 'सेश्वर मीमांसा' में इस प्रवृत्ति का अधिकतम विकास हुआ है।"[40] राधाकृष्णन के उपर्युक्त उद्धरण से यह स्पष्ट है कि स्वयं ईश्वरवादी दार्शनिक होने के कारण वे परवर्ती मीमांसकों द्वारा मीमांसा दर्शन में ईश्वरवाद के समावेश का स्वागत करते हैं। परंतु जैसा कि हम ऊपर बता चुके हैं, मूलतः निरीश्वरवादी मीमांसा में ईश्वरवाद का समावेश करना इस दर्शन के मूल और वास्तविक स्वरूप के विरुद्ध कार्य करना है, अतः इसे उचित नहीं माना जा सकता। इस प्रकार निष्कर्ष के रूप में हम यही कह सकते हैं कि कुछ परवर्ती मीमांसकों द्वारा मीमांसा को ईश्वरवादी दर्शन सिद्ध करने का प्रयास इसके मूल स्वरूप के विरुद्ध है।

मीमांसा दर्शन के निरीश्वरवाद की इस विवेचना को समाप्त करने से पूर्व यहाँ इस प्रश्न पर विचार करना आवश्यक है कि इंद्र, अग्नि, वरुण, मित्र आदि वैदिक देवताओं के विषय में मीमांसकों का क्या मत है। हम ऊपर देख चुके हैं कि मीमांसा के लगभग सभी प्रमुख आचार्य ईश्वरवाद अथवा एकेश्वरवाद का स्पष्टतः खंडन करते हैं। परंतु यहाँ प्रश्न यह है कि क्या वे इस एकेश्वरवाद के स्थान पर बहुदेववाद में विश्वास करते हैं। इस प्रश्न पर गंभीरतापूर्वक विचार करने के पश्चात शबर, कुमारिल, प्रभाकर आदि मीमांसकों ने इसका स्पष्ट तथा निश्चित उत्तर दिया है। 'मीमांसा-सूत्र' पर लिखित अपने 'भाष्य' में शबर ने स्पष्ट कहा है कि वैदिक देवताओं की यज्ञों तथा मंत्रों से भिन्न और स्वतंत्र सत्ता नहीं है। वेदों में इन देवताओं के जो नाम दिए गए हैं वे केवल शब्द मात्र हैं; मंत्रों में प्रयुक्त इन शब्दों से पृथक् देवताओं का कोई वास्तविक अस्तित्व नहीं है। कुमारिल तथा प्रभाकर भी शबर के इस मत का पूर्णतः समर्थन करते हैं। इस प्रकार मीमांसक वैदिक देवताओं को वास्तविक देवता न मानकर उनकी केवल मंत्रात्मक सत्ता ही स्वीकार करते हैं जिसका अर्थ यही है कि इंद्र, अग्नि,

40. सर्वपल्ली राधाकृष्णन, 'इंडियन फ़िलॉसॉफ़ी', खंड 2, पृ. 427-428.

वरुण आदि देवताओं के नाम ध्वनियों के अतिरिक्त और कुछ नहीं है। दूसरे शब्दों में, इन वैदिक देवताओं की सत्ता यथार्थ न होकर केवल काल्पनिक ही है।

यहाँ यह प्रश्न किया जा सकता है कि यदि मीमांसकों के विचार में इन वैदिक देवताओं का यज्ञों में प्रयुक्त मंत्रों से पृथक् एवं स्वतंत्र अस्तित्व नहीं है तो ये मनुष्यों की पूजा या उपासना के विषय कैसे हो सकते हैं और उन्हें उनके कर्मों का फल किस प्रकार प्रदान कर सकते हैं। इस प्रश्न के उत्तर में मीमांसा दर्शन के आचार्यों का स्पष्ट कथन है कि वैदिक देवता न तो मनुष्यों की पूजा के विषय हैं और न वे उन्हें उनके कर्मों का फल ही प्रदान करते हैं। वस्तुतः मनुष्यों को उनके कर्मों का फल इन कर्मों से उत्पन्न 'अपूर्व' नामक एक अदृश्य शक्ति के माध्यम से ही प्राप्त होता है। यह अपूर्व ही स्वर्ग की कामना से प्रेरित होकर यज्ञ करनेवाले व्यक्तियों को उचित समय पर स्वर्ग की प्राप्ति कराता है। ईश्वर, देवता या कोई अन्य बाह्य शक्ति इस अपूर्व का नियंत्रण अथवा मार्गदर्शन नहीं करती, क्योंकि यह अपना कार्य स्वतः ही करता है। इस प्रकार मीमांसकों के मतानुसार, मनुष्य को उसके कर्मों का फल प्रदान करने में ईश्वर तथा वैदिक देवताओं की कोई भूमिका नहीं है, अतः उन्हें मानव का भाग्य-निर्माता मानकर उनकी पूजा या उपासना करना व्यर्थ है। वास्तव में इन देवताओं की केवल शाब्दिक अथवा मंत्रात्मक सत्ता होने के कारण इनका मनुष्य के भाग्य तथा उसके कर्म-फल के साथ कोई संबंध नहीं है।

वैदिक देवताओं के विषय में मीमांसा दर्शन के आचार्यों का उपर्युक्त मत अधिकतर पाठकों को बहुत आश्चर्यजनक प्रतीत हो सकता है। इसका कारण यह है कि सामान्यतः इन देवताओं को ऐसे दिव्य प्राणी माना जाता है जिनकी वास्तविक सत्ता है और जो स्वर्ग में निवास करते हैं। इसके अतिरिक्त साधारण मनुष्य इन देवताओं को पूजा अथवा उपासना के विषय तथा कर्मों का फल प्रदान करनेवाले भी मानते हैं। प्राचीन काल से धर्मपरायण हिंदू-समाज में वैदिक देवताओं के संबंध में सामान्यतः यही मत स्वीकार किया जाता रहा है और आज भी प्रायः यही मत प्रचलित है। परंतु, जैसा कि हम ऊपर बता चुके हैं, इस सामान्य मत के विपरीत मीमांसक इन देवताओं की वास्तविक सत्ता को अस्वीकार करते हैं। वे इन्हें यथार्थ एवं स्वतंत्र दिव्य शक्तियाँ न मानकर यज्ञ संबंधी मंत्रों में प्रयुक्त शाब्दिक ध्वनियाँ मात्र मानते हैं। अनेक विद्वानों ने यह स्पष्टतः स्वीकार किया है कि वैदिक देवताओं के विषय में वस्तुतः मीमांसकों का यही मत है। उदाहरणार्थ, मीमांसा दर्शन के इसी मत का उल्लेख करते हुए सर्वपल्ली राधाकृष्णन कहते हैं : "यज्ञों के फल किसी कृपालु देवता के कारण प्राप्त नहीं होते। जब भी परिणामों की उत्पत्ति तुरंत नहीं होती तब अतींद्रिय अपूर्व उत्पन्न होता है और उचित समय पर वह यज्ञकर्ता को उसका फल प्राप्त करने में सहायता देता है। किसी सर्वज्ञ देवता के अस्तित्व को प्रमाणित करने के लिए कोई विश्वसनीय प्रमाण नहीं है। प्रत्यक्ष, अनुमान तथा श्रुति–ये सभी प्रमाण व्यर्थ सिद्ध होते हैं।"[41]

41. वही पुस्तक, पृ. 424.

राधाकृष्णन की भाँति देवी प्रसाद चट्टोपाध्याय ने भी वैदिक देवताओं के विषय में मीमांसकों के उपर्युक्त मत की व्याख्या इसी दृष्टिकोण के आधार पर की है। उनका कथन है : " 'मीमांसा-सूत्र' पर उपलब्ध अपने सबसे पहले 'भाष्य' में ही शबर ने यह प्रश्न उठाया था, 'क्या वैदिक देवताओं का मानवीय भाग्य अथवा . . . यज्ञ विषयक कर्मों तथा उनके परिणामों के साथ कोई संबंध है?' वस्तुतः उनका प्रश्न इसकी अपेक्षा कहीं अधिक क्रांतिकारी था, क्योंकि वे इन देवताओं की सत्तात्मक स्थिति के विषय में निर्णय करना चाहते थे। . . . जिन कारणों के आधार पर इन देवताओं की स्थायी सत्ता को स्वीकार किया जा सकता था उन सबकी समीक्षा करके स्वयं संतुष्ट हो जाने के पश्चात वे इसी परिणाम पर पहुँचे कि इनका वास्तविक अर्थ में अस्तित्व नहीं है। . . . वैदिक देवताओं की एकमात्र सत्ता विशुद्ध रूप से शाब्दिक ही है। शबर के सुविचारित निर्णय के अनुसार, अग्नि, इंद्र, मित्र, वरुण आदि दिव्य प्राणी बिल्कुल नहीं हैं। इसके स्थान पर वे केवल शब्द मात्र हैं। . . . इन देवताओं का वास्तविक अस्तित्व न होने के कारण ये कोई भेंट स्वीकार नहीं कर सकते। . . . इस प्रकार इनका अनुग्रह प्राप्त करने का प्रयास निरर्थक कर्म है।"[42]

राधाकृष्णन तथा चट्टोपाध्याय के उपर्युक्त उद्धरणों से यह पूर्णतः स्पष्ट है कि उनके मतानुसार मीमांसा दर्शन के आचार्य वैदिक देवताओं की वास्तविक सत्ता को स्वीकार नहीं करते। ऐसी स्थिति में यह निश्चयपूर्वक कहा जा सकता है कि ये आचार्य एकेश्वरवाद के साथ-साथ वैदिक युग में प्रचलित बहुदेववाद का भी खंडन करते हैं।

इस प्रकार मीमांसा दर्शन के निरीश्वरवाद के संबंध में उपर्युक्त संपूर्ण विवेचन के आधार पर हम तर्कसंगत रूप से यही निष्कर्ष निकाल सकते हैं कि इस दर्शन में एकेश्वरवाद तथा बहुदेववाद दोनों के लिए कोई स्थान नहीं है।

42. देवी प्रसाद चट्टोपाध्याय, 'इंडियन एथीइज़्म : ए मार्क्सिस्ट ऐनालिसिस', पृ. 210.

अध्याय-8

आधुनिक भारतीय दर्शन

1. देवात्मा के दर्शन में निरीश्वरवाद

पिछले तीन अध्यायों में हम प्राचीन भारतीय नास्तिक दर्शनों तथा आस्तिक दर्शनों के निरीश्वरवाद की सविस्तार विवेचना कर चुके हैं। हम यह देख चुके हैं कि ये सभी निरीश्वरवादी दर्शन विश्व-रचयिता एवं कर्माध्यक्ष के रूप में ईश्वर के अस्तित्व का निषेध करने के लिए अनेक प्रबल दार्शनिक तर्क प्रस्तुत करते हैं और ईश्वरवादी विचारकों द्वारा ईश्वर की सत्ता के समर्थन में दी गई सभी महत्त्वपूर्ण युक्तियों का भी तर्कतः खंडन करते हैं। इन समस्त निरीश्वरवादी दर्शनों के निरीश्वरवाद की एक प्रमुख सामान्य विशेषता यह है कि इन्होंने ईश्वर के अस्तित्व के विरुद्ध जो तर्क प्रस्तुत किए हैं वे मुख्यतः व्यावहारिक न होकर दार्शनिक अथवा सैद्धांतिक हैं। संभवतः यही कारण है कि जैन, बौद्ध, सांख्य तथा मीमांसा इन प्राचीन भारतीय निरीश्वरवादी दर्शनों का निरीश्वरवाद प्रायः दार्शनिक जगत् तक ही सीमित रहा; वह जनसाधारण के व्यावहारिक जीवन को विशेष रूप से प्रभावित नहीं कर सका। इसका परिणाम यह हुआ कि अधिकतर भारतीय दर्शनों के निरीश्वरवादी होते हुए भी सामान्य व्यक्ति ईश्वर की सत्ता में पूर्णतः विश्वास करता रहा और उसका संपूर्ण व्यावहारिक जीवन मुख्यतः इसी विश्वास द्वारा निर्धारित तथा शासित होता रहा। ऐसी स्थिति में यह कहना संभवतः अनुचित न होगा कि तार्किक दृष्टि से प्रबल एवं प्रभावशाली होते हुए भी भारतीय निरीश्वरवादी दर्शनों के निरीश्वरवाद को प्राचीन काल में व्यावहारिक दृष्टि से कोई विशेष सफलता प्राप्त नहीं हो सकी।

अब विचारणीय प्रश्न यह है कि आधुनिक भारतीय दर्शन में निरीश्वरवाद का क्या स्थान है और वह जनसाधारण के दैनिक जीवन को प्रभावित करने में कहाँ तक सफल हो सका है। प्रायः उन्नीसवीं शताब्दी को भारतीय समाज का पुनर्जागरण-काल माना जाता है, क्योंकि इस युग में रामकृष्ण परमहंस, विवेकानंद, राजा राममोहन रॉय, केशवचंद्र सेन, दयानंद, ईश्वरचंद्र विद्यासागर आदि अनेक महान विचारकों ने प्राचीन

रूढ़ियों तथा अंधविश्वासों से ग्रस्त भारत के सामाजिक जीवन में विभिन्न आंदोलनों द्वारा सुधार लाने का प्रयास किया था। ये विचारक भारतीय जनता को धार्मिक अंधविश्वासों से मुक्त करके उसे समस्त सामाजिक समस्याओं पर बौद्धिक दृष्टि से विचार करने के लिए प्रेरित करना चाहते थे। परंतु ये सभी विचारक धर्मपरायण व्यक्ति थे और किसी-न-किसी रूप में ईश्वर की सत्ता में विश्वास करते थे। जहाँ तक मुझे ज्ञात है, इन विचारकों में से किसी ने भी निरीश्वरवाद का समर्थन नहीं किया है। ईश्वर के स्वरूप के विषय में परस्पर पूर्णतः सहमत न होते हुए भी इन सभी विचारकों ने उसके अस्तित्व को किसी-न-किसी रूप में अवश्य स्वीकार किया है। इस दृष्टि से विचार करने पर ऐसा प्रतीत होता है कि प्राचीन भारतीय दर्शन के विपरीत आधुनिक भारतीय दर्शन में निरीश्वरवाद का कोई महत्त्वपूर्ण स्थान नहीं है। परंतु इससे यह निष्कर्ष निकालना उचित नहीं होगा कि आधुनिक भारतीय दर्शन में निरीश्वरवाद पूर्णतः अनुपस्थित है।

उन्नीसवीं तथा बीसवीं शताब्दी के कम-से-कम दो महान विचारकों ने निरीश्वरवाद का प्रबल समर्थन किया है। ये दो विचारक हैं पंडित सत्यानंद अग्निहोत्री और मानवेंद्र नाथ रॉय। ये दोनों विचारक ईश्वरवाद का तर्कतः खंडन करते हुए निरीश्वरवाद को पूर्ण रूप से स्वीकार करते हैं। प्रस्तुत अध्याय में हम मुख्यतः इन्हीं दोनों विचारकों के निरीश्वरवाद की कुछ विस्तार से व्याख्या करेंगे। वस्तुतः निरीश्वरवाद इन दोनों विचारकों के दर्शन की एक प्रमुख विशेषता है। परंतु इस समानता के होते हुए भी इन दोनों विचारकों के दर्शन में कुछ अंतर अवश्य है। जैसा कि हम आगे देखेंगे, अग्निहोत्री मुख्यतः अध्यात्मवादी विचारक थे जिन्होंने 'देव-धर्म' नामक एक नवीन धर्म की स्थापना की थी, किंतु रॉय के दर्शन में अध्यात्मवाद तथा 'धर्म' शब्द के प्रचलित अर्थ में धर्म के लिए कोई स्थान नहीं है, क्योंकि वे पूर्णतः भौतिकवादी दार्शनिक थे।

श्री सत्यानंद अग्निहोत्री का जन्म 20 दिसंबर 1850 में एक धर्मपरायण ब्राह्मण परिवार में हुआ था। उनका बाल्यकालीन नाम 'शिवनारायण अग्निहोत्री' था जिसे बदलकर बाद में उन्होंने 'सत्यानंद अग्निहोत्री' कर दिया था। उनके माता-पिता हिंदू-समाज में प्रचलित धार्मिक विश्वासों को पूर्णतः स्वीकार करते थे और इन विश्वासों का उनके विचारों तथा आचरण पर बहुत गहरा प्रभाव पड़ा था। बाल्यकाल में श्री अग्निहोत्री का पालन-पोषण इसी धार्मिक वातावरण में हुआ जिसका उनके जीवन पर पर्याप्त समय तक व्यापक प्रभाव बना रहा। अपने विद्यार्थी-जीवन में उन्होंने हिंदू-धर्म के प्रमुख ग्रंथों का अध्ययन किया था और वे इन ग्रंथों में वर्णित कहानियों तथा घटनाओं को पूर्णतः सत्य मानते थे। तुलसीदास के 'रामचरितमानस' का उनके बाल्यकालीन जीवन पर विशेष प्रभाव पड़ा था। अपनी आत्म-कथा, 'मुझमें देव-जीवन का विकास' में श्री अग्निहोत्री ने स्पष्टतः यह स्वीकार किया है कि बाल्यावस्था में वे हनुमान के प्रति गहरी श्रद्धा रखते थे, अतः वे 'हनुमान-चालीसा' का प्रायः पाठ किया करते थे। तब उनका यह दृढ़ विश्वास था कि हनुमान की भक्ति करके वे सदा सुरक्षित और समस्त संकटों से मुक्त रह सकेंगे। 'रामायण' में हनुमान के विषय में जो बातें कही गई हैं उन्हें वे पूर्ण रूप से स्वीकार करते थे। हनुमान के प्रति विशेष भक्ति रखने

के साथ-साथ वे राम तथा कृष्ण को ईश्वर के अवतार मानते थे और उनकी पूजा करते थे। इस प्रकार अन्य सामान्य बालकों की भाँति श्री अग्निहोत्री का प्रारंभिक जीवन पूर्णरूप से धार्मिक वातावरण में व्यतीत हुआ था, अतः उन्होंने तत्कालीन प्रचलित धार्मिक विश्वासों तथा संस्कारों को अनायास ही ग्रहण कर लिया था जिनसे मुक्त होने के लिए उन्हें बाद में बहुत प्रयास करना पड़ा।

यहाँ यह उल्लेखनीय है कि अपनी बाल्यावस्था से ही श्री अग्निहोत्री अन्य साधारण बालकों से बहुत भिन्न प्रकार का आचरण करने लगे थे। उनकी आत्म-कथा से ज्ञात होता है कि उनके जीवन में अनेक महान नैतिक गुणों का विकास बाल्यकाल से ही आरंभ हो गया था। उदाहरणार्थ, अपने माता-पिता की सेवा करके वे आनंद का अनुभव करते थे और उनके प्रति विशेष सम्मान की भावना रखते थे। इसी प्रकार, अपने गुरुजनों के प्रति भी उनके मन में गहरी श्रद्धा थी जो उनके आचरण में प्रायः व्यक्त होती थी। इन गुणों के अतिरिक्त उनके मन में सभी प्राणियों के प्रति दया अथवा करुणा का विकास भी उनकी बाल्यावस्था में ही होने लगा था। वे अपने संपर्क में आनेवाले सभी मनुष्यों तथा पशु-पक्षियों की यथासंभव सहायता करते थे और उनके कष्टों को दूर करने का पूरा प्रयत्न करते थे। श्री अग्निहोत्री की आत्म-कथा में उनके बाल्यकालीन जीवन की अनेक ऐसी घटनाओं का उल्लेख मिलता है जिनसे प्राणी मात्र के प्रति उनकी गहरी करुणा का पता चलता है। इस करुणा के अतिरिक्त उनके जीवन में कृतज्ञता के गुण का भी समुचित विकास हुआ था। वे उन सभी व्यक्तियों के प्रति सदैव कृतज्ञता का अनुभव करते थे जिनसे उन्हें किसी भी रूप में सहायता प्राप्त होती थी।

उपर्युक्त सभी नैतिक गुणों के साथ-साथ बाल्यावस्था से ही श्री अग्निहोत्री के जीवन में सत्यनिष्ठा, अच्छाई के प्रति प्रेम और बुराई के लिए घृणा इन महान गुणों का विशेष रूप से विकास हुआ था जिन्हें उन्होंने अपने संपूर्ण जीवन में सदा सर्वाधिक महत्त्व दिया। वस्तुतः उनका संपूर्ण दर्शन–जिसे 'देव-दर्शन' कहा जाता है–इन्हीं महान गुणों पर आधारित है। उन्होंने 'देव-धर्म' नामक जिस नवीन धर्म की स्थापना की थी उसका मूल आधार भी ये विशेष गुण ही हैं। अपने इस नवीन धर्म द्वारा वे सभी मनुष्यों को असत्य और बुराई से मुक्त करना चाहते थे, अतः उन्होंने इनके विरुद्ध आजीवन संघर्ष किया। उनका विश्वास था कि वे अपने पवित्र आचरण, विचारों तथा उपदेशों द्वारा मानव-जाति को असत्य और बुराई से मुक्त कर सकते हैं। संभवतः इसी कारण उन्होंने अपने आप को 'भगवान देवात्मा' घोषित किया था और देव-धर्म के अनुयायी उन्हें इसी नाम से संबोधित करके उनके प्रति अपनी श्रद्धा व्यक्त करते हैं। इस प्रकार कालांतर में श्री सत्यानंद अग्निहोत्री को 'भगवान देवात्मा' के नाम से पुकारा जाने लगा और उनके नवीन धर्म को 'देव-धर्म' की संज्ञा दी गई।

अपने देव-धर्म के सिद्धांतों का प्रतिपादन करने के लिए देवात्मा ने अनेक पुस्तकें लिखी हैं जिनमें 'देव-शास्त्र', 'सत्य-महिमा-प्रदर्शक', 'कहानी ज़िंदगी', 'मनुष्यात्मा के संबंध में चार महातत्त्व', 'विज्ञानमूलक तत्त्व-शिक्षा', 'विज्ञानमूलक मत और कल्पनामूलक मत', 'ट्रू ऐंड फ़ॉल्स कन्सेप्शन ऑफ़ सोल' आदि के नाम विशेष रूप से

उल्लेखनीय हैं। इन पुस्तकों के अतिरिक्त दो खंडों में प्रकाशित अपनी आत्म-कथा, 'मुझमें देव-जीवन का विकास' में भी उन्होंने अपने दर्शन एवं धर्म से संबंधित सिद्धांतों की सविस्तार व्याख्या की है।

देवात्मा के धर्म तथा दर्शन में विज्ञान का विशेष महत्त्व है। वस्तुतः वे अन्य सभी प्रचलित धर्मों के विपरीत अपने देव-धर्म को मूलतः वैज्ञानिक सिद्धांतों पर ही आधारित मानते हैं। अपने इस नवीन धर्म के सिद्धांतों का प्रतिपादन करते हुए उन्होंने इस बात का विशेष रूप से ध्यान रखा है कि ये सिद्धांत विज्ञान के नियमों के विरुद्ध न हों। इसी कारण उनके देव-धर्म में चमत्कारों तथा अबौद्धिक विश्वासों के लिए कोई स्थान नहीं है। हम आगे देखेंगे कि जैन तथा बौद्ध धर्म की भाँति उनका देव-धर्म भी पूर्णतः निरीश्वरवादी धर्म है। उनके इस धर्म की एक अन्य विशेषता यह भी है कि इसका क्षेत्र बहुत व्यापक है। अपने इस धर्म में देवात्मा ने केवल मानव-जाति के कल्याण एवं विकास के लिए ही नहीं, अपितु समस्त प्राणियों, पेड़-पौधों तथा भौतिक जगत् की सुरक्षा के लिए भी नियमों का प्रतिपादन किया है। उनका विचार है कि प्रकृति एक महा समष्टि है जिसमें मनुष्य, अन्य प्राणी, पेड़-पौधे तथा भौतिक वस्तुएँ सभी समाविष्ट हैं और प्रकृति के ये सभी तत्त्व परस्पर अनिवार्यतः संबद्ध हैं। मनुष्य के कल्याण तथा विकास पर विचार करते हुए हम प्रकृति के अन्य तत्त्वों की उपेक्षा नहीं कर सकते। देवात्मा की इस आधारभूत मान्यता को ध्यान में रखते हुए यह कहना संभवतः अनुचित न होगा कि उनका देव-धर्म अन्य सभी प्रचलित धर्मों की अपेक्षा अधिक व्यापक और वैज्ञानिक है।

यहाँ हमारा उद्देश्य देवात्मा के इस नवीन धर्म के समस्त सिद्धांतों की विवेचना करना नहीं, अपितु ईश्वर के विषय में उनके मत पर विचार करना ही है। देवात्मा ने ईश्वर तथा ईश्वरवाद के संबंध में विस्तारपूर्वक अपने विचार व्यक्त किए हैं जिनका हम यहाँ उल्लेख करेंगे। जैसा कि हम ऊपर बता चुके हैं, उनका जन्म एक धर्मपरायण ब्राह्मण परिवार में हुआ था जो समस्त देवी-देवताओं तथा ईश्वर में अगाध श्रद्धा रखता था। बाल्यकाल से ही देवात्मा को उनके माता-पिता और अन्य संबंधियों ने धार्मिक शिक्षा दी थी जिसमें इन देवी-देवताओं तथा ईश्वर का सर्वोच्च स्थान था। इस आस्थापूर्ण धार्मिक वातावरण में जीवन व्यतीत करने के कारण देवात्मा के मन में भी हिंदू धर्म के सभी देवी-देवताओं और ईश्वर के प्रति गहरा विश्वास उत्पन्न हो गया था। अपने माता-पिता तथा गुरुजनों का अनुकरण करते हुए वे भी पूजा-पाठ करते थे और समस्त धार्मिक कृत्यों में श्रद्धापूर्वक भाग लेते थे। यह संस्कारजन्य धार्मिक श्रद्धा उनके जीवन का एक अंग बन गई थी जिससे मुक्त होने के लिए बाद में उन्हें बहुत प्रयास करना पड़ा और इसमें पर्याप्त समय भी लगा।

आयु की वृद्धि तथा बौद्धिक स्तर के विकास के साथ-साथ देवात्मा के धार्मिक विश्वासों में भी परिवर्तन होता रहा। पहले वे हनुमान तथा अन्य सभी देवी-देवताओं में विश्वास करते थे और उनकी पूजा भी करते थे। परंतु बाद में वे एक ही ईश्वर की सर्वोच्च सत्ता में विश्वास करने लगे और उसे ही संपूर्ण जगत् का रचयिता एवं शासक मानने लगे। ईश्वर से संबंधित इस विश्वास का उनके जीवन पर बहुत गहरा

प्रभाव पड़ा और यह पर्याप्त समय तक उनके जीवन में बना रहा। अपनी आत्म-कथा में देवात्मा ने सविस्तार यह बताया है कि लगभग सैंतालीस वर्ष की अवस्था तक वे इस ईश्वर विषयक विश्वास को कितना अधिक महत्त्व देते थे और किस प्रकार उनका संपूर्ण जीवन इसी विश्वास द्वारा निर्धारित एवं शासित होता था। तब वे ईश्वर में केवल आस्था ही नहीं रखते थे, अपितु उसके अस्तित्व को प्रमाणित करने के लिए अनेक तर्क अथवा प्रमाण भी दिया करते थे। ईश्वर के स्वरूप तथा जगत् के साथ उसके संबंध के विषय में तब वे उसी मत को पूर्णतः स्वीकार करते थे जिसकी व्याख्या शताब्दियों से अधिकतर ईश्वरवादी विचारक करते रहे हैं। अन्य ईश्वरवादियों की भाँति उस समय देवात्मा भी ईश्वर को सर्वशक्तिमान, सर्वज्ञ, सर्वव्यापक, नित्य, असीम, पूर्णतः शुभ, अत्यंत दयालु तथा जगत् का रचयिता, संरक्षक और शासक मानते थे। तब उनका दृढ़ विश्वास था कि ईश्वर मनुष्य की प्रार्थना सुनता है और संकट-काल में उसकी सहायता करता है। इस प्रकार तैंतालीस वर्ष की आयु तक देवात्मा ईश्वर के अस्तित्व में पूर्ण रूप से विश्वास करते रहे और अपने समस्त कर्म उसे ही समर्पित करते रहे।

अपनी आत्म-कथा, 'मुझमें देव-जीवन का विकास', खंड 1, अध्याय 11 में देवात्मा ने अपने जीवन पर ईश्वर विषयक विश्वास के गहरे और व्यापक प्रभाव को स्पष्ट रूप से स्वीकार किया है। अपने जीवन में ईश्वर संबंधी इस विश्वास का वर्णन करते हुए उन्होंने लिखा है : "मैं यह विश्वास करता था कि ईश्वर प्रत्येक मानव-आत्मा का सर्वोच्च संबंधी, मोक्ष-दाता और विकास करनेवाला है। इस विश्वास के परिणामस्वरूप ईश्वर के प्रति अपने प्रेम को गहरा करने, उसकी इच्छाओं के अनुरूप अपने संकल्प को उसे ही समर्पित करने और सभी मनुष्यों को उसी के बच्चे मानते हुए उन्हें असत्य एवं बुराई के जीवन से मुक्त करने तथा उन्हें अधिक उत्कृष्ट जीवन व्यतीत करने की प्रेरणा देने के लिए मैं प्रतिदिन सभी प्रकार के आध्यात्मिक प्रयास करने लगा। . . . ईश्वर के प्रति इस प्रेम को विकसित तथा गहरा करने के लिए मैं प्रतिदिन कुछ घंटे--बहुत बार तीन या चार घंटे--उसकी पूजा किया करता था। यह पूजा करते हुए मैं उसकी महिमा तथा महानता का गुणगान करता था और उसके कल्पित सुंदर रूप पर अपना ध्यान केंद्रित करता था। . . . मैं अपने दोषों का निराकरण करने तथा अपने भीतर उच्चतर शक्तियों का विकास करने के लिए उससे प्रार्थना किया करता था और ऐसे गीत गाया करता था जो इन भावनाओं को गहरा करने में सहायक सिद्ध हो सकते थे।"[1] इस उद्धरण से स्पष्ट है कि निरीश्वरवाद को स्वीकार करने से पूर्व देवात्मा अपने प्रारंभिक जीवन में ईश्वर विषयक विश्वास को अत्यधिक महत्त्व देते थे, क्योंकि उस समय उनके मन में ईश्वर की सत्ता के संबंध में कोई संदेह नहीं था।

यहाँ यह भी उल्लेखनीय है कि जब देवात्मा ईश्वरवाद को स्वीकार करते थे तब अन्य ईश्वरवादी विचारकों की भाँति उन्होंने भी ईश्वर के अस्तित्व को प्रमाणित करने के लिए अनेक तर्क या प्रमाण प्रस्तुत किए थे। उस समय उन्होंने ईश्वर के समर्थन

1. श्री पी.वी. कनल द्वारा लिखित पुस्तक, 'देव आत्मा' से उद्धृत, पृ. 377-378.

में कुछ लेख भी लिखे थे जिनमें इन प्रमाणों का वर्णन किया गया था। अपनी आत्म-कथा, खंड 1, अध्याय 23 में देवात्मा ने इस तथ्य का स्पष्ट रूप से उल्लेख किया है। इस संबंध में उनका कथन है : "मैंने 1889 में अपनी उर्दू पत्रिका, 'धर्म-जीवन' में ईश्वर के अस्तित्व को प्रमाणित करने के लिए बहुत-से लेख लिखे थे। उसी वर्ष मैंने उन्हें 'ईश्वर के अस्तित्व के प्रमाण' शीर्षक से पुस्तक के रूप में प्रकाशित कराया था। मैंने तीन तर्कों के आधार पर ईश्वर की सत्ता को प्रमाणित करने का प्रयास किया था। (1) भौतिक जगत् में ईश्वर की शक्ति का कार्य; (2) मनुष्य के शरीर में ईश्वर की शक्ति का कार्य; (3) मानवीय आत्मा में ईश्वर की शक्ति का कार्य। उपर्युक्त तर्कों में से प्रथम तर्क के समर्थन में मैंने यह कहा था कि यदि हमें मानव-रचित किसी पुस्तक में प्रकृति के ज्ञान के विषय में कुछ विवेचनाएँ तथा निष्कर्ष प्राप्त होते हैं तो जिस प्रकार हम उसके बुद्धिमान लेखक के अस्तित्व को स्वीकार करते हैं, उसी प्रकार हमें इस असीम प्रकृति—मनुष्य जिसका केवल एक बहुत छोटा-सा भाग है—की पुस्तक के मूल में भी एक बुद्धिमान रचयिता की सत्ता को स्वीकार करना पड़ता है और यह रचयिता ईश्वर ही है। दूसरे तर्क के समर्थन में मैंने यह कहा था कि मनुष्य के शरीर में फेफड़े, हृदय आदि ऐसे कई अंग हैं जो उसकी अपनी इच्छा द्वारा कार्य नहीं करते। ये अंग अवश्य किसी की इच्छा के अनुसार कार्य करते हैं और वह ईश्वर ही है। तीसरे तर्क के समर्थन में मैंने यह कहा था कि कोई ऐसी सत्ता अवश्य है जो उच्चतर जीवन के उस सौंदर्य, उस मानसिक आनंद तथा उन उत्कृष्ट प्रवृत्तियों को उत्पन्न करती है जिनका हम अपनी आत्मा में अनुभव करते हैं। इन सबको उत्पन्न करनेवाला केवल ईश्वर ही है।[2] दर्शनशास्त्र के प्रबुद्ध अध्येयताओं के लिए यह समझना कठिन नहीं है कि ईश्वर की सत्ता को सिद्ध करने के लिए देवात्मा ने अपने उपर्युक्त उद्धरण में जो तर्क दिए हैं वे सभी वास्तव में प्रयोजनपरक युक्ति के ही विभिन्न रूप हैं जिसकी विवेचना हम पिछले अध्यायों में कर चुके हैं। इस तथ्य को ध्यान में रखते हुए हम यह कह सकते हैं कि जब वे ईश्वरवाद के समर्थक थे तब उन्होंने मुख्यतः इस प्रयोजनपरक युक्ति द्वारा ही ईश्वर के अस्तित्व को प्रमाणित करने का प्रयास किया था। परंतु कालांतर में जब वे यह जान गए थे कि उनका ईश्वर विषयक विश्वास अबौद्धिक एवं तर्क-विरुद्ध होने के कारण मिथ्या है तो उन्होंने अपने इन सभी तर्कों को 'दोषपूर्ण' कहकर इन्हें पूर्णतः अस्वीकार कर दिया था। उनके इस मत की विवेचना हम यथास्थान आगे करेंगे।

अपने जीवन के ईश्वरवादी काल में देवात्मा ईश्वर को सर्वोच्च सत्ता मानने के कारण प्रकृति को उसकी तुलना में गौण और उसी के द्वारा उत्पन्न वस्तु मानते थे। तब उनका विचार था कि प्राकृतिक वस्तुओं में जो सौंदर्य तथा उपयोगिता है वह ईश्वर की सुंदरता और महानता के कारण ही है। इतना ही नहीं, उस समय वे यह भी मानते थे कि प्रकृति में जो कुछ अशुभ तथा अप्रिय प्रतीत होता है उसके मूल में भी वस्तुतः ईश्वर की अच्छाई और करुणा ही है। ईश्वर तथा प्रकृति के पारस्परिक

2. वही पुस्तक, पृ. 416.

संबंध के विषय में अपने इसी मत को स्पष्ट करते हुए देवात्मा अपनी आत्मकथा, खंड 1, अध्याय 22 में कहते हैं : "अपने ईश्वर विषयक विश्वास के दिनों में मैं प्रकृति की सत्ता को स्वीकार अवश्य करता था, किंतु मैं उसे ईश्वर की रचना मानता था, और मैं ईश्वर को उच्चतम अनिवार्य सत्ता, अपना सर्वोच्च संबंधी तथा सर्वस्व समझता था। तब मैं प्रकृति को देखता अवश्य था, किंतु उस रूप में नहीं जिस रूप में वह वास्तव में है। अपने ईश्वर संबंधी विश्वास के प्रति पूर्वाग्रह से प्रभावित होकर मैं प्रकृति की अत्यधिक कुरूप तथा अंधकारपूर्ण वस्तुओं में भी सुंदरता और चमक देखने का प्रयास करता था। . . . जब मैं किसी उपयोगी पशु या वृक्ष अथवा यहाँ तक कि सूर्य, चंद्र, तारे, जल, वायु, पृथ्वी, पर्वत, नदियाँ आदि निर्जीव वस्तुओं को भी देखता था तो मैं उनमें भी शुभ ईश्वर के परोपकारपूर्ण हाथ को ही देखता था। जब मैं प्राकृतिक दृश्य में सुंदरता देखता था तो मैं उनमें ईश्वर के सौंदर्य को पढ़ता था और प्रसन्नता का अनुभव करता था। संक्षेप में मैं प्रकृति की समस्त सुंदर, उपयोगी तथा मधुर वस्तुओं में ईश्वर की सुंदरता एवं अच्छाई को देखता था और इस प्रकार उसके साथ अपने संबंध को अधिक गहरा तथा दृढ़ करता था। परंतु, इसके विपरीत, यदि मैं प्रकृति के अंधकारमय, भयानक तथा विनाशकारी पक्ष को देखता था तो मैं अपने आप को विश्वास दिलाने का प्रयत्न करता था कि विनाशकारी एवं कुरूप प्रतीत होनेवाली इन वस्तुओं में भी शुभ और सुंदर ईश्वर का उपकार विद्यमान है।"[3] उपर्युक्त विस्तृत उद्धरण से यह स्पष्ट है कि अपने जीवन के ईश्वरवादी काल में देवात्मा अन्य सभी ईश्वरवादी विचारकों की भाँति संपूर्ण प्रकृति की व्याख्या अपने ईश्वर विषयक विश्वास के आधार पर ही करते थे और उसे ईश्वर की रचना मानते थे। इससे यह ज्ञात होता है कि उनके तत्कालीन जीवन में ईश्वर संबंधी विश्वास का कितना अधिक महत्त्व था।

जैसा कि ऊपर कहा गया है, लगभग 43 वर्ष की अवस्था तक देवात्मा के जीवन में ईश्वर विषयक यह विश्वास बना रहा। परंतु 1894 में इस विश्वास की सत्यता के विषय में वे संदेह करने लगे थे। इसी वर्ष उन्हें ऐसा प्रतीत होने लगा था कि अभी तक वे ईश्वर में जो गहरा और दृढ़ विश्वास करते रहे हैं वह सत्य नहीं है। देवी-देवताओं के अस्तित्व से संबंधित विश्वास तथा अन्य अबौद्धिक अथवा तर्क-रहित विश्वासों से वे तब तक मुक्त हो चुके थे, किंतु ईश्वर में उनका विश्वास अभी तक समाप्त नहीं हुआ था। इस विश्वास के संबंध में वे लगभग एक वर्ष तक इसी संशयात्मक स्थिति में रहे। अंततः 1895 में वे इसी परिणाम पर पहुँचे कि उनका ईश्वर विषयक विश्वास पूर्णतः मिथ्या है, अतः उन्होंने इसका भी सदा के लिए परित्याग कर दिया।

अपनी आत्म-कथा, खंड 1, अध्याय 11 तथा अध्याय 22 में देवात्मा स्वयं अपने जीवन के लिए इस विश्वास की व्यर्थता का उल्लेख करते हुए कहते हैं : "कई वर्षों तक मुझे इस बात का ज्ञान नहीं था कि मैं उच्चतर जीवन के लिए अपने भीतर जिन

3. वही पुस्तक, पृ. 406.

प्रवृत्तियों का निरंतर अनुभव करता था वे सर्वज्ञ कहलानेवाले ईश्वर की धीमी ध्वनियों का परिणाम न होकर स्वयं मेरे भीतर विद्यमान मानसिक शक्तियों का प्रत्यक्ष परिणाम थीं और मैंने सत्य तथा अच्छाई के लिए तत्परतापूर्वक जो त्याग किए थे वे इनके प्रति स्वयं मेरे अपने प्रेम के कारण ही थे। इस सत्य का ज्ञान मुझे बहुत वर्षों तक नहीं हो सका। . . . अपने जीवन की प्रतिज्ञा करने के 11 वर्ष पश्चात तक मैं ईश्वर के अस्तित्व में विश्वास करता रहा। बारहवें वर्ष के प्रारंभिक महीनों में ही मैं विकास की उस स्थिति तक पहुँचा जब मेरे मन में ईश्वर के अस्तित्व के विषय में कई संदेह उत्पन्न होने लगे। . . . यह वह समय था जब मैं ब्रह्माण्ड में विकास के नियम के विषय में अध्ययन कर चुका था और वर्षों तक उसके संबंध में गहराई से विचार कर चुका था। इसलिए मैंने अपने ईश्वर विषयक विश्वास पर वैज्ञानिक परीक्षणों की दृष्टि से जितना अधिक विचार किया उसके विषय में मेरे संशयों की तीव्रता भी उतनी ही अधिक बढ़ती गई।"[4] इस प्रकार देवात्मा 20 दिसंबर 1882 में अपने जीवन की प्रतिज्ञा करने के 12 वर्ष पश्चात 1895 में ईश्वर संबंधी विश्वास से पूर्णतः मुक्त हो चुके थे, अतः इसी वर्ष उन्होंने अपने आप को निरीश्वरवादी घोषित कर दिया था।

अब यहाँ इस महत्त्वपूर्ण प्रश्न पर विचार करना आवश्यक है कि वे कौन-से कारण थे जिन्होंने देवात्मा को ईश्वर से संबंधित उस विश्वास का परित्याग करने के लिए प्रेरित या बाध्य किया जिसे वे अपने जीवन में इतने लंबे समय तक बड़ी गहराई और दृढ़ता के साथ स्वीकार करते रहे थे। दूसरे शब्दों में, हमारे समक्ष विचारणीय प्रश्न यह है कि अपने पूर्वकालीन जीवन में कट्टर ईश्वरवादी देवात्मा परवर्ती जीवन में पूर्णतः निरीश्वरवादी कैसे और क्यों हो गए। अपनी आत्म-कथा में स्वयं इस प्रश्न का उत्तर देते हुए उन्होंने अपने ईश्वर विषयक विश्वास के परित्याग के अनेक कारण बताए हैं। इस संबंध में सर्वप्रथम उनका कथन है कि बाल्यकाल से ही उनके मन में सत्य और अच्छाई के प्रति विशेष प्रेम था, अतः उन्होंने जब स्वयं ईश्वरवादियों के दैनिक आचरण में असत्य, अन्याय तथा क्रूरता को प्रत्यक्षतः देखा तो उनके मन में ईश्वर की सत्ता के विषय में गंभीर संदेह उत्पन्न हो गया। ईश्वरवादियों के इस निंदनीय आचरण को देखकर उन्हें यह विश्वास हो गया कि ईश्वर के तथाकथित महान गुणों का उसके भक्तों के आचरण पर कोई प्रभाव नहीं पड़ता। इस दुखद तथ्य को ध्यान में रखते हुए देवात्मा इसी निष्कर्ष पर पहुँचे कि ईश्वरवाद मनुष्य के व्यावहारिक जीवन को नैतिक दृष्टि से उत्कृष्ट बनाने में पूर्णतः असमर्थ रहा है। इस प्रकार स्वयं ईश्वरवादियों की प्रवंचना ने उनके ईश्वर संबंधी विश्वास को गहरा आघात पहुँचाया।

उपर्युक्त तथ्य का उल्लेख करते हुए अपनी आत्म-कथा, खंड 1, अध्याय 22 में देवात्मा कहते हैं : "प्रकृति की विभिन्न प्रकार की भौतिक वस्तुओं के अतिरिक्त सत्य तथा अच्छाई के प्रति प्रेम से संबंधित मेरी अपनी शक्तियों ने जो भूमिका निभाई और ईश्वरवादियों द्वारा मुझे जो क्रूर एवं भयानक कष्ट दिए गए उन सबने मेरे मन से ईश्वर विषयक इस मिथ्या विश्वास का निराकरण करने में अद्भुत प्रभाव डाला। यह

4. वही पुस्तक, पृ. 377, 404.

कितनी आनंददायक घटना थी। . . . प्रकृति–जिसे मैं भूल से गौण समझता था–अब सत्य के प्रकाश में मेरे लिए वास्तव में महत्त्वपूर्ण हो गई। . . . प्रकृति के काल्पनिक रचयिता और शासक के साथ अपने संबंध को पूर्णतः तोड़कर मैं वास्तविक प्रकृति के साथ सभी प्रकार के यथार्थ संबंधों का अनुभव करने लगा।"[5] इस प्रकार ईश्वरवादियों के अनैतिक आचरण तथा सत्य और अच्छाई के प्रति देवात्मा के विशेष प्रेम ने उनके ईश्वर संबंधी विश्वास को समाप्त करने में बहुत महत्त्वपूर्ण योगदान किया।

देवात्मा के परवर्ती जीवन में उनके ईश्वर विषयक विश्वास के निराकरण का दूसरा प्रमुख कारण था उनका विस्तृत वैज्ञानिक अध्ययन। रुड़की विश्वविद्यालय में अभियांत्रिकी अथवा इंजीनियरिंग की उच्च शिक्षा प्राप्त करते हुए उन्होंने विभिन्न प्राकृतिक विज्ञानों से संबंधित तत्कालीन अनेक महान विचारकों तथा वैज्ञानिकों की सुप्रसिद्ध रचनाओं का बहुत मनोयोग से अध्ययन किया था। इस अध्ययन के फलस्वरूप वे सभी विषयों की सत्यता की परीक्षा के लिए निरीक्षण एवं प्रयोग संबंधी वैज्ञानिक विधि को अनिवार्य मानने लगे थे। उन्होंने अब अपना यह निश्चित सिद्धांत बना लिया था कि जिस वस्तु की सत्ता को इस वैज्ञानिक विधि द्वारा प्रमाणित नहीं किया जा सकता उसके अस्तित्व में विश्वास करना उचित नहीं है। उनका विचार था कि यह वैज्ञानिक सिद्धांत केवल भौतिक वस्तुओं की परीक्षा के लिए ही नहीं, अपितु मनुष्य के सामाजिक तथा धार्मिक विश्वासों की सत्यता की परीक्षा के लिए भी पूरी तरह लागू होता है। यह सर्वमान्य तथ्य है कि ईश्वर विषयक विश्वास को इस वैज्ञानिक विधि द्वारा सत्य प्रमाणित नहीं किया जा सकता। इस कारण वैज्ञानिक अध्ययन के पश्चात अपने परवर्ती जीवन में देवात्मा निश्चित रूप से मानने लगे थे कि यह विश्वास मिथ्या और निराधार है।

ईश्वर संबंधी विश्वास के विषय में अपनी उपर्युक्त मान्यता को स्पष्ट करते हुए देवात्मा ने अपनी आत्म-कथा, खंड 1, अध्याय 22 और अध्याय 26 में लिखा है : "प्रकृति की प्रत्येक वस्तु अपने आप में आश्चर्यजनक है। परंतु ब्रह्माण्ड में विकास के नियम का कार्य वस्तुतः अद्‌भुत है। . . . 1895 में इस विषय पर मुझे कुछ बहुत अच्छी पुस्तकें प्राप्त हुईं। इनमें से जो पुस्तक मेरे लिए बहुत लाभदायक सिद्ध हुई वह थी स्पैंसर द्वारा लिखित 'फ़स्ट प्रिंसिपल्ज़'। मुझे चार्ल्स डार्विन द्वारा लिखित 'ओरिजिन ऑफ़ स्पीशीज़' भी बहुत लाभप्रद लगी। . . . मैं यह समझ सका कि दो विभिन्न वस्तुओं–पुद्‌गल और शक्ति–से निर्मित सभी भिन्न-भिन्न वस्तुओं के दो प्रकार के कारण होने चाहिए, एक नहीं। . . . ये दो वस्तुएँ–पुद्‌गल तथा शक्ति–नित्य अथवा शाश्वत हैं। इन्हें एक-दूसरे से पृथक् नहीं किया जा सकता। ये सदा एक-दूसरे को प्रभावित और परिवर्तित करती हैं। इनमें होनेवाला सतत परिवर्तन ब्रह्माण्ड में निरंतर परिवर्तन उत्पन्न करता है और प्रकृति में ऐसी कोई भी वस्तु नहीं है जो परिवर्तन के इस विश्वव्यापी तथा शाश्वत नियम के नियंत्रण से बाहर हो। . . . हरबर्ट स्पैंसर एक महान अध्येयता, महान विकासवादी तथा असाधारण विचारक थे। मेरे मन में उनके लिए बहुत सम्मान है और मैं उनके प्रति तथा ऐसे कुछ अन्य लेखकों के प्रति भी

5. वही पुस्तक, पृ. 407.

बहुत कृतज्ञ हूँ जिनकी पुस्तकों का मैंने अध्ययन किया है।"[6] देवात्मा के इन विचारों से यह स्पष्ट है कि विकासवाद तथा अन्य वैज्ञानिक विषयों का अध्ययन करने के कारण प्रकृति से परे और अपरिवर्तनशील माने जानेवाले ईश्वर के अस्तित्व में उनका विश्वास पूर्णतः समाप्त हो गया था। इस प्रकार हम यह कह सकते हैं कि उनके द्वारा किए गए वैज्ञानिक अध्ययन ने उनके मन से ईश्वर विषयक मिथ्या विश्वास का निराकरण करने में निश्चय ही निर्णायक भूमिका निभाई थी।

यहाँ यह उल्लेखनीय है कि देवात्मा के लिए ईश्वर से संबंधित इस विश्वास का परित्याग करना कोई सरल कार्य नहीं था, क्योंकि ऐसा करते हुए उन्हें बहुत मानसिक कष्ट सहन करना पड़ा। जिस समय उनके मन में सर्वप्रथम ईश्वर की सत्ता के विषय में संदेह उत्पन्न हुआ उस समय वे यह निश्चय नहीं कर पाए कि उनका ईश्वर विषयक विश्वास वास्तव में सत्य है अथवा मिथ्या। इसी कारण वे इस विश्वास के संबंध में पर्याप्त समय तक बहुत बड़ी दुविधा में पड़े रहे जो उनके लिए मानसिक दृष्टि से अत्यधिक दुखद स्थिति थी। वे न तो इस विश्वास को पहले की भाँति पूर्णतः स्वीकार कर पा रहे थे और न इसे छोड़ना ही चाहते थे, अतः उनके मन में इसके संबंध में तीव्र संघर्ष चल रहा था। अपनी आत्म-कथा, खंड 1, अध्याय 22 में देवात्मा ने ईश्वर संबंधी विश्वास के विषय में अपने इस मानसिक संघर्ष का विस्तृत वर्णन किया है जिससे ज्ञात होता है कि वे उस समय कितनी कठिन मानसिक स्थिति से गुज़र रहे थे।

ईश्वर की सत्ता के संबंध में संदेह से उत्पन्न अपनी इस दुखद मनोदशा का उल्लेख करते हुए देवात्मा कहते हैं : "इस बढ़ते हुए और गहरे होते हुए संदेह ने मुझे बहुत बड़े मानसिक संघर्ष में डाल दिया था। एक ओर सत्य के प्रति मेरे प्रेम से निर्देशित मेरी विकसित मानसिक शक्तियाँ मुझे परीक्षण की वैज्ञानिक विधियों द्वारा ईश्वर विषयक विश्वास के संबंध में भी उचित निष्कर्ष निकालने के लिए प्रेरित कर रही थीं और दूसरी ओर ईश्वर में मेरी गहन अंधश्रद्धा–जो वंशानुगत प्रवृत्तियों तथा मेरे अपने असाधारण भक्तिपूर्ण प्रयासों के कारण मेरे जीवन का अभिन्न अंग बन गई थी–उस आक्रमण को सहन करने के लिए तैयार नहीं थी जो मेरी मानसिक शक्तियाँ इसके विरुद्ध कर रही थीं। इस प्रकार सत्य के प्रति प्रेम रखनेवाली मेरी तर्कबुद्धि तथा मेरी अंधश्रद्धा में संघर्ष उत्पन्न हो गया था जो समय व्यतीत होने के साथ-साथ अधिकाधिक बढ़ता ही गया। . . . दीर्घकाल से पोषित मेरी इस अंधश्रद्धा के विरुद्ध सत्यानुराग से प्रेरित मेरी विकसित तर्कबुद्धि ने साहसपूर्वक मुझसे अनुरोध किया, '. . . भावुक मत बनो। तुम्हारी आस्था सत्य पर आधारित नहीं है। यह ग़लत और मिथ्या है। यदि तुम अपने विकास के मार्ग को निरंतर खुला रखना चाहते हो तो तुम्हें अपने गहरे अंधविश्वास को छोड़ना ही होगा–फिर चाहे वह तुम्हें कितना ही प्रिय क्यों न लगता हो। मिथ्या विश्वास तो अंततः मिथ्या ही है, फिर चाहे वह कितना ही प्रिय लगे और वर्षों के अभ्यास के कारण वह चाहे कितना ही गहरा हो गया हो। ऐसा मिथ्या विश्वास जीवन की प्रगति के मार्ग में बाधक है और इसलिए हानिकारक है, अतः इसे स्वीकार

6. वही पुस्तक, पृ. 412, 414-415.

करते रहना उचित नहीं है। तुम इस मिथ्या विश्वास को यथावत बनाए रखकर सत्य के प्रति अपने प्रेम को कैसे संतुष्ट कर सकते हो? यह असंभव है। . . . ईश्वर विषयक विश्वास कभी सत्य नहीं हो सकता। अन्य सभी देवी-देवताओं की भाँति ईश्वर भी एक बहुत बड़ा काल्पनिक विचार है। तुम तो पूर्णतः सत्यानुरागी हो।' . . . विश्वसनीय तर्कों से परिपूर्ण सत्य के प्रेम का यह अनुरोध धीरे-धीरे मेरे हृदय को परिवर्तित करने लगा। पूरे एक वर्ष तक यह मिथ्या विश्वास आमूल नष्ट नहीं हो सका। परंतु मेरी विकसित तर्कबुद्धि सत्य के प्रति प्रेम से प्रेरित होकर इसकी जड़ों पर तब तक निरंतर कुठाराघात करती ही रही जब तक अंततः यह मिथ्या विश्वास आमूल नष्ट नहीं हो गया और भयंकर आवाज़ करता हुआ गिर नहीं पड़ा। . . . इस प्रकार सत्य की झूठ पर पूर्ण रूप से विजय हुई।"[7]

उपर्युक्त विस्तृत उद्धरण से यह स्पष्ट है कि अपने मिथ्या ईश्वर विषयक विश्वास का पूर्णतः परित्याग करने से पूर्व देवात्मा को कितने कठिन मानसिक संघर्ष से गुज़रना पड़ा था। वस्तुतः ऐसा होना स्वाभाविक ही था, क्योंकि धार्मिक आस्था मनुष्य के व्यक्तित्व का अभिन्न अंग बन जाती है और किसी कारण से जब यह आस्था खंडित होती है तो व्यक्ति को बहुत मानसिक कष्ट होता है। दीर्घकाल से स्वीकृत तथा अंधश्रद्धा से प्रेरित ईश्वर विषयक विश्वास के खंडित हो जाने के परिणामस्वरूप देवात्मा को भी इसी दुखद मानसिक स्थिति का सामना करना पड़ा, किंतु उन्होंने अपनी तर्कबुद्धि द्वारा इस पर विजय प्राप्त की जो उनकी दृढ़ संकल्प-शक्ति का प्रबल प्रमाण है।

अब इस प्रश्न पर विचार करना आवश्यक है कि देवात्मा ने ईश्वर से संबंधित विश्वास के विरुद्ध कौन-से तर्क प्रस्तुत किए हैं और ये तर्क अन्य भारतीय निरीश्वरवादी दार्शनिकों के तर्कों से कहाँ तक भिन्न हैं। हम पिछले अध्यायों में देख चुके हैं कि चार्वाक, जैन, बौद्ध, सांख्य तथा मीमांसा ने ईश्वर के अस्तित्व का खंडन करने के लिए बहुत-से तर्क दिए हैं। ईश्वर की सत्ता के विरुद्ध इन प्राचीन भारतीय निरीश्वरवादी दर्शनों द्वारा प्रस्तुत तर्कों की एक प्रमुख विशेषता यह है कि ये तर्क मुख्यतः दार्शनिक अथवा सैद्धांतिक हैं। गौतम बुद्ध को छोड़कर अन्य किसी प्राचीन भारतीय निरीश्वरवादी दार्शनिक ने केवल व्यावहारिक तर्कों द्वारा ईश्वर के अस्तित्व का खंडन करने का प्रयास नहीं किया। इसका एक दुष्परिणाम यह हुआ कि प्राचीन भारत में निरीश्वरवाद केवल दार्शनिक या सैद्धांतिक वाद-विवाद का विषय बनकर ही रह गया और जनसाधारण के व्यावहारिक जीवन पर उसका कोई विशेष प्रभाव नहीं पड़ा।

वस्तुतः प्राचीन भारतीय निरीश्वरवाद की यह असफलता इस सिद्धांत की एक बहुत बड़ी कमी थी जिसे देवात्मा ने अपने व्यावहारिक निरीश्वरवादी दर्शन द्वारा दूर करने का प्रयास किया। उन्होंने ईश्वर की सत्ता के विरुद्ध वे सैद्धांतिक युक्तियाँ देना आवश्यक नहीं समझा जो भारत के प्राचीन निरीश्वरवादी दार्शनिक पहले ही प्रस्तुत कर चुके थे। उनका मुख्य उद्देश्य जनसाधारण को ईश्वर विषयक मिथ्या विश्वास का परित्याग करने के लिए प्रेरित करना था, अतः उन्होंने मनुष्य के व्यावहारिक जीवन से संबंधित तर्कों द्वारा इस विश्वास को निराधार तथा मिथ्या सिद्ध करने का प्रयास

7. वही पुस्तक, पृ. 404-406.

किया है। उनके ईश्वर-विरोधी तर्क मुख्यतः उस वैज्ञानिक विधि पर आधारित हैं जो निरीक्षण, प्रयोग तथा कारण-कार्य के नियम को सर्वाधिक महत्त्व देती है और जिसमें अति-प्राकृतिक या अलौकिक विश्वासों के लिए कोई स्थान नहीं है। देवात्मा ने स्पष्टतः यह घोषित किया है कि जिस मान्यता, सिद्धांत, विचार या विश्वास को इस वैज्ञानिक विधि द्वारा सत्य प्रमाणित नहीं किया जा सकता उसे स्वीकार करना अनुचित और अवांछनीय है। मुख्यतः अपने इसी मत के आधार पर उन्होंने ईश्वर विषयक विश्वास को मिथ्या सिद्ध किया है।

जनसाधारण में प्रचलित ईश्वर की सत्ता से संबंधित विश्वास के विरुद्ध अपने वैज्ञानिक तथा व्यावहारिक तर्क प्रस्तुत करते हुए देवात्मा ने अपनी आत्म-कथा, खंड 1, अध्याय 23 में लिखा है : "(1) इस ब्रह्माण्ड की रचना शक्ति और पुद्गल से हुई है; (2) अपनी संपूर्णता में शक्ति तथा पुद्गल दोनों अनश्वर हैं; (3) पुद्गल और शक्ति परस्पर अभिन्न रूप से संबद्ध हैं–किसी भी स्थिति में एक के बिना दूसरे का अस्तित्व संभव नहीं है; (4) शक्ति अपने कार्य द्वारा पुद्गल में परिवर्तन लाती है और अपने इसी कार्य द्वारा वह स्वयं भी विभिन्न रूपों में परिवर्तित होती है। इस ब्रह्माण्ड में विभिन्न वस्तुएँ शक्ति और पुद्गल में होनेवाले परिवर्तन के फलस्वरूप उत्पन्न होती हैं। यदि आप वास्तव में इन चार मूल सत्यों में विश्वास करते हैं तो इस ब्रह्माण्ड के रचयिता के रूप में सर्वज्ञ तथा पूर्णतः शुभ ईश्वर का अस्तित्व काल्पनिक सिद्ध हो जाता है। प्रकृति में क्रियाशील इस शक्ति ने करोड़ों वर्षों में निरंतर होनेवाले परिवर्तनों के कारण दो रूप ग्रहण किए हैं : (1) उष्णता, प्रकाश, विद्युत आदि की निर्जीव शक्तियाँ, (2) पेड़-पौधों, पशुओं तथा मनुष्यों में विद्यमान सजीव शक्तियाँ। अब इन शक्तियों में से किसी में भी वे गुण नहीं हैं जिन्हें ईश्वर कहलानेवाले व्यक्ति के साथ संबद्ध किया जाता है। . . . ईश्वरवादियों को यह स्वीकार करना पड़ेगा कि इनमें से कोई भी शक्ति ईश्वर नहीं है। . . . यह तर्कशास्त्र का नियम है कि जिसे प्रयोग द्वारा प्रमाणित किया जा सकता है उसे कल्पना अथवा प्रागनुभविक तर्कना पर नहीं छोड़ा जाना चाहिए। . . . जहाँ तक ईश्वर विषयक विश्वास का संबंध है, इस प्रत्यक्ष प्रमाण द्वारा उसके अस्तित्व की परीक्षा करने की सर्वाधिक आवश्यकता है। . . . परंतु क्या हमें प्रत्यक्ष परीक्षा द्वारा ऐसे ईश्वर के अस्तित्व का कोई प्रमाण प्राप्त हो सकता है? कभी नहीं। वस्तुतः ईश्वर जैसे किसी प्राणी का अस्तित्व बिल्कुल नहीं है। यह विश्वास वास्तव में मनुष्य की कल्पना अथवा उसके मिथ्या अंधविश्वासयुक्त पूर्वाग्रह का परिणाम है। वस्तुतः ईश्वर एक पूर्ण मिथक है और कहीं भी उसका अस्तित्व नहीं है। . . . ईश्वर केवल काल्पनिक विचार ही नहीं है, अपितु . . . ईश्वर विषयक विश्वास अत्यधिक हानिकारक भी है।"[8] इस प्रकार उपर्युक्त विस्तृत उद्धरण से यह स्पष्ट है कि प्राचीन भारतीय निरीश्वरवादी दार्शनिकों के विपरीत देवात्मा मुख्यतः वैज्ञानिक विधि पर आधारित अनुभवमूलक व्यावहारिक तर्कों द्वारा ईश्वरवाद का खंडन करते हैं और यह उनके निरीश्वरवादी दर्शन की एक महत्त्वपूर्ण मौलिक विशेषता है जो उसे प्राचीन भारतीय निरीश्वरवादी दर्शनों से पृथक् करती है।

8. वही पुस्तक, पृ. 416-418.

अपने इसी वैज्ञानिक दृष्टिकोण के अनुसार, देवात्मा ने ईश्वरवादियों के समक्ष एक विशेष व्यावहारिक चुनौती प्रस्तुत करते हुए यह कहा है कि यदि वास्तव में उनके ईश्वर का अस्तित्व है तो उन्हें वैज्ञानिक परीक्षणों द्वारा उसे प्रमाणित करना चाहिए। अपनी इस चुनौती को व्यावहारिक रूप में प्रस्तुत करने के लिए देवात्मा ने कुछ ऐसे वैज्ञानिक परीक्षणों का सुझाव दिया है जो अनुभवात्मक प्रयोग पर आधारित हैं और जिनके द्वारा ईश्वर की सत्ता तथा उसके गुणों की प्रत्यक्षतः परीक्षा की जा सकती है। ईश्वर के संबंध में इस वैज्ञानिक परीक्षा के लिए उन्होंने ईश्वरवादियों के तीन प्रमुख कथनों को आधार बनाया है। ईश्वरवादी यह दावा करते हैं कि (1) ईश्वर इस विश्व का रचयिता है, (2) वह सर्वज्ञ है और (3) वह सर्वशक्तिमान है। देवात्मा का कथन है कि उनके द्वारा निर्धारित कुछ वैज्ञानिक परीक्षणों के आधार पर ईश्वरवादियों को अपने ये तीनों दावे सत्य प्रमाणित करने चाहिए और यदि वे ऐसा करने में असफल रहते हैं तो उन्हें यह स्वीकार करना चाहिए कि उनके ये सभी दावे मिथ्या हैं जिसका अर्थ यही होगा कि वस्तुतः ईश्वर का अस्तित्व नहीं है। ईश्वरवादियों के इन दावों की वैज्ञानिक परीक्षा के लिए देवात्मा ने निम्नलिखित तीन व्यावहारिक तथा प्रयोगात्मक परीक्षणों का सुझाव दिया है :

(1) संपूर्ण ब्रह्माण्ड की रचना के विषय में ईश्वरवादियों के दावे की परीक्षा के लिए देवात्मा द्वारा प्रस्तावित परीक्षण इस प्रकार है। हम मेज़ पर थोड़ी-सी गीली मिट्टी रखेंगे और ईश्वरवादियों से यह अनुरोध करेंगे कि वे अपने ईश्वर से इस मिट्टी की दो-तीन गेंदें बनाने के लिए कहें। जो ईश्वर इतने विशाल ब्रह्माण्ड की रचना कर सकता है उसे इस गीली मिट्टी की दो-तीन गेंदें बनाने में अवश्य समर्थ होना चाहिए। यदि ईश्वर ये गेंदें नहीं बना सकता–जैसा कि किसी भी काल्पनिक प्राणी के लिए यह कार्य संभव नहीं है–तो इसका अर्थ यही है कि ईश्वरवादियों का प्रथम दावा मिथ्या है और ईश्वर विश्व का रचयिता नहीं है।

(2) ईश्वर की सर्वज्ञता से संबंधित दावे की परीक्षा के लिए देवात्मा ने जिस वैज्ञानिक परीक्षण का सुझाव दिया है वह इस प्रकार है। हम मेज़ पर एक पुस्तक, कोरा कागज़ तथा पेंसिल रखेंगे और ईश्वरवादियों से यह कहेंगे कि हमारे मन में इस पुस्तक के जिस विशेष पृष्ठ को उस कागज़ पर लिखवाने की इच्छा है उसे वह उस कागज़ पर लिख दे। जो ईश्वर सर्वज्ञ होने के कारण सबके मन की समस्त बातें जानता है उसे यह कार्य करने में अवश्य ही समर्थ होना चाहिए। यदि ईश्वर यह कार्य करने में असमर्थ है–जैसा कि कोई भी काल्पनिक प्राणी निश्चय ही असमर्थ होगा–तो इसका अर्थ यही है कि ईश्वर की सर्वज्ञता के विषय में ईश्वरवादियों का दावा असत्य है।

(3) ईश्वर की सर्वशक्तिमता के विषय में ईश्वरवादियों के दावे की परीक्षा के लिए देवात्मा ने जिस वैज्ञानिक परीक्षण का प्रस्ताव किया है वह इस प्रकार है। हम मेज़ पर एक रुकी हुई घड़ी रखेंगे और ईश्वरवादियों से यह अनुरोध करेंगे कि वे अपने ईश्वर से इस घड़ी में चाबी भरकर इसे चला देने के लिए कहें। जो ईश्वर सर्वशक्तिमान होने के कारण सब कुछ कर सकता है उसके लिए इस रुकी हुई घड़ी

में चाबी भरकर उसे चला देना निश्चय ही संभव होना चाहिए। यदि ईश्वर यह छोटा-सा कार्य भी नहीं कर सकता–जैसा कि किसी भी काल्पनिक प्राणी के लिए यह कार्य करना निश्चय ही असंभव है–तो इसका अर्थ यही है कि ईश्वर की सर्वशक्तिमता के संबंध में ईश्वरवादियों का दावा मिथ्या है। इस प्रकार अपने इन तीन प्रस्तावित वैज्ञानिक तथा व्यावहारिक परीक्षणों द्वारा देवात्मा ने यह सिद्ध किया है कि पूर्णतः काल्पनिक प्राणी होने के कारण ईश्वर कोई भी कार्य नहीं कर सकता, अतः वास्तव में उसका अस्तित्व नहीं है और उसके संबंध में ईश्वरवादियों के समस्त दावे मिथ्या हैं।[9]

अपने उपर्युक्त व्यावहारिक एवं वैज्ञानिक परीक्षणों के आधार पर ईश्वरवादियों को स्पष्ट चुनौती देते हुए देवात्मा अपनी आत्म-कथा, खंड 1, अध्याय 23 में उनसे कहते हैं : "याद रखिए कि प्रकृति ने जिस कार्य को असंभव बनाया है उसे पृथ्वी पर कोई भी मनुष्य ग़लत विधि अथवा अनुचित उपायों द्वारा कभी भी संभव नहीं बना सकता। इसलिए जिसका निर्णय केवल प्रयोग अथवा व्यावहारिक परीक्षा द्वारा किया जा सकता है उसे शास्त्रार्थ द्वारा प्रमाणित करने का प्रयत्न करना व्यर्थ प्रयास है जो समुचित तर्कना एवं युक्ति का उतना ही विरोधी है जितना भूतकालीन मानवीय अनुभव का। . . . आप अपने ईश्वर के विषय में वैज्ञानिक परीक्षा करने दीजिए, और यदि आप के दावे निराधार सिद्ध हो जाते हैं तो उन्हें छोड़ दीजिए। परंतु क्या आप ऐसा कर सकते हैं? मुझे आप के ऐसा करने के संबंध में गंभीर आशंकाएँ हैं।"[10] ईश्वरवादियों के समक्ष देवात्मा द्वारा प्रस्तुत इस खुली चुनौती से यह स्पष्ट है कि वे केवल आस्था के आधार पर ईश्वर की सत्ता को स्वीकार करने के लिए उद्यत नहीं हैं। उनका यह निश्चित मत है कि निरीक्षण तथा प्रयोग पर आधारित वैज्ञानिक विधि द्वारा ईश्वर के अस्तित्व को सिद्ध नहीं किया जा सकता, अतः केवल आस्था या अंधश्रद्धा के कारण उसमें विश्वास करना पूर्णतः अनुचित, अवांछनीय और तर्क-विरुद्ध है।

ईश्वर के अस्तित्व तथा उसके गुणों के विषय में ईश्वरवादियों के समक्ष प्रस्तुत अपनी उपर्युक्त चुनौती को देवात्मा बहुत महत्त्व देते हैं और उसे ईश्वरवाद की सत्यता के संबंध में एक निर्णायक चुनौती मानते हैं। उनका कथन है कि इस चुनौती को स्वीकार करते हुए ईश्वरवादी विचारक वैज्ञानिक विधि द्वारा ईश्वरवाद की सत्यता को प्रमाणित कर सकते हैं और यदि वे इसमें सफल नहीं होते तो सत्य का अनुसरण करते हुए उन्हें अपने इस सिद्धांत का परित्याग कर देना चाहिए। इस प्रकार यह चुनौती उन्हें अपने सिद्धांत की सत्यता को प्रमाणित करने का बहुत अच्छा अवसर देती है। जो ईश्वरवादी प्रत्यक्षतः अपने ईश्वर के साथ व्यक्तिगत साक्षात्कार का दावा करते हैं उनके इस दावे को ध्यान में रखते हुए देवात्मा अपनी आत्म-कथा, खंड 1, अध्याय 23 में कहते हैं : "ईश्वर में विश्वास करनेवाले सामान्य व्यक्तियों के अतिरिक्त ऐसे लोग जो ईश्वर को निकट से देखने तथा उसके साथ प्रत्यक्षतः बातचीत करने अथवा सायुज्य स्थापित करने का दावा करते हैं उनके पास इस चुनौती को स्वीकार करके

9. देखिए, वही पुस्तक, पृ. 421.

10. वही पुस्तक, पृ. 422-423.

अपने दावों की सत्यता को प्रमाणित करने का विशेष रूप से अच्छा अवसर है। हम उन्हें इस बात के लिए आमंत्रित करते हैं कि वे 100 चुने हुए व्यक्तियों की उपस्थिति में हमारे द्वारा इस चुनौती में निर्धारित परीक्षणों के अनुसार अपने ईश्वर के उपर्युक्त गुणों से संबंधित अपने कथनों को प्रमाणित करें। यदि वे ऐसा नहीं कर सकते तो उन्हें सत्य के अनुसरण का अपना दावा छोड़ देना चाहिए और ग़लत विश्वासों का प्रचार करके दूसरों को पथभ्रष्ट नहीं करना चाहिए।"[11] इस प्रकार देवात्मा ने ईश्वरवादियों को स्पष्ट तथा खुली चुनौती दी है कि या तो वे उनके द्वारा प्रस्तावित वैज्ञानिक परीक्षणों के अनुसार ईश्वरवाद को सत्य प्रमाणित करें अथवा, इस कार्य में असफल होने पर, सत्य के मार्ग का अनुसरण करते हुए अपने इस सिद्धांत का परित्याग कर दें। परंतु, जहाँ तक हमें ज्ञात है, किसी ईश्वरवादी विचारक ने उनकी इस चुनौती को स्वीकार करने का साहस नहीं किया, क्योंकि ईश्वरवाद का मुख्य आधार तर्कबुद्धि अथवा युक्ति न होकर आस्था या श्रद्धा है जिसके द्वारा निश्चय ही सत्य का अनुसंधान नहीं किया जा सकता।

ईश्वरवादी विचारक ईश्वर में जो श्रद्धा अथवा आस्था रखते हैं उसका मूल स्रोत उनके वे धर्म-ग्रंथ हैं जिन्हें ये विचारक स्वयं ईश्वर की वाणी मानते हैं। उनका विश्वास है कि इन धर्म-ग्रंथों में जो कुछ कहा गया है वह प्रत्यक्ष या परोक्ष रूप में स्वयं ईश्वर का ही आदेश है जिसका उल्लंघन करना महापाप है। इन धर्म-ग्रंथों में ईश्वर के गुणों, कार्यों तथा आदेशों का वर्णन किया गया है जो पूर्णतः सत्य है। मुख्यतः अपनी इसी मान्यता के आधार पर ईश्वरवादी विचारक ईश्वर के अस्तित्व और उसके विशेष गुणों को स्वीकार करते हैं। परंतु देवात्मा ने ईश्वरवादियों की इस मान्यता को भी स्पष्ट चुनौती दी है। उनका कथन है कि स्वयं ईश्वर की वाणी समझे जानेवाले इन धर्म-ग्रंथों में परस्पर विरोधी विचार, आदेश तथा शिक्षाएँ विद्यमान हैं जिनके कारण ईश्वरवादियों के लिए बड़ी जटिल समस्या उत्पन्न हो जाती है। हम देख चुके हैं कि ईश्वरवादी विचारक अपने सिद्धांत, ईश्वरवाद की सत्यता की परीक्षा के लिए वैज्ञानिक विधि को स्वीकार नहीं करते, अतः वे उस गंभीर स्वतोव्याघात की ओर कोई ध्यान नहीं देते जो उनके धर्म-ग्रंथों में विद्यमान ईश्वर की शिक्षाओं में पाया जाता है।

ईश्वरवाद की उपर्युक्त कठिनाई का उल्लेख करते हुए देवात्मा ने अपनी आत्म-कथा, खंड 1, अध्याय 23 में लिखा है : "सत्य तक पहुँचने की इस निश्चित विधि की उपेक्षा करने के कारण ही विभिन्न ईश्वरवादी उन परस्पर विरोधी शिक्षाओं में विश्वास करते रहते हैं जिनके संबंध में यह कहा जाता है कि वे उसी एक ईश्वर द्वारा दी गई हैं जिसे ये ईश्वरवादी सर्वज्ञ तथा सर्वव्यापक मानते हैं। . . . कुछ ऐसे ईश्वरवादी हैं जो नियोग के विषय में आपकी शिक्षाओं को पूर्णरूप से व्यभिचार तथा अत्यधिक पापमयी प्रथा घोषित करते हैं जबकि आपके समाज में बहुत-से ईश्वरवादी इसे ठीक और उचित समझते हैं। जैसा कि अनिवार्यतः होना ही था, आपका शास्त्रार्थ आवश्यक सहमति उत्पन्न नहीं कर सका है। . . . सभी ईश्वरवादी यह विश्वास करते

11. वही पुस्तक, पृ. 421.

हैं कि उनका ईश्वर एक ही व्यक्ति है, तो फिर वे पूजा, सद्‌गुण एवं दुर्गुण तथा उनके परिणामों, तीर्थयात्राओं, अवतारों आदि से संबंधित सिद्धांतों के विषय में भिन्न-भिन्न तथा बहुत-से मामलों में परस्पर विरोधी शिक्षाओं को क्यों मानते हैं तथा उनका प्रचार क्यों करते हैं और अपने मतभेदों को दूर करने के लिए अपने तथाकथित सर्वव्यापक एवं सर्वज्ञ ईश्वर से परामर्श क्यों नहीं करते? यदि तथाकथित सर्वज्ञ एवं सर्वशक्तिमान ईश्वर एक सजीव व्यक्ति है और काल्पनिक विचार नहीं है तो वह अपने नाम पर ऐसी परस्पर विरोधी अथवा भिन्न-भिन्न शिक्षाओं को क्यों चलने देता है और वह सभी ईश्वरवादियों को अपने समक्ष बुलाकर उनके उपर्युक्त मतभेदों को दूर क्यों नहीं कर देता?"[12] इस प्रकार ईश्वर की वाणी समझे जानेवाले धर्म-ग्रंथों में विद्यमान परस्पर विरोधी शिक्षाओं के विषय में ये सब प्रश्न उठाकर देवात्मा ने यह सिद्ध किया है कि ईश्वर वास्तव में कोई सजीव व्यक्ति नहीं, अपितु ईश्वरवादियों की अपनी कल्पना मात्र है। इससे हम यही निष्कर्ष निकाल सकते हैं कि जिन धर्म-ग्रंथों को ईश्वरवादी विचारक स्वयं ईश्वर की वाणी मानते हैं उनके आधार पर भी देवात्मा के अनुसार वस्तुतः ईश्वर का अस्तित्व प्रमाणित नहीं होता, क्योंकि इन ग्रंथों में ईश्वर के नाम पर प्रचारित परस्पर विरोधी शिक्षाएँ, विचार, सिद्धांत तथा आदेश विद्यमान हैं।

ईश्वर के विरुद्ध उपर्युक्त तर्कों के अतिरिक्त देवात्मा ने विश्व में दुःख तथा दुर्गुण के रूप में विद्यमान अशुभ के आधार पर भी उसके अस्तित्व का खंडन किया है। 1918 में प्रकाशित अपनी एक लघु पुस्तिका, 'ईश्वर (खुदा) का झूठा विश्वास और उसके बहुत बुरे और भयानक फल' में उन्होंने अशुभ की समस्या पर आधारित इस प्राचीन ईश्वर-विरोधी तर्क की सविस्तार विवेचना की है। यद्यपि देवात्मा ने इस तर्क को उस रूप में प्रस्तुत नहीं किया जिस रूप में अनेक भारतीय तथा पाश्चात्य निरीश्वरवादी दार्शनिकों ने प्रस्तुत किया है, फिर भी संसार में पाए जानेवाले व्यापक दुःख एवं दुर्गुण के आधार पर उन्होंने बहुत-से व्यावहारिक उदाहरणों द्वारा यह सिद्ध किया है कि ईश्वर न तो सर्वशक्तिमान है और न दयालु अथवा पूर्णतः शुभ। इस संबंध में उनका कथन है कि यदि ईश्वर ही संपूर्ण ब्रह्माण्ड का रचयिता है, जैसा कि ईश्वरवादी विचारक दावा करते हैं, तो अनिवार्यतः इसका अर्थ यही है कि इस विश्व में जो दुःख तथा दुर्गुण विद्यमान हैं उन सबको भी उसी ने उत्पन्न किया है। दूसरे शब्दों में, दुःख और दुर्गुण के रूप मं हम इस संसार में जिस व्यापक अशुभ या बुराई को देखते हैं उसका उत्तरदायित्व पूर्णतः इसके रचयिता, ईश्वर पर ही है। देवात्मा के अनुसार, इससे यह स्पष्ट है कि ऐसा ईश्वर दयालु अथवा करुणामय नहीं हो सकता, अतः ईश्वरवादियों का यह दावा मिथ्या है कि ईश्वर में अन्य सद्‌गुणों के साथ-साथ जीवों के प्रति अपार करुणा पाई जाती है। इसके विपरीत वास्तविक स्थिति यह है कि ईश्वर ने आँधी, तूफान, बाढ़, भूकंप, ज्वालामुखियों का विस्फोट, सूखा, दुर्भिक्ष, अतिवृष्टि आदि भयंकर प्राकृतिक आपदाओं द्वारा मनुष्यों तथा अन्य प्राणियों को निर्दयतापूर्वक व्यापक रूप

12. वही पुस्तक, पृ. 422.

से नष्ट किया है अथवा उन्हें घोर कष्ट पहुँचाया है। इन कटु तथ्यों द्वारा तथाकथित ईश्वर की दया अथवा करुणा का निश्चित रूप से खंडन होता है। वस्तुतः अपने इस तर्क के आधार पर देवात्मा ने यही प्रमाणित किया है कि ईश्वर कोई यथार्थ एवं वस्तुपरक सत्ता न होकर मनुष्य का काल्पनिक विचार मात्र है।[13]

अपने उपर्युक्त तर्कों द्वारा ईश्वर विषयक विश्वास का खंडन करने के पश्चात देवात्मा ने मनुष्य के व्यावहारिक जीवन में इस विश्वास के अनेक भयंकर दुष्परिणामों का विवेचन किया है। उनका मत है कि यह विश्वास जीवन के प्रत्येक क्षेत्र में मानव के लिए अत्यधिक हानिकारक सिद्ध हुआ है। इस मिथ्या विश्वास ने मनुष्य के व्यक्तिगत, पारिवारिक तथा सामाजिक जीवन में अन्य बहुत-से अंधविश्वासों को जन्म दिया है जिनके कारण उसे अनेक प्रकार के कष्ट सहन करने पड़े हैं। मानव-सभ्यता का दीर्घकालीन इतिहास इस बात का साक्षी है कि ईश्वर के नाम पर विभिन्न धार्मिक समुदायों में निरंतर रक्तरंजित संघर्ष होते रहे हैं जिन्होंने मनुष्य के जीवन में बहुत दुःख उत्पन्न किया है। ईश्वर से संबंधित इस विश्वास के फलस्वरूप विभिन्न क्षेत्रों में मानव-समाज को जो भयंकर हानियाँ पहुँची हैं उनका सजीव वर्णन देवात्मा ने अपनी पूर्वोल्लिखित लघु पुस्तिका में किया है। इस पुस्तिका में उन्होंने अनेक व्यावहारिक तर्कों द्वारा यह सिद्ध किया है कि ईश्वर विषयक विश्वास केवल मिथ्या ही नहीं, अपितु मानव-जीवन के लिए सभी दृष्टियों से अत्यधिक हानिकारक भी है।

अपनी उपर्युक्त लघु पुस्तिका में संपूर्ण मानव-समाज के लिए ईश्वर संबंधी इस मिथ्या विश्वास के विभिन्न दुष्परिणामों का उल्लेख करते हुए देवात्मा कहते हैं : "भूतकाल में गत अनेक वर्षों से देव-समाज मानवता को ईश्वर के मिथक और उस पर आधारित उन अन्य रहस्यपूर्ण अंधविश्वासों से मुक्त करने के महान कार्य में लगा हुआ है जिन्होंने व्यक्तियों, परिवारों, समुदायों तथा राष्ट्रों को असीमित हानि पहुँचाई है। ईश्वर विषयक इस मिथ्या विश्वास ने भूतकाल में निम्नलिखित दुष्परिणामों को जन्म दिया है–(1) धर्म के नाम पर होनेवाले युद्ध अथवा संघर्ष; (2) भयंकर अत्याचार करनेवाले तथा बर्बर और क्रूर मृत्यु-दंड देनेवाले धार्मिक न्यायालय; (3) विभिन्न प्रकार की ललित कलाओं, हस्त-कलाओं तथा साहित्य का विनाश; (4) दूसरों के मंदिरों, मूर्तियों आदि पूजा-स्थलों को नष्ट करना; (5) दासता की प्रथा; (6) दास-दासियों का व्यापार; (7) निर्दोष पुरुषों, स्त्रियों तथा बच्चों की सामूहिक हत्याएँ; (8) लूट-मार और सामूहिक विनाश; (9) एक ही धर्म के विभिन्न संप्रदायों में एक-दूसरे पर अत्याचार; (10) देवताओं को प्रसन्न करने के उद्देश्य से यज्ञों में बलि तथा भोजन के लिए लाखों निर्दोष और उपयोगी पशुओं की हत्याएँ; (11) पुरोहित-प्रथा जिसके भयानक परिणाम हुए; (12) तथाकथित धर्म-ग्रंथों और चमत्कारों की अमिथ्यापनीयता में अंधश्रद्धा जिसके साथ अनेक बुराइयाँ अनिवार्यतः संबद्ध रहीं; (13) लौकिक ज्ञान तथा विचार-स्वातंत्र्य की प्रगति में बहुत बड़ी बाधाएँ। केवल भूतकाल में ही नहीं, अपितु हमारे अपने समय

13. देखिए, देवात्मा, 'ईश्वर (खुदा) का झूठा विश्वास और उसके बहुत बुरे और भयानक फल', अध्याय 4-6.

में भी यह ग़लत विश्वास असीमित कष्ट और हानि का प्रमुख स्रोत सिद्ध हो रहा है।"[14] इस प्रकार उपर्युक्त उद्धरण से यह स्पष्ट है कि देवात्मा के मतानुसार, ईश्वर विषयक मिथ्या विश्वास के फलस्वरूप प्राचीन काल से आधुनिक युग तक संपूर्ण मानव-जाति का बहुत अहित हुआ है, अतः इस विश्वास का आमूल निराकरण करना अत्यावश्यक है।

यहाँ यह उल्लेखनीय है कि अनेक वर्षों तक पर्याप्त प्रयास और मानसिक संघर्ष करने के पश्चात देवात्मा जब ईश्वर संबंधी विश्वास से पूर्णतः मुक्त हो गए तो उन्हें बहुत संतोष तथा आनंद का अनुभव हुआ। इस मिथ्या विश्वास का परित्याग कर देने के कारण वे ऐसे अन्य सभी धार्मिक विश्वासों से भी मुक्त हो गए जो मूलतः इसी विश्वास पर आधारित थे। इन समस्त अबौद्धिक विश्वासों से मुक्ति प्राप्त करने के परिणामस्वरूप देवात्मा के जीवन में विशुद्ध वैज्ञानिक दृष्टिकोण का विकास हुआ जिसका बाद में उन्होंने सभी क्षेत्रों में प्रयोग किया। तब उन्होंने अपने जीवन का यह निश्चित सिद्धांत बना लिया कि वे केवल उन्हीं विचारों, मान्यताओं, सिद्धांतों तथा विश्वासों को स्वीकार करेंगे जिन्हें वैज्ञानिक विधि द्वारा सत्य प्रमाणित किया जा सकता है। इसका अर्थ यह है कि उन्होंने केवल आस्था के आधार पर किसी ऐसे सिद्धांत या विश्वास को स्वीकार न करने का निर्णय किया जिसे इस वैज्ञानिक विधि द्वारा सत्य सिद्ध करना संभव नहीं है। संपूर्ण जगत् के संबंध में केवल विशुद्ध वैज्ञानिक दृष्टिकोण की स्वीकृति देवात्मा के जीवन में एक क्रांतिकारी परिवर्तन था, क्योंकि बाद में उन्होंने इसी वैज्ञानिक दृष्टिकोण के आधार पर अपने नवीन धर्म की स्थापना की जिसे 'देव-धर्म' कहा जाता है। उनका यह नवीन धर्म प्राकृतिक नियमों एवं तथ्यों पर ही आधारित है, अतः इसमें ईश्वर या किसी अन्य अलौकिक शक्ति के लिए कोई स्थान नहीं है। यह विवाद का विषय हो सकता है कि उनके इस धर्म को प्रचलित सामान्य अर्थ में 'धर्म' कहा जा सकता है या नहीं, किंतु इतना निश्चित है कि ईश्वर विषयक विश्वास से मुक्त हो जाने के पश्चात उनका संपूर्ण जीवन केवल वैज्ञानिक दृष्टिकोण द्वारा ही शासित होने लगा था।

अपने संपूर्ण जीवन पर ईश्वर संबंधी इस विश्वास से मुक्ति के व्यापक प्रभाव का उल्लेख करते हुए देवात्मा अपनी आत्म-कथा, खंड 1, अध्याय 23 में स्पष्ट रूप से कहते हैं : "ईश्वर में विश्वास के परित्याग ने मेरे जीवन में एक नया अध्याय आरंभ किया। विचार के इस नए संसार में प्रवेश करने के पश्चात मैं ब्रह्माण्ड तथा उसके भाग–मनुष्य–के स्वरूप के विषय में अनुसंधान को अपने जीवन का अत्यधिक महत्त्वपूर्ण और आवश्यक कार्य समझने लगा। . . . जाँच करने की वैज्ञानिक विधियों ने–जो इन क्षेत्रों में शोधकर्ताओं के लिए आवश्यक थीं–धीरे-धीरे मेरे हृदय पर सर्वोच्च प्रभाव स्थापित कर लिया। . . . अपने भीतर सत्य के प्रति पूर्ण प्रेम के विकास के कारण मैं उन्नति की उस स्थिति पर पहुँच गया था जिसमें मैं प्राचीन अथवा नवीन विश्वासों को वैज्ञानिक परीक्षा की कसौटी पर परखने के पश्चात ही स्वीकार कर

14. श्री पी.वी. कनल द्वारा अंग्रेज़ी में लिखित पुस्तक, 'देव आत्मा' से उद्धृत, पृ. 423.

सकता था। . . . मैं अपने समस्त धार्मिक विश्वासों की वैज्ञानिक परीक्षा के आधार पर जाँच करने के लिए उत्सुक हो गया था और इस प्रकार मैं उन्हें केवल आस्था के स्थान पर यथार्थ ज्ञान के विषय बनाना चाहता था। जिस प्रकार प्रकाश तथा अंधकार एक वस्तु न होकर परस्पर पूर्णतः विरोधी हैं, उसी प्रकार यथार्थ ज्ञान और अंधश्रद्धा भी एक ही वस्तु नहीं हैं। वे अपने स्वरूप में ही परस्पर विरोधी हैं। . . . ईश्वर विषयक विश्वास का परित्याग करने और सत्य तक पहुँचने के लिए वैज्ञानिक विधि के प्रति पूर्ण प्रेम का विकास करने के पश्चात मैं केवल उसी ज्ञान को स्वीकार कर सकता था जो इस विधि द्वारा सही प्रमाणित होता था। मैं किसी बात पर केवल इसलिए विश्वास नहीं कर सकता था कि वह प्राचीन है अथवा नवीन, प्रचलित है या अप्रचलित, दुखद है अथवा सुखद, स्वदेशी है या विदेशी। जिसकी वैज्ञानिक विधि द्वारा परीक्षा की जा सकती थी तथा जिसे इस विधि द्वारा सत्य प्रमाणित किया जा सकता था, मैं केवल उसे ही स्वीकार कर सकता था और केवल उसी का अनुसंधान करना मेरे जीवन का प्रमुख उद्देश्य बन गया था।"[15] इस प्रकार देवात्मा के उपर्युक्त विचारों से यह स्पष्ट है कि ईश्वर विषयक मिथ्या विश्वास से मुक्त हो जाने के उपरांत जीवन और जगत् के प्रति उनके दृष्टिकोण में आमूल परिवर्तन हो गया था, अतः किसी विचार, सिद्धांत या विश्वास को स्वीकार करने के लिए उन्होंने श्रद्धा अथवा आस्था के स्थान पर वैज्ञानिक विधि को ही एकमात्र आधार मान लिया था।

इस अध्याय के प्रारंभ में देवात्मा के जीवन का संक्षिप्त परिचय देते हुए हम यह बता चुके हैं कि बाल्यकाल से ही उनके मन में प्राणी मात्र के प्रति गहरी करुणा की भावना विद्यमान थी। यही कारण है कि वे सभी मनुष्यों तथा अन्य प्राणियों के सुखमय जीवन की कामना करते थे। परंतु अपने व्यावहारिक अनुभव द्वारा उन्होंने यह भली-भाँति समझ लिया था कि ईश्वर संबंधी मिथ्या विश्वास मनुष्यों के दुःख का एक बहुत बड़ा कारण है। जैसा कि हम ऊपर देख चुके हैं, वे यह मानते थे कि यह विश्वास मानव-समाज में अन्य अनेक अंधविश्वासों को उत्पन्न करता है जिनके कारण मनुष्य का जीवन दुःखमय हो जाता है। उनका यह निश्चित मत था कि जब तक मनुष्य इस मिथ्या विश्वास से मुक्त नहीं हो जाता तब तक उसका जीवन आनंदमय नहीं हो सकता। मनुष्य के प्रति इस करुणा और सत्य के प्रति अपने प्रबल प्रेम के कारण देवात्मा मानव समाज से ईश्वर विषयक इस विश्वास का आमूल निराकरण कर देना चाहते थे। परंतु वे यह भी अच्छी तरह जानते थे कि अधिकतर मनुष्य इस विश्वास का परित्याग करने के लिए उद्यत नहीं हैं, क्योंकि यह उनकी अंधश्रद्धा पर आधारित है जिससे वे मुक्त नहीं हो पाते। मानव-जाति को अंधश्रद्धा से उत्पन्न इस कष्टदायक स्थिति में देखकर उन्हें बहुत दुःख होता था।

अपने इसी दुःख को व्यक्त करते हुए देवात्मा ने अपनी आत्म-कथा, खंड 1, अध्याय 17 तथा अध्याय 23 में लिखा है : "वस्तुतः यह देखना बड़ी हृदयविदारक स्थिति है कि किस प्रकार इस देश या अन्य देशों में करोड़ों मनुष्य मिथ्या विश्वासों

15. वही पुस्तक, पृ. 425, 430.

के प्रभाव में आकर उत्कृष्ट जीवन के सच्चे मार्ग से दूर हो रहे हैं और किस प्रकार उनमें से बहुत-सारे व्यक्ति अपनी उन उच्च आध्यात्मिक शक्तियों को नष्ट कर रहे हैं जो उन्होंने अपने पूर्वजों से वंश-परंपरा द्वारा प्राप्त की हैं। इन अभागे मनुष्यों की स्थिति कितनी निराशाजनक तथा दुखद है। यह दुःख की बात है कि न तो उनका काल्पनिक ईश्वर और न ही कोई देवी-देवता इस दलदल से बाहर निकलने में उनकी सहायता करता है। . . . ईश्वर तथा धर्म के नाम पर दी जानेवाली समस्त शिक्षाओं ने ऐसे भयंकर परिणाम उत्पन्न किए हैं और बहुत-से मामलों में पाप का बोझ कम करने के स्थान पर उसे इतने भयानक रूप से बढ़ा दिया है कि इन सब पर विचार करने मात्र से मन में बहुत दुःख उत्पन्न होता है। . . . ऐसी शिक्षाएँ इस धरती से जितनी शीघ्र नष्ट हो जाएँ मानव-जाति के लिए उतना ही अधिक अच्छा है।"[16] ईश्वर तथा प्रचलित अर्थ में धर्म के विषय में देवात्मा के इन विचारों से यह स्पष्ट है कि उनके मतानुसार इनके कारण संपूर्ण मानव-जाति को घोर कष्ट पहुँचा है, अतः वे इन दोनों से संबंधित सभी अंधविश्वासों को आमूल नष्ट कर देना चाहते थे।

ईश्वर तथा ईश्वरवाद के विरुद्ध देवात्मा द्वारा प्रस्तुत विभिन्न तर्कों के संबंध में उपर्युक्त संपूर्ण विवेचन से यह भली-भाँति प्रमाणित हो जाता है कि अपने परवर्ती जीवन में उन्होंने ईश्वरवाद का परित्याग करके निरीश्वरवाद को पूर्णतः स्वीकार कर लिया था। इसी कारण उनके द्वारा स्थापित देव-धर्म को जैन तथा बौद्ध धर्मों के समान निरीश्वरवादी धर्म माना जाता है। यहाँ विचारणीय प्रश्न यह है कि देवात्मा का निरीश्वरवाद पूर्ववर्णित अन्य भारतीय निरीश्वरवादी दर्शनों के निरीश्वरवाद से कहाँ तक और किस प्रकार भिन्न है। यह सत्य है कि चार्वाक, जैन, बौद्ध, सांख्य तथा मीमांसा की भाँति देवात्मा भी विश्व-रचयिता एवं कर्माध्यक्ष के रूप में ईश्वर के अस्तित्व का तर्कतः खंडन करते हैं, अतः इस दृष्टि से उनका निरीश्वरवाद अन्य भारतीय निरीश्वरवादी दर्शनों के समान ही है। परंतु देवात्मा के निरीश्वरवाद में कुछ ऐसी विशेषताएँ हैं जो उसे अन्य सभी भारतीय निरीश्वरवादी दर्शनों के निरीश्वरवाद से पृथक् करती हैं, क्योंकि ये विशेषताएँ इन दर्शनों में नहीं पाई जातीं।

(1) सर्वप्रथम देवात्मा का निरीश्वरवाद केवल सैद्धांतिक तर्कों पर आधारित न होकर मुख्यतः व्यावहारिक तर्कों पर ही आधारित है। हम ऊपर देख चुके हैं कि वे ईश्वर की सत्ता का खंडन करने के लिए मुख्यतः सैद्धांतिक तर्कों के स्थान पर अनेक प्रकार के व्यावहारिक तर्क प्रस्तुत करते हैं जिनके कारण उनका निरीश्वरवाद अपेक्षाकृत मनुष्य के दैनिक जीवन के अधिक निकट प्रतीत होता है। उन्होंने ईश्वरवादी विचारकों के विरुद्ध जो व्यावहारिक चुनौती प्रस्तुत की है वह इस तथ्य का स्पष्ट प्रमाण है। देवात्मा की इस व्यावहारिक चुनौती का विस्तृत विवेचन हम पहले ही कर चुके हैं, अतः यहाँ इतना कह देना ही पर्याप्त होगा कि यह चुनौती उनके निरीश्वरवाद को साधारण मनुष्य के लिए अधिक बोधगम्य तथा ग्राह्य बनाती है। सामान्य व्यक्ति ईश्वर की सत्ता के विरुद्ध दर्शनशास्त्र के जटिल सैद्धांतिक तर्कों को समझने में प्रायः कठिनाई का अनुभव करता है, अतः उसे इस संबंध में देवात्मा के व्यावहारिक तर्क अधिक

16. वही पुस्तक, पृ. 426, 431.

सरल और विश्वसनीय प्रतीत हो सकते हैं। इस दृष्टि से देवात्मा के इन व्यावहारिक तर्कों द्वारा जनसाधारण में निरीश्वरवाद का प्रचार और प्रसार करने में अपेक्षाकृत अधिक सहायता प्राप्त हो सकती है। हम पिछले अध्यायों में देख चुके हैं कि भारत के अन्य निरीश्वरवादी दर्शनों में ईश्वर के अस्तित्व के विरुद्ध इस प्रकार के सरल तथा व्यावहारिक तर्कों का लगभग अभाव ही है। इन दर्शनों ने ईश्वर की सत्ता का खंडन करने के लिए जो तर्क दिए हैं वे मुख्यतः सैद्धांतिक होने के कारण अपेक्षाकृत अधिक जटिल हैं। ऐसी स्थिति में यह कहना संभवतः अनुचित न होगा कि व्यावहारिक तर्कों से संबंधित देवात्मा के निरीश्वरवाद की यह विशेषता उसे अन्य भारतीय निरीश्वरवादी दर्शनों के निरीश्वरवाद से पृथक् करती है और सामान्य व्यक्तियों के लिए उसे अधिक सरल तथा ग्राह्य बनाती है।

(2) उपर्युक्त व्यावहारिकता के अतिरिक्त विशुद्ध वैज्ञानिकता भी देवात्मा के निरीश्वरवाद की एक ऐसी प्रमुख विशेषता है जो हमें भारत के अन्य निरीश्वरवादी दर्शनों में प्राप्त नहीं होती। हम पहले ही यह स्पष्ट कर चुके हैं कि देवात्मा समस्त सिद्धांतों तथा विश्वासों की सत्यता की परीक्षा के लिए निरीक्षण, प्रयोग और सत्यापन पर आधारित वैज्ञानिक विधि को सर्वाधिक महत्त्व देते थे। उन्होंने डार्विन, स्पैंसर आदि अनेक महान वैज्ञानिकों के ग्रंथों का भली-भाँति अध्ययन किया था जिनके नवीन क्रांतिकारी विचारों से वे बहुत प्रभावित हुए थे। यही कारण है कि अपने परवर्ती जीवन में उन्होंने केवल वैज्ञानिक विधि के आधार पर ही सभी विश्वासों और सिद्धांतों की सत्यता की परीक्षा करने का निर्णय किया था। जीवन और जगत् के प्रति इस विशुद्ध वैज्ञानिक दृष्टिकोण ने देवात्मा को अपने पूर्वस्वीकृत समस्त अंधविश्वासों से मुक्त होने में बहुत सहायता प्रदान की थी जिनमें ईश्वर विषयक मिथ्या विश्वास भी सम्मिलित है। हम ऊपर देख चुके हैं कि ईश्वर के अस्तित्व का खंडन करने के लिए उन्होंने अपने व्यावहारिक तर्कों द्वारा ईश्वरवादी विचारकों के विरुद्ध जो चुनौती प्रस्तुत की है उसका मूल आधार भी यह वैज्ञानिक विधि ही है। ईश्वरवाद के विरुद्ध उनका प्रमुख तर्क यही है कि इस सिद्धांत को निरीक्षण, प्रयोग तथा सत्यापन पर आधारित वैज्ञानिक परीक्षणों द्वारा सत्य प्रमाणित नहीं किया जा सकता, अतः इसमें विश्वास करना और इसके अनुसार आचरण करना उचित नहीं है। अधिकतर ईश्वरवादी विचारक स्पष्टतः यह स्वीकार करते हैं कि उनके ईश्वर संबंधी विश्वास का प्रमुख आधार युक्ति अथवा तर्क न होकर आस्था या श्रद्धा ही है। इसी कारण ये विचारक ईश्वर की सत्ता को प्रमाणित करने के लिए शब्द-प्रमाण को विशेष महत्त्व देते हैं। परंतु देवात्मा को ईश्वरवादी विचारकों का यह आस्थापरक दृष्टिकोण स्वीकार्य नहीं है, क्योंकि उनके मतानुसार, केवल प्रत्यक्ष, अनुभव और तर्कबुद्धि द्वारा ही यथार्थ ज्ञान प्राप्त किया जा सकता है, आस्था अथवा श्रद्धा द्वारा नहीं। इस प्रकार यह स्पष्ट है कि वैज्ञानिकता उनके निरीश्वरवाद की एक ऐसी मुख्य विशेषता है जो भारत के अन्य निरीश्वरवादी दर्शनों के निरीश्वरवाद में प्रायः उपलब्ध नहीं होती। जहाँ तक हमें ज्ञात है, किसी अन्य भारतीय निरीश्वरवादी दर्शन ने वैज्ञानिक सिद्धांतों तथा वैज्ञानिक विधि के आधार पर ईश्वरवाद का खंडन नहीं किया है। इस तथ्य को ध्यान में रखते हुए

हम यह कह सकते हैं कि मुख्यतः वैज्ञानिक विधि पर आधारित होने के कारण देवात्मा का निरीश्वरवाद अन्य भारतीय निरीश्वरवादी दर्शनों के निरीश्वरवाद से भिन्न है।

(3) उपर्युक्त व्यावहारिकता तथा वैज्ञानिकता के अतिरिक्त देवात्मा के निरीश्वरवाद की तीसरी मुख्य विशेषता है उनकी विशुद्ध प्रकृतिवादी विचारधारा जो वस्तुतः जीवन और जगत् के प्रति उनके वैज्ञानिक दृष्टिकोण का ही एक अनिवार्य परिणाम है। चार्वाक दर्शन की भाँति देवात्मा के दर्शन में भी प्रकृतिवाद अथवा स्वभाववाद का बहुत महत्त्वपूर्ण स्थान है। वे ईश्वर या किसी अन्य अलौकिक सत्ता के स्थान पर प्रकृति को ही एकमात्र यथार्थ सत्ता मानते हैं। यह प्रकृति 'ईश्वर' के सामान्य प्रचलित अर्थ में उससे स्वरूपतः भिन्न है। उनके अनुसार इस प्रकृति का स्वरूप लगभग वही है जिसका विवेचन हम दूसरे अध्याय में प्रकृतिवाद की व्याख्या करते हुए पहले ही कर चुके हैं। अन्य प्रकृतिवादियों के समान देवात्मा भी प्रकृति को एक ऐसी महा समष्टि मानते हैं जिसमें समस्त भौतिक वस्तुएँ, पेड़-पौधे तथा मनुष्य सहित सभी प्राणी समाविष्ट हैं। दूसरे शब्दों में, समस्त निर्जीव वस्तुओं, पेड़-पौधों तथा प्राणियों का सामूहिक नाम ही प्रकृति है। वस्तुतः ऐसी कोई भी वस्तु या सत्ता नहीं है जो इस प्रकृति से बाहर या परे हो। यह प्रकृति अनादि, अनंत तथा अनश्वर है और यह अपने ही अपरिवर्तनीय नियमों द्वारा शासित एवं नियमित होती है। ईश्वर अथवा कोई अन्य अलौकिक शक्ति इसे उत्पन्न और संचालित नहीं करती। इस प्रकृति का निर्माण पुद्गल तथा शक्ति इन दो मूल तत्त्वों द्वारा ही होता है जो अपने आप में अनश्वर हैं, किंतु इन दोनों तत्त्वों से निर्मित समस्त वस्तुओं और प्राणियों में अपरिवर्तनीय प्राकृतिक नियमों के अनुसार निरंतर परिवर्तन होता रहता है।

देवात्मा का निश्चित मत है कि इस प्रकृति में ऐसा कुछ भी घटित नहीं हो सकता जो इन प्राकृतिक नियमों के विरुद्ध हो। इसका अर्थ यही है कि तथाकथित ईश्वरीय अथवा दैवी चमत्कारों और अलौकिक घटनाओं से संबंधित समस्त विश्वास पूर्णतः काल्पनिक एवं मिथ्या हैं। देवात्मा के प्रकृतिवादी दर्शन में ऐसे काल्पनिक विश्वासों के लिए कोई स्थान नहीं है। हम देख चुके हैं कि मुख्यतः इसी आधार पर उन्होंने ईश्वर विषयक विश्वास को भी मिथ्या और काल्पनिक कहकर उसका खंडन किया है। वस्तुतः अन्य सभी अलौकिक देवी-देवताओं से संबंधित विश्वासों के विषय में भी उनका यही मत है। प्रकृति के स्वरूप तथा अलौकिक विश्वासों के संबंध में अपने इसी मत की व्याख्या करते हुए देवात्मा कहते हैं : "प्रकृति अथवा ब्रह्माण्ड समस्त वास्तविक वस्तुओं की समष्टि का नाम है—चाहे वे छोटी हों या बड़ी, निर्जीव हों या सजीव। . . . यह एक प्रकृति ही यथार्थ अथवा वास्तविक है। इससे भिन्न और इसके अतिरिक्त कुछ भी यथार्थ नहीं है। सब कुछ धारण करनेवाली इस एक प्रकृति का निर्माण केवल दो प्रकार की वस्तुओं द्वारा होता है और ये हैं पुद्गल तथा शक्ति। . . . प्रकृति अनश्वर है और इसलिए यह नित्य तथा स्वतः—अस्तित्ववान है। प्रकृति अनादि है, क्योंकि भूतकाल में ऐसा कोई समय नहीं था जब प्रकृति का अस्तित्व नहीं था। यह अनंत है, क्योंकि भविष्य में ऐसा कोई समय नहीं होगा जब प्रकृति का

अस्तित्व नहीं रहेगा। . . . वे सभी विश्वास पूर्णतः मिथ्या हैं जो प्रकृति के नियमों के विरुद्ध हैं।"[17]

प्रकृति के स्वरूप के विषय में देवात्मा के उपर्युक्त विचारों से यह स्पष्ट है कि उनके अनुसार प्रकृति ईश्वर से भिन्न है और इसमें किसी अलौकिक शक्ति तथा घटना के लिए कोई स्थान नहीं हो सकता। इसी कारण वे ईश्वर तथा अन्य सभी देवी-देवताओं को पूर्णतः काल्पनिक मानते हैं और यह उनके निरीश्वरवाद की बहुत महत्त्वपूर्ण विशेषता है। जहाँ तक हमें ज्ञात है, भौतिकवादी चार्वाक दर्शन को छोड़कर भारत के अन्य किसी निरीश्वरवादी दर्शन ने इस प्रकृतिवादी विचारधारा के आधार पर अपने निरीश्वरवाद की व्याख्या नहीं की है। हम पिछले अध्यायों में यह स्पष्ट कर चुके हैं कि जैन, बौद्ध, सांख्य तथा मीमांसा निरीश्वरवाद के साथ-साथ अनेक अति-प्राकृतिक सिद्धांतों और अलौकिक विश्वासों को भी स्वीकार करते हैं, अतः ये सभी दर्शन वास्तविक अर्थ में प्रकृतिवाद का समर्थन नहीं करते। वस्तुतः इन दर्शनों का निरीश्वरवाद प्रकृतिवादी विचारधारा का परिणाम न होकर कुछ ऐसे दार्शनिक या सैद्धांतिक तर्कों पर आधारित है जो अलौकिकता का अनिवार्यतः निषेध नहीं करते। यही कारण है कि ये सभी भारतीय निरीश्वरवादी दर्शन निरीश्वरवाद का समर्थन करते हुए भी विभिन्न प्रकार के अलौकिक सिद्धांतों में विश्वास करते हैं। इस दृष्टि से देवात्मा का निरीश्वरवाद इन दर्शनों के निरीश्वरवाद से बहुत भिन्न है। वास्तव में उनका निरीश्वरवाद उनके संपूर्ण प्रकृतिवादी दर्शन का ही अनिवार्य परिणाम है, किंतु चार्वाक दर्शन को छोड़कर भारत के अन्य निरीश्वरवादी दर्शनों के निरीश्वरवाद के विषय में यह बात नहीं कही जा सकती। इस प्रकार निष्कर्ष के रूप में हम यह कह सकते हैं कि देवात्मा का निरीश्वरवाद मूलतः व्यावहारिक तर्कों, वैज्ञानिक विधि तथा प्रकृतिवादी विचारधारा पर ही आधारित है और उनके निरीश्वरवाद की ये तीनों प्रमुख विशेषताएँ उसे अन्य सभी भारतीय निरीश्वरवादी दर्शनों के निरीश्वरवाद से पृथक् करती हैं।

यहाँ इस तथ्य का उल्लेख कर देना आवश्यक है कि प्रकृतिवादी वैज्ञानिक विचारधारा में विश्वास करते हुए भी देवात्मा पूर्णतः भौतिकवादी दार्शनिक नहीं हैं। चार्वाक दार्शनिकों के विपरीत वे मृत्यु के पश्चात कुछ आत्माओं के अस्तित्व और परलोक की सत्ता को स्वीकार करते हैं। उनका विचार है कि जिन व्यक्तियों का जीवन सदा निम्नकोटि के प्रेम तथा निम्नकोटि की घृणाओं से परिपूर्ण रहता है उनकी आत्माएँ अवश्य ही उनकी मृत्यु के साथ नष्ट हो जाती हैं। वासना, स्वार्थपरता, क्रूरता, अत्याचार आदि बुराइयों के प्रति मनुष्य के आकर्षण को देवात्मा ने 'निम्नकोटि के प्रेम' की संज्ञा दी है और परोपकार, सत्यनिष्ठा, सज्जनता आदि अच्छाइयों के प्रति उसकी घृणा को उन्होंने 'निम्नकोटि की घृणाएँ' कहा है। उनके मतानुसार, जिन मनुष्यों के जीवन में ऐसे निम्नकोटि के प्रेम तथा ऐसी निम्नकोटि की घृणाओं की प्रधानता होती है उनकी आत्माओं का विनाश उनकी मृत्यु के साथ ही हो जाता है। परंतु उच्चकोटि के प्रेम

17. डॉ. के.के. मित्तल द्वारा संपादित पुस्तक, 'पर्सपेक्टिव्ज़ ऑफ़ दि फ़िलॉसॉफ़ी ऑफ़ देवात्मा' से उद्धृत, पृ. 451-452.

और उच्चकोटि की घृणाओं के अनुरूप आचरण करनेवाले व्यक्तियों की आत्माएँ उनकी मृत्यु के उपरांत सूक्ष्म शरीर धारण करके परलोक में निवास करती हैं। परोपकार, सत्यनिष्ठा, ईमानदारी, पवित्रता, उदारता आदि सद्गुणों के प्रति मनुष्य के प्रेम को देवात्मा ने 'उच्चकोटि के प्रेम' और स्वार्थपरता, वासना, अत्याचार, क्रूरता आदि बुराइयों के प्रति उसकी घृणा को 'उच्चकोटि की घृणाएँ' कहा है। उनका मत है कि ऐसे उच्चकोटि के प्रेम और ऐसी उच्चकोटि की घृणाओं के अनुसार जीवन व्यतीत करनेवाले सज्जन व्यक्तियों की आत्माएँ उनके देहांत के पश्चात नष्ट नहीं होतीं; वे सूक्ष्म शरीर धारण करके परलोक में सुख प्राप्त करती हैं।[18] इस प्रकार देवात्मा के इन विचारों से यह स्पष्ट है कि वे मृत्यु के पश्चात आत्मा के अस्तित्व और परलोक की सत्ता में विश्वास करते हैं, अतः उन्हें वास्तविक अर्थ में भौतिकवादी दार्शनिक कहना उचित नहीं होगा।

वस्तुतः आत्मा और परलोक के विषय में देवात्मा के उपर्युक्त विचार विज्ञान पर आधारित उनके संपूर्ण प्रकृतिवादी दर्शन तथा धर्म के अनुरूप प्रतीत नहीं होते। जैसा कि हम ऊपर देख चुके हैं, उनकी स्पष्ट तथा निश्चित मान्यता है कि जिस सिद्धांत या विश्वास को निरीक्षण, प्रयोग एवं सत्यापन पर आधारित वैज्ञानिक विधि द्वारा सत्य प्रमाणित नहीं किया जा सकता उसे स्वीकार करना उचित नहीं है। इसी आधार पर उन्होंने ईश्वर तथा देवी-देवताओं से संबंधित विश्वास को 'अंधविश्वास' कहकर उसका खंडन किया है। ऐसी स्थिति में देवात्मा से यह प्रश्न किया जा सकता है कि क्या आत्मा और परलोक के विषय में उनके विश्वासों का कोई वैज्ञानिक आधार है। वास्तव में इस प्रश्न का निश्चित रूप से सकारात्मक उत्तर देना संभव नहीं है। जहाँ तक हमें ज्ञात है, आत्मा और परलोक के अस्तित्व को वैज्ञानिक आधार पर प्रमाणित नहीं किया जा सकता, अतः देवात्मा के अपने सिद्धांत के अनुसार इनमें विश्वास करना अबौद्धिक एवं तर्क-विरुद्ध है। संभवतः इसी कारण स्वयं उन्होंने इन दोनों में विश्वास करने के लिए कोई स्पष्ट और निश्चित तर्क प्रस्तुत नहीं किए। वे इन्हें केवल आस्था के आधार पर ही स्वीकार कर लेते हैं जो स्वयं उनके अपने प्रकृतिवादी वैज्ञानिक दर्शन के विरुद्ध है। यही कारण है कि उनके इस दर्शन के साथ आत्मा, सूक्ष्म शरीर तथा परलोक से संबंधित उनके विश्वासों की तर्कपूर्ण संगति स्थापित करना संभव नहीं है। यह कहना शायद अनुचित न होगा कि इन अप्रमाणित विश्वासों को केवल आस्था के आधार पर स्वीकार कर लेना उनके प्रकृतिवादी दर्शन की एक बहुत बड़ी दुर्बलता है। वस्तुतः जहाँ तक आत्मा और परलोक की सत्ता से संबंधित विश्वासों का प्रश्न है, ऐसा प्रतीत होता है कि देवात्मा अपने आप को आत्मा पर केंद्रित भारतीय दर्शन की दीर्घकालीन परंपरा के प्रभाव से मुक्त नहीं कर पाए। यदि वे इन निराधार विश्वासों को स्वीकार न करते हुए अपने दर्शन को इसी संसार और मनुष्य के वर्तमान जीवन तक ही सीमित रखते तो निश्चय ही उनका प्रकृतिवादी वैज्ञानिक दर्शन अधिक तर्कसंगत होता। परंतु इस दुर्बलता के होते हुए भी देवात्मा का दर्शन–विशेषतः उनका

18. देखिए, देवात्मा की पुस्तक, 'मनुष्य-आत्मा के संबंध में चार महातत्त्व', अध्याय 2.

निरीश्वरवादी सिद्धांत–मुख्य रूप से विज्ञान पर ही आधारित है और उनके दर्शन की यह महत्त्वपूर्ण विशेषता उन्हें अपने समकालीन अन्य सभी धर्मपरायण विचारकों से पृथक् करती है।

देवात्मा के निरीश्वरवाद की इस विवेचना को समाप्त करने से पूर्व यहाँ इस तथ्य का उल्लेख कर देना आवश्यक है कि उनके अनुयायी कुछ अन्य विचारकों ने भी मानव-समाज में वैचारिक तथा व्यावहारिक दृष्टि से निरीश्वरवाद के प्रचार और प्रसार में बहुत महत्त्वपूर्ण योगदान किया है। इन विचारकों में श्री पी.वी. कनल तथा श्री एस.पी. कनल के नाम विशेष रूप से उल्लेखनीय हैं। श्री पी.वी. कनल ने अपनी अनेक पुस्तकों में सविस्तार तथा बड़े रोचक ढंग से सोदाहरण यह स्पष्ट किया है कि ईश्वरवाद ने वैचारिक एवं व्यावहारिक दृष्टि से मानव-समाज को किस प्रकार और कितनी भयंकर हानियाँ पहुँचाई हैं। उन्होंने ईश्वरवादियों के साथ परिसंवादों के माध्यम से रोचक शैली द्वारा यह सिद्ध किया है कि ईश्वरवादी धर्मों ने सैकड़ों वर्षों से मानव-समाज को विभिन्न समुदायों में विभाजित करके उनमें भयंकर रक्तरंजित संघर्ष को जन्म दिया है; ईश्वरवादी विचारकों ने ईश्वर के प्रति आस्था या श्रद्धा के नाम पर मनुष्य के विवेक अथवा उसकी स्वतंत्र तर्क-शक्ति को नष्ट करने का प्रयास किया है; इन विचारकों ने मानव को ईश्वर पर पूर्णतः निर्भर रहने के लिए प्रोत्साहित करके उसकी आत्म-निर्भरता को समाप्त कर दिया है और इस प्रकार उसे पंगु एवं अशक्त बनाया है; अंत में ईश्वरवादी दार्शनिकों ने केवल ईश्वर को ही समस्त मानवीय नैतिक मूल्यों एवं गुणों का मूल स्रोत मानकर नैतिकता को एक ऐसी बाह्य शक्ति पर आधारित मान लिया है जिसका अस्तित्व ही नहीं है।[19] इसी प्रकार, श्री एस.पी. कनल ने भी अपनी बहुत-सी पुस्तकों में सविस्तार इस तथ्य को भली-भाँति प्रमाणित किया है कि ईश्वर विषयक मिथ्या विश्वास मानव-जीवन के लिए घातक सिद्ध हुआ है।[20] संक्षेप में देवात्मा के साथ-साथ उनके समर्थक इन दोनों विचारकों ने आधुनिक भारतीय दर्शन में निरीश्वरवाद को प्रतिष्ठित किया है और व्यावहारिक दृष्टि से जनसाधारण में भी इस सिद्धांत का प्रचार तथा प्रसार करने का प्रयत्न किया है। इस तथ्य को ध्यान में रखते हुए हम यह कह सकते हैं कि ईश्वर विषयक मिथ्या विश्वास का तर्कतः खंडन करने के कारण निरीश्वरवादी देव-दर्शन तथा देव-धर्म का आधुनिक भारतीय दर्शन में बहुत महत्त्वपूर्ण स्थान है।

2. मानवेंद्र नाथ रॉय के दर्शन में निरीश्वरवाद

देवात्मा की भाँति एक अन्य आधुनिक भारतीय विचारक, मानवेंद्र नाथ रॉय भी निरीश्वरवाद का प्रबल समर्थन करते हैं। मूलतः प्रकृतिवादी तथा वैज्ञानिक विचारधारा पर आधारित होने के कारण उनके दर्शन में भी ईश्वर, देवी-देवता अथवा किसी अन्य

19. देखिए, पी.वी. कनल, 'माई टॉक्स विद थीइस्ट्स', 'ए लाइफ़-स्कैच ऑफ़ गॉड'.

20. देखिए, एस.पी. कनल, 'निरीश्वरवाद', 'फ़िलासॉफ़ी ऑफ़ रिलिजन', 'गॉड इन इंडियन फ़िलॉसॉफ़ी', 'गॉड, मैन ऐंड दि यूनिवर्स', 'गॉड, मोक्ष ऐंड दि यूनिवर्स', 'रिलिजन ऐंड साइन्स'.

अलौकिक शक्ति या सत्ता के लिए कोई स्थान नहीं है, अतः यहाँ हम उनके निरीश्वरवादी सिद्धांत की कुछ विस्तार से विवेचना करेंगे।

वर्तमान शताब्दी के भारतीय दार्शनिकों में क्रांतिकारी विचारक तथा मानवतावाद के प्रबल समर्थक मानवेंद्र नाथ रॉय का बहुत महत्त्वपूर्ण स्थान है। उनका जन्म 21 मार्च 1887 में पश्चिमी बंगाल के एक छोटे-से गाँव में ब्राह्मण परिवार में हुआ था। देवात्मा के समान ही उनके माता-पिता भी धर्मपरायण व्यक्ति थे और ईश्वर तथा देवी-देवताओं में विश्वास करते थे। इतना ही नहीं, उनके पिता का व्यवसाय ही धर्म का प्रचार करना था। इस प्रकार देवात्मा की भाँति रॉय का पालन-पोषण भी धार्मिक परिवार में ही हुआ था। रॉय का बाल्यकालीन नाम 'नरेंद्र नाथ भट्टाचार्य' था जिसे बाद में बदलकर उन्होंने 'मानवेंद्र नाथ रॉय' कर दिया और इसी नाम से उन्होंने दर्शन तथा राजनीति के क्षेत्र में ख्याति प्राप्त की। यद्यपि उनका जन्म और पालन-पोषण धर्मपरायण परिवार में हुआ था, फिर भी देवात्मा के विपरीत बाल्यकाल से ही धर्म में उनकी आस्था नहीं थी। 14 वर्ष की अल्पायु से ही वे भारत की स्वतंत्रता के लिए होनेवाले क्रांतिकारी आंदोलन में सम्मिलित हो गए थे। 1905 में बंगाल-विभाजन के विरुद्ध हुए आंदोलन में रॉय ने सक्रिय भाग लिया था। वे सशस्त्र-संघर्ष द्वारा भारत को विदेशी शासन से स्वतंत्र कराना चाहते थे और इसी उद्देश्य की पूर्ति के लिए उन्होंने अनेक वर्षों तक जर्मनी, रूस, चीन, अमेरिका, मैक्सिको आदि देशों की यात्रा की थी। इन देशों में वे अनेक महान विचारकों तथा साम्यवादी नेताओं के संपर्क में आए जिनके क्रांतिकारी विचारों का उनके दर्शन पर पर्याप्त प्रभाव पड़ा है। रॉय के दर्शन में भौतिकवाद, निरीश्वरवाद, व्यक्ति की स्वतंत्रता, लोकतंत्र, अंतर्राष्ट्रीयता और मानवतावाद का विशेष महत्त्व है। इन सभी विषयों से यह स्पष्ट है कि उनके दर्शन का क्षेत्र बहुत व्यापक है। परंतु यहाँ हम मुख्यतः उनके भौतिकवाद तथा निरीश्वरवाद पर ही कुछ विस्तार से विचार करेंगे।

रॉय के निरीश्वरवादी दर्शन की विवेचना करने से पूर्व यहाँ इस तथ्य का उल्लेख कर देना आवश्यक है कि वे केवल महान चिंतक ही नहीं, अपितु क्रांतिकारी कार्यकर्ता भी थे। जैसा कि ऊपर संकेत किया गया है, उन्होंने विदेशी शासन से भारत की स्वतंत्रता के लिए सशस्त्र संघर्ष को आवश्यक माननेवाले क्रांतिकारी आंदोलन में सक्रिय भाग लिया था जिसके कारण उन्हें लंबे समय तक कारावास में अपना जीवन व्यतीत करना पड़ा। वस्तुतः रॉय के जीवन की यह विशेषता उन्हें ऐसे अन्य सभी चिंतकों से पृथक् करती है जो केवल विचारक अथवा दार्शनिक ही थे। ऐसे दार्शनिकों के विपरीत उनके जीवन में कर्म और चिंतन का एक विचित्र संगम था जिसके फलस्वरूप उन्होंने आधुनिक भारतीय विचारकों में अपना विशेष स्थान बना लिया था।

रॉय की कर्मनिष्ठा के साथ-साथ उनके चिंतन के क्षेत्र की व्यापकता विविध विषयों पर लिखित उनकी बहुत-सी पुस्तकों से भली-भाँति स्पष्ट हो जाती है। दर्शन तथा राजनीति से संबंधित उनकी प्रमुख पुस्तकों में 'मैटीरियलिज़्म—ऐन आऊटलाईन ऑफ दि हिस्ट्री ऑफ साइंटिफिक थॉट', 'रीज़न, रोमैंटिसिज़्म ऐंड रिवोल्यूशन', 'साइंटिफिक पॉलिटिक्स', 'फ्रैग्मैंट्स ऑफ ए प्रिज़नर्स डायरी', 'इंडियाज़ मैसेज', 'न्यू

ओरियंटेशन', 'पावर्टी और प्लैन्टी', 'न्यू ह्यूमैनिज़्म', 'लास्ट बैटल ऑफ़ फ्रीडम', 'नेशनल गवर्नमैंट', 'पालिटिक्स, पावर ऐंड पार्टीज़', 'इन मैन्ज़ ओन इमेज' आदि विशेष रूप से उल्लेखनीय हैं। उनके द्वारा लिखित पुस्तकों की इस लंबी सूची से यह अनुमान लगाना कठिन नहीं है कि दर्शन तथा राजनीति में उनकी बहुत गहरी रुचि थी।

चिंतक के रूप में रॉय पहले राष्ट्रवाद तथा साम्यवाद से प्रभावित हुए थे, किंतु बाद में उन्होंने इन दोनों विचारधाराओं की सीमाओं और कमियों को भली-भाँति समझ लिया था। यही कारण है कि अपने परवर्ती जीवन में वे इन संकुचित विचारधाराओं के स्थान पर व्यक्ति की स्वतंत्रता, अंतर्राष्ट्रीयता और मानवतावाद का प्रबल समर्थन करने लगे थे जिन्हें उनके दर्शन के प्रमुख विषय माना जा सकता है। अपनी अनेक पुस्तकों में उन्होंने इन्हीं विषयों की सविस्तार व्याख्या की है। इसके अतिरिक्त रॉय पूर्णतः भौतिकवादी दार्शनिक थे जिनके दर्शन में किसी अलौकिक शक्ति या सत्ता के लिए कोई स्थान नहीं था। चार्वाक दार्शनिकों के समान उन्होंने भी ईश्वर के अस्तित्व के साथ-साथ आत्मा, कर्मवाद, पुनर्जन्म तथा मोक्ष से संबंधित समस्त आध्यात्मिक सिद्धांतों का पूर्णरूप से निषेध किया है। इस दृष्टि से विचार करने पर हम यह कह सकते हैं कि रॉय का दर्शन देवात्मा के दर्शन की अपेक्षा अधिक तर्कसंगत प्रतीत होता है, क्योंकि, जैसा कि हम ऊपर देख चुके हैं, देवात्मा अपने आप को आत्मा और परलोक संबंधी विश्वासों से मुक्त नहीं कर सके जिनके लिए हमारे पास कोई विश्वसनीय वैज्ञानिक प्रमाण नहीं है। इतना ही नहीं, देवात्मा ने एक नवीन धर्म की स्थापना करके स्वयं अपने आप को धर्म-गुरु घोषित कर दिया था, किंतु रॉय पूर्णतः भौतिकवादी दार्शनिक होने के कारण सामान्य प्रचलित अर्थ में धर्म तथा सभी धर्म-गुरुओं के विरुद्ध आजीवन निरंतर संघर्ष करते रहे। इस प्रकार देवात्मा तथा रॉय के प्रकृतिवादी दर्शन में पर्याप्त समानताओं के साथ-साथ कुछ आधारभूत भिन्नताएँ भी हैं जिनकी उपेक्षा करना उचित नहीं होगा।

हम ऊपर बता चुके हैं कि रॉय के दर्शन का क्षेत्र बहुत व्यापक है जिससे दर्शनशास्त्र की सामान्य विधाओं–ज्ञानमीमांसा, तत्त्वमीमांसा तथा आचारमीमांसा–के अतिरिक्त राजनीति-दर्शन, समाज-दर्शन, धर्म-दर्शन आदि उसकी कुछ महत्त्वपूर्ण शाखाएँ भी सम्मिलित हैं। यहाँ हमारा उद्देश्य रॉय के दर्शन के इन सभी पक्षों पर विचार करना नहीं, अपितु केवल उनके निरीश्वरवादी सिद्धांत की विवेचना करना ही है। देवात्मा की भाँति वे भी निरीश्वरवाद को पूर्णतः स्वीकार करते हैं, किंतु ईश्वर के अस्तित्व का खंडन करने के लिए उन्होंने स्वतंत्र रूप से अपने कोई विशेष मौलिक तर्क प्रस्तुत नहीं किए। वस्तुतः रॉय का निरीश्वरवाद उनकी अनुभवमूलक यथार्थवादी ज्ञानमीमांसा तथा भौतिकवादी तत्त्वमीमांसा का ही अनिवार्य परिणाम है। चार्वाक दार्शनिकों के समान उनके भौतिकवादी दर्शन में भी ईश्वर, आत्मा, देवी-देवता आदि किसी अलौकिक या अति-प्राकृतिक सत्ता के लिए कोई स्थान नहीं है। इस दृष्टि से लोकायतिकों और उनके भौतिकवादी दर्शन में पूर्ण समानता है।

चार्वाक दार्शनिकों की भाँति रॉय भी इंद्रियजन्य प्रत्यक्ष तथा अनुभव को ही बाह्य जगत् के ज्ञान के प्रमुख स्रोत मानते हैं। उनका मत है कि भौतिक वस्तुओं का मनुष्य

के मन से स्वतंत्र तथा वस्तुपरक अस्तित्व है और वह अपनी इंद्रियों द्वारा इन वस्तुओं को उसी रूप में जानता है जिस रूप में वे हैं। इसका तात्पर्य यही है कि वस्तु-जगत् से भिन्न ऐसा कोई अन्य जगत् नहीं है जिसे मनुष्य नहीं जान सकता और जो वस्तु-जगत् का मूल आधार है। वास्तव में मनुष्य का विचार अथवा उसकी चेतना अंततः भौतिक जगत् पर ही निर्भर है। वह जिस वस्तु को प्रत्यक्ष तथा अनुभव द्वारा नहीं जान सकता उसके अस्तित्व को स्वीकार करने का कोई तर्कसंगत आधार नहीं है। मुख्यतः अपनी इसी मान्यता के कारण रॉय ने ईश्वर सहित समस्त अलौकिक सत्ताओं का खंडन किया है जिन्हें मानवीय अनुभव और तर्कबुद्धि से परे माना जाता है। इस प्रकार ज्ञानमीमांसा की दृष्टि से वे केवल अनुभववाद तथा यथार्थवाद में हीं विश्वास करते हैं, अतः उन्होंने प्रत्ययवाद, विज्ञानवाद आदि ऐसे सभी सिद्धांतों को अस्वीकार किया है जो प्रत्यय, विचार या चेतना को ही ज्ञान का मूल स्रोत मानते हैं। उनका विचार है कि ये सिद्धांत मनुष्य के इंद्रियजन्य प्रत्यक्ष तथा अनुभव को पर्याप्त महत्त्व न देने के कारण उसकी ज्ञान-प्रक्रिया की समुचित व्याख्या नहीं कर पाते। हमारे समक्ष जो बाह्य जगत् विद्यमान है और जिसका हम प्रत्यक्षतः अनुभव करते हैं उसे केवल आभास अथवा मिथ्या मानना सत्य एवं वास्तविकता की उपेक्षा करना है।

अपनी उपर्युक्त अनुभवमूलक यथार्थवादी ज्ञानमीमांसा की व्याख्या करते हुए रॉय ने लिखा है : "भौतिकवाद के मूल सिद्धांतों में से एक यह भी है कि इंद्रिय-प्रत्यक्ष संपूर्ण ज्ञान का आधार है। इस सिद्धांत का अर्थ है जन्मजात प्रत्ययों का निषेध। चेतना का बाह्य वस्तुओं से स्वतंत्र अस्तित्व नहीं है। . . . वस्तुओं की यथार्थ वस्तुपरक सत्ता को स्वीकार करना भौतिकवाद का प्रारंभिक सिद्धांत है। . . . वैज्ञानिक ज्ञान का दावा करनेवाला कोई भी व्यक्ति आज इस बात में संदेह नहीं करता कि वृक्ष से संबंधित हमारी अवधारणा ठीक वैसी ही होती है जैसा कि स्वयं वृक्ष है। जब से मनुष्य ने अपनी क्रियाओं द्वारा प्रकृति से परिचित होना आरंभ किया तभी से इस प्रकार का संदेह समाप्त हो गया था। . . . मनुष्य जिसको प्रत्यक्षतः जानता है उसका वास्तव में अस्तित्व है और जिसे मनुष्य नहीं जान सकता उसका अस्तित्व नहीं है।"[21] मानवीय ज्ञान और उसके मूल स्रोतों के विषय में रॉय के इन विचारों से यह स्पष्ट है कि वे ज्ञानमीमांसा की दृष्टि से अनुभववाद तथा यथार्थवाद का पूर्णतः समर्थन करते हैं जो उनके भौतिकवादी दर्शन के अनुरूप ही है।

ज्ञानमीमांसा की भाँति रॉय ने अपने दर्शन की तत्त्वमीमांसा की व्याख्या भी अपनी भौतिकवादी विचारधारा के आधार पर ही की है। उनके दर्शन की तत्त्वमीमांसा में वे सभी प्रमुख विशेषताएँ विद्यमान हैं जिनका विवेचन हम पाँचवें अध्याय में भौतिकवादी चार्वाक दर्शन की व्याख्या करते हुए कर चुके हैं। चार्वाक दार्शनिकों के समान रॉय का भी स्पष्ट तथा निश्चित मत है कि संपूर्ण ब्रह्माण्ड का अंतिम मूल तत्त्व भौतिक द्रव्य अथवा पुद्गल ही है और इसमें जिन प्राणियों, पेड़-पौधों तथा निर्जीव वस्तुओं

21. मानवेंद्र नाथ रॉय, 'मैटीरियलिज़्म—ऐन आउटलाईन ऑफ़ दि हिस्ट्री ऑफ़ साइंटिफ़िक थॉट', पृ. 47, 57.

का अस्तित्व है उन सबका निर्माण भौतिक परमाणुओं से ही हुआ है। इतना ही नहीं, समस्त प्राणियों की चेतना भी इन भौतिक परमाणुओं के संघात का ही परिणाम है, अतः वह भी पुद्गल से पूर्णतः पृथक् और स्वतंत्र नहीं है। संपूर्ण ब्रह्माण्ड में भौतिक परमाणुओं के रूप में सर्वत्र व्याप्त यह पुद्गल ही एकमात्र अंतिम सत्ता है जो अजन्मा, शाश्वत, अनश्वर तथा स्वतः अस्तित्ववान है। रॉय का कथन है कि हम जगत् की समस्त वस्तुओं तथा घटनाओं की व्याख्या भौतिकवाद के अनुरूप अपरिवर्तनीय प्राकृतिक नियमों के आधार पर ही कर सकते हैं; इसके लिए ईश्वर, आत्मा या किसी अन्य अलौकिक सत्ता की कोई आवश्यकता नहीं है। इस जगत् में ऐसी कोई वस्तु और घटना नहीं हो सकती जो इन अनिवार्य प्राकृतिक नियमों के विरुद्ध हो। समुचित निरीक्षण तथा सूक्ष्म विश्लेषण द्वारा हम प्रत्येक वस्तु और घटना के प्राकृतिक कारणों को जान सकते हैं, अतः इस जगत् में प्राकृतिक नियमों का उल्लंघन करनेवाले तथाकथित चमत्कारों की कोई संभावना नहीं है। केवल आस्था पर आधारित इंद्रियातीत सत्ताओं को मानदंड बनाकर हम विश्व की उत्पत्ति और उसके विकास की समुचित व्याख्या नहीं कर सकते। ऐसी स्थिति में इन काल्पनिक सत्ताओं के विचार का परित्याग करना आवश्यक है।

रॉय के मतानुसार, संपूर्ण ब्रह्माण्ड भौतिक परमाणुओं के संघात का ही परिणाम है जिसका कोई रचयिता और संचालक नहीं है। वैज्ञानिक विचारधारा विश्व के रचयिता के रूप में सर्वशक्तिमान तथा सर्वज्ञ ईश्वर की प्राक्कल्पना का समर्थन नहीं करती। इसी प्रकार, शरीर से पृथक् एवं स्वतंत्र अभौतिक आत्मा की प्राक्कल्पना भी निराधार है, क्योंकि प्राणी की मृत्यु के पश्चात उसका कुछ भी शेष नहीं रह जाता। जिसे 'आत्मा' कहा जाता है वह वास्तव में प्राणी की चेतना है जो भौतिक परमाणुओं के संघात से उत्पन्न होती है। प्राणी के शरीर से पृथक् आत्मा की सत्ता और अमरता को अस्वीकार करने के कारण रॉय उस पर आधारित पुनर्जन्म के सिद्धांत का भी खंडन करते हैं। वे इस सिद्धांत को प्रशासक वर्ग के समर्थक पुरोहितों की चातुर्यपूर्ण कल्पना मानते हैं जो समाज में उनकी उच्च स्थिति को बनाए रखने के लिए ही की गई है।[22] इस प्रकार पूर्णतः भौतिकवादी दार्शनिक होने के कारण रॉय भी चार्वाक दार्शनिकों की भाँति उन सभी अलौकिक सत्ताओं तथा सिद्धांतों का खंडन करते हैं जो केवल आस्था पर आधारित हैं और जिनके लिए हमारे पास कोई वैज्ञानिक प्रमाण नहीं है।

अपने दर्शन की उपर्युक्त भौतिकवादी तत्त्वमीमांसा के प्रमुख मूल सिद्धांतों को स्पष्ट करते हुए रॉय कहते हैं : "वस्तुतः दर्शन भौतिकवाद है और भौतिकवाद ही एकमात्र संभव दर्शन है। इसका कारण यह है कि भौतिकवाद प्रकृति के वास्तविक स्वरूप का वह ज्ञान प्रस्तुत करता है जिसे प्राकृतिक घटनाओं के चिंतन, निरीक्षण तथा अन्वेषण द्वारा प्राप्त किया जाता है। यह उस प्रकार का भयावह दर्शन नहीं है जैसा कि सामान्यतः इसे चित्रित किया जाता है। वह 'खाओ, पियो और मौज करो' के

22. देखिए, मानवेंद्र नाथ रॉय, 'इंडियाज़ मैरोज', पृ. 14.

सिद्धांत को स्वीकार करनेवाला दर्शन नहीं है जैसा कि इसके अनभिज्ञ अथवा विद्वेषपूर्ण विरोधी इसे प्रचारित करते हैं। भौतिकवाद का सीधा-सा अर्थ यह है कि सभी अस्तित्वपूर्ण वस्तुओं का मूल स्रोत पुद्गल है और पुद्गल के अतिरिक्त अन्य किसी वस्तु की सत्ता नहीं है। समस्त वस्तुएँ पुद्गल का ही रूपांतरण हैं और ये रूपांतरण प्रकृति में निहित नियमों द्वारा अनिवार्यतः नियंत्रित होते हैं। . . . भौतिकवाद के मूल सिद्धांत निम्नलिखित हैं जिन्हें अठारहवीं शताब्दी के महान फ्रांसीसी दार्शनिकों ने सविस्तार प्रस्तुत किया है : प्रकृति एक महा समष्टि है जिसका मनुष्य एक भाग है और जिसके द्वारा वह प्रभावित होता है। अति-प्राकृतिक सत्ताएँ सदा कल्पना की ही सृष्टि रही हैं। उस प्रकृति से परे किसी वस्तु की सत्ता नहीं है और न हो सकती है जिसमें सब कुछ समाविष्ट है। मनुष्य एक भौतिक प्राणी है और उसकी नैतिक सत्ता उसके भौतिक स्वभाव का ही एक विशेष पक्ष है। . . . संसार में सर्वत्र पुद्गल तथा गति के अतिरिक्त और कुछ नहीं है। यह संसार कारण-कार्य की एक अनंत शृंखला है; भिन्न-भिन्न तत्त्व एक-दूसरे के संबंध में निरंतर प्रतिक्रिया करते रहते हैं और उनके विभिन्न गुण तथा संघात विशिष्ट वस्तुओं के स्वरूप को निर्धारित करते हैं। किसी वस्तु का स्वरूप उसके गुणों का संघात मात्र है। . . . भौतिकवाद किसी अति-प्राकृतिक सत्ता को स्वीकार किए बिना विश्व की व्याख्या करता है। इस प्रकार की व्याख्या के लिए युगों तक किए गए प्रयासों ने ब्रह्माण्ड में एकतत्त्ववादी सिद्धांत को स्थापित किया है और यह स्पष्ट किया है कि प्रत्येक वस्तु–शरीर, मन, आत्मा–के मूल में एक ही भौतिक द्रव्य है। . . . सत्ता विचार से, वस्तुएँ प्रत्ययों से, पुद्गल आत्मा से पहले आता है।"[23] भौतिकवाद के स्वरूप तथा उसके मूल सिद्धांतों के विषय में रॉय के उपर्युक्त विचारों से यह स्पष्ट है कि वे इन सिद्धांतों का पूर्णतः समर्थन करते हैं और इनके आधार पर ईश्वर, आत्मा, देवी-देवता आदि समस्त अलौकिक सत्ताओं अथवा शक्तियों का निषेध करते हैं।

अपनी पुस्तक, 'मैटीरियलिज़्म' में रॉय ने भारतीय तथा पाश्चात्य दर्शन में इस भौतिकवादी विचारधारा के विकास के इतिहास का विस्तृत विवेचन किया है। इस विचारधारा की दीर्घकालीन प्राचीन परंपरा का उल्लेख करते हुए वे कहते हैं कि भौतिकवाद उतना ही प्राचीन सिद्धांत है जितना स्वयं दर्शन। इसका तात्पर्य यही है कि भौतिकवाद का उद्गम उसी समय से हो गया था जब से मनुष्य ने जीवन और जगत् के विषय में विचार करना आरंभ किया। जैसा कि हम दूसरे अध्याय में सविस्तार बता चुके हैं, विश्व के प्राचीनतम ग्रंथ, ऋग्वेद में भौतिकवाद के मूल तत्त्व विद्यमान हैं और कुछ उपनिषदों में भी भौतिकवादी सिद्धांतों का उल्लेख मिलता है। इस संबंध में रॉय ने कुछ उपनिषदों–विशेषतः 'स्वसंवेद उपनिषद' के सूत्र 2–में वर्णित भौतिकवादी तथा निरीश्वरवादी विचारों को अपनी उपर्युक्त पुस्तक में उद्धृत किया है। उनका कथन है : "उपनिषदें केवल बुद्धिवादी, प्रकृतिवादी तथा अज्ञेयवादी विचारधाराओं को ही नहीं, अपितु पूर्ण रूप से निरीश्वरवाद और भौतिकवाद को भी

23. मानवेंद्र नाथ रॉय, 'मैटीरियलिज़्म', पृ. 5, 141-142, 184.

प्रस्तुत करती हैं। अठारह उपनिषदों में से कम-से-कम एक केवल बुद्धिवादी तथा प्रकृतिवादी विचारधारा और पूर्णतः परंपरा-विरोधी विचारों की व्याख्या करती है। यह ईश्वर तथा आत्मा का निषेध करती है; इसका विचार है कि पुद्गल के अतिरिक्त अन्य किसी वस्तु का अस्तित्व नहीं है और इस जगत् से परे दूसरा कोई संसार या परलोक नहीं है। इसके विचारों को सारांशतः निम्नलिखित रूप में प्रस्तुत किया जा सकता है : 'कोई अवतार नहीं होता; न ईश्वर है, न स्वर्ग, न नरक। संपूर्ण परंपरागत धार्मिक साहित्य दंभी मूर्खों की कृति है। उत्पन्न करनेवाली प्रकृति तथा नष्ट करनेवाला काल जगत् पर शासन करते हैं और वे मनुष्यों को सुख या दुःख देने में सद्गुण अथवा दुर्गुण पर ध्यान नहीं देते। लोग लच्छेदार भाषणों से भ्रमित होकर ईश्वर के मंदिरों में पड़े रहते हैं और पुरोहितों के साथ चिपके रहते हैं।'–('स्वसंवेद उपनिषद', सूत्र 2) . . . स्वयं वेदों में भी परंपरा-विरोधी प्रकृतिवादी विचारधारा का प्रमाण प्राप्त होता है जिसका विकास वैदिक युग में हो रहा था। ऐसे अनेक वैदिक मंत्र हैं जिनमें परंपरा-विरोधियों और नास्तिकों का उल्लेख किया गया है।"[24] इस प्रकार उपर्युक्त उद्धरण से यह स्पष्ट है कि रॉय के मतानुसार भारतीय दर्शन में भौतिकवाद का उदय वैदिक युग में ही हो गया था और उपनिषद-काल में इसका पर्याप्त विकास हो चुका था।

अपनी उपर्युक्त पुस्तक, 'मैटीरियलिज़्म' में रॉय ने इस तथ्य का भी विस्तारपूर्वक उल्लेख किया है कि भारतीय दर्शन के समान पाश्चात्य दर्शन में भी भौतिकवाद बहुत प्राचीन काल से विद्यमान है। यूनान में थेल्स, डेमोक्रिटस, ल्यूसिपस, ऐपिक्यूरस आदि अनेक महान दार्शनिकों ने इसी सिद्धांत का समर्थन किया है। इसी प्रकार, आधुनिक पाश्चात्य दर्शन में भी अठारहवीं तथा उन्नीसवीं शताब्दी में भौतिकवादी विचारधारा का पर्याप्त विकास हुआ है। रॉय का कथन है कि वर्तमान युग की महान वैज्ञानिक प्रगति वस्तुतः भौतिकवाद का ही परिणाम है और यह प्रगति इसी सिद्धांत की पुष्टि करती है। भौतिकवादी दर्शन की भाँति विज्ञान भी केवल पुद्गल के अस्तित्व तथा अपरिवर्तनीय प्राकृतिक नियमों को ही स्वीकार करता है और इसी कारण इसमें भी किसी अलौकिक शक्ति या सत्ता के लिए कोई स्थान नहीं है। इस प्रकार रॉय यह मानते हैं कि सभी प्रकार की अलौकिकता का निषेध भौतिकवादी दर्शन तथा विज्ञान दोनों का अनिवार्य परिणाम है।

वस्तुतः अपनी उपर्युक्त अनुभवमूलक यथार्थवादी ज्ञानमीमांसा तथा भौतिकवादी तत्त्वमीमांसा के आधार पर ही रॉय ने समस्त अति-प्राकृतिक या अलौकिक सत्ताओं का खंडन किया है। उनका कथन है कि आदिकाल से मानव ने देवी-देवताओं, भूत-प्रेतों, स्वर्ग-नरक, ईश्वर, आत्मा आदि अलौकिक सत्ताओं की जो कल्पना की है उसका मूल कारण अनिवार्य प्राकृतिक नियमों के संबंध में मनुष्य की अनभिज्ञता ही है। अपने विकास के प्रारंभिक युग में वह सूर्य, चंद्र, जल, वायु, अग्नि आदि प्राकृतिक शक्तियों के विषय में कुछ भी नहीं जानता था, अतः उसने मनुष्यों के समान ही इन शक्तियों की देवताओं के रूप में कल्पना की थी। इन प्राकृतिक शक्तियों को देवता मानकर वह इनकी पूजा करने लगा, क्योंकि वह इनसे अपने जीवन के लिए सुरक्षा, स्वास्थ्य,

24. वही पुस्तक, पृ. 77-78.

धन-संपत्ति, सुख-समृद्धि और शांति सब कुछ पाना चाहता था। अज्ञान से उत्पन्न मनुष्य की इसी स्वार्थपूर्ण मनोवृत्ति से जीवन तथा जगत् के प्रति उस विशेष मानवीय दृष्टिकोण का जन्म हुआ जिसे सामान्य प्रचलित अर्थ में 'धर्म' की संज्ञा दी जाती है और जो आज भी उसके जीवन को व्यापक रूप से प्रभावित कर रहा है। प्राकृतिक नियमों के विषय में अपनी अनभिज्ञता के परिणामस्वरूप आदिकाल में मानव ने जिन देवी-देवताओं की कल्पना की थी उनमें उसने उन्हीं सब अच्छे तथा प्रशंसनीय गुणों को अधिक मात्रा में आरोपित किया जो स्वयं उसमें सीमित मात्रा में विद्यमान थे। इतना ही नहीं, उसने इन देवी-देवताओं के शारीरिक स्वरूप तथा मानसिक स्वभाव को भी स्वयं अपने शारीरिक स्वरूप और मानसिक स्वभाव के अनुसार ही निर्धारित किया, क्योंकि स्वयं अपने से पूर्णतः भिन्न किसी प्राणी की कल्पना करना उसके लिए संभव ही नहीं था।

मानव-समाज में देवी-देवताओं तथा धर्म के उदय के संबंध में अपने उपर्युक्त मत की व्याख्या करते हुए रॉय ने लिखा है : "अनभिज्ञता के कारण आदिम मनुष्य ने प्राकृतिक घटनाओं के मूल में अति-प्राकृतिक शक्तियों की कल्पना की है। परंतु अपने मानसिक विकास की कमी के फलस्वरूप अमूर्त चिंतन में असमर्थ होने के कारण वह काल्पनिक अति-प्राकृतिक शक्तियों को कम या अधिक मात्रा में अपने जैसे देवता मान लेता है जिनमें उसकी अपेक्षा कहीं अधिक शक्तियाँ हैं। . . . इसलिए देवता कम या अधिक मात्रा में मनुष्यों जैसे ही हैं–यहाँ तक कि उनकी शारीरिक रचना, भावनाएँ तथा संवेग भी मनुष्यों के समान हैं। प्रत्येक दृष्टि से वे केवल आदर्श मनुष्य हैं जो ऐसा चित्र प्रस्तुत करते हैं जैसा आदिम मानव स्वयं बनना चाहता था। . . . प्रकृति की घटनाओं को वह स्वयं अपने समान शरीरवान प्राणियों के कार्य मान लेता है, क्योंकि उसका विचार उसके अपने अस्तित्व तक ही सीमित है; वह इन प्राणियों को इनके कार्यों की महानता के कारण केवल अत्यधिक शक्तिशाली समझता है। किसी शक्ति को उत्कृष्ट मानने के साथ पूजा अथवा भय की भावना संबद्ध रहती है। जैसे इस धरती पर उत्कृष्ट व्यक्तियों की पूजा की जाती है अथवा उन्हें उपहार देकर प्रसन्न किया जाता है, अदृश्य देवताओं के प्रति भी मानव का दृष्टिकोण वैसा ही था। इस प्रकार मनुष्यों ने स्वयं अपने स्वरूप के अनुसार देवताओं को जन्म दिया। . . . ईश्वर अथवा देवताओं के साथ मानव के संबंध का निर्धारण स्वयं मनुष्यों में विद्यमान पारस्परिक संबंधों के आधार पर ही होता है। . . . प्रकृति के विषय में धर्मपरायण मनुष्य का दृष्टिकोण पूर्णतः उपयोगितावादी रहा है। प्रारंभ में वह भक्ति के कारण नहीं, अपितु भय के कारण काल्पनिक देवताओं की पूजा करता है ताकि उसे वह सब कुछ मिल जाए जो वह पाना चाहता है।"[25] इस प्रकार देवी-देवताओं की उत्पत्ति के विषय में रॉय के इन विचारों से यह स्पष्टतः प्रमाणित होता है कि वे इनके वास्तविक तथा वस्तुपरक अस्तित्व को अस्वीकार करते हुए इन्हें केवल मानव की अपनी कल्पना की सृष्टि ही मानते हैं।

25. वही पुस्तक, पृ. 1, 28, 241.

ईश्वरवादी विचारक जिस ईश्वर को सर्वज्ञ, सर्वशक्तिमान तथा विश्व का रचयिता मानते हैं उसके संबंध में भी रॉय का यही विचार है कि समस्त काल्पनिक देवी-देवताओं की भाँति वह भी वास्तव में मनुष्य के अज्ञान का ही परिणाम है। जब मानव अपनी अनभिज्ञता के कारण प्राकृतिक नियमों को समझने में असमर्थ था तो उसने जगत् की व्याख्या करने के लिए यह कल्पना कर ली कि इन नियमों का निर्माण किसी दैवी या अति-प्राकृतिक शक्ति ने किया है और इसी शक्ति को उसने 'ईश्वर' की संज्ञा दी। उसने यह मान लिया कि जिस प्रकार कोई मनुष्य एक विशेष उद्देश्य से प्रेरित होकर किसी वस्तु का निर्माण करता है उसी प्रकार ईश्वर ने भी एक विशेष प्रयोजन को ध्यान में रखते हुए संपूर्ण ब्रह्माण्ड की रचना की है। अपने अनुभव द्वारा मनुष्य यह जानता था कि किसी उद्देश्यपूर्ण, उपयोगी अथवा सुंदर वस्तु का निर्माण करने के लिए उसके निर्माता में ज्ञान, शक्ति, क्रियाशीलता आदि गुणों का होना अनिवार्य है; इसी कारण उसने ईश्वर को विशाल ब्रह्माण्ड का रचयिता मानकर उसमें भी असीमित मात्रा में इन सब गुणों को आरोपित किया।

वस्तुतः अन्य निरीश्वरवादियों की भाँति रॉय भी यह मानते हैं कि ईश्वर के समस्त गुण मनुष्य के अपने ही उत्कृष्ट एवं प्रशंसनीय गुण हैं। ईश्वर के स्वरूप का सूक्ष्म विश्लेषण करने से यही ज्ञात होता है कि उसमें ऐसा कोई गुण नहीं है जो स्वयं मनुष्य में सीमित मात्रा में विद्यमान न हो। यही कारण है कि निरीश्वरवादी विचारक ईश्वर को अंततः मानव का ही ऐसा आदर्श रूप मानते हैं जिसे स्वयं मनुष्य ने जन्म दिया है। रॉय भी निरीश्वरवादियों के इस मत को पूर्णतः स्वीकार करते हैं। उनका स्पष्ट कथन है कि वास्तव में ईश्वर मनुष्य का रचयिता नहीं, अपितु वह स्वयं मनुष्य की कल्पना-शक्ति की सृष्टि है। समय व्यतीत होने के साथ-साथ मानव का बौद्धिक विकास हुआ जिसके परिणामस्वरूप उसने बहुत-से देवी-देवताओं के स्थान पर एक ही सर्वोच्च देवता की कल्पना की और इसे ही उसने 'ईश्वर' कहा। इस प्रकार अन्य निरीश्वरवादी दार्शनिकों की भाँति रॉय भी निश्चित रूप से यह मानते हैं कि एक ही सर्वोच्च ईश्वर का विचार—जिसे 'एकेश्वरवाद' कहा जाता है—मूलतः बहुत-से देवी-देवताओं के सिद्धांत—जिसे 'बहुदेववाद' की संज्ञा दी गई है—का ही विकसित एवं परिष्कृत रूप है और इन दोनों सिद्धांतों को स्वयं मानव ने ही जन्म दिया है। स्पष्टतः इसका तात्पर्य यही है कि अन्य देवी-देवताओं के समान ईश्वर भी मनुष्य का एक काल्पनिक विचार मात्र है जिसकी कोई वास्तविक और वस्तुपरक सत्ता नहीं है। यहाँ ईश्वर से संबंधित प्रत्यय के उद्‌गम के विषय में देवात्मा और रॉय के विचारों में समानता स्पष्टतः देखी जा सकती है। हम पिछले खंड में देख चुके हैं कि देवात्मा भी ईश्वर को मानव का अपना काल्पनिक विचार ही मानते हैं। इस संबंध में रॉय भी उनसे पूर्णतः सहमत हैं।

ईश्वर के विचार के उद्‌गम तथा उसके स्वरूप और गुणों के विषय में अपनी उपर्युक्त मान्यताओं को स्पष्ट करते हुए रॉय कहते हैं : "ईश्वर में आरोपित गुण केवल शब्द मात्र हैं। जहाँ तक मनुष्य का संबंध है, वे किसी वास्तविक सत्ता को प्रस्तुत नहीं करते। . . . जहाँ भी प्रकृति के यांत्रिक नियमों को नहीं खोजा जा सका था अथवा उनका लागू होना अज्ञात तत्त्वों के हस्तक्षेप द्वारा स्थगित प्रतीत होता था वहाँ

सर्वशक्तिमान ईश्वर की रहस्यमयी इच्छा तथा उसके अदृश्य हाथ को विजयपूर्वक खोज लिया गया। अज्ञान ईश्वर का आश्रय-स्थल और धर्म के पक्ष में निर्णायक तर्क बन गया। . . . ईश्वर सर्वशक्तिमान तथा सर्वज्ञ रचयिता प्रतीत नहीं होता जैसा कि धर्मपरायण मनुष्यों का विश्वास है। . . . कोई भी विचारशील मनुष्य ऐसे ईश्वर को अपने भाग्य का मनमाने ढंग से निर्माण करनेवाला नहीं मान सकता। ऐसा करना केवल मूर्खता है। यदि सर्वशक्तिमान तथा सर्वज्ञ ईश्वर द्वारा इस ब्रह्माण्ड की रचना मानव के हित के लिए की गई होती तो वह उसे इसमें अधिक ऊँचा स्थान देता। जहाँ तक सर्वेश्वरवाद नामक धार्मिक सिद्धांत का संबंध है, वह भी समान रूप से अनर्गल या असंगत है। यह ब्रह्माण्ड असंख्य युगों तक जीवन के किसी चिन्ह के बिना ही विद्यमान रहा है, अतः यह केवल आत्मा का क्रीड़ा-स्थल कैसे हो सकता है? किसी भी रूप में जीवन की उपस्थिति के बिना चेतना संभव नहीं है जिसे अपेक्षाकृत विकास के उच्च स्तर पर ही जीवित प्राणियों में देखा जाता है। चेतना के अभाव में किसी प्रकार के बौद्धिक प्रयोजन का प्रश्न ही नहीं उठता। यह भौतिक जगत् अवश्य ही निश्चित नियमों द्वारा शासित होता है, परंतु पूर्णतः निर्जीव अवस्था में होने के कारण यह जगत् बौद्धिक प्रयोजन का साधन नहीं हो सकता। इसके नियम पूर्णतः यांत्रिक हैं जो पुद्गल की सत्ता से अभिन्न गति के रूपांतरण मात्र हैं। पुनः पृथ्वी का प्राकृतिक इतिहास इस बात को पूर्णतः प्रमाणित करता है कि बुद्धि सजीव पुद्गल—अर्थात्, प्राणियों—की अपेक्षाकृत नवीन वस्तु है जो कुछ भौतिक एवं रासायनिक प्रक्रियाओं द्वारा शासित निर्जीव पुद्गल की अपेक्षा अधिक रहस्यमयी नहीं है। ब्रह्माण्ड की संपूर्ण योजना में न तो सर्वशक्तिमान ईश्वर का हाथ है और न कोई बुद्धिसंगत प्रयोजन। . . . धार्मिक और तत्त्वमीमांसीय अवधारणाओं—यथा : ईश्वर, आत्मा, प्रथम मूल तत्त्व, अंतिम कारण—ने मनुष्य को जन्म नहीं दिया, अपितु वे स्वयं मनुष्य की कल्पना की सृष्टि है।"[26] मानव-समाज में ईश्वर के प्रत्यय के उद्गम तथा उसके स्वरूप एवं गुणों के विषय में रॉय के उपर्युक्त विचारों से हम यही निष्कर्ष निकाल सकते हैं कि वे अपने भौतिकवादी दर्शन के अनुरूप केवल निरीश्वरवाद को ही पूर्णतः स्वीकार करते हैं। इसी कारण उन्होंने ईश्वरवादी विचारकों के इस मत का खंडन किया है कि ईश्वर ने ही इस ब्रह्माण्ड की रचना की है और इसकी रचना के मूल में उसका एक विशेष बुद्धिसंगत प्रयोजन है।

हम पिछले खंड में देख चुके हैं कि देवात्मा भी इसी निरीश्वरवादी सिद्धांत का पूर्णतः समर्थन करते हैं। उन्होंने भी ब्रह्माण्ड के किसी रचयिता और इसके मूल में उसके एक विशेष प्रयोजन का निषेध किया है। परंतु, जैसा कि हम पहले ही बता चुके हैं, देवात्मा के दर्शन में निरीश्वरवाद के साथ-साथ कुछ सीमा तक अलौकिकता का तत्त्व भी विद्यमान है जिसके कारण उन्हें पूर्णतः भौतिकवादी दार्शनिक मानना बहुत कठिन हो जाता है। इस दृष्टि से रॉय का दर्शन उनके दर्शन से भिन्न है, क्योंकि रॉय किसी प्रकार के अति-प्राकृतिक तत्त्व को स्वीकार नहीं करते। वे केवल भौतिकवाद

26. वही पुस्तक, पृ. 134, 193, 195-197.

के आधार पर ही समस्त वस्तुओं तथा घटनाओं की व्याख्या करते हैं, अतः उन्हें वास्तविक अर्थ में भौतिकवादी दार्शनिक कहा जा सकता है। वस्तुतः उनका यह विशुद्ध भौतिकवाद उन्हें सभी धर्मपरायण विचारकों से पृथक् करता है।

परंतु यहाँ यह उल्लेखनीय है कि देवात्मा का निरीश्वरवादी सिद्धांत रॉय के निरीश्वरवादी सिद्धांत की अपेक्षा व्यावहारिक दृष्टि से अधिक प्रभावशाली प्रतीत होता है। जैसा कि हम पिछले खंड में बता चुके हैं, देवात्मा ने ईश्वरवाद के विरुद्ध ऐसे अनेक व्यावहारिक तर्क प्रस्तुत किए हैं जो प्राचीन भारतीय निरीश्वरवादी दार्शनिकों तथा रॉय के दर्शन में प्राप्त नहीं होते। इस संबंध में वैज्ञानिक सिद्धांतों के आधार पर देवात्मा ने ईश्वरवादियों के विरुद्ध जो व्यावहारिक चुनौती प्रस्तुत की है उसकी विस्तृत विवेचना हम पहले ही कर चुके हैं। उन्होंने ईश्वरवादियों को खुले रूप में यह चुनौती दी है कि वे ईश्वर विषयक अपनी मान्यताओं को वैज्ञानिक परीक्षणों द्वारा सत्य प्रमाणित करें, किंतु कोई भी ईश्वरवादी उनकी इस चुनौती को स्वीकार करते हुए अपनी इन मान्यताओं को सत्य सिद्ध नहीं कर सका। इससे यही प्रमाणित होता है कि केवल आस्था पर आधारित ईश्वरवाद वास्तव में वैज्ञानिक दृष्टि से प्रामाणिक सिद्धांत नहीं है। रॉय के निरीश्वरवादी सिद्धांत में इस प्रकार की व्यावहारिकता बहुत कम दिखाई देती है, अतः उनके निरीश्वरवाद की तुलना में देवात्मा का निरीश्वरवाद मनुष्य के सामाजिक तथा व्यक्तिगत व्यावहारिक जीवन को अधिक प्रभावित कर सकता है।

देवात्मा, पी.वी. कनल, एस.पी. कनल, गोपाराजू, रामचंद्र राओ, गोरा[27] तथा रॉय के अतिरिक्त एक अन्य आधुनिक भारतीय विचारक, प्रोफ़ेसर देवी प्रसाद चट्टोपाध्याय भी निरीश्वरवाद को ही पूर्णतः स्वीकार करते हैं। 'लोकायत', 'इंडियन एथीइज़्म' आदि अपनी अनेक पुस्तकों में उन्होंने इसी सिद्धांत का प्रबल समर्थन किया है। प्रोफ़ेसर चट्टोपाध्याय तथा उनकी इन दोनों पुस्तकों का हम पिछले अध्यायों में अनेक बार उल्लेख कर चुके हैं, अतः यहाँ उनके निरीश्वरवादी सिद्धांत को विस्तारपूर्वक प्रस्तुत करने की आवश्यकता नहीं है।

इस प्रकार उपर्युक्त संपूर्ण विवेचन के आधार पर निष्कर्ष के रूप में हम यह कह सकते हैं कि यद्यपि आधुनिक भारतीय दर्शन में निरीश्वरवाद को उतना अधिक महत्त्व नहीं दिया गया जितना प्राचीन भारतीय दर्शन में दिया गया था, फिर भी भारत के कुछ आधुनिक दार्शनिकों ने अपने दर्शन में इस सिद्धांत को सर्वोच्च स्थान प्रदान किया है, अतः यह कहना उचित नहीं होगा कि आधुनिक भारतीय दर्शन में निरीश्वरवाद की उपेक्षा की गई है।

27. देखिए, गोपाराजू रामचंद्र राओ की दो लघु पुस्तिकाएँ–'एथीइज़्म : क्वश्चन्ज़ ऐंड आन्सर्ज़' तथा 'दि नीड ऑफ़ एथीइज़्म'; गोविंद एन. देवधेकर का लेख, 'गोरा', 'दि ऐन्साइक्लोपीडिया ऑफ़ अनबिलीफ़', संपादक, गॉर्डन स्टीन, पृ. 301.

भाग-3

पाश्चात्य दर्शन में निरीश्वरवाद

अध्याय-9

पृष्ठभूमि—पाश्चात्य दर्शन में निरीश्वरवाद का विकास

1. सुकरात-पूर्व युग

पिछले दो भागों में हम ईश्वरवाद तथा निरीश्वरवाद के स्वरूप, इन दोनों से संबंधित कुछ प्रमुख सिद्धांतों, भारतीय दर्शन में निरीश्वरवाद के विकास और भारत के प्राचीन एवं आधुनिक दर्शनों में विद्यमान मुख्य निरीश्वरवादी सिद्धांतों की विवेचना कर चुके हैं। इन दोनों भागों का अध्ययन करने के पश्चात प्रबुद्ध पाठक यह भली-भाँति समझ गए होंगे कि संपूर्ण भारतीय दर्शन में ईश्वरवाद की अपेक्षा निरीश्वरवाद का कहीं अधिक महत्त्वपूर्ण स्थान है। परंतु यह निरीश्वरवाद केवल भारतीय दर्शन तक ही सीमित नहीं है। पाश्चात्य दर्शन में भी इस सिद्धांत का पर्याप्त विकास हुआ है और बहुत-से प्राचीन तथा आधुनिक महान पश्चिमी दार्शनिकों ने इसका प्रतिपादन अथवा समर्थन किया है। प्रस्तुत पुस्तक के इस अंतिम भाग में हम प्राचीन तथा आधुनिक पाश्चात्य दार्शनिकों द्वारा प्रतिपादित कुछ प्रमुख निरीश्वरवादी सिद्धांतों पर विचार करेंगे और भारतीय दर्शन के निरीश्वरवादी सिद्धांतों के साथ इनका तुलनात्मक विवेचन करेंगे।

पाश्चात्य दर्शन के इतिहासकारों का मत है कि इस दर्शन का प्रारंभ ईसा से छठी शताब्दी पूर्व कुछ प्राचीन यूनानी दार्शनिकों के नवीन विचारों के परिणामस्वरूप हुआ है। इन दार्शनिकों में थेल्स, ज़ेनोफ़ेन्स, अनैक्सीमेंडर, अनैक्सिमिनीज़, अनैक्सागोरस आदि के नाम विशेष रूप से उल्लेखनीय हैं। इन दार्शनिकों ने ईसा से सातवीं शताब्दी पूर्व तक प्रचलित मिथकों से संबंधित धार्मिक विचारधारा के स्थान पर एक नवीन विचारधारा का सूत्रपात किया जिसमें भौतिकवाद, प्रकृतिवाद तथा मानवतावाद के कुछ मूल तत्त्व विद्यमान थे। इस नवीन प्रकृतिवादी विचारधारा के आगमन से पूर्व पाश्चात्य जगत् में सर्वत्र मिथकपूर्ण धार्मिक विचारधारा पाई जाती थी जिसके अनुसार विचारक

तथा सामान्य व्यक्ति विश्व के स्वरूप और इसमें होनेवाली समस्त घटनाओं की व्याख्या कुछ काल्पनिक देवी-देवताओं के आधार पर ही करते थे। दो प्राचीन यूनानी कवियों–होमर तथा हैसियड–के काव्यों में इस मिथकपूर्ण धार्मिक विचारधारा को स्पष्टतः देखा जा सकता है। इस विचारधारा को स्वीकार करनेवाले दार्शनिकों ने वैदिककालीन ऋषियों की भाँति प्रत्येक प्राकृतिक घटना की व्याख्या के लिए एक विशेष देवता की कल्पना की थी जिसे इस घटना के लिए उत्तरदायी माना जाता था। उदाहरणार्थ, धूप, वर्षा, वायु, अग्नि आदि प्राकृतिक वस्तुओं के लिए भिन्न-भिन्न देवताओं की कल्पना की गई थी। इसी प्रकार, आँधी, तूफ़ान, बाढ़, भूकंप आदि प्राकृतिक आपदाओं के लिए भी कुछ कल्पित अति-प्राकृतिक शक्तियों को ही उत्तरदायी समझा जाता था। इतना ही नहीं, उस प्राचीन युग में मनुष्य के स्वभाव तथा उसकी भावनाओं और क्षमताओं की व्याख्या भी विभिन्न काल्पनिक देवी-देवताओं के आधार पर ही की जाती थी।

इन काल्पनिक यूनानी देवी-देवताओं के कुछ उदाहरण निम्नलिखित हैं। मनुष्यों में पारस्परिक प्रेम के लिए ऐफ्रोडाइट की, संगीत तथा कला के लिए ऐपोलो की और बुद्धिमता के लिए ऐथने की कल्पना की गई थी। वस्तुतः उस प्राचीन युग में मानव के लिए ऐसे मिथकपूर्ण देवी-देवताओं की कल्पना करना अनिवार्य था, क्योंकि तब वह प्राकृतिक नियमों तथा मनुष्य के स्वभाव को निर्धारित करनेवाले मनोवैज्ञानिक कारणों से अनभिज्ञ था और इनके ज्ञान के अभाव में वह काल्पनिक देवी-देवताओं के आधार पर ही विश्व के स्वरूप, प्राकृतिक वस्तुओं एवं घटनाओं तथा मानव-स्वभाव की व्याख्या कर सकता था।[1] इस प्रकार भारत में वैदिक युग के समान पाश्चात्य जगत् में भी ईसा पूर्व सातवीं शताब्दी तक मिथकपूर्ण बहुदेववादी धार्मिक विचारधारा की ही प्रधानता थी जिसका ईसा पूर्व छठी शताब्दी में थेल्स, अनैक्सिमेंडर आदि दार्शनिकों ने खंडन किया था।

इन दार्शनिकों की नवीन प्रकृतिवादी विचारधारा का विवेचन करने से पूर्व यहाँ इस रोचक तथ्य का उल्लेख कर देना आवश्यक है कि बहुदेववाद के आधार पर प्राकृतिक घटनाओं की व्याख्या से संबंधित उपर्युक्त समानता के अतिरिक्त वैदिककालीन विचारधारा तथा यूनानी मिथकपूर्ण विचारधारा में एक अन्य महत्त्वपूर्ण समानता भी विद्यमान थी। जिस प्रकार वेदों में 'ऋत्' के नियम की अवधारणा पाई जाती है जो विश्व में सर्वत्र नियमितता एवं व्यवस्था स्थापित करता है उसी प्रकार यूनानी मिथकपूर्ण विचारधारा में भी जगत् में सर्वत्र व्यवस्था स्थापित करनेवाले विश्वव्यापी नियम का विचार विद्यमान है जिसे 'मोहरा' की संज्ञा दी गई है। 'ऋत्' के समान यह 'मोहरा' भी एक ऐसा नियम है जिसका शासन मनुष्य तथा देवता सभी स्वीकार करते हैं और जिसका उल्लंघन कोई भी नहीं कर सकता। ईसा पूर्व सातवीं शताब्दी के दो कवियों, होमर तथा हैसियड की कृतियों में 'मोहरा' नामक इस विश्वव्यापी नियम का उल्लेख

1. मिथकपूर्ण बहुदेववादी धार्मिक विचारधारा की व्याख्या के लिए देखिए, सी. मॉरिस बौरा, 'दि ग्रीक ऐक्सपीरियंस', पृ. 56.

मिलता है।[2] इस नियम को स्वीकार करने के कारण मिथकपूर्ण विचारधारा के समर्थक भी वैदिक ऋषियों की भाँति विश्व में सर्वत्र एक ऐसे तत्त्व को खोजने का प्रयास करते थे जो समस्त वस्तुओं, घटनाओं तथा प्राणियों का मूल आधार है। हम प्रथम अध्याय में देख चुके हैं कि विश्व के इसी मूल तत्त्व को वैदिक ऋषियों ने 'सत्' की संज्ञा दी थी। मिथकपूर्ण प्राचीन यूनानी विचारधारा में भी ऐसे ही एक मूल तत्त्व का विचारा पाया जाता है जो संपूर्ण जगत् की विविधता का एकमात्र आधार है।[3] इस प्रकार उपर्युक्त तथ्यों को ध्यान में रखते हुए हम यह कह सकते हैं कि वैदिक-कालीन विचारधारा तथा मिथकपूर्ण प्राचीन यूनानी विचारधारा में पर्याप्त समानता विद्यमान है।

परंतु जिस प्रकार उपनिषद-काल में कुछ विचारकों ने वैदिक युग की बहुदेववादी विचारधारा का खंडन किया था, उसी प्रकार ईसा पूर्व छठी शताब्दी में कुछ दार्शनिकों ने इस मिथकपूर्ण यूनानी धार्मिक विचारधारा को भी अस्वीकार किया। इन दार्शनिकों ने विश्व के स्वरूप तथा उसमें घटित होनेवाली घटनाओं की व्याख्या काल्पनिक देवी-देवताओं के स्थान पर कुछ प्राकृतिक तत्त्वों और प्राकृतिक प्रक्रियाओं के आधार पर करने का प्रयास किया जिसके कारण इनकी इस नवीन विचारधारा को 'प्रकृतिवादी विचारधारा' कहा जा सकता है। यूनानी दर्शन में इस नवीन प्रकृतिवादी विचारधारा के उदय के परिणामस्वरूप प्राचीन मिथकपूर्ण धार्मिक विचारधारा का प्रभाव धीरे-धीरे कम होने लगा। जिन दार्शनिकों ने सर्वप्रथम इस नवीन विचारधारा का प्रतिपादन किया था उन्हें 'आयोनियन' दार्शनिक या 'मिलेशियन' दार्शनिक कहा जाता है, क्योंकि वे 'आयोनिया' और 'मिलेटस' नामक प्राचीन यूनानी नगर-राज्यों के निवासी थे।

इन आयोनियन दार्शनिकों में थेल्स का नाम सर्वप्रमुख है जिनका जीवन-काल ईसा पूर्व (630-620) और (546-535) के बीच में माना जाता है। पाश्चात्य दर्शन के इतिहास में प्रायः थैल्स को ही सर्वप्रथम दार्शनिक के रूप में स्वीकार किया जाता है, क्योंकि उन्होंने ही वास्तविक अर्थ में पश्चिमी दर्शन की आधार-शिला स्थापित की थी। यह दुर्भाग्य की बात है कि उनके जीवन और दर्शन के विषय में आज हमें बहुत कम सामग्री उपलब्ध है। परंतु उनके संबंध में अभी तक जो प्रामाणिक जानकारी प्राप्त हुई है उसके आधार पर यह कहा जा सकता है कि वे जल को ही विश्व का मूल तत्त्व मानते थे, समस्त वस्तुओं में आत्मा का निवास स्वीकार करते थे और इसी कारण प्रत्येक वस्तु को दिव्य समझते थे। उनका विचार था कि सभी वस्तुओं का मूल स्रोत जल है और यह संपूर्ण पृथ्वी जल पर ही तैरती रहती है। थेल्स का यह मत मौलिक प्रतीत नहीं होता, क्योंकि उनसे पूर्व भारत, बेबीलोन, मिस्र आदि देशों की प्राचीन सभ्यताओं में भी जल को विश्व का मूल तत्त्व माना गया था। इसके अतिरिक्त निश्चयपूर्वक यह कहना भी बहुत कठिन है कि थेल्स 'आत्मा' और 'दिव्य' शब्दों का क्या अर्थ समझते थे। परंतु विश्व के मूल तत्त्व के विषय में उनके विचारों

2. देखिए, जेम्स थ्रोवर, 'दि ऑल्टरनेटिव ट्रेडीशन', पृ. 140.

3. देखिए, वही पुस्तक, पृ. 143-145.

से यह स्पष्ट है कि वे प्राकृतिक घटनाओं तथा वस्तुओं की व्याख्या के लिए अलौकिकता और काल्पनिक देवी-देवताओं को कोई महत्त्व नहीं देते थे। ऐसी स्थिति में यह कहना संभवतः अनुचित न होगा कि थेल्स का दर्शन मिथकपूर्ण बहुदेववादी धार्मिक विचारधारा को स्वीकार करनेवाले प्राचीन विचारकों के दर्शन से भिन्न है।

थेल्स के एक समकालीन विचारक, अनैक्सिमेंडर (611-546 ईसा पूर्व) भी इसी प्रकृतिवादी विचारधारा का समर्थन करते थे। परंतु उन्होंने किसी एक तत्त्व को विश्व के मूल तत्त्व के रूप में स्वीकार नहीं किया। वे यह मानते थे कि प्रकृति के मूल तत्त्वों में निरंतर संघर्ष चलता रहता है जिसमें कभी भी किसी एक तत्त्व की विजय नहीं होती। यदि कोई एक तत्त्व सभी वस्तुओं का मूल तत्त्व होता तो ये सब वस्तुएँ उसी तत्त्व द्वारा निर्मित होतीं और तब किसी अन्य मूल तत्त्व का अस्तित्व ही न होता। अपने इसी तर्क के आधार पर अनैक्सिमेंडर ने जल, वायु, अग्नि आदि में से किसी एक तत्त्व को विश्व का मूल तत्त्व नहीं माना। उनका विचार था कि इस विश्व का निर्माण एक विशेष द्रव्य से हुआ है जिसे वे 'असीम' की संज्ञा देते थे। यह कहना बहुत कठिन है कि 'असीम' शब्द से वास्तव में उनका क्या तात्पर्य था, किंतु कुछ विद्वानों का मत है कि वे इस विशेष द्रव्य को मात्रा की दृष्टि से 'असीम' मानते थे जो विश्व की समस्त वस्तुओं के निर्माण के लिए पर्याप्त था।[4]

अनैक्सिमेंडर विश्व की उत्पत्ति के साथ-साथ उसके विकास की प्रक्रिया में भी विशेष रुचि रखते थे और इस प्रक्रिया की व्याख्या वे केवल प्राकृतिक नियमों अथवा कारणों के आधार पर करते थे। जब वे विश्व के मूल द्रव्य, 'असीम' को 'दिव्य' कहते थे तो इससे उनका तात्पर्य उसकी अलौकिकता को व्यक्त करना नहीं था, क्योंकि वे यह मानते थे कि दिव्यता प्रकृति से परे या अलौकिक न होकर उसी का एक भाग है। इसका अर्थ यही है कि किसी वस्तु को 'दिव्य' कहना वस्तुतः उसकी अलौकिकता का द्योतक नहीं है। यहाँ इस तथ्य का उल्लेख कर देना पाठकों के लिए रोचक होगा कि देवात्मा ने भी अपने दर्शन में 'दिव्यता' का यही प्रकृतिवादी अर्थ स्वीकार किया है। वस्तुतः अनैक्सिमेंडर ने 'दिव्यता' शब्द की यह जो नई व्याख्या की है उससे स्पष्ट है कि वे मुख्यतः प्रकृतिवादी विचारधारा के समर्थक थे और किसी अति-प्राकृतिक सत्ता में विश्वास नहीं करते थे। यह कहा जाता है कि यूनानी दर्शन में सर्वप्रथम उन्होंने ही प्रकृति का लिखित विवरण प्रस्तुत किया था और अपनी कृति का शीर्षक भी 'प्रकृति के संबंध में' रखा था।[5] इस प्रकार अनैक्सिमेंडर ने उस प्रकृतिवादी विचारधारा के विकास में अपना महत्त्वपूर्ण योगदान किया जिसका प्रतिपादन उनके गुरु, थेल्स ने किया था।

आयोनियन समुदाय के उपर्युक्त दो दार्शनिकों के अतिरिक्त इसी समुदाय के एक अन्य विचारक, अनैक्सिमिनीस भी प्रकृतिवादी विचारधारा को पूर्णतः स्वीकार करते थे। वे अनैक्सिमेंडर के समकालीन विचारक तथा उनके मित्र थे, किंतु उन्होंने

4. देखिए, वही पुस्तक, पृ. 154.
5. देखिए, वही पुस्तक, पृ. 152.

अनैक्सिमेंडर के इस मत को स्वीकार नहीं किया कि विश्व का मूल तत्त्व एक विशेष द्रव्य है जिसे वे 'असीम' कहते थे। इसके विपरीत अनैक्सिमिनीस यह मानते थे कि विश्व का मूल तत्त्व वायु है जिससे समस्त प्राणियों और वस्तुओं का जन्म होता है। अपने इस मत के समर्थन में उन्होंने यह तर्क दिया था कि सभी प्राणी तभी तक जीवित रहते हैं जब तक वे साँस ले सकते हैं; जब वे साँस लेने में असमर्थ हो जाते हैं तब उनकी तुरंत मृत्यु हो जाती है। प्राणियों के जीवन से संबंधित इस सामान्य अनुभव के आधार पर उन्होंने अपना यह सिद्धांत निर्धारित किया था कि वायु ही जीवन का मूल तत्त्व है जो उसे बनाए रखता है। वायु के अभाव में किसी प्रकार का जीवन संभव नहीं है। अपने इसी सिद्धांत की परिधि को और अधिक विस्तृत करते हुए अनैक्सिमिनीस ने यह निष्कर्ष निकाला कि वायु ही संपूर्ण विश्व की उत्पत्ति का मूल स्रोत है। अपनी एक लघु पुस्तिका, 'ऑन नेचर' में उन्होंने अपने इस सिद्धांत की स्पष्टतः व्याख्या की है। उनका कथन है : "जिस प्रकार वायु–जो हमारी आत्मा है–हमें जीवित रखती है, उसी प्रकार साँस के रूप में वायु ही संपूर्ण जगत् को धारण करती है। . . . इसलिए वायु ही विश्व का मूल द्रव्य है जिससे समस्त वस्तुओं तथा देवताओं का जन्म हुआ है।"[6]

यहाँ यह उल्लेखनीय है कि अनैक्सिमिनीस देवताओं के अस्तित्व को स्वीकार अवश्य करते थे, किंतु वे यह मानते थे कि इन देवताओं की उत्पत्ति भी मनुष्यों तथा अन्य प्राणियों की भाँति विश्व की प्राकृतिक प्रक्रिया के परिणामस्वरूप ही होती है। इस प्रकार यह स्पष्ट है कि थेल्स तथा अनैक्सिमेंडर के समान अनैक्सिमिनीस भी प्रकृतिवादी विचारधारा के प्रबल समर्थक थे।

ईसा पूर्व छठी शताब्दी के एक अन्य दार्शनिक, ज़ेनोफ़ेन्स ने भी इस प्रकृतिवादी विचारधारा को पूर्णतः स्वीकार किया है। वे धर्म तथा देवताओं के संबंध में उस मानवत्वारोपी अवधारणा के तीव्र आलोचक थे जो उनके युग में लोकप्रिय थी और जिसका आज भी सामान्य धर्मपरायण व्यक्ति किसी-न-किसी रूप में समर्थन करते हैं। हम पिछले अध्यायों में अनेक बार यह स्पष्ट कर चुके हैं कि ईश्वर तथा देवी-देवताओं में विश्वास करनेवाले साधारण व्यक्ति ऐसे शक्तिशाली और महामानवों के रूप में उनकी कल्पना करते हैं जिनका शरीर, आकार, रूप-रंग एवं स्वभाव स्वयं उनके समान है। ईश्वर और देवी-देवताओं के विषय में जनसाधारण की इसी सामान्य विचारधारा को 'मानवत्वारोपी अवधारणा' कहा जाता है। जनसाधारण में प्रचलित इस मानवत्वारोपी अवधारणा को अस्वीकार करते हुए ज़ेनोफ़ेन्स ने इसकी तीव्र आलोचना की है। उन्होंने अनेक रोचक उदाहरणों द्वारा व्यंग्यपूर्वक इस सामान्य धार्मिक अवधारणा का खंडन किया है।

इस अवधारणा में विश्वास करनेवाले धर्मपरायण व्यक्तियों की हँसी उड़ाते हुए ज़ेनोफ़ेन्स ने लिखा है : "मनुष्य यह विश्वास करते हैं कि स्वयं उन्हीं के समान देवताओं की आकृति है और वे उन्हीं के समान वस्त्र पहनते तथा बोलते हैं। . . . यदि बैल,

6. अनैक्सिमिनीस, 'दि प्री-सोक्रेटिक फ़िलॉसॉफ़र्स', संपादक जी.एस. कर्क तथा जे.ई. रेविन, फ़्रैग्मेंट 2.

घोड़े और शेर देवताओं का चित्र बना सकते तो वे स्वयं अपनी आकृति के अनुरूप ही उनका वर्णन करते । . . . हब्शियों का विश्वास है कि उनके देवताओं की नाक चपटी है और वे काले हैं; थ्रेशियन लोग यह मानते हैं कि उनके देवताओं की आँखें नीली और बाल लाल हैं।"[7]

ज़ेनोफ़ेन्स के उपर्युक्त उद्धरण से यह स्पष्ट है कि वे देवताओं को मानव की कल्पना मात्र मानते थे और उनकी वास्तविक तथा वस्तुपरक सत्ता में विश्वास नहीं करते थे। इसका तात्पर्य यही है कि वे विश्व में विद्यमान वस्तुओं तथा इसमें घटित होनेवाली घटनाओं की व्याख्या प्राकृतिक कारणों के आधार पर ही करते थे जो उनकी प्रकृतिवादी विचारधारा के अनुरूप था।

यहाँ यह भी उल्लेखनीय है कि ज़ेनोफ़ेन्स ने देवताओं के अस्तित्व के अतिरिक्त उनके आचरण की भी कटु आलोचना की थी। उनके युग में इन देवताओं का जो आचरण प्रस्तुत किया जाता था उसे वे अनैतिक तथा निंदनीय मानते थे। इस संबंध में अपने पूर्ववर्ती दो प्रसिद्ध कवियों के मत का उल्लेख करते हुए ज़ेनोफ़ेन्स ने कहा है : "होमर तथा हेसियड ने देवताओं में उन सब दुर्गुणों को आरोपित किया है जिन्हें मनुष्यों द्वारा लज्जाजनक एवं निंदनीय माना जाता है–उदाहरणार्थ, चोरी करना, परस्त्री-गमन और एक-दूसरे को धोखा देना।"[8] इस प्रकार यह स्पष्ट है कि ज़ेनोफ़ेन्स अलौकिक देवी-देवताओं के अस्तित्व का खंडन करने के साथ-साथ उनके अनैतिक आचरण की भी तीव्र आलोचना करते थे जो उस युग में बहुत कठिन कार्य था।

आयोनियन समुदाय के उपर्युक्त चार दार्शनिकों के अतिरिक्त ईसा पूर्व पाँचवीं शताब्दी के एक विचारक, अनैक्सागोरस ने भी प्रकृतिवादी विचारधारा के विकास में अपना महत्त्वपूर्ण योगदान किया था। उनका जन्म ईसा पूर्व 500 में हुआ था। वे मूल रूप में एथेन्स के निवासी नहीं थे, किंतु लगभग बीस वर्ष की आयु में एथेन्स आ गए थे जहाँ वे लगभग तीस वर्ष तक रहे। अनैक्सागोरस प्राकृतिक वस्तुओं अथवा शक्तियों को अलौकिक देवताओं के रूप में स्वीकार नहीं करते थे। उदाहरणार्थ, वे यह मानते थे कि सूर्य कोई देवता न होकर आकाश में अग्नि का एक बड़ा चमकदार गोला मात्र है। इसी प्रकार, चंद्रमा के विषय में उनका विचार था कि उसका निर्माण उसी द्रव्य से हुआ है जिससे हमारी पृथ्वी बनी है। अन्य ग्रहों को भी वे देवता न मानकर प्राकृतिक वस्तुएँ ही मानते थे। आकाश में विद्यमान ग्रहों के संबंध में अनैक्सागोरस के इन नवीन क्रांतिकारी विचारों के कारण एथेन्स के तत्कालीन प्रशासक बहुत रुष्ट हुए और उन्होंने उन पर धर्म-द्रोही तथा नास्तिक होने का आरोप लगाकर उन्हें एथेन्स से निकल जाने का आदेश दिया। इस प्रकार एथेन्स आने के लगभग तीस वर्ष पश्चात अनैक्सागोरस को उनके परंपरा-विरोधी विचारों के कारण उस नगर से निष्कासित कर दिया गया। ग्रहों के विषय में अपने उपर्युक्त क्रांतिकारी विचारों के अतिरिक्त वे जगत् को शाश्वत अथवा नित्य मानते थे जिसका अर्थ यह है कि ईश्वर या किसी अन्य शक्ति

7. वही पुस्तक, फ़्रैग्मेंट्स 14-16.

8. वही पुस्तक, फ़्रैग्मेंट 11.

ने एक विशेष समय पर इसकी रचना नहीं की है।[9] उस युग में उनका यह मत भी एक क्रांतिकारी विचार था जिसे बहुत कम व्यक्ति स्वीकार करने के लिए उद्यत थे। इन सब तथ्यों से यह स्पष्ट है कि अपने पूर्ववर्ती आयोनियन दार्शनिकों की भाँति अनैक्सागोरस भी विश्व की व्याख्या के लिए मिथकपूर्ण धार्मिक विचारधारा के स्थान पर प्रकृतिवादी विचारधारा में ही विश्वास करते थे।

इस प्रश्न के संबंध में आधुनिक विद्वानों में मतभेद है कि ईसा पूर्व छठी तथा पाँचवीं शताब्दी के उपर्युक्त दार्शनिक बहुदेववाद का निषेध करनेवाली प्रकृतिवादी विचारधारा को पूर्णतः स्वीकार करते थे या नहीं। कुछ विद्वान यह मानते हैं कि ये दार्शनिक ईसा पूर्व सातवीं शताब्दी में प्रचलित मिथकपूर्ण धार्मिक विचारधारा का खंडन करते थे और इसके स्थान पर अपनी नवीन प्रकृतिवादी विचारधारा के अनुसार ही विश्व के स्वरूप तथा इसमें घटित होनेवाली घटनाओं की व्याख्या करते थे। इन विद्वानों में डब्ल्यू.के.सी. गुथरी और जॉन बर्नेट के नाम विशेष रूप से उल्लेखनीय हैं। गुथरी का मत है कि सुकरात-पूर्व युग के ये दार्शनिक विश्व की व्याख्या करने के लिए मिथकपूर्ण विचारधारा के काल्पनिक देवी-देवताओं के स्थान पर जल, वायु, अग्नि आदि प्राकृतिक तत्त्वों और निर्वैयक्तिक प्राकृतिक नियमों को स्वीकार करते थे। इन प्राचीन दार्शनिकों के लिए तत्कालीन प्रचलित धार्मिक आस्था की अपेक्षा तर्कबुद्धि का कहीं अधिक महत्त्व था। उन्होंने विश्व की उत्पत्ति और उसके स्वरूप से संबंधित समस्याओं का समाधान करने के लिए मिथकपूर्ण विचारधारा के काल्पनिक देवी-देवताओं का परित्याग कर दिया था। इन दार्शनिकों के विषय में अपने इसी मत को स्पष्ट करते हुए गुथरी कहते हैं : "धार्मिक आस्था के स्थान पर एक ऐसी आस्था को स्वीकार कर लिया गया था जो अपनी समस्त उपलब्धियों तथा सीमाओं के साथ वैज्ञानिक विचारधारा की आधार-शिला थी और है–अर्थात्, ऐसी आस्था जिसके अनुसार दृश्य जगत् के मूल में बुद्धिसंगत नियमितता एवं बोधगम्य व्यवस्था है, प्राकृतिक जगत् के कारणों को उसी की सीमाओं में खोजना आवश्यक है और स्वतंत्र तर्कबुद्धि अनुसंधान के लिए हमारा एकमात्र तथा पर्याप्त साधन है।"[10] इस प्रकार गुथरी के मतानुसार, सुकरात-पूर्व युग के उपर्युक्त दार्शनिकों ने विश्व की व्याख्या के लिए मिथकपूर्ण धार्मिक विचारधारा के स्थान पर कल्पित देवी-देवताओं का निषेध करने-वाली प्रकृतिवादी बौद्धिक विचारधारा को पूर्णतः स्वीकार कर लिया था।

एक अन्य आधुनिक विद्वान, जॉन बर्नेट भी इन प्राचीन यूनानी दार्शनिकों के संबंध में गुथरी के उपर्युक्त मत का पूर्ण रूप से समर्थन करते हैं। वे भी यह मानते हैं कि ये दार्शनिक धर्मनिरपेक्ष प्रकृतिवादी विचारधारा के आधार पर ही जगत् की उत्पत्ति और उसके स्वरूप की व्याख्या करते थे। जगत् और उसकी प्रक्रियाओं से संबंधित अपने विवरणों में इन दार्शनिकों द्वारा प्रयुक्त 'दैवी' तथा 'देवता' शब्दों का वह धार्मिक अर्थ नहीं है जो इनसे पूर्व मिथकपूर्ण विचारधारा के समर्थकों द्वारा स्वीकार किया

9. देखिए, वही पुस्तक, फ़्रैग्मेंट 17.
10. डब्ल्यू.के.सी. गुथरी, 'हिस्ट्री ऑफ़ ग्रीक फ़िलॉसॉफ़ी', खंड 1, पृ. 29.

जाता था। इसका तात्पर्य यही है कि इन प्रचलित शब्दों के प्रयोग के कारण इन दार्शनिकों को धर्मपरायण विचारक नहीं माना जा सकता। अपने इसी मत की व्याख्या करते हुए बर्नेट ने लिखा है : "जो सामग्री हमें उपलब्ध हुई है उसमें प्रयुक्त 'ईश्वर' शब्द द्वारा हमें भ्रमित नहीं होना चाहिए। यह पूर्णतः सत्य है कि आयोनिया के दार्शनिकों ने 'मूल द्रव्य' तथा जगत् के लिए इस शब्द का प्रयोग किया था, किंतु इसका अर्थ 'अनंत' एवं 'अमर' इन देवत्वपूर्ण शब्दों के अर्थ की अपेक्षा कम और अधिक नहीं है। . . . अपने धार्मिक अर्थ में 'ईश्वर' शब्द का तात्पर्य सदैव . . . एक ऐसी वस्तु समझा जाता रहा है जो पूजा का विषय है, किंतु होमर के समय में ही यह इसका एकमात्र अर्थ नहीं रह गया था। . . . 'ईश्वर' शब्द का यह धर्मनिरपेक्ष प्रयोग इस संपूर्ण युग की एक विशेषता है . . . और इस बात को समझ लेना बहुत आवश्यक है। जो व्यक्ति इस बात को समझ लेता है वह यह मानने की भूल नहीं करेगा कि विज्ञान मिथकशास्त्र अथवा पुराण-विद्या से उत्पन्न हुआ है।"[11] आयोनिया के दार्शनिकों के विषय में बर्नेट के इन विचारों से यह स्पष्ट है कि उनके मतानुसार ये दार्शनिक कल्पित देवी-देवताओं की सत्ता का निषेध करनेवाली प्रकृतिवादी विचारधारा को ही पूर्णतः स्वीकार करते थे।

परंतु कुछ आधुनिक विद्वानों ने इन दार्शनिकों के संबंध में गुथरी तथा बर्नेट के उपर्युक्त मत की आलोचना की है। उनका कथन है कि यह मत पूर्णतः सत्य नहीं है, क्योंकि आयोनियन दार्शनिक अलौकिक देवी-देवताओं के अस्तित्व का खंडन नहीं करते और इसी कारण यह कहना उचित नहीं होगा कि वे केवल प्रकृतिवादी विचारधारा के अनुसार ही विश्व की व्याख्या करते थे। मूलतः इसी मान्यता के आधार पर वर्नर जेगर, ई. गिलसन, आर.जी. कॉलिंगवुड तथा जेम्स थ्रोवर ने आयोनियन दार्शनिकों के विषय में गुथरी और बर्नेट के उपर्युक्त मत को अस्वीकार किया है।

इस मत की आलोचना करते हुए जेगर कहते हैं कि बर्नेट ने इन प्राचीन यूनानी दार्शनिकों में उन्नीसवीं शताब्दी के उत्तरार्ध में प्रचलित प्रकृतिवादी विचारधारा को आरोपित कर दिया है। वास्तविक स्थिति यह है कि निरीश्वरवाद अथवा प्रकृतिवाद को स्वीकार करने के स्थान पर इन दार्शनिकों ने ईश्वरवाद के विषय में उस तत्त्वमीमांसीय विचारधारा की आधार-शिला स्थापित की थी जिसका विकास आठ या नौ शताब्दियों के पश्चात ईसाई धर्मगुरुओं के धार्मिक विचारों में हुआ। जेगर के मतानुसार, यद्यपि थेल्स 'ईश्वर' शब्द का प्रयोग इसके परंपरागत अर्थ से कुछ भिन्न अर्थ में करते थे, फिर भी उन्होंने इस शब्द का प्रयोग मुख्यतः धार्मिक अर्थ में ही किया था। वस्तुतः थेल्स यह कहना चाहते थे कि प्रकृति का अनुभव हमारे लिए उसके देवत्व के ज्ञान का एक नवीन साधन है।[12] इसी प्रकार, कॉलिंगवुड भी जेगर के उपर्युक्त मत का समर्थन करते हैं। उनका कथन है कि आयोनियन दार्शनिक प्रकृति को ऐसी सजीव वस्तु मानते थे जिसमें चैतन्य सर्वत्र व्याप्त है। अपने इसी मत को

11. जॉन बर्नेट, 'दि अर्ली ग्रीक फ़िलॉसॉफ़र्स', पृ. 14.

12. देखिए, वर्नर जेगर, 'दि थियॉलॉजी ऑफ़ दि अर्ली ग्रीक फ़िलॉसॉफ़र्स', पृ. 5, 7-8, 19-20.

स्पष्ट करते हुए कॉलिंगवुड ने लिखा है : "यूनानी विचारक प्रकृति में चैतन्य की उपस्थिति को प्राकृतिक जगत् में विद्यमान उस नियमितता और व्यवस्था का स्रोत मानते थे जिसकी उपस्थिति के कारण प्रकृति संबंधी विज्ञान संभव हुआ है।"[13]

जेगर तथा कॉलिंगवुड की भाँति थ्रोवर भी यह मानते हैं कि आयोनियन दार्शनिक जगत् की व्याख्या के लिए केवल प्रकृतिवादी विचारधारा को पूर्णतः स्वीकार नहीं करते थे। उनके मतानुसार : "इसमें तो संदेह नहीं किया जा सकता कि मिलेशियन दार्शनिकों ने विश्व की घटनाओं की व्याख्या के लिए उस पुरानी मिथकपूर्ण विचारधारा के साथ अपना संबंध तोड़ लिया था जो इन घटनाओं को देवताओं की मनमानी इच्छा का परिणाम मानती थी, किंतु जिस बात में संदेह किया जा सकता है और किया गया है वह यह है कि इन दार्शनिकों का दृष्टिकोण पूर्णतः धर्मनिरपेक्ष था जो उस दैवी सत्ता की वास्तविकता का पूर्ण रूप से निषेध करता था जिस पर यह जगत् निर्भर है तथा जिसके कारण इसमें व्यवस्था विद्यमान है। . . . इसलिए मेरे विचार में हमारा निष्कर्ष यही होना चाहिए कि यदि हम आयोनियन दार्शनिकों से विश्व की पूर्णतः प्रकृतिवादी व्याख्या की आशा करते हैं तो यह व्यर्थ है। वे प्रकृति को केवल सजीव तथा देवत्वपूर्ण ही नहीं मानते, अपितु, जैसा कि जेगर ने स्पष्ट किया है, उनकी विचारधारा में ईश्वर की तत्त्वमीमांसीय अवधारणा के परवर्ती विकास का मूल स्रोत भी विद्यमान है।"[14] थ्रोवर के इस उद्धरण से यह स्पष्ट है कि वे भी आयोनियन दार्शनिकों के संबंध में मुख्यतः जेगर और कॉलिंगवुड के मत को ही स्वीकार करते हैं। इन तीनों विद्वानों के अतिरिक्त गिलसन ने भी इसी मत का समर्थन किया है।[15]

यहाँ विचारणीय प्रश्न यह है कि प्राचीन आयोनियन दार्शनिकों के विषय में उपर्युक्त आधुनिक विद्वानों के विभिन्न दो मतों में से कौन-सा मत सत्य और विश्वसनीय है। वस्तुतः इस प्रश्न का कोई स्पष्ट और निश्चित उत्तर देना बहुत कठिन है, क्योंकि इन दार्शनिकों के संबंध में पर्याप्त प्रामाणिक सामग्री का लगभग अभाव है। जैसा कि पहले ही बताया गया है, आज इन दार्शनिकों की बहुत कम प्रामाणिक कृतियाँ उपलब्ध होती हैं। ऐसी स्थिति में निश्चित रूप से यह नहीं कहा जा सकता कि विश्व की उत्पत्ति और उसके स्वरूप के विषय में इन दार्शनिकों का वास्तविक मत क्या था। परंतु फिर भी इन दार्शनिकों के विचारों से संबंधित जो थोड़ी-सी सामग्री इस समय हमें उपलब्ध है उसके आधार पर यह कहना संभवतः अनुचित न होगा कि वे अलौकिक देवी-देवताओं में विश्वास करनेवाले धर्मपरायण विचारक नहीं थे। इसके विपरीत ये दार्शनिक अनिवार्य प्राकृतिक नियमों तथा प्राकृतिक प्रक्रियाओं को स्वीकार करनेवाले ऐसे क्रांतिकारी विचारक थे जिन्होंने तत्कालीन मिथकपूर्ण विचारधारा का खंडन किया था और इसी कारण जो हमें आधुनिक वैज्ञानिक युग के अधिक निकट प्रतीत होते हैं। विश्व की उत्पत्ति, उसके स्वरूप तथा सूर्य, चंद्र, अग्नि, वायु आदि प्राकृतिक वस्तुओं के विषय

13. आर.जी. कॉलिंगवुड, 'दि आइडिया ऑफ़ नेचर', पृ. 3.
14. जेम्स थ्रोवर, 'ए शार्ट हिस्ट्री ऑफ़ वैस्टर्न एथीइस्म', पृ. 13, 16.
15. देखिए, ई. गिलसन, 'गॉड ऐंड फ़िलॉसॉफ़ी', पृ. 4-5.

में इन दार्शनिकों ने जो विचार व्यक्त किए हैं और जिनका उल्लेख हम ऊपर कर चुके हैं उनसे हमारे उपर्युक्त मत की पुष्टि होती है। हम देख चुके हैं कि ये दार्शनिक जल, वायु आदि प्राकृतिक तत्त्वों को ही विश्व की उत्पत्ति के मूल तत्त्व मानते थे और सूर्य, चंद्र आदि को भी अलौकिक देवता न मानकर प्राकृतिक वस्तुओं के रूप में स्वीकार करते थे। आयोनियन दार्शनिकों के इन्हीं क्रांतिकारी विचारों के कारण तत्कालीन शासकों ने इनमें से कुछ दार्शनिकों को 'नास्तिक' अथवा 'धर्म-द्रोही' कहकर उन्हें दंडित किया था। इन सभी तथ्यों को ध्यान में रखते हुए निष्कर्ष के रूप में हम यह कह सकते हैं कि इन दार्शनिकों के संबंध में आधुनिक विद्वानों के उपर्युक्त दो मतों में से गुथरी और बर्नेट का मत अपेक्षाकृत अधिक तर्कसंगत तथा विश्वसनीय प्रतीत होता है।

सुकरात-पूर्व युग के प्राचीन यूनानी दार्शनिकों के विषय में ऊपर जो कुछ कहा गया है उससे यह स्पष्ट है कि इन दार्शनिकों के नवीन क्रांतिकारी विचारों ने पाश्चात्य दर्शन में निरीश्वरवाद तथा उससे संबंधित प्रमुख सिद्धांतों–भौतिकवाद, प्रकृतिवाद, अज्ञेयवाद और संशयवाद–की आधारभूमि तैयार कर दी थी। यह सत्य है कि इन दार्शनिकों ने उस अर्थ में निरीश्वरवाद का प्रतिपादन नहीं किया था जिस अर्थ में आज इसे स्वीकार किया जाता है, किंतु मिथकपूर्ण विचारधारा तथा उससे संबंधित अलौकिक देवी-देवताओं के अस्तित्व का निषेध करके उन्होंने इस सिद्धांत के विकास के लिए मार्ग अवश्य प्रशस्त कर दिया था।

यहाँ इस रोचक तथ्य का उल्लेख कर देना भी आवश्यक है कि पाश्चात्य दर्शन में निरीश्वरवाद के विकास की दृष्टि से सुकरात-पूर्व युग के इन दार्शनिकों की लगभग वैसी ही भूमिका रही है जैसी भारतीय दर्शन में निरीश्वरवाद के विकास के लिए वैदिक युग तथा उपनिषद-काल के कुछ महान ऋषियों की थी। इस पुस्तक के चौथे अध्याय में हम देख चुके हैं कि 'ऋग्वेद' के कुछ महत्त्वपूर्ण सूक्तों और कुछ प्रमुख उपनिषदों ने भारतीय दर्शन में निरीश्वरवाद के विकास के लिए किस प्रकार आवश्यक आधार-भूमि प्रस्तुत कर दी थी। ठीक यही बात सुकरात-पूर्व युग के उपर्युक्त यूनानी दार्शनिकों के विषय में भी कही जा सकती है जिनके परंपरा-विरोधी नवीन विचारों के परिणामस्वरूप पाश्चात्य दर्शन में निरीश्वरवाद का आविर्भाव तथा विकास संभव हुआ। हम आगे देखेंगे कि उनके इन्हीं क्रांतिकारी विचारों से प्रेरणा ग्रहण करके अनेक परवर्ती पाश्चात्य दार्शनिकों ने भौतिकवाद, प्रकृतिवाद और निरीश्वरवाद का प्रतिपादन किया। इस प्रकार यह स्पष्ट है कि पश्चिमी दर्शन में निरीश्वरवाद के उदय तथा विकास की दृष्टि से सुकरात-पूर्व युग के इन प्राचीन दार्शनिकों का बहुत महत्त्व है।

2. सुकरात-युग

ईसा से छठी शताब्दी पूर्व आयोनियन अथवा मिलेशियन दार्शनिकों ने पाश्चात्य दर्शन में मिथकपूर्ण धार्मिक विचारधारा के स्थान पर जिस प्रकृतिवादी विचारधारा की आधार-शिला स्थापित की थी सुकरात-युग में उसका और अधिक विकास हुआ।

सामान्यतः इस युग का प्रारंभ ईसा पूर्व पाँचवीं शताब्दी के उत्तरार्ध से माना जाता है जिस समय नवीन प्रकृतिवादी दर्शन तथा परंपरागत प्राचीन मिथकपूर्ण विचारधारा में तीव्र संघर्ष चल रहा था। इस संघर्ष की एक झलक हम तत्कालीन नाटककार, अरिस्टोफेन्स तथा उस समय के महान चिकित्सक, हिप्पोक्रेटिस की कृतियों में देख सकते हैं। अरिस्टोफ़ेन्स ने अपने नाटक, 'दि क्लाउड्स' में मेघों तथा अन्य प्राकृतिक घटनाओं की अनुभवाश्रित प्रकृतिवादी व्याख्या की है।[16] इसी प्रकार, हिप्पोक्रेटिस ने 'मिर्गी' नामक रोग के कारणों की व्याख्या करते हुए यह कहा है कि अन्य सभी रोगों की भाँति यह रोग भी कुछ प्राकृतिक कारणों के परिणामस्वरूप उत्पन्न होता है, किसी दैवी शक्ति के प्रकोप के कारण नहीं।[17] वस्तुतः वे रोगियों का उपचार करते समय तत्कालीन प्रचलित अंधविश्वासों को कोई महत्त्व नहीं देते थे। उदाहरणार्थ, वे चिकित्सा के संबंध में दैवी शक्तियों तथा शगुनों और अपशगुनों के मनोवैज्ञानिक प्रभाव के अतिरिक्त अन्य किसी दृष्टि से उन्हें प्रासंगिक या महत्त्वपूर्ण नहीं मानते थे। उनका यह वैज्ञानिक दृष्टिकोण उस प्राचीन युग में परंपरा-विरोधी होने के कारण निश्चय ही बहुत क्रांतिकारी था। इस प्रकार अरिस्टोफ़ेन्स तथा हिप्पोक्रेटिस के उपर्युक्त विचारों से यह स्पष्ट है कि सुकरात-युग में धर्म और दर्शन के अतिरिक्त मानव-जीवन के अन्य क्षेत्रों में भी प्रकृतिवादी विचारधारा के महत्त्व को स्वीकार किया जाने लगा था।

यहाँ यह उल्लेखनीय है कि सुकरात-युग के कुछ विचारकों ने इस परंपरा-विरोधी नवीन विचारधारा के विकास में विशेष योगदान किया था। इन विचारकों को 'सोफ़िस्ट्स' कहा जाता है जो उस समय साधारण जनता में बहुत लोकप्रिय थे। ये विचारक तत्कालीन परंपरागत धार्मिक, नैतिक तथा सामाजिक मान्यताओं की तीव्र आलोचना करते थे और इनके स्थान पर ऐसी नवीन मान्यताओं का प्रचार करते थे जो अधिक व्यावहारिक एवं अनुभवात्मक प्रकृतिवादी विचारधारा के अनुरूप होती थीं। वे यह मानते थे कि समाज द्वारा स्वीकृत कोई भी धार्मिक तथा नैतिक सिद्धांत, विचार या विश्वास सदा के लिए और पूर्णतः सत्य नहीं होता; इसके विपरीत मानव-निर्मित होने के कारण सभी धार्मिक एवं नैतिक सिद्धांत अथवा विश्वास सापेक्ष ही होते हैं जिनमें समय और परिस्थितियों के अनुसार निरंतर परिवर्तन होता रहता है। अपने इस मूल सिद्धांत के कारण ये सोफ़िस्ट्स किसी भी एक धार्मिक या नैतिक सिद्धांत की अनिवार्य और निरपेक्ष सत्यता में विश्वास नहीं करते थे। किसी विश्वास अथवा सिद्धांत की सत्यता की परीक्षा के लिए वे उसकी उपयोगिता या व्यावहारिकता को ही एकमात्र कसौटी मानते थे। इस प्रकार प्राचीन परंपराओं का विरोध, व्यावहारिकता, उपयोगिता और सापेक्षता सोफ़िस्ट्स के इस नवीन अनुभवात्मक प्रकृतिवादी दर्शन की प्रमुख विशेषताएँ थीं जिनके कारण बाद में सुकरात तथा प्लेटो ने उनके इस धर्मनिरपेक्ष दर्शन की तीव्र आलोचना की थी। पूर्ववर्णित आयोनियन

16. देखिए, 'दि क्लाउड्स', 358.

17. देखिए, 'ऑन दि सेक्रेड डिसीज़', अध्याय 21.

दार्शनिकों के विपरीत ये सोफ़िस्ट्स बाह्य जगत् के ज्ञान की अपेक्षा मानव-जीवन तथा मानव-स्वभाव के ज्ञान में अधिक रुचि रखते थे, क्योंकि इनके दर्शन का मुख्य उद्देश्य मनुष्य के जीवन को सफल तथा आनंदमय बनाना ही था। जिन विचारकों को उस समय 'सोफ़िस्ट्स' की संज्ञा दी जाती थी उनमें प्रोटेगोरस, प्रोडिकस, क्राइटियास, गॉर्जियास आदि के नाम विशेष रूप से उल्लेखनीय हैं जो अपने युग में बहुत लोकप्रिय थे। यहाँ हम कुछ प्रमुख सोफ़िस्ट्स के विचारों का उल्लेख करेंगे।

यूनानी दर्शन के अधिकतर इतिहासकारों के अनुसार, प्रोटेगोरस का जन्म ईसा पूर्व 481 में 'ऐब्डेरा' नामक नगर में हुआ था और वे लगभग तीस वर्ष की आयु में एथेन्स आ गए थे। देवताओं के अस्तित्व के विषय में वे अज्ञेयवाद में पूर्णतः विश्वास करते थे। वे यह मानते थे कि हम निश्चित रूप से यह कभी नहीं जान सकते कि इन देवताओं का अस्तित्व है या नहीं। अपनी पुस्तक, 'कन्सर्निंग दि गॉड्स' में उन्होंने इस मत को स्पष्टतः प्रस्तुत किया है। देवताओं के अस्तित्व के विषय में अपने इसी अज्ञेयवादी सिद्धांत की व्याख्या करते हुए प्रोटेगोरस ने लिखा है : "मैं निश्चित रूप से यह नहीं कह सकता कि उनका अस्तित्व है या नहीं; न ही मैं यह कह सकता हूँ कि उनका स्वरूप कैसा है, क्योंकि उनके निश्चित ज्ञान में बहुत-सी बाधाएँ हैं–यथा : यह विषय बहुत अस्पष्ट और हमारा जीवन बहुत छोटा है।"[18] प्रोटेगोरस के इस उद्धरण से यह स्पष्ट है कि वे देवताओं की सत्ता के संबंध में अज्ञेयवाद को ही स्वीकार करते थे जिसके आधार पर यह निश्चयपूर्वक कहा जा सकता है कि वे रूढ़िवादी धर्मपरायण विचारक नहीं थे।

देवताओं के विषय में प्रोटेगोरस के उपर्युक्त अज्ञेयवादी विचारों के कारण एथेन्स के तत्कालीन शासकों ने उन पर नास्तिक तथा धर्म-द्रोही होने का आरोप लगाकर उन्हें दंडित करने का निश्चय किया था, किंतु मुकदमा चलने से पहले ही वे एथेन्स से बच निकले और सागर के मार्ग से सिसिली जाते हुए डूब जाने के फलस्वरूप ईसा पूर्व 411 में उनका निधन हो गया। इस प्रकार अपने परंपरा-विरोधी विचारों के कारण प्रोटेगोरस को अपने जीवन का बलिदान करना पड़ा जिससे यही ज्ञात होता है कि महान विचारकों को अपने क्रांतिकारी विचारों के लिए प्रायः बहुत बड़ा मूल्य चुकाना पड़ता है।

देवताओं के अस्तित्व से संबंधित उपर्युक्त अज्ञेयवाद के अतिरिक्त प्रोटेगोरस ने सत्य की सापेक्षता के सिद्धांत का भी प्रतिपादन किया था। इस संबंध में उनका यह कथन प्रसिद्ध है कि "मनुष्य ही समस्त वस्तुओं का मापदंड है–उन वस्तुओं की यथार्थ सत्ता का जिनका अस्तित्व है और उन वस्तुओं की अयथार्थता का जिनका अस्तित्व नहीं है।"[19] निश्चित रूप से यह कहना बहुत कठिन है कि प्रोटेगोरस के इस कथन का वास्तविक अर्थ क्या है, क्योंकि इसकी ठीक-ठीक व्याख्या के विषय में विद्वानों में पर्याप्त मतभेद है। यहाँ समस्या यह है कि इस कथन में प्रयुक्त 'मनुष्य' शब्द से

18. 'दि प्री-सोक्रेटिक फ़िलॉसॉफ़र्स', संपादक जी.एस. कर्क तथा जे.ई. रेविन, फ्रैग्मैंट 4.

19. वही पुस्तक, फ्रैग्मैंट 1.

प्रोटेगोरस का तात्पर्य क्या है। यदि 'मनुष्य' शब्द 'प्रत्येक व्यक्ति' का बोध कराता है तो इस कथन के अनुसार किसी भी विचार या सिद्धांत की सत्यता अत्यधिक सापेक्ष हो जाती है, क्योंकि तब इसका अर्थ यही होगा कि प्रत्येक व्यक्ति का सत्य अलग-अलग है। इसके विपरीत यदि 'मनुष्य' शब्द का अर्थ 'संपूर्ण मानव-जाति' है तो किसी विचार, विश्वास अथवा सिद्धांत के सत्य होने की सापेक्षता बहुत कम रह जाती है। इसका कारण यह है कि ऐसी स्थिति में कोई विचार या सिद्धांत लगभग सभी मनुष्यों को अथवा मनुष्यों के किसी एक समुदाय को स्वीकार्य हो सकता है। संभवतः प्रोटेगोरस के उपर्युक्त कथन का अर्थ यह है कि दृष्टि, श्रवण, स्पर्श, गंध आदि से संबंधित इंद्रिय-संवेदनों की सत्यता पूर्णतः व्यक्ति-सापेक्ष है, क्योंकि ये संवेदन अनुभवकर्ता व्यक्ति तक ही सीमित रहते हैं; परंतु विभिन्न समुदायों द्वारा मान्य होने के कारण नैतिक सिद्धांत अथवा मूल्य प्रायः समुदाय-सापेक्ष होते हैं। अपने कथन के इस विशेष अर्थ को प्रोटेगोरस शायद बिना किसी कठिनाई के स्वीकार कर लेते, क्योंकि यह अर्थ उनके सापेक्षता संबंधी मूल सिद्धांत के विरुद्ध नहीं है। उनके इस कथन का चाहे कोई भी अर्थ ग्रहण किया जाए, इतना निश्चित है कि इस कथन के माध्यम से वे मानव-समाज द्वारा निर्मित समस्त कानूनों, धार्मिक नियमों तथा नैतिक सिद्धांतों की अनिवार्य सापेक्षता को व्यक्त करना चाहते थे।

प्रोटेगोरस के अतिरिक्त एक अन्य सोफ़िस्ट, प्रोडिकस ने भी देवताओं के अस्तित्व और उनकी उत्पत्ति के विषय में अपने परंपरा-विरोधी विचार व्यक्त किए हैं। ईसा पूर्व पाँचवीं शताब्दी के उत्तरार्ध के विचारक, प्रोडिकस का जन्म 'सिओस' नामक नगर में हुआ था और वे व्यापार करने तथा विद्यार्थियों को शिक्षा देने के लिए प्रायः एथेन्स आया करते थे। यह कहा जाता है कि सुकरात ने भी शिक्षा-शुल्क देकर उनके भाषण सुने थे। देवताओं की सत्ता के संबंध में प्रोडिकस का प्रोटेगोरस के साथ पर्याप्त मतभेद है। हम ऊपर देख चुके हैं कि प्रोटेगोरस इस विषय में अज्ञेयवाद को स्वीकार करते थे, क्योंकि उनके मतानुसार देवताओं के अस्तित्व के संबंध में निश्चित रूप से कुछ भी नहीं कहा जा सकता। परंतु प्रोडिकस स्पष्टतः यह कहते थे कि देवताओं की वस्तुपरक सत्ता नहीं है। इन देवताओं को मनुष्य की कल्पना की सृष्टि मानते हुए वे इनकी उत्पत्ति की प्रकृतिवादी व्याख्या करते थे। उनका स्पष्ट और निश्चित मत था कि प्रकृति में मनुष्य को जो वस्तुएँ आवश्यक, सुखद तथा उपयोगी प्रतीत हुईं उन्हीं के आधार पर उसने स्वयं देवताओं की रचना की। उदाहरणार्थ, रोटी, पानी, शराब आदि के आधार पर यूनान में विभिन्न देवी-देवताओं की कल्पना की गई थी।[20] स्पष्टतः इसका अर्थ यही है कि प्रोडिकस के अनुसार देवताओं का कोई वस्तुपरक अस्तित्व नहीं है। इसी कारण वे यह मानते थे कि इन काल्पनिक देवताओं से प्रार्थना करना व्यर्थ है। यह समझना कठिन नहीं है कि देवताओं के अस्तित्व और उनकी उत्पत्ति के विषय में प्रोडिकस के ये विचार प्रोटेगोरस के विचारों की अपेक्षा कहीं अधिक क्रांतिकारी थे। अपने इन परंपरा-विरोधी विचारों के परिणामस्वरूप उन्हें भी

20. देखिए, वही पुस्तक, फ्रैग्मैंट 5.

प्रोटेगोरस के समान एथेन्स के तत्कालीन शासकों का कोप-भाजन बनना पड़ा। इस प्रकार धर्म और देवी-देवताओं के संबंध में अपने इन नवीन क्रांतिकारी विचारों द्वारा प्रोडिकस ने प्रकृतिवादी दर्शन के विकास में महत्त्वपूर्ण योगदान किया।

प्रोडिकस की भाँति उस युग के एक अन्य सोफ़िस्ट, क्राइटियास भी देवताओं की वस्तुपरक सत्ता का पूर्णतः निषेध करते थे। उन्होंने इन देवताओं की उत्पत्ति की जो प्रकृतिवादी व्याख्या की थी उसे 'समाजशास्त्रीय व्याख्या' कहा जा सकता है। वे यह मानते थे कि मनुष्यों को दुराचार तथा अपराध करने से रोकने के लिए स्वयं मानव-समाज ने देवताओं का आविष्कार किया है। प्रायः यह देखा जाता है कि मनुष्य एकांत में अनेक ऐसे दुष्कर्म करते हैं जो वे किसी अन्य व्यक्ति की उपस्थिति में नहीं करते। दूसरों की उपस्थिति में किसी प्रकार का दुराचार करते हुए मनुष्य के भय की इस स्वाभाविक प्रवृत्ति के कारण ही समाज में ऐसे अनेक अदृश्य एवं अलौकिक देवताओं की कल्पना की जो सदा सर्वत्र उपस्थित रहते हैं और सबको कर्म करते हुए देखते तथा जानते हैं। क्राइटियास के अनुसार, सभी मनुष्यों को अपराध तथा दुराचार से दूर रखने के लिए समाज द्वारा ऐसे अदृश्य सर्वव्यापी देवताओं की कल्पना की गई थी। ये देवता अदृश्य रहकर मनुष्य के दुराचार के विरुद्ध गवाहों का कार्य करते थे जिससे उसे ऐसा दुराचार करने से रोका जा सके। देवताओं की उत्पत्ति के संबंध में यह सिद्धांत क्राइटियास ने अपने एक नाटक, 'सिसिफ़स' में प्रस्तुत किया था जो अब उपलब्ध नहीं है। इस प्रकार प्रोडिकस की भाँति क्राइटियास ने भी देवताओं की वस्तुपरक सत्ता को अस्वीकार करके प्रकृतिवादी विचारधारा को अधिक पुष्ट किया है।[21] वस्तुतः प्रोटेगोरस तथा इन दोनों विचारकों के नवीन दर्शन को सुकरात-युग की परंपरा-विरोधी विचारधारा का प्रतिनिधि दर्शन माना जा सकता है।

उपर्युक्त तीन प्रमुख विचारकों के अतिरिक्त गॉर्जियास, थ्रेसिमेकस, कैलिकल्स, ऐन्टीफ़ोन आदि अन्य अनेक सोफ़िस्ट विचारकों ने भी उस प्राचीन युग में देवी-देवताओं, धर्म, नैतिकता, कानून और रीति-रिवाजों के विषय में इसी प्रकार के क्रांतिकारी विचार प्रस्तुत किए थे। ये सभी विचारक धर्म, नैतिकता, रीति-रिवाजों तथा कानूनों को ईश्वरीय अथवा दैवी न मानकर मानव-समाज द्वारा निर्मित और समय एवं परिस्थितियों के अनुसार परिवर्तनशील मानते थे, अतः सापेक्षवाद इनके दर्शन की आधारभूत विशेषता थी। इन विचारकों का स्पष्ट और निश्चित मत था कि कोई भी विश्वास या सिद्धांत सबके लिए अनिवार्य तथा निरपेक्ष रूप से सत्य नहीं हो सकता। इसके अतिरिक्त वे मानव-जीवन को शासित करनेवाले अलौकिक देवी-देवताओं की सत्ता के विचार का भी निषेध करते थे। उनका उद्देश्य सामान्य अनुभव और तर्कबुद्धि द्वारा उपयोगिता के आधार पर मनुष्य के जीवन की व्यावहारिक समस्याओं का समाधान करना ही था, किन्हीं तत्त्वमीमांसीय सिद्धांतों का प्रतिपादन करना नहीं। इन्हीं सब विशेषताओं के कारण सोफ़िस्ट विचारकों का दर्शन अपेक्षाकृत अधिक वैज्ञानिक, व्यावहारिक तथा

21. देखिए, सैक्स्टस ऐम्पिरिकस, 'अगेन्स्ट दि फ़िज़िसिस्ट्स', आर.जी. बरी द्वारा संपादित तथा अनूदित, 'वर्क्स ऑफ़ सैक्स्टस ऐम्पिरिकस', खंड 1, पृ. 54.

मानव-जीवन के अधिक निकट प्रतीत होता है। इसमें परंपरागत धर्म, नैतिकता, अलौकिकता और मिथकपूर्ण विचारधारा के लिए कोई स्थान नहीं है।

यही कारण है कि कुछ परवर्ती महान दार्शनिकों—विशेषतः सुकरात तथा प्लेटो—ने सोफ़िस्ट्स के इस परंपरा-विरोधी दर्शन की तीव्र आलोचना की है। मुख्यतः धर्मपरायण तथा तत्त्वमीमांसीय विचारक होने के कारण प्लेटो ने तो उनके इस क्रांतिकारी दर्शन का खंडन करने के लिए अपनी संपूर्ण तर्क-शक्ति का अधिकतम उपयोग किया है। सोफ़िस्ट्स के धर्म-विरोधी उपर्युक्त विचारों को ध्यान में रखते हुए उन्होंने यह कहा है कि नास्तिक दो प्रकार के होते हैं—एक वे जो यह मानते हैं कि देवताओं का अस्तित्व नहीं है और दूसरे वे जो यह कहते हैं कि देवता मनुष्यों की समस्याओं तथा आवश्यकताओं के प्रति पूर्णतः उदासीन रहते हैं।[22] प्लेटो के विचार में इन दोनों प्रकार के नास्तिकों को कठोर दंड दिया जाना चाहिए। जैसा कि हम तीसरे अध्याय में बता चुके हैं, उन्होंने नास्तिकों को मृत्यु-दंड दिए जाने का समर्थन किया था। इस प्रकार सोफ़िस्ट विचारकों के धर्मनिरपेक्ष, वैज्ञानिक तथा व्यावहारिक दर्शन का तीव्र विरोध करते हुए प्लेटो ने उस प्राचीन धार्मिक परंपरा को पुनर्जीवित एवं विकसित किया जिसकी आधार-शिला ईसा से छठी शताब्दी पूर्व पाइथागोरस, हिराक्लिटस, पारमिनिडीस आदि धर्मपरायण विचारकों ने स्थापित की थी और जिसका मध्य युग में चरम विकास हुआ। यहाँ हमारा उद्देश्य प्लेटो के दर्शन का विवेचन करना नहीं, अपितु केवल इतना ही स्पष्ट करना है कि उन्होंने सोफ़िस्ट्स के प्रकृतिवादी विचारों की जो कटु आलोचना की है वह उस युग में इन नवीन क्रांतिकारी विचारों के व्यापक प्रभाव तथा महत्त्व की द्योतक है।

सुकरात-युग में प्रकृतिवादी दर्शन के विकास की इस विवेचना को समाप्त करने से पूर्व यहाँ इस युग के एक अन्य महान दार्शनिक, डेमोक्रिटस के भौतिकवादी विचारों का उल्लेख कर देना आवश्यक है। सामान्यतः यह माना जाता है कि विश्व की उत्पत्ति और उसके विकास की भौतिकवादी व्याख्या करने के लिए ईसा पूर्व पाँचवीं शताब्दी में सर्वप्रथम ल्यूसीपस तथा डेमोक्रिटस ने ही परमाणुवाद नामक सिद्धांत का प्रतिपादन किया था जिसकी संक्षिप्त चर्चा हम पाँचवें अध्याय में कर चुके हैं। वस्तुतः उनके इस सिद्धांत को भौतिकवाद का प्रारंभिक आधारभूत सिद्धांत कहा जा सकता है। डेमोक्रिटस पुद्गल अथवा भौतिक द्रव्य को ही विश्व का मूल तत्त्व मानते थे जो उनके अनुसार असंख्य अदृश्य भौतिक परमाणुओं के रूप में सर्वत्र व्याप्त है। अत्यंत सूक्ष्म होने के कारण ये परमाणु हमारे लिए अदृश्य होते हैं, किंतु इनका भार होता है और विशेष आकार भी, क्योंकि ये मूलतः पुद्गल के ही कण हैं। ये परमाणु अनादि तथा शाश्वत हैं—अर्थात्, इनका कोई रचयिता नहीं है और ये कभी नष्ट नहीं होते। समस्त वस्तुओं, पेड़-पौधों तथा प्राणियों का निर्माण इन्हीं परमाणुओं के संयोग से होता है। इस प्रकार, किसी वस्तु या प्राणी के नष्ट हो जाने का अर्थ केवल इतना ही है कि उसके परमाणु विघटित हो जाते हैं, किंतु उसका मूल तत्त्व, पुद्गल, परमाणुओं के रूप में सदा बना

22. देखिए, प्लेटो, 'लॉज़', 908, बी.ई., ए.ई.

रहता है। डेमोक्रिटस के मतानुसार, परमाणुओं के संयोग तथा वियोग के फलस्वरूप वस्तुओं के निर्माण और विनाश की यह प्रक्रिया पूर्णतः आकस्मिक एवं यांत्रिक होती है। इसका तात्पर्य यह है कि कोई शक्ति या सत्ता किसी विशेष प्रयोजन को ध्यान में रखकर इस प्रक्रिया का प्रारंभ और संचालन नहीं करती। यह संपूर्ण ब्रह्माण्ड सर्वत्र व्याप्त ऐसे असंख्य सूक्ष्म भौतिक परमाणुओं का संघात मात्र है जो अनादि तथा अनश्वर हैं और अनंत काल से शून्य में विचरण कर रहे हैं। इस प्रकार यह स्पष्ट है कि डेमोक्रिटस का यह परमाणुवाद पूर्णतः भौतिकवादी तथा प्रकृतिवादी सिद्धांत है जिसमें किसी अति-प्राकृतिक शक्ति अथवा सत्ता के लिए कोई स्थान नहीं है।

भौतिकवादी दार्शनिक होने के कारण डेमोक्रिटस अलौकिक देवताओं की वास्तविक और वस्तुपरक सत्ता को स्वीकार नहीं करते थे, अतः उन्होंने इन देवताओं में सामान्य व्यक्तियों के विश्वास की प्रकृतिवादी व्याख्या की है। इस संबंध में एक संशयवादी दार्शनिक, सैक्स्टस ऐम्पिरिकस का कथन है कि डेमोक्रिटस देवताओं की उत्पत्ति की व्याख्या के लिए दो सिद्धांत स्वीकार करते थे। प्रथम सिद्धांत यह है कि प्राकृतिक आपदाओं से भयभीत होकर लोगों ने उन्हें देवताओं की क्रियाओं का परिणाम मान लिया था। दूसरा सिद्धांत यह है कि देवताओं की उत्पत्ति मनुष्यों में विद्यमान उस अपराध-बोध के फलस्वरूप हुई जो उनके मन में दुष्कर्मों के कारण उत्पन्न होता था और जिसके कारण वे अपने स्वप्नों में यह देखते थे कि देवताओं ने उन्हें इन दुष्कर्मों के लिए दंड दिया है। देवताओं से संबंधित विश्वास की उत्पत्ति के विषय में डेमोक्रिटस के इन दोनों प्रकृतिवादी सिद्धांतों से यह स्पष्ट है कि वे केवल मनोवैज्ञानिक कारणों के आधार पर इस विश्वास की व्याख्या करते थे। इसका तात्पर्य यह है कि वे इन देवताओं की वस्तुपरक सत्ता को स्वीकार न करते हुए इन्हें मनुष्यों की अपनी कल्पना मात्र मानते थे।

यूनानी दर्शन के एक विद्वान, वर्नर जेगर ने देवताओं की उत्पत्ति की व्याख्या के संबंध में डेमोक्रिटस का यही मत प्रस्तुत किया है।[23] वस्तुतः डेमोक्रिटस के संपूर्ण भौतिकवादी दर्शन को ध्यान में रखते हुए हम यह कह सकते हैं कि उनके विषय में जेगर का यह मत उचित और तर्कसंगत प्रतीत होता है। इस मत के आधार पर हम उनके प्रकृतिवादी तथा भौतिकवादी दर्शन को अधिक युक्तिसंगत रूप से समझ सकते हैं। ऐसी स्थिति में जेम्स थ्रोवर के इस मत को स्वीकार करना बहुत कठिन है कि डेमोक्रिटस देवताओं के अस्तित्व में तो विश्वास करते थे, किंतु वे उन्हें परमाणुओं के संयोग से निर्मित मानने के कारण उनकी अमरता का निषेध करते थे।[24] यदि अन्य सांसारिक प्राणियों की भाँति देवताओं का निर्माण भी परमाणुओं के संयोग से होता है और इसी कारण यदि वे अलौकिक तथा अमर न होकर नश्वर हैं तो परंपरागत सामान्य अर्थ में उन्हें 'देवता' नहीं कहा जा सकता। इस प्रकार अलौकिक देवताओं की वस्तुपरक सत्ता के निषेध से संबंधित जेगर के मत को ही डेमोक्रिटस के भौतिकवादी दर्शन के अनुरूप माना जा सकता है।

23. देखिए, वर्नर जेगर, 'दि थियॉलॉजी ऑफ़ दि अर्ली ग्रीक फ़िलॉसॉफ़र्स', पृ. 180-181.

24. देखिए, जेम्स थ्रोवर, 'दि ऑल्टरनेटिव ट्रेडीशन', पृ. 160.

देवताओं के अस्तित्व के अतिरिक्त आत्मा के स्वरूप, प्रार्थना या उपासना की सार्थकता और नैतिकता के मूल स्रोत के विषय में डेमोक्रिटस ने जो विचार व्यक्त किए हैं उनसे भी यही प्रमाणित होता है कि वे वास्तव में धर्मपरायण विचारक नहीं हैं। यह सत्य है कि वे आत्मा के अस्तित्व को स्वीकार करते हैं और उसे प्राणी के संपूर्ण शरीर में व्याप्त मानते हैं, किंतु वे उसे अभौतिक, अति-प्राकृतिक तथा अमर नहीं मानते। उनका विचार है कि आत्मा का निर्माण भी परमाणुओं के संयोग से ही होता है, परंतु ये परमाणु अन्य वस्तुओं के परमाणुओं की अपेक्षा कहीं अधिक उत्कृष्ट कोटि के होते हैं। जिसे सामान्यतः 'मनस्' या 'आत्मा' कहा जाता है वह इन उत्कृष्ट परमाणुओं का संघात मात्र है, कोई अभौतिक या अलौकिक वस्तु नहीं। मृत्यु के फलस्वरूप शरीर के परमाणुओं के साथ-साथ आत्मा के परमाणु भी विघटित हो जाते हैं, अतः किसी प्रकार का मरणोत्तर जीवन संभव नहीं है। इस प्रकार डेमोक्रिटस आत्मा की सत्ता को स्वीकार करते हुए भी उसकी अभौतिकता और अमरता का निषेध करते हैं। वे पुनर्जन्म के सिद्धांत में भी विश्वास नहीं करते, क्योंकि उनके अनुसार प्राणी का मरणोत्तर जीवन असंभव है।

आत्मा के अस्तित्व और स्वरूप की भाँति प्रार्थना की सार्थकता के विषय में भी डेमोक्रिटस के विचार धर्मपरायण व्यक्तियों के विचारों से बहुत भिन्न हैं। हम देख चुके हैं कि वे देवताओं की वस्तुपरक सत्ता स्वीकार नहीं करते। इस तथ्य को ध्यान में रखते हुए हम यह कह सकते हैं कि उनके विचार में इन देवताओं से किसी वस्तु की प्राप्ति के लिए प्रार्थना करना व्यर्थ है। मनुष्य स्वयं ही संयमित जीवन और तर्कबुद्धि द्वारा अपनी समस्याओं का समाधान कर सकता है; कोई दैवी शक्ति इस कार्य में उसकी सहायता नहीं कर सकती। उदाहरणार्थ, इस संबंध में डेमोक्रिटस का कथन है कि मनुष्य स्वस्थ रहने के लिए देवताओं से प्रार्थना करते हैं, किंतु वे यह भूल जाते हैं कि वस्तुतः उनका स्वास्थ्य स्वयं उन्हीं पर निर्भर है, क्योंकि बहुत-से व्यक्ति प्रायः असंयमित आचरण द्वारा अपना स्वास्थ्य नष्ट कर लेते हैं।[25] डेमोक्रिटस के इन विचारों से यह स्पष्ट है कि उनके अनुसार देवताओं से प्रार्थना करने की कोई आवश्यकता और सार्थकता नहीं है। इसी प्रकार, नैतिकता के स्रोत के विषय में भी वे धर्मपरायण विचारकों के इस मत को स्वीकार नहीं करते कि उसका मूल आधार किसी देवता या ईश्वर की इच्छा अथवा आज्ञा है। इस धार्मिक सिद्धांत के विपरीत उनका मत है कि स्वयं मनुष्य ही नैतिकता का मूल स्रोत है, क्योंकि समस्त नैतिक नियम तथा मूल्य उसकी अपनी संकल्प-शक्ति और तर्कबुद्धि पर निर्भर हैं। वस्तुतः नैतिकता के संबंध में उनका यह दृष्टिकोण पूर्णतः मानवतावादी सिद्धांत के अनुरूप है।

डेमोक्रिटस के भौतिकवादी दर्शन के संबंध में ऊपर जो कुछ कहा गया है उससे यह स्पष्ट है कि उनके दर्शन में उस परंपरा-विरोधी प्रकृतिवादी विचारधारा का चरम विकास हुआ था जिसकी आधार-शिला ईसा पूर्व छठी शताब्दी में आयोनियन दार्शनिकों

25. देखिए, जी.एस. कर्क और जे.ई. रेविन, 'दि प्री-सोक्रेटिक फ़िलॉसॉफ़र्स', फ्रैग्मैंट 234.

ने स्थापित की थी। हम देख चुके हैं कि डेमोक्रिटस के दर्शन में परंपरागत धार्मिक तथा आध्यात्मिक सिद्धांतों के लिए लगभग कोई स्थान नहीं है। ऐसी स्थिति में उनके दर्शन को वास्तविक अर्थ में प्रकृतिवादी तथा भौतिकवादी दर्शन कहा जा सकता है। इसी प्रकार, सुकरात-युग के जिन विचारकों को 'सोफ़िस्ट्स' की संज्ञा दी गई है वे भी पारंपरिक अध्यात्मवादी सिद्धांतों तथा धार्मिक विश्वासों के स्थान पर प्रकृतिवादी और मानवतावादी विचारों को स्वीकार करते हैं। वस्तुतः उनके ये परंपरा-विरोधी विचार आयोनियन दार्शनिकों की प्रकृतिवादी विचारधारा के विकास का ही परिणाम हैं। इसी कारण प्रायः यह माना जाता है कि आयोनियन विचारकों के समान ही डेमोक्रिटस तथा सोफ़िस्ट्स ने भी अपने क्रांतिकारी विचारों द्वारा प्राचीन धार्मिक विचारधारा के प्रभाव को समाप्त या कम करने में बहुत महत्त्वपूर्ण योगदान किया था। इस प्रकार उपर्युक्त विवेचन के आधार पर निष्कर्ष के रूप में हम यह कह सकते हैं कि ईसा पूर्व छठी तथा पाँचवीं शताब्दी में विकसित इस संपूर्ण प्रकृतिवादी विचारधारा ने पाश्चात्य दर्शन में निरीश्वरवाद के विकास के लिए वह सुदृढ़ आधार-भूमि तैयार कर दी थी जिसके बिना इस सिद्धांत का उदय और विकास संभव नहीं था।

सुकरात-युग के प्रकृतिवादी दर्शन की इस विवेचना को समाप्त करने से पूर्व यहाँ इस तथ्य का उल्लेख कर देना आवश्यक है कि इस युग में तथा इससे पूर्व आयोनियन दर्शन में विकसित प्रकृतिवादी विचारधारा की तुलना कुछ सीमा तक भारत के वैदिक और उपनिषदिक युग की प्रकृतिवादी विचारधारा के साथ की जा सकती है। अनेक वैदिक ऋषियों तथा कुछ उपनिषदों के रचयिताओं के समान ही ईसा पूर्व छठी और पाँचवीं शताब्दी के उपर्युक्त विचारक भी प्रायः उन्हीं विचारों एवं विश्वासों को स्वीकार करते थे जो तर्कसंगत प्रतीत होते थे और जिन्हें तत्कालीन वैज्ञानिक सिद्धांतों के अनुरूप प्रमाणित किया जा सकता था। ये भारतीय तथा पाश्चात्य विचारक विश्व की उस अबौद्धिक व्याख्या का निषेध करते थे जो केवल काल्पनिक दैवी शक्तियों से संबंधित प्राचीन सिद्धांतों पर आधारित थी। इस दृष्टि से जीवन और जगत् के प्रति इन प्राचीन भारतीय तथा पाश्चात्य विचारकों का दृष्टिकोण पर्याप्त सीमा तक समान प्रतीत होता है। भारत और यूनान की भिन्न-भिन्न संस्कृतियों को देखते हुए यह समानता आश्चर्यजनक तथा महत्त्वपूर्ण है।

जिस प्रकार प्राचीन भारत में अध्यात्मवादी ऋषियों ने प्रकृतिवादी तथा भौतिकवादी विचारकों के मत का खंडन किया था, उसी प्रकार यूनान के धर्मपरायण दार्शनिक, प्लेटो ने भी ईसा पूर्व छठी और पाँचवीं शताब्दी के प्रकृतिवादी दार्शनिकों के विचारों की तीव्र आलोचना की थी। उदाहरणार्थ, देवताओं के संबंध में इन दार्शनिकों के परंपरा-विरोधी मत के विरुद्ध अपना असंतोष व्यक्त करते हुए प्लेटो कहते हैं कि कुछ लोग देवताओं की वास्तविक सत्ता को स्वीकार न करके उन्हें मनुष्यों की कल्पना मात्र मानते हैं और यह दावा करते हैं कि अलग-अलग देशों तथा विभिन्न मानव-समुदायों में इन देवताओं का स्वरूप भिन्न-भिन्न होता है।[26] इसी प्रकार, एक अन्य प्राचीन

26. देखिए, प्लेटो, 'लॉज़', 881-ई.

यूनानी विचारक, अरिस्टोफ़ेन्स ने भी अनेक ऐसे दार्शनिकों का उल्लेख किया है जो कुछ उपनिषदकालीन विचारकों की भाँति देवताओं को जगत् का स्रष्टा न मानकर काल अथवा प्रकृति को ही उसका मूल कारण मानते थे। इस संक्षिप्त तुलनात्मक विवेचन से यह स्पष्ट है कि भारत और यूनान के अनेक प्राचीन विचारकों ने प्रकृतिवादी तथा भौतिकवादी दर्शन का स्पष्ट रूप से प्रतिपादन किया था जो कालांतर में भारतीय एवं पाश्चात्य दर्शन के अंतर्गत निरीश्वरवाद के उदय और विकास का महत्त्वपूर्ण स्रोत बना।

3. सुकरातोत्तर युग

सुकरात-पूर्व युग तथा सुकरात-युग में जिस प्रकृतिवादी विचारधारा का आविर्भाव हुआ था सुकरातोत्तर युग में उसका और अधिक विकास हुआ। ऐपिक्यूरस, आर्सेसिलॉस, कारनिडीस आदि इस युग के अनेक दार्शनिकों ने किसी-न-किसी रूप में इस प्रकृतिवादी विचारधारा का प्रबल समर्थन किया। परंतु इन दार्शनिकों के मत की विवेचना करने से पूर्व यहाँ इस युग के अन्य दो महान दार्शनिकों–प्लेटो तथा अरस्तू–के विषय में कुछ शब्द कह देना आवश्यक है। जैसा कि हम ऊपर संकेत कर चुके हैं, प्लेटो मुख्यतः धर्मपरायण विचारक थे, अतः वे देवी-देवताओं की वस्तुपरक सत्ता में विश्वास करते थे और तत्कालीन प्रचलित धार्मिक सिद्धांतों को भी कुछ संशोधित रूप में स्वीकार करते थे। अनेक परवर्ती पाश्चात्य दार्शनिकों पर उनके इन धार्मिक विचारों का पर्याप्त प्रभाव पड़ा है। वस्तुतः प्लेटो ने अपने संपूर्ण दर्शन में उस प्रकृतिवादी विचारधारा का तीव्र विरोध किया है जिसकी आधार-शिला आयोनियन दार्शनिकों ने ईसा पूर्व छठी शताब्दी में स्थापित की थी।

परंतु इस संबंध में अरस्तू का दृष्टिकोण प्लेटो की धार्मिक विचारधारा से भिन्न था। यह सत्य है कि अरस्तू भी अध्यात्मवादी विचारक थे, किंतु वे धार्मिक विश्वासों तथा सिद्धांतों को अधिक महत्त्व नहीं देते थे। उन्होंने अपने नैतिक दर्शन, समाज-दर्शन तथा राजनीति-दर्शन में सांसारिक दृष्टिकोण से मुख्यतः मनुष्य के वर्तमान जीवन की समस्याओं पर विचार किया है, अतः उनके दर्शन की इन विधाओं में अलौकिक सिद्धांतों के लिए कोई स्थान नहीं है। इसी प्रकार, अरस्तू ने तत्त्वमीमांसीय दर्शन में ईश्वर की जो निर्वैयक्तिक अवधारणा प्रस्तुत की है वह ईश्वर संबंधी सामान्य धार्मिक अवधारणा से बहुत भिन्न है। उनके मतानुसार, ईश्वर विश्व का वह आदिकारण है जो स्वयं स्थिर रहकर उसे मूलतः गति प्रदान करता है और उसमें परिवर्तन उत्पन्न करता है। वस्तुतः उनके दर्शन में ईश्वर की इससे अधिक भूमिका नहीं है। इसका तात्पर्य यह है कि उनके विचार में ईश्वर केवल निर्वैयक्तिक सत्ता है जिसका मनुष्य के जीवन से कोई संबंध नहीं है और इसी कारण जो उसकी पूजा या उपासना का विषय नहीं हो सकता। ईश्वर के संबंध में अरस्तू के इन्हीं विचारों के कारण उन्हें तटस्थेश्वरवाद नामक उस सिद्धांत का प्रवर्तक माना जाता है जो ईश्वर को विश्व से पूर्णतः पृथक् मानता है और जिसमें उसकी पूजा के लिए कोई स्थान नहीं है। उनकी ईश्वर विषयक यह अवधारणा धर्मपरायण व्यक्तियों की ईश्वर संबंधी अवधारणा से निश्चय ही बहुत भिन्न है, अतः

उनके ईश्वर को केवल 'दार्शनिक का ईश्वर' कहा जाता है। इस प्रकार विश्व तथा मानव-जीवन के संबंध में ईश्वर की भूमिका को अत्यंत सीमित करके और मनुष्य द्वारा उसकी उपासना या पूजा को कोई महत्त्व न देकर अरस्तू ने वस्तुतः निरीश्वरवाद के लिए ही मार्ग प्रशस्त किया है। ऐसी स्थिति में संभवतः यह कहना अनुचित न होगा कि स्वयं निरीश्वरवादी न होते हुए भी उन्होंने निरीश्वरवाद के आविर्भाव में परोक्ष रूप से सहायता प्रदान की है।

प्लेटो तथा अरस्तू के अतिरिक्त सुकरातोत्तर युग के दो दार्शनिक संप्रदायों–स्टॉइक्स और सिनिक्स–का भी बहुत महत्त्व है, किंतु इनका विशेष प्रभाव मुख्यतः नैतिकता के क्षेत्र में दृष्टिगोचर होता है। स्टॉइक्स मत को स्वीकार करनेवाले दार्शनिक संपूर्ण विश्व को ईश्वरमय मानकर सर्वेश्वरवाद का समर्थन करते थे जो ईश्वरवाद का ही एक रूप है। सिनिक्स संप्रदाय के विचारकों के विषय में यह कहा जाता है कि वे धार्मिक विश्वासों के प्रति प्रायः उदासीन रहते थे, अतः उन्हें व्यावहारिक दृष्टि से निरीश्वरवादी माना जा सकता है। परंतु इन दोनों संप्रदायों के दार्शनिकों ने प्रकृतिवादी तथा भौतिकवादी विचारधारा को कोई महत्त्व नहीं दिया। इसी कारण यहाँ हम इन दार्शनिकों के मत की विवेचना नहीं करेंगे।

स्टॉइक्स तथा सिनिक्स के अतिरिक्त एक प्राचीन यूनानी दार्शनिक, ऐपिक्यूरस (341-270 ईसा पूर्व) का भी सुकरातोत्तर युग में बहुत महत्त्वपूर्ण स्थान है। अपने पूर्ववर्ती समस्त अध्यात्मवादी तथा धर्मपरायण विचारकों के विपरीत वे आयोनियन दार्शनिकों और डेमोक्रिटस द्वारा प्रतिपादित प्रकृतिवादी एवं भौतिकवादी विचारधारा को स्वीकार करते थे। ऐपिक्यूरस के दर्शन पर डेमोक्रिटस की भौतिकवादी विचारधारा और उनके परमाणुवाद का विशेष रूप से प्रभाव पड़ा था। डेमोक्रिटस की भाँति वे भी यह मानते थे कि समस्त प्राणियों तथा वस्तुओं का निर्माण भौतिक परमाणुओं के संयोग से ही होता है, अतः संपूर्ण ब्रह्माण्ड में किसी अभौतिक सत्ता के लिए कोई स्थान नहीं हो सकता। ऐपिक्यूरस देवताओं के अस्तित्व को तो स्वीकार करते थे, किंतु उनके अनुसार इन देवताओं का स्वरूप भी मूलतः भौतिक ही है, क्योंकि इनका निर्माण भी विशेष प्रकार के अति सूक्ष्म भौतिक परमाणुओं के संयोग से होता है। ये उसी प्रकार के अत्यंत सूक्ष्म तथा उत्कृष्ट परमाणु हैं जिस प्रकार के परमाणुओं द्वारा आत्माओं की रचना होती है। इस प्रकार डेमोक्रिटस के समान ऐपिक्यूरस भी आत्माओं तथा देवताओं को विशेष प्रकार के अति सूक्ष्म और उत्कृष्ट भौतिक परमाणुओं द्वारा निर्मित मानते थे। इसका तात्पर्य यह है कि उनके मतानुसार अदृश्य देवताओं और सांसारिक प्राणियों के स्वरूप में कोई आधारभूत अंतर नहीं है।

डेमोक्रिटस तथा अन्य प्राचीन भौतिकवादी दार्शनिकों की भाँति ऐपिक्यूरस भी धर्मपरायण विचारकों के इस मत का खंडन करते हैं कि देवताओं ने ही इस जगत् को उत्पन्न किया है। उन्होंने इस प्रचलित धार्मिक विश्वास के विरुद्ध अनेक तर्क प्रस्तुत किए हैं। उदाहरणार्थ, इस विश्वास के विरुद्ध उनका प्रथम तर्क यह है कि यदि देवताओं ने इस विश्व की रचना की होती तो इसमें इतना अधिक दुःख न होता। उनके इस तर्क से उस जटिल समस्या का पूर्वाभास प्राप्त होता है जिसे 'अशुभ की

समस्या' कहा जाता है। इस तर्क के अतिरिक्त उपर्युक्त धार्मिक मत के विरुद्ध उनका दूसरा तर्क यह है कि किसी वस्तु की रचना करने से पूर्व रचयिता के मन में उसके स्वरूप की स्पष्ट अवधारणा का होना अनिवार्य है, किंतु देवताओं के मन में विश्व के स्वरूप की कोई अवधारणा नहीं हो सकती थी, क्योंकि उस समय विश्व का अस्तित्व था ही नहीं। ऐपिक्यूरस के इस तर्क का आधार उनका यह ज्ञानमीमांसात्मक सिद्धांत है कि किसी वस्तु का इंद्रियजन्य अनुभव प्राप्त किए बिना ज्ञाता के मन में उसकी कोई अवधारणा नहीं हो सकती। विश्व के अस्तित्व के अभाव में देवता उसका अनुभव नहीं कर सकते थे और इसी कारण उनके मन में उसकी कोई अवधारणा भी नहीं हो सकती थी। ऐसी स्थिति में विश्व की रचना करना उनके लिए संभव नहीं था। इस प्रकार अपने इन तर्कों के आधार पर ऐपिक्यूरस ने देवताओं द्वारा विश्व की रचना से संबंधित तत्कालीन प्रचलित धार्मिक विश्वास का खंडन किया है।

उपर्युक्त विश्वास को अस्वीकार करने के अतिरिक्त ऐपिक्यूरस इस मत का भी समर्थन नहीं करते कि देवता मनुष्यों को उनके शुभ या अशुभ कर्मों के लिए सुख अथवा दुःख देते हैं। इस मत के विरुद्ध उनका स्पष्ट कथन है कि देवताओं का मनुष्यों के जीवन और उनके आचरण से कोई संबंध नहीं है। इसका अर्थ यही है कि देवता मनुष्यों के सुख-दुःख तथा उनके आचरण के प्रति पूर्णतः उदासीन रहते हैं। यदि वे मनुष्यों के सुख-दुःख से प्रभावित होते तो वे सदैव पूर्ण रूप से संतुष्ट और प्रसन्न नहीं रह सकते थे। इस प्रकार ऐपिक्यूरस के विचार में देवताओं के अस्तित्व का मानव-जीवन पर कोई प्रभाव नहीं पड़ता। अपनी इसी मान्यता के कारण वे देवताओं से किसी प्रकार की प्रार्थना करना व्यर्थ समझते थे। इस संबंध में उन्होंने स्पष्ट कहा है कि देवताओं से सुख-समृद्धि के लिए प्रार्थना करना व्यर्थ है, क्योंकि मनुष्य उसे स्वयं अपने प्रयास द्वारा प्राप्त कर सकता है। फिर यदि देवता मनुष्यों की प्रार्थनाओं पर ध्यान देते तो मानव-जाति कब की समाप्त हो गई होती। इसका कारण यह है कि मनुष्य प्रायः अन्य मनुष्यों को अपना शत्रु मानकर उनके विनाश के लिए देवताओं से प्रार्थना करते रहते हैं।[27] इस प्रकार ऐपिक्यूरस ने मनुष्य के लिए देवताओं की उपासना को व्यर्थ मानकर उसका स्पष्टतः निषेध किया है।

यहाँ यह उल्लेखनीय है कि देवताओं के विषय में ऐपिक्यूरस के उपर्युक्त विचारों का नैतिक दृष्टि से विशेष महत्त्व है। प्राचीन युग में मनुष्य इस विचार से प्रायः भयभीत रहते थे कि यदि देवता उनसे रुष्ट हो गए तो वे उन्हें घोर कष्ट देंगे। इस काल्पनिक भय के कारण लोगों के जीवन की शांति नष्ट हो जाती थी, अतः देवताओं को मानव-जीवन तथा मानवीय आचरण के प्रति उदासीन बताकर ऐपिक्यूरस ने उनके इस निराधार भय को समाप्त करने का प्रयास किया है। वस्तुतः वे यह मानते थे कि देवताओं के काल्पनिक भय से मुक्त होकर मनुष्य शांत और आनंदमय जीवन व्यतीत कर सकते हैं। इस प्रकार देवताओं के विषय में ऐपिक्यूरस के उपर्युक्त विचारों से यह स्पष्ट है कि उनके अस्तित्व को स्वीकार करते हुए भी वे मानव-जीवन के लिए उन्हें अनावश्यक तथा अप्रासंगिक ही समझते थे।

27. देखिए, ऐपिक्यूरस, 'वैटिकन सेइंग्ज़', 65.

मुख्यतः डेमोक्रिटस के भौतिकवाद तथा परमाणुवाद को स्वीकार करने के कारण ऐपिक्यूरस अभौतिक आत्मा की सत्ता और उसकी अमरता में विश्वास नहीं करते थे। डेमोक्रिटस के समान वे भी यह मानते थे कि आत्मा मूलतः भौतिक वस्तु है, क्योंकि उसका निर्माण अत्यंत सूक्ष्म तथा उत्कृष्ट परमाणुओं के संयोग से ही होता है। स्पष्टतः इसका अर्थ यही है कि शरीर के नष्ट हो जाने के साथ-साथ आत्मा का भी अंत हो जाता है, अतः पुनर्जन्म अथवा किसी प्रकार का मरणोत्तर जीवन संभव नहीं है। संसार में प्रत्येक प्राणी का जन्म केवल एक ही बार होता है और मृत्यु के पश्चात वह सदा के लिए समाप्त हो जाता है। पुनर्जन्म तथा मरणोत्तर जीवन की कल्पना पूर्णतः निराधार है। अपनी इसी मान्यता को स्पष्ट करते हुए ऐपिक्यूरस ने लिखा है : "हम एक ही बार जन्म लेते हैं और दूसरी बार उत्पन्न नहीं हो सकते; मृत्यु के पश्चात फिर अनंत काल तक हमारा अस्तित्व नहीं रहता।"[28] इस प्रकार ऐपिक्यूरस अभौतिक आत्मा की सत्ता तथा अमरता और उस पर आधारित पुनर्जन्म एवं मरणोत्तर जीवन के सिद्धांत का पूर्णतः निषेध करते हैं।

यहाँ इस तथ्य का उल्लेख कर देना आवश्यक है कि ऐपिक्यूरस की उपर्युक्त मान्यता का मानव-जीवन के लिए नैतिक दृष्टि से बहुत महत्त्व है। सामान्यतः अधिकतर मनुष्य इस आशंका से भयभीत रहते हैं कि मृत्यु के पश्चात उनका क्या होगा। धर्मगुरुओं ने मरणोपरांत नरक के विचार द्वारा लोगों को अत्यधिक भयत्रस्त किया है। परंतु ऐपिक्यूरस का निश्चित मत है कि मनुष्य का यह भय पूर्णतः काल्पनिक तथा निराधार है। इसका कारण यह है कि जब मरणोत्तर जीवन है ही नहीं और मृत्यु के पश्चात प्राणी का कुछ भी शेष नहीं रह जाता तो फिर उसे किसी प्रकार का दुःख पहुँचने का प्रश्न ही नहीं उठता। वस्तुतः मरणोपरांत होनेवाले काल्पनिक कष्ट से भयभीत होकर अपने वर्तमान जीवन की मानसिक शांति नष्ट करना बहुत बड़ी मूर्खता है जिससे मुक्त होना मनुष्य के शांत और आनंदमय जीवन के लिए अनिवार्य है। इस प्रकार ऐपिक्यूरस ने मनुष्य को देवताओं के काल्पनिक भय तथा मरणोपरांत होनेवाले दुःख के निराधार भय से मुक्त करने का प्रयास किया है जिससे वह अपना वर्तमान जीवन शांतिपूर्वक व्यतीत कर सके, अतः उनका दर्शन केवल सैद्धांतिक दृष्टि से ही नहीं, अपितु व्यावहारिक दृष्टि से भी बहुत महत्त्वपूर्ण है।

वास्तव में स्टॉइक्स की भाँति ऐपिक्यूरस के विचारों का भी नैतिकता के क्षेत्र में विशेष महत्त्व है। उन्होंने मानव-जीवन के लिए जिन नैतिक सिद्धांतों का प्रतिपादन किया है वे स्टॉइक्स द्वारा प्रतिपादित नैतिक सिद्धांतों से बहुत भिन्न हैं। सद्गुण तथा कर्तव्य को स्वतः साध्य माननेवाले स्टॉइक्स के विपरीत ऐपिक्यूरस सुखवाद में विश्वास करते थे जिसके अनुसार सुख ही मनुष्य के जीवन का अंतिम लक्ष्य है। वे शारीरिक एवं मानसिक सभी प्रकार के सुखों को समान महत्त्व देते थे, अतः उन्होंने प्लेटो तथा अरस्तू के इस मत का खंडन किया है कि शारीरिक सुख निकृष्ट और मानसिक सुख उत्कृष्ट होता है। ऐपिक्यूरस के अनुसार शरीर की उपेक्षा करके मनुष्य मानसिक सुख

28. एन.डब्ल्यू. डी विट की पुस्तक, 'ऐपिक्यूरस ऐंड हिज़ फ़िलॉसॉफ़ी', से उद्धृत, पृ. 218.

प्राप्त नहीं कर सकता, क्योंकि स्वस्थ शरीर द्वारा ही बौद्धिक आनंद अथवा मानसिक सुख प्राप्त करना संभव है। इसके अतिरिक्त उनके नैतिक दर्शन में मनुष्य के वर्तमान जीवन के सुख का ही महत्त्व है; मरणोत्तर जीवन संबंधी स्वर्ग-सुख के सिद्धांत के लिए उसमें कोई स्थान नहीं है। हम देख चुके हैं कि वे मरणोपरांत किसी प्रकार के जीवन को स्वीकार नहीं करते थे। ऐसी स्थिति में मृत्यु के पश्चात स्वर्ग से संबंधित सुख के विचार का तर्कसंगत रूप से समर्थन करना उनके लिए संभव नहीं था। इस प्रकार ऐपिक्यूरस का नैतिक दर्शन सुख को मानव-जीवन का परम ध्येय बताकर इसी संसार में मनुष्य के वर्तमान जीवन का मार्गदर्शन करता है। परंतु वे अरिस्टिपस के इस मत को स्वीकार नहीं करते कि उत्तेजनापूर्ण शारीरिक सुखों का ही महत्त्व है। इन सुखों की उपेक्षा न करते हुए भी वे अपेक्षाकृत अधिक समय तक बने रहनेवाले सुखों को विशेष महत्त्व देते हैं।

यहाँ यह भी उल्लेखनीय है कि ऐपिक्यूरस सुख को मानव-जीवन का अंतिम लक्ष्य अवश्य मानते हैं, किंतु वे उसे सर्वोच्च शुभ के रूप में स्वीकार नहीं करते जैसा कि उनके संबंध में प्रायः कहा जाता है। वस्तुतः वे सुख के स्थान पर जीवन को ही उच्चतम शुभ मानते हैं जिसके बिना सुख प्राप्त करना संभव नहीं है। उनका कथन है कि मनुष्य सुख तभी प्राप्त कर सकता है जब उसका जीवन सुरक्षित रहे, अतः जीवन ही सर्वोच्च शुभ है और सुख उसका अंतिम लक्ष्य है। इसका तात्पर्य यह है कि यदि जीवन की सुरक्षा के लिए सुख का परित्याग करना अनिवार्य हो जाए तो मनुष्य को ऐसा अवश्य करना चाहिए। ऐपिक्यूरस की इस मान्यता से यह स्पष्ट है कि सुख को मानव-जीवन का परम ध्येय मानते हुए भी वे वास्तविक अर्थ में सुखवादी नहीं हैं। उनके मतानुसार, सुख की अपेक्षा नैतिक दृष्टि से जीवन का कहीं अधिक मूल्य है। इस प्रकार जीवन को उच्चतम शुभ और सुख को उसका अंतिम लक्ष्य घोषित करके ऐपिक्यूरस ने नैतिक दर्शन के क्षेत्र में एक विशेष सिद्धांत का प्रतिपादन किया है जो सुखवाद की अपेक्षा अधिक युक्तिसंगत तथा वांछनीय प्रतीत होता है।

कुछ अन्य महान दार्शनिकों की भाँति ऐपिक्यूरस की भी उनके विरोधियों द्वारा प्राचीन काल से आधुनिक युग तक तीव्र आलोचना तथा निंदा की जाती रही है। उनके आलोचकों ने उन पर अनेक मिथ्या आरोप लगाकर उनका महत्त्व कम करने और उन्हें अपमानित करने का प्रयास किया है। उदाहरणार्थ, डायोजीन्स लेर्शियस ने अपनी पुस्तक, 'लाइव्स ऑफ ऐमिनैंट फिलॉसॉफर्स' में ऐसे ही कुछ आरोपों का उल्लेख करते हुए यह कहा है कि विरोधियों के अनुसार ऐपिक्यूरस मंदबुद्धि थे; वे कृतघ्न थे और संस्कृति से घृणा करते थे; वे केवल शारीरिक सुख के समर्थक तथा नास्तिक थे। परंतु लेर्शियस ने स्वयं इन आरोपों को मिथ्या कहकर इनका खंडन किया है। वस्तुतः ऐसे आरोप लगानेवाले आलोचकों का उद्देश्य ऐपिक्यूरस के विचारों का निष्पक्ष मूल्यांकन करना नहीं, अपितु उनकी निंदा करना ही प्रतीत होता है। यदि ऐपिक्यूरस के दर्शन पर निष्पक्ष रूप से विचार किया जाए तो यह स्पष्ट हो जाता है कि वे उन महान दार्शनिकों में से एक थे जिन्होंने सैद्धांतिक दृष्टि से भौतिकवाद के आधार पर विश्व की उत्पत्ति की व्याख्या के साथ-साथ अपने-अपने नैतिक सिद्धांतों द्वारा व्यावहारिक

दृष्टि से मानव-जीवन का मार्गदर्शन भी किया है। हम देख चुके हैं कि उन्होंने मनुष्य को देवताओं तथा मरणोत्तर जीवन के काल्पनिक भय से मुक्त करने के लिए अनेक व्यावहारिक सुझाव प्रस्तुत किए हैं जिनके अनुसार आचरण करके वह आनंदमय और शांत जीवन व्यतीत कर सकता है। इसके अतिरिक्त ऐपिक्यूरस ने अपनी प्रकृतिवादी विचारधारा तथा भौतिकवादी मान्यताओं के आधार पर धर्म संबंधी उन अंधविश्वासों का भी निराकरण करने का प्रयास किया है जो मानव-जीवन को अशांत और दुःखमय बनाते हैं। देवताओं और उनसे की जानेवाली प्रार्थना के विषय में उन्होंने जो विचार व्यक्त किए हैं वे इस बात के स्पष्ट प्रमाण हैं।

मनुष्य के जीवन को सुखमय बनाने के लिए ऐपिक्यूरस के इसी महान योगदान के कारण ईसा पूर्व प्रथम शताब्दी के एक भौतिकवादी विचारक, ल्यूक्रेशियस ने अपनी विस्तृत काव्यमयी पुस्तक, 'ऑन दि नेचर ऑफ़ दि यूनिवर्स' में उनकी बहुत प्रशंसा की है। उनका कथन है कि ऐपिक्यूरस मानव-जाति को धार्मिक अंधविश्वासों से मुक्ति दिलानेवाले महान दार्शनिक थे जिनके क्रांतिकारी विचारों ने मनुष्य के आनंदमय जीवन के लिए मार्ग प्रशस्त किया।[29] इस प्रकार ल्यूक्रेशियस के अनुसार, ऐपिक्यूरस ने अपने भौतिकवादी दर्शन तथा सुखवादी नैतिक सिद्धांत द्वारा मानव-जाति का महान कल्याण किया है जिसके लिए वह उनके प्रति सदैव कृतज्ञ रहेगी। ल्यूक्रेशियस की भाँति दूसरी शताब्दी के एक अन्य विचारक, सेलसस भी ऐपिक्यूरस के दर्शन के प्रबल समर्थक थे जिसके आधार पर उन्होंने ईसाई धर्म की तीव्र आलोचना की थी। इसी कारण उन्हें प्राचीन युग में ईसाई धर्म के कटु आलोचक के रूप में स्वीकार किया जाता है।

यहाँ यह उल्लेखनीय है कि ऐपिक्यूरस का प्रभाव केवल यूनान तक ही सीमित नहीं रहा। यूनान के अतिरिक्त इटली तथा कुछ अन्य देशों के विचारक और साधारण लोग भी ऐपिक्यूरस के दर्शन द्वारा बहुत प्रभावित हुए थे। यूरोप में उनके दर्शन का यह व्यापक प्रभाव चौथी शताब्दी तक बना रहा। परंतु पाँचवीं शताब्दी से ऐपिक्यूरस के दर्शन का प्रभाव कम होने लगा और मध्य युग में लगभग समाप्त हो गया। इसी युग में उन्हें 'इंद्रिय-सुख-लोलुप' तथा 'नास्तिक' कहकर उनकी निंदा की जाने लगी। ऐपिक्यूरस के दर्शन के प्रमुख विरोधी थे प्लूटार्क तथा सिसरो जिन्होंने अपनी कृतियों में अनेक तर्कों द्वारा उनके दार्शनिक सिद्धांतों का खंडन करने का प्रयास किया। वस्तुतः आज हमें ऐपिक्यूरस के दर्शन के विषय में जो जानकारी उपलब्ध है वह पर्याप्त सीमा तक इन दोनों विचारकों की कृतियों में खंडन के लिए उद्धृत उनके विचारों पर आधारित है। इस दृष्टि से इन विचारकों की तुलना भारत में चार्वाक दर्शन के विरोधियों के साथ की जा सकती है जिन्होंने इस दर्शन का खंडन करने के लिए अपने ग्रंथों में इसे सुरक्षित रखने का कार्य किया। प्लुटार्क और सिसरो द्वारा की गई ऐपिक्यूरस के दर्शन की तीव्र आलोचनाओं के कारण अनेक शताब्दियों तक इस दर्शन का प्रभाव बहुत

29. देखिए, आर.ई. लाथम, संपादक और अनुवादक, 'ल्यूक्रेशियस : ऑन दि नैचर ऑफ़ दि यूनिवर्स', पृ. 29.

कम रहा, किंतु सत्रहवीं शताब्दी में यूरोप में वैज्ञानिक विचारधारा के उदय के फलस्वरूप इसका प्रभाव पुनः बढ़ने लगा। यूरोप के पुनर्जागरण-काल में अनेक विचारकों ने उनके दर्शन को बहुत महत्त्व प्रदान किया। वस्तुतः डेमोक्रिटस के पश्चात सुकरातोत्तर युग में ऐपिक्यूरस के भौतिकवादी दर्शन ने निरीश्वरवाद के विकास के लिए सुदृढ़ आधार-भूमि तैयार कर दी थी, अतः यह कहना अनुचित न होगा कि पाश्चात्य दर्शन में इस सिद्धांत के विकास में उनका भी बहुत महत्त्वपूर्ण योगदान रहा है।

ऐपिक्यूरस के अतिरिक्त सुकरातोत्तर युग के कुछ संशयवादी विचारकों ने भी निरीश्वरवाद के विकास में पर्याप्त सहायता प्रदान की है। इन विचारकों में पिरो, आर्सेसिलॉस तथा कारनिडीस के नाम विशेष रूप से उल्लेखनीय हैं। संशयवाद के स्वरूप और निरीश्वरवाद के साथ उसके संबंध की विवेचना हम दूसरे अध्याय में कर चुके हैं, अतः यहाँ इसकी विस्तृत व्याख्या की आवश्यकता नहीं है। संशयवाद की आधारभूत मान्यता को स्पष्ट करते हुए यहाँ इतना कह देना ही पर्याप्त होगा कि इस सिद्धांत के समर्थक मनुष्य द्वारा प्राप्त किए गए सभी प्रकार के ज्ञान की सत्यता और निश्चयात्मकता में गंभीर संदेह करते हैं। इसी कारण अनेक संशयवादी विचारकों ने देवताओं तथा ईश्वर से संबंधित धार्मिक ज्ञान की सत्यता में भी संदेह व्यक्त किया है।

जैसा कि हम दूसरे अध्याय में बता चुके हैं अरस्तू के समकालीन विचारक, पिरो (365-275 ईसा पूर्व) को ही संशयवाद का मूल प्रवर्तक माना जाता है और सभी प्राचीन संशयवादी उन्हें अपने नेता के रूप में स्वीकार करते थे। यही कारण है कि संशयवाद को 'पिरोवाद' की संज्ञा भी दी जाती है। पिरो द्वारा लिखित कोई भी कृति आज हमें उपलब्ध नहीं है, किंतु सिसरो तथा सैक्स्टस ऐम्पिरिकस की पुस्तकों के माध्यम से हमें उनके संशयवादी विचारों का कुछ ज्ञान प्राप्त होता है। यह कहा जाता है कि पिरो ने अनेक देशों का भ्रमण किया था जिसके फलस्वरूप उन्हें भिन्न-भिन्न रीति-रिवाजों, संस्कृतियों तथा धार्मिक विश्वासों को जानने का अवसर मिला और इस व्यापक एवं विविधतापूर्ण ज्ञान ने उनके मन में संशयवाद को जन्म दिया। पिरो यह मानते थे कि हम निश्चित रूप से कुछ भी नहीं जान सकते, अतः हमें किसी वस्तु की सत्ता को सिद्धांततः स्वीकार या अस्वीकार नहीं करना चाहिए। हम अपनी ज्ञानेंद्रियों और तर्कबुद्धि द्वारा वस्तुओं का निश्चित ज्ञान प्राप्त करने में असमर्थ हैं; ऐसी स्थिति में इनके आधार पर कोई स्पष्ट तथा निश्चित मत स्थिर करना हमारे लिए उचित नहीं है। इस प्रकार स्पष्ट है कि अपने संशयवाद के माध्यम से पिरो अंततः अज्ञेयवाद की स्थिति तक पहुँचते हैं। परंतु यह संशयवाद अथवा अज्ञेयवाद उनके दर्शन का केवल सैद्धांतिक पक्ष है। व्यावहारिक दृष्टि से वे मनुष्य को यही परामर्श देते हैं कि उसे अपने सामाजिक रीति-रिवाजों तथा धार्मिक विश्वासों के अनुसार अपना जीवन व्यतीत करना चाहिए, क्योंकि ऐसा करके ही वह शांतिपूर्ण जीवन व्यतीत कर सकता है। पिरो के इस दृष्टिकोण से यह स्पष्ट है कि सिद्धांततः संशयवाद या अज्ञेयवाद को स्वीकार करते हुए भी वे वास्तव में व्यावहारिक दृष्टि से यथास्थितिवाद का ही समर्थन करते हैं। हम दूसरे अध्याय में देख चुके हैं कि अनेक परवर्ती संशयवादियों ने भी

अंततः इसी यथास्थितिवाद को स्वीकार किया है, अतः यह कहना अनुचित न होगा कि व्यावहारिक दृष्टि से संशयवाद का परिणाम यथास्थितिवाद ही प्रतीत होता है।

पिरो के पश्चात एक अन्य यूनानी विचारक, आर्सेसिलॉस (311-240 ईसा पूर्व) ने संशयवाद की इस विचारधारा का और अधिक विकास किया। यद्यपि पिरो की भाँति उनकी भी कोई कृति इस समय हमें उपलब्ध नहीं है, फिर भी सिसरो, सैक्स्टस ऐम्पिरिकस तथा डायोजीन्स लेर्शियस की रचनाओं से हमें उनके संशयवादी विचारों की पर्याप्त जानकारी प्राप्त होती है। कुछ विद्वानों का मत है कि आर्सेसिलॉस के विचारों के कारण ही सर्वप्रथम प्लेटो की अकेडेमी में संशयवाद का प्रवेश हुआ था और प्लेटो के अध्यात्मवादी दर्शन की आलोचना करने के लिए उन्होंने एक नई अकेडेमी की स्थापना की थी जिसे 'मिडल अकेडेमी' कहा जाता था। वे प्लेटो के तत्त्वमीमांसीय तथा रहस्यवादी सिद्धांतों की तीव्र आलोचना किया करते थे। वे स्टॉइक्स की इस मान्यता का भी खंडन करते थे कि कुछ मूल सिद्धांत पूर्णतः निश्चित और अपने आप में सत्य होते हैं जिन्हें प्रमाणित करने की आवश्यकता नहीं होती। इस मान्यता के विपरीत आर्सेसिलॉस यह कहते थे कि मनुष्य के पास निरपेक्ष सत्य को जानने की कोई कसौटी नहीं है; इसी कारण हम किसी वस्तु का जो ज्ञान प्राप्त करते हैं वह निश्चित न होकर केवल संभाव्य अथवा प्रायिक ही होता है। उनके इन विचारों से यह स्पष्ट है कि वे देवताओं तथा ईश्वर के अस्तित्व को भी निश्चित नहीं मानते थे। इस प्रकार हम यह कह सकते हैं कि आर्सेसिलॉस ने पिरो द्वारा स्थापित संशयवाद को अधिक सुदृढ़ किया।

आर्सेसिलॉस के अतिरिक्त पिरो के एक अन्य अनुयायी, कारनिडीस (213-129 ईसा पूर्व) को भी बहुत महत्त्वपूर्ण संशयवादी विचारक माना जाता है। पिरो तथा आर्सेसिलॉस की भाँति उनकी भी कोई पुस्तक अब उपलब्ध नहीं होती, किंतु सिसरो और सैक्स्टस ऐम्पिरिकस की कृतियों से हमें उनके संशयवादी सिद्धांतों का पर्याप्त ज्ञान प्राप्त होता है। कारनिडीस भी अपने पूर्ववर्ती संशयवादी विचारकों की इस आधारभूत मान्यता को स्वीकार करते हैं कि मनुष्य के लिए निरपेक्ष सत्य को जानना अथवा किसी वस्तु का निश्चित ज्ञान प्राप्त करना संभव नहीं है, अतः उसे किसी सिद्धांत, विचार या वस्तु के विषय में अपना कोई निश्चित निर्णय नहीं देना चाहिए। उन्होंने प्लटो की अकेडेमी में शिक्षा प्राप्त की थी और अंततः वे उसके अध्यक्ष भी बने। युवावस्था में वे एक स्टॉइक दार्शनिक, क्रिसिफस के विचारों से प्रभावित हुए थे, किंतु बाद में उन्होंने प्लेटो तथा स्टॉइक्स की अध्यात्मवादी विचारधारा का खंडन किया। सिसरो एवं सैक्स्टस ऐम्पिरिकस की रचनाओं से हमें ज्ञात होता है कि कारनिडीस ने देवताओं तथा ईश्वर की सत्ता और तत्कालीन धार्मिक विश्वासों के विषय में अपने संशयवादी विचार स्पष्ट रूप से प्रस्तुत किए थे।[30] वे यह मानते थे कि देवताओं और ईश्वर के संबंध में हम किसी प्रकार का निश्चित ज्ञान कभी प्राप्त नहीं कर सकते। अपनी इसी मान्यता के कारण उन्होंने स्टॉइक्स के धर्मशास्त्र की

30. देखिए, सिसरो, 'ऑन दि नेचर ऑफ़ गॉड्स', 3; सैक्स्टस ऐम्पिरिकस, 'अगेन्स्ट दि मैथेमैटीशियन्स', 9.

तीव्र आलोचना की थी जिसमें देवताओं तथा ईश्वर के अस्तित्व को निश्चित रूप से स्वीकार किया गया था। वस्तुतः कारनिडीस के समय में स्टॉइक्स के धार्मिक एवं आध्यात्मिक विचारों को उसी प्रकार विशेष महत्त्व दिया जाता था जिस प्रकार आज पाश्चात्य जगत् में ईसाई धर्म के सिद्धांतों को दिया जाता है। यही कारण है कि उन्होंने स्टॉइक्स के धर्मशास्त्रीय सिद्धांतों का विशेष रूप से खंडन किया है।

स्टॉइक्स निश्चित रूप से यह मानते थे कि देवताओं तथा ईश्वर के अस्तित्व को स्वीकार करना अनिवार्य है, क्योंकि सभी मनुष्य उनकी सत्ता में अवश्य विश्वास करते हैं। उनके अनुसार, संसार में ऐसा कोई मनुष्य नहीं है जो देवताओं और ईश्वर के अस्तित्व में विश्वास न करता हो। अपने इस मत के आधार पर वे यह सिद्ध करना चाहते थे कि देवताओं तथा ईश्वर की वास्तविक और वस्तुपरक सत्ता है। परंतु कारनिडीस ने स्टॉइक्स के इस मत का तर्कतः खंडन किया है। इस संबंध में सर्वप्रथम उन्होंने यह प्रश्न उठाया है कि यदि देवताओं और ईश्वर के अस्तित्व से संबंधित विश्वास वास्तव में सार्वभौम विश्वास है तो फिर तर्कों या प्रमाणों द्वारा उनकी सत्ता को सिद्ध करने की क्या आवश्यकता है। इन तर्कों से तो यही प्रमाणित होता है कि संसार में कम-से-कम कुछ व्यक्ति ऐसे अवश्य हैं जो देवताओं एवं ईश्वर की सत्ता में विश्वास नहीं करते और इसी कारण जिन्हें उनके अस्तित्व के विषय में प्रमाणों द्वारा आश्वस्त करना आवश्यक है।

इस तर्क के अतिरिक्त कारनिडीस ने स्टॉइक्स के उपर्युक्त मत के विरुद्ध यह तर्क भी दिया है कि यदि उनके इस मत को स्वीकार कर लिया जाए तो भी इसके आधार पर देवताओं और ईश्वर की सत्ता से संबंधित विश्वास सत्य प्रमाणित नहीं होता। इससे केवल इतना ही सिद्ध होता है कि सभी मनुष्य देवताओं तथा ईश्वर के अस्तित्व में विश्वास करते हैं और यह एक समाजशास्त्रीय तथ्य मात्र है जो निश्चय ही इस विश्वास को सत्य प्रमाणित करने के लिए पर्याप्त नहीं है। वस्तुतः यह कहना कि सभी मनुष्य किसी वस्तु, 'क' के अस्तित्व में विश्वास करते हैं और यह दावा करना कि 'क' की वास्तविक तथा वस्तुपरक सत्ता है–ये दो पूर्णतः भिन्न बातें हैं। इसी कारण देवताओं और ईश्वर के अस्तित्व से संबंधित सार्वभौम विश्वास को अन्य तर्कों द्वारा सत्य प्रमाणित करना अनिवार्य हो जाता है। कारनिडीस का कथन है कि जनमत-संग्रह द्वारा किसी विचार या सिद्धांत को सत्य सिद्ध नहीं किया जा सकता, क्योंकि उसका सत्य होना इस बात पर निर्भर नहीं है कि कितने व्यक्ति उसमें विश्वास करते हैं। इसका अर्थ यह है कि ऐसा विचार अथवा सिद्धांत भी मिथ्या हो सकता है जिसमें संसार के सभी व्यक्ति विश्वास करते हों। उदाहरणार्थ, यह प्राचीन सार्वभौम मिथ्या विश्वास की पृथ्वी चपटी तथा स्थिर है और सभी ग्रह इसकी परिक्रमा करते हैं इस बात का स्पष्ट प्रमाण है। इस प्रकार कारनिडीस ने देवताओं तथा ईश्वर की सत्ता के समर्थन में स्टॉइक्स के उस तर्क का भली-भाँति खंडन किया है जो उनके अनुसार इनके अस्तित्व से संबंधित सार्वभौम विश्वास पर आधारित है और जिसे आधुनिक युग के कुछ धर्मपरायण विचारक भी बहुत महत्त्व देते हैं।[31]

31. आधुनिक युग में इस तर्क की विस्तृत विवेचना के लिए देखिए, जान बेली, 'दि सेन्स ऑफ़ दि प्रज़ेन्स ऑफ़ गॉड', लंडन, 1962.

देवताओं की सत्ता के अतिरिक्त मनुष्यों के मन में उनसे संबंधित विश्वास की उत्पत्ति के विषय में भी कारनिडीस ने अपने विचार स्पष्टतः प्रस्तुत किए हैं। डेमोक्रिटस तथा ऐपिक्यूरस यह मानते थे कि मनुष्यों को देवताओं का प्रतिभास प्राप्त होता है जिसके कारण वे इनके अस्तित्व में विश्वास करने लगते हैं। इन दोनों विचारकों के मतानुसार, देवताओं संबंधी यह प्रतिभास अथवा प्रतीती मनुष्यों के मन में उनकी सत्ता से संबंधित विश्वास की उत्पत्ति का मूल कारण है। परंतु कारनिडीस ने इस मत को काल्पनिक और निराधार कहकर इसे अस्वीकार किया है। उनका कथन है कि इस मत का समर्थन करने के लिए हमारे पास कोई तर्कसंगत आधार नहीं है। परंतु प्रश्न यह है कि मनुष्य देवताओं के अस्तित्व में विश्वास क्यों करते हैं। इस प्रश्न का उत्तर देते हुए कारनिडीस कहते हैं कि भय तथा आश्चर्य उत्पन्न करनेवाली प्राकृतिक शक्तियों का मनुष्यों द्वारा दैवीकरण ही उनके मन में देवताओं से संबंधित विश्वास की उत्पत्ति का वास्तविक कारण है। इसका तात्पर्य यह है कि मनुष्य विभिन्न प्राकृतिक शक्तियों का दैवीकरण करके प्रत्येक प्राकृतिक शक्ति के लिए एक पृथक् देवता की कल्पना कर लेते हैं और उनकी यही कल्पना देवताओं से संबंधित विश्वास को जन्म देती है। कारनिडीस के इन विचारों से यह स्पष्ट है कि वे प्लेटो, अरस्तू तथा अन्य अध्यात्मवादी विचारकों के विपरीत देवताओं की वास्तविक और वस्तुपरक सत्ता को अस्वीकार करते हुए उन्हें मानव की कल्पना मात्र मानते हैं। ऐसी स्थिति में यह कहना अनुचित न होगा कि देवताओं के विषय में उनका मत डेमोक्रिटस, ऐपिक्यूरस तथा ऐसे अन्य सभी संशयवादी विचारकों के मत की अपेक्षा प्रकृतिवादी विचारधारा के अधिक निकट प्रतीत होता है जो देवताओं के अस्तित्व को स्पष्टतः स्वीकार करते थे।

यहाँ यह उल्लेखनीय है कि कारनिडीस ने स्टॉइक्स द्वारा स्वीकृत ईश्वर की अवधारणा का भी अनेक प्रबल तर्कों के आधार पर स्पष्टतः खंडन किया है। ईश्वर की सत्ता के विरुद्ध उन्होंने जो तर्क प्रस्तुत किए हैं उनसे आधुनिक युग के अनेक निरीश्वरवादी दार्शनिकों के तर्कों का पूर्वाभास प्राप्त होता है। इसका कारण यह है कि ईश्वर की अवधारणा के विषय में स्टॉइक्स लगभग उन सभी मान्यताओं को स्वीकार करते थे जिन्हें यहूदी धर्म, इस्लाम तथा ईसाई धर्म में स्वीकार किया गया है। उदाहरणार्थ, स्टॉइक्स ईश्वर को ऐसी व्यक्तित्वसंपन्न सत्ता मानते थे जो असीम, नित्य, सर्वशक्तिमान, सर्वज्ञ, न्यायशील, प्रेममय, पूर्णतः शुभ तथा समस्त सद्गुणों से परिपूर्ण है। वे यह भी मानते थे कि इस विश्व में सर्वत्र प्रयोजनशीलता है, क्योंकि स्वयं ईश्वर ने ही एक विशेष उद्देश्य की पूर्ति के लिए इसकी रचना की है। ईश्वर के विषय में स्टॉइक्स की इन मान्यताओं से यह स्पष्ट है कि उनके ईश्वरवाद तथा यहूदियों और ईसाइयों के ईश्वरवाद में कोई मूल अंतर नहीं है। इसी कारण कारनिडीस ने स्टॉइक्स के ईश्वरवाद के विरुद्ध जो तर्क दिए हैं वे आधुनिक पाश्चात्य ईश्वरवादी दार्शनिकों के ईश्वरवाद के विरुद्ध भी लागू होते हैं।

स्टॉइक्स के ईश्वरवादी सिद्धांत का खंडन करते हुए सर्वप्रथम कारनिडीस ने यह कहा है कि इसमें ईश्वर की जिस अवधारणा को स्वीकार किया गया है वह स्वतोव्याघातयुक्त है, क्योंकि इस अवधारणा में अनेक अंतर्विरोध विद्यमान हैं। वस्तुतः

ये अंतर्विरोध इतने गंभीर हैं कि इनके कारण 'ईश्वर' शब्द हमारे लिए निरर्थक तथा अबोधगम्य हो जाता है। उदाहरणार्थ, स्टॉइक्स एक ओर तो ईश्वर को असीम तथा नित्य मानते हैं और दूसरी ओर वे उसे ऐसी व्यक्तित्वपूर्ण सत्ता के रूप में भी स्वीकार करते हैं जिसमें प्रेम, शुभत्व, करुणा, न्यायशीलता आदि वैयक्तिक गुण हैं। परंतु ईश्वर के स्वरूप के विषय में उनकी ये दोनों मान्यताएँ स्वतोव्याघातपूर्ण अथवा परस्पर विरोधी हैं, क्योंकि यदि ईश्वर वास्तव में नित्य तथा असीम है तो वह व्यक्तित्वपूर्ण नहीं हो सकता और यदि वह व्यक्तित्वपूर्ण है तो वह नित्य एवं असीम नहीं हो सकता। वस्तुतः कोई भी सत्ता सार्थक रूप से एक ही साथ असीम तथा व्यक्तित्वसंपन्न नहीं हो सकती, किंतु इस तथ्य की उपेक्षा करते हुए स्टॉइक्स ईश्वर को असीम और व्यक्तित्वसंपन्न दोनों मान लेते हैं जिसके फलस्वरूप उनकी ईश्वर विषयक अवधारणा में स्वतोव्याघात उत्पन्न हो जाता है। जैसा कि हम ऊपर बता चुके हैं, ईश्वर की ऐसी स्वतोव्याघातपूर्ण अवधारणा हमारे लिए सार्थक और बोधगम्य नहीं हो सकती। ईश्वर के स्वरूप को सीमित किए बिना हम उसमें प्रेम, करुणा आदि वैयक्तिक गुण आरोपित नहीं कर सकते। इस प्रकार अपने उपर्युक्त तर्क द्वारा कारनिडीस ने स्टॉइक्स की ईश्वर विषयक अवधारणा को निरर्थक और अबोधगम्य सिद्ध किया है।

इस तर्क के अतिरिक्त एक अन्य तर्क के आधार पर भी कारनिडीस ने यह प्रमाणित किया है कि स्टॉइक्स की ईश्वर संबंधी अवधारणा में स्वतोव्याघात या अंतर्विरोध विद्यमान है। हम देख चुके हैं कि स्टॉइक्स ईश्वर को समस्त सद्गुणों से परिपूर्ण मानते हैं। परंतु कारनिडीस का मत है कि स्टॉइक्स ने ईश्वर की जो परिभाषा दी है उसे ध्यान में रखते हुए हम तर्कसंगत रूप से अनेक सद्गुणों को ईश्वर में आरोपित नहीं कर सकते। सामान्यतः 'सद्गुण' का अर्थ होता है मानव द्वारा अपनी किसी अपूर्णता पर विजय प्राप्त करना। उदाहरणार्थ, साहस के लिए वास्तविक और गंभीर खतरे के परिणामस्वरूप उत्पन्न स्वाभाविक भय पर विजय प्राप्त करना आवश्यक है। इसी प्रकार संयम के लिए यह आवश्यक है कि मनुष्य वासना से संबंधित शारीरिक सुख के तीव्र प्रलोभन पर विजय प्राप्त करे। अब प्रश्न यह है कि क्या ईश्वर में साहस और संयम नामक सद्गुणों को तर्कसंगत रूप से आरोपित करना संभव है। कारनिडीस के मतानुसार, इस प्रश्न का उत्तर केवल नकारात्मक ही हो सकता है, क्योंकि स्टॉइक्स ने ईश्वर का जो स्वरूप प्रस्तुत किया है वह अनिवार्यतः ईश्वर में इन सद्गुणों का निषेध करता है। उदाहरणार्थ, जो ईश्वर सर्वशक्तिमान है उसके लिए किसी भी खतरे से भयभीत होने का प्रश्न ही नहीं उठता और भय के अभाव में उस पर विजय प्राप्त करके साहस का विकास नहीं किया जा सकता। दूसरे शब्दों में हम यह कह सकते हैं कि सर्वशक्तिमान ईश्वर में 'साहस' नामक सद्गुण का होना संभव नहीं है। ठीक यही बात संयम के विषय में भी कही जा सकती है। जो ईश्वर सभी दृष्टियों से पूर्ण तथा वासना-रहित है उसके लिए अपनी वासना पर विजय प्राप्त करके अपने भीतर संयम के विकास की बात करना निरर्थक है। जब ईश्वर में वासना से संबंधित कोई प्रलोभन है ही नहीं तो हम सार्थक रूप से यह नहीं कह सकते कि वह इस प्रलोभन पर विजय प्राप्त करके अपने भीतर संयम का विकास कर सकता है। इसका अर्थ यही है कि ईश्वर में साहस की भाँति 'संयम' नामक सद्गुण भी नहीं हो सकता।

यहाँ कारनिडीस यह प्रश्न उठाते हैं कि यदि ईश्वर में उपर्युक्त दोनों सद्गुण नहीं हैं तो उसे समस्त सद्गुणों से परिपूर्ण कैसे कहा जा सकता है। उनका यह प्रश्न बहुत महत्त्वपूर्ण है, क्योंकि इससे ज्ञात होता है कि स्टॉइक्स की ईश्वर विषयक अवधारणा में असंगति विद्यमान है। वे एक ओर तो ईश्वर को सर्वशक्तिमान तथा समस्त वासनाओं से रहित मानते हैं और दूसरी ओर यह भी कहते हैं कि वह साहस एवं संयम सहित समस्त सद्गुणों से परिपूर्ण है। यह समझना कठिन नहीं है कि ईश्वर के स्वरूप के विषय में स्टॉइक्स की ये दोनों मान्यताएँ परस्पर विरोधी हैं और इन्हें एक ही साथ स्वीकार करने के कारण उनकी ईश्वर संबंधी अवधारणा में स्वतोव्याघात उत्पन्न हो जाता है जो उसे निरर्थक और अबोधगम्य बना देता है। इस प्रकार कारनिडीस ने अपने उपर्युक्त दोनों तर्कों के आधार पर यह सिद्ध किया है कि स्टॉइक्स ने ईश्वर की जो अवधारणा प्रस्तुत की है वह अनेक असंगतियों तथा स्वतोव्याघातों से परिपूर्ण होने के कारण वास्तव में हमारे लिए सार्थक और बोधगम्य नहीं हो सकती।

स्टॉइक्स की ईश्वर विषयक अवधारणा को निरर्थक तथा अबोधगम्य सिद्ध करने के साथ-साथ कारनिडीस ने उनके इस मत का भी तर्कतः खंडन किया है कि ईश्वर ने विश्व की रचना एक विशेष उद्देश्य को ध्यान में रखकर की है और इसलिए इसमें सर्वत्र प्रयोजनशीलता पाई जाती है। हम पिछले अध्यायों में देख चुके हैं कि ईश्वरवादी दार्शनिकों के इसी मत को 'प्रयोजनपरक युक्ति' कहा जाता है। प्राचीन काल में स्टॉइक्स ने भी ईश्वर की सत्ता के समर्थन में अपने ढंग से यह युक्ति प्रस्तुत की थी। परंतु कारनिडीस ने उनकी इस युक्ति को अस्वीकार करते हुए इसके विरुद्ध भी स्पष्ट रूप से अपना मत व्यक्त किया है। उनका कथन है कि यह युक्ति वास्तव में अपूर्ण तथा बहुत ही दुर्बल है। इसे स्वीकार करनेवाले ईश्वरवादी विचारक विश्व से संबंधित केवल उन्हीं तथ्यों पर ध्यान देते हैं जो इसका समर्थन करते हैं। वे ऐसे सभी तथ्यों की उपेक्षा करते हैं जो इस युक्ति के विरुद्ध हैं। उदाहरणार्थ, वे विश्व में पाई जानेवाली अपूर्णताओं तथा विनाशकारी शक्तियों की ओर कोई ध्यान नहीं देते जो यह सिद्ध करती हैं कि इसका रचयिता सर्वशक्तिमान और करुणामय ईश्वर नहीं हो सकता। संसार में भूकंप, तूफ़ान आदि प्राकृतिक आपदाओं, विषाक्त सर्पों, हिंसक पशुओं तथा भयंकर असाध्य रोगों से यही प्रमाणित होता है कि इसका निर्माण दयालु ईश्वर ने नहीं किया है। जिस विश्व में इतनी अधिक अपूर्णताएँ विद्यमान हैं उसे निश्चय ही सर्वशक्तिमान और करुणामय ईश्वर की रचना नहीं माना जा सकता।

यहाँ यह उल्लेखनीय है कि प्रयोजनपरक युक्ति के विरुद्ध कारनिडीस के इस तर्क में अनेक परवर्ती पाश्चात्य दार्शनिकों के उस तर्क का पूर्वाभास प्राप्त होता है जो उन्होंने इसके विरुद्ध प्रस्तुत किया है। उदाहरणार्थ, अठारहवीं शताब्दी के महान अंग्रेज़ दार्शनिक, डेविड ह्यूम ने अपनी प्रसिद्ध कृति, 'डाएलॉग्ज़ कन्सर्निंग नैचरल रिलिजन' में प्रयोजनपरक युक्ति के विरुद्ध विस्तारपूर्वक यह तर्क प्रस्तुत किया है। ह्यूम के अतिरिक्त जे.एस. मिल ने भी इस युक्ति का खंडन करने के लिए यह तर्क दिया है। इस प्रकार यह स्पष्ट है कि ह्यूम, मिल आदि आधुनिक पाश्चात्य दार्शनिकों ने मुख्यतः जिस तर्क के आधार पर प्रयोजनपरक युक्ति को अस्वीकार किया है उसे प्राचीन युग में कारनिडीस ने बहुत पहले ही प्रस्तुत कर दिया था।

जैसा कि हम ऊपर बता चुके हैं, कारनिडीस ने स्टॉइक्स की ईश्वर विषयक अवधारणा के विरुद्ध ज़ो तर्क दिए हैं वे केवल इसी अवधारणा तक सीमित नहीं हैं। वस्तुतः ये तर्क आधुनिक ईश्वरवादी दार्शनिकों सहित लगभग सभी परवर्ती ईश्वरवादी दार्शनिकों की ईश्वर संबंधी अवधारणा पर समान रूप से लागू होते हैं। कार्नैप, एयर आदि आधुनिक तर्कीय प्रत्यक्षवादियों से सैकड़ों वर्ष पूर्व कारनिडीस ने अपने तर्कों द्वारा यह प्रमाणित कर दिया था कि ईश्वरवादी विचारक ईश्वर में जिन विशेष गुणों को आरोपित करते हैं उनके कारण ईश्वर संबंधी अवधारणा में अनेक स्वतोव्याघात या अंतर्विरोध उत्पन्न होते हैं जो हमारे लिए इस अवधारणा को निरर्थक तथा अबोधगम्य बना देते हैं। इसी प्रकार, कारनिडीस ने मध्य-युगीन तथा आधुनिक ईश्वरवादियों के प्रमुख प्रमाण, प्रयोजनपरक युक्ति को भी बहुत पहले ही अपूर्ण और दुर्बल सिद्ध कर दिया था। वस्तुतः ये सभी तथ्य दार्शनिक के रूप में कारनिडीस की विशेष तर्क-शक्ति तथा निरीश्वरवाद के प्रति उनके पूर्ण समर्थन को भली-भाँति प्रमाणित करते हैं। उनकी इसी दार्शनिक प्रतिभा का उल्लेख करते हुए एक आधुनिक पाश्चात्य विद्वान, आर.डी. हिक्स ने लिखा है : "इस प्रखर चिंतक ने उन तर्कों का प्रयोग किया था जो ईश्वर विषयक किसी भी अवधारणा की मूल कठिनाइयों को प्रकाश में लाते हैं–फिर चाहे उसे व्यक्तित्वपूर्ण सत्ता माना जाए या निर्वैयक्तिक सत्ता, सीमित समझा जाए या असीम, अथवा उसे निरपेक्ष तत्त्व या निरुपाधिक सत्ता जैसे किसी अमूर्त विचार के रूप में प्रस्तुत किया जाए। . . . यह देखकर आश्चर्य होता है कि कारनिडीस ने किस प्रकार अधिकांश परवर्ती तत्त्वमीमांसीय विचारों को पहले ही प्रस्तुत कर दिया है; अंग्रेज़ी में अनूदित किए जाने पर उनकी तर्कपूर्ण आपत्तियाँ आधुनिक दार्शनिक भाषा में प्रस्तुत आपत्तियों के समान प्रतीत होती हैं।"[32] हिक्स के इस उद्धरण से यह स्पष्ट है कि वे प्रतिभासंपन्न दार्शनिक के रूप में कारनिडीस को कितना अधिक महत्त्व देते हैं। वस्तुतः ईश्वर के विरुद्ध कारनिडीस ने जो तर्क प्रस्तुत किए हैं उन्हें ध्यान में रखते हुए यह कहना अधिक युक्तिसंगत प्रतीत होता है कि वे संशयवादी विचारक न होकर निरीश्वरवादी दार्शनिक थे जिन्होंने उस प्राचीन युग में अपने प्रबल ईश्वर-विरोधी तर्कों द्वारा निरीश्वरवाद के लिए मार्ग प्रशस्त किया था।

इस प्रकार उपर्युक्त संपूर्ण विवेचन के आधार पर निष्कर्ष के रूप में हम यह कह सकते हैं कि पिरो, आर्सेसिलॉस, कारनिडीस आदि संशयवादियों ने भी पाश्चात्य दर्शन में निरीश्वरवाद के विकास के लिए सुदृढ़ आधार-भूमि तैयार कर दी थी।

4. रोमन काल

उपर्युक्त यूनानी दार्शनिकों की भाँति इटली के कुछ प्राचीन विचारक भी प्रकृतिवाद, भौतिकवाद अथवा संशयवाद का समर्थन करते थे। इन विचारकों में सिसरो, ल्यूक्रेशियस तथा सैक्स्टस ऐम्पिरिकस के नाम विशेष रूप से उल्लेखनीय हैं जिन्होंने अपने परंपरा-विरोधी नवीन विचारों द्वारा पाश्चात्य दर्शन में निरीश्वरवाद के विकास में अपना

32. आर. डी. हिक्स, 'स्टॉइक ऐंड ऐपिक्यूरियन', पृ. 330, 337.

योगदान किया था। यहाँ हम संक्षेप में इन विचारकों के कुछ महत्त्वपूर्ण सिद्धांतों की विवेचना करेंगे।

मार्कस लूलियस सिसरो (106-43 ईसा पूर्व) का जन्म एक समृद्ध परिवार में रोम से साठ मील दूर 'आर्पिनस' नामक नगर में हुआ था। उनके पिता स्वयं अध्ययनशील व्यक्ति थे, अतः वे अपने बच्चों की शिक्षा को विशेष महत्त्व देते थे। अपने पिता और तत्कालीन कुछ प्रसिद्ध विद्वानों के मार्गदर्शन में सिसरो ने उच्च शिक्षा प्राप्त की थी। उन्होंने कानून, राजनीति तथा दर्शनशास्त्र का विशेष रूप से गहन अध्ययन किया था। यूनानी दर्शन की तीन प्रमुख विचारधाराओं–ऐपिक्यूरसवाद, संशयवाद तथा स्टॉइकवाद–में उनकी विशेष रुचि थी और इसी कारण उन्होंने इन विचारधाराओं के सिद्धांतों को भली-भाँति समझने का प्रयास किया था। तत्कालीन प्रमुख संशयवादी दार्शनिक, फ़िलो के विचारों का उनके दर्शन पर बहुत गहरा प्रभाव पड़ा था जो उनके जीवन पर सदैव बना रहा।

सिसरो दर्शन को जीवन से पलायन का साधन न मानकर उसे जीवन का अनिवार्य अंग और उसका मार्गदर्शक मानते थे, अतः उन्होंने वकील, राजनीतिज्ञ, वक्ता तथा लेखक के रूप में किए गए अपने सभी कार्यों में दर्शन का प्रयोग किया। इस तथ्य को ध्यान में रखते हुए यह कहा जा सकता है कि दर्शन का उनके संपूर्ण जीवन पर व्यापक प्रभाव पड़ा था। परंतु वे केवल दार्शनिक ही नहीं, अपितु विधिवेत्ता, राजनीतिज्ञ, वक्ता तथा लेखक भी थे और उन्होंने अपने नवीन विचारों द्वारा इन सभी क्षेत्रों में पर्याप्त ख्याति अर्जित की थी।

अपने जीवन के अंतिम वर्षों में सिसरो ने अनेक महत्त्वपूर्ण पुस्तकों की रचना की थी जिनमें प्रकृतिवादी अथवा संशयवादी विचारधारा की दृष्टि से 'दि नेचर ऑफ़ दि गॉड्स' नामक पुस्तक का विशेष महत्त्व है। इस पुस्तक में उन्होंने यह सिद्ध करने का प्रयास किया है कि मनुष्य के लिए देवताओं तथा ईश्वर की सत्ता को निश्चित रूप से प्रमाणित करना संभव नहीं है। इस पुस्तक के अतिरिक्त दर्शन संबंधी अपनी अन्य अनेक पुस्तकों में उन्होंने आत्मा की अमरता, मानव-जीवन के लिए उच्चतम शुभ, नियतत्त्ववाद तथा संकल्प-स्वातंत्र्य, दुःख की समस्या, दर्शन का महत्त्व और व्यावहारिक जीवन में उसका प्रयोग आदि विषयों की विवेचना की है। सिसरो मनुष्य के संकल्प-स्वातंत्र्य में विश्वास करते थे और उसके नैतिक जीवन को विशेष महत्त्व देते थे, अतः उन्होंने स्टॉइक्स के इस मत का खंडन किया है कि मानव-जीवन नियति अथवा देवताओं द्वारा नियंत्रित होता है। अपनी सभी रचनाओं में मनुष्य के हित या कल्याण को सर्वोच्च स्थान देने के कारण उन्हें प्राचीन युग का महत्त्वपूर्ण मानवतावादी दार्शनिक माना जाता है। उन्होंने देवताओं तथा ईश्वर के अस्तित्व की समस्या पर भी मानव-हित की दृष्टि से विचार किया है।

अपनी पुस्तक, 'दि नेचर ऑफ़ दि गॉड्स' में सिसरो ने यह मूल प्रश्न उठाया है कि संसार के साथ देवताओं का क्या संबंध है और मनुष्य के जीवन पर उनका क्या प्रभाव पड़ता है। वे यह मानते थे कि मानव के नैतिक आचरण की दृष्टि से इस प्रश्न का बहुत महत्त्व है। देवताओं की सत्ता और मानव-जीवन पर उनके प्रभाव की समस्या

के संबंध में उन्होंने अपनी उपर्युक्त पुस्तक में परिसंवादों की रोचक शैली के माध्यम से अपने विचार प्रस्तुत किए हैं। इसमें विभिन्न पात्र भिन्न-भिन्न दार्शनिक मतों का प्रतिनिधित्व करते हुए उनके समर्थन में स्वतंत्रतापूर्वक अपने-अपने विचार व्यक्त करते हैं। यहाँ यह उल्लेखनीय है कि लगभग अठारह सौ वर्ष पश्चात इसी परिसंवाद शैली का अनुकरण करते हुए डेविड ह्यूम ने अपनी प्रसिद्ध पुस्तक, 'डाइलॉग्ज़ कन्सर्निंग नैचरल रिलिजन' लिखी थी जिसमें उन्होंने भी सिसरो की भाँति देवताओं तथा ईश्वर से संबंधित समस्याओं पर अनेक पात्रों के माध्यम से विचार किया था। इससे स्पष्ट है कि ह्यूम सिसरो की इस रोचक शैली को कितना अधिक महत्त्व देते थे।

वस्तुतः सिसरो की समस्त रचनाओं में उनकी उपर्युक्त पुस्तक, 'दि नेचर ऑफ दि गॉड्स' का अपना विशेष स्थान है, क्योंकि मुख्यतः इसी पुस्तक में उन्होंने धार्मिक समस्याओं के विषय में विस्तारपूर्वक अपने विचार प्रस्तुत किए हैं। इस पुस्तक से हमें ज्ञात होता है कि आधुनिक पाश्चात्य दर्शन में ईश्वरवाद के पक्ष और विपक्ष में जो तर्क दिए गए हैं उनमें से अधिकतर कितने प्राचीन हैं। धर्म की आलोचना से संबंधित इस पुस्तक का तीसरा अध्याय–अर्थात्, बुक 3–हमारे लिए विशेष रूप से महत्त्वपूर्ण है, क्योंकि इसी अध्याय में सिसरो के विचारों का प्रतिनिधित्व करनेवाला 'कोटा' नामक एक पात्र धर्म के विरुद्ध जो तर्क प्रस्तुत करता है उन्हें प्राचीन युग के प्रमुख धर्म-विरोधी तर्क माना जा सकता है।

सर्वप्रथम कोटा धर्मपरायण व्यक्तियों के इस दावे को काल्पनिक और मिथ्या मानता है कि उन्हें देवताओं का प्रतिभास प्राप्त होता है। वह यह मूल प्रश्न भी उठाता है कि क्या सूर्य, चंद्र, तारागण आदि ईश्वर की महिमा को प्रकट करते हैं अथवा क्या वे पूर्णतः निर्वैयक्तिक एवं प्राकृतिक शक्तियों के रूप में ही कार्य करते हैं जैसा कि ऐपिक्यूरस और उनके अनुयायी मानते थे। उसके इस प्रश्न से यह स्पष्ट है कि वह ईश्वर विषयक धार्मिक विश्वास की सत्यता में संदेह करता है। कोटा का कथन है कि जब लोगों को भयंकर प्राकृतिक आपदाओं का सामना करना पड़ता है तो वे अत्यधिक भयभीत हो जाते हैं और देवताओं की शक्तियों को इन आपदाओं का कारण मान लेते हैं, किंतु इससे देवताओं की सत्ता सिद्ध नहीं होती। वस्तुतः देवताओं की सत्ता में मनुष्यों का विश्वास उनके वास्तविक अस्तित्व को प्रमाणित नहीं करता, क्योंकि लोगों का किसी वस्तु में विश्वास करना और वास्तव में उस वस्तु का अस्तित्व होना–ये दोनों पूर्णतः भिन्न बातें हैं। हम पिछले खंड में देख चुके हैं कि कारनिडीस ने भी देवताओं की सत्ता के विरुद्ध यह तर्क दिया था।

प्रयोजनपरक युक्ति के विरुद्ध अपना तर्क प्रस्तुत करते हुए कोटा कहता है कि ग्रह-नक्षत्रों की नियमितता का कारण स्वयं प्रकृति ही है, ईश्वर या कोई अन्य दैवी शक्ति नहीं। इसी प्रकार, यदि संसार में कोई ऐसी घटना होती है जिसका कारण मनुष्य न होकर कोई उत्कृष्ट शक्ति है तो यह शक्ति देवता अथवा ईश्वर के स्थान पर प्रकृति भी हो सकती है। कोटा के अनुसार, हमें उन वस्तुओं तथा घटनाओं की प्राकृतिक व्याख्या करनी चाहिए जिन्हें दैवी शक्तियों के प्रमाण के रूप में स्वीकार किया जाता है। प्रकृति किसी दैवी शक्ति की सहायता के बिना अपने आप कार्य करती है। यह

स्वतः अस्तित्ववान है; ईश्वर या कोई देवता इसकी रचना नहीं करता। कोटा ईश्वरवाद के साथ-साथ उस प्राचीन युग में प्रचलित बहुदेववाद की भी तीव्र आलोचना करता है। इस सिद्धांत के संबंध में वह यह प्रश्न उठाता है कि संपूर्ण संसार में लोग जिन असंख्य देवी-देवताओं की पूजा करते हैं उनमें से किसको ईश्वर माना जा सकता है।

दुःख या अशुभ के विषय में अपना मत प्रस्तुत करते हुए कोटा कहता है कि वह संसार के साथ अनिवार्यतः संबद्ध है; उसके लिए न तो मनुष्य उत्तरदायी है और न कोई देवता। दुःख के लिए मनुष्य को उत्तरदायी मानना उसी प्रकार अनुचित है जिस प्रकार समुद्र में आनेवाले तूफ़ान के लिए जहाज के चालक को उत्तरदायी मानना। संसार में दुःख या अशुभ पर किसी देवता का भी कोई नियंत्रण नहीं है। इसका प्रमाण यह है कि दुष्ट लोग प्रायः सुखी रहते हैं तथा दंड से बच जाते हैं जबकि सज्जन व्यक्ति प्रायः दुःखमय जीवन व्यतीत करते हैं और उन्हें देवताओं से कोई सहायता नहीं मिलती। हमारे व्यक्तिगत अनुभव पर आधारित ये तथ्य इसी बात को सिद्ध करते हैं कि अशुभ या दुःख के साथ देवताओं का कोई संबंध नहीं है।[33]

अपने पात्र, कोटा के माध्यम से व्यक्त सिसरो के उपर्युक्त विचारों से यह स्पष्ट है कि प्राचीन युग में यूनान की भाँति इटली में भी धर्म के विरुद्ध अनेक प्रबल तर्क प्रस्तुत किए जाते थे और कुछ विचारक इन तर्कों को बहुत महत्त्व देते थे। इतना ही नहीं, बहुत-से परवर्ती दार्शनिकों ने भी आगामी शताब्दियों में धर्म के विरुद्ध इन तर्कों का बार-बार प्रयोग किया है जिससे इनकी प्रभावशीलता सिद्ध होती है। इस प्रकार उपर्युक्त विवेचन के आधार पर हम यह कह सकते हैं कि सिसरो रूढ़िवादी धर्मपरायण विचारक न होकर मुख्यतः प्रकृतिवादी विचारधारा के समर्थक तथा मानवतावादी दार्शनिक थे जो देवताओं की सहायता के बिना मनुष्य को अपने भाग्य और भविष्य का निर्माता मानते थे।

सिसरो के अतिरिक्त रोमन काल के दूसरे महत्त्वपूर्ण विचारक थे ल्यूक्रेशियस जिन्होंने डेमोक्रिटस तथा ऐपिक्यूरस के दर्शन से प्रभावित होकर ईसा पूर्व प्रथम शताब्दी में अपने भौतिकवादी और निरीश्वरवादी दर्शन का प्रतिपादन किया था। जैसा कि हम प्रसंगानुसार पहले ही बता चुके हैं, वे अपने पूर्ववर्ती दो महान यूनानी दार्शनिकों, डेमोक्रिटस और ऐपिक्यूरस की प्रकृतिवादी तथा भौतिकवादी विचारधारा का पूर्णतः समर्थन करते थे। वे यूरोप के एकमात्र ऐसे दार्शनिक थे जिन्होंने अपने संपूर्ण दर्शन को गद्य के स्थान पर कविता के माध्यम से प्रस्तुत किया है। अपनी काव्यमयी पुस्तक, 'दि नेचर ऑफ़ दि यूनिवर्स' में ल्यूक्रेशियस ने पूर्ण रूप से भौतिकवादी और निरीश्वरवादी दर्शन का प्रतिपादन किया है जिसमें ईश्वर तथा देवी-देवताओं के लिए कोई स्थान नहीं है। वस्तुतः डेमोक्रिटस के परमाणुवाद के प्रबल समर्थक होने के कारण वे किसी अलौकिक या अति-प्राकृतिक शक्ति के अस्तित्व को स्वीकार नहीं करते थे।

ल्यूक्रेशियस ने अपनी उपर्युक्त पुस्तक में जिन प्रमुख भौतिकवादी दार्शनिक सिद्धांतों को प्रस्तुत किया है वे इस प्रकार हैं : (1) संपूर्ण प्रकृति का निर्माण शाश्वत भौतिक

33. देखिए, सिसरो, 'दि नेचर ऑफ़ दि गॉड्स', संपादक तथा अनुवादक, एच.सी.पी. मैक्ग्रेगर, बुक 3, पृ. 28-30.

परमाणुओं द्वारा ही हुआ है जो असीम दिक् में सर्वत्र व्याप्त रहते हैं। (2) अखिल ब्रह्माण्ड की रचना इन परमाणुओं के संयोग से निर्मित केवल भौतिक द्रव्यों द्वारा हुई है। (3) मनस् अथवा आत्मा की उत्पत्ति भी परमाणुओं से ही होती है जो अन्य परमाणुओं की अपेक्षा अधिक सूक्ष्म तथा उत्कृष्ट होते हैं। प्रत्येक प्राणी की मृत्यु के पश्चात आत्मा के ये परमाणु अन्य परमाणुओं में विलीन हो जाते हैं, अतः मरणोत्तर जीवन की कोई संभावना नहीं है। (4) समस्त इंद्रिय-संवेदन तथा विचार बाह्य वस्तुओं से ही उत्पन्न होते हैं। (5) इस संसार की उत्पत्ति भौतिक परमाणुओं के अकस्मात संयोग के परिणामस्वरूप होती है। इसका तात्पर्य यही है कि विश्व की रचना ईश्वर या किसी अन्य अलौकिक शक्ति ने नहीं की है। (6) समस्त घटनाओं तथा वस्तुओं की व्याख्या इसी परमाणुवादी सिद्धांत के आधार पर की जा सकती है।

ल्यूक्रेशियस के उपर्युक्त सिद्धांतों से यह स्पष्ट है कि डेमोक्रिटस तथा ऐपिक्यूरस के समान वे भी प्रकृतिवाद, भौतिकवाद और निरीश्वरवाद का पूर्णतः समर्थन करते थे। इन दोनों विचारकों की भाँति उनके दर्शन का मुख्य उद्देश्य भी मनुष्य को धार्मिक विश्वासों के दुष्प्रभाव तथा देवी-देवताओं और मृत्यु के भय से मुक्ति दिलाना ही था। सत्रहवीं शताब्दी में जब मैसेंडी द्वारा यूरोप में ऐपिक्यूरसवाद को पुनर्जीवित किया गया तो इस कार्य में स्वयं ऐपिक्यूरस के विचारों पर आधारित ल्यूक्रेशियस के दर्शन से बहुत सहायता प्राप्त हुई थी। इस प्रकार डेमोक्रिटस तथा ऐपिक्यूरस का अनुसरण करते हुए ल्यूक्रेशियस ने भी रोमन काल में भौतिकवाद और निरीश्वरवाद के विकास में अपना महत्त्वपूर्ण योगदान किया था।

ल्यूक्रेशियस के पश्चात रोमन काल में निरीश्वरवाद के विकास की दृष्टि से जिस विचारक का नाम विशेष रूप से उल्लेखनीय है वे हैं सैक्स्टस ऐम्पिरिकस जो पिरो द्वारा स्थापित संशयवादी विचारधारा के प्रबल समर्थक थे। उनके जीवन के विषय में अधिक सामग्री उपलब्ध नहीं होती, किंतु यह कहा जाता है कि वे यूनानी चिकित्सक थे और उन्होंने दूसरी शताब्दी में अपने संशयवादी दर्शन का प्रतिपादन किया था। उन्हें प्राचीन युग का अंतिम संशयवादी दार्शनिक माना जाता है और उन्होंने अपनी तीन पुस्तकों में संशयवादी विचारधारा की सविस्तार विवेचना की है। ये तीन पुस्तकें निम्नलिखित हैं : (1) 'दि आउटलाइन्स ऑफ़ पिरोनिज़्म', (2) 'अगेन्स्ट दि डॉग्मेटिस्ट्स', (3) 'अगेन्स्ट दि स्कूल-मास्टर्स'। सैक्स्टस की इन पुस्तकों से हमें केवल उनके संशयवादी दर्शन की ही नहीं, अपितु उनके पूर्ववर्ती संशयवादियों के विचारों की भी विस्तृत जानकारी प्राप्त होती है। इसी कारण प्राचीन युग की संशयवादी विचारधारा को भली-भाँति समझने की दृष्टि से उनकी इन पुस्तकों का विशेष महत्त्व है। अन्य प्राचीन संशयवादियों की भाँति सैक्स्टस भी यह मानते थे कि मनुष्य के लिए किसी वस्तु का असंदिग्ध ज्ञान प्राप्त करना असंभव है, क्योंकि उसके पास ऐसा कोई विश्वसनीय साधन नहीं है जिसके द्वारा वह बाह्य वस्तुओं तथा अनुभवातीत सत्ताओं का निश्चित ज्ञान प्राप्त कर सके।

अपनी उपर्युक्त मान्यता को सोदाहरण स्पष्ट करते हुए सैक्स्टस कहते हैं कि विभिन्न व्यक्ति वस्तुओं को भिन्न-भिन्न प्रकार से जानते हैं; मनुष्य की ज्ञानेंद्रियाँ एक

ही वस्तु को विभिन्न रूपों में जानती हैं; मनुष्य की बाह्य परिस्थितियाँ भी उसके द्वारा प्राप्त वस्तुओं के ज्ञान को प्रभावित एवं परिवर्तित करती हैं; अंततः पशु भी बाह्य वस्तुओं को विभिन्न प्रकार से जानते हैं। क्या हमारे पास निश्चित रूप से यह जानने का कोई विश्वसनीय उपाय है कि बाह्य वस्तुओं से संबंधित पशुओं का ज्ञान गलत और मनुष्यों का ज्ञान ठीक है? क्या हम निश्चित रूप से यह जानने का दावा कर सकते हैं कि कौन-से व्यक्ति बाह्य वस्तुओं का वास्तविक ज्ञान प्राप्त करते हैं अथवा हमारी कौन-सी ज्ञानेंद्रियाँ किन परिस्थितियों में इन वस्तुओं के वास्तविक स्वरूप को जानती हैं? मानवीय ज्ञान के विषय में ये सब प्रश्न उठाकर सैक्स्टस ने यही प्रमाणित करने का प्रयास किया है कि वास्तव में मनुष्य के लिए किसी वस्तु का निश्चित ज्ञान प्राप्त करना असंभव है। उनके मतानुसार, इसका कारण यह है कि ज्ञेय वस्तु के स्वरूप, हमारी ज्ञानेंद्रियों तथा बाह्य परिस्थितियों में परिवर्तन होता रहता है जो हमारे ज्ञान को प्रभावित करता है।

सैक्स्टस ने अपनी उपर्युक्त मान्यता के आधार पर स्टॉइक्स सहित उन सभी दार्शनिकों के मत का खंडन किया है जो यह दावा करते हैं कि मनुष्य अनुभवातीत सत्ताओं का ज्ञान प्राप्त कर सकता है। इस दावे के विरुद्ध उनका कथन है कि अनुभव से परे किसी वस्तु का ज्ञान प्राप्त करने के लिए मनुष्य के पास न तो कोई साधन है और न ऐसे ज्ञान की परीक्षा के लिए उसके पास कोई विश्वसनीय कसौटी है। इस प्रकार के ज्ञान की परीक्षा के लिए तार्किक अनुमान, कारण-कार्य-संबंध आदि जो कसौटियाँ सामान्यतः प्रस्तुत की जाती हैं उन सबकी विश्वसनीयता के विषय में संदेह किया जा सकता है। ऐसी स्थिति में जो दार्शनिक इंद्रियातीत वस्तुओं के ज्ञान का दावा करते हैं उनके मत को सत्य न मानकर केवल निराधार पूर्वाग्रह ही माना जा सकता है। वस्तुतः ऐसे पूर्वाग्रहों के कारण ही प्रत्येक अनुभवातीत सत्ता के स्वरूप के संबंध में सदैव दार्शनिकों में तीव्र वादविवाद होता रहता है जो इस बात का स्पष्ट प्रमाण है कि कोई भी दार्शनिक ऐसी सत्ता का ज्ञान प्राप्त करने में समर्थ नहीं है। इसका अर्थ यही है कि सैक्स्टस के अनुसार ईश्वर, देवता आदि किसी अलौकिक सत्ता का ज्ञान प्राप्त करना मनुष्य के लिए संभव नहीं है, अतः ऐसी अनुभवातीत सत्ताओं के ज्ञान से संबंधित दार्शनिकों के सभी दावे संदेहास्पद तथा निराधार हैं। अपने इस मत के समर्थन में सैक्स्टस ने किसी-न-किसी रूप में उन सभी तर्कों का प्रयोग किया था जो बाद में संशयवाद के दीर्घकालीन इतिहास में बहुत-से परवर्ती संशयवादियों द्वारा प्रस्तुत किए गए हैं। अन्य संशयवादियों की भाँति वे भी यह मानते थे कि मनुष्य को ऐसी प्रत्येक वस्तु के अस्तित्व के विषय में अपना निर्णय स्थगित रखना चाहिए जो उसके अनुभव से परे है। वस्तुतः मनुष्य के लिए संपूर्ण संशयवादी विचारधारा का यही मूल संदेश है जिसका सभी संशयवादी विचारक समर्थन करते हैं।

कारनिडीस तथा सिसरो की भाँति सैक्स्टस भी यह मानते थे कि किसी विचार या सिद्धांत की सत्यता का निर्णय उसमें विश्वास करनेवाले व्यक्तियों की संख्या के आधार पर नहीं किया जा सकता। यह संख्या चाहे साधारण व्यक्तियों की हो या दार्शनिकों की, इसके द्वारा किसी सिद्धांत अथवा विश्वास की सत्यता को निर्धारित

करना संभव नहीं है। स्पष्टतः इसका अर्थ यही है कि सभी या अधिकतर व्यक्तियों द्वारा स्वीकृत विश्वास भी मिथ्या हो सकता है। कारनिडीस, सिसरो तथा सैक्स्टस का यह मत ईश्वर के समर्थन में दिए गए उस तर्क का खंडन करता है जिसमें उसके अस्तित्व को उससे संबंधित सार्वभौम विश्वास द्वारा सिद्ध करने का प्रयास किया गया है। इसी कारण निरीश्वरवाद की दृष्टि से संशयवादियों के इस मत का बहुत महत्त्व है।

यहाँ यह उल्लेखनीय है कि उपर्युक्त प्राचीन संशयवादियों का प्रभाव उनके अपने युग तक ही सीमित नहीं रहा। उनके संशयवादी विचारों ने आधुनिक पाश्चात्य दर्शन को भी पर्याप्त सीमा तक प्रभावित किया है। उदाहरणार्थ, यूरोप में सोलहवीं शताब्दी के प्रारंभ में जिस संशयवाद को पुनर्जीवित किया गया था उसकी प्रेरणा तथा विधि और उसके सिद्धांतों एवं तर्कों का मूल स्रोत इन प्राचीन संशयवादियों–विशेषतः सैक्स्टस ऐम्पिरिकस–के विचारों में ही निहित है। इसका प्रमाण यह है कि मॉन्टेन, वॉल्टर रेले, डेविड ह्यूम आदि आधुनिक संशयवादी दार्शनिकों ने अपने संशयवाद के समर्थन में सैक्स्टस के विचारों को सविस्तार उद्धृत किया है। इससे आधुनिक संशयवादी दर्शन पर सैक्स्टस के संशयवाद का प्रभाव स्पष्टतः सिद्ध होता है। हम पिछले अध्यायों में देख चुके हैं कि संशयवाद का निरीश्वरवाद के साथ घनिष्ठ संबंध है, अतः अपने संशयवादी विचारों द्वारा सैक्स्टस ने भी निरीश्वरवाद के विकास के लिए परोक्ष रूप से मार्ग प्रशस्त किया है।

5. निष्कर्ष

अभी तक प्रस्तुत अध्याय में सुकरात-पूर्व युग के आयोनियन दार्शनिकों से लेकर रोमन काल के संशयवादी विचारक, सैक्स्टस ऐम्पिरिकस के संशयवाद से संबंधित विचारों तथा सिद्धांतों का जो विवेचन किया गया है उसके आधार पर पाश्चात्य दर्शन में निरीश्वरवाद के विकास की विस्तृत पृष्ठभूमि को भली-भाँति समझा जा सकता है। हम देख चुके हैं कि लगभग आठ शताब्दियों के इस दीर्घ काल में अनेक महान यूनानी दार्शनिकों तथा रोमन विचारकों ने उन विचारधाराओं एवं सिद्धांतों का प्रतिपादन किया था जो प्रत्यक्ष या परोक्ष रूप से निरीश्वरवाद के उदय और विकास में सहायक सिद्ध होते हैं। इन सिद्धांतों में प्रकृतिवाद, भौतिकवाद, अज्ञेयवाद तथा संशयवाद का विशेष रूप से उल्लेख किया जा सकता है और ये सभी सिद्धांत हमें अंततः निरीश्वरवाद की ओर ही ले जाते हैं। जैसा कि हम इस अध्याय के प्रथम खंड में बता चुके हैं, प्रकृतिवादी विचारधारा आयोनियन दार्शनिकों की प्रमुख विचारधारा थी जिसके अनुसार वे विश्व में होनेवाली समस्त घटनाओं तथा इसमें विद्यमान सभी वस्तुओं की व्याख्या मुख्यतः भौतिक अथवा प्राकृतिक नियमों के आधार पर किया करते थे। इस विचारधारा में अलौकिक शक्तियों या सत्ताओं के लिए कोई स्थान नहीं था, क्योंकि इसके अनुसार जल, वायु, अग्नि आदि कुछ भौतिक तत्त्वों द्वारा संपूर्ण विश्व की व्याख्या की जा सकती थी। इस प्रकृतिवादी विचारधारा की चरम परिणिति डेमोक्रिटस के भौतिकवाद में हुई जो केवल भौतिक परमाणुओं को मनस् या आत्मा सहित समस्त वस्तुओं की

उत्पत्ति का मूल कारण मानता था और जिस पर बाद में ऐपिक्यूरस ने अपने दर्शन की स्थापना की थी। इस परमाणुवाद में भी ईश्वर जैसी किसी अति-प्राकृतिक सत्ता के लिए कोई स्थान नहीं था। सुकरात-युग में सोफिस्ट्स ने देवी-देवताओं या ईश्वर की सहायता के बिना ही इसी प्रकृतिवादी तथा भौतिकवादी विचारधारा के आधार पर मानव-जीवन की व्यावहारिक समस्याओं का समाधान प्रस्तुत करने का प्रयास किया। ये विचारक भी विश्व की व्याख्या के लिए अलौकिक शक्तियों अथवा सत्ताओं को कोई महत्त्व नहीं देते थे।

उपर्युक्त प्रकृतिवाद तथा भौतिकवाद के अतिरिक्त सुकरात-युग और सुकरातोत्तर युग में अनेक महान दार्शनिकों ने अज्ञेयवाद एवं संशयवाद का भी प्रतिपादन किया। हम देख चुके हैं कि ये दोनों सिद्धांत भी ईश्वरवाद के समर्थक नहीं हैं, क्योंकि इनके अनुसार मनुष्य के लिए असंदिग्ध रूप से ईश्वर का ज्ञान प्राप्त करना असंभव है। यदि मनुष्य ईश्वर को जान ही नहीं सकता तो निश्चय ही वह यह दावा भी नहीं कर सकता कि उसका अस्तित्व है। इस तथ्य को ध्यान में रखते हुए हम यह कह सकते हैं कि प्रकृतिवाद और भौतिकवाद की भाँति अज्ञेयवाद तथा संशयवाद का अंतिम तार्किक परिणाम भी निरीश्वरवाद ही हो सकता है, अतः ये सभी सिद्धांत निरीश्वरवाद के विकास के लिए मार्ग प्रशस्त करते हैं। इन सिद्धांतों का समर्थन करनेवाले दार्शनिकों में परस्पर कुछ मतभेद के होते हुए भी अनेक ऐसी बातें हैं जिन्हें ये सभी दार्शनिक स्वीकार करते हैं। उदाहरणार्थ, इन दार्शनिकों का विचार है कि विश्व में समस्त घटनाएँ अनिवार्य प्राकृतिक कारणों के परिणामस्वरूप ही घटित होती हैं, ईश्वर या अन्य दैवी शक्तियों की इच्छाओं के कारण नहीं। इसका अर्थ यह है कि ये दार्शनिक उस धार्मिक विचारधारा का निषेध करते हैं जो विश्व की बहुत-सी घटनाओं के लिए ईश्वर अथवा देवताओं को उत्तरदायी मानती है। इसी प्रकार, ईश्वरवादियों के विपरीत इन सभी सिद्धांतों के समर्थक ईश्वर को विश्व का रचयिता नहीं मानते, क्योंकि इनके अनुसार ईश्वर के अस्तित्व को असंदिग्ध रूप से प्रमाणित करना संभव नहीं है। यदि ईश्वर का अस्तित्व ही असंभव, अज्ञात या संदेहास्पद है तो ईश्वरवादियों के इस दावे का कोई तर्कसंगत आधार नहीं रह जाता कि वह विश्व का रचयिता है। इस प्रकार प्राचीन यूनानी एवं रोमन दार्शनिकों द्वारा प्रतिपादित प्रकृतिवाद, भौतिकवाद, अज्ञेयवाद तथा संशयवाद के विषय में उपर्युक्त सभी तथ्यों से यही निष्कर्ष निकाला जा सकता है कि ये सिद्धांत निरीश्वरवाद के उदय और विकास के लिए प्रत्यक्ष या परोक्ष रूप से मार्ग प्रशस्त करते हैं, अतः इस दृष्टि से इन सिद्धांतों का विशेष महत्त्व है।

यहाँ यह भी उल्लेखनीय है कि पाश्चात्य दर्शन में पुनर्जागरण-काल एवं विज्ञान के उदय के फलस्वरूप उन्हीं विचारधाराओं अथवा सिद्धांतों को पुनः स्वीकार किया जाने लगा जिनका आविर्भाव और विकास प्राचीन यूनानी दर्शन तथा रोमन दर्शन में हुआ था। यूरोप में सोलहवीं शताब्दी में पुनर्जागरण-काल के पश्चात जब अंधकारमय मध्य युग की धार्मिक विचारधारा का प्रभाव कम हुआ तो यूरोपीय देशों के विचारकों ने पुनः प्राचीन यूनानी दर्शन से प्रेरणा तथा मार्गदर्शन प्राप्त करना आरंभ किया। इसी कारण पुनर्जागरण-काल के उपरांत जिस आधुनिक पाश्चात्य दर्शन का विकास हुआ

उसमें प्रकृतिवाद, भौतिकवाद, अज्ञेयवाद तथा संशयवाद इन सभी सिद्धांतों को पुनर्जीवित किया गया और इनकी नवीन व्याख्याएँ भी की गईं। इन सिद्धांतों के आधार पर बहुत-से आधुनिक पाश्चात्य दार्शनिकों ने देवी-देवताओं को स्वीकार करनेवाली धार्मिक विचारधारा तथा ईश्वरवाद का अनेक प्रबल तर्कों द्वारा खंडन किया।

आधुनिक युग में विभिन्न प्राकृतिक तथा भौतिक विज्ञानों के क्षेत्र में कार्य करनेवाले अनेक महान वैज्ञानिकों ने अपने क्रांतिकारी वैज्ञानिक सिद्धांतों द्वारा प्रत्यक्ष या परोक्ष रूप से धार्मिक विचारधारा और ईश्वरवाद को गंभीर चुनौती दी। अधिकतर वैज्ञानिकों ने तर्कों के आधार पर स्पष्ट रूप से तो ईश्वरवाद का खंडन नहीं किया, किंतु उनके प्रकृतिवादी अथवा भौतिकवादी सिद्धांतों के कारण मनुष्य के व्यावहारिक जीवन में ईश्वर की भूमिका बहुत सीमित हो गई। ऐसी स्थिति में यह कहना संभवतः अनुचित न होगा कि पाश्चात्य जगत् में विज्ञान के विकास ने भी भौतिकवाद और निरीश्वरवाद को प्रश्रय दिया। प्राचीन यूनानी विचारकों से प्रेरणा ग्रहण करते हुए बहुत-से आधुनिक महान दार्शनिकों ने प्रकृतिवाद, भौतिकवाद, अज्ञेयवाद तथा संशयवाद का पुनः जो प्रबल समर्थन किया उसके कारण पाश्चात्य दर्शन में सैद्धांतिक दृष्टि से निरीश्वरवाद की स्थिति विशेषरूप से सुदृढ़ हुई। इस प्रकार आधुनिक दार्शनिकों तथा वैज्ञानिकों के प्रकृतिवादी एवं भौतिकवादी विचारों के परिणामस्वरूप आज पाश्चात्य दर्शन में निरीश्वरवाद का पर्याप्त विकास हो चुका है जिसे अनेक सुविख्यात समकालीन दार्शनिक पूर्णतः स्वीकार करते हैं और इसी कारण जिस पर इस समय विपुल साहित्य विद्यमान है। अगले अध्यायों में हम उन प्रमुख प्रवृत्तियों, विचारधाराओं तथा कुछ ऐसे महत्त्वपूर्ण दार्शनिकों के मुख्य सिद्धांतों की विवेचना करेंगे जिन्होंने पाश्चात्य दर्शन में निरीश्वरवाद के इस विकास में विशेषरूप से योगदान किया है।

अध्याय-10

पुनर्जागरण-काल और तर्क-युग

1. पुनर्जागरण-काल की पृष्ठभूमि

पिछले अध्याय में हम देख चुके हैं कि किस प्रकार कुछ महान यूनानी दार्शनिकों एवं रोमनकालीन विचारकों ने अपने विभिन्न प्रकृतिवादी, भौतिकवादी तथा संशयवादी सिद्धांतों द्वारा पाश्चात्य दर्शन में निरीश्वरवाद के उदय और विकास में अपना योगदान किया था। इसी कारण ईसा पूर्व छठी शताब्दी से लेकर ईसा के पश्चात दूसरी शताब्दी तक के आठ सौ वर्षों के इस दीर्घकाल का पाश्चात्य निरीश्वरवाद के इतिहास में विशेष महत्त्व है। परंतु दूसरी शताब्दी के उपरांत लगभग एक हज़ार वर्ष तक पश्चिमी दर्शन में निरीश्वरवाद का विकास नहीं हो सका, क्योंकि इस संपूर्ण युग में ईसाई धर्म को स्वीकार करनेवाले ईश्वरवादी विचारकों का पाश्चात्य जगत् में पूर्ण वर्चस्व बना रहा। ईसाई धर्म के अतिरिक्त ईश्वरवाद के प्रबल समर्थक प्लेटो तथा उनके अनुयायियों के आध्यात्मिक एवं धार्मिक विचारधारा का भी इस युग के लगभग सभी विचारकों पर बहुत गहरा और व्यापक प्रभाव पड़ा जिसके फलस्वरूप निरीश्वरवाद का विकास अवरुद्ध हो गया। इस प्रकार दूसरी शताब्दी से ग्यारहवीं शताब्दी तक के इस दीर्घकाल को हम मुख्यतः 'ईश्वरवाद का युग' कह सकते हैं। परंतु इसके पश्चात बारहवीं शताब्दी में हमें प्रकृतिवाद, भौतिकवाद तथा निरीश्वरवाद से संबंधित प्राचीन यूनानी विचारधारा पुनः प्रस्फुटित होती हुई दिखाई देती है। इस विचारधारा के पुनर्जीवित होने का एक प्रमुख कारण था अरस्तू के दर्शन के प्रति तत्कालीन यूरोपीय विचारकों का बढ़ता हुआ आकर्षण जो अब तक इस दर्शन के विषय में लगभग अनभिज्ञ थे। बारहवीं शताब्दी में अनेक अरबी तथा यूनानी विद्वानों ने अरस्तू के विभिन्न ग्रंथों का यूरोपीय भाषाओं में अनुवाद करके पाश्चात्य विचारकों को उनके दर्शन से अवगत कराया जिसे उस समय तक बहुत कम लोग जानते थे।

जैसा कि हम पिछले अध्याय में बता चुके हैं, प्लेटो के विपरीत अरस्तू का दर्शन मुख्य रूप से इहलौकिक दर्शन है जिसका संबंध मनुष्य के वर्तमान जीवन की समस्याओं

से है। उनके नैतिक दर्शन, राजनीति-दर्शन तथा समाज-दर्शन में ईश्वर अथवा किसी अन्य अलौकिक शक्ति के लिए कोई स्थान नहीं है। इसके अतिरिक्त उनकी ईश्वर विषयक अवधारणा भी धर्मपरायण विचारकों की ईश्वर संबंधी अवधारणा से बहुत भिन्न है। अरस्तू का ईश्वर उपास्य देवता न होकर विश्व का निर्वैयक्तिक आदिकारण है जिसके आधार पर वे विश्व में विद्यमान गति और परिवर्तन की व्याख्या करते हैं। स्पष्ट है कि ऐसे निर्वैयक्तिक ईश्वर का धार्मिक विचारधारा से कोई संबंध नहीं हो सकता। सभी धर्मपरायण ईश्वरवादी विचारक यह मानते हैं कि ईश्वर विश्व का रचयिता है, किंतु अरस्तू विश्व को अनादि तथा शाश्वत मानकर उनके इस मत को भी अस्वीकार करते हैं। ईश्वर विषयक धार्मिक अवधारणा का खंडन करने के साथ-साथ उन्होंने सामान्य अर्थ में आत्मा की अमरता का भी निषेध किया है। इन सभी तथ्यों से यही प्रमाणित होता है कि अरस्तू का दर्शन मुख्यतः प्रकृतिवादी दर्शन है जिसमें अध्यात्मवाद और अलौकिकता की अपेक्षा इसी संसार में मनुष्य के हित अथवा कल्याण को कहीं अधिक महत्त्व दिया गया है।[1] बारहवीं शताब्दी और उसके उपरांत पाश्चात्य जगत् में प्लेटो के स्थान पर अरस्तू के इस प्रकृतिवादी दर्शन का प्रभाव बढ़ने लगा जिसके कारण कुछ पश्चिमी विचारक प्राचीन यूनानी दर्शन की धर्मनिरपेक्ष तथा भौतिकवादी विचारधारा का पुनः समर्थन करने लगे। इस प्रकार लगभग एक हज़ार वर्ष पश्चात अरस्तू की प्रकृतिवादी बौद्धिक विचारधारा ने एक बार फिर पाश्चात्य दर्शन में निरीश्वरवाद के विकास के लिए मार्ग प्रशस्त किया, अतः इस दृष्टि से उनके दर्शन का विशेष महत्त्व है।

बारहवीं शताब्दी के उत्तरार्ध में जिन विचारकों पर अरस्तू के इहलौकिक दर्शन का विशेष प्रभाव पड़ा था उनमें अमाउरी तथा डेविड के नाम उल्लेखनीय हैं। अमाउरी मुख्यतः मानवतावादी विचारक थे जो इसी संसार में मनुष्य के वर्तमान जीवन को सुखमय बनाने में विश्वास करते थे। वे यह मानते थे कि किसी प्रकार का मरणोत्तर जीवन संभव नहीं है, अतः मनुष्य केवल इसी जगत् में सुख प्राप्त कर सकता है। नरक कोई पारलौकिक स्थान न होकर हमारा अपना अज्ञान ही है जो स्वयं हमारे भीतर विद्यमान रहता है। इस जगत् और प्रकृति में जो कुछ है वह सब ईश्वर ही है जिसमें अशुभ भी सम्मिलित है। इसका तात्पर्य यही है कि जगत् और प्रकृति से भिन्न ईश्वर की कोई स्वतंत्र सत्ता नहीं है। यहाँ यह उल्लेखनीय है कि अमाउरी के इन परंपरा-विरोधी तथा धर्मनिरपेक्ष विचारों के कारण तत्कालीन धर्मांध लोगों ने उनकी मृत्यु के चार वर्ष पश्चात 1210 में उनके शव को कब्र से निकालकर जला दिया था जो इन लोगों के अनुसार उनके लिए उपयुक्त दंड था।[2] अमाउरी की भाँति डेविड भी इहलौकिक भौतिकवादी दर्शन में विश्वास करते थे। वे पुद्गल को ही 'ईश्वर' कहते थे जिसे वे विश्व की एकमात्र अंतिम सत्ता के रूप में स्वीकार करते थे। उनका मत था कि पुद्गल, ईश्वर तथा विचार में कोई अंतर नहीं है। इसी कारण उन्हें भौतिकवाद

1. अरस्तू के दर्शन की इस प्रकृतिवादी व्याख्या के लिए देखिए डी.डी. नॉल्स, 'इवोल्यूशन ऑफ़ मिडीवल थॉट', पृ. 192; फ्रैड्रिक हीर, 'दि मिडीवल वर्ल्ड', पृ. 263.
2. देखिए, जेम्स थ्रोवर, 'ए शॉर्ट हिस्ट्री ऑफ़ वेस्टर्न एथीइज़्म', पृ. 61.

को स्वीकार करनेवाला एकतत्त्ववादी दार्शनिक माना जाता है। अमाउरी तथा डेविड के इन विचारों से यह स्पष्ट है कि अपने दर्शन में 'ईश्वर' शब्द का प्रयोग करते हुए भी ये दोनों वास्तव में निरीश्वरवादी दार्शनिक थे।

तेरहवीं और चौदहवीं शताब्दी में इस प्रकृतिवादी तथा संशयवादी विचारधारा का प्रभाव कुछ और अधिक प्रबल हुआ। चौदहवीं शताब्दी को तो कुछ विचारकों ने 'संशयपूर्ण शताब्दी' की संज्ञा दी है, क्योंकि इसके अनेक दार्शनिक आस्था पर आधारित धार्मिक सिद्धांतों की सत्यता में संदेह करने लगे थे। इस शताब्दी में धर्मगुरु, पोप की सत्ता धीरे-धीरे कम होने लगी थी और उसके स्थान पर तर्क तथा विज्ञान का प्रभाव बढ़ने लगा था। कुछ विचारक यह कहने लगे थे कि आस्था संबंधी धार्मिक विषयों को तर्क द्वारा प्रमाणित नहीं किया जा सकता, क्योंकि आस्था का क्षेत्र तर्क के क्षेत्र से पूर्णतः भिन्न है। चौदहवीं शताब्दी की इसी प्रवृत्ति का उल्लेख करते हुए एक पाश्चात्य विद्वान, गॉर्डन लेफ कहते हैं : "प्राकृतिक तथा अति-प्राकृतिक दृष्टि-कोण केवल भिन्न स्तरों पर ही नहीं थे, अपितु इन दोनों में कोई ऐसी बात थी ही नहीं जो इनमें संबंध स्थापित करती; ये एक-दूसरे को प्रभावित नहीं कर सकते थे, क्योंकि इनका संवंध अलग-अलग सत्यों से था।"[3] इस प्रकार तेरहवीं तथा चौदहवीं शताब्दी के कुछ विचारक यह मानने लगे थे कि केवल आस्था पर आधारित धार्मिक मान्यताओं और विश्वासों का तर्कबुद्धि के साथ वास्तव में कोई संबंध नहीं है। इन विचारकों में डन्स स्कॉटस (1220-1308) तथा विलियम ओखाम (1300-1341) के नाम विशेष रूप से उल्लेखनीय हैं।

डन्स स्कॉटस यह मानते थे कि जिन धार्मिक सत्यों के विषय में ईश्वर-प्रदत्त होने का दावा किया जाता है उन्हें तर्क द्वारा प्रमाणित नहीं किया जा सकता, क्योंकि इन सत्यों का एकमात्र आधार आस्था है जिसका तर्क और अनुभव से कोई संबंध नहीं है। इसका अर्थ यह है कि दर्शन तथा धर्म के विषय एवं क्षेत्र एक-दूसरे से भिन्न हैं, अतः एक ही व्यक्ति दार्शनिक और भक्त दोनों एक साथ नहीं हो सकता। दर्शन तथा विज्ञान केवल तर्क पर आधारित रहते हैं जवकि धर्म का एकमात्र आधार आस्था है। इसी कारण धर्मशास्त्र को वास्तविक अर्थ में 'विज्ञान' की संज्ञा नहीं दी जा सकती। आस्था और तर्क के विषयों को अलग-अलग मानने की इस प्रवृत्ति का चरम विकास आगे चलकर अठारहवीं शताब्दी में कान्ट के दर्शन में हुआ जो निश्चित रूप से यह मानते थे कि ईश्वर तथा आत्मा की अमरता जैसे आस्थापरक विषयों को तर्क द्वारा प्रमाणित करना संभव नहीं है। इस प्रकार तेरहवीं शताब्दी में डन्स स्कॉटस ने दर्शन तथा धर्म के पारस्परिक संबंध के विषय में जो समस्या उठाई थी उसकी विवेचना आगामी अनेक शताब्दियों में भी की जाती रही। आस्था एवं तर्क के क्षेत्रों को अलग-अलग कर देने का एक परिणाम यह हुआ कि ईश्वरवाद का तार्किक तथा बौद्धिक आधार समाप्त हो गया जिससे उसकी स्थिति दुर्बल हुई और निरीश्वरवाद को प्रश्रय मिला।

3. गॉर्डन लेफ़, मिडिवल थॉट', पृ. 258.

डन्स स्कॉटस की भाँति विलियम ओखाम भी आस्था और तर्क के क्षेत्रों को एक-दूसरे से पृथक् मानते थे। वे मुख्यतः तर्कशास्त्री थे और अपने तर्कों द्वारा तत्त्वमीमांसीय युक्तियों की आलोचना करते थे। वे ईश्वर के अस्तित्व और आत्मा की अमरता को तर्कों के आधार पर प्रमाणित करने का प्रयास करनेवाले दार्शनिकों की विशेष रूप से आलोचना करते थे, क्योंकि उनका विचार था कि ये दोनों तर्कबुद्धि के विषय न होकर केवल आस्था के विषय हैं। हमारी तर्कबुद्धि ईश्वर की सत्ता तथा आत्मा की अमरता को न तो प्रमाणित कर सकती है और न अप्रमाणित। वस्तुतः ओखाम सांसारिक विषयों की व्याख्या तो अनुभव, तर्कबुद्धि तथा प्राकृतिक नियमों के आधार पर करते हैं, किंतु ईश्वर, आत्मा आदि अलौकिक विषयों की व्याख्या के लिए वे आस्था पर आधारित अति-प्राकृतिक सिद्धांतों का प्रयोग करते हैं। इस प्रकार उनका दर्शन दो विभिन्न स्तरों पर कार्य करता है। प्रथम स्तर पर वे केवल अनुभवाश्रित ज्ञान को और द्वितीय स्तर पर आस्थापरक अति-प्राकृतिक दृष्टिकोण को स्वीकार करते हैं जो उनके विचार में समस्त धार्मिक मान्यताओं तथा विश्वासों का एकमात्र आधार है।

स्कॉटस तथा ओखाम के उपर्युक्त विचारों से यह स्पष्ट है कि तेरहवीं और चौदहवीं शताब्दी में कुछ विचारक दर्शन एवं धर्मशास्त्र को एक-दूसरे से पृथक् मानने लगे थे जिसके फलस्वरूप दर्शन को धर्मशास्त्र का साधन न मानकर उससे भिन्न और एक स्वतंत्र विधा के रूप में स्वीकार किया जाने लगा था। यह विचारधारा आगे चलकर संशयवाद, प्रकृतिवाद तथा निरीश्वरवाद के विकास में कुछ सीमा तक सहायक सिद्ध हुई। इस प्रकार यद्यपि स्कॉटस तथा ओखाम निरीश्वरवादी दार्शनिक नहीं थे, फिर भी यह कहना संभवतः अनुचित न होगा कि उनकी विचारधारा ने निरीश्वरवाद के विकास में परोक्ष रूप से कुछ योगदान अवश्य किया था।

2. पुनर्जागरण-काल में निरीश्वरवाद के कुछ प्रमुख स्रोत

पाश्चात्य जगत् में पुनर्जागरण-काल का विशेष महत्त्व है, क्योंकि शताब्दियों तक अंधकारमय मध्य युग में अंधविश्वासों तथा रूढ़िवादी धार्मिक विचारधारा के पूर्ण वर्चस्व के अंतर्गत लगभग सुशुप्तावस्था में जीवन व्यतीत करने के पश्चात यूरोप इस काल में पुनः जागृत और तर्क एवं विज्ञान के प्रकाश से आलोकित हुआ। सामान्यतः यह माना जाता है कि पुनर्जागरण-काल पंद्रहवीं शताब्दी से सत्रहवीं शताब्दी तक रहा और इन तीन सौ वर्षों में साहित्य, कला, धर्म, दर्शन, राजनीति आदि सभी क्षेत्रों में यूरोपीय देशों में महान वैचारिक क्रांति हुई। इन सभी क्षेत्रों में कार्य करनेवाले बहुत-से विचारकों ने अपने नवीन तर्कपूर्ण विचारों द्वारा शताब्दियों से विद्यमान पुरानी परंपराओं, अंधविश्वासों, मिथ्या मान्यताओं और धार्मिक पूर्वाग्रहों के विरुद्ध संघर्ष किया। वस्तुतः इस काल की पृष्ठभूमि इसके प्रारंभ होने से पूर्व ही बारहवीं शताब्दी से चौदहवीं शताब्दी तक तीन सौ वर्षों में तैयार हो चुकी थी। हम पिछले खंड में देख चुके हैं कि इस युग के कुछ विचारकों ने ईश्वर, आत्मा आदि अलौकिक सत्ताओं से संबंधित विश्वासों तथा प्राचीन धार्मिक मान्यताओं की सत्यता में संदेह करना आरंभ कर दिया

था। वे यह मानते थे कि इन धार्मिक विश्वासों और मान्यताओं को तर्क द्वारा सत्य प्रमाणित नहीं किया जा सकता। पुनर्जागरण-काल में यह संशयवादी परंपरा और अधिक विकसित तथा प्रबल हुई। इसी परंपरा को स्वीकार करते हुए इस काल के अनेक विचारकों ने ईश्वर, आत्मा आदि अलौकिक सत्ताओं को मानवीय तर्कबुद्धि से परे और उनकी वास्तविकता को संदेहास्पद माना। वे धर्म-गुरुओं की प्राचीन रूढ़िवादी धार्मिक मान्यताओं का अंधश्रद्धापूर्वक समर्थन करने के लिए उद्यत नहीं थे। इस प्रकार पुनर्जागरण-काल में जीवन और जगत् के प्रति बहुत-से यूरोपीय विचारकों के दृष्टिकोण में क्रांतिकारी परिवर्तन हुआ।

पुनर्जागरण-काल से पूर्व पाश्चात्य जगत् में शताब्दियों तक जीवन के सभी क्षेत्रों में केवल धर्म का एकाधिकार बना रहा। उस समय मानव-जीवन की समस्याओं तथा विश्व की घटनाओं की व्याख्या धार्मिक दृष्टिकोण के आधार पर ही की जाती थी जिसमें अलौकिकता, बहुदेववाद और ईश्वरवाद की प्रधानता थी। जीवन का कोई भी महत्त्वपूर्ण क्षेत्र ऐसा नहीं था जिसमें धर्म और धर्म-गुरुओं की निर्णायक भूमिका न रही हो। परंतु पुनर्जागरण-काल के प्रारंभ से ही धीरे-धीरे पाश्चात्य जगत् के इस परंपरागत धार्मिक दृष्टिकोण में परिवर्तन होने लगा। इस काल के अनेक विचारक जीवन और जगत् की व्याख्या तर्कपूर्ण एवं धर्मनिरपेक्ष वैज्ञानिक दृष्टिकोण के अनुसार करने लगे। अब ईश्वर तथा देवी-देवताओं की अपेक्षा स्वयं मनुष्य और उसकी समस्याओं को कहीं अधिक महत्त्व दिया जाने लगा। बहुत-से विचारक यह अनुभव करने लगे कि मनुष्य की प्रतिष्ठा एवं गरिमा को स्वीकार करते हुए उसके जीवन के सभी महत्त्वपूर्ण क्षेत्रों का वैज्ञानिक अध्ययन करना आवश्यक है। इस प्रकार धर्म तथा ईश्वर के स्थान पर स्वयं मनुष्य ही विचारकों के अध्ययन एवं चिंतन का प्रमुख केंद्र बन गया और साहित्य, कला, राजनीति, धर्म, दर्शन आदि सभी विषयों का अध्ययन मानवीय दृष्टिकोण से किया जाने लगा।

यहाँ यह उल्लेखनीय है कि पुनर्जागरण-काल में जीवन और जगत् के प्रति विचारकों के दृष्टिकोण में इस क्रांतिकारी परिवर्तन का एक मुख्य कारण था प्राचीन यूनानी तथा रोमन दर्शन का अध्ययन। इस काल के विचारकों ने डेमोक्रिटस, ऐपिक्यूरस, अरस्तू, सिसरो, ल्यूक्रेशियस, सैक्स्टस ऐम्पिरिकस आदि प्राचीन दार्शनिकों के विचारों का विशेष रूप से अध्ययन किया था जिसका उनके चिंतन पर बहुत व्यापक और गहरा प्रभाव पड़ा। हम पिछले अध्याय में देख चुके हैं कि ये प्राचीन दार्शनिक मुख्यतः प्रकृतिवादी, भौतिकवादी अथवा संशयवादी विचारधारा में विश्वास करते थे, अतः इनके विचारों के अध्ययन के फलस्वरूप पुनर्जागरण-काल में भी इस विचारधारा को पर्याप्त सीमा तक स्वीकार किया जाने लगा। वस्तुतः इस धर्मनिरपेक्ष प्रकृतिवादी विचारधारा से प्रभावित होने के कारण इस काल के बहुत-से विचारक ईसाई धर्म के पूर्वाग्रहों से मुक्त होकर जीवन और जगत् के विषय में निष्पक्ष वैज्ञानिक चिंतन करने लगे थे। प्राचीन भौतिकवादी तथा संशयवादी यूनानी दर्शन के अध्ययन ने उन्हें एक ऐसी वैज्ञानिक और धर्मनिरपेक्ष जीवन-पद्धति से अवगत कराया था जो ईसाई धर्म की जीवन-पद्धति से बहुत भिन्न थी। यह अध्ययन जीवन तथा जगत् के प्रति उनके

व्यापक और तर्कसंगत दृष्टिकोण के विकास में भी बहुत सहायक सिद्ध हुआ। इस प्रकार पुनर्जागरण-काल में यूरोपीय देशों में जो वैचारिक क्रांति हुई उसमें प्राचीन प्रकृतिवादी, भौतिकवादी तथा संशयवादी यूनानी एवं रोमन दर्शन का पर्याप्त योगदान रहा और इस दर्शन के अध्ययन के परिणामस्वरूप आधुनिक पाश्चात्य दर्शन में निरीश्वरवाद को प्रश्रय मिला।

उपर्युक्त तथ्यों को ध्यान में रखते हुए अनेक विद्वानों ने पुनर्जागरण-काल के विचारकों द्वारा प्राचीन दर्शन के इस अध्ययन को इस काल में निरीश्वरवाद के विकास का एक महत्त्वपूर्ण स्रोत माना है। इन विद्वानों में जॉर्ज टी. बकले तथा जेम्स थ्रोवर के नाम विशेष रूप से उल्लेखनीय हैं। इन विद्वानों का मत है कि प्राचीन यूनानी दर्शन के प्रकृतिवाद, भौतिकवाद तथा संशयवाद से प्रभावित होकर पुनर्जागरण-काल के कुछ विचारकों ने निरीश्वरवाद या अज्ञेयवाद का समर्थन किया। उदाहरणार्थ, इसी मत की व्याख्या करते हुए जॉर्ज टी. बकले ने लिखा है : "क्योंकि संपूर्ण पुनर्जागरण-काल धर्मनिरपेक्षवाद की ओर उन्मुख था और क्योंकि प्राचीन ग्रंथों को एक विदेशी धर्म के विचारों के रूप में समझा जाने लगा था, इसलिए यह स्पष्ट है कि इन आंदोलनों से सहानुभूति रखनेवाला व्यक्ति यूनानी अथवा लैटिन साहित्य के किसी ग्रंथ का अध्ययन करके जो अनुभव प्राप्त करेगा वह उसे संभवतः अच्छा ईसाई नहीं बना सकता। ये प्राचीन ग्रंथ उसे अधिक अच्छा नीतिज्ञ अथवा अधिक अच्छा दार्शनिक तो बना सकते हैं, . . . किंतु . . . अच्छे नीतिज्ञ और अच्छे दार्शनिक सदा अच्छे ईसाई नहीं होते। . . . यह विश्वासपूर्वक कहा जा सकता है कि प्राचीन युग के संशयवादी विचारक धार्मिक संदेह के प्रमुख कारणों में से एक थे। . . . विशुद्ध साहित्य के महान ग्रंथों–जिनमें से अधिकतर का कोई धार्मिक महत्त्व नहीं था–के अतिरिक्त संशय व्यक्त करनेवाले तथा वस्तुओं की जाँच करनेवाले ऐसे अन्य बहुत-से ग्रंथ थे जिनका भावार्थ यदि निरीश्वरवादी नहीं तो अज्ञेयवादी अवश्य था और जिनकी ईसाई धर्म के सिद्धांतों के साथ संगति स्थापित नहीं की जा सकती थी।"[4] बकले के इन विचारों से यह स्पष्ट है कि वे प्राचीन यूनानी तथा रोमन दार्शनिकों के प्रकृतिवाद अथवा संशयवाद को पुनर्जागरण-कालीन निरीश्वरवाद का एक मुख्य स्रोत मानते हैं।

बकले के अतिरिक्त इस संबंध में थ्रोवर भी उनके उपर्युक्त मत का समर्थन करते हैं। उनका कथन है : "पुनर्जागरण-कालीन दर्शन का इतिहास मुख्यतः उस प्रक्रिया का इतिहास है जिसमें यूनानी मानवतावादी भावना की दृष्टि से संसार को वैज्ञानिक ढंग से समझने का धीरे-धीरे प्रयास किया गया है। . . . इसमें हम धर्म के प्रति उस संशयवादी दृष्टिकोण का प्रारंभ देख सकते हैं जो अठारहवीं शताब्दी में पाश्चात्य बौद्धिक परंपरा का प्रमुख दृष्टिकोण बनेगा। . . . वस्तुतः इसी काल में आगामी शताब्दियों के पूर्णतः धर्मनिरपेक्ष दृष्टिकोण के लिए आधार तैयार किया गया है। . . . पुनर्जागरण-काल के पूर्ववर्ती मानवतावादी विचारकों के विद्वतापूर्ण एवं आलोचनात्मक कार्य के परिणामस्वरूप प्राचीन ग्रंथों को संपूर्ण रूप में तथा उनके अपने महत्त्व

4. जॉर्ज टी. बकले, 'एथीइज़्म इन दि इंग्लिश रिनेसां', पृ. 3-4, 23.

के लिए पढ़ा जाने लगा और यह देखा गया कि ईसाई धर्म के पूर्ववर्ती समर्थक होने के स्थान पर वे एक ऐसी संस्कृति तथा जीवन-पद्धति के प्रतिनिधि थे जो अपने आप में पूर्ण थी और अनेक रूपों में ईसाई धर्म की जीवन-पद्धति से भिन्न एवं अपरिचित थी।"[5] इस प्रकार पुनर्जागरण-काल में निरीश्वरवाद का जो विकास हुआ उसका एक प्रमुख स्रोत था प्राचीन यूनानी तथा रोमन दर्शन जिसका इस काल के विचारकों ने बड़ी गहराई से अध्ययन किया था।

उपर्युक्त स्रोत के अतिरिक्त पुनर्जागरण-काल–विशेषतः सोलहवीं शताब्दी–में होनेवाले धार्मिक संघर्ष को भी इस काल में निरीश्वरवाद का एक मुख्य स्रोत माना जाता है। उस समय ईसाई धर्म के दो प्रमुख संप्रदायों–कैथोलिक तथा प्रोटेस्टेंट–में परस्पर कटु संघर्ष चल रहा था और दोनों संप्रदायों के अनुयायी अपने-अपने सिद्धांतों को 'ईश्वर की वाणी' कहकर अपरिवर्तनीय एवं पूर्णतः सत्य मानते थे। इतना ही नहीं, इन दोनों संप्रदायों के अंतर्गत विकसित अन्य बहुत-से छोटे-छोटे धार्मिक संप्रदायों के अनुयायी भी केवल अपने सिद्धांतों को 'ईश्वर की वाणी' मानकर उनकी पूर्ण सत्यता और अपरिवर्तनीयता का दावा करते थे। पारस्परिक धार्मिक संघर्ष में लिप्त ये सभी धर्मपरायण व्यक्ति एक-दूसरे से भिन्न तथा परस्पर विरोधी सिद्धांतों को 'ईश्वर की वाणी' कहते थे और इसी आधार पर उन्हें अभिध्यापनीय एवं पूर्णतः सत्य मानते थे। ऐसी स्थिति में अनेक विचारकों ने यह मूल प्रश्न उठाया कि ईश्वर द्वारा अभिव्यक्त इन परस्पर विरोधी धार्मिक सिद्धांतों में से किसको और क्यों सत्य माना जाए। यह समझना कठिन नहीं है कि इस जटिल प्रश्न का कोई युक्तिसंगत उत्तर देना संभव नहीं था, अतः कुछ विचारक इसी निष्कर्ष पर पहुँचे कि कोई भी धार्मिक सिद्धांत सत्य नहीं है और वास्तव में ईश्वर की सत्ता ही अत्यंत संदेहास्पद है। अपने इस मत के समर्थन में इन विचारकों ने यह तर्क दिया कि जिस ईश्वर को पूर्ण तथा सर्वज्ञ माना जाता है वह निश्चय ही परस्पर विरोधी सिद्धांतों को सत्य घोषित नहीं कर सकता। इसका तात्पर्य यही है कि सभी धर्मपरायण व्यक्तियों के ईश्वर-प्रदत्त धार्मिक सिद्धांत और उन्हें घोषित करनेवाला स्वयं ईश्वर वास्तविक न होकर उनकी अपनी कल्पना मात्र है। इस प्रकार पुनर्जागरण-काल में धार्मिक संघर्ष भी निरीश्वरवाद का एक प्रमुख स्रोत बन गया था।

तत्कालीन अनेक विचारकों ने उपर्युक्त तथ्य को स्पष्टतः स्वीकार किया है। उदाहरणार्थ, अपने प्रसिद्ध निबंध, 'ऑन एथीइज़्म' में फ़्रांसिस बेकन ने धार्मिक विवाद को निरीश्वरवाद का एक मुख्य कारण बताया है।[6] वस्तुतः परस्पर विरोधी सिद्धांतों को 'ईश्वर की वाणी' माननेवाले ईश्वरवादी धर्मपरायण व्यक्तियों का यह धार्मिक संघर्ष ईश्वर की सत्ता के विरुद्ध एक प्रबल तर्क है जिसका प्रयोग अनेक निरीश्वर-वादियों ने किया है। जहाँ तक मुझे ज्ञात है, किसी ईश्वरवादी विचारक ने इस तर्क का कोई संतोषप्रद उत्तर नहीं दिया है। इस प्रकार निष्कर्ष के रूप में हम यह कह सकते हैं कि ईश्वरवादियों के धार्मिक संघर्ष द्वारा अंततः निरीश्वरवाद की ही पुष्टि होती है।

5. जेम्स थ्रोवर, 'ए शॉर्ट हिस्ट्री ऑफ़ वैस्टर्न एथीइज़्म', पृ. 72-73.

6. देखिए, फ़्रांसिस, बेकन की पुस्तक, 'दि एसेज़' में संकलित उनका निबंध, 'ऑन एथीइज़्म', पृ. 103.

उपर्युक्त दो स्रोतों के अतिरिक्त विज्ञान का उदय तथा विकास और उससे प्रभावित टॉमस हॉब्स का भौतिकवादी दर्शन भी पुनर्जागरण-काल में निरीश्वरवाद का एक महत्त्वपूर्ण स्रोत था। इस काल में भौतिकी, प्राणी-विज्ञान, रसायनशास्त्र आदि विभिन्न प्राकृतिक विज्ञानों में क्रांतिकारी वैज्ञानिक अनुसंधान हुए जिन्होंने शताब्दियों से प्रचलित धार्मिक विश्वासों तथा सिद्धांतों की सत्यता और प्रामाणिकता को गंभीर चुनौती दी। कॉपरनिकस, गैलीलियो, ब्रूनो आदि महान वैज्ञानिकों ने संसार का जो नवीन चित्र प्रस्तुत किया वह धर्मशास्त्रियों द्वारा प्रस्तुत उसके प्राचीन चित्र से बहुत भिन्न था। इन वैज्ञानिकों के क्रांतिकारी वैज्ञानिक अनुसंधानों के परिणामस्वरूप प्राचीन धार्मिक मान्यताओं तथा सिद्धांतों में विचारकों और सुशिक्षित जन-समुदाय का विश्वास धीरे-धीरे कम होने लगा। अनेक विचारक जीवन और जगत् की धार्मिक व्याख्या से असंतुष्ट होकर नवीन वैज्ञानिक व्याख्या करने लगे। अब ये विचारक विश्व की व्याख्या के संबंध में उन धार्मिक सिद्धांतों को स्वीकार करने के लिए उद्यत नहीं थे जिनकी घोषणा प्राचीन धर्म-ग्रंथों में की गई थी। इन धार्मिक सिद्धांतों के स्थान पर विश्व की वस्तुओं तथा घटनाओं की अधिक तर्कसंगत व्याख्या के लिए अब नवीन वैज्ञानिक सिद्धांतों का प्रतिपादन किया जाने लगा जो अनिवार्य प्राकृतिक नियमों और निरीक्षण एवं प्रयोग की वैज्ञानिक विधि पर आधारित थे। विशेषतः सत्रहवीं शताब्दी के प्रारंभ से विश्व कीं इस नवीन वैज्ञानिक व्याख्या को अधिक महत्त्वपूर्ण तथा आवश्यक माना जाने लगा था।

विज्ञान के उदय से पूर्व समस्त वस्तुओं तथा घटनाओं की व्याख्या के लिए प्रायः अरस्तू के सिद्धांत को ही स्वीकार किया जाता था। अरस्तू यह मानते थे कि किसी भी वस्तु अथवा घटना की संपूर्ण व्याख्या करने के लिए उसके चार कारणों को जानना आवश्यक है जो इस प्रकार हैं : (1) उपादान कारण—वह सामग्री या द्रव्य जिससे किसी वस्तु का निर्माण होता है; (2) आकारिक कारण—किसी वस्तु का वह विचार जो उसकी रचना से पूर्व उसके रचयिता के मन में विद्यमान रहता है; (3) निमित्त कारण—वह साधन अथवा व्यक्ति जो किसी वस्तु या घटना को प्रत्यक्षतः उत्पन्न करता है; (4) प्रयोजनात्मक कारण—किसी वस्तु अथवा घटना का अंतिम लक्ष्य या प्रयोजन जिसकी पूर्ति के लिए उसे उत्पन्न किया गया है। अरस्तू के पश्चात सैकड़ों वर्षों तक उनके इसी सिद्धांत के अनुसार वस्तुओं तथा घटनाओं की व्याख्या की जाती रही। इस सिद्धांत में किसी वस्तु या घटना की व्याख्या के लिए प्रयोजन से संबंधित अंतिम कारण को विशेष महत्त्व दिया जाता था, क्योंकि यही कारण उसे संपूर्ण विश्व के रचयिता, ईश्वर के प्रयोजन के साथ संबद्ध करता था। इस प्रकार विज्ञान के उदय से पूर्व प्रायः विश्व की प्रयोजनात्मक व्याख्या की जाती थी जिसे हम धार्मिक अथवा धर्मशास्त्रीय व्याख्या कह सकते हैं। इस व्याख्या का मूल आधार ईश्वर ही था, अतः इसे अलौकिक या अति-प्राकृतिक व्याख्या भी कहा जा सकता है।

परंतु विज्ञान के उदय के उपरांत—विशेषतः सत्रहवीं शताब्दी में—अरस्तू की उपर्युक्त प्रयोजनात्मक धर्मशास्त्रीय व्याख्या बहुत-से विचारकों को असंतोषप्रद प्रतीत होने लगी और इसी कारण इसमें उनकी कोई रुचि नहीं रही। इन विचारकों ने इस अति-प्राकृतिक

व्याख्या के स्थान पर वस्तुओं तथा घटनाओं की प्राकृतिक व्याख्या करना आरंभ किया जो नवीन वैज्ञानिक विधि और प्राकृतिक कारणों एवं नियमों पर आधारित थी। इस नवीन प्राकृतिक व्याख्या में ईश्वर या किसी अन्य अलौकिक शक्ति के हस्तक्षेप से संबंधित धार्मिक विचार को स्वीकार नहीं किया गया था। इसका मूल सिद्धांत यह था कि प्रत्येक वस्तु अथवा घटना का कारण किसी अन्य प्राकृतिक वस्तु या घटना में ही निहित रहता है, अतः उसकी समुचित व्याख्या के लिए इस प्राकृतिक कारण को खोजना आवश्यक है। इसका अर्थ यह है कि ईश्वर अथवा किसी अन्य काल्पनिक अति-प्राकृतिक कारण के आधार पर किसी वस्तु या घटना की संतोषप्रद व्याख्या नहीं की जा सकती।

जीवन और जगत् के प्रति विज्ञान के उपर्युक्त प्रकृतिवादी तथा भौतिकवादी दृष्टिकोण का सत्रहवीं शताब्दी के कुछ पाश्चात्य दार्शनिकों पर पर्याप्त प्रभाव पड़ा था। इनमें प्रसिद्ध अंग्रेज़ दार्शनिक, टॉमस हाब्स (1588-1679) का नाम विशेष रूप से उल्लेखनीय है। यह सत्य है कि हॉब्स ने अपने आप को स्पष्ट रूप से भौतिकवादी और निरीश्वरवादी दार्शनिक घोषित नहीं किया था। वे ईश्वर में विश्वास करते थे और उसे विश्व का आदिकारण मानते हुए उन्होंने उसके अस्तित्व को प्रमाणित करने के लिए सृष्टि-कारण युक्ति भी प्रस्तुत की थी। अपने ऊपर लगाए गए कुछ तत्कालीन व्यक्तियों के इस आरोप का उन्होंने स्पष्टतः खंडन किया था कि वे निरीश्वरवादी दार्शनिक हैं। जॉन लेयर्ड के मतानुसार : "वे यह मानते थे कि कोई भी विचारशील व्यक्ति 'निरीश्वरवादी' नहीं हो सकता।"[7] इस प्रकार यह स्पष्ट है कि विज्ञान की भौतिकवादी विचारधारा से प्रभावित होते हुए भी हॉब्स वास्तव में निरीश्वरवादी दार्शनिक नहीं थे। इसी तथ्य की व्याख्या करते हुए ऐन्थोनी क्विन्टन ने लिखा है : "हॉब्स ईश्वर का निरंतर उल्लेख करते हैं और इसे संभावित खतरनाक विरोधियों को रोकने के लिए मिथ्या शब्दाडंबर मानकर इसकी उपेक्षा नहीं की जा सकती।"[8] क्विन्टन की भाँति अन्य अनेक विचारक भी हॉब्स को मुख्यतः ईश्वरवादी दार्शनिक मानते हैं। वस्तुतः इन विचारकों के इस मत का प्रमुख कारण यह है कि हॉब्स ने अपनी पुस्तक, 'लेविएथन' में ईश्वरवाद का स्पष्ट रूप से समर्थन किया है।[9]

परंतु यहाँ यह उल्लेखनीय है कि हॉब्स के इस ईश्वरवाद की उनके संपूर्ण भौतिकवादी दर्शन के साथ संगति स्थापित करना संभव प्रतीत नहीं होता। अन्य भौतिकवादी दार्शनिकों के समान उन्होंने भी विश्व की समस्त वस्तुओं तथा घटनाओं की भौतिकवादी यांत्रिक व्याख्या की है जो अनिवार्य प्राकृतिक नियमों पर ही आधारित है और इसी कारण जिसमें अलौकिक या अति-प्राकृतिक शक्तियों के लिए कोई स्थान नहीं है। वे डेमोक्रिटस तथा ऐपिक्यूरस की भाँति आत्मा को भी भौतिक वस्तु ही

7. देखिए, जॉन लेयर्ड की पुस्तक, 'हॉब्स', पृ. 225.
8. ऐन्थोनी क्विन्टन, 'थॉट्स ऐंड थिंकर्स', पृ. 158.
9. देखिए, टॉमस हॉब्स, 'लेविएथन', अध्याय 95-96.

मानते हैं। इसी प्रकार उन्होंने मानव-समाज में धर्म के उदय की भी मनोवैज्ञानिक व्याख्या की है। उनका विचार है कि धर्म की उत्पत्ति मनुष्य की जिज्ञासा और अज्ञात शक्तियों के भय के परिणामस्वरूप हुई है।[10] हॉब्स का कथन है कि केवल आस्था का विषय होने के कारण धर्म मूलतः दर्शन से भिन्न है जो तर्क पर ही आधारित रहता है। धार्मिक विश्वास सत्य या असत्य नहीं हो सकते, क्योंकि वे तथ्यात्मक न होकर उपास्य देवता के प्रति हमारी भक्ति को अभिव्यक्त करते हैं जिसका एकमात्र आधार हमारी आस्था है। धर्म और धार्मिक विश्वासों के विषय में हॉब्स की इस मनोवैज्ञानिक व्याख्या को बहुत-से आधुनिक पाश्चात्य दार्शनिक भी स्वीकार करते हैं जिसके कारण आज भी इसका बहुत महत्त्व है। इस व्याख्या से यह स्पष्टतः ज्ञात होता है कि हॉब्स वास्तव में धर्मपरायण विचारक नहीं थे। वे प्रकृतिवादी तथा भौतिकवादी वैज्ञानिक विचारधारा में विश्वास करते थे जो निरीश्वरवाद का समर्थन करती है। संभवतः इसी कारण डेविड बरमन ने उनके संबंध में लिखा है : "इसमें कोई संदेह नहीं है कि अपने आप को निरीश्वरवादी कहलाने के विषय में विरोध व्यक्त करते हुए भी हॉब्स ने निरीश्वरवाद के लिए मुख्य सैद्धांतिक आधार प्रस्तुत किया था।"[11]

यहाँ विचारणीय प्रश्न यह है कि भौतिकवादी दार्शनिक होते हुए भी हॉब्स ने स्पष्ट रूप से निरीश्वरवाद का समर्थन क्यों नहीं किया। वस्तुतः इस प्रश्न का उत्तर यूरोप की उन सामाजिक, धार्मिक तथा राजनीतिक परिस्थितियों में निहित है जिनमें हॉब्स अपना जीवन व्यतीत कर रहे थे। उस समय यूरोप में ईसाई धर्म का इतना अधिक आतंक था कि यदि कोई व्यक्ति अपने आप को निरीश्वरवादी घोषित करता अथवा उसके संबंध में निरीश्वरवादी होने का संदेह भी हो जाता तो उसे जीवित जला दिया जाता था। उदाहरणार्थ, इसी आधार पर इटली के महान विचारक और वैज्ञानिक, जियोर्डेनो फ़िलिपो ब्रूनो को 1600 में जीवित जला दिया गया था। इसी प्रकार, तत्कालीन धार्मिक विश्वासों के विरुद्ध अपने वैज्ञानिक सिद्धांत प्रस्तुत करने के कारण इसी देश के एक अन्य प्रसिद्ध वैज्ञानिक, गैलीलियो पर भी ईसाई पादरियों ने घोर अत्याचार किए थे जिनके परिणामस्वरूप कारावास में ही उनकी मृत्यु हुई। ऐसी स्थिति में यह समझना कठिन नहीं है कि हॉब्स ने अपने आप को 'निरीश्वरवादी' कहलाने का विरोध क्यों किया था। यदि वे स्पष्टतः ईश्वरवाद का समर्थन न करते और परोक्ष रूप से भी यह स्वीकार कर लेते कि वे निरीश्वरवादी दार्शनिक हैं तो निश्चय ही ब्रूनो की भाँति उन्हें भी जीवित जला दिया जाता।

उपर्युक्त तथ्य का उल्लेख करते हुए डेविड बरमन कहते हैं : "हॉब्स के समय में और उसके बाद भी निरीश्वरवाद तथा अधार्मिकता को सर्वाधिक भय एवं आतंक की दृष्टि से देखा जाता था। वास्तव में निरीश्वरवाद को इतना अधिक ध्वंसात्मक समझा जाता था कि . . . प्रायः यह कहा जाता था कि कोई भी विवेकशील व्यक्ति इसमें वस्तुतः विश्वास नहीं कर सकता। मैं यह कहना चाहूँगा कि अठारहवीं शताब्दी के

10. देखिए, वही पुस्तक, अध्याय 12, अध्याय 46.

11. डेविड बरमन, 'ए हिस्ट्री ऑफ़ एथीइज़्म इन ब्रिटेन', पृ. 61.

उत्तरार्ध तक निरीश्वरवाद यूरोप का सर्वाधिक भयावह एवं कष्टदायक विश्वास था और यह इसके आश्चर्यजनक रूप से विलंबपूर्वक प्रकट होने से ज्ञात होता है। हॉब्स के समय में धर्मद्रोह अथवा धार्मिक अविश्वास के कारण किसी भी मनुष्य के जीवन का अंत किया जा सकता था, और जॉन आब्री हमें बताते हैं कि हॉब्स के जीवन को बहुत बड़ा खतरा था।"[12]

बरमन ने ऊपर जिस विद्वान, जॉन ऑब्री के मत का उल्लेख किया है उन्होंने स्पष्ट रूप से यह कहा था कि तत्कालीन कुछ धर्म-गुरुओं द्वारा हॉब्स पर धर्मद्रोह का आरोप लगाकर उन्हें मृत्यु-दंड देने का प्रयास किया जा रहा था। इस संबंध में जॉन ऑब्री का निम्नलिखित कथन दृष्टव्य है : "यह समाचार मिला था (जो निश्चय ही सत्य था) कि राजा चार्ल्स द्वितीय के शासन की स्थापना के पश्चात शीघ्र ही कुछ धर्म-गुरुओं ने संसद में यह प्रस्ताव प्रस्तुत किया था कि धर्मद्रोह के कारण बूढ़े हॉब्स को जला दिया जाए।"[13] उपर्युक्त उद्धरणों से यह स्पष्ट है कि हॉब्स के प्रकृतिवादी तथा भौतिकवादी विचारों के कारण उनका जीवन बहुत संकट-ग्रस्त था। यह स्थिति तो तब थी जब उन्होंने स्पष्ट रूप से ईश्वरवाद का समर्थन और निरीश्वरवाद का विरोध किया था। यदि वे प्रत्यक्षतः निरीश्वरवाद को स्वीकार कर लेते तो तत्कालीन धर्म-गुरुओं और रूढ़िवादी शासकों द्वारा उन्हें अवश्य ही मृत्यु-दंड दे दिया जाता। इन दुःखद तथ्यों को ध्यान में रखते हुए विचारशील पाठक भली-भाँति यह समझ सकते हैं कि अपने संपूर्ण भौतिकवादी दर्शन के साथ संगति की चिंता किए बिना हॉब्स ने ईश्वरवाद का समर्थन क्यों किया था। हम आगे देखेंगे कि अनुभववादी दार्शनिक, जॉन लॉक के दर्शन में भी यही असंगति विद्यमान है जिसका कारण भी संभवतः ऐसे ही भयावह परिस्थितियाँ रही होंगी। वस्तुतः इन दोनों दार्शनिकों के प्रकृतिवादी तथा अनुभववादी दर्शन का अनिवार्य तार्किक परिणाम केवल निरीश्वरवाद ही हो सकता था जिसे वे तत्कालीन भयावह परिस्थितियों के कारण स्वीकार नहीं कर सके।

यहाँ यह उल्लेखनीय है कि सोलहवीं तथा सत्रहवीं शताब्दी के अनेक ईश्वरवादी विचारकों ने भी प्राकृतिक कारणों और नियमों पर आधारित उस वैज्ञानिक व्याख्या का पूर्णतः समर्थन किया था जिसकी चर्चा ऊपर की गई है। ये विचारक मुख्यतः तटस्थेश्वरवाद में विश्वास करते थे जिसके अनुसार ईश्वर विश्व से पृथक् है और एक बार विश्व की रचना करने के पश्चात वह फिर कभी उसकी कार्य-प्रणाली में किसी प्रकार का हस्तक्षेप नहीं करता। यह जगत् ईश्वर द्वारा निर्मित अपरिवर्तनीय नियमों के आधार पर स्वतः संचालित होता रहता है, अतः इसमें ऐसे चमत्कारों के लिए कोई स्थान नहीं है जो इन नियमों का उल्लंघन करने का दावा करते हैं। तटस्थेश्वरवाद के समर्थक विचारकों की इन मान्यताओं से यह स्पष्ट है कि उनके मतानुसार ईश्वर पर विचार किए बिना ही उसके द्वारा निर्मित अनुल्लंघनीय नियमों के आधार पर विश्व की समस्त वस्तुओं और घटनाओं की व्याख्या की जा सकती है। यह समझना कठिन नहीं है कि अपने इस सिद्धांत द्वारा इन ईश्वरवादी विचारकों ने विश्व को जानने की

12. वही पुस्तक, पृ. 64.

13. जॉन ऑब्री, 'ब्रीफ़ लाइव्स', संपादक, ए. क्लार्क, खंड 1, पृ. 339.

दृष्टि से ईश्वर की भूमिका को बहुत सीमित कर दिया था और सांसारिक वस्तुओं तथा घटनाओं के संबंध में प्राचीन अति-प्राकृतिक धर्मशास्त्रीय व्याख्या के स्थान पर मुख्यतः नवीन प्राकृतिक एवं वैज्ञानिक व्याख्या को स्वीकार कर लिया था। इन विद्वानों की इस विचारधारा के परिणामस्वरूप आगामी शताब्दियों में विश्व की व्याख्या के संदर्भ में धीरे-धीरे ईश्वर की भूमिका पूर्णतः समाप्त हो गई और निरीश्वरवाद के लिए अंततः मार्ग प्रशस्त हुआ। वस्तुतः पुनर्जागरण-काल में बहुत-से ईश्वरवादी विचारक भी नवीन वैज्ञानिक सिद्धांतों तथा अनुसंधानों से अप्रभावित नहीं रह सके, अतः उन्होंने ईश्वर और जगत् के संवंध के विषय में बौद्धिक सिद्धांत, तटस्थेश्वरवाद का ही समर्थन किया जो विश्व की प्रक्रिया में ईश्वर के हस्तक्षेप का निषेध करने के कारण अपेक्षाकृत विज्ञान के अधिक निकट है। इस प्रकार यह कहना संभवतः अनुचित न होगा कि विज्ञान से प्रभावित होकर इन तटस्थेश्वरवादियों ने भी पुनर्जागरण-काल में निरीश्वरवाद के उदय और विकास में परोक्ष रूप से अपना योगदान किया था जिसके कारण अनेक धर्मपरायण ईश्वरवादी विचारकों ने उन्हें 'निरीश्वरवादी' कहा है।

यहाँ इस महत्त्वपूर्ण तथ्य की ओर पाठकों का ध्यान आकृष्ट करना आवश्यक प्रतीत होता है कि पुनार्जगरण-काल में विश्व की नवीन प्राकृतिक तथा वैज्ञानिक व्याख्या को स्वीकार करनेवाले विचारकों ने कुछ विशेष तर्कों द्वारा ईश्वरवाद और उससे संबंधित धर्मशास्त्रीय व्याख्या का स्पष्टतः खंडन नहीं किया। वास्तव में उस समय विज्ञान के प्रभाव के फलस्वरूप बहुत-से विचारकों तथा सुशिक्षित जन-समुदाय के परंपरागत धार्मिक दृष्टिकोण में ही परिवर्तन हो गया था जिसके कारण उन्हें ईश्वरवाद पर आधारित विश्व की अति-प्राकृतिक व्याख्या असंतोषजनक और अप्रासंगिक प्रतीत होने लगी थी। अब वे ऐसी प्राकृतिक व्याख्या की आवश्यकता का अनुभव करने लगे थे जो वैज्ञानिक सिद्धांतों तथा अनुसंधानों के अनुरूप हो और जिसमें अलौकिक शक्तियों के हस्तक्षेप के लिए कोई स्थान न हो। इसी कारण इन विचारकों ने ईश्वरवादी अति-प्राकृतिक व्याख्या का स्पष्ट रूप से तर्कतः खंडन किए बिना ही उसका परित्याग कर दिया और उसके स्थान पर नवीन वैज्ञानिक व्याख्या को स्वीकार कर लिया।

उपर्युक्त तथ्य का उल्लेख करते हुए एक पाश्चात्य विद्वान, बेसिल विले कहते हैं : "इन क्रांतिकारी स्थितियों में मनुष्य 'वैज्ञानिक' व्याख्याएँ चाहते थे, क्योंकि वे वस्तुओं के स्वरूप को वैसे नहीं देखना चाहते थे जैसे देखना उन्हें सिखाया गया था। . . . मनुष्य उस साहसपूर्ण नए संसार में अपने आप को स्थापित करने की माँग भी कर रहे थे जिसे कोलंबस, कॉपरनिकस तथा गैलीलियो ने उनके लिए खोल दिया था और जिसे वे ऐसे नियमों द्वारा नियंत्रित, शासित एवं संचालित मानना चाहते थे जो . . . मानवीय तर्कबुद्धि के नियमों के समान हों।"[14] इस प्रकार उस समय विचारकों ने प्राचीन अति-प्राकृतिक व्याख्या को मिथ्या सिद्ध करने और उसके स्थान पर नवीन प्राकृतिक व्याख्या का समर्थन करने के लिए कोई स्पष्ट एवं निश्चित तर्क प्रस्तुत नहीं किए, किंतु वैज्ञानिक सिद्धांतों तथा अनुसंधानों से प्रभावित होकर उन्होंने इस नवीन व्याख्या को स्वीकार कर लिया।

14. वेसिल विले, 'दि सैवन्टीन्थ सैन्चुरी वैकग्राउन्ड', पृ. 12-13.

तत्कालीन कुछ विचारकों के उपर्युक्त दृष्टिकोण का एक परिणाम यह हुआ कि अठारहवीं शताब्दी के पूर्वार्ध तक बहुत-से दार्शनिक इन दोनों प्रकार की व्याख्याओं का एक ही साथ समर्थन करते रहे। वे धार्मिक सिद्धांतों को आस्था के आधार पर और वैज्ञानिक सिद्धांतों को तर्क के आधार पर सत्य मानते हुए यह कहते थे कि मानव-जीवन में इन दोनों प्रकार के सत्यों का समान रूप से महत्त्वपूर्ण स्थान है, अतः उसे 'आस्था के सत्यों' और 'तर्क के सत्यों' दोनों को स्वीकार करना चाहिए। परंतु इन दार्शनिकों का यह उभयात्मक दृष्टिकोण भ्रामक ही प्रतीत होता है, क्योंकि किसी विचार या सिद्धांत को केवल तर्क द्वारा सत्य अथवा मिथ्या प्रमाणित किया जा सकता है, आस्था द्वारा नहीं। इससे यही सिद्ध होता है कि सत्य की प्राप्ति का साधन आस्था न होकर केवल तर्क ही है। हम आगे देखेंगे कि वैज्ञानिक सिद्धांतों का प्रतिपादन और समर्थन करनेवाले भौतिकवादी तथा निरीश्वरवादी विचारकों ने इसी तर्कसंगत दृष्टिकोण को स्वीकार किया है। इस प्रकार निष्कर्ष के रूप में हम यह कह सकते हैं कि पुनर्जागरण-काल में विज्ञान के उदय और विकास के परिणामस्वरूप इस काल में निरीश्वरवाद को पर्याप्त समर्थन तथा प्रश्रय प्राप्त हुआ।

यह सत्य है कि नवीन वैज्ञानिक सिद्धांतों तथा अनुसंधानों ने सत्रहवीं और अठारहवीं शताब्दी में निरीश्वरवाद के विकास एवं प्रसार में पर्याप्त सहायता प्रदान की थी, किंतु इससे पूर्व निरीश्वरवादी दार्शनिकों ने अपने सिद्धांत के समर्थन के लिए इनका अधिक प्रयोग नहीं किया। पुनर्जागरण-काल की प्रथम दो शताब्दियों—अर्थात्, पंद्रहवीं तथा सोलहवीं शताब्दी—में जो विचारक संशयवाद, अज्ञेयवाद अथवा निरीश्वरवाद के समर्थक थे वे प्रायः वैज्ञानिक सिद्धांतों एवं अनुसंधानों पर आधारित तर्कों द्वारा अपने इन दार्शनिक सिद्धांतों की पुष्टि का प्रयास नहीं करते थे। उस समय ये विचारक मुख्यतः प्राचीन यूनानी तथा रोमन दार्शनिकों द्वारा दिए गए तर्कों के आधार पर संशयवाद, अज्ञेयवाद या निरीश्वरवाद को स्वीकार कर लेते थे। इतना ही नहीं, उस काल के कुछ वैज्ञानिक निश्चित रूप से यह मानते थे कि वास्तव में उनके वैज्ञानिक सिद्धांतों द्वारा विश्व के संचालक तथा नियामक के रूप में ईश्वर के अस्तित्व की पुष्टि होती है। इस प्रकार पुनर्जागरण-काल के प्रारंभ में विज्ञान के उदय के पश्चात पर्याप्त समय तक निरीश्वरवाद के समर्थन और विकास के लिए उसका कोई विशेष प्रयोग नहीं किया गया। इसी तथ्य की व्याख्या करते हुए बकले ने लिखा है : "सोलहवीं शताब्दी के इंग्लैण्ड का अध्ययन आरंभ करनेवाले विद्यार्थी के लिए अत्यधिक आश्चर्यजनक बातों में से एक तथ्य यह है कि सामान्य लेखक और अधिकतर साधारण लोग मैगलन एवं कॉपरनिकस जैसे अग्रगण्य महान वैज्ञानिकों के क्रांतिकारी तथा युगांतरकारी अनुसंधानों से अनभिज्ञ थे अथवा उनमें अधिक रुचि नहीं रखते थे।... निश्चय ही गैलीलियो तथा ब्रूनो के विरुद्ध धर्म-गुरुओं द्वारा तुरंत की गई कार्यवाही से यह निस्संदेह ज्ञात होता है कि जिनके हितों को विशेष खतरा था वे तत्कालीन वैज्ञानिक विचारधारा से भली-भाँति अवगत थे। परंतु फिर भी यह सत्य है कि नए विचार शीघ्र ही प्रचलित नहीं हुए और वे काफ़ी समय बाद तक जनता के लिए विवादास्पद विषय नहीं बने।"[15] एक अन्य विद्वान, जेम्स थ्रोवर भी बकले के उपर्युक्त

15. जॉर्ज टी. बकले, 'एथीइज़्म इन दि इंग्लिश रिनेसां', पृ. 79.

मत का समर्थन करते हैं। इस प्रकार यह स्पष्ट है कि अनेक विद्वानों के मतानुसार, सत्रहवीं शताब्दी से पूर्व पाश्चात्य निरीश्वरवादी दार्शनिकों ने अपने निरीश्वरवाद की पुष्टि के लिए नवोदित विज्ञान का अधिक उपयोग नहीं किया।

परंतु सोलहवीं शताब्दी के पश्चात नवीन वैज्ञानिक सिद्धांतों तथा अनुसंधानों से निरीश्वरवाद और उससे संबंधित विचारधाराओं को पर्याप्त समर्थन प्राप्त हुआ। जैसा कि ऊपर बताया गया है, विज्ञान ने जीवन तथा जगत् को समझने के लिए मनुष्य को पूर्णतः नवीन मानदंड प्रदान किया जिसके अनुसार यह ब्रह्माण्ड एक महायंत्र है जो कुछ अनिवार्य प्राकृतिक नियमों द्वारा स्वतः ही संचालित होता है और जिसमें दैवी शक्तियों के हस्तक्षेप के लिए कोई स्थान नहीं है। इस वैज्ञानिक दृष्टिकोण के विकास के फलस्वरूप विश्व की संपूर्ण प्रक्रिया को ईश्वर का उल्लेख किए बिना ही केवल प्राकृतिक नियमों तथा निरीक्षण और प्रयोग की वैज्ञानिक विधि द्वारा समझने का प्रयास किया जाने लगा। यही कारण है कि सत्रहवीं शताब्दी तथा उसके पश्चात इस नवीन वैज्ञानिक दृष्टिकोण ने अंततः निरीश्वरवाद के लिए मार्ग प्रशस्त किया।

इस दृष्टि से निरीश्वरवाद के विकास एवं प्रसार के लिए विज्ञान के महत्त्व को स्पष्ट करते हुए पैट्रिक मास्टरसन कहते हैं : "विश्व में जो कुछ होता है उसके कारण के रूप में ईश्वर अथवा देवताओं का कोई उल्लेख करना नवीन वैज्ञानिक दृष्टिकोण से दूर होने की बात मानी जाने लगी थी। . . . नए वैज्ञानिक दृष्टिकोण के अनुरूप एकमात्र समुचित प्राक्कल्पना वह थी जिसे अनुभवात्मक निरीक्षण या प्रयोग द्वारा सिद्धांततः सत्यापित अथवा मिथ्यापित किया जा सकता था। स्पष्टतः इस संबंध में ईश्वर की बात करना–'जिसे कभी किसी ने देखा नहीं है'–एक ऐसा उदाहरण था जो इस प्रसंग में वास्तविक प्राक्कल्पना नहीं हो सकता था। जगत् के विषय में परंपरागत दृष्टिकोण तथा नवीन वैज्ञानिक दृष्टिकोण में जो ऐतिहासिक तनाव विद्यमान था उसमें कटु धर्मशास्त्रीय एवं दार्शनिक विवाद के बीज निहित थे जो . . . उस दार्शनिक प्रत्यक्षवाद के विभिन्न रूपों में विकसित हुए जिसके अनुसार ईश्वर को स्वीकार करना समग्र वैज्ञानिक दृष्टिकोण के विरुद्ध है। . . . हाँ, यह बात अवश्य स्मरण रखनी चाहिए कि इस विचार की स्पष्ट अभिव्यक्ति धीरे-धीरे ही हुई। . . . संसार से संबंधित इस नए दृष्टिकोण के निरीश्वरवादी स्वरूप और उसे समर्थन देनेवाली वैज्ञानिक विधि को स्पष्टतः अभिव्यक्त होने में कुछ समय लगा। परंतु धीरे-धीरे जगत् की वैज्ञानिक व्याख्या के विषय में ईश्वर की बात करना अधिकाधिक दूरवर्ती तथा अनावश्यक होता गया। अंततः सौरमंडल की उत्पत्ति और उसके स्थिर बने रहने की व्याख्या के संदर्भ में भी ईश्वर अप्रासंगिक हो गया। . . . समस्त भौतिक वस्तुओं की केवल प्राकृतिक व्याख्या ही मानवीय रुचि का प्रमुख केंद्र बन गया। . . . इस प्रकार प्राकृतिक विज्ञान के विकास को–जिसने हमारा ज्ञानात्मक क्षितिज नाटकी रूप से परिवर्तित कर दिया था–समकालीन निरीश्वरवाद के प्रतिपादन में एक प्रमुख महत्त्वपूर्ण कारण मानना आवश्यक है। इसने दार्शनिक अनुभववाद, भौतिकवाद तथा प्रत्यक्षवाद से संबंधित प्रचलित विचारधाराओं के लिए मार्ग प्रशस्त किया।"[16] पैट्रिक मास्टरसन के उपर्युक्त विस्तृत उद्धरण से यह स्पष्ट है कि पुनर्जागरण-काल में विज्ञान का उदय तथा विकास निरीश्वरवाद का मुख्य स्रोत था।

16. पैट्रिक मास्टरसन, 'ऐथीइज़्म ऐंड ऐलिएनेशन', पृ. 17-19.

वैज्ञानिक सिद्धांतों एवं अनुसंधानों तथा हॉब्स के भौतिकवादी दर्शन के अतिरिक्त सत्रहवीं और अठारहवीं शताब्दी के कुछ ईश्वरवादी दार्शनिकों ने भी निरीश्वरवाद के विकास में परोक्ष रूप से सहायता प्रदान की थी। इन दार्शनिकों में डेकार्ट, स्पिनोज़ा, लॉक तथा कान्ट के नाम विशेष रूप से उल्लेखनीय हैं। यहाँ हम निरीश्वरवादी विचार-धारा के विकास में इन ईश्वरवादी दार्शनिकों के परोक्ष योगदान की संक्षिप्त विवेचना करेंगे।

जैसा कि हम प्रथम अध्याय में देख चुके हैं, आधुनिक पाश्चात्य दर्शन की आधार-शिला स्थापित करनेवाले फ़्रांस के दार्शनिक, रेने डेकार्ट निश्चय ही ईश्वरवाद के प्रबल समर्थक थे। धर्मपरायण ईश्वरवादी विचारकों के विपरीत वे यह मानते थे कि ईश्वर के अस्तित्व को बौद्धिक युक्तियों अथवा तर्कों द्वारा निश्चित रूप से प्रमाणित किया जा सकता है। ऐसी स्थिति में पाठकों को यह बात आश्चर्यजनक–और शायद अनुचित–प्रतीत हो सकती है कि डेकार्ट ने निरीश्वरवाद के विकास में किसी प्रकार का योगदान किया था, किंतु वास्तविक स्थिति यही है जिसे अनेक पाश्चात्य विद्वानों ने स्पष्टतः स्वीकार किया है। उदाहरणार्थ, डेकार्ट के दर्शन में बीज रूप में विद्यमान निरीश्वरवादी प्रवृत्ति का उल्लेख करते हुए एम. पॉल हेज़ार्ड कहते हैं : "डेकार्ट के दर्शन का आविर्भाव धर्म के प्रति उस समर्थन से हुआ था जो प्रारंभ में उसके लिए बहुत महत्त्वपूर्ण प्रतीत होता था। परंतु उसी दर्शन में धर्म-विरोधी वह बीज भी निहित था जो समय व्यतीत होने के साथ-साथ विकसित हुआ और जिसका प्रयोग धार्मिक विश्वास की आधार-शिला को दुर्बल करने के लिए जान-बूझकर किया गया।"[17] अपने इस मत के समर्थन में हेज़ार्ड ने यह तर्क दिया है कि डेकार्ट के दर्शन में स्पष्टता, आलोचनात्मक परीक्षा तथा निष्पक्ष जाँच के सिद्धांतों का विशेष महत्त्व था जिनका अन्य सभी विषयों के साथ-साथ धर्म और ईश्वर के संबंध में भी प्रयोग किया गया।

इस संबंध में हेज़ार्ड के उपर्युक्त मत का समर्थन करते हुए बेसिल विले ने लिखा है : "डेकार्ट के दर्शन ने जगत् के विषय में वैज्ञानिक दृष्टिकोण को एकमात्र वास्तविक या उचित दृष्टिकोण के रूप में स्वीकार करने की बढ़ती हुई प्रवृत्ति को प्रोत्साहन देकर उसकी पुष्टि की।"[18] हेज़ार्ड तथा बेसिल विले के अतिरिक्त ए.सी. मैकिन्टायर, पैट्रिक मास्टरसन आदि विद्वानों ने भी स्पष्टतः यह कहा है कि डेकार्ट के दार्शनिक सिद्धांतों ने निरीश्वरवाद के विकास में परोक्ष रूप से योगदान किया था।[19] इन विद्वानों के इस मत का एक मुख्य कारण ईश्वर की वह अवधारणा भी है जिसका डेकार्ट ने अपने दर्शन में प्रतिपादन किया है। वस्तुतः उन्होंने अपने दर्शन में ईश्वर की

17. एम. पॉल हेज़ार्ड, 'दि यूरोपियन माइन्ड', पृ. 160.
18. बेसिल विले, 'दि सैवन्टीन्थ सैन्चुरी बैक्ग्राउंड', पृ. 83.
19. देखिए, ए.सी. मैकिन्टायर, 'दि लॉजिकल स्टेटस ऑफ़ रिलीजियस बिलीफ़', मैकिन्टायर द्वारा संपादित पुस्तक, 'मैटाफ़िज़िकल बिलीफ़' में संकलित; पैट्रिक मास्टरसन, 'एथीइज़्म ऐंड ऐलिएनेशन', पृ. 19-24.

जो अवधारणा प्रस्तुत की है उसका प्रमुख उद्देश्य विश्व की उत्पत्ति की तर्कसंगत व्याख्या करना प्रतीत होता है, धर्मपरायण व्यक्तियों की धार्मिक भावना को संतुष्ट करना नहीं। ऐसी स्थिति में जब वैज्ञानिकों ने सत्रहवीं तथा अठारहवीं शताब्दी में विश्व की उत्पत्ति की तर्कसंगत रूप से प्रकृतिवादी व्याख्या कर दी तो ईश्वर की आवश्यकता ही समाप्त हो गई और वैज्ञानिक एवं दार्शनिक दृष्टि से वह अप्रासंगिक हो गया। बाद में इसी मत को अभिव्यक्त करते हुए एक वैज्ञानिक, लाप्लास ने स्पष्टतः यह कहा था कि ग्रह-नक्षत्रों की नियमितता और विश्व की युक्तिसंगत व्याख्या के लिए ईश्वर की कोई आवश्यकता नहीं है।

डेकार्ट की भाँति स्पिनोज़ा को भी सामान्यतः ईश्वरवादी दार्शनिक माना जाता है। वे ईश्वरवाद के उस रूप में विश्वास करते थे जिसे 'सर्वेश्वरवाद' की संज्ञा दी गई है और जिसकी व्याख्या हम प्रथम अध्याय में कर चुके हैं। परंतु डेकार्ट के समान उनके दर्शन में भी निरीश्वरवादी विचारधारा के बीज विद्यमान हैं। इसका कारण यह है कि उन्होंने अपने दर्शन में ईश्वर का जो स्वरूप प्रस्तुत किया है वह धर्मपरायण ईश्वरवादी विचारकों द्वारा स्वीकार किए गए ईश्वर के स्वरूप से बहुत भिन्न है। स्पिनोज़ा का ईश्वर भक्तों का वह व्यक्तित्वसंपन्न ईश्वर नहीं है जिसने विश्व की रचना की है और जो विश्व से परे तथा मनुष्यों की पूजा का विषय है। वस्तुतः ईश्वर की इस सामान्य मानवत्वारोपी अवधारणा का स्पिनोज़ा स्पष्ट रूप से खंडन करते हैं। उनका कथन है कि जनसाधारण में प्रचलित ईश्वर की यह अवधारणा अनेक गंभीर स्वतोव्याघातों और असंगतियों से ग्रस्त होने के कारण बहुत आपत्तिजनक है। इसी अवधारणा को स्वीकार करने के परिणामस्वरूप 'अशुभ की समस्या' तथा ईश्वर के गुणों से संबंधित अन्य अनेक जटिल समस्याएँ उत्पन्न हुई हैं।[20] इस प्रकार यह स्पष्ट है कि स्पिनोज़ा ईश्वर की उस सामान्य प्रचलित अवधारणा को स्वीकार नहीं करते जिसमें सभी भक्त और अधिकतर ईश्वरवादी विचारक विश्वास करते हैं।

ईश्वर की उपर्युक्त अवधारणा के स्थान पर स्पिनोज़ा उस सर्वेश्वरवाद का समर्थन करते हैं जिसके अनुसार ईश्वर तथा विश्व या प्रकृति में पूर्ण अभेद है—अर्थात, ये दोनों एक ही हैं। उनका मत है कि ईश्वर को विश्व का रचयिता मानकर उससे अलग और परे मानना बहुत बड़ी दार्शनिक भूल है, क्योंकि वस्तुतः ईश्वर तथा विश्व में कोई अंतर नहीं है। इस विश्व में जो कुछ है वह सब ईश्वरमय है। प्रकृति और ईश्वर एक-दूसरे से भिन्न न होकर एक ही सर्वव्यापी सत्ता के दो अलग-अलग नाम हैं। इस प्रकृति अथवा ईश्वर से पृथक् अन्य कोई स्वतंत्र सत्ता नहीं है।

ईश्वर के स्वरूप के संबंध में स्पिनोज़ा के उपर्युक्त विचारों से यह स्पष्ट है कि वे धर्मपरायण ईश्वरवादी विचारकों के उपास्य व्यक्तित्वसंपन्न ईश्वर का निषेध करते हैं। यही कारण है कि अनेक विद्वानों ने उन्हें निरीश्वरवादी दार्शनिक माना है। उदाहरणार्थ, स्पिनोज़ा के दर्शन में विद्यमान निरीश्वरवादी विचारधारा की व्याख्या करते हुए जेम्स थ्रोवर कहते हैं : "उनके अनुसार, ईश्वर कोई तत्त्वमीमांसीय अथवा

20. देखिए, स्पिनोज़ा, 'ऐथिक्स', भाग 1, प्रतिज्ञप्ति 4.

अर्धवैज्ञानिक सत्ता नहीं है जो प्राकृतिक व्यवस्था से बाहर रहकर उसे सर्वप्रथम गति प्रदान करती है। वह स्वयं ही प्राकृतिक व्यवस्था है। उनके मतानुसार, ईश्वर और प्रकृति एक ही है। इस अर्थ में, और केवल इसी अर्थ में, स्पिनोज़ा निरीश्वरवादी हैं। वे ईश्वर के विश्वातीत होने के विचार का निषेध करते हैं। . . . जो कुछ है वह सब ईश्वर ही है और उससे पृथक् कुछ भी नहीं है।"[21]

थ्रोवर की भाँति स्टुअर्ट हैम्पशायर ने भी स्पिनोज़ा द्वारा स्वीकृत ईश्वर विषयक अवधारणा की ऐसी ही व्याख्या की है। उनका कथन है : "ईश्वर को समझने का अर्थ अनिवार्यतः स्वयं उत्पन्न करनेवाली और स्वतः उत्पन्न प्रकृति को समझना ही है। . . . प्रकृतिवादी दार्शनिकों के रूप में हम प्राकृतिक कारणों की व्यवस्था को विस्तारपूर्वक समझने में जितने अधिक आनंद का अनुभव करेंगे, हमें ईश्वर के प्रति उतना ही अधिक बौद्धिक प्रेम रखनेवाला कहा जा सकता है।"[22] इस प्रकार थ्रोवर और हैम्पशायर के इन उद्धरणों से यह स्पष्ट है कि वे स्पिनोज़ा द्वारा ईश्वर तथा प्रकृति को अभिन्न या एक ही समझने के कारण उन्हें निरीश्वरवादी दार्शनिक मानते हैं।

वस्तुतः स्पिनोज़ा के संबंध में इन दोनों विद्वानों का उपर्युक्त मत उचित प्रतीत होता है, क्योंकि यदि 'ईश्वर' तथा 'प्रकृति' एक ही सत्ता के नाम हैं और यदि इनमें कोई अंतर नहीं है तो इससे अंततः निरीश्वरवाद की पुष्टि होती है। हम पिछले अध्यायों में देख चुके हैं कि निरीश्वरवादी दार्शनिक शाश्वत, नित्य, अजन्मा, निर्वैयक्तिक तथा सर्वव्यापी प्रकृति की सत्ता को पूर्णतः स्वीकार करते हैं और समस्त प्राणियों, पेड़-पौधों, वस्तुओं एवं घटनाओं को उसी का अभिन्न अंश मानते हैं। यदि ईश्वरवादी विचारक इसी प्रकृति को 'ईश्वर' की संज्ञा देते हैं तो उनकी विचारधारा और निरीश्वरवादियों की विचारधारा में कोई भेद नहीं रह जाता। ऐसी स्थिति में ईश्वरवाद और निरीश्वरवाद में दीर्घकाल से चला आ रहा सतत संघर्ष स्वतः ही समाप्त हो जाता है। परंतु, जैसा कि हम पहले ही स्पष्ट कर चुके हैं, अधिकतर ईश्वरवादी विचारक ईश्वर को प्रकृति से भिन्न और उसका रचयिता, संचालक तथा नियामक मानते हैं। वे ईश्वर में शक्ति, ज्ञान, शुभत्व, प्रेम, करुणा, व्यक्तित्वसंपन्नता आदि जिन विशेष गुणों को आरोपित करते हैं उन्हें वे प्रकृति के गुण नहीं मानते। इससे स्पष्ट है कि ईश्वरवादी दार्शनिकों के मतानुसार, ईश्वर और प्रकृति के स्वरूप में आधारभूत अंतर है। परंतु हम ऊपर देख चुके हैं कि स्पिनोज़ा ईश्वर तथा प्रकृति में कोई भेद स्वीकार किए बिना इन दोनों को एक ही मानते हैं। इसी कारण अनेक ईश्वरवादी विचारकों ने भी उन्हें 'निरीश्वरवादी' कहा है।

डेकार्ट तथा स्पिनोज़ा के अतिरिक्त सत्रहवीं शताब्दी के अनुभववादी विचारक, जॉन लॉक का दर्शन भी निरीश्वरवाद के विकास में बहुत सहायक सिद्ध हुआ है। लॉक को पाश्चात्य दर्शन में अनुभववाद का प्रमुख प्रणेता माना जाता है, क्योंकि

21. जेम्स थ्रोवर, 'ए शॉर्ट हिस्ट्री ऑफ़ वैस्टर्न एथीइज़्म', पृ. 89.

22. स्टुअर्ट हैम्पशायर, 'स्पिनोज़ा', पृ. 169.

उन्होंने जन्मजात प्रत्ययों के सिद्धांत का खंडन करके केवल इंद्रियजन्य अनुभव को ही संपूर्ण मानवीय ज्ञान के मूल स्रोत के रूप में स्वीकार किया था। वे यह मानते थे कि मनुष्य अपने जीवन में जो ज्ञान प्राप्त करता है वह उसकी विभिन्न ज्ञानेंद्रियों द्वारा प्राप्त उसके अनुभव पर ही आधारित होता है। स्पष्टतः इसका तात्पर्य यही है कि मनुष्य ऐसी किसी वस्तु का ज्ञान प्राप्त नहीं कर सकता जो उसके अनुभव का विषय नहीं है और न हो सकती है। ऐसी अनुभवातीत वस्तुओं के ज्ञान की बात करना केवल उसकी निराधार कल्पना है जिसका सत्य और वास्तविकता से कोई संबंध नहीं है। इस प्रकार मानवीय ज्ञान की उत्पत्ति के विषय में लॉक का यह अनुभववादी सिद्धांत ऐसी समस्त सत्ताओं के ज्ञान का निषेध करता है जिन्हें मनुष्य के अनुभव से परे माना जाता है। दूसरे शब्दों में, इस सिद्धांत के अनुसार, मनुष्य ईश्वर, देवी-देवता या किसी अन्य इंद्रियातीत सत्ता का ज्ञान कभी प्राप्त नहीं कर सकता। यह समझना कठिन नहीं है कि ईश्वर सहित समस्त अलौकिक सत्ताओं का निषेध इस सिद्धांत का अनिवार्य तार्किक परिणाम है जिसे लॉक के उपरांत अनेक पाश्चात्य दार्शनिकों ने स्पष्ट रूप से स्वीकार किया है।

परंतु अपने उपर्युक्त अनुभववादी सिद्धांत के विरुद्ध लॉक भी हॉब्स की भाँति ईश्वरवाद का समर्थन करते थे। वे यह मानते थे कि ईश्वर ही विश्व का आदिकारण है, क्योंकि उसी ने इसकी रचना की है और वही इसे अस्तित्व में बनाए रखता है। वे ईश्वर की सत्ता के समर्थन में प्रस्तुत की जानेवाली परंपरागत प्रयोजनपरक युक्ति को भी पूर्णतः स्वीकार करते थे। ईश्वर के संबंध में लॉक के इन विचारों से यह स्पष्ट है कि वे या तो तत्कालीन धर्म-गुरुओं तथा रूढ़िवादी शासकों के भय से आतंकित होने के कारण ईश्वरवाद का समर्थन करते थे अथवा वे ईसाई धर्म से प्राप्त अपने बाल्यकालीन संस्कारों एवं धार्मिक विश्वासों से मुक्त नहीं हो सके। ऐसा प्रतीत होता है कि इन दोनों में से किसी एक कारण अथवा दोनों कारणों से प्रेरित होकर उन्होंने अपनी संपूर्ण अनुभववादी विचारधारा के विरुद्ध अनुभवातीत ईश्वर के अस्तित्व को केवल आस्था के आधार पर स्वीकार कर लिया था। वस्तुतः ईश्वरवाद का यह समर्थन लॉक के दर्शन की एक गंभीर असंगति है जो उसे बहुत दुर्बल बना देती है। जैसा कि हम ऊपर देख चुके हैं, सुसंगत रूप से उनके अनुभववादी दर्शन में ईश्वरवाद तथा अलौकिकता से संबंधित अन्य किसी सिद्धांत के लिए कोई स्थान नहीं है। मानवीय ज्ञान के उत्पत्ति के विषय में उन्होंने अपने दर्शन में जिस अनुभववादी सिद्धांत का प्रतिपादन किया है वह ईश्वर तथा अन्य सभी अति-प्राकृतिक और अनुभवातीत सत्ताओं का पूर्णतः निषेध करता है। लॉक के इसी अनुभववादी सिद्धांत से प्रभावित होकर अठारहवीं शताब्दी में इंग्लैण्ड तथा फ्रांस के अनेक महान विचारकों ने ईश्वर के अस्तित्व का खंडन करते हुए निरीश्वरवाद का स्पष्टतः समर्थन किया था।

कुछ विद्वानों ने निरीश्वरवाद के विकास में लॉक के दर्शन के इस योगदान का स्पष्ट रूप से उल्लेख किया है। उदाहरणार्थ, इसी तथ्य की व्याख्या करते हुए डी. एस. मार्गोलियथ कहते हैं : "इंद्रिय-संवेदनों द्वारा समस्त प्रत्ययों की उत्पत्ति से संबंधित लॉक के सिद्धांत ने . . . वास्तव में ईश्वरवाद के बौद्धिक आधार को दुर्बल कर दिया

था; और जब इस सिद्धांत को सुसंगत रूप से कार्यान्वित किया गया तो हॉब्स के भौतिकवाद से मिलकर यह उस निरीश्वरवाद का प्रमुख कारण बना जो फ़्रांस में अठारहवीं शताब्दी के मध्य में विकसित हुआ था। . . . जब अठारहवीं शताब्दी में लॉक के विचारों को फ़्रांस में प्रचारित किया गया तो इंद्रिय-संवेदनों द्वारा संपूर्ण ज्ञान की उत्पत्ति से संबंधित उनके सिद्धांत को सुसंगत रूप से प्रस्तुत किया गया और इसने कई विचारकों को निरीश्वरवाद की ओर प्रवृत्त किया।"[23] वस्तुतः लॉक का यह अनुभववादी सिद्धांत केवल ईश्वरवाद का ही नहीं, अपितु समस्त अलौकिक या अति-प्राकृतिक सिद्धांतों का भी पूर्ण रूप से निषेध करता है। इस प्रकार निष्कर्ष के रूप में हम यह कह सकते हैं कि डेकार्ट तथा स्पिनोज़ा की भाँति लॉक के दर्शन ने भी निरीश्वरवाद के विकास के लिए मार्ग प्रशस्त किया था।

सत्रहवीं शताब्दी के उपर्युक्त तीन ईश्वरवादी दार्शनिकों के अतिरिक्त अठारहवीं शताब्दी के महान ईश्वरवादी दार्शनिक, कान्ट के दर्शन से भी निरीश्वरवाद को पर्याप्त समर्थन प्राप्त हुआ था। जैसा कि हम प्रथम अध्याय में बता चुके हैं, उन्होंने अपनी प्रसिद्ध पुस्तक, 'क्रिटीक ऑफ़ प्योर रीज़न' में ईश्वर के अस्तित्व से संबंधित सभी परंपरागत प्रमाणों का अनेक प्रबल तर्कों द्वारा खंडन करके यह सिद्ध किया था कि ईश्वर की सत्ता को बौद्धिक युक्तियों के आधार पर प्रमाणित नहीं किया जा सकता, क्योंकि वह मानवीय तर्कबुद्धि का विषय नहीं है। ईश्वर के संबंध में उनके इस मत का कुछ परवर्ती दार्शनिकों पर गहरा प्रभाव पड़ा जिन्होंने ईश्वर के अस्तित्व को अस्वीकार करते हुए तर्कतः निरीश्वरवाद का समर्थन किया। स्वयं कान्ट भी ईश्वर को नैतिकता की एक आवश्यक पूर्व-मान्यता के रूप में ही स्वीकार करते थे, किंतु अधिकतर ईश्वरवादी दार्शनिक उनके इस विचार से सहमत नहीं हैं। इसका कारण यह है कि कान्ट उस रूप में ईश्वरवाद का समर्थन नहीं करते जिस रूप में सामान्यतः इसे स्वीकार किया जाता है। उनका ईश्वर भक्तों का ईश्वर न होकर मनुष्य के लिए उच्चतम नैतिक शुभ को सुनिश्चित करने का काल्पनिक साधन मात्र है। ऐसी स्थिति में यह कहना अनुचित न होगा कि वे परंपरागत प्रचलित अर्थ में ईश्वरवादी दार्शनिक नहीं थे। वस्तुतः उनके दर्शन–विशेषतः उनकी पुस्तक, 'क्रिटीक ऑफ़ प्योर रीज़न'–से ईश्वरवाद के स्थान पर निरीश्वरवाद को ही समर्थन और प्रश्रय प्राप्त होता है। इस प्रकार डेकार्ट, स्पिनोज़ा तथा लॉक की भाँति कान्ट ने भी पाश्चात्य दर्शन में निरीश्वरवादी विचारधारा के विकास में परोक्ष रूप से अपना पर्याप्त योगदान किया है।

3. तर्क-युग में निरीश्वरवाद का विकास

पाश्चात्य दर्शन में अठारहवीं शताब्दी का विशेष महत्त्व है, क्योंकि इस शताब्दी में उस प्रकृतिवादी तथा भौतिकवादी वैज्ञानिक विचारधारा का पूर्ण विकास हुआ जिसकी आधार-शिला पुनर्जागरण-काल में स्थापित की गई थी और जिसने निरीश्वरवाद को

23. डी.एस. मार्गोलियथ, 'एथीइज़्म', 'ऐन्साइक्लोपीडिया ऑफ़ रिलिजन एंड ऐथिक्स', खंड 2, पृ. 177.

सर्वाधिक समर्थन प्रदान किया था। इस शताब्दी के महान विचारकों ने मानव-जीवन के सभी क्षेत्रों में आस्था के स्थान पर तर्क की सर्वोच्च सत्ता को स्पष्टतः स्वीकार किया। साहित्य, कला, धर्म, दर्शन, नैतिकता, राजनीति आदि सभी महत्त्वपूर्ण क्षेत्रों से संबंधित समस्याओं पर केवल बौद्धिक और तार्किक दृष्टि से विचार किया जाने लगा, क्योंकि यह निश्चित रूप से मान लिया गया था कि सत्य की खोज एवं स्थापना तर्क के आधार पर ही की जा सकती है। इसी कारण अठारहवीं शताब्दी के इस काल को 'तर्क का युग' कहा जाता है और यह नाम इस काल की प्रमुख विशेषता को स्पष्ट रूप से व्यक्त करता है। इस काल को 'प्रबोध-युग' अथवा 'दि एज ऑफ़ ऐन्लाइटनमैंट' की संज्ञा भी दी गई है जिससे यह ज्ञात होता है कि अंधकारमय मध्य युग के विपरीत यह युग स्वतंत्र चिंतन और तर्क के प्रकाश से आलोकित था। इस युग में मनुष्य ईश्वर तथा अन्य अलौकिक शक्तियों पर निर्भर रहने की अपनी बालसुलभ प्रवृत्ति का परित्याग करके वयस्क होने और आत्म-निर्भर बनने का प्रयास करने लगा था। अपनी समस्याओं का समाधान करने और जीवन तथा जगत् को समझने के लिए अब उसने धर्म-ग्रंथों का अनुसरण करने के स्थान पर उनके संबंध में स्वतंत्र रूप से विचार करना आरंभ कर दिया था। अब वह ऐसे किसी विचार या सिद्धांत को स्वीकार करने के लिए उद्यत नहीं था जो तर्क के विरुद्ध हो अथवा जिसका तर्क द्वारा समर्थन करना संभव न हो। इस प्रकार आस्था के स्थान पर तर्कबुद्धि की प्रधानता, स्वतंत्र चिंतन तथा आत्म-निर्भरता की आकांक्षा इस प्रबोध-युग की कुछ प्रमुख विशेषताएँ हैं जो इसे अन्य पूर्ववर्ती युगों से पृथक् करती हैं।

इस प्रबोध-युग की उपर्युक्त विशेषताओं का उल्लेख करते हुए जेम्स थ्रोवर कहते हैं : "अठारहवीं शताब्दी मुख्यतः तर्क का युग है। यदि सत्रहवीं शताब्दी वह शताब्दी थी जिसमें वैज्ञानिक सत्य तथा अन्य प्रकार के सत्यों में संघर्ष हुआ था और इस संघर्ष में अन्य सत्यों के स्थान पर केवल वैज्ञानिक सत्य की ही विजय हुई थी तो अठारहवीं शताब्दी वह शताब्दी है जब जीवन के सभी क्षेत्रों में इस संघर्ष के परिणामों को अनुभव किया जा रहा है, जब प्रकृति के केवल बाह्य रूपों को ही नहीं, अपितु उसके अन्य सभी रूपों–विशेषतः मानव-स्वभाव–को भी वैज्ञानिक दृष्टि से तर्क की सर्वोच्च सत्ता के अधीन लाने का प्रयास किया जा रहा है। यह आशा की जा रही है कि मनुष्य का कानून, उसकी नैतिकता, उसकी कला, उसका धर्म और स्वयं समाज–ये सब सदा के लिए बौद्धिक वैज्ञानिक आधार पर स्थापित कर दिए जाएँगे। . . . जो व्यक्ति पूर्णतः निरीश्वरवादी नहीं थे उन्होंने भी आस्था को छोड़ दिया था और उनके मन में धर्म का जो थोड़ा-सा विचार बचा हुआ था उसे तर्क पर आधारित कर दिया था। जहाँ श्रुति को स्वीकार किया गया था उसे भी तर्क के अनुरूप बना दिया गया था। . . . ऐसे व्यक्ति भी थे जो यह तर्क देते थे कि यदि ईश्वरवाद सत्य है तो विश्व क्रूर उपहास की अपेक्षा अधिक श्रेष्ठ नहीं है। . . . जबकि पूर्ववर्ती युगों ने प्रकृतिवाद के साथ संगति स्थापित करने के लिए इससे संबंधित विश्वास को उभयात्मक सत्य के सिद्धांत–श्रुति एवं आस्था विषयक सत्य और ज्ञान संबंधी सत्य–पर आधारित कर दिया था, अठारहवीं शताब्दी में इस प्रकार के भेद को स्वीकार नहीं किया गया। जिस

धर्म को तर्क द्वारा प्रमाणित नहीं किया जा सकता था वह धर्म बिल्कुल नहीं था–वह अंधविश्वास था। इस संबंध में स्वतंत्र चिंतक और अधिकतर धर्मशास्त्री परस्पर सहमत थे। . . . जैसा कि वैज्ञानिक दर्शन के रूप में तर्क ने स्पष्ट कर दिया था, चमत्कार संभव नहीं थे।"[24] थ्रोवर के अतिरिक्त अन्य अनेक विद्वानों ने भी प्रबोध-युग के विषय में ऐसे ही विचार व्यक्त किए हैं। इस प्रकार यह स्पष्ट है कि पाश्चात्य दर्शन के इतिहास में अठारहवीं शताब्दी का काल वस्तुतः प्रबोध-युग अथवा तर्क का युग था जिसमें निरीश्वरवाद के विकास के लिए प्रचुर संभावना विद्यमान थी।

इस युग में तर्क और स्वतंत्र चिंतन की प्रधानता होने के कारण नवीन वैज्ञानिक विचारों तथा अनुसंधानों को विशेष प्रोत्साहन प्राप्त हुआ। यह सत्य है कि तत्कालीन धर्म-गुरुओं ने इन वैज्ञानिक विचारों एवं अनुसंधानों का तीव्र विरोध किया था और इनकी गति अवरुद्ध करने के लिए उन्होंने अनेक वैज्ञानिकों पर क्रूर अत्याचार भी किए थे, किंतु वे इन्हें रोकने में अधिक सफल नहीं हो सके। रूढ़िवादी पादरियों द्वारा उत्पन्न प्रतिकूल परिस्थितियों के होते हुए भी बहुत-से वैज्ञानिक भौतिकी, जीव-विज्ञान, भूगर्भशास्त्र आदि प्राकृतिक विज्ञानों के क्षेत्र में शोध-कार्य करते रहे। इस शोध-कार्य के परिणामस्वरूप इन विज्ञानों से संबंधित सभी क्षेत्रों में अनेक नवीन क्रांतिकारी वैज्ञानिक सिद्धांतों का उदय हुआ जिन्होंने परंपरागत प्रचलित धार्मिक विश्वासों और मान्यताओं को गंभीर चुनौती दी। उदाहरणार्थ, बाइबल, कुरान आदि ईश्वरवादी धर्म-ग्रंथों में यह कहा गया था कि ईश्वर ने एक विशेष समय पर तथा निश्चित उद्देश्य की पूर्ति के लिए इस विश्व की रचना की है और उसने सभी प्राणियों, पेड़-पौधों एवं भौतिक वस्तुओं को उसी रूप में उत्पन्न किया है जिस रूप में वे आज विद्यमान हैं। विश्व का रचयिता होने के कारण ईश्वर ही इसमें व्यवस्था स्थापित करता है। इसी प्रकार, प्राचीन काल से यह भी माना जाता था कि यह पृथ्वी ही संपूर्ण ब्रह्माण्ड का केंद्र है और सभी ग्रह इसकी परिक्रमा करते हैं।

परंतु नवीन वैज्ञानिक अनुसंधानों ने उपर्युक्त सभी धार्मिक मान्यताओं तथा विश्वासों को तर्कतः मिथ्या प्रमाणित कर दिया। इनके स्थान पर वैज्ञानिकों ने ऐसे वैज्ञानिक सिद्धांतों का प्रतिपादन किया जिनके अनुसार ईश्वर या किसी अन्य अलौकिक शक्ति का उल्लेख किए बिना ही विश्व की उत्पत्ति और जीवन के विकास की पूर्णतः प्राकृतिक व्याख्या की जा सकती थी। यह सत्य है कि अठारहवीं शताब्दी के पूर्वार्ध में न्यूटन सहित अनेक वैज्ञानिक भी तटस्थेश्वरवाद में विश्वास करते थे और वे ईश्वर को ही विश्व का रचयिता तथा नियामक मानते थे, परंतु इस शताब्दी के उत्तरार्ध में धीरे-धीरे वैज्ञानिकों ने इस विश्वास का भी परित्याग कर दिया। उदाहरणार्थ, ला प्लास ने स्पष्ट रूप से यह घोषित कर दिया कि ग्रह-नक्षत्रों की गति में जो अस्थायी अनियमितता प्रतीत होती है वह प्राकृतिक नियमों द्वारा स्वतः ही समाप्त हो जाती है, अतः इसके लिए ईश्वर की कोई आवश्यकता नहीं है। इसी प्रकार, अपने विकासवादी सिद्धांत के आधार पर वैज्ञानिकों ने यह भी प्रमाणित किया कि सभी प्राणियों की

24. जेम्स थ्रोवर, 'ए शॉर्ट हिस्ट्री ऑफ़ वेस्टर्न एथीइज़्म', पृ. 97, 99-100.

जातियों का विकास कुछ विशेष प्राकृतिक प्रक्रियाओं के अनुसार ही हुआ है और ये जातियाँ अपने विकास के प्रारंभिक काल में वैसी नहीं थीं जैसी आज हैं। स्पष्टतः इसका अर्थ यही था कि प्राणियों की जातियों के विकास में ईश्वर की कोई भूमिका नहीं है; उसकी सत्ता को स्वीकार किए बिना ही केवल प्राकृतिक नियमों द्वारा विश्व की उत्पत्ति और जीवों के विकास की समुचित व्याख्या की जा सकती है। इस प्रकार विज्ञान ने धीरे-धीरे जीवन तथा जगत् की व्याख्या के लिए ईश्वर की अनिवार्यता को समाप्त कर दिया जिसके परिणामस्वरूप प्राचीन धार्मिक विश्वासों का ह्रास हुआ और अंततः निरीश्वरवाद को ही समर्थन तथा प्रश्रय मिला।

संभवतः वैज्ञानिक सिद्धांतों और अनुसंधानों से प्रभावित होकर अठारहवीं शताब्दी के कुछ विचारकों ने अपनी पुस्तकों में इस निरीश्वरवाद का स्पष्ट रूप से समर्थन किया। जैसा कि हम तीसरे अध्याय में बता चुके हैं, 1770 में प्रकाशित बैरन डी-हॉलबाक की पुस्तक, 'दि सिस्टम ऑफ़ नेचर' को निरीश्वरवाद पर लिखित पाश्चात्य दर्शन की सर्वप्रथम महत्त्वपूर्ण पुस्तक माना जाता है जिसमें उन्होंने इस सिद्धांत के सभी प्रमुख पक्षों की सविस्तार विवेचना की है। निरीश्वरवाद के संबंध में उनके मत पर हम अगले अध्याय में कुछ विस्तार से विचार करेंगे। यहाँ इतना कह देना ही पर्याप्त होगा कि पाश्चात्य दर्शन में निरीश्वरवाद के विकास की दृष्टि से उनकी इस पुस्तक का विशेष महत्त्व है। हॉलबाक की उपर्युक्त पुस्तक के अतिरिक्त निरीश्वरवाद पर लिखित एक अन्य पुस्तक, 'आन्सर टु डॉक्टर प्रीस्टलेज़ लैटर्स टु ए फ़िलॉसॉफ़िकल अनबिलीवर' (निरीश्वरवादी दार्शनिक के नाम लिखे डॉक्टर प्रीस्टले के पत्रों का उत्तर) भी बहुत महत्त्वपूर्ण है जो लंडन में 1782 में प्रकाशित हुई थी और जिसे इस सिद्धांत का स्पष्टतः समर्थन करनेवाली ब्रिटेन की पहली पुस्तक माना जाता है।[25] इस पुस्तक में ईश्वरवाद के विरुद्ध और निरीश्वरवाद के समर्थन में अनेक तर्क प्रस्तुत किए गए हैं। जैसा कि इसके शीर्षक से ही स्पष्ट है, इसमें एक निरीश्वरवादी दार्शनिक के नाम लिखे प्रीस्टले नामक ईश्वरवादी विचारक के पत्रों का उत्तर दिया गया है।

उपर्युक्त पुस्तक के लेखक के विषय में विद्वानों में कुछ मतभेद है। इस पुस्तक के प्रकाशन के पश्चात सामान्यतः यह माना जाता था कि इसे विलियम हैमन नामक व्यक्ति ने लिखा है जिन्होंने इसकी प्रस्तावना के नीचे अपने हस्ताक्षर किए थे। परंतु इस पुस्तक का उत्तर देते हुए स्वयं प्रीस्टले ने 1787 में प्रकाशित अपनी पुस्तक, 'लैटर्स टु ए फ़िलॉसॉफ़िकल अनबिलीवर' के द्वितीय संस्करण में विलियम हैमन नामक व्यक्ति के वास्तविक अस्तित्व में संदेह करते हुए यह कहा था कि यह केवल एक छद्म नाम है।[26] इसके उपरांत प्रीस्टले के एक मित्र, टॉमस कूपर ने 1805 में प्रकाशित अपनी पुस्तक, 'मैमॉयर्स ऑफ़ प्रीस्टले' के अमेरिकन संस्करण में दी गई एक विस्तृत पाद-टिप्पणी में विलियम हैमन को पूर्वोल्लिखित पुस्तक का लेखक मानने से स्पष्टतः इन्कार किया था। उनके मतानुसार, वास्तव में जिस विचारक ने प्रीस्टले की पुस्तक

25. देखिए, डेविड बरमन, 'ए हिस्ट्री ऑफ़ एथीइज़्म इन ब्रिटेन', पृ. 110-111.

26. देखिए, प्रीस्टले, 'लैटर्स टु ए फ़िलॉसॉफ़िकल अनविलीवर', द्वितीय संस्करण, पृ. 243.

का उत्तर लिखा था उसका नाम डॉ. मैथ्यू टर्नर था जो शल्यचिकित्सक, शरीर-रचनाशास्त्री तथा रसायनशास्त्री थे और जो अपने मित्रों में निरीश्वरवादी विचारक के रूप में विख्यात थे। उन्होंने ही प्रीस्टले की पुस्तक का उत्तर देते हुए विलियम हैमन के छद्म नाम से उपर्युक्त पुस्तक लिखी थी।[27] परंतु डेविड बरमन इस मत को स्वीकार नहीं करते कि विलियम हैमन नामक किसी व्यक्ति का अस्तित्व नहीं था। उनका विचार है कि प्रीस्टले की पुस्तक के उत्तर में 1782 में प्रकाशित जो निरीश्वरवादी पुस्तक लिखी गई थी उसे वास्तव में हैमन तथा टर्नर ने संयुक्त रूप से लिखा था, अतः इन दोनों विचारकों को इसके लेखक मानना अधिक युक्तिसंगत प्रतीत होता है। इस पुस्तक की प्रस्तावना और शैली से इसी मत की पुष्टि होती है।[28] स्पष्टतः इसका अर्थ यही है कि हैमन और टर्नर दोनों ही ब्रिटेन के निरीश्वरवादी विचारक थे जिन्होंने अपने सिद्धांत, निरीश्वरवाद का समर्थन करने के लिए उपर्युक्त पुस्तक की संयुक्त रूप से रचना की थी।

पूर्णतः बुद्धिवादी विचारक होने के कारण हैमन धार्मिक अंधविश्वासों का तीव्र विरोध करते थे और सत्य के अनुसंधान को सर्वाधिक महत्त्व देते थे। वे यह मानते थे कि सत्य को जानना और खोजना मनुष्य का सर्वोच्च कर्तव्य है–फिर चाहे इससे समाज में सुख-शांति की स्थापना हो या न हो। इस संबंध में उन्होंने स्पष्ट कहा है : "तर्क में ही मेरी आस्था है। . . . सत्य को जानना और उसका प्रचार करना मेरा अधिकार है–फिर इससे समाज को चाहे दुःख हो या न हो। जिस समाज को सत्य के कारण दुःख पहुँचता है उसका निर्माण दूसरे प्रकार से किया जाना चाहिए–अर्थात्, उसमें आमूल परिवर्तन होना चाहिए।"[29] हैमन के इन विचारों से यह स्पष्ट है कि वे मानव-समाज की सुख-शांति की अपेक्षा सत्य के अनुसंधान को कहीं अधिक महत्त्व देते थे और सत्य के प्रति उनकी सुदृढ़ तथा सर्वोच्च निष्ठा थी।

निरीश्वरवाद को मिथ्या सिद्ध करने के लिए कुछ ईश्वरवादी विचारक यह तर्क भी देते हैं कि कट्टर निरीश्वरवादी दार्शनिक भी अपने जीवन के अंत में निरीश्वरवाद का परित्याग करके ईश्वरवाद को स्वीकार कर लेते हैं जिससे ईश्वरवाद की सत्यता प्रमाणित होती है। परंतु हैमन ने ईश्वरवादियों के इस तर्क को स्पष्ट रूप से अस्वीकार किया है। उनका कथन है कि यदि कुछ निरीश्वरवादियों ने अपने जीवन के अंतिम दिनों में मानसिक दुर्बलता अथवा रुग्णावस्था के कारण ईश्वरवाद को स्वीकार कर लिया है तो इससे यह सिद्धांत सत्य सिद्ध नहीं हो जाता, क्योंकि ऐसी अवस्था में इन व्यक्तियों के मत का कोई तार्किक आधार नहीं होता। अपनी इसी मान्यता को स्पष्ट करते हुए हैमन ने लिखा है : "यदि रुग्णावस्था अथवा मृत्यु के समय अंतिम क्षणों में मनुष्य अपनी पुरानी दुर्बलताओं तथा अंधविश्वासों की ओर लौट जाते हैं तो उनके इस पतन से धर्मपरायण व्यक्ति विजय का अनुभव कर सकते हैं; जहाँ तक मेरा संबंध है, मैं रोगी और मरते हुए व्यक्तियों के मत को उतना महत्त्व नहीं देता जितना सबल

27. देखिए, टॉमस कूपर, 'मैमायर्स ऑफ़ प्रीस्टले', अमेरिकन संस्करण, पृ. 76.
28. देखिए, डेविड बरमन, 'ए हिस्ट्री ऑफ़ एथीइज़्म इन ब्रिटेन', पृ. 114-115.
29. विलियम हैमन और मैथ्यू टर्नर, 'आन्सर टु डॉ. प्रीस्टलेज़ लैटर्स टु ए फ़िलॉसॉफिकल अनबिलीवर', पृ. 19-20.

एवं स्वस्थ व्यक्तियों के मत को देता हूँ।"[30] इस उद्धरण से यह स्पष्ट है कि हैमन के मतानुसार, ईश्वरवादियों द्वारा अपने सिद्धांत के समर्थन में प्रस्तुत उपर्युक्त तर्क का कोई महत्त्व नहीं है, क्योंकि वास्तव में तार्किक दृष्टि से यह निराधार तथा व्यर्थ है।

अपने सिद्धांत को सत्य प्रमाणित करने के लिए ईश्वरवादी विचारक उपर्युक्त तर्क के अतिरिक्त प्रायः यह तर्क भी देते हैं कि ईश्वर की सत्ता में विश्वास किए बिना मनुष्य नैतिकता के अनुरूप आचरण नहीं कर सकता, अतः व्यावहारिक दृष्टि से मानव-जीवन के लिए निरीश्वरवाद की अपेक्षा ईश्वरवाद कहीं अधिक श्रेयस्कर तथा वांछनीय है। परंतु अन्य अनेक निरीश्वरवादियों की भाँति हैमन ने भी ईश्वरवादियों के इस तर्क का खंडन किया है। इसके विरुद्ध उनका कथन है कि ईश्वर को नैतिकता का आधार मानना अनुचित है, क्योंकि ऐसा करने से नैतिकता वस्तुतः स्वार्थ-परायणता में परिवर्तित हो जाती है। मुख्यतः इसी कारण ईश्वर पर आधारित नैतिकता के सिद्धांत का विरोध करते हुए वे कहते हैं : "मैं ईश्वर विषयक विश्वास की अपेक्षा अधिक श्रेष्ठ आधार पर नैतिकता को स्थापित करना चाहूँगा। वस्तुतः यदि इस समय उसका कोई अन्य आधार नहीं है तो वह नैतिकता नहीं है; वह स्वार्थपरता है; वह कायरता है; वह पुरस्कार की आशा है; वह दंड का भय है।"[31] ईश्वरवादियों के विरुद्ध हैमन का यह मत उचित एवं तर्कसंगत प्रतीत होता है। जैसा कि हम तीसरे अध्याय में देख चुके हैं, उनकी भाँति अन्य बहुत-से निरीश्वरवादियों ने भी नैतिकता को ईश्वर पर आधारित मानने के विषय में ऐसे ही विचार व्यक्त किए हैं। इस प्रकार अपने उपर्युक्त तर्कों द्वारा ईश्वरवाद का खंडन करते हुए हैमन ने निरीश्वरवाद का स्पष्टतः समर्थन किया है।

हैमन के समान टर्नर भी निरीश्वरवाद के प्रबल समर्थक थे। निरीश्वरवाद संबंधी उनके विचारों पर ह्यूम और हॉलबाक के निरीश्वरवादी सिद्धांतों का विशेष रूप से प्रभाव पड़ा था। उन्होंने ह्यूम की पुस्तक, 'डाएलॉग्ज़ कन्सरनिंग नैचरल रिलिजन' तथा उनके निबंध, 'ऑफ़ मिरैकल्ज़' और हॉलबाक की पुस्तक, 'दि सिस्टम ऑफ़ नेचर' का अध्ययन किया था। निरीश्वरवाद के समर्थन में इन दोनों दार्शनिकों ने अपनी उपर्युक्त कृतियों में जो विचार प्रस्तुत किए थे उनसे टर्नर बहुत प्रभावित हुए थे और उनके निरीश्वरवाद पर इस प्रभाव को स्पष्टतः देखा जा सकता है।

सर्वप्रथम टर्नर ने यह प्रश्न उठाया है कि क्या नैतिकता के अनुरूप आचरण करने के लिए ईश्वर में विश्वास करना अनिवार्य है। निरीश्वरवादी विचारक होने के कारण वे भी हैमन की भाँति इस प्रश्न का नकारात्मक उत्तर देते हैं। वे ईश्वरवादी व्यक्ति से यह प्रश्न करते हैं कि यदि उसे विश्वास हो जाए कि ईश्वर का अस्तित्व नहीं है तो क्या वह नैतिक नियमों के अनुसार आचरण करना बंद कर देगा। उनका विचार है कि ईश्वर की सत्ता में विश्वास के समाप्त हो जाने पर भी वह नैतिक नियमों और मूल्यों को अवश्य स्वीकार करता रहेगा। इससे यही प्रमाणित होता है कि नैतिकता

30. वही पुस्तक, पृ. 25.

31. वही पुस्तक, पृ. 33.

के लिए ईश्वर के अस्तित्व में विश्वास करना आवश्यक नहीं है जैसा कि ईश्वरवादी विचारक प्रायः दावा करते हैं।[32]

ईश्वरवाद के विरुद्ध उपर्युक्त तर्क के अतिरिक्त टर्नर ने इस सिद्धांत की अन्य अनेक दुर्बलताओं तथा कठिनाइयों का भी उल्लेख किया है। उदाहरणार्थ, अशुभ की समस्या के आधार पर इस सिद्धांत की आलोचना करते हुए वे कहते हैं कि संसार में अशुभ का अस्तित्व सर्वशक्तिमान तथा अत्यंत दयालु ईश्वर की सत्ता का खंडन करता है।[33] ईश्वर के अस्तित्व के समर्थन में प्रीस्टले ने जो प्रमाण दिए हैं उनके विषय में टर्नर का कथन है कि बहुत दुर्बल होने के कारण ये प्रमाण वास्तव में उसकी सत्ता को सिद्ध नहीं करते। इस संबंध में उन्होंने विश्व के रचयिता के रूप में ईश्वर के अस्तित्व को प्रमाणित करने के लिए प्रीस्टले के प्रमाण का विशेष रूप से उल्लेख किया है। टर्नर के अनुसार, प्रीस्टले यह मान लेते हैं कि अन्य वस्तुओं की भाँति विश्व भी एक रचित वस्तु है जिसका कोई रचयिता होना अनिवार्य है। परंतु उनके इस मत का खंडन करते हुए टर्नर कहते हैं कि यदि विश्व को शाश्वत तथा अनादि मान लिया जाए तो उसके रचयिता की कोई आवश्यकता नहीं रह जाती। वस्तुतः प्रीस्टले के इस मत को स्वीकार करने का कोई तर्कसंगत आधार नहीं है कि विश्व एक ऐसी रचित वस्तु है जिसका कोई कारण या रचयिता होना अनिवार्य है।[34] हम पिछले अध्यायों में देख चुके हैं कि अनेक भारतीय निरीश्वरवादी दार्शनिकों ने भी ईश्वर की सत्ता के विरुद्ध यह तर्क प्रस्तुत किया है। टर्नर के मतानुसार, प्रीस्टले स्वयं यह स्वीकार करते हैं कि विश्व में ऐसी कोई वस्तु नहीं हो सकती जो अकारण हो। उनकी इस मान्यता को ध्यान में रखते हुए टर्नर ने यह कहा है कि इसके द्वारा वास्तव में ईश्वर के अस्तित्व का खंडन होता है, क्योंकि ईश्वरवादी विचारक ईश्वर का कोई कारण स्वीकार नहीं करते। परंतु ईश्वर को अकारण मानना स्वयं प्रीस्टले के अपने सिद्धांत के विरुद्ध है।[35] इस प्रकार टर्नर ने यह सिद्ध किया है कि प्रीस्टले के विचारों में असंगति विद्यमान है।

हैमन तथा टर्नर की उपर्युक्त पुस्तक के अतिरिक्त अठारहवीं शताब्दी के अंतिम दशक में प्रकाशित एक अन्य पुस्तक में भी निरीश्वरवाद का प्रबल समर्थन किया गया है। यह पुस्तक है 'ऐन इन्वेस्टिगेशन ऑफ़ दि ऐसेंस ऑफ़ दि डीटी' जो लंडन में 1797 में प्रकाशित हुई थी और जिसका लेखक पूर्णतः भौतिकवादी तथा निरीश्वरवादी दार्शनिक था। इस पुस्तक पर लेखक का नाम 'स्कैप्टिकस ब्रिटेनिकस' दिया गया है, किंतु यह केवल छद्म नाम ही प्रतीत होता है, क्योंकि इस नाम के किसी लेखक के विषय में कोई जानकारी प्राप्त नहीं होती। संभवतः तत्कालीन धर्म-गुरुओं द्वारा

32. देखिए, वही पुस्तक, पृ. 2.

33. देखिए, वही पुस्तक, पृ. 20-23.

34. देखिए, वही पुस्तक, पृ. 15-18, 34.

35. देखिएं, वही पुस्तक, पृ. 16.

निरीश्वरवादियों पर किए जानेवाले अत्याचारों से बचने के लिए ही इसके लेखक ने अपने वास्तविक नाम के स्थान पर यह छद्‌म नाम प्रकाशित कराया था। इस प्रकार निश्चित रूप से यह कहना संभव नहीं है कि उपर्युक्त पुस्तक का वास्तविक लेखक कौन था, अतः यहाँ हम स्कैप्टिकस ब्रिटेनिकस को ही इसका लेखक मानकर इसके निरीश्वरवाद की विवेचना करेंगे।

स्कैप्टिकस ने अपनी पुस्तक में कहीं भी स्पष्ट रूप से अपने आप को 'निरीश्वरवादी' घोषित नहीं किया, किंतु ईश्वर के अस्तित्व तथा स्वरूप के संबंध में उनके विचारों के आधार पर निश्चयपूर्वक यह कहा जा सकता है कि वे वास्तव में पूर्णतः निरीश्वरवादी दार्शनिक थे। हैमन तथा टर्नर की भाँति उन्होंने भी ईश्वरवाद के विरुद्ध और निरीश्वरवाद के समर्थन में अनेक तर्क प्रस्तुत किए हैं जिनके कारण उनकी उपर्युक्त पुस्तक को पाश्चात्य दर्शन में निरीश्वरवाद के विकास की दृष्टि से बहुत महत्त्वपूर्ण कृति माना जाता है। स्कैप्टिकस का मुख्य उद्देश्य परंपरागत ईश्वर विषयक विश्वास का खंडन करके निरीश्वरवाद की स्थापना करना है। वे अभौतिक या अति-प्राकृतिक सत्ता के रूप में ईश्वर की उस सामान्य अवधारणा का स्पष्टतः निषेध करते हैं जिसे सभी ईश्वरवादी विचारकों ने किसी-न-किसी रूप में अवश्य स्वीकार किया है। इस पारंपरिक अवधारणा के विपरीत वे ईश्वर को भौतिक वस्तु मानते हैं। उनके अनुसार, यह संपूर्ण भौतिक जगत् ही ईश्वर है जिसका अर्थ यह है कि इस जगत् से भिन्न अभौतिक ईश्वर की सत्ता नहीं है। अपनी इसी मान्यता को स्पष्ट करते हुए वे कहते हैं : "ईश्वर भौतिक वस्तु है। . . . यह ब्रह्माण्ड अथवा संपूर्ण भौतिक जगत् ही ईश्वर है।"[36]

स्कैप्टिकस ने इस अलौकिक या अति-प्राकृतिक ईश्वर की अवधारणा की तीव्र आलोचना की है जिसे सर्वशक्तिमान, अगम्य, अभौतिक, अदृश्य तथा अपरिवर्तनीय माना जाता है और जिसमें लगभग सभी ईश्वरवादी विश्वास करते हैं। ईश्वर की इस अवधारणा के संबंध में स्कैप्टिकस का कथन है कि यह वास्तव में असंगत और स्वतोव्याघातपूर्ण है। अपने इस मत को प्रमाणित करने के लिए उन्होंने ईश्वर के उन सभी प्रमुख गुणों के विरुद्ध तर्क प्रस्तुत किए हैं जिन्हें ईश्वरवादी विचारक सामान्यतः ईश्वर में आरोपित करते हैं। उनका कथन है कि ये गुण ईश्वर की अवधारणा को असंगत एवं स्वतोव्याघातपूर्ण बना देते हैं, अतः वह हमारे लिए सार्थक और बोधगम्य नहीं रह जाती। उदाहरणार्थ, ईश्वर को सर्वशक्तिमान कहा जाता है, किंतु उसकी असीम शक्ति भी अन्य अशुभ बातों के साथ-साथ ऐडम को पाप करने से रोकने में असमर्थ रही। इसी प्रकार, ईश्वर को सर्वव्यापक माना जाता है, परंतु उसे भौतिक जगत् से पृथक् ही समझा जाता है जिसकी उसने रचना की है। स्कैप्टिकस की यह आलोचना विशेषतः उन विचारकों के विरुद्ध है जो तटस्थेश्वरवाद में विश्वास करते हैं। ईश्वर को अगम्य और अगोचर कहा जाता है, किंतु फिर भी ईश्वरवादी विचारक उसके स्वरूप, गुणों तथा उसकी क्रियाओं का प्रायः सविस्तार वर्णन करते रहते हैं।[37]

36. स्कैप्टिकस ब्रिटेनिकस, 'ऐन इन्वेस्टिगेशन ऑफ़ दि ऐरोंस ऑफ़ दि डीटी', पृ. 42.

37. देखिए, वही पुस्तक, पृ. 19-22.

ईश्वर के उपर्युक्त गुणों के अतिरिक्त स्कैप्टिकस ने उसकी अभौतिकता या आध्यात्मिकता और अपरिवर्तनीयता के विरुद्ध भी इसी प्रकार की आपत्तियाँ उठाई हैं। उदाहरणार्थ, ईश्वर की अभौतिकता की आलोचना करते हुए उन्होंने लिखा है : "यदि ईश्वर में यह गुण विद्यमान है तो हम यह विश्वास कैसे कर सकते हैं कि उसने इस भौतिक जगत् को उत्पन्न किया है? यह एक निर्विवाद नियम है कि कारण तथा कार्य समान होते हैं और उनका एक-दूसरे के साथ संबंध होता है। आत्मा का पुद्गल या भौतिक पदार्थ से क्या संबंध हो सकता है? वह पुद्गल पर कैसे प्रतिक्रिया कर सकती है? क्या यह प्रतिक्रिया करते हुए उसकी अभौतिकता समाप्त नहीं हो जाएगी?"[38]

इसी प्रकार, स्कैप्टिकस का कथन है कि ईश्वर की अपरिवर्तनीयता और ईश्वरवादियों द्वारा उससे की जानेवाली प्रार्थना में असंगति या स्वतोव्याघात को स्पष्टतः देखा जा सकता है। इस स्वतोव्याघात का उल्लेख करते हुए उन्होंने ईश्वरवादी ईसाइयों से यह प्रश्न किया है : "यदि ईसाइयों का ईश्वर अपरिवर्तनशील है तो उसके विचारों में परिवर्तन करने के लिए उससे प्रार्थना करना कितना हास्यास्पद है?[39] इस प्रकार उपर्युक्त सभी उद्धरणों से यह स्पष्ट है कि स्कैप्टिकस के अनुसार ईश्वर की अवधारणा असंगत और स्वतोव्याघातपूर्ण है, अतः वह हमारे लिए सार्थक तथा बोधगम्य नहीं हो सकती।

यहाँ यह उल्लेखनीय है कि प्राचीन यूनानी दार्शनिक, कार्निडीस की भाँति स्कैप्टिकस ने भी स्वयं ईश्वर की अवधारणा में ही स्वतोव्याघात या अंतर्विरोध दिखाकर निरीश्वरवाद का समर्थन किया है। इस संबंध में उन्होंने जो तर्क दिए हैं वे पूर्णतः प्रागनुभविक अथवा बौद्धिक हैं। ईश्वरवाद का खंडन करने के लिए उन्होंने सृष्टि-कारण युक्ति अथवा प्रयोजनपरक युक्ति जैसे किसी अनुभवाश्रित तर्क का प्रयोग नहीं किया। इन अनुभवाश्रित युक्तियों के स्थान पर स्कैप्टिकस ने अपने विशुद्ध बौद्धिक तर्कों द्वारा यह सिद्ध किया है कि ईश्वर की अवधारणा ही हमारे लिए सार्थक एवं बोधगम्य नहीं है, क्योंकि इसमें अनेक स्वतोव्याघात या अंतर्विरोध विद्यमान हैं। हम अगले अध्यायों में देखेंगे कि अन्य अनेक आधुनिक पाश्चात्य दार्शनिकों ने भी ईश्वर की अवधारणा के विरुद्ध इसी प्रकार के तर्क प्रस्तुत किए हैं। वस्तुतः ईश्वर की सत्ता के विरुद्ध इन दार्शनिकों के ये तर्क इतने प्रबल हैं कि ईश्वरवादियों के लिए इनका कोई संतोषप्रद उत्तर देना संभव प्रतीत नहीं होता, अतः इन तर्कों के आधार पर यही कहा जा सकता है कि ईश्वरवाद की अपेक्षा निरीश्वरवाद कहीं अधिक तर्कसंगत विकल्प है।

निरीश्वरवाद के समर्थन में स्कैप्टिकस ने ऊपर जो विचार व्यक्त किए हैं उन पर स्पिनोज़ा के दर्शन का पर्याप्त प्रभाव पड़ा है। ईश्वर की अभौतिकता के विरुद्ध स्कैप्टिकस ने जो तर्क दिया है वह कारण और कार्य के समान स्वरूप से संबंधित स्पिनोज़ा के दार्शनिक सिद्धांत पर आधारित है। स्पिनोज़ा यह मानते थे कि कारण

38. वही पुस्तक, पृ. 22.

39. वही पुस्तक, पृ. 25.

और कार्य का संबंध उन्हीं दो वस्तुओं में हो सकता है जिनके स्वरूप में समानता हो। उनकी इसी मान्यता को स्वीकार करते हुए स्कैप्टिकस ने ईश्वरवादियों के इस मत का खंडन किया है कि मूलतः ईश्वर ने ही जड़ तथा गतिहीन पुद्‌गल को गति प्रदान की है। इस मत के विरुद्ध उनका कथन हैं कि यदि ईश्वर ने पुद्‌गल को मूलतः गति प्रदान की है तो वह स्वयं अवश्य ही गतिशील होगा, क्योंकि कोई गतिशील वस्तु ही दूसरी गतिहीन वस्तु को गति प्रदान कर सकती है; परंतु ईश्वरवादी विचारक ईश्वर में गति को स्वीकार नहीं करते। ये विचारक ईश्वर को ऐसी स्थिर सत्ता मानते हैं जो स्वयं गतिहीन होते हुए भी संपूर्ण विश्व की गति का मूल कारण है। यह समझना कठिन नहीं है कि ईश्वरवादी विचारकों की यह मान्यता स्पिनोज़ा के उपर्युक्त मूल सिद्धांत के विरुद्ध है। इसी कारण स्कैप्टिकस उनकी इस मान्यता को अस्वीकार करते हुए यह कहते हैं कि जो ईश्वर स्वयं गतिहीन है वह पुद्‌गल को गति प्रदान नहीं कर सकता। इस प्रकार यह स्पष्ट है कि ईश्वरवादियों के विरुद्ध स्कैप्टिकस के उपर्युक्त तर्क का मूल आधार स्पिनोज़ा का वह दार्शनिक सिद्धांत है जिसका उल्लेख हम ऊपर कर चुके हैं।

इस सिद्धांत के अतिरिक्त स्कैप्टिकस ईश्वरवादी विचारकों के विरुद्ध स्पिनोज़ा के इस मत को भी स्वीकार करते हैं कि ईश्वर ने इस जगत् की रचना नहीं की है, क्योंकि अभौतिक ईश्वर भौतिक जगत् का कारण नहीं हो सकता। परंतु स्कैप्टिकस यह भी नहीं मानते कि जगत् की उत्पत्ति अकस्मात या अकारण ही हुई है। वस्तुतः उनका विचार है कि जगत् अनादि तथा शाश्वत है, अतः उसकी उत्पत्ति और विनाश का प्रश्न ही नहीं उठता। अपनी इसी मान्यता की व्याख्या करते हुए उन्होंने लिखा है : "हम संयोग के परिणामस्वरूप जगत् की उत्पत्ति नहीं मानते; इसके विपरीत हमारा मत है कि यह किसी के द्वारा उत्पन्न नहीं किया गया था; इसका कभी आरंभ नहीं हुआ था और इसका कभी अंत नहीं होगा; इसके अस्तित्व का सदा बना रहना अनिवार्य है।"[40] इस प्रकार उपर्युक्त विवेचन से यह स्पष्ट है कि स्कैप्टिकस की निरीश्वरवादी विचारधारा स्पिनोज़ा के दर्शन से पर्याप्त सीमा तक प्रभावित हुई है।

परंतु इसका यह अर्थ नहीं है कि निरीश्वरवाद से संबंधित स्कैप्टिकस के विचारों में मौलिकता का अभाव है। हम ऊपर देख चुके हैं कि ईश्वरवाद के विरुद्ध उन्होंने ऐसे अनेक प्रबल तर्क प्रस्तुत किए हैं जो स्पिनोज़ा के दर्शन पर आधारित नहीं है। इन तर्कों के अतिरिक्त स्कैप्टिकस ने ईश्वरवादियों की इस मान्यता के विरुद्ध भी अपना एक विशेष तर्क दिया है कि ईश्वर ने ही पुद्‌गल की रचना की है। इस मान्यता को अस्वीकार करते हुए वे कहते हैं कि वस्तुतः ईश्वर पुद्‌गल का रचयिता नहीं है। इसका प्रमाण यह है कि पुद्‌गल को अनश्वर माना जाता है जिससे यही सिद्ध होता है कि वह शाश्वत अथवा नित्य है और उसकी कभी भी किसी के द्वारा उत्पत्ति नहीं की गई। दूसरे शब्दों में, पुद्‌गल कोई रचित वस्तु न होकर वास्तव में अनादि तथा अनश्वर है।[41]

40. वही पुस्तक, पृ. 18.

41. देखिए, वही पुस्तक, पृ. 23.

ईश्वरवाद का खंडन करने के साथ-साथ स्कैप्टिकस ने इस प्रश्न पर भी विचार किया है कि मनुष्य को ईश्वर की कल्पना करने की आवश्यकता क्यों पड़ी। इस प्रश्न का उन्होंने जो उत्तर दिया है वह अधिकतर निरीश्वरवादियों द्वारा दिए गए इसके उत्तरों से भिन्न है। स्कैप्टिकस का कथन है कि मनुष्य आत्मा की सत्ता और अमरता में विश्वास करना चाहता था, अतः आत्मा की उत्पत्ति की व्याख्या के लिए उसने प्रकृति की अपेक्षा अधिक शक्तिशाली ईश्वर का आविष्कार किया। इसका अर्थ यह है कि आत्मा की अमरता से संबंधित विश्वास ईश्वर विषयक विश्वास का परिणाम न होकर वस्तुतः उसका कारण है।[42] स्कैप्टिकस के इस मत का आधार ईश्वरवादियों की यह मान्यता है कि पुद्गल के साथ-साथ आत्मा की रचना भी ईश्वर ने ही की है। इसका तात्पर्य यह है कि आत्मा की उत्पत्ति की व्याख्या के लिए ही मनुष्य को ईश्वर के अस्तित्व की कल्पना करनी पड़ी। स्कैप्टिकस के पश्चात एक अन्य प्रसिद्ध दार्शनिक, शॉपिनावर ने भी आत्मा की अमरता से संबंधित मनुष्य की इच्छा को ईश्वर विषयक विश्वास का मूल कारण माना है।

जहाँ तक मुझे ज्ञात है, बहुत कम निरीश्वरवादी दार्शनिक इस मत के आधार पर मानव-समाज में ईश्वर के विचार की उत्पत्ति की व्याख्या करते हैं। वस्तुतः ईश्वर विषयक विश्वास के आविर्भाव के लिए इस मत की अपेक्षा मनुष्य की अज्ञानता और असहायावस्था से संबंधित विकासवादियों तथा मनोविश्लेषणवादियों का मत अधिक युक्तिसंगत एवं संतोषजनक प्रतीत होता है जिसका उल्लेख हम पिछले अध्यायों में कर चुके हैं। स्कैप्टिकस और शॉपिनावर के उपर्युक्त मत की कठिनाई यह है कि इसमें शरीर से भिन्न तथा स्वतंत्र अभौतिक आत्मा की सत्ता को केवल आस्था के आधार पर स्वीकार कर लिया गया है, क्योंकि ऐसा किए बिना आत्मा की उत्पत्ति की व्याख्या का प्रश्न ही नहीं उठता। परंतु स्कैप्टिकस स्वयं आत्मा को शरीर से पृथक् अभौतिक सत्ता नहीं मानते। अध्यात्मवादी दार्शनिकों के विपरीत उनका विचार है कि आत्मा शरीर से अलग न होकर उसी का एक महत्त्वपूर्ण भाग है जो कुछ विशेष प्रकार के कार्य करती है।[43] वस्तुतः स्कैप्टिकस के लिए आत्मा के विषय में इसी मत को स्वीकार करना अनिवार्य था, क्योंकि यही मत उनके भौतिकवादी और निरीश्वरवादी दर्शन के अनुरूप है।

इस प्रकार निष्कर्ष के रूप में हम यह कह सकते हैं कि अठारहवीं शताब्दी में अन्य अनेक दार्शनिकों के अतिरिक्त हैमन, टर्नर तथा स्कैप्टिकस ने भी पाश्चात्य दर्शन के अंतर्गत निरीश्वरवाद के विकास में अपना महत्त्वपूर्ण योगदान किया था।

पुनर्जागरण-काल तथा प्रबोध-युग अथवा तर्क-युग के विषय में ऊपर जो कुछ कहा गया है उससे यह स्पष्ट है कि पाश्चात्य दर्शन में निरीश्वरवादी विचारधारा के विकास की दृष्टि से इन दोनों युगों का विशेष महत्त्व है। मध्य युग में धार्मिक रूढ़िवाद के कारण जो प्राचीन यूनानी भौतिकवादी तथा निरीश्वरवादी सिद्धांत लगभग लुप्त हो

42. देखिए, वही पुस्तक, पृ. 17.

43. देखिए, वही पुस्तक, पृ. 34.

गए थे उनका पुनर्जागरण-काल एवं तर्क-युग में पुनः उदय और विकास हुआ। यह सत्य है कि इन सिद्धांतों के समर्थकों को अपने नवीन विचारों की अभिव्यक्ति के लिए बहुत बड़ी संख्या में ईश्वरवादी दार्शनिकों तथा अधिकार-संपन्न धर्म-गुरुओं के साथ कठोर संघर्ष करना पड़ा, किंतु विज्ञान के उदय और वैज्ञानिक अनुसंधानों के परिणामस्वरूप उनके इन क्रांतिकारी विचारों को बहुत-से दार्शनिकों एवं वैज्ञानिकों का पूर्ण समर्थन प्राप्त हुआ। वस्तुतः इन्हीं प्रगतिशील दार्शनिकों तथा वैज्ञानिकों ने आधुनिक पाश्चात्य दर्शन में उस प्राचीन यूनानी भौतिकवादी और निरीश्वरवादी विचारधारा को पुनर्जीवित किया जो अंधकारमय मध्य युग में लगभग समाप्त हो गई थी।

इसी निरीश्वरवादी विचारधारा का स्पष्टतः समर्थन करनेवाले तथा इसके विकास में परोक्ष रूप से सहायता देनेवाले जिन विचारकों का उल्लेख ऊपर किया गया है उनके अतिरिक्त अठारहवीं शताब्दी से बीसवीं शताब्दी तक अनेक महान दार्शनिकों ने इसके प्रसार और प्रचार में अपना महत्त्वपूर्ण योगदान किया है। इस पुस्तक के अगले अध्यायों में हम इनमें से कुछ प्रमुख दार्शनिकों के भौतिकवादी और निरीश्वरवादी सिद्धांतों की विवेचना करेंगे।

अध्याय-11

अठारहवीं शताब्दी के कुछ प्रमुख निरीश्वरवादी विचारक

1. पृष्ठभूमि

पिछले अध्याय में हम बता चुके हैं कि पाश्चात्य दर्शन के अंतर्गत पुनर्जागरण-काल एवं तर्क-युग में किस प्रकार निरीश्वरवाद का विकास हुआ और पंद्रहवीं शताब्दी से अठारहवीं शताब्दी तक चार सौ वर्षों के दीर्घकाल में किन महान दार्शनिकों ने प्रत्यक्ष या परोक्ष रूप से निरीश्वरवाद के इस विकास में अपना योगदान किया था। हम देख चुके हैं कि डेकार्ट, स्पिनोज़ा, लॉक, कान्ट आदि कुछ प्रमुख ईश्वरवादी दार्शनिकों ने भी निरीश्वरवाद के विकास में परोक्ष रूप से पर्याप्त सहायता प्रदान की थी। इन ईश्वरवादी दार्शनिकों के अतिरिक्त हॉब्स, हैमन, टर्नर आदि अंग्रेज़ दार्शनिकों ने अपनी पुस्तकों में निरीश्वरवाद का प्रतिपादन करते हुए अनेक प्रबल तर्कों द्वारा प्रत्यक्षतः इस सिद्धांत का समर्थन किया था जिसके कारण इन्हें मुख्य रूप से निरीश्वरवादी दार्शनिक माना जाता है। जीवन और जगत् के संबंध में इन दार्शनिकों के प्रकृतिवादी तथा वैज्ञानिक विचारों के परिणामस्वरूप अठारहवीं शताब्दी तक फ़्रांस की भाँति इंग्लैंड में भी कुछ सीमा तक निरीश्वरवाद का विकास हो चुका था। इस प्रकार पंद्रहवीं शताब्दी से अठारहवीं शताब्दी के उत्तरार्ध तक निरीश्वरवादी विचारधारा फ़्रांस और इंग्लैंड के दार्शनिक जगत् में अपना निश्चित स्थान बना चुकी थी। इन दोनों देशों के बहुत-से निरीश्वरवादी दार्शनिकों ने अपने प्रकृतिवादी एवं भौतिकवादी सिद्धांतों द्वारा इस विचारधारा का प्रबल समर्थन करते हुए इसे और अधिक पुष्ट तथा विकसित किया। इन दार्शनिकों में ह्यूम, मैस्लियर, ला मैत्री, डिडरो तथा डी-हॉलबाक के नाम विशेष रूप से उल्लेखनीय हैं। प्रस्तुत अध्याय में हम अठारहवीं शताब्दी के इन सभी दार्शनिकों द्वारा प्रतिपादित कुछ प्रमुख निरीश्वरवादी सिद्धांतों की विवेचना करेंगे। परंतु इन दार्शनिकों के सिद्धांतों पर विचार करने से पूर्व यहाँ पृष्ठभूमि के रूप में दो ऐसे अंग्रेज़

दार्शनिकों के निरीश्वरवादी विचारों का संक्षिप्त उल्लेख कर देना आवश्यक है जो अपने निरीश्वरवाद के लिए दार्शनिक जगत् में अधिक विख्यात नहीं हैं, किंतु जिन्होंने इस सिद्धांत के विकास में अपना योगदान किया था।

ये दो अंग्रेज़ दार्शनिक हैं ऐल्बर्ट रैडीकैटी तथा ऐन्थॉनी कॉलिन्स जो स्वतंत्र विचारक एवं भौतिकवादी दार्शनिक थे और जिन्होंने अठारहवीं शताब्दी के पूर्वार्ध में निरीश्वरवाद का समर्थन किया था। अपनी जिस पुस्तक में रैडीकैटी ने भौतिकवादी तथा निरीश्वरवादी विचार स्पष्टतः प्रस्तुत किए थे उसका शीर्षक था–'फ़िलॉसॉफ़िकल डिसर्टेशन अपोन डेथ' और वह 1732 में प्रकाशित हुई थी। इस पुस्तक में वे स्पष्ट शब्दों में अपने आप को 'निरीश्वरवादी दार्शनिक' तो घोषित नहीं करते, किंतु जगत् और ईश्वर के संबंध में उन्होंने जो विचार व्यक्त किए हैं उनके आधार पर उन्हें निश्चय ही भौतिकवादी तथा निरीश्वरवादी दार्शनिक कहा जा सकता है। अपनी उपर्युक्त पुस्तक के प्रथम दस पृष्ठों में रैडीकैटी ने ईश्वरवाद के स्थान पर जगत् के विषय में विशुद्ध भौतिकवाद का स्पष्टतः प्रतिपादन किया है। उनका कथन है कि पुद्‌गल नित्य अथवा शाश्वत तत्त्व है, अतः उसका कोई रचयिता नहीं है। यह पुद्‌गल स्वतः अस्तित्ववान तथा अनश्वर होने के साथ-साथ अनिवार्यतः गतिशील भी है। गति पुद्‌गल का ऐसा अभिन्न अंश है जिसे उससे कभी भी पृथक् नहीं किया जा सकता। ऐसी स्थिति में पुद्‌गल को गति प्रदान करने और जगत् की रचना करने के लिए ईश्वर की कोई आवश्यकता ही नहीं रह जाती। यह संपूर्ण ब्रह्माण्ड शाश्वत एवं गतिशील पुद्‌गल के अतिरिक्त और कुछ नहीं है। इसका तात्पर्य यही है कि इस पुद्‌गल से भिन्न तथा स्वतंत्र ऐसी कोई शक्ति या सत्ता नहीं है जिसे 'ईश्वर' की संज्ञा दी जाती है। इस प्रकार रैडीकैटी ईश्वर के अस्तित्व का स्पष्ट रूप से निषेध न करते हुए भी वास्तव में उसकी सत्ता को स्वीकार नहीं करते। वे केवल गतिशील और शाश्वत पुद्‌गल को ही ब्रह्माण्ड की एकमात्र यथार्थ सत्ता मानते हैं।

जगत् के संबंध में अपने उपर्युक्त भौतिकवादी सिद्धांत की व्याख्या करते हुए रैडीकैटी ने लिखा है : "ब्रह्माण्ड से मेरा तात्पर्य असीम अंतरिक्ष है जिसमें पुद्‌गल सर्वत्र व्याप्त रहता है। . . . जो पुद्‌गल गति के परिणामस्वरूप विभिन्न प्रकार के असंख्य रूपों में परिणत हो जाता है उसे ही मैं 'प्रकृति' की संज्ञा देता हूँ। इस प्रकृति में शक्ति, बुद्धिमता और पूर्णता ये सभी गुण अधिकतम मात्रा में विद्यमान रहते हैं।"[1] इस उद्धरण से यह स्पष्ट है कि रैडीकैटी पुद्‌गलमय ब्रह्माण्ड अथवा प्रकृति को ही 'ईश्वर' कहते हैं और वे उसमें उन सभी गुणों को आरोपित करते हैं जो ईश्वरवादी विचारकों ने ईश्वर में आरोपित किए हैं। इसका अर्थ यही है कि रैडीकैटी के अनुसार प्रकृति से भिन्न और स्वतंत्र ईश्वर का अस्तित्व नहीं है। इसी कारण उनकी उपर्युक्त पुस्तक को वास्तविक अर्थ में निरीश्वरवाद का प्रतिपादन करनेवाली पुस्तक माना जाता है। इस पुस्तक में प्रस्तुत उनके प्रकृतिवाद तथा निरीश्वरवाद के विशेष महत्त्व का उल्लेख करते हुए डेविड बरमन कहते हैं : "वर्तमान प्रतिमानों की दृष्टि से भी

1. ऐल्बर्ट रैडीकैटी, 'फ़िलॉसॉफ़िकल डिसर्टेशन अपोन डेथ', पृ. 5, 10.

'फिलॉसॉफ़िकल डिसर्टेशन' एक विध्वंसात्मक तथा विशुद्ध प्रकृतिवाद संबंधी कृति है और इसके क्रांतिकारी दृष्टिकोण का प्रमाण यह है कि तटस्थेश्वरवादियों एवं संतुलित स्वतंत्र चिंतकों ने भी इसकी आलोचना की है। रैडीकैटी की निरीश्वरवादी विचारधारा को 'सर्वभौतिकवाद' कहा जा सकता है। इसमें हॉब्स के इस मुख्य सिद्धांत–कि संपूर्ण विश्व में केवल गतिशील पुद्‌गल की ही सत्ता है–के साथ स्पिनोज़ा के इस मूल सिद्धांत को भी संबद्ध कर दिया गया है कि संपूर्ण विश्व ही ईश्वर है, क्योंकि वही पूर्ण तथा स्वतः अस्तित्ववान है।"[2] डेविड बरमन के इन विचारों से यह स्पष्ट है कि रैडीकैटी वास्तव में पूर्णतः भौतिकवादी तथा निरीश्वरवादी दार्शनिक थे जिन्होंने अठारहवीं शताब्दी के पूर्वार्ध में निरीश्वरवाद के विकास में विशेष योगदान किया था।

ऐल्बर्ट रैडीकैटी के एक समकालीन अंग्रेज़ विचारक, ऐन्थॉनी कॉलिन्स भी मुख्यतः निरीश्वरवाद का समर्थन करते थे। यद्यपि उन्होंने तत्कालीन धर्म-गुरुओं तथा रूढ़िवादी शासकों के भय के कारण स्पष्टतः यह स्वीकार नहीं किया कि वे निरीश्वरवाद में विश्वास करते थे, फिर भी उनके विचारों से यह संकेत मिलता है कि वे ईश्वरवाद की अपेक्षा निरीश्वरवाद को कहीं अधिक संतोषप्रद और तर्कसंगत सिद्धांत मानते थे। कॉलिन्स ने अपनी अनेक पुस्तकों में परोक्ष रूप से निरीश्वरवाद का समर्थन किया था। इन पुस्तकों में 'आन्सर टु मिस्टर क्लार्क्स थर्ड डिफ़ेन्स', 'फ़िलॉसॉफ़िकल इन्क्वायरी कन्सर्निंग ह्यूमन लिबर्टी', 'बिंडिकेशन' आदि के नाम विशेष रूप से उल्लेखनीय हैं। इन पुस्तकों का अध्ययन करने से ज्ञात होता है कि रैडिकैटी की भाँति कॉलिन्स भी मुख्यतः निरीश्वरवाद के समर्थक थे। उदाहरणार्थ, उनके अनुसार, जिस प्रकार हम अभाव से सृष्टि की और पुद्‌गल के अनस्तित्व की कल्पना नहीं कर सकते उसी प्रकार हम यह भी स्वीकार नहीं कर सकते कि ईश्वर ने अभाव से पुद्‌गल को उत्पन्न किया है। वस्तुतः ईश्वर द्वारा अभाव से पुद्‌गल की उत्पत्ति हमारे लिए अकल्पनीय है और जिस विचार की हमारे लिए कल्पना करना संभव नहीं है उसके विषय में हम सार्थकतापूर्वक बात भी नहीं कर सकते। इसी प्रकार, निरीश्वरवाद में सहायक एक सिद्धांत, अनियतत्त्ववाद अथवा यदृच्छावाद का समर्थन करते हुए कॉलिन्स कहते हैं कि यह सिद्धांत ऐपिक्यूरस के निरीश्वरवाद के लिए पर्याप्त आधार प्रस्तुत करता है जो यह मानते थे कि संभवतः संयोग के कारण इस विश्व में व्यवस्था स्थापित हुई है।[3]

अन्य अनेक निरीश्वरवादियों की भाँति कॉलिन्स ने भी यह कहा है कि ईश्वर की अवधारणा में एक ऐसा स्वतोव्याघात या अंतर्विरोध विद्यमान है जो उसे हमारे लिए निरर्थक और अबोधगम्य बना देता है। ईश्वरवादी विचारक ईश्वर में शक्ति, ज्ञान, न्याय, बुद्धिमत्ता आदि जिन गुणों को आरोपित करते हैं उन्हें हम न तो उनके शाब्दिक अर्थ में ग्रहण कर सकते हैं और न पूर्णतः भिन्न अर्थ में। इन गुणों को शाब्दिक अर्थ में ग्रहण करने से ईश्वर महामानव के अतिरिक्त और कुछ नहीं रह जाता। इसके विपरीत यदि हम ईश्वर के इन गुणों को इनके शाब्दिक अर्थ से पूर्णतः भिन्न अर्थ में

2. डेविड बरमन, 'ए हिस्ट्री ऑफ़ एथीइज़्म इन ब्रिटेन', पृ. 95.

3. देखिए, ऐन्थॉनी कॉलिन्स, 'फ़िलॉसॉफ़िकल इन्क्वायरी कन्सर्निंग ह्यूमन लिबर्टी', पृ. 53.

ग्रहण करते हैं तो वह हमारे लिए अबोधगम्य हो जाता है। ईश्वर की अवधारणा में विद्यमान इसी अंतर्विरोध का उल्लेख करते हुए कॉलिन्स ने लिखा है : "यदि हमारे मन में ईश्वर के शुभत्व, न्याय तथा सत्य के विषय में कोई निश्चित एवं स्पष्ट विचार नहीं है तो वह हमारे लिए पूर्णतः अबोधगम्य हो जाएगा, और धर्म, जो उसी के अनुकरण पर आधारित है, पूर्ण रूप से समाप्त हो जाएगा। . . . यदि ईश्वर के गुणों को शाब्दिक अर्थ में ग्रहण करते हुए उसी रूप में स्वीकार किया जाए जिस रूप में वे हमारे भीतर विद्यमान रहते हैं तो इसके असंगत और असह्य परिणाम होंगे।"[4] कॉलिन्स के इस उद्धरण से ईश्वर की अवधारणा में पाया जानेवाला अनिवार्य अंतर्विरोध पूर्णतः स्पष्ट हो जाता है जिसके परिणामस्वरूप उसकी अवधारणा हमारे लिए निरर्थक एवं अबोधगम्य हो जाती है।

ईश्वरवाद की उपर्युक्त कठिनाई के अतिरिक्त कॉलिन्स इस सिद्धांत की एक अन्य गंभीर समस्या की भी चर्चा करते हैं जिसका संबंध ईश्वर द्वारा विश्व की रचना से है। कुछ ईश्वरवादियों का विचार है कि ईश्वर ने अभाव से इस विश्व को उत्पन्न किया है, किंतु कॉलिन्स उनके इस मत को अयुक्तिसंगत मानते हैं। इसके विरुद्ध अन्य अनेक निरीश्वरवादियों की भाँति उन्होंने भी यही तर्क दिया है कि अभाव से किसी वस्तु की सृष्टि संभव नहीं है। ईश्वरवाद के विरुद्ध निरीश्वरवादियों का यह तर्क निश्चय ही उचित है, क्योंकि अभाव से केवल अभाव ही उत्पन्न हो सकता है, कोई वास्तविक वस्तु नहीं। अंत में कॉलिन्स ने ईश्वरवादी विचारकों के इस मत की भी तीव्र आलोचना की है कि ईश्वर एक अभौतिक सत्ता है। इस मत के विरुद्ध उनका कथन है कि हम केवल भौतिक वस्तुओं अथवा प्राणियों के अस्तित्व की ही कल्पना कर सकते हैं, किसी अभौतिक वस्तु या सत्ता की नहीं। इसका अर्थ यह है कि किसी अभौतिक सत्ता का विचार हमारे लिए वास्तव में निरर्थक और अबोधगम्य है, अतः हम अभौतिक ईश्वर के अस्तित्व की सार्थकतापूर्वक चर्चा नहीं कर सकते। संक्षेप में कॉलिन्स ने इन्हीं सब तर्कों द्वारा ईश्वरवाद का खंडन करते हुए भौतिकवाद तथा निरीश्वरवाद का समर्थन किया है।

निरीश्वरवाद के समर्थन में कॉलिन्स द्वारा दिए गए उपर्युक्त सभी तर्कों का संक्षिप्त सारांश डेविड बरमन ने इस प्रकार प्रस्तुत किया है : "(1) ईश्वर एक अभौतिक सत्ता है और हम केवल शून्य के समान ही उसकी कल्पना कर सकते हैं; (2) परंतु जिसकी हम कल्पना नहीं कर सकते वह निरर्थक है; (3) मान लीजिए हम उसके गुणों की कल्पना कर सकते हैं, किंतु उनमें स्वतोव्याघात या अंतर्विरोध विद्यमान है; (4) ईश्वर की अवधारणा या तो निरर्थक है अथवा स्वतोव्याघातपूर्ण, अतः उसका अस्तित्व संभव नहीं है।"[5] इस प्रकार उपर्युक्त विवेचन से यह स्पष्ट है कि रैडीकैटी के समान कॉलिन्स भी ईश्वरवाद के स्थान पर मुख्यतः निरीश्वरवाद का ही समर्थन करते हैं।

जैसा कि हम पिछले अध्याय में देख चुके हैं, रैडीकैटी तथा कॉलिन्स इन दो अंग्रेज़ विचारकों के अतिरिक्त सत्रहवीं और अठारहवीं शताब्दी के अन्य अंग्रेज़ दार्शनिकों ने

4. देखिए, ऐन्थॉनी कॉलिन्स, 'विंडिकेशन', पृ. 1, 15.
5. डेविड बरमन, 'ए हिस्ट्री ऑफ़ एथीइज़्म इन ब्रिटेन', पृ. 87.

भी निरीश्वरवाद को स्वीकार किया है। इन दार्शनिकों में से हॉब्स, हैमन, टर्नर तथा छद्म नामधारी स्कैप्टिकस के निरीश्वरवादी सिद्धांतों की विवेचना हम पिछले अध्याय में कर चुके हैं। इन सब दार्शनिकों के निरीश्वरवाद के लिए एक अन्य अनुभववादी अंग्रेज़ दार्शनिक, जॉन लॉक ने अपने अनुभववाद द्वारा पहले ही मार्ग प्रशस्त कर दिया था। इस प्रकार यह स्पष्ट है कि सत्रहवीं तथा अठारहवीं शताब्दी के बहुत-से अंग्रेज़ दार्शनिकों ने इंग्लैंड में निरीश्वरवाद के लिए सुदृढ़ पृष्ठभूमि तैयार कर दी थी जो बाद में इस सिद्धांत के और अधिक विकास एवं प्रसार में बहुत सहायक सिद्ध हुई। आधुनिक ब्रिटिश दर्शन में निरीश्वरवाद की इस संपूर्ण पृष्ठभूमि को ध्यान में रखते हुए हम उस महान अनुभववादी अंग्रेज़ दार्शनिक के निरीश्वरवाद को अधिक अच्छी तरह समझ सकते हैं जो डेविड ह्यूम के नाम से विख्यात हुए और जिन्होंने अपने अतिशय अनुभववाद के आधार पर संशयवाद को चरम सीमा तक पहुँचाया। अगले खंड में हम उनके निरीश्वरवाद पर कुछ विस्तार से विचार करेंगे।

2. डेविड ह्यूम

आधुनिक पाश्चात्य दर्शन में जॉन लॉक ने अनुभववाद की जो परंपरा आरंभ की थी उसके समस्त तार्किक निष्कर्षों को स्वीकार करते हुए उसे चरमोत्कर्ष पर पहुँचाने का श्रेय अठारहवीं शताब्दी के महान अंग्रेज़ दार्शनिक, डेविड ह्यूम (1711-1776) को ही दिया जाता है। पिछले अध्याय में हम देख चुके हैं कि लॉक ने स्वयं अपने ही अनुभववादी मूल सिद्धांत के विरुद्ध असंगत रूप से ईश्वर के अस्तित्व और उसके परंपरागत धार्मिक स्वरूप को स्वीकार कर लिया था जिसके कारण उनके दर्शन में असंगति उत्पन्न हो गई थी। लॉक की भाँति एक अन्य अनुभववादी अंग्रेज़ दार्शनिक, जॉर्ज बर्कले भी इस गंभीर असंगति से मुक्त नहीं हो सके, क्योंकि उन्होंने भी अपने पारंपरिक धार्मिक विचारों के परिणामस्वरूप ईश्वर की सत्ता को अपने दर्शन में बहुत महत्त्वपूर्ण स्थान दिया था। इस प्रकार ये दोनों दार्शनिक अनुभववादी होते हुए भी अपने मूल सिद्धांत में तार्किक असंगति की चिंता किए विना ईश्वरवाद का समर्थन करते थे। परंतु, जैसा कि ऊपर संकेत किया गया है, ह्यूम का अनुभववादी दर्शन इस असंगति से मुक्त है। इसका कारण यह है कि उन्होंने अपने अनुभववादी सिद्धांत के अनुरूप ईश्वर, आत्मा तथा अन्य सभी अभौतिक और अति-प्राकृतिक शक्तियों के अस्तित्व को स्पष्टतः अस्वीकार किया है जिन्हें अनुभवातीत माना जाता है। इस दृष्टि से ह्यूम के अनुभववादी दर्शन को लॉक और बर्कले के दर्शन की अपेक्षा निश्चय ही अधिक संगतिपूर्ण कहा जा सकता है। अपने पूर्ववर्ती इन दोनों अनुभववादी दार्शनिकों के विपरीत ह्यूम ने ईश्वर की सत्ता का निषेध करते हुए निरीश्वरवाद का स्पष्ट रूप से समर्थन किया है जो उनके मूल सिद्धांत के अनुरूप है।

निरीश्वरवाद के समर्थन में ह्यूम द्वारा प्रस्तुत किए गए प्रमुख तर्कों की विवेचना करने से पूर्व यहाँ धर्म के संबंध में उनके दृष्टिकोण पर विचार कर लेना आवश्यक है, क्योंकि यह दृष्टिकोण ही उनके निरीश्वरवाद की मुख्य आधार-भूमि है। अन्य सामान्य बालकों की भाँति ह्यूम का पालन-पोषण भी धर्मपरायण परिवार में हुआ था।

उनके माता-पिता ईसाई धर्म के सिद्धांतों में पूर्णतः विश्वास करते थे, अतः उन्हें बाल्यकाल से ही इन सिद्धांतों की शिक्षा दी गई थी। अपने माता-पिता के साथ उन्हें प्रत्येक रविवार को प्रातः गिरजाघर में जाकर वहाँ होनेवाली सामूहिक प्रार्थना में नियमित रूप से भाग लेना पड़ता था। यह प्रार्थना प्रातः तीन घंटों तक चलती थी और इतने लंबे समय तक बालक ह्यूम को इसमें उपस्थित रहने के लिए बाध्य किया जाता था जिससे वे बहुत ऊब जाते थे। इस सामूहिक प्रार्थना में भाग लेने के साथ-साथ उन्हें 'बाइबल' का भी नियमित रूप से अध्ययन करना पड़ता था। ह्यूम की जीवनी लिखनेवाले अनेक विद्वानों ने उनकी इस बाल्यकालीन धार्मिक शिक्षा का स्पष्टतः उल्लेख किया है। जेम्स बोसवेल के साथ एक साक्षात्कार में स्वयं ह्यूम ने भी उन्हें बताया था कि अपनी बाल्यावस्था में वे धर्मपरायण व्यक्ति थे।[6] इस प्रकार यह स्पष्ट है कि अन्य सामान्य व्यक्तियों की भाँति ह्यूम के माता-पिता ने भी शैशव-काल से उन्हें धर्मपरायण व्यक्ति बनाने का प्रयास किया था।

परंतु यहाँ यह उल्लेखनीय है कि अन्य साधारण बालकों के विपरीत ह्यूम ने अपने आप को धर्म के इस प्रभाव से यौवनावस्था के प्रारंभ में ही मुक्त कर लिया था। विश्वविद्यालय में लॉक तथा क्लार्क की दार्शनिक कृतियों का अध्ययन करने के पश्चात उन्होंने ईसाई धर्म के सिद्धांतों में विश्वास करना छोड़ दिया था और वे धर्म के प्रति उदासीन हो गए थे। यह बात स्वयं उन्होंने जेम्स बोसवेल को एक व्यक्तिगत साक्षात्कार में स्पष्ट रूप से बताई थी।[7] इस प्रकार यद्यपि ह्यूम का जन्म तथा पालन-पोषण धर्मपरायण परिवार में हुआ था और उन्हें बाल्यकाल से ही अनेक वर्षों तक धार्मिक शिक्षा दी गई थी, फिर भी वे धर्म के इस प्रभाव से शीघ्र ही मुक्त होकर उसके प्रति उदासीन हो गए थे। परंतु इसका अर्थ यह नहीं है कि धर्म के इस प्रभाव से स्वयं मुक्त हो जाने के पश्चात उन्होंने मानव-जीवन में धर्म की भूमिका और उसके महत्त्व पर विचार करना छोड़ दिया था। वास्तव में वे इस बात को भली-भाँति समझते थे कि मनुष्य के जीवन में धर्म की सदैव बहुत महत्त्वपूर्ण भूमिका रही है। इसी कारण उन्होंने अपनी अनेक कृतियों में धर्म से संबंधित कुछ मूल समस्याओं पर विस्तारपूर्वक विचार किया है। इन कृतियों में 'दि नेचरल हिस्ट्री ऑफ़ रिलिजन' तथा 'डाएलॉग्ज़ कन्सर्निंग नेचरल रिलिजन' के नाम विशेष रूप से उल्लेखनीय हैं। इन दोनों कृतियों के अतिरिक्त अपनी एक अन्य पुस्तक, 'ऐन इन्क्वायरी कन्सर्निंग ह्यूमन अंडरस्टैंडिंग' के अंतिम दो अध्यायों—अध्याय 10 और अध्याय 11—में भी ह्यूम ने चमत्कारों, ईश्वर तथा आत्मा से संबंधित धार्मिक समस्याओं की विस्तृत विवेचना की है। इस प्रकार उनकी विभिन्न कृतियों में धर्म संबंधी समस्याओं के इस व्यापक विवेचन से यह स्पष्ट है कि स्वयं धर्मपरायण व्यक्ति न होते हुए भी वे धर्म के स्वरूप को समझने और मनुष्य के व्यक्तिगत तथा सामाजिक जीवन में उसके महत्त्व को जानने में विशेष रुचि रखते थे। परंतु यहाँ इस महत्त्वपूर्ण तथ्य का उल्लेख कर देना आवश्यक है कि धर्म

6. देखिए, नॉर्मन कैम्प-स्मिथ द्वारा संपादित पुस्तक, 'ह्यूम्स डाएलॉग्ज़ कन्सर्निंग नेचरल रिलिजन', पृ. 97.

7. देखिए, वही पुस्तक, पृ. 97.

में ह्यूम की यह रुचि एक निष्पक्ष बाह्य प्रेक्षक अथवा द्रष्टा के रूप में ही थी, भक्त या उपासक के रूप में नहीं। एक बार धर्म के प्रभाव से मुक्त हो जाने के उपरांत उनके अपने व्यक्तिगत जीवन में उसका कोई महत्त्व नहीं रह गया था। परंतु फिर भी अन्य व्यक्तियों के जीवन पर धर्म के व्यापक प्रभाव तथा उसके कारणों और परिणामों को जानने के लिए उसका भली-भाँति अध्ययन करना वे आवश्यक समझते थे। यही कारण है कि वे एक तटस्थ विचारक के रूप में मानव-जीवन में धर्म की भूमिका पर सदैव गंभीरतापूर्वक विचार करते रहे।

मनुष्य के व्यक्तिगत तथा सामाजिक जीवन में धर्म के प्रभाव के विषय में ह्यूम के मत की विवेचना करने से पूर्व यहाँ यह स्पष्ट कर देना आवश्यक है कि वे 'धर्म' शब्द का प्रयोग मुख्यतः उस अर्थ में करते थे जिस अर्थ में धर्म के लिए ईश्वर की अवधारणा को अनिवार्य माना जाता है। जहाँ तक हमें ज्ञात है, उन्होंने निरीश्वरवादी धर्मों के संबंध में अपने विचार व्यक्त नहीं किए। ऐसा प्रतीत होता है कि वे मुख्य रूप से ईश्वरवादी धर्मों—ईसाई धर्म, इस्लाम, यहूदी धर्म आदि—से ही परिचित थे जिन्हें अठारहवीं शताब्दी में पाश्चात्य जगत् में सर्वाधिक महत्त्व दिया जाता था। संभवतः यही कारण है कि उन्होंने धर्म की जो तीव्र आलोचना की है वह ईश्वरवादी धर्मों को ध्यान में रखकर की गई है, किंतु फिर भी उनकी इस आलोचना को केवल इन्हीं धर्मों तक सीमित मानना उचित नहीं होगा। उन्होंने धर्म के विरुद्ध जो तर्क प्रस्तुत किए हैं वे वास्तव में ईश्वरवादी धर्मों के साथ-साथ निरीश्वरवादी धर्मों पर भी पर्याप्त सीमा तक लागू होते हैं। ऐसी स्थिति में यह कहना शायद अनुचित न होगा कि वे मूलतः मनुष्य के उस अलौकिक या अति-प्राकृतिक दृष्टिकोण के ही विरुद्ध थे जिसे 'धर्म' की संज्ञा दी जाती है और जिसमें ईश्वरवादी तथा निरीश्वरवादी सभी प्रकार के धर्म सम्मिलित हैं। इस प्रकार ह्यूम द्वारा की गई धर्म की आलोचना को 'धर्म' शब्द के व्यापक अर्थ में ग्रहण करना अधिक तर्कसंगत प्रतीत होता है।

जब से ह्यूम ने धर्म संबंधी अपने बाल्यकालीन संस्कारों के प्रभाव से अपने आप को मुक्त कर लिया था तभी से उनके मन में धर्म के प्रति वितृष्णा तथा विरोध की भावना उत्पन्न हो गई थी जो आजीवन बनी रही। उस समय वे लगभग सोलह वर्ष के थे और इस किशोरावस्था से लेकर मृत्यु तक उन्होंने फिर कभी धर्म को मानव-जीवन के लिए श्रेष्ठ तथा वांछनीय नहीं माना। वे सदा यही अनुभव करते रहे कि धर्म का मनुष्य के व्यक्तिगत और सामाजिक जीवन पर दुष्प्रभाव पड़ता है, अतः उन्होंने धर्म से संबंधित अपनी कृतियों में उसकी तीव्र आलोचना की है। मानव-जीवन के सभी महत्त्वपूर्ण पक्षों पर धर्म के दुष्प्रभाव को सिद्ध करने के लिए ह्यूम ने जो प्रमुख तर्क प्रस्तुत किए हैं उनका यहाँ संक्षेप में उल्लेख किया जाएगा।

सर्वप्रथम धर्म के विरुद्ध ह्यूम का कथन है कि उसका मूल आधार तर्क न होकर अंधविश्वास है जिसकी उत्पत्ति मनुष्य के अज्ञान तथा भय से होती है। धर्म का उदय मानव-सभ्यता की उस प्रारंभिक अवस्था में हुआ था जब मनुष्य प्राकृतिक नियमों से पूर्णतः अनभिज्ञ था। इसी कारण आदिकाल से ही धर्म के साथ ऐसे अनेक अंधविश्वास संबद्ध हो गए जिनका कोई तर्कसंगत आधार नहीं है। धीरे-धीरे ये अंधविश्वास धर्म

के अभिन्न अंश बन गए जिनका धर्मपरायण व्यक्तियों के जीवन पर अवांछनीय प्रभाव पड़ना अनिवार्य था। कालांतर में इन अंधविश्वासों के साथ कट्टरता भी जुड़ गई जिसने मानव-समाज में धार्मिक असहिष्णुता उत्पन्न की और अंततः यह धार्मिक असहिष्णुता विभिन्न धर्मावलंबियों में रक्तरंजित दुखद संघर्ष का प्रमुख कारण बनी। इन्हीं तथ्यों को ध्यान में रखते हुए ह्यूम ने यह कहा है कि अंधविश्वास और कट्टरता ये धर्म की दो मूल व्याधियाँ हैं जो मानव-समाज में समय-समय पर महामारियों के रूप में फैलकर उसे भारी हानि पहुँचाती हैं। धर्म की इन दो व्याधियों के मूल कारणों के संबंध में उनका कथन है कि अंधविश्वास का जन्म मनुष्य के भय, अज्ञान तथा उसकी दुर्बलता से होता है और कट्टरता उसके अभिमान, उसकी आशा, तीव्र कल्पना एवं अनभिज्ञता से उत्पन्न होती है।[8] इस प्रकार ह्यूम का विचार है कि अंधविश्वास और कट्टरता के साथ अनिवार्यतः संबद्ध होने के कारण धर्म मानव-जीवन पर बहुत हानिकारक प्रभाव डालता है, अतः उससे मुक्त होना मनुष्य के लिए आवश्यक है।

धर्म के विरुद्ध ह्यूम का दूसरा मुख्य तर्क यह है कि अंधविश्वास तथा कट्टरता के अतिरिक्त प्रवंचना भी इसके साथ अनिवार्यतः संबद्ध रहती है जो मनुष्य के लिए बहुत हानिकारक है। इस प्रवंचना से संबंधित एक दुखद तथ्य यह है कि स्वयं धर्मपरायण व्यक्ति इससे प्रभावित होते हुए भी अपने जीवन में सदा इससे अनभिज्ञ ही रहते हैं। वे यह कभी नहीं जान पाते कि धर्म के कारण उनके जीवन में प्रवंचना उत्पन्न हो गई है जो उनके सिद्धांत और आचरण में गहरी खाई को जन्म देती है। वे जिन विश्वासों तथा विचारों को सिद्धांततः स्वीकार करते हैं उनके अनुसार अपने व्यावहारिक जीवन में प्रायः आचरण नहीं करते। वैसे तो यह प्रवंचना धर्म के साथ सदा संबद्ध रही है, किंतु ह्यूम के समय में यह बहुत व्यापक रूप में पाई जाती थी। इसी कारण उन्होंने इस प्रवंचना की विशेष रूप से निंदा की है और इस बुराई की ओर बार-बार मनुष्यों का ध्यान आकृष्ट किया है। नॉर्मन कैम्प-स्मिथ इसे धर्म के विरुद्ध ह्यूम का प्रमुख तर्क मानते हैं और इसी कारण उनका विचार है कि ह्यूम अपने इस तर्क को बहुत महत्त्व देते थे।[9] इस प्रकार धर्म के साथ संबद्ध प्रवंचना के आधार पर भी ह्यूम ने उसे मानव-जीवन के लिए बहुत हानिकारक सिद्ध किया है।

धर्म के विरुद्ध ह्यूम का तीसरा तर्क यह है कि इसके कारण मनुष्य को अप्राकृतिक या कृत्रिम जीवन व्यतीत करने के लिए बाध्य होना पड़ता है जो उचित और वांछनीय नहीं है। सामान्यतः प्रकृति ही हमारे लिए यह निश्चित करती है कि किन वस्तुओं से हमें सुख या दुःख प्राप्त होगा। हमें प्रकृति के इस कार्य में हस्तक्षेप करके अपने आप को उसकी अपेक्षा अधिक बुद्धिमान सिद्ध करने का प्रयास नहीं करना चाहिए, परंतु धर्म-गुरु प्रायः ऐसा ही करते हैं। वे सुख प्राप्त करने के लिए मनुष्य को जप, तप,

8. देखिए, 'एस्सेज़' नामक पुस्तक के खंड 1 में संकलित ह्यूम का निबंध, 'ऑफ़ सुपरस्टिशन ऐंड ऐन्थ्यूज़िआज़्म', पृ. 144.

9. देखिए, नॉर्मन कैम्प-स्मिथ द्वारा संपादित पुस्तक, 'ह्यूम्स डाएलॉग्स कन्सर्निंग नेचरल रिलिजन', पृ. 8, 24.

व्रत, उपवास आदि अप्राकृतिक उपायों का सहारा लेने के लिए प्रेरित करते हैं जिसे उचित नहीं कहा जा सकता। धर्म के विरुद्ध अपने इसी मत को स्पष्ट करते हुए ह्यूम ने लिखा है : "कोई अमूर्त अदृश्य वस्तु, जो केवल धर्म ही हमारे समक्ष प्रस्तुत करता है, मन को अधिक समय तक प्रेरित नहीं कर सकती, अथवा जीवन में उसका कोई महत्त्व नहीं हो सकता।"[10] इस प्रकार तथाकथित आध्यात्मिक उपायों द्वारा धर्म मनुष्य के जीवन में जो कृत्रिमता उत्पन्न करता है उसे ह्यूम अनुचित और अवांछनीय मानते हैं।

धर्म के विरुद्ध ह्यूम ने जो चौथा तर्क प्रस्तुत किया है उसका संबंध नैतिकता पर पड़नेवाले धर्म के दुष्प्रभाव से है। धर्मपरायण व्यक्ति प्रायः यह कहते हैं कि नैतिकता मूलतः धर्म पर ही आधारित रहती है जिसके बिना उसका कोई अर्थ और महत्त्व नहीं हो सकता। परंतु ह्यूम का मत ठीक इसके विपरीत है। उनके अनुसार, धर्म नैतिकता का मूल आधार होने के स्थान पर वास्तव में उसके लिए हानिकारक सिद्ध होता है। धर्म-गुरु प्रायः मिथ्या कर्मकांड तथा निरर्थक धर्मानुष्ठानों को अत्यधिक महत्त्व देते हैं और इनका पालन करने के लिए मनुष्य को बाध्य करते हैं जिनमें उलझकर वह दैनिक जीवन से संबंधित अपने मूल नैतिक कर्तव्यों की उपेक्षा करने लगता है। वह न्याय, प्रेम, सहानुभूति, मानवता आदि नैतिक गुणों की अपेक्षा महत्त्वहीन धार्मिक कर्तव्यों एवं अनुष्ठानों को कहीं अधिक वांछनीय समझने लगता है और उसकी यह प्रवृत्ति उसके वास्तविक नैतिक जीवन के लिए घातक सिद्ध होती है। इस दृष्टि से विचार करने पर यह स्पष्ट हो जाता है कि धर्म मानव के नैतिक जीवन का मूल आधार होने के स्थान पर वस्तुतः उसे नष्ट कर देता है। नैतिकता के मूल आधार के रूप में धर्म की अवांछनीयता को प्रमाणित करने के लिए ह्यूम यह भी कहते हैं कि धर्मपरायण व्यक्ति अपने उपास्य देवता को ज्ञान और शक्ति की दृष्टि से जितना अधिक उत्कृष्ट सिद्ध करते हैं शुभत्व की दृष्टि से वह उतना ही अधिक निकृष्ट होता जाता है। इसका धर्मपरायण व्यक्तियों के नैतिक जीवन पर बहुत अवांछनीय प्रभाव पड़ता है। धर्म के विषय में अपनी इस मान्यता को ह्यूम ने निम्नलिखित उद्धरण में इस प्रकार प्रस्तुत किया है : "लोकप्रिय धर्म वस्तुतः . . . शैतानवाद के रूप हैं; . . . उपास्य देवता को शक्ति तथा ज्ञान की दृष्टि से जितना अधिक प्रशंसनीय माना जाता है, वह निश्चय ही शुभत्व और परोपकार की दृष्टि से उतना ही निम्नकोटि का होता जाता है–फिर चाहे उसके आश्चर्यचकित उपासक उसकी प्रशंसा में कैसे ही शब्दों का प्रयोग क्यों न करें।"[11] यह समझना कठिन नहीं है कि ह्यूम के अनुसार इस स्थिति को नैतिकता के लिए किसी भी रूप में वांछनीय नहीं माना जा सकता। इस प्रकार धर्म तथा नैतिकता के संबंध के विषय में उनका अंतिम निष्कर्ष यही है कि नैतिकता का मूल आधार और उसमें सहायक होने के स्थान पर धर्म उसके लिए घातक ही सिद्ध होता है।

10. डेविड ह्यूम, 'एस्सेज़', खंड 1, पृ. 220.

11. डेविड ह्यूम, 'दि नेचरल हिस्ट्री ऑफ़ रिलिजन', पृ. 354.

धर्म के विरुद्ध ह्यूम ने ऊपर जो तर्क प्रस्तुत किए हैं उनसे यह स्पष्ट है कि वे इसे किसी भी रूप में मानव-जीवन के लिए हितकर तथा वांछनीय नहीं मानते थे। वस्तुतः वे प्रायः इस महत्त्वपूर्ण प्रश्न पर विचार किया करते थे कि मानव-समाज के लिए हानिकारक होते हुए भी सहस्रों वर्षों से धर्म का अस्तित्व क्यों बना हुआ है और मनुष्य के जीवन पर उसका इतना व्यापक प्रभाव क्यों पड़ता है। स्वयं इस प्रश्न का उत्तर देते हुए ह्यूम ने यह कहा है कि शैशव-काल से ही सभी मनुष्यों को बड़ी गहराई से धर्म की शिक्षा दी जाती है जिसके परिणामस्वरूप उनके जीवन में धार्मिक संस्कार इतने अधिक प्रबल तथा दृढ़ हो जाते हैं कि उनके लिए इन संस्कारों से मुक्त होना अत्यंत कठिन हो जाता है। इसी कारण अपने परवर्ती जीवन में पर्याप्त तर्क-शक्ति प्राप्त कर लेने और विचारशील व्यक्ति बन जाने के पश्चात भी अधिकतर मनुष्य धर्म तथा धार्मिक संस्कारों से प्रायः मुक्त नहीं हो पाते। परंतु ह्यूम निश्चित रूप से यह मानते थे कि मनुष्य के लिए अंधविश्वासपूर्ण धार्मिक संस्कारों की यह दासता किसी भी दृष्टि से उचित और वांछनीय नहीं है। उन्होंने धर्म और दर्शन के इतिहास का व्यापक अध्ययन किया था जिसके आधार पर वे इसी परिणाम पर पहुँचे थे कि प्राचीन यूनानी दर्शन के समय में साधारण लोगों के जीवन पर धर्म का इतना अधिक प्रभाव नहीं था जितना आधुनिक युग में दिखाई देता है। ह्यूम के अनुसार, उस प्राचीन काल में धर्म मंदिरों में संपन्न होनेवाले कुछ धार्मिक अनुष्ठानों तक ही सीमित था; मंदिरों से बाहर मनुष्य कार्य करने और अपने जीवन की समस्याओं पर विचार करने के लिए स्वतंत्र थे। उस समय दर्शन प्रायः मनुष्य के जीवन का नियमन और मार्गदर्शन करता था। परंतु अब दर्शन का क्षेत्र बहुत सीमित हो गया है और—ह्यूम के शब्दों में—"उसका स्थान अब आधुनिक धर्म ने ले लिया है जो हमारे संपूर्ण आचरण को शासित करता है, और हमारे कार्यों, हमारे शब्दों, हमारे विचारों तथा हमारी भावनाओं के लिए एक व्यापक नियम का विधान करता है।"[12] परंतु, जैसा कि हम ऊपर देख चुके हैं, ह्यूम का स्पष्ट और निश्चित मत है कि मनुष्य के संपूर्ण जीवन पर धर्म का यह व्यापक प्रभाव उसके लिए बहुत हानिकारक है। यही कारण है कि उन्होंने धर्म के विरुद्ध उपर्युक्त अनेक प्रबल तर्क प्रस्तुत करते हुए उसकी तीव्र आलोचना और निंदा की है।

हम पिछले अध्याय में यह स्पष्ट कर चुके हैं कि सत्रहवीं और अठारहवीं शताब्दी में किसी भी विचारक के लिए धर्म की प्रत्यक्षतः निंदा करना बहुत खतरनाक तथा घातक सिद्ध हो सकता था। इसी कारण धर्म की आलोचना करते हुए ह्यूम यह कहा करते थे कि वे तो धर्म से संबद्ध केवल अंधविश्वासों, कट्टरता, असहिष्णुता, आत्म-प्रवंचना आदि बुराइयों की ही निंदा करते हैं, 'सच्चे धर्म' की नहीं। परंतु उन्होंने 'सच्चे धर्म' की जो परिभाषा दी है उससे स्पष्ट है कि वह वस्तुतः प्रचलित अर्थ में 'धर्म' नहीं है। ह्यूम के अनुसार, 'सच्चा धर्म' दर्शन का ही एक अभिन्न अंश या रूप होता है। स्पष्टतः इसका अर्थ यही है कि उनके विचार में 'सच्चे धर्म' का दर्शन से

12. डेविड ह्यूम, 'एस्सेज़', खंड 2, पृ. 334.

अलग और स्वतंत्र अस्तित्व नहीं है।[13] परंतु यह सर्वविदित तथ्य है कि सामान्य व्यक्ति प्रायः 'धर्म' शब्द को इस दार्शनिक अर्थ में ग्रहण नहीं करते। वे उन मान्यताओं और विश्वासों को धर्म का अभिन्न अंग समझते हैं जिन्हें ह्यूम ने 'अंधविश्वास' की संज्ञा दी है। इसका तात्पर्य यह है कि यदि इन सब मान्यताओं तथा विश्वासों को अस्वीकार कर दिया जाए तो 'धर्म' शब्द के सामान्य प्रचलित अर्थ में उसका कुछ भी शेष नहीं रह जाता। संभवतः इसी कारण ह्यूम केवल उसे ही 'सच्चा धर्म' कहते हैं जो दर्शन का एक अभिन्न अंश है। इस दृष्टि से विचार करने पर यह स्पष्ट हो जाता है कि वे वस्तुतः प्रचलित सामान्य अर्थ में धर्म का निषेध करते हैं। धर्म के विरुद्ध उन्होंने जो तर्क दिए हैं और जिनका उल्लेख हम ऊपर कर चुके हैं उनसे निश्चय ही इसी तथ्य की पुष्टि होती है। इस प्रकार वास्तविक स्थिति यह है कि ह्यूम धर्मपरायण व्यक्ति नहीं थे और वे 'धर्म' शब्द के प्रचलित अर्थ में किसी भी दृष्टि से उसका समर्थन नहीं करते थे।

धर्म के संबंध में ह्यूम के उपर्युक्त निषेधात्मक दृष्टिकोण की व्याख्या करते हुए नॉर्मन कैम्प-स्मिथ ने लिखा है : "वे स्वयं चमत्कारों में विश्वास नहीं करते, परिणामतः विशेष श्रुति या दैवी प्रकाशना में भी उनका विश्वास नहीं है; मरणोत्तर जीवन अथवा किसी प्रकार के विशिष्ट धार्मिक कर्तव्यों में भी वे विश्वास नहीं करते; उनका ऐसे किसी देवता के अस्तित्व में भी विश्वास नहीं है जिसमें नैतिक गुणों को आरोपित किया जा सके और इसीलिए वे धार्मिक अर्थ में 'ईश्वर' में भी विश्वास नहीं करते। जिसे वे 'सच्चा धर्म' कहते हैं वह विश्वास तथा आचरण में समान रूप से समस्त अंधविश्वासों के खंडन के अतिरिक्त और कुछ नहीं है।"[14] इस प्रकार कैम्प-स्मिथ के उपर्युक्त उद्धरण से यह स्पष्ट है कि उनके मतानुसार सामान्यतः जिस अर्थ में किसी मनुष्य को 'धर्मपरायण व्यक्ति' कहा जाता है उस अर्थ में ह्यूम निश्चय ही धर्मपरायण व्यक्ति नहीं थे। वस्तुतः कैम्प-स्मिथ का यह मत उचित एवं तर्कसंगत है, क्योंकि स्वयं ह्यूम ने भी स्पष्ट रूप से इसी मत की पुष्टि की है। जेम्स बोसवेल के साथ ह्यूम के जिस व्यक्तिगत साक्षात्कार का उल्लेख हम ऊपर कर चुके हैं उसमें स्वयं ह्यूम ने उन समस्त धार्मिक विश्वासों का स्पष्टतः निषेध किया है जिन्हें लगभग सभी साधारण धर्मपरायण व्यक्ति प्रायः स्वीकार करते हैं।

इस पूर्वोल्लिखित व्यक्तिगत साक्षात्कार में जेम्स बोसवेल के समक्ष ह्यूम ने धर्म के विषय में अपने जो विचार प्रस्तुत किए थे उन्हें कैम्प-स्मिथ ने निम्नलिखित अनुच्छेद में इस प्रकार उद्धृत किया है : "ह्यूम ने कहा कि जबसे उन्होंने लॉक और क्लार्क की पुस्तकों का अध्ययन करना आरंभ किया था तब से धर्म में उनका कोई विश्वास नहीं रहा। मैंने उनसे पूछा कि जब वे छोटे थे तो क्या वे तब धर्मपरायण व्यक्ति नहीं थे। उन्होंने कहा कि तब वे धर्मपरायण व्यक्ति थे और 'होल ड्यूटी ऑफ़ मैन' पढ़ा करते थे। . . . उन्होंने तब स्पष्ट रूप से यह कहा कि प्रत्येक धर्म की नैतिकता बुरी होती

13. देखिए, डेविड ह्यूम, 'ऐन इन्क्वायरी कन्सर्निंग ह्यूमन अंडरस्टैंडिंग', पृ. 146.

14. नार्मन कैम्प-स्मिथ, संपादक, 'ह्यूम्स डायलॉग्ज़ कन्सर्निंग नेचरल रिलिजन', पृ. 25.

है। . . . मैंने वास्तव में यह सोचा कि वे परिहास नहीं कर रहे थे जब उन्होंने यह बताया कि यह बात सुनते ही कि कोई मनुष्य धर्मपरायण है वे यह निष्कर्ष निकालते हैं कि वह दुष्ट है, यद्यपि वे कुछ ऐसे धर्मपरायण व्यक्तियों से परिचित हैं जो बहुत अच्छे मनुष्य हैं। . . . मैंने उनसे पूछा कि क्या यह संभव नहीं है कि मरणोत्तर जीवन का अस्तित्व हो। उन्होंने उत्तर दिया कि यह अत्यधिक अयुक्तिसंगत कल्पना है कि हमारा अस्तित्व सदा बना रहे। . . . मैंने उनसे पूछा कि नष्ट हो जाने का विचार उनके मन में कभी कोई दुःख उत्पन्न नहीं करता। उन्होंने कहा कि बिल्कुल नहीं–ठीक वैसे ही जैसे इस विचार से उन्हें कोई दुःख नहीं होता कि जन्म से पूर्व उनका अस्तित्व नहीं था।"[15] ह्यूम के इन विचारों से यह स्पष्टतः प्रमाणित होता है कि सामान्यतः प्रचलित धार्मिक विश्वासों को स्वीकार न करने के कारण वे वास्तव में धर्मपरायण व्यक्ति नहीं थे। हम आगे देखेंगे कि धर्म संबंधी चमत्कारों और ईश्वर की सत्ता के विषय में उन्होंने जो निषेधात्मक विचार व्यक्त किए हैं उनसे भी यही सिद्ध होता है कि वे धर्म का समर्थन नहीं करते थे।

धर्म के विषय में ह्यूम के दृष्टिकोण पर विचार करने के पश्चात अब ईश्वरवाद तथा ईश्वर के अस्तित्व के संबंध में उनके मत की विवेचना करना आवश्यक है। अठारहवीं शताब्दी के कुछ अन्य निरीश्वरवादी दार्शनिकों की भाँति ह्यूम ने भी स्पष्ट रूप से ईश्वरवाद का खंडन करते हुए यह नहीं कहा कि वे ईश्वर की सत्ता में विश्वास नहीं करते। इसी कारण कुछ विद्वान उन्हें निरीश्वरवादी मानने के स्थान पर केवल संशयवादी या अज्ञेयवादी ही मानते हैं। परंतु ह्यूम ने ईश्वर के अस्तित्व के लिए प्रस्तुत किए गए परंपरागत प्रमाणों तथा उसके स्वरूप के विषय में जो कुछ कहा है उसके आधार पर निश्चयपूर्वक यह कहा जा सकता है कि वे किसी भी रूप में ईश्वरवाद का समर्थन नहीं करते थे, अतः उन्हें व्यापक अर्थ में निरीश्वरवादी दार्शनिक मानना अधिक युक्तिसंगत प्रतीत होता है। इसके अतिरिक्त हम दूसरे अध्याय में देख चुके हैं कि निरीश्वरवाद का वास्तविक अर्थ है ईश्वर की सत्ता में विश्वास का अभाव और इस अर्थ में संशयवाद तथा अज्ञेयवाद को भी निरीश्वरवाद के ही विभिन्न रूप माना जा सकता है, क्योंकि इन दोनों सिद्धांतों के समर्थक निश्चित रूप से ईश्वर के अस्तित्व में विश्वास नहीं करते। यहाँ ह्यूम को निरीश्वरवादी न माननेवाले विद्वान अपने मत के समर्थन में यह तर्क दे सकते हैं कि वस्तुतः ह्यूम ने अपने आप को कभी भी निरीश्वरवादी घोषित नहीं किया, अतः उन्हें निरीश्वरवाद का समर्थक मानना उचित नहीं होगा। परंतु यह तर्क विश्वसनीय प्रतीत नहीं होता, क्योंकि, जैसा कि हम पिछले अध्यायों में अनेक बार बता चुके हैं, सत्रहवीं और अठारहवीं शताब्दी में किसी विचारक के लिए अपने आप को स्पष्टतः निरीश्वरवादी घोषित करना बहुत खतरनाक अथवा घातक सिद्ध हो सकता था। ऐसी स्थिति में ह्यूम द्वारा अपने आप को निरीश्वरवादी घोषित न करने से निश्चय ही यह सिद्ध नहीं होता कि वे वास्तव में निरीश्वराद के समर्थक नहीं थे। इसके विपरीत यह कहना संभवतः अधिक तर्कसंगत होगा कि ह्यूम

15. वही पुस्तक, पृ. 97-98.

के संपूर्ण अनुभववादी दर्शन–विशेषतः उनकी ज्ञानमीमांसा तथा उनके धर्मदर्शन–का अंतिम अनिवार्य परिणाम निरीश्वरवाद ही हो सकता है जिसे वे प्रत्यक्ष या परोक्ष रूप से अवश्य स्वीकार करते थे।

हम पहले ही यह स्पष्ट कर चुके हैं कि पाश्चात्य दर्शन में ह्यूम ने अनुभववाद की उस परंपरा को चरमोत्कर्ष पर पहुँचाया था जिसका प्रारंभ सत्रहवीं शताब्दी में जॉन लॉक ने किया था। लॉक की भाँति वे भी हमारी विभिन्न ज्ञानेंद्रियों से प्राप्त होनेवाले संवेदनों पर आधारित इंद्रियजन्य अनुभव को ही संपूर्ण ज्ञान का अंतिम मूल स्रोत मानते थे। ह्यूम के अनुसार, हम बाह्य जगत् और अपनी मनोदशाओं का जो ज्ञान प्राप्त करते हैं वह अनिवार्यतः हमारे अनुभव का ही परिणाम होता है। इसका अर्थ यह है कि जो वस्तु या सत्ता अनुभवातीत है–अर्थात्, जो किसी भी रूप में हमारे अनुभव का विषय नहीं है और न हो सकती है–उसका ज्ञान प्राप्त करना हमारे लिए असंभव है। यहाँ यह उल्लेखनीय है कि लॉक तथा बर्कले के विपरीत ह्यूम ने अपने अनुभववादी दर्शन की ज्ञानमीमांसा के इस अनिवार्य निष्कर्ष को पूर्ण रूप से स्पष्टतः स्वीकार किया है। इसी कारण वे ऐसी किसी अलौकिक या अति-प्राकृतिक शक्ति अथवा सत्ता में विश्वास नहीं करते जिसे अनुभवातीत माना जाता है। वस्तुतः अपनी अनुभवाश्रित ज्ञानमीमांसा के इस मूल सिद्धांत के आधार पर ही उन्होंने अनुभवातीत ईश्वर और आत्मा के अस्तित्व से संबंधित हमारे ज्ञान की संभावना का निषेध किया है। ह्यूम यह तो स्वीकार करते हैं कि कोई व्यक्ति अथवा समुदाय केवल आस्था के कारण ईश्वर, आत्मा या किसी अन्य अनुभवातीत सत्ता में विश्वास कर सकता है, किंतु उनके मतानुसार वह इस सत्ता का ज्ञान प्राप्त करने और इसे तर्कों द्वारा प्रमाणित करने का दावा नहीं कर सकता। इसका कारण यह है कि ऐसी अनुभवातीत सत्ता के ज्ञान की प्राप्ति के लिए मनुष्य के पास कोई विश्वसनीय साधन अथवा उपाय नहीं है।

मूलतः अनुभववाद पर आधारित अपनी ज्ञानमीमांसा के उपर्युक्त सिद्धांत को ध्यान में रखते हुए ह्यूम ने ईश्वर के अस्तित्व को प्रमाणित करने के लिए प्रस्तुत की गई सभी अनुभवात्मक परंपरागत युक्तियों का तर्कतः खंडन किया है। इन परंपरागत युक्तियों के विरुद्ध उन्होंने जो तर्क दिए हैं वे हमें उनकी पुस्तक, 'ऐन इन्क्वायरी कन्सर्निंग ह्यूमन अंडरस्टैंडिंग' के अंतिम दो अध्यायों और उनकी एक अन्य प्रसिद्ध कृति, 'डाएलॉग्ज़ कन्सर्निंग नेचरल रिलिजन' में उपलब्ध होते हैं। अपनी इन दोनों पुस्तकों में ह्यूम ने ईश्वर की सत्ता के समर्थन में दी गई जिन पारंपरिक युक्तियों का खंडन किया है उनमें सृष्टि-कारण-युक्ति, प्रयोजनपरक युक्ति तथा धार्मिक चमत्कारों से संबंधित युक्ति विशेष रूप से उल्लेखनीय हैं। इन सब युक्तियों का खंडन करने के अतिरिक्त उन्होंने 'अशुभ की समस्या' के आधार पर विश्व-रचयिता के रूप में सर्वज्ञ, सर्वशक्तिमान तथा अत्यंत करुणामय ईश्वर के अस्तित्व का निषेध किया है। अब हम संक्षेप में ह्यूम के उन प्रमुख तर्कों पर विचार करेंगे जो उन्होंने ईश्वरवाद के विरुद्ध प्रस्तुत किए हैं।

जैसा कि हम प्रथम अध्याय में स्पष्ट कर चुके हैं, ईश्वरवादी विचारक प्रायः विश्व के आदिकारण के रूप में ईश्वर के अस्तित्व को सिद्ध करने का प्रयास करते हैं। उनके अनुसार, प्रत्येक वस्तु की उत्पत्ति का कोई कारण अवश्य होता है, अतः इस

विश्व का भी कारण होना अनिवार्य है और यह कारण ईश्वर ही है जिसने विश्व की रचना की है। ह्यूम ने कारण-कार्य-संबंध के विषय में अपने अनुभवात्मक विश्लेषण के आधार पर इस सृष्टि-कारण-युक्ति का खंडन किया है। उनका कथन है कि हम किन्हीं दो वस्तुओं के कारण और कार्य का जो संबंध देखते हैं उसका मूल आधार हमें उन दोनों वस्तुओं में सदैव दिखाई देनेवाला वह पूर्वापर सतत संबंध है जिसका हमने अपने व्यावहारिक जीवन में निरंतर अनुभव किया है। उदाहरणार्थ, यदि हम अपने अनुभव द्वारा यह जानते हैं कि 'क' की उपस्थिति के पश्चात 'ख' अवश्य उपस्थित होता है तो इन दोनों में इस सतत संबंध के अनुभव के आधार पर हम यह कहते हैं कि पहले आनेवाला 'क' कारण और उसके उपरांत आनेवाला 'ख' कार्य है। इतना ही नहीं, अपने इस अनुभव के परिणामस्वरूप हम यह भविष्यवाणी भी करते हैं कि जब भी 'क' उपस्थित होगा तो उसके पश्चात 'ख' अवश्य उपस्थित होगा। इन दोनों में क्रमशः एक के बाद दूसरे की उपस्थिति का बार-बार निरंतर अनुभव करने के कारण हम इनमें कारण-कार्य-संबंध स्थापित कर लेते हैं—अर्थात्, हम यह मान लेते हैं कि भविष्य में 'क' सदैव 'ख' का कारण और 'ख' सदैव 'क' का कार्य होगा। इस प्रकार ह्यूम का मत है कि हम संसार की वस्तुओं में कारण और कार्य के जिस संबंध को जानते हैं उसका एकमात्र आधार हमारा अनुभव है जिसके अभाव में हम इस संबंध का ज्ञान कभी प्राप्त नहीं कर सकते।

कारण तथा कार्य में विद्यमान संबंध के विषय में अपने उपर्युक्त विश्लेषण के आधार पर ही ह्यूम ने ईश्वर के अस्तित्व को सिद्ध करने के लिए ईश्वरवादी विचारकों द्वारा प्रस्तुत की गई सृष्टि-कारण-युक्ति को अस्वीकार किया है। इस युक्ति के विरुद्ध उनका कथन है कि हमारे लिए ईश्वर तथा विश्व में कारण-कार्य-संबंध का किसी भी रूप में अनुभव प्राप्त करना संभव नहीं है, क्योंकि ईश्वर को अनुभवातीत सत्ता माना जाता है और उसके द्वारा विश्व-रचना की प्रक्रिया को भी हमारे अनुभव से परे समझा जाता है। अनुभवातीत होने के अतिरिक्त ईश्वर अपने आप में केवल एक या अद्वितीय सत्ता है—अर्थात्, उस जैसी अन्य कोई सत्ता नहीं है। इसी प्रकार, उसके द्वारा रचित यह विश्व भी एकमात्र अद्वितीय रचना है जिसके समान दूसरी कोई रचना नहीं है। ऐसी स्थिति में हम ईश्वर द्वारा विश्व की रचना किए जाने और इन दोनों में किसी प्रकार के संबंध का कभी भी कोई अनुभव प्राप्त नहीं कर सकते। परंतु, जैसा कि हम ऊपर देख चुके हैं, किन्हीं दो वस्तुओं में सतत पूर्वापर संबंध के अनुभव के बिना हमारे लिए उन वस्तुओं में कारण-कार्य-संबंध को स्थापित करना संभव नहीं है।

सृष्टि-कारण-युक्ति के विरुद्ध ह्यूम के उपर्युक्त तर्क को सामान्य भाषा में इस प्रकार प्रस्तुत किया जा सकता है। जब तक हम ईश्वर को विश्व की रचना करते हुए बार-बार न देख लें तब तक हम यह नहीं जान सकते कि ईश्वर तथा विश्व में क्रमशः कारण और कार्य का संबंध है। हम किसी भवन को देखकर उसके निर्माता की अनुपस्थिति में भी उसकी रचना करनेवाले किसी शिल्पी का सही अनुमान लगा सकते हैं, क्योंकि हमने अनेक निर्माताओं को बहुत-से भवनों का निर्माण करते हुए बार-बार देखा है। यही बात मानव-निर्मित अन्य सभी वस्तुओं के विषय में भी कही जा सकती

है। वस्तुतः इसका कारण यह है कि हम अपने अनुभव द्वारा रचना करनेवाले मनुष्यों और उनकी रचनाओं को क्रमशः कारण तथा कार्य के रूप में जानते हैं। परंतु हम तार्किक दृष्टि से कभी भी यह अनुमान नहीं लगा सकते कि ईश्वर ने विश्व की रचना की है, क्योंकि हमें रचयिता के रूप में ईश्वर तथा उसकी रचना के रूप में विश्व का कोई अनुभव प्राप्त नहीं है और न हो सकता है। इस प्रकार अपने उपर्युक्त तर्क के आधार पर ह्यूम युक्तिसंगत रूप से यही निष्कर्ष निकालते हैं कि ईश्वर तथा विश्व में कारण और कार्य के संबंध को स्वीकार करना तार्किक दृष्टि से उचित नहीं है।[16]

उपर्युक्त सृष्टि-कारण-युक्ति के अतिरिक्त ईश्वर के अस्तित्व को प्रमाणित करने के लिए ईश्वरवादी विचारकों द्वारा दी गई प्रयोजनपरक युक्ति की भी ह्यूम ने तीव्र आलोचना की है। ह्यूम के समय में ईश्वर की सत्ता को सिद्ध करने के लिए इस युक्ति को विशेष महत्त्व दिया जाता था, अतः उस समय इसका खंडन करने का स्पष्ट अर्थ था निरीश्वरवाद का समर्थन करना। परंतु इस तथ्य से भली-भाँति अवगत होते हुए भी ह्यूम ने अपने अनेक तर्कों द्वारा इस युक्ति का स्पष्ट रूप से खंडन किया है। जैसा कि हम प्रथम अध्याय में बता चुके हैं, इस प्रयोजनपरक युक्ति द्वारा ईश्वरवादी दार्शनिक विश्व में विद्यमान व्यवस्था और समस्त प्राणियों के विभिन्न अंगों में पाए जानेवाले समायोजन के आधार पर ईश्वर के अस्तित्व को सिद्ध करने का प्रयास करते हैं। उनका मत है कि इस विश्व के मूल में एक निश्चित प्रयोजन है जिसकी पूर्ति के लिए समस्त प्राणी तथा प्राकृतिक वस्तुएँ सतत प्रयत्नशील हैं। ऐसे प्रयोजनपूर्ण विश्व की रचना करने और इसमें समुचित व्यवस्था एवं समायोजन स्थापित करने के लिए निश्चय ही एक महान बुद्धिमान तथा विचारशील सत्ता की आवश्यकता है और यह सत्ता ईश्वर ही है। इस प्रकार विश्व में विद्यमान प्रयोजन, व्यवस्था एवं समायोजन के आधार पर ईश्वरवादी दार्शनिकों ने अपनी इस युक्ति द्वारा व्यवस्थापक तथा प्रयोजनकर्ता के रूप में ईश्वर के अस्तित्व को प्रमाणित करने का प्रयास किया है।

परंतु सृष्टि-कारण-युक्ति की भाँति उपर्युक्त प्रयोजनपरक युक्ति का खंडन करने के लिए भी ह्यूम ने अनेक तर्क प्रस्तुत किए हैं। इस युक्ति के विरुद्ध उनका प्रथम तर्क यह है कि इसे प्रस्तुत करनेवाले ईश्वरवादी दार्शनिक मानव-निर्मित वस्तुओं तथा यंत्रों के समान विश्व को भी एक यंत्र मानकर इसके व्यवस्थापक के रूप में ईश्वर की सत्ता को सिद्ध करने का प्रयास करते हैं जो उचित नहीं है। हम विश्व की तुलना मनुष्य द्वारा निर्मित यंत्र के साथ न करके प्राणियों तथा पेड़-पौधों के साथ भी कर सकते हैं जिनका कोई रचयिता या निर्माता नहीं होता और जो स्वतः उत्पन्न होते हैं। हम अपने अनुभव द्वारा यह जानते हैं कि यंत्रों के विपरीत इन पेड़-पौधों और प्राणियों का कोई रचयिता नहीं है। ऐसी स्थिति में यदि हम इस दृष्टि से विश्व की व्याख्या करें तो इसके व्यवस्थापक और प्रयोजनकर्ता के रूप में ईश्वर की कोई आवश्यकता नहीं रह जाती। इस प्रकार ह्यूम उस साम्यानुमान को ही अस्वीकार करते हैं जिसे प्रयोजनपरक युक्ति का मूल आधार माना जाता है।

16. ह्यूम द्वारा सृष्टि-कारण-युक्ति की आलोचना के लिए देखिए, 'ऐन इन्क्वायरी कन्सर्निंग ह्यूमन अंडरस्टैंडिंग', पृ. 155-156.

प्रयोजनपरक युक्ति के विरुद्ध ह्यूम का दूसरा तर्क यह है कि यदि इसे स्वीकार कर लिया जाए तो भी इसके आधार पर उस रूप में ईश्वर का अस्तित्व सिद्ध नहीं होता जिस रूप में ईश्वरवादी विचारक उसे प्रस्तुत करते हैं। हम देख चुके हैं कि इन विचारकों के अनुसार ईश्वर सर्वज्ञ, सर्वशक्तिमान, सर्वव्यापक, शाश्वत या नित्य, अत्यंत दयालु, न्यायशील तथा प्रेममय है। परंतु ईश्वर द्वारा रचित विश्व के आधार पर उसके इन समस्त गुणों को अनुमित करना तार्किक दृष्टि से निश्चय ही उचित नहीं है, क्योंकि किसी कारण में केवल उन्हीं गुणों को आरोपित किया जा सकता है जो उसके द्वारा उत्पन्न कार्य में विद्यमान हों। यह अनुभवसिद्ध तथ्य है कि विश्व में वे सब गुण नहीं पाए जाते जिन्हें ईश्वरवादी दार्शनिक ईश्वर में आरोपित करते हैं। यदि विश्व के आधार पर उसके रचयिता, ईश्वर के स्वरूप को अनुमित किया जाए तो उसे सीमित सत्ता ही मानना पड़ेगा, क्योंकि विश्व की सभी वस्तुएँ अनिवार्यतः सीमित हैं और हमें ऐसी किसी वस्तु का अनुभव नहीं है जो असीम हो। अपने इस तर्क की व्याख्या करते हुए ह्यूम ने कहा है : "यदि कारण का ज्ञान केवल कार्य द्वारा प्राप्त किया जाता है तो हमें उसमें उन गुणों के अतिरिक्त ऐसे अन्य कोई गुण कभी भी आरोपित नहीं करने चाहिए जो कार्य को उत्पन्न करने के लिए निश्चित रूप से अनिवार्य न हों।"[17] ह्यूम के इस तर्क से यह स्पष्ट है कि उनके अनुसार ईश्वरवादी विचारक अपनी प्रयोजनपरक युक्ति के आधार पर ईश्वर में सर्वज्ञता, सर्वशक्तिमत्ता, सर्वव्यापकता, नित्यता, करुणा, प्रेम, न्यायशीलता आदि उन सब गुणों को युक्तिसंगत रूप से आरोपित नहीं कर सकते जिन्हें वे उसमें प्रायः आरोपित करते हैं। इसका अर्थ यही है कि इन विचारकों की यह युक्ति अधिक से अधिक ईश्वर को एक सीमित सत्ता के रूप में ही प्रमाणित कर सकती है, अपरिमित मात्रा में समस्त सद्गुणों से परिपूर्ण असीम सत्ता के रूप में नहीं।

प्रयोजनपरक युक्ति का खंडन करने के लिए ह्यूम ने तीसरा तर्क यह दिया है कि इसके द्वारा एक ईश्वर के स्थान पर वास्तव में अनेक देवताओं का अस्तित्व ही सिद्ध होता है। यदि हम विश्व को एक महान यंत्र मान लें तो हमें यह स्वीकार करना पड़ेगा कि इसकी रचना बहुत-से देवताओं ने मिलकर की है। इसका कारण यह है कि मानव-निर्मित अधिकतर वस्तुओं से संबंधित हमारा सामान्य अनुभव केवल इसी तथ्य की पुष्टि करता है। हम प्रायः यह देखते हैं कि भवन, मेज़, कुर्सी, कारखाना, घड़ी आदि सभी वस्तुएँ बहुत-से व्यक्ति मिलकर ही बनाते हैं, अतः अपने इस अनुभव के आधार पर हम तर्कसंगत रूप से यही अनुमान लगा सकते हैं कि इस विशाल विश्व की रचना भी बहुत-से देवताओं ने मिलकर ही की होगी। स्पष्टतः इसका तात्पर्य यही है कि प्रयोजनपरक युक्ति एकेश्वरवाद के स्थान पर वस्तुतः बहुदेववाद को ही सिद्ध करती है। परंतु अधिकतर ईश्वरवादी दार्शनिकों को अपनी इस युक्ति का यह परिणाम स्वीकार्य नहीं हो सकता, क्योंकि वे एक ही ईश्वर की सत्ता में विश्वास करते हैं। इस प्रकार ह्यूम के मतानुसार, प्रयोजनपरक युक्ति बहुदेववाद को सत्य प्रमाणित करके ईश्वरवाद का समर्थन करने के स्थान पर वास्तव में उसका खंडन करती है।

17. वही पुस्तक, पृ. 146.

विश्व के प्रयोजन के संबंध में ह्यूम की अपनी व्याख्या यह है कि असीम दिक् और काल की अनंत संभावनाओं में से विश्व की वर्तमान स्थिति भी एक संभावना मात्र है जिसे हम अपने दृष्टिकोण के अनुरूप 'प्रयोजन' की संज्ञा देते हैं। यह संभव है कि वास्तव में विश्व का कोई प्रयोजन हो ही नहीं। प्राचीन यूनानी दार्शनिक, ऐपिक्यूरस ने भी विश्व के प्रयोजन की लगभग ऐसी ही व्याख्या की थी। ह्यूम के पश्चात उन्नीसवीं शताब्दी के महान विचारक, डार्विन ने भी अपना यह मत व्यक्त किया था कि विश्व का ऐसा कोई निश्चित प्रयोजन नहीं है जिसकी ओर वह अग्रसर हो रहा है। वस्तुतः विश्व के प्रयोजन का विचार पूर्ण रूप से मानवत्वारोपी अवधारणा है जिसका प्रकृति में कोई स्थान नहीं है। इस प्रकार प्रयोजनपरक युक्ति के संबंध में अन्य निरीश्वरवादी दार्शनिकों की भाँति ह्यूम का भी यही मत है कि इसके द्वारा ईश्वर की सत्ता सिद्ध नहीं होती।

प्रयोजनपरक युक्ति से संबद्ध एक अन्य गंभीर समस्या के आधार पर भी ह्यूम ने विश्व-रचयिता के रूप में सर्वशक्तिमान तथा अत्यंत करुणामय अथवा पूर्णतः शुभ ईश्वर के अस्तित्व का खंडन किया है। यह है 'अशुभ की समस्या' जो प्राचीन काल से ही ईश्वरवाद के लिए एक कठिन चुनौती बनी हुई है और जिसका ईश्वरवादी विचारक अभी तक कोई संतोषप्रद समाधान प्रस्तुत नहीं कर सके हैं। हम पिछले अध्यायों में देख चुके हैं कि अनेक भारतीय तथा पाश्चात्य निरीश्वरवादी दार्शनिकों ने इस समस्या की चर्चा करते हुए इसे ईश्वर की सत्ता के विरुद्ध एक प्रबल प्रमाण के रूप में स्वीकार किया है। इस संबंध में ह्यूम भी इन दार्शनिकों से सहमत हैं। उन्होंने अपनी पुस्तक, 'डाएलॉग्ज़ कन्सर्निंग नेचरल रिलिजन' में इस 'अशुभ की समस्या' पर विस्तारपूर्वक विचार किया है। यह पुस्तक नाटकीय शैली में लिखी गई है जिसमें विभिन्न पात्रों के माध्यम से ह्यूम ने ईश्वरवाद संबंधी कुछ गंभीर समस्याओं की विवेचना की है। इस पुस्तक का एक पात्र, फ़िलो–जिसे अधिकतर विद्वान ह्यूम के विचारों का प्रतिनिधि मानते हैं–अशुभ की समस्या को निम्नलिखित अनुच्छेद में इस प्रकार प्रस्तुत करता है : "संसार में आखिर दुःख या पीड़ा क्यों है? निश्चय ही यह केवल संयोग के परिणामस्वरूप नहीं है। तो फिर इसका कोई कारण अवश्य होगा। क्या यह ईश्वर की अपनी इच्छा के कारण है? परंतु वह तो अत्यंत करुणामय है। क्या यह उसकी इच्छा के विरुद्ध है? परंतु वह तो सर्वशक्तिमान है। यह तर्क इतना संक्षिप्त, इतना स्पष्ट और इतना निर्णायक है कि कुछ भी इसकी दृढ़ता को खंडित नहीं कर सकता।"[18]

वस्तुतः यह समस्या उन सभी ईश्वरवादी दार्शनिकों के लिए एक गंभीर चुनौती है जो यह दावा करते हैं कि सर्वशक्तिमान तथा पूर्णतः शुभ या अत्यंत करुणामय ईश्वर ने इस विश्व की रचना की है। इन दार्शनिकों के इस दावे के संबंध में ह्यूम यह महत्त्वपूर्ण प्रश्न उठाते हैं कि यदि इस विश्व का रचयिता, ईश्वर सचमुच सर्वशक्तिमान एवं अत्यंत दयालु है तो उसके द्वारा रचित विश्व में व्यापक दुःख तथा दुष्टता के रूप में अशुभ या बुराई क्यों विद्यमान है। यही प्रश्न अन्य अनेक भारतीय और पाश्चात्य

18. डेविड ह्यूम, 'डाएलॉग्ज़ कन्सर्निंग नेचरल रिलिजन', संपादक, नॉर्मन कैम्प-स्मिथ, पृ. 201.

निरीश्वरवादी दार्शनिकों ने भी उठाया है। परंतु ईश्वरवादी विचारक इस मूल प्रश्न का अभी तक कोई संतोषजनक एवं तर्कसंगत उत्तर नहीं दे सके। हम इस तथ्य को अस्वीकार नहीं कर सकते कि संसार में अनावश्यक दुःख और दुर्गुण या दुष्टता के रूप में अशुभ अवश्य विद्यमान है, अतः इससे यही सिद्ध होता है कि विश्व-रचयिता के रूप में सर्वशक्तिमान तथा अत्यंत दयालु ईश्वर का अस्तित्व नहीं है। इस प्रकार यह स्पष्ट है कि अन्य बहुत-से निरीश्वरवादी दार्शनिकों की भाँति ह्यूम ने भी अशुभ की समस्या को ईश्वरवाद के विरुद्ध एक ऐसा प्रबल प्रमाण माना है जो इस सिद्धांत का निश्चित रूप से खंडन करता है।[19]

सृष्टि-कारण-युक्ति तथा प्रयोजनपरक युक्ति के अतिरिक्त ईश्वर की सत्ता के समर्थन में कुछ ईश्वरवादी विचारकों द्वारा प्रस्तुत की गई प्रत्यय-सत्ता युक्ति का भी ह्यूम ने तर्कतः खंडन किया है। हम प्रथम अध्याय में बता चुके हैं कि इस युक्ति में पूर्ण ईश्वर के प्रत्यय के आधार पर उसके अस्तित्व को सिद्ध करने का प्रयास किया गया है, अतः इसका अनुभव से कोई संबंध नहीं है। इस युक्ति के अनुसार, ईश्वर एक ऐसी पूर्ण सत्ता है जिसकी अपेक्षा अधिक महान सत्ता का विचार करना भी हमारे लिए संभव नहीं है। हम ऐसे पूर्ण ईश्वर के अनस्तित्व की कल्पना भी नहीं कर सकते, क्योंकि 'अस्तित्व' स्वयं एक गुण है जिसका अभाव ईश्वर में अपूर्णता उत्पन्न करता है। अपनी इस युक्ति के आधार पर ईश्वरवादी दार्शनिक यह दावा करते हैं कि वास्तव में ईश्वर का अनस्तित्व अकल्पनीय और उसका अस्तित्व अनिवार्य है। इस युक्ति के विरुद्ध कान्ट तथा अन्य दार्शनिकों ने जो प्रबल तर्क प्रस्तुत किए हैं उनका उल्लेख हम प्रथम अध्याय में कर चुके हैं, अतः यहाँ हम इसके विरुद्ध केवल ह्यूम के तर्क पर ही विचार करेंगे।

यह आश्चर्य की बात है कि ह्यूम के दर्शन की विवेचना करनेवाले विद्वानों ने इस प्रत्यय-सत्ता युक्ति के विरुद्ध उनके तर्क की प्रायः चर्चा नहीं की है। परंतु ह्यूम ने ईश्वर की सत्ता के समर्थन में दी गई अन्य युक्तियों की भाँति इस युक्ति का भी स्पष्टतः खंडन किया है। इसके विरुद्ध उनका कथन है कि प्रत्येक अस्तित्वपूर्ण वस्तु के अनस्तित्व का विचार करना निश्चय ही संभव है और अनुभवनिरपेक्ष रूप से किसी वस्तु के अस्तित्व को प्रमाणित नहीं किया जा सकता। जो वस्तु हमारे अनुभव से परे है उसे हम नहीं जान सकते और अपने अनुभव के अंतर्गत आनेवाली जिस अस्तित्वपूर्ण वस्तु को हम जानते हैं या जान सकते हैं उसके अनस्तित्व–अर्थात्, उसके न होने–की कल्पना हम अवश्य कर सकते हैं। अपने इसी मत की व्याख्या करते हुए ह्यूम कहते हैं : "जो वस्तु है उसका न होना भी संभव है। किसी तथ्य के निषेध में कोई व्याघात या विरोध नहीं हो सकता। किसी वस्तु के अनस्तित्व का विचार अपवाद-रहित रूप से उतना ही स्पष्ट तथा निश्चित है जितना उसके अस्तित्व का विचार। . . . इसलिए किसी वस्तु के अस्तित्व को उसके कारण या कार्य से संबंधित तर्कों द्वारा ही प्रमाणित

19. इस विषय के विस्तृत अध्ययन के लिए देखिए लेखक की एक अन्य पुस्तक, 'धर्म-दर्शन की मूल समस्याएँ', संशोधित तथा परिवर्धित द्वितीय संस्करण, 1995, अध्याय 6.

किया जा सकता है, और ये तर्क पूर्णतः अनुभव पर ही आधारित होते हैं।"[20] यह समझना कठिन नहीं है कि ह्यूम का उपर्युक्त तर्क प्रत्यय-सत्ता युक्ति की आधारभूत मान्यता का निषेध करता है जिसके अनुसार पूर्ण ईश्वर का अस्तित्व अनिवार्य और उसका अनस्तित्व अकल्पनीय है। इस प्रकार निष्कर्ष के रूप में हम यह कह सकते हैं कि ईश्वर के अस्तित्व से संबंधित अन्य दो परंपरागत युक्तियों के साथ-साथ इस प्रत्यय-सत्ता युक्ति का भी ह्यूम ने सप्रमाण खंडन किया है जो उनकी निरीश्वरवादी विचारधारा का द्योतक है।

ईश्वरवादी धर्मों के अनुयायी ईश्वर की सत्ता को सिद्ध करने के लिए उपर्युक्त परंपरागत दार्शनिक युक्तियों के अतिरिक्त प्रायः एक अन्य तर्क भी देते हैं जो चमत्कारों पर आधारित है और इसी कारण जिसे 'चमत्कारों से संबंधित युक्ति' कहा जाता है। ह्यूम ने अपनी पुस्तक, 'ऐन इन्क्वायरी कन्सर्निंग ह्यूमन अंडरस्टैंडिंग' के दसवें अध्याय में चमत्कारों से संबंधित समस्या पर सविस्तार विचार करते हुए इस युक्ति को भी अस्वीकार किया है। अनुभववादी दार्शनिक होने के कारण वे स्वयं चमत्कारों में विश्वास नहीं करते थे जिन्हें धर्मपरायण व्यक्ति विशेष महत्त्व देते हैं और जिन्हें वे ईश्वर के अस्तित्व का प्रबल प्रमाण मानते हैं। इन व्यक्तियों के अनुसार, संसार में समय-समय पर अनेक चमत्कार होते रहते हैं जिनसे यह सिद्ध होता है कि ईश्वर का अस्तित्व है जो इन चमत्कारों का एकमात्र मूल स्रोत या कारण है। किसी संत का पानी पर चलना, पर्याप्त समय तक अग्नि में रहने के पश्चात बिना जले सकुशल बाहर आ जाना, असाध्य रोग से ग्रस्त किसी रोगी को अपने हाथ के स्पर्श मात्र से तुरंत पूर्णतः स्वस्थ कर देना, मृत्यु के उपरांत पुनः जीवित हो जाना आदि इन चमत्कारों के उदाहरण हैं।

धर्मपरायण व्यक्तियों का दावा है कि ऐसे चमत्कार ईश्वर की कृपा के परिणाम-स्वरूप ही संभव होते हैं, अतः इनके द्वारा उसकी सत्ता निश्चित रूप से प्रमाणित होती है। परंतु ह्यूम ने इन व्यक्तियों के इस दावे का तर्कतः खंडन किया है। उनके इस दावे को मिथ्या सिद्ध करने के लिए सर्वप्रथम ह्यूम ने इस प्रश्न पर विचार किया है कि 'चमत्कार' शब्द का ठीक-ठीक अर्थ क्या है और किस घटना को वास्तव में 'चमत्कार' की संज्ञा दी जा सकती है। इस प्रश्न के उत्तर में उनका कथन है कि केवल ऐसी घटना को ही 'चमत्कार' कहा जा सकता है जो (1) किसी अदृश्य अलौकिक शक्ति या सत्ता के हस्तक्षेप के कारण घटित होती है और (2) जिसमें प्राकृतिक नियमों का उल्लंघन होता है। चमत्कारों के जो उदाहरण ऊपर दिए गए हैं वे सब इसी प्रकार की घटनाएँ हैं। इसका तात्पर्य यह है कि ऐसी किसी आश्चर्यजनक तथा असाधारण घटना को 'चमत्कार' की संज्ञा नहीं दी जा सकती जो प्राकृतिक नियमों के अनुरूप है और जिसके घटित होने में किसी अलौकिक या अति-प्राकृतिक सत्ता का कोई योगदान नहीं है।

अपनी उपर्युक्त मान्यता के आधार पर 'चमत्कार' शब्द का अर्थ स्पष्ट करते हुए ह्यूम कहते हैं : "किसी देवता की विशिष्ट इच्छा या किसी अदृश्य सत्ता के हस्तक्षेप द्वारा प्राकृतिक नियम के उल्लंघन के रूप में चमत्कार की ठीक-ठीक परिभाषा दी जा

20. डेविड ह्यूम, 'ऐन इन्क्वायरी कनसर्निंग ह्यूमन अंडरस्टैंडिंग', पृ. 171-172.

सकती है।"[21] ह्यूम की इस परिभाषा से यह स्पष्ट है कि उनके अनुसार किसी असाधारण घटना को वास्तविक अर्थ में 'चमत्कार' तभी कहा जा सकता है जब (1) वह प्राकृतिक नियमों का उल्लंघन करके घटित हुई हो और (2) इस उल्लंघन का कारण किसी दैवी या अति-प्राकृतिक सत्ता की इच्छा अथवा उसका हस्तक्षेप हो। यदि किसी आश्चर्यजनक और असाधारण घटना के संबंध में ये दोनों शर्तें पूरी नहीं होतीं तो उसे 'चमत्कार' की संज्ञा नहीं दी जा सकती। ह्यूम का मत है कि प्रत्येक चमत्कार के साथ आश्चर्य संबंधी संवेग अवश्य संबद्ध रहता है जिसके प्रति लोगों का स्वाभाविक आकर्षण होता है, क्योंकि यह संवेग उन्हें अच्छा लगता है। जब इस संवेग का संबंध धर्म के साथ जुड़ जाता है तो सामान्य धर्मपरायण व्यक्ति प्रत्येक चमत्कार में विश्वास करने लगते हैं और उसे पूर्णतः सत्य मान लेते हैं। इसका अर्थ यही है कि चमत्कारों में धर्मपरायण व्यक्तियों के विश्वास का मूल आधार तर्क न होकर धर्म में उनकी आस्था ही है। ह्यूम के अनुसार, प्रायः असभ्य तथा अशिक्षित समुदाय इन चमत्कारों में अधिक विश्वास करते हैं। जो सभ्य एवं शिक्षित समुदाय चमत्कारों में आस्था रखते हैं उन्होंने यह आस्था अपने असभ्य और अशिक्षित पूर्वजों से ही ग्रहण की है। इस प्रकार ह्यूम निश्चित रूप से यह मानते हैं कि चमत्कार तर्कबुद्धि के स्थान पर केवल अबौद्धिक आस्था या अंधविश्वास पर ही आधारित होते हैं।

चमत्कारों के विषय में ह्यूम के उपर्युक्त मत से यह स्पष्ट है कि वे उन तथाकथित चमत्कारपूर्ण घटनाओं के घटित होने को सत्य और वास्तविक नहीं मानते जिनमें धर्मपरायण व्यक्ति विश्वास करते हैं। इन घटनाओं के संबंध में ह्यूम का कथन है कि इनकी सत्यता एवं वास्तविकता को स्वीकार करने के लिए पर्याप्त और विश्वसनीय प्रमाण उपलब्ध नहीं हैं। चमत्कारों के समर्थन में प्रायः जो प्रमाण दिए जाते हैं वे बहुत दोषपूर्ण हैं, क्योंकि ये प्रमाण केवल एक-दूसरे से सुनी-सुनाई बातों और आश्चर्यजनक तथा असाधारण प्रतीत होनेवाली सभी घटनाओं में बिना किसी तर्क के तुरंत विश्वास कर लेने की सहज मानवीय दुर्बलतापूर्ण प्रवृत्ति पर ही आधारित हैं। हम अपने अनुभव द्वारा यही जानते हैं कि प्रकृति में सुनिश्चित व्यवस्था एवं एकरूपता होती है और समस्त प्राकृतिक नियम सभी स्थानों तथा सभी कालों में अपवाद रहित रूप से अनिवार्यतः लागू होते हैं। जब तक हमारे इस सामान्य अनुभव को मिथ्या सिद्ध करने के लिए पर्याप्त, निश्चित एवं पूर्णतः विश्वसनीय प्रमाण उपलब्ध न हों तब तक हम इसके विरुद्ध घटित होनेवाली घटनाओं के संबंध में किसी दावे को तर्कसंगत रूप से स्वीकार नहीं कर सकते। जो धर्मपरायण व्यक्ति चमत्कारों के होने का दावा करते हैं वे अपने इस दावे के समर्थन में ऐसे विश्वसनीय प्रमाण प्रस्तुत करने में असमर्थ रहे हैं, अतः उनके इस दावे को युक्तिसंगत नहीं माना जा सकता।

मुख्यतः उपर्युक्त तर्क के आधार पर चमत्कारों की सत्यता तथा वास्तविकता का निषेध करते हुए ह्यूम ने लिखा है : "चमत्कार प्रकृति के नियमों का उल्लंघन है; और इन नियमों को हमारे सुदृढ़ एवं अपरिवर्तनीय अनुभव ने स्थापित किया है, अतः इस

21. वही पुस्तक, अध्याय 10, 'ऐन्टोनी फ़्ल्यू द्वारा अपनी पुस्तक, 'ह्यूम्स फ़िलॉसॉफ़ी ऑफ़ बिलीफ़' में उद्धृत, पृ. 186.

तथ्य को ध्यान में रखते हुए चमत्कार के विरुद्ध प्रमाण उतना ही पूर्ण है जितना अनुभव पर आधारित किसी तर्क के होने की संभवतः कल्पना की जा सकती है। . . . इसलिए एकरूपतायुक्त अनुभव प्रत्येक चमत्कारपूर्ण घटना के अनिवार्यतः विरुद्ध है, अन्यथा उस घटना को चमत्कार न कहा जाता। यह एकरूपतायुक्त अनुभव प्रमाण के समान है, अतः इस तथ्य को देखते हुए किसी भी चमत्कार के विरुद्ध प्रत्यक्ष तथा पूर्ण प्रमाण उपलब्ध है। . . . किसी प्रकार के चमत्कार के पक्ष में अभी तक कोई संभावित प्रमाण भी प्राप्त नहीं हुआ है। हम यह सिद्धांत स्थापित कर सकते हैं कि किसी मानवीय प्रमाण में चमत्कार को प्रमाणित करने और इसे किसी लोकप्रिय धार्मिक व्यवस्था की समुचित आधार-शिला बनाने की क्षमता नहीं हो सकती।"[22] इस प्रकार यह स्पष्ट है कि ह्यूम अनिवार्य प्राकृतिक नियमों से संबंधित दीर्घकालीन निश्चित मानवीय अनुभव के विरुद्ध होने के कारण चमत्कारों की सत्यता और वास्तविकता को अस्वीकार करते हैं।

यहाँ यह बता देना आवश्यक है कि चमत्कारों के विरुद्ध ह्यूम का उपर्युक्त तर्क तथाकथित चमत्कारपूर्ण घटनाओं के घटित होने की वास्तविकता का ही निषेध करता है, ऐसे चमत्कारों की तार्किक संभावना का नहीं। ह्यूम यह नहीं कहते कि चमत्कार असंभव और अकल्पनीय हैं; वे केवल इतना ही दावा करते हैं कि भूतकाल में वस्तुतः चमत्कारपूर्ण घटनाएँ घटित नहीं हुईं, क्योंकि इन घटनाओं में विश्वास करने के लिए हमारे पास पर्याप्त एवं निश्चित प्रमाण नहीं हैं। ऐसी घटनाओं को सिद्ध करने के लिए जो प्रमाण दिए गए हैं वे अपर्याप्त और दोषपूर्ण होने के कारण अविश्वसनीय हैं। चमत्कारों के विरुद्ध ह्यूम के तर्क से संबंधित इसी तथ्य को ध्यान में रखते हुए अनेक विद्वानों ने उनके इस तर्क को ऐसा 'रक्षात्मक तर्क' कहा है जो इन चमत्कारों को तार्किक दृष्टि से असंभव न मानकर भूतकाल में केवल इनके वास्तविक अस्तित्व को ही अस्वीकार करता है।[23] इसका तात्पर्य यही है कि ह्यूम के अनुसार भूतकाल में जिन चमत्कारपूर्ण घटनाओं के घटित होने का दावा किया गया है वे सत्य और यथार्थ न होकर धर्मपरायण व्यक्तियों की अपनी कल्पनाएँ मात्र हैं। ऐसी स्थिति में इन काल्पनिक घटनाओं के आधार पर ईश्वर के अस्तित्व को प्रमाणित करने की बात करना निश्चय ही व्यर्थ और अयुक्तिसंगत है। इस प्रकार ह्यूम ने ईश्वर की सत्ता को सिद्ध करने के लिए चमत्कारों से संबंधित उस युक्ति का भी खंडन किया है जिसे धर्मपरायण व्यक्ति विशेष महत्त्व देते हैं।

वस्तुतः जो व्यक्ति यह युक्ति प्रस्तुत करते हैं वे इसके द्वारा ईश्वर के अस्तित्व को प्रमाणित करने के स्थान पर उसे पहले से ही मान लेते हैं, क्योंकि यदि ईश्वर न होता तो वह चमत्कार उत्पन्न नहीं कर सकता था। धर्मपरायण व्यक्ति स्पष्ट रूप से यह कहते हैं कि चमत्कार ईश्वर की कृपा के परिणामस्वरूप ही संभव होते हैं जिसका अर्थ यही है कि वे आस्था के आधार पर उस ईश्वर की सत्ता को पहले से स्वीकार कर लेते हैं जो ये चमत्कार उत्पन्न करता है। इस तथ्य को ध्यान में रखते हुए हम

22. डेविड ह्यूम, 'ऐन इन्क्वायरी कन्सर्निंग ह्यूमन अंडरस्टैंडिंग', पृ. 127, 137.

23. देखिए, ऐन्टोनी फ़्ल्यू, 'ह्यूम्स फ़िलॉसॉफ़ी ऑफ़ बिलीफ़', पृ. 176-177.

यह कह सकते हैं कि ईश्वर की सत्ता के समर्थन में दी गई चमत्कारों से संबंधित युक्ति वास्तव में कोई तर्क अथवा युक्ति नहीं है। इस तथाकथित युक्ति को प्रस्तुत करनेवाले धर्मपरायण व्यक्ति ईश्वर के आधार पर चमत्कारों को और चमत्कारों के आधार पर ईश्वर के अस्तित्व को सिद्ध करने का दोषपूर्ण एवं निरर्थक प्रयास करते हैं। इस प्रकार निष्कर्ष के रूप में हम यही कह सकते हैं कि ईश्वर की सत्ता को प्रमाणित करने के लिए चमत्कारों से संबंधित तथाकथित युक्ति व्यर्थ ही नहीं, हास्यास्पद भी है।

धर्म तथा ईश्वर के विषय में ह्यूम के जिन विचारों का उल्लेख ऊपर किया गया है उनसे यह स्पष्टतः प्रमाणित होता है कि वे वास्तव में धर्मपरायण व्यक्ति नहीं थे और ईश्वर की सत्ता में विश्वास नहीं करते थे। उन्होंने अपनी सभी प्रमुख कृतियों में सामान्यतः प्रचलित अर्थ में धर्म और ईश्वरवाद का अनेक तर्कों द्वारा खंडन किया है। इसका कारण यह है कि उनकी अनुभवाश्रित ज्ञानमीमांसा समस्त अलौकिक या अति-प्राकृतिक शक्तियों अथवा सत्ताओं का पूर्णतः निषेध करती है। हम देख चुके हैं कि ह्यूम के अनुसार मनुष्य के लिए ऐसी किसी वस्तु या सत्ता का ज्ञान प्राप्त करना संभव नहीं है जो उसके अनुभव से परे है। अपने इसी अनुभववादी मूल सिद्धांत के अनुरूप उन्होंने सुसंगत रूप से ईश्वर, आत्मा आदि सभी अति-प्राकृतिक और अनुभवातीत सत्ताओं के तथाकथित ज्ञान का निषेध किया है। ऐसी स्थिति में यह निश्चयपूर्वक कहा जा सकता है कि लॉक तथा बर्कले के विपरीत उनके दर्शन में ईश्वरवाद और आत्मा की अमरता जैसे अलौकिक एवं अनुभवनिरपेक्ष सिद्धांतों के लिए कोई स्थान नहीं है।

कुछ विद्वानों ने ह्यूम के अनुभववादी दर्शन से संबंधित उपर्युक्त महत्त्वपूर्ण तथ्य को स्पष्टतः स्वीकार किया है। उदाहरणार्थ, ईश्वरवाद के विरुद्ध ह्यूम के मत की व्याख्या करते हुए एक ईश्वरवादी दार्शनिक, एफ़.सी. कॉपल्स्टन कहते हैं : "वे ईश्वर के अस्तित्व के लिए तत्त्वमीमांसीय युक्तियों की प्रामाणिकता को अस्वीकार करते थे—अर्थात्, वे यह नहीं मानते थे कि ईश्वर की सत्ता को तर्कों द्वारा प्रमाणित किया जा सकता है। . . . 'दि डॉएलॉग्ज़' से यह स्पष्ट है कि वे ऐसे किसी तर्क को पसंद नहीं करते थे जो मानव-निर्मित रचनाओं और संसार के साम्यानुमान पर मुख्यतः आधारित है। . . . यह अवश्य स्मरण रखना चाहिए कि ह्यूम विशेषतः ईसाइयों द्वारा वर्णित नैतिक गुणों से परिपूर्ण व्यक्तित्वसंपन्न ईश्वर की सत्ता के विषय में अज्ञेयवादी नहीं थे। वास्तविक स्थिति यही प्रतीत होती है कि ह्यूम ने तटस्थ प्रेक्षक के रूप में ईश्वरवाद के प्रमाणों की परीक्षा आरंभ की थी और वे यह मानते थे कि धर्म श्रुति पर आधारित है जिसमें वे व्यक्तिगत रूप से निश्चय ही विश्वास नहीं करते थे। . . . ह्यूम के दार्शनिक सिद्धांतों—विशेषतः कारणता संबंधी उनके विश्लेषण—को ध्यान में रखते हुए यह कहा जा सकता है कि वे किसी भी मान्य अर्थ में ईश्वरवाद के विश्वसनीय प्रमाणों को स्वीकार नहीं कर सकते थे।"[24] कॉपल्स्टन के इस उद्धरण से यह स्पष्ट है कि वे ह्यूम को संशयवादी तथा अज्ञेयवादी न मानकर मुख्यतः निरीश्वरवादी दार्शनिक मानते हैं और उनका यह मत निश्चय ही उचित है।

24. एफ़.सी. कॉपल्स्टन, 'ए हिस्ट्री ऑफ़ फ़िलॉसॉफ़ी', खंड 5, पृ. 114-115.

कॉपलस्टन की भाँति एक अन्य विद्वान, नॉर्मन कैम्प-स्मिथ ने भी ह्यूम को निरीश्वरवाद का ही समर्थक माना है। उनका कथन है कि ह्यूम के युग में ईश्वर की सत्ता के लिए जिस प्रयोजनपरक युक्ति को सर्वाधिक महत्त्व दिया जाता था उसका खंडन करके उन्होंने निरीश्वरवाद को स्पष्ट रूप से स्वीकार किया है। अपनी पुस्तक, 'डाएलॉग्ज़ कन्सर्निंग नेचरल रिलिजन' में उन्होंने 'फिलो' नामक एक पात्र के माध्यम से इस निरीश्वरवादी विचारधारा की भली-भाँति पुष्टि की है। मुख्यतः इसी आधार पर उन्हें निरीश्वरवादी दार्शनिक के रूप में प्रस्तुत करते हुए कैम्प-स्मिथ ने लिखा है : "ह्यूम ने यह आशा नहीं की थी कि सत्य को जिस रूप में वे देखते थे उसी रूप में सामान्यतः उसे स्वीकार कर लिया जाएगा। . . . 'डाएलॉग्ज़' में वे ठीक वही कार्य कर रहे हैं जो पूर्णतः वर्जित था—अर्थात्, वे संपूर्ण ईश्वरवादी विचारधारा पर प्रत्यक्ष आक्रमण कर रहे हैं। . . . प्रयोजनपरक युक्ति को ईश्वर विषयक विश्वास का सभी दृष्टियों से पर्याप्त आधार माना जाता था। इस पर आक्रमण करना धर्म के मूल आधार पर आक्रमण करना था। . . . इस युक्ति पर आपत्ति करना निरीश्वरवाद का उसके प्रबलतम रूप में समर्थन करना था। . . . 'डाएलॉग्ज़' में ह्यूम ने ठीक यही प्रयास करने का निश्चय किया था जिससे उनके मित्र चिंतित थे।"[25] कैम्प-स्मिथ के इन विचारों से यह स्पष्ट है कि वे ह्यूम को निश्चित रूप से निरीश्वरवादी दार्शनिक मानते हैं। वस्तुतः कॉपलस्टन और कैम्प-स्मिथ के अतिरिक्त अन्य अनेक विद्वानों ने भी अपना यही मत प्रस्तुत किया है कि ह्यूम मुख्यतः निरीश्वरवादी विचारधारा को स्वीकार करते थे।

इस प्रकार उपर्युक्त संपूर्ण विवेचन के आधार पर निष्कर्ष के रूप में हम यह कह सकते हैं कि ह्यूम अठारहवीं शताब्दी के एक प्रमुख निरीश्वरवादी विचारक थे।

3. जियां मैस्लियर और जूलियन डी ला मैत्री

अभी तक हमने दसवें अध्याय तथा प्रस्तुत अध्याय के पिछले दो खंडों में सत्रहवीं और अठारहवीं शताब्दी के कुछ प्रमुख अंग्रेज़ दार्शनिकों द्वारा प्रतिपादित निरीश्वरवादी सिद्धांतों की विवचेना की है। इस विवेचना से यह स्पष्ट है कि हॉब्स, हैमन, टर्नर, स्कैप्टिकस, रैडीकैटी, कॉलिन्स, ह्यूम आदि अनेक अंग्रेज़ दार्शनिकों के प्रयास के परिणामस्वरूप सत्रहवीं तथा अठारहवीं शताब्दी में ब्रिटेन में निरीश्वरवाद का पर्याप्त विकास हो चुका था। इसी प्रकार, ब्रिटेन के अतिरिक्त फ्रांस में भी अठारहवीं शताब्दी के कुछ प्रमुख दार्शनिकों ने निरीश्वरवाद के विकास में अपना महत्त्वपूर्ण योगदान किया था। इन दार्शनिकों में मैस्लियर, मैत्री, डिडरो तथा हॉलबाक के नाम विशेष रूप से उल्लेखनीय हैं। ये सभी दार्शनिक भौतिकवाद और निरीश्वरवाद के प्रबल समर्थक थे, अतः इन्होंने अध्यात्मवाद तथा ईश्वरवाद की तीव्र आलोचना की है। प्रस्तुत अध्याय के इस खंड और अगले दो खंडों में हम इन दार्शनिकों के निरीश्वरवादी सिद्धांतों पर कुछ विस्तार से विचार करेंगे।

25. नॉर्मन कैम्प-स्मिथ, संपादक, 'ह्यूम्स डाएलॉग्ज़ कन्सर्निंग नेचरल रिलिजन', पृ. 51, 54, 56.

जियां मैस्लियर (1664-1729) अठारहवीं शताब्दी में फ्रांस के मुख्य भौतिकवादी तथा निरीश्वरवादी दार्शनिक थे। उनका जन्म एक धर्मपरायण परिवार में हुआ था और उनके पिता स्वयं व्यापारी होते हुए भी अपने पुत्र को पादरी बनाना चाहते थे। मैस्लियर ने अपने पिता की इस इच्छा का सम्मान करते हुए स्वयं अपने गाँव में ही पादरी के रूप में कार्य करना आरंभ कर दिया था। कुछ समय तक वे यही कार्य करते रहे और ग्रामवासी उन्हें अन्य पादरियों की भाँति एक साधारण पादरी ही समझते थे। परंतु शीघ्र ही मैस्लियर को ईसाई धर्म से संबद्ध अनेक बुराइयों का बड़ी तीव्रता से बोध होने लगा जिनके कारण वे ईसाई धर्म के ही नहीं, अपितु सभी धर्मों के विरोधी हो गए। पादरी के रूप में कार्य करते हुए उन्होंने स्वयं यह देखा था कि अपने आप को धर्मपरायण कहनेवाले लोगों के जीवन में अत्यधिक आत्म-प्रवंचना है–अर्थात्, वे जिन धार्मिक सिद्धांतों को स्वीकार करने का दावा करते हैं उनके अनुसार अपने व्यावहारिक जीवन में कभी आचरण नहीं करते। इससे मैस्लियर को बहुत निराशा हुई और उन्होंने धर्म से संबंधित प्रवंचना, पाखंड, झूठ, धोखा, शोषण आदि बुराइयों को समाज के समक्ष प्रस्तुत करने का निश्चय कर लिया। इसी उद्देश्य से प्रेरित होकर उन्होंने बाद में अपने जीवन के संस्मरण लिखे जिन्हें 'मैमॉयर' अथवा 'टेस्टामैंट' कहा जाता है और जिनमें उन्होंने धर्म संबंधी उपर्युक्त बुराइयों का सविस्तार वर्णन किया है। मैस्लियर ने अपने इन संस्मरणों की तीन प्रतियाँ तैयार की, किंतु उन्हें प्रकाशित नहीं कराया। उनकी मृत्यु के पश्चात अठारहवीं शताब्दी के मध्य तक पैरिस में इन संस्मरणों की बहुत-सी प्रतियाँ गुप्त रूप से वितरित कर दी गई थीं। यह दुर्भाग्य की बात है कि उनके ये संस्मरण संपूर्ण रूप से 1861 अथवा 1864 से पूर्व पुस्तक के रूप में प्रकाशित नहीं हो सके, अतः अठारहवीं शताब्दी में इनका प्रभाव अपेक्षाकृत सीमित ही रहा। परंतु मैस्लियर के इन विस्तृत संस्मरणों से हमें उनके धर्म-विरोध का ही नहीं, अपितु उनकी विशुद्ध भौतिकवादी तथा निरीश्वरवादी विचारधारा का स्पष्टतः ज्ञान प्राप्त होता है।

अपने संस्मरणों में मैस्लियर ने ईसाई धर्म के समस्त मूल सिद्धांतों की तीव्र आलोचना की है। उनका कथन है कि अन्य सभी धर्मों की भाँति इस धर्म के सिद्धांतों का प्रतिपादन भी केवल मनुष्यों ने ही किया है, अतः इनका मूल स्रोत ईश्वर या कोई अन्य दैवी शक्ति नहीं है। इस धर्म के अनुयायियों ने ईश्वर द्वारा इसकी उत्पत्ति के समर्थन में जो प्रमाण दिए हैं उन सबका मैस्लियर ने खंडन किया है। उदाहरणार्थ, ईसाई धर्म से संबंधित चमत्कारों के आधार पर प्रायः यह कहा जाता है कि इसे स्वयं ईश्वर ने ही उत्पन्न किया है, किंतु मैस्लियर ईसाइयों के इस दावे को स्वीकार नहीं करते। उनका मत है कि ऐसे चमत्कार सभी धर्मों में पाए जाते हैं और फिर इन्हें प्रामाणिक भी नहीं माना जा सकता। ईसाई धर्म के जिन ग्रंथों में इन चमत्कारों का वर्णन किया गया है उनमें असंगतियाँ, निराधार कल्पनाएँ तथा स्वतोव्याघात या अंतर्विरोध विद्यमान हैं। ऐसी स्थिति में उन्हें 'ईश्वर की वाणी' नहीं कहा जा सकता। ईसाइयों का यह दावा भी मिथ्या है कि अनेक ईसाई संतों ने ईश्वर से प्रत्यक्षतः संदेश प्राप्त किए हैं। अन्य धर्मों के अनुयायी भी ऐसे ही मिथ्या दावे करते हैं, अतः ये दावे

किसी धर्म को ईश्वर द्वारा उत्पन्न सिद्ध नहीं करते। जो व्यक्ति इस प्रकार के निराधार दावे करते हैं वे वस्तुतः बहुत बड़े भ्रम में हैं। यह अनुभवसिद्ध तथ्य है कि 'बाइबल' तथा अन्य धर्म-ग्रंथों में जो भविष्यवाणियाँ की गई हैं उनमें से कोई भी सत्य प्रमाणित नहीं हुई। इससे स्पष्ट है कि ईसाई धर्म तथा अन्य धर्मों की प्रामाणिकता की दृष्टि से ऐसी भविष्यवाणियों का कोई महत्त्व नहीं है।

ईसाई धर्म के विरुद्ध उपर्युक्त तर्कों के अतिरिक्त मैस्लियर ने इस धर्म के मूल सिद्धांतों को भी मिथ्या और निराधार कहा है। उनका कथन है कि त्रिसत्ता-सिद्धांत, अवतारवाद, आदिम पाप, अनंत दंड आदि ईसाई धर्म संबंधी मूल सिद्धांतों को बौद्धिक तर्कों द्वारा सत्य प्रमाणित नहीं किया जा सकता। वस्तुतः असंगतियों तथा स्वतोव्याघातों से परिपूर्ण होने के कारण ये सभी मूल सिद्धांत केवल मिथ्या ही नहीं, अपितु मनुष्य के लिए अबोधगम्य और निरर्थक भी हैं। इस प्रकार ईसाई धर्म की उपर्युक्त कटु आलोचना से यह स्पष्ट है कि पादरी के रूप में अपना जीवन आरंभ करनेवाले मैस्लियर बाद में इस धर्म के तीव्र विरोधी हो गए थे और वे यह भी मानते थे कि उनकी यह आलोचना अन्य धर्मों पर भी लागू होती है।

जैसा कि ऊपर कहा गया है, मैस्लियर भौतिकवाद और निरीश्वरवाद के प्रबल समर्थक थे, अतः उन्होंने ईसाई धर्म के साथ-साथ अध्यात्मवाद तथा ईश्वरवाद का भी खंडन किया है। ईश्वरवाद के विरुद्ध उनका कथन है कि ईश्वर द्वारा विश्व की रचना के सिद्धांत में अनेक गंभीर तार्किक कठिनाइयाँ हैं जो इसे अमान्य तथा मिथ्या सिद्ध करती हैं। वस्तुतः भौतिक परमाणुओं द्वारा निर्मित यह विश्व शाश्वत अथवा नित्य है जिसकी कभी किसी ने रचना नहीं की है। इस विश्व का एकमात्र मूल तत्त्व पुद्गल है जो स्वतः अस्तित्ववान, नित्य और गतिशील है। यह पुद्गल परमाणुओं के रूप में संपूर्ण प्रकृति–अर्थात्, समस्त भौतिक वस्तुओं, पेड़-पौधों तथा प्राणियों–में सर्वत्र व्याप्त है और इस प्रकृति से बाहर कोई सत्ता नहीं है। सभी प्राणियों, पेड़-पौधों, भौतिक वस्तुओं तथा ग्रह-नक्षत्रों का निर्माण इस सर्वव्यापक पुद्गल के परमाणुओं के संयोग से ही होता है। मैस्लियर के अनुसार, ऐसे ईश्वर का विचार नितांत असंगत और अबोधगम्य है जो स्वयं स्थिर अथवा गतिहीन रहते हुए संपूर्ण विश्व को गति प्रदान करता है। प्रकृति से परे ऐसे स्थिर और अभौतिक ईश्वर के अस्तित्व को सिद्ध करने के लिए हमारे पास निश्चय ही कोई विश्वसनीय प्रमाण नहीं है।

अपने उपर्युक्त विशुद्ध भौतिकवादी दर्शन के अनुरूप मैस्लियर ने अभौतिक आत्मा की सत्ता और अमरता का भी निषेध किया है। उनका मत है कि प्राणी के शरीर से पृथक् और स्वतंत्र अभौतिक आत्मा का अस्तित्व नहीं है। मानव सहित समस्त प्राणियों की सभी मानसिक क्रियाएँ उनके मस्तिष्क द्वारा ही शासित और निर्धारित होती हैं। इस प्रकार मैस्लियर ने अध्यात्मवाद तथा ईश्वरवाद का खंडन करते हुए उनके स्थान पर भौतिकवाद और निरीश्वरवाद को पूर्ण रूप से स्वीकार किया है जो उस युग में बहुत कठिन कार्य था।

यहाँ यह उल्लेखनीय है कि मैस्लियर केवल चिंतक अथवा दार्शनिक ही नहीं थे; वे अपने धर्म-विरोधी भौतिकवादी दर्शन के अनुसार समाज की सामंतवादी और

पूँजीवादी व्यवस्था में भी क्रांतिकारी परिवर्तन करना चाहते थे। वे निश्चित रूप से यह मानते थे कि धर्म-गुरुओं तथा सामंतवादी शासकों ने मिलकर घृणित षड्यंत्र द्वारा संपूर्ण विश्व में एक ऐसी पूँजीवादी व्यवस्था को जन्म दिया है जो मूलतः शोषण, अन्याय और अत्याचार पर आधारित है। पादरियों एवं अन्य धर्म-गुरुओं ने साधारण लोगों को स्वर्ग की मिथ्या आशा तथा नरक का काल्पनिक भय दिखाकर उन्हें अत्याचारी शासकों के विरुद्ध विद्रोह करने से सदैव रोका है और इस प्रकार इन शासकों के आर्थिक हितों एवं राजनीतिक स्वार्थों की सफलतापूर्वक रक्षा की है। सबसे बड़े दुर्भाग्य की बात तो यह है कि अधिकतर विचारकों या बुद्धिजीवियों ने भी इस अन्यायपूर्ण शासन-व्यवस्था का विरोध करने के स्थान पर भय अथवा व्यक्तिगत स्वार्थ के कारण प्रायः इसका समर्थन ही किया है। ये बुद्धिजीवी अत्याचारी शासकों से भयभीत होकर अथवा शोषण और अन्याय पर आधारित इस शासन-व्यवस्था से स्वयं लाभ उठाने की आशा से प्रेरित होकर इसके विरुद्ध जन-विद्रोह उत्पन्न नहीं कर सके।

यह समझना कठिन नहीं है कि मैस्लियर के उपर्युक्त क्रांतिकारी विचारों में उस मार्क्सवादी दर्शन का पूर्वाभास स्पष्टतः प्राप्त होता है जिसका प्रतिपादन लगभग एक शताब्दी के उपरांत महान विचारक, कार्ल मार्क्स ने किया था। मार्क्स से बहुत पहले ही मैस्लियर ने अन्याय, अत्याचार और शोषण से मुक्त आर्थिक एवं सामाजिक व्यवस्था का विचार मानव-समाज के समक्ष प्रस्तुत किया था जो वैचारिक तथा व्यावहारिक दृष्टि से अंततः मार्क्स के द्वंद्वात्मक भौतिकवादी दर्शन में कार्यान्वित हुआ। इस तथ्य से यह भली-भाँति प्रमाणित होता है कि मैस्लियर के भौतिकवादी और निरीश्वरवादी दर्शन का केवल सैद्धांतिक दृष्टि से ही नहीं, अपितु व्यावहारिक दृष्टि से भी विशेष महत्त्व है।

यद्यपि मैस्लियर की एकमात्र पुस्तक, 'मैमॉयर' उनकी मृत्यु के पश्चात भी लगभग 130 वर्ष तक प्रकाशित नहीं हो सकी, फिर भी बहुत-से परवर्ती विचारकों पर उनके भौतिकवादी तथा निरीश्वरवादी दर्शन का पर्याप्त प्रभाव पड़ा था। इस संबंध में कार्ल मार्क्स का उल्लेख हम ऊपर कर चुके हैं। मार्क्स के अतिरिक्त कुछ अन्य विचारक भी मैस्लियर के निरीश्वरवादी और भौतिकवादी दर्शन द्वारा प्रभावित हुए थे। इन विचारकों में ला मैत्री, डिडरो और हॉलबाक के नाम विशेष रूप से उल्लेखनीय हैं। अठारहवीं शताब्दी के ये तीनों विचारक भौतिकवादी तथा निरीश्वरवादी थे और इनके विचारों पर मैस्लियर के दर्शन का पर्याप्त प्रभाव पड़ा था। हॉलबाक–जिन्हें अठारहवीं शताब्दी का सर्वप्रथम और सर्वाधिक महत्त्वपूर्ण निरीश्वरवादी दार्शनिक माना जाता है–मैस्लियर के विचारों से बहुत प्रभावित हुए थे। हॉलबाक ने अपने भौतिकवादी तथा निरीश्वरवादी दर्शन के समर्थन में जो प्रमुख तर्क दिए हैं उनमें से अधिकतर तर्क मैस्लियर पहले ही प्रस्तुत कर चुके थे। जिस प्रकार मैस्लियर ने फेनेलोन नामक पादरी के ईश्वरवाद की आलोचना की थी उसी प्रकार हॉलबाक ने भी सैम्युअल क्लार्क के ईश्वरवादी दर्शन का खंडन किया था। हॉलबाक की भाँति ला मैत्री और डिडरो ने भी अपने भौतिकवादी तथा निरीश्वरवादी दर्शन के लिए मैस्लियर के विचारों से पर्याप्त प्रेरणा प्राप्त की थी। परंतु यह आश्चर्य की बात है कि इन तीनों विचारकों ने अपने

दर्शन पर मैस्लियर के प्रत्यक्ष या परोक्ष प्रभाव के विषय में स्वयं कुछ भी नहीं कहा। यह कहना बहुत कठिन है कि इन विचारकों के इस मौन का वास्तविक कारण क्या था। यह कारण चाहे कुछ भी रहा हो, अनेक आधुनिक विद्वानों ने इस तथ्य को स्पष्टतः स्वीकार किया है कि ये सभी विचारक मैस्लियर के दर्शन से प्रभावित हुए थे।[26] इस प्रकार कुछ महत्त्वपूर्ण समकालीन तथा परवर्ती विचारकों पर मैस्लियर के उक्त व्यापक प्रभाव से यह सिद्ध होता है कि वे अठारहवीं शताब्दी के प्रमुख निरीश्वरवादी विचारक थे और इसी कारण पाश्चात्य दर्शन के निरीश्वरवाद के इतिहास में उनका विशेष महत्त्व है।

जियां मैस्लियर की भाँति फ़्रांस के एक अन्य दार्शनिक, जूलियन ऑफ़्रे डी ला मैत्री (1709-1751) ने भी भौतिकवाद तथा निरीश्वरवाद का प्रबल समर्थन किया था। उनके पिता भी मैस्लियर के पिता के समान व्यापारी थे, किंतु ला मैत्री ने पैरिस में चिकित्सा-विज्ञान की शिक्षा प्राप्त की थी। 1733 में रीम्स विश्वविद्यालय ने उन्हें चिकित्सा-शास्त्र में डॉक्टरेट की उच्च उपाधि देकर सम्मानित किया था। स्वयं एक चिकित्सक होने के कारण ला मैत्री मानव-शरीर की रचना से भली-भाँति अवगत थे और शरीर-रचना-शास्त्र के इस ज्ञान का उनके दर्शन पर पर्याप्त प्रभाव पड़ा था। 1745 में प्रकाशित उनकी प्रथम दार्शनिक कृति का मुख्य विषय शरीर से पृथक् अभौतिक आत्मा के परंपरागत धार्मिक सिद्धांत का खंडन करना था। अपनी इस कृति में चिकित्सा-विज्ञान के आधार पर उन्होंने यह सिद्ध किया था कि मनुष्य की संवेदना, स्मृति, कल्पना, भावना, तर्कना आदि समस्त मानसिक शक्तियों का मूल स्रोत कोई अभौतिक आत्मा न होकर उसका मस्तिष्क और स्नायु-तंत्र ही है। ला मैत्री का यह भौतिकवादी सिद्धांत ईसाई धर्म के विरुद्ध था, अतः धर्म-गुरुओं द्वारा प्रभावित फ़्रांस की तत्कालीन रूढ़िवादी संसद ने उनकी इस दार्शनिक कृति को जलाकर नष्ट कर देने का आदेश दिया था। अपने प्रति धर्मपरायण शासकों के इस तीव्र विरोध को देखते हुए उनके प्रकोप से बचने के लिए ला मैत्री को अंततः अपना देश छोड़कर हॉलैंड में शरण लेनी पड़ी। कुछ समय के पश्चात जर्मनी के तत्कालीन राजा, फ्रैड्रिक ने उन्हें बर्लिन में निमंत्रित करके अपना व्यक्तिगत चिकित्सक तथा 'रॉयल अकैडेमी ऑफ़ साइंसिज़' का सदस्य नियुक्त कर दिया। इस प्रकार अपनी भौतिकवादी विचारधारा के कारण ला मैत्री अन्य देशों में जाकर ही फ़्रांस के तत्कालीन रूढ़िवादी शासकों के प्रकोप से अपने जीवन की रक्षा कर सके।

अपना देश छोड़कर हॉलैंड जाने के पश्चात ला मैत्री ने एक अन्य पुस्तक लिखी जिसका शीर्षक था 'मैन ए मशीन' और जो 1748 में प्रकाशित हुई थी। यह उनकी सर्वाधिक महत्त्वपूर्ण पुस्तक मानी जाती है, क्योंकि इसमें उन्होंने अपने भौतिकवादी तथा निरीश्वरवादी दर्शन की निस्संकोच और स्पष्ट व्याख्या की है। मूलतः भौतिकवादी सिद्धांत को स्वीकार करते हुए इस पुस्तक में ला मैत्री ने अपना यह मत प्रस्तुत किया

26. देखिए, डेविड बरमन का लेख, 'अनबिलीफ़ इयूरिंग दि ऐन्लाइटनमैंट', 'दि ऐन्साइक्लोपीडिया ऑफ़ अनबिलीफ़', संपादक गॉर्डन स्टीन, पृ. 166; अरम वर्टेनियन का लेख, 'जियां मैस्लियर', वही पुस्तक, पृ. 450.

है कि पुद्गल कोई निष्क्रिय एवं गतिहीन द्रव्य न होकर वस्तुतः गतिशील द्रव्य है और यही ब्रह्माण्ड की एकमात्र अंतिम सत्ता है। जैसा कि उनकी उपर्युक्त पुस्तक के शीर्षक से ही स्पष्ट है, इसमें उन्होंने मनुष्य की पूर्णतः यंत्रवादी व्याख्या की है। उनका मत है कि मनुष्य का शरीर एक जटिल यंत्र है जो प्रकृति के भौतिक नियमों द्वारा ही शासित और संचालित होता है। इस दृष्टि से मनुष्य और अन्य प्राणियों के शरीर में कोई आधारभूत अंतर नहीं है। मानव की समस्त मानसिक क्रियाएँ तथा शक्तियाँ उसके मस्तिष्क और स्नायु-तंत्र पर निर्भर हैं, अतः उनका मूल आधार कोई अभौतिक आत्मा नहीं, अपितु केवल भौतिक तत्त्वों द्वारा निर्मित शरीर ही है। यह शरीर किसी अभौतिक तथा अति-प्राकृतिक आत्मा द्वारा शासित एवं नियंत्रित नहीं होता जो उसके पृथक् और अनश्वर है। वास्तव में इस प्रकार के अभौतिक द्रव्य का अस्तित्व ही नहीं है। अपनी इसी मान्यता के कारण ला मैत्री मनुष्य को एक ऐसा स्वचालित यंत्र मात्र मानते हैं जो बुद्धियुक्त होने के कारण मानव-निर्मित यंत्रों की अपेक्षा अधिक जटिल तथा कार्यकुशल है। उनका कथन है कि श्रुतिमूलक धर्म-ग्रंथों में मनुष्य के विषय में जो कुछ कहा गया है उसे निर्विवाद रूप से सत्य नहीं माना जा सकता, क्योंकि श्रुति के सत्य अथवा मिथ्या होने का निर्णय भी अंततः अनुभव और तर्क द्वारा ही किया जा सकता है। धर्मशास्त्री के स्थान पर केवल ऐसा निपुण चिकित्सक मनुष्य की समुचित व्याख्या कर सकता है जो शरीर-रचना-शास्त्र से भली-भाँति अवगत हो। इस प्रकार मनुष्य के संबंध में ला मैत्री के इन विचारों से यह स्पष्ट है कि उन्होंने उसके स्वरूप की भौतिकवादी और यंत्रवादी व्याख्या की है।

यद्यपि अपनी उपर्युक्त पुस्तक, 'मैन ए मशीन' में ला मैत्री ने स्पष्टतः यह नहीं कहा कि वे निरीश्वरवाद में विश्वास करते हैं, फिर भी उनकी इस पुस्तक को निश्चित रूप से निरीश्वरवाद का समर्थन करनेवाली कृति माना जाता है। इसका कारण यह है कि उन्होंने जिस भौतिकवाद को स्वीकार किया है उसका अनिवार्य परिणाम निरीश्वरवाद ही हो सकता है। जैसा कि हम पिछले अध्यायों में अनेक बार स्पष्ट कर चुके हैं, यह भौतिकवाद केवल पुद्गल को ब्रह्माण्ड की एकमात्र अंतिम सत्ता मानकर उसके रचयिता के रूप में अभौतिक तथा अति-प्राकृतिक ईश्वर के अस्तित्व का निषेध करता है। अन्य भौतिकवादी विचारकों की भाँति ला मैत्री ने भी अपने भौतिकवाद के इस अनिवार्य परिणाम को स्वीकार किया है। वे अपनी किसी भी पुस्तक में ईश्वरवादियों के इस मत का समर्थन नहीं करते कि विश्व की रचना ईश्वर ने की है। इसके विपरीत वे यह मानते हैं कि विश्व की उत्पत्ति और उसमें विद्यमान समस्त वस्तुओं तथा उसमें घटित होनेवाली सभी घटनाओं की व्याख्या भौतिकवाद के आधार पर अधिक तर्कसंगत रूप से की जा सकती है। उनके इस मत से यह पूर्णतः स्पष्ट है कि वे निरीश्वरवाद में ही विश्वास करते हैं।

विश्व की उत्पत्ति के विषय में अपनी उपर्युक्त मान्यता के अतिरिक्त ला मैत्री ने ऐसी अन्य अनेक मान्यताओं को भी स्वीकार किया है जो निरीश्वरवादी विचारधारा के अनुरूप हैं। इनमें संकल्प की स्वतंत्रता का निषेध, नियतत्त्ववाद का समर्थन, ईश्वरोपासना के स्थान पर निरीश्वरवादी मूल्यों में विश्वास, समस्त धार्मिक कृत्यों एवं

अनुष्ठानों को 'अंधविश्वास' कहकर उनकी निंदा करना, धर्म को संसार में रक्तरंजित संघर्ष, क्रूरता और अत्याचार का मूल कारण मानना आदि मान्यताएँ विशेष रूप से उल्लेखनीय हैं। ला मैत्री की ये सभी मान्यताएँ उनके भौतिकवादी तथा निरीश्वरवादी दर्शन की ही पुष्टि करती हैं। वस्तुतः उन्होंने विश्व की उत्पत्ति और उसके विकास के संबंध में वैज्ञानिक सिद्धांतों के आधार पर भौतिकवादी विचारधारा को स्वीकार करके परोक्ष रूप से ईश्वरवाद का निषेध किया है। यह सत्य है कि तत्कालीन प्रतिकूल राजनीतिक परिस्थितियों के कारण वे धर्म की प्रत्यक्षतः आलोचना नहीं करते, किंतु उनके संपूर्ण भौतिकवादी तथा निरीश्वरवादी दर्शन में सामान्यतः प्रचलित अर्थ में धर्म के लिए कोई स्थान नहीं है। वस्तुतः इस प्रचलित अर्थ में धर्म का निषेध उनकी भौतिकवादी और निरीश्वरवादी विचारधारा का अनिवार्य परिणाम है जिसे वे निश्चित रूप से स्वीकार करते हैं। इस प्रकार उपर्युक्त विवेचन के आधार पर हम यह कह सकते हैं कि ला मैत्री ने भौतिकवाद के साथ-साथ उससे अनिवार्यतः संबद्ध निरीश्वरवाद का भी समर्थन किया है।

अपनी भौतिकवादी तथा निरीश्वरवादी विचारधारा के अनुसार धर्म और दर्शन की तुलना करते हुए ला मैत्री ने कहा है कि धर्म का सत्य के साथ कोई संबंध नहीं है, जबकि दर्शन का एकमात्र उद्देश्य सत्य का अनुसंधान करना ही है। परंतु साधारण मनुष्यों का दैनिक आचरण दार्शनिक सिद्धांतों द्वारा नहीं अपितु कल्पित धार्मिक विश्वासों और मान्यताओं द्वारा शासित एवं नियंत्रित होता है जिनकी शिक्षा उन्हें शैशव-काल से दी जाती है। इसका अर्थ यह नहीं है कि धर्म किसी भी रूप में सामाजिक कल्याण में सहायक सिद्ध होता है। इसके विपरीत वास्तविक स्थिति यह है कि धर्म द्वारा शासित राजनीति के स्थान पर दर्शन द्वारा निर्देशित राजनीति ही समाज के कल्याण में सहायता प्रदान कर सकती है। ला मैत्री के इन विचारों से यह स्पष्ट है कि वे मानव-जीवन के हित की दृष्टि से धर्म की अपेक्षा दर्शन को कहीं अधिक महत्त्व देते हैं। इसका कारण संभवतः यह है कि उनके मतानुसार धर्म प्रायः रूढ़िवादी विचारों तथा अंधविश्वासों द्वारा शासित होता है, जबकि दर्शन में ऐसे विचारों और विश्वासों के लिए कोई स्थान नहीं है। इस प्रकार ला मैत्री मानव-जीवन के लिए दर्शन को धर्म की अपेक्षा कहीं अधिक कल्याणकारी तथा वांछनीय मानते हैं।

यद्यपि रूढ़िवादी धर्म-गुरुओं तथा शासकों ने ला मैत्री को बदनाम करने और उनके नवीन वैज्ञानिक विचारों का दमन करने का पर्याप्त प्रयास किया था, फिर भी तत्कालीन कुछ निरीश्वरवादी विचारक उनके भौतिकवादी दर्शन से बहुत प्रभावित हुए थे। इनमें डेनिस डिडरो तथा पॉल हेनरी हॉलबाक के नाम उल्लेखनीय हैं। परंतु इन दोनों विचारकों ने अपने निरीश्वरवादी दर्शन पर ला मैत्री के प्रभाव को स्वीकार नहीं किया है। यह कहना बहुत कठिन है कि इसका कारण क्या था, किंतु इतना निश्चय-पूर्वक कहा जा सकता है कि अठारहवीं शताब्दी के भौतिकवादी तथा निरीश्वरवादी दर्शन के विकास में ला मैत्री का महत्त्वपूर्ण योगदान था, अतः यह कहना अनुचित न होगा कि वे अपने समय के प्रमुख निरीश्वरवादी विचारक थे।

4. डेनिस डिडरो

जियां मैस्लियर तथा ला मैत्री के अतिरिक्त अठारहवीं शताब्दी के एक अन्य महान फ्रांसीसी दार्शनिक, डेनिस डिडरो (1713-1784) भी भौतिकवादी और निरीश्वरवादी विचारधारा के प्रमुख समर्थक थे। 1728 में उन्होंने उच्च शि.ा के लिए पैरिस विश्वविद्यालय में प्रवेश किया जहाँ से 1732 में उन्होंने एम.ए. की उपाधि प्राप्त की। इस विश्वविद्यालय में उन्होंने यहूदी भाषा हिब्रियू, धर्मशास्त्र तथा दर्शनशास्त्र का विशेष रूप से अध्ययन किया। डिडरो उन महान विचारकों के समुदाय के प्रमुख नेता थे जिन्होंने पाश्चात्य साहित्य में सर्वप्रथम 'ऐन्साइक्लोपीडिया' अथवा विश्व-कोश का संपादन किया था और मानवीय ज्ञान को क्रमबद्ध रूप से प्रस्तुत करने के लिए उसके वर्गीकरण से संबंधित मूल सिद्धांतों को भी निर्धारित किया था जिन्हें आज भी स्वीकार किया जाता है। सुशिक्षित व्यक्तियों को आवश्यक ज्ञान उपलब्ध कराने की दृष्टि से उनके इस कार्य का विशेष महत्त्व है। वस्तुतः डिडरो बहुमुखी प्रतिभा के व्यक्ति थे। वे केवल दार्शनिक ही नहीं, अपितु गणितज्ञ, उपन्यासकार, नाटककार तथा मनोविज्ञानवेत्ता भी थे। इन विभिन्न क्षेत्रों में उनके विचारों से अनेक तत्कालीन और परवर्ती विचारकों ने प्रेरणा प्राप्त की थी।

मैस्लियर तथा ला मैत्री की भाँति डिडरो भी भौतिकवादी विचारधारा में विश्वास करते थे और इस विचारधारा के अनिवार्य परिणाम निरीश्वरवाद को भी वे पूर्णतः स्वीकार करते थे। डेमोक्रिटस, ऐपिक्यूरस, ल्यूक्रेशियस आदि महान भौतिकवादी विचारकों के मत का अनुसरण करते हुए वे भी यह मानते थे कि ब्रह्माण्ड की एकमात्र अंतिम सत्ता पुद्‌गल है जो नित्य, शाश्वत और निरंतर गतिशील है। इस पुद्‌गल में विस्तार, भार, घनत्व, आकार, प्रतिरोध, अभेद्यता आदि गुण अनिवार्यतः विद्यमान रहते हैं। समस्त प्राणियों, पेड़-पौधों तथा भौतिक वस्तुओं का निर्माण इसी पुद्‌गल के विभिन्न परमाणुओं द्वारा ही होता है, अतः यही इन सबका मूल तत्त्व है। यह पुद्‌गल अनादि तथा अनंत है और इसका कोई रचयिता नहीं है। डिडरो अध्यात्मवादी दार्शनिकों के इस मत को स्वीकार नहीं करते कि पुद्‌गल निर्जीव और गतिहीन है। इसके विपरीत उनका विचार है कि पुद्‌गल सतत गतिशील तथा संपूर्ण जीवन का एकमात्र स्रोत है। मनुष्य तथा अन्य सभी प्राणियों की समस्त मानसिक क्रियाएँ–जिनमें विचार और बुद्धि भी सम्मिलित हैं–मूलतः इस पुद्‌गल का ही परिणाम हैं। इस पुद्‌गल के परमाणुओं द्वारा निर्मित प्रत्येक प्राणी का शरीर स्वतः यंत्रवत कार्य करता है; उसका संचालन तथा नियंत्रण करने के लिए उससे भिन्न किसी अभौतिक आत्मा का अस्तित्व नहीं है। सभी प्राणियों तथा वस्तुओं की उत्पत्ति इस पुद्‌गल से ही होती है और अंततः उन सबका इसी में लय हो जाता है। प्रकृति में जो मूलभूत एकता पाई जाती है उसका कारण यह सर्वव्यापी पुद्‌गल ही है, ईश्वर या कोई अन्य आध्यात्मिक शक्ति नहीं। वस्तुतः पुद्‌गल से पृथक् ऐसी किसी शक्ति का अस्तित्व है ही नहीं। संपूर्ण विश्व की व्याख्या पुद्‌गल तथा कार्य-कारण की अनंत शृंखला के आधार पर ही की जा सकती है। इसके लिए पुद्‌गल से पृथक् किसी अति-प्राकृतिक सत्ता को स्वीकार करने की आवश्यकता नहीं है।

डिडरो के उपर्युक्त भौतिकवादी विचारों से यह स्पष्ट है कि उनके दर्शन में पुद्गल का वही महत्त्व और स्थान है जो स्पिनोज़ा के दर्शन में ईश्वर का है। इस दृष्टि से विचार करने पर हम यह कह सकते हैं कि ये दोनों दार्शनिक मूलतः एकतत्त्ववाद में विश्वास करते हैं, किंतु स्पिनोज़ा के अनुसार, ब्रह्माण्ड की एकमात्र अंतिम सत्ता ईश्वर है, जबकि डिडरो पुद्गल को ही उसका मूल तत्त्व मानते हैं। इन दोनों विचारकों के एकतत्त्ववादी दर्शन में यही आधारभूत अंतर है। डिडरो ने अपने भौतिकवादी दर्शन का प्रतिपादन 1746 में प्रकाशित अपनी पुस्तक, 'पैन्सीज़ फ़िलॉसॉफ़िक्यूअस' तथा अन्य अनेक कृतियों में किया है। उनके इस भौतिकवादी दर्शन पर ऐपिक्यूरस तथा ल्यूक्रेशियस इन दोनों महान प्राचीन दार्शनिकों के विचारों का पर्याप्त प्रभाव पड़ा है। इस प्रकार मैस्लियर और ला मैत्री की भाँति डिडरो भी प्राचीन यूनानी दर्शन की उस भौतिकवादी विचारधारा को स्वीकार करते हैं जिसकी आधार-शिला ईसा से पूर्व पाँचवीं शताब्दी में ल्यूसिपस तथा डेमोक्रिटस ने स्थापित की थी।

जैसा कि पहले ही कहा गया है, डिडरो ने निरीश्वरवाद का पूर्णतः समर्थन किया है जो उनके भौतिकवादी दर्शन का अनिवार्य परिणाम है। उन्होंने अपनी उपर्युक्त पुस्तक और अन्य अनेक पुस्तकों में ईश्वरवाद का स्पष्ट रूप से खंडन किया है। ईश्वर के विषय में डिडरो सर्वप्रथम यह मूल प्रश्न उठाते हैं कि उसके अस्तित्व को स्वीकार करने के लिए हमारे पास क्या प्रमाण है। इस प्रश्न पर विचार करते हुए उन्होंने कुछ ऐसे प्रमाणों के विरुद्ध अपने तर्क दिए हैं जो ईश्वर की सत्ता को सिद्ध करने के लिए ईश्वरवादियों द्वारा प्रायः प्रस्तुत किए जाते हैं। इन प्रमाणों में उन्होंने सर्वप्रथम धार्मिक अनुभव संबंधी प्रमाण का खंडन किया है। कुछ ईश्वरवादी विचारक भक्तों के विशेष धार्मिक अनुभव के आधार पर ईश्वर के अस्तित्व को प्रमाणित करने का प्रयास करते हैं। इन विचारकों का मत है कि कुछ ईश्वरोपासकों को ईश्वर का साक्षात् अनुभव प्राप्त होता है जो यह सिद्ध करता है कि वास्तव में उसकी सत्ता है। धार्मिक अनुभव से संबंधित इस प्रमाण के विरुद्ध डिडरो का कथन है कि ऐसे अनुभव की सत्यता अथवा वास्तविकता का कोई तार्किक आधार नहीं है, अतः यह केवल अंधविश्वास को ही उत्पन्न करता है। इस अंधविश्वास के फलस्वरूप पहले संशयवाद का और अंततः निरीश्वरवाद का जन्म होता है।[27] इसके अतिरिक्त विभिन्न धार्मिक समुदायों द्वारा जिस ईश्वर के साक्षात् अनुभव का दावा किया जाता है वह मानव-जाति के लिए बहुत हानिकारक सिद्ध हुआ है। अनेक धर्मों का इतिहास इस बात का साक्षी है कि इस ईश्वर के नाम पर अन्य धर्मों के अनुयायियों का शोषण किया गया है, उन पर घोर अत्याचार किए गए हैं और रक्तरंजित धर्म-युद्ध लड़े गए हैं। इस प्रकार डिडरो के अनुसार, ईश्वर का तथाकथित साक्षात् अनुभव उसकी सत्ता को सिद्ध करने के स्थान पर विभिन्न मानव-समुदायों में परास्परिक कलह और सामाजिक अशांति का ही कारण बनता है।

अनेक ईश्वरवादी विचारकों ने धार्मिक अनुभव के अतिरिक्त दार्शनिक आधार पर भी ईश्वर के अस्तित्व को प्रमाणित करने का प्रयास किया है। इस संबंध में डिडरो

27. देखिए, डेनिस डिडरो, 'पैन्सीज़ फ़िलॉसॉफ़िक्यूअस', 9, 13.

ने प्रत्यय-सत्ता युक्ति का उल्लेख किया है जिसकी व्याख्या हम पहले ही कर चुके हैं। ईश्वर के अस्तित्व के लिए प्रस्तुत की गई इस युक्ति को उन्होंने 'अनुभवातीत प्रमाण' की संज्ञा दी है, क्योंकि इसका मानवीय अनुभव के साथ कोई संबंध नहीं है। परंतु उनका विचार है कि कोई भी अनुभवातीत युक्ति वास्तव में ईश्वर की सत्ता को सिद्ध नहीं कर सकती। ईश्वरवादी विचारकों ने ईश्वर के समर्थन में जो दार्शनिक प्रमाण दिए हैं वे अनेक असंगतियों तथा स्वतोव्याघातों से ग्रस्त होने के कारण उसके अस्तित्व को प्रमाणित करने में असमर्थ हैं। इस प्रकार डिडरो के विचार में धार्मिक अनुभव संबंधी प्रमाण की भाँति इन दार्शनिक प्रमाणों द्वारा भी वस्तुतः ईश्वर का अस्तित्व सिद्ध नहीं होता।

जैसा कि हम प्रथम अध्याय में बता चुके हैं, ईश्वर के अस्तित्व को प्रमाणित करने के लिए अन्य अनेक प्रमाणों के साथ-साथ ईश्वरवादी विचारकों ने प्रयोजनपरक युक्ति भी प्रस्तुत की है जिसके अनुसार इस विश्व में विद्यमान व्यवस्था एवं समायोजन से यह सिद्ध होता है कि इसकी रचना किसी बुद्धिमान तथा विचारशील सत्ता द्वारा की गई है और यह सत्ता ईश्वर ही है। परंतु डिडरो का विचार है कि अन्य प्रमाणों की भाँति यह युक्ति भी वास्तव में ईश्वर के अस्तित्व को सिद्ध नहीं कर पाती। इस युक्ति का खंडन करते हुए वे कहते हैं कि विश्व में व्यवस्था और समायोजन के साथ-साथ कुछ अपूर्णताएँ तथा दोष भी हैं जिनकी ईश्वरवादी विचारक उपेक्षा करते हैं। यह सर्वविदित तथ्य है कि संसार में दुःख तथा दुराचार के रूप में अशुभ या बुराई विद्यमान है। विभिन्न रोगों और प्राकृतिक आपदाओं के कारण लाखों प्राणी प्रतिदिन अनावश्यक असह्य पीड़ा भोगते हैं। इसी प्रकार, दुराचार तथा दुष्टता के फलस्वरूप भी मनुष्य एक-दूसरे को और अन्य प्राणियों को घोर शारीरिक एवं मानसिक कष्ट पहुँचाते हैं। संसार में विद्यमान यह संपूर्ण अशुभ उसके रचयिता के रूप में सर्वशक्तिमान तथा पूर्णतः शुभ अथवा अत्यंत दयालु ईश्वर के विचार का खंडन करता है।

इस अशुभ के अतिरिक्त लाखों प्राणियों की शारीरिक तथा मानसिक अपूर्णताएँ भी ऐसे ईश्वर की अवधारणा का निषेध करती हैं। इस संसार में लाखों मनुष्य शारीरिक अथवा मानसिक दृष्टि से विकलांग हैं और शारीरिक तथा मानसिक विकलांगताओं के कारण उन्हें अत्यधिक कष्ट सहन करना पड़ता है। इस संबंध में डिडरो ने कैम्ब्रिज विश्वविद्यालय के दृष्टिहीन महान गणितज्ञ, निकोलस सॉन्डर्सन का उदाहरण दिया है। सॉन्डर्सन ने यह प्रश्न उठाया है कि उन्होंने और उनके समान अन्य विकलांग व्यक्तियों ने ईश्वर के प्रति ऐसा कौन-सा अपराध किया है जिसके कारण उन्हें विकलांगता का घोर कष्ट सहन करना पड़ रहा है।[28] सॉन्डर्सन की भाँति अन्य विकलांग व्यक्ति भी अपने तथाकथित रचयिता, ईश्वर से यही प्रश्न कर सकते हैं जिसका ईश्वरवादी विचारक कोई संतोषप्रद उत्तर नहीं दे पाते। वस्तुतः विकलांगता संबंधी अपूर्णता की यह समस्या उठाकर डिडरो ने यह सिद्ध किया है कि विश्व में संपूर्ण समायोजन और व्यवस्था नहीं है जिसका ईश्वरवादी दार्शनिक दावा करते हैं। इसके विपरीत विश्व में पाई जानेवाली इन अपूर्णताओं से यही निष्कर्ष निकलता है कि इसके रचयिता के रूप

28. देखिए, डेनिस डिडरो, 'लैटर ऑन दि ब्लाइंड फ़ॉर दि यूज़ ऑफ़ दोज़ हू सी', पृ. 111-112.

में ऐसे ईश्वर का अस्तित्व नहीं है जो सर्वशक्तिमान तथा सभी दृष्टियों से पूर्ण है और जिसने इसमें व्यवस्था, समायोजन तथा विशेष प्रयोजन की स्थापना की है।

यहाँ यह उल्लेखनीय है कि ऐपिक्यूरस, ल्यूक्रेशियस आदि अन्य भौतिकवादी विचारकों की भाँति डिडरो भी यह मानते हैं कि विश्व में हमें जो व्यवस्था दिखाई देती है वह वास्तव में परमाणुओं के संयोग का आकस्मिक परिणाम है। इसका अर्थ यह है कि ईश्वर या किसी अन्य अति-प्राकृतिक शक्ति अथवा सत्ता ने किसी विशेष प्रयोजन की पूर्ति के लिए यह व्यवस्था स्थापित नहीं की है। यह कोई आश्चर्य की बात नहीं है कि वर्तमान प्राणियों में हम व्यवस्था और समायोजन देखते हैं। वस्तुतः इसका कारण यह है कि जिन प्राणियों में ये गुण विद्यमान नहीं थे वे नष्ट हो गए हैं। संसार में जो व्यवस्था और अव्यवस्था, समायोजन तथा असमायोजन, पूर्णताएँ एवं अपूर्णताएँ हैं उन सबकी व्याख्या भौतिक परमाणुओं के आकस्मिक संयोग से संबंधित सिद्धांत द्वारा अधिक तर्कसंगत रूप से की जा सकती है। इसके लिए विश्व-रचयिता के रूप में ईश्वर की सत्ता को स्वीकार करने की कोई आवश्यकता नहीं है। ईश्वर के स्थान पर स्वतः निरंतर गतिशीर पुद्गल को आधारभूत तत्त्व मानकर हम विश्व की उत्पत्ति और उसके विकास की प्रक्रिया को अधिक अच्छी तरह समझ सकते हैं। इसी तथ्य की व्याख्या करने के लिए डिडरो ने अपने एक नाटक में निकोलस सॉन्डर्सन से यह कहलवाया है कि गतिशील भौतिक परमाणु परस्पर संयुक्त होकर स्वतः एक विशेष प्रकार की व्यवस्था स्थापित कर लेते हैं। इस संसार में सभी प्राणी उत्पन्न होते हैं; एक विशेष सीमा तक उनका विकास होता है और अंततः वे समाप्त हो जाते हैं। उनके जीवन में जो व्यवस्था दिखाई देती है वह भी क्षणिक ही होती है—अर्थात्, उसका कोई स्थायी और निश्चित प्रयोजन नहीं होता।[29] सॉन्डर्सन के मुख से व्यक्त किए गए डिडरो के इन विचारों से यह स्पष्ट है कि ईश्वरवादी विचारकों के विपरीत वे विश्व के किसी विशेष और निश्चित प्रयोजन को स्वीकार नहीं करते जो प्रयोजनपरक युक्ति का अनिवार्य मूल तत्त्व है। उनके इन विचारों पर प्राचीन भौतिकवादी दार्शनिक, ल्यूक्रेशियस के मत का प्रभाव स्पष्टतः दिखाई देता है जिन्होंने विश्व के प्रयोजन का निषेध किया था। इस संबंध में ल्यूक्रेशियस के मत के अनुरूप विश्व की प्रयोजनशीलता को अस्वीकार करते हुए डिडरो ने अपने दर्शन में वस्तुतः उस भौतिकवादी विचारधारा को प्रस्तुत किया है जो उनके समय में फ़्रांस में विकसित हो रही थी।

उपर्युक्त विवेचन से यह स्पष्ट है कि ईश्वर के अस्तित्व को प्रमाणित करने के लिए ईश्वरवादी विचारकों द्वारा प्रस्तुत कुछ प्रमाणों का खंडन करके डिडरो ने निरीश्वरवाद का पूर्णतः समर्थन किया है जो उनके भौतिकवादी दर्शन के अनुरूप ही है। उनका यह निरीश्वरवाद मुख्यतः उनकी इस मान्यता पर आधारित है कि ईश्वर की सत्ता को स्वीकार करने के लिए हमारे पास कोई विश्वसनीय प्रमाण नहीं है। डिडरो यह मानते हैं कि हम किसी भी विचार या सिद्धांत का समर्थन अपने अनुभव अथवा तर्क के आधार पर ही कर सकते हैं। परंतु ईश्वर को मनुष्य के अनुभव और

29. देखिए, वही पुस्तक, पृ. 113-114.

तर्क इन दोनों से परे माना जाता है जिसके कारण वह हमारे लिए पूर्णतः अज्ञेय हो जाता है। ऐसे ईश्वर के अस्तित्व के विषय में यदि हमारे मन में संशय उत्पन्न होता है तो यह स्वाभाविक ही है। डिडरो के विचार में इस प्रकार का संशय वस्तुतः सत्य के अनुसंधान के लिए अनिवार्य है। हम सत्य का अनुसंधान तभी कर सकते हैं जब हम अपने सभी विचारों तथा सिद्धांतों में संशय करते हुए उनकी निष्पक्ष परीक्षा करने के लिए उद्यत हों। अपनी इसी मान्यता के कारण डिडरो सत्यान्वेषण के प्रथम सोपान के रूप में संशयवाद को विशेष महत्त्व देते हैं। इस दृष्टि से संशयवाद के महत्त्व की व्याख्या करते हुए उन्होंने लिखा है : "जिसके विषय में कभी प्रश्न नहीं उठाया गया है उसे प्रमाणित नहीं किया गया है। लोगों ने पूर्वाग्रह के बिना जिसकी परीक्षा नहीं की है उसकी कभी भी पूर्ण रूप से परीक्षा नहीं की गई है। इस प्रकार संशयवाद सत्य की ओर प्रथम सोपान है। सामान्यतः इसका प्रयोग अवश्य किया जाना चाहिए, क्योंकि यह आधार-शिला है।"[30] डिडरो के इन विचारों से यह स्पष्ट है कि वे सत्य की खोज के लिए प्रथम सोपान के रूप में संशयवाद को बहुत महत्त्वपूर्ण मानते हैं।

जैसा कि हम पिछले अध्यायों में देख चुके हैं, इस संशयवाद का निरीश्वरवाद के साथ घनिष्ठ संबंध है जिसका डिडरो पूर्णतः समर्थन करते हैं। उन्होंने अपनी इस निरीश्वरवादी विचारधारा के अनुसार ही संपूर्ण विश्व, मानव-जीवन तथा नैतिकता की व्याख्या की है। डिडरो का विचार है कि नैतिकता ईश्वर-प्रदत्त न होकर केवल मानव-निर्मित है, क्योंकि समस्त नैतिक नियमों, मूल्यों तथा आदर्शों का निर्माण अपने जीवन की कुछ आवश्यकताओं की पूर्ति के लिए सामाजिक प्राणी के रूप में स्वयं मनुष्य ने ही किया है। इस प्रकार ईश्वरवादी विचारकों के विपरीत डिडरो ईश्वर के स्थान पर मानव-समाज को ही नैतिकता के मूल स्रोत के रूप में स्वीकार करते हैं।

यहाँ यह उल्लेखनीय है कि अठारहवीं शताब्दी में निरीश्वरवाद के विकास की दृष्टि से मैस्लियर तथा ला मैत्री की अपेक्षा डिडरो को कहीं अधिक महत्त्वपूर्ण दार्शनिक माना जाता है। इसका कारण यह है कि उन्होंने अपनी अनेक कृतियों द्वारा भौतिकवादी तथा निरीश्वरवादी विचारधारा के प्रसार और विकास में उपर्युक्त अन्य दोनों दार्शनिकों की अपेक्षा अधिक व्यापक योगदान किया था। जैसा कि हम ऊपर स्पष्ट कर चुके हैं, डिडरो ने अठारहवीं शताब्दी में उस भौतिकवाद और निरीश्वरवाद को पुनर्जीवित किया था जिसका प्रतिपादन सर्वप्रथम प्राचीन यूनानी तथा रोमन दार्शनिकों द्वारा किया गया था। डिडरो के भौतिकवादी तथा निरीश्वरवादी दर्शन के विशेष महत्त्व का एक कारण यह भी है कि ऑगस्ट कूम्ट, कार्ल मार्क्स आदि अनेक परवर्ती यूरोपीय दार्शनिकों ने उनके विचारों से प्रेरणा प्राप्त की थी।

डिडरो के निरीश्वरवादी दर्शन के इसी विशेष महत्त्व का मूल्यांकन करते हुए माइकल जे. बकले ने लिखा है : "अठारहवीं शताब्दी में यह सामान्य विचार था कि डिडरो की प्रतिभा को समझने के लिए मानव-जाति को शताब्दियों तक प्रतीक्षा करनी पड़ेगी। . . . सबसे अधिक महत्त्व की बात यह है कि डिडरो ने दार्शनिक विचारधारा में परम सत्ता अथवा ईश्वर के विकल्प के रूप में गतिपूर्ण भौतिकवाद को प्रस्तुत

30. डेनिस डिडरो, 'पैन्सीज़ फ़िलॉसॉफ़िक्यूअस', 21.

किया। . . . कैथॉलिक मत, तटस्थेश्वरवाद तथा संशयवाद से गुज़रते हुए उन्होंने अंततः ईश्वर विषयक विश्वास को ही अपना मुख्य विरोधी या शत्रु माना। यह विश्वास नैतिकता, विज्ञान, राजनीतिक स्वतंत्रता और प्रकृति से प्राप्त होनेवाली सहस्रों संभावनाओं के मार्ग में बाधक सिद्ध होता है। . . . केवल काल की दृष्टि से ही नहीं, अपितु प्रमुख प्रणेता और प्रभावशाली विचारक की दृष्टि से भी डिडरो का निरीश्वरवादियों में प्रथम स्थान है। . . . डिडरो ईश्वर के स्थान पर केवल पुद्गल को प्रस्तुत ही नहीं करते, प्रत्युत अपने समय की प्रकृतिवादी दार्शनिक विचारधाराओं में समन्वय स्थापित करके इस पुद्गल को मूलतः भिन्न रूप में पुनः परिभाषित भी करते हैं। . . . पुद्गल संपूर्ण परिवर्तन का रचनात्मक स्रोत है। . . . पुद्गल समस्त वस्तुओं का निरंतर उपस्थित रहनेवाला कारण है और इसे ऐसा कारण मानकर डिडरो ने क्रांति को जन्म दिया है। . . . यह कोई आश्चर्य की बात नहीं है कि ऑगस्ट कूम्ट ने डिडरो को 'उस उत्तेजनापूर्ण युग की सर्वोत्तम प्रतिभा' कहकर उनका स्वागत किया था अथवा कार्ल मार्क्स ने उन्हें अपनी पसंद का गद्य-लेखक घोषित किया था। . . . डिडरो ने सर्वप्रथम निश्चयात्मक रूप से उस सिद्धांत को प्रस्तुत किया था जो प्रत्यक्षवाद तथा मार्क्सवादी मानवतावाद दोनों का आधारभूत सिद्धांत है : ईश्वर का अस्तित्व नहीं है; प्रत्येक वस्तु का मूल तत्त्व रचनात्मक प्रकृति या पुद्गल है जो स्वतः क्रियाशील तथा संपूर्ण परिवर्तन और सभी प्रकार के प्रयोजन को उत्पन्न करनेवाला है।"[31] इस प्रकार बकले द्वारा किए गए डिडरो के भौतिकवादी तथा निरीश्वरवादी दर्शन के उपर्युक्त मूल्यांकन से यह स्पष्ट है कि डिडरो वास्तव में अठारहवीं शताब्दी के प्रमुख निरीश्वरवादी विचारक थे।

5. पॉल हैन्री हॉलबाक

डिडरो के समकालीन विचारक और उनके घनिष्ठ मित्र, पॉल हैन्री बैरन डी-हॉलबाक (1723-1789) उस भौतिकवादी तथा निरीश्वरवादी विचारधारा के सर्वाधिक महत्त्वपूर्ण दार्शनिक माने जाते हैं जिसका विकास फ़्रांस में अठारहवीं शताब्दी में हुआ था। मूल रूप से जर्मनी के व्यक्ति होते हुए भी उन्होंने अपना संपूर्ण जीवन फ़्रांस की राजधानी, पैरिस में व्यतीत किया। उनका जन्म सामान्य कैथॉलिक परिवार में 8 दिसंबर 1723 में हुआ था। हॉलबाक ने 1743 से 1746 तक लीडन विश्वविद्यालय में कानून का अध्ययन किया। वे पैरिस में डिडरो तथा रूसो सहित उन अनेक महान विचारकों के संपर्क में आए जो उस समय संसार का प्रथम विश्व-कोश तैयार कर रहे थे। इस विश्व-कोश के लिए उन्होंने भी बहुत-से वैज्ञानिक लेख लिखे जिनमें से कुछ तो उनके अपने नाम से प्रकाशित हुए और कुछ उनका नाम दिए बिना ही प्रकाशित किए गए। सर्वप्रथम इन्हीं लेखों में हॉलबाक ने अपनी भौतिकवादी और निरीश्वरवादी विचारधारा को प्रस्तुत किया था। उनके ये प्रारंभिक लेख भी इतने अधिक महत्त्वपूर्ण माने गए कि इनके आधार पर उन्हें मानहीम और सेंट पीटर्सबर्ग की अकेडेमियों का सदस्य चुना गया। फ़्रांस के दार्शनिकों के अतिरिक्त डेविड ह्यूम सहित अनेक अंग्रेज़ दार्शनिकों के

31. माइकेल जे. बकले, 'ऐट दि ओरिजिन्स ऑफ़ मॉडर्न एथीइज़्म', पृ. 248-250.

साथ भी हॉलबाक का पर्याप्त संपर्क रहा और उन्होंने इन दार्शनिकों के साथ पत्र-व्यवहार किया। उन्होंने कुछ अंग्रेज़ दार्शनिकों की कृतियों का फ़्रांसीसी भाषा में अनुवाद भी किया था जिनमें टॉमस हॉब्स तथा जॉन टॉलैंड की कृतियाँ भी सम्मिलित थीं।

1760 और 1776 के बीच हॉलबाक ने भौतिकवाद, निरीश्वरवाद, नैतिकता, राजनीति-दर्शन आदि विषयों पर अनेक महत्त्वपूर्ण पुस्तकें लिखीं। इन पुस्तकों में 'दि सिस्टम ऑफ़ नेचर' का विशेष महत्त्व है जो 1770 में प्रकाशित हुई थी और जिसे बीसवीं शताब्दी के मध्य तक निरीश्वरवाद की सर्वाधिक महत्त्वपूर्ण पुस्तक माना जाता था। कुछ विद्वानों ने इसे 'निरीश्वरवाद की बाइबल' कहकर इसके विशेष महत्त्व का उल्लेख किया है। जब यह पुस्तक प्रकाशित हुई थी तब इस पर लेखक के रूप में हॉलबाक के स्थान पर एक काल्पनिक व्यक्ति का नाम दिया गया था। इस पुस्तक के प्रकाशन के पश्चात फ़्रांस के धर्मपरायण शासकों तथा धर्म-गुरुओं ने इसकी कटु आलोचना और तीव्र निंदा करते हुए इस पर प्रतिबंध लगा दिया था। परंतु कालांतर में इस पुस्तक को निरीश्वरवाद की सर्वोत्तम पुस्तक के रूप में स्वीकार कर लिया गया। वास्तव में निरीश्वरवादी विचारधारा की दृष्टि से आज हॉलबाक का जो विशेष महत्त्व है वह मुख्यतः इसी पुस्तक के कारण है। 1784 में अपने घनिष्ठ मित्र, डिडरो की मृत्यु के कारण हॉलबाक को भारी मानसिक आघात पहुँचा। लगभग पाँच वर्ष पश्चात 1789 में 21 जनवरी को उनका भी देहांत हो गया और उन्हें एक प्रसिद्ध गिरजाघर में दफ़ना दिया गया।

जैसा कि ऊपर संकेत किया गया है, हॉलबाक ने अपनी उपर्युक्त पुस्तक, 'दि सिस्टम ऑफ़ नेचर' में भौतिकवादी तथा निरीश्वरवादी दर्शन का सविस्तार विवेचन किया है। अपनी इस पुस्तक के प्रारंभ में वे भौतिकवादी सिद्धांत के अनुसार प्रकृति तथा पुद्गल के स्वरूप को स्पष्ट करते हैं और इस तथ्य की व्याख्या करते हैं कि संपूर्ण ब्रह्माण्ड का निर्माण मूलतः भौतिक तत्त्वों के संयोग से ही हुआ है। प्रकृति और पुद्गल का उन्होंने लगभग वही अर्थ बताया है जो उनके पूर्ववर्ती भौतिकवादी दार्शनिक प्रायः स्वीकार करते रहे हैं। उदाहरणार्थ, प्रकृति के स्वरूप के विषय में हॉलबाक का कथन है कि समस्त भौतिक वस्तुओं, घटनाओं, पेड़-पौधों तथा प्राणियों की समष्टि का नाम ही 'प्रकृति' है जिससे बाहर और परे कुछ भी नहीं है। दूसरे शब्दों में, 'ब्रह्माण्ड' और 'प्रकृति' वस्तुतः पर्यायवाची शब्द हैं। हम सार्थकतापूर्वक ऐसी किसी वस्तु के अस्तित्व की कल्पना नहीं कर सकते जो इस सर्वव्यापी प्रकृति से अलग और परे हो। यह प्रकृति स्वयं अपने ही कुछ ऐसे अनिवार्य सार्वकालिक तथा सार्वभौम नियमों द्वारा शासित होती है जो सभी वस्तुओं, घटनाओं और प्राणियों पर समान रूप से लागू होते हैं। इन प्राकृतिक नियमों का कभी भी और कहीं भी कोई अपवाद संभव नहीं है। इस प्रकृति में प्रयोजन, नैतिकता, मूल्यों तथा भावनाओं का कोई स्थान नहीं है जिन्हें मनुष्य अपने दृष्टिकोण से बहुत महत्त्व देता है।

अपने उपर्युक्त विचारों के आधार पर प्रकृति के स्वरूप की व्याख्या करते हुए हॉलबाक ने लिखा है : "मनुष्य प्रकृति की रचना है; उसका अस्तित्व प्रकृति में है; वह

उसके नियमों द्वारा शासित होता है; वह अपने आप को उससे मुक्त नहीं कर सकता; वह उनसे परे जाने का विचार भी नहीं कर सकता। . . . प्रकृति संबंधी विचार में गति का विचार अनिवार्यतः निहित है। परंतु यह पूछा जाएगा कि उसने गति कहाँ से प्राप्त की। हमारा उत्तर यह है कि स्वयं अपने आप से, क्योंकि वह एक ऐसी महासमष्टि है जिसके बाहर किसी का अस्तित्व संभव नहीं है। . . . इसलिए यह निष्कर्ष निकालना आवश्यक है कि गति अपरिवर्तनीय नियमों का अनिवार्य परिणाम है जो विभिन्न तत्त्वों और उनके विविध संयोगों में निहित गुणों से प्राप्त होते हैं। . . . प्रकृति किसी की रचना नहीं है; वह सदा स्वतः अस्तित्वयुक्त रही है; उसके अंतर्गत ही प्रत्येक वस्तु कार्यरत रहती है; वह एक ऐसी विशाल प्रयोगशाला है जिसमें समस्त सामग्री विद्यमान है और जो उन उपकरणों को स्वयं बनाती है जिनका वह अपने कार्य के लिए प्रयोग करती है। . . . नित्य, अजन्मा, अनश्वर तत्त्व, जो विभिन्न रूपों में संयुक्त होने के लिए सदा गतिशील रहते हैं, उन सब प्राणियों तथा वस्तुओं को जन्म देते हैं जिन्हें हम देखते हैं; वे उन सब अच्छे या बुरे प्रभावों को भी जन्म देते हैं जिनका हम अनुभव करते हैं; वे उस व्यवस्था या अव्यवस्था को उत्पन्न करते हैं जिसमें हम अपने ऊपर पड़नेवाले विभिन्न प्रभावों के आधार पर अंतर समझते हैं; संक्षेप में वे उन सब आश्चर्यजनक वस्तुओं को जन्म देते हैं जिनका हम चिंतन करते हैं और जिनके विषय में हम तर्क देते हैं।"[32] हॉलबाक के इस विस्तृत उद्धरण से यह स्पष्ट है कि वे संपूर्ण ब्रह्माण्ड की व्याख्या केवल प्रकृति के आधार पर ही करते हैं और इसी कारण उनके दर्शन में ईश्वर या किसी अन्य अति-प्राकृतिक सत्ता अथवा शक्ति के लिए कोई स्थान नहीं है।

प्रकृति की भाँति पुद्‌गल के स्वरूप को भी हॉलबाक ने अपने भौतिकवादी सिद्धांत के अनुसार ही स्पष्ट किया है। उन्होंने पुद्‌गल के लगभग वे ही गुण बताए हैं जिनका वर्णन उनसे पूर्व अन्य भौतिकवादी दार्शनिकों ने किया था। उदाहरणार्थ, हॉलबाक का विचार है कि पुद्‌गल अजन्मा, अनश्वर, सर्वव्यापी तथा स्वतः निरंतर गतिशील है और यह गति उसमें अनिवार्यतः निहित रहती है। वह अपनी इस गति को किसी अन्य अति-प्राकृतिक सत्ता या शक्ति से प्राप्त नहीं करता। इस संबंध में हॉलबाक अरस्तू और डेकार्ट के इस मत को स्पष्ट रूप से अस्वीकार करते हैं कि मूलतः ईश्वर ने ही पुद्‌गल को गति प्रदान की है। इस मत के विरुद्ध हॉलबाक का कथन है कि गति पुद्‌गल का अपना अनिवार्य तत्त्व है, अतः वह इसे किसी बाह्य शक्ति से प्राप्त नहीं करता। इसी प्रकार, अनश्वरता, सर्वव्यापकता, अभेद्यता, विस्तार, भार आदि गुण भी पुद्‌गल के अपने गुण हैं जो उसमें अनिवार्यतः विद्यमान रहते हैं। अन्य भौतिकवादी विचारकों की भाँति हॉलबाक भी यह मानते हैं कि पृथ्वी, जल, वायु तथा अग्नि पुद्‌गल के मूल तत्त्व हैं जिनके परमाणुओं के संयोग से ही संपूर्ण ब्रह्माण्ड का निर्माण हुआ है। इस ब्रह्माण्ड में जो वस्तुएँ, पेड़-पौधे और प्राणी हैं वे सब पुद्‌गल के इन्हीं तत्त्वों के विभिन्न रूपांतर मात्र हैं। संपूर्ण प्रकृति की व्याख्या इस सर्वव्यापी गतिमय पुद्‌गल के आधार पर ही की जा सकती है।

32. पॉल हैन्री हॉलबाक, 'दि सिस्टम ऑफ़ नेचर', पृ. 11, 19-20, 23.

इस पुद्गल और इसमें अनिवार्यतः निहित गति के स्वरूप को स्पष्ट करते हुए हॉलबाक कहते हैं : "गति वह प्रभाव है जिसके द्वारा कोई वस्तु अपने स्थान में परिवर्तन करती है अथवा ऐसे परिवर्तन की प्रवृत्ति को व्यक्त करती है–अर्थात्, जिसके द्वारा वह दिक् के विभिन्न भागों की ओर क्रमशः अग्रसर होती है अथवा दूसरी वस्तुओं से अपनी सापेक्ष दूरी में परिवर्तन करती है। . . . ब्रह्माण्ड में प्रत्येक वस्तु गतिशील है; प्रकृति का सारतत्त्व क्रियाशीलता है; यदि हम इसके भागों पर ध्यानपूर्वक विचार करें तो हम देखेंगे कि एक कण भी पूर्णतः निष्क्रिय नहीं है। . . . हम कहते हैं कि यह गति अस्तित्व का एक तरीका है जो पुद्गल के सारतत्त्व से अनिवार्यतः निसृत होता है; पुद्गल अपनी ही विशेष शक्तियों से गतिशील रहता है; इसकी गति उस शक्ति का परिणाम है जो इसी में अंतर्निहित रहती है। . . . प्रकृति केवल कारण-कार्य की अनंत शृंखला है जो निरंतर एक-दूसरे से उत्पन्न होते हैं। . . . पुद्गल का सदैव अस्तित्व रहा है; गति ही इसका सार तत्त्व है; प्रकृति की समस्त वस्तुएँ उसमें विद्यमान पुद्गल की विविध गति–का परिणाम हैं। . . . हम वस्तुओं में विस्तार, गतिशीलता, विभाजन, ठोसपन, गुरुत्वाकर्षण तथा निर्जीव शक्ति देखते हैं। . . . हम खनिजों, पेड़-पौधों तथा प्राणियों के निर्माण, विकास और जीवन में केवल पुद्गल को ही पाएँगे।"[33] इस प्रकार यह स्पष्ट है कि हॉलबाक के मतानुसार यह संपूर्ण ब्रह्माण्ड प्रकृति में विद्यमान अजन्मा, अनश्वर तथा सर्वव्यापी पुद्गल के विभिन्न रूपों का परिणाम है।

यहाँ यह उल्लेखनीय है कि अपने उपर्युक्त भौतिकवादी सिद्धांत के आधार पर ही हॉलबाक ने मानव-समाज में धर्म तथा ईश्वर की उत्पत्ति और इन दोनों के विकास की विस्तारपूर्वक व्याख्या की है। उनका कथन है कि धर्म तथा ईश्वर की उत्पत्ति के कारणों को समझने के लिए प्रकृति में मनुष्य की स्थिति और उसके स्वभाव को जान लेना आवश्यक है। हम देख चुके हैं कि हॉलबाक के विचार में अन्य वस्तुओं और प्राणियों की भाँति मनुष्य भी प्रकृति का ही एक अभिन्न अंश है जो उसके अनिवार्य नियमों द्वारा शासित होता है। अन्य सभी प्राणियों के समान मनुष्य का जन्म भी केवल प्राकृतिक प्रक्रियाओं के परिणामस्वरूप होता है, अतः उसमें अभौतिक या आध्यात्मिक आत्मा और किसी प्रकार के जन्मजात प्रत्यय विद्यमान नहीं रहते। उसका शरीर एक जटिल यंत्र मात्र है जो अनिवार्य प्राकृतिक नियमों द्वारा संचालित होता है और इस दृष्टि से उसमें तथा अन्य वस्तुओं एवं प्राणियों में कोई मूल भेद नहीं है। अन्य प्राणियों की भाँति मनुष्य भी अपनी संवेदनाओं के कारण सुख तथा दुःख का अनुभव करता है और उसके जीवन की समस्त क्रियाएँ अंततः इन्हीं दोनों द्वारा शासित एवं निर्धारित होती हैं। जो वस्तुएँ उसे सुखद लगती हैं उनसे वह प्रेम करता है, उनके प्रति आकर्षित होता है और उन्हें प्राप्त करने तथा अपने पास अधिक से अधिक समय तक बनाए रखने के लिए निरंतर प्रयत्नशील रहता है। इसके विपरीत जिन वस्तुओं से उसे दुःख पहुँचता है उनसे वह बचने अथवा दूर रहने का सदा प्रयास करता है। इस प्रकार

33. वही पुस्तक, पृ. 16, 18-19, 23-24, 27.

हॉलबाक के अनुसार प्रकृति ने अन्य सभी प्राणियों के समान मनुष्य को भी सुख और दुःख के शासन के अधीन ही रखा है।

यहाँ यह प्रश्न किया जा सकता है कि सुख तथा दुःख इन दोनों में से मनुष्य के जीवन के लिए किसका महत्त्व अधिक है। इस प्रश्न का उत्तर देते हुए हॉलबाक स्पष्ट रूप से यह कहते हैं कि मानव-जीवन के विकास के लिए सुख की अपेक्षा दुःख कहीं अधिक महत्त्वपूर्ण है। अनेक प्राकृतिक आपदाओं के कारण मनुष्य को घोर कष्ट सहन करना पड़ता है। इसी प्रकार, प्रकृति ने उसमें भूख, प्यास, कामवासना आदि जो अनिवार्य मूल आवश्यकताएँ उत्पन्न की हैं उनकी पूर्ति न होने पर भी उसे बहुत पीड़ा होती है। हॉलबाक का विचार है कि इस दुःख अथवा पीड़ा के कारण ही मनुष्य अपने जीवन की सुरक्षा और अपनी सभी मूल आवश्यकताओं की पूर्ति के लिए सतत प्रयास करता है। इस दुःख से प्रेरित होकर ही वह प्रकृति को समझने और उसे यथासंभव नियंत्रित करने के उद्देश्य से उसके नियमों के विषय में चिंतन करने के लिए बाध्य होता है। इस प्रकार हॉलबाक यह मानते हैं कि दर्शन और विज्ञान दोनों के उदय का आधारभूत कारण मनुष्य को प्राप्त होनेवाला दुःख ही है, उसकी वह नैसर्गिक जिज्ञासा नहीं जिसे अरस्तू ने दर्शन की मूल प्रेरणा बताया है। यदि मनुष्य को किसी प्रकार की पीड़ा न होती और उसके जीवन की समस्त आवश्यकताएँ बिना किसी प्रयास के सरलतापूर्वक पूर्ण हो जातीं तो निश्चय ही वह प्रकृति तथा संसार के संबंध में चिंतन करने के लिए कभी प्रेरित न होता। ऐसी स्थिति में न दर्शन की उत्पत्ति होती और न विज्ञान की। वस्तुतः इन दोनों के उदय और विकास का मूल कारण वह दुःख अथवा पीड़ा है जिसका मनुष्य अपने आविर्भाव के आदिकाल से ही निरंतर अनुभव करता रहा है। संक्षेप में हॉलबाक का निश्चित मत है कि भूख, प्यास, कामवासना तथा जीवन की सुरक्षा–इन मूल आवश्यकताओं की पूर्ति के अभाव में मनुष्य को जो दुःख होता है उससे मुक्त होने के लिए वह प्रकृति एवं जगत् के विषय में विचार करता है जिसके फलस्वरूप दर्शन, विज्ञान और ऐसी अन्य सभी विधाओं का जन्म होता है जो मूलतः चिंतन अथवा तर्क पर आधारित हैं।[34] प्रकृति में मानव की इसी अपरिहार्य दुःखपूर्ण स्थिति को ध्यान में रखते हुए उन्होंने धर्म तथा ईश्वर के विचार के उदय और विकास की सविस्तार व्याख्या की है।

हॉलबाक का कथन है कि प्राकृतिक आपदाओं तथा सामाजिक कारणों के फलस्वरूप मनुष्य को दुःख भोगना पड़ा। उसका निराकरण करने के लिए उसने दो परस्पर विरोधी मार्गों का अनुसरण किया। एक मार्ग था अनुभव, निरीक्षण और तर्क का जिससे ज्ञान, विज्ञान तथा दर्शन का जन्म हुआ। यह मार्ग मानव के विकास तथा उत्थान का वास्तविक और समुचित मार्ग था। परंतु दुर्भाग्यवश अपनी अनभिज्ञता और अपूर्णता के कारण वह सदा इस तर्कसंगत एवं उपादेय मार्ग का अनुसरण नहीं कर सका। अपनी प्रतिकूल परिस्थितियों के फलस्वरूप उसे एक अन्य काल्पनिक मार्ग को स्वीकार करना पड़ा जो भय तथा अंधविश्वास पर आधारित था और जिससे धर्म, देवी-देवताओं एवं अंततः ईश्वर का जन्म हुआ। विशेषतः अपने विकास के प्रारंभिक

34. देखिए, वही पुस्तक, पृ. 163-164.

युग में मनुष्य को ऐसी अनेक प्राकृतिक विपत्तियों का सामना करना पड़ा जिनके कारणों को वह नहीं जानता था और इसलिए वह उन्हें नियंत्रित करने में असमर्थ था। तब उसने प्रकृति के विषय में जो थोड़ा-सा ज्ञान प्राप्त किया था उसके द्वारा वह इन प्राकृतिक आपदाओं से अपने जीवन और अपनी संपत्ति की रक्षा नहीं कर सकता था। ऐसी स्थिति में मनुष्य को कुछ विशेष अदृश्य शक्तियों की कल्पना करनी पड़ी जिनसे वह संकट-काल में अपने जीवन को सुरक्षित रखने के लिए प्रार्थना करता था और यह आशा करता था कि ये शक्तियाँ प्रार्थना सुनकर उसकी सहायता अवश्य करेंगी।

हॉलबाक के मतानुसार, भय तथा अनभिज्ञता पर आधारित मनुष्य की इस कल्पना से ही धर्म का जन्म हुआ जो उस समय प्राकृतिक विपत्तियों से बचने के लिए उसके पास प्रमुख उपाय था। प्रकृति के नियमों तथा प्राकृतिक घटनाओं के वास्तविक कारणों से अनभिज्ञ आदिकालीन मनुष्य इन कल्पित शक्तियों की पूजा करके ही अपने भय एवं दुःख के निराकरण का प्रयास करने लगा और अंततः उसका यही प्रयास धर्म का मूल कारण बना जो आज भी पूर्ववत विद्यमान है। अब भी मनुष्य जब अपने आप को असहाय अनुभव करता है और जब उसका चिंतन, ज्ञान-विज्ञान एवं तर्क उसकी सहायता करने में असमर्थ हो जाते हैं तो वह ईश्वर या देवी-देवताओं के रूप में अति-प्राकृतिक शक्तियों का अवलंब खोजने लगता है। इस प्रकार हॉलबाक का मत है कि मानव का अज्ञान तथा भय और इनसे उत्पन्न उसकी दुर्बलता एवं असहाय अवस्था ही धर्म की उत्पत्ति के मूल कारण हैं जो उसे अनेक अंधविश्वासों में उलझा देते हैं। धर्म के उद्गम के विषय में अपने इसी मत की व्याख्या करते हुए वे कहते हैं : "अनभिज्ञता, भय तथा विपत्ति की गोद में ही मानव-जाति ने सर्वप्रथम देवत्व से संबंधित अपनी अवधारणाओं का निर्माण किया था। . . . यदि प्रकृति के विषय में अनभिज्ञता ने देवताओं को जन्म दिया है तो प्रकृति से संबंधित ज्ञान उन्हें नष्ट कर देगा।"[35] हॉलबाक के इस संक्षिप्त उद्धरण से यह स्पष्ट है कि उनके विचार में मनुष्य की अनभिज्ञता और उसका भय ही धर्म के उद्गम के मूल स्रोत हैं जिनके कारण वह अब भी विद्यमान है।

धर्म की उत्पत्ति के मूल स्रोतों के साथ-साथ उसके क्रमिक विकास और मानव-समाज में ईश्वर के प्रत्यय के उद्गम की भी हॉलबाक ने अपने भौतिकवादी दर्शन के अनुसार ही व्याख्या की है। उनका मत है कि धर्म के विकास की प्रमुख तीन अवस्थाओं को स्पष्टतः देखा जा सकता है जिनसे होकर वह क्रमशः अपनी वर्तमान स्थिति तक पहुँचा है। उसके विकास की प्रथम अवस्था का संबंध जल, वायु, अग्नि, सूर्य, चंद्र आदि प्राकृतिक वस्तुओं से है जिनके साथ मनुष्य का सदैव प्रत्यक्ष संपर्क रहा है और जिन पर अन्य सभी प्राणियों की भाँति उसका संपूर्ण जीवन निर्भर है। सर्वप्रथम मनुष्य ने इन्हीं प्राकृतिक शक्तियों को सुख, समृद्धि तथा सुरक्षा प्रदान करने के लिए देवता मानकर उनकी पूजा करना आरंभ किया जिसके फलस्वरूप मानव-समाज में धर्म का उदय हुआ। इस प्रकार की प्रकृति-पूजा के स्पष्ट प्रमाण केवल वैदिक-कालीन भारतीय सभ्यता में ही नहीं, अपितु यूनान, मिस्र, बेबीलोनिया आदि अन्य देशों की प्राचीन

35. वही पुस्तक, पृ. 166, 174.

सभ्यताओं में भी पर्याप्त मात्रा में प्राप्त होते हैं। इस प्रथम अवस्था में मनुष्य ने प्राकृतिक शक्तियों को सजीव माना और उनका मानवीकरण किया—अर्थात्, उन्हें स्वयं अपने समान चेतनापूर्ण व्यक्तियों के रूप में देखा। उसने इन शक्तियों में उन सभी इच्छाओं, वासनाओं, भावनाओं और अनुभूतियों को भी आरोपित किया जो स्वयं उसमें पाई जाती हैं। इस प्रकार मनुष्य ने सर्वप्रथम प्राकृतिक शक्तियों का मानवीकरण करके उनकी पूजा करना आरंभ किया जिसे 'प्रकृति-पूजा' की संज्ञा दी गई है और हॉलबाक के मतानुसार इसी प्रकृति-पूजा से धर्म की उत्पत्ति हुई है।

धर्म के विकास की दूसरी अवस्था में मनुष्य ने प्रत्येक महत्त्वपूर्ण अथवा भयंकर प्राकृतिक शक्ति के लिए एक पृथक् देवता की कल्पना की जो उस विशेष शक्ति को शासित और नियंत्रित करता था। उस देवता की आज्ञा के बिना यह शक्ति कुछ भी नहीं कर सकती थी। इसका तात्पर्य यह है कि सभी प्राकृतिक शक्तियाँ अपने-अपने देवताओं की इच्छाओं तथा आज्ञाओं के अनुसार ही कार्य करती थीं और इसीलिए मनुष्य इन्हीं देवताओं की पूजा करता था। धर्म के विकास की इस द्वितीय अवस्था की प्रमुख विशेषता यह है कि अब मनुष्य ने स्वयं प्राकृतिक शक्तियों को देवता मानने के स्थान पर उनके लिए पृथक् देवताओं का आविष्कार कर लिया था जो इन शक्तियों से ऊपर और परे समझे जाते थे। धर्म की इसी अवस्था को 'बहुदेववाद' कहा जाता है जो अनेक धर्मों में आज भी किसी-न-किसी रूप में विद्यमान है। इस प्रकार शताब्दियों तक मनुष्य प्राकृतिक शक्तियों पर शासन करनेवाले विभिन्न देवताओं की पूजा करता रहा। उसने इन देवताओं की पूजा द्वारा इनके माध्यम से अपने जीवन की उन समस्याओं का समाधान करने का प्रयास किया जिनका सामना उसे प्राकृतिक शक्तियों तथा आपदाओं के कारण प्रायः करना पड़ता था। इस दृष्टि से विचार करने पर यह स्पष्ट हो जाता है कि आदिकाल में धर्म ने मानव-जीवन में वही भूमिका निभाई थी जो वर्तमान काल में विज्ञान निभा रहा है, अतः उस प्राचीन युग में मनुष्य के लिए धर्म का वही स्थान था जो अब विज्ञान का है।

धर्म के विकास की तीसरी तथा अंतिम अवस्था में मनुष्य ने स्वयं अपनी कल्पना द्वारा उस ईश्वर का आविष्कार किया जिसका सहस्रों वर्षों से मानव-समाज में विशेष महत्त्व रहा है और जो आज भी अनेक धर्मों का आधारभूत प्रत्यय है। इस ईश्वर की कल्पना मनुष्य ने स्वयं अपने ही व्यक्तित्व और गुणों के आधार पर की थी, अतः उसका यह ईश्वर स्वरूप, गुणों तथा क्रियाओं में उससे मूलतः भिन्न नहीं है। उसने इस कल्पित ईश्वर में अपने व्यक्तित्व के साथ-साथ शक्ति, ज्ञान, शुभत्व, प्रेम, करुणा आदि उन सभी सद्‌गुणों को भी आरोपित किया जो स्वयं उसमें पाए जाते हैं। मनुष्य तथा ईश्वर में अंतर केवल इतना ही है कि मनुष्य में ये सद्‌गुण सीमित मात्रा में विद्यमान रहते हैं, जबकि ईश्वर में उसने इन सद्‌गुणों को असीमित मात्रा में आरोपित किया और उसे सभी दृष्टियों से पूर्ण एवं असीम माना। वस्तुतः ऐसा करना मनुष्य के लिए स्वाभाविक तथा अनिवार्य था, क्योंकि वह किसी ऐसी वस्तु की कल्पना नहीं कर सकता जो स्वयं उससे स्वरूप, क्रियाओं और गुणों की दृष्टि से पूर्णतः भिन्न हो। इस प्रकार हॉलबाक के मतानुसार मनुष्य ने स्वयं अपने ही व्यक्तित्व, स्वरूप तथा गुणों

के आधार पर ऐसे ईश्वर की कल्पना की जिसमें उसके समस्त सद्गुण असीमित मात्रा में विद्यमान थे, जो वैसे ही कार्य करता था जैसे वह स्वयं करता है और जो अन्य सभी देवताओं पर शासन करता था। इस ईश्वर में उसने अन्य सभी देवताओं के गुणों को आरोपित करके उसे ही ऐसा सर्वोच्च देवता मान लिया जिसके आदेशों का पालन करना समस्त देवताओं के लिए अनिवार्य था।

ईश्वर के विषय में मनुष्य की उपर्युक्त कल्पना भी उसकी अपनी सामाजिक व्यवस्था पर ही आधारित थी जिसमें एक शक्तिशाली व्यक्ति मुखिया अथवा राजा होता था और वह अन्य सभी व्यक्तियों पर शासन करता था। अपनी इसी सामाजिक व्यवस्था को ध्यान में रखते हुए मनुष्य ने राजा के समान ईश्वर को सर्वोच्च सत्ता के रूप में स्वीकार किया। इस सर्वोच्च ईश्वर की कल्पना के कारण उसका कार्य अपेक्षाकृत बहुत सरल हो गया, क्योंकि अब वह विभिन्न प्राकृतिक शक्तियों से संबंधित अलग-अलग देवताओं की पूजा करने के स्थान पर अपने जीवन की समस्त आवश्यकताओं की पूर्ति के लिए केवल एक ही ईश्वर की उपासना कर सकता था। ईश्वर की कल्पना के विषय में इसी तथ्य को स्पष्ट करते हुए हॉलबाक ने लिखा है : "अपनी विचार-शक्ति के बल पर मनुष्य यह विश्वास करता था कि संपूर्ण प्रकृति को एक ऐसे ईश्वर के अधीन मानना अधिक सरल कार्य है जो सर्वोच्च बुद्धिमान सत्ता एवं समस्त ब्रह्माण्ड की आत्मा है और जो प्रकृति तथा उसके भागों को गति प्रदान करता है। . . . मनुष्य ईश्वर को केवल मानव के रूप में ही देखते हैं और वे उसे बढ़ा-चढ़ाकर इतना अधिक महिमामंडित करने का प्रयास करते हैं कि वह उनके लिए पूर्णतः अचिंतनीय हो जाता है।"[36] इस प्रकार हॉलबाक का विचार है कि धर्म के विकास की इस अंतिम अवस्था में ही एकेश्वरवाद का उदय हुआ था जिसमें आज भी बहुत-से ईश्वरवादी व्यक्ति विश्वास करते हैं। हम आगे देखेंगे कि उन्नीसवीं तथा बीसवीं शताब्दी के महान मनोविश्लेषणवादी, सिगमन्ड फ्रॉयड ने भी धर्म के विकास की इन्हीं तीन अवस्थाओं को स्वीकार किया है जिनकी व्याख्या हॉलबाक ने की है।

धर्म तथा ईश्वर की उत्पत्ति और उनके विकास की प्रक्रिया का विवेचन करने के पश्चात हॉलबाक ने अनेक तर्कों द्वारा ईश्वरवाद का स्पष्टतः खंडन किया है। इस सिद्धांत के विरुद्ध सर्वप्रथम उनका कथन है कि ईश्वर की अवधारणा में अनेक गंभीर असंगतियाँ अथवा स्वतोव्याघात विद्यमान हैं जिनके कारण यह अवधारणा हमारे लिए निरर्थक और अबोधगम्य हो जाती है। हम देख चुके हैं कि ईश्वरवादी विचारक बहुत-से मानवीय गुणों को ईश्वर में आरोपित करते हैं जो उनके मतानुसार ईश्वर में असीमित मात्रा में पाए जाते हैं और जो उसे सभी दृष्टियों से पूर्ण तथा असीम बनाते हैं। ये विचारक ईश्वर में जिन विशेष गुणों के विद्यमान होने का दावा करते हैं उन्हें तत्त्वमीमांसीय गुण तथा नैतिक गुण इन दो मुख्य वर्गों में विभाजित किया जाता है। शक्ति, ज्ञान, नित्यता, अपरिवर्तनशीलता आदि तत्त्वमीमांसीय गुण हैं और शुभत्व, प्रेम, न्यायशीलता, करुणा आदि नैतिक गुण। ईश्वरवादी दार्शनिकों का मत है कि ये सभी गुण ईश्वर में सदैव और अनिवार्यतः असीमित मात्रा में विद्यमान रहते हैं। वस्तुतः

36. वही पुस्तक, पृ. 170, 181.

अपने इन्हीं सब गुणों के कारण ईश्वर हमारे लिए पूजा अथवा उपासना का विषय बनता है।

ईश्वरवादियों के उपर्युक्त दावे का खंडन करते हुए हॉलबाक यह कहते हैं कि ईश्वर में असीमित मात्रा में इन सब गुणों की उपस्थिति ही उसकी अवधारणा में असंगति एवं स्वतोव्याघात उत्पन्न करती है जिसके कारण हमारे लिए यह अवधारणा निरर्थक तथा अबोधगम्य हो जाती है। अपने इस मत को उन्होंने एक उदाहरण द्वारा भली-भाँति स्पष्ट किया है जिसका संबंध अशुभ की समस्या से है। उनका कथन है कि ईश्वरवादी विचारक ईश्वर में असीम शक्ति तथा पूर्ण शुभत्व इन दोनों गुणों को एक साथ आरोपित करते हैं—अर्थात्, वे यह दावा करते हैं कि ईश्वर सर्वशक्तिमान भी है और पूर्णतः शुभ भी। परंतु हॉलबाक का मत है कि इन विचारकों की यह मान्यता ईश्वर में असंगति अथवा स्वतोव्याघात उत्पन्न करती है जिसे 'अशुभ की समस्या' के रूप में स्पष्टतः देखा जा सकता है। इस विश्व में दुःख तथा दुर्गुण के रूप में 'अशुभ' की उपस्थिति एक ऐसा कटु सत्य है जिसे तर्कसंगत रूप से अस्वीकार नहीं किया जा सकता। सभी मनुष्य इस प्राकृतिक और नैतिक 'अशुभ' का अवश्य अनुभव करते हैं। विभिन्न प्राकृतिक आपदाओं तथा मानवीय दुराचार के कारण इस संसार में मनुष्य सहित सभी प्राणियों को बहुत दुःख भोगना पड़ता है। ऐसी स्थिति में इस संसार के रचयिता ईश्वर को सर्वशक्तिमान और पूर्णतः शुभ दोनों एक साथ नहीं माना जा सकता। इसका कारण यह है कि यदि ईश्वर वास्तव में सर्वशक्तिमान तथा पूर्णतः शुभ होता तो वह इस विश्व में अनावश्यक तीव्र दुःख कभी न उत्पन्न होने देता। परंतु यह एक कटु तथ्य है कि संसार में ऐसा दुःख पर्याप्त मात्रा में विद्यमान है जिससे यही प्रमाणित होता है कि इसका रचयिता ईश्वर या तो सर्वशक्तिमान नहीं है अथवा वह पूर्णतः शुभ नहीं है।

हॉलबाक के उपर्युक्त विचारों से यह स्पष्ट है कि उनके अनुसार 'अशुभ की समस्या' ईश्वर में असीम शक्ति और असीम शुभत्व इन दोनों गुणों को एक साथ आरोपित करने के परिणामस्वरूप उत्पन्न होती है, अतः ऐसे ईश्वर की अवधारणा हमारे लिए सार्थक नहीं रह जाती। यही बात ईश्वर में अन्य अनेक गुणों को असीमित मात्रा में एक ही साथ आरोपित करने के विषय में भी कही जा सकती है। वस्तुतः ईश्वर को 'असीम' कहने का अर्थ यह है कि मनुष्य उसके स्वरूप को कभी नहीं समझ सकता और ईश्वरवादी विचारक इस तथ्य को स्पष्ट रूप से स्वीकार करते हैं। इसका तात्पर्य यह है कि ये विचारक हमें एक ऐसे ईश्वर के अस्तित्व में विश्वास करने तथा उसकी पूजा करने के लिए प्रेरित करते हैं जो हमारे अनुभव, ज्ञान एवं तर्क से परे है और इसी कारण जिसके स्वरूप की हम कल्पना भी नहीं कर सकते। यह समझना कठिन नहीं है कि ऐसे अबोधगम्य ईश्वर की अवधारणा का हमारे लिए वास्तव में कोई अर्थ और महत्त्व नहीं हो सकता। इस प्रकार हॉलबाक ईश्वर के स्वरूप में विद्यमान अनेक स्वतोव्याघातों के आधार पर उसकी अवधारणा को निरर्थक और अबोधगम्य सिद्ध करके उसके अस्तित्व का निषेध करते हैं।[37]

37. देखिए, वही पुस्तक, पृ. 191, 195-196.

ईश्वर की अवधारणा की सार्थकता एवं बोधगम्यता को अस्वीकार करने के उपरांत हॉलबाक ने सैम्युअल क्लार्क, रेने डेकार्ट आदि कुछ ईश्वरवादी दार्शनिकों के मत का खंडन करते हुए अपने भौतिकवादी तथा निरीश्वरवादी सिद्धांत की विस्तापूर्वक व्याख्या की है। अपनी इस व्याख्या में उन्होंने यह सिद्ध करने का प्रयास किया है कि ईश्वरवादी दार्शनिक जिन विशेष गुणों को ईश्वर में आरोपित करते हैं वे वस्तुतः पुद्गल में पाए जाते हैं। हम अपने अनुभव द्वारा केवल पुद्गल के विभिन्न रूपों को जानते हैं, ईश्वर और उसके गुणों को नहीं। इसका कारण यह है कि स्वयं ईश्वरवादी दार्शनिक ईश्वर को मानवीय अनुभव, ज्ञान और तर्क से परे मानते हैं। अपनी इसी मान्यता के आधार पर हॉलबाक ने क्लार्क के इस मत का खंडन किया है कि केवल ईश्वर ही नित्य अथवा शाश्वत, अपरिवर्तनशील, स्वतंत्र और स्वतः अस्तित्ववान तथा अनिवार्य सत्ता है। इस संबंध में हॉलबाक का कथन है कि नित्यता, अपरिवर्तनशीलता, स्वतंत्रता, स्वतः अस्तित्ववान होना और अनिवार्यता–ये सभी गुण अस्तित्व रहित ईश्वर के न होकर वास्तव में पुद्गल के ही गुण हैं। उदाहरणार्थ, पुद्गल शाश्वत अथवा नित्य है, क्योंकि उसका अस्तित्व सदा रहा है और सदैव रहेगा। पुद्गल के विभिन्न रूप निश्चय ही क्षणिक हैं, किंतु वह स्वयं कभी नष्ट नहीं होता। इस ब्रह्माण्ड में प्रत्येक वस्तु का मूलभूत तत्त्व पुद्गल है जिसे किसी ने उत्पन्न नहीं किया और जिसका विनाश असंभव है। इस प्रकार परमाणुओं के रूप में यह पुद्गल शाश्वत अथवा नित्य है।

हॉलबाक के मतानुसार, नित्यता के साथ-साथ पुद्गल में अपरिवर्तनशीलता का गुण भी पाया जाता है। उसके भिन्न-भिन्न रूपों में परिवर्तन अवश्य होता रहता है, किंतु वह स्वयं सदा अपरिवर्तित रहता है। दूसरे शब्दों में, पुद्गल अपने मूल रूप में जो कुछ है उससे भिन्न नहीं हो सकता, अतः उसे मूलतः अपरिवर्तनशील माना जाता है। इसी प्रकार, पुद्गल को 'स्वतंत्र' कहने का अर्थ यह है कि वह स्वयं अपने से पृथक् किसी बाहरी तत्त्व से प्रभावित हुए बिना अस्तित्ववान और क्रियाशील बना रहता है। ऐसा कोई तत्त्व उसके स्वरूप और उसकी क्रियाओं को नियमित एवं नियंत्रित नहीं कर सकता जो उससे परे अथवा मूलतः भिन्न हो। स्वतंत्र होने के साथ-साथ पुद्गल अनादि और अजन्मा होने के अर्थ में स्वतः अस्तित्ववान भी है। अपने अस्तित्व के लिए वह किसी अभौतिक सत्ता या शक्ति पर निर्भर नहीं है, क्योंकि उसे ऐसी किसी सत्ता अथवा शक्ति ने जन्म नहीं दिया है। इस दृष्टि से पुद्गल स्वतः अस्तित्ववान और अनिवार्य सत्ता है।

हॉलबाक का मत है कि पुद्गल में उपर्युक्त गुणों के अतिरिक्त असीमता, सर्वव्यापकता, अद्वितीयता आदि अन्य गुण भी विद्यमान हैं जिन्हें ईश्वरवादी विचारक प्रायः ईश्वर में आरोपित करते हैं। स्वयं क्लार्क ने ईश्वर में इन तीनों गुणों का होना अनिवार्य माना है। परंतु हॉलबाक के अनुसार, ये गुण ईश्वर के स्थान पर वस्तुतः पुद्गल में पाए जाते हैं। उदाहरणार्थ, पुद्गल असीम है, क्योंकि कोई अन्य तत्त्व उसे किसी भी रूप में सीमित नहीं करता। वास्तव में पुद्गल के अतिरिक्त और उससे परे ऐसा कोई तत्त्व है ही नहीं जो उसे सीमित कर सके। इसी प्रकार, पुद्गल सर्वव्यापक भी है। इसका कारण यह है कि विभिन्न रूपों में वही संपूर्ण ब्रह्माण्ड में सर्वत्र व्याप्त

रहता है। प्रत्येक वस्तु का कुछ-न-कुछ विस्तार होता है और यह विस्तार पुद्‌गल का ही अनिवार्य गुण है। इस तथ्य को ध्यान में रखते हुए हम यह कह सकते हैं कि ब्रह्माण्ड में ऐसी कोई वस्तु तथा ऐसा कोई स्थान नहीं है जहाँ पुद्‌गल न हो और इसीलिए उसे सर्वव्यापक माना जा सकता है। असीम तथा सर्वव्यापक होने के अतिरिक्त पुद्‌गल अनन्य या अद्वितीय भी है। इसका अर्थ यह है कि पुद्‌गल के समान अन्य कोई तत्त्व अथवा सत्ता नहीं है। अपने आप में वह एकमात्र और अनन्य सत्ता है। इस प्रकार हॉलबाक का विचार है कि वस्तुतः पुद्‌गल में ही ऐसे बहुत-से गुण अनिवार्यतः पाए जाते हैं जो क्लार्क तथा अन्य ईश्वरवादी विचारक ईश्वर में आरोपित करते हैं और जिनके कारण उसे इतना अधिक महत्त्व दिया जाता है।[38]

अन्य ईश्वरवादी दार्शनिकों की भाँति क्लार्क भी इश्वर को बुद्धिमान तथा क्रियाशील सत्ता मानते हैं। उनके इस मत के संबंध में हॉलबाक का कथन है कि ईश्वर में बुद्धिमत्ता, क्रियाशीलता आदि गुणों को आरोपित करना उसे मनुष्य के समान बना देना है, किंतु अभौतिक ईश्वर को निश्चय ही मनुष्य से मूलतः भिन्न माना जाता है। इस आपत्ति के अतिरिक्त हॉलबाक ने यह भी सिद्ध करने का प्रयास किया है कि पुद्‌गल में बुद्धिमत्ता, क्रियाशीलता आदि गुण अप्रत्यक्ष रूप से देखे जा सकते हैं। वे यह स्वीकार करते हैं कि पुद्‌गल मनुष्य के समान स्वयं बुद्धिमान और क्रियाशील नहीं होता। परंतु मूलतः पुद्‌गल से ही मनुष्य और अन्य प्राणी उत्पन्न होते हैं जिनमें बुद्धिमत्ता, क्रियाशीलता आदि गुण पाए जाते हैं। इस तथ्य को ध्यान में रखते हुए यह कहा जा सकता है कि पुद्‌गल में ये गुण परोक्ष रूप से उपस्थित रहते हैं। इसके अतिरिक्त मनुष्य द्वारा विचार करने की क्रिया का अंतिम मूल आधार भी पुद्‌गल ही है। इस क्रिया के स्वरूप का विश्लेषण करने से ज्ञात होता है कि विचार प्रत्ययों का परिणाम है और ये प्रत्यय उन संवेदनों पर आधारित रहते हैं जिनकी उत्पत्ति के लिए भौतिक जगत् के रूप में पुद्‌गल के साथ संपर्क अनिवार्य है। स्पष्टतः इसका अर्थ यही है कि विचार की क्रिया भी अंततः पुद्‌गल पर ही निर्भर है जिसके साथ संपर्क के बिना यह क्रिया संभव नहीं है। इस प्रकार हॉलबाक ने यह प्रमाणित करने का प्रयत्न किया है कि बुद्धिमत्ता, क्रियाशीलता आदि मानवीय गुण भी परोक्ष रूप से पुद्‌गल पर ही आधारित हैं।[39]

अन्य ईश्वरवादियों के समान क्लार्क भी ईश्वर को सर्वशक्तिमान, सर्वज्ञ तथा सभी दृष्टियों से पूर्ण मानते हैं, किंतु हॉलबाक ने उनके इस मत का भी खंडन किया है। ईश्वर की सर्वशक्तिमता के विरुद्ध हॉलबाक का कथन है कि यदि वह वास्तव में सर्वशक्तिमान होता तो कोई भी मनुष्य उसकी इच्छा के वि रीत कुछ न कर सकता। ऐसी स्थिति में सभी मनुष्य पूर्णतः शुभ ईश्वर की इच्छानुसार सदा शुभाचरण ही करते। परंतु संसार में वास्तविक स्थिति इसके विपरीत ही दिखाई देती है। बहुत-से मनुष्य ईश्वर की आज्ञा के विरुद्ध पाप और दुष्कर्म करते हैं, किंतु ईश्वर उन्हें ऐसा करने से रोक नहीं पाता, जिससे यही सिद्ध होता है कि वह सर्वशक्तिमान नहीं है। इस तर्क के

38. देखिए, वही पुस्तक, पृ. 213-214.

39. देखिए, वही पुस्तक, पृ. 214-215.

उत्तर में ईश्वरवादी विचारक यह नहीं कह सकते कि ईश्वर इन मनुष्यों को रोकना ही नहीं चाहता, क्योंकि यदि वे ऐसा कहते हैं तो उनके ईश्वर की नैतिक पूर्णता अथवा उसके पूर्ण शुभत्व का खंडन होता है। इसी प्रकार, ईश्वर की सर्वशक्तिमता के साथ-साथ हॉलबाक ने उसकी सर्वज्ञता का भी निषेध किया है। ईश्वर की सर्वज्ञता के विरुद्ध अपना तर्क प्रस्तुत करते हुए वे कहते हैं कि यदि वह सर्वज्ञ होता तो सुखी और सदाचारी विश्व के संबंध में उसकी योजनाएँ अवश्य पूरी होतीं। परंतु करोड़ों मनुष्य का दुःखमय तथा दुराचारपूर्ण जीवन उसकी सर्वज्ञता के विचार को मिथ्या सिद्ध करता है।

अंत में हॉलबाक ईश्वरवादी दार्शनिकों के इस मत को भी अस्वीकार करते हैं कि ईश्वर सभी दृष्टियों से पूर्ण है। इस मत के विरुद्ध उनका तर्क यह है कि यदि ईश्वर सभी दृष्टियों से पूर्ण होता तो उसके द्वारा रचित विश्व में कोई दोष या अभाव न होता। परंतु यह अनुभवसिद्ध तथ्य है कि विश्व की रचना में अनेक दोष अथवा अपूर्णताएँ हैं जो प्राकृतिक आपदाओं, भयंकर रोगों तथा प्राणियों की शारीरिक एवं मानसिक विकलांगताओं के माध्यम से स्पष्टतः अभिव्यक्त होती हैं। इन सब दोषों, अभावों तथा अपूर्णताओं से यही प्रमाणित होता है कि इस विश्व का रचयिता ईश्वर सभी दृष्टियों से पूर्ण नहीं है। इस प्रकार अपने उपर्युक्त तर्कों द्वारा हॉलबाक ने ईश्वर की सर्वशक्तिमता, सर्वज्ञता और पूर्णता का खंडन किया है। वस्तुतः उनका मत है कि ईश्वर में इन सब गुणों को आरोपित करने के कारण उसकी अवधारणा में स्वतो-व्याघात उत्पन्न हो जाता है। अपने इसी मत को स्पष्ट करते हुए वे कहते हैं : "हम धर्मशास्त्रियों के ईश्वर पर जितना अधिक विचार करेंगे वह उतना ही अधिक असंभव और स्वतोव्याघातपूर्ण प्रतीत होगा। ऐसा प्रतीत होता है कि धर्मशास्त्र ने उसकी रचना उसे तुरंत नष्ट कर देने के लिए ही की है।"[40] इस प्रकार हॉलबाक ने स्वयं ईश्वरवादी विचारकों द्वारा ईश्वर में आरोपित विभिन्न गुणों के आधार पर उसकी अवधारणा को स्वतोव्याघातपूर्ण सिद्ध किया है।

क्लार्क सहित अधिकतर ईश्वरवादी विचारक यह मानते हैं कि मानव के मन में ईश्वर का प्रत्यय जन्मजात प्रत्यय है और इसी कारण सभी मनुष्य किसी-न-किसी रूप में ईश्वर की सत्ता में अवश्य विश्वास करते हैं। परंतु हॉलबाक ने ईश्वरवादियों की इस मान्यता को भी अस्वीकार किया है। इसके विरुद्ध उन्होंने मुख्य दो तर्क प्रस्तुत किए हैं। उनका प्रथम तर्क यह है कि ईश्वर का प्रत्यय वास्तव में जन्मजात और सार्वभौम प्रत्यय नहीं है। इसका प्रमाण यह है कि बहुत-से विचारशील मनुष्य–जिनमें अनेक महान दार्शनिक भी सम्मिलित हैं–ईश्वर के अस्तित्व में विश्वास करने के स्थान पर उसका स्पष्टतः खंडन करते हैं। हॉलबाक के शब्दों में : "ऐसे अनेक बुद्धिमान मनुष्य हैं जिन्होंने यह कहा है कि ईश्वर नहीं है।"[41] इसके अतिरिक्त जो मानव-समुदाय ईश्वर की सत्ता को स्वीकार करते हैं उनकी ईश्वर विषयक अवधारणाएँ

40. वही पुस्तक, पृ. 218.

41. वही पुस्तक, पृ. 208.

अपने-अपने धर्मों और अपनी-अपनी संस्कृतियों के अनुसार भिन्न-भिन्न प्रकार की रही हैं। ईश्वरवाद का इतिहास इस बात का साक्षी है कि विभिन्न कालों तथा देशों के मनुष्यों ने ईश्वर के स्वरूप की अलग-अलग कल्पना की है जिससे यह ज्ञात होता है कि वास्तव में मनुष्य ने ही ईश्वर को जन्म दिया है, ईश्वर ने मनुष्य को नहीं। इसी तथ्य की व्याख्या करते हुए हॉलबाक ने लिखा है : "प्रत्येक व्यक्ति ने स्वयं अपने ही ढंग से ईश्वर की रचना की। . . . इस प्रकार एक मनुष्य अथवा एक राष्ट्र का ईश्वर वह नहीं था जो दूसरे का था। . . . यद्यपि धर्मशास्त्रीय ईश्वर अबोधगम्य है, फिर भी वह मानव-कल्पना का अंतिम प्रयास है।"[42] हॉलबाक के इस उद्धरण से यह स्पष्ट है कि वे ईश्वर के प्रत्यय को जन्मजात और सार्वभौम प्रत्यय नहीं मानते। उनका कथन है कि ईश्वर के प्रत्यय में जो सार्वभौमता दिखाई देती है उसका कारण भय तथा अज्ञान से संबंधित सभी मनुष्यों का समान अनुभव ही है जिससे प्रेरित होकर उन्होंने प्राकृतिक विपत्तियों, कष्टों और दुःखों से बचने के लिए ईश्वर की कल्पना की थी। इस प्रकार हॉलबाक के विचार में समान दुखद मानवीय अनुभव ने ही धर्म तथा ईश्वर को जन्म दिया है।

ईश्वरवादी विचारकों की उपर्युक्त मान्यता के विरुद्ध हॉलबाक का दूसरा तर्क यह है कि यदि ईश्वर से संबंधित विश्वास को सार्वभौम विश्वास मान लिया जाए तो भी इससे यह सिद्ध नहीं होता कि यह विश्वास सत्य है और ईश्वर का वास्तव में अस्तित्व है। इसका कारण यह है कि किसी विश्वास या सिद्धांत की सत्यता का निर्णय उसे स्वीकार करनेवाले व्यक्तियों की संख्या के आधार पर नहीं किया जा सकता। मानव-जाति के इतिहास में ऐसे अनेक सार्वभौम विश्वासों के उदाहरण विद्यमान हैं जिन्हें विज्ञान ने मिथ्या सिद्ध कर दिया है। उदाहरणार्थ, प्राचीन काल में लगभग सभी मनुष्य यह मानते थे कि पृथ्वी चपटी, स्थिर तथा संपूर्ण ब्रह्माण्ड का केंद्र है और सूर्य सहित समस्त ग्रह उसी की परिक्रमा करते हैं। परंतु अब यह विश्वास विज्ञान द्वारा असत्य प्रमाणित हो चुका है। इसी प्रकार, संसार में करोड़ों व्यक्ति यह मानते रहे हैं और आज भी मानते हैं कि ईश्वर ने सभी ग्रह-नक्षत्रों, वस्तुओं, पेड़-पौधों तथा प्राणियों को एक विशेष समय पर उसी रूप में उत्पन्न किया है जिस रूप में वे अब विद्यमान हैं। परंतु विकासवादी सिद्धांत ने वैज्ञानिक विधियों द्वारा इस प्रचलित सामान्य विश्वास को भी मिथ्या सिद्ध कर दिया है। इन उदाहरणों से यह स्पष्ट है कि किसी विश्वास का सार्वभौम होना निश्चय ही उसके सत्य होने का प्रमाण नहीं है। ऐसी स्थिति में यदि यह मान भी लिया जाए कि ईश्वर विषयक विश्वास सार्वभौम विश्वास है तो इससे यह सिद्ध नहीं होता कि यह विश्वास सत्य है और वास्तव में ईश्वर की सत्ता है। इस प्रकार हॉलबाक ने अपने इन दोनों तर्कों द्वारा यह प्रमाणित किया है कि ईश्वर के प्रत्यय को जन्मजात और सार्वभौम प्रत्यय मानकर उसके अस्तित्व को सिद्ध करना संभव नहीं है।

42. वही पुस्तक, पृ. 206.

क्लार्क के अतिरिक्त डेकार्ट के ईश्वरवाद का भी हॉलबाक तर्कतः खंडन करते हैं। हम प्रथम अध्याय में देख चुके हैं कि डेकार्ट के अनुसार ईश्वर का अस्तित्व है, क्योंकि मनुष्य के मन में पूर्ण ईश्वर का जन्मजात प्रत्यय विद्यमान है। उनके इस मत के विरुद्ध हॉलबाक का कथन है कि मनुष्य के मन में किसी प्रत्यय का होना उससे संबंधित वास्तविक वस्तु के अस्तित्व को सिद्ध नहीं करता। जैसा कि हम पहले ही स्पष्ट कर चुके हैं, मुख्यतः इसी तर्क के आधार पर कान्ट ने ईश्वर के समर्थन में दी गई प्रत्यय-सत्ता युक्ति का खंडन किया था। इस तर्क के अतिरिक्त डेकार्ट की उपर्युक्त मान्यता के विरुद्ध हॉलबाक ने यह तर्क भी दिया है कि मनुष्य के मन में वस्तुतः ईश्वर का कोई जन्मजात प्रत्यय नहीं है जिसे डेकार्ट ईश्वर के अस्तित्व का मूल आधार मानते हैं। ईश्वर के अस्तित्व के साथ-साथ डेकार्ट द्वारा वर्णित उसके स्वरूप पर भी हॉलबाक ने आपत्ति की है। इस संबंध में उनका कथन है कि डेकार्ट ईश्वर में पूर्णता, असीमता आदि जिन गुणों को आरोपित करते हैं वे मनुष्य के लिए अबोधगम्य हैं, क्योंकि उसके लिए इन शब्दों का वास्तव में कोई अर्थ नहीं है। वह किसी वस्तु के पूर्ण या असीम होने की कल्पना भी नहीं कर सकता। मनुष्य अपने अनुभव तथा अपनी तर्कबुद्धि द्वारा भौतिक जगत् और उससे संबंधित वस्तुओं को ही जान सकता है जो अनिवार्यतः अपूर्ण या सीमित होती हैं। वह किसी ऐसी वस्तु की कल्पना नहीं कर सकता जो भौतिक जगत् से उत्पन्न नहीं हुई है, जिसका किसी भी रूप में इस भौतिक जगत् से कोई संबंध नहीं है और जो सभी दृष्टियों से पूर्ण अथवा असीम है।

डेकार्ट के ईश्वरवाद का खंडन करने के साथ-साथ अन्य अनेक विचारकों की भाँति हॉलबाक ने भी यह कहा है कि डेकार्ट का दर्शन वस्तुतः ईश्वरवाद के स्थान पर निरीश्वरवाद का समर्थन करता है। अपने इसी मत को स्पष्ट करते हुए वे कहते हैं : "हम डेकार्ट पर पूरी सतर्कता के साथ निरीश्वरवाद का आरोप लगा सकते हैं, क्योंकि वे उन दुर्बल प्रमाणों को बहुत प्रभावशाली ढंग से नष्ट कर देते हैं जो वे ईश्वर की सत्ता के समर्थन में प्रस्तुत करते हैं। . . . यदि ईश्वर का अस्तित्व निश्चित नहीं है तो हम यह कैसे मान सकते हैं कि हमें ईश्वर द्वारा कही गई बात पर अवश्य विश्वास करना चाहिए?"[43] इस प्रकार हॉलबाक ने डेकार्ट के ईश्वरवाद का केवल खंडन ही नहीं किया, अपितु उन पर निरीश्वरवादी दार्शनिक होने का आरोप भी लगाया है जिसे अनेक आधुनिक विद्वान भी उचित और तर्कसंगत मानते हैं।

यहाँ यह उल्लेखनीय है कि हॉलबाक ने क्लार्क और डेकार्ट के अतिरिक्त महान वैज्ञानिक, न्यूटन के ईश्वर विषयक विश्वास के विरुद्ध भी अपने तर्क प्रस्तुत किए हैं। हम पिछले अध्याय में यह बता चुके हैं कि न्यूटन ब्रह्माण्ड के संचालन तथा नियमन के लिए ईश्वर के अस्तित्व को स्वीकार करते थे। वे यह मानते थे कि ईश्वर ही समस्त ग्रह-नक्षत्रों को गति प्रदान करता है और वही उनमें उत्पन्न होनेवाली अनियमितताओं को भी समय-समय पर स्वयं दूर कर देता है। इस प्रकार उनके मतानुसार ब्रह्माण्ड का अंतिम संचालक तथा नियंता सर्वशक्तिमान और सर्वज्ञ ईश्वर

43. वही पुस्तक, पृ. 225-226.

ही है। परंतु हॉलबाक ने न्यूटन की इस मान्यता का स्पष्टतः खंडन किया है। उनका कथन है कि न्यूटन ईश्वर विषयक विश्वास के संबंध में उस वैज्ञानिक विधि का अनुसरण नहीं करते जिसे उन्होंने भौतिक जगत् और प्रकृति का अध्ययन करने के लिए स्वीकार किया था। इसी कारण वे इस ईश्वर संबंधी विश्वास की निष्पक्ष वैज्ञानिक परीक्षा करने के स्थान पर इसे केवल अपनी धार्मिक आस्था के आधार पर बिना किसी प्रमाण के ही स्वीकार कर लेते हैं। हॉलबाक का मत है कि महान वैज्ञानिक होते हुए भी न्यूटन ईश्वर के विषय में अपने बाल्यकालीन धार्मिक पूर्वाग्रहों से मुक्त नहीं हो सके। यही कारण है कि उन्होंने ईश्वर के अस्तित्व को तर्कों द्वारा प्रमाणित करने की कोई आवश्यकता ही नहीं समझी। वे अपने बाल्यकालीन धार्मिक संस्कारों तथा पूर्वाग्रहों से प्रेरित होकर ईश्वर की सत्ता में विश्वास कर लेते हैं और उसे ही विश्व का संचालक एवं नियंता भी मान लेते हैं। न्यूटन के ईश्वर विषयक विश्वास के विरुद्ध अपना यही तर्क प्रस्तुत करते हुए हॉलबाक ने लिखा है : "संक्षेप में जब महान न्यूटन भौतिकी एवं तर्क को छोड़कर धर्मशास्त्र के काल्पनिक क्षेत्रों में अपने आप को खो देते हैं तो वे एक शिशु के अतिरिक्त और कुछ नहीं रह जाते। . . . ऐसा प्रतीत होता है कि न्यूटन ईश्वर में उन्हीं गुणों को आरोपित करते हैं जो केवल शून्य के लिए ही उपयुक्त हैं, किसी अन्य वस्तु के लिए नहीं। . . . यह ईश्वर अपने अनिवार्य नियमों के अनुसार कार्य करनेवाली उस प्रकृति की अपेक्षा अधिक और कुछ नहीं है जिसका मानवीकरण कर दिया गया है और जिसे 'ईश्वर' का नाम दे दिया गया है।"[44]

हॉलबाक के अनुसार, न्यूटन स्वयं स्पष्टतः यह स्वीकार करते हैं कि हम ईश्वर को कभी नहीं जान सकते; उसके संबंध में बात करना हमारे लिए ठीक वैसा ही है जैसा जन्म से दृष्टिहीन व्यक्ति के लिए रंग के विषय में बात करना। दूसरे शब्दों में, न्यूटन यह मानते हैं कि मानवीय अनुभव और तर्कबुद्धि से परे होने के कारण ईश्वर मनुष्य के लिए पूर्णतः अज्ञेय है। स्पष्टतः इसका अर्थ यही है कि वस्तुपरक वैज्ञानिक विधियों द्वारा ईश्वर के अस्तित्व और उसके स्वरूप की निष्पक्ष परीक्षा करना संभव नहीं है। वस्तुतः ईश्वर के संबंध में न्यूटन की इसी धार्मिक एवं आस्थापरक मान्यता के कारण हॉलबाक ने उनके ईश्वर विषयक विश्वास को केवल काल्पनिक और निराधार पूर्वाग्रह माना है। उनका कथन है कि न्यूटन भौतिक जगत् में तो समस्त नियमों एवं सिद्धांतों के लिए विश्वसनीय प्रमाणों का होना अनिवार्य मानते हैं, किंतु धर्म के क्षेत्र में प्रवेश करते ही वे कल्पना-जगत् में विचरण करने लगते हैं और अपनी इसी कल्पना के आधार पर राजा के समान विश्व के शासक तथा नियंता के रूप में ईश्वर की सत्ता को अनायास ही स्वीकार कर लेते हैं। इस प्रकार हॉलबाक के विचार में न्यूटन का ईश्वर वस्तुतः एक ऐसा काल्पनिक मिथक है जिसका कोई तर्कसंगत आधार नहीं है।

ईश्वरवादी विचारकों के मत की आलोचना करने के पश्चात हॉलबाक ने ईश्वर की सत्ता के समर्थन में दी जानेवाली प्रयोजनपरक युक्ति का खंडन किया है। जैसा कि हम पिछले अध्यायों में देख चुके हैं, इस युक्ति को प्रस्तुत करनेवाले दार्शनिक विश्व

44. वही पुस्तक, पृ. 227-230.

में विद्यमान व्यवस्था एवं समायोजन के आधार पर इसके बुद्धिमान रचयिता के रूप में ईश्वर के अस्तित्व को प्रमाणित करने का प्रयास करते हैं। परंतु हॉलबाक का विचार है कि यह प्रयोजनपरक युक्ति वास्तव में ईश्वर की सत्ता को सिद्ध नहीं कर पाती। इस युक्ति के विरुद्ध उन्होंने निम्नलिखित दो तर्क प्रस्तुत किए हैं। उनका प्रथम तर्क यह है कि प्रकृति में 'व्यवस्था' या 'अव्यवस्था' जैसी कोई वस्तु नहीं है; ये दोनों शब्द प्रकृति के प्रति मनुष्य के अपने दृष्टिकोण को ही अभिव्यक्त करते हैं। प्रकृति की जो स्थिति हमारे अनुकूल होती है और जो हमें आनंद तथा सुरक्षा प्रदान करती है उसे हम 'व्यवस्था' की संज्ञा देते हैं। इसके विपरीत जिस प्राकृतिक स्थिति के कारण हमें दुःख प्राप्त होता है और हमारे जीवन में अशांति या असुरक्षा उत्पन्न होती है उसे हम 'अव्यवस्था' कहते हैं। परंतु प्रकृति में वस्तुतः न व्यवस्था होती है और न अव्यवस्था; उसके अंतर्गत जो कुछ भी घटित होता है वह केवल अनिवार्य प्राकृतिक नियमों का ही परिणाम होता है जिसमें इन नियमों के विरुद्ध किसी प्रकार का परिवर्तन संभव नहीं है। अपने इस प्रथम तर्क के आधार पर प्रयोजनपरक युक्ति का खंडन करते हुए हॉलबाक कहते हैं : "व्यवस्था . . . हम पर पड़नेवाला केवल वह प्रभाव है जो गतिशील वस्तुओं से उत्पन्न होता है। . . . हमारे अपने दृष्टिकोण के अनुसार ही प्रकृति की व्यवस्था बाधित अथवा नष्ट हो सकती है, किंतु स्वयं प्रकृति के लिए यह व्यवस्था कभी बाधित नहीं होती, क्योंकि वह जो कुछ करती है उसके अतिरिक्त और कुछ नहीं कर सकती।"[45] इस प्रकार हॉलवाक के अनुसार, प्रकृति में सब कुछ अनिवार्य नियमों के कारण ही घटित होता है, अतः स्वयं उसकी दृष्टि से 'व्यवस्था' और 'अव्यवस्था' इन शब्दों का कोई अर्थ नहीं हो सकता।

प्रयोजनपरक युक्ति के विरुद्ध हॉलबाक का दूसरा तर्क यह है कि यदि प्रकृति में विद्यमान व्यवस्था एवं समायोजन के आधार पर ईश्वर को 'बुद्धिमान रचयिता' कहा जाता है तो उसमें विद्यमान अव्यवस्था, असमायोजन तथा अपूर्णता द्वारा ईश्वर को अपूर्ण और शक्तिहीन भी प्रमाणित किया जा सकता है। इतना ही नहीं, विश्व में जो अनावश्यक पीड़ा पाई जाती है उसे ध्यान में रखते हुए ईश्वर को जीवों के प्रति उदासीन अथवा निर्दय भी कहा जा सकता है। यदि ईश्वर ही विश्व का रचयिता है, जैसा कि ईश्वरवादी विचारक दावा करते हैं, तो उसमें विद्यमान व्यवस्था और अव्यवस्था दोनों के लिए वही उत्तरदायी है। वस्तुतः इस तथ्य द्वारा यही सिद्ध होता है कि विश्व-रचयिता के रूप में सर्वज्ञ तथा सर्वशक्तिमान ईश्वर का अस्तित्व नहीं है। परंतु ईश्वरवादी दार्शनिक इस महत्वपूर्ण तथ्य की उपेक्षा करते हुए विश्व में पाई जानेवाली व्यवस्था के लिए तो ईश्वर को श्रेय प्रदान करते हैं, किंतु उसमें विद्यमान अव्यवस्था, अपूर्णता और असमायोजन के उत्तरदायित्व से उसे मुक्त कर देते हैं जो निश्चय ही उचित एवं तर्कसंगत नहीं है। ईश्वर के संबंध में इन दार्शनिकों का यह एकांगी दृष्टिकोण उसकी सत्ता को प्रमाणित करने के स्थान पर उसके प्रति उनके अपने पूर्वाग्रह को ही व्यक्त करता है।

45. वही पुस्तक, पृ. 231.

प्रयोजनपरक युक्ति के विरुद्ध अपने उपर्युक्त दूसरे तर्क की व्याख्या करते हुए हॉलबाक ने लिखा है : "यदि यह ईश्वर उसके अतिरिक्त और कुछ नहीं कर सकता जो उसने किया है तो वह न स्वतंत्र है और न सर्वशक्तिमान। यदि वह अपनी इच्छा में परिवर्तन करता है तो वह अपरिवर्तनशील नहीं है। यदि वह उन प्राणियों को दुःख का अनुभव करने देता है जिन्हें उसने संवेदनशील बनाया है तो उसमें शुभत्व का अभाव है। यदि वह अपनी रचनाओं को अधिक सुदृढ़ नहीं बना पाया है तो उसमें योग्यता अथवा क्षमता की कमी है।"[46] हॉलबाक के इस उद्धरण से यह स्पष्ट है कि उनके अनुसार प्रयोजनपरक युक्ति सर्वज्ञ, सर्वशक्तिमान तथा सभी दृष्टियों से पूर्ण ईश्वर के अस्तित्व को सिद्ध नहीं करती। इसी कारण वे यह कहते हैं कि यदि ईश्वर के स्थान पर केवल प्रकृति को ही सभी वस्तुओं तथा जीवों की उत्पत्ति का मूल स्रोत मान लिया जाए तो विश्व में प्रतीत होनेवाली व्यवस्था और अव्यवस्था दोनों की तर्कसंगत व्याख्या की जा सकती है। वस्तुतः समस्त प्राणियों के जीवन में सुख और दुःख दोनों ही विद्यमान रहते हैं, अतः केवल वही सिद्धांत संतोषजनक है जो इन दोनों के कारणों को भली-भाँति स्पष्ट कर सके और ऐसा सिद्धांत प्रकृतिवाद अथवा भौतिकवाद ही है। इस प्रकार हॉलबाक का निष्कर्ष यह है कि प्रयोजनपरक युक्ति उस रूप में ईश्वर की सत्ता को प्रमाणित नहीं कर सकती जिस रूप में ईश्वरवादी विचारक उसे स्वीकार करते हैं।

अपने उपर्युक्त भौतिकवादी सिद्धांत की व्याख्या करते हुए हॉलबाक ने अपनी पुस्तक, 'दि सिस्टम ऑफ नेचर' के अंत में पुनः यह स्पष्ट किया है कि संपूर्ण ब्रह्माण्ड का अंतिम मूल स्रोत स्वतः अस्तित्ववान, सर्वव्यापी तथा स्वतः गतिशील पुद्गल ही है, ईश्वर या कोई अन्य आध्यात्मिक शक्ति अथवा सत्ता नहीं। उनका कथन है कि प्राचीन काल में ब्रह्माण्ड की व्याख्या करने के लिए मनुष्य ने ईश्वर की जो कल्पना की थी उसका मूल कारण था प्रकृति और उसके अनिवार्य नियमों के विषय में स्वयं मनुष्य का अपना अज्ञान। इस अज्ञान के परिणामस्वरूप वह जिन प्राकृतिक घटनाओं तथा वस्तुओं की व्याख्या करने में असमर्थ था उन सबको उसने एक अति-प्राकृतिक शक्ति द्वारा उत्पन्न मान लिया और इसी शक्ति को उसने 'ईश्वर' की संज्ञा दी। आज भी जब कोई साधारण व्यक्ति किसी घटना के प्राकृतिक कारणों को नहीं समझ पाता तो वह ईश्वर को ही उस घटना का कारण मानकर संतोष कर लेता है। मनुष्य की इस मनोवृत्ति से यह स्पष्टतः सिद्ध होता है कि ईश्वर के प्रत्यय की उत्पत्ति वस्तुतः मानवीय अज्ञान और असमर्थता से ही हुई है। विश्व में विद्यमान वस्तुओं तथा प्राणियों और उसमें घटित होनेवाली घटनाओं के प्राकृतिक कारणों का हम जितना अधिक ज्ञान प्राप्त करेंगे हमारे जीवन में ईश्वर की आवश्यकता एवं व्यापकता उतनी ही कम होती जाएगी। गत कुछ शताब्दियों में विज्ञान के उदय तथा विकास के फलस्वरूप जीवन और जगत् के प्रति मानव के दृष्टिकोण में जो महान परिवर्तन हुआ है वह इसी तथ्य का प्रमाण है। अपने पूर्वजों के विपरीत आज हम सामान्यतः प्राकृतिक आपदाओं तथा रोगों से मुक्त होने और अपनी आर्थिक एवं सामाजिक समस्याओं का समाधान करने

46. वही पुस्तक, पृ. 231-232.

के लिए ईश्वर की उपासना के स्थान पर वैज्ञानिक विधियों तथा उपायों का प्रयोग करते हैं जिससे यही प्रमाणित होता है कि अब हमारे जीवन में ईश्वर की भूमिका अपेक्षाकृत बहुत कम हो गई है।

वस्तुतः मनुष्य अब इस मूल सत्य को समझने लगा है कि विश्व में जिन वस्तुओं तथा प्राणियों का अस्तित्व है और इसमें जो घटनाएँ घटित होती हैं उन सबके प्राकृतिक कारण हैं; उन्हें कोई देवता या ईश्वर उत्पन्न नहीं करता। हॉलबाक ने अपनी उपर्युक्त पुस्तक के अंत में इसी मूल सत्य को प्रस्तुत किया है। उनका कथन है कि इस संसार में जो कुछ होता है उसका कारण न तो ईश्वर है और न केवल आकस्मिक संयोग। समस्त वस्तुओं तथा घटनाओं की व्याख्या उनके प्राकृतिक कारणों के आधार पर ही की जा सकती है। दूसरे शब्दों में, कोई भी घटना केवल संयोगवश घटित नहीं होती; उसका कोई प्राकृतिक कारण अवश्य होता है–फिर चाहे हमें इस कारण का ज्ञान हो या न हो। इस विशाल प्रकृति में ईश्वर की भाँति संयोग अथवा आकस्मिकता के लिए भी कोई स्थान नहीं है। हम जिस घटना के प्राकृतिक कारण को जानने में असमर्थ होते हैं उसे हम संयोगवश घटित घटना मान लेते हैं, किंतु वस्तुतः प्रकृति में 'संयोग' नामक कोई वस्तु नहीं होती। भौतिक अथवा प्राकृतिक घटनाओं के विषय में 'संयोग' शब्द का प्रयोग हमारी अपनी अनभिज्ञता को ही अभिव्यक्त करता है।

अपनी उपर्युक्त मान्यताओं के आधार पर विश्व की व्याख्या के संबंध में ईश्वरवाद तथा यदृच्छावाद इन दोनों सिद्धांतों का तर्कतः खंडन करते हुए हॉलबाक ने लिखा है : "धर्मशास्त्री ईश्वर के आधार पर ऐसी प्रत्येक वस्तु की व्याख्या करके कठिनाइयों का समाधान करते हैं जिसके विषय में वे अनभिज्ञ हैं अथवा जिसके संबंध में वे यह नहीं चाहते कि लोग उसके वास्तविक कारणों को समझ लें। . . . जगत् का अध्ययन करते समय हम उन घटनाओं के भौतिक कारण को स्वीकार करते हैं जो इसमें घटित होती हैं, और यह कारण प्रकृति है जिसकी शक्ति का ज्ञान उन व्यक्तियों को प्राप्त होता है जो इसका अध्ययन करते हैं। . . . हम उन प्रभावों को आकस्मिक अथवा संयोगात्मक कहते हैं जिनके कारणों से हम अनभिज्ञ हैं और जिनकी भविष्यवाणी करने के संबंध में हमारा अज्ञान तथा अनुभव बाधक सिद्ध होते हैं। हम उन सब घटनाओं को संयोगवश घटित मान लेते हैं जिनके साथ कारणों के अनिवार्य संबंध को हम समझ नहीं पाते। . . . वे सब प्रमाण, जिन पर धर्मशास्त्र अपने ईश्वर के अस्तित्व को आधारित मानने का ढोंग करता है, इस मिथ्या सिद्धांत से उत्पन्न होते हैं कि पुद्गल स्वतः अस्तित्ववान नहीं है और वह स्वभावतः स्वयं गतिशील नहीं हो सकता, और परिणामतः वह उन वस्तुओं तथा घटनाओं को उत्पन्न करने में असमर्थ है जिन्हें हमारे जिज्ञासापूर्ण नेत्र इस विशाल जगत् में देखते हैं।"[47] हॉलबाक के उपर्युक्त विचारों से यह स्पष्ट है कि वे ईश्वरवाद तथा यदृच्छावाद दोनों का निषेध करते हुए संपूर्ण ब्रह्माण्ड की व्याख्या केवल भौतिकवाद के आधार पर करते हैं और निरीश्वरवाद इस भौतिकवाद का अनिवार्य परिणाम है, अतः कुछ अन्य दार्शनिकों की भाँति उन्हें भी अठारहवीं शताब्दी का प्रमुख निरीश्वरवादी विचारक माना जाता है।

47. वही पुस्तक, पृ. 233-236.

6. निष्कर्ष

प्रस्तुत अध्याय के पिछले खंडों में हमने अठारहवीं शताब्दी के कुछ महत्त्वपूर्ण निरीश्वरवादी दार्शनिकों के विचारों की विस्तृत विवेचना की है। यह संपूर्ण विवेचना इन दार्शनिकों के विषय में कुछ सामान्य निष्कर्षों की ओर संकेत करती है जिनका यहाँ संक्षेप में उल्लेख कर देना आवश्यक है। सर्वप्रथम ये निरीश्वरवादी दार्शनिक ईश्वरवाद सहित सभी प्रकार के अध्यात्मवाद का खंडन करते हुए प्रकृतिवादी अथवा भौतिकवादी विचारधारा का स्पष्टतः समर्थन करते हैं। इसका प्रमाण यह है कि इन दार्शनिकों ने ईश्वर के साथ-साथ समस्त अलौकिक देवी-देवताओं तथा शरीर से भिन्न एवं स्वतंत्र अभौतिक आत्मा के अस्तित्व को भी अस्वीकार किया है और इन अति-प्राकृतिक सत्ताओं के स्थान पर प्रकृति अथवा पुद्गल को ही ब्रह्माण्ड का एकमात्र अंतिम मूल तत्त्व माना है। उनका स्पष्ट और निश्चित मत है कि इस ब्रह्माण्ड में जो कुछ है उसकी व्याख्या पुद्गल तथा अनिवार्य प्राकृतिक नियमों के आधार पर ही की जा सकती है, काल्पनिक ईश्वर या अन्य अलौकिक सत्ताओं के आधार पर नहीं।

उपर्युक्त भौतिकवादी तत्त्वमीमांसा के अतिरिक्त ये सभी निरीश्वरवादी दार्शनिक किसी-न-किसी रूप में अनुभववादी ज्ञानमीमांसा को भी स्वीकार करते हैं जो इनकी तत्त्वमीमांसा का मूल आधार है। वे यह मानते हैं कि मानवीय अनुभव एवं तर्कबुद्धि ही यथार्थ ज्ञान के विश्वसनीय स्रोत हैं और इनके द्वारा ईश्वर, आत्मा अथवा किसी अन्य अति-प्राकृतिक शक्ति का अस्तित्व प्रमाणित नहीं होता। स्पष्टतः इसका अर्थ यही है कि इन दार्शनिकों की अनुभववादी ज्ञानमीमांसा में अलौकिक सत्ताओं के धार्मिक ज्ञान के लिए कोई स्थान नहीं है जिसे धार्मिक अनुभव का अनिवार्य आधार माना जाता है। इन अलौकिक सत्ताओं का निषेध करने के कारण ये दार्शनिक सामान्य अर्थ में धार्मिक ज्ञान तथा धार्मिक अनुभव की संभावना को भी स्वीकार नहीं करते। इतना ही नहीं, इनमें से कुछ दार्शनिकों ने तो 'धर्म' शब्द के प्रचलित अर्थ में उसकी तीव्र आलोचना भी की है जिसका हम पिछले खंडों में यथास्थान उल्लेख कर चुके हैं। उनके मतानुसार, प्रचलित सामान्य अर्थ में धर्म केवल सैद्धांतिक दृष्टि से ही मिथ्या और निराधार नहीं है, अपितु वह व्यावहारिक दृष्टि से भी व्यक्ति तथा समाज दोनों के लिए हानिकारक है। इस प्रकार ये दार्शनिक मानव-समाज को अलौकिकवाद और उस पर आधारित धर्म के दुष्प्रभाव से मुक्त करना चाहते हैं, क्योंकि वे यह मानते हैं कि इस मुक्ति में ही मनुष्य का वास्तविक कल्याण निहित है।

प्रस्तुत अध्याय में वर्णित सभी निरीश्वरवादी विचारकों के मत का एक अन्य सामान्य निष्कर्ष यह भी है कि वे ईश्वरवाद से संबंधित समस्त महत्त्वपूर्ण पक्षों का अनेक तर्कों द्वारा खंडन करते हैं। हम पिछले खंडों में देख चुके हैं कि इन विचारकों ने ईश्वर की सत्ता के समर्थन में दिए गए प्रमुख प्रमाणों को अविश्वसनीय मानते हुए उन्हें स्पष्टतः अस्वीकार किया है। उनका कथन है कि ये प्रमाण वस्तुतः ईश्वर के अस्तित्व को असंदिग्ध रूप से प्रमाणित नहीं करते। इसके विपरीत ईश्वरवादी दार्शनिक ईश्वर में जिन मानवीय गुणों को असीमित मात्रा में आरोपित करते हैं उनके कारण

उसके स्वरूप में अनेक गंभीर स्वतोव्याघात उत्पन्न हो जाते हैं जो हमारे लिए उसकी अवधारणा को निरर्थक और अबोधगम्य बना देते हैं। इन ईश्वरवादी दार्शनिकों ने परोक्ष रूप से इस तथ्य को स्वयं भी स्वीकार किया है, क्योंकि वे ईश्वर को मानवीय अनुभव और तर्कबुद्धि से परे बताकर उसे मनुष्य के लिए अज्ञेय मानते हैं। परंतु वे इस महत्त्वपूर्ण तथ्य की उपेक्षा करते हैं कि मनुष्य जिस ईश्वर को किसी भी उपाय द्वारा जान ही नहीं सकता उसके अस्तित्व में विश्वास करना उसके लिए न तो संभव है और न उचित। इस प्रकार प्रस्तुत अध्याय में जिन निरीश्वरवादी दार्शनिकों के मत का विवेचन किया गया है उन सबने अपने भौतिकवादी दर्शन पर आधारित अनेक प्रबल प्रमाणों द्वारा यही सिद्ध किया है कि ईश्वरवाद को स्वीकार करने का कोई तर्कसंगत आधार नहीं है। हम अगले अध्यायों में देखेंगे कि बहुत-से परवर्ती निरीश्वरवादी दार्शनिकों ने भी उनके इसी निष्कर्ष का समर्थन किया है।

अध्याय-12

उन्नीसवीं शताब्दी के कुछ प्रमुख निरीश्वरवादी विचारक

1. पृष्ठभूमि–पी.बी. शैली

पिछले अध्याय में हम सविस्तार यह बता चुके हैं कि अठारहवीं शताब्दी के अनेक पाश्चात्य दार्शनिकों ने निरीश्वरवाद के विकास में अपना महत्त्वपूर्ण योगदान किया था। इसी प्रकार, उन्नीसवीं शताब्दी में भी बहुत-से पश्चिमी विचारकों ने अपने प्रकृतिवादी तथा भौतिकवादी सिद्धांतों द्वारा निरीश्वरवाद के इस विकास में पर्याप्त सहायता प्रदान की थी। इन विचारकों में फ़ायरबाक, डार्विन, मार्क्स, होलियोक, ब्रैडलॉफ़ आदि के नाम विशेष रूप से उल्लेखनीय हैं। प्रस्तुत अध्याय में हम इन सभी विचारकों के निरीश्वरवादी सिद्धांतों की कुछ विस्तार से विवेचना करेंगे। इन विचारकों के अतिरिक्त बुचनर, हैकल आदि उन्नीसवीं शताब्दी के कुछ अन्य विचारकों ने भी निरीश्वरवाद का समर्थन किया था, अतः इस अध्याय के अंतिम खंड में इनकी निरीश्वरवादी विचारधारा की भी संक्षिप्त चर्चा की जाएगी। परंतु इन सब विचारकों के निरीश्वरवादी सिद्धांतों पर विचार करने से पूर्व यहाँ पृष्ठभूमि के रूप में एक पाश्चात्य साहित्यकार की निरीश्वरवादी विचारधारा का उल्लेख कर देना रोचक तथा प्रासंगिक होगा। ये साहित्यकार हैं अंग्रेज़ी के सुविख्यात कवि, पी.बी. शैली जिनका जन्म अठारहवीं शताब्दी के अंतिम दशक में हुआ था।

अंग्रेज़ी साहित्य के अध्येयता एक भावुक कवि के रूप में पी.बी. शैली (1792-1822) के नाम से भली-भाँति परिचित हैं, किंतु संभवतः बहुत कम पाठक यह जानते हैं कि शैली सरस कवि होने के साथ-साथ प्रबुद्ध गद्य-लेखक तथा निरीश्वरवादी विचारक भी थे जो मानव-जीवन में तर्कबुद्धि को विशेष महत्त्व देते थे और ऐसे प्रत्येक धार्मिक विश्वास को अस्वीकार करते थे जो तर्क के विरुद्ध एवं सत्यान्वेषण में बाधक सिद्ध होता है। शैली का जन्म 4 अगस्त, 1792 में अभिजात्य वर्ग के एक संपन्न, किंतु धर्मपरायण, परिवार में हुआ था जो ईसाई धर्म के सिद्धांतों में पूर्णतः विश्वास

करता था। ऑक्सफ़ोर्ड विश्वविद्यालय में प्रवेश करने से पूर्व उन्होंने 'ईटन' नामक प्रसिद्ध विद्यालय में शिक्षा प्राप्त की थी जहाँ अपने साथियों से भिन्न तथा परंपरा-विरोधी विचारों के कारण वे 'पागल शैली' के नाम से विख्यात हो गए थे। इससे यह ज्ञात होता है कि बाल्यकाल से ही वे अन्य साधारण छात्रों के समान परंपराओं के अनुसार आचरण नहीं करते थे। उनका यह परंपरा-विरोधी तथा क्रांतिकारी स्वभाव आजीवन बना रहा।

आक्सफोर्ड विश्वविद्यालय में प्रवेश करने के पश्चात 1811 में शैली ने ईश्वरवाद के विरुद्ध 'दि नैसेसिटी ऑफ़ एथीइज़्म' नामक जो प्रथम लघु पुस्तिक लिखी थी उसमें उनके धर्म संबंधी परंपरा-विरोधी विचारों को स्पष्टतः देखा जा सकता है। जब उनसे अपने इस कार्य के लिए अधिकारियों से क्षमा माँगने को कहा गया तो उन्होंने ऐसा करना स्वीकार नहीं किया, अतः उन्हें विश्वविद्यालय से निकाल दिया गया। इसी प्रकार, जीवन में अन्य बहुत-से अवसरों पर भी शैली को अपने इस क्रांतिकारी स्वभाव के फलस्वरूप बहुत कष्ट सहन करने पड़े, परंतु फिर भी उन्होंने उन परंपरा-विरोधी सिद्धांतों का परित्याग नहीं किया जिनमें वे विश्वास करते थे। अपने इस स्वभाव के कारण उन्हें 1818 में अपना देश, इंग्लैंड छोड़कर इटली जाना पड़ा जहाँ से वे फिर कभी स्वदेश नहीं लौट सके। इससे पूर्व अपनी पत्नी से अलग हो जाने के बाद उन्हें धर्म-विरोधी विचारों के परिणामस्वरूप अपने बच्चों के पालन-पोषण के अधिकार से भी वंचित होना पड़ा था। इस प्रकार यह स्पष्ट है कि अन्य बहुत-से निरीश्वरवादियों की भाँति शैली को भी अपने अल्पकालीन जीवन में ही निरीश्वरवादी विचारधारा में विश्वास करने का भारी मूल्य चुकाना पड़ा। धर्मांधता से ग्रस्त मानव-समाज में जो विचारक अंधविश्वासों तथा रूढ़ियों से मुक्त होकर सत्य के अनुसंधान का प्रयास करते हैं उन सबकी सदा यही दुःखद नियति रही है। जुलाई 1822 में लगभग तीस वर्ष की अल्पायु में ही अमर साहित्य का सृजन तथा निरीश्वरवादी दर्शन का प्रबल समर्थन करनेवाले शैली का देहांत एक नाव-दुर्घटना के फलस्वरूप समुद्र में डूब जाने के कारण हुआ था। ईसाई धर्म के विरुद्ध उनका दाहसंस्कार किया गया और उनकी भस्म को रोम के कब्रिस्तान में दफ़ना दिया गया। संभवतः उनका यह दाहसंस्कार उनकी अंतिम इच्छा के अनुसार ही किया गया होगा जो उनके परंपरा-विरोधी विचारों का एक और प्रमाण है।

शैली ईसाई धर्म के तीव्र आलोचक तथा घोर विरोधी थे। वे यह मानते थे कि यह धर्म 'मूल पाप', 'मनुष्य का अधःपतन', 'नरक', 'दासता' आदि से संबंधित अपने मिथ्या सिद्धांतों द्वारा मानव की प्रतिष्ठा और स्वतंत्रता को नष्ट कर देता है। वह मनुष्य को सभी दृष्टियों से केवल ईश्वर पर पूर्णतः निर्भर मानकर उसकी आत्म-निर्भरता और अपनी समस्याओं के समाधान के लिए स्वयं प्रयास करने की इच्छा को भी समाप्त कर देता है। इसके अतिरिक्त ईसाई धर्म ने शोषण तथा अत्याचार पर आधारित सामाजिक एवं राजनीतिक व्यवस्था का समर्थन करके मानवीय दुःख में वृद्धि की है।[1]

1. देखिए, टैरी एल. मेयर्स का लेख, 'पर्सी बाइशी शैली', 'दि ऐन्साइक्लोपीडिया ऑफ़ अनबिलीफ़' में संकलित, संपादक गार्डन स्टीन, पृ. 622.

1810 में ऑक्सफ़ोर्ड विश्वविद्यालय में प्रवेश करने से पूर्व शैली अन्य अनेक तत्कालीन विचारकों की भाँति तटस्थेश्वरवाद में विश्वास करते थे जो ईश्वर को विश्व का रचयिता स्वीकार करते हुए भी उससे पूर्णतः पृथक् मानता है, जिसके अनुसार, यह विश्व ईश्वर-निर्मित अनुल्लंघनीय प्राकृतिक नियमों द्वारा शासित होता है और इसी कारण जिसमें चमत्कारों तथा उपासना के लिए कोई स्थान नहीं है। परंतु ऑक्सफ़ोर्ड विश्वविद्यालय में प्रवेश करने के पश्चात 1811 तक इस तटस्थेश्वरवाद में भी उनका विश्वास नहीं रहा था। इस सिद्धांत के स्थान पर अब वे निरीश्वरवाद को स्वीकार करने लगे थे। अपनी इस निरीश्वरवादी विचारधारा की व्याख्या करने के लिए शैली ने अनेक पुस्तकें भी लिखी थीं जो उन्नीसवीं शताब्दी के दूसरे दशक में प्रकाशित हुई थीं और जिन्हें कुछ विद्वानों ने पर्याप्त महत्त्व दिया है।[2]

निरीश्वरवाद से संबंधित शैली की प्रथम पुस्तक 1811 में प्रकाशित हुई जिसका शीर्षक था 'दि नैसेसिटी ऑफ़ एथीइज़्म'। जैसा कि इस पुस्तक के शीर्षक से ही ज्ञात होता है, इसमें शैली ने मनुष्य के लिए निरीश्वरवाद की आवश्यकता को स्पष्ट करने का प्रयास किया था। यद्यपि यह एक लघु पुस्तिका थी और बहुत ही संयमित भाषा में लिखी गई थी फिर भी इसके प्रकाशन के फलस्वरूप तत्कालीन धर्मपरायण विचारकों तथा शासकों में बहुत रोष उत्पन्न हुआ था। इस पुस्तिका के प्रकाशन के पश्चात ऑक्सफ़ोर्ड विश्वविद्यालय के अधिकारियों ने शैली को तुरंत विश्वविद्यालय से निकाल दिया और इसकी जो प्रतियाँ वितरित नहीं की जा सकी थीं उन सबको जला दिया गया।[3] 1813 में 'क्वीन मैब' नामक उनकी दूसरी पुस्तक प्रकाशित हुई जिसमें उन्होंने निरीश्वरवाद की अधिक विस्तार से व्याख्या की थी। निरीश्वरवाद से संबंधित शैली की तीसरी और अंतिम पुस्तक थी 'रिफ्यूटेशन ऑफ़ डीइज़्म' जो 1814 में प्रकाशित हुई थी। ह्यूम का अनुसरण करते हुए इस पुस्तक को उन्होंने परिसंवादों की नाटकीय शैली में लिखा था। निरीश्वरवाद की व्याख्या की दृष्टि से उनकी यह अंतिम पुस्तक अपेक्षाकृत अधिक महत्त्वपूर्ण मानी जाती है। इन तीन पुस्तकों के अतिरिक्त अपने मित्रों को लिखे बहुत-से पत्रों में भी शैली ने निरीश्वरवाद का स्पष्टतः समर्थन किया था।

अपनी उपर्युक्त पुस्तकों में शैली ने जिस प्रकार के निरीश्वरवाद का प्रतिपादन किया है वह अन्य निरीश्वरवादी दार्शनिकों द्वारा प्रतिपादित निरीश्वरवाद से कुछ भिन्न प्रकार का है। शैली के निरीश्वरवाद का संबंध ईश्वर के अस्तित्व की अपेक्षा उसके ज्ञान से अधिक है। दूसरे शब्दों में, वे प्रत्यक्षतः ईश्वर के अस्तित्व का खंडन करने के स्थान पर उसके ज्ञान की संभावना का निषेध करते हैं। उनका मत है कि ईश्वरवादी विचारक ईश्वर को जिस अशरीरी या अभौतिक सत्ता के रूप में प्रस्तुत करते हैं उस रूप में मनुष्य के लिए उसका ज्ञान प्राप्त करना असंभव है। इसका कारण यह है कि मनुष्य केवल इन्हीं वस्तुओं का ज्ञान प्राप्त कर सकता है जो उसके अनुभव के अंतर्गत आती हैं अथवा आ सकती हैं। उसके लिए ऐसी किसी वस्तु को जानना संभव नहीं

2. देखिए, डेविड बरमन, 'ए हिस्ट्री ऑफ़ एथीइज़्म इन ब्रिटेन', अध्याय 6.

3. देखिए, पाल ऐडवर्ड्स का लेख, 'एथीइज़्म', 'ऐन्साइक्लोपीडिया ऑफ़ फ़िलॉसॉफ़ी', खंड 1, पृ. 174.

है जिसे अनुभवातीत समझा जाता है। अपने इस अनुभववादी सिद्धांत की व्याख्या करते हुए शैली कहते हैं कि केवल तीन उपायों द्वारा किसी वस्तु के अस्तित्व का ज्ञान प्राप्त किया जा सकता है–इंद्रियजन्य अनुभव द्वारा, इस अनुभव से संबंधित तर्कना द्वारा और शब्द-प्रमाण द्वारा। इनमें से केवल प्रथम उपाय वास्तव में ज्ञान का मूल आधार है; अन्य दोनों उपाय इस प्रथम उपाय पर ही आधारित हैं। स्पष्टतः इसका तात्पर्य यही है कि मनुष्य के संपूर्ण ज्ञान का एकमात्र अंतिम मूल स्रोत उसका इंद्रियजन्य अनुभव है। जो वस्तु प्रत्यक्ष या परोक्ष रूप से उसके इस अनुभव का विषय नहीं हो सकती उसके अस्तित्व को वह कभी नहीं जान सकता। वस्तुतः अपनी इसी अनुभववादी ज्ञानमीमांसा के आधार पर शैली ने मनुष्य के लिए ईश्वर की सत्ता के ज्ञान का निषेध किया है, क्योंकि ईश्वर को सभी दृष्टियों से अनुभवातीत सत्ता माना जाता है। ईश्वरवादी विचारक स्वयं यह कहते हैं कि मनुष्य के लिए अनुभव द्वारा ईश्वर के अस्तित्व का ज्ञान प्राप्त करना संभव नहीं है। शैली के अनुसार, हम जिस वस्तु को नहीं जान सकते उसका अस्तित्व हमारे लिए केवल निराधार कल्पना के अतिरिक्त और कुछ नहीं हो सकता। ईश्वर का अस्तित्व भी एक ऐसी ही कल्पना है जिसमें विश्वास करना हमारे लिए संभव नहीं है।[4]

अपनी उपर्युक्त अनुभववादी ज्ञानमीमांसा को ध्यान में रखते हुए शैली ने ईश्वर के लिए किसी विश्वसनीय प्रमाण के अभाव के आधार पर भी उसकी सत्ता के ज्ञान को असंभव माना है। इस संबंध में उन्होंने सृष्टि-कारण-युक्ति, प्रयोजनपरक युक्ति तथा सार्वभौम विश्वास संबंधी युक्ति की विशेष रूप से आलोचना की है। वे प्रत्यय-सत्ता युक्ति की चर्चा ही नहीं करते, क्योंकि इस युक्ति का अनुभव से कोई संबंध नहीं है। इसका अर्थ यह है कि वे इस युक्ति को वास्तव में कोई महत्त्व नहीं देते। ईश्वर के अस्तित्व से संबंधित सभी प्रमुख युक्तियों को अविश्वसनीय बताकर शैली ने यही सिद्ध करने का प्रयास किया है कि मनुष्य के पास उसकी सत्ता में विश्वास करने के लिए कोई निश्चित और असंदिग्ध प्रमाण नहीं है। उनका विचार है कि जिस वस्तु को विश्वसनीय प्रमाणों द्वारा प्रमाणित नहीं किया जा सकता अथवा जिसके लिए प्रस्तुत किए गए सभी प्रमाण दोषपूर्ण सिद्ध हो चुके हैं उसके अस्तित्व को अस्वीकार करने का हमारे पास पर्याप्त और निश्चित कारण है। अपने इसी सिद्धांत के आधार पर शैली ईश्वर विषयक विश्वास की सत्यता का निषेध करते हैं। ईश्वर को एक काल्पनिक वस्तु मानते हुए अपनी पुस्तक, 'रिफ्यूटेशन ऑफ़ डीइज़्म' के अंत में वे स्पष्ट रूप से कहते हैं : "मैंने यह प्रमाणित कर दिया है कि जिस दर्शन को ऐपिक्यूरस, बेकन, न्यूटन, लॉक तथा ह्यूम स्वीकार करते थे उसके सिद्धांतों के अनुसार ईश्वर का अस्तित्व एक कल्पना मात्र है।"[5] इस उद्धरण से यह स्पष्ट है कि विश्वसनीय प्रमाणों के अभाव में शैली ईश्वर को मनुष्य की केवल निराधार कल्पना

4. देखिए, पी.बी. शैली, 'दि नैसेसिटी ऑफ़ एथीइज़्म', डेविड ली क्लार्क द्वारा संपादित पुस्तक, 'शैलीज़ प्रोज़', में संकलित, पृ. 39.

5. डेविड बरमन की पुस्तक, 'ए हिस्ट्री ऑफ़ एथीइज़्म इन ब्रिटेन' से उद्धृत, पृ. 141.

मानते हैं जिसका वास्तविकता से कोई संबंध नहीं है। उन्होंने स्पष्ट कहा है कि ईश्वर विषयक विश्वास के पक्ष में पर्याप्त प्रमाण न होने के कारण वे इस विश्वास का निषेध करने के अतिरिक्त और कुछ नहीं कर सकते—अर्थात्, उनके लिए केवल निरीश्वरवाद को स्वीकार करना अनिवार्य हो जाता है।

शैली ने अपनी अंतिम पुस्तक, 'रिफ्यूटेशन ऑफ़ डीइज़्म' में दो पात्रों के बीच परिसंवादों के माध्यम से नाटकीय शैली में ईश्वरवाद के विरुद्ध और निरीश्वरवाद के समर्थन में अपने तर्क प्रस्तुत किए हैं। दो भागों में विभक्त इस पुस्तक के प्रथम भाग में थियोसोफस नामक पात्र ईसाई धर्म के ईश्वरवाद का खंडन करता है, क्योंकि वह तटस्थेश्वरवाद का समर्थक है। इसके दूसरे भाग में ईसाई धर्म के ईश्वरवाद का दृढ़ समर्थक, यूसेबेस नामक पात्र अपने तर्कों द्वारा तटस्थेश्वरवाद का खंडन करता है। ऊपरी दृष्टि से देखने पर ऐसा प्रतीत होता है कि इन दोनों पात्रों के इस वादविवाद में ईसाई धर्म के ईश्वरवाद की विजय हुई है, किंतु वास्तविक स्थिति यह है कि इसके द्वारा तटस्थेश्वरवाद और ईसाई धर्म के ईश्वरवाद इन दोनों सिद्धांतों का खंडन हो जाता है। वस्तुतः इन दोनों सिद्धांतों का तर्कतः खंडन करना ही शैली की इस पुस्तक का अंतिम मूल उद्देश्य था जिसे उन्होंने बड़ी चतुराई से पूरा किया है। अब हम संक्षेप में उन मुख्य तर्कों की विवेचना करेंगे जो उन्होंने इस पुस्तक में ईश्वरवाद के विरुद्ध तथा निरीश्वरवाद के समर्थन में प्रस्तुत किए हैं।

'रिफ्यूटेशन ऑफ़ डीइज़्म' में यूसेबेस द्वारा दिए गए अंतिम लंबे भाषण के माध्यम से शैली ने ईश्वर की सत्ता के समर्थन में प्रस्तुत की गई प्रयोजनपरक युक्ति, सृष्टि-कारण-युक्ति तथा सार्वभौम विश्वास संबंधी युक्ति का अनेक तर्कों द्वारा खंडन किया है और ईश्वर के विरुद्ध कुछ अन्य तर्क भी दिए हैं। उनके ये सभी तर्क उनकी अनुभववादी ज्ञानमीमांसा पर ही आधारित हैं जिसका उल्लेख हम ऊपर कर चुके हैं। सर्वप्रथम प्रयोजनपरक युक्ति का खंडन करते हुए शैली कहते हैं कि हमें प्रकृति में किसी प्रकार के प्रयोजन का कोई अनुभव नहीं है। हम अपने अनुभव द्वारा यह नहीं जानते और न जान सकते हैं कि ईश्वर ने विश्व की रचना एक विशेष प्रयोजन की पूर्ति के लिए की है। मानव-निर्मित वस्तुओं के प्रयोजन को हम भली-भाँति समझ सकते हैं, क्योंकि हम अपने अनुभव द्वारा यह जानते हैं कि मनुष्य सभी वस्तुओं का निर्माण किसी निश्चित उद्देश्य की पूर्ति के लिए करता है। परंतु ईश्वर द्वारा विश्व की रचना के संबंध में हमें यह अनुभव प्राप्त नहीं है और न हो सकता है। इसका कारण यह है कि हमने कभी भी ईश्वर को विश्व की रचना करते हुए नहीं देखा और अनुभवातीत ईश्वर के विषय में हमारे लिए ऐसा अनुभव प्राप्त करना संभव भी नहीं है। ऐसी स्थिति में हम तार्किक दृष्टि से यह अनुमान नहीं लगा सकते कि ईश्वर ने एक विशेष उद्देश्य की पूर्ति के लिए इस विश्व की रचना की है। हम पिछले अध्याय में देख चुके हैं कि ह्यूम ने भी मुख्यतः इसी तर्क द्वारा प्रयोजनपरक युक्ति का खंडन किया था।

प्रयोजनपरक युक्ति के अतिरिक्त सृष्टि-कारण युक्ति के विरुद्ध शैली ने जो तर्क दिया है वह भी लगभग वैसा ही है जैसा ह्यूम ने इस युक्ति के विरुद्ध प्रस्तुत किया

था और जिसका उल्लेख हम पिछले अध्याय में कर चुके हैं। ह्यूम का अनुसरण करते हुए शैली भी यह कहते हैं कि हम केवल उन्हीं वस्तुओं में कारण-कार्य-संबंध को स्थापित कर सकते हैं जिन्हें हम अपने अनुभव द्वारा कारण और कार्य के रूप में बार-बार उपस्थित होते हुए देखते हैं। परंतु कारण के रूप में ईश्वर तथा कार्य—अर्थात्, उसकी रचना—के रूप में विश्व का हमें कोई अनुभव प्राप्त नहीं है, क्योंकि हमने कभी भी ईश्वर को विश्व की रचना करते हुए नहीं देखा। इस अनुभव के अभाव में हम ईश्वर तथा विश्व में तार्किक दृष्टि से कारण और कार्य का संबंध स्थापित नहीं कर सकते। दूसरे शब्दों में, हम तर्कतः यह अनुमान नहीं लगा सकते कि ईश्वर विश्व का कारण अथवा रचयिता है। मुख्यतः इसी तर्क के आधार पर शैली ने सृष्टि-कारण युक्ति को अस्वीकार किया है।

उपर्युक्त दोनों युक्तियों की भाँति सार्वभौम विश्वास संबंधी युक्ति का भी शैली स्पष्ट रूप से खंडन करते हैं। इस युक्ति के विरुद्ध उन्होंने वही तर्क प्रस्तुत किया है जो हॉलबाक ने दिया था और जिसे हम पिछले अध्याय में विस्तारपूर्वक स्पष्ट कर चुके हैं। हॉलबाक के समान शैली भी सर्वप्रथम यही कहते हैं कि ईश्वर विषयक विश्वास वास्तव में सार्वभौम विश्वास नहीं है। इसके अतिरिक्त जो मानव-समुदाय ईश्वर में विश्वास करते हैं उनकी ईश्वर संबंधी अवधारणाएँ भिन्न-भिन्न रही हैं। इन विविध अवधारणाओं पर मनुष्यों की विभिन्न परिस्थितियों तथा संस्कृतियों का पर्याप्त प्रभाव पड़ा है। इससे यही सिद्ध होता है कि ईश्वर का कोई एक निश्चित और सार्वभौम स्वरूप नहीं है। अंत में इस युक्ति के विरुद्ध शैली यह भी कहते हैं कि यदि ईश्वर विषयक विश्वास को सार्वभौम मान लिया जाए तो भी इससे यह प्रमाणित नहीं होता कि यह विश्वास सत्य है और ईश्वर का अस्तित्व है, क्योंकि किसी विश्वास के सत्य होने का निर्णय उसे स्वीकार करनेवाले व्यक्तियों की संख्या के आधार पर नहीं किया जा सकता। इस प्रकार हॉलबाक की भाँति शैली भी ईश्वर की सत्ता के समर्थन में दी गई सार्वभौम विश्वास संबंधी युक्ति को दोषपूर्ण तथा व्यर्थ मानते हैं। इन तीनों युक्तियों के विरुद्ध उनके उपर्युक्त तर्कों से यह स्पष्ट है कि वे विश्व-रचयिता के रूप में ईश्वर की अवधारणा को स्वीकार नहीं करते। इस संबंध में उन्होंने स्पष्ट कहा है कि ईश्वरवादी विचारकों के विश्व-रचना-सिद्धांत की अपेक्षा विश्व को शाश्वत अथवा नित्य मानने के विषय में भौतिकवादी दार्शनिकों का सिद्धांत कहीं अधिक युक्तिसंगत और संतोषजनक है।

ईश्वर के अस्तित्व के लिए प्रस्तुत उपर्युक्त तर्कों का खंडन करने के पश्चात शैली ने उसके स्वरूप के विरुद्ध भी एक प्रबल तर्क दिया है जिसका यहाँ उल्लेख कर देना आवश्यक है। उनका कथन है कि यदि ईश्वर बुद्धिमान और विचारशील सत्ता है, जैसा कि ईश्वरवादी दार्शनिक दावा करते हैं, तो उसका शरीरवान होना अनिवार्य है। इसका कारण यह है कि बुद्धि के लिए संवेदनों की आवश्यकता होती है और ये संवेदन शरीरयुक्त प्राणियों में ही संभव हैं। इसका अर्थ यह है कि केवल शरीरयुक्त प्राणी ही बुद्धिमान या विचारशील हो सकते हैं। परंतु ईश्वर को अभौतिक या अशरीरी सत्ता माना जाता है और ऐसी सत्ता का बुद्धिमान होना संभव नहीं है, क्योंकि वह किसी

प्रकार के संवेदनों का अनुभव नहीं कर सकती। यदि ईश्वर को बुद्धिमान माना जाए तो उसे शरीरयुक्त मानना भी अनिवार्य हो जाता है जिसके कारण अनेक गंभीर दार्शनिक कठिनाइयाँ उत्पन्न होती हैं जिनकी चर्चा हम पिछले अध्यायों में कर चुके हैं। यहाँ इस तथ्य का उल्लेख कर देना आवश्यक है कि ईश्वर के स्वरूप के विरुद्ध शैली का यह तर्क भी कोई मौलिक तथा नवीन तर्क नहीं है, क्योंकि उनसे बहुत पहले ही अनेक भारतीय और पाश्चात्य निरीश्वरवादी दार्शनिकों ने यह तर्क प्रस्तुत किया था जिसकी विवेचना पिछले अध्यायों में की जा चुकी है। इन सभी निरीश्वरवादी दार्शनिकों की भाँति शैली भी अंत में इसी निष्कर्ष पर पहुँचे हैं कि विश्व की व्याख्या के संबंध में ईश्वरवाद की अपेक्षा निरीश्वरवाद कहीं अधिक तर्कसंगत और संतोषप्रद सिद्धांत है।

शैली ने ईश्वरवाद के विरुद्ध ऊपर जो तर्क दिए हैं वे सब उनके इसी निष्कर्ष की पुष्टि करते हैं। उनका मत है कि प्रत्येक विचारशील व्यक्ति के लिए निरीश्वरवाद को स्वीकार करना अनिवार्य हो जाता है, क्योंकि उसके समक्ष इसके अतिरिक्त अन्य कोई युक्तिसंगत विकल्प नहीं है। शैली के अनुसार, यही निरीश्वरवाद की अनिवार्यता है जिसे वे पूर्णतः स्वीकार करते हैं और जिसकी व्याख्या करने के लिए उन्होंने अनेक पुस्तकें लिखी हैं।[6] इस प्रकार उपर्युक्त संपूर्ण विवेचन से यह स्पष्ट है कि उन्नीसवीं शताब्दी के प्रारंभ में ही उन्होंने निरीश्वरवाद का प्रबल और तर्कपूर्ण समर्थन किया था।

परंतु यह आश्चर्य की बात है कि शैली के इस स्पष्ट और सुनिश्चित निरीश्वरवादी सिद्धांत की उपेक्षा करते हुए कुछ विद्वानों ने यह कहा है कि वे वास्तव में निरीश्वरवादी विचारक नहीं थे। इन विद्वानों में कार्लस बेकर तथा डेविड ली क्लार्क के नाम उल्लेखनीय हैं। ये दोनों विद्वान यह मानते हैं कि शैली निरीश्वरवादी न होकर वस्तुतः अज्ञेयवादी थे। उदाहरणार्थ, बेकर के अनुसार, शैली यह तो अवश्य कहते हैं कि ईश्वर के समर्थन में अभी तक दिए गए प्रमाण विश्वसनीय नहीं है, किंतु वे यह भी स्वीकार करते हैं कि उसके अस्तित्व के लिए ऐसे अन्य अनेक प्रमाण दिए जा सकते हैं जिनका उन्हें ज्ञान नहीं है और जिनकी उन्होंने परीक्षा नहीं की है। शैली के निरीश्वरवादी सिद्धांत के विषय में बेकर की यह व्याख्या उचित एवं तर्कसंगत प्रतीत नहीं होती, क्योंकि शैली स्पष्ट रूप से यह कहते हैं कि उन्होंने ईश्वर के समर्थन में दिए गए सभी प्रकार के अनुभवाश्रित प्रमाणों की परीक्षा करके उन्हें दोषपूर्ण तथा अविश्वसनीय पाया है। उनके इस मत से यही सिद्ध होता है कि वे अज्ञेयवादी नहीं, निरीश्वरवादी विचारक थे। यदि ईश्वर के अस्तित्व को किसी विश्वसनीय तर्क द्वारा प्रमाणित नहीं किया जा सकता, जैसा कि शैली निश्चित रूप से मानते हैं, तो उसमें विश्वास करने के लिए हमारे पास कोई युक्तिसंगत आधार नहीं रह जाता। ऐसी स्थिति में शैली को निरीश्वरवादी कहने के स्थान पर अज्ञेयवादी कहना निश्चय ही उचित नहीं होगा। परंतु बेकर उन्हें अज्ञेयवादी मानकर उनके निरीश्वरवादी दर्शन से संबंधित इन तथ्यों की उपेक्षा करते हैं। यही बात क्लार्क के विषय में भी कही जा सकती है। वे भी शैली को निरीश्वरवादी मानने के स्थान पर अज्ञेयवादी ही मानते हैं। उनके अनुसार,

6. देखिए, 'रिफ्यूटेशन ऑफ़ डीइज़्म' की प्रस्तावना।

शैली ईश्वर की सत्ता का स्पष्ट रूप से निषेध नहीं करते; वे तो केवल इतना ही कहते हैं कि उसके अस्तित्व को तर्कों द्वारा प्रमाणित नहीं किया जा सकता। परंतु क्लार्क के इस मत के विरुद्ध भी वही आपत्ति उठाई जा सकती है जो ऊपर बेकर के मत के विरुद्ध उठाई गई है। यदि किसी तर्क या प्रमाण द्वारा ईश्वर की सत्ता को सिद्ध नहीं किया जा सकता तो हम विचारक के रूप में बौद्धिक आधार पर निश्चय ही उसमें विश्वास नहीं कर सकते। हम देख चुके हैं कि शैली ईश्वर के अस्तित्व के संबंध में इसी मत को पूर्णतः स्वीकार करते हैं। ऐसी स्थिति में हम यही कह सकते हैं कि उनके निरीश्वरवादी दर्शन के विषय में बेकर की भाँति क्लार्क का मत भी उचित और तर्कसंगत प्रतीत नहीं होता।

उपर्युक्त दोनों विद्वानों के विपरीत एक समकालीन दार्शनिक, डेविड बरमन शैली को निश्चित रूप से निरीश्वरवादी विचारक मानते हैं। उनका कथन है कि शैली ने अज्ञेयवाद का नहीं, अपितु वास्तव में निरीश्वरवाद का स्पष्ट रूप से समर्थन किया है। उनकी जिन तीन पुस्तकों का उल्लेख ऊपर किया गया है उन सभी में वे ईश्वरवाद का खंडन करते हुए निरीश्वरवाद को ही स्वीकार करते हैं। इसी कारण बरमन यह कहते हैं कि यदि शैली निरीश्वरवादी नहीं थे तो फिर कौन हो सकता है। स्पष्टतः इसका तात्पर्य यही है कि उन्हें शैली के निरीश्वरवादी दार्शनिक होने में किसी प्रकार का संदेह नहीं है। अपनी इसी मान्यता के कारण शैली के निरीश्वरवाद के विषय में बरमन ने लिखा है : "मेरा निष्कर्ष यह है कि 1811-1814 की अवधि में शैली निरीश्वरवादी थे। वे निरीश्वरवादी थे, क्योंकि, प्रथमतः, उन्होंने अपनी पुस्तक, 'दि नैसेसिटी' में ही नहीं, अपितु उस समय लिखे अपने पत्रों में भी स्वयं अपने आप को निरीश्वरवादी कहा है। द्वितीयतः, वे अपनी प्रकाशित कृतियों तथा अपने व्यक्तिगत पत्रों दोनों में ईश्वर के अस्तित्व का निषेध भी करते हैं। त्रितीयतः, वे 'निरीश्वरवादी' और 'ईश्वर' इन शब्दों का कोई विशेष अर्थ समझने के स्थान पर इनके सामान्य अर्थ को ही पूर्णतः स्वीकार करते हैं। चतुर्थतः, वे ईश्वर के अस्तित्व के विरुद्ध अपना तर्कपूर्ण मत भी प्रस्तुत करते हैं और उनका यह मत शायद उतना ही शक्तिशाली है जितना एक संक्षिप्त कृति में प्रस्तुत करना संभव है।"[7] डेविड बरमन के इस उद्धरण से यह स्पष्ट है कि वे शैली को सभी दृष्टियों से एक महत्त्वपूर्ण निरीश्वरवादी विचारक मानते हैं और उनका यह मत निश्चय ही उचित एवं तर्कसंगत है।

ईश्वर की सत्ता के विरुद्ध शैली ने जो तर्क दिए हैं उनसे बरमन के उपर्युक्त मत की भली-भाँति पुष्टि होती है। इन पूर्वोल्लिखित तर्कों के अतिरिक्त शैली ने धार्मिक अनुभव संबंधी उस युक्ति का भी खंडन किया है जो धर्मपरायण ईश्वरवादी विचारक ईश्वर के अस्तित्व के समर्थन में प्रायः प्रस्तुत करते हैं। इस युक्ति के विरुद्ध शैली का कथन है कि ईश्वरवादियों का तथाकथित ईश्वर विषयक साक्षात् अनुभव वास्तव में उसकी सत्ता को प्रमाणित नहीं करता। उनके इस मत का आधार लॉक का वह सिद्धांत है जिसके अनुसार मनुष्य के मन में जन्मजात प्रत्ययों, सिद्धांतों अथवा भावनाओं का अस्तित्व संभव नहीं है। इसका तात्पर्य यह है कि मनुष्य के समस्त प्रत्ययों तथा

7. डेविड बरमन, 'ए हिस्ट्री ऑफ़ एथीइज़्म इन ब्रिटेन', पृ. 143.

सिद्धांतों और उसकी सभी भावनाओं का एकमात्र मूल स्रोत उसका इंद्रियजन्य अनुभव ही है। लॉक के इसी सिद्धांत को स्वीकार करते हुए शैली कहते हैं कि यदि कुछ व्यक्तियों के मन में ईश्वर संबंधी भावना है तो इसका आधार भी कोई इंद्रियजन्य अनुभव ही होगा, क्योंकि यह भावना जन्मजात नहीं हो सकती। उनके इस कथन का अर्थ यही है कि ईश्वर ने मनुष्य के मन में इस भावना को उत्पन्न नहीं किया है जैसा कि धर्मपरायण ईश्वरवादी विचारक दावा करते हैं। इंद्रियजन्य अनुभव के आधार पर इस भावना के उद्गम के कारणों को स्पष्ट करके हम इसकी अनुभवात्मक प्रकृतिवादी व्याख्या कर सकते हैं।

अपनी उपर्युक्त मान्यता को स्पष्ट करते हुए शैली ने लिखा है : "इस भावना के किसी उद्गम की ओर संकेत अवश्य किया जा सकता है; एक समय ऐसा अवश्य रहा होगा जब इसका अस्तित्व नहीं था, अतः किसी एक समय पर इसका अस्तित्व प्रारंभ हुआ; यह भावना किसी इंद्रियजन्य संवेदना से ही उत्पन्न हुई होगी, क्योंकि सभी प्रत्यय इंद्रियों के माध्यम से ही उत्पन्न होते हैं; परिणामतः इसका अनुभव करनेवाले व्यक्ति को उस समय और उन परिस्थितियों का ज्ञान होगा जिनके अंतर्गत इसका प्रारंभ हुआ था। इस बात को लॉक ने आगमनात्मक विधि द्वारा इतने स्पष्ट रूप से प्रमाणित कर दिया है कि इसके विरुद्ध कोई बौद्धिक आपत्ति नहीं उठाई जा सकती।"[8] शैली के इन विचारों से यह स्पष्ट है कि वे ईश्वर के विषय में धर्मपरायण ईश्वरवादी विचारकों के तथाकथित साक्षात् अनुभव या भावना की प्रकृतिवादी व्याख्या करके धार्मिक अनुभव संबंधी उस युक्ति का खंडन करते हैं जिसके आधार पर इन विचारकों ने उसकी सत्ता को सिद्ध करने का प्रयास किया है। ईश्वर के समर्थन में दी गई इस युक्ति का शैली द्वारा किया गया यह खंडन भी उनके निरीश्वरवाद की पूर्णतः पुष्टि करता है।

इस प्रकार उपर्युक्त संपूर्ण विवेचन के आधार पर निष्कर्ष के रूप में हम यह कह सकते हैं कि उन्नीसवीं शताब्दी के प्रारंभ में ही शैली ने निरीश्वरवाद के लिए वह पृष्ठभूमि प्रस्तुत कर दी थी जिसके आधार पर बाद में इस शताब्दी के कुछ प्रमुख निरीश्वरवादी दार्शनिकों ने इस सिद्धांत का और अधिक विकास तथा प्रसार किया।

2. लुडविग फायरबाक

जर्मन दार्शनिक, लुडविग ऐंड्रियास फायरबाक (1804-1872) उन्नीसवीं शताब्दी के प्रथम मुख्य प्रकृतिवादी, भौतिकवादी तथा निरीश्वरवादी विचारक थे। उनकी गणना मानवतावाद का समर्थन करनेवाले प्रमुख पाश्चात्य दार्शनिकों में की जाती है। फायरबाक का जन्म जर्मनी के बवेरिया नामक प्रांत के लैंडशट नगर में 1804 में हुआ था। उनके पिता, ऐन्सेल्म फायरबाक (1775-1833) बवेरिया के प्रमुख प्रगतिशील कानून-विशेषज्ञ थे जिन्होंने मनुष्य पर किए जानेवाले अत्याचार तथा केवल प्रतिशोध लेने के लिए उसे दंड देने के प्रतिशोधात्मक सिद्धांत के विरुद्ध संघर्ष किया था। उन्होंने 1805 में बवेरिया के लिए उदार कानून-संहिता की भी रचना की थी। स्वयं विद्वान

8. डेविड बरमन द्वारा उद्धृत, वही पुस्तक, पृ. 150.

विचारक होने के कारण उन्होंने अपने पुत्र, लुडविग फ़ायरबाक को उच्च शिक्षा प्रदान करने की समुचित सुविधा प्रदान की थी। फ़ायरबाक ने हाइडलबर्ग विश्वविद्यालय में धर्मशास्त्र का, बर्लिन विश्वविद्यालय में दर्शनशास्त्र का और अरलैंगेन विश्वविद्यालय में प्राकृतिक विज्ञान का अध्ययन किया था। उन्होंने 1828 में पी-एच.डी. की उच्च उपाधि अरलैंगेन विश्वविद्यालय से प्राकृतिक विज्ञान में ही प्राप्त की थी। यह उपाधि प्राप्त करने से पूर्व बर्लिन विश्वविद्यालय में दर्शनशास्त्र का अध्ययन करते हुए वे प्रसिद्ध जर्मन दार्शनिक, हेगेल के दर्शन से बहुत प्रभावित हुए थे और कुछ समय तक उनके शिष्य भी रहे थे।

डॉक्टरेट की उपाधि प्राप्त करने के पश्चात फ़ायरबाक ने अरलैंगेन विश्वविद्यालय में ही अध्यापन-कार्य आरंभ किया था, किंतु वहाँ वे अधिक समय तक यह कार्य नहीं कर सके। इस विश्वविद्यालय में पढ़ाते हुए उन्होंने अपनी एक पुस्तक प्रकाशित कराई थी जिसका शीर्षक था 'थॉट्स ऑन डेथ ऐंड इम्मार्टैलिटी' और जो 1830 में प्रकाशित हुई थी। इस पुस्तक में उन्होंने आत्मा की अमरता से संबंधित ईसाई धर्म के सिद्धांत की आलोचना की थी और इस सिद्धांत को स्वार्थवाद का ही एक रूप बताया था जो निस्स्वार्थ प्रेम में इस धर्म के विश्वास का खंडन करता है। यद्यपि फ़ायरबाक ने लेखक के रूप में इस पुस्तक पर अपना नाम नहीं दिया था, फिर भी कुछ समय के बाद अरलैंगेन विश्वविद्यालय के अधिकारियों को यह मालूम हो गया कि यह पुस्तक उन्होंने ही लिखी थी जिसके कारण वे बहुत रुष्ट हुए और उन्होंने 1832 में फ़ायरबाक को विश्वविद्यालय से निकाल दिया। इस निष्कासन के उपरांत उन्हें किसी विश्वविद्यालय में फिर कभी कोई पद नहीं दिया गया। इस प्रकार उच्चतम शिक्षा प्राप्त एक प्रतिभाशाली विचारक होते हुए भी फ़ायरबाक को अपने धर्म-विरोधी विचारों के कारण शिक्षा के क्षेत्र में कार्य करने के अवसर से वंचित रहना पड़ा। यह स्थिति उनके लिए व्यावसायिक तथा आर्थिक दृष्टि से काफ़ी हानिकारक सिद्ध हुई, क्योंकि इसके कारण वे अपने जीवन में नियमित आय का कोई निश्चित स्रोत प्राप्त नहीं कर सके। उन्हें पत्नी के कारखाने से प्राप्त होनेवाली थोड़ी-सी अस्थायी आय तथा अपने कुछ उदार मित्रों की आर्थिक सहायता पर ही निर्भर रहना पड़ा। इन्हीं कठिन परिस्थितियों में अपना लेखन-कार्य करते हुए समाज को मानवतावाद का अमर संदेश देकर 1872 में गंभीर पक्षाघात के फलस्वरूप वे इस संसार से विदा हो गए।

जिस समय फ़ायरबाक अपनी प्रकृतिवादी तथा निरीश्वरवादी विचारधारा का प्रतिपादन कर रहे थे वह समय वैचारिक दृष्टि से जर्मनी का बहुत महत्त्वपूर्ण युग था। उस समय बर्लिन विश्वविद्यालय में हेगेल, श्लीरमाकर, स्ट्रॉस आदि अनेक प्रमुख दार्शनिक अध्यापन-कार्य कर रहे थे। फ़ायरबाक ने इन्हीं महान दार्शनिकों के मार्गदर्शन में इतिहास और दर्शनशास्त्र का अध्ययन किया था। वे प्रारंभ में हेगेल के प्रत्ययवादी एवं अध्यात्मवादी दर्शन से बहुत प्रभावित हुए थे जिससे उन्होंने अपने नवीन दर्शन के निर्माण के लिए प्रेरणा प्राप्त की थी। परंतु बाद में उन्होंने हेगेल के इस दर्शन को अस्वीकार कर दिया और इसकी आलोचना करते हुए अपने नवीन प्रकृतिवादी तथा निरीश्वरवादी दर्शन का प्रतिपादन किया। अपने इस नवीन दर्शन के विभिन्न पक्षों की

विस्तारपूर्वक व्याख्या करने के लिए फ़ायरबाक ने अनेक महत्त्वपूर्ण पुस्तकों की रचना की जिनमें 'थॉट्स ऑन डेथ ऐंड इम्मार्टेलिटी', 'दि एसेंस ऑफ़ क्रिश्चियेनिटी', 'दि एसेंस ऑफ़ रिलिजन', 'लैक्चर्स ऑन दि एसेंस ऑफ़ रिलिज़न', 'प्रिंसिपल्ज़ ऑफ़ दि फ़िलॉसॉफ़ी ऑफ़ दि फ्यूचर', 'दि एसेंस ऑफ़ फेथ अकॉर्डिंग टु लूथर' आदि के नाम विशेष रूप से उल्लेखनीय हैं। इन पुस्तकों में उन्होंने ईसाई धर्म की आलोचना तथा अपने नवीन दर्शन के अनुसार धर्म के विभिन्न पक्षों की विवेचना की है। फ़ायरबाक की इन पुस्तकों में जिस पुस्तक को सर्वाधिक महत्त्व दिया जाता है वह है 1841 में प्रकाशित 'दि एसेंस ऑफ़ क्रिश्चियेनिटी' जिसमें उन्होंने ईसाई धर्म की आधारभूत मान्यताओं का अनेक तर्कों द्वारा खंडन किया है। वस्तुतः अपनी इसी पुस्तक के कारण वे निरीश्वरवादी दार्शनिक के रूप में विख्यात हुए, क्योंकि इसी में उन्होंने सर्वप्रथम धर्म और ईश्वर से संबंधित अपने पक्षेप-सिद्धांत का प्रतिपादन किया था जिसका विवेचन आगे किया जाएगा।

फ़ायरबाक के निरीश्वरवाद के विषय में एक उल्लेखनीय बात यह है कि अपने इस सिद्धांत की पुष्टि के लिए उन्होंने न तो ईश्वर के अस्तित्व से संबंधित प्रमाणों का खंडन किया है और न उसकी सत्ता के विरुद्ध कोई तर्क प्रस्तुत किए हैं। वे केवल मनोवैज्ञानिक दृष्टि से ईश्वर के विचार की उत्पत्ति की व्याख्या के आधार पर निरीश्वरवाद का समर्थन करते हैं। इसका तात्पर्य यह है कि वे ईश्वर को मनुष्य की अपनी मानसिक सृष्टि अथवा कल्पना मात्र सिद्ध करके उसकी वस्तुनिष्ठ सत्ता का निषेध करते हैं जिससे अंततः निरीश्वरवाद की पुष्टि होती है। फ़ायरबाक का विचार है कि स्वयं अपनी अनिवार्य सीमाओं से मुक्त होने के लिए मनुष्य ने अपने ही कुछ विशेष गुणों के आधार पर ईश्वर को जन्म दिया है, अतः यह ईश्वर उससे पृथक् कोई वस्तुपरक स्वतंत्र सत्ता न होकर उसकी अपनी मानसिक कृति मात्र है। मनुष्य यह जानता है कि उसमें शक्ति, ज्ञान, शुभत्व, प्रेम, करुणा, न्यायशीलता आदि सद्‌गुण अवश्य विद्यमान हैं, किंतु ये सभी गुण उसमें सीमित मात्रा में ही पाए जाते हैं—अर्थात्, उसके जीवन में इनकी एक निश्चित और अनिवार्य सीमा है। वह यह भी जानता है कि उसका जीवन अपूर्ण तथा नश्वर है और वह कभी भी पूर्ण एवं अमर नहीं हो सकता। अपनी इन समस्त सीमाओं के कारण मनुष्य अपने आप को बहुत दुर्बल, हीन और निकृष्ट अनुभव करता है।

फ़ायरबाक के मतानुसार, अपनी उपर्युक्त दुर्बलता और हीनता से मुक्त होने के लिए मानव ने ऐसे ईश्वर की कल्पना की है जो सभी दृष्टियों से पूर्ण, असीम तथा नित्य है। उसने अपने इस कल्पित ईश्वर में उन सभी सद्‌गुणों को असीमित मात्रा में प्रक्षेपित किया है जो स्वयं उसमें सीमित मात्रा में विद्यमान हैं। यही कारण है कि मनुष्य के इस कल्पित ईश्वर का स्वरूप उसके अपने स्वरूप के ठीक विपरीत है। दूसरे शब्दों में, मनुष्य सभी दृष्टियों से अपूर्ण और सीमित है, किंतु इसके विपरीत उसके द्वारा रचित ईश्वर सभी दृष्टियों से पूर्ण तथा असीम है। इतना ही नहीं, उसने इस ईश्वर को स्वयं अपने से पृथक् और स्वतंत्र वस्तुपरक सत्ता मान लिया है जो उसका बहुत बड़ा भ्रम मात्र है। वास्तविक स्थिति यह है कि ईश्वर मनुष्य से अलग

न होकर उसकी अपनी मानसिक कृति है जिसकी रचना उसने स्वयं अपने ही समस्त सद्‌गुणों को उसमें प्रक्षेपित करके की है। ईश्वर के विषय में फ़ायरबाक के इसी मनोवैज्ञानिक सिद्धांत को 'प्रक्षेपवाद' अथवा 'प्रक्षेप-सिद्धांत' कहा जाता है। इस सिद्धांत के अनुसार, ईश्वर कोई बाह्य और वस्तुनिष्ठ सत्ता न होकर मनुष्य का अपना ही प्रक्षेपित स्वरूप है जिसकी रचना उसने स्वयं अपने सीमित सद्‌गुणों के आधार पर की है। मनुष्य और ईश्वर में अंतर केवल इतना ही है कि जो सद्‌गुण स्वयं मनुष्य में सीमित मात्रा में पाए जाते हैं उन्हें उसने अपने कल्पित ईश्वर में असीमित मात्रा में प्रक्षेपित कर दिया है जिसके कारण इन दोनों में विपरीतता आ गई है।

अपने उपर्युक्त प्रक्षेप-सिद्धांत के अनुसार फ़ायरबाक ने मनुष्य तथा ईश्वर की तुलना की है और इन दोनों में जो वैपरीत्य अथवा विरोध पाया जाता है उसका सविस्तार वर्णन किया है। ईश्वर को मनुष्य की अपनी मानसिक कृति बताकर इन दोनों में पाए जानेवाले वैपरीत्य की व्याख्या करते हुए उन्होंने लिखा है : "धर्म मनुष्य को स्वयं अपने आप से पृथक् करता है; मनुष्य ईश्वर को स्वयं अपने आप से ठीक विपरीत स्वरूप में निर्मित करता है। ईश्वर वह नहीं है जो मनुष्य है–मनुष्य वह नहीं है जो ईश्वर है। ईश्वर असीम है, मनुष्य सीमित प्राणी है; ईश्वर पूर्ण है, मनुष्य अपूर्ण है; ईश्वर नित्य, मनुष्य अनित्य है; ईश्वर सर्वशक्तिमान, मनुष्य दुर्बल है; ईश्वर पवित्र, मनुष्य पापमय है। ईश्वर तथा मनुष्य एक-दूसरे से पूर्णतः विपरीत स्थिति में हैं। ईश्वर पूर्ण रूप से सर्वगुण-संपन्न और समस्त सत्ताओं की समष्टि है; मनुष्य सद्‌गुणों से पूर्णतः शून्य और निकृष्ट गुणों से परिपूर्ण प्राणी है।"[9] मनुष्य तथा ईश्वर की विपरीतता के विषय में फ़ायरबाक के उपर्युक्त विस्तृत उद्धरण से यह स्पष्ट है कि उनके अनुसार ईश्वर मनुष्य से पृथक् और स्वतंत्र वस्तुपरक सत्ता नहीं, अपितु उसकी अपनी मानसिक रचना है जो स्वयं उसी के अपने स्वरूप एवं गुणों पर आधारित है। मनुष्य द्वारा कल्पित यह ईश्वर गुणात्मक दृष्टि से जितना समृद्ध होता है उसका रचयिता मनुष्य उसकी तुलना में उतना ही दरिद्र तथा निकृष्ट होता जाता है। फ़ायरबाक के विचार में इस दुःखद स्थिति की पराकाष्ठा यह है कि मनुष्य अपने ही द्वारा रचित भ्रमपूर्ण ईश्वर को अपना स्वामी तथा सर्वस्व समझने लगता है और स्वयं अपने आप को उसका तुच्छ दास मान लेता है। इस भ्रम से मुक्त होने के लिए मनुष्य को अपनी वास्तविक स्थिति का समुचित ज्ञान प्राप्त करना होगा और यह समझना होगा कि ईश्वर उसकी अपनी भ्रामक कल्पना के अतिरिक्त और कुछ नहीं है। इस प्रकार यह स्पष्ट है कि फ़ायरबाक मानवत्वारोपी अवधारणा के आधार पर ही ईश्वर के उद्‌गम तथा स्वरूप की व्याख्या करते हैं।

आदिकाल से आधुनिक युग तक मानव-समाज में ईश्वर के विचार का जो विकास हुआ है उसकी विवेचना भी फ़ायरबाक ने केवल मनुष्य के स्वभाव और उसकी आवश्यकताओं को ध्यान में रखते हुए की है। इस संबंध में उनका कथन है कि मानव-सभ्यता के प्रारंभिक युग में मनुष्य ने सर्वप्रथम प्राकृतिक शक्तियों का मानवीकरण

9. लुडविग फ़ायरबाक, 'दि एसैंस ऑफ़ क्रिश्चियेनिटी', जॉर्ज इलियट द्वारा अनूदित और संपादित, पृ. 33.

करके उनकी पूजा करना आरंभ किया था। यह वह युग था जब मानव-समाज में नैतिक और आध्यात्मिक मूल्यों का उदय नहीं हुआ था, अतः इस युग में समस्त सद्‌गुणों से परिपूर्ण आध्यात्मिक शक्ति के रूप में ईश्वर के विचार का भी आविर्भाव नहीं हुआ था। धीरे-धीरे सभ्यता एवं संस्कृति के विकास के साथ-साथ नैतिक तथा आध्यात्मिक आदर्शों का भी विकास हुआ जिन्होंने समस्त सद्‌गुणों से संपन्न ईश्वर की वर्तमान अवधारणा को जन्म दिया। फ़ायरबाक के मतानुसार, विभिन्न युगों में मनुष्य के देवताओं और उसके ईश्वर का स्वरूप वही रहा है जो मनुष्य स्वयं बनना चाहता था। उदाहरणार्थ, कुछ प्राचीन सभ्यताओं के देवताओं में इंद्रिय-सुख-भोग की लालसा, शारीरिक शक्ति और वीरता की प्रधानता थी, क्योंकि उस समय स्वयं मनुष्य इन्हीं गुणों को प्राप्त करने की इच्छा करता था। कालांतर में वह इन गुणों के स्थान पर प्रेम, शुभत्व, करुणा, न्यायशीलता आदि नैतिक गुणों को विशेष महत्त्व देने लगा, अतः तब उसने अपने ईश्वर में भी इन्हीं गुणों को प्रक्षेपित किया।

वस्तुतः फ़ायरबाक निश्चित रूप से यह मानते हैं कि मनुष्य का ईश्वर उसके अपने स्वरूप तथा स्वभाव का ही प्रक्षेपण मात्र है। वह ऐसे ही ईश्वर की कल्पना तथा पूजा करता है जिसमें समस्त सद्‌गुण और शक्तियाँ हों जिन्हें वह अपने जीवन में विशेष महत्त्व देता है। धार्मिक दृष्टि से मनुष्य की ऐसे ईश्वर में कोई रुचि नहीं हो सकती जो उससे पूर्णतः भिन्न और उसके अनुभव से परे हो। फ़ायरबाक के शब्दों में : "वह ऐसे ईश्वर के द्वारा सांत्वना तथा शांति कैसे प्राप्त कर सकता है जो उससे अनिवार्यतः भिन्न प्राणी है? . . . यदि उसका स्वभाव मेरे स्वभाव से अलग है तो उसकी शांति अनिवार्यतः भिन्न है–वह मेरे लिए शांति नहीं है।"[10] इस उद्धरण से स्पष्ट है कि फ़ायरबाक के विचार में ईश्वर का स्वरूप उसके विषय में मनुष्य की अपनी कल्पना पर ही पूर्णतः निर्भर है। मनुष्य के स्वरूप से मूलतः भिन्न और उसकी कल्पना से परे ईश्वर का अस्तित्व नहीं हो सकता। ईश्वर केवल वही है जो मनुष्य उसे अपने लिए बनाना चाहता है। मनुष्य द्वारा रचित ईश्वर से पृथक् अन्य किसी ईश्वर की सत्ता नहीं है। इस प्रकार फ़ायरबाक ईश्वर को केवल मनुष्य की अपनी रचना मानकर उसी के स्वरूप तथा स्वभाव के अनुसार ईश्वर के स्वरूप की मानवत्वारोपी व्याख्या करते हैं। इस तथ्य को उन्होंने स्वयं स्पष्ट रूप से स्वीकार किया है। ईश्वर तथा धर्म के विषय में अपने संपूर्ण विश्लेषण का निष्कर्ष प्रस्तुत करते हुए वे कहते हैं : "हमने ईश्वर के अति-लौकिक, अति-प्राकृतिक और अति-मानवीय स्वरूप के मूल तत्त्वों की मनुष्य के स्वरूप के तत्त्वों के रूप में ही व्याख्या की है। हमारे विश्लेषण की प्रक्रिया ने हमें पुनः उसी स्थिति में ला दिया है जिससे हमने आरंभ किया था। धर्म का प्रारंभ, मध्य और अंत मनुष्य है।"[11] इस प्रकार फ़ायरबाक ईश्वरवादियों के अभौतिक, अनुभवातीत एवं वस्तुनिष्ठ ईश्वर को केवल मनुष्य की अपनी भ्रमपूर्ण कल्पना मानकर उसके वास्तविक अस्तित्व का निषेध करते हैं और उनका यही निषेध उनके निरीश्वरवाद का मूल आधार है।

10. वही पुस्तक, पृ. 45.

11. वही पुस्तक, पृ. 184.

ईश्वर की व्यक्तिनिष्ठ सत्ता के विषय में फ़ायरबाक ने ऊपर जो मनोवैज्ञानिक प्रक्षेप-सिद्धांत प्रस्तुत किया है उससे उनके प्रकृतिवादी मानवतावाद की स्पष्टतः पुष्टि होती है। अपने इस सिद्धांत द्वारा वे मनुष्य की उस दुर्बलता और परावलंबिता को समाप्त करना चाहते हैं जो उसमें ईश्वर की भ्रामक कल्पना के कारण उत्पन्न हो गई है। उनका मत है कि यदि मनुष्य ईश्वर की इस मिथ्या कल्पना से मुक्त हो जाए तो वह अपनी खोई हुई शक्ति और प्रतिष्ठा पुनः प्राप्त कर सकता है। ईश्वर के भ्रमपूर्ण विचार से मुक्त होकर ही वह इस मूल सत्य को जान सकता है कि सामाजिक प्राणी के रूप में उसके ज्ञान तथा सद्‌गुणों की कोई सीमा नहीं है और वह स्वयं ही अपने भाग्य का निर्माता है।

फ़ायरबाक का विचार है कि व्यक्ति के रूप में ही मनुष्य सीमित प्राणी है, किंतु सामाजिक प्राणी के रूप में उसकी समस्त सीमाएँ समाप्त हो जाती हैं। प्रत्येक व्यक्ति संपूर्ण मानव-समाज का अभिन्न अंग बनकर असीम क्षमताएँ प्राप्त कर लेता है। उदाहरणार्थ, एक व्यक्ति के रूप में मनुष्य का ज्ञान और उसकी शक्ति सीमित हैं, परंतु संपूर्ण मानव-जाति की दृष्टि से विचार करने पर मनुष्य के इन गुणों की कोई सीमा नहीं है। इसी प्रकार, एक व्यक्ति का जीवन सीमित और संक्षिप्त है, किंतु मानव-जाति का जीवन सीमित एवं संक्षिप्त नहीं है। यही बात मनुष्य के अन्य सभी गुणों के विषय में भी कही जा सकती है। फ़ायरबाक के अनुसार, जो कार्य एक व्यक्ति के लिए अत्यंत कठिन है वही कार्य दूसरे व्यक्ति के लिए बहुत सरल हो सकता है। जो बात एक युग में असंभव समझी जाती है वही बात दूसरे युग में संभव हो जाती है। इन उदाहरणों से स्पष्ट है कि एक व्यक्ति के रूप में मनुष्य के जो गुण सीमित प्रतीत होते हैं वे संपूर्ण मानव-जाति की दृष्टि से विचार करने पर असीम हो जाते हैं।[12] अपने इस सिद्धांत द्वारा फ़ायरबाक यह प्रमाणित करना चाहते हैं कि जिन असीम गुणों को ईश्वर में प्रक्षेपित किया जाता है और जिनके कारण उसे 'ईश्वर' की संज्ञा दी जाती है वे वस्तुतः जाति के रूप में मनुष्य के अपने ही असीम गुण हैं। इसका तात्पर्य यह है कि मनुष्य वास्तव में दुर्बल, तुच्छ और परावलंबी नहीं है जैसा कि वह अपने काल्पनिक ईश्वर के समक्ष भ्रमवश स्वयं अपने आप को मान लेता है। परंतु मनुष्य का वास्तविक उत्थान एवं कल्याण तभी संभव है जब वह इस भ्रम से मुक्त होकर सामाजिक प्राणी के रूप में अपने असीम गुणों तथा अपनी असीम क्षमताओं को भली-भाँति समझ ले। यह ज्ञान वह स्वयं अपने ही प्रयास द्वारा इसी जगत् में प्राप्त कर सकता है।

फ़ायरबाक के मतानुसार, मनुष्य का महत्त्व समाज से पृथक् और स्वतंत्र व्यक्ति के रूप में नहीं, अपितु केवल सामाजिक प्राणी के रूप में ही है, क्योंकि उसका अस्तित्व पूर्ण रूप से अनिवार्यतः समाज पर निर्भर है। वह अपने जीवन में जो गुण, सफलताएँ और क्षमताएँ प्राप्त करता है वे सब समाज के कारण ही हैं। मनुष्य के संबंध में अपने इसी सिद्धांत की व्याख्या करते हुए फ़ायरबाक कहते हैं : "दूसरे व्यक्ति में ही मैं सर्वप्रथम मानवता की चेतना प्राप्त करता हूँ; उसी के माध्यम से मैं सर्वप्रथम यह

12. देखिए, वही पुस्तक, पृ. 152.

जानता और अनुभव करता हूँ कि मैं मनुष्य हूँ। उसके प्रति मेरे प्रेम में सबसे पहले मेरे समक्ष यह स्पष्ट होता है कि वह मेरा है और मैं उसका हूँ; हम दोनों एक-दूसरे के बिना नहीं रह सकते; केवल समाज द्वारा ही मानवता का निर्माण होता है।"[13] फ़ायरबाक के इन विचारों से यह स्पष्ट है कि वे संपूर्ण मानव-जाति के व्यापक कल्याण की दृष्टि से व्यक्ति के स्थान पर केवल समाज को ही महत्त्व देते हैं। मनुष्य को अनिवार्यतः सामाजिक प्राणी मानने के विषय में फ़ायरबाक के इस सिद्धांत को उनके निरीश्वरवादी दर्शन की बहुत महत्त्वपूर्ण विशेषता माना जाता है। यहाँ यह उल्लेखनीय है कि उनके इस सिद्धांत का उन्नीसवीं शताब्दी के एक अन्य महान भौतिकवादी तथा निरीश्वरवादी विचारक, कार्ल मार्क्स के साम्यवादी दर्शन पर पर्याप्त प्रभाव पड़ा है। इस प्रकार उपर्युक्त विवेचन के आधार पर हम यह कह सकते हैं कि फ़ायरबाक केवल सामाजिक प्राणी के रूप में ही मनुष्य को विशेष महत्त्व देते हैं और इसी कारण वे निरीश्वरवाद के साथ-साथ उस प्रकृतिवादी मानवतावाद का भी पूर्णतः समर्थन करते हैं जिसमें किसी अति-प्राकृतिक या अलौकिक शक्ति अथवा सत्ता के लिए कोई स्थान नहीं है।

फ़ायरबाक के इस निरीश्वरवादी दर्शन की एक मुख्य कठिनाई का उल्लेख करते हुए पैट्रिक मास्टरसन कहते हैं कि इसका मूल आधार दार्शनिक या तार्किक न होकर मनोवैज्ञानिक ही है। फ़ायरबाक केवल मनोवैज्ञानिक दृष्टि से हमें इतना ही बताते हैं कि मनुष्य ईश्वर की कल्पना क्यों और कैसे करता है। वे न तो ईश्वर की सत्ता के विरुद्ध कोई दार्शनिक तर्क देते हैं और न ही उसके समर्थन में दिए गए प्रमाणों का तर्कतः खंडन करते हैं। वे केवल यह मान लेते हैं कि ईश्वर मनुष्य की अपनी कल्पना मात्र है जिसमें वह अपने सीमित सद्गुणों को असीमित मात्रा में प्रक्षेपित करता है और जिसे वह भ्रमवश अपने से भिन्न तथा स्वतंत्र सत्ता समझ लेता है। मास्टरसन के अनुसार, ईश्वर के विषय में फ़ायरबाक के इस मनोवैज्ञानिक प्रक्षेप-सिद्धांत द्वारा वास्तव में तार्किक दृष्टि से ईश्वरवाद का खंडन नहीं होता। यह सिद्धांत हमें केवल इतना ही बताता है कि हमारे मन में उस प्रक्षेपित ईश्वर का प्रत्यय किस प्रकार उत्पन्न होता है जिसके अनस्तित्व को फ़ायरबाक पहले से ही मान लेते हैं। वे ईश्वर संबंधी विश्वास को अपने इसी सिद्धांत के आधार पर मिथ्या समझ लेते हैं।[14] परंतु मास्टरसन के इस तर्क का उत्तर देते हुए फ़ायरबाक अपने निरीश्वरवादी सिद्धांत के समर्थन में संभवतः यह कह सकते हैं कि यदि ईश्वर का प्रत्यय मनुष्य का केवल काल्पनिक प्रक्षेपण सिद्ध हो जाता है तो उसकी वह वस्तुपरक सत्ता स्वतः ही समाप्त हो जाती है जिसका ईश्वरवादी विचारक दावा करते हैं। ऐसी स्थिति में मनुष्य के अपने मानसिक विचार से पृथक् वस्तुपरक दृष्टि से ईश्वर के अस्तित्व में विश्वास करने का कोई तार्किक आधार नहीं रह जाता।

फ़ायरबाक का उपर्युक्त उत्तर संतोषप्रद हो या न हो, इतना निश्चित है कि उनके निरीश्वरवादी दर्शन का उन्नीसवीं शताब्दी में विशेष महत्त्व था और इस तथ्य को स्वयं

13. वही पुस्तक, पृ. 158.
14. देखिए, पैट्रिक मास्टरसन, 'एथीइज़्म ऐंड ऐलिनेशन', पृ. 83.

मास्टरसन ने भी स्पष्टतः स्वीकार किया है। वे यह मानते हैं कि फ़ायरबाक की समाज-केंद्रित निरीश्वरवादी विचारधारा का मार्क्स के मानवतावादी दर्शन पर प्रभाव पड़ा है। ईश्वर तथा अन्य सभी अति-प्राकृतिक सत्ताओं का निषेध करके फ़ायरबाक ने निरीश्वरवाद, भौतिकवाद और प्रकृतिवाद के विकास में अपना महत्त्वपूर्ण योगदान किया है। उनके इसी योगदान का उल्लेख करते हुए मास्टरसन स्वयं कहते हैं : "अपनी कमियों के बावजूद फ़ायरबाक का दर्शन समकालीन निरीश्वरवाद के निर्माण में निस्संदेह एक महत्त्वपूर्ण अध्याय है। यह उस सत्ता के अंतिम अर्थ के विषय में केवल सिद्धांत ही प्रस्तुत नहीं करता जो विचार करने पर ईश्वर-रहित दिखाई देती है; अपितु यह सामान्य रूप से सत्ता और विशेष रूप से मानवीय अस्तित्व के समुचित मूल्यांकन की आवश्यक भूमिका के रूप में निरीश्वरवाद को तर्कपूर्वक स्पष्टतः प्रस्तुत करता है। . . . इसके अतिरिक्त अति-प्राकृतिक प्रसंग का निराकरण करके यह दर्शन केवल प्राकृतिक, मानवीय तथा सामाजिक सीमाओं के अंतर्गत ही अंतिम सार्थकता और मूल्य के संबंध में अनुसंधान का मार्गदर्शन करने में समर्थ होता है। . . . प्रभाव की दृष्टि से फ़ायरबाक के दर्शन को एक ऐसा दर्शन माना जा सकता है जिसने मानवीय चेतना को निरीश्वरवादी विश्व-दृष्टि की ओर पूर्णतः और स्पष्टतः उन्मुख किया।"[15] इस प्रकार फ़ायरबाक के दर्शन के विषय में मास्टरसन के इन विचारों से पाश्चात्य निरीश्वरवाद के इतिहास में उनके इस दर्शन का महत्त्व भली-भाँति प्रमाणित हो जाता है।

3. चार्ल्स डार्विन

उन्नीसवीं शताब्दी के सुप्रसिद्ध अंग्रेज़ प्राणी-वैज्ञानिक, चार्ल्स रॉबर्ट डार्विन (1809-1882) जर्मन दार्शनिक, फ़ायरबाक के समकालीन स्वतंत्र विचारक थे। उनका जन्म 1809 में इंग्लैण्ड के एक नगर, श्रियूसबरी में हुआ था। उनके पिता, रॉबर्ट डार्विन एक प्रभावशाली चिकित्सक थे और वे अपने बच्चों की शिक्षा तथा उनके चरित्र को विशेष महत्त्व देते थे। चार्ल्स डार्विन के दादा, इरैस्मस डार्विन भी अपने समय के विख्यात चिकित्सक थे और वे चिकित्साशास्त्र के अतिरिक्त वनस्पतिशास्त्र में भी बहुत रुचि रखते थे। इस प्रकार चार्ल्स डार्विन का पालन-पोषण एक ऐसे सुशिक्षित और संपन्न परिवार में हुआ था जिसकी गणना इंग्लैण्ड के अभिजात्य वर्ग में की जाती थी। वस्तुतः डार्विन की इस पारिवारिक पृष्ठभूमि का उनके भारी व्यक्तित्व एवं कृतित्व पर पर्याप्त प्रभाव पड़ा था।

डार्विन के पिता की इच्छा थी कि उनका पुत्र भी स्वयं उन्हीं की भाँति कुशल चिकित्सक बने। इसी कारण उन्होंने चिकित्सा-विज्ञान का अध्ययन करने के लिए डार्विन को ऐडिनबर्ग विश्वविद्यालय में प्रवेश दिलाया था। परंतु शीघ्र ही डार्विन को यह विश्वविद्यालय छोड़ना पड़ा, क्योंकि चिकित्सा-विज्ञान में उनकी कोई रुचि नहीं थी। इसके पश्चात उन्होंने पादरी बनने के उद्देश्य से धर्मशास्त्र का अध्ययन करने के लिए कैम्ब्रिज विश्वविद्यालय में प्रवेश किया, किंतु इस विषय का अध्ययन भी उन्हें

15. वही पुस्तक, पृ. 83.

रोचक नहीं लगा। वास्तव में डार्विन की रुचि प्रकृति और उससे संबंधित प्राकृतिक विज्ञानों–विशेषतः प्राणी-विज्ञान–में थी। वे अपने चारों ओर फैली प्रकृति के संबंध में अधिक से अधिक जानना चाहते थे। भँवरे इकट्ठे करके उन्हें विभिन्न वर्गों में विभाजित करना उनका विशेष शौक था। भँवरों के अतिरिक्त अन्य कीट-पतंगों तथा पशु-पक्षियों के विषय में जानने की भी उनके मन में तीव्र जिज्ञासा थी। अपनी इसी जिज्ञासा के कारण वे कालांतर में उस विकासवादी सिद्धांत के मुख्य प्रणेता बने जिसने धर्म, दर्शन तथा विज्ञान के क्षेत्रों में एक महान क्रांति को जन्म दिया।

1831 में डार्विन के जीवन में एक ऐसी घटना घटित हुई जिसने उन्हें प्रकृति के प्रत्यक्ष अध्ययन तथा निरीक्षण का दीर्घकालीन मनोवांछित अवसर प्रदान किया। इसी वर्ष रॉबर्ट फ़िट्ज़रॉय नामक एक व्यक्ति ने उन्हें समुद्री जहाज़ द्वारा विश्व-यात्रा के लिए प्रकृति संबंधी अवैतनिक वैज्ञानिक के रूप में अपने साथ चलने का निमंत्रण दिया जिसे उन्होंने तुरंत स्वीकार कर लिया। यह यात्रा पाँच वर्षों तक चली और इसका उद्देश्य संसार के विभिन्न भागों में पाए जानेवाले पशु-पक्षियों, कीट-पतंगों, पेड़-पौधों तथा जीवाश्मों का अध्ययन एवं निरीक्षण करना था जिसमें डार्विन की बाल्यकाल से ही–विशेष रुचि थी। उन्होंने इन पाँच वर्षों में विश्व के अनेक देशों में उपलब्ध जीवाश्मों, पेड़-पौधों, कीट-पतंगों और पशु-पक्षियों का बड़े ध्यान से प्रत्यक्षतः निरीक्षण किया। इस कार्य में वे इतने अधिक व्यस्त रहे कि उन्होंने अपने स्वास्थ्य की भी चिंता नहीं की।

अंततः पाँच वर्षों तक संपूर्ण विश्व की सफलतापूर्वक यात्रा करने के पश्चात डार्विन बहुत-से पशु-पक्षियों, कीड़ों तथा जीवाश्मों से संबंधित विशाल सामग्री के साथ 1836 में स्वदेश लौट आए। यह सामग्री बाद में उनके विकासवादी सिद्धांत के प्रतिपादन में बहुत सहायक सिद्ध हुई। वस्तुतः इसी सामग्री के आधार पर डार्विन ने अपने जीवन के आगामी चालीस वर्षों में विकासवाद संबंधी अनेक महत्त्वपूर्ण पुस्तकें लिखीं जिन्होंने इस सिद्धांत के प्रमुख प्रणेता और महान क्रांतिकारी विचारक के रूप में उनकी ख्याति को सदा के लिए अमर कर दिया। इन पुस्तकों में 'ऑन दि ओरिजिन ऑफ़ स्पीशीज़' तथा 'दि डिसेंट ऑफ़ मैन' के नाम विशेष रूप से उल्लेखनीय हैं जो क्रमशः 1859 और 1871 में प्रकाशित हुई थीं। इन पुस्तकों के अतिरिक्त उन्होंने 1836 तथा 1859 के बीच बहुत-से लेख भी लिखे थे जिनमें उन्होंने अपनी विश्व-यात्रा का विस्तृत विवरण प्रस्तुत किया था। उनके ये लेख चार खंडों में प्रकाशित हुए थे जिनके कारण वे प्रकृति संबंधी महान वैज्ञानिक के रूप में विख्यात हो गए थे। अपने जीवन के अंतिम दिनों में डार्विन पक्षाघात के फलस्वरूप शारीरिक दृष्टि से कुछ सीमा तक अशक्त हो गए थे और अंततः इसी रोग के कारण 1882 में 19 अप्रैल को इंग्लैण्ड के कैंट नामक नगर में उनका निधन हो गया। उन्हें वैस्टमिन्स्टर ऐबे में दफ़ना दिया गया जहाँ केवल सम्मानित तथा महान व्यक्तियों को ही दफ़नाया जाता है।

जैसा कि ऊपर कहा गया है, डार्विन ने वैज्ञानिक जगत् में जो विशेष ख्याति प्राप्त की थी उसका प्रमुख कारण उनका विकासवादी सिद्धांत ही है जिसने मानव-समाज में महान वैचारिक क्रांति को जन्म दिया था। यहाँ हम निरीश्वरवाद की दृष्टि से उनके इस विकासवादी सिद्धांत पर विचार करेंगे, क्योंकि उनका यह सिद्धांत अन्य बहुत-से

प्रचलित विश्वासों के साथ-साथ ईश्वर विषयक विश्वास का भी निषेध करता है। फायरबाक की भाँति डार्विन ने भी ईश्वर की सत्ता के समर्थन में दिए गए प्रमाणों का स्पष्टतः खंडन नहीं किया और न ही उन्होंने उसके अस्तित्व के विरुद्ध अपने कोई विशेष तर्क प्रस्तुत किए हैं। परंतु जिस प्रकार फायरबाक ने अपने मनोवैज्ञानिक प्रक्षेप-सिद्धांत द्वारा ईश्वर को मनुष्य की अपनी भ्रामक कल्पनामात्र सिद्ध किया है उसी प्रकार डार्विन ने भी अपने जैविक विकासवाद द्वारा विश्व की उत्पत्ति तथा विकास के लिए ईश्वर के परंपरागत विचार को अनावश्यक और व्यर्थ प्रमाणित किया है। इस दृष्टि से विचार करने पर यह स्पष्ट हो जाता है कि डार्विन का विकासवाद ईश्वरवाद के लिए वास्तव में उतना ही घातक है जितना फायरबाक का प्रक्षेप-सिद्धांत। ऐसी स्थिति में यह निश्चयपूर्वक कहा जा सकता है कि ये दोनों सिद्धांत भिन्न-भिन्न प्रकार से अंततः निरीश्वरवाद की ही पुष्टि करते हैं।

शताब्दियों से सभी ईश्वरवादी धर्मों के अनुयायी तथा ईश्वर की सत्ता में विश्वास करनेवाले दार्शनिक यह मानते रहे हैं कि ईश्वर ने ही इस विश्व की रचना की है और उसी ने समस्त भौतिक वस्तुओं, पेड़-पौधों एवं प्राणियों की जातियों को उनके वर्तमान रूप में जन्म दिया है। विश्व की उत्पत्ति और उसके विकास से संबंधित ईश्वरवादियों के इसी सिद्धांत को 'सृष्टिवाद' की संज्ञा दी जाती है। हम पिछले अध्यायों में देख चुके हैं कि भारतीय तथा पाश्चात्य ईश्वरवादी विचारक किसी-न-किसी रूप में इस सृष्टिवाद का समर्थन करते रहे हैं। अठारहवीं और उन्नीसवीं शताब्दी में हुए वैज्ञानिक अनुसंधानों के परिणामस्वरूप जैविक विकासवाद के उदय से पूर्व संपूर्ण पाश्चात्य जगत् में इसी सिद्धांत को पूर्णतः सत्य तथा प्रामाणिक माना जाता था। केवल सामान्य धर्मपरायण व्यक्ति ही नहीं, अपितु महान ईश्वरवादी दार्शनिक भी इस सृष्टिवाद के आधार पर जगत् की उत्पत्ति और उसके विकास की व्याख्या करते थे। उदाहरणार्थ, प्लेटो तथा अरस्तू यह मानते थे कि इस विश्व को और इसमें विद्यमान सभी भौतिक वस्तुओं, पेड़-पौधों एवं प्राणियों की समस्त जातियों को ईश्वर ने ही उनके वर्तमान रूप में उत्पन्न किया है। इन दार्शनिकों के पश्चात लगभग सभी पाश्चात्य विचारक तथा साधारण व्यक्ति दो हज़ार से भी अधिक वर्षों तक इनके इसी सिद्धांत को स्वीकार करते रहे। यह समझना कठिन नहीं है कि ईश्वरवादियों के इस सिद्धांत में किसी प्रकार के विकासवाद के लिए कोई स्थान नहीं है। इस सिद्धांत के अनुसार, संपूर्ण विश्व में जो कुछ और जिस रूप में है उसे स्वयं ईश्वर ने ही उसी रूप में जन्म दिया है, अतः किसी प्रकार के क्रमिक विकास का प्रश्न ही नहीं उठता। वस्तुतः यह सृष्टिवाद ईश्वरवाद का वह अनिवार्य पक्ष है जिसे स्वीकार किए बिना उसका कोई महत्त्व नहीं रह जाता। परंतु डार्विन तथा अन्य विकासवादियों का जैविक विकासवाद ईश्वरवादियों के इस सृष्टिवाद का वैज्ञानिक प्रमाणों द्वारा खंडन करके उनके ईश्वरवाद को तार्किक दृष्टि से असत्य और अप्रामाणिक सिद्ध करता है।

अपनी विश्व-यात्रा के पश्चात डार्विन ने जैविक विकासवाद के जिस सिद्धांत का प्रतिपादन किया था उसकी प्रेरणा उन्हें अपने पूर्ववर्ती अनेक विचारकों से प्राप्त हुई थी। इन विचारकों में सर्वप्रथम उनके दादा, इरेस्मस डार्विन (1731-1802) का नाम

उल्लेखनीय है। जैसा कि पहले कहा गया है, वे कुशल चिकित्सक होने के साथ-साथ वनस्पति-विज्ञान में भी विशेष रुचि रखते थे। अपने समय में प्रचलित विकासवादी सिद्धांत का भी उन्होंने गहरा अध्ययन किया था। इसी अध्ययन के आधार पर उन्होंने विकासवाद पर एक महत्त्वपूर्ण पुस्तक लिखी थी जिसका शीर्षक था 'दि लॉज़ ऑफ़ आर्गेनिक लाइफ़' और जो (1794-1796) में प्रकाशित हुई थी। इस पुस्तक के अतिरिक्त उन्होंने 1802 में विकासवाद से संबंधित 'दि टैम्पल ऑफ नेचर' नामक एक लंबी कविता भी लिखी थी। अपनी इन दोनों कृतियों में इरेस्मस डार्विन ने जैविक विकासवाद के ऐसे अनेक महत्त्वपूर्ण पक्षों का सविस्तार वर्णन किया था जिन्हें बाद में चार्ल्स डार्विन ने अपने विकासवादी सिद्धांत में सम्मिलित किया। उदाहरणार्थ, इस पृथ्वी पर जीवन की उत्पत्ति के विषय में उन्होंने यह बताया था कि उसका उद्‌गम करोड़ों वर्ष पूर्व समुद्रों में पाए जानेवाले एक विशेष तत्त्व से हुआ था। इसी प्रकार, उन्होंने जैविक विकासवाद से संबंधित कुछ प्रमुख तत्त्वों का भी वर्णन किया था जिनमें परिवर्तन, अनुकूलन, अस्तित्व के लिए संघर्ष, योग्यतम प्राणियों का प्रजनन आदि सम्मिलित हैं। हम आगे देखेंगे कि चार्ल्स डार्विन ने अपने विकासवादी सिद्धांत में इन सभी तत्त्वों को बहुत महत्त्व दिया है। इन तत्त्वों की विवेचना करते हुए इरेस्मस डार्विन ने अपना यह मत प्रस्तुत किया था कि पेड़-पौधों तथा प्राणियों की जातियों का विकास दीर्घकाल में धीरे-धीरे होता है। इस प्रकार हम यह कह सकते हैं कि इरेस्मस डार्विन के विकासवाद संबंधी उपर्युक्त विचारों में चार्ल्स डार्विन के जैविक विकासवाद का स्पष्ट पूर्वाभास प्राप्त होता है।

इरेस्मस डार्विन के अतिरिक्त चार्ल्स लियर तथा टॉमस रॉबर्ट माल्थस के विचारों से भी चार्ल्स डार्विन ने अपने विकासवादी सिद्धांत के लिए पर्याप्त प्रेरणा प्राप्त की थी। उनके द्वारा इस सिद्धांत का प्रतिपादन करने से पूर्व लियल ने एक महत्त्वपूर्ण पुस्तक लिखी थी जिसका शीर्षक था 'प्रिंसिपल्ज़ ऑफ़ जियॉलॉजी' और जो 1830 तथा 1833 के बीच तीन खंडों में प्रकाशित हुई थी। इस पुस्तक से डार्विन को अपने जैविक विकासवाद के लिए आवश्यक मार्गदर्शन मिला था जिसके लिए उन्होंने लियल के प्रति अपनी गहरी कृतज्ञता अभिव्यक्त की थी। इसी पुस्तक से उन्हें यह सामान्य मूल सिद्धांत भी प्राप्त हुआ था कि समस्त भूवैज्ञानिक परिवर्तन केवल प्राकृतिक कारणों के परिणामस्वरूप होते हैं जिसका उन्होंने बाद में अपने विकासवाद की व्याख्या में प्रयोग किया। लियल की भाँति माल्थस के विचारों का भी डार्विन के जैविक विकासवाद पर पर्याप्त प्रभाव पड़ा था। 1838 में उन्होंने माल्थस की पुस्तक, 'ऐन एस्से ऑन दि प्रिंसिपल ऑफ़ पॉपुलेशन' का अध्ययन किया था जो 1803 में प्रकाशित हो चुकी थी। यह पुस्तक डार्विन के विकासवाद में बहुत सहायक सिद्ध हुई, क्योंकि इसी से उन्होंने प्राकृतिक चयन संबंधी वह मूल सिद्धांत प्राप्त किया था जिस पर उनकी विकासवादी व्याख्या आधारित है और जिसकी विवेचना हम आगे करेंगे। इस प्रकार डार्विन के विकासवादी सिद्धांत में उनकी दीर्घकालीन विश्व-यात्रा के साथ-साथ इरेस्मस डार्विन, चार्ल्स लियल तथा टॉमस रॉबर्ट माल्थस के वैज्ञानिक सिद्धांतों का भी महत्त्वपूर्ण योगदान था।

अपने विकासवाद का प्रतिपादन करने से पूर्व डार्विन भी विश्व तथा मनुष्य की उत्पत्ति के विषय में 'बाइबल' की धार्मिक मान्यताओं से कुछ सीमा तक प्रभावित हुए थे। उस समय वे भी तत्कालीन अन्य बहुत-से विचारकों की भाँति तटस्थेश्वरवाद में विश्वास करते थे जिसके अनुसार स्वयं ईश्वर ने ही संपूर्ण विश्व की रचना की है और उसी ने समस्त प्राकृतिक नियमों का भी निर्माण किया है। इसका तात्पर्य यह है कि ईश्वर ने ही सभी भौतिक वस्तुओं, पेड़-पौधों तथा प्राणियों की जातियों को उनके वर्तमान रूप में उत्पन्न किया है और इन सब पर उसी के द्वारा निर्मित अनिवार्य प्राकृतिक नियम समान रूप से लागू होते हैं। वस्तुतः डार्विन के लिए अपनी युवावस्था में इन धार्मिक मान्यताओं को स्वीकार करना स्वाभाविक ही था, क्योंकि उनकी शिक्षा ऐसे वातावरण में हुई थी जिसमें अधिकतर विचारक इन मान्यताओं को बहुत महत्त्व देते थे। परंतु अपनी विश्व-यात्रा की अवधि में उन्होंने जीवाश्मों, पेड़-पौधों तथा जीवों की जातियों के विषय में जो व्यापक अनुसंधान किए थे उनके कारण वे इन धार्मिक विश्वासों में गंभीर संदेह करने लगे थे। इन अनुसंधानों के फलस्वरूप उन्होंने यह भली-भाँति समझ लिया था कि ये सभी जीवाश्म और जातियाँ दीर्घकालीन क्रमिक विकास का ही परिणाम हैं जो केवल अनिवार्य प्राकृतिक नियमों द्वारा शासित होता है। विश्व के संबंध में विकासवाद के सिद्धांत को स्वीकार कर लेने के पश्चात उन्होंने इस विषय से संबंधित समस्त धार्मिक विश्वासों का परित्याग कर दिया था और उस व्यापक अर्थ में निरीश्वरवादी हो गए थे जिसकी विस्तृत विवेचना हम इस पुस्तक के दूसरे अध्याय में कर चुके हैं।

डार्विन के विकासवाद का आधारभूत सिद्धांत यह है कि केवल प्राकृतिक परिस्थितियों के अंतर्गत करोड़ों वर्षों में अनिवार्य प्राकृतिक नियमों के परिणामस्वरूप ही सभी पेड़-पौधों तथा जीवों की जातियों का क्रमिक विकास हुआ है जिसका स्पष्ट अर्थ यही है कि इन जातियों को ईश्वर या किसी अन्य दैवी शक्ति ने उत्पन्न नहीं किया। अपने इस विकासवाद की व्याख्या के लिए वे एक विशेष नियम को सर्वाधिक महत्त्व देते हैं जिसे उन्होंने 'प्राकृतिक चयन का नियम' कहा है। डार्विन का मत है कि समस्त पेड़-पौधों तथा प्राणियों की जातियों का विकास इस प्राकृतिक चयन के नियम के अनुसार होता है और उनके विकास की यह प्रक्रिया निरंतर चलती रहती है। इस नियम की व्याख्या करते हुए वे कहते हैं कि प्रकृति के अंतर्गत प्राणियों की सभी जातियों में अपने अस्तित्व और विकास के लिए सतत संघर्ष होता रहता है। इस संघर्ष में किसी जाति के कुछ सदस्यों में संयोगवश ऐसे शारीरिक तथा मानसिक परिवर्तन होते हैं जिनके कारण उनका अस्तित्व बना रहता है और ये लाभदायक परिवर्तन वंश-परंपरा के नियम के अनुरूप उनकी संतानों में भी आ जाते हैं जिनके फलस्वरूप उनकी संख्या में वृद्धि होती है। इन परिवर्तनों के कारण ये सभी सदस्य अपने आप को परिवर्तित वातावरण के अनुकूल बना लेते हैं और उनका यह अनुकूलन ही अंततः उनके अस्तित्व को बनाए रखने तथा उनकी संख्या की वृद्धि में निर्णायक तत्त्व सिद्ध होता है। किसी जाति के जिन सदस्यों में ये लाभदायक परिवर्तन उत्पन्न नहीं होते वे अपने आप को परिवर्तित वातावरण के अनुकूल बनाने में असमर्थ रहते

हैं और इसी कारण अंततः नष्ट हो जाते हैं। दीर्घकाल में इस पृथ्वी पर जीवों की समस्त जातियों की उत्पत्ति और उनके विकास तथा विनाश से संबंधित इसी नियम को डार्विन ने 'प्राकृतिक चयन का नियम' कहा है जो उनके विचार में पेड़-पौधों और प्राणियों की सभी जातियों पर समान रूप से अनिवार्यतः लागू होता है।

अपने जैविक विकासवाद की व्याख्या के लिए डार्विन ने जिस प्राकृतिक चयन के नियम का प्रयोग किया है वह वस्तुतः जीवाश्मों, पेड़-पौधों तथा प्राणियों की जातियों के विषय में उनके अपने व्यक्तिगत निरीक्षण और वैज्ञानिक अनुसंधानों पर आधारित है। पाँच वर्ष की अपनी विश्व-यात्रा की अवधि में उन्होंने विभिन्न जीवाश्मों तथा जातियों से संबंधित निरीक्षण एवं वैज्ञानिक अनुसंधान करते हुए बहुत-से महत्त्वपूर्ण तथ्य एकत्रित किए थे जिनके आधार पर बाद में उन्होंने अपनी प्रसिद्ध पुस्तक, 'ऑन दि ओरिजिन ऑफ़ स्पीशीज़' की रचना की थी। यह यात्रा करते समय डार्विन ने स्वयं देखा था कि प्रत्येक जाति के सभी सदस्यों तथा विभिन्न जातियों में अपने अस्तित्व के लिए किस प्रकार परस्पर निरंतर संघर्ष होता रहता है। प्रत्येक जाति के सभी व्यक्ति अपने जीवन और स्थान के लिए एक-दूसरे के साथ स्पर्धा करते हैं। इनमें से कुछ व्यक्तियों में संयोगवश ऐसे शारीरिक तथा मानसिक परिवर्तन होते हैं जो उन्हें अपनी परिवर्तित परिस्थितियों के अनुकूल बनने में सहायता देते हैं। इन्हीं लाभदायक परिवर्तनों के कारण ये व्यक्ति जीवित रहते हैं और कालांतर में ये परिवर्तन उनकी संततियों में भी उत्पन्न हो जाते हैं जिससे उनकी संख्या में वृद्धि होती है। जिन व्यक्तियों में ये लाभदायक परिवर्तन उत्पन्न नहीं होते वे नष्ट हो जाते हैं और उनकी जातियाँ अंततः लुप्त हो जाती हैं। डार्विन के अनुसार, जातियों के जन्म, विकास तथा विनाश की यह संपूर्ण प्रक्रिया इस अर्थ में प्राकृतिक है कि यह केवल अनिवार्य प्राकृतिक नियमों द्वारा निर्धारित एवं शासित होती है और इसी कारण इस प्रक्रिया में ईश्वर या किसी अन्य अति-प्राकृतिक सत्ता के हस्तक्षेप के लिए कोई स्थान नहीं है। इसी प्राकृतिक प्रक्रिया के परिणामस्वरूप कुछ नयी जातियों का जन्म तथा विकास होता है और कुछ अन्य पूर्ववर्ती जातियाँ नष्ट हो जाती हैं। इस पृथ्वी पर पेड़-पौधों तथा प्राणियों की जो जातियाँ विद्यमान हैं वे सब प्राकृतिक चयन के नियम पर आधारित इसी प्रक्रिया में अपनी सफलता के कारण उत्पन्न और विकसित हुई हैं, अतः यही जैविक विकास का मूल नियम है जो ईश्वर सहित अन्य समस्त अति-प्राकृतिक सत्ताओं से स्वतंत्र है।

जातियों की उत्पत्ति और उनके विकास की दृष्टि से अपने उपर्युक्त प्राकृतिक चयन के नियम का महत्त्व स्पष्ट करते हुए डार्विन ने लिखा है : "मेरा पूर्ण विश्वास है कि जातियाँ अपरिवर्तनशील नहीं हैं। . . . इसके अतिरिक्त मेरा यह विश्वास है कि प्राकृतिक चयन परिवर्तन का एकमात्र साधन न होते हुए भी सर्वाधिक महत्त्वपूर्ण साधन रहा है।"[16] पुनः प्राकृतिक चयन के नियम के अनुसार जातियों में अपने अस्तित्व के लिए होनेवाले संघर्ष के महत्त्व की व्याख्या करते हुए वे कहते हैं : "इस संघर्ष के कारण किसी जाति के व्यक्तियों में होनेवाले परिवर्तन–चाहे वे कितने ही कम हों तथा किसी भी कारण से उत्पन्न हुए हों, यदि वे अन्य प्राणियों और इन व्यक्तियों के जीवन

16. चार्ल्स डार्विन, 'ऑन दि ओरिजिन ऑफ़ स्पीशीज़', पृ. 30.

की भौतिक परिस्थितियों के अत्यधिक जटिल संबंधों की दृष्टि से इनके लिए किसी भी मात्रा में लाभदायक हैं--तो वे इन व्यक्तियों को सुरक्षित रखने में सहायक सिद्ध होंगे और सामान्यतः वंशानुक्रम के नियम के अनुसार इनकी संतानों द्वारा प्राप्त किए जाएँगे।"[17] डार्विन का विचार है कि प्राकृतिक चयन का यह नियम एक ही जाति के व्यक्तियों के विकास पर भी उसी प्रकार लागू होता है जिस प्रकार भिन्न-भिन्न जातियों के व्यक्तियों के विकास पर। इसका तात्पर्य यह है कि एक ही जाति के जिन व्यक्तियों में संयोगवश लाभदायक शारीरिक तथा मानसिक परिवर्तन उत्पन्न होते हैं वे इन परिवर्तनों के कारण अपने आप को भौतिक परिस्थितियों के अधिक अनुकूल बना लेते हैं, अतः वे अधिक समय तक जीवित रहते हैं और अपनी संतानों की संख्या में भी वृद्धि करते हैं। इसके विपरीत जिन व्यक्तियों में ये लाभदायक परिवर्तन उत्पन्न नहीं होते वे अपनी परिवर्तित परिस्थितियों के प्रति अनुकूलन में असमर्थ रहने के कारण धीरे-धीरे समाप्त हो जाते हैं। जातियों के विकास की इस प्रक्रिया में एक निरंतरता सदा बनी रहती है जिसका अर्थ यह है कि सभी जातियों की उत्पत्ति का मूल आधार एक ही भौतिक तत्त्व है। इस प्रकार यह स्पष्ट है कि डार्विन समस्त जातियों की उत्पत्ति तथा उनके विकास एवं विनाश की व्याख्या मुख्यतः प्राकृतिक चयन के नियम के अनुसार करते हैं जो धार्मिक और तत्त्वमीमांसीय मान्यताओं से पूर्णतः स्वतंत्र है।

1871 में प्रकाशित अपनी एक अन्य महत्त्वपूर्ण पुस्तक, 'दि डिसेंट ऑफ़ मैन' में डार्विन ने इस पृथ्वी पर मनुष्य की उत्पत्ति और उसके विकास के इतिहास की विस्तारपूर्वक विवेचना की है। उनकी इस विवेचना का आधार भी वही प्राकृतिक चयन का नियम है जिसके द्वारा उन्होंने जीवों की अन्य जातियों के जन्म और विकास की व्याख्या की है। डार्विन का मत है कि इस पृथ्वी पर मनुष्य का विकास अन्य अनेक प्राणियों की तुलना में बहुत विलंब से हुआ है और अपने इस विकास की प्रक्रिया में उसे भी अन्य जीवों की भाँति अपने अस्तित्व के लिए निरंतर संघर्ष करना पड़ा है। लाखों वर्ष पूर्व अपने विकास के प्रारंभिक काल में उसका स्वरूप तथा आकार वैसा नहीं था जैसा अब है। उसने अपना वर्तमान स्वरूप और आकार जैविक विकास की बहुत दीर्घकालीन प्रक्रिया के पश्चात प्राप्त किया है। मनुष्य के विकास की यह प्रक्रिया अन्य प्राणियों की जातियों के विकास की प्रक्रिया से मूलतः भिन्न नहीं है। इसका तात्पर्य यह है कि अन्य जीवों की जातियों की भाँति मानव-जाति का विकास भी प्राकृतिक चयन के नियम के अनुसार अपने अस्तित्व के लिए उसके सतत संघर्ष का ही परिणाम है। वस्तुतः इस दृष्टि से मनुष्य तथा अन्य प्राणियों में कोई आधारभूत अंतर नहीं है, क्योंकि उसका विकास भी अनिवार्यतः उन्हीं प्राकृतिक नियमों द्वारा शासित होता है जो अन्य जीवों के विकास पर लागू होते हैं। मनुष्य और अन्य प्राणियों की शारीरिक तथा मानसिक विशेषताओं में हमें जो बहुत बड़ा अंतर दिखाई देता है वह केवल मात्रा का ही है, प्रकार का नहीं। जैविक विकास की दृष्टि से मनुष्य सहित

17. वही पुस्तक, पृ. 145.

सभी प्राणी विशाल प्रकृति के ही अभिन्न अंश हैं, अतः उनकी मूल आवश्यकताएँ और विशेषताएँ समान ही होती हैं। इस प्रकार डार्विन ने मनुष्य के विकास से संबंधित अपनी उपर्युक्त पुस्तक में अनेक वैज्ञानिक प्रमाणों द्वारा यह सिद्ध किया है कि उसका विकास भी मूलतः प्राकृतिक चयन के उसी नियम के अनुसार हुआ है जो अन्य सभी प्राणियों के विकास का आधारभूत नियम है।

यहाँ यह उल्लेखनीय है कि डार्विन ने मनुष्य की उन विशेषताओं की व्याख्या भी अपने विकासवादी सिद्धांत के आधार पर ही की है जिनके कारण मनुष्य को अन्य प्राणियों से भिन्न और उनकी अपेक्षा अधिक उत्कृष्ट माना जाता है। इन विशेषताओं में मनुष्य की अद्वितीय शारीरिक आकार, उसकी बौद्धिक शक्ति, भाषा बोलने तथा लिखने की क्षमता, प्रेम, सहानुभूति आदि भावनाएँ, सौंदर्यानुभूति और नैतिक चेतना सम्मिलित हैं। डार्विन निश्चित रूप से यह दावा करते हैं कि मानव के संबंध में अद्वितीय मानी जानेवाली इन सभी विशेषताओं को उनके जैविक विकासवाद द्वारा भली-भाँति स्पष्ट किया जा सकता है।[18] उनका कथन है कि ये विशेषताएँ मूल रूप में अन्य प्राणियों–विशेषतः उच्च कोटि के पशुओं–में भी पाई जाती हैं, किंतु इनका अधिकतम विकास मनुष्य में ही हुआ है। अपने विकास की प्रक्रिया में जब वह अस्तित्व के लिए संघर्ष कर रहा था तो इस संघर्ष के परिणामस्वरूप धीरे-धीरे उसमें इन विशेषताओं का विकास हुआ जिन्होंने उसे इस पृथ्वी पर सर्वोत्तम प्राणी के पद तक पहुँचाया। अद्वितीय शारीरिक आकार के अतिरिक्त मनुष्य में विचार-शक्ति, सामाजिक भावना तथा नैतिक चेतना का भी विकास हुआ जिनके कारण वह अन्य सभी प्राणियों की तुलना में कहीं अधिक समर्थ और उन्नत बन सका। इन विशेषताओं ने मनुष्यों को समाज में परस्पर मिलकर रहना, सहयोग करना और एक-दूसरे की रक्षा करना सिखाया, अतः ये सब विशेषताएँ अंततः मानव-जाति के विकास में बहुत सहायक सिद्ध हुईं। डार्विन का विचार है कि इसी कारण मनुष्य के जैविक विकास की दृष्टि से उसकी बौद्धिक शक्ति, सामाजिक भावना तथा नैतिक चेतना का विशेष महत्त्व है, किंतु उसमें इन विशेषताओं का विकास भी प्राकृतिक चयन के नियम के अनुसार ही हुआ है।"[19] वस्तुतः मनुष्य की इन्हीं विशेषताओं ने अन्य प्राणियों के साथ अस्तित्व के लिए उसके संघर्ष में उसे विजयी बनाया है और उसके विकास में भी महत्त्वपूर्ण योगदान किया है। वह अन्य जीवों की अपेक्षा अधिक विचार कर सकता है, अधिक सीख सकता है, अधिक याद रख सकता है और अधिक तर्क कर सकता है, किंतु ये सब बौद्धिक क्षमताएँ कम मात्रा में उनमें भी पाई जाती हैं। इस प्रकार मनुष्य के विषय में डार्विन का अंतिम निष्कर्ष यही है कि विकास की दृष्टि से अन्य सभी प्राणियों की अपेक्षा कहीं अधिक उन्नत होते हुए भी वह वास्तव में उनसे मूलतः भिन्न नहीं हैं।[20]

डार्विन के विकासवादी सिद्धांत के कुछ महत्त्वपूर्ण पक्षों की विवेचना करने के पश्चात अब इस प्रश्न पर विचार करना आवश्यक है कि ईश्वरवाद तथा प्रचलित

18. देखिए, चार्ल्स डार्विन, 'दि डिसेंट ऑफ़ मैन', पृ. 97-98.

19. देखिए, वही पुस्तक, पृ. 48, 127-128.

20. देखिए, वही पुस्तक, पृ. 125-126.

धार्मिक विश्वासों पर इसका क्या प्रभाव पड़ा। अनेक विद्वानों का मत है कि जैविक विकासवाद से संबंधित उनकी पूर्वोल्लिखित दो पुस्तकों के प्रकाशन के परिणामस्वरूप पाश्चात्य वैचारिक जगत् में तीव्र उथल-पुथल आरंभ हुई और इन दोनों पुस्तकों ने जीवन तथा जगत् के विषय में विचारकों एवं वैज्ञानिकों के दृष्टिकोण में क्रांतिकारी परिवर्तन किया। जैविक विकासवाद के संबंध में डार्विन के उपर्युक्त परंपरा-विरोधी विचारों के कारण ईश्वर, प्रकृति, विश्व, मनुष्य तथा ईसाई धर्म के विश्वासों के विषय में विचारकों में तीव्र वाद-विवाद का जन्म हुआ। धर्मपरायण ईसाई विचारकों ने उनके विकासवादी सिद्धांत का घोर विरोध किया, किंतु जो विचारक मानवीय अनुभव, तर्क और विज्ञान को विशेष महत्त्व देते थे वे इस सिद्धांत के प्रबल समर्थक हो गए। ऑक्सफ़ोर्ड विश्वविद्यालय के तत्कालीन पादरी, सैम्युअल विलबरफ़ोर्स तथा सुविख्यात अनुभववादी विचारक, टी.एच. हक्स्ले क्रमशः इन दो परस्पर विरोधी दृष्टिकोणों के स्पष्ट उदाहरण हैं जिनके मत का उल्लेख हम यथास्थान आगे करेंगे। वस्तुतः डार्विन के क्रांतिकारी विचारों के कारण इस प्रकार के तीव्र वाद-विवाद का उत्पन्न होना स्वाभाविक ही था, क्योंकि उस समय अधिकतर पाश्चात्य विचारकों पर ईसाई धर्म के सिद्धांतों का व्यापक प्रभाव था जिससे बहुत कम विचारक अपने आप को मुक्त करने में सफल हो पाए थे।

विज्ञान का पर्याप्त विकास हो जाने के पश्चात भी उन्नीसवीं शताब्दी के पूर्वार्ध में–जब डार्विन अपने विकासवादी सिद्धांत का प्रतिपादन कर रहे थे–विश्व की उत्पत्ति और उसके विकास की व्याख्या ईसाई धर्म के मूल सिद्धांतों–विशेषतः ईश्वरवाद–के आधार पर ही की जाती थी। उस समय अधिकतर विचारक यह मानते थे कि ईश्वर ने ही इस विश्व की रचना की है और उसी ने समस्त भौतिक वस्तुओं, पेड़-पौधों तथा प्राणियों की जातियों को उस रूप में उत्पन्न किया है जिस रूप में वे अब विद्यमान हैं। ईश्वर द्वारा उत्पन्न प्राणियों की प्रत्येक जाति की अपनी अलग विशेषताएँ होती हैं जिनमें कभी कोई परिवर्तन नहीं होता। इस संपूर्ण विश्व का केंद्र मनुष्य ही है, क्योंकि ईश्वर ने उसे स्वयं अपने रूप में उत्पन्न किया है और अन्य सभी वस्तुओं, पेड़-पौधों तथा प्राणियों को केवल उसी के सुख के लिए जन्म दिया है। जिस पृथ्वी पर मनुष्य निवास करता है वह संपूर्ण ब्रह्माण्ड का केंद्र है और ईश्वर के आदेशानुसार सभी ग्रह-नक्षत्र उसकी परिक्रमा करते हैं। इस विश्व की उत्पत्ति के मूल में ईश्वर का विशेष प्रयोजन है जिसकी पूर्ति के लिए उसने स्वयं इसमें निश्चित व्यवस्था स्थापित की है। जगत् में जो कुछ होता है वह सब ईश्वर के इसी प्रयोजन की पूर्ति का साधन मात्र है। अपने इस प्रयोजन की सिद्धि के लिए ईश्वर ने ही प्रकृति तथा समस्त प्राकृतिक नियमों को जन्म दिया है, अतः वह स्वयं प्रकृति से परे और उसका स्वामी है। वह इस प्रकृति के नियमों में हस्तक्षेप करके समय-समय पर अनेक प्रकार के चमत्कार उत्पन्न करता है जो उसके भक्तों को सुख और उसकी निंदा करनेवाले व्यक्तियों को दुःख पहुँचाते हैं। 'बाइबल' में जो कुछ लिखा है वह स्वयं 'ईश्वर की वाणी' होने के कारण पूर्ण और अकाट्य सत्य है। इस प्रकार डार्विन के समय में अधिकतर विचारक इन सभी धार्मिक विश्वासों, मान्यताओं एवं सिद्धांतों को पूर्ण रूप

से स्वीकार करते थे और इन्हीं के आधार पर विश्व की उत्पत्ति तथा उसके विकास की व्याख्या करते थे। इतना ही नहीं, बहुत-से वैज्ञानिक भी इस धार्मिक दृष्टिकोण के प्रबल समर्थक थे और वे वैज्ञानिक सिद्धांतों को भी उस रूप में प्रस्तुत करते थे जिस रूप में वे इस दृष्टिकोण का पूर्णतः समर्थन करें। इसी अर्थ में वे विज्ञान तथा धर्म को परस्पर पूरक और एक-दूसरे का सहायक मानते थे।

यह समझना कठिन नहीं है कि डार्विन का विकासवादी सिद्धांत ईश्वरवाद पर आधारित ईसाई धर्म के उपर्युक्त दृष्टिकोण का निषेध करता है। हम देख चुके हैं कि उनके इस सिद्धांत में ईश्वर, आत्मा अथवा किसी अन्य अति-प्राकृतिक सत्ता के लिए कोई स्थान नहीं है। डार्विन ने पेड़-पौधों तथा प्राणियों की जातियों के विकास की जो प्रकृतिवादी व्याख्या की है उससे यह स्पष्ट है कि वे इस विश्व को ईश्वर की रचना नहीं मानते और इस प्रकार ईसाई धर्म के सृष्टिवाद का खंडन करते हैं। जैसा कि हम पहले ही बता चुके हैं, उनके अनुसार जीवन का मूल आधार भौतिक तत्त्व है और इस विश्व में सभी जातियों का विकास बहुत दीर्घकालीन प्राकृतिक प्रक्रिया के परिणामस्वरूप हुआ है जिसमें प्राकृतिक चयन के नियम की प्रमुख भूमिका रही है। इस नियम से हमें यह भी ज्ञात होता है कि कोई जाति वास्तव में स्थायी और अपरिवर्तनशील नहीं है। परिवर्तित प्राकृतिक परिस्थितियों के प्रति अनुकूलन में असमर्थ जातियों का विनाश हो जाता है और उनके स्थान पर ऐसी नवीन जातियों का विकास होता है जो इस अनुकूलन में समर्थ होती हैं। डार्विन का विचार है कि प्राकृतिक नियमों के अनुसार जातियों के विकास और विनाश की यह प्रक्रिया निरंतर चलती रहती है जिसमें ईश्वर या किसी अन्य दैवी शक्ति का कोई हस्तक्षेप संभव नहीं है। इस प्रकार यह स्पष्ट है कि उनका विकासवादी सिद्धांत ईसाई धर्म के सृष्टिवाद को पूर्णतः अस्वीकार करता है।

डार्विन के इस विकासवादी सिद्धांत का दूसरा निषेधात्मक निष्कर्ष यह है कि इस विश्व के मूल में कोई प्रयोजन नहीं है। वस्तुतः ईश्वरवादियों का यह प्रयोजनवाद उनके सृष्टिवाद का ही अनिवार्य परिणाम है। यदि सृष्टिवाद मिथ्या है तो उस पर आधारित यह प्रयोजनवाद स्वतः ही मिथ्या प्रमाणित हो जाता है। इसका कारण यह है कि जब विश्व का कोई रचयिता ही नहीं है तो उसके द्वारा इसके मूल में कोई प्रयोजन निश्चित करने और इस प्रयोजन की पूर्ति के लिए विशेष व्यवस्था स्थापित करने का प्रश्न ही नहीं उठता। प्रकृति में समस्त घटनाएँ तथा क्रियाएँ उसके अपने भौतिक और यांत्रिक नियमों के अनुसार ही होती हैं, अतः उनका कोई प्रयोजन नहीं होता। उनके मूल में मनुष्य के लिए विशेष प्रयोजन खोजना प्रकृति का मानवीकरण करना है जिसका कोई तर्कसंगत आधार नहीं है। यहाँ यह उल्लेखनीय है कि डार्विन द्वारा प्रयोजनवाद के इस निषेध के फलस्वरूप ईश्वर की सत्ता के समर्थन में दी जानेवाली उस प्रयोजनपरक युक्ति का स्पष्टतः खंडन होता है जिसे उनके समय में उसके अस्तित्व के लिए बहुत महत्त्वपूर्ण युक्ति माना जाता था। वस्तुतः उनके विकासवादी सिद्धांत में ईश्वरवादी विचारकों की इस प्रयोजनपरक युक्ति के लिए कोई स्थान नहीं है। यदि ईश्वर ने इस विश्व की रचना नहीं की, जैसा कि डार्विन निश्चित

रूप से मानते हैं, तो ईश्वरवादी दार्शनिकों द्वारा यह दावा करना व्यर्थ और निराधार है कि उसी ने इसमें व्यवस्था स्थापित की है जो उसके अस्तित्व को प्रमाणित करती है। इस प्रकार डार्विन प्रयोजनपरक युक्ति का निषेध करके ईश्वरवाद का खंडन करते हैं।

ईश्वरवाद के अतिरिक्त डार्विन ने मनुष्य के संबंध में ईसाई धर्म के उस सिद्धांत को भी मिथ्या सिद्ध किया है जिसके अनुसार मनुष्य ही संपूर्ण विश्व का केंद्र है और अन्य सभी वस्तुओं, पेड़-पौधों तथा प्राणियों की रचना ईश्वर ने उसी के सुख के लिए की है। डार्विन के समय में ईसाई विचारक मनुष्य से संबंधित इस धार्मिक सिद्धांत को बहुत महत्त्व देते थे और इसी कारण वे उसे सामान्य प्राणी न मानकर ईश्वर की विशेष दैवी रचना मानते थे। परंतु हम देख चुके हैं कि डार्विन ने उनके इस विश्वास को अनेक वैज्ञानिक प्रमाणों द्वारा मिथ्या और निराधार सिद्ध कर दिया है। इस विश्वास के विपरीत अपने विकासवादी सिद्धांत द्वारा उन्होंने यह प्रमाणित किया है कि मनुष्य अन्य प्राणियों की अपेक्षा अधिक बुद्धिमान तथा उत्कृष्ट होते हुए भी उनसे मूलतः भिन्न नहीं है। उसका विकास भी उन्हीं प्राकृतिक नियमों के अनुसार हुआ है जो अन्य सभी प्राणियों पर लागू होते हैं। उसमें ऐसे कोई दैवी गुण नहीं हैं जो अन्य प्राणियों में नहीं पाए जाते। डार्विन के अनुसार, मनुष्य विश्व का केंद्र और उसका स्वामी भी नहीं है; इसके विपरीत वास्तविक स्थिति यह है कि इस पृथ्वी पर उसका विकास अन्य लाखों प्राणियों की अपेक्षा अधिक विलंब से हुआ है। उससे पूर्व अनेक विशालकाय प्राणी लाखों वर्षों तक इस पृथ्वी पर निवास करते रहे हैं। इससे स्पष्ट है कि यह सृष्टि मनुष्य के सुख का साधन नहीं है जैसा कि ईसाई धर्म के विचारक दावा करते हैं। वस्तुतः अन्य सभी प्राणियों की भाँति वह भी विशाल प्रकृति का एक छोटा-सा अंश मात्र है। प्रकृति और मनुष्य इन दोनों की व्याख्या ईश्वरवाद के स्थान पर विज्ञान द्वारा ही संतोषजनक रूप से की जा सकती है। इस पृथ्वी पर मनुष्य की उत्पत्ति और उसके विकास के जो वैज्ञानिक प्रमाण उपलब्ध हुए हैं उनके आधार पर यही कहा जा सकता है कि वह कोई अद्वितीय प्रतिष्ठित प्राणी न होकर जैविक दृष्टि से मूलतः अन्य प्राणियों के समान है।

मनुष्य के विषय में डार्विन के उपर्युक्त क्रांतिकारी वैज्ञानिक विचारों के कारण उनकी तुलना महान वैज्ञानिक, कॉपरनिकस के साथ की गई है। जिस प्रकार कॉपरनिकस ने यह प्रमाणित किया था कि यह पृथ्वी विश्व का केंद्र न होकर सूर्य की परिक्रमा करनेवाले अनेक ग्रहों में से एक छोटा-सा ग्रह है उसी प्रकार डार्विन ने भी यह सिद्ध किया कि मनुष्य इस सृष्टि का केंद्र नहीं है, अपितु वह बहुत विलंब से विकसित होनेवाला एक विचारशील उत्कृष्ट प्राणी है जो अन्य प्राणियों से मूलतः भिन्न और अद्वितीय नहीं है।[21] इस प्रकार डार्विन ने अपने विकासवादी सिद्धांत द्वारा मनुष्य की वह तथाकथित दैवी प्रतिष्ठा समाप्त कर दी जिसके कारण ईसाई धर्म के विचारक उसे ईश्वर की विशेष अद्वितीय कृति, संपूर्ण सृष्टि का केंद्र तथा उसका स्वामी मानकर प्राणी-जगत् में उसे सर्वोच्च स्थान देते थे।

21. देखिए, हैरॉल्ड वाई. वैंडरपूल का लेख, 'चार्ल्स डार्विन ऐंड डार्विनिज़्म', रॉजर ए. जॉन्सन द्वारा संपादित पुस्तक, 'क्रिटिकल इश्यूस इन मॉडर्न रिलिजन' में संकलित, पृ. 80.

ईश्वर, विश्व तथा मनुष्य के विषय में डार्विन के उपर्युक्त विचारों से यह स्पष्ट है कि वे कम-से-कम अपने जीवन के उत्तरार्ध में धर्मपरायण व्यक्ति नहीं रहे थे। विकासवादी सिद्धांत का प्रतिपादन करने से पूर्व वे ईसाई धर्म में आस्था अवश्य रखते थे, किंतु जीवन तथा जगत् के संबंध में वैज्ञानिक अनुसंधानों के फलस्वरूप उनकी यह आस्था धीरे-धीरे कम होती गई और अपने जीवन के अंतिम वर्षों में उन्होंने इस धर्म के सभी मूल सिद्धांतों को मिथ्या मानकर इनमें विश्वास करना छोड़ दिया था। वे यह मानते थे कि 'बाइबल' में प्रस्तुत किए गए सृष्टि संबंधी सिद्धांत, विचार एवं विश्वास वैज्ञानिक दृष्टि से प्रामाणिक तथा सत्य न होकर मनुष्य की उस आदिकालीन पौराणिक विचारधारा को अभिव्यक्त करते हैं जब वह प्रकृति के नियमों से अनभिज्ञ था और जब विज्ञान का उदय नहीं हुआ था। डार्विन के अनुसार, सत्य को केवल अनुभव, निरीक्षण एवं तर्क द्वारा ही जाना जा सकता है और इस दृष्टि से विचार करने पर 'बाइबल' के सृष्टि विषयक सिद्धांत मिथ्या प्रमाणित होते हैं।[22] वस्तुतः इन सिद्धांतों के विषय में उन्होंने अपना यह निष्कर्ष उन वैज्ञानिक अनुसंधानों के आधार पर प्रस्तुत किया था जो उन्होंने जीवन और जगत् के संबंध में व्यक्तिगत रूप से स्वयं किए थे।

हम देख चुके हैं कि प्रकृति में किसी प्रकार के प्रयोजन को स्वीकार न करने के कारण डार्विन ईश्वर के अस्तित्व के लिए प्रयोजनपरक युक्ति का निषेध करते थे। इसके अतिरिक्त उन्होंने विश्व में विद्यमान व्यापक दुःख के आधार पर भी ईश्वर की सत्ता को अस्वीकार किया था। वे ईश्वर द्वारा उत्पन्न ऐसे तथाकथित चमत्कारों में भी विश्वास नहीं करते थे जिनका धर्मपरायण व्यक्ति प्रायः दावा करते हैं। इन सभी तथ्यों को ध्यान में रखते हुए हम निश्चित रूप से यह कह सकते हैं कि डार्विन ईश्वरवाद का समर्थन नहीं करते थे। अपने आप को 'अज्ञेयवादी' कहकर इस तथ्य को उन्होंने स्वयं स्पष्टतः स्वीकार किया है। विश्व के उद्‌गम की समस्या को रहस्यमयी बताते हुए वे कहते हैं : "हम संपूर्ण जगत् के प्रारंभ से संबंधित रहस्य का समाधान नहीं कर सकते, और मुझे तो अवश्य ही अज्ञेयवादी रहकर संतोष करना पड़ेगा।"[23] परंतु, जैसा कि हम दूसरे अध्याय में बता चुके हैं, वस्तुतः अज्ञेयवाद व्यापक अर्थ में निरीश्वरवाद का ही एक रूप है, अतः डार्विन को उस व्यापक अर्थ में निरीश्वरवादी विचारक कहना उचित एवं तर्कसंगत प्रतीत होता है जिसके अनुसार ईश्वर में विश्वास का अभाव ही निरीश्वरवाद है।

ईश्वर, जगत् एवं मनुष्य के संबंध में डार्विन के उपर्युक्त परंपरा-विरोधी विचारों के परिणामस्वरूप धर्मपरायण विचारकों को बहुत बड़ा धक्का लगा था और इसी कारण उन्होंने व्यक्तिगत रूप से स्वयं डार्विन की तथा उनके विकासवादी सिद्धांत की तीव्र निंदा की थी। डार्विन के विरुद्ध उनका मुख्य आरोप यह था कि वे अपने इस विकासवादी सिद्धांत द्वारा ईसाई धर्म के सभी मूल सिद्धांतों तथा विश्वासों का पूर्णतः

22. देखिए, 'दि ऑटोबायोग्राफ़ी ऑफ़ चार्ल्स डार्विन ऐंड सलेक्टिड लैटर्ज़', पृ. 62.

23. वही पुस्तक, पृ. 66.

निषेध करते हैं। उनका यह सिद्धांत प्रत्येक जाति की अपरिवर्तनशीलता तथा उसकी अपनी अद्वितीय विशेषताओं को अस्वीकार करता है और मनुष्य को पशु के समान पतित प्राणी बनाकर उसकी विशेष प्रतिष्ठा को नष्ट कर देता है। इस सिद्धांत के अनुसार, मनुष्य ईश्वर की अपनी विशेष कृति न होकर अन्य पशुओं के समान केवल एक साधारण प्राणी है, अतः जीव-जगत् में उसका अपना कोई अलग और अद्वितीय स्थान नहीं है। धर्मपरायण विचारक निश्चित रूप से यह मानते थे कि डार्विन की ये सभी मान्यताएँ मिथ्या और निंदनीय हैं। ऑक्सफ़ोर्ड विश्वविद्यालय के पादरी, सैम्युअल विलबरफ़ोर्स डार्विन के विरुद्ध इसी परंपरागत धार्मिक दृष्टिकोण के प्रबल समर्थक और प्रचारक थे। वे मनुष्य के विषय में उनकी विकासवादी सिद्धांत के कारण उनसे अत्यधिक रुष्ट थे और उनकी निंदा करते थे।

डार्विन की पुस्तक, 'ऑन दि ओरिजिन ऑफ़ स्पीशीज़' के प्रकाशन के तुरंत पश्चात 1860 में इसकी समीक्षा करते हुए विलबरफ़ोर्स ने मनुष्य से संबंधित उनके विकासवादी सिद्धांत को मिथ्या सिद्ध करने का प्रयास किया था। इस सिद्धांत को ईसाई धर्म के पूर्णतः विरुद्ध बताते हुए उन्होंने लिखा था : "पृथ्वी पर मनुष्य की ईश्वर-प्रदत्त सर्वोच्चता, भाषा बोलने के संबंध में मनुष्य की क्षमता, मनुष्य की तर्क-शक्ति का उपहार, . . . मनुष्य का पतन तथा मनुष्य की मुक्ति, अनश्वर पुत्र का अवतार–ये सब पशु से उस मनुष्य की उत्पत्ति के पतित विचार के साथ समान रूप से तथा पूर्णतः असंगत हैं जिसे ईश्वर ने अपनी आकृति के रूप में उत्पन्न किया था और जिसे अनश्वर पुत्र ने स्वयं उसी का रूप धारण करके मुक्त किया था।"[24] विलबरफ़ोर्स के उपर्युक्त उद्धरण से यह स्पष्ट है कि वे मनुष्य की उत्पत्ति के विषय में केवल अपनी आस्था के आधार पर तथा बिना किसी प्रमाण के ईसाई धर्म के ईश्वरवादी सिद्धांत को पूर्णतः सत्य और डार्विन के विकासवादी सिद्धांत को पूर्ण रूप से मिथ्या मान लेते हैं। उनकी भाँति अन्य अनेक धर्मपरायण विचारकों ने भी अपने इसी तर्कहीन पूर्वाग्रह के आधार पर डार्विन और उनके विकासवादी सिद्धांत की तीव्र निंदा की थी। परंतु यहाँ यह स्मरण रखना चाहिए कि दार्शनिक एवं तार्किक दृष्टि से इस प्रकार की पूर्वाग्रहयुक्त निंदा तथा आलोचना का कोई महत्त्व नहीं है।

डार्विन के समकालीन तथा परवर्ती विचारकों पर उनके विकासवादी सिद्धांत का जो व्यापक प्रभाव पड़ा है वह भी इसी तथ्य की पुष्टि करता है कि अनुभव, निरीक्षण एवं तर्क का समर्थन करनेवाले दार्शनिकों ने धर्मपरायण व्यक्तियों की उपर्युक्त पक्षपातपूर्ण और पूर्वाग्रह से ग्रस्त आलोचना की ओर कोई ध्यान नहीं दिया। विकासवाद के समर्थक यह भली-भाँति जानते थे कि धार्मिक दृष्टिकोण के साथ इस सिद्धांत की संगति स्थापित करना संभव नहीं है, किंतु विश्व की व्याख्या करने के लिए उन्होंनें इस परंपरागत दृष्टिकोण के स्थान पर विकासवाद को ही स्वीकार किया, क्योंकि वह तथ्यों और प्रमाणों पर आधारित वैज्ञानिक सिद्धांत था। उन्नीसवीं शताब्दी में जिन विचारकों ने इस सिद्धांत का विशेष रूप से प्रबल समर्थन किया था उनमें टॉमस हैन्री हक्स्ले का नाम सर्वप्रमुख है। डार्विन की पुस्तक, 'ऑन दि ओरिजिन ऑफ़ स्पीशीज़'

24. सैम्युअल विलबरफ़ोर्स, 'क्वार्टरली रिव्यू', 1860, पृ. 258.

का अध्ययन करने के पश्चात वे उनके अनुयायी हो गए थे और उन्होंने जैविक विकासवाद को पूर्णतः स्वीकार कर लिया था। वे यह मानते थे कि डार्विन ने अपने विकासवादी सिद्धांत द्वारा धार्मिक पूर्वाग्रहों का निराकरण करके विश्व के विकास की वैज्ञानिक एवं तर्कसंगत व्याख्या की है। हक्स्ले ने अपनी दो पुस्तकों–'मैन्स प्लेस इन नेचर ऐंड अदर ऐन्थ्रोपॉलॉजिकल एस्सेज़' तथा 'इवोल्यूशन ऐंड ऐथिक्स ऐंड अदर एस्सेज़'–में डार्विन के विकासवाद की विस्तृत व्याख्या करने के साथ-साथ इस सिद्धांत के विरुद्ध धर्मपरायण विचारकों द्वारा लगाए गए मिथ्या आरोपों का भी तर्कपूर्ण उत्तर दिया है। पेड़-पौधों तथा मनुष्य सहित सभी प्राणियों की जातियों के विकास के विषय में उनके विचार भी लगभग वही हैं जो डार्विन ने प्रस्तुत किए थे, अतः यहाँ उनकी पुनरावृत्ति अनावश्यक है। इस संबंध में यहाँ इतना कह देना ही पर्याप्त होगा कि हक्स्ले ने अपने समकालीन विचारकों तथा जनसाधारण में डार्विन के विकासवाद के प्रचार और प्रसार में बहुत महत्त्वपूर्ण योगदान किया था।

हक्स्ले के अतिरिक्त उन्नीसवीं शताब्दी के कुछ अन्य विचारक भी डार्विन के विकासवाद से प्रभावित हुए थे जिनमें अरन्स्ट हैकल, पीटर क्रोपोटकिन तथा हरबर्ट स्पैंसर के नाम उल्लेखनीय हैं। जर्मनी में भौतिकवादी दार्शनिक, हैकल ने जैविक विकासवाद का उसी प्रकार प्रबल समर्थन किया था जिस प्रकार इंग्लैण्ड में हक्स्ले ने किया था। अपनी पुस्तक, 'दि रिडल ऑफ़ दि यूनिवर्स' में हैकल ने इस सिद्धांत के सभी महत्त्वपूर्ण पक्षों की विस्तारपूर्वक व्याख्या की थी। उनकी इस पुस्तक को विकासवाद का धर्मग्रंथ माना जाता था जिससे यह ज्ञात होता है कि इस सिद्धांत के लिए इसका कितना अधिक महत्त्व था। डार्विन की भाँति हैकल भी जैविक विकासवाद के अनुसार सभी प्राणियों की मूलभूत एकता में विश्वास करते थे। स्वयं भ्रूण-विज्ञान के विशेषज्ञ होने के कारण वे यह मानते थे कि प्रत्येक व्यक्ति अपनी माता के गर्भ में विकास संबंधी उन सभी अवस्थाओं की संक्षिप्त पुनरावृत्ति करता है जिनसे उसकी जाति लाखों वर्षों में गुज़र चुकी है। इससे यह सिद्ध होता है कि जीव-जगत् में जातियों के विकास का एक निश्चित क्रम है।

हैकल के समान रूस के प्रकृतिवादी विचारक, पीटर क्रोपोटकिन पर भी डार्विन के विकासवाद का पर्याप्त प्रभाव पड़ा था। क्रोपोटकिन जीव-जगत् में अस्तित्व के लिए संघर्ष की अपेक्षा पारस्परिक सहयोग तथा सहायता को विकास की दृष्टि से कहीं अधिक महत्त्व देते थे। उनका विचार था कि प्राणियों में सर्वत्र एक-दूसरे के साथ सहयोग का व्यवहार देखा जा सकता है और वस्तुतः इसी सहयोगात्मक व्यवहार पर उनका विकास निर्भर है। सभी प्राणियों में सामाजिक भावना तथा सहानुभूति पाई जाती है जो उन्हें अपनी जाति के अन्य सदस्यों के साथ संबद्ध रखती है और जो उनके विकास का प्रमुख साधन है। परंतु यहाँ यह स्मरण रखना चाहिए कि क्रोपोटकिन की यह मान्यता डार्विन के विकासवादी सिद्धांत के विरुद्ध न होकर वास्तव में उसके अनुरूप ही है, क्योंकि स्वयं डार्विन ने प्राणियों के विकास की दृष्टि से उनकी सामाजिक भावना को बहुत महत्त्व दिया था और यह कहा था कि यह भावना उन्हें अपनी जाति के अस्तित्व के लिए संघर्ष में सक्षम बनाती है।

हक्स्ले, हैकल तथा क्रोपोटकिन की भाँति इंग्लैण्ड के प्रसिद्ध प्रकृतिवादी दार्शनिक, हरबर्ट स्पैंसर भी डार्विन के विकासवाद से बहुत प्रभावित हुए थे। इस सिद्धांत के सभी प्रमुख पक्षों की विस्तृत व्याख्या करने के लिए उन्होंने एक व्यापक पुस्तक लिखी थी जिसका शीर्षक था 'सिंथेटिक फ़िलॉसॉफ़ी' और जो दस खंडों में 1860 से 1896 तक छत्तीस वर्षों में प्रकाशित हुई थी। स्पैंसर ने विकासवाद के विषय में एक विशेष नियम का प्रतिपादन किया था जिसे उन्होंने 'क्रमिक विकास का सार्वभौम नियम' की संज्ञा दी थी। उनके इस नियम के अनुसार, प्रकृति में सभी वस्तुओं का विकास क्रमशः सरलता से अधिकाधिक जटिलता की ओर एक चरम सीमा तक होता है जिसके पश्चात उनका ह्रास आरंभ हो जाता है। अपने इस व्यापक नियम को संसार की समस्त वस्तुओं पर लागू करते हुए उन्होंने केवल पेड़-पौधों और प्राणियों की जातियों के विकास की ही नहीं, अपितु समाजशास्त्र, मनोविज्ञान, नीतिशास्त्र आदि विधाओं के विकास की व्याख्या भी विकासवादी सिद्धांत के आधार पर की थी। इस प्रकार यह स्पष्ट है कि स्पैंसर ने डार्विन के जैविक विकासवाद को अधिक जटिल तथा व्यापक रूप में प्रस्तुत किया।

डार्विन के विकासवादी सिद्धांत से प्रभावित जिन विचारकों की संक्षिप्त चर्चा ऊपर की गई है वे सभी प्रकृतिवाद और अज्ञेयवाद में विश्वास करते थे जिसका तात्पर्य यह है कि वे भी डार्विन के समान व्यापक अर्थ मैं निरीश्वरवादी विचारक थे। इन विचारकों के अतिरिक्त अन्य अनेक समकालीन और परवर्ती विचारकों को भी डार्विन के जैविक विकासवाद ने प्रत्यक्ष या परोक्ष रूप से निरीश्वरवाद का समर्थन करने के लिए प्रेरित एवं प्रोत्साहित किया था। उदाहरणार्थ, कार्ल मार्क्स डार्विन के क्रांतिकारी विचारों से इतने अधिक प्रभावित हुए थे कि वे अपनी प्रसिद्ध पुस्तक, 'दि कैपिटल' का दूसरा खंड उन्हें समर्पित करना चाहते थे जो उन दो अंतिम खंडों में से एक था जिनका संपादन मार्क्स की मृत्यु के पश्चात उनके मित्र, ऐंगल्स ने किया था। इसी प्रकार, रूसी विचारक, ब्लाडिमीर कोवलेवस्की और अमरीकी विचारक, आसा ग्रे भी डार्विन के जैविक विकासवाद का समर्थन करते थे। इन सब तथ्यों से यह अनुमान लगाना कठिन नहीं है कि उन्नीसवीं शताब्दी और बीसवीं शताब्दी के वैचारिक जगत् पर डार्विन का कितना अधिक व्यापक प्रभाव पड़ा था। उनके इसी व्यापक प्रभाव की सविस्तार व्याख्या करते हुए एक पाश्चात्य विद्वान, एच. जेम्स बर्क्स ने लिखा है : "डार्विन के पास जीव-विज्ञान की कोई शैक्षणिक उपाधि नहीं थी; उन्होंने महाविद्यालय अथवा विश्वविद्यालय के स्तर पर कभी अध्यापन-कार्य नहीं किया था। यहाँ तक कि अपने शोध-कार्य में उन्होंने दोषपूर्ण उपकरणों का भी प्रयोग किया। परंतु फिर भी स्वतंत्र चिंतन करनेवाले इस प्रकृतिवादी विचारक ने बौद्धिक जगत् को पिछली शताब्दी की सर्वाधिक महत्त्वपूर्ण वैज्ञानिक उपलब्धि का उपहार दिया। उनकी संपूर्ण कृतियों ने पुराने सिद्धांतों, विश्वासों तथा मूल्यों को चुनौती दी। उन्होंने स्वयं अपने विषय में, जीवन, पृथ्वी के इतिहास तथा ब्रह्माण्ड के स्वरूप के विषय में मनुष्य के दृष्टिकोण को सदा के लिए बदल दिया। विकासवाद ने जीव-जगत् और भौतिक सत्ता को विज्ञान एवं तर्क के दृष्टिकोण से देखने का बिल्कुल नया मार्ग प्रदान किया। विश्व संबंधी

यह नवीन दृष्टिकोण धर्मशास्त्र और रहस्यवाद पर आधारित अन्य सभी पूर्ववर्ती विचारधाराओं के ठीक विपरीत था। इसने भौतिक तत्त्व से जीवन के उद्गम को स्पष्टतः प्रस्तुत किया। वस्तुतः डार्विन ने तत्त्वमीमांसीय सिद्धांतों अथवा धार्मिक विश्वासों का सहारा लेने की कोई आवश्यकता ही अनुभव नहीं की। वे यदि मौन निरीश्वरवादी नहीं तो अज्ञेयवादी अवश्य थे जिन्होंने प्रकृति को पुद्गल, संयोगवश होनेवाले परिवर्तनों तथा यांत्रिक नियमों में निहित देखा। . . . सर्वाधिक व्यापक अर्थ में डार्विनवाद की महत्त्वपूर्ण प्रतिध्वनियाँ मानवीय विचार के दूरतम प्रदेशों तक पहुँची हैं। बौद्धिक संसार विकासवाद और इसके गहरे प्रभावों की उपेक्षा नहीं कर सकता।''[25]

डार्विन की असाधारण वैज्ञानिक उपलब्धियों के संबंध में बर्क्स के उपर्युक्त विस्तृत उद्धरण से यह स्पष्ट है कि उनके विकासवादी सिद्धांत ने जीवन और जगत् के विषय में मनुष्य के दृष्टिकोण को कितने व्यापक रूप से प्रभावित किया है। इस सिद्धांत पर निष्पक्ष रूप से विचार करने के पश्चात विज्ञान और तर्क में विश्वास करनेवाले किसी भी विचारक के लिए अब ईश्वरवाद का तार्किक दृष्टि से समर्थन करना संभव नहीं है। ऐसा कोई भी विचारक अब यह नहीं मानता कि ईश्वर ने ही इस विश्व की रचना की है और उसी ने एक विशेष समय पर तथा एक विशेष प्रयोजन की पूर्ति के लिए समस्त भौतिक वस्तुओं, पेड़-पौधों एवं प्राणियों की जातियों को उनके वर्तमान रूप में उत्पन्न किया है। इस धर्मपरायण ईश्वरवादी दृष्टिकोण के विपरीत अब सभी निष्पक्ष विचारक तथा प्राणी-वैज्ञानिक विकासवादी सिद्धांत के आधार पर विश्व के विकास की व्याख्या करते हैं। यही कारण है कि ईश्वरवादी विचारकों ने इस सिद्धांत का इतना तीव्र विरोध किया था, किंतु अंततः इनमें से कुछ विचारकों को एक वैज्ञानिक तथ्य के रूप में इसे स्वीकार करना पड़ा। इस प्रकार निष्कर्ष के रूप में हम यह कह सकते हैं कि डार्विन के जैविक विकासवाद ने ईश्वरवाद को भारी आघात पहुँचाया है, अतः उन्हें उन्नीसवीं शताब्दी का प्रमुख निरीश्वरवादी विचारक मानना उचित एवं युक्तिसंगत प्रतीत होता है।

4. कार्ल मार्क्स

शैली, फायरबाक तथा डार्विन के अतिरिक्त उन्नीसवीं शताब्दी के महान जर्मन दार्शनिक, कार्ल मार्क्स (1818-1883) ने भी पाश्चात्य दर्शन में निरीश्वरवाद के विकास एवं प्रसार में बहुत महत्त्वपूर्ण योगदान किया था जिनकी मार्क्सवादी विचारधारा के फलस्वरूप विश्व के अनेक देशों में भौतिकवाद और निरीश्वरवाद का पर्याप्त प्रचार हुआ। अपनी कृतियों में ईश्वरवाद और धर्म की कटु आलोचना करते हुए उन्होंने समाज में जिस अभूतपूर्व क्रांति को जन्म दिया था उसका संपूर्ण विश्व पर व्यापक प्रभाव पड़ा जो आज भी किसी-न-किसी रूप में विद्यमान है। इतिहास, दर्शन, धर्म तथा मानव-समाज की संरचना के विषय में उनके क्रांतिकारी विचारों के कारण संसार की राजनीति और

25. एच. जेम्स बर्क्स का लेख, 'इवोल्यूशन ऐंड अनबिलीफ़', गार्डन स्टीन द्वारा संपादित पुस्तक, 'दि ऐन्साइक्लोपीडिया ऑफ़ अनबिलीफ़' में संकलित, पृ. 206.

आर्थिक प्रणाली में जो महान परिवर्तन हुए उनसे सभी प्रबुद्ध पाठक अवगत हैं। यहाँ हम ईश्वरवाद तथा धर्म के संबंध में मार्क्स के कुछ प्रमुख सिद्धांतों की विवेचना करेंगे और इस विवेचना के लिए आवश्यक होने पर ही उनके आर्थिक एवं राजनीतिक विचारों का उल्लेख करेंगे।

कार्ल मार्क्स का जन्म 5 मई, 1818 में जर्मनी के 'ट्रायर' नामक नगर में हुआ था। उनके पिता वकील थे और यहूदी धर्म में विश्वास करते थे। परंतु यह कहा जाता है कि मार्क्स के जन्म से दो वर्ष पूर्व 1816 में वे ईसाई धर्म के प्रोटेस्टैंट संप्रदाय के अनुयायी हो गए थे। वास्तव में वे धर्मपरायण व्यक्ति नहीं थे और इसी कारण धर्मगुरुओं के धार्मिक विश्वासों की अपेक्षा वे रूसो, वॉल्टेयर आदि दार्शनिकों के प्रगतिशील विचारों को कहीं अधिक महत्त्व देते थे। इस प्रकार मार्क्स का पालन-पोषण धर्मपरायण परिवार में नहीं हुआ था और उन्हें बाल्यकाल में धर्म की कोई विशेष शिक्षा भी नहीं दी गई थी। ऐसी स्थिति में यह नहीं कहा जा सकता कि उन्होंने बाद में धर्म की जो तीव्र आलोचना की थी वह उनके बाल्यकालीन धार्मिक-दृष्टिकोण के विरुद्ध प्रतिक्रिया थी। वस्तुतः उनकी यह आलोचना उनकी अपनी भौतिकवादी विचारधारा पर आधारित थी जिसे उन्होंने स्वयं अपने अनुभव तथा निरीक्षण के परिणामस्वरूप स्वीकार किया था।

ट्रायर के एक विद्यालय में माध्यमिक शिक्षा प्राप्त करने के पश्चात मार्क्स ने बॉन विश्वविद्यालय से दसवीं की परीक्षा उत्तीर्ण की थी। यह परीक्षा उत्तीर्ण करने के उपरांत वे बर्लिन विश्वविद्यालय में चले गए जहाँ उन्होंने इतिहास, दर्शन तथा कानून का अध्ययन किया। डेमोक्रिट्स तथा ऐपिक्यूरस के प्रकृतिवादी दर्शन पर अपना शोधप्रबंध लिखकर उन्होंने 1841 में जैना विश्वविद्यालय से डॉक्टरेट की उच्च उपाधि प्राप्त की। यह शोधप्रबंध मार्क्स की प्रथम कृति थी जिसमें उन्होंने धर्म के विरुद्ध अपने विचार स्पष्टतः व्यक्त किए थे। 1841 में ही उन्होंने हेगेल के अध्यात्मवादी दर्शन का आलोचनात्मक विश्लेषण प्रस्तुत किया था और अपने इस विश्लेषण में भी उन्होंने धर्म की आलोचना की थी। इसी समय मार्क्स ने जर्मनी की तत्कालीन सरकार के विरुद्ध भी कुछ लेख लिखे थे जिनके कारण प्रशासनिक अधिकारियों में उनके विरुद्ध बहुत रोष उत्पन्न हुआ था और 1843 में उन्हें अपना देश छोड़कर पैरिस जाने के लिए बाध्य होना पड़ा। यहाँ वे सर्वप्रथम साम्यवादी विचारधारा की ओर आकृष्ट हुए और उन्होंने एक प्रसिद्ध पत्रिका के लिए लेख भी लिखे। परंतु पैरिस में भी मार्क्स अधिक समय तक नहीं रह सके, क्योंकि जर्मनी की तत्कालीन सरकार के दबाव के कारण फ्रांस की सरकार ने उन्हें वहाँ से निष्कासित कर दिया। तब वे ब्रूसेल्स चले गए जहाँ उन्होंने कुछ समय तक साम्यवाद के प्रचार के लिए कार्य किया।

1844 में मार्क्स की भेंट फ्रैड्रिक ऐंगल्स (1820-1895) के साथ हुई जो आजीवन उनके अभिन्न मित्र, सहयोगी तथा सहायक बने रहे। ये दोनों विचारक ब्रूसेल्स में 'दि कॉम्युनिस्ट लीग' के सक्रिय सदस्य हो गए और उन्होंने संयुक्त रूप से 1848 में 'दि कॉम्युनिस्ट मैनिफेस्टो' नामक पुस्तक प्रकाशित करवाई जो आज भी साम्यवादी विचारधारा की आधारभूत पुस्तक मानी जाती है। इस विचारधारा के लिए कार्य करने

के कारण मार्क्स को ब्रूसेल्स से भी निकाल दिया गया और वे 1849 में लंडन चले गए। वे चार वर्ष पूर्व 1845 में ही अपने देश की नागरिकता का परित्याग कर चुके थे। इस प्रकार जब मार्क्स लंडन में आए तब वे किसी देश के नागरिक नहीं थे और उन्होंने इसी स्थिति में अपना शेष संपूर्ण जीवन लंडन में ही व्यतीत किया। 1850 में उनके मित्र, ऐंगल्स भी वहीं आ गए और दोनों मिलकर साम्यवादी विचारधारा के लिए कार्य करने लगे। अनेक वर्षों तक इन दोनों विचारकों ने एक साथ मिलकर अर्थशास्त्र, राजनीति, इतिहास तथा दर्शन का अध्ययन किया और इन सभी क्षेत्रों में अनुसंधान एवं लेखन-कार्य भी किया। उन्होंने इंग्लैण्ड में साम्यवादी विचारधारा के प्रचार के लिए जनसाधारण में व्यापक रूप से भाषण दिए और श्रमिकों को संगठित किया। 1864 में उन्होंने लंडन में श्रमिकों के अंतर्राष्ट्रीय संगठन की स्थापना की जिसने पूर्ववर्ती 'कॉम्युनिस्ट लीग' का स्थान लिया जो तब तक निष्क्रिय हो चुकी थी। इस प्रकार मार्क्स और ऐंगल्स ने अपनी युवावस्था से ही साम्यवादी विचारधारा के विकास तथा प्रसार के लिए महत्त्वपूर्ण कार्य करना आरंभ कर दिया था जिसे वे अपने जीवन के अंत तक निरंतर करते रहे।

यद्यपि मार्क्स ने उच्च शिक्षा प्राप्त की थी और अर्थशास्त्र, राजनीति, इतिहास, दर्शन आदि क्षेत्रों में उल्लेखनीय लेखन-कार्य भी किया था, फिर भी वे अपने क्रांतिकारी विचारों के कारण आर्थिक दृष्टि से कभी आत्म-निर्भर नहीं हो सके। उन्हें किसी विश्वविद्यालय ने अस्थायी रूप से भी अध्यापन-कार्य करने का अवसर नहीं दिया। इसका अनिवार्य दुष्परिणाम यही हुआ कि स्वयं उन्हें और उनके परिवार को दरिद्रता तथा अभाव में ही संपूर्ण जीवन व्यतीत करना पड़ा। इस निर्धनता के कारण उनके जीवन में प्रायः मानसिक तनाव बना रहता था और उनका शारीरिक स्वास्थ्य भी अच्छा नहीं रहता था। ऐसी कठिन स्थिति में जिस व्यक्ति ने मार्क्स को सभी दृष्टियों से सहयोग, समर्थन और सहारा दिया वे थे उनके अभिन्न मित्र, फ्रैड्रिक ऐंगल्स। सौभाग्यवश ऐंगल्स आर्थिक दृष्टि से संपन्न परिवार के व्यक्ति थे। उनके पिता कपड़ा बनाने के कारखाने के मालिक थे और वे स्वयं भी 'न्यूयार्क डेली ट्रिब्यून' नामक पत्रिका के लिए लेखन-कार्य करते थे। अपनी इस संपन्नता के कारण ऐंगल्स मार्क्स को पूर्ण वैचारिक समर्थन देने के साथ-साथ उन्हें यथासंभव आर्थिक सहायता भी प्रदान करते रहे। वस्तुतः मार्क्स ने अपने जीवन में जो अभूतपूर्व क्रांतिकारी लेखन-कार्य किया उसमें ऐंगल्स का बहुत महत्त्वपूर्ण योगदान था। मार्क्स को सहयोग तथा समर्थन प्रदान करने के अतिरिक्त उन्होंने स्वयं भी साम्यवाद के विभिन्न पक्षों पर अनेक पुस्तकें लिखी थीं जिन्हें आज भी बहुत महत्त्व दिया जाता है। यही कारण है कि साम्यवादी विचारधारा के विकास तथा प्रसार की दृष्टि से मार्क्स के पश्चात ऐंगल्स को सर्वाधिक महत्त्वपूर्ण विचारक माना जाता है।

आर्थिक कठिनाइयों, पारिवारिक समस्याओं और खराब शारीरिक स्वास्थ्य के होते हुए भी मार्क्स ने अपनी सृजनात्मक प्रतिभा को बनाए रखा। उन्होंने साम्यवादी विचारधारा के विभिन्न पक्षों की व्याख्या करने के लिए बहुत-सी महत्त्वपूर्ण पुस्तकें लिखीं जिनका संबंध अर्थशास्त्र, राजनीति, इतिहास, धर्म तथा दर्शन से है और जिनके

कारण उन्हें मार्क्सवाद अथवा साम्यवाद का प्रथम प्रणेता माना जाता है। इन पुस्तकों में 'इकॉनोमिक ऐंड फिलॉसॉफिकल मैनुस्क्रिप्ट्स ऑफ 1844, 'दि होली फैमिली', 'दि पावर्टी ऑफ फिलॉसॉफी', 'दि कैपिटल' आदि के नाम विशेष रूप से उल्लेखनीय हैं। उपर्युक्त पुस्तकों में साम्यवादी विचारधारा की दृष्टि से 'दि कैपिटल' का सर्वाधिक महत्त्व है जो तीन खंडों में प्रकाशित हुई थी और जिसे मार्क्सवाद के आधारभूत ग्रंथ के रूप में स्वीकार किया जाता है। इस पुस्तक के अतिरिक्त उनका शोधप्रबंध तथा हेगेल के दर्शन की आलोचना से संबंधित उनकी पुस्तकें भी साम्यवादी विचारधारा की आधिकारिक व्याख्या के लिए बहुत महत्त्वपूर्ण मानी जाती हैं। उन्होंने कुछ पुस्तकें अपने मित्र, ऐंगल्स के साथ मिलकर संयुक्त रूप से भी लिखी थीं जिनमें 'जर्मन आइडियॉलॉजी' का नाम उल्लेखनीय है। इस प्रकार मार्क्स अपने जीवन में अनेक कठिन समस्याओं का सामना करते हुए भी वैचारिक दृष्टि से सदा क्रियाशील रहे। परंतु दुर्भाग्यवश उन्हें अपने जीवन के अंतिम दो-तीन वर्षों में बहुत मानसिक कष्ट सहन करने पड़े। 1881 में उनकी पत्नी का निधन हो गया जो गत 38 वर्षों से निरंतर उनका साथ दे रही थी। इस दुःखद घटना के कारण मार्क्स को भारी मानसिक आघात पहुँचा। लगभग दो वर्ष बाद 1883 में उनकी पुत्री का भी देहांत हो गया जिसे वे बहुत प्यार करते थे। अपनी पत्नी तथा पुत्री दोनों को खो देने के पश्चात मार्क्स शारीरिक और मानसिक दृष्टि से बहुत अस्वस्थ रहने लगे थे। वस्तुतः वे इन दोनों की मृत्यु का आघात सहन नहीं कर सके और अपनी पुत्री के निधन के कुछ ही मास पश्चात 1883 में इस संसार से विदा हो गए।

जैसा कि हम पहले ही बता चुके हैं, मार्क्स ने ईश्वरवाद तथा धर्म के विषय में अपनी अनेक कृतियों में विस्तारपूर्वक परंपरा-विरोधी विचार प्रस्तुत किए हैं। उन्होंने इन दोनों की जो कटु आलोचना की है वह मुख्यतः सैद्धांतिक न होकर व्यावहारिक है। फायरबॉक तथा डार्विन की भाँति मार्क्स भी ईश्वर की सत्ता के विरुद्ध कोई सैद्धांतिक तर्क प्रस्तुत नहीं करते और न ही वे उन दार्शनिक युक्तियों का खंडन करते हैं जो ईश्वरवादी विचारक ईश्वर के अस्तित्व को सिद्ध करने के लिए देते रहे हैं। वस्तुतः ईश्वरवाद से संबंधित इस दार्शनिक पक्ष में मार्क्स की कोई रुचि नहीं थी, क्योंकि वे सामाजिक क्रांति के लिए इस प्रकार के सैद्धांतिक वाद-विवाद को व्यर्थ समझते थे। उनका उद्देश्य दार्शनिक दृष्टि से ईश्वरवाद तथा धर्म को पराजित करके सैद्धांतिक विजय प्राप्त करना नहीं था, अपितु उस संपूर्ण सामाजिक व्यवस्था में आमूल परिवर्तन करना था जो मनुष्य द्वारा मनुष्य के शोषण को स्वीकृति देकर इन दोनों को उत्पन्न करती है। वे ईश्वरवाद तथा धर्म को समाप्त करके मनुष्य को इन दोनों के सामाजिक दुष्प्रभाव से मुक्त करना चाहते थे। इसी कारण वे जिस निरीश्वरवाद का समर्थन करते थे उसे 'सैद्धांतिक निरीश्वरवाद' के स्थान पर 'व्यावहारिक निरीश्वरवाद' अथवा 'सामाजिक निरीश्वरवाद' की संज्ञा देना ही युक्तिसंगत प्रतीत होता है। अपनी अनेक कृतियों में ईश्वरवाद और धर्म की तीव्र आलोचना करते हुए उन्होंने इसी सामाजिक निरीश्वरवाद का प्रतिपादन किया है जिसके द्वारा वे अन्याय तथा शोषण पर आधारित पूँजीवादी सामाजिक व्यवस्था को समाप्त करना चाहते थे।

मार्क्स के निरीश्वरवाद की एक अन्य महत्त्वपूर्ण विशेषता यह है कि इसमें मनुष्य और उसके प्रयास या श्रम को सर्वोच्च स्थान दिया गया है, अतः इसे 'मानव-केंद्रित निरीश्वरवाद' भी कहा जा सकता है। मार्क्स मनुष्य की और शोषण-मुक्त वर्गहीन मानव-समाज की जो नवीन अवधारणा प्रस्तुत करते हैं उसमें ईश्वर अथवा किसी अन्य अति-प्राकृतिक सत्ता के लिए कोई स्थान नहीं है। मानव संबंधी अपनी इस नवीन अवधारणा में वे ईश्वर के स्थान पर स्वयं मनुष्य को ही सर्वोच्च सत्ता के रूप में स्वीकार करते हैं। उनका विचार है कि मनुष्य स्वयं ही अपने भाग्य का निर्माता है और उसने अब तक जो कुछ प्राप्त किया है वह उसके अपने ही प्रयास का परिणाम है। पी-एच.डी. की उपाधि के लिए 1841 में लिखे अपने शोधप्रबंध की प्रस्तावना में वे स्पष्ट रूप से कहते हैं कि मनुष्य की ही सर्वोच्च सत्ता है, ईश्वर की नहीं। अपने इस मत की व्याख्या करते हुए उन्होंने लिखा है : "मैं स्वर्ग और पृथ्वी के उन सभी देवताओं से घृणा करता हूँ जो मनुष्य की चेतना को सर्वोच्च देवत्व के रूप में स्वीकार नहीं करते।"[26] वस्तुतः मार्क्स ने अपनी कृतियों में जिस वर्गहीन साम्यवादी समाज की अवधारणा प्रस्तुत की है उसमें ईश्वर तथा धर्म की कोई प्रासंगिकता और भूमिका नहीं है। वे यह मानते हैं कि स्वयं मनुष्य ही इस प्रकार के आदर्श समाज का निर्माण कर सकता है; इसमें ईश्वर का कोई योगदान नहीं हो सकता, क्योंकि उसका अस्तित्व ही नहीं है। संभवतः अपनी इसी मान्यता के कारण वे ईश्वर की सत्ता के विरुद्ध कोई तर्क देना आवश्यक नहीं समझते। वे ईश्वर के अनस्तित्व को एक तथ्य के रूप में स्वीकार करते हुए उन दुष्प्रभावों का सविस्तार विवेचन करते हैं जो उससे संबंधित विश्वास और उस पर आधारित धर्म के कारण मानव-समाज पर अनिवार्यतः पड़ते हैं। उनका मत है कि साम्यवादी समाज की स्थापना के पश्चात ईश्वर विषयक विश्वास तथा धर्म की आवश्यकता ही नहीं रहेगी और इनके कारण मानव-समाज को पहुँचनेवाली हानियाँ भी स्वतः समाप्त हो जाएँगी। इस प्रकार यह स्पष्ट है कि मार्क्स का निरीश्वरवादी तत्त्वमीमांसीय अथवा सैद्धांतिक निरीश्वरवाद न होकर समाजोन्मुख व्यावहारिक निरीश्वरवाद है और उसकी यह विशेषता उसे परंपरागत दार्शनिक निरीश्वरवाद से पृथक् करती है।

ईश्वर के अस्तित्व का निषेध करने के अतिरिक्त मार्क्स ने मानव-समाज में धर्म की भूमिका की भी कटु आलोचना की है। उनकी इस आलोचना पर विचार करने से पूर्व यहाँ उनके अनुसार 'धर्म' शब्द का अर्थ स्पष्ट कर देना आवश्यक है। 'धर्म' के विषय में उन्होंने अपने जो विचार प्रस्तुत किए हैं उन्हें ध्यान में रखते हुए यह कहा जा सकता है कि वे प्रचलित सामान्य अर्थ में ही इस शब्द का प्रयोग करते हैं। 'धर्म' से मार्क्स का तात्पर्य वह संस्थागत जीवन-पद्धति है जिसका मूल आधार ईश्वर विषयक विश्वास है और जो अलौकिक धार्मिक विश्वासों तथा अनुष्ठानों के माध्यम से सभी मनुष्यों के जीवन को व्यापक रूप से प्रभावित करती है। उन्होंने धर्म के संबंध में जो कुछ कहा है उससे यह स्पष्ट है कि वे मुख्यतः ईसाई धर्म, इस्लाम, यहूदी धर्म आदि ईश्वरवादी धर्मों से ही परिचित थे। संभवतः इसी कारण उन्होंने अपनी धर्म विषयक

26. मार्क्स और ऐंगल्स, 'ऑन रिलिजन', पृ. 15.

विवेचना में बौद्ध धर्म, जैन धर्म आदि निरीश्वरवादी धर्मों का उल्लेख नहीं किया। परंतु इससे उनकी धर्म संबंधी आलोचना के औचित्य पर कोई विशेष प्रभाव नहीं पड़ता, क्योंकि सभी धर्म–चाहे वे ईश्वरवादी हों अथवा निरीश्वरवादी–मूलतः किसी अलौकिक या अति-प्राकृतिक सत्ता में आस्था पर ही आधारित रहते हैं। इस दृष्टि से विचार करने पर हम यह कह सकते हैं कि मार्क्स ने ईश्वरवादी धर्मों की जो तीव्र आलोचना की है वह निरीश्वरवादी धर्मों पर भी पर्याप्त सीमा तक लागू होती है। इसका अर्थ यह है कि उन्होंने समाज में ईश्वरवादी धर्मों की भूमिका के विरुद्ध जो गंभीर आपत्तियाँ उठाई हैं वे निरीश्वरवादी धर्मों के विरुद्ध भी उठाई जा सकती हैं। ऐसी स्थिति में यह कहना संभवतः अनुचित न होगा कि मार्क्स द्वारा प्रयुक्त 'धर्म' शब्द को व्यापक अर्थ में ग्रहण करते हुए उसके अंतर्गत ईश्वरवादी तथा निरीश्वरवादी दोनों प्रकार के धर्मों को सम्मिलित किया जा सकता है।

धर्म के विरुद्ध मार्क्स की आपत्तियों पर विचार करने से पूर्व यहाँ उसकी उत्पत्ति के विषय में भी उनके मत का संक्षेप में उल्लेख कर देना आवश्यक है। वे निश्चित रूप से यह मानते हैं कि धर्म के उद्‌गम का मूल स्रोत ईश्वर या कोई अन्य दैवी सत्ता नहीं है। इससे उनका तात्पर्य यह है कि किसी अलौकिक शक्ति अथवा सत्ता ने मनुष्य के मन में धार्मिक विश्वासों तथा भावनाओं को उत्पन्न नहीं किया है। धर्म के उद्‌गम के संबंध में दैवी सत्ता के इस निषेध के साथ-साथ मार्क्स उसे मनुष्य की किसी नैसर्गिक मूल प्रवृत्ति का परिणाम भी नहीं मानते। उनका विचार है कि धर्म मनुष्य के लिए उस अर्थ में स्वाभाविक और अनिवार्य नहीं है जिस अर्थ में भूख, प्यास, काम-वासना आदि मूल प्रवृत्तियाँ उसके लिए स्वाभाविक तथा अनिवार्य हैं। दूसरे शब्दों में हम यह कह सकते हैं कि धर्म का मूल स्रोत मानव-स्वभाव में निहित नहीं है। इस प्रकार मार्क्स के मतानुसार धर्म का उद्‌गम न तो किसी दैवी सत्ता से हुआ है और न मनुष्य की किसी नैसर्गिक मनोवृत्ति से।

इसके विपरीत मार्क्स का विचार है कि धर्म को उस अन्यायपूर्ण सामंतवादी तथा पूँजीवादी सामाजिक व्यवस्था ने जन्म दिया है जिसके अंतर्गत कुछ मनुष्य अन्य मनुष्यों पर अत्याचार करते हैं और उनका आर्थिक शोषण करते हैं। वर्ग-संघर्ष से ग्रस्त ऐसी अन्यायपूर्ण सामाजिक व्यवस्था में धर्म शासक तथा शोषक वर्ग और शासित एवं शोषित वर्ग के व्यक्तियों के जीवन में भिन्न-भिन्न प्रकार की भूमिका निभाता है। धर्म की इस दोहरी भूमिका पर हम आगे यथास्थान विस्तारपूर्वक विचार करेंगे। यहाँ इतना कह देना ही पर्याप्त होगा कि मार्क्स के विचार में धर्म की उत्पत्ति का मूल स्रोत अन्याय, अत्याचार तथा शोषण पर आधारित सामंतवादी एवं पूँजीवादी सामाजिक व्यवस्था ही है। जब तक यह सामाजिक व्यवस्था बनी रहेगी तब तक मानव-समाज में धर्म की आवश्यकता भी विद्यमान रहेगी और जब इस व्यवस्था का अंत हो जाएगा तो धर्म भी स्वतः समाप्त हो जाएगा, क्योंकि तब उसकी आवश्यकता ही नहीं रह जाएगी। वस्तुतः मार्क्स का यह निश्चित मत है कि अन्याय, शोषण तथा अत्याचार से मुक्त वर्गहीन साम्यवादी सामाजिक व्यवस्था में धर्म की कोई भूमिका नहीं होगी, अतः ऐसी व्यवस्था में उसका समाप्त हो जाना अनिवार्य है।

धर्म के संबंध में मार्क्स के उपर्युक्त विचारों से यह स्पष्ट है कि वे ईश्वर विषयक विश्वास की भाँति धर्म की भी तत्त्वमीमांसीय अथवा सैद्धांतिक विवेचना नहीं करते। इसके विपरीत उन्होंने धर्म पर भी उसकी सामाजिक भूमिका की दृष्टि से ही विचार किया है। धर्म और मनुष्य के संबंध के विषय में उन्होंने स्पष्ट कहा है कि धर्म मनुष्य का निर्माण नहीं करता, अपितु स्वयं मनुष्य ही धर्म का निर्माण करता है अथवा उसे जन्म देता है।[27] मानव-समाज में धर्म जो विशेष भूमिका निभाता है उसकी व्याख्या करते हुए मार्क्स कहते हैं कि सभी मनुष्यों के लिए धर्म की भूमिका समान या एक ही नहीं होती। वस्तुतः शासक तथा श्रमिक इन दो वर्गों में विभाजित समाज में धर्म की भूमिका इन दोनों वर्गों के लिए भिन्न-भिन्न होती है। वर्ग-संघर्ष से परिपूर्ण सामाजिक व्यवस्था में पूँजीपति शासक वर्ग द्वारा श्रमिकों तथा कृषकों का शोषण किया जाता है जिसके फलस्वरूप उन्हें अत्यंत कष्टप्रद जीवन व्यतीत करना पड़ता है। ईश्वर, स्वर्ग, नरक आदि अलौकिक सत्ताओं से संबंधित विश्वास पर आधारित धर्म उन्हें इस बात के लिए तैयार करता है कि वे अपने जीवन के इस संपूर्ण दुःख को बिना किसी विरोध या विद्रोह के चुपचाप सहन कर लें। धर्म उन्हें विश्वास दिलाता है कि वे इस संसार में जो दुःख भोग रहे हैं वह उनके अपने दुष्कर्मों अथवा पापों का ही परिणाम है जिसका अर्थ यह है कि उनका यह दुःख न्यायोचित है।

इसके अतिरिक्त मार्क्स के मतानुसार धर्म श्रमिकों को यह आश्वासन भी देता है कि वे अपने वर्तमान जीवन में जिन कष्टों तथा अभावों का सामना कर रहे हैं उन सबकी क्षतिपूर्ति उनकी मृत्यु के पश्चात स्वर्ग में हो जाएगी। यह जीवन तो नश्वर है, अतः उनके वर्तमान सांसारिक दुःख भी क्षणिक और अस्थायी हैं; स्वर्ग में वे सभी प्रकार के भौतिक सुखों का उपभोग कर सकेंगे। ऐसी स्थिति में अपने वर्तमान जीवन के कष्टों के लिए उन्हें न तो दुःखी होना चाहिए और न शासकों के विरुद्ध कोई विद्रोह करना चाहिए। मार्क्स का कथन है कि धर्म का यह आश्वासन श्रमिकों के मन में मिथ्या संतोष उत्पन्न करता है और इस प्रकार यह उनके जीवन में एक ऐसी अफ़ीम का कार्य करता है जिसे खाकर वे भ्रमपूर्ण सुख-निद्रा में सो जाते हैं।[28] वे शासकों द्वारा स्थापित अन्यायपूर्ण सामाजिक व्यवस्था में किसी प्रकार का परिवर्तन करने के विषय में कभी सोच ही नहीं पाते जिसके परिणामस्वरूप यह व्यवस्था पूर्ववत बनी रहती है और शासक वर्ग को इसके समाप्त हो जाने का भय नहीं रहता। श्रमिक भी धर्म के इस आश्वासन से पूर्णतः संतुष्ट रहते हैं कि स्वर्ग में उन्हें सब सुख प्राप्त हो जाएँगे। यदि श्रमिक वर्ग के कुछ थोड़े-से व्यक्ति कभी यह शिकायत करते हैं कि पूँजीपति शासक वर्ग ने समाज की संपूर्ण धन-संपत्ति और सत्ता पर अपना एकाधिकार स्थापित कर लिया है तो धर्म उन्हें यह शिक्षा देकर मौन रहने के लिए प्रोत्साहित करता है कि स्वर्ग में उन्हें प्राप्त होनेवाले आध्यात्मिक आनंद की तुलना में शासक वर्ग के भौतिक सुख नगण्य एवं तुच्छ हैं, क्योंकि भौतिक सुख तो क्षणिक हैं जबकि

27. देखिए, वही पुस्तक, पृ. 41.

28. देखिए, वही पुस्तक, पृ. 42.

स्वर्ग के सुख शाश्वत हैं जो सदा उन्हें प्राप्त होते रहेंगे।[29] इस प्रकार मार्क्स का निश्चित मत है कि धर्म श्रमिकों को काल्पनिक स्वर्ग का स्वप्न दिखाता है और उन्हें इस स्वर्ग में सुखों की प्राप्ति का मिथ्या आश्वासन देता है जिसके कारण वे अपने वर्तमान दुःखों को भूलकर शासक वर्ग द्वारा स्थापित अन्यायपूर्ण सामाजिक व्यवस्था में सदैव पूर्णतः संतुष्ट रहते हैं। वस्तुतः श्रमिकों के लिए धर्म की इस प्रतिक्रियात्मक भूमिका को ध्यान में रखते हुए ही मार्क्स ने उसे श्रमिक वर्ग की 'अफीम' की संज्ञा दी है।

श्रमिकों तथा कृषकों के संबंध में धर्म की उपर्युक्त प्रतिक्रियात्मक भूमिका को मार्क्स ने ईसाई धर्म के सिद्धांतों का उदाहरण देकर स्पष्ट किया है। उनका कथन है कि इस धर्म के सिद्धांत श्रमिक वर्ग को उन मूल्यों तथा आदर्शों की शिक्षा देते हैं जिनका अनुसरण करके वह अपनी वर्तमान कष्टप्रद स्थिति में ही संतुष्ट रहे और निष्ठापूर्वक शासक वर्ग की सेवा करता रहे। ईसाई धर्म का संपूर्ण इतिहास श्रमिक वर्ग संबंधी धर्म की इस भूमिका का ज्वलंत प्रमाण है। अपने इसी मत की व्याख्या करते हुए मार्क्स ने लिखा है : "ईसाई धर्म के सामाजिक सिद्धांतों ने प्राचीन काल की दासता को न्यायोचित सिद्ध किया, मध्य युगों की गुलामी को महिमामंडित किया और वे अब भी श्रमिक वर्ग के दमन का समर्थन करते हैं, यद्यपि वे इस संबंध में दुःख व्यक्त करने का ढोंग करते हैं। ईसाई धर्म के सामाजिक सिद्धांत शासक वर्ग तथा दमित वर्ग की आवश्यकता का प्रचार करते हैं और वे केवल यही चाहते हैं कि शासक वर्ग दमित वर्ग पर दया करे। . . . ईसाई धर्म के सामाजिक सिद्धांत कायरता, आत्म-तिरस्कार, तुच्छता, पराधीनता आदि निकृष्ट गुणों का प्रचार करते हैं; श्रमिक वर्ग–जो कुत्ते की भाँति अपमानित नहीं होना चाहता–के लिए साहस, आत्म-सम्मान, गर्व तथा स्वतंत्रता की चेतना की आवश्यकता है।"[30] ईसाई धर्म के विषय में मार्क्स के उपर्युक्त विचारों से यह स्पष्ट है कि वे इसे श्रमिक वर्ग के लिए प्रतिक्रियात्मक भूमिका निभानेवाले धर्मों का प्रमुख उदाहरण मानते हैं। अन्य धर्मों के संबंध में भी उनका यही विचार है कि वे भी मुख्यतः ऐसी ही भूमिका निभाते हैं। इस प्रकार मार्क्स के मतानुसार, धर्म नरक के भ्रामक भय तथा स्वर्ग-सुख के मिथ्या आश्वासन द्वारा श्रमिक वर्ग को अपनी वर्तमान दयनीय अवस्था में पूर्णतः संतुष्ट रहने के लिए प्रेरित करता है जिससे उस पर पूँजीपति शासक वर्ग का पूर्ण वर्चस्व सदा बना रह सके।

श्रमिक वर्ग से संबंधित धर्म की भूमिका के विषय में मार्क्स ने ऊपर जो कुछ कहा है उससे यह स्पष्ट है कि उनके विचार में धर्म पूँजीपति शासक वर्ग के लिए बहुत लाभदायक सिद्ध होता है। हम देख चुके हैं कि इस वर्ग ने अपने हित के लिए जो अन्यायपूर्ण सामाजिक और आर्थिक व्यवस्था स्थापित की है उसे बनाए रखने में धर्म इसकी बहुत सहायता करता है। वह श्रमिक वर्ग के साथ-साथ शासक वर्ग को भी यह विश्वास दिलाता है कि वास्तव में यह व्यवस्था ईश्वर की इच्छा का परिणाम

29. देखिए, वही पुस्तक, पृ. 35.

30. वही पुस्तक, पृ. 83-84.

है, अतः इसे बनाए रखना उचित और आवश्यक है। इस व्यवस्था के विरुद्ध विद्रोह या क्रांति को 'पाप' बताकर धर्म शासक वर्ग के हितों की पूर्ण रूप से रक्षा करता है। धर्म द्वारा इस दृष्टिकोण के प्रचार के कारण उत्पादन के साधनों पर पूँजीपतियों का एकाधिकार सुरक्षित रहता है और श्रमिक उसे किसी प्रकार की चुनौती नहीं दे पाते। इसके अतिरिक्त धर्म श्रमिक वर्ग को मरणोत्तर जीवन में स्वर्ग-सुख का आश्वासन देकर उसे पूँजीपतियों तथा शासकों के विरुद्ध विद्रोह अथवा क्रांति करने से सफलतापूर्वक रोक लेता है। धर्म के इस आश्वासन को सत्य मानकर श्रमिक वर्ग यह आशा करने लगता है कि मृत्यु के पश्चात स्वर्ग में तो उसे सब सुख प्राप्त हो ही जाएँगे, अतः वर्तमान दुःखों के लिए शासक वर्ग के विरुद्ध विद्रोह करने की कोई आवश्यकता नहीं है। इससे शासक वर्ग के लिए श्रमिकों द्वारा विद्रोह का खतरा समाप्त हो जाता है जो धर्म के उपर्युक्त आश्वासन के अभाव में उसे पर्याप्त हानि पहुँचा सकता था। इस प्रकार धर्म श्रमिकों को स्वर्ग में क्षतिपूर्ति का आश्वासन देकर शासक वर्ग को उनके विद्रोह से बचा लेता है।

उपर्युक्त आश्वासन के अतिरिक्त धर्म भौतिक सुखों के स्थान पर पारलौकिक तथा आध्यात्मिक मूल्यों का प्रचार करके भी शासक वर्ग की बहुत सहायता करता है। इस प्रचार के कारण श्रमिकों को यह विश्वास हो जाता है कि धन-संपत्ति और सत्ता से संबंधित सांसारिक सुखों की अपेक्षा धार्मिक अनुष्ठानों, संतों के प्रति श्रद्धा, ईश्वरोपासना आदि आध्यात्मिक मूल्यों का कहीं अधिक महत्त्व है, अतः वे अपनी भौतिक सुख-समृद्धि के लिए शासक वर्ग के विरुद्ध विद्रोह करने की बात कभी सोच भी नहीं पाते। वे अपने समस्त सांसारिक दुःखों को स्वयं अपने ही पापों के परिणाम अथवा ईश्वर के प्रति अपनी श्रद्धा की परीक्षा मानकर उन्हें चुपचाप सहन करते रहते हैं जिससे अपनी स्वार्थ-सिद्धि के लिए शासक वर्ग द्वारा स्थापित अन्यायपूर्ण सामाजिक व्यवस्था सुरक्षित रहती है। अपने वर्तमान कष्टों को क्षणिक समझकर श्रमिक वर्ग इस व्यवस्था में परिवर्तन करने का प्रयास ही नहीं कर पाता। वह अपनी निराशा, वेदना तथा शासक वर्ग द्वारा अपने दमन को विश्व के विषय में ईश्वर की विशाल योजना का अनिवार्य अंश मान लेता है और मरणोत्तर जीवन में अपनी मुक्ति के लिए प्रयत्नशील हो जाता है। श्रमिकों के इस धार्मिक दृष्टिकोण का संपूर्ण लाभ शासक वर्ग को ही प्राप्त होता है जो निर्भय होकर अपनी सत्ता और सुख-समृद्धि में निरंतर वृद्धि करता रहता है। इस प्रकार मार्क्स का निश्चित मत है कि धर्म द्वारा भौतिक सुखों की निंदा तथा आध्यात्मिक मूल्यों का प्रचार अंततः शासक वर्ग की स्वार्थ-सिद्धि में ही सहायक होता है।

आध्यात्मिक मूल्यों के साथ-साथ मार्क्स के अनुसार धर्म कुछ ऐसे मूल्यों का भी प्रचार करता है जो दासता संबंधी मूल्य हैं। अपने शत्रुओं से प्रतिशोध न लेना, आत्म-तिरस्कार, तुच्छता, धैर्य, सहनशीलता, समर्पण आदि ऐसे मूल्य हैं जिन्हें मार्क्स ने 'दासता संबंधी मूल्य' कहा है। उनका विचार है कि इन मूल्यों का प्रचार करके धर्म शासक वर्ग की बहुत सहायता करता है, क्योंकि इनके अनुसार आचरण करनेवाले श्रमिक सदा उसके अधिकार में बने रहते हैं। वे शासक वर्ग द्वारा स्थापित सामाजिक

और आर्थिक व्यवस्था का कभी विरोध नहीं करते। इन मूल्यों के कारण जीवन के प्रति श्रमिकों का दृष्टिकोण कायरतापूर्ण हो जाता है जिसका शासक वर्ग पूरा लाभ उठाता है। वह उनका अधिकाधिक शोषण करता है और उन्हें अपने नियंत्रण में रखना अपना ईश्वर-प्रदत्त अधिकार समझता है। धर्म शासक वर्ग तथा श्रमिक वर्ग दोनों को यह विश्वास दिलाता है कि शासकों एवं पूँजीपतियों की उत्कृष्टता और श्रमिकों की निकृष्टता स्वयं ईश्वर द्वारा स्थापित की गई है, अतः इसमें किसी प्रकार का परिवर्तन संभव नहीं है। इन दोनों वर्गों की इस मानसिकता के कारण लाभ केवल शासक वर्ग को ही होता है जो अपने आप को श्रमिक वर्ग का ईश्वर द्वारा नियुक्त संरक्षक तथा स्वामी मान लेता है। अपनी इसी मानसिकता से प्रेरित होकर शासक वर्ग श्रमिकों के प्रति अपने आचरण को न्यायोचित समझता है। इस प्रकार मार्क्स के विचार में धर्म जिन दासता संबंधी मूल्यों की शिक्षा देता है वे शासक वर्ग के लिए बहुत लाभदायक सिद्ध होते हैं। परंतु उनका कथन है कि श्रमिक वर्ग के लिए इन मूल्यों के स्थान पर साहस, आत्म-सम्मान, निर्भयता, गर्व, स्वतंत्रता आदि मूल्यों की आवश्यकता है जिन्हें उन्होंने 'क्रांतिकारी मूल्य' कहा है। मार्क्स के अनुसार, ये क्रांतिकारी मूल्य ही श्रमिकों को शासक वर्ग के शोषण, अन्याय और अत्याचार से मुक्ति दिला सकते हैं। परंतु धर्म शासक वर्ग को चुनौती देनेवाले इन मूल्यों को निकृष्ट तथा निंदनीय मानता है और श्रमिकों को इनके अनुसार आचरण न करने के लिए प्रेरित करता है। इस प्रकार धर्म की भूमिका के विषय में मार्क्स का निष्कर्ष यह है कि वह एक ओर तो श्रमिकों को स्वर्ग-सुख का मिथ्या आश्वासन देकर उन्हें प्रचलित सामाजिक व्यवस्था में संतुष्ट रहने के लिए प्रोत्साहित करता है और दूसरी ओर वह इस व्यवस्था को ईश्वर द्वारा स्थापित तथा न्यायोचित घोषित करके शासक वर्ग के हितों की पूर्ण रूप से रक्षा करता है।

यहाँ यह उल्लेखनीय है कि मार्क्स द्वारा की गई धर्म की उपर्युक्त आलोचना तथ्यपरक है, क्योंकि यह धर्म के विषय में उस प्रचलित सामान्य दृष्टिकोण पर आधारित है जिसका समर्थन उनके पूर्ववर्ती विचारक प्रायः करते रहे हैं। इन विचारकों ने समाज में धर्म की लगभग वही भूमिका स्वीकार की है जिसे मार्क्स ने प्रस्तुत किया है। उदाहरणार्थ, अठारहवीं शताब्दी के एक धर्मपरायण विचारक, सैम्युअल विलबरफ़ोर्स–जो ऑक्सफ़ोर्ड विश्वविद्यालय में पादरी भी थे–धर्म की इस सामाजिक भूमिका का पूर्णतः समर्थन करते हैं। विलबरफ़ोर्स के अनुसार, ईसाई धर्म समाज में जो विशेष भूमिका निभाता है उसकी व्याख्या करते हुए उन्होंने लिखा है : "धन की चमक को कम तथा सत्ता की धृष्टता को संयमित करते हुए वह सामाजिक व्यवस्था की असमानताओं को निम्न स्तर के लोगों के लिए कम पीड़ादायक बनाता है जिन्हें वह परिश्रमी, विनम्र, धैर्यवान होने की भी शिक्षा देता है। वह उन्हें याद दिलाता है कि उनकी बहुत निम्न स्थिति स्वयं ईश्वर ने ही उनके लिए निर्धारित की है; उनका यह कार्य है कि वे इस स्थिति से संबंधित कर्तव्यों को निष्ठापूर्वक पूरा करें और इसी में संतुष्ट रहते हुए इसके कष्टों को सहन करें। वर्तमान अवस्था बहुत अल्पकालीन है। जिन वस्तुओं के लिए सांसारिक लोग बड़ी उत्सुकता से संघर्ष करते हैं वे इस

संघर्ष के योग्य नहीं हैं। धर्म बिना किसी भेदभाव के सभी लोगों को जो मानसिक शांति प्रदान करता है वह उन समस्त कीमती सुखों की अपेक्षा वास्तव में अधिक संतोषदायक है जो निर्धन व्यक्ति की पहुँच से परे हैं। इस दृष्टिकोण के अनुसार निर्धन व्यक्ति लाभदायक स्थिति में हैं, और यदि उनके मालिक बहुत-से सुखों का आनंद प्राप्त करते हैं तो वे अनेक ऐसे प्रलोभनों के भी शिकार हो जाते हैं जिनसे निम्न वर्ग सहर्ष मुक्त है। . . . सभी दुःखों के होते हुए भी निर्धन लोगों के जीवन की स्थिति उसकी अपेक्षा अधिक अच्छी है जिसके वे ईश्वर की इच्छा के अनुसार अधिकारी हैं। . . . समस्त मानवीय भेदभाव शीघ्र ही समाप्त हो जाएँगे और ईसा मसीह के सभी सच्चे अनुयायी एक ही पिता की संतान के रूप में समान रूप से एक ही स्वर्ग में प्रवेश प्राप्त करेंगे। राजनीतिक समुदायों के सांसारिक कल्याण पर ईसाई धर्म के ये ही शुभ प्रभाव हैं।"[31] विलबरफ़ोर्स के इस विस्तृत उद्धरण से यह स्पष्ट है कि वे श्रमिक वर्ग तथा शासक वर्ग के संबंध में धर्म की उसी सामाजिक भूमिका का पूर्णतः समर्थन करते हैं जिसकी मार्क्स ने कटु आलोचना की है। वस्तुतः विलबरफ़ोर्स को धर्म की इस प्रतिक्रियात्मक भूमिका का प्रतिनिधि विचारक माना जा सकता है, क्योंकि अन्य धर्मपरायण विचारकों ने भी किसी-न-किसी रूप में धर्म की इसी भूमिका को स्वीकार किया है। ऐसी स्थिति में यह कहना अनुचित न होगा कि मार्क्स ने धर्म की जो तीव्र आलोचना की है वह कठोर वास्तविकता पर आधारित है जिसे अस्वीकार नहीं किया जा सकता।

विलबरफ़ोर्स ने ईसाई धर्म के विषय में ऊपर जो कुछ कहा है उसकी पुष्टि इस धर्म के मूल ग्रंथ, 'बाइबल' से भी होती है। 'बाइबल' में भी निर्धन मनुष्यों को यह आश्वासन दिया गया है कि वे अपने वर्तमान जीवन में जो दुःख भोग रहे हैं उन सबकी क्षतिपूर्ति स्वर्ग में हो जाएगी और यह स्वर्ग धनवान व्यक्तियों को प्राप्त नहीं होगा। स्वर्ग में निर्धन मनुष्य सभी प्रकार के सुख प्राप्त करेंगे जबकि अमीर लोग नरक में घोर दुःख भोगेंगे। ईसाई धर्म की इसी मान्यता को स्पष्ट करते हुए 'सर्मन ऑन दि माऊंट', ल्यूक 6, में कहा गया है : "ग़रीबो, तुम धन्य हो, क्योंकि ईश्वर का साम्राज्य तुम्हारे लिए है। तुम धन्य हो जो अब भूखे पड़े हो, क्योंकि तुम्हें पेट भरने के लिए तृप्तिदायक स्वादिष्ट भोजन मिलेगा। तुम धन्य हो जो अब रो रहे हो, क्योंकि कल तुम हँसोगे। . . . किंतु अमीरो, तुम्हें धिक्कार है, क्योंकि तुमने अपना सब कुछ प्राप्त कर लिया है। तुम्हें धिक्कार है जो आज तुम तृप्त हो, क्योंकि कल तुम भूखे रहोगे। तुम्हें धिक्कार है जो अब तुम हँसते हो, क्योंकि कल तुम शोक मनाओगे और रोवोगे।"[32] ईसाई धर्म के इन कथनों का स्पष्ट अर्थ यही है कि निर्धनता एवं दुःख से पीड़ित श्रमिक वर्ग को शासक वर्ग और उसके द्वारा स्थापित अन्यायपूर्ण सामाजिक व्यवस्था के विरुद्ध विद्रोह करने की कोई आवश्यकता नहीं है, क्योंकि ईश्वर स्वयं ही इन दोनों वर्गों के प्रति पूर्ण न्याय करेगा।

31. सैम्युअल विलबरफ़ोर्स, 'ए प्रैक्टिकल व्यू', 1797, पृ. 405.

32. कार्ल कॉत्स्की, 'फाउंडेशन ऑफ़ क्रिश्चियेनिटी' से उद्धृत, पृ. 328.

ईसाई धर्म की भाँति विश्व के अन्य धर्म भी किसी-न-किसी रूप में इसी धार्मिक दृष्टिकोण का समर्थन करते हैं। परंतु, जैसा कि हम ऊपर देख चुके हैं, मार्क्स को धर्म का यह प्रतिक्रियात्मक दृष्टिकोण बिल्कुल स्वीकार्य नहीं है। इसी कारण उन्होंने धर्म की अन्यायपूर्ण सामाजिक भूमिका का तीव्र विरोध किया है और उसकी कटु आलोचना की है। वे उन सभी आश्वासनों को मिथ्या और भ्रामक मानते हैं जो धर्म के समर्थक शताब्दियों से श्रमिक वर्ग को देते रहे हैं। उनके विचार में इन आश्वासनों का एकमात्र उद्देश्य अन्याय, अत्याचार तथा शोषण पर आधारित वर्तमान सामाजिक व्यवस्था को बनाए रखते हुए शासक वर्ग के हितों की रक्षा करना ही है, अतः उन्होंने श्रमिक वर्ग को इन भ्रामक आश्वासनों के धोखे में न आने के लिए प्रेरित किया है जिससे वर्तमान सामाजिक व्यवस्था के स्थान पर ऐसी व्यवस्था की स्थापना की जा सके जो न्याय, समानता और स्वतंत्रता पर आधारित हो। इस प्रकार निष्कर्ष के रूप में हम यह कह सकते हैं कि मार्क्स ने धर्म की जो आलोचना की है उसका उद्देश्य धर्म तथा धर्मपरायण व्यक्तियों की निंदा करना नहीं, अपितु वर्तमान सामाजिक व्यवस्था में क्रांतिकारी परिवर्तन करना है।

वस्तुतः मार्क्स जिस सामाजिक व्यवस्था में आमूल परिवर्तन करना चाहते थे वह यूरोप में औद्योगिक क्रांति के परिणामस्वरूप विकसित पूँजीवादी व्यवस्था थी। उन्नीसवीं शताब्दी के पूर्वार्ध में–जब उन्होंने अपनी कुछ महत्त्वपूर्ण प्रारंभिक पुस्तकों की रचना की थी–यूरोपीय समाज इस पूँजीवादी व्यवस्था के कारण दो प्रमुख वर्गों में विभाजित हो चुका था। इनमें से एक वर्ग उन व्यक्तियों का था जो पूँजीपति, व्यापारी, कारखानों के मालिक तथा भूमि-पति थे और दूसरा वर्ग उन कृषकों एवं श्रमिकों का था जो खेतों और कारखानों में मज़दूरी करते थे। मार्क्स ने प्रथम वर्ग को 'शासक वर्ग' अथवा 'पूँजीपति वर्ग' और दूसरे वर्ग को 'श्रमिक वर्ग' की संज्ञा दी थी। उन्होंने यह देखा था कि संपूर्ण सत्ता प्रथम वर्ग के हाथ में ही केंद्रित थी, क्योंकि उत्पादन के समस्त साधनों, पूँजी, भूमि तथा प्रशासन पर केवल उसी का स्वामित्व था। स्वयं साधनहीन होने के कारण श्रमिक वर्ग शासक वर्ग के व्यक्तियों की दया पर ही पूर्णतः आश्रित था जो केवल अपने लाभ के लिए समाज की संपूर्ण व्यवस्था का संचालन करते थे। इसी कारण मार्क्स ने यह कहा था कि श्रमिक वर्ग का शोषण ही इस पूँजीवादी व्यवस्था का मूल आधार है और प्रशासन, पुलिस, न्यायालय, राजनीति तथा धर्म इस व्यवस्था को बनाए रखने में सहायक सिद्ध होते हैं। अन्याय, अत्याचार एवं शोषण पर आधारित यह पूँजीवादी व्यवस्था अमानवीय व्यवस्था थी जिसमें श्रमिकों तथा कृषकों के साथ अत्यंत क्रूरतापूर्ण व्यवहार किया जाता था और उनकी कोई मानवीय प्रतिष्ठा नहीं थी। यही कारण है कि मार्क्स इस व्यवस्था में आमूल परिवर्तन करके इसके स्थान पर एक नई व्यवस्था का निर्माण करना चाहते थे।

मार्क्स ने अन्याय, अत्याचार और शोषण से मुक्त जिस नवीन समाज का स्वप्न देखा था उसे उन्होंने 'वर्गहीन साम्यवादी समाज' की संज्ञा दी थी। अपने मित्र, ऐंगल्स के साथ मिलकर उन्होंने साम्यवादी दल का जो घोषणा-पत्र प्रकाशित किया था उसमें उनके इस नवीन समाज का विस्तृत वर्णन किया गया है। इसमें यह कहा गया है कि

यह नया समाज सच्चा लोकतांत्रिक समाज होगा जिसमें प्रत्येक व्यक्ति की स्वतंत्रता सभी मनुष्यों के स्वतंत्र विकास की अनिवार्य शर्त होगी। यह ऐसा वर्गहीन समाज होगा जिसमें सभी व्यक्तियों की समानता एवं प्रतिष्ठा को स्वीकार किया जाएगा और कोई एक वर्ग दूसरे वर्ग का शोषण नहीं कर सकेगा। उत्पादन के समस्त साधनों पर निजी स्वामित्व समाप्त कर दिया जाएगा और संपूर्ण अर्थव्यवस्था का उद्देश्य किसी एक वर्ग का लाभ न होकर सभी मनुष्यों का हित होगा। इस नए समाज में सेना, पुलिस तथा न्यायालयों की कोई आवश्यकता नहीं होगी जिनका प्रयोग शासक वर्ग स्वयं अपने लाभ तथा श्रमिकों और कृषकों के दमन के लिए करता है। शोषण तथा निजी स्वार्थ से मुक्त होने के कारण इस समाज में सभी मनुष्यों को पूर्ण विकास के समान अवसर प्रदान किए जाएँगे। मार्क्स का कथन है कि इस नए वर्गहीन साम्यवादी समाज में धर्म का स्वतः ही अंत हो जाएगा, क्योंकि इसमें श्रमिक वर्ग को उसके कष्टों की क्षतिपूर्ति के लिए स्वर्ग के मिथ्या आश्वासन की आवश्यकता नहीं रहेगी। हम ऊपर देख चुके हैं कि उन्होंने धर्म की जो कटु आलोचना की है उसका उद्देश्य ऐसे समाज का निर्माण करना ही था। वे यह मानते थे कि धर्म श्रमिकों को स्वर्ग में क्षतिपूर्ति का जो आकर्षक आश्वासन देता है वह भ्रमपूर्ण है, अतः उनके वास्तविक सुख के लिए उन्हें इससे मुक्त करना बहुत आवश्यक है। अपने इसी मत की व्याख्या करते हुए उन्होंने लिखा है : "लोगों के भ्रमपूर्ण सुख के रूप में धर्म को समाप्त करना आवश्यक है जिससे वे अपना वास्तविक सुख प्राप्त कर सकें। . . . मनुष्य को सोचने, कार्य करने तथा अपने भाग्य का स्वयं निर्माण करने के लिए प्रेरित करने के उद्देश्य से की गई धर्म की आलोचना उसे भ्रम से मुक्त करती है और इस प्रकार अपनी तर्क-शक्ति के आधार पर उसे आत्म-निर्भर बनाती है।"[33] मार्क्स के अनुसार, धर्म की यह आलोचना श्रमिकों को उस मिथ्या सुख-निद्रा से मुक्ति दिलाती है जो अफ़ीम के रूप में कार्य करते हुए धर्म उनमें उत्पन्न करता है।

धर्म की उपर्युक्त आलोचना के अतिरिक्त 'ऐतिहासिक भौतिकवाद' का प्रतिपादन करके भी मार्क्स ने मूलतः निरीश्वरवाद का ही समर्थन किया है। उनका यह ऐतिहासिक भौतिकवाद उस तत्त्वमीमांसीय भौतिकवाद से भिन्न है जिसका प्रतिपादन उनके पूर्ववर्ती भौतिकवादी दार्शनिकों ने किया था और जिसमें उनकी कोई रुचि नहीं थी। मार्क्स द्वारा प्रतिपादित भौतिकवादी विचारधारा को 'ऐतिहासिक भौतिकवाद' कहने का तात्पर्य यह है कि उनके अनुसार मानव-समाज के विकास का संपूर्ण इतिहास और मनुष्य की समस्त दार्शनिक, राजनीतिक, धार्मिक, नैतिक तथा आर्थिक विचारधाराएँ उत्पादन के भौतिक साधनों द्वारा निर्धारित होती हैं, अतः इनकी व्याख्या भी इन्हीं साधनों के आधार पर की जा सकती है। उन्होंने इस ऐतिहासिक भौतिकवाद का प्रतिपादन अपने गुरु, हेगेल के प्रत्ययवाद के विरुद्ध प्रतिक्रिया के रूप में किया था जिसके अनुसार निरपेक्ष परम तत्त्व, मनस् अथवा चेतना ही ब्रह्माण्ड का मूल तत्त्व है।

हेगेल के इस प्रत्ययवाद के विपरीत मार्क्स का यह निश्चित मत है कि मनस् अथवा चेतना का जन्म भी मूलतः उत्पादन के भौतिक साधनों से ही होता है, किसी

33. मार्क्स और ऐंगल्स, 'ऑन रिलिजन', पृ. 42.

दैवी या आध्यात्मिक सत्ता से नहीं। इन भौतिक साधनों पर आधारित समाज का अर्थतंत्र मनुष्य के समस्त विचारों, सिद्धांतों, मूल्यों तथा आदर्शों को निर्धारित करता है, अतः यही उसके भौतिक और वैचारिक जीवन की वास्तविक आधारशिला है। अपने इस ऐतिहासिक भौतिकवाद की व्याख्या करते हुए मार्क्स कहते हैं : "भौतिक जीवन से संबंधित उत्पादन का तरीका जीवन की सामाजिक, राजनीतिक तथा आध्यात्मिक प्रक्रियाओं के सामान्य स्वरूप को निर्धारित करता है। मनुष्यों की चेतना उनके अस्तित्व को निर्धारित नहीं करती, अपितु, इसके विपरीत, उनका सामाजिक अस्तित्व उनकी चेतना को निर्धारित करता है।"[34] मार्क्स के इस कथन से यह स्पष्ट है कि वे उत्पादन के भौतिक साधनों को ही संपूर्ण मानवीय चेतना और उससे उत्पन्न समस्त विचारों, आदर्शों, मूल्यों तथा सिद्धांतों का मूल आधार मानते हैं। इसी कारण उन्होंने दर्शन, धर्म, आध्यात्मिकता, राजनीति, इतिहास, नैतिकता आदि की व्याख्या भी इन्हीं भौतिक साधनों के आधार पर की है।

1883 में मार्क्स की मृत्यु के पश्चात ऐंगल्स ने लंडन में उनकी समाधि पर जो प्रशस्ति-पत्र लगाया था उसमें उन्होंने मार्क्स की उपर्युक्त भौतिकवादी विचारधारा का संक्षिप्त सारांश प्रस्तुत करते हुए अपने निम्नलिखित विचार व्यक्त किए थे : "जिस प्रकार डार्विन ने जैविक प्रकृति में विकास के नियम को खोजा था, उसी प्रकार मार्क्स ने मानव-इतिहास में विकास के नियम की खोज की थी जिसका संबंध एक ऐसे साधारण तथ्य से था जो इससे पहले विचारधाराओं के झाड़-झंखाड़ में छिपा हुआ था। वह तथ्य यह था कि मनुष्यों द्वारा राजनीति, विज्ञान, कला तथा धर्म पर ध्यान देने से पूर्व उन्हें सबसे पहले भोजन, पानी, मकान और वस्त्र मिलने चाहिए; इसलिए जीवन के भौतिक साधनों का उत्पादन वह आधार है जिससे राज्य की संस्थाओं, कानूनी सिद्धांतों, कला एवं लोगों के धार्मिक विचारों का विकास हुआ है और जिसके द्वारा इनकी व्याख्या की जानी चाहिए।"[35] मार्क्स की भौतिकवादी विचारधारा के विषय में ऐंगल्स के इन विचारों से यह स्पष्ट है कि मार्क्स तत्त्वमीमांसीय भौतिकवाद के स्थान पर व्यावहारिक अथवा आर्थिक भौतिकवाद को स्वीकार करते थे जिसमें उत्पादन के भौतिक साधनों को सर्वाधिक महत्त्व दिया गया है। यहाँ इस तथ्य का उल्लेख कर देना आवश्यक है कि तत्त्वमीमांसीय भौतिकवाद की भाँति इस आर्थिक भौतिकवाद में भी ईश्वर या किसी अन्य अति-प्राकृतिक सत्ता के लिए कोई स्थान नहीं है। हम ऊपर देख चुके हैं कि मार्क्स ने समस्त आध्यात्मिक विचारों तथा सिद्धांतों की व्याख्या अपनी इसी विशेष भौतिकवादी विचारधारा के आधार पर ही की है, अतः हम निश्चयपूर्वक यह कह सकते हैं कि वे ईश्वरवाद अथवा किसी अन्य अलौकिक सत्ता का समर्थन नहीं करते। ऐसी स्थिति में उन्हें निरीश्वरवादी विचारक ही कहा जा सकता है।

34. कार्ल मार्क्स, 'ए कंट्रिब्यूशन टु दि क्रिटीक ऑफ़ पॉलिटिकल इकॉनॉमी', पृ. 11.

35. फ़ाज मेहरिंग, 'कार्ल मार्क्स–दि स्टोरी ऑफ़ हिज़ लाइफ़', ऐडवर्ड फ़िट्ज़जराल्ड द्वारा अनूदित, पृ. 531.

उपर्युक्त मत का समर्थन करते हुए अनेक आधुनिक विद्वानों ने मार्क्स को निरीश्वरवादी विचारक माना है और उनकी भौतिकवादी विचारधारा को 'निरीश्वरवादी विचारधारा' के रूप में स्वीकार किया है। इन विद्वानों के अनुसार, यद्यपि परंपरागत सैद्धांतिक निरीश्वरवाद में मार्क्स की कोई रुचि नहीं थी, फिर भी वे ईश्वर की सत्ता में विश्वास न करने के कारण व्यावहारिक निरीश्वरवाद का निश्चित रूप से समर्थन करते थे। जो विद्वान इस दृष्टि से मार्क्स को निरीश्वरवादी विचारक मानते हैं उनमें पैट्रिक मास्टरसन तथा क्लिफ़ोर्ड ग्रीन के नाम उल्लेखनीय हैं। उदाहरणार्थ, मार्क्स को मानवतावादी तथा निरीश्वरवादी विचारक घोषित करते हुए मास्टरसन कहते हैं : "फ़ायरबाक के स्पष्ट निरीश्वरवादी मानवतावाद को कार्ल मार्क्स के दर्शन में अधिक गहरा तथा शक्तिशाली बनाया गया जिसने मनुष्य, समाज और इतिहास के विषय में क्रांतिकारी एवं गतिशील अवधारणा को प्रस्तुत किया। इसके पश्चात होनेवाली घटनाओं ने, जिनके कारण मार्क्सवाद एक शक्तिशाली विश्वव्यापी विचारधारा हो गई है, इस दर्शन को समकालीन निरीश्वरवाद के सर्वाधिक प्रभावशाली स्रोतों में से एक बना दिया है। अपने अध्ययन के उस प्रारंभिक काल से ही मार्क्स पूर्णतः निरीश्वरवादी थे जब उनका संपर्क हेगेल के युवा अनुयायियों के साथ हुआ था जिन्होंने हेगेल के दर्शन का प्रयोग धर्म तथा राजनीति की तीव्र आलोचना के लिए किया। उनकी सबसे पहली कृतियों में निरीश्वरवाद को मनुष्य के संबंध में उनकी अवधारणा की अनिवार्य विशेषता घोषित किया गया है। उदाहरणार्थ, 1841 में लिखे अपने शोधप्रबंध में वे बड़ी दृढ़ता से यह घोषित करते हैं कि मनुष्य ही सर्वोच्च सत्ता है, ईश्वर नहीं।"[36]

इसी प्रकार, मास्टरसन की भाँति क्लिफ़ोर्ड ग्रीन ने भी मार्क्स को व्यावहारिक तथा सामाजिक दृष्टि से उन्नीसवीं शताब्दी का महत्त्वपूर्ण निरीश्वरवादी विचारक माना है। वे मार्क्सवादी दर्शन के उस व्यावहारिक पक्ष को विशेष महत्त्व देते हैं जिसमें ईश्वरवाद तथा धर्म की प्रतिक्रियात्मक सामाजिक भूमिका की कटु आलोचना की गई है। इसी दृष्टि से मार्क्स के व्यावहारिक और सामाजिक निरीश्वरवाद की व्याख्या करते हुए ग्रीन ने लिखा है : "प्रत्येक व्यक्ति जानता है कि मार्क्स निरीश्वरवादी थे। उन्होंने यह शिक्षा दी थी कि लोगों को धर्म का अंत करना पड़ेगा। स्वर्ग की काल्पनिक क्षतिपूर्तियों को नष्ट करना होगा। . . . मनुष्यों की शक्तियों को समाजवादी क्रांति के लिए मुक्त करना होगा। वास्तविक सांसारिक सुख साम्यवादी समाज में ही प्राप्त हो सकेगा। इस नए समाज में धर्म सदा के लिए व्यर्थ हो जाएगा। . . . मार्क्स 'सामाजिक निरीश्वरवादी' हैं, ईश्वरवाद-विरोधी नहीं; वे धर्म की सामाजिक भूमिका पर विचार करते हैं, ईश्वर के अस्तित्व या अनस्तित्व के विषय में दार्शनिकवाद विवाद पर नहीं। . . . उनकी कृतियों में हमें कहीं भी ऐसे तर्क नहीं मिलते जिनका उद्देश्य ऐन्सैल्म तथा टॉमस ऐक्वाइनस जैसे धर्मशास्त्रियों और डेकार्ट एवं स्पिनोज़ा जैसे दार्शनिकों द्वारा ईश्वर के अस्तित्व के लिए प्रस्तुत परंपरागत 'प्रमाणों' का खंडन करना हो। . . . वे ईश्वरवाद-विरोधी न होकर उस प्रतिक्रियात्मक सामाजिक भूमिका के आलोचक हैं जो धर्म शोषणपूर्ण सामाजिक व्यवस्था का समर्थन करने में निभाता है। वे सैद्धांतिक

36. पैट्रिक मास्टरसन, 'एथीइज़्म ऐंड एलीनेशन', पृ. 85.

वाद-विवाद में न उलझकर ऐसी आलोचना करते हैं जो राजनीतिक कार्य का मूल प्रेरणा-स्रोत है। उनका उद्देश्य वाद-विवाद में विजय प्राप्त करना नहीं, अपितु सामाजिक क्रांति उत्पन्न करना है।"[37] क्लिफ़ोर्ड ग्रीन की इस व्याख्या में मार्क्स के सामाजिक निरीश्वरवाद की उन प्रमुख विशेषताओं को स्पष्टतः प्रस्तुत किया गया है जो उसे परंपरागत निरीश्वरवादी दार्शनिकों के सैद्धांतिक निरीश्वरवाद से पृथक् करती हैं। वस्तुतः मार्क्स ऐसे ही सामाजिक निरीश्वरवाद को आवश्यक मानते थे।

मार्क्स के निरीश्वरवाद की इस विवेचना को समाप्त करने से पूर्व यहाँ संक्षेप में इस सामयिक प्रश्न पर विचार करना आवश्यक है कि मानव-स्वभाव, सामाजिक व्यवस्था, धर्म तथा निरीश्वरवाद के विषय में उन्होंने अपनी जो मान्यताएँ प्रस्तुत की हैं वे कहाँ तक सत्य और प्रामाणिक हैं। यह एक सर्वविदित तथ्य है कि इन सब विषयों से संबंधित मार्क्स के विचारों का पिछले डेढ़ सौ वर्षों की अवधि में संपूर्ण विश्व पर व्यापक प्रभाव पड़ा है। इस लंबी अवधि में बहुत-से देशों में उनके इन विचारों के अनुसार अपनी आर्थिक, राजनीतिक और सामाजिक व्यवस्था के निर्माण का प्रयास किया है। यह एक विवादास्पद विषय है कि इन देशों को अपने इस प्रयास में कितनी सफलता प्राप्त हुई है। परंतु इस ऐतिहासिक तथ्य को अस्वीकार नहीं किया जा सकता कि बीसवीं शताब्दी के नौवें दशक के अंत तक लगभग आधा विश्व मार्क्सवादी विचारधारा द्वारा शासित और प्रभावित माना जाता था। इतने दीर्घकाल तक मार्क्स की साम्यवादी विचारधारा का यह विश्व-व्यापी प्रभाव इसकी सफलता की संभावना का द्योतक है। इससे यह ज्ञात होता है कि उनके विचारों तथा सिद्धांतों में आंशिक सत्य अवश्य विद्यमान है।

परंतु गत 6-7 वर्षों में अधिकतर साम्यवादी देशों में जो भारी उथल-पुथल हुई है उसके कारण बहुत-से विचारकों के मन में मार्क्स की आधारभूत मान्यताओं के संबंध में गंभीर संदेह उत्पन्न हुए हैं। ये साम्यवादी देश मार्क्स की विचारधारा के अनुसार अपनी जनता के लिए न्याय, समानता और स्वतंत्रता पर आधारित आर्थिक एवं सामाजिक व्यवस्था का जो दावा करते थे वह सत्य प्रमाणित नहीं हुआ है। इतना ही नहीं, इन देशों ने श्रमिक वर्ग के कल्याण के लिए मार्क्सवादी विचारधारा के आधार पर जो अर्थव्यवस्था स्थापित की थी वह बिखर गई है और ये देश अब साम्यवाद के विपरीत पूँजीवादी विचारधारा की ओर अग्रसर हो रहे हैं। ऐसी स्थिति में स्वभावतः यह प्रश्न उठता है कि साम्यवाद की इस असफलता के मूल कारण क्या हैं। क्या स्वयं मार्क्स के चिंतन में कुछ गंभीर दोष थे जिनके कारण उनकी कोई भी भविष्यवाणी सत्य प्रमाणित नहीं हो सकी? अथवा क्या यह कहा जा सकता है कि साम्यवादी देशों के शासकों ने वस्तुतः मार्क्स की विचारधारा का निष्ठापूर्वक अनुसरण ही नहीं किया? ये कुछ ऐसे प्रश्न हैं जो आजकल इस विषय पर निष्पक्ष रूप से विचार करनेवाले विद्वानों के मन में प्रायः उठते रहते हैं। परंतु इन प्रश्नों का कोई निश्चित और सर्वमान्य उत्तर देना अत्यंत कठिन है, क्योंकि विभिन्न विद्वान भिन्न-भिन्न दृष्टिकोणों के अनुसार

37. क्लिफ़ोर्ड ग्रीन का लेख, 'कार्ल मार्क्स', रॉजर ए. जॉनसन द्वारा संपादित पुस्तक, 'क्रिटिकल इश्यूज़ इन मॉडर्न रिलिजन' में संकलित, पृ. 143-144.

इनका उत्तर दे सकते हैं। यहाँ हम इन प्रश्नों के कुछ संभावित उत्तरों पर विचार करेंगे और इनके समर्थन में अपने तर्क भी प्रस्तुत करेंगे।

हमारे विचार में मार्क्स के साम्यवाद की असफलता का एक महत्त्वपूर्ण कारण यह है कि वे मनुष्य के स्वभाव का ठीक-ठीक विश्लेषण नहीं कर सके और इसीलिए उसे भली-भाँति नहीं समझ पाए। यह ठीक है कि मनुष्य एक सामाजिक प्राणी है और उसके मन में दूसरों के प्रति सहानुभूति तथा उनके साथ मिलकर रहने की मूल प्रवृत्तियाँ विद्यमान हैं। परंतु यह एक मनोवैज्ञानिक तथ्य है कि मनुष्य में इन सामाजिक प्रवृत्तियों की अपेक्षा स्वार्थ की प्रवृत्ति कहीं अधिक प्रबल है और इसकी प्रबलता का प्रमाण यह है कि इसका पूर्ण दमन अथवा उदात्तीकरण संभव प्रतीत नहीं होता। अपनी साम्यवादी विचारधारा का प्रतिपादन करते हुए मार्क्स ने मानव-स्वभाव के इस अनिवार्य मनोवैज्ञानिक तत्त्व की उपेक्षा की है। वे बिना किसी तर्क या प्रमाण के यह मान लेते हैं कि मनुष्य की स्वार्थ-प्रवृत्ति का दमन अथवा उदात्तीकरण किया जा सकता है। अपनी इसी मान्यता के आधार पर वे यह कल्पना करते हैं कि उनके वर्गहीन साम्यवादी समाज में प्रत्येक व्यक्ति केवल दूसरों के कल्याण के लिए कार्य करेगा। उन्होंने प्रत्येक व्यक्ति से उसकी योग्यतानुसार काम लेने और उसकी आवश्यकतानुसार उसे समस्त आर्थिक साधन उपलब्ध कराने का जो सिद्धांत प्रस्तुत किया है वह मानव-स्वभाव के संबंध में उनकी उपर्युक्त मान्यता पर ही आधारित है। परंतु मनुष्य के स्वभाव के विषय में मार्क्स की यह मान्यता पूर्णतः सत्य नहीं है, क्योंकि इसमें उसकी प्रबल स्वार्थ-प्रवृत्ति की उपेक्षा की गई है और यह अनुभवसिद्ध कटु तथ्य इस मान्यता को एकांगी बना देता है। सामान्य परिस्थितियों में मनुष्य अधिकतर परिश्रम तभी करता है जब इससे स्वयं उसे अथवा उसके परिवार को लाभ हो। इसका अर्थ यही है कि वह सामान्यतः केवल दूसरों के हित से प्रेरित होकर कार्य नहीं करता। यह एक ऐसा अनुभवसिद्ध तथ्य है जिसे अस्वीकार करना मानव-स्वभाव के एक अनिवार्य पक्ष का निषेध करना है। परंतु मार्क्स ने अपने साम्यवादी समाज की जो आकर्षक अवधारणा प्रस्तुत की है उसमें इस अनुभवसिद्ध अनिवार्य तथ्य की ओर पर्याप्त ध्यान नहीं दिया गया। संभवतः यही कारण है कि ऐसे निस्स्वार्थ समाज की रचना के विषय में उनकी भविष्यवाणी सत्य सिद्ध नहीं हुई।

मार्क्स के वर्गहीन साम्यवाद समाज का निर्माण न हो सकने का एक अन्य महत्त्वपूर्ण कारण भी है जो मूलतः उपर्युक्त कारण पर आधारित है। 1917 में रूसी क्रांति के पश्चात पिछले लगभग 75 वर्षों का इतिहास इस बात का साक्षी है कि साम्यवादी देशों में जिन राजनीतिज्ञों तथा शासकों ने ऐसे समाज की रचना का प्रयास आरंभ किया था उन्होंने ईमानदारी से मार्क्स के सिद्धांतों का अनुसरण नहीं किया। इन शासकों ने जो तथाकथित साम्यवादी व्यवस्था स्थापित की थी वह निश्चय ही शोषण से मुक्त और न्याय, समानता एवं स्वतंत्रता पर आधारित नहीं थी। वस्तुतः इस व्यवस्था में पूँजीवादी व्यवस्था के अधिकतर दोष विद्यमान थे, अतः यह श्रमिक वर्ग के शोषण और उस पर होनेवाले अत्याचारों का अंत नहीं कर सकी। इसमें व्यक्ति की प्रतिष्ठा और स्वतंत्रता को भी लगभग पूर्णतः समाप्त कर दिया गया था जिन्हें

मार्क्स बहुत महत्त्व देते थे। सभी प्रकार के विरोधों और विरोधियों का दमन करनेवाले निरंकुश साम्यवादी तानाशाही इस व्यवस्था की प्रमुख विशेषता थी जिसके कारण इसमें लोकतंत्र का विकास नहीं हो सका। साम्यवादी दल के कुछ थोड़े-से व्यक्तियों का आदेश ही सभी नागरिकों के लिए अनिवार्य कानून था जिसे उन पर सैन्य-बल द्वारा कठोरता से लागू किया जाता था। इस तानाशाही व्यवस्था को बार-बार श्रमिक वर्ग के कल्याण के लिए अनिवार्य घोषित किया जाता था और सभी संभव साधनों द्वारा इस मिथ्या दावे का अधिकाधिक प्रचार किया जाता था कि मार्क्स ऐसी ही साम्यवादी व्यवस्था की स्थापना करना चाहते थे। इन सभी तथ्यों से यह स्पष्ट है कि साम्यवादी देशों के शासक शोषण से मुक्त तथा न्याय, समानता और स्वतंत्रता पर आधारित मार्क्स की वर्गहीन सामाजिक व्यवस्था संबंधी अवधारणा से निश्चय ही बहुत दूर चले गए थे। वे अपनी जनता–विशेषतः श्रमिकों तथा कृषकों–के लिए उस आर्थिक समृद्धि का निर्माण भी नहीं कर सके जिसकी कल्पना मार्क्स ने की थी और जिसके लिए वे पूँजीवाद का अंत करना चाहते थे। ऐसी स्थिति में यदि साम्यवादी देशों की जनता ने इन देशों के निरंकुश शासकों द्वारा स्थापित तानाशाही व्यवस्था के विरुद्ध विद्रोह करके उसे नष्ट कर दिया तो इसमें आश्चर्य की कोई बात नहीं है। इस प्रकार साम्यवादी व्यवस्था की असफलता के कारणों का निष्पक्ष विश्लेषण करने से यह ज्ञात होता है कि इसके लिए मार्क्स का मानव-स्वभाव संबंधी दोषपूर्ण एकांगी चिंतन और उनके अनुयायी होने का दावा करनेवाले साम्यवादी देशों के शासकों का स्वार्थमूलक आचरण दोनों उत्तरदायी थे।

परंतु साम्यवादी व्यवस्था की विफलता का अर्थ यह नहीं है कि पूँजीवाद तथा धर्म की भूमिका के विषय में मार्क्स के सिद्धांत मिथ्या अथवा अप्रामाणिक थे। वस्तुतः उन्होंने पूँजीवादी व्यवस्था के जिन गंभीर दोषों का वर्णन किया था वे इस व्यवस्था के अनिवार्य दोष हैं जो आज भी किसी-न-किसी रूप में इसमें विद्यमान हैं। उदाहरणार्थ, यह व्यवस्था पूँजीपति वर्ग द्वारा श्रमिक वर्ग के शोषण तथा उसके प्रति अन्याय पर आधारित है और इन दोनों वर्गों में अत्यधिक आर्थिक विषमता इस व्यवस्था का अनिवार्य दुष्परिणाम है। इस पूँजीवादी व्यवस्था में उत्पादन तथा वितरण के समस्त साधनों पर पूँजीपति वर्ग के कुछ थोड़े-से व्यक्तियों का एकाधिकार होता है जो केवल अपने निजी लाभ से प्रेरित होकर संपूर्ण अर्थतंत्र का संचालन करते हैं। ये सभी दोष वर्तमान संशोधित पूँजीवादी व्यवस्था में आज भी स्पष्टतः देखे जा सकते हैं जिनके कारण मार्क्स ने इसकी कटु आलोचना की थी। यद्यपि अब श्रमिक वर्ग के शोषण के तरीके अपेक्षाकृत अधिक परिष्कृत हो गए हैं, फिर भी उसके प्रति पूँजीपति वर्ग की मानसिकता आज भी मूलतः वही है जो मार्क्स के समय में थी। कुछ थोड़े-से विकसित देशों को छोड़कर संसार के अन्य सभी देशों में श्रमिक वर्ग की आर्थिक और सामाजिक स्थिति में आज भी उन्नीसवीं शताब्दी की तुलना में कोई क्रांतिकारी परिवर्तन नहीं हुआ है। इन सब तथ्यों को ध्यान में रखते हुए हम यह कह सकते हैं कि मार्क्स ने पूँजीवादी व्यवस्था के दोषों का जो विश्लेषण किया था वह पर्याप्त सीमा तक सत्य और प्रामाणिक था।

पूँजीवादी व्यवस्था की भाँति मार्क्स द्वारा किया गया धर्म की सामाजिक भूमिका का विश्लेषण भी उचित और तर्कसंगत प्रतीत होता है। शासक वर्ग तथा श्रमिक वर्ग के लिए धर्म आज भी वही प्रतिक्रियात्मक सामाजिक भूमिका निभा रहा है जिसका वर्णन मार्क्स ने किया था और जिसके कारण उन्होंने धर्म की तीव्र आलोचना की थी। काल्पनिक स्वर्ग के मिथ्या आश्वासनों द्वारा दुर्बल श्रमिक वर्ग के शोषण तथा सबल शासक वर्ग की सुख-समृद्धि में धर्म अब भी अपना महत्त्वपूर्ण योगदान कर रहा है। यही कारण है कि धर्मगुरुओं तथा शासकों में शताब्दियों से सदैव घनिष्ठ संबंध रहा है और वे अपनी स्वार्थ-सिद्धि के लिए एक-दूसरे की पूर्ण रूप से सहायता भी करते रहे हैं। धर्म की प्रतिक्रियात्मक सामाजिक भूमिका की आलोचना करके मार्क्स ने इसी कटु तथ्य की ओर हमारा ध्यान आकृष्ट किया था। इससे स्पष्ट है कि धर्म की भूमिका के विषय में भी उनका विश्लेषण उचित एवं तर्कसंगत था।

धर्म के अतिरिक्त ईश्वरवाद के संबंध में मार्क्स ने अपना जो व्यावहारिक दृष्टिकोण प्रस्तुत किया था उसका भी मनुष्य के सामाजिक जीवन के लिए बहुत महत्त्व है। हम पिछले अध्यायों में देख चुके हैं कि ईश्वर विषयक विश्वास केवल सैद्धांतिक विश्वास नहीं है, क्योंकि मनुष्य के विचारों के साथ-साथ उसके आचरण पर भी इसका पर्याप्त 'प्रभाव पड़ सकता है। मुख्यतः इसी कारण ईश्वरवाद पर व्यावहारिक दृष्टि से विचार करते हुए मार्क्स ने सैद्धांतिक निरीश्वरवाद के स्थान पर व्यावहारिक अथवा सामाजिक निरीश्वरवाद का प्रतिपादन किया था।

इस प्रकार उपर्युक्त संपूर्ण विवेचन के आधार पर निष्कर्ष के रूप में हम यह कह सकते हैं कि यद्यपि पिछले कुछ वर्षों में साम्यवादी व्यवस्था का ह्रास हुआ है, फिर भी पूँजीवादी व्यवस्था, धर्म की सामाजिक भूमिका तथा ईश्वरवाद के विषय में मार्क्स के मूल सिद्धांत आज भी प्रासंगिक और महत्त्वपूर्ण हैं जिनके कारण मानव-जाति के इतिहास में उनका नाम सदैव आदर एवं श्रद्धा के साथ लिया जाता रहेगा।[38]

5. होलियोक और ब्रैडलॉफ़

शैली, फ़ायरबाक, मार्क्स और डार्विन के अतिरिक्त उन्नीसवीं शताब्दी के अन्य दो अंग्रेज़ विचारकों ने भी निरीश्वरवाद के विकास और प्रसार में अपना महत्त्वपूर्ण योगदान किया था। ये विचारक हैं जॉर्ज जैकब होलियोक तथा चार्ल्स ब्रैडलॉफ़। भौतिकवादी विचारक होने के कारण ये दोनों 'निरीश्वरवाद' शब्द के व्यापक अर्थ में इस सिद्धांत का पूर्णतः समर्थन करते थे। निरीश्वरवादी दार्शनिक होने के साथ-साथ इन दोनों ने श्रमिक वर्ग के कल्याण के लिए भी इंग्लैण्ड में प्रशंसनीय कार्य किया था, अतः इस दृष्टि से इन विचारकों तथा मार्क्स और ऐंगल्स में पर्याप्त समानता थी। प्रस्तुत खंड में हम होलियोक और ब्रैडलॉफ़ के निरीश्वरवादी दर्शन की संक्षिप्त विवेचना करेंगे।

जॉर्ज जैकब होलियोक (1817-1906) का जन्म 13 अप्रैल, 1817 में इंग्लैण्ड के 'बरमिंघम' नामक नगर में हुआ था। परिवार के निर्धन होने के कारण उन्हें बाल्यकाल

38. मार्क्स द्वारा की गई धर्म की आलोचना के विस्तृत अध्ययन के लिए देखिए लेखक की एक अन्य पुस्तक, 'धर्म-दर्शन की मूल समस्याएँ', द्वितीय संस्करण, 1995, अध्याय 14.

से ही जीविकोपार्जन के लिए आत्म-निर्भर होना पड़ा। उनकी शिक्षा बरमिंघम के एक व्यावसायिक विद्यालय में हुई थी। गणित और तर्कशास्त्र में उनकी विशेष रुचि थी, अतः शिक्षा प्राप्त करने के पश्चात वे एक विद्यालय में इन विषयों के अध्यापक हो गए। परंतु शीघ्र ही होलियोक समाजवादी विचारधारा की ओर आकृष्ट हुए और उन्होंने अपने भाषणों द्वारा इस विचारधारा का प्रचार करना आरंभ कर दिया। एक दिन जब वे भाषण दे रहे थे तो किसी श्रोता ने उनसे यह प्रश्न किया कि ईश्वर के प्रति मनुष्य का क्या कर्तव्य है। इस प्रश्न के उत्तर में उन्होंने कहा था कि इंग्लैण्ड इतना गरीब देश है कि उसे ईश्वर की आवश्यकता ही नहीं है, अतः यही उचित होगा कि हम ईश्वर को अवकाश दे दें।

होलियोक के उपर्युक्त उत्तर के कारण उन पर धर्म-द्रोही होने का आरोप लगाया गया और 1842 में उन्हें छः मास के लिए कारावास में भेज दिया गया। यहीं से धर्मांधता और ईश्वरवाद के विरुद्ध उनका संघर्ष आरंभ हुआ जो आजीवन चलता रहा। यह कहा जाता है कि होलियोक को बंदी बनाए जाने से पूर्व उनके एक मित्र, चार्ल्स साउथवेल पर भी निरीश्वरवादी होने का आरोप लगाकर उन्हें कारावास में भेज दिया गया था और इस घटना का होलियोक के मन पर गहरा प्रभाव पड़ा था जिसका उन्होंने स्पष्टतः उल्लेख किया है। होलियोक का कथन है कि साउथवेल को बंदी बनाए जाने से पूर्व वे निरीश्वरवादी नहीं थे, किंतु इस घटना ने उन्हें निरीश्वरवाद को स्वीकार करने के लिए प्रेरित किया। अपने जीवन पर इस घटना के प्रभाव को स्पष्ट करते हुए उन्होंने लिखा है : "श्री साउथवेल को बंदी बनाए जाने से पहले मैं निरीश्वरवादी नहीं हुआ था; इस घटना ने मुझे धार्मिक विश्वास के कारणों पर इतनी अधिक गहराई से विचार करने के लिए प्रेरित किया जितनी गहराई से मैंने पहले कभी विचार नहीं किया था और इस चिंतन का परिणाम यह हुआ कि धर्म तथा ईश्वर में मेरा विश्वास पूर्णतः समाप्त हो गया।"[39]

यह समझना कठिन नहीं है कि साउथवेल के पश्चात जब स्वयं होलियोक को भी बंदी बना लिया गया तो धर्म तथा ईश्वरवाद के प्रति उनका यह विरोध और अधिक तीव्र एवं दृढ़ हो गया। कारावास में उसके एक अधिकारी के साथ उनका जो वार्तालाप हुआ था और जिसका उल्लेख उन्होंने स्वयं किया है वह उपर्युक्त तथ्य का स्पष्ट प्रमाण है। उनके इस वार्तालाप का संक्षिप्त सारांश इस प्रकार है : कारावास-अधिकारी, "श्री होलियोक, क्या आप वास्तव में निरीश्वरवादी हैं?" होलियोक, "हाँ, मैं वास्तव में निरीश्वरवादी हूँ।" अधिकारी, "क्या आप इस बात से इन्कार करते हैं कि ईश्वर का अस्तित्व है?" होलियोक, "नहीं, मैं केवल इस बात से इन्कार करता हूँ कि ईश्वर के अस्तित्व में विश्वास करने के लिए पर्याप्त प्रमाण है।" अधिकारी, "यदि निरीश्वरवादी के पास ईश्वर के विरुद्ध इतना अधिक प्रमाण है तो वह उसे प्रकट क्यों नहीं करता?" होलियोक, "जब आप निरीश्वरवादी को प्रमाण प्रस्तुत करने के लिए दंड देने को इतने अधिक तत्पर हैं तो क्या प्रमाण के अभाव के कारण उसके विरुद्ध ऐसा व्यंग्य करना

39. जार्ज जैकब होलियोक, 'दि हिस्ट्री ऑफ़ दि लास्ट ट्रायल बाई जूरी फ़ॉर एथीइज़्म इन इंग्लैण्ड', 1851, पृ. 12.

आप को शोभा देता है?" अधिकारी, "आप के सिद्धांत बहुत भयानक हैं।" होलियोक, "क्या आप के मन में यह विचार कभी नहीं आया कि ईसाइयों की भाषा से निरीश्वरवादी की भावनाओं को कितना अधिक आघात पहुँचता है?" अधिकारी, "मैं यह मानता हूँ कि निरीश्वरवादियों को अपने विचारों के अनुसार आचरण करने का अधिकार है, किंतु उन्हें इन विचारों का प्रचार करने का अधिकार नहीं है।" होलियोक, "यदि आप यही नियम ईसाइयों पर भी लागू करें तो मैं कहूँगा कि आप की बात ठीक है।"[40] कारावास के अधिकारी के साथ होलियोक के इस वार्तालाप से यह स्पष्ट है कि वे निश्चित रूप से निरीश्वरवाद का समर्थन करते थे।

अपने निरीश्वरवादी सिद्धांत के प्रति होलियोक की दृढ़ता इस बात से भी प्रमाणित होती है कि कारावास से मुक्त किए जाने के पश्चात उन्होंने ईश्वर के विरुद्ध उन्हीं विचारों का प्रचार करना पुनः आरंभ कर दिया था जिनके कारण उन्हें बंदी बनाया गया था। इस सिद्धांत के समर्थन में उन्होंने अनेक पुस्तकें लिखी थीं जिनमें 'पैले रिफ्यूटिड इन हिज़ ओन वर्ड्स' तथा उनकी दो विस्तृत आत्म-कथाएँ–'सिक्सटी ईयर्ज़ ऑफ़ ऐन ऐजिटेटर्ज़ लाइफ़' और 'बाइगान्स वर्थरिमैम्बरिंग'–उल्लेखनीय हैं जो क्रमशः 1843, 1892 और 1905 में प्रकाशित हुई थीं। इन पुस्तकों के अतिरिक्त उन्होंने सहकारिता के इतिहास पर भी चार पुस्तकें लिखी थीं जिनसे यह ज्ञात होता है कि श्रमिकों के लिए चलाए गए इस आंदोलन में उनकी कितनी अधिक रुचि थी। इन सब पुस्तकों की रचना करने के साथ-साथ होलियोक ने दर्शन विषयक दस पत्रिकाओं का भी संपादन किया था जिनमें 'दि ओरेकल ऑफ़ रीज़न' तथा 'रीज़नर' प्रमुख हैं। इन पत्रिकाओं में भी उन्होंने अपनी निरीश्वरवादी विचारधारा से संबंधित अनेक लेख प्रकाशित किए थे। निरीश्वरवाद पर पुस्तकें तथा लेख लिखने के अतिरिक्त होलियोक ने इंग्लैण्ड में अपने भाषणों द्वारा भी इस सिद्धांत का प्रचार किया था। इस प्रकार यह स्पष्ट है कि वे निरीश्वरवादी विचारधारा को केवल कुछ दार्शनिकों तक ही सीमित नहीं रखना चाहते थे, अपितु जनसाधारण में इसका व्यापक रूप से प्रचार करना चाहते थे जिसमें वे कुछ सीमा तक सफल भी हुए थे।

जैसा कि हम ऊपर देख चुके हैं, निरीश्वरवाद के समर्थन में होलियोक ने मुख्य तर्क यह दिया था कि ईश्वर के अस्तित्व को स्वीकार करने के लिए हमारे पास कोई निश्चित और विश्वसनीय प्रमाण नहीं है। वे यह दावा नहीं करते कि ईश्वर की सत्ता नहीं है; इसके विपरीत वे केवल इतना ही कहते हैं कि हम किसी प्रमाण द्वारा ईश्वर विषयक विश्वास की पुष्टि नहीं कर सकते। कारावास के अधिकारी के साथ हुए वार्तालाप में भी उन्होंने अपना यही मत प्रस्तुत किया था। इसका अर्थ यह है कि ईश्वर के अस्तित्व को प्रमाणित करने के लिए ईश्वरवादी विचारकों ने अभी तक जो प्रमाण प्रस्तुत किए हैं वे होलियोक के मतानुसार पर्याप्त और विश्वसनीय नहीं हैं। इसी कारण उन्होंने उस प्रयोजनपरक युक्ति का विशेष रूप से खंडन किया था जिसे उनके समय में ईश्वर की सत्ता के लिए एक प्रबल प्रमाण के रूप में स्वीकार किया जाता था। विलियम पेले इस युक्ति के प्रमुख समर्थक थे, अतः होलियोक ने 1843 में

40. देखिए, वही पुस्तक, पृ. 81-82.

इसके विरुद्ध जो पुस्तक लिखी थी उसका शीर्षक था 'पेले रिफ्यूटिड इन हिज़ ओन वर्ड्स'। अपनी इस पुस्तक में उन्होंने इस प्रयोजनपरक युक्ति के विरुद्ध कुछ तर्क प्रस्तुत किए थे। उदाहरणार्थ, इस युक्ति के विरुद्ध होलियोक का एक तर्क यह है कि यदि इसके आधार पर ईश्वर को व्यवस्थित एवं प्रयोजनपूर्ण विश्व का व्यक्तित्वसंपन्न तथा बुद्धिमान रचयिता मान लिया जाए तो हमें यह भी स्वीकार करना पड़ेगा कि मनुष्यों की भाँति ईश्वर भी शरीरवान है, क्योंकि हम अपने अनुभव द्वारा यही जानते हैं कि केवल शरीरवान मनुष्य ही व्यक्तित्वसंपन्न और बुद्धिमान रचयिता होते हैं। हमें ऐसे किसी रचयिता का अनुभव नहीं है जो शरीररहित हो। ऐसी स्थिति में हमारे लिए रचयिता के रूप में ईश्वर को भी शरीरवान मानना अनिवार्य हो जाता है। अब यदि ईश्वर को शरीरवान मान लिया जाए तो यह भी मानना पड़ेगा कि उसका भी कोई रचयिता अवश्य है। इसका कारण यह है कि रचयिता के अभाव में किसी शरीरवान प्राणी का अस्तित्व संभव नहीं है। परंतु ईश्वरवादी विचारक एक ओर तो ईश्वर को शरीररहित अभौतिक सत्ता मानते हैं और दूसरी ओर वे उसे विश्व के व्यक्तित्वसंपन्न बुद्धिमान रचयिता के रूप में भी स्वीकार करते हैं। इन दोनों परस्पर विरोधी मान्यताओं को एक ही साथ स्वीकार करने के फलस्वरूप ईश्वरवादी विचारकों के सिद्धांत में गंभीर असंगति उत्पन्न हो जाती है। इस प्रकार होलियोक ने अपने उपर्युक्त तर्क द्वारा प्रयोजनपरक युक्ति को स्वतोव्याघातपूर्ण सिद्ध करके उसका खंडन किया है। हम देख चुके हैं कि ईश्वरवादी विचारक अपने सिद्धांत के समर्थन में दी गई इस युक्ति को विशेष महत्त्व देते थे, अतः इसका खंडन करके होलियोक ने ईश्वरवाद को मिथ्या सिद्ध किया है।

निरीश्वरवाद का समर्थन करने के साथ-साथ होलियोक ने इससे संबद्ध एक अन्य सिद्धांत का भी प्रतिपादन किया था जिसे उन्होंने 'इहलोकवाद' (सेक्यूलरिज़्म) की संज्ञा दी थी और जिसके प्रवर्तक के रूप में आज भी उन्हें विशेष महत्त्व दिया जाता है। इस सिद्धांत की परिभाषा करते हुए उन्होंने कहा था कि इहलोकवाद वह सिद्धांत है जिसका संबंध इसी संसार की समस्याओं से है। स्पष्टतः इसका तात्पर्य यही है कि यह सिद्धांत मनुष्य की सांसारिक समस्याओं के समाधान में ईश्वर सहित किसी अलौकिक सत्ता के हस्तक्षेप अथवा उसकी प्रासंगिकता को स्वीकार नहीं करता। इसी कारण इहलोकवाद को अलौकिक सत्ताओं पर अनिवार्यतः आधारित धर्म का निषेध करनेवाला सिद्धांत माना जाता है और इसे 'धर्मनिरपेक्षवाद' की भी संज्ञा दी जाती है। इस सिद्धांत में ईश्वर या किसी अन्य अति-प्राकृतिक सत्ता के लिए कोई स्थान नहीं है, अतः यह कहना अनुचित न होगा कि निरीश्वरवाद के साथ इसका घनिष्ठ संबंध है।

कुछ विद्वानों का मत है कि स्वयं होलियोक ने ही 'सैक्यूलरिज़्म' शब्द का निर्माण किया था जिसके द्वारा वे निरीश्वरवाद को अधिक सम्मानित स्थान दिलाना चाहते थे।[41] परंतु इसके विपरीत कुछ अन्य विद्वानों का विचार है कि होलियोक ने यह शब्द

41. देखिए, गॉर्डन स्टीन द्वारा संपादित पुस्तक, 'ए सैकेंड ऐन्थ्यॉलॉजी ऑफ़ एथीइज़्म ऐंड रैश्नलिज़्म', पृ. 345.

ऑगस्ट कूम्ट के दर्शन से प्राप्त किया था, किंतु उन्होंने व्यापक प्रचार द्वारा इसे विशेष रूप से लोकप्रिय बनाया।[42] यह कहना बहुत कठिन है कि इन दोनों मतों में से कौन-सा मत सत्य और प्रामाणिक है, किंतु यह निश्चयपूर्वक कहा जा सकता है कि होलियोक ही 'इहलोकवाद' के प्रवर्तक तथा प्रचारक थे। उन्होंने अपने लेखों तथा भाषणों द्वारा इंग्लैण्ड में इहलोकवादी आंदोलन का विकास एवं प्रसार किया और इस आंदोलन से संबंधित विभिन्न संस्थाओं को एक ही संस्था के रूप में संगठित किया जिसे 'इहलोकवादी राष्ट्रीय संघ' कहा जाता था। संस्थापक होने के कारण वे कुछ समय तक इसके अध्यक्ष भी रहे। इस प्रकार इहलोकवादी आंदोलन द्वारा राज्य तथा धर्म के कार्यों को अलग-अलग करने और राज्य के प्रशासकीय एवं सामाजिक कार्यों में धर्मगुरुओं के हस्तक्षेप को रोकने में होलियोक ने बहुत महत्त्वपूर्ण योगदान किया था।

कुछ विद्वानों का मत है कि होलियोक निरीश्वरवाद की अपेक्षा इहलोकवाद को कहीं अधिक महत्त्व देते थे। इसका कारण यह था कि उनके समय में निरीश्वरवाद की निंदा करने के लिए उसका संबंध अनैतिकता से जोड़ा जाता था। उस समय ईश्वरवादी विचारकों ने यह भ्रांति फैला रखी थी कि जो व्यक्ति निरीश्वरवादी है वह अनिवार्यतः अनैतिक आचरण करता है, क्योंकि उसके लिए नैतिक नियमों, मूल्यों और आदर्शों का कोई महत्त्व नहीं है। हम तीसरे अध्याय में देख चुके हैं कि जॉन लॉक जैसे दार्शनिक भी इस भ्रांति को पूर्णतः स्वीकार करते थे और इसी आधार पर उन्होंने निरीश्वरवादियों को दंडित करने का भी समर्थन किया था। होलियोक इस भ्रांति से भली-भाँति परिचित थे और यह जानते थे कि साधारण लोग निरीश्वरवाद को अनैतिकता से संबद्ध करते हैं। इसी कारण उन्होंने यह कहा था कि वे इहलोकवादी हैं और उनका सिद्धांत, इहलोकवाद निरीश्वरवाद से भिन्न है। इतना ही नहीं, वे व्यावहारिक दृष्टि से इहलोकवाद को निरीश्वरवाद की अपेक्षा अधिक उपयोगी भी मानते थे। होलियोक के इसी मत की व्याख्या करते हुए डेविड बरमन ने लिखा है : " 'इहलोकवादी' शब्द–जिसे होलियोक ने कूम्ट से प्राप्त किया था–को लोकप्रिय बनाने के पश्चात वे उसे 'निरीश्वरवादी' शब्द की अपेक्षा अधिक पसंद करते थे। उन्होंने यह भी कहा था कि इहलोकवादी का निरीश्वरवादी होना आवश्यक नहीं है। . . . यह मानते हुए कि 'निरीश्वरवादी' शब्द के साथ अनैतिकता का विचार जुड़ा हुआ है, होलियोक ने इस शब्द को अस्वीकार कर दिया था।"[43]

इसी प्रकार एक अन्य विद्वान, डी.एस. मार्गोलियथ का भी यही विचार है कि जनसाधारण द्वारा निरीश्वरवाद को अनैतिकता से संबद्ध किए जाने के कारण होलियोक ने इस शब्द के प्रयोग पर आपत्ति की थी। वे अपने आप को 'निरीश्वरवादी' कहलाने की अपेक्षा 'इहलोकवादी' कहलाना अधिक पसंद करते थे। परंतु बरमन के विपरीत मार्गोलियथ यह मानते हैं कि 'इहलोकवादी' शब्द का आविष्कार स्वयं होलियोक ने ही किया था। इस संबंध में उनका निम्नलिखित कथन दृष्टव्य है : " 'निरीश्वरवादी'

42. देखिए, डेविड बरमन, 'ए हिस्ट्री ऑफ़ इथीइज़्म इन ब्रिटेन', पृ. 212.

43. वही पुस्तक, पृ. 212-213.

शब्द से भिन्न 'इहलोकवादी' शब्द का निर्माण 1851 में होलियोक ने किया था। 'निरीश्वरवादी' शब्द के विरुद्ध होलियोक ने इस आधार पर आपत्ति की थी कि इस शब्द का प्रयोग प्रायः ऐसे व्यक्ति के लिए किया जाता है जो केवल ईश्वर को ही अस्वीकार नहीं करता, अपितु नैतिकता को भी अस्वीकार करता है।"[44] उपर्युक्त उद्धरणों से यह स्पष्ट है कि होलियोक निरीश्वरवाद का समर्थन करते हुए भी अपने आप को 'निरीश्वरवादी' कहलाने में संकोच का अनुभव करते थे, क्योंकि उनके समय में ईश्वरवादी विचारकों ने यह भ्रम फैला रखा था कि निरीश्वरवाद और अनैतिकता ये दोनों परस्पर अनिवार्यतः संबद्ध हैं। वस्तुतः अनैतिकता के आरोप से बचने के लिए ही होलियोक स्वयं अपने संबंध में 'निरीश्वरवादी' शब्द के स्थान पर 'इहलोकवादी' शब्द का प्रयोग करना उचित समझते थे; परंतु, जैसा कि हम आगे देखेंगे, ब्रैडलॉफ़ ने उनके इस दृष्टिकोण को स्वीकार नहीं किया था, क्योंकि वे इसे भ्रामक मानते थे।

होलियोक स्वयं अपने आप को 'निरीश्वरवादी' कहलाना पसंद करते हों या नहीं, किंतु इतना निश्चित है कि वे ईश्वर की सत्ता में विश्वास नहीं करते थे, क्योंकि उनके अनुसार उसकी सत्ता में विश्वास करने के लिए हमारे पास कोई निश्चित प्रमाण नहीं है। यह तथ्य उन्हें उस व्यापक अर्थ में निरीश्वरवादी विचारक मानने के लिए पर्याप्त कारण है जिसमें ईश्वर के अस्तित्व से संबंधित विश्वास के अभाव के आधार पर 'निरीश्वरवाद' की परिभाषा की गई है और जिसकी विस्तृत व्याख्या हम दूसरे अध्याय में कर चुके हैं। इसके अतिरिक्त जिस इहलोकवाद को होलियोक इतना महत्त्व देते थे उसमें भी ईश्वर जैसी अलौकिक सत्ता के लिए कोई स्थान नहीं है। यह तथ्य भी इस बात का स्पष्ट प्रमाण है कि वे वास्तव में निरीश्वरवादी विचारक थे। परंतु डार्विन और मार्क्स की भाँति होलियोक का निरीश्वरवाद भी मुख्यतः व्यावहारिक था, सैद्धांतिक अथवा तत्त्वमीमांसीय नहीं। वे भी ईश्वर विषयक विश्वास के संबंध में सैद्धांतिक वाद-विवाद की अपेक्षा मनुष्य के व्यावहारिक जीवन पर पड़नेवाले उसके प्रभाव को कहीं अधिक महत्त्व देते थे। इसी कारण उन्होंने यह कहा था कि ईश्वरवाद तथा निरीश्वरवाद को इहलोकवादी न तो स्वीकार करता है और न उनका खंडन करता है; वह केवल उनकी उपेक्षा करता है। यदि इहलोकवादी इस प्रकार के सैद्धांतिक वाद-विवाद में उलझा रहेगा तो निश्चय ही संसार उसकी बात नहीं सुनेगा।[45] होलियोक के इन विचारों से यह स्पष्ट है कि वे भी डार्विन तथा मार्क्स के समान व्यावहारिक निरीश्वरवाद में विश्वास करते थे।

उपर्युक्त वैचारिक समानता के अतिरिक्त मार्क्स और होलियोक के दृष्टिकोण में एक अन्य समानता यह भी थी कि ये दोनों विचारक श्रमिक वर्ग के कल्याण के लिए आजीवन कार्य करते रहे। जैसा कि हम पहले ही बता चुके हैं, सहकारिता आंदोलन में होलियोक की विशेष रुचि थी जिसका उद्देश्य श्रमिक वर्ग की आर्थिक समृद्धि में योगदान करना था। उन्होंने सहकारिता आंदोलन के इतिहास पर केवल पुस्तकें ही नहीं लिखी थीं, अपितु इस आंदोलन को संगठित करने के लिए व्यक्तिगत रूप से स्वयं

44. डी.एस. मार्गोलियथ, 'एथीइज़्म', 'ऐन्साइक्लोपीडिया ऑफ़ रिलिजन ऐंड ऐथिक्स', खंड 2, पृ. 180.
45. देखिए, होलियोक और ब्रैडलॉफ़, 'सैक्युलरिज़्म, स्कैप्टिसिज़्म ऐंड एथीइज़्म', 1870, पृ. 6-7.

प्रयास भी किया था। मैंचेस्टर में उनका घर इस आंदोलन के लिए किए गए उनके प्रयास की स्मृति के रूप में आज भी विद्यमान है। सहकारिता आंदोलन के साथ-साथ होलियोक ने इहलोकवादी विचारधारा से संबंधित आंदोलन को भी संगठित किया था जिससे श्रमिक वर्ग को उस पर पड़नेवाले धर्म के व्यापक दुष्प्रभाव से मुक्ति दिलाई जा सके। संभवतः मार्क्स की भाँति वे भी यह अनुभव करते थे कि धर्म श्रमिकों तथा कृषकों के लिए हानिकारक सिद्ध हो रहा है। इसी कारण उन्होंने इहलोकवाद अथवा धर्मनिरपेक्षवाद का प्रतिपादन किया था और उसका व्यापक रूप से प्रचार भी किया था। वस्तुतः होलियोक अपने जीवन के अंतिम समय तक इस सिद्धांत के प्रचार और प्रसार में संलग्न रहे जो श्रमिक वर्ग सहित संपूर्ण मानव-जाति के कल्याण के प्रति उनकी चिंता तथा प्रबल इच्छा का द्योतक है। इस दृष्टि से उनके इहलोकवाद की तुलना मार्क्स की मानवतावादी विचारधारा के साथ करना उचित और युक्तिसंगत प्रतीत होता है। अपने इसी मानवतावादी दृष्टिकोण के कारण होलियोक भी मार्क्स के समान श्रमिक वर्ग में लोकप्रिय रहे। इस प्रकार संपूर्ण मानव-जाति के कल्याण के लिए मूलतः निरीश्वरवादी सिद्धांत, इहलोकवाद का प्रतिपादन और दीर्घकाल तक उसका प्रचार करने के पश्चात होलियोक 1906 में इस संसार से विदा हो गए, किंतु उनका इहलोकवाद आज भी संसार के अधिकतर देशों में बहुत महत्त्वपूर्ण सिद्धांत माना जाता है।

होलियोक की भाँति चार्ल्स ब्रैडलॉफ़ (1833-1891) भी निरीश्वरवाद तथा इहलोकवाद के प्रबल समर्थक थे। उनका जन्म लंडन के श्रमिक वर्ग के एक साधारण परिवार में 26 सितंबर, 1833 में हुआ था। उन्होंने कुछ वर्षों तक ईसाई धर्म के एक विद्यालय में शिक्षा प्राप्त की थी। 17 वर्ष की अल्पायु में ही वे इसी विद्यालय में अस्थायी रूप से शिक्षक नियुक्त हो गए थे, किंतु उन्हें जिस ईसाई धर्म की शिक्षा देने के लिए रखा गया था उसके विश्वासों की सत्यता के विषय में वे स्वयं ही संदेह करने लगे थे। ब्रैडलॉफ़ से यह कहा गया था कि वे अपने इस संदेह का दमन करें और इसकी चर्चा किसी से न करें, परंतु उन्हें यह स्वीकार्य नहीं था। इसका परिणाम यह हुआ कि उन्हें 'नास्तिक' कहकर विद्यालय की नौकरी से निकाल दिया गया। इतना ही नहीं, उनके अपने परिवार ने भी उन्हें सहारा नहीं दिया और स्वयं जीविकोपार्जन करने के लिए उन्हें घर से निकाल दिया। इस प्रकार किशोरावस्था में ही ब्रैडलॉफ़ बेसहारा और अकेले हो गए थे। उस समय लंडन के श्रमिक वर्ग में स्वतंत्र विचारों को स्वीकार करने की प्रवृत्ति बढ़ रही थी और अनेक विचारक नए विचारों का प्रचार करने के लिए भाषण भी दिया करते थे। इन भाषणों को ब्रैडलॉफ़ भी सुनते थे और उन पर इनका पर्याप्त प्रभाव भी पड़ा था। परंतु तब उनके समक्ष सबसे कठिन समस्या थी जीविकोपार्जन की जिसका तुरंत समाधान करना उनके लिए अनिवार्य हो गया था। इस समस्या को हल करने के लिए उन्होंने कोयले का व्यापार करना आरंभ किया, किंतु वे इसमें सफल नहीं हुए। लाभ के स्थान पर उन्हें हानि हुई और उन पर ऋण का भी बोझ पड़ गया। तब इस भार से मुक्त होने तथा अधिक धन कमाने के लिए ब्रैडलॉफ़ सेना में भरती हो गए। उन्हें शीघ्र ही आयरलैंड भेज दिया गया जहाँ

उस समय युद्ध चल रहा था। इस युद्ध में हताहत होनेवाले लोगों के कष्टों का उनके मन पर गहरा प्रभाव पड़ा और वे निराश तथा दुःखी रहने लगे। अंततः कुछ ही समय बाद 1853 में उन्होंने सेना की नौकरी भी छोड़ दी। लंदन वापस आकर ब्रैडलॉफ एक वकील के कार्यालय में क्लर्क हो गए जहाँ उन्होंने बड़े मनोयोग से स्वयं ही कानून का अध्ययन किया। उनके भावी जीवन में कानून का यह अध्ययन बहुत लाभदायक सिद्ध हुआ।

जैसा कि ऊपर संकेत किया गया है, किशोरावस्था स ही ब्रैडलॉफ में स्वतंत्र चिंतन की प्रवृत्ति का विकास होने लगा था और वे अपने लेखों तथा भाषणों द्वारा नवीन विचारों का प्रचार भी करने लगे थे। उन्होंने स्वतंत्र चिंतन संबंधी अपनी पहली लघु पुस्तिका 17 वर्ष की अल्पायु में ही 1850 में लिखी थी जिसका शीर्षक था 'ए फ्यू वर्ड्स ऑन दि क्रिश्चियन्स क्रीड'। इसी वर्ष उन्होंने स्वतंत्र विचारों का प्रचार करने के लिए अपना पहला सार्वजनिक भाषण भी दिया था जिसकी अध्यक्षता होलियोक ने की थी। इसके पश्चात उन्होंने स्वतंत्र चिंतन विषयक अनेक भाषण दिए जिनका जनता ने बहुत स्वागत किया। इन भाषणों के कारण वे शीघ्र ही एक कुशल वक्ता के रूप में विख्यात हो गए। नवंबर 1858 में ब्रैडलॉफ के एक मित्र ने उन्हें 'इन्वेस्टिगेटर' नामक पत्रिका के संपादक के रूप में कार्य करने के लिए बुलाय: जिसे उन्होंने स्वीकार कर लिया। यह एक पाक्षिक पत्रिका थी जो 1858 से स्वतंत्र चिंतकों के नवीन और परंपरा-विरोधी विचारों का बड़ी दृढ़ता से प्रचार कर रही थी। परंतु दुर्भाग्यवश यह पत्रिका शीघ्र ही बंद हो गई और ब्रैडलॉफ पर ऋण का कुछ भार भी छोड़ गई। इसके पश्चात 1860 में उन्हें शेफील्ड से प्रकाशित होनेवाले एक स्वतंत्र चिंतन संबंधी समाचार-पत्र, 'नैशनल रिफॉर्मर' के सहसंपादक का कार्य करने के लिए आमंत्रित किया गया। 1863 और 1866 के बीच तीन वर्षों को छोड़कर ब्रैडलॉफ 1891 में अपनी मृत्यु तक इस समाचार-पत्र के संपादक रहे। इस प्रकार होलियोक की भाँति वे भी एक प्रभावशाली वक्ता होने के साथ-साथ योग्य संपादक भी थे।

कानून संबंधी अपने व्यापक ज्ञान तथा अपनी प्रबल तर्क-शक्ति के कारण ब्रैडलॉफ अपने विरोधियों पर प्रायः सरलतापूर्वक वैचारिक विजय प्राप्त कर लेते थे। इन बौद्धिक गुणों के अतिरिक्त उनमें अपने अनुयायियों को कुशल तथा सफल नेतृत्व प्रदान करने का विशेष गुण भी विद्यमान था। अपने इसी गुण का उपयोग करते हुए उन्होंने इहलोकवादी आंदोलन को संगठित करने और उसे उचित दिशा प्रदान करने के लिए 1866 में 'नैशनल सैक्युलर सोसाइटी' राष्ट्रीय इहलोकवादी संघ का निर्माण किया था जिसके वे स्वयं प्रथम अध्यक्ष बने थे। वस्तुतः होलियोक द्वारा आरंभ किए गए इहलोकवादी आंदोलनों को उन्होंने अपने सफल नेतृत्व द्वारा अधिक व्यापक तथा सुदृढ़ बनाया था। अनेक विद्वान यह मानते हैं कि 1860 से 1890 तक के तीस वर्षों की लंबी अवधि में ब्रैडलॉफ स्वतंत्र चिंतन करनेवाले विचारकों के प्रमुख नेता बने रहे जो उनके सफल नेतृत्व का प्रबल प्रमाण है।

इहलोकवादी आंदोलन को संगठित करने, स्वतंत्र चिंतन के समर्थन में भाषण देने और लेख लिखने के अतिरिक्त ब्रैडलॉफ ने धर्म तथा निरीश्वरवाद से संबंधित अनेक

महत्त्वपूर्ण पुस्तकें भी लिखी थीं। इन पुस्तकों में 'हैज़ मैन ए सोल?', 'दि बाइबल–वॉट इट इज़?', 'ए प्ली फ़ॉर एथीइज़्म' तथा 'हेरेसी–इट्स यूटिलिटी ऐंड मारेलिटी' विशेष रूप से उल्लेखनीय हैं जो क्रमशः 1859, 1861, 1864 और 1868 में प्रकाशित हुई थीं। जैसा कि इन पुस्तकों के शीर्षकों से ही स्पष्ट है, इनमें ब्रैडलॉफ़ ने आत्मा, धर्म, ईश्वर, निरीश्वरवाद, नैतिकता आदि विषयों पर अपने परंपरा-विरोधी विचार प्रस्तुत किए हैं। इन सभी पुस्तकों को इहलोकवाद, निरीश्वरवाद तथा स्वतंत्र चिंतन के विकास में उनके महत्त्वपूर्ण योगदान के रूप में स्वीकार किया जाता है। वस्तुतः उनकी इहलोकवादी तथा निरीश्वरवादी विचारधारा को भली-भाँति समझने के लिए इन पुस्तकों का अध्ययन करना आवश्यक है। अनेक विद्वानों का मत है कि ब्रैडलॉफ़ की इन पुस्तकों से बहुत-से विचारकों को स्वतंत्र चिंतन की प्रेरणा प्राप्त हुई थी। संक्षेप में हम यह कह सकते हैं कि पाश्चात्य दर्शन में इहलोकवाद और निरीश्वरवाद के विकास की दृष्टि से उनकी इन पुस्तकों का विशेष महत्त्व है।

परंतु यहाँ यह उल्लेखनीय है कि ब्रैडलॉफ़ स्वतंत्र चिंतन करनेवाले केवल सैद्धांतिक दार्शनिक ही नहीं थे, अपितु वे राजनीति और सामाजिक समस्याओं में भी बहुत रुचि रखते थे। उन्होंने अपने देश की संसद का सदस्य बनने के लिए 1880 में चुनाव लड़ा था जिसमें वे विजयी हुए थे, किंतु उनके निरीश्वरवादी विचारों के कारण उन्हें संसद-सदस्य के रूप में शपथ-ग्रहण नहीं करने दी गई। तत्कालीन संसद के अध्यक्ष तथा अन्य सदस्यों का विचार था कि 'नास्तिक' होने के कारण ब्रैडलॉफ़ के लिए ईश्वर के नाम पर ली गई शपथ का कोई महत्त्व नहीं हो सकता, अतः यह शपथ लेकर उन्हें संसद में बैठने का अधिकार नहीं है। संसद के इस रूढ़िवादी दृष्टिकोण से ब्रैडलॉफ़ को बहुत दुःख हुआ और उन्होंने इसके विरुद्ध कानूनी संघर्ष करने का निश्चय किया। तब तक वे कानून का पर्याप्त अध्ययन कर चुके थे, अतः उन्होंने न्यायालय से औपचारिक रूप से अनुरोध किया कि उन्हें संसद में अपना स्थान दिलाया जाए। ब्रैडलॉफ़ ने स्वयं ही प्रबल कानूनी तर्कों द्वारा न्यायालय के समक्ष अपना पक्ष प्रस्तुत किया। संसद-सदस्य के रूप में अपना अधिकार प्राप्त करने के लिए तत्कालीन ब्रिटिश सरकार के विरुद्ध उनका यह कानूनी संघर्ष लगभग पाँच वर्षों तक चलता रहा, किंतु अंततः विजय उन्हीं की हुई और उन्हें संसद में स्थान प्रदान कर दिया गया। उन्होंने ईश्वर के स्थान पर सत्य-निष्ठा के अनुसार शपथ ली और औपचारिक रूप से संसद के सदस्य हो गए।

यहाँ यह स्पष्ट कर देना आवश्यक है कि ब्रैडलॉफ़ ने यह कानूनी संघर्ष केवल अपने अधिकारों के लिए ही नहीं किया था, अपितु उन सब स्वतंत्र विचारकों के अधिकारों के लिए भी किया था जो निरीश्वरवादी होने के कारण संसद तथा न्यायालयों में ईश्वर के नाम पर शपथ नहीं लेना चाहते थे। संसद-सदस्य बनने के पश्चात ब्रैडलॉफ़ ने एक विशेष विधेयक पारित कराया जिसे 'ओथ्स-बिल' अथवा 'शपथ-विधेयक' की संज्ञा दी गई और जिसके अनुसार ईश्वर की सत्ता में विश्वास न करनेवाले व्यक्ति संसद तथा न्यायालयों में सत्य-निष्ठा के नाम पर शपथ ले सकते थे। यह विधेयक पारित हो जाने के उपरांत ऐसे व्यक्तियों को उनके कानूनी अधिकारों से वंचित करना

रूढ़िवादी शासकों के लिए संभव नहीं रहा। इस प्रकार संसद द्वारा उपर्युक्त विधेयक पारित कराके ब्रैडलॉफ़ ने निरीश्वरवादी व्यक्तियों को उनके कानूनी अधिकार दिलाने के लिए महत्त्वपूर्ण योगदान किया था।

यहाँ इस रोचक तथ्य का उल्लेख कर देना आवश्यक है कि भारतीय जनता के प्रति भी ब्रैडलॉफ़ सहानुभूति रखते थे और उन्होंने उसके अधिकारों के लिए ब्रिटिश संसद में कुछ प्रयास भी किया था। 1889 में उन्होंने भारत की यात्रा की थी और भारतवासियों की दयनीय स्थिति को स्वयं देखा था। 1890 में भारत से स्वदेश लौटने के पश्चात उनका स्वास्थ्य खराब होने लगा था। ब्रिटिश सरकार के विरुद्ध लंबे कानूनी संघर्ष में ब्रैडलॉफ़ ने विजय तो अवश्य प्राप्त कर ली थी, किंतु इससे उन्हें भारी आर्थिक हानि उठानी पड़ी और उनके स्वास्थ्य पर भी बुरा प्रभाव पड़ा। 1890 में वे काफ़ी अस्वस्थ रहने लगे थे, अतः इसी वर्ष उन्होंने 'नैशनल सैक्युलर सोसाइटी' के अध्यक्ष-पद से त्याग-पत्र दे दिया। इस प्रकार इहलोकवाद तथा निरीश्वरवाद के विकास और स्वतंत्र रूप से विचार करनेवाले व्यक्तियों के अधिकारों के लिए आजीवन संघर्ष करने के पश्चात 30 जनवरी, 1891 में उनका निधन हो गया।

ब्रैडलॉफ़ के निरीश्वरवाद की संक्षिप्त चर्चा हम दूसरे अध्याय में कर चुके हैं। यहाँ इस सिद्धांत के संबंध में उनके मत पर कुछ विस्तार से विचार किया जाएगा। जैसा कि ऊपर बताया गया है, ईसाई धर्म के सिद्धांतों और विश्वासों की सत्यता के विषय में ब्रैडलॉफ़ के मन में किशोरावस्था से ही संशय उत्पन्न हो गया था जिसके कारण उन्हें अपनी नौकरी तथा अपने परिवार का भी परित्याग करना पड़ा। जीवन के अनुभव तथा अध्ययन के साथ-साथ उनका यह संशय अधिक तीव्र होता गया और अंततः पूर्ण अविश्वास में परिवर्तित हो गया। अपनी युवावस्था में ब्रैडलॉफ़ निरीश्वरवाद का स्पष्ट रूप से पूर्णतः समर्थन करने लगे थे। इस संबंध में अपनी मृत्यु से लगभग एक वर्ष पूर्व 1890 में उन्होंने स्वयं कहा था : "तीस वर्षों से मेरा मत निरीश्वरवादी रहा है। . . . मेरा सदा यही मत रहा है कि 'ईश्वर' शब्द या तो अपरिभाषित है अथवा इसकी जो परिभाषाएँ दी गई हैं वे स्वतोव्याघातपूर्ण या निरर्थक हैं।"[46] ब्रैडलॉफ़ के इन विचारों को ध्यान में रखते हुए हम निश्चयपूर्वक यह कह सकते हैं कि वे निरीश्वरवाद का पूर्ण रूप से समर्थन करते थे। होलियोक के विपरीत उनके मन में इस सिद्धांत की सत्यता और प्रामाणिकता के विषय में कोई भ्रांति नहीं थी।

हम देख चुके हैं कि होलियोक 'निरीश्वरवाद' शब्द की अपेक्षा 'इहलोकवाद' शब्द का प्रयोग करना अधिक उपयुक्त समझते थे, क्योंकि वे यह मानते थे कि जनसाधारण के मन में निरीश्वरवाद अनैतिकता से संबद्ध हो गया है। परंतु ब्रैडलॉफ़ ने होलियोक के इस मत का स्पष्टतः खंडन किया है। इस मत को मिथ्या और भ्रमपूर्ण बताते हुए उन्होंने लिखा है : "होलियोक निरीश्वरवाद की अपकीर्ति अथवा बदनामी के कारण उसके विरुद्ध आपत्ति करते हैं। . . . मेरा विचार है कि 'निरीश्वरवाद' शब्द के संबंध

46. चैपमैन कोहन द्वारा अपनी पुस्तक, 'ब्रैडलॉफ़ ऐंड इंगरसोल' से उद्धृत, पृ. 57.

में फैलाई गई यह अपकीर्ति मिथ्या है।"[47] वस्तुतः ब्रैडलॉफ़ अपने आप को होलियोक की अपेक्षा कहीं अधिक सुसंगत और सुदृढ़ निरीश्वरवादी मानते थे। निरीश्वरवाद के विषय में स्वयं अपने और होलियोक के दृष्टिकोण में अंतर स्पष्ट करते हुए उन्होंने कहा था : "होलियोक और मेरा मत एक नहीं है। मैं निरीश्वरवादी हूँ और यह कहता हूँ कि मैं एक ही सत्ता को प्रमाणित कर सकता हूँ। श्री होलियोक का मत यह नहीं है; श्री होलियोक ईश्वरवादी से केवल इतना ही कहते हैं, 'आप अपने ईश्वरवाद को प्रमाणित नहीं कर सकते'।"[48] इन उद्धरणों से यह स्पष्ट है कि ब्रैडलॉफ़ निरीश्वरवाद के विषय में अपने दृष्टिकोण को होलियोक के दृष्टिकोण से भिन्न मानते थे।

यहाँ इस प्रश्न पर विचार करना आवश्यक है कि क्या वास्तव में ब्रैडलॉफ़ और होलियोक के निरीश्वरवाद संबंधी दृष्टिकोण में कोई मूल अंतर था। इस सिद्धांत के अर्थ और स्वरूप के विषय में इन दोनों विचारकों ने अपना जो मत व्यक्त किया है उसे ध्यान में रखते हुए उपर्युक्त प्रश्न का नकारात्मक उत्तर ही दिया जा सकता है। हम देख चुके हैं कि होलियोक ईश्वर की सत्ता में विश्वास नहीं करते थे, क्योंकि उनके मतानुसार तर्कों या प्रमाणों द्वारा उसके अस्तित्व को सिद्ध करना संभव नहीं है। परंतु निश्चय ही वे यह दावा नहीं करते थे कि ईश्वर की सत्ता नहीं है। कारावास के अधिकारी के साथ उनका जो वार्तालाप हुआ था और जिसका उल्लेख हम ऊपर कर चुके हैं उसमें उन्होंने निरीश्वरवाद के संबंध में अपना यही दृष्टिकोण प्रस्तुत किया था। यहाँ यह उल्लेखनीय है कि ब्रैडलॉफ़ भी इस सिद्धांत के विषय में मूलतः इसी दृष्टिकोण को स्वीकार करते थे। निरीश्वरवाद से संबंधित अपनी प्रमुख दो पुस्तकों–'ए प्ली फ़ॉर एथीइज़्म' तथा 'इज़ देयर ए गॉड?'–में उन्होंने इसका वही अर्थ बताया था जिसका होलियोक पहले ही समर्थन कर चुके थे। इन पुस्तकों में ब्रैडलॉफ़ ने भी स्पष्ट रूप से यह कहा था कि वे ईश्वर के अस्तित्व का निषेध नहीं करते, क्योंकि जिसका स्वरूप ही अस्पष्ट तथा अज्ञात है उसका निषेध करना निरर्थक है। मूलतः इसी आधार पर 'निरीश्वरवाद' शब्द के अर्थ की व्याख्या करते हुए उन्होंने लिखा था : "निरीश्वरवादी यह नहीं कहता कि 'ईश्वर नहीं है', अपितु वह यह कहता है, 'मैं नहीं जानता ईश्वर से आप का क्या तात्पर्य है; मेरे मन में ईश्वर का कोई विचार या प्रत्यय नहीं है। मैं ईश्वर का निषेध नहीं करता, क्योंकि मैं ऐसी वस्तु का निषेध नहीं कर सकता जिसका मेरे मन में प्रत्यय ही नहीं है'।"[49]

निरीश्वरवादी व्यक्ति के विषय में ब्रैडलॉफ़ के उपर्युक्त विचारों से यह पूर्णतः स्पष्ट है कि होलियोक की भाँति वे भी ईश्वर के अस्तित्व को अस्वीकार करने का दावा नहीं करते, अतः यह कहना अनुचित न होगा कि इन दोनों विचारकों ने 'निरीश्वरवादी' तथा 'निरीश्वरवाद' का जो अर्थ बताया है उसमें वस्तुतः कोई मूल अंतर नहीं है। इस समानता के अतिरिक्त होलियोक और ब्रैडलॉफ़ दोनों ही ईश्वर की सत्ता के समर्थन में दी गई परंपरागत युक्तियों–विशेषतः प्रयोजनपरक युक्ति–का समान रूप से खंडन करते

47. होलियोक और ब्रैडलॉफ़, 'सैक्युलरिज़्म, स्कैप्टिसिज़्म ऐंड एथीइज़्म', पृ. 34.
48. ऐडवर्ड रॉयल द्वारा अपनी पुस्तक, 'विक्टोरियन इनफ़िडल्स' से उद्धृत, पृ. 118.
49. चार्ल्स ब्रैडलॉफ़, 'ए प्ली फ़ॉर एथीइज़्म', पृ. 4. 'इज़ देयर ए गॉड', पृ. 1.

हैं। अंततः इन दोनों विचारकों के दर्शन में एक अन्य महत्त्वपूर्ण समानता यह भी है कि ये दोनों मूलतः भौतिकवाद में विश्वास करते हैं और पुद्गल को ही एकमात्र अंतिम सत्ता मानते हैं। इन दोनों दार्शनिकों का मत है कि यह पुद्गल शाश्वत तथा संपूर्ण ब्रह्माण्ड का अंतिम मूल कारण है, अतः इसका कोई रचयिता नहीं है। अभौतिक ईश्वर को इस पुद्गल का कारण या रचयिता मानना नितांत अयुक्तिसंगत है। इस प्रकार निष्कर्ष के रूप में हम यही कह सकते हैं कि होलियोक और ब्रैडलॉफ़ के निरीश्वरवादी दर्शन में कोई आधारभूत भेद नहीं है।

यहाँ इस महत्त्वपूर्ण तथ्य का उल्लेख कर देना आवश्यक है कि ब्रैडलॉफ़ ईश्वरवाद के साथ-साथ अज्ञेयवाद का भी खंडन करते हैं, क्योंकि उनके मतानुसार ये दोनों सिद्धांत निरीश्वरवाद के विरुद्ध हैं। इससे उनका तात्पर्य संभवतः यह है कि ईश्वरवाद तो ईश्वर की सत्ता को पूर्णतः स्वीकार करता ही है, किंतु अज्ञेयवाद भी उसकी सत्ता का निषेध नहीं करता। इसी कारण इन दोनों सिद्धांतों के संबंध में ब्रैडलॉफ़ का कथन है : "ईश्वरवादी का 'ईश्वर' और अज्ञेयवादी का 'अज्ञेय तत्त्व' ये दोनों ही समान रूप से निरीश्वरवादी सिद्धांत के विरुद्ध हैं।"[50] ब्रैडलॉफ़ के इस कथन से यह स्पष्ट है कि वे ईश्वरवाद तथा अज्ञेयवाद दोनों को अस्वीकार करते हुए केवल निरीश्वरवाद का ही समर्थन करते हैं। वस्तुतः भौतिकवादी दार्शनिक होने के कारण वे उस एकतत्त्ववाद में विश्वास करते हैं जिसके अनुसार पुद्गल ही एकमात्र अंतिम सत्ता है। यह एकतत्त्ववाद पुद्गल के रचयिता के रूप में ईश्वर की सत्ता का स्पष्टतः निषेध करता है। हम देख चुके हैं कि ब्रैडलॉफ़ के विचार में अभौतिक ईश्वर को भौतिक पुद्गल का रचयिता मानना तर्क-विरुद्ध होने के कारण निरर्थक है। वे निश्चित रूप से यह मानते हैं कि प्रकृति से परे अथवा उसके बाहर कोई सत्ता नहीं है।[51] इसके अतिरिक्त यदि ईश्वर अपरिभाष्य है अथवा उसका स्वरूप अज्ञात और अज्ञेय है, जैसा कि ईश्वरवादी विचारक मानते हैं, तो हमारे लिए उसकी सत्ता को स्वीकार करने का कोई अर्थ नहीं हो सकता। ब्रैडलॉफ़ का यह कथन वस्तुतः ईश्वरवाद के विरुद्ध उनका एक प्रबल तर्क है जो अन्य अनेक निरीश्वरवादी विचारकों ने भी प्रस्तुत किया है और इसी कारण जिसे इस सिद्धांत के विरुद्ध एक गंभीर आपत्ति के रूप में स्वीकार किया जाता है।

यह सत्य है कि ब्रैडलॉफ़ और होलियोक के निरीश्वरवादी दर्शन में कोई मूल अंतर नहीं है, किंतु ब्रैडलॉफ़ ने निरीश्वरवाद के समर्थन में होलियोक की अपेक्षा अधिक प्रबल तथा विश्वसनीय तर्क दिए हैं। होलियोक मुख्यतः उन परंपरागत युक्तियों का खंडन करते हैं जो ईश्वरवादी विचारक ईश्वर के अस्तित्व को प्रमाणित करने के लिए देते रहे हैं। परंतु ब्रैडलॉफ़ ने इन युक्तियों का खंडन करने के साथ-साथ उन असंगतियों तथा अंतर्विरोधों को भी स्पष्ट किया है जो ईश्वरवाद में अनिवार्यतः पाए जाते हैं और जिनके आधार पर इस सिद्धांत को अयुक्तिसंगत एवं मिथ्या प्रमाणित किया जा सकता है। उदाहरणार्थ, उनका कथन है कि ईश्वरवादी विचारक ईश्वर में जिन गुणों को

50. चार्ल्स ब्रैडलॉफ़, 'इज़ देयर ए गॉड?', पृ. 7.

51. देखिए, वही पुस्तक, पृ. 3.

आरोपित करते हैं उनके कारण ईश्वर की अवधारणा असंगत और स्वतोव्याघातपूर्ण हो जाती है। इसका अनिवार्य परिणाम यही होता है कि हमारे लिए ईश्वर की ऐसी स्वतोव्याघातपूर्ण अवधारणा का अर्थ समझना असंभव हो जाता है और हम सार्थक रूप से 'ईश्वर' शब्द का प्रयोग नहीं कर पाते।

ईश्वरवाद के विरुद्ध अपने उपर्युक्त तर्क को ब्रैडलॉफ़ ने कुछ उदाहरणों द्वारा इस प्रकार स्पष्ट किया है। उनका कथन है कि ईश्वरवादी दार्शनिक एक ओर तो ईश्वर को अभौतिक तथा अशरीरी सत्ता मानते हैं और दूसरी ओर वे उसमें व्यक्तित्व, बुद्धिमत्ता, प्रेम, करुणा आदि मानवीय गुणों को भी आरोपित करते हैं जो केवल शरीरवान मनुष्यों में ही पाए जा सकते हैं। हम ऐसी किसी सत्ता की कल्पना भी नहीं कर सकते जो शरीररहित हो और जिसमें ये सब अथवा अन्य मानवीय गुण विद्यमान हों। हम अपने अनुभव द्वारा यही जानते हैं कि ये गुण केवल शरीरवान मनुष्यों में पाए जाते हैं जो अनिवार्यतः सीमित प्राणी होते हैं, किंतु ईश्वरवादी विचारक ईश्वर को असीम और शाश्वत मानते हैं। मानवीय गुणों से परिपूर्ण ऐसे असीम तथा शाश्वत अशरीरी ईश्वर की कल्पना निश्चय ही हमारे अनुभव से परे है।

ईश्वर में आरोपित उपर्युक्त मानवीय गुणों के अंतर्विरोध के अतिरिक्त ब्रैडलॉफ़ ने तर्कतः यह भी प्रमाणित किया है कि ईश्वर की अपरिवर्तनशीलता और उसके द्वारा की जानेवाली विश्व-रचना की क्रिया में भी गंभीर स्वतोव्याघात विद्यमान है। ईश्वरवादी दार्शनिक ईश्वर को एक ओर तो अपरिवर्तनशील मानते हैं और दूसरी ओर वे उसे विश्व-रचयिता के रूप में भी स्वीकार करते हैं। ब्रैडलॉफ़ का मत है कि इन दोनों परस्पर विरोधी मान्यताओं को एक ही साथ स्वीकार करने के कारण इन दार्शनिकों की ईश्वर विषयक अवधारणा में अनिवार्यतः स्वतोव्याघात उत्पन्न हो जाता है जो इस अवधारणा को हमारे लिए निरर्थक और अबोधगम्य बना देता है। अपने इस मत की व्याख्या करते हुए उन्होंने कहा है कि यदि ईश्वर अपरिवर्तनशील है तो वह रचयिता नहीं हो सकता और यदि वह रचयिता है तो वह अपरिवर्तनशील नहीं हो सकता। इसका कारण यह है कि जब कोई रचयिता किसी वस्तु की रचना करता है तो उसके स्वरूप में अनिवार्यतः परिवर्तन होता है। किसी वस्तु की रचना करने से पूर्व रचयिता में उसकी इच्छा की उत्पत्ति और उस इच्छा को कार्यान्वित करने का प्रयास अनिवार्य हैं जिनके परिणामस्वरूप रचना संभव होती है। इसका अर्थ यह है कि किसी वस्तु की रचना करते समय और उसके पश्चात रचयिता का स्वरूप वैसा नहीं रह जाता जैसा पहले था; उसके स्वरूप में परिवर्तन अवश्य होता है। यह नियम उस ईश्वर पर भी अनिवार्यतः लागू होता है जिसे विश्व का रचयिता माना जाता है, अतः वह अपरिवर्तनशील और विश्व-रचयिता एक साथ नहीं हो सकता। परंतु ईश्वरवादी विचारक ईश्वर को अपरिवर्तनशील तथा विश्व-रचयिता एक ही साथ मानकर अपने सिद्धांत में असंगति अथवा स्वतोव्याघात उत्पन्न कर देते हैं जिसके कारण उनकी ईश्वर विषयक अवधारणा निरर्थक और अबोधगम्य हो जाती है।

इसी प्रकार, ब्रैडलॉफ़ के मतानुसार, ईश्वर को असीम तथा व्यक्तित्वसंपन्न मानना भी असंगत और स्वतोव्याघातपूर्ण है, क्योंकि प्रत्येक व्यक्तित्वसंपन्न प्राणी अनिवार्यतः

सीमित होता है। ऐसी स्थिति में 'व्यक्तित्वपूर्ण असीम ईश्वर' की बात करना असंगत और अंतर्विरोधयुक्त है।[52] संक्षेप में ब्रैडलॉफ ने ईश्वरवाद में उपर्युक्त असंगतियाँ अथवा अंतर्विरोध दिखाकर यह प्रमाणित किया है कि यह सिद्धांत तार्किक दृष्टि से दोषपूर्ण है, अतः इसका तर्कतः समर्थन करना संभव नहीं है।

हम देख चुके हैं कि होलियोक और ब्रैडलॉफ़ दोनों ही इहलोकवाद अथवा धर्मनिरपेक्षवाद में विश्वास करते थे, किंतु निरीश्वरवाद के साथ इस सिद्धांत के संबंध के विषय में इन दोनों विचारकों में कुछ मतभेद था। होलियोक यह मानते थे कि इहलोकवाद ईश्वरवाद तथा निरीश्वरवाद इन दोनों से भिन्न सिद्धांत है, क्योंकि उसका इनके साथ कोई अनिवार्य संबंध नहीं है। इहलोकवाद में विश्वास करनेवाला व्यक्ति न ईश्वरवादी होता है और न निरीश्वरवादी। वह ईश्वरवाद तथा निरीश्वरवाद के जटिल एवं अनावश्यक विवाद में उलझे बिना ही इस संसार की समस्याओं को समझने और उनका समाधान करने का प्रयास करता है जिसके लिए वह अपने अनुभव, तर्क एवं विज्ञान की सहायता लेता है। इसी कारण होलियोक यह कहते थे कि इहलोकवादी का निरीश्वरवादी होना अनिवार्य नहीं है। परंतु ब्रैडलॉफ को होलियोक द्वारा की गई इहलोकवाद की यह व्याख्या स्वीकार्य नहीं थी। उनका निश्चित मत था कि इहलोकवाद और निरीश्वरवाद परस्पर अनिवार्यतः संबद्ध हैं, अतः इहलोकवादी का निरीश्वरवादी होना अनिवार्य है। अपने इस मत के समर्थन में वे यह तर्क देते थे कि इहलोकवादी निश्चय ही ईश्वर की सत्ता में विश्वास नहीं कर सकता जिसका अर्थ यह है कि उसके लिए निरीश्वरवाद को स्वीकार करना आवश्यक है। वह ईश्वरवाद तथा निरीश्वरवाद में होनेवाले विवाद से अलग नहीं रह सकता, क्योंकि ईश्वरवाद का निषेध और निरीश्वरवाद का समर्थन इहलोकवाद को स्वीकार करने की अनिवार्य शर्त है।

होलियोक तथा ब्रैडलॉफ़ ने इहलोकवाद के साथ निरीश्वरवाद के संबंध के विषय में उपर्युक्त विचार एक वाद-विवाद में प्रस्तुत किए थे जो इन दोनों विचारकों में 1870 में हुआ था और जिसे 'सैक्युलरिज़्म, स्कैप्टिसिज़्म ऐंड एथीइज़्म' नामक पुस्तक में शब्दशः प्रकाशित किया गया था। इस पुस्तक में इन दोनों विचारकों ने अपने-अपने ढंग से इहलोकवाद की विस्तारपूर्वक व्याख्या की है जिसका मुख्य उद्देश्य निरीश्वरवाद के साथ इस सिद्धांत के संबंध को स्पष्ट करना है। यहाँ इन दोनों सिद्धांतों के पारस्परिक संबंध के विषय में ब्रैडलॉफ़ के कुछ विचार प्रस्तुत किए जाएँगे जिनमें होलियोक का मत भी सम्मिलित किया गया है। इहलोकवाद के लिए निरीश्वरवाद की अनिवार्यता के समर्थन में अपने तर्क देते हुए ब्रैडलॉफ़ ने लिखा है : "होलियोक कहते हैं कि यह एक भ्रांति है कि इहलोकवाद में निरीश्वरवाद समाविष्ट है। वे कहते हैं कि इहलोकवाद का आधार ईश्वरवाद और निरीश्वरवाद दोनों से समान रूप से स्वतंत्र है। जो मत वे स्वयं स्वीकार करना चाहते हैं वह यह है कि इहलोकवाद के नियमों में निरीश्वरवाद सम्मिलित नहीं है। मैं निश्चय ही निरीश्वरवादी हूँ। . . . मुझे ऐसा कोई आधार दिखाई नहीं देता जिसे ईश्वरवाद और निरीश्वरवाद से स्वतंत्र समझा जा सके। यदि ईश्वरवाद

52. देखिए, वही पुस्तक, पृ. 5.

कोई दावा करता है तो वह यह है कि ईश्वरवाद सर्वत्र व्याप्त है। मैं नहीं जानता कि आप उससे बाहर कोई आधार कैसे खोज सकते हैं। ईश्वरवादी यह दावा करता है कि ऐसा कोई विचार, या विचार का ऐसा कोई पक्ष, नहीं है जो ईश्वर द्वारा निर्धारित न हो। इहलोकवाद की ओर अग्रसर होने से पूर्व आप को ईश्वरवाद की इस आधारभूत मान्यता को चुनौती देनी होगी। . . . मैं समझता हूँ होलियोक के अनुसार निरीश्वरवाद का अर्थ केवल ईश्वर में ही नहीं, अपितु नैतिकता में भी अविश्वास करना है। . . . यदि यह सत्य है तो होलियोक बिल्कुल ठीक कहते हैं कि इहलोकवाद के नियमों में निरीश्वरवाद सम्मिलित नहीं हो सकता, क्योंकि उनमें निश्चय ही ऐसा कोई सिद्धांत समाविष्ट नहीं हो सकता जो नैतिकता को अस्वीकार करता हो। परंतु मैं यह नहीं मानता कि संसार में कभी भी निरीश्वरवाद का यह अर्थ था। मैं यह नहीं मानता कि इसका समर्थन करनेवाले महानतम विचारकों ने कभी भी इसका यह अर्थ स्वीकार किया था। . . . अंधविश्वास पर अपने प्रसिद्ध निबंध में बेकन निरीश्वरवादी व्यक्ति को अन्य बहुत-से मनुष्यों की अपेक्षा कहीं अधिक नैतिक बताते हैं। . . . 'निरीश्वरवादी' शब्द का अर्थ ईश्वर को अस्वीकार करना अवश्य है, किंतु इसका अर्थ नैतिकता को अस्वीकार करना नहीं है। . . . इहलोकवाद के लिए मार्ग प्रशस्त करने के उद्देश्य से मैं ईश्वरवाद को नष्ट करना अपना कर्तव्य समझता हूँ। . . . आस्था के साम्राज्य को स्वीकार करना इहलोकवादी असंभव समझता है; वह ईश्वर में विश्वास करना असंभव मानता है; वह धर्म में विश्वास करना असंभव समझता है। ईश्वर में विश्वास को असंभव मानने और निरीश्वरवादी होने में क्या अंतर है? . . . जैसा कि होलियोक ने इहलोकवाद की अपनी समुचित व्याख्या में स्पष्ट किया था, यह मनुष्यों को शिक्षा देता है 'शारीरिक नियमों की जिन पर स्वास्थ्य निर्भर है; नैतिक नियमों की जिन पर सुख या आनंद निर्भर है; बौद्धिक नियमों की जिन पर ज्ञान आधारित है; सामाजिक तथा राजनीतिक नियमों की जिन पर भौतिक समृद्धि एवं उन्नति निर्भर है; आर्थिक नियमों की जिन पर धन-संपत्ति निर्भर है।' अब यह शिक्षा देने के लिए आप को इस धर्मशास्त्रीय सिद्धांत को चुनौती देनी होगी कि ईश्वर स्वास्थ्य का नियमन करता है। . . . वस्तुतः इहलोकवादी होने से पहले—अर्थात्, होलियोक के मत को स्वीकार करने से पहले—आप को संपूर्ण अलौकिक मार्गदर्शन का निषेध करना होगा, संपूर्ण ईश्वरीय नियंत्रण का निषेध करना होगा, और यदि ऐसा करना वास्तविक अर्थ में निरीश्वरवादी होना नहीं है तो आप इसे कुछ भी कहें, मैं यह स्वीकार करता हूँ कि मुझे अभी शब्दों का अर्थ सीखना है। . . . यद्यपि यह बात पूर्णतः सत्य हो सकती है कि इस समय वे सब मनुष्य, जो इहलोकवादी हैं, अभी तक निरीश्वरवादी नहीं हैं, फिर भी मैं आप से कहता हूँ कि यह भी पूर्णतः सत्य है कि मेरे विचार में इहलोकवाद को स्वीकार करने का तार्किक परिणाम अनिवार्यतः यही है कि यदि मनुष्य में समझने और विचार करने की क्षमता है तो वह निरीश्वरवाद तक पहुँचेगा।"[53]

53. चार्ल्स ब्रैडलॉफ़, गार्डन स्टीन द्वारा संपादित पुस्तक, 'ए सैकेंड ऐन्थ्योलॉजी ऑफ़ एथीइज़्म ऐंड रैशनलिज़्म' से उद्धृत, पृ. 353-356.

उपर्युक्त विस्तृत उद्धरण से यह स्पष्ट है कि ब्रैडलॉफ़ के अनुसार निरीश्वरवाद इहलोकवाद के लिए अनिवार्य है और इस सिद्धांत का अनैतिकता से कोई संबंध नहीं है। वस्तुतः उनका यह मत उचित है, क्योंकि, जैसा कि हम पहले ही बता चुके हैं, इहलोकवाद में ईश्वरवाद के लिए कोई स्थान नहीं है और ईश्वरवाद का निषेध ही निरीश्वरवाद है जिसका अनैतिकता या अनैतिक आचरण से कोई संबंध नहीं है।

6. बुचनर और हैकल

इस अध्याय में अभी तक जिन निरीश्वरवादी विचारकों के सिद्धांतों की विवेचना की गई है उनके अतिरिक्त उन्नीसवीं शताब्दी में जर्मनी के कुछ भौतिकवादी विचारकों ने भी निरीश्वरवाद का पूर्णतः समर्थन किया था। इन विचारकों में बुचनर और हैकल के नाम विशेष रूप से उल्लेखनीय हैं जिनके मत पर यहाँ संक्षेप में विचार किया जाएगा। परंतु इन विचारकों के निरीश्वरवादी सिद्धांतों का विवेचन करने से पूर्व यहाँ यह स्पष्ट कर देना आवश्यक है कि उन्नीसवीं शताब्दी में जर्मनी में भौतिकवादी विचारधारा का उदय हेगेल और उनके अनुयायियों के अध्यात्मवादी तथा प्रत्ययवादी दर्शन के विरुद्ध प्रतिक्रिया के फलस्वरूप हुआ था। इस दार्शनिक प्रतिक्रिया के अतिरिक्त सत्रहवीं और अठारहवीं शताब्दी में द्रुत गति से विज्ञान का जो विकास हुआ उसने भी इस भौतिकवादी विचारधारा को विशेष रूप से प्रश्रय दिया। पूर्ववर्णित फ़ायरबॉक की भाँति बुचनर तथा हैकल भी जर्मनी की इस भौतिकवादी विचारधारा के प्रमुख प्रतिनिधि दार्शनिक थे।

फ्रैड्रिक कार्ल क्रिश्चियन लुडविग बुचनर (1824-1899) जर्मनी के उन मुख्य दार्शनिकों में से एक थे जिन्होंने भौतिकवाद और निरीश्वरवाद के विकास में अपना महत्त्वपूर्ण योगदान किया था। ला मैत्री के समान वे भी चिकित्सक थे और कुछ समय तक उन्होंने जर्मनी के टुबिंगन विश्वविद्यालय में चिकित्साशास्त्र के शिक्षक का कार्य भी किया था, किंतु चिकित्सक होते हुए भी दर्शनशास्त्र में उनकी विशेष रुचि थी। हेगल तथा अन्य अध्यात्मवादी दार्शनिकों के विपरीत बुचनर भौतिकवाद में विश्वास करते थे जिसके आधार पर उन्होंने जीवन और जगत् की व्याख्या की थी। भौतिकवाद के संबंध में उनकी प्रसिद्ध पुस्तक, 'फ़ोर्स ऐंड मैटर' 1855 में प्रकाशित हुई थी जिसके कारण उन्हें चिकित्साशास्त्र के शिक्षक के पद से हटा दिया गया था। अपनी इस पुस्तक में भौतिकवादी एकतत्त्ववाद का समर्थन करते हुए उन्होंने यह सिद्ध किया था कि संपूर्ण ब्रह्माण्ड के मूल में एक ही अंतिम सत्ता है जिसे 'पुद्गल' अथवा 'शक्ति' की संज्ञा दी जा सकती है और जो शाश्वत या अनश्वर है। वे निश्चित रूप से यह मानते थे कि पुद्गल मैटर और शक्ति फ़ोर्स में कोई मूल भेद नहीं है; ये दोनों शब्द एक ही भौतिक मूल तत्त्व या सत्ता का बोध कराते हैं। अपने इस भौतिक एकतत्त्ववाद के अनुसार बुचनर मनस् के स्वतंत्र अस्तित्व को अस्वीकार करते हुए उसे मस्तिष्क पर ही पूर्णतः निर्भर मानते थे। उनका विचार था कि मनस् से संबंधित समस्त क्षमताएँ और क्रियाएँ मस्तिष्क के आकार द्वारा निर्धारित होती हैं, अतः मस्तिष्क से पृथक् मनस् का अपना कोई अस्तित्व नहीं है। हमारे ज्ञान का मूल स्रोत अनुभव है जिसके द्वारा हम प्रकृति के स्वरूप और उसके नियमों को जान सकते हैं।

बुचनर के अनुसार प्रकृति के विषय में हमारे अनुसंधान का एकमात्र उद्देश्य सत्य को जानना ही है–फिर चाहे यह सत्य कितना ही अप्रिय क्यों न हो। अपने इसी मत की व्याख्या करते हुए उन्होंने लिखा है : "यदि दर्शनशास्त्र के विरुद्ध यह आपत्ति की जाती है कि वह मनुष्य को संशय तथा अनिश्चितता में डाल देता है जबकि धर्म आस्था द्वारा उसे सुदृढ़ आधार प्रदान करता है तो हमारा उत्तर यह है कि काल्पनिक स्वप्नों के साथ चिपके रहने की अपेक्षा अपने अनुभव की सीमा में रहते हुए हमारे लिए अपनी अनभिज्ञता को स्वीकार कर लेना अधिक अच्छा है।"[54] बुचनर के इन विचारों से यह स्पष्ट है कि सत्य के अनुसंधान के प्रति वे कितनी अधिक निष्ठा रखते थे।

यहाँ यह उल्लेखनीय है कि धर्म तथा ईश्वर के संबंध में बुचनर के विचारों पर डार्विन के विकासवाद का पर्याप्त प्रभाव पड़ा था। 1859 में प्रकाशित डार्विन की पुस्तक, 'ऑन दि ओरिजिन ऑफ़ स्पीशीज़' पढ़ने के पश्चात उन्होंने कहा था कि डार्विन के विकासवादी सिद्धांत ने जीवन की उत्पत्ति और मनुष्य के आविर्भाव से संबंधित अनेक जटिल समस्याओं का समाधान कर दिया है। उन्होंने अपनी पुस्तक, 'फ़ोर्स ऐंड मैटर' के आगामी संस्करणों में इस सिद्धांत का पूर्ण रूप से समर्थन किया था। इसका कारण यह था कि बुचनर के अनुसार डार्विन का विकासवाद मूलतः भौतिकवादी विचारधारा की पुष्टि करता है। वे यह मानते थे कि इस सिद्धांत ने भौतिक तत्त्वों से जीवन की उत्पत्ति को वैज्ञानिक विधि द्वारा सिद्ध कर दिया है। इसके अतिरिक्त विकासवाद द्वारा उस प्रयोजनपरक युक्ति का भी खंडन हुआ है जिसे ईश्वर की सत्ता के समर्थन में एक प्रबल युक्ति माना जाता था। इसी प्रकार, बुचनर के विचार में विकासवाद ने ईश्वरवादियों के विश्व-रचना संबंधी सिद्धांत को भी मिथ्या प्रमाणित कर दिया है। विकासवाद की इन्हीं आधारभूत मान्यताओं को स्वीकार करते हुए उन्होंने कहा था कि विश्व की उत्पत्ति का मूल कारण ईश्वर नहीं, अपितु प्राकृतिक नियमों के अनुसार पुद्गल का विकास है। जीवन की उत्पत्ति अनुकूल परिस्थितियों के परिणामस्वरूप भौतिक तत्त्वों के संयोग से ही हुई है। यही बात चेतना के विषय में भी कही जा सकती है जो प्रत्येक प्राणी के शरीर पर निर्भर है और इसी कारण जो शरीर के साथ ही नष्ट हो जाती है। इस प्रकार बुचनर ईश्वर की सत्ता के साथ-साथ आत्मा की अमरता का भी निषेध करते हैं। उनका विश्वास है कि काल्पनिक चमत्कारों के स्थान पर केवल प्राकृतिक नियमों द्वारा ही समस्त घटनाओं की व्याख्या की जा सकती है जिन्हें विज्ञान मान्यता देता है।

वस्तुतः बुचनर के उपर्युक्त नवीन और परंपरा-विरोधी विचारों के कारण उनकी पूर्वोल्लिखत पुस्तक, 'फ़ोर्स ऐंड मैटर' स्वतंत्र विचारकों में बहुत लोकप्रिय हो गई थी। 1855 में प्रकाशित होने के पश्चात इसके इक्कीस संस्करण प्रकाशित हुए थे और बहुत-सी भाषाओं में इसका अनुवाद भी किया गया था। अपनी इस पुस्तक में बुचनर ने जो नवीन विचार प्रस्तुत किए थे उनकी पुष्टि बाद में होनेवाले वैज्ञानिक अनुसंधानों

54. लुडविग बुचनर, 'फ़ोर्स ऐंड मैटर', के नौवें संस्करण की प्रस्तावना.

द्वारा भी हुई थी। इसकी मुख्य विशेषता यह थी कि इसमें उन्होंने ईश्वर विषयक विश्वास के साथ-साथ धार्मिक विश्वासों और तथाकथित रहस्यात्मक अलौकिक अनुभवों का भी खंडन किया था। इसी कारण यूरोपीय स्वतंत्र बौद्धिक चिंतन संबंधी आंदोलन के प्रसिद्ध इतिहासकार, जे.एम. रॉबर्टसन ने इस पुस्तक को 'रहस्यवाद-विरोधी पुस्तक' की संज्ञा दी थी। इस प्रकार बुचनर की उपर्युक्त पुस्तक लगभग पचास वर्षों तक लोकप्रिय रही और इसने संसार के बहुत-से विचारकों को प्रभावित किया।

बुचनर की भाँति अर्न्स्ट हैकल (1834-1919) भी भौतिकवाद तथा निरीश्वरवाद का पूर्णतः समर्थन करते थे। उन्होंने अपने विद्यार्थी-जीवन में विज्ञान की शिक्षा प्राप्त की थी और वे अपने समय में जर्मनी के प्रमुख वैज्ञानिकों में से एक थे। विज्ञान के विभिन्न क्षेत्रों में कार्य करते हुए उन्होंने अनेक पुस्तकें भी लिखी थीं जिन्हें पर्याप्त महत्त्व दिया जाता था। परंतु विज्ञान के साथ-साथ दर्शनशास्त्र में भी हैकल की विशेष रुचि थी और भौतिकवादी तथा निरीश्वरवादी दार्शनिक के रूप में उन्होंने इस क्षेत्र में भी महत्त्वपूर्ण कार्य किया था। बुचनर के समान वे भी पुद्गल को एकमात्र अंतिम सत्ता मानते हुए भौतिकवादी एकतत्त्ववाद में विश्वास करते थे। उनका विचार था कि जीवन की उत्पत्ति तथा विकास और समस्त घटनाओं एवं क्रियाओं की व्याख्या इसी सिद्धांत के अनुसार की जा सकती है। वे भी मनस् को शरीर से पृथक् एवं स्वतंत्र न मानकर उस पर पूर्णतः निर्भर अथवा उसका गुण मानते थे। अपने भौतिकवादी सिद्धांत के अनुरूप हैकल ने भी ईश्वर के अस्तित्व तथा आत्मा की सत्ता और अमरता का खंडन किया था। 1866 में प्रकाशित अपनी एक प्रमुख पुस्तक 'जनरल मॉर्फ़ालॉजी' में उन्होंने जीवन और जगत् के विषय में अपने भौतिकवादी विचार प्रस्तुत किए थे। उनकी यह पुस्तक इतनी अधिक लोकप्रिय हुई कि लगभग तीस वर्षों तक स्वतंत्र विचारकों के लिए इसका विशेष महत्त्व बना रहा। इस पुस्तक में हैकल ने भौतिक तत्त्वों के संयोग से जीवन की उत्पत्ति तथा पेड़-पौधों और मनुष्य सहित अन्य प्राणियों के विकास की विवेचना की थी। जैसा कि इस अध्याय के तीसरे खंड में डार्विन के विकासवादी सिद्धांत की व्याख्या करते हुए हम पहले ही बता चुके हैं, वे इस सिद्धांत के प्रबल समर्थक थे, अतः उनकी इस विवेचना पर डार्विन के विकासवाद का प्रभाव स्पष्ट रूप से दिखाई देता है।

वस्तुतः इस विकासवादी सिद्धांत से प्रभावित होकर हैकल ने ईसाई धर्म के सिद्धांतों में विश्वास करना छोड़ दिया था। वे 'बाइबल' की कहानियों पर जितना अधिक विचार करते थे ये कहानियाँ उन्हें उतनी ही काल्पनिक और अविश्वसनीय प्रतीत होती थीं। अंततः धर्म तथा ईश्वर में उनका विश्वास पूर्णतः समाप्त हो गया और उन्होंने अपने आप को 'निरीश्वरवादी' घोषित कर दिया। निरीश्वरवाद तथा विकासवाद के प्रति उनका यह विश्वास इतना अधिक दृढ़ था कि वे किसी के द्वारा इसका दमन असंभव मानते थे। इस प्रकार हैकल युवावस्था में ही डार्विन के विकासवाद से प्रभावित होने के कारण प्रचलित धार्मिक विश्वासों के बंधन से मुक्त हो गए थे और उन्होंने निरीश्वरवाद को पूर्णतः स्वीकार कर लिया था।

अपने भौतिकवादी सिद्धांत के अनुसार विश्व की उत्पत्ति तथा कुछ अन्य महत्त्वपूर्ण विषयों की व्याख्या करने के लिए हैकल ने एक और पुस्तक भी लिखी थी जिसका

शीर्षक था 'दि रिडल ऑफ़ दि यूनिवर्स'। उनकी यह पुस्तक 1899 में प्रकाशित हुई थी। इस पुस्तक में उन्होंने ईश्वर, आत्मा, विश्व आदि महान विषयों से संबंधित अपने वैज्ञानिक विचार प्रस्तुत किए थे जो उनके भौतिकवादी सिद्धांत के अनुरूप थे और जिनका बीसवीं शताब्दी के कुछ विचारकों पर प्रभाव पड़ा था। अपने मूल सिद्धांत, भौतिकवादी एकतत्त्ववाद के अनुसार इस पुस्तक में उन्होंने यह सिद्ध किया था कि प्रकृति के समस्त तत्त्वों के मूल में एक ही सत्ता विद्यमान है और वह है अनश्वर, अनंत एवं शाश्वत पुद्गल। हैकल यह मानते थे कि इस ब्रह्माण्ड का कोई रचयिता नहीं है और इसमें किसी प्रकार की नैतिक व्यवस्था भी नहीं है। इसके अतिरिक्त उनके अनुसार ईश्वर या कोई अन्य ऐसी अति-प्राकृतिक सत्ता भी नहीं है जो ब्रह्माण्ड का संचालन तथा नियमन करती हो। यह समझना कठिन नहीं है कि उनकी ये मान्यताएँ ईश्वरवाद का स्पष्टतः निषेध करती हैं जिससे उनके निरीश्वरवाद की पुष्टि होती है। ईश्वर की सत्ता के निषेध के साथ-साथ हैकल ने विश्व की उत्पत्ति से संबंधित अपनी उपर्युक्त पुस्तक में शरीर से पृथक् एवं स्वतंत्र आत्मा के अस्तित्व और उसकी अमरता का भी खंडन किया था। उनका विचार था कि मस्तिष्क की शक्तियों तथा क्रियाओं का सामूहिक नाम ही 'आत्मा' है जो शरीर के साथ ही नष्ट हो जाती है। ऐसी स्थिति में आत्मा की अमरता में विश्वास करने का कोई तर्कसंगत आधार नहीं है। विकासवादी सिद्धांत के अनुसार भौतिक तत्त्वों से जीन की उत्पत्ति तथा पेड़-पौधों और मानव सहित समस्त प्राणियों के विकास की प्रकृतिवादी व्याख्या की जा सकती है। इस प्रकार हैकल ने अपनी दूसरी पुस्तक में भी वही भौतिकवादी सिद्धांत प्रस्तुत किया है जिसका प्रतिपादन उन्होंने प्रथम पुस्तक में किया था।

यहाँ यह उल्लेखनीय है कि हैकल केवल वैज्ञानिक तथा सैद्धांतिक दार्शनिक ही नहीं थे, अपितु वे समाज में प्रचलित अंधविश्वासों का निराकरण करने और नवीन वैज्ञानिक विचारों का प्रचार करने के लिए व्यावहारिक दृष्टि से प्रयास भी करते थे। उन्होंने अपने सार्वजनिक भाषणों द्वारा जनता के समक्ष बड़े साहसपूर्वक अपने भौतिकवादी तथा निरीश्वरवादी विचारों को प्रस्तुत किया था। कार्ल बेकर के शब्दों में : "हैकल साहसपूर्वक जनता में वह सब कुछ कह देते थे जो बहुत-से मनुष्य सोचने का भी साहस नहीं करते थे। . . . हैकल ने किसी अज्ञात अति-प्राकृतिक सिद्धांत अथवा ईश्वर की सहायता के बिना ही प्राकृतिक और पूर्णतः वैज्ञानिक विधि द्वारा जीवन की उत्पत्ति की व्याख्या की थी। यह कहने की आवश्यकता नहीं है कि इसके कारण ईसाई धर्म की संस्थाओं को वैसा ही भारी आघात पहुँचा था जैसा उन्होंने कॉपरनिकस तथा गैलीलियो के कारण अनुभव किया था।"[55] कार्ल बेकर के इस उद्धरण से यह स्पष्ट है कि हैकल के क्रांतिकारी सार्वजनिक भाषणों के फलस्वरूप ईसाई धर्मगुरु उनसे बहुत रुष्ट रहते थे। वस्तुतः उनका यह रोष स्वाभाविक ही था, क्योंकि हैकल उनके ईश्वरीय चमत्कारों तथा 'बाइबल' में लिखे धार्मिक सिद्धांतों की अकाट्य सत्यता से संबंधित दावे को खुली चुनौती देते थे। इतना ही नहीं, वे राज्य से धर्म की पृथक्ता को स्वीकार करके होलियोक तथा ब्रैडलॉफ के इहलोकवाद

55. कार्ल वेकर, 'हैकल', 'दि ऐन्साइक्लोपीडिया ऑफ़ अनबिलीफ़', संपादक, गॉर्डन स्टीन, पृ. 306.

अथवा धर्मनिरपेक्षवाद का भी पूर्णतः समर्थन करते थे। इस सिद्धांत और भौतिकवादी एकतत्त्ववाद का प्रचार करने के लिए 1906 में जिस एकतत्त्ववादी संघ का निर्माण किया गया था उसके प्रथम अध्यक्ष हैकल ही थे। 1933 में जर्मनी की सरकार द्वारा भंग किए जाने से पूर्व यह संघ उपर्युक्त उद्देश्य की पूर्ति के लिए सफलतापूर्वक कार्य करता रहा। इस प्रकार निष्कर्ष के रूप में हम यह कह सकते हैं कि होलियोक तथा ब्रैडलॉफ़ के समान हैकल भी केवल सैद्धांतिक दार्शनिक न होकर महान समाज-सुधारक भी थे जो वैज्ञानिक उपायों द्वारा समाज में क्रांतिकारी परिवर्तन करना चाहते थे।

बुचनर तथा हैकल की भाँति उन्नीसवीं शताब्दी में डेविड फ्रैड्रिक स्ट्रॉस, जॉर्ज ग्रोट, रिचर्ड कार्लायल, रॉबर्ट ग्रीन इंगरसोल आदि अन्य बहुत-से विचारकों ने भी निरीश्वरवादी विचारधारा का समर्थन किया था, किंतु यहाँ स्थानाभाव के कारण इन सभी विचारकों के मत को प्रस्तुत करना संभव नहीं है। इसके अतिरिक्त इन विचारकों ने निरीश्वरवाद के समर्थन में ऐसे कोई नवीन तथा मौलिक तर्क भी नहीं दिए हैं जो इनके पूर्ववर्ती निरीश्वरवादी विचारकों द्वारा न दिए गए हों। ये विचारक लगभग उन्हीं तर्कों के आधार पर निरीश्वरवाद की पुष्टि करते हैं जो इनसे पूर्व भारतीय तथा पाश्चात्य निरीश्वरवादी दार्शनिक प्रस्तुत कर चुके थे। इसी कारण पुनरुक्ति से बचने के लिए यहाँ इन विचारकों के निरीश्वरवादी सिद्धांतों की पृथक् विवेचना नहीं की जा रही है। परंतु प्रस्तुत अध्याय को समाप्त करने से पूर्व यहाँ इस तथ्य का उल्लेख कर देना आवश्यक है कि उन्नीसवीं शताब्दी के उपर्युक्त सभी विचारकों ने अपने प्रबल एवं प्रभावशाली तर्कों द्वारा पाश्चात्य दर्शन में निरीश्वरवाद के विकास तथा प्रसार में अपना महत्त्वपूर्ण योगदान किया था।

अध्याय-13

बीसवीं शताब्दी के कुछ प्रमुख निरीश्वरवादी विचारक

1. पृष्ठभूमि–मूर और मैक्टागार्ट

प्राचीन यूनानी दर्शन के उपरांत आधुनिक पाश्चात्य दर्शन में पुनर्जागरण-काल से निरीश्वरवादी विचारधारा का जो विकास प्रारंभ हुआ था उसकी गति में अठारहवीं तथा उन्नीसवीं शताब्दी में अधिक तीव्रता आई और उसके क्षेत्र का भी अधिक विस्तार हुआ। पिछले दो अध्यायों में हम देख चुके हैं कि अठारहवीं और उन्नीसवीं शताब्दी के बहुत-से विचारकों ने निरीश्वरवाद के इस विकास में महत्त्वपूर्ण योगदान किया था। इन सब विचारकों की भाँति बीसवीं शताब्दी के अनेक विचारकों ने भी निरीश्वरवादी विचारधारा के विकास में कुछ नए आयाम जोड़े जिनके कारण इस विचारधारा में अधिक गहराई आई और तार्किक दृष्टि से भी इसकी अधिक पुष्टि हुई। निरीश्वरवाद के ये नए आयाम मनोविश्लेषणवाद, तर्कीय प्रत्यक्षवाद, भाषा-विश्लेषण-सिद्धांत और अस्तित्ववाद में स्पष्टतः देखे जा सकते हैं। इन सभी सिद्धांतों के अनेक महान विचारकों ने अपनी-अपनी विचारधारा के आधार पर निरीश्वरवाद का प्रबल समर्थन किया है। मनोविज्ञान तथा दर्शन के भिन्न-भिन्न क्षेत्रों में कार्य करते हुए भी ये विचारक निरीश्वरवाद को स्वीकार करने में परस्पर पूर्णतः सहमत हैं। इन विचारकों में सिगमन्ड फ्रॉयड, ए.जे. एयर, ऐन्टोनी फ़्ल्यू, काई नीलसन, जॉर्ज स्मिथ, जे.पी. सार्त्र तथा बर्ट्रेंड रसल के नाम विशेष रूप से उल्लेखनीय हैं। प्रस्तुत अध्याय में बीसवीं शताब्दी के इन सभी विचारकों के निरीश्वरवादी सिद्धांतों की सविस्तार विवेचना की जाएगी। परंतु इन विचारकों के सिद्धांतों पर विचार करने से पूर्व यहाँ बीसवीं शताब्दी के कुछ ऐसे दार्शनिकों के मत का उल्लेख कर देना आवश्यक प्रतीत होता है जिन्हें सामान्यतः प्रमुख निरीश्वरवादी विचारक तो नहीं माना जाता किंतु जिन्होंने अपने ईश्वर-विरोधी विचारों द्वारा बीसवीं शताब्दी के प्रथम चरण में निरीश्वरवाद के लिए आधारभूमि

तैयार कर दी थी। ये दार्शनिक हैं जी.ई. मूर और जे.ई. मैक्टागार्ट जिन्होंने ईश्वर विषयक विश्वास के विरुद्ध स्पष्ट रूप से अपने विचार व्यक्त करके निरीश्वरवाद के विकास में योगदान किया है।

कुछ पाठकों को यह जानकर संभवतः आश्चर्य होगा कि जॉर्ज ऐडवर्ड मूर ने भी धर्म के विषय में अपने विचार प्रस्तुत किए थे और वे निरीश्वरवाद का स्पष्टतः समर्थन करते थे। यह आश्चर्य स्वाभाविक है, क्योंकि प्रायः यह माना जाता है कि मूर ने नीतिशास्त्र और ज्ञानमीमांसा के क्षेत्रों में कार्य किया है, धर्म-दर्शन के क्षेत्र में नहीं। परंतु वास्तविक स्थिति यह है कि यदि उन्हें बीसवीं शताब्दी का प्रथम निरीश्वरवादी विचारक कहा जाए तो यह अनुचित नहीं होगा। 1901 में 'ऐथिक्स' नामक पत्रिका में प्रकाशित अपने एक लेख, 'दि वैल्यू ऑफ़ रिलिजन' में मूर ने ईश्वरवाद के विरुद्ध अपने तर्क प्रस्तुत करके बीसवीं शताब्दी में सर्वप्रथम निरीश्वरवाद की दार्शनिक विवेचना प्रारंभ की थी। इस लेख के प्रकाशन से पूर्व वे 'लंडन स्कूल ऑफ़ ऐथिक्स ऐंड सोशियल फिलॉसॉफ़ी' में इसी विषय पर भाषण देकर अपने विचार अभिव्यक्त कर चुके थे।

अपने उपर्युक्त लेख के प्रारंभ में मूर यह कहते हैं कि ईश्वर के अस्तित्व से संबंधित प्रश्न का बहुत महत्त्व है, क्योंकि अधिकतर मनुष्यों के लिए यह जीवन-मरण का प्रश्न बना रहा है और इस प्रश्न को लेकर भूतकाल में बहुत हिंसा हो चुकी है तथा निर्दोष लोगों पर भयंकर अत्याचार भी किए गए हैं। इतना ही नहीं, इस प्रश्न के संबंध में यही दुखद स्थिति भविष्य में भी उत्पन्न हो सकती है।[1] इस प्रकार मूर के विचार में ईश्वर विषयक विश्वास से संबंधित प्रश्न केवल दार्शनिक दृष्टि से ही नहीं, अपितु व्यावहारिक दृष्टि से भी बहुत महत्त्वपूर्ण है, अतः इसकी तर्कपूर्ण विवेचना करते हुए इसके संबंध में कोई स्पष्ट और युक्तिसंगत मत निश्चित करना आवश्यक है।

अपने उपर्युक्त लेख में मूर जिस प्रश्न पर विचार करना चाहते हैं उसका उन्होंने स्वयं स्पष्टतः उल्लेख किया है और यह कहा है कि इस प्रश्न का संबंध ईश्वर विषयक विश्वास के मूल्य अथवा महत्त्व से है। उनके समक्ष विचारणीय प्रश्न यह है कि क्या हमें ईश्वर में विश्वास करना चाहिए अथवा हमारे जीवन में ईश्वर संबंधी विश्वास का क्या मूल्य या महत्त्व है। मूर यह मानते हैं कि धर्म के महत्त्व को समझने के लिए यह प्रश्न बहुत महत्त्वपूर्ण है, क्योंकि ईश्वर विषयक विश्वास के बिना धर्म की व्याख्या नहीं की जा सकती। वस्तुतः वे अपने समय में सामान्यतः प्रचलित इस मान्यता को पूर्णतः स्वीकार करते हैं कि धर्म के लिए ईश्वर में विश्वास करना अनिवार्य है। इस संबंध में मूर स्पष्ट करते हैं कि वे 'धर्म' शब्द का जो अर्थ समझते हैं उस अर्थ में ईश्वर विषयक विश्वास के बिना धर्म संभव नहीं है।[2] यही कारण है कि वे इस विश्वास की प्रामाणिकता और आवश्यकता की कुछ विस्तार से व्याख्या करना चाहते हैं, किंतु यह व्याख्या करने से पूर्व उन्होंने 'ईश्वर' शब्द का अर्थ स्पष्ट किया है।

1. देखिए, जी.ई. मूर का लेख, 'दि वैल्यू ऑफ़ रिलिजन', 'ऐथिक्स', खंड 12, 1901, पृ. 81-82.
2. देखिए, वही पत्रिका, पृ. 83.

ईश्वर के स्वरूप के विषय में मूर का कथन है कि वे ईसाई धर्म में प्रचलित 'व्यक्तित्वसंपन्न ईश्वर' की अवधारणा को स्वीकार करते हैं। उनके अनुसार, व्यक्तित्वसंपन्न ईश्वर वह है जिसमें मनस् या चैतन्य और आत्म-चेतना ये दो गुण अवश्य विद्यमान हों, क्योंकि ये दोनों गुण ही मनुष्य को वास्तविक अर्थ में 'व्यक्ति' बनाते हैं। परंतु मूर का मत है कि इन दोनों गुणों से संपन्न होने के अतिरिक्त ईश्वर का सर्वज्ञ, सर्वशक्तिमान तथा पूर्णतः शुभ होना भी अनिवार्य है। जो धर्मपरायण व्यक्ति ईश्वर के अस्तित्व में विश्वास करते हैं वे उसमें इन सब गुणों का होना भी आवश्यक मानते हैं। परंतु मूर ईश्वरवादियों की इस मान्यता में गंभीर संदेह करते हैं कि हम ऐसे सर्वज्ञ, सर्वशक्तिमान तथा पूर्णतः शुभ ईश्वर की कल्पना कर सकते हैं। उनके विचार में हमारे लिए ऐसे व्यक्ति की कल्पना करना असंभव है जिसमें ये सब गुण विद्यमान हों।[3] इस प्रकार यह स्पष्ट है कि मूर उसी अर्थ में ईश्वर विषयक विश्वास की विवेचना करना चाहते हैं जिस अर्थ में इसे ईसाई धर्म में स्वीकार किया जाता है।

जैसा कि ऊपर कहा गया है, मूर के समक्ष विचारणीय प्रश्न यह है कि क्या हमें उन सब गुणों से संपन्न ईश्वर में विश्वास करना चाहिए जो उसमें बताए जाते हैं। दूसरे शब्दों में, वे इस प्रश्न पर विचार करना चाहते हैं कि क्या हमारे लिए ऐसे ईश्वर में विश्वास करना उचित है अथवा हमारे जीवन के लिए इस विश्वास का मूल्य या महत्त्व क्या है। उनके मतानुसार, यह एक नैतिक प्रश्न है जिसका उत्तर हम तभी दे सकते हैं जब हम पहले इस तथ्यात्मक प्रश्न के विषय में निर्णय कर लें कि क्या वास्तव में ऐसे ईश्वर का अस्तित्व है। उनके इस कथन का तात्पर्य यह है कि यदि ईश्वर का अस्तित्व है तो हम उसमें विश्वास कर सकते हैं और हमारा यह विश्वास सत्य होने के कारण उचित होगा, किंतु यदि उसका अस्तित्व ही विवादास्पद एवं संदिग्ध है तो उसमें विश्वास करने के लिए हमारे पास कोई तर्कसंगत तथा नैतिक आधार नहीं रह जाता। परंतु कुछ धर्मपरायण विचारक ईश्वर के अस्तित्व को सिद्ध करने के लिए एक विशेष प्रकार का नैतिक तर्क देते हैं जो मूर के अनुसार अस्पष्ट और तथ्यों के विरुद्ध होने के कारण वास्तव में ईश्वर की सत्ता को प्रमाणित नहीं कर पाता। इस नैतिक तर्क के अंतर्गत दो विभिन्न युक्तियाँ सम्मिलित हैं जिनमें विद्यमान मूल अंतर की प्रायः उपेक्षा की जाती है। प्रथम युक्ति यह है कि नैतिक मूल्यों, नियमों एवं आदर्शों के मूल आधार के रूप में ईश्वर के अस्तित्व को स्वीकार करना आवश्यक है जिसके बिना नैतिकता निरर्थक और निराधार हो जाती है। इस युक्ति के विरुद्ध मूर की मुख्य आपत्ति यह है कि वस्तुतः यह ईश्वर के अस्तित्व के लिए कोई प्रमाण प्रस्तुत नहीं करती। इसमें नैतिकता के मूल आधार के रूप में ईश्वर को केवल मान लिया गया है, अतः उसकी सत्ता के लिए यह कोई तर्क या प्रमाण नहीं है। परंतु ईश्वर के अस्तित्व को सिद्ध करने के लिए तथ्यों पर आधारित कुछ ठोस प्रमाण प्रस्तुत करना अनिवार्य है और उपर्युक्त नैतिक युक्ति यह कार्य करने में असमर्थ है।

मूर के अनुसार, जिस विशेष नैतिक तर्क का उल्लेख ऊपर किया गया है उसमें सम्मिलित दूसरी युक्ति यह है कि ईश्वर के अस्तित्व का कोई प्रमाण हो या न हो,

3. देखिए, वही पत्रिका, पृ. 84-85.

उससे संबंधित विश्वास हमारे जीवन पर नैतिक दृष्टि से वांछनीय प्रभाव डालता है। यह विश्वास हमें नैतिकता के अनुरूप आचरण करने के लिए प्रेरित करता है। इस युक्ति के संबंध में मूर का कथन है कि केवल तथ्यों पर आधारित निरीक्षण द्वारा ही इसका समुचित मूल्यांकन किया जा सकता है। अपनी इसी कसौटी का प्रयोग करते हुए वे कहते हैं कि वास्तव में यह युक्ति ईश्वरवादी विचारकों की केवल भ्रांति हो सकती है। यह संभव है कि भ्रामक होते हुए भी ईश्वर विषयक विश्वास मानव-जीवन के लिए कुछ वांछनीय परिणाम उत्पन्न करता हो, किंतु फिर भी अधिकतर विचारक केवल इसी आधार पर इस मिथ्या विश्वास का समर्थन नहीं करना चाहेंगे। इसके अतिरिक्त मूर के विचार में इस भ्रामक विश्वास से तथाकथित वांछनीय प्रभावों के साथ-साथ इसके अवांछनीय परिणामों पर भी विचार करना आवश्यक है, क्योंकि न्याय और निष्पक्ष तर्क की यही माँग है। इतना ही नहीं, केवल वांछनीय प्रभावों के कारण किसी मिथ्या विश्वास को स्वीकार कर लेने का औचित्य भी अपने आप में अत्यंत संदिग्ध है। इसके विपरीत यदि कोई विश्वास तर्कों द्वारा सत्य प्रमाणित हो जाता है तो उसके अवांछनीय परिणामों के होते हुए भी उसका समर्थन करना नैतिक दृष्टि से हमारा कर्तव्य है। संक्षेप में अपनी इन्हीं सब आपत्तियों के आधार पर मूर ने ईश्वर के अस्तित्व को सिद्ध करने के लिए प्रस्तुत किए गए विशेष नैतिक तर्क का खंडन किया है।[4]

उपर्युक्त नैतिक तर्क का खंडन करने के पश्चात मूर इस मूल प्रश्न पर विचार करते हैं कि क्या ईश्वर के अस्तित्व को प्रमाणित करने के लिए हमारे पास कोई तर्क या प्रमाण है। इस प्रश्न का उन्होंने स्पष्ट रूप से नकारात्मक उत्तर दिया है। सर्वप्रथम वे हमें यह बताते हैं कि किसी वस्तु के अस्तित्व का प्रमाण कैसे प्राप्त किया जा सकता है। इस संबंध में उनका कथन है कि हम किसी वस्तु के अस्तित्व को किसी अन्य ऐसी वस्तु से अनुमित कर सकते हैं जिसका अस्तित्व पहले ही प्रमाणित हो चुका है। अपनी इसी मान्यता को ध्यान में रखते हुए मूर पुनः यह प्रश्न उठाते हैं कि क्या कुछ ऐसे पूर्व-प्रमाणित तथ्य हैं जिनसे ईश्वर के अस्तित्व को अनुमित किया जा सके। अपने इस प्रश्न के उत्तर में उनका कथन है कि यदि वास्तव में कुछ ऐसे तथ्य हैं तो वे हमें अपने जीवन के अनुभव से ही प्राप्त हो सकते हैं। निरीक्षण तथा अनुभव संबंधी इन तथ्यों से ही उन प्राकृतिक नियमों को प्राप्त किया जाता है जो विज्ञान के मूल आधार हैं। किसी वस्तु में हमारी आस्था या हमारा विश्वास इस बात का प्रमाण नहीं है कि वास्तव में उस वस्तु का अस्तित्व है। ठीक यही बात हमारे ईश्वर विषयक विश्वास के संबंध में भी कही जा सकती है। दूसरे शब्दों में, हमारा ईश्वर संबंधी विश्वास यह सिद्ध नहीं करता कि वस्तुतः उसका अस्तित्व है। मूर के इन विचारों से यह स्पष्ट है कि उनके अनुसार ईश्वर के अस्तित्व को सिद्ध करने के लिए हमारे पास कोई प्रमाण नहीं है। परंतु इसके साथ ही वे यह भी कहते हैं कि हम ईश्वर के अनस्तित्व को भी प्रमाणित नहीं कर सकते। वे उन निरीश्वरवादी विचारकों से सहमत

4. देखिए, वही पत्रिका, पृ. 86-87.

नहीं हैं जो यह दावा करते हैं कि ईश्वर का अस्तित्व नहीं है अथवा उसके अनस्तित्व को युक्तियों या तर्कों द्वारा प्रमाणित किया जा सकता है।

वस्तुतः मूर का मत है कि हम न तो ईश्वर के अस्तित्व को प्रमाणित कर सकते हैं और न उसके अनस्तित्व को। अपनी इसी मान्यता के आधार पर स्वयं अपने निरीश्वरवादी सिद्धांत की व्याख्या करते हुए उन्होंने लिखा है : "जिस प्रकार मैं यह मानता हूँ कि ईश्वर के अस्तित्व के लिए कोई प्रमाण नहीं है, उसी प्रकार मैं यह भी मानता हूँ कि हमारे पास इस बात का भी कोई प्रमाण नहीं है कि उसका अस्तित्व नहीं है। मैं एक विशेष अर्थ में निरीश्वरवादी नहीं हूँ—अर्थात्, मैं इस बात से इन्कार नहीं करता कि ईश्वर का अस्तित्व है। मेरे तर्क केवल इतना ही सिद्ध करेंगे कि यह मानने का कोई कारण नहीं है कि ईश्वर का अस्तित्व है; वे यह सिद्ध नहीं करेंगे कि यह मानने का कोई कारण है कि उसका अस्तित्व नहीं है। मैं इसी दृष्टिकोण को प्रस्तुत करना चाहता हूँ। . . . इस बात का पर्याप्त प्रमाण है कि मेरा अस्तित्व है और इस बात का कोई प्रमाण नहीं है कि ईश्वर का अस्तित्व है।"[5] इस प्रकार मूर उन निरीश्वरवादी दार्शनिकों के मत का समर्थन करते हैं जो ईश्वर के अनस्तित्व को प्रमाणित करने का दावा करने के स्थान पर केवल इतना ही कहते हैं कि उसके अस्तित्व के लिए हमारे पास कोई विश्वसनीय प्रमाण नहीं है। हम पिछले अध्यायों में देख चुके हैं कि चार्ल्स ब्रैडलॉफ़, ऐनी बिसेंट आदि दार्शनिकों ने निरीश्वरवाद के विषय में अपना यही मत प्रस्तुत किया है। वस्तुतः मूर भी अपने आप को इसी अर्थ में निरीश्वरवादी विचारक मानते हैं। परंतु यहाँ यह स्मरण रखना चाहिए कि इस अर्थ में निरीश्वरवादी होना भी निश्चित रूप से ईश्वरवाद का खंडन करना है जो निरीश्वरवाद का मूल उद्देश्य है। इस तथ्य को ध्यान में रखते हुए हम यह कह सकते हैं कि होलियोक, ब्रैडलॉफ़ आदि दार्शनिकों की भाँति मूर भी अज्ञेयवाद के स्थान पर निरीश्वरवाद का ही पूर्णतः समर्थन करते हैं। यद्यपि उनके समय में 'अज्ञेयवाद' शब्द प्रचलित था, फिर भी उन्होंने अपने आप को 'अज्ञेयवादी' नहीं कहा जिससे यही सिद्ध होता है कि वे निरीश्वरवाद में ही विश्वास करते थे, अज्ञेयवाद में नहीं।

मूर के निरीश्वरवादी विचारक होने का एक अन्य प्रमाण यह भी है कि वे ईश्वर के अस्तित्व के समर्थन में दिए गए कुछ परंपरागत प्रमाणों का अनेक तर्कों द्वारा खंडन करते हैं। ये प्रमाण हैं सृष्टि-कारण युक्ति तथा प्रयोजनपरक युक्ति जिनका संबंध मनुष्य के अनुभव और संसार के स्वरूप से है। सृष्टि-कारण युक्ति के विरुद्ध मूर का कथन है कि यदि विश्व का कोई आदि-कारण मान लिया जाए तो भी इससे यह सिद्ध नहीं होता कि यह कारण बुद्धिमान, पूर्णतः शुभ तथा व्यक्तित्वसंपन्न ईश्वर है। उनके अनुसार, प्रयोजनपरक युक्ति भी संसार के कुछ विशेष तथ्यों से ऐसे ही आदि-कारण के रूप में ईश्वर को अनुमित करती है, अतः इन दोनों युक्तियों में कोई मूल अंतर नहीं है। प्रयोजनपरक युक्ति की व्याख्या करते हुए वे कहते हैं कि इस युक्ति को प्रस्तुत करनेवाले ईश्वरवादी विचारक संसार की समस्त सुंदर एवं उपयोगी वस्तुओं—जिनमें

5. वही पत्रिका, पृ. 88-89.

स्वयं मनुष्य भी सम्मिलित है—के अस्तित्व से उनके आदि-कारण के रूप में ईश्वर को अनुमित करते हैं जो पूर्णतः शुभ, बुद्धिमान और व्यक्तित्वसंपन्न है। परंतु इस युक्ति के विरुद्ध मूर यह प्रश्न उठाते हैं कि हमारे पास यह मानने का क्या प्रमाण है कि संसार की किसी भी वस्तु का कारण बुद्धिमान, पूर्णतः शुभ तथा व्यक्तित्वसंपन्न ईश्वर है। हम अपने अनुभव से यह जानते हैं कि संसार की सभी वस्तुओं एवं घटनाओं के केवल प्राकृतिक कारण ही होते हैं। ऐसी स्थिति में यदि ईश्वर को विश्व का आदि-कारण माना जाए तो उसे भी केवल प्राकृतिक कारण मानना पड़ेगा, किंतु ईश्वरवादी विचारक यह दावा करते हैं कि ईश्वर समस्त प्राकृतिक कारणों से मूलतः भिन्न है। इन विचारकों के इस मत का खंडन करते हुए मूर कहते हैं कि यदि ईश्वर प्राकृतिक कारण नहीं है तो वह किसी वस्तु का कारण नहीं हो सकता। वास्तव में ईश्वर या तो अन्य प्राकृतिक कारणों की भाँति केवल एक प्राकृतिक कारण है अथवा हमारे पास यह मानने का कोई आधार नहीं है कि मनुष्य के समान वह बुद्धिमान तथा व्यक्तित्वसंपन्न कारण है। इस प्रकार अपने इन तर्कों द्वारा सृष्टि-कारण युक्ति तथा प्रयोजनपरक युक्ति का खंडन करते हुए मूर ने यह प्रमाणित किया है कि हम संसार के स्वरूप से ईश्वर के अस्तित्व को अनुमित नहीं कर सकते।[6]

उपर्युक्त दो परंपरागत प्रमाणों के अतिरिक्त मूर ने ईश्वर की सत्ता के समर्थन में प्रायः दिए जानेवाले एक अन्य तर्क का भी खंडन किया है जिसे वे 'सामान्य विश्वास संबंधी तर्क' कहते हैं। इस तर्क को प्रस्तुत करनेवाले ईश्वरवादी विचारकों का कथन है कि सभी मनुष्य किसी-न-किसी रूप में ईश्वर के अस्तित्व में अवश्य विश्वास करते हैं जिससे यह सिद्ध होता है कि उसका अस्तित्व है। इसी तर्क को कुछ विचारकों ने 'सहमति संबंधी तर्क' भी कहा है। इस तर्क के विरुद्ध मूर की प्रथम मुख्य आपत्ति यह है कि जो ईश्वरवादी विचारक यह तर्क देते हैं वे इसके समर्थन में कोई विश्वसनीय प्रमाण प्रस्तुत नहीं करते। हमारे पास यह मानने के लिए कोई प्रमाण नहीं है कि सभी मनुष्य भूतकाल में ईश्वर की सत्ता में विश्वास करते रहे हैं और आज भी करते हैं। अपनी इस आपत्ति को सत्य प्रमाणित करने के लिए मूर ऐसे अनेक महान विचारकों के नामों का उल्लेख कर सकते हैं जो ईश्वर के अस्तित्व को स्वीकार नहीं करते थे और अब भी नहीं करते। सभी कालों तथा सभी देशों में बहुत-से विचारक निरीश्वरवाद का प्रबल समर्थन करते रहे हैं। ऐसी स्थिति में ईश्वरवादी विचारकों के उपर्युक्त तर्क की आधारभूत मान्यता ही मिथ्या सिद्ध हो जाती है।

इस तर्क के विरुद्ध मूर की दूसरी प्रमुख आपत्ति यह है कि यदि इसे स्वीकार कर लिया जाए तो भी इसके आधार पर ईश्वर का अस्तित्व प्रमाणित नहीं होता। यदि यह मान लिया जाए कि सभी मनुष्य ईश्वर की सत्ता में विश्वास करते रहे हैं और अब भी करते हैं तो भी इससे यह सिद्ध नहीं होता कि वास्तव में उसका अस्तित्व है। इसका कारण यह है कि ऐसी अनेक मान्यताएँ आज मिथ्या प्रमाणित हो चुकी हैं जिन्हें प्राचीन काल में सभी व्यक्ति पूर्णतः स्वीकार करते थे। उदाहरणार्थ, 'सूर्य पृथ्वी की परिक्रमा करता है' ऐसी ही मान्यता है जिसका गैलीलियो ने खंडन किया था। मूर

6. देखिए, वही पत्रिका, पृ. 81-82.

के अनुसार, इस बात की पर्याप्त संभावना है कि जिन विश्वासों को आज सभी या अधिकतर व्यक्ति स्वीकार करते हैं वे भविष्य में मिथ्या सिद्ध हो जाएँ और हमारे पास यह मानने का कोई कारण नहीं है कि ईश्वर विषयक विश्वास के संबंध में ऐसा नहीं होगा। वस्तुतः अधिक संभावना इसी बात की है कि अन्य बहुत-से भूतकालीन विश्वासों की भाँति यह प्रचलित विश्वास भी भविष्य में मिथ्या प्रमाणित हो जाएगा। अपने इस मत के लिए कारण प्रस्तुत करते हुए मूर कहते हैं कि प्राचीन काल में ईश्वर संबंधी विश्वास की उत्पत्ति प्राकृतिक नियमों के विषय में मनुष्य की अनभिज्ञता से हुई थी और बाद में ईश्वरवादी विचारकों की युक्तियों द्वारा इसे समर्थन प्राप्त हुआ। परंतु वैज्ञानिक एवं दार्शनिक प्रगति के फलस्वरूप मनुष्य के ज्ञान में वृद्धि तथा ईश्वर के अस्तित्व से संबंधित युक्तियों के दोषपूर्ण सिद्ध हो जाने के पश्चात ईश्वर विषयक विश्वास को स्वीकार करनेवाले व्यक्तियों की संख्या अवश्य ही बहुत कम हो जाएगी। इसके अतिरिक्त किसी विश्वास का सत्य अथवा मिथ्या होना उसे स्वीकार करनेवाले मनुष्यों की संख्या पर आधारित नहीं होता; वस्तुतः इसके लिए कुछ स्वतंत्र तर्कसंगत कारण प्रस्तुत करना आवश्यक है। परंतु मूर के विचार में ईश्वर विषयक विश्वास के लिए हमारे पास ऐसे कोई स्वतंत्र कारण या विश्वसनीय प्रमाण नहीं हैं, अतः केवल इस विश्वास के समर्थकों की संख्या के आधार पर ईश्वर के अस्तित्व को स्वीकार नहीं किया जा सकता। संक्षेप में अपने इन्हीं सब तर्कों द्वारा मूर ने ईश्वर की सत्ता के समर्थन में दिए गए 'सामान्य विश्वास संबंधी तर्क' का खंडन किया है।[7]

उपर्युक्त विवेचन से यह स्पष्ट है कि मूर के मतानुसार, मानवीय अनुभव तथा मानव-जीवन से संबंधित सामान्य तथ्यों के आधार पर ईश्वर के अस्तित्व को प्रमाणित करना संभव नहीं है। इसका अर्थ यही है कि ईश्वर विषयक विश्वास का एकमात्र आधार मनुष्य की आस्था ही है, कोई तर्क या प्रमाण नहीं। इस आस्था के कारण ही बहुत-से व्यक्ति बिना किसी प्रमाण के निश्चित रूप से यह मान लेते हैं कि ईश्वर का अस्तित्व है। वस्तुतः यह आस्था इन व्यक्तियों के मन में यह तीव्र भावना उत्पन्न करती है कि ईश्वर की सत्ता को अस्वीकार करना महापाप है जिससे बचना आवश्यक है। इसी कारण वे किसी विश्वसनीय प्रमाण के न होते हुए भी उसके अस्तित्व में कभी संदेह नहीं करते। इसके अतिरिक्त इन ईश्वरवादी व्यक्तियों के विचार में मानव-जीवन पर ईश्वर विषयक विश्वास का बहुत वांछनीय प्रभाव पड़ता है, अतः वे इस विश्वास को सत्य मान लेते हैं जो तार्किक दृष्टि से उचित नहीं है। केवल प्रमाणों द्वारा ही किसी विश्वास को सत्य अथवा मिथ्या सिद्ध किया जा सकता है, उसके वांछनीय या अवांछनीय परिणामों के आधार पर नहीं। परंतु मूर का मत है कि ईश्वर विषयक विश्वास का संबंध किन्हीं तथ्यों से न होकर केवल मनुष्य की आस्था से ही है। अपने इसी मत की व्याख्या करते हुए वे कहते हैं : "सामान्य जीवन के तथ्य, जिनका संबंध प्राकृतिक विज्ञान तथा इतिहास से है, ईश्वर के अस्तित्व के लिए कोई अनुमान प्रदान नहीं करते। यदि फिर भी कोई मनुष्य यह विश्वास करता है कि ईश्वर का अस्तित्व है तो वह अपने इस विश्वास का समर्थन ऐसे तथ्यों द्वारा नहीं कर सकता

7. देखिए, वही पत्रिका, पृ. 92-93.

जिन्हें वह स्वयं और निरीश्वरवादी दोनों स्वीकार करते हैं। . . . प्रमाण के स्थान पर केवल आस्था ही आप के इस कथन को उचित सिद्ध कर सकती है कि 'ईश्वर का अस्तित्व है'।"[8] इस प्रकार ईश्वर के अस्तित्व के विषय में मूर का अंतिम निष्कर्ष यही है कि वह किन्हीं तर्कों अथवा प्रमाणों पर आधारित न होकर केवल मनुष्य की आस्था पर आधारित है, अतः उनके इस निष्कर्ष को ध्यान में रखते हुए हम यह कह सकते हैं कि वे निश्चित रूप से निरीश्वरवादी विचारक थे जिन्होंने बीसवीं शताब्दी के प्रथम दशक में निरीश्वरवाद के विकास के लिए सुदृढ़ आधारभूमि तैयार करने में अपना योगदान किया था।

मूर के अतिरिक्त बीसवीं शताब्दी के एक अन्य अंग्रेज़ दार्शनिक, जॉन ऐलिस मैक्टागार्ट भी निरीश्वरवाद का प्रबल समर्थन करते थे। वे मूर के मित्र तथा उनके समकालीन दार्शनिक थे और उन्होंने अपनी अनेक पुस्तकों में निरीश्वरवादी विचारधारा की विस्तारपूर्वक व्याख्या की थी। उनकी इन पुस्तकों में 'सम डॉग्माज़ ऑफ़ रिलिजन', 'स्टडीज़ इन हीगेलियन कॉस्मॉलॉजी' तथा 'दि नेचर ऑफ़ ऐग्ज़िस्टैंस' विशेष रूप से उल्लेखनीय हैं जो क्रमशः 1906, 1918 और 1921-27 में प्रकाशित हुई थीं। अपनी इन पुस्तकों में मैक्टागार्ट ने मूर की अपेक्षा अधिक स्पष्ट तथा निश्चित रूप से निरीश्वरवाद का समर्थन किया है। इसी कारण कुछ विद्वान बीसवीं शताब्दी के प्रथम चरण में निरीश्वरवादी विचारक के रूप में उन्हें मूर की अपेक्षा अधिक महत्त्व देते हैं।[9]

मैक्टागार्ट ने अपने निरीश्वरवाद का प्रतिपादन हीगेल के अध्यात्मवादी दर्शन के विरुद्ध प्रतिक्रिया के रूप में किया है, क्योंकि उनके समय में ब्रिटेन में इस दर्शन का विशेष प्रभाव था। जो विचारक इस दर्शन के समर्थक थे वे मैक्टागार्ट की निरीश्वरवादी विचारधारा को इसके विरुद्ध एक गंभीर चुनौती मानते थे। उदाहरणार्थ, 1908 में मैक्टागार्ट की पुस्तक, 'सम डॉग्मॉज़ ऑफ़ रिलिजन' की समीक्षा करते हुए हेस्टिंग्ज़ रैश्डल ने लिखा था : "मैं वर्तमान कृति को ऐसी अत्यंत कठिन चुनौती मानता हूँ जो दीर्घ काल के लिए ईश्वरवादी दार्शनिक के विरुद्ध प्रस्तुत की गई है।"[10] वस्तुतः इस पुस्तक में मैक्टागार्ट ने ईश्वर की विभिन्न अवधारणाओं तथा उसके गुणों से संबंधित ईश्वरवाद की दार्शनिक कठिनाइयों का सविस्तार विवेचन किया है। इसमें उन तर्कों या प्रमाणों का निष्पक्ष सूक्ष्म विश्लेषण किया गया है जो ईश्वर की सत्ता के समर्थन में प्रायः प्रस्तुत किए जाते हैं, अतः दार्शनिक दृष्टि से इसका विशेष महत्त्व है। कुछ विद्वानों के अनुसार, बीसवीं शताब्दी के प्रथम चरण में पाश्चात्य दार्शनिकों द्वारा निरीश्वरवाद पर जो थोड़ी-सी पुस्तकें लिखी गई थीं उनमें इस पुस्तक का महत्त्वपूर्ण स्थान है।

मैक्टागार्ट ने निरीश्वरवाद के समर्थन में अनेक तर्क प्रस्तुत किए हैं जिनमें से कुछ इस प्रकार हैं। सर्वप्रथम उनका कथन है कि ईश्वर के स्वरूप की विभिन्न अवधारणाओं

8. वही पत्रिका, पृ. 94-95.

9. देखिए, डेविड बरमन, 'ए हिस्ट्री ऑफ़ एथीइज़्म इन ब्रिटेन', पृ. 225-226.

10. हैस्टिंग्ज़ रैश्डल, 'माइंड', 1908, पृ. 535.

तथा उसके अस्तित्व के लिए जो तर्क दिए जाते हैं उनमें कुछ आंतरिक कठिनाइयाँ हैं जिनके कारण दार्शनिक दृष्टि से ईश्वरवाद को स्वीकार करना बहुत कठिन हो जाता है। ईश्वरवाद के विरुद्ध मैक्टागार्ट का दूसरा तर्क काल की अयथार्थता से संबंधित उनके अपने विशेष सिद्धांत पर आधारित है। इस तर्क के अनुसार, यदि काल अवास्तविक अथवा अयथार्थ है तो एक विशेष समय में ईश्वर द्वारा विश्व की रचना का सिद्धांत अयुक्तिसंगत हो जाता है। परंतु इस तर्क का समर्थन केवल वे ही विचारक कर सकते हैं जो मैक्टागार्ट की भाँति काल की यथार्थता को स्वीकार नहीं करते। उदाहरणार्थ, पी.टी. गीच मैक्टागार्ट के इस तर्क को परंपरागत ईश्वरवाद के विरुद्ध बहुत प्रभावशाली तर्क मानते हैं।[11] जहाँ तक मुझे ज्ञात है, अधिकतर निरीश्वरवादी दार्शनिक इस तत्त्वमीमांसीय तर्क का समर्थन नहीं करते।

निरीश्वरवाद के पक्ष में दिए गए उपर्युक्त तर्कों के अतिरिक्त मैक्टागार्ट ने उन दो परंपरागत युक्तियों का भी खंडन किया है जो ईश्वर का अस्तित्व सिद्ध करने के लिए प्राचीन काल से दी जाती रही हैं। ये दो युक्तियाँ हैं सृष्टि-कारण युक्ति तथा प्रयोजनपरक युक्ति। प्रथम युक्ति के विरुद्ध मैक्टागार्ट की मुख्य आपत्ति यह है कि यदि विश्व की रचना करते समय ईश्वर के स्वरूप में कोई परिवर्तन होता है तो स्वयं ईश्वर का भी कोई कारण अवश्य मानना पड़ेगा और ऐसी स्थिति में उसे आदि-कारण के रूप में स्वीकार नहीं किया जा सकता। परंतु यदि उसके स्वरूप में कोई परिवर्तन नहीं होता तो यह समझना बहुत कठिन है कि उसे विश्व का 'कारण' कैसे माना जा सकता है। प्रयोजनपरक युक्ति के विरुद्ध मैक्टागार्ट का कथन है कि जब ईश्वरवादी विचारक संसार से संबंधित ऐसे तथ्यों का वर्णन करता है जो ईश्वर के प्रयोजन की पूर्ति के लिए उपयोगी सिद्ध होते हैं तो वह यह स्वीकार कर लेता है कि ईश्वर सर्वशक्तिमान नहीं है, क्योंकि यदि ईश्वर सर्वशक्तिमान होता तो उसे साधनों के माध्यम से परोक्षतः कार्य करते हुए अपने प्रयोजन की पूर्ति के लिए ऐसे उपयोगी तथ्यों की सहायता लेने की आवश्यकता न पड़ती। इस प्रकार अपने इन विशेष तर्कों द्वारा मैक्टागार्ट ने ईश्वर के अस्तित्व के लिए दी गई सृष्टि-कारण युक्ति तथा प्रयोजनपरक युक्ति का खंडन करने का प्रयास किया है।[12] परंतु उनके ये तर्क उतने प्रभावशाली तथा विश्वसनीय प्रतीत नहीं होते जितने इन दोनों युक्तियों के विरुद्ध अन्य निरीश्वरवादी दार्शनिकों ने प्रस्तुत किए हैं। इन तर्कों के अतिरिक्त निरीश्वरवाद के समर्थन में उन्होंने ऊपर जो तर्क दिए हैं उनके विषय में भी यही बात कही जा सकती है। परंतु फिर भी यह कहना अनुचित न होगा कि बीसवीं शताब्दी में निरीश्वरवाद के विकास के लिए आवश्यक आधारभूमि तैयार करने में मैक्टागार्ट ने कुछ सहायता अवश्य की है।

2. सिगमन्ड फ्रॉयड

वर्तमान शताब्दी की जिन महत्त्वपूर्ण विचारधाराओं में निरीश्वरवाद का विकास हुआ है उनमें सर्वप्रथम मनोविश्लेषणवाद का उल्लेख किया जा सकता है। यद्यपि इस

11. देखिए, पी.टी. गीच, 'डैथ, लव ऐंड इम्मॉर्टैलिटी', पृ. 162-163.
12. देखिए, जान ऐलिस मैक्टागार्ट, 'सम डॉग्मॉज़ ऑफ़ रिलिजन', अध्याय 5.

विचारधारा का उदय मानसिक रोगों की चिकित्सा के लिए हुआ था, फिर भी साहित्य, कला, धर्म, दर्शन, नैतिकता आदि विभिन्न क्षेत्रों पर इसका पर्याप्त प्रभाव पड़ा है। प्रस्तुत खंड में हम धर्म तथा ईश्वरवाद पर इस मनोवैज्ञानिक विचारधारा के प्रभाव की कुछ विस्तार से विवेचना करेंगे। इस विचारधारा के प्रमुख प्रतिनिधि फ़्रॉयड माने जाते हैं जिन्होंने निरीश्वरवाद का प्रबल समर्थन किया है।

मनोविज्ञान और दर्शनशास्त्र के अध्येयता प्रसिद्ध मनोविश्लेषणवादी विचारक, सिगमन्ड फ़्रॉयड (1856-1939) के नाम से अवश्य परिचित होंगे जिन्हें मनोरोग-चिकित्सा के क्षेत्र में मनोविश्लेषणवाद का प्रमुख प्रवर्तक माना जाता है। उनका जन्म 6 मई, 1856 में भूतपूर्व चेकोस्लोवाकिया के एक नगर, 'फ़्रीबर्ग' में हुआ था। उनके पिता ऊन के व्यापारी थे और यहूदी धर्म में विश्वास करते थे। जब फ़्रॉयड लगभग तीन वर्ष के थे तब उनके पिता अपने परिवार को लेकर ऑस्ट्रिया की राजधानी, वियाना चले गए थे। अपने जीवन के अंतिम वर्ष को छोड़कर फ़्रॉयड ने अपना संपूर्ण जीवन इसी नगर में व्यतीत किया था। प्रारंभिक तथा माध्यमिक शिक्षा प्राप्त करने के पश्चात उन्होंने 1873 में चिकित्सा-विज्ञान का अध्ययन करने के लिए वियाना विश्वविद्यालय में प्रवेश किया और 1881 में इसी विश्वविद्यालय से चिकित्साशास्त्र की उच्च उपाधि प्राप्त की। उन्होंने शरीर-रचना-विज्ञान तथा स्नायु-विज्ञान का विशेष रूप से अध्ययन किया था। इन दोनों क्षेत्रों में उन्होंने कुछ महत्त्वपूर्ण शोध-पत्र लिखे थे जो 1885 और 1886 में प्रकाशित हुए थे। परंतु फ़्रॉयड की विशेष रुचि मनोविज्ञान तथा मनोरोग-चिकित्सा में थी और इन दोनों क्षेत्रों में उन्होंने उल्लेखनीय कार्य भी किया। वे मनोविश्लेषण की अपनी विशेष विधि द्वारा मानसिक रोगों का उपचार करते थे और मुख्यतः इसी कार्य के लिए उन्होंने मनोविश्लेषण-सिद्धांत का प्रतिपादन किया था जिसके कारण उन्हें अपने जीवन में पर्याप्त ख्याति प्राप्त हुई थी।

अपने उपर्युक्त सिद्धांत, मनोविश्लेषणवाद के आधार पर फ़्रॉयड ने सर्वप्रथम यह नवीन विचार प्रस्तुत किया था कि मानसिक रोग मनुष्य की अतृप्त और दमित अचेतन इच्छाओं के परिणामस्वरूप उत्पन्न होते हैं। इसी प्रकार हमारे अनेक कार्यों के मूल में भी ये अचेतन इच्छाएँ ही विद्यमान रहती हैं जिनका हमें ज्ञान नहीं होता। सामाजिक तथा नैतिक नियमों के विरुद्ध होने के कारण हम जिन इच्छाओं और वासनाओं का दमन करते हैं वे हमारे अचेतन मन में जाकर अज्ञात रूप से हमारे संपूर्ण जीवन को प्रभावित करती हैं। इस प्रकार फ़्रॉयड के अनुसार, मनुष्य के मानसिक रोग तथा उसके दैनिक जीवन के बहुत-से कार्य अचेतन मन के कारण होते हैं जिसका उसे स्वयं भी ज्ञान नहीं होता, अतः उसे पूर्णतः बौद्धिक प्राणी मानना उचित नहीं होगा। उनकी यह मान्यता ईश्वरवादी दार्शनिकों तथा धर्मशास्त्रियों के उस सिद्धांत का खंडन करती है जो मनुष्य को ईश्वर की सर्वोत्तम कृति बताकर उसे केवल आध्यात्मिक और पूर्ण रूप से बौद्धिक प्राणी मानता है। इस सिद्धांत के विपरीत फ़्रॉयड यह मानते थे कि नैसर्गिक मूल प्रवृत्तियों और वासनाओं की दृष्टि से मनुष्य तथा अन्य प्राणियों में कोई आधारभूत अंतर नहीं है। उनका यह विचार डार्विन के विकासवादी सिद्धांत का समर्थन करता है। यही कारण है कि फ़्रॉयड के एक जीवनी-लेखक, अर्नेस्ट जोन्स ने उन्हें 'मन का

डार्विन' कहा है।[13] इस प्रकार डार्विन के साथ फ़्रॉयड की तुलना करते हुए हम यह कह सकते हैं कि उनका मनोविश्लेषणवादी सिद्धांत डार्विन के विकासवादी सिद्धांत का पूरक है।

अपने उपर्युक्त मनोविश्लेषणवादी सिद्धांत की व्याख्या करने के लिए फ़्रॉयड ने बहुत-सी पुस्तकें लिखी हैं जिनमें इस सिद्धांत के विभिन्न पक्षों की सविस्तार विवेचना की गई है। उदाहरणार्थ, 1899 में प्रकाशित अपनी पुस्तक, 'दि इन्टरप्रटेशन ऑफ़ ड्रीम्स' में उन्होंने स्वप्नों के स्वरूप और उनमें अभिव्यक्त होनेवाली अचेतन मन की दमित इच्छाओं की दृष्टि से उनके महत्त्व को स्पष्ट किया है। यह कहा जाता है कि इस पुस्तक में उनके ऐसे अन्य बहुत-से मूल विचारों का भी हमें पूर्वाभास प्राप्त होता है जिनकी व्याख्या उन्होंने अपनी परवर्ती पुस्तकों में की है, अतः मनोविश्लेषणवाद के साहित्य में इस पुस्तक का बहुत महत्त्व है। इसी प्रकार, 'दि साइकोपैथॉलॉजी ऑफ़ ऐवरीडे लाइफ़' तथा 'जोक्स ऐंड देयर रिलेशन टु दि अनकॉन्शियस' नामक पुस्तकों में–जो क्रमशः 1904 और 1905 में प्रकाशित हुई थीं–उन्होंने मनुष्य के दैनिक जीवन की सामान्य क्रियाओं पर अचेतन मन के गहरे प्रभाव को स्पष्ट किया है। 1905 में प्रकाशित अपनी एक अन्य पुस्तक, 'थ्री एस्सेस ऑन सैक्शुअल थ्योरी' में फ़्रॉयड ने मानव-जीवन पर कामवासना के व्यापक प्रभाव की विवेचना की है। इन पुस्तकों के अतिरिक्त उनकी एक अन्य पुस्तक है 'इंट्रोडक्ट्री लैक्चर्स ऑन साइको-ऐनालिसिस' जो 1915 में प्रकाशित हुई थी और जिसमें उन्होंने जनसाधारण के लिए मनोविश्लेषणवाद के सैद्धांतिक तथा व्यावहारिक पक्षों की व्याख्या की थी।

फ़्रॉयड यह मानते थे कि मनुष्य के व्यक्तिगत व्यवहार की भाँति उसके सामूहिक व्यवहार पर भी अचेतन मानसिक शक्तियों का गहरा प्रभाव पड़ता है जिसका विवेचन उन्होंने अपनी पुस्तक, 'ग्रुप-सॉइकॉलॉजी ऐंड दि ऐनालिसिस ऑफ़ दि ईगो' में किया था जो 1921 में प्रकाशित हुई थी। इस पुस्तक में उन्होंने यह बताया था कि सेना, पुलिस, उपासना-स्थलों आदि में बहुत-से व्यक्ति सम्मिलित रूप से जो आचरण करते हैं उसके मूल में कौन-से मनोवैज्ञानिक कारण होते हैं। मनोविश्लेषणवाद से संबंधित उनकी दो अन्य महत्त्वपूर्ण पुस्तकें हैं 'बियॉन्ड दि प्लेज़र प्रिंसिपल' एवं 'दि ईगो ऐंड दि इड' जो क्रमशः 1920 तथा 1921 में प्रकाशित हुई थीं और जिनमें उन्होंने मानव-मन की मूल शक्तियों का सैद्धांतिक विवेचन किया था। इस प्रकार अपनी उपर्युक्त सभी पुस्तकों में मनोविश्लेषणवादी सिद्धांत के भिन्न-भिन्न पक्षों की विस्तारपूर्वक व्याख्या करके फ़्रॉयड ने इसे व्यापक स्वरूप प्रदान किया और इसी कारण कालांतर में साहित्य, कला, धर्म, दर्शन, नैतिकता आदि महत्त्वपूर्ण मानवीय विधाओं पर इसका पर्याप्त प्रभाव पड़ा। परंतु यहाँ हमारा उद्देश्य उनके इस सिद्धांत की विवेचना करना नहीं, अपितु इसके आधार पर उन्होंने मनोवैज्ञानिक दृष्टि से धर्म तथा ईश्वर के उद्गम की व्याख्या करते हुए निरीश्वरवाद का जो प्रबल समर्थन किया है उसी पर विचार करना है।

यद्यपि फ़्रॉयड का जन्म उन्नीसवीं शताब्दी के उत्तरार्ध में हुआ था, फिर भी उन्हें मुख्यतः बीसवीं शताब्दी का विचारक मानना उचित प्रतीत होता है। इसका कारण

13. देखिए, अर्नेस्ट जोन्स, 'दि लाइफ़ ऐंड वर्क ऑफ़ सिगमन्ड फ़्रॉयड', खंड 2, पृ. 304.

यह है कि उन्होंने मनोविश्लेषणवाद संवंधी अधिकतर पुस्तकें और धर्म से संबंधित सभी पुस्तकें बीसवीं शताब्दी में ही लिखी थीं। मनोविश्लेषणवाद विषयक उनकी प्रमुख पुस्तकों का उल्लेख हम ऊपर कर चुके हैं और हम देख चुके हैं कि केवल एक पुस्तक को छोड़कर ये सभी पुस्तकें बीसवीं शताब्दी के प्रथम तीन दशकों में प्रकाशित हुई थीं। इन पुस्तकों के अतिरिक्त फ्रॉयड ने धर्म के विषय में भी कुछ महत्त्वपूर्ण पुस्तकें लिखी थीं जिन्होंने बीसवीं शताब्दी के धर्म संबंधी चिंतन को व्यापक रूप से प्रभावित किया है। इन पुस्तकों में 'टोटेम ऐंड टैबू', 'दि फ्यूचर ऑफ ऐन इल्यूज़न', 'सिविलाइज़ेशन ऐंड इट्स डिस्कन्टैंट्स' तथा 'मोसिस ऐंड मोनोथीइज़्म' के नाम विशेष रूप से उल्लेखनीय हैं जो क्रमशः 1913, 1927, 1930 और 1939 में प्रकाशित हुई थीं। इन पुस्तकों से यह ज्ञात होता है कि फ्रॉयड ने मानव-मन के साथ-साथ धर्म के संबंध में भी गंभीर चिंतन किया था और वे ईश्वरवाद तथा ईसाई धर्म के अन्य मूल धार्मिक सिद्धांतों के तीव्र आलोचक थे। जैसा कि हम आगे देखेंगे, उन्होंने अपने मनोविश्लेषणवाद के आधार पर ईश्वर, आत्मा की अमरता और विश्व में नैतिक व्यवस्था से संबंधित ईसाई धर्म के मूल सिद्धांतों का खंडन किया है जिससे यह स्पष्टतः प्रमाणित होता है कि वे वास्तव में प्रकृतिवादी तथा निरीश्वरवादी विचारक थे।

धर्म के विषय में फ्रॉयड ने जो कुछ कहा है उससे यही निष्कर्ष निकाला जा सकता है कि मार्क्स की भाँति वे भी 'धर्म' शब्द का प्रयोग प्रचलित सामान्य अर्थ में ही करते हैं। 'धर्म' शब्द से उनका तात्पर्य इस्लाम, यहूदी धर्म, ईसाई धर्म आदि उन ईश्वरवादी धर्मों से है जो ईश्वर के अस्तित्व के साथ-साथ आत्मा की सत्ता और अमरता में भी विश्वास करते हैं। इसी कारण उन्होंने धर्म की जो आलोचना की है वह मुख्यतः इन ईश्वरवादी धर्मों पर ही लागू होती है। परंतु धर्म के विरुद्ध फ्रॉयड की इस आलोचना का विवेचन करने से पूर्व यहाँ संक्षेप में इस प्रश्न पर विचार करना आवश्यक है कि उनके मन में धर्म के प्रति विरोध की भावना क्यों उत्पन्न हुई थी। उनकी जीवनी के लेखक, अर्नेस्ट जोन्स ने इस प्रश्न का उत्तर देने का प्रयास किया है। उनका विचार है कि फ्रॉयड के मन में धर्म के प्रति विरोध की भावना उत्पन्न होने के अनेक कारण थे। यह ठीक है कि उनका पालन-पोषण कट्टर धर्मपरायण परिवार में नहीं हुआ था और उन्हें बाल्यकाल में नियमित रूप से गिरजाघर जाने के लिए विवश भी नहीं किया जाता था। परंतु फ्रॉयड के परिवार ने बाल्यावस्था से ही उन्हें धार्मिक शिक्षा देने के लिए एक वृद्धा स्त्री को नियुक्त किया था जिसका नाम 'नैनी' था। यह नैनी ईसाई धर्म के रोमन कैथॉलिक संप्रदाय की कट्टर अनुयायी थी और इसी ने फ्रॉयड को सर्वप्रथम धार्मिक शिक्षा देना प्रारंभ किया था। उसने उन्हें 'बाइबल' की कहानियाँ सुनाईं और ईश्वर, स्वर्ग, नरक आदि से संबंधित ईसाई धर्म के उन विश्वासों की भी शिक्षा दी जो उन्नीसवीं शताब्दी में ऑस्ट्रिया के निम्नवर्गीय जनसमुदाय में प्रचलित थे। वह उन्हें प्रायः गिरजाघर ले जाती थी और यह भी बताती थी कि जो व्यक्ति 'बाईबल' के आदेशों का उल्लंघन करता है उसे ईश्वर घोर नरक में डालकर भयंकर दंड देता है। इस प्रकार उसने फ्रॉयड को भयत्रस्त करके उन्हें धर्मपरायण व्यक्ति बनाने का प्रयास किया था। संभवतः इसी कारण उन्होंने उसे 'प्रागैतिहासिक वृद्धा' कहकर उसके प्रति

अपनी वितृष्णा अभिव्यक्त की है। उनकी इस वितृष्णा से यह स्पष्ट है कि बालक फ्रॉयड पर नैनी की इस धार्मिक शिक्षा का उसकी इच्छा के विपरीत नकारात्मक प्रभाव पड़ा था और शैशव-काल से ही उनके मन में धर्म के प्रति विद्रोह की भावना उत्पन्न हो गई थी।[14]

बाल्यावस्था से फ्रॉयड के मन में धर्म के प्रति नकारात्मक दृष्टिकोण के उत्पन्न होने का दूसरा कारण यह था कि उन्होंने अपने जीवन के लगभग अस्सी वर्ष 'वियाना' नामक उस नगर में व्यतीत किए थे जहाँ अधिकतर व्यक्ति रोमन कैथॉलिक संप्रदाय के थे जिसमें यहूदियों के प्रति तीव्र घृणा पाई जाती थी। इस संप्रदाय के अनुयायी यहूदियों को ही ईसा का हत्यारा मानते थे और इसी कारण वे उनसे अत्यधिक घृणा करते थे। फ्रॉयड ने स्वयं व्यक्तिगत रूप से अपने जीवन में इस घृणा का अनुभव किया था। यहूदी होने के कारण उनके साथ विद्यालय तथा अन्य सार्वजनिक स्थानों पर दुर्व्यवहार किया जाता था। इसके अतिरिक्त उन्होंने अपने परिवार से भूतकाल में ईसाइयों द्वारा यहूदियों पर भयंकर अत्याचारों की हृदय-विदारक कहानियाँ भी सुनी थीं। इसका परिणाम यह हुआ कि बाल्यकाल से ही फ्रॉयड के मन में ईसाई धर्म के प्रति तीव्र विरोध की भावना उत्पन्न हो गई थी जो कालांतर में सभी धर्मों के प्रति विद्रोह में परिणत हो गई।[15]

फ्रॉयड के मन में धर्म के प्रति विरोध का तीसरा कारण था विज्ञान की सत्यता और मानव-जीवन के लिए उसकी उपादेयता में उनका दृढ़ विश्वास। वे विज्ञान में पूर्ण निष्ठा रखते थे और यह मानते थे कि वैज्ञानिक विधि ही मनुष्य के लिए प्रामाणिक ज्ञान प्राप्त करने का एकमात्र समुचित साधन है। इतना ही नहीं, उनका यह भी निश्चित मत था कि विज्ञान द्वारा ही मनुष्य विश्व के स्वरूप को भली-भाँति समझ सकता है और अपने जीवन के कष्टों का निराकरण करने तथा उसकी मूल समस्याओं का संतोषप्रद समाधान करने में समर्थ हो सकता है। विज्ञान पूर्णतः बौद्धिक विधा है जिसमें अंधविश्वासों और निराधार पूर्वाग्रहों के लिए कोई स्थान नहीं है। विज्ञान में इस गहरी निष्ठा के कारण फ्रॉयड के मन में धर्म के प्रति वितृष्णा उत्पन्न हो गई थी जिसमें बौद्धिकता अथवा तर्क को अधिक महत्त्व नहीं दिया जाता और जो मुख्यतः निर्बौद्धिक आस्था या श्रद्धा पर ही आधारित रहता है। वे यह मानते थे कि धर्मपरायण व्यक्तियों के श्रद्धापूर्ण अबौद्धिक सिद्धांतों के विपरीत धर्म के संबंध में उनके अपने विचार तर्कसंगत एवं प्रामाणिक हैं, क्योंकि ये विचार वैज्ञानिक सिद्धांतों पर आधारित हैं। यद्यपि अनेक विद्वान फ्रॉयड के इस दावे को स्वीकार नहीं करते, फिर भी फ्रॉयड स्वयं धर्म संबंधी अपने विचारों को अनुभव तथा विज्ञान द्वारा सत्यापित मानने के कारण तर्कपूर्ण और प्रामाणिक समझते थे। ऐसी स्थिति में तर्क के स्थान पर श्रद्धा अथवा आस्था पर आधारित धर्म का विरोध करना उनके लिए स्वाभाविक तथा अनिवार्य हो गया था। वे धार्मिक विश्वासों को विज्ञान के विरुद्ध 'अंधविश्वास' मात्र

14. देखिए, वही पुस्तक, खंड 1, पृ. 6.

15. देखिए, अर्नेस्ट वॉलवर्क का लेख, 'सिगमन्ड फ्रॉयड', रोजर ए. जॉन्सन द्वारा संपादित पुस्तक, 'क्रिटिकल इश्यूज़ इन मॉडर्न रिलिजन' में संकलित, पृ. 255-256.

कहकर धर्म की आलोचना करते थे। इस प्रकार विज्ञान के प्रति फ़्रॉयड की विशेष निष्ठा ने भी उन्हें धर्म का विरोधी बना दिया था।[16]

धर्म के प्रति फ़्रॉयड के नकारात्मक दृष्टिकोण के कुछ प्रमुख सामाजिक तथा मनोवैज्ञानिक कारणों की विवेचना करने के पश्चात अब इस प्रश्न पर विचार करना आवश्यक है कि उन्होंने ईश्वर विषयक विश्वास और अन्य धार्मिक विश्वासों का खंडन किस आधार पर किया है। इस संबंध में यहाँ सर्वप्रथम यह उल्लेखनीय है कि फ़ायरबाक, डार्विन तथा मार्क्स की भाँति फ़्रॉयड ने भी न तो ईश्वर की सत्ता के समर्थन में दिए गए परंपरागत प्रमाणों का खंडन किया है और न ही उसके अस्तित्व के विरुद्ध अपने कोई मौलिक तर्क प्रस्तुत किए हैं। वस्तुतः फ़ायरबाक के समान वे भी मनोवैज्ञानिक आधार पर ईश्वर के अस्तित्व को अस्वीकार करते हैं। उन्होंने अपने विशेष मनोवैज्ञानिक सिद्धांत, मनोविश्लेषणवाद द्वारा ईश्वर विषयक विश्वास की सत्यता और यथार्थता का निषेध किया है। इस विश्वास को मिथ्या सिद्ध करने के लिए फ़्रॉयड ने इस मनोवैज्ञानिक प्रश्न पर विस्तारपूर्वक विचार किया है कि मनुष्य के मन में ईश्वर का प्रत्यय क्यों उत्पन्न हुआ है। इस संबंध में वे उन आधारभूत मनोवैज्ञानिक कारणों की विवेचना करते हैं जिन्होंने मनुष्य को अपने विकास के आदिकाल में सर्वशक्तिमान, सर्वज्ञ, न्यायशील तथा अत्यंत दयालु ईश्वर की कल्पना करने के लिए बाध्य अथवा प्रेरित किया था। उनका कथन है कि प्रारंभ से ही मनुष्य का जीवन अनेक प्रकार की कठिनाइयों तथा भयंकर विपत्तियों से ग्रस्त रहा है जिनके कारण वह अपने आप को अत्यंत दुर्बल और असहाय अनुभव करता था। अपनी पुस्तक, 'दि फ्यूचर ऑफ़ ऐन इल्यूज़न' में उन्होंने इन कठिनाइयों एवं विपत्तियों का सविस्तार वर्णन किया है और यह बताया है कि इनके फलस्वरूप मानव ने अपने जीवन में जिस असहाय अवस्था का अनुभव किया था उसी ने ईश्वर विषयक विश्वास तथा अन्य धार्मिक विश्वासों को जन्म दिया। इसका तात्पर्य यह है कि ईश्वर, आत्मा, स्वर्ग, नरक आदि अलौकिक सत्ताएँ यथार्थ एवं वस्तुपरक न होकर वास्तव में मनुष्य की अपनी मानसिक कल्पनाएँ मात्र हैं।

अपने जीवन में मनुष्य को जिन कठिनाइयों तथा कष्टों का सामना करना पड़ता है उनका वर्णन करते हुए फ़्रॉयड कहते हैं कि सर्वप्रथम बाढ़, भूकम्प, आँधी, तूफ़ान, रोग आदि प्राकृतिक विपत्तियाँ उसके जीवन को अत्यंत कठिन और दुःखमय बना देती हैं। इन विपत्तियों के फलस्वरूप लाखों मनुष्य प्रतिवर्ष घायल होते हैं अथवा मारे जाते हैं और मानव-समाज को भारी आर्थिक हानि उठानी पड़ती है। इस प्रकार मनुष्य द्वारा प्रकृति पर विजय प्राप्त करने के निरंतर प्रयास के होते हुए भी वह उसकी भयंकर शक्तियों के समक्ष प्रायः असहाय हो जाता है। प्राकृतिक विपत्तियों के अतिरिक्त अनेक प्रकार के सामाजिक प्रतिबंधों के कारण भी मनुष्य को आक्रामकता, कामवासना, लालच आदि अपनी प्रबल स्वाभाविक इच्छाओं या मूल प्रवृत्तियों का प्रायः दमन करना पड़ता है जिसके परिणामस्वरूप उसे बहुत मानसिक कष्ट होता है। वस्तुतः यह दमन उसके जीवन में अनेक मनोरोगों का कारण बनता है। सामाजिक प्रतिबंधों के साथ-साथ

16. देखिए, वही पुस्तक, पृ. 256-257.

अधिकतर मनुष्यों को कुछ थोड़े-से शक्तिशाली व्यक्तियों के अन्याय, अत्याचार तथा शोषण का भी सामना करना पड़ता है जिसके कारण उनका जीवन दुःखमय हो जाता है। इन सब कष्टों के अतिरिक्त प्रत्येक मनुष्य इस दुखद तथ्य से भी भली-भाँति परिचित है कि उसकी मृत्यु अनिवार्य है जो सदा के लिए उसके जीवन और उसकी समस्त सफलताओं का अंत कर देगी। यह मृत्यु एक ऐसी पहेली है जिसे वह कभी समझ नहीं पाता और जिससे वह सदा भयत्रस्त रहता है। इस प्रकार फ़्रॉयड के मतानुसार, मनुष्य का संपूर्ण जीवन सदैव अनेक प्रकार के शारीरिक तथा मानसिक कष्टों से घिरा रहता है जिनके फलस्वरूप वह अपने आप को अत्यंत दुर्बल और असहाय अनुभव करता है।[17]

यह समझना कठिन नहीं है कि अपनी इस असहाय अवस्था से मुक्त होने की इच्छा करना मनुष्य के लिए स्वाभाविक तथा आवश्यक था और यह तभी संभव था जब उसे किसी का सहारा एवं संरक्षण प्राप्त हो। फ़्रॉयड का कथन है कि अपनी दुर्बलता और असहाय अवस्था पर विजय प्राप्त करने के लिए मनुष्य ने सर्वप्रथम उन प्राकृतिक शक्तियों का मानवीकरण किया जिनसे वह भयभीत रहता था। उसने कल्पना की कि जल, वायु, अग्नि आदि ये प्राकृतिक शक्तियाँ भी उसके समान ही सुख-दुःख तथा सभी संवेगों या भावनाओं का अनुभव करती हैं। इतना ही नहीं, मनुष्य ने इन प्राकृतिक शक्तियों को अपनी अपेक्षा कहीं अधिक शक्तिशाली देवता मान लिया जिनसे वह संकट-काल में सुरक्षा और सहायता की याचना कर सकता था। इससे उसे यह विश्वास हो गया कि उसके जीवन की रक्षा करने के लिए अनेक शक्तिशाली देवता विद्यमान हैं और अब वह इस संसार में अकेला नहीं है। फ़्रॉयड के विचार में प्राकृतिक शक्तियों का मानवीकरण करके देवताओं के रूप में उनकी कल्पना करने के परिणामस्वरूप मनुष्य के लिए उनके साथ संपर्क स्थापित करना और उनसे सहायता माँगना कहीं अधिक सरल हो गया। वह अपने अनुभव से यह जानता था कि उसके साथी अनुरोध, प्रार्थना, उपहार आदि से प्रसन्न होते हैं और उसकी सहायता करते हैं। इसी कारण उसने प्राकृतिक शक्तियों को प्रसन्न करने के लिए उन्हें देवता मानकर उनकी पूजा करना और उन्हें अनेक प्रकार के उपहार देना आरंभ कर दिया। ऐसा करने से मनुष्य को यह सांत्वना प्राप्त हुई कि वह इन देवताओं की पूजा करके विपत्ति-काल में इनसे सहायता ले सकता है। इस प्रकार फ़्रॉयड के विचार में प्राकृतिक शक्तियों का मानवीकरण करके और उन्हें अपने सहायक देवता मानकर उसे अपने आप को अकेला तथा असहाय समझने की आवश्यकता नहीं रही।[18]

अपने मनोविश्लेषणवादी सिद्धांत के आधार पर देवताओं तथा ईश्वर के विचार की उत्पत्ति की व्याख्या करते हुए फ़्रॉयड कहते हैं कि मनुष्य ने सुरक्षा एवं सहायता के लिए देवताओं की जो कल्पना की थी वह उसके अपने शैशवकालीन जीवन पर ही आधारित थी। प्रत्येक व्यक्ति बालक के रूप में अपने माता-पिता पर निर्भर रहता

17. देखिए, सिगमन्ड फ्रॉयड, 'दि फ्यूचर ऑफ़ ऐन इल्यूज़न', डब्ल्यू.डी. रॉब्सन-स्कॉट द्वारा अनूदित, पृ. 26-27.

18. देखिए, वही पुस्तक, पृ. 28-29.

है और वह उनसे स्नेह, सुरक्षा तथा सहायता प्राप्त करता है। इस संबंध में फ्रॉयड बालक के जीवन में पिता की भूमिका को विशेष महत्त्व देते हैं। उनका कथन है कि छोटा बालक अपने पिता को सर्वशक्तिमान तथा सर्वज्ञ समझता है, क्योंकि वह यह विश्वास करता है कि उसका पिता उसकी सभी इच्छाओं की पूर्ति और उसकी समस्त समस्याओं का समाधान कर सकता है। वह यह मानता है कि उसके सभी प्रश्नों का उत्तर उसके पिता के पास है। उसे जब भी किसी कठिनाई या अन्याय का सामना करना पड़ता है तो वह उससे मुक्त होने के लिए तुरंत अपने पिता से सहायता की आशा और याचना करने लगता है। बालक अपने पिता से स्नेह, सुरक्षा तथा सहायता प्राप्त करने के साथ-साथ उससे भयभीत भी रहता है, क्योंकि वह यह जानता है कि पिता के आदेशों का पालन न करने के कारण वह उसे दंड भी देता है। इतना ही नहीं, कई बार ऐसा भी होता है कि पिता उसकी इच्छाओं की पूर्ति नहीं करता। इससे बालक के मन में पिता के प्रति विरोध की भावना उत्पन्न होती है। इस प्रकार फ्रॉयड के अनुसार, बालक के मन में पिता के प्रति स्नेह, आकर्षण, श्रद्धा, विरोध, भय आदि परस्पर विरोधी भावनाएँ एक साथ विद्यमान रहती हैं और वह अपने आप को सभी दृष्टियों से पिता पर ही निर्भर मानता है। यही कारण है कि बालक के जीवन में पिता का सर्वाधिक महत्त्व होता है।

फ्रॉयड का मत है कि मनुष्य के जीवन में पिता की यह विशेष भूमिका मानव-समाज में देवताओं और ईश्वर के उद्गम का महत्त्वपूर्ण आधार है। मनुष्य ने देवताओं तथा ईश्वर के स्वरूप, उनके साथ अपने संबंध और उनके कार्यों की जो कल्पना की है वह मूलतः पिता की इस भूमिका पर आधारित है। अपने इस मत की व्याख्या करते हुए फ्रॉयड कहते हैं कि बड़ा होने पर बालक अपने पिता की कमियों और सीमाओं को समझने लगता है। अपने अनुभव से उसे मालूम हो जाता है कि उसका पिता सर्वज्ञ तथा सर्वशक्तिमान नहीं है, क्योंकि वह सभी प्रश्नों के उत्तर नहीं जानता और सभी कार्य नहीं कर सकता। तब वह यह जान लेता है कि उसके समान ही उसका पिता भी बहुत-सी समस्याओं का समाधान करने में असमर्थ है। वयस्क होने पर मनुष्य को इस कटु सत्य का ज्ञान होता है कि स्वयं उसी की भाँति उसका पिता भी केवल एक सीमित प्राणी है। अपने जीवन के इस अनिवार्य कटु सत्य को जान लेने के पश्चात उसे अत्यधिक निराशा होती है और वह पुनः अपने आप को अकेला, असुरक्षित तथा असहाय समझने लगता है। फ्रॉयड का कथन है कि बड़ा होने पर मनुष्य शारीरिक दृष्टि से तो वयस्क हो जाता है, किंतु मानसिक दृष्टि से वह बालक ही बना रहता है। वह अपनी बहुत-सी कठिनाइयों तथा समस्याओं का समाधान नहीं कर पाता और विशाल प्राकृतिक एवं सामाजिक शक्तियों के समक्ष अपने आप को नितांत असहाय अनुभव करता है। छोटे बालक की भाँति उसे भी ऐसा प्रतीत होता है कि इस संसार में वह बिल्कुल अकेला और निराधार है। यह स्थिति मनुष्य के लिए निश्चय ही बहुत दुखद तथा निराशाजनक होती है जिससे वह यथासंभव शीघ्र मुक्त होना चाहता है और इससे मुक्ति प्राप्त करने के लिए ही वह देवताओं या ईश्वर की कल्पना करता है।

फ्रॉयड का कथन है कि मनुष्य ने जिन देवताओं की कल्पना की है उनका स्वरूप तथा स्वभाव वैसा ही है जैसा उसका अपना स्वरूप एवं स्वभाव है और वे उसी प्रकार कार्य करते हैं जिस प्रकार वह स्वयं करता है। परंतु उसने केवल मनुष्यों के रूप में ही देवताओं की कल्पना नहीं की, अपितु उन्हें अत्यधिक शक्तिशाली भी मान लिया जिससे वे उसकी उन अतृप्त इच्छाओं की पूर्ति कर सकें जिन्हें पूरी करने में वह अपने आप को असमर्थ पाता है। इसी कारण फ्रॉयड के अनुसार, मनुष्य के ये काल्पनिक देवता उसके लिए मुख्य तीन कार्य संपन्न करते हैं–प्राकृतिक शक्तियों से उत्पन्न भय को दूर करना; भाग्य की क्रूरता के कारण घटित होनेवाली असह्य अनिवार्य घटनाओं–यथा, मृत्यु–को सहन करने के लिए मनुष्य को समर्थ बनाना; और उन दुःखों का निराकरण तथा उन अभावों की पूर्ति करना जो सामाजिक प्रतिबंधों के फलस्वरूप मनुष्य के जीवन में उत्पन्न होते हैं। मनुष्य यह कल्पना करता है कि ये देवता उसके समस्त दुःखों को वर्तमान जीवन में अथवा मरणोत्तर जीवन में अवश्य दूर कर देंगे और तब वह उन सब सुखों को प्राप्त कर सकेगा जिनसे वह अब तक वंचित रहा है। अपनी इस कल्पना से उसे वैसा ही सहारा मिलता है जैसा बाल्यावस्था में उसे पिता के संरक्षण से मिलता था, अतः वह अपने जीवन को सुरक्षित अनुभव करता है और सुखमय भविष्य की आशा करने लगता है। इसी कारण फ्रॉयड ने मनुष्य की इस सुखद कल्पना को 'आकांक्षा-तृप्ति' (विशफुलफिलमैंट) की संज्ञा दी है। उनका मत है कि मनुष्य के समस्त धार्मिक विश्वास–जिनमें देवताओं और ईश्वर से संबंधित विश्वास भी सम्मिलित है–उसकी इसी आकांक्षा-तृप्ति के परिणाम हैं।[19]

मानव-सभ्यता में ईश्वर के विचार के विकास की व्याख्या करते हुए फ्रॉयड कहते हैं कि समय व्यतीत होने के साथ-साथ मनुष्य ने विभिन्न देवताओं के सभी अच्छे और प्रशंसनीय गुण एक ही कल्पित सत्ता या शक्ति में आरोपित करके उसे 'ईश्वर' का नाम दे दिया। वह अपने जीवन के लिए इन देवताओं से जो सहायता, सुरक्षा तथा सहारा चाहता था उन सबकी अब वह इस ईश्वर से याचना करने लगा। मनुष्य ने व्यक्ति तथा जाति दोनों के शैशव-काल में पिता से जो कुछ चाहा और पाया था उसे वह कभी भूल नहीं सका; पिता की यह प्राचीन ऐतिहासिक स्मृति उसके मन में सदा बनी रही जिसके आधार पर उसने कालांतर में ईश्वर की कल्पना की। अब मनुष्य ने इस ईश्वर को ही अपना पिता मान लिया और वह उससे वही सब कुछ पाने की आशा करने लगा जो वह स्वयं अपने तथा अपनी जाति के शैशव-काल में पिता से प्राप्त करता था। उसे विश्वास हो गया कि संकट-काल में ईश्वर ही उसे सुरक्षा, सहायता एवं सहारा दे सकता है और संपूर्ण विश्व के पिता के रूप में वही सबको उत्पन्न करता है तथा सबका पालन-पोषण करता है। इसी कारण मनुष्य ने ईश्वर को 'सबका पिता' कहकर उसे वही सम्मान दिया जो वह बाल्यावस्था में अपने पिता को देता था। परंतु अब तक वह यह जान चुका था कि उसका सांसारिक पिता उसके समान ही एक सीमित प्राणी है, अतः उसने ईश्वर में शक्ति, ज्ञान, प्रेम, शुभत्व, न्याय आदि उन सभी गुणों को असीमित मात्रा में आरोपित किया जो उसके पिता में

19. देखिए, वही पुस्तक, पृ. 30-32.

सीमित मात्रा में पाए जाते थे। वस्तुतः मनुष्य की इसी कल्पना ने ईश्वर को उसके सांसारिक पिता के विपरीत सर्वशक्तिमान, सर्वज्ञ, पूर्णतः शुभ, अत्यंत दयालु, प्रेममय तथा सर्वाधिक न्यायशील बनाया। ईश्वर के स्वरूप के विषय में अपनी इस कल्पना के कारण मनुष्य को यह विश्वास हो गया कि अब उसे इस 'परम पिता' के स्नेह, अवलंब तथा उसकी सहायता से कभी वंचित नहीं होना पड़ेगा। वह ईश्वर के प्रति भी वैसा ही व्यवहार करने लगा जैसा बाल्यकाल में वह अपने पिता के प्रति करता था। उसके मन में ईश्वर के लिए भी स्नेह, आकर्षण, श्रद्धा, सम्मान, भय आदि वैसी ही परस्पर विरोधी भावनाएँ उत्पन्न हुईं जैसी पिता के लिए होती थीं। इस प्रकार फ्रॉयड के अनुसार, मनुष्य ने ईश्वर के विशेष रूप की जो कल्पना की वह मूलतः उसके पिता के गुणों पर ही आधारित थी, अतः ईश्वर के साथ भी उसका वही संबंध माना जाता है जो उसके पिता के साथ शैशव-काल में था।[20]

वस्तुतः फ्रॉयड यह मानते थे कि ईश्वर के प्रत्यय के विकास में पिता की उस भूमिका का विशेष योगदान रहा है जो वह व्यक्ति के बाल्यकालीन जीवन में निभाता है। वयस्क हो जाने पर भी जब मनुष्य को अपने विरुद्ध कार्य करनेवाली प्राकृतिक तथा सामाजिक शक्तियों से रक्षा की आवश्यकता अनुभव हुई तब वह अचेतन रूप से पुनः अपनी बाल्यावस्था में लौट गया और उसने अपनी सहायता एवं रक्षा के लिए पिता के रूप में ईश्वर की कल्पना की। यही कारण है कि वयस्क व्यक्ति के जीवन में ईश्वर भी वही भूमिका निभाता है जो उसके शैशव-काल में उसका पिता निभाता था। अपनी बाल्यावस्था में लौट जाने की मनुष्य की इसी मानसिक स्थिति को फ़ायड ने 'प्रतिगमन' की संज्ञा दी है और उनका मत है कि इस प्रतिगमन का ईश्वर के प्रत्यय के विकास में बहुत महत्त्व है। इसी प्रतिगमन के आधार पर मनुष्य तथा ईश्वर के पारस्परिक संबंध के विषय में अपने मनोविश्लेषणवादी सिद्धांत की व्याख्या करते हुए उन्होंने लिखा है : "मनुष्यों का मनोविश्लेषण विशेष आग्रह के साथ हमें यह बताता है कि उनमें से प्रत्येक व्यक्ति का ईश्वर उसके पिता के समान है, ईश्वर के साथ उसका वैयक्तिक संबंध उसके सांसारिक पिता के साथ उसके संबंध पर निर्भर है और इस संबंध के साथ परिवर्तित होता रहता है; मूलतः ईश्वर महान पिता के अतिरिक्त और कुछ नहीं है।"[21] मनुष्य के साथ ईश्वर के संबंध के विषय में फ्रॉयड के इन विचारों से यह स्पष्ट है कि वे ईश्वर को स्वयं मानव के अचेतन मन की कल्पना मात्र मानते हैं जिसका जन्म उसकी दुर्बलता और असहायावस्था से होता है। इसी कारण उन्होंने ईश्वर को मनुष्य के अचेतन मन की आकांक्षा-तृप्ति का परिणाम कहा है। स्पष्टतः इसका अर्थ यही है कि उनके अनुसार मनुष्य के अचेतन मन से पृथक् ईश्वर की कोई स्वतंत्र और वस्तुपरक सत्ता नहीं है। फ्रॉयड द्वारा की गई ईश्वर के उद्‌गम की यह मनोविश्लेषणवादी व्याख्या निश्चय ही उनके निरीश्वरवाद की पूर्णतः पुष्टि करती है।

20. देखिए, वही पुस्तक, पृ. 33-34.

21. सिगमन्ड फ्रॉयड, 'टोटेम ऐंड टेबू', ए.ए. ब्रिल द्वारा अनूदित, 'पृ. 190.

ईश्वर के अस्तित्व की भाँति आत्मा की सत्ता और अमरता तथा विश्व में नैतिक व्यवस्था से संबंधित धार्मिक विश्वासों को भी फ्रॉयड मनुष्य की अपनी अचेतन इच्छा-पूर्ति अथवा आकांक्षा-तृप्ति के परिणाम ही मानते हैं। उनका कथन है कि मानव की कुछ प्रबल अचेतन इच्छाएँ--यथा, जीवित रहने की इच्छा, सुख प्राप्त करने की इच्छा और सदा सुरक्षित रहने की इच्छा—इन धार्मिक विश्वासों को जन्म देती हैं। वस्तुतः प्रत्येक धार्मिक विश्वास या सिद्धांत उसकी किसी ऐसी ही अचेतन प्रबल अतृप्त इच्छा की पूर्ति का साधन अथवा उपाय है। उदाहरणार्थ, ईश्वर विषयक विश्वास मनुष्य की इस इच्छा की पूर्ति करता है कि उसका कोई रक्षक एवं सहायक होना चाहिए जो उसे प्राकृतिक तथा सामाजिक आपदाओं से बचा सके और जिसका सहारा लेकर वह इस विशाल संसार में अकेलापन अनुभव न करे। अपनी इसी अचेतन इच्छा की तृप्ति के लिए उसने पिता के रूप में ईश्वर के विचार को जन्म दिया है। इसी प्रकार, आत्मा की अमरता से संबंधित विश्वास मनुष्य की इस प्रबल इच्छा की पूर्ति करता है कि वह कभी नष्ट न हो और किसी-न-किसी रूप में उसका अस्तित्व अनंत काल तक बना रहे। परंतु वह यह जानता है कि उसकी मृत्यु निश्चित है, अतः सदा जीवित रहने की अपनी अचेतन इच्छा से प्रेरित होकर उसने इस धार्मिक विश्वास को जन्म दिया है कि मृत्यु के पश्चात उसका शरीर ही नष्ट होता है और उसकी आत्मा सदैव अमर रहती है इस विश्वास के कारण उसे बहुत सांत्वना प्राप्त होती है। आत्मा की अमरता की भाँति विश्व में नैतिक व्यवस्था संबंधी धार्मिक विश्वास भी सुख प्राप्त करने की मनुष्य की प्रबल इच्छा से उत्पन्न होता है। अपने वास्तविक जीवन में उसे प्रायः शक्तिशाली व्यक्तियों द्वारा किए गए अत्याचारों, शोषण तथा अन्याय का सामना करना पड़ता है जिसका वह प्रतिकार नहीं कर पाता और इसलिए दुःखी रहता है। इस दुःख से मुक्त होने के लिए वह विश्व में नैतिक व्यवस्था की कल्पना करता है जो सर्वशक्तिमान तथा सर्वज्ञ ईश्वर द्वारा स्थापित की गई है और जिसके अंतर्गत—ईश्वर अत्याचारियों को दंड देकर इस जीवन में अथवा मरणोत्तर जीवन में उसके साथ अवश्य न्याय करेगा। इस विश्वव्यापी नैतिक व्यवस्था की कल्पना के फलस्वरूप भी वह अपने प्रति न्याय के संबंध में आश्वस्त हो जाता है जिससे उसे बहुत सांत्वना प्राप्त होती है। अन्य धार्मिक विश्वासों की उत्पत्ति की व्याख्या भी मूलतः इसी मनोवैज्ञानिक सिद्धांत के आधार पर ही की जा सकती है।

धार्मिक विश्वासों--विशेषतः ईसाई धर्म के कुछ मूल विश्वासों--के विषय में अपनी उपर्युक्त मनोविश्लेषणवादी व्याख्या का संक्षिप्त सारांश प्रस्तुत करते हुए फ्रॉयड कहते हैं : "हम पहले से ही यह जानते हैं कि बाल्यकालीन असहाय अवस्था के भयंकर प्रभाव ने स्नेह के माध्यम से रक्षा की आवश्यकता को जन्म दिया था जिसकी पूर्ति पिता ने की थी, और इस ज्ञान ने कि यह असहाय अवस्था संपूर्ण जीवन में बनी रहेगी मनुष्य के लिए पिता के अस्तित्व के साथ जुड़ा रहना अनिवार्य बना दिया—किंतु इस बार यह पिता कहीं अधिक शक्तिशाली था। इस प्रकार ईश्वर का उपकारपूर्ण शासन जीवन के खतरों से संबंधित हमारी चिंता को दूर करता है; विश्वव्यापी नैतिक व्यवस्था की स्थापना न्याय संबंधी हमारी उन माँगों की पूर्ति के विषय में हमें आश्वस्त करती है जो मानवीय संस्कृति में प्रायः अपूर्ण ही रह गई हैं; और इसके अतिरिक्त मरणोत्तर

जीवन द्वारा हमारे पार्थिव अस्तित्व की अवधि में वृद्धि इन आकांक्षाओं की तृप्ति के लिए स्थानीय तथा सामयिक वातावरण प्रदान करती है।"[22] फ़्रॉयड के इस उद्धरण से यह स्पष्ट है कि उनके मतानुसार समस्त धार्मिक विश्वास अथवा सिद्धांत मूलतः मनुष्य की कुछ अतृप्त आधारभूत अचेतन इच्छाओं से ही उत्पन्न होते हैं, अतः वे उसके मन से पृथक् और वस्तुपरक सत्ताओं का बोध नहीं कराते। इसका तात्पर्य यही है कि ये धार्मिक विश्वास या सिद्धांत ईश्वर, आत्मा, स्वर्ग, नरक आदि तथाकथित अलौकिक सत्ताओं के विश्वसनीय प्रमाण नहीं हैं।

फ़्रॉयड ने ईश्वर की सत्ता, आत्मा की अमरता, विश्वव्यापी नैतिक व्यवस्था आदि से संबंधित धार्मिक विश्वासों अथवा सिद्धांतों की सत्यता एवं प्रामाणिकता की समस्या पर भी विचार किया है। उन्होंने यह दार्शनिक प्रश्न उठाया है कि ये सिद्धांत तार्किक दृष्टि से कहाँ तक सत्य और प्रामाणिक हैं। उनके अनुसार, इस संबंध में हमारे समक्ष मूल प्रश्न यह है कि हमें इन धार्मिक सिद्धांतों में क्यों विश्वास करना चाहिए। फ़्रॉयड का कथन है कि धर्मपरायण व्यक्तियों ने इस प्रश्न के तीन उत्तर दिए हैं जिनमें परस्पर संगति नहीं है और जिनमें से किसी भी उत्तर को तर्कतः सत्य तथा प्रामाणिक नहीं माना जा सकता। पहला उत्तर यह है कि हमारे पूर्वज इन धार्मिक सिद्धांतों में विश्वास करते थे, अतः हमें भी इनमें विश्वास करना चाहिए। इस उत्तर को अस्वीकार करते हुए फ़्रॉयड कहते हैं कि वास्तव में हमारे पूर्वज प्रकृति तथा समाज के नियमों के विषय में हमारी अपेक्षा कहीं अधिक अनभिज्ञ थे और वे ऐसी अनेक बातों में विश्वास करते थे जिन्हें आज हम पूर्णतः मिथ्या मानते हैं। इससे यह स्पष्ट है कि इन पूर्वजों के धार्मिक विश्वास भी मिथ्या हो सकते हैं। उपर्युक्त प्रश्न का दूसरा उत्तर यह दिया गया है कि इन धार्मिक विश्वासों या सिद्धांतों की सत्यता के लिए हमारे पास प्रमाण हैं जो बहुत प्राचीन काल से हमारे पूर्वजों ने हमारे लिए छोड़े हैं। इस उत्तर के विरुद्ध फ़्रॉयड का कथन है कि ये प्रमाण ऐसे धर्मग्रंथों में प्रस्तुत किए गए हैं जो स्वयं ही अविश्वसनीय हैं। इन धर्मग्रंथों में ऐसे अनेक स्वतोव्याघात और अंतर्वेशन विद्यमान हैं जो इनकी सत्यता और विश्वसनीयता को समाप्त कर देते हैं। ऐसी स्थिति में धार्मिक सिद्धांतों के लिए इन ग्रंथों में उपलब्ध प्रमाणों को स्वीकार नहीं किया जा सकता। उपर्युक्त प्रश्न के तीसरे उत्तर में यह कहा गया है कि धार्मिक सिद्धांतों की सत्यता और प्रामाणिकता के विषय में प्रश्न उठाना अथवा संदेह करना वर्जित है, अतः हमें इनमें अवश्य विश्वास करना चाहिए। परंतु फ़्रॉयड के अनुसार, यह उत्तर बहुत आपत्तिजनक है, क्योंकि यह मनुष्य के तर्क और विवेक के विरुद्ध है। हमारे पास तर्क ही एकमात्र ऐसी कसौटी है जिसके द्वारा हम किसी सिद्धांत की परीक्षा कर सकते हैं। जो सिद्धांत इस अनिवार्य कसौटी को अस्वीकार करता है उसे कभी भी सत्य और प्रामाणिक नहीं माना जा सकता। ऐसे सिद्धांत में विश्वास करना निश्चय ही तर्कबुद्धि के विरुद्ध है। इस प्रकार उपर्युक्त समस्या के संबंध में फ़्रॉयड का निष्कर्ष यह है कि धार्मिक सिद्धांतों में विश्वास करने के लिए हमारे पास कोई संतोषप्रद और विश्वसनीय प्रमाण नहीं हैं।[23]

22. सिगमन्ड फ़्रॉयड, 'दि फ़्यूचर ऑफ़ ऐन इल्यूज़न', पृ. 52.

23. देखिए, वही पुस्तक, पृ. 45-49.

परंतु अपने उपर्युक्त निष्कर्ष के साथ-साथ फ़्रॉयड यह भी स्पष्टतः स्वीकार करते हैं कि तार्किक दृष्टि से प्रामाणिक न होते हुए भी धार्मिक सिद्धांतों अथवा विश्वासों का मानव-जाति पर बहुत गहरा और व्यापक प्रभाव पड़ा है। यहाँ स्वभावतः यह प्रश्न उठता है कि इस प्रभाव का कारण क्या है और ये धार्मिक सिद्धांत या विश्वास अपनी शक्ति कहाँ से प्राप्त करते हैं। इस प्रश्न का उत्तर देते हुए फ़्रॉयड सर्वप्रथम यह कहते हैं कि ये विश्वास अथवा सिद्धांत न तो मनुष्य के अनुभव के परिणाम हैं और न उसके तार्किक चिंतन के। वस्तुतः ये मानव-जाति की प्राचीनतम तथा प्रबलतम इच्छाओं या आकांक्षाओं से उत्पन्न होते हैं और इन्हीं इच्छाओं अथवा आकांक्षाओं से ये अपनी शक्ति प्राप्त करते हैं। इच्छा-तृप्ति के इस विशेष अर्थ में ये केवल 'भ्रम' हैं।[24]

फ़्रॉयड जब धार्मिक सिद्धांतों या विश्वासों को 'भ्रम' कहते हैं तो वे 'भ्रम' शब्द का प्रयोग इसके सामान्य अर्थ में न करके एक विशेष अर्थ में करते हैं जिसे यहाँ स्पष्ट कर देना आवश्यक है। 'भ्रम' से उनका तात्पर्य ग़लती अथवा भूल नहीं है जैसा कि सामान्यतः समझा जाता है। उनके अनुसार, यह अनिवार्य नहीं है कि जिस विशेष अर्थ में वे 'भ्रम' शब्द का प्रयोग करते हैं उस अर्थ में प्रत्येक भ्रमपूर्ण विश्वास ग़लत या मिथ्या हो। उदाहरणार्थ, एक निर्धन लड़की का यह दृढ़ विश्वास हो सकता है कि एक दिन कोई राजकुमार आएगा और उसके साथ विवाह करके उसे अपने घर ले जाएगा। इच्छा-तृप्ति के विशेष अर्थ में उसका यह विश्वास भ्रम है, किंतु इसका मिथ्या होना अनिवार्य नहीं है। यह संभव है कि उसका विश्वास सत्य सिद्ध हो और वह अपने रूप तथा गुणों के कारण रानी बन जाए। इसी प्रकार, युद्ध में जानेवाले किसी सैनिक का यह विश्वास हो सकता है कि उसकी मृत्यु नहीं होगी, क्योंकि ईश्वर उसकी रक्षा अवश्य करेगा। इस सैनिक का यह विश्वास भी उपर्युक्त विशेष अर्थ में भ्रम है, किंतु यह सत्य सिद्ध हो सकता है और वह सुरक्षित घर लौट सकता है। इन उदाहरणों से यह स्पष्ट है कि फ़्रॉयड जिस विशेष अर्थ में 'भ्रम' शब्द का प्रयोग करते हैं उस अर्थ में किसी भ्रमपूर्ण विश्वास का ग़लत अथवा मिथ्या होना अनिवार्य नहीं है।

वस्तुतः फ़्रॉयड के अनुसार, भ्रमपूर्ण विश्वास वह है जो मनुष्य की किसी अतृप्त इच्छा से उत्पन्न होता है और जिसे स्वीकार करते हुए वह जीवन की कठोर वास्तविकता की उपेक्षा करता है। उनके द्वारा बताया गया 'भ्रम' शब्द का यह विशेष अर्थ इसके सामान्य अर्थ से निश्चय ही भिन्न है। अपने इस विशेष अर्थ में 'भ्रम' शब्द की व्याख्या करते हुए फ़्रॉयड ने लिखा है : "भ्रम वही नहीं है जो ग़लती है; वास्तव में यह अनिवार्यतः ग़लती नहीं है। . . . कुछ राष्ट्रवादियों के इस कथन को भ्रम कहा जा सकता है कि केवल भारतीय तथा जर्मन जाति ही सुसंस्कृत हो सकती है, अथवा केवल मनोविश्लेषणवाद द्वारा नष्ट किए गए इस विश्वास को भ्रम कहा जा सकता है कि बच्चे में कामवासना नहीं होती। भ्रम की यह विशेषता है कि वह मनुष्यों की इच्छाओं या आकांक्षाओं से उत्पन्न होता है। . . . भ्रम का मिथ्या होना—अर्थात्, इसका अप्राप्य अथवा वास्तविकता के विरुद्ध होना—अनिवार्य नहीं है। उदाहरणार्थ, एक ग़रीब

24. देखिए, वही पुस्तक, पृ. 52.

लड़की को यह भ्रम हो सकता है कि राजकुमार आएगा और उसे घर ले जाएगा। यह संभव है; ऐसी कुछ घटनाएँ हुई हैं। . . . इस प्रकार हम उस विश्वास को भ्रम कहते हैं जिसकी प्रमुख अभिप्रेरणा इच्छा-तृप्ति होती है और जिसमें वास्तविकता के साथ संबंध की उपेक्षा की जाती है जैसा कि सामान्यतः भ्रम में होता है।"[25]

फ्रॉयड द्वारा की गई 'भ्रम' शब्द की उपर्युक्त व्याख्या से यह स्पष्ट है कि उनके अनुसार, ऐसा प्रत्येक विश्वास भ्रम है जो मूलतः मनुष्य की किसी अतृप्त इच्छा से उत्पन्न होता है। उन्होंने इसी विशेष अर्थ में धार्मिक विश्वासों को 'भ्रम' कहा है, क्योंकि, जैसा कि हम ऊपर देख चुके हैं, उनके विचार में मनुष्य की कुछ प्राचीनतम तथा प्रबलतम अतृप्त अचेतन इच्छाएँ ही इन विश्वासों को जन्म देती हैं। उदाहरणार्थ, प्राकृतिक आपदाओं एवं सामाजिक कठिनाइयों से बचने की इच्छा, अनंत काल तक अपना अस्तित्व बनाए रखने की इच्छा तथा अपने ऊपर किए जानेवाले अत्याचारों के लिए न्याय प्राप्त करने की इच्छा ने क्रमशः ईश्वर की सत्ता, आत्मा की अमरता और विश्वव्यापी नैतिक व्यवस्था से संबंधित धार्मिक विश्वासों को जन्म दिया है। परंतु फ्रायड का कथन है कि ये सभी तथा अन्य धार्मिक विश्वास सत्य न होकर केवल भ्रम हैं, क्योंकि इनका मूल कारण मनुष्य की वे अतृप्त प्रबल अचेतन इच्छाएँ हैं जिनकी पूर्ति वह इन विश्वासों के माध्यम से करना चाहता है। मनुष्य निश्चित रूप से यह मान लेता है कि इन धार्मिक विश्वासों का सहारा लेकर वह अपनी अतृप्त इच्छाओं की पूर्ति कर सकेगा, किंतु ऐसा सोचकर वह केवल अपने आप को ही धोखा देता है। इन भ्रमपूर्ण धार्मिक विश्वासों के जाल में फँसकर वह अपने जीवन की समस्त कठोर वास्तविकताओं को भूल जाता है जिसके फलस्वरूप उसे मिथ्या संतोष और सांत्वना का अनुभव होता है। इसी कारण फ्रॉयड ने यह कहा है कि धार्मिक विश्वासों के साथ प्रवंचना अवश्य संबद्ध रहती है जो मनुष्य को भ्रम में डाल देती है। इन विश्वासों को सत्य सिद्ध करने के लिए कोई प्रामाणिक तर्क नहीं दिए जा सकते। इनमें से कुछ धार्मिक विश्वास विज्ञान द्वारा प्राप्त हमारी प्रामाणिक जानकारी के विरुद्ध होने के कारण पूर्णतः असंगत और अविश्वसनीय हैं। इन्हें स्वीकार करने के लिए किसी विवेकशील व्यक्ति को तर्कतः बाध्य नहीं किया जा सकता। केवल अपनी अंतःप्रज्ञा के आधार पर इन विश्वासों को सत्य मान लेना भ्रम के अतिरिक्त और कुछ नहीं है। इसका कारण यह है कि व्यक्तिनिष्ठ अंतःप्रज्ञा हमें कभी भी प्रामाणिक और वस्तुपरक ज्ञान प्रदान नहीं कर करती। इस प्रकार धार्मिक विश्वासों के संबंध में फ्रॉयड का निष्कर्ष यह है कि वे विश्वास मनुष्य की अतृप्त अचेतन इच्छाओं से उत्पन्न भ्रम मात्र हैं जो उसे केवल मिथ्या संतोष तथा सांत्वना प्रदान करते हैं।[26]

धर्म–विशेषतः ईश्वर–के साथ प्रेम, विनम्रता, भय, विरोध, अपराध-बोध आदि जो तीव्र मानवीय भावनाएँ संबद्ध रहती हैं उनकी व्याख्या फ्रॉयड ने यूनानी पौराणिक कथा के एक नायक, ईडिपस के आधार पर की है। इस पौराणिक कथा के अनुसार, प्राचीन काल में 'ईडिपस' नामक एक राजा था जिसने अनजाने में अपने पिता की

25. वही पुस्तक, पृ. 53-54.

26. देखिए, वही पुस्तक, पृ. 55-56.

हत्या करके अपनी माता से विवाह किया था और पर्याप्त समय के उपरांत इस दुखद तथ्य का ज्ञान होने पर उसके मन में अपने इन कार्यों के लिए तीव्र पश्चाताप तथा अपराध-बोध की भावनाएँ उत्पन्न हुई थीं। इस प्राचीन यूनानी कथा को आधार बनाकर फ्रॉयड ने अपनी पुस्तक, 'टोटेम ऐंड टेबू' में मनुष्य की उन विशेष तीव्र भावनाओं की मनोविश्लेषणवादी व्याख्या की है जो धर्म, ईश्वर तथा धार्मिक कर्मकांड के साथ आज भी जुड़ी हुई दिखाई देती हैं जिनका उल्लेख हम ऊपर कर चुके हैं। इस संबंध में उनका कथन है कि प्रागैतिहासिक काल में मानव-जाति अनेक कबीलों में विभाजित थी और प्रत्येक कबीला एक अलग तथा स्वतंत्र इकाई था। कबीले में एक पुरुष, एक स्त्री और उनके बच्चे रहते थे। इसका मुखिया केवल पिता ही होता था जो इसके सभी सदस्यों पर पूर्ण एकाधिकार रखता था। इसकी सभी स्त्रियों पर भी पिता का ही स्वामित्व होता था, अतः जो युवा लड़का किसी स्त्री को पाने के लिए उसे चुनौती देता था उस लड़के को वह या तो मार डालता था अथवा कबीले से निकाल देता था। पिता के इस निरंकुश शासन से दुःखी होकर एक दिन सब भाइयों ने मिलकर उसकी हत्या कर दी। पिता के न रहने पर उन्होंने यह अनुभव किया कि वे सब मिलकर उसका स्थान नहीं ले सकते, क्योंकि समुदाय का मुखिया तो एक ही हो सकता था। इसके अतिरिक्त उनके मन में पिता के प्रति स्नेह, कृतज्ञता आदि भावनाएँ भी थीं जो उसके न रहने पर और अधिक तीव्र हो गईं। ऐसी स्थिति में सभी युवा लड़कों ने यह अनुभव किया कि पिता की हत्या करके उन्होंने बहुत बड़ा पाप किया है। इसी पाप को फ्रॉयड ने 'आदिम पाप' की संज्ञा दी है। उनका कथन है कि इस पाप के फलस्वरूप सभी युवा लड़कों के मन में गहरा पश्चाताप तथा अपराध-बोध उत्पन्न हुआ। उन्होंने यह अनुभव किया कि कबीले की स्त्रियों के साथ संभोग के विरुद्ध उनके पिता की वर्जना ठीक थी, अतः अब पिता की मृत्यु के पश्चात उसकी यह वर्जना उन सबके लिए अनिवार्य नैतिक आदेश हो गई।

फ्रॉयड का विचार है कि कालांतर में यह वर्जना मनुष्य के अचेतन मन का अभिन्न अंग बन गई। आज मानव-जाति में निकट संबंधियों के साथ संभोग न करने का जो नियम है वह मूलतः इसी आदिकालीन वर्जना का परिणाम है। इसके अतिरिक्त धार्मिक आदेशों का उल्लंघन करने के फलस्वरूप मनुष्य के मन में जो अपराध-बोध उत्पन्न होता है उसका संबंध आदिकाल में की गई पिता की हत्या के 'आदिम पाप' से उत्पन्न अपराध-बोध के साथ है। इतना ही नहीं, अपनी इच्छाओं की पूर्ति न होने पर मनुष्य ईश्वर के प्रति जिस विरोध की भावना का अनुभव करता है उसका मूल कारण भी आदिकालीन पिता के प्रति उसकी विरोध-भावना ही है। फ्रॉयड के अनुसार, जिस प्रकार ईडिपस ने अनजाने में ही पिता की हत्या करके माता के साथ विवाह किया था उसी प्रकार प्रत्येक लड़का अचेतन रूप से माता को पाना चाहता है और अपनी इस इच्छा की पूर्ति में पिता के बाधक होने के कारण वह उसके प्रति अचेतन रूप से विरोध की भावना रखता है। इसे ही उन्होंने 'पितृ-ग्रंथि' (ईडिपस कॉम्प्लेक्स) की संज्ञा दी है जो उनके विचार में मनुष्य की अनेक तीव्र धार्मिक भावनाओं का मूल स्रोत है। परंतु यहाँ यह उल्लेखनीय है कि बहुत-से आधुनिक विद्वान इस पितृ-ग्रंथि तथा पिता

की आदिकालीन हत्या से संबंधित फ्रॉयड की उपर्युक्त कल्पना को निराधार कल्पना मानते हैं जिसका कोई वैज्ञानिक प्रमाण नहीं है।

अभी तक धर्म के विषय में फ्रॉयड के जो विचार प्रस्तुत किए गए हैं उनसे यह स्पष्ट है कि वे उसे मानव-जाति के लिए मनोवैज्ञानिक दृष्टि से हानिकारक मानते हैं। धर्म के विरुद्ध उनकी प्रथम मुख्य आपत्ति यह है कि वह मनुष्य को ईश्वर या अन्य अलौकिक शक्तियों पर आश्रित बनाकर उसकी आत्म-निर्भरता और स्वतंत्र चिंतन-शक्ति को नष्ट कर देता है। वह मनुष्य को सदा एक ऐसा दुर्बल तथा अशक्त बालक बनाए रखता है जो शारीरिक दृष्टि से वयस्क हो जाने के पश्चात भी आजीवन अपने काल्पनिक ईश्वर-रूपी पिता पर आश्रित रहता है और अपनी कठिनाइयों एवं समस्याओं के समाधान के लिए स्वयं स्वतंत्र रूप से कभी प्रयास नहीं कर पाता। अपने विरुद्ध सामाजिक तथा प्राकृतिक शक्तियों की भयंकरता से बचने के लिए वह प्रार्थना और अन्य उपायों द्वारा सदा ईश्वर से सहायता की याचना करता रहता है। पराश्रितता की यह स्थिति मनुष्य की स्वतंत्रता, गरिमा और आत्म-निर्भरता के लिए बहुत घातक है। इस दुखद स्थिति से मुक्त होने के लिए मानव-जाति के समक्ष फ्रॉयड ने अपना जो समाधान प्रस्तुत किया है उस पर हम आगे विचार करेंगे।

धर्म के विरुद्ध फ्रॉयड की दूसरी प्रमुख आपत्ति यह है कि वह मनुष्य को उसकी मूल नैसर्गिक प्रबल इच्छाओं का दमन करने के लिए बाध्य करता है। इन इच्छाओं में कामवासना तथा आक्रामकता की प्रवृत्ति पर धर्म द्वारा विशेष रूप से प्रतिबंध लगाए जाते हैं। इन स्वाभाविक मूल प्रवृत्तियों को अभिव्यक्ति के संबंध में धर्म द्वारा निर्मित नैतिक नियम इतने कठोर हैं कि साधारण व्यक्तियों के लिए उनका पालन करना अत्यंत कठिन हो जाता है। इसका दुष्परिणाम यह होता है कि वे इन प्रवृत्तियों का दमन करने के लिए बाध्य होते हैं जिससे अनेक मनोरोगों का जन्म होता है जो उनके जीवन को दुःखमय बना देते हैं। कठोर धार्मिक नियमों को ईश्वर के आदेश माना जाता है जिनका अनजाने में भी उल्लंघन करना निंदनीय तथा पाप समझा जाता है। ऐसी स्थिति में इन नियमों के अनुसार आचरण न कर सकने पर मनुष्य के मन में गहरा अपराध-बोध उत्पन्न होता है जो उसके मानसिक स्वास्थ्य के लिए बहुत हानिकारक है। अपनी मनोविश्लेषण-पद्धति द्वारा बहुत-से व्यक्तियों के मनोरोगों का उपचार करते हुए फ्रॉयड ने स्वयं यह देखा था कि उनके ये मनोरोग स्वाभाविक मूल प्रवृत्तियों के अनावश्यक दमन के फलस्वरूप उत्पन्न हुए हैं। इसी कारण वे इन प्रवृत्तियों के अत्यधिक दमन को मनुष्य के मानसिक स्वास्थ्य के लिए हानिकारक मानते थे। उनके अनुसार, धर्म ईश्वर द्वारा निर्मित नैतिक नियमों का उल्लंघन करने पर मनुष्य को कठोर ईश्वरीय दंड का भय दिखाकर उसे अपनी प्रबल स्वाभाविक इच्छाओं का दमन करने के लिए बाध्य करता है। इस प्रकार फ्रॉयड का निष्कर्ष यह है कि धर्म मनुष्य की नैसर्गिक मूल प्रवृत्तियों का अत्यधिक दमन करके उसके जीवन के लिए मनोवैज्ञानिक दृष्टि से बहुत हानिकारक सिद्ध होता है।

परंतु धर्म के विषय में फ्रॉयड के उपर्युक्त मत का यह अर्थ कदापि नहीं है कि वे समाज के अस्तित्व तथा कल्याण के लिए कानूनों और नैतिक नियमों को कोई

महत्त्व नहीं देते। इसके विपरीत वे वास्तव में इन कानूनों तथा नैतिक नियमों को मानव-समाज के लिए अनिवार्य मानते हैं। उन्होंने स्पष्ट कहा है कि यदि हत्या, बलात्कार, चोरी, धोखा आदि अपराधों के निषेध से संबंधित ये कानून एवं नैतिक नियम न हों तो हम सबका जीवन अत्यधिक असुरक्षित तथा दुःखमय हो जाएगा और अंततः संपूर्ण मानव-समाज ही नष्ट हो जाएगा। इन नैतिक नियमों तथा कानूनों के अभाव में कोई भी व्यक्ति अपनी इच्छाओं की पूर्ति के लिए कभी भी किसी की हत्या कर देगा, किसी भी स्त्री के साथ बलात्कार करेगा और दूसरों की संपत्ति पर बलपूर्वक अधिकार कर लेगा। यह समझना कठिन नहीं है कि ऐसी अराजकता की स्थिति में किसी भी मनुष्य का जीवन सुरक्षित नहीं रहेगा और निरंतर पारस्परिक कलह तथा एक-दूसरे की हत्या के फलस्वरूप शीघ्र ही मानव-समाज का अंत हो जाएगा। फ्रॉयड का कथन है कि इन्हीं सब तथ्यों को ध्यान में रखते हुए मनुष्य ने स्वयं नैतिक नियमों तथा कानूनों का निर्माण किया है और प्रत्येक व्यक्ति के लिए इनका पालन करना अनिवार्य माना है।[27]

परंतु फ्रॉयड के मतानुसार, धर्म नैतिक नियमों की उत्पत्ति के संबंध में उपर्युक्त तथ्यपरक समाजशास्त्रीय तथा वैज्ञानिक व्याख्या का निषेध करता है। इस व्याख्या को अस्वीकार करते हुए धर्मगुरु नैतिक नियमों को ईश्वर के आदेश अथवा ईश्वरीय नियम मानते हैं। उनका मत है कि इन नियमों का निर्माण मनुष्य ने नहीं, अपितु स्वयं ईश्वर ने किया है, अतः प्रत्येक व्यक्ति के लिए सभी परिस्थितियों में इनका पालन करना अनिवार्य है। इसका तात्पर्य यह है कि इन धर्मगुरुओं के अनुसार, किसी भी स्थिति में नैतिक नियमों का उल्लंघन करना महापाप है, क्योंकि ये स्वयं ईश्वर के आदेश हैं और इसी कारण इनका उल्लंघन करने पर वह मनुष्य को कठोर दंड देता है। इस प्रकार फ्रॉयड के विचार में, नैतिक नियमों को 'ईश्वरादेश' घोषित करके धर्मगुरु मनुष्य के लिए इनके विशेष महत्त्व को स्थापित करने और अपवाद रहित रूप से सभी परिस्थितियों में इन्हें अनुल्लंघनीय बनाने का प्रयास करते हैं। यही कारण है कि ये धर्मगुरु इन नैतिक नियमों के माध्यम से मनुष्य की स्वाभाविक इच्छाओं के दमन को आवश्यक मानते हैं।

परंतु फ्रॉयड को नैतिक नियमों के विषय में धर्मगुरुओं का उपर्युक्त धार्मिक दृष्टिकोण स्वीकार्य नहीं है। इस दृष्टिकोण के विरुद्ध उनका कथन है कि यह नैतिकता को काल्पनिक ईश्वर पर आश्रित बना देता है जिससे वह बहुत दुर्बल हो जाती है। यदि हम ईश्वर के दंड के भय से बाध्य होकर नैतिक नियमों का पालन करते हैं तो उसकी सत्ता में विश्वास न करने पर हमारे लिए इन नियमों की प्रासंगिकता और आवश्यकता समाप्त हो जाती है। वस्तुतः ईश्वर विषयक विश्वास के अभाव में हमारे लिए नैतिकता का कोई अर्थ ही नहीं रह जाता और यह स्थिति मानव-समाज के लिए बहुत घातक है। इसी कारण फ्रॉयड ईश्वर के स्थान पर केवल समाज को ही नैतिकता का मूल स्रोत मानते हैं। जैसा कि हम ऊपर देख चुके हैं, उनके अनुसार, स्वयं मनुष्य ने ही समाज में शांति एवं व्यवस्था बनाए रखने तथा सभी सदस्यों की सुरक्षा एवं

27. देखिए, वही पुस्तक, पृ. 70-71.

प्रगति के लिए नैतिक नियमों का निर्माण किया है और मूलतः इसी सामाजिक उद्देश्य को ध्यान में रखते हुए प्रत्येक व्यक्ति द्वारा इनका पालन करना आवश्यक माना जाता है। यह सामाजिक उद्देश्य ही नैतिकता का बौद्धिक मूल आधार है जिसका धर्म पूर्णतः निषेध करता है।

फ्रॉयड का विचार है कि नैतिकता के धार्मिक आधार की अपेक्षा उसके उपर्युक्त बौद्धिक आधार को स्वीकार करना व्यक्ति और समाज दोनों के लिए कहीं अधिक लाभदायक है। सर्वप्रथम, इसे स्वीकार करने के कारण नैतिकता ईश्वर विषयक विश्वास से स्वतंत्र हो जाती है, अतः इस विश्वास के समाप्त हो जाने पर भी मनुष्य के लिए उसका महत्त्व पूर्ववत् बना रहता है। इसके अतिरिक्त नैतिकता के उक्त बौद्धिक आधार को जान लेने के पश्चात मनुष्य यह भली-भाँति समझ लेता है कि सभी परिस्थितियों में अपवाद रहित रूप से नैतिक नियमों का पालन करना अनिवार्य नहीं है, क्योंकि ये नियम स्वतः साध्य न होकर अंततः व्यक्ति और समाज के हित के साधन मात्र हैं। इन नियमों के इस मूल उद्देश्य का ज्ञान इनकी अनावश्यक कठोरता और निरपेक्षता को समाप्त कर देता है जिसके फलस्वरूप इनका पालन करने के लिए स्वाभाविक इच्छाओं के बलपूर्वक दमन की आवश्यकता नहीं रह जाती। मनुष्य अपनी इच्छा से इन नैतिक नियमों का पालन करने के लिए उद्यत हो जाता है। फ्रॉयड का निश्चित मत है कि ये सभी तथ्य नैतिकता के सामाजिक एवं बौद्धिक आधार को उसके ईश्वर विषयक धार्मिक आधार की अपेक्षा कहीं अधिक लाभदायक और तर्कसंगत सिद्ध करते हैं, अतः हमें ईमानदारी से इसे पूर्णतः स्वीकार कर लेना चाहिए।[28]

नैतिकता को सामाजिक तथा बौद्धिक आधार पर स्थापित करने के अतिरिक्त फ्रॉयड मनुष्य को उन समस्त धार्मिक विश्वासों से भी मुक्त करना चाहते हैं जिन्हें उन्होंने 'भ्रम' की संज्ञा दी है। हम देख चुके हैं कि उनके विचार में ये धार्मिक विश्वास मनुष्य को ईश्वर या अन्य अति-प्राकृतिक शक्तियों पर आश्रित बनाकर उसकी आत्म-निर्भरता, स्वतंत्रता और गरिमा को नष्ट कर देते हैं। इसी कारण, फ्रॉयड यह मानते हैं कि इन भ्रामक विश्वासों से मुक्ति प्राप्त करना मानव के सुखमय और सफल जीवन के लिए आवश्यक है। वे यह स्वीकार करते हैं कि इन विश्वासों से मुक्त होना निश्चय ही बहुत कठिन कार्य है और इसके लिए मनुष्य को दीर्घकाल तक निरंतर प्रयास करना होगा। वस्तुतः लाखों वर्षों से भ्रमपूर्ण धार्मिक विश्वासों के अनुसार जीवन व्यतीत करने रहने के कारण आज मनुष्य की स्थिति ठीक वैसी ही हो गई है जैसी पराश्रित शिशु की होती है। शिशु के समान वह भी अपने काल्पनिक ईश्वर-रूपी पिता की सहायता तथा उसके सहारे का परित्याग नहीं करना चाहता और उस पर आश्रित रहकर अपने आप को पूर्णतः सुरक्षित अनुभव करता है। परंतु फ्रॉयड का कथन है कि समय व्यतीत होने के साथ-साथ प्रत्येक शिशु को वयस्क होना ही पड़ता है और अंततः अपने पिता के सुखद तथा सुरक्षित घर का त्याग करना पड़ता है। यही प्रकृति का नियम है और इसी में मनुष्य की प्रतिष्ठा निहित है। पिता का घर छोड़कर ही

28. देखिए, वही पुस्तक, पृ. 71-73.

वह वास्तविक अर्थ में आत्म-निर्भर तथा प्रतिष्ठित व्यक्ति बनता है जो उसके सफल जीवन के लिए अनिवार्य है। फ्रॉयड के विचार में वयस्क व्यक्ति की भाँति मनुष्य को भी आत्म-निर्भर बनने के लिए अंततः ईश्वर-रूपी अपने पिता के आश्रय को छोड़ना होगा। वे स्पष्टतः यह कहते हैं कि इस कठिन कार्य में मनुष्य को समर्थ बनाना ही उनके संपूर्ण धर्म विषयक चिंतन का मूल उद्देश्य है। अपने इस उद्देश्य की पूर्ति के लिए वे उसकी संकल्प-शक्ति और आधुनिक युग में द्रुत गति से होनेवाले विज्ञान के विकास को विशेष महत्त्व देते हैं।

भ्रमपूर्ण धार्मिक विश्वासों से मनुष्य की मुक्ति की आवश्यकता के संबंध में अपने उपर्युक्त वैज्ञानिक दृष्टिकोण की व्याख्या करते हुए फ्रॉयड ने लिखा है : "अपनी मूल प्रवृत्तियों को नियंत्रित करने के लिए हमारे पास बुद्धि के अतिरिक्त अन्य कोई साधन नहीं है। . . . धर्म को बलपूर्वक और एक ही प्रहार द्वारा तुरंत समाप्त करने का प्रयास निश्चय ही व्यर्थ है, क्योंकि इसके सफल होने की कोई आशा नहीं है। धर्म में विश्वास करनेवाला व्यक्ति इसके विरुद्ध दिए गए तर्कों और इस पर लगाए गए प्रतिबंधों के कारण अपनी आस्था का परित्याग नहीं करेगा। और यदि कुछ व्यक्तियों के संबंध में यह प्रयास सफल हो गया तो ऐसा करना निर्दयतापूर्ण होगा। जो मनुष्य दशकों से नींद की दवा लेता रहा हो वह उससे वंचित हो जाने पर स्वाभाविक रूप से सो नहीं सकता। . . . मैं आप के इस तर्क से सहमत नहीं हूँ कि सामान्यतः धार्मिक भ्रम की सांत्वना के बिना मनुष्य का काम नहीं चल सकता और इसके बिना वह जीवन के कष्टों तथा कठोर यथार्थ की क्रूरता को सहन नहीं कर सकेगा। . . . यह सत्य है कि तब मनुष्य अपने आप को कठिन स्थिति में पाएगा। उसे अपनी पूर्ण असहाय अवस्था और ब्रह्माण्ड की कार्य-प्रणाली में अपनी महत्त्वहीन भूमिका को स्वीकार करना होगा; उसे यह स्वीकार करना होगा कि वह अब विश्व का केंद्र तथा परोपकारमय ईश्वर के विशेष स्नेह का पात्र नहीं है। वह उसी स्थिति में होगा जो उस बालक की होती है जिसने वह घर छोड़ दिया है जहाँ वह इतना सुखी और संतुष्ट था। परंतु क्या यह अनिवार्य नहीं है कि अंततः बचपना समाप्त हो? मनुष्य सदा बच्चा नहीं रह सकता; उसे अंततः निर्दय संसार में प्रवेश करने का साहस करना ही पड़ेगा। इसे 'यथार्थ की शिक्षा' कहा जा सकता है। क्या मुझे यह बताने की आवश्यकता है कि मेरी पुस्तक का एकमात्र उद्देश्य इसी प्रगति की अनिवार्यता की ओर ध्यान आकृष्ट करना है? आप को संभवतः इस बात का भय है कि मनुष्य इस परीक्षा में उत्तीर्ण नहीं होगा। परंतु हमें ऐसी आशा तो करनी ही चाहिए। कम-से-कम यह जान लेना तो अच्छा ही है कि मनुष्य को केवल अपने साधनों पर निर्भर रहना है। तब वह इन साधनों का ठीक तरह से उपयोग करना सीख लेगा। और फिर मनुष्य पूर्णतः साधनहीन भी नहीं है; आदिकाल से आज तक विज्ञान ने उसे बहुत कुछ सिखाया है, और यह उसकी शक्ति में इससे भी अधिक वृद्धि करेगा। और जहाँ तक भाग्य अथवा नियति की ऐसी अनिवार्यताओं का प्रश्न है जिनके विरुद्ध कोई उपाय नहीं है, उन्हें वह शांतिपूर्वक सहन करना सीख लेगा। उसके लिए चंद्रमा पर स्थित उस साम्राज्य के भ्रम का क्या उपयोग है जिसकी आय को अभी तक किसी ने कभी देखा ही नहीं है? इस पृथ्वी के

एक ईमानदार निवासी के रूप में वह यह जान लेगा कि उसे इसका प्रबंध कैसे करना है जिससे यह उसे सहारा देती रहे। इस प्रकार परलोक से अपनी आशाओं को हटाकर तथा ऐसा करने से मुक्त हुई अपनी समस्त क्षमताओं को इसी सांसारिक जीवन पर केंद्रित करके वह संभवतः ऐसी स्थिति प्राप्त कर लेगा जिसमें जीवन सबके लिए सह्य होगा और समाज द्वारा किसी का दमन नहीं किया जाएगा।"[29]

उपर्युक्त विस्तृत उद्धरण से यह स्पष्ट है कि फ्रॉयड मनुष्य को भ्रमपूर्ण ईश्वर विषयक विश्वास तथा अन्य धार्मिक विश्वासों से मुक्त करना चाहते थे जिससे वह अपनी खोई हुई आत्म-निर्भरता एवं प्रतिष्ठा को पुनः प्राप्त कर सके और इस संसार में अपने जीवन की समस्याओं का समाधान यथासंभव स्वयं ही करने में समर्थ हो सके। वे निश्चित रूप से यह मानते थे कि इस कठिन कार्य में केवल विज्ञान उसकी सहायता कर सकता है, ईश्वर या कोई अन्य अलौकिक शक्ति नहीं। इसी कारण वे मानव-जीवन को सुखमय और समृद्ध बनाने के लिए ईश्वर के स्थान पर विज्ञान को ही महत्त्व देते थे।[30]

ईश्वर तथा धर्म के विषय में ऊपर फ्रॉयड के जो विचार प्रस्तुत किए गए हैं उनसे इन दोनों के प्रति उनका तीव्र विरोध और नकारात्मक दृष्टिकोण स्पष्ट हो जाता है। इस संबंध में उनकी तुलना कार्ल मार्क्स के साथ करना रोचक तथा प्रासंगिक होगा जिनके धर्म-विरोधी विचारों का विस्तृत वर्णन हम पिछले अध्याय में कर चुके हैं। इस तुलना के परिणामस्वरूप हम ईश्वर और धर्म के संबंध में इन दोनों महान विचारकों के दृष्टिकोण की समानताओं तथा भिन्नताओं को भली-भाँति समझ सकेंगे। जैसा कि हम पहले ही बता चुके हैं, मार्क्स और फ्रॉयड दोनों ही सैद्धांतिक निरीश्वरवाद के स्थान पर व्यावहारिक अथवा सामाजिक निरीश्वरवाद में विश्वास करते थे जिसके अनुसार मनुष्य के व्यक्तिगत एवं सामाजिक जीवन पर ईश्वर विषयक विश्वास का व्यापक दुष्प्रभाव पड़ता है। इन दोनों विचारकों ने ईश्वर के अस्तित्व का निषेध करने के लिए न तो अपने कोई मौलिक तर्क दिए हैं और न ही उसकी सत्ता के समर्थन में दिए गए परंपरागत प्रमाणों का खंडन किया है। वे यह मान लेते हैं कि ईश्वर का अस्तित्व नहीं है, क्योंकि उसकी सत्ता को सिद्ध करने के लिए हम कोई विश्वसनीय वैज्ञानिक प्रमाण प्रस्तुत नहीं कर सकते। अपनी इसी मान्यता के कारण मार्क्स तथा फ्रॉयड दोनों ने तर्कों द्वारा ईश्वर विषयक विश्वास का सैद्धांतिक खंडन करने के स्थान पर उसके व्यावहारिक एवं सामाजिक दुष्प्रभावों का विवेचन किया है जिससे यह सिद्ध होता है कि ये दोनों केवल सामाजिक निरीश्वरवाद में विश्वास करते थे। परंतु इस समानता के साथ-साथ ईश्वर विषयक विश्वास की उत्पत्ति के संबंध में इन दोनों विचारकों के दृष्टिकोण में अंतर को भी स्पष्टतः देखा जा सकता है। मार्क्स के अनुसार, यह विश्वास मानव-जाति की सामाजिक तथा आर्थिक व्यवस्था का परिणाम है, जबकि फ्रॉयड इस विश्वास को मनुष्य की बाल्यकालीन असहाय अवस्था का परिणाम मानकर इसकी उत्पत्ति की मनोवैज्ञानिक व्याख्या करते हैं। परंतु ईश्वर संबंधी विश्वास की

29. वही पुस्तक, पृ. 83-86.

30. देखिए, वही पुस्तक, पृ. 95-97.

उत्पत्ति के विषय में इस मतभेद के होते हुए भी ये दोनों विचारक निश्चित रूप से सामाजिक या व्यावहारिक निरीश्वरवाद का समर्थन करते हैं।

व्यावहारिक अथवा सामाजिक निरीश्वरवाद को स्वीकार करने के अतिरिक्त मार्क्स और फ़्रॉयड दोनों ही धर्म को मनुष्य के लिए केवल हानिकारक भ्रम मानते हैं। उनके मतानुसार, सामाजिक अत्याचारों तथा प्राकृतिक आपदाओं से भयत्रस्त होकर मानव भ्रमपूर्ण धार्मिक विश्वासों द्वारा मिथ्या सांत्वना प्राप्त करने का निरर्थक प्रयास करता है। धर्म के इस भ्रामक सुख के कारण इन दोनों विचारकों ने उसकी तुलना निद्रा उत्पन्न करनेवाली ऐसी दवा से की है जो मनुष्य की स्वतंत्र चिंतन-शक्ति और तर्क करने की क्षमता को समाप्त कर देती है। हम पिछले अध्याय में देख चुके हैं कि मार्क्स धर्म को मानव-समाज–विशेषतः श्रमिक वर्ग–के लिए बहुत हानिकारक मानते थे, क्योंकि वह उसे भ्रामक सुख-निद्रा में सुला देता है। इसी प्रकार, फ़्रॉयड ने भी धर्म को एक ऐसा भ्रम कहा है जो मनुष्य को सदा एक असहाय शिशु के समान दुर्बल बनाए रखकर उसे काल्पनिक ईश्वर-रूपी अपने पिता से सहायता तथा सहारे की याचना करने के लिए निरंतर प्रेरित करता रहता है। इससे यह स्पष्ट है कि ये दोनों विचारक धर्म को भ्रम तथा मानव-समाज की प्रगति में बाधक मानते हैं और इसी कारण वे उसे यथासंभव शीघ्र समाप्त करना चाहते हैं। इन दोनों का विचार है कि सभ्यता और शिक्षा के विकास के फलस्वरूप धर्म का अवश्य ही अंत हो जाएगा। परंतु इसकी समाप्ति के लिए वे मनुष्य के प्रयास को भी आवश्यक मानते हैं। मार्क्स ने एक ऐसे वर्गहीन साम्यवादी समाज की कल्पना की है जिसमें धर्म की आवश्यकता ही नहीं रहेगी। फ़्रॉयड ने भी यह कहा है कि शिक्षा तथा वैज्ञानिक अनुसंधानों के परिणामस्वरूप धीरे-धीरे मानव-समाज धर्म के स्थान पर वैज्ञानिक दृष्टिकोण को स्वीकार कर लेगा। इस प्रकार मार्क्स तथा फ़्रॉयड दोनों ही अपने-अपने दृष्टिकोण के अनुसार धर्म के अनिवार्य अंत की निश्चित रूप से भविष्यवाणी करते हैं। परंतु आधुनिक समाज में मनुष्य की चिंताजनक रूप से बढ़ती हुई धार्मिक कट्टरता को देखते हुए यह कहना बहुत कठिन है कि इन दोनों विचारकों की यह भविष्यवाणी कब और कहाँ तक सत्य सिद्ध होगी।

यहाँ यह उल्लेखनीय है कि उपर्युक्त समानताओं के साथ-साथ धर्म के प्रति मार्क्स और फ़्रॉयड के दृष्टिकोण में कुछ भिन्नताएँ भी हैं जिन पर यहाँ संक्षेप में विचार करना आवश्यक है। सर्वप्रथम ये दोनों चिचारक धर्म की उत्पत्ति की भिन्न-भिन्न व्याख्याएँ करते हैं। हम देख चुके हैं कि मार्क्स धर्म को अन्यायपूर्ण सामाजिक व्यवस्था–विशेषतः शोषण पर आधारित पूँजीवादी अर्थव्यवस्था–का ही अनिवार्य परिणाम मानते हैं, किंतु फ़्रॉयड को धर्म के उद्‌गम की यह सामाजिक और आर्थिक व्याख्या स्वीकार्य नहीं है। इस व्याख्या के विपरीत उन्होंने मनुष्य की कुछ मनोदशाओं को ही धर्म की उत्पत्ति का मूल स्रोत माना है। उनके अनुसार, धर्म आजीवन बनी रहनेवाली मनुष्य की अपनी शैशवकालीन मानसिक दुर्बलता और कुछ नैसर्गिक मूल प्रवृत्तियों की तृप्ति की आकांक्षा के फलस्वरूप उत्पन्न होता है। इसका तात्पर्य यह है कि धार्मिक विश्वासों के उद्‌गम के मूल कारण वस्तुतः मनोवैज्ञानिक हैं, सामाजिक

तथा आर्थिक नहीं। धर्म के प्रति अपने इसी मनोवैज्ञानिक दृष्टिकोण को ध्यान में रखते हुए फ्रॉयड ने मार्क्स के इस मत का खंडन किया है कि धार्मिक विश्वासों तथा अनुष्ठानों सहित मनुष्य की समस्त क्रियाओं का एकमात्र केंद्र समाज की अर्थव्यवस्था है।[31]

धर्म की उत्पत्ति के मूल कारणों के अतिरिक्त उसे समाप्त करने के उपायों के संबंध में भी मार्क्स और फ्रॉयड में पर्याप्त मतभेद है। यह सत्य है कि ये दोनों विचारक मानव-समाज को धर्म से मुक्त करना चाहते हैं, किंतु इसके लिए उन्होंने भिन्न-भिन्न साधनों के प्रयोग का समर्थन किया है। उदाहरणार्थ, अनिवार्य होने पर मार्क्स धर्म का अंत करने के लिए सशस्त्र क्रांति तथा हिंसात्मक उपायों के प्रयोग को भी उचित मानते हैं, किंतु इसके विपरीत फ्रॉयड धार्मिक शिक्षा की समाप्ति, धर्म के विरुद्ध समाज में वैज्ञानिक दृष्टिकोण का प्रचार, सार्वजनिक वैज्ञानिक शिक्षा आदि अहिंसात्मक उपायों द्वारा ही धर्म को समाप्त करना चाहते हैं। जैसा कि हम पहले ही बता चुके हैं, उनका स्पष्ट और निश्चित मत है कि हिंसात्मक उपायों द्वारा धर्म को बलपूर्वक समाप्त करना संभव नहीं है। गत दो शताब्दियों के राजनैतिक और सामाजिक इतिहास से यही सिद्ध होता है कि धर्म की समाप्ति के संबंध में मार्क्स के दृष्टिकोण की अपेक्षा फ्रॉयड का दृष्टिकोण अधिक वैज्ञानिक, व्यावहारिक तथा वांछनीय है। इस प्रकार निष्कर्ष के रूप में हम यह कह सकते हैं कि धर्म के विषय में मार्क्स और फ्रॉयड के विचारों में पर्याप्त समानता के साथ-साथ कुछ महत्त्वपूर्ण अंतर भी हैं जिनकी उपेक्षा करना उचित नहीं होगा।

ईश्वर तथा धर्म के विषय में फ्रॉयड के उपर्युक्त विचारों के विरुद्ध अनेक आपत्तियाँ उठाई जा सकती हैं और उठाई गई हैं जिनकी यहाँ संक्षिप्त विवेचना की जाएगी। सर्वप्रथम मनुष्य की बौद्धिक क्षमता के संबंध में उन्होंने अपना जो मनोविश्लेषणवादी मत प्रस्तुत किया है उसकी सत्यता संदिग्ध प्रतीत होती है। हम देख चुके हैं कि फ्रॉयड के विचार में मनुष्य की अधिकतर क्रियाएँ उसके अचेतन मन द्वारा निर्धारित एवं शासित होती हैं जिसका स्वयं उसे ज्ञान नहीं होता और जिस पर उसका कोई नियंत्रण भी नहीं रहता। परंतु उनकी इस मान्यता को पूर्णतः सत्य मानना बहुत कठिन है, क्योंकि यह अनुभवसिद्ध तथ्य है कि मनुष्य विचारशील प्राणी है और उसकी यह विवेक-शक्ति ही उसे अन्य प्राणियों से पृथक् करती है। मूल प्रवृत्तियों को नियंत्रित करने के लिए बुद्धि के महत्त्व को स्वीकार करके स्वयं फ्रॉयड ने भी इस तथ्य का स्पष्टतः समर्थन किया है। यह कहना बहुत कठिन है कि मनुष्य का संपूर्ण साहित्य, विज्ञान, दर्शन, चिंतन आदि उसके अचेतन मन के परिणाम हैं। वस्तुतः यदि फ्रॉयड की उपर्युक्त मान्यता को स्वीकार कर लिया जाए तो मानव विवेकशील प्राणी नहीं रह जाएगा और उसकी स्थिति अन्य प्राणियों के समान ही हो जाएगी। तब उसे अपने किसी कर्म के लिए स्वतंत्र और उत्तरदायी मानना संभव नहीं होगा। परंतु मानव-जीवन के लिए नैतिकता की आवश्यकता और धर्म से मुक्ति के प्रयास के विषय में फ्रॉयड ने जो कुछ कहा है उससे यह स्पष्ट है कि वे स्वयं भी मनुष्य की इस स्थिति को स्वीकार नहीं करना चाहेंगे।

31. देखिए, वही पुस्तक, पृ. 16.

उपर्युक्त आपत्ति के अतिरिक्त फ़्रॉयड के धर्म संबंधी विचारों के विरुद्ध यह भी कहा जा सकता है कि इन्हें विश्व के सभी धर्मों के विषय में सत्य मानना बहुत कठिन है। जैसा कि हम पहले ही बता चुके हैं, फ़्रॉयड के अनुसार मनुष्य ने पिता के रूप में ही ईश्वर तथा अन्य देवी-देवताओं की कल्पना की है और उसने उनमें उन्हीं गुणों को आरोपित किया है जो शैशव-काल में उसने अपने पिता में पाए थे। परंतु कुछ धर्म–यथा, बौद्ध धर्म, जैन धर्म आदि–ईश्वर की सत्ता में विश्वास ही नहीं करते। ऐसी स्थिति में फ़्रॉयड के धर्म विषयक सिद्धांत द्वारा इन निरीश्वरवादी धर्मों के स्वरूप की व्याख्या नहीं की जा सकती, अतः उनके इस सिद्धांत को अंशतः ही सत्य माना जा सकता है जो केवल ईश्वरवादी धर्मों पर लागू होता है। वास्तव में यह कहना बहुत कठिन है कि उन्हें इन निरीश्वरवादी धर्मों के संबंध में पर्याप्त जानकारी थी।

उपर्युक्त दोनों आपत्तियों के अतिरिक्त कुछ विद्वानों ने फ़्रॉयड के इस मत के विरुद्ध भी आपत्ति उठाई है कि धर्म मनुष्य की नैसर्गिक इच्छाओं का दमन करता है और अपने कठोर नैतिक नियमों द्वारा उसमें अपराध-बोध उत्पन्न करता है। उनके इस मत के विरुद्ध इन विद्वानों का कथन है कि इसे केवल कुछ ही धर्मों के विषय में सत्य माना जा सकता है, सभी धर्मों के संबंध में नहीं। फ़्रॉयड के धर्म संबंधी इस विश्लेषण के विरुद्ध इन विद्वानों ने यह आपत्ति भी उठाई है कि इसमें धर्म से संबद्ध प्रेम, दया, क्षमा आदि सद्भावनाओं की उपेक्षा की गई है।[32]

अंत में फ़्रॉयड के धर्म विषयक सिद्धांत के विरुद्ध कुछ विद्वानों द्वारा यह आपत्ति भी उठाई गई है कि उनकी कुछ मान्यताएँ काल्पनिक प्रतीत होती हैं जिनका कोई वैज्ञानिक आधार नहीं है। उदाहरणार्थ, उन्होंने मनुष्य के धार्मिक जीवन में जिस पितृ-ग्रंथि को इतना अधिक महत्त्व दिया है उससे संबंधित उनकी मान्यता ऐसी ही काल्पनिक मान्यता है जिसकी प्रामाणिकता की वैज्ञानिक दृष्टि से पुष्टि करना संभव नहीं है। इसी कारण सामान्यतः मानव-शास्त्री उनकी इस मान्यता को अस्वीकार करते हैं।[33] इस प्रकार उपर्युक्त सभी आपत्तियों को ध्यान में रखते हुए हम यह कह सकते हैं कि फ़्रॉयड के धर्म विषयक मनोविश्लेषणवादी सिद्धांत में अनेक कठिनाइयाँ हैं जिनके कारण इसे अंशतः ही सत्य माना जा सकता है।

परंतु फ़्रॉयड के धर्म संबंधी सिद्धांत की ऊपर जो आलोचना की गई है उसका यह अर्थ कदापि नहीं समझना चाहिए कि मानव-जीवन के लिए इस सिद्धांत का कोई महत्त्व नहीं है। इसके विपरीत वास्तविक स्थिति यह है कि कुछ कठिनाइयों के होते हुए भी यह सिद्धांत धर्म के स्वरूप, उद्गम तथा उद्देश्य को समझने में हमारी बहुत सहायता करता है। सर्वप्रथम मनुष्य के जीवन में अचेतन मन के महत्त्व की खोज करके फ़्रॉयड ने उसकी अनेक क्रियाओं की उत्पत्ति के मूल स्रोत को समझने में बहुत बड़ा योगदान किया है। आज मनोविज्ञान के सभी अध्येयता यह स्वीकार करते हैं कि हमारी बहुत-सी क्रियाएँ अचेतन मन द्वारा शासित तथा नियंत्रित होती हैं जिनके मूल

32. देखिए, अर्नेस्ट वॉलवर्क का लेख, 'सिगमन्ड फ्रॉयड', रॉजर ए. जॉन्सन द्वारा संपादित पुस्तक, 'क्रिटिकल इश्यूज़ इन मॉडर्न रिलिजन' में संकलित, पृ. 276.

33. देखिए, जॉन हिक, 'फ़िलॉसॉफ़ी ऑफ़ रिलिजन', पृ. 35.

स्रोत का हमें स्वयं भी ज्ञान नहीं होता। सबसे पहले फ्रॉयड ने ही हमारे समक्ष अपना यह क्रांतिकारी सिद्धांत व्यवस्थित रूप से प्रस्तुत किया था। अचेतन मन के महत्त्व की खोज के अतिरिक्त धर्म की उत्पत्ति, उसके स्वरूप तथा उद्देश्य के विषय में भी फ्रॉयड का मत पर्याप्त सीमा तक सत्य प्रतीत होता है। मनुष्य के बहुत-से धार्मिक विश्वास उसकी इच्छा-पूर्ति के साधन मात्र हैं जिनके अनुसार आचरण करके वह अपने जीवन में संतोष और सांत्वना प्राप्त करता है। वास्तव में ये धार्मिक विश्वास उसके लिए मनोवैज्ञानिक बैसाखियों का कार्य करते हैं जिनका सहारा लेकर वह अपने जीवन की कठिनाइयों से मुक्त होना चाहता है।

उपर्युक्त मनोवैज्ञानिक तथ्य की ओर हमारा ध्यान आकृष्ट करके फ्रॉयड ने धर्म की वास्तविकता को समझने में निश्चय ही हमारी बहुत सहायता की है। अन्य धार्मिक विश्वासों की भाँति ईश्वर विषयक विश्वास के संबंध में उन्होंने अपना जो मनोवैज्ञानिक सिद्धांत प्रस्तुत किया है वह भी सत्य और वास्तविक प्रतीत होता है। मानव-समाज में ईश्वर के विचार की उत्पत्ति और मनुष्य के जीवन में उसकी विशेष भूमिका के विषय में उन्होंने जो कुछ कहा है उसकी पुष्टि हमारे अपने सामान्य अनुभव द्वारा होती है। यह अनुभवसिद्ध तथ्य है कि सभी ईश्वरवादी धर्मों में ईश्वर की कल्पना एक ऐसे पिता के रूप में की गई है जो मनुष्यों को अपनी संतान मानकर उनके प्रति विशेष स्नेह रखता है और सभी प्रकार से उनकी सहायता तथा रक्षा करता है। ईश्वर के प्रत्यय की उत्पत्ति के विषय में फ्रॉयड के इस मत से यह स्पष्ट है कि उनके अनुसार स्वयं मनुष्य ने ही अपनी इच्छाओं की तृप्ति के लिए ईश्वर को जन्म दिया है; ईश्वर ने मनुष्य को उत्पन्न नहीं किया, जैसा कि ईश्वरवादी विचारक दावा करते हैं। इसका तात्पर्य यही है कि वास्तव में ईश्वर का मनुष्य के मन से स्वतंत्र, पृथक् और वस्तुपरक अस्तित्व नहीं है। ईश्वर के संबंध में फ्रॉयड का यह मत निश्चय ही उनकी निरीश्वरवादी विचारधारा का प्रबल प्रमाण है।

ईश्वर विषयक विश्वास के अतिरिक्त फ्रॉयड ने अन्य प्रमुख धार्मिक विश्वासों की उत्पत्ति के लिए मनुष्य की दुर्बलता, असहाय अवस्था, इन दोनों से उत्पन्न उसकी सुरक्षा की आवश्यकता आदि जो मनोवैज्ञानिक कारण बताए हैं वे भी पर्याप्त सीमा तक ही उचित और तर्कसंगत प्रतीत होते हैं। इन सभी कारणों ने धार्मिक विश्वासों को जन्म देने और शताब्दियों से उन्हें पूर्ववत सुदृढ़ बनाए रखने में बहुत बड़ी भूमिका निभाई है। धार्मिक विश्वासों की उत्पत्ति के इन कारणों के साथ-साथ धर्म के विरुद्ध फ्रॉयड का यह आरोप भी कुछ सीमा तक उचित प्रतीत होता है कि वह मनुष्य को अपनी नैसर्गिक मूल प्रवृत्तियों का अनावश्यक दमन करने के लिए प्रेरित करके उसके मन में तीव्र अपराध-बोध उत्पन्न करता है जो उसके मानसिक स्वास्थ्य के लिए बहुत हानिकारक है। कुछ धर्मों के अत्यधिक कठोर नैतिक नियमों और उनका उल्लंघन करने पर ईश्वर द्वारा दिए जानेवाले भयंकर दंड के भय से फ्रॉयड के इस आरोप की सत्यता प्रमाणित होती है। अंत में ईश्वर संबंधी विश्वास तथा अन्य धार्मिक विश्वासों के कारण मानव-समाज को होनेवाली गंभीर हानियों की ओर मनुष्य का ध्यान आकृष्ट करके उन्होंने उसे धर्म से मुक्ति प्राप्त करने की जो प्रेरणा दी है वह निश्चय ही उचित

और सराहनीय है। वस्तुतः आज समाज में धर्म का जो स्वरूप प्रचलित है उससे मुक्त होकर ही मनुष्य सुखमय, स्वावलंबी तथा प्रतिष्ठित जीवन व्यतीत कर सकता है। फ़्रॉयड के धर्म विषयक संपूर्ण चिंतन का यही अंतिम निष्कर्ष है।

अपने क्रांतिकारी सिद्धांत, मनोविश्लेषणवाद द्वारा साहित्य, कला, धर्म, नैतिकता आदि मानव-जीवन के विभिन्न क्षेत्रों को व्यापक रूप से प्रभावित करनेवाले, फ़्रॉयड के जीवन के कुछ अंतिम वर्ष बहुत दुःख और निराशा में व्यतीत हुए थे। मृत्यु से लगभग सोलह वर्ष पूर्व 1923 में उन्हें मुख का कैंसर हो गया था जो जीवन के अंतिम क्षण तक उन्हें कष्ट देता रहा। नाज़ियों के आक्रमण तथा अत्याचारों के कारण 1938 में उन्हें अपना देश छोड़कर लंडन जाना पड़ा। उनकी चार वृद्धा बहनें–जो वहाँ से भाग नहीं सकीं–नाज़ियों द्वारा निर्दयतापूर्वक मार डाली गईं। दुःख और निराशा से ग्रस्त, फ़्रॉयड अकेले ही लंडन पहुँच सके, किंतु वहाँ भी वे अधिक समय तक जीवित नहीं रहे। अगले ही वर्ष 1939 में उनका निधन हो गया और इस प्रकार वे समस्त सांसारिक दुःखों से मुक्त हो गए। परंतु अपने मनोविश्लेषणवादी सिद्धांत के माध्यम से फ़्रॉयड ने मानव-जाति के समक्ष जो क्रांतिकारी विचार प्रस्तुत किए हैं उनके कारण उन्हें सदा आदर और श्रद्धा के साथ स्मरण किया जाता रहेगा।

3. ए.जे. एयर

जैसा कि इस अध्याय के प्रारंभ में बताया गया है, वर्तमान शताब्दी में मनोविश्लेषणवाद के अतिरिक्त समकालीन पाश्चात्य दर्शन की एक महत्त्वपूर्ण विधा, 'भाषा-दर्शन' में भी निरीश्वरवादी विचारधारा को अनेक विचारकों का प्रबल समर्थन प्राप्त हुआ है। इन विचारकों में ए.जे.एयर का नाम सर्वप्रथम उल्लेखनीय है जिनके निरीश्वरवादी सिद्धांत पर प्रस्तुत खंड में कुछ विस्तार से विचार किया जाएगा। परंतु उनके निरीश्वरवादी सिद्धांत की विवेचना करने से पूर्व यहाँ संक्षेप में उस मूल समस्या को स्पष्ट कर देना आवश्यक है जो समकालीन भाषा-दर्शन में ईश्वर विषयक कथनों की सार्थकता के संबंध में उठाई गई है और जिसके परिणामस्वरूप बीसवीं शताब्दी के पाश्चात्य दर्शन में निरीश्वरवाद का पर्याप्त विकास हुआ है। यह समस्या इस मूल प्रश्न से संबंधित है कि ईश्वर के विषय में प्रयुक्त विभिन्न कथन संज्ञानात्मक अथवा तथ्यात्मक दृष्टि से सार्थक हैं या नहीं। यह एक सर्वविदित तथ्य है कि ईश्वर में विश्वास करनेवाले व्यक्ति उसके अस्तित्व और कार्यों के संबंध में अनेक कथनों का प्रयोग करते हैं। उदाहरणार्थ, वे यह कहते हैं कि 'ईश्वर की सत्ता है', 'ईश्वर सभी मनुष्यों से प्रेम करता है', 'ईश्वर न्यायशील तथा अत्यंत दयालु है', 'ईश्वर ने ही इस विश्व की रचना की है ', 'ईश्वर समय-समय पर अनेक आश्चर्यजनक चमत्कार उत्पन्न करता है' इत्यादि। इन सभी तथा ऐसे ही अन्य कथनों को भाषा-दर्शन में 'ईश्वर विषयक कथन' अथवा 'ईश्वर-चर्चा कहा जाता है।

अब विचारणीय प्रश्न यह है कि ईश्वर से संबंधित उपर्युक्त कथन संज्ञानात्मक दृष्टि से सार्थक हैं अथवा नहीं–अर्थात, ये कथन हमें किसी प्रकार का वस्तुपरक तथ्यात्मक ज्ञान प्रदान करते हैं या नहीं। अनेक समकालीन पाश्चात्य दार्शनिकों ने इस

प्रश्न का निश्चित रूप से नकारात्मक उत्तर दिया है। उनका स्पष्ट और निश्चित मत है कि ये ईश्वर विषयक कथन हमारे लिए संज्ञानात्मक दृष्टि से निरर्थक हैं, क्योंकि ये हमें किसी प्रकार का वस्तुनिष्ठ तथ्यात्मक ज्ञान प्रदान नहीं करते। अपने इस मत के समर्थन में इन दार्शनिकों ने मुख्य दो तर्क प्रस्तुत किए हैं। उनका प्रथम तर्क यह है कि इन ईश्वर विषयक कथनों के विधेय-वाक्यांशों का अर्थ सामान्य कथनों के विधेय-वाक्यांशों के अर्थ से पूर्णतः भिन्न समझा जाता है। उदाहरणार्थ, 'ईश्वर सभी मनुष्यों से प्रेम करता है' इस कथन के विधेय-वाक्यांश—'सभी मनुष्यों से प्रेम करता है'—का अर्थ इसके समान सामान्य कथन, 'मोहन सभी मनुष्यों से प्रेम करता है' के विधेय-वाक्यांश—'सभी मनुष्यों से प्रेम करता है'—के अर्थ से मूलतः भिन्न है। इस भिन्नता का प्रमुख कारण यह है कि सामान्यतः प्रेम करने की क्रिया के लिए कुछ शारीरिक चेष्टाएँ अनिवार्य मानी जाती हैं जिनके बिना इस क्रिया को संपन्न करना संभव नहीं है। परंतु ईश्वर को अशरीरी सत्ता माना जाता है, अतः वह इस सामान्य अर्थ में प्रेम करने की क्रिया नहीं कर सकता। ऐसी स्थिति में ईश्वर के प्रेम का अर्थ मनुष्य के प्रेम के अर्थ से पूर्णतः भिन्न होगा। जो हमारे लिए बोधगम्य नहीं हो सकता। हम यह कभी नहीं समझ सकते कि ईश्वर किस अर्थ में हमसे प्रेम करता है। इसका कारण यह है कि हम अशरीरी ईश्वर की ऐसी किसी शारीरिक चेष्टा का अनुभव नहीं कर सकते जो हमारे प्रति उसके प्रेम को अभिव्यक्त करती हो। इस प्रकार हमारे लिए ईश्वर का प्रेम पूर्णतः निरर्थक और अबोधगम्य हो जाता है जिसके कारण ईश्वर विषयक यह कथन संज्ञानात्मक दृष्टि से सार्थक नहीं रह जाता। यही बात ईश्वर से संबंधित अन्य कथनों की संज्ञानात्मक सार्थकता के विषय में भी कही जा सकती है।

ईश्वर विषयक कथनों की तथ्यात्मक सार्थकता के विरुद्ध भाषा-विश्लेषण संबंधी समकालीन पाश्चात्य दार्शनिकों का दूसरा प्रमुख तर्क यह है कि 'ईश्वर ' शब्द मनुष्य के लिए पूर्ण रूप से अबोधगम्य है। ईश्वरवादी विचारक जिस तत्त्वमीमांसीय अर्थ में 'ईश्वर' शब्द का प्रयोग करते हैं उसका सूक्ष्म विश्लेषण करने से ज्ञात होता है कि मनुष्य उसका ठीक-ठीक अर्थ समझने में असमर्थ है। इसका कारण यह है कि सामान्यतः यह शब्द अन्य व्यक्तिवाचक संज्ञाओं के समान प्रतीत होता है, किंतु ईश्वरवादी दार्शनिक इस शब्द का प्रयोग अन्य व्यक्तिवाचक संज्ञाओं के समान नहीं करते। वे जिस रूप में 'ईश्वर' शब्द का प्रयोग करते हैं उस रूप में 'ईश्वर ' को सार्थकतापूर्वक व्यक्तिवाचक संज्ञा नहीं माना जा सकता। उदाहरणार्थ, यदि हम यह कहते हैं कि 'मोहन बहुत दयालु है' तो हम किसी भी व्यक्ति के इस प्रश्न का उत्तर दे सकते हैं कि 'मोहन कौन और कहाँ है'। हम प्रश्नकर्ता को मोहन की शारीरिक तथा मानसिक विशेषताओं और उसकी उपस्थिति के स्थान एवं समय की पर्याप्त जानकारी दे सकते हैं जिससे वह यह जान सकता है कि मोहन कौन और कहाँ है। परंतु ईश्वर के संबंध में किसी भी मनुष्य के लिए ऐसा करना असंभव है, क्योंकि उसे मानवीय अनुभव तथा दिक्-काल से परे अभौतिक सत्ता माना जाता है। स्वयं ईश्वरवादी दार्शनिक स्पष्टतः यह स्वीकार करते हैं कि हम सैद्धांतिक दृष्टि से भी यह नहीं बता सकते कि ईश्वर कैसा, कौन और कहाँ है। इसका कारण यह है कि ये दार्शनिक ईश्वर को अनुभवातीत एवं कालातीत

अभौतिक सत्ता मानते हैं। दूसरे शब्दों में हम यह कह सकते हैं कि 'ईश्वर' व्यक्तिवाचक संज्ञा प्रतीत होते हुए भी वास्तव में व्यक्तिवाचक संज्ञा नहीं है। वह केवल छद्म व्यक्तिवाचक संज्ञा है जो हमारे मन में किसी वस्तुनिष्ठ वास्तविक सत्ता की उपस्थिति का भ्रम मात्र उत्पन्न करती है। ऐसी स्थिति में किसी भी मनुष्य के लिए 'ईश्वर' शब्द का ठीक-ठीक अर्थ समझना और उसका सार्थकतापूर्वक प्रयोग करना असंभव हो जाता है। परंतु ईश्वरवादी दार्शनिक इस अनुभवसिद्ध तथ्य की उपेक्षा करते हुए 'ईश्वर' शब्द का प्रयोग व्यक्तिवाचक संज्ञा के रूप में करके अपने आप को और अन्य मनुष्यों को भ्रम में डाल देते हैं।

इस प्रकार अपने उपर्युक्त दोनों तर्कों द्वारा भाषा-विश्लेषण संबंधी समकालीन पाश्चात्य दार्शनिकों ने ईश्वर विषयक कथनों की संज्ञानात्मक सार्थकता और बोधगम्यता को अस्वीकार किया है। उनका स्पष्ट तथा निश्चित मत है कि ये कथन संज्ञानात्मक न होने के कारण न तो सत्य हो सकते हैं और न मिथ्या; ये व्यक्तिवाचक संज्ञाओं से संबंधित सामान्य तथ्यात्मक कथनों के समान प्रतीत होनेवाले छद्म कथन मात्र हैं।

वर्तमान शताब्दी के प्रभावशाली तथा सुप्रसिद्ध अंग्रेज़ दार्शनिक, ए.जे. एयर ने ईश्वर विषयक कथनों की सार्थकता के संबंध में उपर्युक्त मत का स्पष्ट रूप से समर्थन किया है। वस्तुतः यदि उन्हें इस मत का प्रमुख प्रणेता कहा जाए तो अनुचित न होगा। लंडन विश्वविद्यालय तथा ऑक्सफ़ोर्ड विश्वविद्यालय में प्रोफ़ेसर के रूप में कार्य करनेवाले एयर उन महान समकालीन पाश्चात्य दार्शनिकों में प्रमुख हैं जिन्हें एक विशेष अनुभववादी सिद्धांत, 'तर्कीय प्रत्यक्षवाद' का प्रबल समर्थक माना जाता है। इस तर्कीय प्रत्यक्षवाद का प्रतिपादन वर्तमान शताब्दी के तीसरे दशक में सर्वप्रथम कुछ ऐसे विचारकों ने किया था जो विज्ञान को विशेष महत्त्व देते थे और व्यापक अर्थ में मानवीय अनुभव को ही ज्ञान का एकमात्र विश्वसनीय साधन मानते थे। ये विचारक आस्ट्रिया की राजधानी, वियाना में दर्शन, विज्ञान, गणित आदि विषयों पर विचार-विमर्श करते थे, अतः इन्हें सम्मिलित समुदाय के रूप में 'वियाना सरकल' कहा जाता था। मॉरिट्ज़शिलक इस दार्शनिक समुदाय के प्रमुख नेता थे जिनकी अध्यक्षता में समय-समय पर इस समुदाय की नियमित सभाएँ होती थीं। सर्वप्रथम 1931 में अल्बर्ट ब्लमबर्ग तथा हरबर्ट फ़ीगल ने इस अनुभववादी विचारधारा को 'तर्कीय प्रत्यक्षवाद' 'लॉजिकल पाज़िटिविज़्म' का नाम दिया था जिसका मुख्य उद्देश्य विज्ञान, तर्क एवं अनुभव के आधार पर दार्शनिक समस्याओं की व्याख्या करना था और इसी कारण जो प्रत्यक्षवाद तथा सभी प्रकार की अनुभवनिरपेक्ष तत्त्वमीमांसा का निषेध करता था।

उपर्युक्त विचारधारा का समर्थन करनेवाले विचारकों में दर्शन, गणित, विज्ञान आदि विभिन्न क्षेत्रों के बहुत-से व्यक्ति सम्मिलित थे जिनमें रूडॉल्फ़ कार्नेप, ऑटो न्यूराथ, फ़िलिप फ्रैंक, एल्फ्रेड टार्स्की, कर्ट गोडेल, कार्ल मैंजर, हन्स हान, कॉर्ल हैम्पल आदि के नाम उल्लेखनीय हैं। यद्यपि ये सब विचारक भिन्न-भिन्न क्षेत्रों में कार्य कर रहे थे, फिर भी ये सभी मानवीय अनुभव, तर्क एवं विज्ञान को विशेष महत्त्व देते थे और समस्त अनुभवातीत सत्ताओं का निषेध करते थे। 1932 में वियाना आकर एयर भी

इन विचारकों में सम्मिलित हो गए थे और कुछ समय तक 'वियाना सरकल' में विचार-विमर्श में नियमित रूप से भाग लेने के पश्चात् उन्होंने तर्कीय प्रत्यक्षवाद की आधारभूत मान्यताओं को पूर्णतः स्वीकार कर लिया था। इन सभी विचारकों की इस अनुभववादी विचारधारा पर जर्मन दार्शनिक, लुडविग विटगिन्स्टाइन के नवीन क्रांतिकारी विचारों का पर्याप्त प्रभाव पड़ा था जो उन्होंने 1921 में प्रकाशित अपनी प्रसिद्ध पुस्तक, 'ट्रेक्टेटस लॉजिको-फिलॉसॉफ़िकस' में प्रस्तुत किए थे, किंतु विटगिन्स्टाइन 'वियाना सरकल' के सदस्य नहीं थे। यह दार्शनिक समुदाय जिन मूल सिद्धांतों को स्वीकार करता था उनमें से बहुत-से सिद्धांत इस पुस्तक में विटगिन्स्टाइन द्वारा पहले ही प्रस्तुत किए जा चुके थे। संभवतः यही कारण है कि उन्हें प्रायः तर्कीय प्रत्यक्षवाद का मुख्य प्रवर्तक माना जाता है।

वियाना से इंग्लैंड लौटने के उपरांत एयर ने तर्कीय प्रत्यक्षवाद के संबंध में एक व्यापक पुस्तक लिखी थी जिसका शीर्षक था 'लैंग्वेज, ट्रुथ ऐंड लॉजिक' और जो सर्वप्रथम 1936 में प्रकाशित हुई थी। इसमें उन्होंने तर्कीय प्रत्यक्षवाद के सभी आधारभूत सिद्धांतों की विस्तृत एवं व्यवस्थित विवेचना की थी। इस पुस्तक का द्वितीय संस्करण 1946 में प्रकाशित हुआ था और दस वर्षों की इस संपूर्ण अवधि में इसने तर्कीय प्रत्यक्षवाद के प्रचार तथा प्रसार में बहुत बड़ा योगदान किया था। वस्तुतः इस पुस्तक को तर्कीय प्रत्यक्षवाद का आधारभूत ग्रंथ मानना अनुचित न होगा। सर्वप्रथम इसी पुस्तक में एयर ने अन्य सभी तत्त्वमीमांसीय कथनों की भाँति ईश्वर विषयक कथनों को भी संज्ञानात्मक दृष्टि से निरर्थक और अबोधगम्य घोषित किया था। वे ऐसे समस्त कथनों को 'तत्त्वमीमांसीय कथन' मानते थे जिनका संबंध ईश्वर, आत्मा, स्वर्ग, नरक, आदि अति-प्राकृतिक तथा अनुभवातीत सत्ताओं से बताया जाता है और इसी कारण जिन्हें सैद्धांतिक दृष्टि से भी अनुभव द्वारा सत्यापित करना संभव नहीं है। वे इस तत्त्वमीमांसीय कथनों को 'छद्म कथन' कहते थे जो सामान्य अनुभवात्मक कथनों के समान प्रतीत होते हैं किंतु जो वास्तव में हमें किसी प्रकार का वस्तुपरक तथ्यात्मक ज्ञान प्रदान नहीं करते। स्पष्ट है कि उनके विचार में ऐसे तत्त्वमीमांसीय छद्म कथन हमारे लिए संज्ञानात्मक अथवा तथ्यात्मक दृष्टि से सार्थक और बोधगम्य नहीं हो सकते, अतः इन कथनों के प्रयोग द्वारा अनेक दार्शनिक जिस विशेष तत्त्वमीमांसीय अनुभवनिरपेक्ष ज्ञान का दावा करते हैं वह मिथ्या है।

जिस सिद्धांत के आधार पर एयर ने कुछ कथनों को 'तत्वमीमांसीय कथन' कहकर तथ्यात्मक दृष्टि से निरर्थक और अबोधगम्य घोषित किया है उसे 'सत्यापन-सिद्धांत' अथवा 'सत्यापनीयता-सिद्धांत' कहा जाता है। इस सिद्धांत की विस्तृत व्याख्या उन्होंने अपनी उपर्युक्त पुस्तक के प्रथम अध्याय में की है। उनके मतानुसार, हमारे लिए केवल दो प्रकार के कथन सार्थक हो सकते हैं जिनमें से प्रथम प्रकार के कथनों को 'विश्लेषणात्मक कथन' और दूसरे प्रकार के कथनों को 'संश्लेषणात्मक कथन' कहा जाता है। विश्लेषणात्मक कथन वे हैं जो कुछ शब्दों की परिभाषा मात्र करते हैं और जिनके द्वारा हमें संसार के विषय में किसी प्रकार का नवीन तथ्यात्मक ज्ञान प्राप्त नहीं होता। उदाहरणार्थ, 'पत्नी विवाहिता स्त्री होती है', 'दो और दो चार होते हैं',

'कुमारी अविवाहिता नारी होती है', 'पति विवाहित पुरुष होता है' आदि ऐसे ही विश्लेषणात्मक कथन हैं। हमारे दैनिक जीवन की सामान्य भाषा के अतिरिक्त विशेषतः गणित और तर्कशास्त्र में प्रायः ऐसे कथन पाए जाते हैं। इन कथनों को 'पुनरुक्तियाँ' भी कहा जाता है, क्योंकि इनका विधेय इनके उद्देश्य की पुनरुक्ति मात्र करता है। अनुभव द्वारा इन विश्लेषणात्मक कथनों के सत्यापन की आवश्यकता नहीं होती। इसका कारण यह है कि ये 'प्रागनुभविक कथन' हैं और अनुभव से इनका कोई संबंध नहीं होता। वस्तुतः ये कथन केवल परिभाषाओं के रूप में ही हमारे लिए सार्थक होते है और इसी कारण ये अनिवार्य तथा निश्चित भी होते हैं।

परंतु उपर्युक्त विश्लेषणात्मक कथनों के विपरीत संश्लेषणात्मक कथन अनिवार्यतः हमारे अनुभव से संबंधित होते हैं और ये हमें संसार के विषय में नवीन तथ्यात्मक ज्ञान प्रदान करते हैं। 'पुस्तक मेज़ पर है', 'उस कमरे में चार व्यक्ति हैं', 'सीता राम की पत्नी थी' आदि कथन संश्लेषणात्मक कथनों के उदाहरण हैं। इन कथनों की एक प्रमुख विशेषता यह है कि इनका–विधेय इनके उद्देश्य की परिभाषा न करके उसके विषय में हमें कोई नवीन सूचना देता है जिसके कारण इन्हें पुनरुक्तियाँ नहीं माना जाता। इसके अतिरिक्त इन कथनों को 'प्रागनुभविक कथन' के स्थान पर 'अनुभवात्मक कथन' कहा जाता है, क्योंकि इनका संबंध हमारे अनुभव से होता है। अनुभव पर आधारित होने के कारण ये कथन अनिवार्य एवं निश्चित न होकर केवल प्रायिक ही होते हैं जो भविष्य में कभी भी मिथ्या सिद्ध हो सकते हैं। इस प्रकार यह स्पष्ट है कि विश्लेषणात्मक कथनों के विपरीत संश्लेषणात्मक कथनों की सार्थकता हमारे अनुभव द्वारा ही निर्धारित होती है और इसके लिए इनका अनुभवात्मक सत्यापन अनिवार्य है।

एयर के सत्यापन-सिद्धांत के अनुसार, केवल वे संश्लेषणात्मक कथन ही संज्ञानात्मक दृष्टि से सार्थक होते हैं जिनका कम-से-कम सिद्धांततः अनुभव द्वारा सत्यापन संभव हो। इसका तात्पर्य यह है कि इन कथनों की सार्थकता के लिए हमारे किसी प्रकार के इंद्रियजन्य अनुभव की कम-से-कम सैद्धांतिक संभावना का होना अनिवार्य है। इसे ही एयर ने संश्लेषणात्मक कथनों की सत्यापनीयता कहा है जिसे वे इन कथनों की सार्थकता की आवश्यक कसौटी मानते हैं। अपने इस सत्यापन-सिद्धांत की व्याख्या करते हुए वे कहते हैं : "सत्यापन के सिद्धांत से एक ऐसी कसौटी प्रस्तुत करने की आशा की जाती है जिसके द्वारा यह निर्धारित किया जा सके कि कोई वाक्य तथ्यात्मक दृष्टि से सार्थक है या नहीं। इसे सरलतापूर्वक प्रस्तुत करने के लिए यह कहा जा सकता है कि किसी वाक्य का तथ्यात्मक अर्थ केवल तभी होता है जब उसके द्वारा अभिव्यक्त प्रतिज्ञप्ति या तो विश्लेषणात्मक हो अथवा अनुभव द्वारा सत्यापनीय हो। . . . कोई वाक्य वास्तविक अनुभवात्मक प्राक्कल्पना को अभिव्यक्त करता है या नहीं, इस बात की परीक्षा करने के लिए मैं संशोधित सत्यापन-सिद्धांत को स्वीकार करता हूँ, क्योंकि मैं यह मानता हूँ कि वस्तुतः किसी अनुभवात्मक प्राक्कल्पना के लिए यह अनिवार्य नहीं है कि वह पूर्णतः सत्यापनीय हो, अपितु उसके सत्य अथवा मिथ्या होने को निर्धारित करने के लिए कोई संभावित इंद्रियजन्य अनुभव प्रासंगिक

होना चाहिए। यदि कोई प्रतिज्ञप्ति इस सिद्धांत के अनुरूप नहीं है और वह पुनरुक्ति भी नहीं है तो मैं यह मानता हूँ कि वह तत्त्वमीमांसीय है और तत्त्वमीमांसीय होने के कारण वह न तो सत्य है और न मिथ्या, अपितु तथ्यात्मक दृष्टि से निरर्थक है।[34]

इस प्रकार एयर के विचार में संश्लेषणात्मक कथनों की तथ्यात्मक सार्थकता के लिए यह अनिवार्य है कि वे कम-से-कम सिद्धांततः किसी संभावित इंद्रियजन्य अनुभव द्वारा सत्यापनीय हों। उनका मत है कि यदि कोई व्यक्ति अपने किसी कथन को संश्लेषणात्मक कथन मानता है और यदि उसके इस कथन का अनुभव से कोई संबंध नहीं है और न हो सकता है तो उसका यह कथन संज्ञानात्मक दृष्टि से निरर्थक तथा अबोधगम्य है। इसका कारण यह है कि अनुभव के आधार पर ऐसे कथन के सत्यापन की सैद्धांतिक संभावना भी नहीं है। एयर ने ऐसे ही असत्यापनीय कथनों को 'तत्त्वमीमांसीय कथन' कहा है जो उनके अनुसार सार्थक और वास्तविक कथन न होकर केवल 'छद्‌म कथन' हैं। उदाहरणार्थ, 'परमतत्त्व या निरपेक्षतत्त्व कालातीत है', 'ईश्वर विश्व का रचयिता है', 'आत्मा अमर है' 'पापी मनुष्य नरक में जाएगा', 'ईश्वर-भक्त को स्वर्ग प्राप्त होगा' आदि कथन तत्त्वमीमांसीय छद्‌म कथन हैं जो संज्ञानात्मक दृष्टि से निरर्थक और अबोधगम्य हैं, क्योंकि इन कथनों का अनुभवात्मक सत्यापन सैद्धांतिक दृष्टि से भी असंभव है। इस प्रकार के अन्य सभी कथनों के विषय में भी यही बात कही जा सकती है।

यहाँ यह स्पष्ट कर देना आवश्यक है कि एयर किस अर्थ में ऐसे तत्त्वमीमांसीय कथनों के अनुभवात्मक सत्यापन की सैद्धांतिक संभावना का निषेध करते हैं। वस्तुतः उनका विचार है कि जो कथन अनुभव द्वारा सत्यापनीय हैं उनका सत्यापन दो प्रकार का हो सकता है–व्यावहारिक सत्यापन तथा सैद्धांतिक सत्यापन। यदि किसी कथन को व्यावहारिक दृष्टि से वास्तव में इंद्रियजन्य अनुभव द्वारा सत्यापित करना संभव है तो ऐसे सत्यापन को 'व्यावहारिक सत्यापन' कहा जा सकता है। उदाहरणार्थ, 'पुस्तक मेज़ पर है' इस कथन को इंद्रियजन्य अनुभव द्वारा व्यावहारिक दृष्टि से सत्यापित किया जा सकता है, क्योंकि हम दृष्टि या स्पर्श द्वारा यह मालूम कर सकते हैं कि वास्तव में पुस्तक मेज पर है अथवा नहीं। ऐसे सभी कथनों का सत्यापन 'व्यावहारिक सत्यापन' होगा। परंतु कुछ कथन ऐसे भी हो सकते हैं जो अनुभव द्वारा सत्यापनीय तो हैं, किंतु जिन्हें व्यावहारिक दृष्टि से सत्यापित नहीं किया जा सकता। उदाहरण के लिए, 'बृहस्पति नामक ग्रह पर मनुष्य जैसे प्राणी निवास करते हैं' इस कथन को हम वर्तमान काल में व्यावहारिक दृष्टि से सत्यापित नहीं कर सकते, क्योंकि इस समय हम बृहस्पति पर जाकर यह नहीं देख सकते कि वहाँ ऐसे प्राणी हैं या नहीं। परंतु इस कथन का सैद्धांतिक सत्यापन संभव है–अर्थात्, हम सिद्धांततः यह समझ सकते हैं कि बृहस्पति पर मनुष्य जैसे प्राणियों के होने या न होने का क्या अर्थ है। स्पष्ट है कि यह कथन कम-से-कम सिद्धांततः सत्य अथवा मिथ्या हो सकता है। इस प्रकार के सत्यापन को ही एयर ने 'सैद्धांतिक सत्यापन' कहा है जो वर्तमान समय में व्यावहारिक न होते हुए भी कम-से-कम सिद्धांततः संभव है। ऐसे सैद्धांतिक सत्यापन द्वारा

34. ए.जे.एयर, 'लैंग्वेज, ट्रुथ ऐंड लॉजिक', द्वितीय संस्करण, पृ. 5, 31.

सत्यापनीय सभी कथनों को वे तथ्यात्मक दृष्टि से सार्थक तथा बोधगम्य मानते है, क्योंकि इन कथनों का हमारे अनुभव के साथ कम-से-कम सैद्धांतिक संबंध संभव है। उनका मत है कि किसी भी संश्लेषणात्मक कथन के संज्ञानात्मक दृष्टि से सार्थक होने–अर्थात्, उसके सत्य अथवा मिथ्या होने–के लिए कम-से-कम ऐसे सैद्धांतिक सत्यापन की संभावना अनिवार्य है। जिन कथनों का ऐसा सैद्धांतिक सत्यापन भी संभव नहीं है वे हमारे लिए तथ्यात्मक दृष्टि से निरर्थक और अबोधगम्य हैं। ऊपर जिन तत्त्वमीमांसीय कथनों का उल्लेख किया गया है वे सभी ऐसे ही असत्यापनीय निरर्थक कथन हैं, क्योंकि अनुभव के आधार पर इनका सैद्धांतिक सत्यापन भी असंभव है। इस प्रकार एयर का निष्कर्ष यह है कि केवल ऐसे संश्लेषणात्मक कथन ही हमारे लिए तथ्यात्मक दृष्टि से सार्थक और बोधगम्य हो सकते हैं जिन्हें व्यावहारिक अथवा सैद्धांतिक दृष्टि से अनुभव द्वारा सत्यापित किया जा सके; जिन संश्लेषणात्मक कथनों का ऐसा अनुभवात्मक सत्यापन संभव नहीं है वे संज्ञानात्मक दृष्टि से निरर्थक और अबोधगम्य हैं।[35]

अपने उपर्युक्त सत्यापनीयता-सिद्धांत के आधार पर ही एयर ने ईश्वर के अस्तित्व तथा स्वरूप से संबंधित कथनों की तथ्यात्मक सार्थकता और बोधगम्यता का निषेध किया है। 'लैंग्वेज, ट्रुथ ऐंड लॉजिक' के छठे अध्याय में उन्होंने नैतिक तथा सौंदर्यात्मक कथनों के साथ-साथ उन धार्मिक कथनों के विषय में भी अपने अनुभववादी विचार प्रस्तुत किए हैं जिनका संबंध ईश्वर, आत्मा, रहस्यवाद, धार्मिक ज्ञान आदि के साथ है और जिनके माध्यम से ईश्वरवादी दार्शनिक एवं धर्मपरायण व्यक्ति अपने विश्वासों को अभिव्यक्त करते हैं। इन कथनों के संबंध में एयर का स्पष्ट तथा निश्चित मत है कि ये तत्त्वमीमांसीय कथन हैं और इसलिए ये संज्ञानात्मक दृष्टि से निरर्थक एवं अबोधगम्य हैं। सर्वप्रथम उन्होंने अनेक दार्शनिकों के इस मत का उल्लेख किया है कि प्रमाणों अथवा तर्कों द्वारा ईश्वर के अस्तित्व को प्रमाणित नहीं किया जा सकता। वे निश्चय ही इन दार्शनिकों के इस मत का समर्थन करते हैं, किंतु उनके अनुसार, ईश्वर के विरुद्ध यह तार्किक आपत्ति ही पर्याप्त नहीं है।

वस्तुतः उपर्युक्त दार्शनिक आपत्ति के अतिरिक्त ईश्वर के विरुद्ध एयर की मूल आपत्ति यह है कि उसके अस्तित्व और स्वरूप के संबंध में सार्थकतापूर्वक कुछ भी कहना संभव नहीं है। इसका कारण यह है कि ईश्वर को ऐसी अभौतिक तथा अति-प्राकृतिक सत्ता माना जाता है जो मनुष्य के अनुभव, तर्क और ज्ञान से परे है। ईश्वरवादी दार्शनिकों के इस मत को ध्यान में रखते हुए एयर कहते हैं कि ऐसे अनुभवातीत ईश्वर के अस्तित्व एवं स्वरूप के संबंध में हमारे लिए सार्थक चर्चा करना असंभव है, क्योंकि जो वस्तु हमारे ज्ञान और अनुभव से परे है उसके विषय में हम सार्थकतापूर्वक बात नहीं कर सकते। ईश्वर में विश्वास करनेवाले व्यक्ति उसके अस्तित्व, स्वरूप तथा कार्यों के संबंध में जो कुछ कहते हैं वह सब अनुभव द्वारा असत्यापनीय होने के कारण संज्ञानात्मक दृष्टि से निरर्थक और अबोधगम्य है। ईश्वरवाद के विरुद्ध अपनी इसी आधारभूत आपत्ति की व्याख्या करते हुए एयर ने लिखा है : "यह कहना

35. देखिए, वही पुस्तक, अध्याय 1

कि 'ईश्वर का अस्तित्व है' एक तत्त्वमीमांसीय वाक्य कहना है जो न सत्य हो सकता है और न मिथ्या। और इसी कसौटी के आधार पर ऐसे किसी वाक्य का संज्ञानात्मक अर्थ नहीं हो सकता जो अनुभवातीत ईश्वर के स्वरूप का वर्णन करने का दावा करता है।"[36] इस प्रकार यह स्पष्ट है कि एयर के अनुसार, ईश्वर विषयक कथन अनुभव द्वारा सत्यापित न हो सकने के कारण तथ्यात्मक दृष्टि से निरर्थक और अबोधगम्य हैं।

जैसा कि हम पिछले अध्याय में देख चुके हैं, कुछ ईश्वरवादी विचारक धार्मिक अनुभव–जिसे वे 'ईश्वर का साक्षात् अनुभव' कहते हैं–के आधार पर उसके अस्तित्व को प्रमाणित करने का दावा करते हैं। एयर ने धार्मिक अनुभव से संबंधित उनके इस तर्क का स्पष्ट रूप से खंडन किया है। इस तर्क के विरुद्ध उनका कथन है कि यह धार्मिक अनुभव पूर्णतः व्यक्तिनिष्ठ होने के कारण ईश्वर की वस्तुपरक सत्ता को सिद्ध नहीं करता। यदि यह स्वीकार भी कर लिया जाए कि कुछ व्यक्तियों को एक विशेष प्रकार का अनुभव प्राप्त होता है जिसे वे 'धार्मिक अनुभव' कहते हैं तो भी इससे यह सिद्ध नहीं होता कि उनका यह व्यक्तिनिष्ठ अनुभव वास्तव में उस ईश्वर का ही अनुभव है जिसे वे स्वयं अनुभवातीत मानते हैं। इससे केवल इतना ही सिद्ध होता है कि उनका यह धार्मिक अनुभव उनकी एक विशेष वैयक्तिक मनोदशा है जिसका अन्य व्यक्ति–विशेषतः निरीश्वरवादी–अनुभव नहीं करते। ऐसी स्थिति में किसी मनुष्य की इस व्यक्तिनिष्ठ मनोदशा को सत्यापित करना संभव नहीं है, अतः इससे संबंधित उसके कथनों को संज्ञानात्मक अथवा तथ्यात्मक कथन नहीं माना जा सकता।

मुख्यतः अपनी उपर्युक्त आपत्ति के आधार पर एयर ने ईश्वर के अस्तित्व के लिए धार्मिक अनुभव से संबंधित तर्क का खंडन किया है और इस तर्क के विरुद्ध उनकी यह आपत्ति निम्नलिखित उद्धरण से पूर्णतः स्पष्ट हो जाती है : "बहुत-से धर्मपरायण मनुष्य यह कहते हैं कि किसी वस्तु के साक्षात् इंद्रियजन्य अनुभव की भाँति ईश्वर का साक्षात् अनुभव प्राप्त करना भी मनुष्यों के लिए तार्किक दृष्टि से संभव है, और इस बात का कोई कारण नहीं है कि जब कोई व्यक्ति यह कहता है कि वह पीली वस्तु देख रहा है तो हम उस पर विश्वास करने के लिए तैयार हो जाते हैं' और जब वह यह कहता है कि वह ईश्वर को देख रहा है तो हम उस पर विश्वास करने से इन्कार कर देते हैं। इसका उत्तर यह है कि . . . 'यहाँ पीले रंग की एक भौतिक वस्तु का अस्तित्व है' यह वाक्य वास्तविक संश्लेषणात्मक प्रतिज्ञप्ति को अभिव्यक्त करता है जिसे अनुभव द्वारा सत्यापित किया जा सकता है, जबकि 'अनुभवातीत ईश्वर का अस्तित्व है' इस वाक्य का कोई तथ्यात्मक अर्थ नहीं है। . . . यह तथ्य कि लोगों को धार्मिक अनुभव प्राप्त होते हैं मनोवैज्ञानिक दृष्टि से रोचक है, किंतु किसी भी रूप में इसका अर्थ यह नहीं है कि धार्मिक ज्ञान जैसी कोई वस्तु है। . . . इन बातों से धार्मिक अनुभव संबंधी तर्क का खंडन होता है जिसे अब भी बहुत-से दार्शनिक ईश्वर के अस्तित्व के समर्थन में प्रामाणिक तर्क मानते हैं। . . . इसलिए हमारा निष्कर्ष यह

36. वही पुस्तक, पृ. 115

है कि धार्मिक अनुभव संबंधी तर्क पूर्णतः मिथ्या है।"[37] इस प्रकार एयर अपने सत्यापन-सिद्धांत के आधार पर ईश्वरवादी दार्शनिकों के धार्मिक अनुभव से संबंधित तर्क को पूर्ण रूप से अस्वीकार करते हैं।

ईश्वर के अस्तित्व को प्रमाणित करने के लिए तर्कों अथवा प्रमाणों की इस असफलता को ध्यान में रखते हुए कुछ ईश्वरवादी दार्शनिकों ने यह कहा है कि ईश्वर तर्क का विषय न होकर वास्तव में आस्था या श्रद्धा का विषय है। हम पिछले अध्यायों में देख चुके हैं कि अनेक भारतीय तथा पाश्चात्य ईश्वरवादी दार्शनिकों ने इसी मत का समर्थन किया है। इन दार्शनिकों के इस मत के विषय में अपने विचार व्यक्त करते हुए एयर कहते हैं कि इससे ईश्वर के अस्तित्व को तर्कतः सिद्ध करने के संबंध में ईश्वरवादी दार्शनिकों की असमर्थता स्पष्टतः प्रमाणित होती है। इस मत को स्वीकार करने का अर्थ यही है कि इन दार्शनिकों के अनुसार मनुष्य को बिना किसी तर्क या प्रमाण के श्रद्धापूर्वक ईश्वर की सत्ता को मान लेना चाहिए। दूसरे शब्दों में, ये ईश्वरवादी दार्शनिक यह कहना चाहते हैं कि ईश्वर के अस्तित्व को तर्कतः प्रमाणित करना असंभव है, अतः इसके लिए प्रयास करना ही व्यर्थ है। इन दार्शनिकों की इसी असमर्थता का वर्णन करते हुए एयर ने लिखा है : "हमें बताया जाता है कि ईश्वर तर्क का विषय नहीं है, अपितु आस्था का विषय है। यह इस बात की स्वीकृति के अतिरिक्त और कुछ नहीं है कि ईश्वर के अस्तित्व को आस्था के आधार पर मान लेना आवश्यक है, क्योंकि इसे प्रमाणित नहीं किया जा सकता।"[38] इस प्रकार एयर भी अन्य निरीश्वर-वादी दार्शनिकों के इस आधारभूत मत का समर्थन करते हैं कि ईश्वर के अस्तित्व को स्वीकार करने के लिए हमारे पास कोई विश्वसनीय तथा वस्तुपरक प्रमाण नहीं है, अतः उसकी सत्ता में विश्वास करना अबौद्धिक और अयुक्तिसंगत है। यहाँ यह भी उल्लेखनीय है कि ईश्वर में विश्वास करने के लिए कुछ ईश्वरवादी दार्शनिकों ने आस्था या श्रद्धा का जो दृष्टिकोण प्रस्तुत किया है वह केवल धर्मपरायण व्यक्ति अथवा भक्त का ही दृष्टिकोण हो सकता है, विचारक या दार्शनिक का नहीं।

ईश्वर के अस्तित्व के अतिरिक्त उसके स्वरूप के विरुद्ध भी एयर ने कुछ गंभीर आपत्तियों उठाई हैं जो मुख्यतः उनके उपर्युक्त सत्यापनीयता-सिद्धांत पर आधारित हैं। जैसाकि हम पिछले अध्यायों में बता चुके हैं, ईश्वरवादी दार्शनिक एक ओर तो ईश्वर को अभौतिक, अति-प्राकृतिक एवं अनुभवातीत सत्ता मानते हैं और दूसरी ओर वे उसमें असीम शक्ति, ज्ञान, प्रेम, शुभत्त्व, करुणा, न्यायशीलता आदि तत्त्वमीमांसीय तथा नैतिक गुणों को भी आरोपित करते हैं जो मूलतः सीमित मनुष्य के गुण हैं। वस्तुतः ये दार्शनिक ईश्वर को अनुभवातीत सत्ता मानते हुए भी पूजा अथवा उपासना के लिए उसे एक व्यक्तित्त्वसंपन्न सत्ता के रूप में स्वीकार करते हैं। ईश्वर के इस स्वरूप के विरुद्ध एयर की प्रमुख आपत्ति यह है कि अनेक असंगतियों तथा स्वतोव्याघातों से ग्रस्त होने के कारण उसका यह स्वरूप हमारे लिए पूर्णतः अबोधगम्य है। हम ऐसे किसी व्यक्ति के विचार को कभी नहीं समझ सकते जो अभौतिक तथा अनुभवातीत

37. वही पुस्तक, पृ. 119
38. वही पुस्तक, पृ. 118.

हो और जिसमें उपर्युक्त समस्त गुण विद्यमान हों। वस्तुतः ईश्वरवादी दार्शनिक स्वयं इस तथ्य को स्वीकार करते हैं, क्योंकि वे ईश्वर को 'अगम्य', 'अगोचर', 'अपरिभाष्य', 'वर्णनातीत' आदि कहकर उसे मनुष्य के ज्ञान से परे मानते हैं। यह समझना कठिन नहीं है कि जो ईश्वर मनुष्य के अनुभव, तर्क एवं ज्ञान का विषय नहीं हो सकता वह उसके लिए पूर्णतः अबोधगम्य हो जाता है और ऐसे अबोधगम्य ईश्वर की सत्ता में विश्वास करना तार्किक दृष्टि से निराधार तथा अनुचित है। इसके अतिरिक्त ऐसे ईश्वर के अस्तित्व तथा स्वरूप के संबंध में ईश्वरवादियों के सभी कथन संज्ञानात्मक दृष्टि से निरर्थक हो जाते हैं।

ईश्वर के स्वरूप में विद्यमान उपर्युक्त असंगतियों की सविस्तार व्याख्या करते हुए एयर कहते हैं : "ऐसे व्यक्ति का विचार, जिसके आवश्यक गुण अनुभवातीत हैं, बोधगम्य विचार बिल्कुल नहीं है। . . . 'ईश्वर' शब्द के संबंध में ठीक यही स्थिति है जिसका प्रयोग अनुभवातीत वस्तु के लिए किया जाता है। किसी संज्ञा का अस्तित्व ही यह भ्रम उत्पन्न करने के लिए पर्याप्त है कि इससे संबंधित कोई वास्तविक, अथवा कम-से-कम संभावित, वस्तु है। ईश्वर के गुणों की परीक्षा करने पर ही हमें यह ज्ञात होता है कि इस अर्थ में 'ईश्वर' कोई वास्तविक संज्ञा नहीं है। . . . हमें प्रायः यह बताया जाता है कि ईश्वर का स्वरूप एक रहस्य है जो मनुष्य की समझ से परे है। परंतु यह कहना कि कोई वस्तु मनुष्य की समझ से परे है यह कहना है कि वह अबोधगम्य है। और जो अबोधगम्य है उसका सार्थक रूप से वर्णन नहीं किया जा सकता। . . . यदि कोई व्यक्ति यह मानता है कि बोधगम्य शब्दों में ईश्वर की परिभाषा करना असंभव है तो वह यह स्वीकार कर रहा है कि किसी वाक्य का सार्थक होना और ईश्वर के विषय में होना दोनों एक साथ असंभव हैं।"[39] इस प्रकार उपर्युक्त विस्तृत उद्धरण से यह स्पष्ट है कि एयर ईश्वरवादी दार्शनिकों द्वारा बताए गए अनुभवातीत ईश्वर के स्वरूप को अपने सत्यापनीयता-सिद्धांत के अनुसार अबोधगम्य अथवा मानवीय समझ से परे मानते हैं और इसी कारण वे यह कहते हैं कि ईश्वर विषयक कथन संज्ञानात्मक या तथ्यात्मक दृष्टि से निरर्थक हैं।

यहाँ यह उल्लेखनीय है कि एयर के विचार में उनका ईश्वर संबंधी सिद्धांत न तो निरीश्वरवाद का समर्थन करता है और न अज्ञेयवाद का। वे स्पष्ट रूप से यह दावा करते हैं कि उनका सिद्धांत इन दोनों सिद्धांतों से पृथक् ही नहीं है, अपितु वह इन दोनों सिद्धांतों का निषेध भी करता है। अपने इस दावे के समर्थन में एयर यह तर्क देते हैं कि ये दोनों सिद्धांत ईश्वर विषयक कथनों को सार्थक तथा वास्तविक कथन मानते हैं, किंतु इसके विपरीत उनका सिद्धांत इन कथनों की सार्थकता को ही अस्वीकार करता है। मुख्यतः इसी तर्क के आधार पर वे अपने ईश्वर विषयक सिद्धांत को निरीश्वरवाद तथा अज्ञेयवाद से भिन्न और इन दोनों सिद्धांतों का समान रूप से निषेध करनेवाला सिद्धांत मानते हैं। इसी कारण वे यह दावा करते हैं कि वे वास्तव में न तो निरीश्वरवादी हैं और न अज्ञेयवादी, क्योंकि वे इन दोनों सिद्धांतों को उतना ही निरर्थक मानते हैं जितना ईश्वरवाद को।

39. वही पुस्तक, पृ. 116-118.

अपने इस दावे के समर्थन में उपर्युक्त तर्क प्रस्तुत करते हुए एयर ने लिखा है : "धार्मिक कथनों के विषय में इस मत को निरीश्वरवादियों अथवा अज्ञेयवादियों द्वारा स्वीकृत मत के समान न समझना आवश्यक है। . . . अज्ञेयवादी की यह विशेषता है कि वह ईश्वर के अस्तित्व को एक ऐसी संभावना मानता है जिसमें विश्वास या अविश्वास करने के लिए हमारे पास पर्याप्त कारण नहीं है; और निरीश्वरवादी की यह विशेषता है कि वह कम-से-कम यह संभव मानता है कि ईश्वर का अस्तित्व नहीं है। . . . हमारा यह मत कि ईश्वर के स्वरूप से संबंधित समस्त कथन निरर्थक हैं, इन सुपरिचित सिद्धांतों के समान होने अथवा इनमें से किसी एक को भी समर्थन देने के स्थान पर वास्तव में इनके विपरीत है। . . . यदि यह कथन कि 'ईश्वर है' निरर्थक है तो निरीश्वरवादी का यह कथन कि 'ईश्वर नहीं है' समान रूप से निरर्थक है, क्योंकि केवल सार्थक कथन का ही सार्थक रूप से खंडन हो सकता है। जहाँ तक अज्ञेयवादी का संबंध है, यद्यपि वह यह नहीं कहता कि ईश्वर है या नहीं, वह इस बात से इन्कार नहीं करता कि यह एक वास्तविक या सार्थक प्रश्न है कि क्या अनुभवातीत ईश्वर का अस्तित्व है। वह इस बात को अस्वीकार नहीं करता कि ये दोनों वाक्य–'अनुभवातीत ईश्वर है' और 'अनुभवातीत ईश्वर नहीं है'–सार्थक कथनों को अभिव्यक्त करते हैं जिनमें से एक वस्तुतः सत्य है और दूसरा मिथ्या। वह केवल इतना ही कहता है कि हमारे पास यह जानने का कोई साधन नहीं है कि इनमें से कौन-सा कथन सत्य है, और इसलिए हमें इनमें से अपने आप को किसी भी कथन के साथ प्रतिबद्ध नहीं करना चाहिए। परंतु हम देख चुके हैं कि उपर्युक्त वाक्य सार्थक कथनों को बिल्कुल अभिव्यक्त नहीं करते। . . . इसका अर्थ यह है कि अज्ञेयवाद को भी स्वीकार करना संभव नहीं है।"[40] इस प्रकार एयर यह दावा करते हैं कि उनका सत्यापनीयता-सिद्धांत ईश्वर विषयक कथनों को पूर्णतः निरर्थक मानकर ईश्वरवाद, निरीश्वरवाद तथा अज्ञेयवाद इन तीनों सिद्धांतों को समान रूप से अस्वीकार करता है।

अब विचारणीय प्रश्न यह है कि एयर का उपर्युक्त दावा कहाँ तक सत्य और युक्तिसंगत है। यह प्रश्न बहुत महत्त्वपूर्ण है, क्योंकि यदि उनका यह दावा उचित है तो उन्हें निरीश्वरवादी विचारक नहीं माना जा सकता और वे स्पष्ट रूप से यह कहते भी हैं कि उनके अनुसार निरीश्वरवाद तथा अज्ञेयवाद उतने ही निरर्थक सिद्धांत हैं जितना स्वयं ईश्वरवाद। परंतु वास्तविक स्थिति यह है कि एयर का उपर्युक्त दावा पूर्णतः सत्य एवं उचित प्रतीत नहीं होता। उनके इस दावे को ईश्वरवाद तथा अज्ञेयवाद के विषय में तो सत्य माना जा सकता है, किंतु निरीश्वरवाद के विषय में नहीं। इसका कारण यह है कि उनका सत्यापनीयता-सिद्धांत ईश्वर संबंधी कथनों को तथ्यात्मक दृष्टि से निरर्थक घोषित करके ईश्वरवाद और अज्ञेयवाद का तो निषेध करता है, परंतु इसके द्वारा उस व्यापक अर्थ में निरीश्वरवाद का खंडन नहीं होता जिस अर्थ में अधिकतर निरीश्वरवादी विचारकों ने इस सिद्धांत का प्रतिपादन तथा समर्थन किया है। वस्तुतः निरीश्वरवाद के इस व्यापक अर्थ की उपेक्षा करते हुए एयर यह मान लेते

40. वही पुस्तक, पृ. 115-116

हैं कि ईश्वरवादी के विपरीत निरीश्वरवादी अनिवार्यतः यह घोषित करता है कि 'ईश्वर का अस्तित्व नहीं है।' परंतु जैसाकि हम पहले ही अनेक बार स्पष्ट कर चुके हैं, निरीश्वरवादी के लिए यह दावा करना आवश्यक नहीं है कि 'ईश्वर का अस्तित्व नहीं है।' उसके लिए इतना कहना ही पर्याप्त है कि वह ईश्वर की सत्ता में विश्वास नहीं करता, क्योंकि यह विश्वास अबौद्धिक तथा निराधार है। इसी दृष्टि से निरीश्वरवाद की परिभाषा करते हुए हम दूसरे अध्याय में सविस्तार यह स्पष्ट कर चुके हैं कि 'ईश्वर में विश्वास का अभाव ही निरीश्वरवाद है' और अधिकतर निरीश्वरवादी विचारकों ने इसी अर्थ में निरीश्वरवाद को स्वीकार किया है। इन विचारकों में हॉलबाक, ब्रैडलॉफ़, ऐनिबिसेन्ट, ऐन्टोनी फ़्ल्यू, जॉर्ज स्मिथ आदि के नाम विशेष रूप से उल्लेखनीय हैं। इन सभी विचारकों तथा अन्य बहुत-से निरीश्वरवादी विचारकों ने निरीश्वरवाद के अर्थ की व्याख्या करते हुए यही कहा है कि 'ईश्वर की सत्ता में विश्वास न करना ही निरीश्वरवाद है।' इसका तात्पर्य यही है कि निरीश्वरवादी के लिए सकारात्मक रूप से ईश्वर के अस्तित्व को अस्वीकार करना अनिवार्य नहीं है—अर्थात्, उसके लिए यह कहना अनिवार्य नहीं है कि 'ईश्वर की सत्ता नहीं है।' जैसाकि हम पिछले दो अध्यायों में देख चुके हैं, अठारहवीं और उन्नीसवीं शताब्दी के अधिकतर निरीश्वरवादी विचारकों ने निरीश्वरवाद के अर्थ की यही नकारात्मक व्याख्या की है। इसी प्रकार, ऐन्टोनी फ़्ल्यू, जॉर्ज स्मिथ आदि बीसवीं शताब्दी के अनेक निरीश्वरवादी दार्शनिकों ने भी निरीश्वरवाद के सकारात्मक अर्थ 'ईश्वर का अस्तित्व नहीं है' के स्थान पर उसका यही नकारात्मक अर्थ 'ईश्वर के अस्तित्व में विश्वास का अभाव' ही स्वीकार किया है जो निरीश्वरवाद की दीर्घकालीन ऐतिहासिक परंपरा के अनुरूप है।[41] निरीश्वरवाद के इस नकारात्मक अर्थ और इसके महत्त्व की विस्तृत व्याख्या हम दूसरे अध्याय में हम कर चुके हैं, अतः यहाँ इसे पुनः अधिक विस्तार-पूर्वक स्पष्ट करने की आवश्यकता नहीं है।

यह आश्चर्य की बात है कि एयर ने निरीश्वरवाद के उपर्युक्त वास्तविक नकारात्मक अर्थ पर बिल्कुल ध्यान नहीं दिया है। दार्शनिक दृष्टि से इस महत्त्वपूर्ण अर्थ की उपेक्षा करते हुए वे निरीश्वरवाद के सकारात्मक अर्थ को ही स्वीकार करते हैं जिसके अनुसार निरीश्वरवादी वह है जो सकारात्मक रूप से यह घोषित करता है कि 'ईश्वर का अस्तित्व नहीं है।' परंतु, जैसा कि हम ऊपर बता चुके हैं, निरीश्वरवाद का यह सकारात्मक अर्थ अपूर्ण तथा एकांगी है। इसी कारण अधिकतर निरीश्वरवादी विचारकों ने निरीश्वरवाद के इस सकारात्मक अर्थ के स्थान पर उसके उपर्युक्त नकारात्मक अर्थ को ही स्वीकार किया है जो अधिक व्यापक और तर्कसंगत है। यहाँ यह उल्लेखनीय है कि निरीश्वरवाद के इस नकारात्मक अर्थ को स्वीकार कर लेने पर एयर का ईश्वर विषयक असंज्ञानात्मक सिद्धांत निरीश्वरवाद से भिन्न और उसका विकल्प नहीं रह जाता जैसा कि वे इसे मानते हैं। हम देख चुके हैं कि एयर ने अपने इस असंज्ञानात्मक सिद्धांत के आधार पर ईश्वर तथा उससे संबंधित कथनों को निरर्थक एवं अबोधगम्य

41. देखिए, ऐन्टोनी फ़्ल्यू, 'गॉड, फ्रीडम ऐंड इम्मॉर्टेलिटी', पृ. 14; जॉर्ज स्मिथ, 'एथीइज्म : एयन रैंड, ऐंड अदर हेरेसीज़', पृ. 57-59.

बताकर यह सिद्ध करने का प्रयास किया है कि उनके इस सिद्धांत के अनुसार निरीश्वरवाद भी उतना ही निरर्थक है जितना ईश्वरवाद, अतः यह सिद्धांत निरीश्वरवाद से भिन्न और उसका अधिक युक्तिसंगत विकल्प है। परंतु निरीश्वरवाद के उपर्युक्त नकारात्मक अर्थ को ध्यान में रखते हुए हम यह कह सकते हैं कि उनका यह दावा वास्तव में उचित और सत्य नहीं है। यहाँ इस संबंध में हमें स्मरण रखना चाहिए कि एयर ऐसे प्रथम दार्शनिक नहीं हैं जिन्होंने ईश्वर और उससे संबद्ध कथनों को निरर्थक तथा अबोधगम्य माना है। उनसे पूर्व हॉलबाक, ब्रैडलॉफ़, ऐनी बिसेन्ट आदि बहुत-से निरीश्वरवादी विचारकों ने भी 'ईश्वर' शब्द और ईश्वर विषयक कथनों की सार्थकता का स्पष्टतः निषेध किया था। ये सभी विचारक निश्चित रूप से यह मानते थे कि अभौतिक, अति-प्राकृतिक तथा अनुभवातीत समझे जानेवाले ईश्वर में शक्ति, ज्ञान, प्रेम, शुभत्व, करुणा आदि मानवीय गुणों को असीमित मात्रा में आरोपित किए जाने के कारण उसकी अवधारणा असंगत एवं स्वतोव्याघातपूर्ण हो जाती है जिसके फलस्वरूप वह हमारे लिए सार्थक और बोधगम्य नहीं रह जाती। हम ऐसे अभौतिक तथा अनुभवा-तीत ईश्वर के स्वरूप की सार्थक कल्पना नहीं कर सकते जो इन सब मानवीय गुणों से परिपूर्ण व्यक्तित्वसंपन्न सत्ता है जैसा कि ईश्वरवादी दार्शनिक दावा करते हैं। ऐसी स्थिति में ईश्वर की इस स्वतोव्याघातपूर्ण अवधारणा से संबंधित समस्त कथन भी हमारे लिए निरर्थक और अबोधगम्य हो जाते हैं।

उपर्युक्त निरीश्वरवादी विचारकों के इस मत की विस्तृत विवेचना हम पिछले दो अध्यायों में कर चुके हैं, अतः यहाँ इसकी पुनरावृत्ति की आवश्यकता नहीं है। प्रस्तुत प्रसंग में उनके इस मत के पुनरुल्लेख का उद्देश्य यह स्पष्ट करना है कि एयर ईश्वर विषयक कथनों को निरर्थक घोषित करनेवाले पहले दार्शनिक नहीं हैं और न ही उनका असंज्ञानात्मक सिद्धांत निरीश्वरवाद से भिन्न तथा उसका कोई विकल्प है। इस संबंध में वास्तविक स्थिति यह है कि उनसे बहुत पहले ही अनेक निरीश्वरवादी विचारकों ने इसी सिद्धांत के आधार पर निरीश्वरवाद का प्रबल समर्थन किया था जिससे यह ज्ञात होता है कि पर्याप्त समय से यह सिद्धांत निरीश्वरवाद की पुष्टि का एक महत्त्वपूर्ण साधन रहा है। इन सभी तथ्यों को ध्यान में रखते हुए हम यही कह सकते हैं कि ईश्वर विषयक कथनों की निरर्थकता एवं अबोधगम्यता के संबंध में इस असंज्ञानात्मक सिद्धांत को स्वीकार करके एयर ने वस्तुतः निरीश्वरवाद का ही समर्थन किया है जो निरीश्वरवादी विचारधारा की दीर्घकालीन ऐतिहासिक परंपरा के अनुरूप है। उन्होंने ईश्वर के अस्तित्व तथा स्वरूप और उससे संबंधित कथनों के विषय में जो कुछ कहा है उससे भी यह पूर्णतः स्पष्ट है कि वे ईश्वर की सत्ता में विश्वास नहीं करते, अतः अन्य अनेक विचारकों की भाँति उन्हें भी निश्चित रूप से निरीश्वरवादी विचारक कहा जा सकता है। हम देख चुके हैं कि एयर ने ईश्वर के अस्तित्व के समर्थन में दिए गए अनेक तर्कों का खंडन किया है और उसके स्वरूप को भी असंगत एवं स्वतोव्याघातपूर्ण माना है। इससे हम यही निष्कर्ष निकाल सकते हैं कि हॉलबाक, ब्रेडलॉफ़ आदि निरीश्वरवादी विचारकों की भाँति वे भी वास्तव में निरीश्वरवाद के ही प्रबल समर्थक हैं।[42]

42. देखिए, जार्ज स्मिथ, 'एथीइज्म : एयन रैंड, एंड अदर हेरेसीज़', अध्याय 3.

ईश्वरवाद तथा निरीश्वरवाद के विषय में एयर के परवर्ती विचारों से भी उपर्युक्त निष्कर्ष की पुष्टि होती है। 1973 में प्रकाशित अपनी एक महत्त्वपूर्ण पुस्तक, 'दि सेंट्रल क्वश्चन्ज़ ऑफ़ फिलॉसॉफ़ी' में उन्होंने पारंपरिक निरीश्वरवाद का स्पष्टतः समर्थन किया है। इसके लिए उन्होंने प्रत्यय-सत्ता युक्ति, सृष्टि-कारण युक्ति और प्रयोजनपरक युक्ति इन तीनों परंपरागत प्रमाणों का खंडन किया है जो ईश्वरवादी विचारक प्राचीन काल से ईश्वर की सत्ता के समर्थन में प्रायः प्रस्तुत करते रहे हैं। इन युक्तियों के विरुद्ध एयर ने लगभग वे ही तर्क दिए हैं जो उनसे पूर्व ह्यूम, कान्ट तथा अन्य बहुत-से दार्शनिक दे चुके थे और जिनकी विस्तृत विवेचना हम पिछले अध्यायों में कर चुके हैं, अतः यहाँ इन तर्कों की पुनः व्याख्या करने की आवश्यकता नहीं है। इस संबंध में यहाँ इतना कह देना ही पर्याप्त होगा कि इन परंपरागत युक्तियों का खंडन करके एयर ने ईश्वरवाद को पूर्णतः अस्वीकार किया है जिससे यह ज्ञात होता है कि वे निश्चित रूप से निरीश्वरवादी विचारक हैं। इसके अतिरिक्त उनके द्वारा किए गए इन सब युक्तियों के खंडन से यह भी सिद्ध होता है कि ईश्वरवाद तथा निरीश्वरवाद इन दोनों की निरर्थकता के विषय में उनके विचारों में कुछ परिवर्तन हुआ है। अब वे कम-से-कम विचार-विमर्श की दृष्टि से इन दोनों सिद्धांतों और इनसे संबंधित कथनों की सार्थकता को स्वीकार करते हैं। इसका तात्पर्य यह है कि अब एयर इन दो वाक्यों–'ईश्वर का अस्तित्व है' और 'ईश्वर का अस्तित्व नहीं है'–को निरर्थक तथा अबोधगम्य नहीं कहते। यदि वे पहले की भाँति इन दोनों वाक्यों को निरर्थक एवं अबोधगम्य मानते होते तो वे निश्चय ही अपनी उपर्युक्त परवर्ती पुस्तक में ईश्वरवाद की समस्या पर सविस्तार विचार न करते और ईश्वर संबंधी परंपरागत प्रमाणों का खंडन न करते। परंतु एयर के परवर्ती विचारों में इस परिवर्तन के होते हुए भी निरीश्वरवाद के प्रति उनके दृष्टिकोण में कोई परिवर्तन नहीं हुआ। वे अब भी मूलतः निरीश्वरवाद का ही समर्थन करते हैं।

यहाँ इस तथ्य का उल्लेख कर देना प्रासंगिक तथा रोचक होगा कि एयर ने नैतिकता की जो व्याख्या की है वह भी उनकी उपर्युक्त निरीश्वरवादी विचारधारा के अनुरूप है। ईश्वर में विश्वास करनेवाले धर्मपरायण व्यक्ति यह मानते हैं कि नैतिकता का मूल आधार ईश्वर ही है जिसका तात्पर्य यह है कि समस्त नैतिक सिद्धांत, नियम, मूल्य तथा आदर्श केवल ईश्वर की इच्छा अथवा आज्ञा पर अनिवार्यतः आधारित रहते हैं। परंतु एयर ने नैतिकता के संबध में इन व्यक्तियों की इस धार्मिक मान्यता का स्पष्ट रूप से तर्कतः खंडन किया है। इस मान्यता के विरुद्ध उनका प्रथम तर्क यह है कि यदि नैतिकता को ईश्वर पर आधारित मान लिया जाए तो नैतिक कथन अथवा आदेश पुनरुक्तियाँ मात्र रह जाते हैं। उदाहरणार्थ, यदि ईश्वर के आदेशों का औचित्य केवल इसी बात पर निर्भर है कि वे ईश्वर के आदेश हैं तो 'ईश्वर का अमुक आदेश उचित है' इस कथन का अर्थ केवल यही होगा कि 'ईश्वर का अमुक आदेश ईश्वर का आदेश है' जो पुनरुक्ति मात्र है। परंतु ईश्वरवादी विचारक जब यह कहता है कि 'ईश्वर का आदेश उचित है' तो निश्चय ही उसका उद्देश्य ऐसी पुनरुक्ति प्रस्तुत करना नहीं होता। इससे यह सिद्ध होता है कि किसी आदेश का औचित्य ईश्वर की इच्छा

अथवा आज्ञा पर निर्भर न होकर उससे भिन्न तथा स्वतंत्र है। जब ईश्वरवादी व्यक्ति यह कहता है कि 'अमुक कर्म उचित है, क्योंकि वह ईश्वर का आदेश है' तो वह यह बात नहीं कहता कि 'अमुक कर्म ईश्वर का आदेश है, क्योंकि वह ईश्वर का आदेश है।' इससे यह स्पष्ट है कि किसी कर्म का उचित होना और उसे करने के लिए ईश्वर द्वारा आदेश दिया जाना ये दोनों बिल्कुल अलग-अलग बाते हैं जिनसे यह प्रमाणित होता है कि कर्मों का औचित्य वास्तव में ईश्वर के आदेश पर निर्भर नहीं है।

उपर्युक्त धार्मिक मान्यता के विरुद्ध एयर का दूसरा तर्क यह है कि मनुष्य अथवा ईश्वर का आदेश नैतिक मानदंड का आधार नहीं हो सकता। उदाहरणार्थ, यहि हम यह कहते हैं कि अमुक कर्म उचित है, क्योंकि वह राजा का आदेश है तो हम पहले से ही यह मान लेते हैं कि राजा जो आदेश देता है वह उचित होता है। ठीक यही बात ईश्वर के संबंध में भी कही जा सकती है। जब ईश्वरवादी विचारक यह कहता है कि ईश्वर जो आदेश देता है वह उचित होता है तो उसका यह कथन तभी सार्थक हो सकता है जब वह पहले से ही यह मान ले कि ईश्वर जो आदेश देता है वह अनिवार्यतः उचित होता है। परंतु हम देख चुके हैं कि ईश्वर के आदेश के औचित्य को इस आधार पर युक्तिसंगत सिद्ध नहीं किया जा सकता कि वह ईश्वर का आदेश है, क्योंकि ऐसा करने से हम केवल पुनरुक्ति ही प्रस्तुत करेंगे। इस प्रकार एयर का निष्कर्ष यही है कि वस्तुतः नैतिकता को किसी भी रूप में ईश्वर पर आधारित नहीं माना जा सकता और उनका यह निष्कर्ष भी उनके निरीश्वरवाद की पुष्टि करता है।

एयर के अतिरिक्त एक अन्य प्रमुख तर्कीय प्रत्यक्षवादी विचारक, रुडॉल्फ़ कार्नेप ने भी सत्यापनीयता-सिद्धांत के आधार पर ईश्वर और उससे संबंधित कथनों को तथ्यात्मक दृष्टि से निरर्थक तथा अबोधगम्य मानकर निरीश्वरवाद का ही समर्थन किया है। वे भी ईश्वर की सत्ता में विश्वास नहीं करते और इसी कारण उन्हें भी निश्चित रूप से निरीश्वरवादी विचारक माना जा सकता है। 1931 में प्रकाशित अपने एक महत्त्वपूर्ण लेख, 'दि ऐलिमिनेशन ऑफ़ मैटाफ़िज़िक्स थ्रूलॉजिकल ऐनालिसिस ऑफ़ लैंग्वेज' में कार्नेप ने ईश्वर विषयक कथनों की संक्षिप्त विवेचना की है। एयर की भाँति वे भी इन कथनों को तत्त्वमीमांसीय छद्म कथन ही मानते हैं, तथ्यात्मक अथवा संज्ञानात्मक कथन नहीं। परंतु उन्होंने ईश्वर की तत्त्वमीमांसीय अवधारणा के अतिरिक्त उसकी मानवत्वारोपी अवधारणा का भी उल्लेख किया है। उनका कथन है कि तत्त्वमीमांसीय अवधारणा के अनुसार ईश्वर को अभौतिक तथा अति-प्राकृतिक सत्ता माना जाता है जो मनुष्य के अनुभव, तर्क एवं ज्ञान से परे है और इसी कारण जिसके विषय में सार्थक चर्चा करना संभव नहीं है। इसके विपरीत मानवत्वारोपी अवधारणा के अनुसार ईश्वर को आकाश या स्वर्ग में उपस्थित महामानव के रूप में समझा जाता है जो पिता के समान सभी मनुष्यों की रक्षा तथा सहायता करता है और सबके प्रति स्नेह रखता है। इसी रूप में ईश्वर को 'स्वर्ग-स्थित पिता' अथवा 'न्यायाधीश' की संज्ञा दी जाती है और उसे उपासना या पूजा का विषय माना जाता है। कार्नेप का मत है कि अधिकतर ईश्वरवादी व्यक्ति वस्तुतः ईश्वर की इसी मानवत्वारोपी अवधारणा में विश्वास करते हैं। इस रूप में 'ईश्वर' शब्द और उससे संबंधित कथन सार्थक तथा

बोधगम्य हैं, किंतु ये कथन मिथ्या हैं, क्योंकि अनुभव, तर्क एवं विज्ञान द्वारा इन्हें सत्य प्रमाणित नहीं किया जा सकता। इन कथनों के विपरीत ईश्वर की तत्त्वमीमांसीय अवधारणा से संबंधित कथन निरर्थक होने के कारण न सत्य हो सकते हैं और न मिथ्या। वे केवल 'छद्म कथन' हैं।

इस प्रकार यह स्पष्ट है कि कार्नैप ईश्वर की उपर्युक्त दोनों अवधारणाओं से संबंधित कथनों को भिन्न-भिन्न कारणों से अस्वीकार करते हैं। परंतु इसका यह अर्थ नहीं समझना चाहिए कि उनके अनुसार ईश्वर विषयक कथनों का मनुष्य के लिए कोई महत्त्व नहीं है और ये कथन उसके जीवन में कोई भूमिका नहीं निभाते। वस्तुतः जो व्यक्ति ईश्वर के अस्तित्व में विश्वास करते हैं उनके लिए ये कथन बहुत महत्त्वपूर्ण हो सकते हैं। कार्नैप का मत है कि ऐसे व्यक्तियों के विचारों तथा आचरण पर इन कथनों का गहरा संवेगात्मक प्रभाव पड़ सकता है। इन कथनों द्वारा ये व्यक्ति ईश्वर के प्रति श्रद्धा, पूजा, निष्ठा आदि अपनी भावनाओं को अभिव्यक्त करते हैं और अन्य व्यक्तियों में भी ये भावनाएँ उत्पन्न करते हैं। इस प्रकार कार्नैप के विचार में ईश्वर विषयक कथन ईश्वरवादियों के लिए संवेगात्मक दृष्टि से बहुत महत्त्वपूर्ण हो सकते हैं, अतः इन्हें असंज्ञानात्मक कथन मानना ही उचित होगा। यहाँ यह उल्लेखनीय है कि एयर भी इन कथनों के संवेगात्मक महत्त्व को स्वीकार करते हैं। संभवतः इसी कारण उन्होंने तत्त्वमीमांसीय कथनों की तुलना कविता की भाषा के साथ की है जो मुख्यतः संवेगात्मक होती है। ऐसी स्थिति में यह कहना अनुचित न होगा कि एयर तथा कार्नैप दोनों के अनुसार, ईश्वर विषयक कथन संज्ञानात्मक न होकर वास्तव में संवेगात्मक होते हैं और इन कथनों का यह संवेगात्मक अर्थ ही इन्हें ईश्वरवादियों के लिए सार्थक एवं महत्त्वपूर्ण बनाता है। संक्षेप में हम यह कह सकते हैं कि इन कथनों के स्वरूप के संबंध में इन दोनों विचारकों का यह दृष्टिकोण इनके निरीश्वरवाद के अनुरूप है और उसकी पुष्टि करता है।

अनेक विचाराकों–विशेषतः धर्मपरायण विचारकों–ने एयर और कार्नैप के उपर्युक्त अनुभवात्मक सत्यापनीयता-सिद्धांत की तीव्र आलोचना की है। इस सिद्धांत के विरुद्ध इन विचारकों की मुख्य आपत्ति यह है कि कथनों की सार्थकता को निर्धारित करने के लिए यह अनुभवात्मक सत्यापनीयता की जो कसौटी प्रस्तुत करता है वह या तो स्वयं ही निरर्थक है अथवा वह बहुत सीमित, मनमानी तथा एकांगी है। हम देख चुके हैं कि कार्नैप, एयर आदि तर्कीय प्रत्यक्षवादियों के अनुसार केवल वे कथन ही संज्ञानात्मक दृष्टि से सार्थक हो सकते हैं जो विश्लेषणात्मक अथवा संश्लेषणात्मक कथन हैं, किंतु ईश्वर विषयक कथन और अन्य तत्त्वमीमांसीय कथन इन दोनों वर्गों में से किसी के अंतर्गत नहीं रखे जा सकते, अतः ये कथन तथ्यात्मक दृष्टि से निरर्थक तथा अबोधगम्य हैं। इस संबंध में सत्यापनीयता-सिद्धांत के आलोचकों ने यह प्रश्न उठाया है कि इस सिद्धांत के समर्थकों का यह कथन कि 'केवल वे संश्लेषणात्मक वाक्य ही संज्ञानात्मक दृष्टि से सार्थक हैं जो कम-से-कम सिद्धांततः अनुभव द्वारा सत्यापनीय हैं' स्वयं विश्लेषणात्मक कथन है अथवा संश्लेषणात्मक कथन। यहाँ कठिनाई यह है कि तर्कीय प्रत्यक्षवादी स्वयं इसे न तो पुनरुक्ति प्रस्तुत करनेवाला

विश्लेषणात्मक कथन मानते हैं और न अनुभव द्वारा सत्यापनीय संश्लेषणात्मक कथन। उनके इस मत पर आपत्ति करते हुए सत्यापनीय-सिद्धांत के आलोचकों ने यह कहा है कि ऐसी स्थिति में संश्लेषणात्मक वाक्यों की सार्थकता की कसौटी के रूप में इस सिद्धांत को प्रस्तुत करनेवाला यह मूल कथन स्वयं ही संज्ञानात्मक दृष्टि से निरर्थक और अबोधगम्य है। अपनी इस आपत्ति के आधार पर इन आलोचकों ने यह निष्कर्ष निकाला है कि वास्तव में सत्यापनीयता-सिद्धांत ईश्वर विषयक कथनों और अन्य तत्त्वमीमांसीय कथनों को तथ्यात्मक दृष्टि से निरर्थक सिद्ध करने में सफल नहीं हो सका।

अपनी पुस्तक, 'लैंग्वेज, ट्रुथ ऐंड लॉजिक' के द्वितीय संस्करण—जो इसके प्रथम संस्करण के दस वर्ष के पश्चात् प्रकाशित हुआ था—में एयर ने सत्यापनीयता-सिद्धांत के विरुद्ध उठाई गई उपर्युक्त आपत्ति पर विचार किया था और इसका संक्षिप्त उत्तर भी दिया था। इस आपत्ति के उत्तर में उन्होंने कहा था कि सत्यापनीयता-सिद्धांत को प्रस्तुत करनेवाला मूल कथन स्वयं संश्लेषणात्मक कथन न होकर वाक्यों की संज्ञानात्मक सार्थकता की परिभाषा मात्र है जो पूर्णतः मनमानी परिभाषा नहीं है। इस परिभाषा के अनुसार, जो संश्लेषणात्मक कथन कम-से-कम सिद्धांततः अनुभवात्मक सत्यापनीयता की शर्त को पूरा नहीं करता वह उस अर्थ में संज्ञानात्मक दृष्टि से सार्थक नहीं हो सकता जिस अर्थ में वैज्ञानिक प्राक्कल्पनाएँ तथा सामान्य तथ्यात्मक कथन सार्थक होते हैं।[43] वस्तुतः एयर अपनी अनुभवात्मक सत्यापनीयता की कसौटी के अनुरूप केवल उसी संश्लेषणात्मक कथन को तथ्यात्मक दृष्टि से सार्थक मानते हैं जिसे कम-से-कम किसी संभावित प्रासंगिक इंद्रियजन्य अनुभव द्वारा सत्य अथवा मिथ्या सिद्ध किया जा सके।[44] उनके विचार में जो संश्लेषणात्मक कथन इस अनिवार्य शर्त की पूर्ति नहीं करते वे संवेगात्मक दृष्टि से तो सार्थक हो सकते हैं, किंतु संज्ञानात्मक दृष्टि से नहीं।

अपनी उपर्युक्त मान्यता के आधार पर ही एयर ने ईश्वर विषयक कथनों तथा अन्य तत्त्वमीमांसीय कथनों को संज्ञानात्मक दृष्टि से निरर्थक और अबोधगम्य माना है। अपने दर्शन में ऐसे असत्यापनीय तत्त्वमीमांसात्मक कथनों को प्रस्तुत करनेवाले दार्शनिकों की कटु आलोचना करते हुए उन्होंने लिखा है : "उस कथन का संभवतः कोई तथ्यात्मक अर्थ नहीं हो सकता जिसमें ऐसी 'सत्ता' का वर्णन किया गया है जो समस्त संभव इंद्रियजन्य अनुभव की सीमाओं से परे है; इससे अनिवार्यतः यही निष्कर्ष निकलता है कि जिन्होंने ऐसी सत्ता के वर्णन का प्रयास किया है उनका यह संपूर्ण प्रयास केवल निरर्थक बातों को प्रस्तुत करने में ही समाप्त हुआ है।"[45] इस प्रकार एयर ने अति-प्राकृतिक या अनुभवातीत सत्ताओं के वर्णन का दावा करनेवाले ईश्वर विषयक कथनों तथा अन्य सभी तत्त्वमीमांसीय कथनों को अपने सत्यापनीयता-सिद्धांत द्वारा संज्ञानात्मक दृष्टि से निरर्थक एवं अबोधगम्य सिद्ध किया है जिससे यह

43. देखिए, 'लैंग्वेज, ट्रुथ ऐंड लॉजिक', द्वितीय संस्करण, पृ. 16.
44. देखिए, वही पुस्तक, पृ. 11.
45. वही पुस्तक, पृ. 34.

प्रमाणित होता है कि वे केवल प्रकृतिवादी वैज्ञानिक दृष्टिकोण और उससे संबंधित निरीश्वरवादी विचारधारा को ही पूर्णतः स्वीकार करते हैं।

यहाँ यह उल्लेखनीय है कि यद्यपि कुछ धर्मपरायण विचारकों ने सत्यापनीयता-सिद्धांत की तीव्र आलोचना की है, फिर भी·बहुत-से समकालीन निरीश्वरवादी दार्शनिक इस सिद्धांत के प्रबल समर्थक हैं। इन दार्शनिकों में ऐन्टोनी फ़्ल्यू, काई नीलसन, माइकेल मार्टिन आदि प्रमुख हैं जिन्होंने किसी-न-किसी रूप में प्रत्यक्षतः या परोक्षतः इस सिद्धांत को स्वीकार किया है। ये सभी दार्शनिक मूलतः इस सिद्धांत के आधार पर अभौतिक तथा अनुभवातीत ईश्वर से संबंधित कथनों की संज्ञानात्मक सार्थकता का निषेध करते हुए निरीश्वरवाद का समर्थन करते हैं। इससे यह ज्ञात होता है कि आज भी समकालीन पाश्चात्य दर्शन में निरीश्वरवाद को समर्थन देनेवाले सत्यापनीयता-सिद्धांत का पर्याप्त महत्त्व है। ऐसी स्थिति में कुछ विद्वानों का यह मत उचित प्रतीत नहीं होता कि अब यह सिद्धांत कथनों की सार्थकता के निर्धारण की दृष्टि से पूर्णतः अप्रासंगिक और व्यर्थ सिद्ध हो चुका है। प्रस्तुत अध्याय के अगले खंडों में हम अपनी इस मान्यता को सत्य प्रमाणित करने का प्रयास करेंगे। इन खंडों में हम सविस्तार यह स्पष्ट करने का प्रयत्न करेंगे कि फ़्ल्यू, नीलसन, स्मिथ आदि अनेक समकालीन दार्शनिकों ने मूलतः उसी अनुभवात्मक सत्यापनीयता-सिद्धांत के आधार पर ईश्वर से संबंधित कथनों को तथ्यात्मक दृष्टि से निरर्थक तथा अबोधगम्य और ईश्वर विषयक अवधारणा को असंगत एवं स्वतोव्याघातपूर्ण सिद्ध किया है जिसका प्रतिपादन एयर, कार्नेप आदि तर्कीय प्रत्यक्षवादियों ने किया था।

4. ऐन्टोनी फ़्ल्यू

ए.जे. एयर के अतिरिक्त एक अन्य महत्त्वपूर्ण समकालीन पाश्चात्य दार्शनिक, ऐन्टोनी फ़्ल्यू ने भी मुख्यतः भाषा-विश्लेषण के दर्शन के आधार पर निरीश्वरवाद का पूर्णतः समर्थन किया है। अपनी अनेक पुस्तकों में उन्होंने निरीश्वरवादी विचारधारा की पुष्टि के लिए ईश्वरवाद के विरुद्ध विभिन्न प्रबल तर्क प्रस्तुत किए हैं। उनकी इन पुस्तकों में 'गॉड ऐंड फिलॉसॉफ़ी' तथा 'गॉड, फ्रीडम ऐंड इम्मार्टेलिटी' विशेष रूप से उल्लेखनीय हैं जो क्रमशः 1966 और 1984 में प्रकाशित हुई थीं। ये दोनों पुस्तकें लिखने से पूर्व उन्होंने एक महत्त्वपूर्ण विचारगोष्ठी में भाग लिया था जिसका शीर्षक था 'थियॉलॉजी ऐंड फॉल्सिफिकेशन' और जो 'न्यू एस्सेज़ इन फ़िलॉसॉफ़िकल थियॉलॉजी' नामक पुस्तक में प्रकाशित हुई थी। इस पुस्तक में धर्म, ईश्वर, आत्मा आदि धार्मिक विषयों से संबंधित सोलह प्रमुख समकालीन पाश्चात्य दार्शनिकों के विभिन्न बाईस निबंधों को संकलित किया गया था और इसका संपादन ए.सी. मैकिन्टायर के साथ मिलकर स्वयं फ़्ल्यू ने किया था। यह पुस्तक 1955 में प्रकाशित हुई थी और इसे आज भी पाश्चात्य धर्म-दर्शन के साहित्य में बहुत महत्त्वपूर्ण कृति माना जाता है। इस पुस्तक में प्रकाशित उपर्युक्त विचारगोष्ठी में फ़्ल्यू ने निरीश्वरवाद के समर्थन में स्पष्ट रूप से अपने विचार प्रस्तुत किए थे जो उनके एक विशेष सिद्धांत पर आधारित थे जिसे 'मिथ्यापनीयता-सिद्धांत' की संज्ञा दी जाती है। अपने इस सिद्धांत के माध्यम से उन्होंने ईश्वरवाद के

समक्ष जो गंभीर चुनौती प्रस्तुत की थी उसे 'फ़्ल्यू की चुनौती' कहा जाता है और वह आज भी निरीश्वरवाद के लिए प्रासंगिक तथा महत्त्वपूर्ण है। उनका यह सिद्धांत मूलतः भाषा-विश्लेषण पर आधारित है जिसके द्वारा उन्होंने ईश्वर विषयक कथनों को संज्ञानात्मक दृष्टि से निरर्थक और अबोधगम्य सिद्ध किया है।

एयर की भाँति, फ़्ल्यू भी ईश्वर संबंधी कथनों की तथ्यात्मक सार्थकता का निषेध करते हैं, किंतु जिस सिद्धांत के आधार पर उन्होंने इन कथनों की तथ्यात्मक सार्थकता को अस्वीकार किया है, उसे वे 'सत्यापनीयता-सिद्धांत' न कहकर 'मिथ्यापनीयता-सिद्धांत की संज्ञा देते हैं। अपने इस मिथ्यापनीयता-सिद्धांत की व्याख्या फ़्ल्यू ने 'थियॉलॉजी ऐंड फॉल्सिफिकेशन' नामक उस विचारगोष्ठी में की थी जिसका उल्लेख ऊपर किया गया है। इस विचारगोष्ठी में भाग लेते हुए उन्होंने अपना यह मत प्रस्तुत किया था कि किसी भी स्थिति में मिथ्या सिद्ध न किए जा सकने के कारण ईश्वर विषयक कथन संज्ञानात्मक दृष्टि से निरर्थक हो जाते हैं। अपने इस मत को स्पष्ट करने के लिए प्रारंभ में ही फ़्ल्यू ने उदाहरण के रूप में एक रोचक कहानी का वर्णन किया है जिसे जॉन विज़्डम ने 'गॉड्स' शीर्षक से अपने एक लेख में प्रस्तुत किया था जो 'प्रोसीडिंग्ज़ ऑफ़ दि ऐरिस्टोटेलियन सोसाइटी' नामक पत्रिका के 1944-45 के अंक में प्रकाशित हुआ था। संक्षेप में यह कहानी अथवा आख्यान इस प्रकार है : एक बार दो यात्री वन में एक ऐसे स्थान पर पहुँचे जहाँ बहुत-से फूलों के साथ-साथ अनेक अव्यवस्थित झाड़ियाँ भी उगी हुई थीं। इन यात्रियों में से एक ने कहा कि 'कोई माली इस उद्यान की अवश्य देखभाल करता है।' परंतु उसके इस मत को अस्वीकार करते हुए दूसरे यात्री ने कहा कि 'यहाँ कोई माली नहीं आता।' उन्होंने इस स्थान पर तंबू लगाकर इसका पहरा करना आरंभ कर दिया। परंतु वहाँ कभी कोई माली दिखाई नहीं दिया। फिर पहले यात्री ने कहा, 'यह माली शायद अदृश्य है।' तब उन्होंने उस स्थान पर बिजली के करंट से युक्त काँटेदार तारें लगा दीं और वहाँ भयंकर शिकारी कुत्तों के साथ स्वयं चारों ओर घूमना आरंभ कर दिया। परंतु वहाँ बिजली का करंट लगने से कभी किसी की चीख सुनाई नहीं पड़ी; कभी कोई व्यक्ति तारों पर चढ़ता हुआ दिखाई नहीं दिया और कुत्ते भी कभी किसी के पीछे नहीं भागे। परंतु फिर भी पहले यात्री ने वहाँ किसी माली की अनुपस्थिति को स्वीकार नहीं किया और यह कहा कि 'वह माली ऐसा है जिसे देखा नहीं जा सकता, छुआ नहीं जा सकता, जिस पर बिजली के करंट का कोई प्रभाव नहीं पड़ता, जिसकी कोई गंध तथा ध्वनि नहीं होती और जो गुप्त रूप से इस उद्यान की देखभाल करने के लिए आता है, क्योंकि वह इससे प्रेम करता है।' उसके इस कथन से निराश होकर वहाँ पर माली की उपस्थिति में संदेह करनेवाले दूसरे यात्री ने कहा कि 'तुम्हारे इस अदृश्य, अस्पर्श्य, संवेदनशून्य, गंधहीन तथा ध्वनि-रहित माली में और काल्पनिक एवं अनुपस्थित माली में क्या अंतर रह जाता है।'[46]

46. देखिए, 'न्यू एस्सेज़ इन फ़िलॉसॉफ़िकल थियॉलॉजी', संपादक ऐन्टोनी फ़्ल्यू और ए.सी. मैकिन्टायर, पृ. 96.

फ़्ल्यू द्वारा वर्णित उपर्युक्त कहानी मिथ्यापनीयता-सिद्धांत को स्पष्ट करने के लिए बहुत रोचक तथा उपयुक्त उदाहरण है। इस कहानी से ज्ञात होता है कि किस प्रकार कोई तथ्यात्मक कथन अनुपयुक्त विशेषण या विशेषताएँ जोड़ देने के कारण संज्ञानात्मक दृष्टि से निरर्थक हो जाता है। पहले यात्री का यह कथन कि 'कोई माली इस उद्यान की अवश्य देखभाल करता है' सामान्यतः निश्चय ही सार्थक तथ्यात्मक कथन है। परंतु जब वह अपने इस कथन में 'माली' से पूर्व 'अदृश्य', 'अस्पर्श्य', 'गंधहीन', 'ध्वनि-रहित', 'संवेदन-शून्य' आदि विशेषण अथवा विशेषताएँ जोड़ देता है तो उसका यह सार्थक कथन तथ्यात्मक दृष्टि से निरर्थक हो जाता है, क्योंकि इन विशेषणों या विशेषताओं के कारण इसे किसी भी स्थिति में मिथ्या सिद्ध नहीं किया जा सकता। इसे नए रूप में अपने कथन को प्रस्तुत करनेवाला वह यात्री ऐसे किसी तथ्य को स्वीकार नहीं करता जो इसके विरुद्ध हो अथवा इसका निषेध करता हो। ऐसी स्थिति में उसके इस कथन को कभी भी मिथ्या प्रमाणित नहीं किया जा सकता। फ़्ल्यू का मत है कि जो कथन अमिथ्यापनीय है–अर्थात्, जिसे मिथ्या सिद्ध करना असंभव है–वह वास्तव में किसी तथ्य अथवा किन्हीं तथ्यों का वर्णन नहीं करता, अतः ऐसा कथन संज्ञानात्मक दृष्टि से निरर्थक और अबोधगम्य है। कथनों की तथ्यात्मक सार्थकता से संबंधित अपने इसी सिद्धांत को उन्होंने 'मिथ्यापनीयता-सिद्धांत' की संज्ञा दी है। उनका विचार है कि इस सिद्धांत का प्रयोग करके हम यह जान सकते हैं कि कोई कथन तथ्यात्मक दृष्टि से सार्थक है अथवा नहीं–अर्थात्, वह कथन किसी विशेष तथ्य का वर्णन करता है या नहीं। जैसा कि ऊपर कहा गया है, उन्होंने अपने इसी मिथ्यापनीयता-सिद्धांत द्वारा ईश्वर विषयक आधारभूत कथनों को संज्ञानात्मक दृष्टि से निरर्थक और अबोधगम्य सिद्ध किया है।

ईश्वरवादी व्यक्ति प्रायः निम्नलिखित कथनों का प्रयोग करते हैं : 'ईश्वर का अस्तित्व है'; 'ईश्वर इस विश्व का रचयिता, संरक्षक तथा संचालक है'; 'ईश्वर नित्य, पूर्णतः शुभ और अत्यंत दयालु है'; 'ईश्वर हम सबसे पिता की भाँति प्रेम करता है' इत्यादि। फ़्ल्यू के मतानुसार, ईश्वर से संबंधित ये कथन और इसी प्रकार के अन्य सभी कथन अमिथ्यापनीय हैं, क्योंकि ईश्वरवादी व्यक्ति ऐसी स्थिति अथवा ऐसे किसी तथ्य को स्वीकार नहीं करते जिसके द्वारा इन्हें किसी भी रूप में मिथ्या प्रमाणित किया जा सके। दूसरे शब्दों में हम यह कह सकते हैं कि ये ईश्वरवादी व्यक्ति इन कथनों का विरोध अथवा निषेध करनेवाले बहुत-से तथ्यों के होते हुए भी इन्हें सभी स्थितियों में अनिवार्यतः सत्य मानते हैं। एक उदाहरण द्वारा इस बात को भली-भाँति स्पष्ट किया जा सकता है। निम्नलिखित दो कथनों में तुलना कीजिए : (1) 'मोहन अपने सभी बच्चों से प्रेम करता है'; (2) 'ईश्वर हम सबसे प्रेम करता है।' पहले कथन को कुछ तथ्यों द्वारा सरलतापूर्वक मिथ्या सिद्ध किया जा सकता है। यदि मोहन अपने बच्चों की अनिवार्य आवश्यकताओं की पूर्ति की चिंता नहीं करता, यदि वह उन्हें घोर कष्ट में देखकर भी दुःखी नहीं होता और उनके कष्ट को दूर करने का प्रयास नहीं करता, यदि वह उन्हें मार-पीटकर तथा उन पर अत्याचार करके सुख का अनुभव करता है तो हम निश्चयपूर्वक यह कह सकते हैं कि पहला कथन मिथ्या है–अर्थात्,

मोहन अपने बच्चों से प्रेम नहीं करता। इसका कारण यह है कि हम इस कथन का निषेध करनेवाले उन तथ्यों को स्वीकार करते हैं जिनके आधार पर यह अनिवार्यतः मिथ्या सिद्ध हो जाता है। परंतु ईश्वर विषयक दूसरे कथन के संबंध में यह बात नहीं कही जा सकती, क्योंकि ईश्वरवादी व्यक्ति इस कथन का निषेध या विरोध करनेवाले तथ्यों को स्वीकार नहीं करते। उदाहरणार्थ, संसार में घोर प्राकृतिक आपदाओं के फलस्वरूप मनुष्यों तथा अन्य प्राणियों को चाहे कितना ही दुःख प्राप्त हो, भयंकर रोगों के कारण उन्हें चाहे कितनी ही असह्य पीड़ा सहन करनी पड़े और उन पर चाहे कितने ही अत्याचार हों, फिर भी ईश्वरवादी व्यक्ति यही कहेंगे कि 'ईश्वर हम सबसे पिता की भाँति प्रेम करता है।' वे ऐसे किसी तथ्य को स्वीकार नहीं करेंगे जो उन्हें यह मानने के लिए बाध्य करे कि ईश्वर हमसे प्रेम नहीं करता। इसका तात्पर्य यही है कि वे किसी भी स्थिति में अपने इस कथन को मिथ्या मानने के लिए उद्यत नहीं होंगे। ईश्वर संबंधी अन्य कथनों के विषय में भी यही बात कही जा सकती है। इसी कारण फ़्ल्यू यह कहते हैं कि ईश्वर विषयक ये सभी कथन अमिथ्यापनीय हैं।

वस्तुतः अपने उपर्युक्त मिथ्यापनीयता-सिद्धांत के आधार पर फ़्ल्यू ने ईश्वर संबंधी कथनों की तथ्यात्मक सार्थकता का निषेध किया है। उनका स्पष्ट तथा निश्चित मत है कि जो कथन अमिथ्यापनीय है वह संज्ञानात्मक दृष्टि से अनिवार्यतः निरर्थक होता है, क्योंकि जिस कथन के संबंध में किसी विरोधी तथ्य को स्वीकार नहीं किया जाता वह वास्तव में किसी तथ्य का वर्णन नहीं करता। ऐसी स्थिति में इस प्रकार के अमिथ्यापनीय कथन को तथ्यात्मक दृष्टि से सार्थक नहीं माना जा सकता। फ़्ल्यू के अनुसार, ईश्वर विषयक कथन ऐसे ही अमिथ्यापनीय निरर्थक कथन हैं। अपने इस मिथ्यापनीयता-सिद्धांत की विस्तृत व्याख्या करते हुए उन्होंने लिखा है : "कोई व्यक्ति अपने कथन को पूर्णतः नष्ट कर सकता है और यह संभव है कि वह स्वयं भी यह न जान पाए कि उसने ऐसा किया है। एक अच्छा-खासा कथन सहस्रों विशेषताएँ या विशेषण जोड़ देने के कारण धीरे-धीरे समाप्त हो सकता है। मुझे ऐसा प्रतीत होता है कि इसी में ईश्वर विषयक कथनों के लिए विशेष ख़तरा निहित है। उदाहरणार्थ, ऐसे कथनों को लीजिए जैसे 'ईश्वर की योजना है', 'ईश्वर ने विश्व को उत्पन्न किया', 'ईश्वर हमसे वैसे ही प्रेम करता है जैसे पिता अपने बच्चों से प्रेम करता है।' ये पूर्ण रूप से विश्व संबंधी महान कथनों के समान प्रतीत होते हैं। . . . यह कहना कि स्थिति ऐसी है अनिवार्यतः इस बात का निषेध करने के समान है कि स्थिति ऐसी नहीं है। मान लीजिए हमें इसमें संदेह है कि जब एक व्यक्ति कोई वाक्य बोलता है तो वह क्या कहता है अथवा मान लीजिए हम इसमें भी संदेह करते हैं कि वह वास्तव में कुछ कहता भी है या नहीं तो उसके वाक्य को समझने का एक उपाय यह जानने का प्रयास करना है कि वह किस तथ्य को इस वाक्य के सत्य होने के विरुद्ध या इसका निषेध करनेवाला तथ्य मानेगा, क्योंकि यदि कोई वाक्य वास्तविक कथन है तो वह अनिवार्यतः इस कथन को अस्वीकार करनेवाले कथन का निषेध करने के समान होगा। . . . यदि ऐसा कुछ भी नहीं है जिसका कोई कथन निषेध करता है तो वह कथन किसी बात को अभिव्यक्त भी नहीं करता; और इस प्रकार वह कोई

वास्तविक कथन नहीं है। . . . जो व्यक्ति धार्मिक नहीं हैं उन्हें प्रायः ऐसा प्रतीत होता है कि ऐसी कोई घटना या घटनाएँ संभव ही नहीं हैं जिनके घटित होने को धर्मपरायण व्यक्ति इस बात को स्वीकार करने का पर्याप्त कारण मानेंगे कि 'ईश्वर का अस्तित्व नहीं है' अथवा 'ईश्वर हमसे वास्तव में प्रेम नहीं करता।' . . . कुछ धार्मिक वाक्य व्याख्याएँ या कथन प्रतीत होते हैं और उन्हें व्याख्याओं अथवा कथनों के रूप में प्रस्तुत किया जाता है। अब किसी वाक्य के वास्तविक कथन होने के लिए यह दावा करना अनिवार्य है कि स्थितियाँ ऐसी ही हैं और इनके विपरीत नहीं हैं। इसी प्रकार, किसी व्याख्या के वास्तविक व्याख्या होने के लिए यह अनिवार्य है कि वह यह स्पष्ट करे कि कोई विशेष घटना ही क्यों घटित होती है और उस घटना के अतिरिक्त अन्य कोई घटना क्यों नहीं घटित होती। इन दो वाक्यों के अंतिम वाक्यांश विशेष रूप से महत्त्वपूर्ण हैं। परंतु धर्मपरायण व्यक्ति . . . इस तथ्य की उपेक्षा करते हुए केवल इसे ही अस्वीकार नहीं करते कि उनके धार्मिक कथनों और उनकी धार्मिक व्याख्याओं के विरुद्ध वास्तव में कुछ घटित होता है, अपितु वे इसकी संभावना को भी स्वीकार नहीं करते। किंतु ऐसा करने के कारण उनकी तथाकथित व्याख्याएँ वास्तव में व्यर्थ हो जाती हैं और उनके वास्तविक प्रतीत होनेवाले कथन वस्तुतः निरर्थक हो जाते हैं।"[47] इस विस्तृत उद्धरण से यह स्पष्ट है कि फ़्ल्यू धर्मपरायण व्यक्तियों के ईश्वर विषयक कथनों को तथ्यात्मक दृष्टि से निरर्थक तथा अबोधगम्य मानते हैं।

वस्तुतः फ़्ल्यू के उपर्युक्त मिथ्यापनीयता-सिद्धांत की आधारभूत मान्यता यह है कि तथ्यात्मक प्रतीत होनेवाले किसी भी कथन की संज्ञानात्मक सार्थकता की परीक्षा करने के लिए हमें यह प्रश्न पूछना चाहिए कि वह किन तथ्यों का निषेध करता है जिनके कारण हम उस कथन को मिथ्या मानने के लिए बाध्य होते हैं। जो तथ्यात्मक कथन जितने अधिक तथ्यों का निषेध करता है वह उतना ही स्पष्ट तथा निश्चित होता है। जो कथन बहुत कम तथ्यों का निषेध करता है उसकी संज्ञानात्मक सार्थकता भी उसी अनुपात में बहुत कम हो जाती है और जो कथन किसी भी तथ्य का निषेध नहीं करता वह हमारे लिए संज्ञानात्मक दृष्टि से निरर्थक हो जाता है, क्योंकि उसके द्वारा हमें किसी विशेष तथ्य का बोध नहीं होता। इस प्रकार फ़्ल्यू यह मानते हैं कि तथ्यात्मक कथनों की सार्थकता वास्तव में उनकी मिथ्यापनीयता के अनुपात द्वारा निर्धारित होती है। अपने इसी मिथ्यापनीयता-सिद्धांत के आधार पर ईश्वरवादी विचारकों के समक्ष स्पष्ट तथा खुली चुनौती प्रस्तुत करते हुए फ़्ल्यू इन विचारकों से यह पूछते हैं कि वे कौन-से तथ्य हैं जिनके कारण हम यह कह सकते हैं कि 'ईश्वर हमसे प्रेम नहीं करता' अथवा 'ईश्वर का अस्तित्व ही नहीं है।' ऐसा क्या है अथवा क्या हो सकता है जिसे आप ईश्वर के प्रेम और उसके अस्तित्व के विरुद्ध प्रमाण के रूप में स्वीकार करेंगे?[48] ईश्वरवादी दार्शनिकों के समक्ष प्रस्तुत किए गए इसी मूल प्रश्न को समकालीन पाश्चात्य धर्म-दर्शन में 'फ़्ल्यू की चुनौती' कहा जाता है जो ईश्वर विषयक कथनों की संज्ञानात्मक सार्थकता का निषेध करती है।

47. वही पुस्तक, पृ. 97-98, 106.

48. देखिए, वही पुस्तक, पृ. 99.

यहाँ यह उल्लेखनीय है कि फ़्ल्यू का उपर्युक्त मिथ्यापनीयता-सिद्धांत एयर के सत्यापनीयता-सिद्धांत से मूलतः भिन्न नहीं है। इसका कारण यह है कि इन दोनों सिद्धांतों का मूल आधार अंततः मानवीय अनुभव ही है जिसके द्वारा कथनों की तथ्यात्मक सार्थकता की परीक्षा की जाती है। जिस प्रकार हम अनुभव के आधार पर कुछ विशेष तथ्यों के निरीक्षण द्वारा कम-से-कम सिद्धांततः किसी तथ्यात्मक कथन को सत्यापित कर सकते हैं उसी प्रकार अनुभव के आधार पर ही हम कुछ विशेष तथ्यों के निषेध द्वारा किसी तथ्यात्मक कथन को मिथ्या प्रमाणित कर सकते हैं। सत्यापनीयता-सिद्धांत में हम कुछ ऐसे तथ्यों को खोजने का प्रयास करते हैं जिनके आधार पर किसी कथन को सत्य सिद्ध किया जा सकता है, किंतु मिथ्यापनीयता-सिद्धांत में हम उन तथ्यों को जानने का प्रयत्न करते हैं जिनका कोई कथन निषेध करता है और जिनके द्वारा उसे मिथ्या प्रमाणित करना संभव है। यद्यपि कथनों की तथ्यात्मक सार्थकता के लिए इन दोनों सिद्धांतों की कसौटियाँ भिन्न-भिन्न हैं, फिर भी इनका अंतिम परिणाम एक ही होता है। उदाहरणार्थ, जिस कथन को अनुभव द्वारा सत्यापित किया जा सकता है उसे अनुभव द्वारा निश्चय ही मिथ्या भी सिद्ध किया जा सकता है। इसी प्रकार, जो कथन असत्यापनीय है उसका अमिथ्यापनीय होना भी अनिवार्य है। इन्हीं सब तथ्यों को ध्यान में रखते हुए हम यह कह सकते हैं कि सत्यापनीयता-सिद्धांत और मिथ्यापनीयता-सिद्धांत एक-दूसरे से मूलतः भिन्न न होकर वास्तव में परस्पर पूरक ही हैं। यही कारण है कि ये दोनों सिद्धांत ईश्वर विषयक कथनों की तथ्यात्मक सार्थकता का निषेध करते हुए अंततः निरीश्वरवाद का समर्थन करते हैं। इस दृष्टि से इन दोनों सिद्धांतों के प्रणेताओं–एयर तथा फ़्ल्यू–में कोई वास्तविक मतभेद नहीं है।

अपने उपर्युक्त लेख, 'थियॉलॉजी ऐंड फॉल्सिफ़िकेशन' के अतिरिक्त फ़्ल्यू ने पूर्वोल्लिखित अपनी एक महत्त्वपूर्ण पुस्तक, 'गॉड ऐंड फ़िलॉसॉफ़ी' में भी निरीश्वरवादी विचारधारा को स्पष्ट रूप से स्वीकार किया है। इस पुस्तक में उन्होंने ईश्वर की सत्ता के समर्थन में प्रस्तुत किए गए परंपरागत प्रमाणों का खंडन करते हुए ईश्वर के स्वरूप से संबंधित उस सामान्य तत्त्वमीमांसीय अवधारणा को असंगत और स्वतोव्याघातपूर्ण सिद्ध किया है जिसमें प्राचीन काल से अधिकतर ईश्वरवादी दार्शनिक विश्वास करते रहे हैं। ईश्वरवाद के विरुद्ध तथा निरीश्वरवाद के समर्थन में दिए गए फ़्ल्यू के तर्कों पर विचार करने से पूर्व यहाँ निरीश्वरवाद की परिभाषा के विषय में उनके मत का संक्षिप्त उल्लेख कर देना आवश्यक है। जैसाकि हम पिछले खंड में बता चुके हैं, अधिकतर निरीश्वरवादी विचारकों की भाँति, फ़्ल्यू भी निरीश्वरवाद की सकारात्मक परिभाषा के स्थान पर नकारात्मक परिभाषा को ही स्वीकार करते हैं जिसके अनुसार 'ईश्वर में विश्वास का अभाव ही निरीश्वरवाद है।' इस परिभाषा की व्याख्या करते हुए उन्होंने स्पष्ट कहा है कि निरीश्वरवादी यह दावा नहीं करता कि ईश्वर का अस्तित्व नहीं है; वह केवल इतना ही कहता है कि ईश्वर की सत्ता में विश्वास करना अबौद्धिक तथा अयुक्तिसंगत है, क्योंकि इस विश्वास को सत्य प्रमाणित करने के लिए हमारे पास निश्चित, विश्वसनीय और पर्याप्त प्रमाण नहीं हैं। ईश्वर के अस्तित्व को तर्कतः प्रमाणित करना केवल ईश्वरवादी विचारक का ही दायित्व है, क्योंकि वही यह घोषित

करता है कि ईश्वर की सत्ता है और वही उसके विशेष स्वरूप का भी वर्णन करने का दावा करता है।

अपनी उपर्युक्त पुस्तक की प्रस्तावना में ही ईश्वरवाद तथा निरीश्वरवाद के विषय में अपने इन्हीं विचारों को स्पष्टतः प्रस्तुतः करते हुए फ़्ल्यू कहते हैं : "यह ईश्वरवादी का कार्य है कि वह प्रथमतः ईश्वर की उस अवधारणा की व्याख्या करे जिसका वह प्रयोग करना चाहता है; और द्वितीयतः, वह अपने इस विश्वास को सत्य सिद्ध करने के लिए कुछ पर्याप्त कारण प्रस्तुत करे कि इस विशेष अवधारणा का अवश्य ही वास्तविक प्रयोग है–अर्थात्, ईश्वर का अस्तित्व है। प्रमाण संबंधी उत्तरदायित्व के विषय में इस बात पर ज़ोर देना ईश्वरवादी विचारक की संपूर्ण प्रतिबद्धता के पूर्णतः अनुरूप है। . . . इस प्रकार निरीश्वरवादी वह व्यक्ति नहीं है जो स्पष्ट रूप से ईश्वर के अनस्तित्व की घोषणा करता है, अपितु वह व्यक्ति है जो केवल ईश्वरवादी नहीं है। जबकि अज्ञेयवादी ईश्वर के सार्थक तथा बोधगम्य विचार को अवश्य स्वीकार करता है, किंतु वह निश्चित रूप से इस निष्कर्ष पर नहीं पहुँच पाता कि वास्तव में इस विचार का कोई प्रयोग है या नहीं; हमारा निरीश्वरवादी उन बातों को स्वीकार करने से पूर्व इस मूल विचार का ही कुछ स्पष्टीकरण चाहता है जो ईश्वरवादी विश्वासार्थ उसके समक्ष प्रस्तुत करता है। 'निरीश्वरवाद' शब्द के इस नवीन असामान्य अर्थ को स्वीकार करने का यह एक कारण है जिसकी व्याख्या अभी-अभी की गई है। . . . इसका दूसरा कारण यह भी है कि इस नवीन अर्थ को स्वीकार करने पर ही हम यह कह सकते हैं कि प्रमाण का उत्तरदायित्व स्पष्ट रूप से वास्तव में अनिवार्यतः केवल ईश्वरवादी पर है।"[49] इस प्रकार फ़्ल्यू के इन विचारों से यह स्पष्ट है कि वे ईश्वर विषयक विश्वास के अभाव के रूप में ही 'निरीश्वरवाद' शब्द के अर्थ की व्याख्या करते हैं और निश्चित रूप से यह मानते हैं कि ईश्वर के अस्तित्व को प्रमाणित करने का उत्तरदायित्व केवल ईश्वरवादी पर है जो उसकी सत्ता में विश्वास करने का दावा करता है।

अपनी उपर्युक्त पुस्तक में फ़्ल्यू ने ईश्वर के अस्तित्व के लिए प्रस्तुत किए गए परंपरागत प्रमाणों का स्पष्ट रूप से खंडन किया है, किंतु इन प्रमाणों के विरुद्ध उन्होंने जो तर्क दिए हैं वे कोई नवीन तथा मौलिक तर्क नहीं हैं। ये तर्क लगभग वे ही हैं जो उनसे पूर्व ह्यूम, कान्ट, हॉलबाक, ब्रेडलॉफ आदि दार्शनिक प्रस्तुत कर चुके थे। उदाहरणार्थ, फ़्ल्यू ने प्रयोजनपरक युक्ति का उन्हीं तर्कों द्वारा खंडन किया है जो इस युक्ति के विरुद्ध ह्यूम ने दिए थे और इस तथ्य को उन्होंने स्वयं स्पष्टतः स्वीकार किया है।[50] ह्यूम की भाँति उन्होंने भी प्रयोजनपरक युक्ति के विरुद्ध 'अशुभ की समस्या' तथा ईश्वर और विश्व दोनों के अनन्य या अद्वितीय होने के कारण ईश्वर द्वारा विश्व-रचना के विषय में हमारे अनुभव के अभाव के आधार पर तर्क देते हुए इसका खंडन किया है। ह्यूम के इन तर्कों का विस्तृत वर्णन हम ग्यारहवें अध्याय में पहले ही कर चुके हैं, अतः यहाँ इनकी पुनरावृत्ति की आवश्यकता नहीं है। इन तर्कों

49. ऐन्टोनी फ़्ल्यू, 'गॉड ऐंड फ़िलॉसॉफ़ी', प्रस्तावना, पृ. 6.

50. देखिए, वही पुस्तक, पृ. 71.

के अतिरिक्त फ़्ल्यू ने प्रयोजनपरक युक्ति का खंडन करने के लिए डार्विन के विकासवाद का भी उल्लेख किया है जिसकी विवेचना पिछले अध्याय में विस्तारपूर्वक की जा चुकी है। इसी प्रकार, प्रत्यय-सत्ता युक्ति के विरुद्ध भी उन्होंने मुख्यतः 'अस्तित्व' को ईश्वर का गुण मानने से संबंधित वही तर्क प्रस्तुत किया है जो कान्ट ने दिया था और जिसका बाद में अनेक दार्शनिकों ने समर्थन किया था।[51] यहाँ इस तर्क की पुनरावृत्ति भी अनावश्यक है, क्योंकि इसे हम पिछले अध्यायों में अनेक बार स्पष्ट कर चुके हैं।

उपर्युक्त दोनों परंपरागत युक्तियों के अतिरिक्त सृष्टि-कारण युक्ति का भी फ़्ल्यू ने खंडन किया है। इस युक्ति के विरुद्ध उनका मुख्य तर्क यह है कि ईश्वर को विश्व का आदि-कारण मानना बौद्धिक दृष्टि से संतोषप्रद नहीं है, क्योंकि इसमें अनेक गंभीर तार्किक कठिनाइयाँ तथा असंगतियाँ हैं। उनका विचार है कि इन कठिनाइयों और असंगतियों को ध्यान में रखते हुए ईश्वर को विश्व का स्वयंभू आदि-कारण मानने की अपेक्षा स्वयं विश्व को ही शाश्वत एवं अनादि मानना अधिक तर्कसंगत प्रतीत होता है।[52] सृष्टि-कारण युक्ति के विरुद्ध इस तर्क पर भी हम पिछले अध्यायों में सविस्तार विचार कर चुके हैं, अतः यहाँ इसकी भी पुनः अधिक विस्तृत व्याख्या करने की आवश्यकता नहीं है। यहाँ संक्षेप में इतना कह देना ही पर्याप्त होगा कि फ़्ल्यू ईश्वर के अस्तित्व के लिए प्रस्तुत की गई तीनों परंपरागत युक्तियों का खंडन करते हैं जिससे उनकी निरीश्वरवादी विचारधारा की स्पष्ट रूप से पुष्टि होती है।

उपर्युक्त परंपरागत प्रमाणों के साथ-साथ फ़्ल्यू उस नीतिपरक युक्ति को भी अस्वीकार करते हैं जिसे कुछ दार्शनिकों ने ईश्वर की सत्ता के समर्थन में प्रस्तुत किया है। विभिन्न ईश्वरवादी दार्शनिक इस नीतिपरक युक्ति को भिन्न-भिन्न रूपों में प्रस्तुत करते रहे हैं। उदाहरणार्थ, कुछ दार्शनिकों का कथन है कि ईश्वर के अस्तित्व को स्वीकार किए बिना मनुष्य का जीवन निरर्थक, महत्त्वहीन तथा उद्देश्य-रहित हो जाता है, अतः मानव-जीवन की सार्थकता के लिए उसकी सत्ता में विश्वास करना आवश्यक है। इस मत के विरुद्ध आपत्ति करते हुए फ़्ल्यू कहते हैं कि ईश्वर विषयक विश्वास के बिना भी मनुष्य का जीवन सार्थक, मूल्यवान और उद्देश्यपूर्ण हो सकता है। इसका तात्पर्य यह है कि संपूर्ण समाज के कल्याण का व्यापक लक्ष्य भी उसके जीवन को महत्त्व और सार्थकता प्रदान कर सकता है। फ़्ल्यू के शब्दों में : "अपने जीवन को सार्थकता, महत्त्व तथा उद्देश्य प्रदान करने के लिए हम निश्चय ही तार्किक दृष्टि से ईश्वर पर निर्भर नहीं हैं।"[53]

ईश्वर की सत्ता के समर्थन में दी गई नीतिपरक युक्ति का एक अन्य रूप यह है कि 'शुभ', 'उचित', 'कर्तव्य' आदि नैतिक शब्दों की परिभाषा ईश्वर के आदेशों के आधार पर ही की जा सकती है; ऐसी स्थिति में नैतिकता की सार्थकता के लिए उसके अस्तित्व को स्वीकार करना अनिवार्य है। इस धार्मिक दृष्टिकोण का समर्थन करने वाले ईश्वरवादी दार्शनिकों का विचार है कि हम ईश्वर की आज्ञा अथवा इच्छा के

51. देखिए, वही पुस्तक, पृ. 76-80.
52. देखिए, वही पुस्तक, पृ. 102.
53. वही पुस्तक, पृ. 105.

संदर्भ में ही नैतिक शब्दों का अर्थ स्पष्ट कर सकते हैं। उनके अनुसार, किसी कर्म को 'शुभ' अथवा 'उचित' कहने का अर्थ यह है कि वह ईश्वर की आज्ञा के अनुरूप है और किसी कर्म को 'अशुभ' या 'अनुचित' कहने का अर्थ यह है कि वह उसकी आज्ञा के विरुद्ध है। ये दार्शनिक अन्य नैतिक शब्दों के अर्थ की व्याख्या भी इसी प्रकार ईश्वरादेश के आधार पर ही करते हैं।

परंतु एयर की भाँति फ़्ल्यू भी नैतिकता के विषय में ईश्वरवादी दार्शनिकों के उपर्युक्त धार्मिक सिद्धांत का अनेक तर्कों द्वारा खंडन करते हैं। उनका मत है कि यह सिद्धांत आपत्तिजनक तथा अयुक्तिसंगत है। इस संबंध में सर्वप्रथम फ़्ल्यू ने यूथिफ्रो से सुकरात द्वारा पूछे गए इस प्रश्न का उल्लेख किया है कि क्या कोई कर्म इसलिए उचित है कि देवता उसे करने का आदेश देते हैं अथवा क्या देवता किसी कर्म को करने का आदेश इसलिए देते हैं कि वह उचित है। फ़्ल्यू के विचार में यह एक गंभीर दार्शनिक प्रश्न है जिसका कोई संतोषजनक और तर्कसंगत उत्तर देना ईश्वरवादी दार्शनिकों के लिए अत्यंत कठिन है। इसका कारण यह है कि इन दार्शनिकों के लिए उपर्युक्त प्रश्न के दोनों विकल्पों में से किसी भी विकल्प को स्वीकार करने के फलस्वरूप गंभीर कठिनाइयाँ उत्पन्न होती हैं। उदाहरणार्थ, यदि वे इस प्रश्न के प्रथम विकल्प को स्वीकार करते हैं तो इसका अर्थ यह है कि वे देवताओं या ईश्वर के आदेशों के आधार पर ही नैतिक शब्दों को परिभाषित करते हैं। ऐसी स्थिति में किसी कर्म को उचित या अनुचित कहने के लिए कोई स्वतंत्र कारण अथवा तर्क प्रस्तुत नहीं किए जा सकते—अर्थात्, हम यह नहीं बता सकते कि ईश्वर किसी कर्म को करने या न करने का आदेश क्यों देता है। परंतु यदि ये ईश्वरवादी दार्शनिक उपर्युक्त प्रश्न के दूसरे विकल्प को स्वीकार करते हैं तो उन्हें 'शुभ', 'अशुभ', 'उचित', 'अनुचित' आदि नैतिक शब्दों के प्रयोग के लिए एक ऐसे प्रतिमान को स्वीकार करना पड़ेगा जो तार्किक दृष्टि से ईश्वर की इच्छा अथवा आज्ञा से भिन्न तथा स्वतंत्र हो। यह समझना कठिन नहीं है कि ऐसे स्वतंत्र प्रतिमान को स्वीकार करना इन दार्शनिकों के नैतिकता संबंधी ईश्वरवादी सिद्धांत के विरुद्ध होगा, अतः वे सुसंगत रूप से दूसरे विकल्प का भी समर्थन नहीं कर सकते। इस धार्मिक सिद्धांत की इन्हीं कठिनाइयों को ध्यान में रखते हुए निष्कर्ष के रूप में एयर के समान फ़्ल्यू भी यह कहते हैं कि नैतिक शब्दों के अर्थ के आधार पर ईश्वर के अस्तित्व को तर्कतः प्रमाणित करना संभव नहीं है।[54]

नीतिपरक युक्ति का जो रूप सर्वाधिक प्रचलित है वह हमें कान्ट के दर्शन में उपलब्ध होता है। कान्ट द्वारा प्रस्तुत की गई इस नीतिपरक युक्ति की व्याख्या और इसकी कठिनाइयों का विवेचन हम प्रथम अध्याय में कर चुके हैं। यहाँ हम संक्षेप में उस आपत्ति का उल्लेख करेंगे जो विशेष रूप से फ़्ल्यू ने इस युक्ति के विरुद्ध उठाई है। सर्वप्रथम वे हमें कान्ट के इस मूल सिद्धांत का स्मरण दिलाते हैं कि तर्कों अथवा प्रमाणों द्वारा ईश्वर के अस्तित्व को प्रमाणित करना हमारे लिए असंभव है। इसके पश्चात फ़्ल्यू हमें यह बताते हैं कि अपने इसी सिद्धांत के कारण कान्ट नीतिपरक युक्ति को वास्तविक अर्थ में ईश्वर के अस्तित्व का प्रमाण नहीं मानते। कान्ट स्वयं

54. देखिए, वही पुस्तक, पृ. 109-110.

स्पष्ट रूप से यह कहते हैं कि यह युक्ति ईश्वर को नैतिकता की एक पूर्वमान्यता के रूप में ही सिद्ध करती है जिसका अर्थ यही है कि इसके द्वारा वास्तव में तार्किक दृष्टि से ईश्वर का अस्तित्व प्रमाणित नहीं होता। जिस रूप में कान्ट ने इस नीतिपरक युक्ति को प्रस्तुत किया है उसकी संक्षिप्त व्याख्या करते हुए फ़्ल्यू कहते हैं कि कान्ट के अनुसार उच्चतम शुभ की प्राप्ति हमारा कर्तव्य है और उच्चतम शुभ वह है जिसमें प्रत्येक व्यक्ति को उसके सद्‌गुण के अनुपात में सुख प्राप्त हो। इस उच्चतम शुभ को प्राप्त करने का यह उद्देश्य हम तभी पूरा कर सकते हैं जब हम यह मानकर आचरण करें कि सर्वज्ञ तथा सर्वशक्तिमान ईश्वर का अस्तित्व है जो प्रत्येक व्यक्ति को उसके सद्‌गुण के अनुपात में सुख प्रदान करेगा।

कान्ट की उपर्युक्त नीतिपरक युक्ति के विरुद्ध फ़्ल्यू ने जो विशेष आपत्ति उठाई है वह संक्षेप में इस प्रकार है : "यह कहना एक बात है कि किसी महान आदर्श की प्राप्ति के लिए प्रयास करना हमारा कर्तव्य है, किंतु यह कहना बिल्कुल दूसरी बात है कि वास्तव में उस आदर्श को प्राप्त करना हमारा कर्तव्य है। केवल प्रथम स्थिति को ही नैतिक आदेश के रूप में प्रस्तुत करना उचित माना जा सकता है, परंतु कान्ट की नीतिपरक युक्ति सार्थक और प्रभावशाली तभी हो सकती है जब दूसरी स्थिति को प्राप्त करना हमारा अनिवार्य कर्तव्य माना जाए।"[55] फ़्ल्यू के अनुसार, इस दूसरी स्थिति को प्राप्त करना–अर्थात्, वास्तव में उच्चतम शुभ के महान आदर्श की प्राप्ति–हमारा अनिवार्य नैतिक कर्तव्य नहीं हो सकता, अतः इसके लिए नैतिकता की पूर्व-मान्यता के रूप में ईश्वर के अस्तित्व को स्वीकार करना आवश्यक नहीं है। संक्षेप में अपनी इसी आपत्ति के आधार पर उन्होंने कान्ट की नीतिपरक युक्ति का खंडन किया है। परंतु इस युक्ति के विरुद्ध उनकी यह आपत्ति पूर्णतः स्पष्ट और अधिक प्रभाव-शाली प्रतीत नहीं होती।

नीतिपरक युक्ति के अतिरिक्त एयर के समान फ़्ल्यू भी उस धार्मिक अनुभव संबंधी तर्क को अस्वीकार करते हैं जिसे कुछ ईश्वरवादी दार्शनिकों ने ईश्वर की सत्ता को सिद्ध करने के लिए बहुत महत्त्वपूर्ण प्रमाण माना है। जैसा कि हम पिछले अध्यायों में बता चुके हैं, इन दार्शनिकों के अनुसार भक्तों का धार्मिक अनुभव–जिसे वे 'ईश्वर का साक्षात् अनुभव' कहते हैं–निश्चित रूप से ईश्वर के अस्तित्व को प्रमाणित करता है। परंतु फ़्ल्यू का विचार है कि कुछ व्यक्तियों के इस धार्मिक अनुभव के आधार पर वास्तव में ईश्वर की सत्ता को सिद्ध नहीं किया जा सकता। इसका कारण यह है कि यह धार्मिक अनुभव पूर्णतः व्यक्तिनिष्ठ मनोदशा है जिसे ईश्वर के अस्तित्व के लिए वस्तुपरक प्रमाण के रूप में स्वीकार करना संभव नहीं है। विभिन्न व्यक्तियों का धार्मिक अनुभव भिन्न-भिन्न प्रकार का होता है और प्रत्येक व्यक्ति केवल अपने अनुभव को ही सत्य मानता है, अतः ऐसा व्याक्तिनिष्ठ अनुभव किसी वस्तुपरक सत्ता को प्रमाणित नहीं करता। अपनी इसी मान्यता को ध्यान में रखते हुए फ़्ल्यू ने लिखा है : "निश्चय ही लोगों को ऐसे अनुभव प्राप्त होते हैं जिन्हें वे पूर्ण विश्वास के साथ ईश्वर से मिलने अथवा ईश्वर द्वारा छुए जाने या प्रभावित किए जाने के अनुभव कहेंगे। परंतु उनका

55. देखिए, वही पुस्तक, पृ. 122-123.

ऐसा कहना किसी भी रूप में इस निष्कर्ष को तर्कसंगत सिद्ध करने के लिए पर्याप्त नहीं है कि उनके विश्वास वास्तव में उचित हैं।"[56] इसके अतिरिक्त जो व्यक्ति अपने धार्मिक अनुभव को 'ईश्वर का साक्षात् अनुभव' कहते हैं वे उसकी सत्ता को प्रमाणित करने के स्थान पर पहले से ही यह मान लेते हैं कि ईश्वर का अस्तित्व है जिसका वे साक्षात् अनुभव करते हैं। ऐसी स्थिति में उनके इस धार्मिक अनुभव को वास्तविक अर्थ में ईश्वर का प्रमाण नहीं माना जा सकता। संक्षेप में इन्ही सब आपत्तियों के कारण एयर की भाँति फ़्ल्यू भी निश्चित रूप से यह मानते हैं कि कुछ ईश्वरोपासकों का व्यक्तिनिष्ठ धार्मिक अनुभव वस्तुतः ईश्वर की सत्ता को सिद्ध नहीं करता।[57] इस प्रकार ईश्वर के अस्तित्व से संबंधित सभी महत्त्वपूर्ण प्रमाणों का खंडन करके उन्होंने अपना यही मत व्यक्त किया है कि वे केवल निरीश्वरवादी विचारधारा में ही विश्वास करते हैं।

तर्कों या प्रमाणों द्वारा ईश्वर के अस्तित्व को प्रमाणित करने में असमर्थ होने के कारण कुछ ईश्वरवादी विचारकों ने यह कहा है कि ईश्वर वास्तव में आस्था का विषय है, तर्कबुद्धि का नहीं, अतः बौद्धिक प्रमाणों के आधार पर उसकी सत्ता को सिद्ध करने का संपूर्ण प्रयास ही व्यर्थ है। हम पिछले अध्यायों में देख चुके हैं कि ईश्वर के अस्तित्व के विषय में अनेक भारतीय तथा पाश्चात्य ईश्वरवादी दार्शनिकों का यही आस्थापरक दृष्टिकोण है। परंतु इस धार्मिक दृष्टिकोण को अस्वीकार करते हुए एयर की भाँति फ़्ल्यू ने भी इसके विरुद्ध अपने अनेक तर्क प्रस्तुत किए हैं। सर्वप्रथम उन्होंने इस तथ्य की ओर हमारा ध्यान आकृष्ट किया है कि बहुत-से ईश्वरवादी दार्शनिक भी इस आस्थापरक दृष्टिकोण का समर्थन नहीं करते जिनमें ऐक्वाइनस, डेकार्ट, लाइब्नीज़ आदि के नाम उल्लेखनीय हैं। इसके अतिरिक्त फ़्ल्यू ने अपनी बौद्धिक विचारधारा के समर्थन में तथा उपर्युक्त आस्थापरक दृष्टिकोण के विरुद्ध सुविख्यात अनुभववादी दार्शनिक, जॉन लॉक के इस मत को उद्धृत किया है कि जब तक तर्कबुद्धि धर्मपरायण व्यक्तियों की सहायता करती रहती है तब तक वे सहर्ष उसका उपयोग करते हैं, किंतु जब वह उनके किसी विशेष सिद्धांत का समर्थन नहीं करती तो वे यह कहने लगते हैं कि यह तो आस्था का विषय है और इसलिए तर्कबुद्धि से ऊपर है।[58]

वस्तुतः फ़्ल्यू यह मानते हैं कि ईश्वर का अस्तित्व आस्था के स्थान पर तर्कबुद्धि का ही विषय है जिसके द्वारा यह निश्चित किया जा सकता है कि ईश्वर विषयक विश्वास सत्य है या नहीं। उनके मतानुसार, केवल ईश्वर संबंधी विश्वास की प्रामाणिकता को जानने के लिए ही नहीं, अपितु किसी भी विषय से संबंधित सत्य को जानने के लिए तर्कबुद्धि का प्रयोग अनिवार्य है जिसके बिना हम कभी भी सत्य का अनुसंधान नहीं कर सकते। अपनी इसी मान्यता की सविस्तार व्याख्या करते हुए फ़्ल्यू कहते हैं : "ऐक्वाइनस, डेकार्ट, लाइब्नीज़ तथा बर्कले सहित बहुत-से महानतम्

56. वही पुस्तक, पृ. 168.

57. देखिए, वही पुस्तक, पृ. 130-131.

58. देखिए, जॉन लॉक, 'ऐन एस्से कन्सर्निंग ह्यूमन अंडरस्टैंडिंग', 4, 2.

दार्शनिकों ने ऐसी युक्तियाँ प्रस्तुत की हैं जिन्हें वे प्रमाण समझते थे, और यह सभी शक्तिशाली ईसाई संप्रदायों के सिद्धांत का एक आवश्यक भाग रहा है और अब भी है कि 'केवल एक तथा यथार्थ ईश्वर, हमारे रचयिता एवं स्वामी को विश्व के माध्यम से मानवीय तर्कबुद्धि के प्राकृतिक प्रकाश द्वारा जाना जा सकता है।' . . . ज्ञान का स्थान लेनेवाली आस्था की आवश्यकता, उसके क्षेत्र तथा उसकी दिशा के विषय में उचित रूप से प्रश्न तभी उठते हैं जब प्रमाण समाप्त हो जाते हैं। . . . बहुत-से ऐतिहासिक धर्म हमारी निष्ठा के लिए एक-दूसरे के साथ प्रतिस्पर्धा करते हैं, और वैकल्पिक संभावनाओं की परिधि सैद्धांतिक दृष्टि से असीम है। इसके अतिरिक्त तर्कबुद्धि से परे जाने की इस तरह बात करना मौन रूप से यह मान लेना है कि आप किसी भी धर्मनिरपेक्ष अर्थ में यह नहीं जानते—और शायद इसमें विश्वास करने के लिए आपके पास पर्याप्त कारण भी नहीं हैं—कि आपके धर्म से संबंधित कथन सत्य हैं। यदि यह स्थिति है तो न हमारे पास आस्था का अनन्य मार्ग है और न ही हमें इस बात का ज्ञान है कि यह मार्ग हमें सत्य के लक्ष्य की ओर ले जाता है। . . . सामान्य तथा वास्तविक अर्थ में किसी बात को जानने के लिए उसके संबंध में केवल पूर्णतः आश्वस्त होना और उसके अनुसार कार्य करना ही पर्याप्त नहीं है। आपके विश्वास का वास्तव में उचित होना और उसके औचित्य के विषय में आपके पास पर्याप्त कारण का होना भी आवश्यक है। . . . यदि आपकी आस्था विषयक प्रतिबद्धता को मनमानी तथा अबौद्धिक या अयुक्तिसंगत नहीं होना है तो सर्वप्रथम ऐसी किसी प्रतिबद्धता को स्वीकार करने और इसके अतिरिक्त किसी अन्य प्रतिबद्धता के स्थान पर इसी एक विशेष प्रतिबद्धता को चुनने के लिए आपके पास उचित कारण अवश्य होना चाहिए। . . . परंतु यदि आप यह स्वीकार करते हैं—चाहे आप इसे कितने ही अच्छे ढंग से क्यों न स्वीकार करें—कि आपकी आस्था से संबंधित सिद्धांतों के संभावित रूप से भी सत्य होने—और इससे भी कम उनके सत्य के रूप में ज्ञात होने—के लिए आपके पास पर्याप्त कारण नहीं हैं तो निश्चय ही किसी अन्य व्यक्ति को यह सिखाने का आपको कोई अधिकार नहीं है कि ये सिद्धांत वास्तव में सत्य हैं।"[59] फ़्ल्यू के इस विस्तृत उद्धरण से यह पूर्णतः स्पष्ट है कि वे किसी भी विषय से संबंधित सत्य के अनुसंधान के लिए तर्कबुद्धि को अनिवार्य मानते हुए धर्मपरायण ईश्वरवादी विचारकों के उस आस्थापरक दृष्टिकोण का खंडन करते हैं जिसके आधार पर ये विचारक बिना किसी तर्क या प्रमाण के ईश्वर के अस्तित्व को स्वीकार करना आवश्यक मानते हैं।

ईश्वर के अस्तित्व के अतिरिक्त उसके स्वरूप की समस्या पर भी फ़्ल्यू ने अपनी उपर्युक्त पुस्तक में विस्तारपूर्वक विचार किया है। इस संबंध में सर्वप्रथम उनका कथन है कि विभिन्न ईश्वरवादी दार्शनिक 'ईश्वर' शब्द का प्रयोग भिन्न-भिन्न अर्थों में करते हैं जिसके कारण उसके स्वरूप के विषय में कोई स्पष्ट और निश्चित मत प्रस्तुत करना बहुत कठिन हो जाता है। उदाहरणार्थ, स्पिनोज़ा 'ईश्वर' तथा 'प्रकृति' इन दोनों को एक ही मानकर इन शब्दों का प्रयोग पूर्णतः समान अर्थ में करते थे जो धर्मपरायण ईश्वरवादी विचारकों द्वारा स्वीकृत 'ईश्वर' शब्द के प्रचलित अर्थ से बिल्कुल भिन्न है

59. ऐन्टोनी फ़्ल्यू, 'गॉड ऐंड फ़िलॉसॉफ़ी', पृ. 12-14, 159-160.

और जिसके फलस्वरूप स्पिनोज़ा को 'नास्तिक' कहकर उनकी निंदा की गई थी। इसी प्रकार, जैसा कि हम पिछले अध्यायों में सविस्तार बता चुके हैं, अधिकतर ईश्वरवादी दार्शनिक ईश्वर के स्वरूप के संबंध में तत्त्वमीमांसीय अवधारणा को स्वीकार करते हैं और लगभग सभी धर्मपरायण व्यक्ति मानवत्वारोपी अवधारणा को। इन दोनों अवधारणाओं के स्वरूप की विस्तृत विवेचना हम पहले ही कर चुके हैं, अतः यहाँ इतना कह देना ही पर्याप्त होगा कि 'ईश्वर' शब्द के अर्थ के विषय में ईश्वरवादी विचारकों में बहुत मतभेद है जिसकी ओर फ़्ल्यू ने अपनी उपर्युक्त पुस्तक के प्रथम अध्याय में हमारा ध्यान आकृष्ट किया है।[60]

कुछ ईश्वरवादी विचारक अपने सिद्धांत के समर्थन में यह कह सकते हैं कि 'ईश्वर' शब्द के अर्थ में उपर्युक्त अस्पष्टता एवं अनिश्चितता के होते हुए भी अधिकतर व्यक्ति इस शब्द का अर्थ भली-भाँति समझते हैं और अपने व्यावहारिक जीवन में इसका ठीक-ठीक प्रयोग भी करते हैं, अतः यह शब्द अवश्य ही हमारे लिए सार्थक तथा बोधगम्य है। इन विचारकों के इस मत को अस्वीकार करते हुए फ़्ल्यू कहते हैं कि बहुत-से व्यक्तियों द्वारा किसी शब्द के अर्थ को समझने तथा उसका प्रयोग करने मात्र से यह सिद्ध नहीं होता कि वह शब्द वास्तव में तार्किक दृष्टि से सार्थक है और किसी वस्तुपरक सत्ता का बोध कराता है। यह संभव है कि व्यापक रूप से प्रचलित किसी शब्द के अर्थ में भी तार्किक असंगति या स्वतोव्याघात विद्यमान हो जिसके कारण उसके माध्यम से हमें वस्तुतः किसी विचार, अवधारणा अथवा वस्तु का बोध न हो सके। अपनी इसी मान्यता की व्याख्या करते हुए फ़्ल्यू ने लिखा है : "कोई विचार या विचारों का समूह प्रथम दृष्टि में स्पष्टतः बोधगम्य प्रतीत होते हुए भी और समुचित तर्कों में निश्चित रूप से प्रयुक्त होने की क्षमता रखते हुए भी स्वतोव्याघातों अथवा अन्य प्रकार की तार्किक असंगतियों से परिपूर्ण हो सकता है। . . . लोग ऐसे विचारों द्वारा अपना मार्गदर्शन कर सकते हैं जिन्हें वे कभी भी स्वतोव्याघातपूर्ण नहीं समझ पाते।"[61] वस्तुतः फ़्ल्यू के इन विचारों का मुख्य उद्देश्य ईश्वरवादियों के इस दावे को अनुचित सिद्ध करना है कि बहुत-से व्यक्तियों द्वारा 'ईश्वर' शब्द का अर्थ समझे जाने तथा ईश्वर विषयक कथनों में इस शब्द का प्रयोग किए जाने के कारण यह शब्द हमारे लिए सार्थक एवं बोधगम्य है और किसी विशेष सत्ता का बोध कराता है। उनके मतानुसार, ईश्वरवादी विचारक 'ईश्वर' शब्द के प्रयोग द्वारा जिस सत्ता के वर्णन का दावा करते हैं उसके स्वरूप में इतने अधिक स्वतोव्याघात विद्यमान हैं कि उससे संबंधित कथन हमारे लिए निरर्थक और अबोधगम्य हो जाते हैं।

ईश्वर के स्वरूप के विषय में अपनी उपर्युक्त मान्यता को प्रमाणित करने के लिए फ़्ल्यू ने सर्वप्रथम 'ईश्वर' शब्द का अर्थ स्पष्ट किया है। उन्होंने इस शब्द का जो अर्थ बताया है वह अधिकतर ईश्वरवादियों द्वारा स्वीकृत इसके अर्थ के अनुरूप है जिसे हम 'ईश्वर का सामान्यतः प्रचलित अर्थ' कह सकते हैं। जनसाधारण में व्यापक रूप से प्रचलित 'ईश्वर' शब्द के इसी सामान्य अर्थ को ध्यान में रखते हुए फ़्ल्यू ने इसकी

60. देखिए, वही पुस्तक, पृ. 15, 25.

61. वही पुस्तक, पृ. 27.

निम्नलिखित परिभाषा दी है : "ईश्वर . . . 'वह सत्ता है जो अनन्य, एक, अशरीरी, असीमित रूप से शक्तिशाली, बुद्धिमान तथा शुभ, व्यक्तित्वसंपन्न किंतु संवेग-रहित और विश्व का रचयिता एवं संरक्षक है।'"[62] फ़्ल्यू का कथन है कि 'ईश्वर' शब्द की इस परिभाषा के फलस्वरूप ईश्वरवाद के विषय में प्रमुख तीन दार्शनिक समस्याएँ उत्पन्न होती हैं जिन पर गंभीरतापूर्वक विचार करना आवश्यक है। प्रथम समस्या का संबंध इस मूल प्रश्न से है कि ईश्वर कौन-सी और किस प्रकार की सत्ता है। इस समस्या के अंतर्गत हम यह जानना चाहते हैं कि वह क्या है जिसे 'ईश्वर' कहा जाता है और जिसमें शक्ति, ज्ञान, प्रेम, शुभत्व आदि गुणों को आरोपित किया जाता है। दूसरे शब्दों में, यहाँ हमारे समक्ष प्रश्न यह है कि हम ईश्वर को किसी व्यक्ति, विचार, मूल्य, आदर्श, भौतिक वस्तु अथवा प्रकृति से भिन्न रूप में किस प्रकार पहचान सकते हैं और हम किस आधार पर यह कह सकते हैं कि यही ईश्वर है जो इन सबसे अलग है।

उपर्युक्त समस्या से संबद्ध दूसरी समस्या यह है कि जब हम ईश्वर के विषय में 'शक्तिशाली', 'बुद्धिमान', 'प्रेममय', 'न्यायशील', 'करुणामय', 'शुभ' आदि सकारात्मक शब्दों का प्रयोग करते हैं तो इस विशेष संदर्भ में इन शब्दों का वास्तविक अर्थ क्या होता है। क्या ईश्वर के संदर्भ में भी इन शब्दों का अर्थ वही होता है जो मानवीय प्रसंगों में समझा जाता है? अथवा क्या ईश्वर के संदर्भ में इन शब्दों का अर्थ मानवीय प्रसंगों में इनके अर्थ से पूर्णतः भिन्न होता है? फ़्ल्यू का विचार है कि जब ईश्वर के संबंध में 'अनंत', 'असीम', 'संवेग-रहित', 'अशरीरी' आदि नकारात्मक शब्दों का प्रयोग किया जाता है तो उपर्युक्त समस्या उत्पन्न नहीं होती, किंतु यदि ईश्वर की परिभाषा इन नकारात्मक शब्दों द्वारा की जाए तो वह शून्य के अतिरिक्त और कुछ भी नहीं रह जाएगा। ऐसी स्थिति में सकारात्मक रूप से उसके अस्तित्व की बात करना ही निरर्थक हो जाएगा।

ईश्वर के स्वरूप के विषय में तीसरी समस्या का संबंध उसमें पाए जानेवाले गुणों की संगति से है। हम देख चुके हैं कि ईश्वर में असीम शक्ति, ज्ञान, प्रेम, करुणा, पूर्ण शुभत्व आदि बहुत-से गुणों को आरोपित किया जाता है, किंतु यहाँ प्रश्न यह है कि क्या ईश्वर के इन गुणों में पारस्परिक संगति है और क्या उसके ये गुण निर्विवाद तथ्यों के अनुरूप हैं। इस समस्या के स्वरूप को स्पष्ट करने के लिए फ़्ल्यू ने 'अशुभ की समस्या' का उदाहरण दिया है जिसकी व्याख्या हम पहले ही अनेक बार कर चुके हैं। उनका मत है कि 'अशुभ की समस्या' के माध्यम से ईश्वर के दो विशेष गुणों—सर्वशक्तिमत्ता तथा पूर्ण शुभत्व—और उसके द्वारा रचित विश्व में विद्यमान दुःख में असंगति या विरोध को स्पष्टतः देखा जा सकता है।[63] उन्होंने उपनी उपर्युक्त पुस्तक के दूसरे अध्याय में ईश्वर के स्वरूप से संबंधित इन तीनों समस्याओं पर विस्तारपूर्वक विचार किया है।

प्रथम समस्या की व्याख्या करते हुए फ़्ल्यू कहते हैं कि ईश्वर के विषय में किसी प्रकार की चर्चा करने से पूर्व इस आधारभूत प्रश्न का उत्तर देना बहुत आवश्यक है

62. वही पुस्तक, पृ. 28.

63. देखिए, वही पुस्तक, पृ. 30.

कि वह कौन अथवा क्या है–अर्थात्, वह कैसी सत्ता है। ईश्वर में विश्वास करनेवाले व्यक्ति उसके विभिन्न गुणों तथा कार्यों का जो वर्णन करते हैं उससे स्पष्टतः ज्ञात होता है कि वह एक अद्वितीय स्वतंत्र व्यक्ति है जिसका संपूर्ण ब्रह्मांड से अलग अस्तित्व है। वस्तुतः यदि व्यक्ति के रूप में ईश्वर के अस्तित्व को ब्रह्मांड से पृथक् और स्वतंत्र माना जाए तो उसके गुणों तथा कार्यों के विषय में ईश्वरवादियों के इस वर्णन का कोई अर्थ नहीं रह जाता। जिस ईश्वर के संबंध में यह दावा किया जाता है कि वह संपूर्ण ब्रह्मांड का रचयिता तथा संरक्षक है उसका इस ब्रह्मांड से भिन्न एवं स्वतंत्र अस्तित्व स्वीकार करना अनिवार्य है और अधिकतर ईश्वरवादी विचारक इसी मत का निश्चित रूप से समर्थन करते हैं। वे ईश्वर को ऐसा महान आदर्श, विचार या मूल्य नहीं मानते जो मानव-जीवन का अभिन्न अंग है। इसके विपरीत जो ईश्वरवादी विचारक ईश्वर को किसी प्रकार का अमूर्त विचार मानते हैं उनका मत निश्चय ही सामान्यतः प्रचलित ईश्वरवाद के विरुद्ध है। इसका कारण यह है कि ऐसे ईश्वर में उन सब गुणों और कार्यों को आरोपित नहीं किया जा सकता जिन्हें अधिकतर ईश्वरवादी व्यक्ति उसमें अनिवार्यतः आरोपित करते हैं। इन्हीं तथ्यों को ध्यान में रखते हुए फ़्ल्यू यह कहते हैं कि ईश्वरवादियों के लिए इस मूल प्रश्न का उत्तर देना अत्यंत आवश्यक है कि ईश्वर कौन अथवा क्या है और हम उसे किस प्रकार पहचान सकते हैं। जब तक वे इस प्रश्न का कोई संतोषजनक उत्तर नहीं देते तब तक हम सार्थक रूप से ईश्वर के अस्तित्व या अनस्तित्व की बात नहीं कर सकते, क्योंकि ऐसे उत्तर के अभाव में हम वस्तुतः यह जानते ही नहीं कि हम कौन-सी और किस प्रकार की सत्ता के विषय में बात कर रहे हैं।[64]

उपर्युक्त समस्या के समाधान के रूप में कुछ धर्मपरायण ईश्वरवादी विचारक यह कह सकते हैं कि 'बाइबल', 'कुरान' आदि धर्मग्रंथों में स्पष्टतः यह बताया गया है कि ईश्वर क्या है अथवा कैसी सत्ता है और हम किस अर्थ में 'ईश्वर' शब्द का प्रयोग कर सकते हैं। इस मत का खंडन करते हुए फ़्ल्यू ने यह कहा है कि इन विचारकों का यह धार्मिक दृष्टिकोण उपर्युक्त समस्या का कोई प्रामाणिक तथा संतोषप्रद समाधान नहीं है। इसी प्रकार, जो ईश्वरवादी दार्शनिक ईश्वर को 'अशरीरी सत्ता' कहकर उसके स्वरूप का वर्णन करते हैं वे भी वस्तुतः हमें उसके विषय में कुछ भी नहीं बताते, क्योंकि 'अशरीरी' पूर्णतः नकारात्मक शब्द है जिसके द्वारा हमें सकारात्मक वस्तु के अस्तित्व का ज्ञान नहीं होता।[65] संक्षेप में इस समस्या से संबंधित फ़्ल्यू का निष्कर्ष यह है कि हम ईश्वर विषयक सार्थक चर्चा तभी कर सकते हैं जब ईश्वरवादी विचारक इस मूल प्रश्न का तर्कसंगत एवं संतोषप्रद उत्तर दें कि ईश्वर क्या है और कैसी सत्ता है।

उपर्युक्त कठिन समस्या से बचने के लिए कुछ ईश्वरवादी दार्शनिकों ने यह तर्क दिया है कि ईश्वर के विषय में 'अस्तित्व' तथा 'अनस्तित्व' की बात करना अनुचित है, क्योंकि उसका स्वरूप ही ऐसा है कि वह इन दोनों से परे है। इन दार्शनिकों में

64. देखिए, वही पुस्तक, पृ. 31.

65. देखिए, वही पुस्तक, पृ. 32.

पॉल तिलिक का नाम उल्लेखनीय है। वे 'ईश्वर' शब्द के सामान्यतः प्रचलित अर्थ को पूर्णतः अस्वीकार करते हैं। उनका कथन है कि ईश्वर के अस्तित्व और अनस्तित्व के संबंध में जो प्रश्न उठाया गया है वह वास्तव में निरर्थक है। इसका कारण यह है कि ईश्वर कोई वस्तु, व्यक्ति अथवा विचार नहीं है जिसके अस्तित्व या अनस्तित्व की बात की जा सके। ऐसी स्थिति में ईश्वर के अस्तित्व की समस्या के विषय में ईश्वरवादियों तथा निरीश्वरवादियों में दीर्घकाल से जो तीव्र वाद-विवाद चला आ रहा है वह अनुचित और निरर्थक है। ये दोनों प्रकार के दार्शनिक एक ऐसे प्रश्न के संबंध में अनावश्यक वाद-विवाद करते रहे हैं जिसे उठाने का कोई औचित्य ही नहीं है। अपने इसी मत की व्याख्या करते हुए तिलिक ने लिखा है : "ईश्वर के अस्तित्व से संबंधित प्रश्न न तो पूछा जा सकता है और न उसका उत्तर दिया जा सकता है। यदि यह प्रश्न पूछा जाता है तो यह उसके विषय में प्रश्न है जो स्वरूपतः अस्तित्व से ऊपर है, और इसलिए इसका उत्तर–चाहे वह नकारात्मक हो या सकारात्मक–परोक्षतः ईश्वर के स्वरूप का निषेध करता है। ईश्वर के अस्तित्व को स्वीकार करना भी उतना ही निरीश्वरवादी विचार है जितना उसके अस्तित्व को अस्वीकार करना।"[66] इस उद्धरण से यह स्पष्ट है कि तिलिक ईश्वर के अस्तित्व या अनस्तित्व के विषय में बात करना ही निरर्थक समझते हैं। परंतु फ़्ल्यू को उनका यह मत स्वीकार्य नहीं है, क्योंकि उनके विचार में इससे उपर्युक्त समस्या का समाधान नहीं होता। इस संबंध में फ़्ल्यू ने स्पष्ट कहा है कि ईश्वर को अस्तित्व तथा अनस्तित्व दोनों से ऊपर मानकर हम इस समस्या से मुक्त नहीं हो सकते। हमारे समक्ष यह मूल प्रश्न पूर्ववत बना रहता है कि जिसे हम 'ईश्वर' कहते हैं और जिसकी हम इतनी व्यापक चर्चा करते हैं वह कौन तथा क्या है–अर्थात्, वह किस प्रकार की सत्ता है। इस प्रश्न का कोई संतोषजनक तथा तर्कसंगत उत्तर प्राप्त किए बिना हम ईश्वर में न तो किन्हीं गुणों को आरोपित कर सकते हैं और न उसे विश्व के रचयिता एवं संरक्षक के रूप में किसी प्रकार की क्रियाशील सत्ता ही मान सकते हैं।[67]

ईश्वर के स्वरूप से संबंधित दूसरी समस्या यह है कि उसके विषय में हम जिन सकारात्मक शब्दों का प्रयोग करते हैं उनका ईश्वरीय संदर्भ में हमारे लिए कोई अर्थ हो सकता है या नहीं। हम ऊपर देख चुके हैं कि फ़्ल्यू ने ईश्वर की जो परिभाषा दी है उसमें 'शक्तिशाली', 'बुद्धिमान', 'शुभ', 'व्यक्तित्वसंपन्न', 'रचयिता', 'संरक्षक' आदि अनेक सकारात्मक शब्दों का प्रयोग किया गया है। ईश्वरवादी विचारक यह दावा करते हैं कि ये शब्द हमें ईश्वर के कुछ अनिवार्य गुणों का बोध कराते हैं। परंतु फ़्ल्यू ने यहाँ यह प्रश्न उठाया है कि क्या ईश्वर के संदर्भ में प्रयुक्त होने पर ये शब्द हमारे लिए वास्तव में सार्थक और बोधगम्य हो सकते हैं। उनका कथन है कि यदि हम उपर्युक्त प्रथम समस्या का समाधान करें तो हमारे समक्ष यह दूसरी समस्या अनिवार्यतः उपस्थित होती है। इस समस्या की व्याख्या करते हुए फ़्ल्यू ने कहा है कि इसका संबंध उन सब गुणों से है जिन्हें ईश्वरवादी विचारक ईश्वर के स्वरूप का वर्णन करने

66. पॉल तिलिक, 'सिस्टेमैटिक थियॉलॉजी', खंड 1, पृ. 237.

67. देखिए, ऐन्टोनी फ़्ल्यू, 'गॉड ऐंड फ़िलॉसॉफ़ी', पृ. 34.

के लिए उसमें आरोपित करते हैं। हम देख चुके हैं कि ईश्वर के ये गुण मूलतः मानवीय गुण हैं, किंतु ईश्वरवादी व्यक्ति उसके स्वरूप का जो वर्णन करते हैं उससे स्पष्ट है कि वह मनुष्य से पूर्णतः भिन्न है। मनुष्य शरीरवान, भौतिक, सीमित, अपूर्ण तथा नश्वर प्राणी है, जबकि ईश्वर अशरीरी, अभौतिक, असीम, सभी दृष्टियों से पूर्ण और अनश्वर अथवा नित्य है। ऐसी स्थिति में स्वभावतः यह प्रश्न उठता है कि सांसारिक संदर्भों में मानवीय गुणों का बोध करानेवाले सामान्य भाषा के शब्दों का प्रयोग उस ईश्वर के संदर्भ में सार्थकतापूर्वक कैसे किया जा सकता है जो मनुष्य से पूर्णतः भिन्न है और जिसे मानवीय अनुभव, ज्ञान एवं तर्कबुद्धि से परे माना जाता है। वस्तुतः यही वह दूसरी समस्या है जो ईश्वर के स्वरूप के संबंध में हमारे समक्ष उपस्थित होती है और जिसकी ओर फ़्ल्यू हमारा ध्यान आकृष्ट करना चाहते हैं।

फ़्ल्यू का मत है कि प्रथम समस्या की भाँति इस द्वितीय समस्या का भी कोई संतोषप्रद और तर्कसंगत समाधान संभव नहीं है। इसका कारण यह है कि मानवीय गुणों का बोध करानेवाले शब्दों का प्रयोग जब अशरीरी, अभौतिक, असीम तथा अनुभवातीत ईश्वर के लिए किया जाता है तो ये शब्द हमारे लिए सार्थक और बोधगम्य नहीं रह जाते। उदाहरणार्थ, जब ऐसे ईश्वर को 'शुभ', 'शक्तिशाली', 'बुद्धिमान', 'प्रेममय', 'पिता' आदि कहा जाता है तो हम यह नहीं समझ पाते कि ईश्वर के संदर्भ में इन शब्दों का अर्थ क्या है। हम केवल शरीरवान मनुष्यों तथा अन्य प्राणियों के संदर्भ में ही इन शब्दों का अर्थ समझते हैं, अतः जब इनका प्रयोग अभौतिक एवं अशरीरी ईश्वर के विषय में किया जाता है तो ये शब्द हमारे लिए निरर्थक और अबोधगम्य हो जाते हैं। परंतु फ़्ल्यू का विचार है कि जब तक ईश्वर के संबंध में इन शब्दों का प्रयोग तथ्यात्मक अर्थ में नहीं किया जाता तब तक संपूर्ण ईश्वरवादी सिद्धांत का हमारे लिए वास्तव में कोई अर्थ नहीं हो सकता। इसका कारण यह है कि इन शब्दों के तथ्यात्मक अर्थ के अभाव में ईश्वर से संबंधित समस्त कथन संज्ञानात्मक दृष्टि से हमारे लिए सार्थक नहीं रह जाते। अपनी इस मान्यता को एक लौकिक उदाहरण द्वारा स्पष्ट करते हुए फ़्ल्यू यह पूछते हैं कि क्या 'पिता' शब्द के सामान्य अर्थ में कोई 'अशरीरी' पिता हो सकता है। ठीक यही बात ईश्वर के संदर्भ में प्रयुक्त अन्य सभी शब्दों के अर्थ के विषय में भी कही जा सकती है। इस प्रकार फ़्ल्यू का स्पष्ट तथा निश्चित मत है कि हमारी सामान्य भाषा के शब्द ईश्वर के संदर्भ में प्रयुक्त होने पर हमारे लिए वस्तुतः निरर्थक एवं अबोधगम्य हो जाते हैं।[68] जैसा कि हम पिछले खंड में बता चुके हैं, एयर तथा कार्नेप ने भी मुख्यतः इसी आधार पर ईश्वर विषयक कथनों को 'तत्त्वमीमांसीय छद्म कथन' कहकर उन्हें संज्ञानात्मक दृष्टि से निरर्थक सिद्ध किया था। इन दोनों दार्शनिकों के अतिरिक्त भाषा-विश्लेषण-सिद्धांत के समर्थक नीलसन, स्मिथ आदि अन्य अनेक निरीश्वरवादी विचारकों ने भी इन कथनों के संबंध में अपना यही मत प्रस्तुत किया है जिससे यह ज्ञात होता है कि ईश्वरवाद के विरुद्ध इस सिद्धांत की यह एक प्रमुख गंभीर आपत्ति है और ईश्वरवादी विचारक अभी तक इस आपत्ति का कोई तर्कसंगत एवं संतोषप्रद उत्तर नहीं दे सके। इस प्रकार

68. देखिए, वही पुस्तक, पृ. 36-38.

संक्षेप में हम यह कह सकते हैं कि यह समस्या ईश्वरवाद के लिए निश्चय ही बहुत गंभीर समस्या है।

उपर्युक्त समस्या की गंभीरता को ध्यान में रखते हुए कुछ ईश्वरवादी दार्शनिकों ने इसका समाधान करने का प्रयास किया है। इसके लिए उन्होंने एक विशेष सिद्धांत का प्रतिपादन किया है जिसे 'सादृश्य-सिद्धांत' कहा जाता है। मध्य युग में टॉमस ऐक्वाइनस इस सिद्धांत के प्रमुख प्रणेता थे। समकालीन पाश्चात्य दर्शन में भी ई.एल. मैस्कल, जॉन हिक आदि कुछ ईश्वरवादी दार्शनिकों ने इस सिद्धांत का समर्थन किया है। अपने इस सादृश्य-सिद्धांत की व्याख्या करते हुए ये दार्शनिक कहते हैं कि ईश्वर के संदर्भ में 'शक्तिशाली', 'बुद्धिमान', 'शुभ', 'प्रेममय' आदि शब्दों का अर्थ न तो ठीक वही होता है जो मानवीय संदर्भ में समझा जाता है और न ही इस सामान्य अर्थ से पूर्णतः भिन्न। वस्तुतः ये तथा ऐसे अन्य सभी शब्द मानवीय और ईश्वरीय दोनों संदर्भों में सादृश्य को व्यक्त करते हैं। इसी सादृश्य के आधार पर हम ईश्वर के संदर्भ में प्रयुक्त इन शब्दों का अर्थ समझने में समर्थ होते हैं। उदाहरणार्थ, मानवीय संदर्भ में हम 'शक्तिशाली', 'प्रेममय', 'बुद्धिमान' आदि शब्दों का अर्थ भली-भाँति जानते हैं, अतः जब ईश्वर के संदर्भ में इन शब्दों का प्रयोग किया जाता है तो मनुष्य और ईश्वर में सादृश्य के आधार पर हम इस संदर्भ में भी इनका अर्थ समझ लेते हैं। ईश्वरवादी दार्शनिक अपने इसी सिद्धांत को 'सादृश्य-सिद्धांत' की संज्ञा देते हैं, क्योंकि वे यह मानते हैं कि मनुष्य और ईश्वर में कुछ सादृश्य अवश्य विद्यमान है। इस सिद्धांत के अनुसार, जिन शब्दों का प्रयोग हम ईश्वर के संदर्भ में करते हैं उनका मुख्य अर्थ मूलतः मानवीय संदर्भ द्वारा ही निर्धारित होता है और इस अर्थ को जान लेने के पश्चात् हम मानव तथा ईश्वर में सादृश्य के कारण इन शब्दों का प्रयोग सार्थक रूप से ईश्वरीय संदर्भ में भी कर लेते हैं। इस प्रकार ईश्वरवादी दार्शनिकों का विचार है कि उनका यह सादृश्य-सिद्धांत हमें ईश्वर के संदर्भ में भी उन सभी शब्दों के अर्थ को समझने में समर्थ बनाता है जिनका प्रयोग हम मानवीय संदर्भ में करते हैं।

परंतु उपर्युक्त सिद्धांत को अस्वीकार करते हुए फ़्ल्यू कहते हैं कि इस सिद्धांत के आधार पर ईश्वरवादी विचारकों ने जो दावा किया है वह वास्तव में उचित और तर्कसंगत नहीं है। इस सादृश्य-सिद्धांत के विरुद्ध उनकी मुख्य आपत्ति यह है कि इसके समर्थक उस महान अलंघ्य अंतराल की उपेक्षा करते हैं जो मनुष्य तथा ईश्वर में अनिवार्यतः पाया जाता है। हम ऊपर देख चुके हैं कि मनुष्य और ईश्वर एक-दूसरे से पूर्णतः भिन्न हैं। ऐसी स्थिति में इन दोनों में किसी प्रकार के सादृश्य की कल्पना करना भी हमारे लिए संभव नहीं है। हम केवल मनुष्य को जानते हैं और उसके अच्छे-बुरे गुणों से परिचित हैं। इसके विपरीत हम ईश्वर के स्वरूप को न तो जानते हैं और न जान सकते हैं, क्योंकि उसे अनुभव, ज्ञान एवं तर्कबुद्धि से परे माना जाता है। इन तथ्यों से यह स्पष्ट है कि मनुष्य तथा ईश्वर में किसी प्रकार का सादृश्य संभव नहीं है, और इसी कारण जिन शब्दों का प्रयोग मानवीय संदर्भ में किया जाता है उनका प्रयोग हम सार्थक रूप से ईश्वर के संदर्भ में नहीं कर सकते। हम केवल मनुष्य के संदर्भ में ही इन शब्दों का अर्थ समझते हैं और समझ सकते हैं, अशरीरी, असीम

तथा अनुभवातीत ईश्वर के संदर्भ में नहीं। वस्तुतः मनुष्य और ईश्वर में अंतराल इतना अधिक है कि हम इन दोनों में किसी भी रूप में सादृश्यमूलक संबंध स्थापित नहीं कर सकते। यह समझना कठिन नहीं है कि ऐसे संबंध के अभाव में सादृश्य-सिद्धांत ईश्वर के संदर्भ में प्रयुक्त मानवीय भाषा के शब्दों के अर्थ को समझने में हमारी कोई सहायता नहीं कर सकता।

मुख्यतः उपर्युक्त आपत्ति के आधार पर ईश्वरवादियों के सादृश्य-सिद्धांत का खंडन करते हुए फ़्ल्यू कहते है : "ज्यों ही हम उस महान अंतराल को याद करते हैं जो जीव तथा रचयिता को पृथक् करनेवाला माना जाता है, हमें यह पूछना पड़ता है कि जीव और ईश्वर के लिए प्रयुक्त किसी शब्द में वस्तुतः कितना समान अर्थ हो सकता है। फिर इस बात को स्वीकार किया जाता है कि हम यह नहीं जान सकते कि ईश्वर के संबंध में कोई शब्द कैसे प्रयुक्त होता है, क्योंकि ईश्वर के स्वरूप का आवश्यक ज्ञान केवल स्वयं उसी को उपलब्ध है, अतः किसी एक शब्द के स्थान पर दूसरे शब्द का प्रयोग करने के लिए निश्चय ही कोई पर्याप्त मानवीय तर्क नहीं हो सकता। इसलिए ऐसा प्रतीत होता है कि प्रस्तावित मध्य मार्ग सफल नहीं होगा।"[69] फ़्ल्यू के इन विचारों से यह स्पष्ट है कि उनके अनुसार सादृश्य-सिद्धांत हमें मानवीय सामान्य भाषा के उन शब्दों के अर्थ को समझने में समर्थ नहीं बनाता जिनका प्रयोग हम ईश्वर के संदर्भ में प्रायः करते हैं।

ईश्वर के स्वरूप के विषय में तीसरी समस्या का संबंध उसमें आरोपित किए गए गुणों की पारस्परिक संगति और कुछ निर्विवाद तथ्यों के साथ उसके इन गुणों की संगति से है। इस समस्या को फ़्ल्यू ने दो भागों में विभाजित किया है। इसके प्रथम भाग में वे ईश्वर में आरोपित दो गुणों की पारस्परिक असंगति की व्याख्या करते हैं। उनका कथन है कि एक ओर तो ईश्वर को असीमित रूप से शक्तिशाली रचयिता माना जाता है और दूसरी ओर यह भी स्वीकार किया जाता है कि उसके द्वारा रचित मनुष्य उसकी इच्छा के विरुद्ध कर्म कर सकते हैं तथा प्रायः करते हैं। दूसरे शब्दों में, ईश्वरवादी विचारक ईश्वर को सर्वशक्तिमान भी मानते हैं और साथ ही यह भी कहते हैं कि उसकी इच्छा के विरुद्ध मनुष्य कर्म करने के लिए स्वतंत्र है। फ़्ल्यू के अनुसार, ईश्वर के इन दो गुणों--अर्थात्, उसकी सर्वशक्तिमत्ता और उसकी वह इच्छा जिसके विरुद्ध मनुष्य प्रायः कर्म करता है--में असंगति स्पष्टतः देखी जा सकती है। जब यह कहा जाता है कि ईश्वर संपूर्ण विश्व का रचयिता है तो इसका अर्थ अनिवार्यतः यह होता है कि इस विश्व में जो कुछ भी विद्यमान है उसका एकमात्र मूल कारण स्वयं ईश्वर ही है। इसका तात्पर्य यह है कि केवल सर्वशक्तिमान ईश्वर ही मनुष्य के प्रत्येक विचार, कर्म और निर्णय का वास्तविक कारण है। मनुष्य उस विश्व का भाग है जिसकी रचना सर्वशक्तिमान ईश्वर ने की है, अतः ईश्वर को उसके प्रत्येक विचार, कर्म तथा निर्णय का अंतिम कारण माना जा सकता है। ऐसी स्थिति में मनुष्य अपने रचयिता, ईश्वर की किसी इच्छा के विरुद्ध कर्म नहीं कर सकता, किंतु ईश्वरवादी विचारक ईश्वर को सर्वशक्तिमान मानते हुए भी उसमें ऐसी इच्छा को स्वीकार करते हैं जिसके विरुद्ध

69. वही पुस्तक, पृ. 39.

मनुष्य कर्म कर सकता है और वास्तव में करता है। इस प्रकार फ़्ल्यू का विचार है कि ईश्वर की सर्वशक्तिमत्ता और उसमें स्वीकार की जानेवाली उस इच्छा में गंभीर असंगति विद्यमान है जिसके विरुद्ध कर्म करने के लिए मनुष्य को स्वतंत्र माना जाता है।[70]

उपर्युक्त समस्या का दूसरा भाग उस बहुचर्चित 'अशुभ की समस्या' से संबंधित है जिसका उल्लेख हम पिछले अध्याय में अनेक बार कर चुके हैं। फ़्ल्यू ने यहाँ यह समस्या ईश्वर के स्वरूप और उसके द्वारा रचित विश्व में विद्यमान कुछ निर्विवाद तथ्यों में पाई जानेवाली असंगति को प्रमाणित करने के लिए उठाई है। ईश्वरवादी विचारक यह दावा करते हैं कि इस विश्व का रचयिता ईश्वर सर्वशक्तिमान भी है और पूर्णतः शुभ अथवा अत्यंत करुणामय भी। परंतु अन्य सभी निरीश्वरवादियों की भाँति, फ़्ल्यू भी यह मानते हैं कि दुःख तथा दुर्गुण या दुराचरण के रूप में इस विश्व में जो अशुभ अथवा बुराई विद्यमान है उसकी सर्वशक्तिमान और पूर्णतः शुभ ईश्वर के साथ तार्किक संगति स्थापित करना संभव नहीं है। यह एक अनुभवसिद्ध तथ्य है कि भयंकर रोगों तथा प्राकृतिक आपदाओं के फलस्वरूप सभी प्राणियों को अत्यधिक कष्ट भोगना पड़ता है और स्वयं मनुष्य भी अपने दुर्गुणों एवं दुराचरण के कारण इस संसार से बहुत अधिक दुःख उत्पन्न करते हैं। यहाँ समस्या यह है कि विश्व से संबंधित इस तथ्य की उसके रचयिता सर्वशक्तिमान तथा पूर्णतः शुभ ईश्वर के स्वरूप के साथ हम किसी भी उपाय द्वारा तार्किक संगति स्थापित नहीं कर सकते—अर्थात, हम सुसंगत रूप से तर्कतः यह प्रमाणित नहीं कर सकते कि दुःख एवं दुराचरण से परिपूर्ण इस विश्व का रचयिता ईश्वर वास्ताव में सर्वशक्तिमान और पूर्णतः शुभ है। इसी दार्शनिक कठिनाई को 'अशुभ की समस्या' की संज्ञा दी गयी है।

उपर्युक्त समस्या के स्वरूप को स्पष्ट करते हुए फ़्ल्यू कहते हैं कि निम्नलिखित तीन कथनों को एक ही साथ स्वीकार करना तार्किक दृष्टि से असंगत और स्वतोव्याघातपूर्ण है : (1) 'असीमित रूप से शुभ ईश्वर का अस्तित्व है'; (2) 'वह सर्वशक्तिमान रचयिता है'; (3) 'उसके द्वारा रचित विश्व में बुराइयाँ हैं।'[71] फ़्ल्यू का विचार है कि हम सुसंगत रूप से इन तीनों कथनों को बिना किसी स्वतोव्याघात के एक ही साथ स्वीकार नहीं कर सकते। उनके अनुसार, इस गंभीर समस्या को ध्यान में रखते हुए हम तर्कसंगत रूप से यह कह सकते हैं कि वस्तुतः ऐसे विश्व-रचयिता ईश्वर का अस्तित्व नहीं है जो सर्वशक्तिमान तथा पूर्णतः शुभ या अत्यंत करुणामय हो। यदि ऐसा ईश्वर होता तो उसके द्वारा रचित इस विश्व में किसी प्रकार की बुराई न होती, क्योंकि वह इस बुराई को दूर कर सकता था और अवश्य कर देता।

अनेक ईश्वरवादी विचारकों ने उपर्युक्त अशुभ की समस्या के जो प्रमुख समाधान प्रस्तुत किए हैं उन्हें फ़्ल्यू अयुक्तिसंगत और असंतोषप्रद मानते हैं। उदाहरणार्थ, कुछ ईश्वरवादी विचारक इस संसार में अशुभ या बुराई के अस्तित्व को ही अस्वीकार करते

70. देखिए, वही पुस्तक, पृ. 43-47.

71. देखिए, वही पुस्तक, पृ. 48.

हुए यह कहते हैं कि वह वास्तविक न होकर केवल हमारा भ्रम है। परंतु फ़्ल्यू का मत है कि अशुभ का निषेध करने से इस समस्या का समाधान नहीं हो सकता, क्योंकि इस विश्व में बुराई का अस्तित्व एक ऐसा अनुभवसिद्ध तथ्य है जिसकी वास्तविकता से हम सब भली-भाँति परिचित हैं। कुछ अन्य ईश्वरवादी विचारक यह कहते हैं कि हम सब ईश्वर द्वारा रचित अत्यंत सीमित प्राणी हैं, अतः हम उसकी व्यवस्था के विषय में कोई निर्णय नहीं दे सकते—अर्थात, हम यह नहीं कह सकते कि क्या शुभ है और क्या अशुभ। इस मत का खंडन करते हुए फ़्ल्यू ने इसके विरुद्ध यह तर्क दिया है कि ईश्वर को पूर्णतः शुभ कहना और उसकी प्रशंसा करना उसके विषय में निर्णय देना ही है। यदि हम संसार में शुभ अथवा अच्छाई के लिए ईश्वर की प्रशंसा कर सकते हैं तो निश्चय ही हम अशुभ या बुराई के लिए भी उसे उत्तरदायी मान सकते हैं और मनुष्य होने के कारण हमारे ये निर्णय अनिवार्यतः मानवीय प्रतिमानों के अनुसार ही होंगे। कुछ ईश्वरवादी दार्शनिक अशुभ को सकारात्मक वस्तु न मानकर केवल नकारात्मक स्थिति मानते हैं, जिसका तात्पर्य यह है कि उसकी कोई वास्तविक सत्ता नहीं है। यह समाधान वास्तव में प्रथम समाधान से मूलतः भिन्न नहीं है जिसका खंडन करने के लिए फ़्ल्यू पहले ही अपना तर्क प्रस्तुत कर चुके हैं। इसके अतिरिक्त उपर्युक्त समाधान के विरुद्ध उन्होंने यह तर्क भी दिया है कि यदि अशुभ की वास्तविक सत्ता है ही नहीं तो ईश्वरवादी विचारक अशुभ कर्मों को 'पाप' की संज्ञा क्यों देते हैं और वे पाप की इतनी निंदा क्यों करते हैं।

संभवतः उपर्युक्त कठिनाई को ध्यान में रखते हुए कुछ ईश्वरवादी विचारक अशुभ की सत्ता को तो स्वीकार करते हैं, किंतु उनका मत है कि यह अशुभ कुछ विशेष परिस्थितियों में शुभ को जन्म देता है, अतः यह वांछनीय है। उदाहरणार्थ, यदि संसार में दुःख, दुष्टता, निर्दयता, छल आदि न हों तो धैर्य, क्षमा, न्याय आदि सद्गुणों का कोई महत्त्व नहीं रह जाएगा जिन्हें निश्चय ही शुभ माना जाता है। इस मत के विरुद्ध फ़्ल्यू ने यह तर्क प्रस्तुत किया है कि कुछ सद्गुणों की उत्पत्ति के लिए दुष्टता, दुःख, छल, निर्दयता आदि दुर्गुण उत्पन्न करना उचित और वांछनीय नहीं है। इस तर्क के उत्तर में कुछ ईश्वरवादी विचारक यह कहते हैं कि मनुष्य के ये दुर्गुण उस संकल्प-स्वातंत्र्य का परिणाम हैं जो ईश्वर ने उसे प्रदान किया है और जिसका नैतिक दृष्टि से बहुत महत्त्व है।

अपनी इच्छानुसार कर्म करने के लिए स्वतंत्र होने के कारण मनुष्य शुभ कर्म भी कर सकता है और अशुभ कर्म भी, अतः ईश्वर उसके अशुभ कर्मों के लिए उत्तरदायी नहीं है। ईश्वरवादियों के इस तर्क का उत्तर देते हुए फ़्ल्यू कहते हैं कि सर्वशक्तिमान ईश्वर निश्चय ही ऐसे मनुष्यों की रचना कर सकता था जो स्वयं अपनी इच्छानुसार समस्त दुर्गुणों से दूर रहते और स्वतंत्रतापूर्वक सदैव शुभकर्म करते। परंतु ईश्वर ने ऐसे मनुष्यों की रचना नहीं की, अतः वह उनके दुर्गुणों के लिए अवश्य ही उत्तरदायी है। इस प्रकार फ़्ल्यू ने अशुभ की समस्या के विषय में ईश्वरवादी विचारकों द्वारा प्रस्तुत सभी प्रमुख समाधानों को अस्वीकार किया है, क्योंकि उनके विचार में ये

समाधान संतोषप्रद नहीं हैं।[72] वस्तुतः अन्य निरीश्वरवादी दार्शनिकों की भाँति वे भी अशुभ की समस्या को ईश्वरवाद के लिए एक ऐसी गंभीर चुनौती मानते हैं जिसका कोई तर्कसंगत और संतोषजनक उत्तर देना संभव नहीं है।[73]

ईश्वर के अस्तित्व तथा स्वरूप से संबंधित, फ़्ल्यू के उपर्युक्त समस्त विचारों के आधार पर निष्कर्ष के रूप में हम यह निश्चयपूर्वक कह सकते हैं कि वे निरीश्वरवाद का पूर्णतः समर्थन करते हैं और उनके इन विचारों के फलस्वरूप बीसवीं शताब्दी में इस सिद्धांत को पर्याप्त प्रश्रय प्राप्त हुआ है।

5. काई नीलसन

ऐन्टोनी फ़्ल्यू के अतिरिक्त एक अन्य समकालीन पाश्चात्य दार्शनिक काई नीलसन भी निरीश्वरवाद के प्रमुख समर्थक हैं। उन्होंने अपनी अनेक पुस्तकों में मुख्यतः भाषा-विश्लेषण के आधार पर ईश्वरवाद के विरुद्ध प्रबल तर्क प्रस्तुत किए हैं। निरीश्वरवाद के समर्थन में नीलसन ने जो महत्त्वपूर्ण पुस्तकें लिखी हैं उनमें 'कन्टेम्प्रेरी क्रिटिक्स ऑफ़ रिलिजन', 'स्कैप्टिसिज्म', 'ऐथिक्स विदाउट गॉड', 'ऐन इन्ट्रोडक्सन टू दि फिलॉसाफ़ी ऑफ़ रिलिजन', तथा 'फ़िलॉसॉफ़ी ऐंड एथीइज़्म' के नाम विशेष रूप से उल्लेखनीय हैं। उनकी ये सभी पुस्तकें गत तीस वर्षों गें प्रकाशित हुई हैं और इन्हें समस्त अलौकिक या अति-प्राकृतिक सिद्धांतों के विरुद्ध प्रकृतिवादी तथा निरीश्वरवादी विचारधारा के विकास में उनके महत्त्वपूर्ण योगदान के रूप में स्वीकार किया जाता है। इन पुस्तकों के अतिरिक्त उन्होंने इस विचारधारा के समर्थन में बहुत-से प्रभावशाली लेख भी लिखे हैं जो दर्शन विषयक प्रमुख पत्रिकाओं और पुस्तकों में प्रकाशित हुए हैं।

निरीश्वरवाद के पक्ष में नीलसन ने जो विशेष तर्क दिये हैं, वे इस सिद्धांत के समर्थन में एयर और फ़्ल्यू द्वारा दिए गए तर्कों से मूलतः भिन्न नहीं हैं, क्योंकि ये सभी दार्शनिक मुख्यतः भाषा-विश्लेषण के आधार पर ईश्वरवाद का खंडन करते हैं। सर्वप्रथम एयर तथा फ़्ल्यू की भाँति नीलसन ने भी ईश्वर के अस्तित्व के लिए दी गई सभी परंपरागत युक्तियों को दोषपूर्ण तथा असंतोषप्रद सिद्ध किया है। वे भी 'ईश्वर' शब्द की उसी सामान्य परिभाषा को स्वीकार करते हैं जो अधिकतर ईश्वरवादी विचारकों ने प्रस्तुत की है और जिसका उल्लेख फ़्ल्यू ने भी किया है। जैसा कि हम पहले ही बता चुके हैं, इस प्रचलित सामान्य परिभाषा के अनुसार, ईश्वर एक ऐसी अभौतिक, अशरीरी एवं शाश्वत सत्ता है जो सर्वज्ञ, सर्वशक्तिमान, पूर्णतः शुभ, प्रेममय तथा व्यक्तित्वसंपन्न है और जिसने इस विश्व की रचना की है किंतु जो विश्व से परे अथवा अनुभवातीत है। नीलसन ने मुख्यतः ईश्वर की इसी तत्त्वमीमांसीय अवधारणा को ध्यान में रखते हुए उसके अस्तित्व और स्वरूप की विवेचना की है। अन्य सभी निरीश्वरवादियों की भाँति वे भी यह मानते हैं कि तर्कों अथवा युक्तियों द्वारा

72. देखिए, वही पुस्तक, पृ. 48-50, 54-56.

73. इस समस्या के विस्तृत अध्ययन के लिए देखिए लेखक की एक अन्य पुस्तक, 'धर्म-दर्शन की मूल समस्याएँ, द्वितीय संस्करण, 1995, अध्याय 6.

ईश्वर के अस्तित्व को प्रमाणित करना संभव नहीं है। इस संबंध में उन्होंने ह्यूम तथा कान्ट जैसे महान दार्शनिकों के मत का भी उल्लेख किया है। नीलसन के विचार में इन दार्शनिकों ने ईश्वर की सत्ता के समर्थन में दी गई समस्त परंपरागत युक्तियों का खंडन करते हुए यह सिद्ध किया था कि सैद्धांतिक या बौद्धिक दृष्टि से उसके अस्तित्व को प्रमाणित नहीं किया जा सकता। इन दोनों दार्शनिकों के विषय में उन्होंने अपनी यह मान्यता इस प्रकार प्रस्तुत की है : "अज्ञेयवादी ह्यूम तथा आस्थावान ईसाई कान्ट ने संयुक्त रूप से ऐसे प्रभावशाली दार्शनिक तर्क दिए जिनका उद्देश्य यह दिखाना था कि हम यह सिद्ध नहीं कर सकते कि ईश्वर का अस्तित्व है। . . . यह कहना अब दार्शनिक और सांस्कृतिक दृष्टि से सामान्य बात है कि हम यह प्रमाणित नहीं कर सकते कि ईश्वर की सत्ता है। प्रमाणों तथा युक्तियों का पूर्णतः अनुसरण करनेवाले निष्पक्ष व्यक्ति के लिए तर्कबुद्धि और निरीक्षण यह प्रमाणित नहीं कर सकते कि ईश्वर है।"[74] नीलसन के इन विचारों से यह स्पष्ट है कि वे ईश्वर के अस्तित्व के संबंध में कान्ट और ह्यूम के मत का समर्थन करते हैं। उन्होंने ईश्वर की सत्ता से संबंधित परंपरागत युक्तियों के विरुद्ध जो तर्क प्रस्तुत किए हैं वे इन दोनों दार्शनिकों द्वारा दिए गए तर्कों से बहुत भिन्न नहीं हैं।

प्रत्यय-सत्ता युक्ति के विरुद्ध नीलसन का कथन है कि महानतम सत्ता के रूप में ईश्वर विषयक विचार से वास्तव में उसका अस्तित्व सिद्ध नहीं होता। इसी प्रकार, प्रयोजनपरक युक्ति के विरुद्ध उन्होंने यह तर्क दिया है कि विश्व में हम जो व्यवस्था देखते हैं वह पूर्ण व्यवस्थापक अथवा प्रयोजक के रूप में ईश्वर की सत्ता को प्रमाणित नहीं करती। इसके विपरीत यह युक्ति केवल इतना ही सिद्ध करती है यदि विश्व का कोई व्यवस्थापक है तो वह अपूर्ण तथा सीमित है। फिर यह भी स्पष्ट नहीं है कि 'विश्व में व्यवस्था है' इस वाक्य का ठीक-ठीक अर्थ क्या है। इस प्रकार नीलसन के विचार में प्रत्यय-सत्ता युक्ति की भाँति प्रयोजनपरक युक्ति भी ईश्वर के अस्तित्व को प्रमाणित करने में असमर्थ है।[75] सृष्टि-कारण युक्ति के विरुद्ध उनका मुख्य तर्क यह है कि ईश्वर तथा विश्व ऐसी अनुभवात्मक सत्ताएँ नहीं हैं जिनमें कारण और कार्य का अनिवार्य संबंध स्थापित किया जा सके। हमें न तो ईश्वर का कोई अनुभव प्राप्त है और न एक वस्तु के रूप में विश्व का, अतः हम इन दोनों में किसी प्रकार का कारण-कार्य-संबंध समझने में असमर्थ हैं। 'ईश्वर' तथा 'विश्व' ये दोनों शब्द हमें उन वस्तुओं का बोध नहीं कराते जिन्हें हम प्रत्यक्ष या परोक्ष रूप से अपने अनुभव द्वारा जानते हैं अथवा जान सकते हैं। ऐसी स्थिति में हमारे लिए 'ईश्वर' तथा 'विश्व' में कारण-कार्य-संबंध स्थापित करना अथवा उसे समझना संभव नहीं है। इस प्रकार नीलसन के अनुसार, अन्य दोनों परंपरागत युक्तियों के समान सृष्टि-कारण युक्ति भी ईश्वर की सत्ता को सिद्ध नहीं कर पाती।[76]

74. काई नीलसन, 'फ़िलॉसॉफ़ी ऐंड एथीइज़्म', पृ. 43.

75. देखिए, वही पुस्तक, पृ. 44-45.

76. देखिए, वही पुस्तक, पृ. 17-18.

उपर्युक्त परंपरागत युक्तियों के अतिरिक्त नीलसन ने ईश्वर के अस्तित्व के समर्थन में दी गई धार्मिक अनुभव संबंधी युक्ति का भी तर्कतः खंडन किया है। इस युक्ति के विरुद्ध उनका कथन है कि जिस ईश्वर को दिक्-काल से परे, असीम तथा अनुभवातीत माना जाता है उसका साक्षात अनुभव करना मनुष्य के लिए संभव नहीं है। एक ओर तो ईश्वरवादी विचारक ईश्वर को मानवीय तर्कबुद्धि तथा अनुभव से परे मानते हैं और दूसरी ओर वे यह भी दावा करते हैं कि कुछ धर्मपरायण व्यक्तियों को उसका साक्षात् अनुभव प्राप्त होता है। इन विचारकों के इस दावे में असंगति या स्वतोव्याघात को स्पष्टतः देखा जा सकता है। वास्तव में हमारे लिए यह समझना ही संभव नहीं है कि अनुभवातीत ईश्वर के साक्षात् अनुभव का अर्थ क्या है। ईश्वरवादी विचारक ईश्वर के स्वरूप का जो वर्णन करते हैं उसे ध्यान में रखते हुए यही कहा जा सकता है कि मनुष्य के लिए किसी भी रूप में उसका कोई अनुभव प्राप्त करना असंभव है। परंतु अनेक धर्मपरायण व्यक्ति मनुष्य की कुछ विशेष मनोदशाओं को 'ईश्वर का साक्षात् अनुभव' मान लेते हैं, जो भ्रम के अतिरिक्त और कुछ नहीं है। इन व्यक्तियों के अनुसार, ईश्वर के साक्षात् अनुभव का अर्थ है ईश्वर पर अपनी पूर्ण निर्भरता तथा उसके प्रति समर्पण, श्रद्धा, प्रेम, भय-मिश्रित आश्चर्य आदि भावनाओं का अनुभव करना। ईश्वरवादियों के इस मत का खंडन करते हुए नीलसन कहते हैं कि मनुष्य की इन सभी मनोदशाओं की व्याख्या मनोवैज्ञानिक सिद्धांतों के अनुसार भली-भाँति की जा सकती है जिससे यह सिद्ध होता है कि इनमें कोई अलौकिक या अति-प्राकृतिक तत्त्व नहीं है। ऐसी स्थिति में इन मनोदशाओं का अनुभव करना वस्तुतः 'ईश्वर का साक्षात् अनुभव' नहीं हो सकता।

नीलसन के अनुसार, उपर्युक्त आपत्ति के अतिरिक्त यहाँ ईश्वरवादी व्यक्तियों से यह प्रश्न भी किया जा सकता है कि ईश्वर के साक्षात् अनुभव का प्रमाण क्या है। वे यह कैसे जानते हैं कि उन्होंने कुछ विशेष मनोदशाओं का जो अनुभव प्राप्त किया है वह वास्तव में 'ईश्वर का अनुभव' है? ईश्वरवादी व्यक्ति इस महत्त्वपूर्ण प्रश्न का कोई संतोषप्रद उत्तर नहीं दे पाते। वे केवल इतना ही कहते हैं कि ईश्वर का अनुभव स्वतः प्रमाणित अनुभव है जिसके लिए किसी अन्य प्रमाण की आवश्यकता नहीं है। परंतु नीलसन के विचार में ईश्वरवादी व्यक्तियों का यह उत्तर तर्कसंगत नहीं है, क्योंकि किसी मनुष्य की केवल व्यक्तिनिष्ठ मनोदशाओं के अनुभव को ही स्वतः प्रमाणित अनुभव माना जा सकता है, बाह्य वस्तु के अनुभव को नहीं। उदाहरणार्थ, सुख, दुःख, आशा, निराशा, चिंता, भय, क्रोध, प्रेम आदि मनोदशाओं का अनुभव करनेवाले व्यक्ति के लिए यह अनुभव स्वतः प्रमाणित अनुभव है, किंतु उसके किसी बाह्य वस्तु के अनुभव को ऐसा स्वतः प्रमाणित अनुभव नहीं माना जा सकता जिसके लिए किसी प्रमाण की आवश्यकता न हो। इससे यही सिद्ध होता है कि ईश्वर का अनुभव स्वतः प्रमाणित अनुभव नहीं हो सकता। वस्तुतः नीलसन का स्पष्ट तथा निश्चित मत है कि अनुभवातीत ईश्वर के साक्षात् अनुभव की बात करना ही निरर्थक और अबोधगम्य है। संक्षेप में अपने इन्हीं सब तर्कों द्वारा एयर तथा फ़्ल्यू की भाँति नीलसन ने भी ईश्वर की सत्ता के समर्थन में दी गई धार्मिक अनुभव संबंधी युक्ति का खंडन किया

है।[77] इस प्रकार ईश्वर के अस्तित्व के लिए प्रस्तुत समस्त युक्तियों के विषय में नीलसन ने ऊपर जो कुछ कहा है उससे यह स्पष्ट है कि कान्ट तथा ह्यूम के समान वे भी सैद्धांतिक अथवा बौद्धिक दृष्टि से ईश्वर के अस्तित्व को प्रमाणित करना असंभव मानते हैं।

यहाँ यह उल्लेखनीय है कि कुछ ईश्वरवादी विचारकों ने ईश्वर के अस्तित्व को अप्रमाणित करने का उत्तरदायित्व निरीश्वरवादी व्यक्ति पर डालने का प्रयास किया है। इन विचारकों के मतानुसार, स्वयं निरीश्वरवादी व्यक्ति को ही यह प्रमाणित करना चाहिए कि ईश्वर की सत्ता नहीं है। परंतु अन्य निरीश्वरवादी दार्शनिकों की भाँति नीलसन ने भी इस मत को अस्वीकार किया है। इसके विरुद्ध उनका कथन है कि ईश्वरवादी व्यक्ति ही यह दावा करते हैं कि ईश्वर का अस्तित्व है, अतः उसके अस्तित्व को प्रमाणित करने का उत्तरदायित्व भी केवल उन्हीं पर है। निरीश्वरवादी तो केवल इतना ही कहते हैं कि ईश्वर की सत्ता में विश्वास करने के लिए हमारे पास पर्याप्त एवं विश्वसनीय प्रमाण नहीं हैं और इस संबंध में ईश्वरवादियों द्वारा जो प्रमाण दिए गए हैं वे दोषपूर्ण होने के कारण अविश्वसनीय तथा असंतोषप्रद हैं। निरीश्वरवादियों के इस मत को अनुचित तथा पूर्वाग्रहयुक्त नहीं कहा जा सकता, क्योंकि किसी वस्तु के अस्तित्व में विश्वास करने के लिए विश्वसनीय प्रमाणों की माँग करना दार्शनिक होने के नाते उनका आवश्यक कर्तव्य भी है और न्यायोचित अधिकार भी। इसके अतिरिक्त अनेक ईश्वरवादी विचारक स्वयं स्पष्ट रूप से यह स्वीकार करते हैं कि युक्तियों अथवा तर्कों द्वारा ईश्वर के अस्तित्व को प्रमाणित नहीं किया जा सकता। ऐसी स्थिति में यदि निरीश्वरवादी दार्शनिक यह कहते हैं कि ईश्वर की सत्ता में विश्वास करना अबौद्धिक तथा अयुक्तिसंगत है तो उनके लिए अपने इस मत को तर्कों द्वारा प्रमाणित करने की कोई आवश्यकता नहीं है और इस संबंध में उन पर किसी प्रकार का उत्तरदायित्व डालना भी न्यायसंगत नहीं माना जा सकता।

अपने उपर्युक्त मत की व्याख्या करते हुए नीलसन ने लिखा है : "हमारे निर्णयों के औचित्य का मूल्यांकन किसी विशेष समय पर हमें उपलब्ध प्रमाण के प्रकाश में किया जाना चाहिए। . . . यह मानते हुए कि यदि ईश्वर है और उसके संबंध में दी गई परिभाषा के अनुसार वह एक ऐसी सत्ता है जिसका विश्वातीत होना अनिवार्य है तो यह विश्वास करने के लिए कि ऐसी कोई सत्ता नहीं है प्रमाण देने का उत्तरदायित्व निरीश्वरवादी पर नहीं है। इसके विपरीत ईश्वर के अस्तित्व के लिए प्रमाण देना—अर्थात्, यह दिखाना कि ऐसी कोई सत्ता है—ईश्वरवादी का उत्तरदायित्व है। . . . यदि ईश्वर है तो ऐसी अति विचित्र सत्ता के समर्थन में प्रमाण प्रस्तुत करना ईश्वरवादी के लिए आवश्यक है। उसके लिए यह सिद्ध करना आवश्यक है कि इस संसार में हम अपने सामान्य अनुभव द्वारा जितना जानते हैं उससे अधिक कुछ और भी है।"[78] इस प्रकार यह स्पष्ट है कि नीलसन के मतानुसार, ईश्वर के अस्तित्व को प्रमाणित करने का एकमात्र उत्तरदायित्व ईश्वरवादी पर ही है, अतः निरीश्वरवादी से यह आग्रह करना

77. देखिए, वही पुस्तक, पृ. 45-46.

78. वही पुस्तक, पृ. 14.

उचित नहीं है कि वह उसकी सत्ता को तर्कों द्वारा अप्रमाणित्त करे। वस्तुतः इस समस्या के संबंध में वे फ़्ल्यू के मत का पूर्णतः समर्थन करते हैं जिसका उल्लेख हम पिछले खंड में कर चुके हैं।

ईश्वर के अस्तित्व के अतिरिक्त उसके स्वरूप के विरुद्ध भी नीलसन ने अनेक गंभीर दार्शनिक आपत्तियाँ उठायी हैं जिन पर यहाँ संक्षेप में विचार करना आवश्यक है। इस संबंध में उनकी मुख्य आपत्ति यह है कि ईश्वरवादी विचारक ईश्वर का जो स्वरूप बताते हैं और वे उसमें जिन विशेष गुणों को आरोपित करते हैं उनके कारण ईश्वर विषयक तत्त्वमीमांसीय अवधारणा हमारे लिए निरर्थक तथा अबोधगम्य हो जाती है। हम देख चुके हैं कि ईश्वर के स्वरूप के विषय में मुख्यतः दो अवधारणाएँ प्रचलित हैं, जिन्हें मानवत्वारोपी अवधारणा तथा तत्त्वमीमांसीय अवधारणा कहा जाता है। नीलसन का विचार है कि ईश्वर से संबंधित मानवत्वारोपी अवधारणा सार्थक एवं बोधगम्य तो है, किंतु यह अवधारणा मिथ्या है, क्योंकि आकाश में 'ईश्वर' नामक किसी महामानव का अस्तित्व नहीं है और इस तथ्य को अधिकतर ईश्वरवादी दार्शनिक भी स्वीकार करते हैं। निरीक्षण तथा प्रयोग पर आधारित वैज्ञानिक विधि द्वारा हम विशेष गुणों से परिपूर्ण महामानव के रूप में ऐसे ईश्वर की सत्ता प्रमाणित नहीं कर सकते। अधिकतर ईश्वरवादी दार्शनिक भी इस मत का समर्थन करते हैं, अतः नीलसन ने ईश्वर की इस अवधारणा पर विस्तापूर्वक विचार नहीं किया है। वस्तुतः उन्होंने ईश्वर की तत्त्वमीमांसीय अवधारणा की विस्तृत विवेचना की है और एयर तथा फ़्ल्यू की भाँति वे भी इस अवधारणा को निर्थरक एवं अबोधगम्य मानते हैं। अपने इस मत के समर्थन में नीलसन ने जो तर्क दिए हैं वे सम्मिलित रूप में एयर और फ़्ल्यू के तर्कों से बहुत भिन्न प्रतीत नहीं होते। इन दोनों दार्शनिकों के समान उन्होंने भी मुख्यतः यह कहा है कि ईश्वरवादी दार्शनिक तत्त्वमीमांसीय अवधारणा के अनुसार ईश्वर का जो विशेष स्वरूप बताते हैं उसे समझना और उसके संबंध में सार्थकतापूर्वक कुछ भी कहना मनुष्य के लिए संभव नहीं है।

जैसा कि हम पहले ही अनेक बार स्पष्ट कर चुके हैं, अधिकतर ईश्वरवादी दार्शनिक ईश्वर की तत्त्वमीमांसीय अवधारणा को स्वीकार करते हुए यह मानते हैं कि ईश्वर पूर्णतः अभौतिक, अशरीरी, असीम तथा विश्वातीत सत्ता है और इसी कारण वह मानवीय अनुभव एवं तर्कबुद्धि से परे है। नीलसन ने ईश्वर की इस अवधारणा को 'अमानवत्वारोपी अवधारणा' कहा है और अपनी सभी पुस्तकों में विस्तारपूर्वक इस अवधारणा का अनेक तर्कों द्वारा खंडन किया है। एयर तथा फ़्ल्यू की भाँति उनका भी यह निश्चित मत है कि ईश्वर की इस अवधारणा को स्वीकार करने पर हमारे लिए 'ईश्वर' शब्द सार्थक एवं बोधगम्य नहीं रह जाता और हम उसके विषय में किसी प्रकार की सार्थक चर्चा नहीं कर सकते। जब हम अपने कथनों में 'ईश्वर' शब्द का प्रयोग करते हैं तो हम—जिनमें ईश्वरवादी तथा निरीश्वरवादी दोनों ही सम्मिलित हैं—यह नहीं समझ पाते कि इस शब्द का ठीक-ठीफ अर्थ क्या है—अर्थात्, यह कौन-से व्यक्ति या प्राणी अथवा किस-प्रकार की सत्ता का बोध कराता है। इस समस्या का समाधान करने के लिए ईश्वरवादी दार्शनिक जिन वाक्यांशों द्वारा ईश्वर के स्वरूप का वर्णन करते हैं वे भी उतने ही अस्पष्ट, अनिश्चित और अबोधगम्य हैं

जितना स्वयं 'ईश्वर' शब्द। उदाहरणार्थ, ये दार्शनिक ईश्वर के स्वरूप की व्याख्या करने के लिए प्रायः यह कहते हैं कि ईश्वर वह है जो 'ब्रह्माण्ड का रचयिता है' जो 'शाश्वत तथा पूर्णतः स्वतंत्र है और जिस पर समस्त प्राणी आश्रित हैं, जो 'आदि-कारण', 'एकमात्र अंतिम सत्ता', और 'स्वयंभू सत्ता' है। नीलसन का कथन है कि ईश्वर के स्वरूप को स्पष्ट करने के लिए प्रयुक्त ये सभी शब्द अथवा वाक्यांश 'ईश्वर' शब्द के समान ही अस्पष्ट तथा अबोधगम्य हैं। वस्तुतः हम 'ईश्वर' शब्द की भाँति इन वाक्यांशों या शब्दों का भी ठीक-ठीक अर्थ समझने में असमर्थ हैं। ये ईश्वर के वास्तविक स्वरूप को समझने में अनुभवात्मक दृष्टि से हमारी कोई सहायता नहीं करते। जो व्यक्ति 'ईश्वर' शब्द का अर्थ नहीं जानता वह इनके माध्यम से अपने अनुभव द्वारा उसके संबंध में वस्तुतः कुछ भी नहीं समझ पाता। इस प्रकार नीलसन के विचार में ईश्वर का वर्णन करनेवाले उपर्युक्त वाक्यांश हमारे लिए उसके वास्तविक स्वरूप को स्पष्ट नहीं करते, अतः इस दृष्टि से इनका प्रयोग व्यर्थ है।[79] यही बात ऐसे अन्य सभी शब्दों या वाक्यांशों के विषय में भी कही जा सकती है जो ईश्वर के स्वरूप की व्याख्या अथवा उसका वर्णन करने का दावा करते हैं।

यहाँ यह प्रश्न किया जा सकता है कि उपर्युक्त ईश्वर विषयक अवधारणा मनुष्य के लिए निरर्थक तथा बोधगम्य क्यों हो जाती है। इस प्रश्न का उत्तर देते हुए नीलसन कहते हैं कि इस अवधारणा के निरर्थक और अबोधगम्य होने का मूल कारण ईश्वर का वह विशेष स्वरूप है जिसे अधिकतर ईश्वरवादी दार्शनिक स्वीकार करते हैं। हम देख चुके हैं कि इन दार्शनिकों के अनुसार ईश्वर एक ऐसी अभौतिक, असीम तथा अशरीरी सत्ता है जो विश्वातीत और मानवीय अनुभव एवं तर्कबुद्धि से परे है। यह समझना कठिन नहीं है कि ऐसे अनुभवातीत ईश्वर के विषय में कुछ भी जानना और कहना असंभव है। जब हम 'ईश्वर' शब्द का उच्चारण करते हैं अथवा अपने कथनों में इस शब्द का प्रयोग करते हैं तो वास्तव में हम यह नहीं जानते कि हम कौन-से व्यक्ति या प्राणी तथा किस प्रकार की सत्ता का वर्णन कर रहे हैं। इसका परिणाम यह होता है कि हमारे ईश्वर विषयक कथन निरर्थक शब्दाडंबर मात्र रह जाते हैं जिनमें वास्तविक बोधगम्यता नहीं होती। इसका तात्पर्य यह है कि हम वास्तव में इन कथनों का अर्थ नहीं समझते। हम तीसरे खंड में देख चुके हैं कि इसी कारण एयर तथा कार्नेप ने इन ईश्वर संबंधी कथनों को ऐसे 'छद्म कथन' कहा था जो संज्ञानात्मक दृष्टि से निरर्थक हैं। इन कथनों के स्वरूप के विषय में फ़्ल्यू और नीलसन ने जो कुछ कहा है उससे यह स्पष्ट है कि ये दोनों दार्शनिक भी मूलतः इसी मत का समर्थन करते है। इन सभी दार्शनिकों के अनुसार 'ईश्वर', उसके स्वरूप का वर्णन करनेवाले विभिन्न वाक्यांश तथा उससे संबंधित कथन हमें किसी प्रकार के अनुभवात्मक तथ्य अथवा तथ्यों का बोध नहीं कराते जिसके कारण ये हमारे लिए संज्ञानात्मक दृष्टि से निरर्थक हो जाते हैं। हम यह बिल्कुल नहीं जानते कि ईश्वर विषयक इन वाक्यांशों और कथनों का प्रयोग करके हम वास्तव में क्या कह रहे हैं। ऐसी स्थिति में इन सबका हमारे लिए कोई संज्ञानात्मक अर्थ नहीं हो सकता।

79. देखिए, वही पुस्तक, पृ. 16.

यहाँ यह उल्लेखनीय है कि नीलसन 'ईश्वर' शब्द को ऐसा निरर्थक शब्द नहीं मानते जिसका व्यावहारिक दृष्टि से कोई उपयोग नहीं है। उदाहरणार्थ, 'ईश्वर' शब्द उस अर्थ में निरर्थक नहीं है जिस अर्थ में 'मीन्वर' शब्द है, क्योकि 'मीन्वर' के विपरीत 'ईश्वर' का व्यावहारिक उपयोग है। नीलसन यह स्वीकार करते हैं कि ईश्वरवादी व्यक्ति कुछ विशेष प्रसंगों में व्यावहारिक दृष्टि से 'ईश्वर' शब्द का प्रयोग करते हैं और वे इस शब्द का अर्थ समझने का भी दावा करते हैं। इस दृष्टि से 'ईश्वर' शब्द 'मीन्वर' शब्द से भिन्न है जो सभी प्रसंगों में निरर्थक है और जिसका किसी भी रूप में कोई उपयोग नहीं है। परंतु नीलसन का मत है कि ईश्वरवादियों के लिए 'ईश्वर' शब्द की तथाकथित सार्थकता केवल शाब्दिक है, संज्ञानात्मक अथवा तथ्यात्मक नहीं–अर्थात, यह शब्द हमें किसी अनुभवात्मक तथ्य का बोध नहीं कराता। इस प्रकार तथ्यात्मक या संज्ञानात्मक अर्थ-बोध की दृष्टि से 'ईश्वर' शब्द 'मीन्वर' शब्द से भिन्न नहीं है। इसका तात्पर्य यह है कि जिन कथनों में 'ईश्वर' शब्द का प्रयोग किया जाता है वे तथ्यात्मक दृष्टि से उतने ही निरर्थक तथा अबोधगम्य हैं जितने वे कथन हैं जिनमें 'मीन्वर' शब्द का प्रयोग किया गया है। हम अपनी तर्कबुद्धि से या अपने अनुभव द्वारा इन दोनों प्रकार के कथनों का कोई संज्ञानात्मक अर्थ नहीं समझ सकते, क्योंकि हम इन कथनों को न तो सत्य प्रमाणित कर सकते हैं और न मिथ्या। इसी कारण नीलसन यह कहते हैं कि ईश्वर विषयक कथन हमारे लिए संज्ञानात्मक दृष्टि से निरर्थक हैं।[80] परंतु यहाँ यह स्मरण रखना चाहिए कि यदि 'मीन्वर' शब्द का प्रयोग बार-बार कुछ विशेष संवेगात्मक परिस्थितियों में किया जाए और यदि इसके साथ भी वैसी ही भावनाएँ संबद्ध कर दी जाएँ जैसी इस समय 'ईश्वर' शब्द के साथ संबद्ध हैं तो यह भी सभी दृष्टियों से 'ईश्वर' शब्द के समान ही हो जाएगा और तब इस शब्द का प्रयोग भी किसी प्रकार के तथ्यात्मक अर्थ का बोध कराए बिना कुछ विशेष प्रसंगों में किया जा सकेगा। इससे स्पष्ट है कि 'ईश्वर' शब्द का अर्थ केवल संवेगात्मक है।

एयर तथा फ़्ल्यू की भाँति नीलसन भी यह मानते हैं कि ईश्वर विषयक तत्त्वमीमांसीय अवधारणा में अनेक गंभीर असंगतियाँ तथा स्वतोव्याघात विद्यमान हैं जो इसे संज्ञानात्मक दृष्टि से निरर्थक और अबोधगम्य बना देते हैं। उदाहरणार्थ, एक ओर तो ईश्वरवादी विचारक ईश्वर को दिक्-काल से परे तथा अशरीरी सत्ता मानते हैं और दूसरी ओर वे यह भी कहते हैं कि ईश्वर रचना, प्रेम, न्याय, दया आदि क्रियाएँ करता है जो केवल दिक्-काल के अंतर्गत शरीरवान प्राणी ही कर सकते हैं। ईश्वरवादियों के इस दावे में स्वतोव्याघात स्पष्टतः दिखाई देता है। जो ईश्वर दिक्-काल से परे तथा शरीर-रहित है उसे दिक्-काल के अंतर्गत शरीरवान प्राणियों के समान सुसंगत रूप से क्रियाशील नहीं कहा जा सकता। इसी कारण जब ईश्वरवादी विचारक ईश्वर को अशरीरी सत्ता मानते हुए भी यह कहते हैं कि 'वह विश्व का रचयिता है', 'वह सभी मनुष्यों से प्रेम करता है', 'वह अत्यंत दयालु तथा न्यायशील है' तो उनके

80. देखिए, वही पुस्तक, पृ. 37-38.

ये कथन संज्ञानात्मक दृष्टि से निरर्थक और अबोधगम्य हो जाते हैं। हम यह नहीं समझ पाते कि इन कथनों तथा ऐसे ही अन्य कथनों का वास्तव में क्या अर्थ है।

ईश्वर विषयक तत्त्वमीमांसीय अवधारणा के विरुद्ध अपनी उपर्युक्त आपत्ति की व्याख्या करते हुए नीलसन ने लिखा है : "ईश्वर में विश्वास करनेवाला व्यक्ति ईश्वर की बात करता है और उससे प्रार्थना करने तथा उसके समक्ष अपने पापों को स्वीकार करने का दावा करता है। वह किससे प्रार्थना कर रहा है और किसके समक्ष अपने पापों को स्वीकार कर रहा है? . . . ईश्वर का अर्थ क्या है? . . . जैसा कि हम देख चुके हैं, ईश्वर को देखने या उससे मिलने की बात करने का कोई अर्थ नहीं होता। हम वास्तव में ईश्वर का अनुभव नहीं कर सकते अथवा उसके समक्ष उपस्थित नहीं हो सकते। . . . हमें यह बात ध्यान में रखनी चाहिए कि ईश्वर कौन अथवा क्या है। अपने इस प्रश्न का उत्तर संभव बनाने के लिए हमने जिन तथाकथित निश्चित वाक्यांशों को प्रस्तुत किया था वे कम-से-कम उतने ही अस्पष्ट या भ्रमपूर्ण हैं जितना 'ईश्वर' शब्द। हमें यह पूछना चाहिए कि क्या हम वास्तव में इनका अर्थ समझते हैं? किसी वस्तु के 'विश्वातीत' या 'अंतिम सत्ता' अथवा 'विश्व का आधार' या 'असीम व्यक्ति' अथवा 'ब्रह्मांड का रचयिता' होने का क्या अर्थ है? . . . जब हम इनका प्रयोग करते हैं तो क्या हमारे मन में ऐसा कोई विचार है कि हम किसके विषय में बात कर रहे हैं अथवा क्या हम यह समझते हैं कि कौन-सी सत्ता का वर्णन किया जा रहा है? मेरे विचार में यह संदेहास्पद है कि हम यह जानते हैं। . . . क्योंकि ऐसे कथन विश्व संबंधी महान तथ्यों को व्यक्त करने का दावा करते हैं, अतः हमें इनके असंगत होने का पता चल जाता है। यह जो कार्य करने का दावा करते हैं उसे ये नहीं करते और नहीं कर सकते। . . . 'विशुद्ध आत्मा', 'दिक् से परे' तथा 'काल से बाहर' प्राणी के विषय में सुसंगत रूप से यह कैसे कहा जा सकता है कि वह इनमें से कोई कार्य कर सकता है? 'कालातीत' तथा 'दिक् से परे' रहनेवाला कोई प्राणी 'काल के अंतर्गत' कार्य करते हुए किसी वस्तु को कैसे उठा सकता है और वह यह सब कुछ शरीर के बिना कैसे कर सकता है? . . . हम अब भी यह नहीं कह सकते कि ईश्वर कौन है और हम उसकी ओर संकेत भी नहीं कर सकते। . . . हम यह नहीं समझते कि 'ईश्वर' शब्द किस सत्ता की ओर संकेत करता है और उसके अर्थ को स्पष्ट करनेवाले वाक्यांशों में जिन शब्दों का प्रयोग किया जाता है उनका अर्थ भी समान रूप से अस्पष्ट अथवा भ्रामक है। और जिन वाक्यांशों में ये शब्द प्रयुक्त होते हैं वे ऐसे हैं जिनके विषय में हम यह नहीं जानते कि उनके सत्य अथवा मिथ्या होने को सुनिश्चित किया जा सकता है या नहीं।[81] इस विस्तृत उद्धरण से यह स्पष्ट है कि नीलसन के विचार में ईश्वर की तत्त्वमीमांसीय अवधारणा असंगत एवं स्वतोव्याघातपूर्ण होने के कारण संज्ञानात्मक दृष्टि से निरर्थक तथा अबोधगम्य है, अतः उसकी सत्ता में तर्कसंगत और सार्थक रूप से विश्वास करना मनुष्य के लिए संभव नहीं है।

ईश्वर विषयक विश्वास के संबंध में अपने उपर्युक्त मत की पुष्टि के लिए नीलसन ने फ़्ल्यू के उस मिथ्यापनीयता-सिद्धांत का भी प्रयोग किया है जिसकी विवेचना हम

81. वही पुस्तक, पृ. 48-51.

पिछले खंड में कर चुके हैं। फ़्ल्यू की भाँति नीलसन भी मानते हैं कि ईश्वर से संबंधित कथनों को मिथ्या प्रमाणित करना संभव नहीं है, क्योंकि ईश्वरवादी व्यक्ति इनके विरुद्ध किसी तथ्य अथवा किन्हीं तथ्यों को स्वीकार नहीं करते। इन व्यक्तियों के अनुसार, संसार में ऐसा कोई तथ्य हो ही नहीं सकता जो इन कथनों को मिथ्या सिद्ध कर सके। इसी कारण ये ईश्वरवादी व्यक्ति सभी स्थितियों में इन कथनों को पूर्णतः सत्य मानते हैं। परंतु इस संबंध में फ़्ल्यू के मत का समर्थन करते हुए नीलसन कहते हैं कि ईश्वर विषयक कथनों की यह अमिथ्यापनीयता इन्हें हमारे लिए निरर्थक और अबोधगम्य बना देती है, क्योंकि जो कथन किसी तथ्य का निषेध नहीं करता वह वास्तव में किसी तथ्य का वर्णन भी नहीं करता। ईश्वरवादियों की समस्या यह है कि वे ईश्वर संबंधी कथनों को सभी स्थितियों में सत्य मानकर भाषा के अर्थ-बोध के लिए अनिवार्य इस महत्त्वपूर्ण तथ्य की उपेक्षा करते हैं। नीलसन ने अमिथ्यापनीय समझे जानेवाले इन कथनों की निरर्थकता को कुछ उदाहरणों द्वारा स्पष्ट किया है। फ़्ल्यू के समान उन्होंने भी उदाहरण के रूप में सर्वप्रथम ईश्वरवादियों के इस कथन को प्रस्तुत किया है कि 'ईश्वर हमसे प्रेम करता है।'

नीलसन ने संज्ञानात्मक दृष्टि से उपर्युक्त कथन की निरर्थकता की व्याख्या इस प्रकार की है : "ईश्वरवादी कहते हैं 'ईश्वर हमसे प्रेम करता है', किंतु ईश्वर के लिए प्रयुक्त होने पर 'प्रेम करता है' वाक्यांश के अर्थ में इतना अधिक आमूल परिवर्तन हो जाता है कि इसका वह अर्थ बिल्कुल प्रतीत नहीं होता जो इस कथन का है कि 'गाँधी हममें निम्नतम व्यक्ति के साथ भी प्रेम करता है'। संसार में चाहे कितना ही दुःख क्यों न व्याप्त हो, ईश्वरवादी फिर भी कहते जाते हैं, 'ईश्वर हमसे प्रेम करता है।' ऐसी कौन-सी बात होनी चाहिए जिसे देखकर यह कहना उचित या संभवतः न्यायसंगत होगा, 'ईश्वर हमसे प्रेम नहीं करता?' . . . क्या 'प्रेम' का अर्थ पूर्णतः शून्य नहीं हो गया है? प्रेम तथा अन्य शब्दों के अर्थ की यह शून्यता इतनी संपूर्ण है कि हमारे पास यह सोचने के और अधिक कारण हैं कि क्या ईश्वर विषयक चर्चा का कोई अर्थ होता है। संक्षेप में मैंने ईश्वर में विश्वास करना केवल इसीलिए नहीं छोड़ा कि उसके अस्तित्व में विश्वास करने के लिए पर्याप्त प्रमाण अथवा कारण नहीं हैं, अपितु इसलिए भी छोड़ा है कि मेरे विचार में ईश्वर की तत्त्वमीमांसीय या अमानत्वारोपी अवधारणा इतनी अनिश्चित अथवा असंगत है कि इसमें विश्वास करने के लिए कुछ भी नहीं कहा जा सकता।"[82] वस्तुतः नीलसन ने ईश्वर के लिए प्रयुक्त 'प्रेम' शब्द के विषय में मिथ्यापनीयता-सिद्धांत के आधार पर जो आपत्ति उठाई है वह उसके लिए प्रयुक्त होनेवाले अन्य सभी शब्दों के संबंध में भी उठाई जा सकती है।

उपर्युक्त उदाहरण के अतिरिक्त एक अन्य उदाहरण द्वारा भी नीलसन ने मिथ्यापनीयता-सिद्धांत के अनुसार ईश्वर विषयक कथनों की संज्ञानात्मक निरर्थकता को स्पष्ट किया है। मान लीजिए एक व्यक्ति, 'क' यह कहता है कि इस विश्व का कोई रचयिता तथा संरक्षक है और दूसरा व्यक्ति 'ख' उसके दावे को अस्वीकार करता है–अर्थात्, वह यह कहता है कि इस विश्व का कोई रचयिता एवं संरक्षक नहीं है।

82. वही पुस्तक, पृ. 38.

परंतु नीलसन के विचार में ऐसे किसी तथ्य अथवा ऐसी किसी घटना के विषय में हमारे लिए सोचना भी संभव नहीं है ज़िसे इन दोनों व्यक्तियों के परस्पर विरोधी कथनों के पक्ष या विपक्ष में प्रस्तुत किया जा सके। फिर भी दोनों व्यक्तियों का विश्वास है कि वे ऐसे कथनों का प्रयोग कर रहे हैं जो तथ्यात्मक दृष्टि से सार्थक हैं और इसलिए जो सत्य अथवा मिथ्या हो सकते हैं। हम देख चुके हैं कि नीलसन मिथ्यापनीयता-सिद्धांत के आधार पर इन दोनों कथनों को संज्ञानात्मक दृष्टि से निरर्थक मानते हैं। उनका स्पष्ट तथा निश्चित मत है कि ईश्वर से संबंधित कथनों का कोई संज्ञानात्मक अर्थ नहीं होता, क्योंकि वे किसी प्रकार से तथ्यों का वर्णन नहीं करते। इन कथनों के विषय में अपने इसी निष्कर्ष को प्रस्तुत करते हुए नीलसन कहते हैं : "हमारे पास ऐसे कथन हैं जो तथ्यों के वर्णन का दावा करते हैं, परंतु वास्तव में वे तथ्यात्मक कथन नहीं है–अर्थात्, वे तथ्यों का वर्णन करनेवाले कथनों के रूप में कार्य नहीं करते। वे तथ्यात्मक होने का दावा अवश्य करते हैं, किंतु वे तथ्यात्मक नहीं हैं।"[83] इस प्रकार यह स्पष्ट है कि फ़्ल्यू की भाँति नीलसन भी मिथ्यापनीयता- सिद्धांत के आधार पर ईश्वर विषयक कथनों की संज्ञानात्मक सार्थकता का निषेध करते हैं, क्योंकि इन दोनों दार्शनिकों के अनुसार इन कथनों की अमिथ्यापनीयता इन्हें तथ्यात्मक दृष्टि से निरर्थक बना देती है।

कुछ ईश्वरवादी दार्शनिकों का विचार है कि तर्कों अथवा युक्तियों द्वारा ईश्वर के अस्तित्व को प्रमाणित करना संभव नहीं है, अतः हमें केवल आस्था के आधार पर उसकी सत्ता में विश्वास करना चाहिए। यदि हम ईश्वर में सच्ची श्रद्धा और आस्था रखते हैं तो हमें उसके अस्तित्व के लिए प्रमाणों की आवश्यकता ही नहीं है। परंतु एयर तथा फ़्ल्यू की भाँति नीलसन ने भी ईश्वरवादी दार्शनिकों के इस मत का खंडन किया है। इसके विरुद्ध उनका कथन है कि किसी वस्तु के स्वरूप को समझ लेने के पश्चात ही हम उसमें आस्था रख सकते हैं और उसके अस्तित्व के लिए प्रमाणों की आवश्यकता का अनुभव कर सकते हैं। यदि हम किसी वस्तु के स्वरूप को नहीं जानते तो उसमें आस्था रखना हमारे लिए संभव नहीं है। हम ऊपर देख चुके हैं कि नीलसन के अनुसार ईश्वर के संबंध में हमारी यही स्थिति है। ईश्वरवादी दार्शनिक ईश्वर के स्वरूप का जो असंगतिपूर्ण वर्णन करते हैं और इस वर्णन के कारण उसकी अवधारणा में जो गंभीर स्वतोव्याघात उत्पन्न होते हैं वे 'ईश्वर' शब्द को हमारे लिए निरर्थक तथा अबोधगम्य बना देते हैं –अर्थात्, हम यह बिल्कुल नहीं जानते कि 'ईश्वर' शब्द का ठीक-ठीक अर्थ क्या है और वह किस प्रकार की सत्ता का बोध कराता है। ये दार्शनिक स्वयं यह स्वीकार करते हैं कि ईश्वर अनुभवातीत, दिक्-काल से परे तथा रहस्यमयी सत्ता है जिसके स्वरूप को जानना मनुष्य के लिए असंभव है। ईश्वरवादी दार्शनिकों के इस मत तथा 'ईश्वर' शब्द की संज्ञानात्मक निरर्थकता एवं अबोधगम्यता को ध्यान में रखते हुए नीलसन यह प्रश्न उठाते हैं कि हम ईश्वर में आस्था कैसे रख सकते हैं। यदि हम ईश्वर के स्वरूप को जानते ही नहीं और यदि हमें यह ज्ञात नहीं है कि 'ईश्वर' शब्द का वास्तविक अर्थ क्या है तो निश्चय ही उसमें आस्था रखना भी हमारे लिए संभव नहीं है।

83. वही पुस्तक, पृ. 38.

वस्तुतः ईश्वर में आस्था रखने के विरुद्ध नीलसन की यही प्रमुख आपत्ति है जिसकी व्याख्या उन्होंने इस प्रकार की है : "हम ऐसी वस्तु में आस्था नहीं रख सकते अथवा आस्था के आधार पर ऐसी वस्तु को स्वीकार नहीं कर सकते जिसे हम बिल्कुल नहीं समझते। यदि हमें वास्तव में किसी वस्तु में आस्था रखनी है तो हमारे लिए कम-से-कम किसी-न-किसी प्रकार से यह समझना अनिवार्य है कि वह वस्तु क्या है जिसमें हम आस्था रखना चाहते हैं। यदि कोई व्यक्ति मुझसे 'इरगलिग' में आस्था रखने के लिए कहता है तो मैं ऐसा नहीं कर सकता—चाहे उस अज्ञात वस्तु में विश्वास करने की मेरी कितनी ही प्रबल इच्छा क्यों न हो। कुछ निरीश्वरवादी जिनमें मैं भी सम्मिलित हूँ यह सोचते हैं कि 'ईश्वर' शब्द के अर्थ की परिधि इतनी अनिश्चित तथा उसकी अवधारणा इतनी संदेहास्पद है कि किसी व्यक्ति के लिए इस तथ्य को पूर्णतः जानना असंभव है और यदि वह व्यक्ति टालमटोल नहीं करता तो वह ईश्वर में विश्वास नहीं कर सकता। . . . यदि हम यह समझते कि 'ईश्वर संपूर्ण ब्रह्माण्ड का रचयिता है' इस वाक्य को स्वीकार या अस्वीकार करने का अर्थ क्या है तो हम आस्था के आधार पर इसे नम्रतापूर्वक स्वीकार कर सकते थे। . . . परंतु हम ऐसा केवल तभी कर सकते हैं जब हम इसका कुछ अर्थ समझ सकें। . . . जिस वस्तु में आप आस्था रखते हैं कम-से-कम उसे समझना आस्था की अनिवार्य शर्त है; और यदि मेरे तर्क उचित हैं तो ईश्वर की अमानत्वारोपी अवधारणा के विषय में हमारी यह कम-से-कम समझ भी नहीं है।"[84] ईश्वर विषयक आस्था के संबध में नीलसन के इन विचारों से यह स्पष्ट है कि उनके मतानुसार 'ईश्वर' शब्द का कोई संज्ञानात्मक अर्थ न समझने तथा उसकी तत्त्वमीमांसीय अवधारणा के असंगत और स्वतोव्याघातपूर्ण होने के कारण हमारे लिए उसमें आस्था रखने का भी कोई अर्थ नहीं हो सकता।

कुछ समकालीन पाश्चात्य दार्शनिकों ने एक विशेष सिद्धांत द्वारा ईश्वर से संबंधित धार्मिक कथनों को सार्थक और बोधगम्य सिद्ध करने का प्रयास किया है। इस सिद्धांत को 'उपयोग-सिद्धांत' की संज्ञा दी जाती है और सुविख्यात दार्शनिक, लुडविग विटगिन्स्टाइन इसके प्रमुख प्रणेता माने जाते हैं। उनके अतिरिक्त डी. ज़ेड फ़िलिप्स, नॉर्मन मैल्कॉम आदि अन्य अनेक समकालीन दार्शनिकों ने भी इस सिद्धांत का समर्थन किया है। इस उपयोग-सिद्धांत के अनुसार, किसी शब्द या कथन के अर्थ को समझने और निश्चित करने के लिए उस विशेष प्रसंग अथवा जीवन-पद्धति को समझना आवश्यक है जिसके अंतर्गत इसका प्रयोग किया जाता है। इसका तात्पर्य यह है कि सत्यापनीयता, मिथ्यापनीयता अथवा किसी अन्य बाह्य कसौटी के आधार पर कथनों के अर्थ को निर्धारित करना और उनकी सार्थकता एवं बोधगम्यता का निर्णय करना उचित नहीं है। यदि किसी विशेष प्रसंग या जीवन-पद्धति में सार्थक रूप से किसी कथन का उपयोग किया जाता है और इसके अंतर्गत उस कथन का उपयोग करनेवाले व्यक्ति उसका अर्थ समझते हैं तो वह अवश्य ही सार्थक तथा बोधगम्य है।

अपनी इसी मान्यता के कारण उपयोग-सिद्धांत के समर्थक यह कहते हैं : "हमें किसी शब्द या कथन का अर्थ नहीं पूछना चाहिए, अपितु यह पूछना चाहिए कि उसका

84. वही पुस्तक, पृ. 23-24, 94.

उपयोग क्या है।" भाषा की इस उपयोग संबंधी नवीन कसौटी के आधार पर इन दार्शनिकों ने यह सिद्ध करने का प्रयास किया है कि वस्तुतः सभी प्रकार के कथन विशेष प्रसंगों अथवा जीवन-पद्धतियों के अंतर्गत प्रयुक्त होने के कारण सार्थक और बोधगम्य हैं। इन दार्शनिकों का विचार है कि कार्नेप, एयर, फ़्ल्यू आदि दार्शनिकों ने भाषा की सार्थकता से संबंधित कुछ विशेष कसौटियों के आधार पर ईश्वर विषयक कथनों को संज्ञानात्मक दृष्टि से निरर्थक तथा अबोधगम्य सिद्ध करने का जो प्रयास किया है वह वास्तव में अनुचित और व्यर्थ है, क्योंकि एक विशेष प्रसंग या जीवन-पद्धति में सार्थक रूप से प्रयुक्त होने के कारण ये कथन निश्चय ही अर्थपूर्ण एवं बोधगम्य हैं।

परंतु यहाँ उल्लेखनीय है कि विटगिन्स्टाइन तथा उनके अनुयायियों के उपर्युक्त उपयोग-सिद्धांत को अस्वीकार करते हुए नीलसन ने इसके विरुद्ध अनेक प्रबल और प्रभावशाली तर्क प्रस्तुत किए हैं। उनके मतानुसार, यह सिद्धांत इस भ्रामक मान्यता पर आधारित है कि भाषा की सार्थकता की दृष्टि से प्रत्येक जीवन-पद्धति स्वतंत्र एवं पृथक् है और इसमें प्रयुक्त होनेवाले सभी कथन सार्थक तथा बोधगम्य होते हैं। इस मान्यता के विरुद्ध नीलसन का कथन है कि सभी प्रसंगों या जीवन-पद्धतियों के अंतर्गत जिस भाषा का प्रयोग किया जाता है वह मुख्यतः सामान्य प्रचलित भाषा होती है और इसके प्रयोग के नियम भी वे ही होते हैं जो सामान्य भाषा के अर्थ को निर्धारित करते हैं। उदाहरणार्थ, वैज्ञानिक, कानूनी, नैतिक, धार्मिक आदि विभिन्न प्रसंगों अथवा जीवन-पद्धतियों से संबंधित कथनों में हम जिन शब्दों का प्रयोग करते हैं उनमें से अधिकतर शब्द सामान्य भाषा के शब्द होते हैं और उनका अर्थ भी मूलतः वही होता है जो सामान्य भाषा में स्वीकार किया जाता है। 'नहीं', 'परंतु', 'तथा', 'क्योंकि', 'इसलिए', 'प्रेम', 'घृणा', 'रचना', 'माता', 'पिता', 'सेवक', 'स्वामी' आदि शब्द इस तथ्य के स्पष्ट उदाहरण हैं। वस्तुतः यदि विभिन्न प्रसंगों से संबंधित कथनों में प्रयुक्त इन शब्दों तथा ऐसे ही अन्य शब्दों का अर्थ बिल्कुल अलग-अलग होता तो ये कथन हमारे लिए निश्चय ही निरर्थक और अबोधगम्य हो जाते। इन शब्दों का मूल अर्थ एक होने के कारण ही हम इनका अर्थ समझने में समर्थ होते हैं। जिन कथनों में सामान्य भाषा के शब्दों का अर्थ पूर्णतः भिन्न मान लिया जाता है वे कथन हमारे लिए निरर्थक तथा अबोधगम्य हो जाते हैं। हम ऊपर देख चुके हैं कि ईश्वर से संबंधित कथन वस्तुतः ऐसे ही कथन हैं।

उपयुर्क्त तर्क के अतिरिक्त उपयोग-सिद्धांत के विरुद्ध नीलसन ने यह तर्क भी दिया है कि कोई भी जीवन-पद्धति केवल इसलिए उचित तथा मान्य नहीं हो सकती कि कुछ व्यक्ति उसमें विश्वास करते हैं और उसके अंतर्गत प्रयुक्त कथनों का अर्थ समझने का दावा करते हैं। यदि इस आधार पर प्रत्येक जीवन-पद्धति को उचित मान लिया जाए तो बौद्धिक दृष्टि से किसी भी जीवन-पद्धति का निष्पक्ष मूल्यांकन करना असंभव हो जाएगा। ऐसी स्थिति में परियों, चुड़ैलों, भूत-प्रेतों, शैतान आदि काल्पनिक वस्तुओं से संबंधित जीवन-पद्धति भी बौद्धिक दृष्टि से उतनी ही मान्य होगी जितनी वैज्ञानिक जीवन-पद्धति। परंतु कोई भी विचारशील व्यक्ति ऐसी अयुक्तिसंगत स्थिति

का समर्थन नहीं करना चाहेगा। कुछ सौ वर्ष पूर्व यूरोप में बहुत-से व्यक्ति चुड़ैलों के अस्तित्व में विश्वास करते थे और उनसे संबंधित कथनों का अर्थ समझने का भी दावा करते थे। इसी प्रकार, आज भी बहुत-से व्यक्ति भूत-प्रेतों में विश्वास करते हैं और उनसे संबंधित कथनों का अर्थ समझने का भी दावा करते हैं। परंतु इसका अर्थ यह नहीं है कि ये कथन वास्तव में सार्थक और महत्त्वपूर्ण हैं। इसके विपरीत वास्तविक स्थिति यह है कि मानवीय अनुभव, तर्कबुद्धि तथा वैज्ञानिक दृष्टिकोण को स्वीकार करनेवाला कोई भी विवेकशील व्यक्ति इन कथनों को सार्थक नहीं मानेगा। इन तथ्यों से यह स्पष्ट है कि कुछ व्यक्तियों द्वारा किन्हीं विशेष कथनों का उपयोग इन कथनों की सार्थकता की एकमात्र अनिवार्य शर्त नहीं है। इसी कारण नीलसन यह कहते हैं कि बौद्धिक अथवा दार्शनिक आधार पर सभी कथनों का निष्पक्ष मूल्यांकन आवश्यक है और यह मूल्यांकन ही उनके अर्थ-बोध को निर्धारित कर सकता है। इस दृष्टि से समस्त जीवन-पद्धतियों तथा उनसे संबंधित कथनों के समुचित मूल्यांकन के लिए दर्शन की भूमिका बहुत महत्त्वपूर्ण हो जाती है। यदि इस आधार पर ईश्वर विषयक कथनों की सार्थकता की परीक्षा की जाए तो ईश्वरवादियों द्वारा उनका उपयोग करने और उनके अर्थ को समझने का दावा करने पर भी ये कथन संज्ञानात्मक दृष्टि से निरर्थक तथा अबोधगम्य सिद्ध होते हैं।

उपयोग-सिद्धांत के विरुद्ध अपने उपर्युक्त तर्कों तथा कुछ अन्य तर्कों की व्याख्या करते हुए नीलसन ने लिखा है : "मैं न तो विटगिन्स्टाइन की यह मान्यता स्वीकार करता हूँ कि भाषा का प्रत्येक रूप अपने आप में ठीक है तथा भाषा के विषय में केवल दर्शन की विवेचना ग़लत है और न ही मैं इससे संबद्ध विटगिन्स्टाइन का यह दावा स्वीकार करता हूँ कि दर्शन प्रासंगिक रूप से केवल जीवन-पद्धतियों को अभिव्यक्त कर सकता है और वह प्रासंगिक रूप से उनकी आलोचना अथवा उनका मूल्यांकन नहीं कर सकता। केवल ईश्वर विषयचर्चा के ही नहीं, अपितु चुड़ैलों एवं परियों की चर्चा के भी अपने विशिष्ट उपयोग रहे हैं तथा हमारी अपनी संस्कृति में भी किसी समय इनकी अपनी एक भाषा थी और ये उपयोग एक विशेष जीवन-पद्धति के अभिन्न अंग थे। परंतु फिर भी ऐसी जीवन-पद्धतियों की आलोचना की गई और धीरे-धीरे उनमें विश्वास करना समाप्त हो गया, क्योंकि उन्हें असंगत मान लिया गया था। . . . इसके अतिरिक्त क्रियाएँ अथवा जीवन-पद्धतियाँ स्पष्टतः भिन्न-भिन्न नहीं होतीं जिनकी अपनी ही विशिष्ट कसौटियाँ हों। उदाहरणार्थ, 'धार्मिक भाषा' जैसी कोई वस्तु नहीं होती, यद्यपि इंग्लिश, स्वीडिश, जर्मन, फ्रेंच आदि भाषाओं में धार्मिक चर्चाएँ की जाती हैं और इन चर्चाओं में भी 'प्रासंगिकता', 'प्रमाण के उपयोग', 'बौद्धिकता' तथा इनके समान अन्य वस्तुओं की कसौटियाँ प्रत्येक चर्चा के लिए बिल्कुल अलग-अलग नहीं होतीं। यह बात बिल्कुल नहीं है कि ईश्वर-चर्चा आत्म-निर्भर भाषा या जीवन-पद्धति होती है, यद्यपि इसके अपने अलग विषय तथा रुचि के क्षेत्र अवश्य होते हैं। धर्म एक ऐसी जीवन-पद्धति है जो वास्तव में अलग या विशिष्ट हो सकती है, परंतु फिर भी यह प्रासंगिक दार्शनिक आलोचना के क्षेत्र से परे नहीं है। . . . भाषा के रूप तथा जीवन-पद्धतियाँ पूर्णतः अलग-अलग नहीं होतीं। उनके बौद्धिक मूल्यांकन

की कसौटियाँ . . . समान होती हैं। . . . किसी समुदाय की विभिन्न प्रथाओं और जीवन-पद्धतियों के विषय में कम-से-कम यह प्रश्न तो उठाया ही जा सकता है कि वे एक-दूसरे के साथ किस प्रकार संबद्ध हैं। यदि कानून या धर्म के तत्त्व भली-भाँति प्रमाणित वैज्ञानिक सिद्धांतों अथवा स्पष्ट तथा सावधानी से किए गए अनुभवात्मक निरीक्षणों के विरुद्ध हैं तो इनमें होनेवाले संघर्ष को देखते हुए . . . इस बात को स्वीकार करने के पर्याप्त कारण हैं कि ऐसी स्थिति में कुछ धार्मिक या कानूनी दावों को त्याग दिया जाए अथवा उनमें आमूल परिवर्तन किया जाए। . . . संगति, संबद्धता और प्रमाण के विषय में हमारी अवधारणाएँ भाषा के रूपों पर पूर्णतः निर्भर नहीं हैं। धार्मिक, वैज्ञानिक तथा कानूनी चर्चाओं में 'नहीं' शब्द भिन्न-भिन्न प्रकार से कार्य नहीं करता। . . . यहूदी तथा ईसाई . . . अनिवार्यतः यह विश्वास करते हैं कि एक असीम व्यक्ति है जो विश्वातीत है किंतु फिर भी विश्व के साथ जिसके स्नेहपूर्ण वैयक्तिक संबंध हैं। परंतु यह स्पष्ट है कि ऐसी भाषा का कोई संगतिपूर्ण अर्थ बिल्कुल नहीं है। हम यह कैसे समझ सकते हैं कि एक व्यक्ति विश्वातीत है और उसी समय वही व्यक्ति विश्व के साथ कुछ वैयक्तिक संबंध भी रखता है। यहाँ ईश्वरवादी निश्चय ही कम-से-कम उसी बात का निषेध करता हुआ प्रतीत होता है जो उसने अभी-अभी कही है। . . . इसके अतिरिक्त यह भी बिल्कुल स्पष्ट नहीं है कि हम 'विश्वातीत व्यक्ति' के विषय में बात करने का अर्थ समझ सकते हैं। यदि हम अपने प्रति ईमानदार हैं तो हमें इस बात में बहुत संदेह करना चाहिए कि ऐसी अवधारणा का कोई संगतिपूर्ण अर्थ हो सकता है। और वस्तुतः किसी व्यक्ति में ऐसी विशेषता का होना पूर्ण रूप से असंगत है।"[85] इस प्रकार नीलसन उपयोग-सिद्धांत के समर्थकों की इस मान्यता को पूर्णतः अस्वीकार करते हैं कि विशेष धार्मिक प्रसंग अथवा जीवन-पद्धति के अंतर्गत प्रयुक्त होने के कारण ईश्वर विषयक कथन हमारे लिए सार्थक तथा बोधगम्य हैं।[86]

नीलसन ने अपने उपर्युक्त निरीश्वरवादी सिद्धांत के विरुद्ध कुछ समकालीन दार्शनिकों द्वारा उठाई गई एक अन्य आपत्ति का उत्तर देने का प्रयत्न किया है जिसका संबंध सत्यापनीयता-सिद्धांत से है। उनका कथन है कि उन पर उस सत्यापनीयता-सिद्धांत के समर्थक होने का आरोप लगाया जा सकता है जो अब तक भाषा के अर्थ-निर्धारण की दृष्टि से अनुचित और अमान्य सिद्ध हो चुका है। परंतु वे इस आरोप का खंडन करते हुए कहते हैं कि वे स्वयं इस सिद्धांत को सभी प्रकार के कथनों के अर्थ-निर्धारण की सामान्य कसौटी नहीं मानते। इसके अतिरिक्त उनका यह भी कथन है कि यह सिद्धांत कथनों के अर्थ-बोध की अनिवार्य शर्त नहीं है, क्योंकि किसी कथन के सत्यापन से पूर्व हमारे लिए उसका अर्थ समझना आवश्यक है। इस दृष्टि से कथनों का अर्थ-बोध उनके सत्यापन से पहले आता है जिससे यह सिद्ध होता

85. वही पुस्तक, पृ. 94, 102-103, 206-207.

86. इस विषय के विस्तृत अध्ययन के लिए देखिए लेखक की एक अन्य पुस्तक, 'समकालीन विश्लेषणात्मक धर्म-दर्शन', द्वितीय संस्करण, 1986, अध्याय, 10.

है कि किसी कथन का सत्यापन उसके अर्थ-बोध को निर्धारित नहीं करता। वस्तुतः हम किसी कथन को सत्यापित तभी कर सकते हैं जब हम पहले उसका अर्थ समझते हों।[87]

परंतु यहाँ यह उल्लेखनीय है कि सत्यापनीयता-सिद्धांत की उपर्युक्त कमियों और कठिनाइयों को स्वीकार करते हुए भी नीलसन संज्ञानात्मक अथवा तथ्यात्मक कथनों के अर्थ-निर्धारण के लिए उसे बहुत महत्त्वपूर्ण तथा आवश्यक मानते हैं। उनका मत है कि यदि कोई कथन तथ्यात्मक होने का दावा करता है तो उसके इस दावे की पुष्टि के लिए उसका सत्यापन अनिवार्य है और यह सत्यापन तभी संभव है जब उसे कम-से-कम सिद्धांततः सत्य अथवा मिथ्या सिद्ध किया जा सके। यदि हम किसी कथन को सैद्धांतिक दृष्टि से भी सत्य या मिथ्या सिद्ध नहीं कर सकते तो वह तथ्यात्मक कथन नहीं है—अर्थात्, वह हमें किसी प्रकार के तथ्यों का ज्ञान नहीं कराता।

कथनों की संज्ञानात्मक अथवा तथ्यात्मक दृष्टि से उनकी सार्थकता के लिए सत्यापनीयता-सिद्धांत को अनिवार्य बताते हुए नीलसन कहते हैं : "किसी कथन में तथ्यात्मक अर्थ का होना तभी संभव है जब सिद्धांततः उसकी परीक्षा की जा सके अथवा . . . उसे तार्किक दृष्टि से सत्य या मिथ्या सिद्ध किया जा सके। . . . तथ्यों की सूचना देनेवाले वाक्य सिद्धांततः अवश्य सत्यापनीय होने चाहिए। . . . किसी कथन का तथ्यात्मक अर्थ केवल तभी होता है जब कम-से-कम तार्किक दृष्टि से ऐसी स्थितियाँ . . . बताना संभव हो जिनके अंतर्गत उसे कुछ सीमा तक सत्य अथवा मिथ्या सिद्ध किया जा सके—अर्थात्, उसके सत्य होने के पक्ष या विपक्ष में तार्किक दृष्टि से प्रमाण दिए जा सकें। . . . मैं इस बात पर ज़ोर देना चाहता हूँ कि तथ्यात्मक चर्चा के विषय में मेरे तर्क के लिए जो सबसे अधिक आवश्यक है उसे इस प्रकार प्रस्तुत किया जा सकता है : यदि किसी वाक्य का प्रयोग ऐसे कथन के लिए किया जाता है जिसे तथ्यात्मक कथन समझा जाता है और फिर भी वह कथन सैद्धांतिक दृष्टि से भी न तो सत्यापनीय है और न मिथ्यापनीय तो ऐसा कथन वास्तव में तथ्यात्मक कथन नहीं है—अर्थात्, वह किसी तथ्य का वर्णन नहीं करता और इस प्रकार वह तथ्यपरक भाषा का वास्तविक भाग नहीं है। ऐसा वाक्य जिसे तथ्यात्मक कथन माना जाता है सिद्धांततः अवश्य ही सत्यापनीय होना चाहिए। . . . ईश्वर विषयक कथनों को . . . ईश्वरोपासक तथ्यात्मक कथन मानते हैं। परंतु इन कथनों को सिद्धांततः भी न तो प्रत्यक्ष रूप से और न परोक्ष रूप से सत्य अथवा मिथ्या प्रमाणित करना संभव है और इस प्रकार ये कथन वास्तव में तथ्यात्मक दृष्टि से निरर्थक हैं जैसा कि बहुत-से निरीश्वरवादियों ने संदेह व्यक्त किया है। वे तथ्यात्मक होने का दावा तो करते हैं किंतु तथ्यात्मक कथनों के रूप में कार्य नहीं करते। हम यह नहीं समझ पाते कि उनके सत्य होने या संभावित रूप से सत्य होने अथवा उनके मिथ्या होने या संभावित रूप से मिथ्या होने को कैसे प्रमाणित करें। . . . फिर भी यह माना जाता है कि वे तथ्यात्मक वाक्यों को अभिव्यक्त करते हैं। परंतु ऐसा कथन, जो सिद्धांततः

87. देखिए, काई नीलसन, 'फ़िलॉसॉफ़ी ऐंड एथीइज़्म', पृ. 94-95.

भी किसी प्रकार से न सत्यापनीय हो और न मिथ्यापनीय, तथ्यात्मक कथन नहीं है।[88] उपर्युक्त विस्तृत उद्धरण से यह स्पष्ट है कि नीलसन ईश्वर विषयक कथनों की तथ्यात्मक सार्थकता का निषेध करने के लिए मिथ्यापनीयता-सिद्धांत के साथ-साथ सत्यापनीयता-सिद्धांत का भी पूर्णतः समर्थन करते हैं।

यहाँ यह उल्लेखनीय है कि सत्यापनीयता-सिद्धांत के संबंध में नीलसन के उपर्युक्त विचारों को ध्यान में रखते हुए इस सिद्धांत के विषय में उनके निम्नलिखित वक्तव्य की इन विचारों के साथ संगति स्थापित करना बहुत कठिन प्रतीत होता है : "अब तक यह भली-भाँति ज्ञात हो चुका है कि सत्यापनीयता-सिद्धांत स्पष्टतः अनुचित है। मैं अवश्य ही इस बात से सहमत हूँ कि यह निश्चित रूप से स्पष्ट है कि यह सत्य नहीं है कि कोई वाक्य तभी सार्थक है जब वह सत्यापनीय हो। वस्तुतः मैं इससे भी आगे जाना चाहूँगा और यह कहना चाहूँगा कि ऐसा दावा करना असंगत है। . . . अर्थ संबंधी प्रश्न तार्किक दृष्टि से सत्यापन संबंधी प्रश्नों से पहले आते हैं; किसी कथन को सत्यापित करने अथवा सत्य सिद्ध करने से पूर्व हमारे लिए यह जानना अनिवार्य है कि उसका अर्थ क्या है। . . . यह बात अब तक बिल्कुल स्पष्ट हो चुकी है कि सत्यापनीयता-सिद्धांत सार्थक भाषा की सामान्य कसौटी के रूप में कभी भी कार्य नहीं करेगा।"[89] यह समझना कठिन नहीं है कि सत्यापनीयता-सिद्धांत से संबंधित नीलसन का उपर्युक्त वक्तव्य इस विषय पर उनके पूर्वोल्लिखित विचारों के विरुद्ध प्रतीत होता है। इस आपत्ति का उत्तर देते हुए वे संभवतः यह कह सकते हैं कि वे तो केवल भाषा की सार्थकता की सामान्य कसौटी के रूप में सत्यापनीयता-सिद्धांत का विरोध करते हैं, कथनों के तथ्यात्मक अर्थ की कसौटी के रूप में नहीं। परंतु यहाँ हमें यह स्मरण रखना चाहिए कि स्वयं कार्नेप तथा एयर ने भी इस सिद्धांत को कथनों के तथ्यात्मक अर्थ की कसौटी के रूप में ही प्रस्तुत किया था। उन्होंने स्पष्ट कहा था कि तथ्यात्मक अर्थ के अतिरिक्त भाषा के अन्य अनेक अर्थ भी होते हैं जिनमें संवेगात्मक अर्थ सम्मिलित हैं। हम ऊपर देख चुके हैं कि नीलसन ने भी सत्यापनीयता-सिद्धांत को भाषा के तथ्यात्मक अर्थ की कसौटी के रूप में पूर्णतः स्वीकार किया है। ऐसी स्थिति में इस सिद्धांत के विरुद्ध उनका उपर्युक्त वक्तव्य कुछ आश्चर्यजनक ही प्रतीत होता है।

अन्य निरीश्वरवादी विचारकों की भाँति नीलसन ने भी नैतिकता के संबंध में ईश्वरवादी सिद्धांत का अनेक तर्कों द्वारा खंडन किया है। हम पिछले अध्यायों में देख चुके हैं कि ईश्वरवादी विचारकों के इस सिद्धांत के अनुसार नैतिकता का एकमात्र आधार ईश्वर की आज्ञा अथवा इच्छा है। इसका तात्पर्य यह है कि जो कर्म ईश्वर की आज्ञा के अनुरूप है वह शुभ अथवा उचित है और जो कर्म उसकी आज्ञा के विरुद्ध है वह अशुभ और अनुचित है। इस अर्थ में नैतिकता केवल ईश्वरादेश पर ही पूर्णतः निर्भर है जिससे पृथक् तथा स्वतंत्र उसका कोई अर्थ और महत्त्व नहीं हो सकता। ईश्वरवादियों के इसी सिद्धांत को नीलसन ने 'धार्मिक सिद्धांत' कहा है और

88. वही पुस्तक, पृ. 95-97.

89. वही पुस्तक, पृ. 94-95.

एयर तथा फ़्ल्यू की भाँति उन्होंने भी इसके विरुद्ध अनेक प्रबल तर्क प्रस्तुत किए हैं। इस सिद्धांत का खंडन करते हुए वे सर्वप्रथम यह प्राचीन प्रश्न उठाते हैं कि क्या ईश्वर किसी कर्म को करने का आदेश इसलिए देता है कि वह शुभ है अथवा क्या कोई कर्म इसलिए शुभ है कि ईश्वर उसे करने का आदेश देता है। ईश्वरवादियों के समक्ष विद्यमान इन दोनों विकल्पों के परिणामों की उन्होंने सविस्तार विवेचना की है। प्रथम विकल्प के विषय में नीलसन का कथन है कि यदि ईश्वरवादी विचारक इसे स्वीकार करते हैं—अर्थात्, यदि वे यह कहते हैं कि किसी कर्म के शुभ होने के कारण ही ईश्वर हमें उस कर्म को करने का आदेश देता है तो स्पष्टतः इसका अर्थ यही है कि कर्मों का शुभत्व ईश्वर की आज्ञा अथवा इच्छा से स्वतंत्र है। इस विकल्प के अनुसार ईश्वर की भूमिका केवल इतनी ही है कि वह सर्वप्रथम कर्मों के शुभत्व को समझ लेता है और फिर इसी कारण हमें शुभ कर्म करने का आदेश देता है। ऐसी स्थिति में हम यही कह सकते हैं कि किसी कर्म का शुभत्व ईश्वर के आदेश पर निर्भर न होकर उससे पूर्णतः स्वतंत्र है।

उपर्युक्त प्रथम विकल्प के संबंध में अपने इसी मत की व्याख्या करते हुए नीलसन ने लिखा है : "यदि हम यह कहते हैं कि ईश्वर किसी कर्म को करने का आदेश देता है क्योंकि वह शुभ है तो इसका अर्थ यह है कि कोई कर्म ईश्वर से स्वतंत्र रूप में शुभ हो सकता है। . . . 'ईश्वर इसे करने का आदेश देता है क्योंकि यह शुभ है' का अर्थ यह है कि ईश्वर इसके शुभत्व को समझता है और तब हमें इसे करने के लिए कहता है। परंतु यदि ईश्वर ऐसा करता है तो कम-से-कम तार्किक दृष्टि से यह संभव है कि हम ईश्वर द्वारा यह बताए बिना कि वह कर्म शुभ है यह समझ लें अथवा किसी प्रकार यह जान लें कि वह शुभ है। . . . ऊपर जो कुछ कहा गया है उसका स्पष्ट अर्थ यही है कि ईश्वर शुभत्व को उत्पन्न नहीं करता अपितु वह तो उसे समझता या जानता है। यदि ऐसा है तो शुभत्व पहले से विद्यमान है जिसे हम किसी प्रकार समझ सकते हैं अथवा जान सकते हैं और इस प्रकार ईश्वर के विषय में कुछ भी जाने बिना हमारे लिए इसे तार्किक दृष्टि से समझना या जानना संभव है। इसके अतिरिक्त, क्योंकि ईश्वर किसी कर्म के शुभत्व को केवल समझता है, क्योंकि वह कर्म केवल इसलिए शुभ नहीं हो जाता कि ईश्वर उसकी इच्छा करता है अथवा उसकी आज्ञा देता है, यह विश्वास करना अनुचित नहीं है कि ईश्वर-रहित विश्व में भी यह शुभत्व हो सकता है। . . . कम-से-कम किन्हीं व्यावहारिक परिस्थितियों में हम यह अच्छी तरह समझते हैं कि शुभ क्या है अथवा हमें क्या करना चाहिए।"[90] इस प्रकार नीलसन का स्पष्ट तथा निश्चित मत है कि उपर्युक्त दो विकल्पों में से प्रथम विकल्प को स्वीकार करने पर नैतिकता ईश्वर से पूर्णतः स्वतंत्र हो जाती है। ऐसी स्थिति में यह समझना कठिन नहीं है कि ईश्वरवादी विचारक इस विकल्प का किसी भी रूप में समर्थन नहीं करना चाहेंगे।

अब विचारणीय प्रश्न यह है कि क्या उपर्युक्त दो विकल्पों में से दूसरे विकल्प को स्वीकार करना संभव है। क्या हम तर्कसंगत रूप से यह कह सकते हैं कि ईश्वर

90. वही पुस्तक, पृ. 174-175.

की आज्ञा अथवा इच्छा ही किसी कर्म या प्रेरणा को उचित अथवा शुभ बना देती है? दूसरे शब्दों में, हमारे समक्ष प्रश्न यह है कि क्या ईश्वर की इच्छा अथवा आज्ञा ही शुभत्व या कर्तव्य को उत्पन्न कर देती है। नीलसन ने इस प्रश्न का स्पष्ट तथा निश्चित रूप से नकारात्मक उत्तर दिया है। उनका कथन है कि कोई कर्म केवल इसलिए शुभ नहीं हो जाता कि ईश्वर उसे करने का आदेश देता है। वस्तुतः किसी के आदेश मात्र से नैतिक कर्तव्य, औचित्य अथवा शुभत्व की उत्पत्ति नहीं हो सकती। इसका कारण यह है कि केवल किसी का आदेश मानना और अपनी अंतश्चेतना से प्रेरित होकर स्वयं नैतिक कर्तव्य का पालन करना अथवा शुभ कर्म करना ये दोनों एक-दूसरे से बहुत भिन्न हैं। आदेश देनेवाला व्यक्ति अपने आदेश का कारण बताने के लिए बाध्य नहीं हैं और न ही उसके आदेश का पालन करनेवाले व्यक्ति का यह अधिकार है कि वह इस आदेश का कारण पूछे। परंतु नैतिक परामर्श के लिए उचित कारण बताना आवश्यक है और जिस व्यक्ति को यह परामर्श दिया जाता है वह भी इस परामर्श का कारण पूछ सकता है। इससे यह स्पष्ट है कि आदेश तथा नैतिक परामर्श का प्रयोग विभिन्न परिस्थितियों में किया जाता है जिससे यह सिद्ध होता है कि ये दोनों एक-दूसरे से भिन्न हैं।

ईश्वरवादी विचारकों के नैतिकता विषयक सिद्धांत के विरुद्ध अपने उपर्युक्त तर्कों की व्याख्या करते हुए नीलसन कहते हैं : "क्या कोई कर्म केवल इसलिए शुभ है या हो सकता है कि कोई व्यक्ति उसे करने का आदेश देता है अथवा उसकी इच्छा करता है? क्या आज्ञा, आदेश अथवा प्रतिबंध से शुभत्व या नैतिक कर्तव्य उत्पन्न हो सकता है? मेरे विचार में ऐसा नहीं हो सकता। . . . आदेश देने से कोई कर्म शुभ अथवा कर्तव्य नहीं हो जाता। . . . इससे यह स्पष्ट है कि 'चाहिए', 'शुभत्व' तथा 'कर्तव्य' ये नैतिक अवधारणाएँ अपने वास्तविक प्रयोग में किसी कर्म की इच्छा करने, आज्ञा देने अथवा किसी व्यक्ति को कोई कर्म करने के लिए कहने के समान नहीं हैं। . . . 'नैतिक परामर्श' ऐसे 'परामर्श' हैं जिनका तर्कों द्वारा समर्थन अवश्य किया जाना चाहिए और जिनके लिए कारण पूछना तार्किक दृष्टि से सदैव उचित है। परंतु यह केवल आदेशों अथवा आज्ञाओं के लिए सत्य नहीं है। जैसा कि प्रयोग को देखने से ही ज्ञात होता है, नैतिक निर्णय आदेशों के समान नहीं हैं।'[91] इस प्रकार नीलसन के इन विचारों से यह स्पष्ट है कि उनके मतानुसार ईश्वर की इच्छा अथवा आज्ञा के कारण कोई कर्म हमारे लिए शुभ या कर्तव्य नहीं हो जाता।

वस्तुतः जब ईश्वरवादी व्यक्ति यह कहते हैं कि ईश्वर का आदेश कर्मों को शुभ बना देता है तो वे पहले से ही यह मान लेते हैं कि ईश्वर पूर्णतः शुभ है और इसी कारण वह केवल शुभ कर्म करने का आदेश देता है। परंतु इस संबंध में नीलसन ने यह महत्त्वपूर्ण प्रश्न उठाया है कि ये व्यक्ति किस आधार पर ईश्वर को पूर्णतः शुभ मानते हैं। इस प्रश्न के उत्तर में उनका कथन है कि ईश्वर को शुभ मानने का आधार उसके संबंध में इन व्यक्तियों का अपना नैतिक निर्णय है जिससे यह ज्ञात होता है कि वे पहले से ही नैतिक शब्दों का अर्थ समझते हैं जो ईश्वरादेश पर निर्भर न होकर

91. वही पुस्तक, पृ. 175-176.

उससे स्वतंत्र है। यदि उन्हें 'शुभ', 'अशुभ', 'उचित', 'अनुचित' आदि नैतिक शब्दों के अर्थ और इनके समुचित प्रयोग की कसौटियों का पहले से ही ज्ञान न होता तो वे निश्चय ही सार्थक रूप से ईश्वर को 'पूर्णतः शुभ' नहीं कह सकते थे। इससे यह सिद्ध होता है कि ईश्वर के मूल्यांकन से संबंधित उनका यह नैतिक ज्ञान उसकी इच्छा अथवा आज्ञा से भिन्न और स्वतंत्र है जिसके अभाव में वे उसका यह मूल्यांकन नहीं कर सकते थे।

ईश्वरवादी दार्शनिकों के नैतिकता संबंधी सिद्धांत के विरुद्ध अपने उपर्युक्त तर्क की विस्तारपूर्वक व्याख्या करते हुए नीलसन ने लिखा है : "यह जानने के लिए कि ईश्वर शुभ है हमारे लिए यह जानना अथवा समझना आवश्यक है कि उसके कार्य, उसकी दैवी प्रकाशना, उसके आदेश शुभ हैं। . . . परंतु यह निश्चय ही नैतिक मूल्यांकन करने की हमारी अपनी क्षमता पर निर्भर है। यह इस पूर्वमान्यता पर आधारित है कि हममें नैतिक निर्णय करने तथा उचित और अनुचित में अंतर समझने की योग्यता विद्यमान है। . . . इस तर्क से हम समझ सकते हैं कि ईश्वर के कार्य शुभ हैं या नहीं–यह निर्णय करने के लिए हमें अनिवार्यतः अपनी नैतिक अंतर्दृष्टि का प्रयोग करना पड़ता है। अंततः हमें स्वयं ही दैवी प्रकाशना की नैतिक गुणवत्ता का निर्णय करना पड़ता है; . . . हम मानवीय अंतर्दृष्टि–जो निसंदेह मिथ्या हो सकती है–द्वारा ही अंततः यह निर्णय करते हैं कि जिसके विषय में दैवी प्रकाशना का दावा किया जाता है वह वास्तव में दैवी प्रकाशना है या नहीं। यदि हम यह जानना चाहते हैं कि ईश्वर शुभ है तो अंततः हमारे लिए स्वयं अपने नैतिक ज्ञान का प्रयोग करना अनिवार्य है।. . . हमारा अपना नैतिक ज्ञान–चाहे वह मिथ्या हो या न हो–तार्किक दृष्टि से हमारे धार्मिक ज्ञान से पहले आता है। . . . हमारे लिए स्वतंत्र रूप से यह समझना आवश्यक है कि 'शुभ' का अर्थ क्या है और शुभत्व की कसौटी ईश्वर से स्वतंत्र होती है। . . . हम ईश्वर के लिए 'शुभ' शब्द का प्रयोग तब तक नहीं कर सकते जब तक हम पहले यह न समझ लें कि किसी वस्तु को शुभ कहने का अर्थ क्या है और शुभत्व की कसौटी क्या है। इसके अतिरिक्त हम ऐसी बहुत-सी वस्तुओं तथा अभिवृत्तियों के लिए सार्थक रूप से 'शुभ' शब्द का प्रयोग कर सकते हैं और अवश्य करते हैं जिन्हें वह मनुष्य भी समझ सकता है जो ईश्वर के विषय में कुछ नहीं जानता। ईश्वर-रहित संसार में भी दुःख का निराकरण करना शुभ होगा। . . . नैतिकता धर्म पर निर्भर नहीं है; धर्म नैतिकता पर निर्भर है। . . . हम अपनी ईश्वर विषयक अवधारणा पर अपनी नैतिकता को आधारित नहीं मान सकते। इसके विपरीत हमारे मन में ईश्वर से संबंधित जो अवधारणा है उसकी क्षमता हमारे भली-भाँति परिष्कृत और स्वतंत्र ज्ञान पर निर्भर है।"[92] इस विस्तृत उद्धरण से यह स्पष्ट है कि नीलसन नैतिकता को किसी भी रूप में ईश्वर पर आधारित न मानकर उससे पूर्णतः स्वतंत्र मानते हैं।

ईश्वरवादी विचारकों ने एक अन्य तर्क द्वारा भी अपने नैतिकता विषयक सिद्धांत का समर्थन करने का प्रयास किया है जिसका यहाँ संक्षेप में उल्लेख कर देना आवश्यक है। इन विचारकों का कथन है कि ईश्वर को स्वीकार किए बिना अंततः समस्त नैतिक

92. वही पुस्तक, पृ. 177-179.

मूल्य तथा आदर्श निरर्थक और महत्त्वहीन हो जाते हैं। ईश्वर से संबंधित विश्वास ही मनुष्य के जीवन को वास्तविक सार्थकता तथा मूल प्रयोजन प्रदान करता है जिसके अभाव में उसके जीवन का कोई अंतिम लक्ष्य नहीं रह जाता। भौतिक सुख, समृद्धि, सुरक्षा आदि जिन सांसारिक उद्देश्यों की पूर्ति के लिए मनुष्य इतना संघर्ष करता है वे क्षणिक एवं अस्थायी होने के कारण उसे वास्तविक शांति, संतोष और आनंद प्रदान नहीं कर सकते। केवल ईश्वर विषयक विश्वास से ही मनुष्य को वास्तविक शांति तथा आनंद की प्राप्ति हो सकती है। स्पष्ट है कि इहलौकिक नैतिकता–जो केवल इसी संसार तक सीमित रहती है–मानव को इस शाश्वत दैवी आनंद की ओर नहीं ले जा सकती। यह कार्य तो केवल ईश्वर पर आधारित नैतिकता ही संपन्न कर सकती है, क्योंकि ईश्वर समस्त नैतिक मूल्यों तथा आदर्शों का अंतिम मूल स्रोत है। इसके अतिरिक्त ईश्वर विषयक विश्वास ही मनुष्य को अंततः स्थायी अवलंब तथा सुरक्षा प्रदान करता है जिसके बिना वह नितांत एकाकी और असहाय रह जाता है। यह विश्वास ही उसके जीवन में स्थायी आशा उत्पन्न करता है जो उसे असंतोष, अशांति और निराशा से बचाती है। संक्षेप में अपने इसी तर्क द्वारा ईश्वरवादी विचारकों ने यह सिद्ध करने का प्रयास किया है कि केवल ईश्वर को ही संपूर्ण नैतिकता का अंतिम मूल आधार मानना आवश्यक है।

परंतु नीलसन का विचार है कि धार्मिक नैतिकता के समर्थन में प्रस्तुत ईश्वरवादी दार्शनिकों का उपर्युक्त तर्क उचित, संतोषप्रद तथा विश्वसनीय नहीं है। इस तर्क का मूल आधार एक ऐसी अनुभवातीत एवं अलौकिक सत्ता से संबंधित विश्वास है जिसकी प्रामाणिकता अत्यंत विवादास्पद तथा संदिग्ध है। हम ऐसी अनिश्चित और संदिग्ध सत्ता को अपने नैतिक मूल्यों एवं आदर्शों का मूल स्रोत नहीं मान सकते। इसके अतिरिक्त काल्पनिक ईश्वर से संबंधित विश्वास मनुष्य को केवल मिथ्या आशा तथा भ्रमपूर्ण अवलंब प्रदान करता है जिन पर आश्रित रहना मनुष्य की अपनी विशेष प्रतिष्ठा और स्वतंत्रता के विरुद्ध है। वस्तुतः यदि मानव को स्वावलंबी तथा आत्मनिर्भर बनना है तो वह सदा ईश्वर पर आश्रित रहकर आजीवन केवल शिशु नहीं बना रह सकता। उसे अपने सर्वांगीण विकास के लिए इस काल्पनिक ईश्वर के मिथ्या अवलंब को छोड़कर अंततः केवल अपने प्रयास तथा अपनी तर्कबुद्धि एवं अन्य क्षमताओं पर ही निर्भर रहना होगा।

मुख्यतः अपने इसी मत के आधार पर ईश्वरवादी विचारकों के उपर्युक्त तर्क का सविस्तार खंडन करते हुए नीलसन कहते हैं : "यदि धर्मशास्त्री अपने मत की पुष्टि करना चाहता है तो उसे यह अवश्य सिद्ध करना चाहिए कि ईश्वर-रहित विश्व में नैतिकता और नैतिक मूल्य असंभव होंगे। यदि यह विश्वास करने का कोई कारण नहीं है कि ईश्वर-रहित संसार में छोटे बच्चों पर अत्याचार करना बुरा नहीं माना जाएगा तो हमारे पास यह विश्वास करने का भी कोई कारण नहीं है कि किसी भी महत्त्वपूर्ण अर्थ में नैतिकता धर्म पर निर्भर है। हम यह समझ सकते हैं कि हमारे पास उचित और अनुचित अथवा शुभ तथा अशुभ की स्वतंत्र कसौटियाँ हैं। ईश्वर हो या न हो, धर्म रहे या न रहे, फिर भी असहाय शिशुओं को अकारण अथवा निरुद्देश्य पीड़ा पहुँचाना अनुचित है। . . . ईश्वर-रहित विश्व में भी वचन के पालन करने का

नियम युक्तिसंगत होगा। . . . इस मूल अर्थ में नैतिकता धर्म पर नहीं, अपितु धर्म ही नैतिकता पर निर्भर है। . . . यह सत्य है कि इहलौकिक नैतिकता सुखद अमरता की आशा प्रदान नहीं कर सकती; यह सत्य है कि इहलौकिक नैतिकता संरक्षक, सजीव पिता अथवा जीवन का कोई दैवी अंतिम लक्ष्य नहीं देती। परंतु हमें इस बात को इस तथ्य के साथ संतुलित करना होगा कि ये धार्मिक अवधारणाएँ मिथक हैं। हम . . . वर्षों तक असहाय, पूर्णतः पराश्रित बने रहते हैं। इसी कारण हमारे भीतर सभी दृष्टियों से रक्षा करनेवाले पिता अथवा, हमारी अपनी संस्कृति के अनुसार, कुछ अन्य महान आश्वासनों की गहरी मनोवैज्ञानिक आवश्यकता का विकास होता है। ऐसी सुरक्षा की इच्छा करना मनुष्यों के लिए बहुत स्वाभाविक है, किंतु यह सोचने का ज़रा भी कारण नहीं है कि ऐसी सुरक्षा विद्यमान है। हमारे भीतर निर्भरता की भावनाओं के विद्यमान होने का अर्थ यह नहीं है कि ऐसी कोई वस्तु है जिस पर हम निर्भर रह सकते हैं। हमारे द्वारा ऐसी आवश्यकताओं का अनुभव करना निश्चय ही हमें यह सोचने का कोई कारण बिल्कुल प्रदान नहीं करता कि हमारी निर्भरता की भावनाओं के लिए ऐसी कोई अलौकिक बैसाखी विद्यमान है। . . .

"वास्तव में ऐसी वस्तुएँ हैं जिन्हें हम महत्त्व देते हैं और जिनकी हम प्रशंसा करते हैं; इन वस्तुओं की प्राप्ति तथा हमारे उद्देश्यों एवं हमारी इच्छाओं की पूर्ति–जिनमें वे उद्देश्य तथा इच्छाएँ सम्मिलित हैं जिनके प्रति हम बहुत गहरी प्रतिबद्धता रखते हैं–हमारे जीवन को महत्त्व एवं नैतिक सार्थकता प्रदान कर सकते हैं और सामान्यतः अवश्य करते हैं। हमारे जीवन को सार्थकता प्रदान करने के लिए हमें ऐसे ईश्वर की कोई आवश्यकता नहीं है जो अपने महान प्रयोजन के वास्ते हमारी रचना करता है और इस प्रकार हमारी स्वतंत्रता छीन लेता है। हम सोच-समझकर किए गए अपने कार्यों तथा अपनी प्रतिबद्धताओं द्वारा अपने जीवन को स्वयं ही अर्थ देते हैं। इस संसार में मनुष्य को वह 'भयंकर स्वतंत्रता' प्राप्त है जो उसे मानवीय प्रतिष्ठा प्रदान करती है। . . . बिना प्रयोजन के व्यतीत होनेवाला जीवन अवश्य ही भयंकर जीवन है, किंतु अपने जीवन को प्रयोजन प्रदान करने के लिए हमें ईश्वर या देवताओं की कोई आवश्यकता नहीं है। . . .

"इसके अतिरिक्त क्या यह वास्तव में मानवीय प्रतिष्ठा के अनुरूप है कि हमारी रचना किसी वस्तु के लिए की जाए? यह प्रश्न कि तुम किस वस्तु के लिए हो, अपमानजनक है। अंततः क्या ऐसे किसी पिता, ऐसी किसी व्यवस्था को ढूँढ़ते रहना बचपना नहीं है जो आपके मन से निर्णय करने के संपूर्ण भार को उठा लेगी? बच्चे नियमों का अंधानुसरण करते हैं, किंतु क्या हम आजीवन बच्चे ही बने रहना चाहते हैं? क्या वास्तव में ऐसे जीवन की इच्छा करना मिथ्या अभिमान अथवा पाप है जिसमें हम अपने निर्णय स्वयं करते हैं, जिसमें हम नियमों को मानते हैं क्योंकि हमें उनकी आवश्यकता का ज्ञान है और जिसमें किसी ऐसे अलौकिक प्रयोजन–जिसकी बोधगम्यता ही अत्यंत संदिग्ध है–में विश्वास करके हमें अपनी तर्कबुद्धि को नष्ट नहीं करना पड़ता?"[93] इस प्रकार नीलसन का यह निश्चित मत है कि नैतिकता की सार्थकता

93. वही पुस्तक, पृ.. 182-184.

और मानव-जीवन के महत्त्व तथा प्रयोजन के लिए ईश्वर विषयक विश्वास को स्वीकार करना आवश्यक नहीं है।[94]

ईश्वर के अस्तित्व तथा स्वरूप के विषय में नीलसन के उपर्युक्त विचारों से यह पूर्णतः स्पष्ट है कि वे निरीश्वरवाद के प्रबल समर्थक हैं। उन्होंने स्वयं इस तथ्य का स्पष्टतः उल्लेख किया है कि निरीश्वरवाद के प्रमुख रूप कौन-कौन से हैं और वे ईश्वरवाद के स्थान पर इस सिद्धांत का समर्थन क्यों करते हैं। उनका कथन है कि ईश्वर के स्वरूप के संबंध में जो दो प्रमुख अवधारणाएँ प्रचलित हैं उन दोनों का तर्कसंगत अनिवार्य परिणाम केवल निरीश्वरवाद ही हो सकता है। यदि ईश्वर की मानवत्वारोपी अवधारणा पर विचार किया जाए तो वैज्ञानिक विधि द्वारा यह प्रमाणित हो जाता है कि आकाश में विद्यमान महामानव के रूप में ईश्वर के अस्तित्व को स्वीकार करना तथ्यात्मक दृष्टि से मिथ्या है। ऐसा कोई विश्वसनीय वैज्ञानिक प्रमाण उपलब्ध नहीं है जिसके आधार पर युक्तिसंगत रूप से ऐसे ईश्वर की सत्ता का समर्थन किया जा सके। इसी कारण नीलसन महामानव के रूप में ईश्वर से संबंधित विश्वास को मिथ्या कहकर निरीश्वरवाद को स्वीकार करना आवश्यक मानते हैं। परंतु यदि ईश्वर की इस मानवत्वारोपी अवधारणा के स्थान पर उसकी अमानवत्वारोपी अवधारणा या तत्त्वमीमांसीय अवधारणा पर विचार किया जाए तो यह भली-भाँति स्पष्ट हो जाता है कि यह दार्शनिक अवधारणा असंगत एवं स्वतोव्याघातपूर्ण होने के कारण निरर्थक और अबोधगम्य है। जैसा कि हम ऊपर सविस्तार बता चुके हैं, जब ईश्वरवादी दार्शनिक इस तत्त्वमीमांसीय अवधारणा के अनुसार अभौतिक, अशरीरी, अनुभव एवं तर्कबुद्धि से परे तथा विश्वातीत सत्ता के अर्थ में 'ईश्वर' शब्द का प्रयोग करते हैं तो नीलसन के विचार में इन दार्शनिकों के ईश्वर विषयक कथन हमारे लिए निरर्थक और अबोधगम्य हो जाते हैं। ऐसी स्थिति में इन कथनों को न तो सत्य कहा जा सकता है और न मिथ्या। मुख्यतः इसी आधार पर ईश्वर विषयक तत्त्वमीमांसीय अवधारणा को अस्वीकार करते हुए नीलसन यह कहते हैं कि अंततः यह अवधारणा भी हमें तार्किक दृष्टि से निरीश्वरवाद का समर्थन करने के लिए बाध्य करती है।

कुछ ईश्वरवादी विचारक ईश्वर की उपर्युक्त दोनों अवधारणाओं के स्थान पर एक अन्य अवधारणा प्रस्तुत करते हैं जिसके अनुसार 'ईश्वर' शब्द का अर्थ है प्रेम अथवा महान नैतिक आदर्श, अतः वास्तव में ईश्वर कोई पृथक् और स्वतंत्र सत्ता नहीं है। इस अवधारणा के संबंध में नीलसन का कथन है कि इस रूप में ईश्वर के अस्तित्व को स्वीकार करना वस्तुतः निरीश्वरवाद का ही समर्थन करना है। संभवतः यही कारण है कि ईश्वरोपासक तथा अधिकतर ईश्वरवादी दार्शनिक इस नैतिक अर्थ में ईश्वर की सत्ता में विश्वास नहीं करते। नीलसन का मत है कि यदि ईश्वरवादी व्यक्ति ईश्वर को केवल महान नैतिक आदर्श अथवा मूल्य मानते हैं तो वे प्रछन्न रूप में वस्तुतः निरीश्वरवादी हैं। स्पष्टतः इसका तात्पर्य यही है कि ईश्वर की यह तीसरी अवधारणा भी हमें अंततः निरीश्वरवाद की ओर ही ले जाती है। इस प्रकार ईश्वर से संबंधित

94. इस विषय के विस्तृत अध्ययन के लिए देखिए लेखक की अन्य पुस्तक, 'धर्म-दर्शन की मूल समस्याएँ', द्वितीय संस्करण, अध्याय 10; काई नीलसन की पुस्तक, 'ऐथिक्स विदाउट गॉड'.

सभी प्रचलित अवधारणाओं का तर्कतः खंडन करते हुए नीलसन ने यही सिद्ध किया है कि ईश्वर विषयक विश्वास के तर्कसंगत निषेध के अर्थ में निरीश्वरवाद को स्वीकार करना ही हमारे समक्ष एकमात्र बौद्धिक विकल्प है।

निरीश्वरवाद के अर्थ और इस सिद्धांत के युक्तिसंगत समर्थन के लिए कुछ प्रमुख कारणों के विषय में अपने उपर्युक्त मत की विस्तृत व्याख्या करते हुए नीलसन ने लिखा है : "यह कहने के स्थान पर कि निरीश्वरवादी वह है जो यह विश्वास करता है कि यह मिथ्या अथवा संभवतः मिथ्या है कि ईश्वर है, निरीश्वरवाद की अधिक पर्याप्त व्याख्या इस अधिक जटिल दावे में निहित है कि निरीश्वरवादी वह है जो निम्नलिखित कारणों में से कम-से-कम एक के परिणामस्वरूप ईश्वर विषयक विश्वास को अस्वीकार करता है और यह विशेष कारण इस बात पर निर्भर होगा कि ईश्वर का क्या अर्थ समझा जाता है : (1) यदि महामानव के रूप में ईश्वर को प्रस्तुत किया जाता है तो निरीश्वरवादी ईश्वर विषयक विश्वास को अस्वीकार करता है, क्योंकि यह मिथ्या है अथवा संभवतः मिथ्या है कि ऐसा कोई ईश्वर है; (2) यदि यह ईश्वर मानवेतर–अर्थात्, अभौतिक या अशरीरी–है . . . तो वह ईश्वर संबंधी विश्वास को अस्वीकार करता है, क्योंकि ऐसे ईश्वर की अवधारणा या तो निरर्थक, अबोधगम्य, स्वतोव्याघातपूर्ण, समझ से परे है अथवा असंगत है। . . .

"यहूदी धर्म तथा ईसाई धर्म के विकसित रूपों में ईश्वर की अवधारणा के विषय में जो कुछ कहा गया है उससे यह स्पष्ट हो जाना चाहिए कि निरीश्वरवादी निषेध का अधिक महत्त्वपूर्ण रूप वह नहीं है जिसके अनुसार यह मिथ्या है कि ईश्वर का अस्तित्व है, अपितु इसके स्थान पर निरीश्वरवाद का वह रूप है जो ईश्वर विषयक ऐसे विश्वास को अस्वीकार करता है जिसका आधार यह विचार है कि ईश्वर की अवधारणा का कोई अर्थ है; एक महत्त्वपूर्ण अर्थ में यह अवधारणा असंगत या अबोधगम्य है। . . . निरीश्वरवाद के इस व्यापक अर्थ में वह प्रत्येक व्यक्ति निश्चय ही सम्मिलित है जो संकुचित अर्थ में निरीश्वरवादी है–अर्थात्, जिसके अनुसार निरीश्वरवाद का केवल यही दावा है कि 'ईश्वर का अस्तित्व है' यह कथन मिथ्या है; परंतु इस संकुचित अर्थ में व्यापक अर्थ समाविष्ट नहीं है। . . . मैं इस मत के समर्थन में तर्क दूँगा कि (क) यह विश्वास करने के लिए पर्याप्त अनुभवात्मक कारण हैं कि ज़ियस जैसे कोई आध्यात्मिक प्राणी नहीं हैं और (ख) यह विश्वास करने के लिए भी समुचित कारण हैं कि ईश्वर की वे अवधारणाएँ असंगत या अबोधगम्य हैं जिनमें उसे महामानव नहीं माना गया है। . . . यदि इन दोनों दावों को उचित सिद्ध किया जा सके तो ईश्वर विषयक विश्वास को अस्वीकार करने के लिए निरीश्वरवादी के पास बहुत प्रबल कारण या तर्क हैं। . . .

"मेरा दीर्घकाल से यह विचार रहा है . . . कि ईश्वर में विश्वास करने के लिए कोई कारण, बौद्धिक तर्क अथवा नैतिक आवश्यकता नहीं है। मैं निश्चित रूप से यह मानता हूँ कि धार्मिक विश्वास मानव-जाति के आदिवासी लोक-साहित्य तक ही सीमित रहने चाहिए और जिस प्रकार सांताक्लाज़ अथवा ईस्टर बन्नी में विश्वास करने की आवश्यकता नहीं है उसी प्रकार ईश्वर में भी विश्वास करना आवश्यक नहीं है। अपने

जीवन को अर्थ देने अथवा नैतिक जीवन की रक्षा करने के लिए हमें ऐसे विश्वासों की आवश्यकता नहीं है और मनुष्य के स्वभाव तथा उसकी नियति को समझने के लिए ऐसे विश्वास आवश्यक नहीं हैं। . . .

"निरीश्वरवाद किसी प्रकार का धर्म नहीं है; यह असंगत या स्वतोव्याघातपूर्ण नहीं है; यह एक तर्कसंगत विश्वास है जो हम सबको स्वीकार करना चाहिए। . . . मैं अपने आप को इस व्यापक अर्थ में निरीश्वरवादी मानता हूँ। . . . 'ईश्वर का अस्तित्व है' यह कथन मुझे 'ईश्वर' शब्द के प्रयोग को ध्यान में रखते हुए या तो पूर्णतः मिथ्या प्रतीत होता है जिसके सत्य होने की संभावना इतनी कम है कि ऐसी सत्ता को स्वीकार करना अंधविश्वास है अथवा, 'ईश्वर' शब्द के अधिक प्रचलित प्रयोगों को देखते हुए, यह तथ्यात्मक दृष्टि से निरर्थक है और इस प्रकार एक महत्त्वपूर्ण अर्थ में अबोधगम्य तथा विश्वास करने के अयोग्य है। इन कारणों में से किसी के आधार पर ईश्वर की अवधारणा को अस्वीकार करना इस व्यापक अर्थ में निरीश्वरवादी होना है। . . . जैसा कि मैकिन्टायर कहते हैं, ऊपर बताया गया सभी प्रकार का निरीश्वरवाद सैद्धांतिक निरीश्वरवाद है–अर्थात्, इसकी मान्यताएँ सैद्धांतिक हैं : इसका संबंध ईश्वर के अस्तित्व के लिए तर्कों के दोषों, ईश्वर विषयक चर्चा की अबोधगम्यता आदि को स्पष्ट करने से है। . . . इस बात को निश्चित करने के प्रयास का बहुत महत्त्व है कि क्या ईश्वर की यह महत्त्वपूर्ण अवधारणा असंगत है। इस दावे को सिद्ध करने के लिए कि यह असंगत है जो प्रमुख कारण दिए गए हैं वे ये हैं कि जब 'ईश्वर' शब्द 'बाइबल' के किसी वाक्य में प्रयुक्त होता है तो (1) ईश्वर की पहचान करना या उसकी ओर संकेत करना संभव नहीं है; (2) यह कहना निरर्थक है कि ऐसा ईश्वर प्रेम कर सकता है अथवा नहीं कर सकता। . . . ईश्वर के अस्तित्व के लिए परंपरागत तर्कों में से कोई भी उचित तर्क नहीं है और बहुत वर्षों के तीव्र विचार-विमर्श के पश्चात भी नवीन तर्क प्राप्त नहीं हुए हैं। ईश्वर के अस्तित्व के लिए कोई अनुभवात्मक प्रमाण नहीं है और इसका अर्थ यह है कि ईश्वर के अस्तित्व के लिए कोई प्रमाण है ही नहीं। . . . ईश्वर के साक्षात् अनुभव करने का दावा निरर्थक है, क्योंकि विकसित ईश्वरवाद का ईश्वर मानव के समान कोई देवता या सत्ता नहीं है जिससे आप प्रत्यक्षतः परिचित हो सकें। आखिर इस साकार सत्ता को असीम व्यक्ति माना जाता है जिसका शरीर नहीं है और जो व्यक्ति होते हुए भी विश्वातीत है। . . . फिर यह बात भी है कि ईश्वर को जिस प्रकार की सत्ता माना जाता है उसे देखते हुए हम यह भी नहीं समझ पाते हैं कि उसके अस्तित्व के लिए प्रमाण प्राप्त करने का अर्थ क्या होगा अथवा . . . ईश्वर का साक्षात् अनुभव करना कैसा होगा। . . . यह सब पढ़कर सामान्य निरीश्वरवादी आश्वस्त हो जाता है। . . . उसके लिए यह जानना सुखद है कि ईश्वर के लिए किसी प्रमाण अथवा अन्य किसी प्रकार के संज्ञानात्मक तर्कों का अभाव निरीश्वरवाद के लिए निर्णायक आधार प्रदान करेगा। . . . ईश्वर के अस्तित्व के लिए किसी पर्याप्त प्रमाण का अभाव स्वतः ही हमें ईश्वर की सत्ता के विरुद्ध पर्याप्त प्रमाण प्रदान करेगा। . . . कोई भी व्यक्ति ईश्वर के अस्तित्व के लिए उचित प्रत्यय-सत्ता युक्ति . . . नहीं दे सका; सृष्टि-कारण अथवा प्रयोजनपरक युक्तियों को भी प्रमाणित सिद्ध नहीं किया जा सका, और स्पष्ट या अस्पष्ट अनुभवात्मक तथ्यों

से ईश्वर के अस्तित्व को अनुमित करने के अन्य प्रयास भी सफल नहीं हुए।"[95] इस विस्तृत उद्धरण से यह स्पष्ट है कि नीलसन ईश्वर से संबंधित समस्त अवधारणाओं तथा उसके अस्तित्व के लिए प्रस्तुत की गई सभी युक्तियों को अस्वीकार करते हुए केवल निरीश्वरवाद का ही पूर्णतः समर्थन करते हैं।

ईश्वर की सत्ता के विरुद्ध निरीश्वरवादी दार्शनिकों के उपर्युक्त तर्कों को ध्यान में रखते हुए कुछ ईश्वरवादी विचारकों ने एक अन्य तर्क द्वारा मानव-जीवन के लिए उसके अस्तित्व की आवश्यकता को सिद्ध करने का प्रयास किया है। इस तर्क को 'समानांतर तर्क' की संज्ञा दी जाती है जिसके अनुसार अन्य बहुत-से अप्रमाणित अनिवार्य विश्वासों की भाँति ईश्वर विषयक विश्वास को भी हमें बिना किसी प्रमाण के स्वीकार कर लेना चाहिए। नॉर्मन मैल्कॉम, एस.ई. टूलमिन आदि कुछ विचारकों ने मुख्यतः इसी तर्क के आधार पर मनुष्य के लिए ईश्वर के अस्तित्व को स्वीकार करना आवश्यक माना है। इन विचारकों का कथन है कि हम अपने जीवन में अनेक ऐसे विश्वासों को स्वीकार करते हैं जिन्हें निश्चित प्रमाणों द्वारा सत्य सिद्ध नहीं किया जा सकता। उदाहरणार्थ, हम तार्किक दृष्टि से यह प्रमाणित नहीं कर सकते कि अन्य व्यक्तियों में मनस् का अस्तित्व है, वस्तुओं में अनिवार्य कारण-कार्य-संबंध है, काल का वास्तविक अस्तित्व है, कल सूर्योदय होगा, बाह्य जगत् का अस्तित्व है, इत्यादि। इन सब विश्वासों के समर्थन में सुनिश्चित और सर्वमान्य तर्क देना संभव नहीं है, किंतु फिर भी हम सब इन्हें अपने दैनिक जीवन में पूर्णतः स्वीकार करते हैं। वस्तुतः इन सब सामान्य विश्वासों को स्वीकार किए बिना हमारे लिए सफल, सुखमय तथा सार्थक जीवन व्यतीत करना असंभव हो जाएगा। यही कारण है कि इन विश्वासों के पक्ष में सुनिश्चित प्रमाणों के न होते हुए भी हम इन्हें केवल अपनी आस्था के आधार पर सत्य मान लेते हैं। अब यदि इन अप्रमाणित सामान्य विश्वासों को स्वीकार करना अबौद्धिक नहीं है तो ईश्वर, आत्मा आदि से संबंधित धार्मिक विश्वासों को स्वीकार करना भी अबौद्धिक नहीं माना जाना चाहिए। इस समानांतर तर्क को प्रस्तुत करनेवाले ईश्वरवादी विचारकों का कथन है कि विज्ञान तथा वैज्ञानिक विश्वास भी आस्था पर उतने ही निर्भर हैं जितने ये धार्मिक विश्वास। ऐसी स्थिति में या तो इन दोनों प्रकार के विश्वासों को अबौद्धिक मानकर अस्वीकार किया जाना चाहिए अथवा इन्हें स्वीकार करना समान रूप से उचित एवं युक्तिसंगत समझा जाना चाहिए। इस प्रकार इन ईश्वरवादी विचारकों का मत है कि ईश्वर, आत्मा आदि से संबंधित धार्मिक विश्वास वास्तव में उतने ही बौद्धिक या अबौद्धिक हैं जितने हमारे दैनिक जीवन के अप्रमाणित सामान्य विश्वास जिन्हें हम बिना किसी प्रमाण के स्वीकार कर लेते हैं।[96]

परंतु नीलसन के विचार में कुछ ईश्वरवादी दार्शनिकों का उपर्युक्त समानांतर तर्क वास्तव में उचित और विश्वसनीय नहीं है। इसका कारण यह है कि अलौकिक सत्ता संबंधी धार्मिक विश्वासों तथा इहलौकिक सामान्य विश्वासों के स्वरूप में पर्याप्त अंतर

95. काई नीलसन, 'फ़िलॉसॉफ़ी ऐंड एथीइज़्म', पृ. 20-21, 109, 122-123, 146, 211-213, 215-216.
96. देखिए, नॉर्मन मैल्कॉम, 'थॉट ऐंड नॉलेज', पृ. 212.

है। उदाहरणार्थ, नीलसन के मतानुसार, ईश्वर तथा आत्मा से संबंधित विश्वासों के विषय में हमारी जो समस्या है वह अन्य व्यक्तियों के मनस् और बाह्य जगत् के अस्तित्व संबंधी विश्वासों की समस्या से भिन्न है। ईश्वर तथा आत्मा के संबंध में हम यह बिल्कुल नहीं जानते कि उनका स्वरूप क्या है और उनका अस्तित्व भी है या नहीं, क्योंकि उन्हें मानवीय अनुभव एवं तर्कबुद्धि से परे, रहस्यमयी सत्ताएँ माना जाता है। इसके अतिरिक्त ईश्वर और आत्मा के होने या न होने का हमारे व्यावहारिक जीवन पर किसी भी रूप में कोई प्रभाव नहीं पड़ता, किंतु अन्य व्यक्तियों के मनस् तथा बाह्य जगत् के अस्तित्व के विषय में यह बात नहीं कही जा सकती। इन्हें निश्चित रूप से तर्कतः प्रमाणित न कर सकने पर भी हम अपने व्यावहारिक जीवन में इनसे भली-भाँति परिचित हैं और इनके द्वारा अनिवार्यतः प्रभावित होते हैं। हम अपने अनुभव द्वारा यह जानते हैं कि अन्य व्यक्तियों के समक्ष हम अपने जो विचार एवं तर्क प्रस्तुत करते हैं उन्हें वे समझते हैं जिससे हम यह अनुमान लगा सकते हैं कि उनमें मनस् विद्यमान है। इसी प्रकार, बाह्य जगत् की वस्तुएँ हमें प्रत्यक्षतः प्रभावित करती हैं और हम पर पड़नेवाला उनका यह प्रभाव हमारे लिए बाह्य जगत् के अस्तित्व का स्पष्ट प्रमाण है। अन्य लौकिक विश्वासों को भी हम ऐसे ही प्रमाणों के माध्यम से जानते हैं, परंतु ईश्वर और आत्मा से संबंधित अलौकिक विश्वासों के विषय में हमें कोई विश्वसनीय प्रमाण उपलब्ध नहीं है। इसी कारण नीलसन यह कहते हैं कि ईश्वर तथा आत्मा हमारे लिए वस्तुतः अबोधगम्य सत्ताएँ हैं–अर्थात्, हम यह बिल्कुल नहीं जानते कि वे क्या और कैसी सत्ताएँ हैं। इसके विपरीत सामान्य लौकिक विश्वासों के संबंध में समस्या केवल इतनी ही है कि हम उन्हें कैसे अथवा किसके माध्यम से जानते हैं या जान सकते हैं। इस समस्या का समाधान संभव है और सफल भाषा विषयक विश्लेषण वह है जो इसका समुचित समाधान करता है। परंतु ईश्वर तथा आत्मा को मानवीय अनुभव एवं तर्कबुद्धि से परे ऐसी रहस्यमयी सत्ताएँ माना जाता है जिन्हें किसी भी रूप में जानना हमारे लिए संभव ही नहीं है, अतः इनकी तुलना बाह्य जगत्, मनस्, कारण-कार्य-संबंध, दिक्-काल आदि से संबंधित सामान्य विश्वासों के साथ करना उचित नहीं है।

उपर्युक्त व्यावहारिक तर्क प्रस्तुत करने के अतिरिक्त नीलसन यह भी कहते हैं कि जो ईश्वरवादी विचारक समानान्तर तर्क देते हैं वे 'प्रमाण' शब्द को अवास्तविक और बहुत संकुचित अर्थ में ग्रहण करते हैं, क्योंकि वे गणित एवं तर्कशास्त्र के विशुद्ध तथा पूर्णतः निश्चित तर्क को ही 'प्रमाण' मानते हैं। परंतु हमारे व्यावहारिक जीवन में 'प्रमाण' शब्द का अर्थ इसकी अपेक्षा कहीं अधिक व्यापक है। सामान्य लौकिक विश्वासों के विषय में ऊपर जो कुछ कहा गया है उससे यह तथ्य भली-भाँति स्पष्ट हो जाता है।

अंत में ईश्वरवादी विचारकों के समानांतर तर्क के विरुद्ध नीलसन का यह भी कथन है कि यदि इसे मान लिया जाए तो भी इससे केवल इतना ही सिद्ध होता है कि ईश्वर, आत्मा आदि से संबंधित अलौकिक विश्वासों की भाँति कुछ सामान्य लौकिक

विश्वास भी अबौद्धिक हैं; इससे यह बिल्कुल प्रमाणित नहीं होता कि स्वयं ये अलौकिक विश्वास अबौद्धिक नहीं हैं। फिर इन दोनों प्रकार के विश्वासों को अबौद्धिक मान लेने पर भी हम निश्चित रूप से यह कह सकते हैं कि निरीश्वरवादी व्यक्ति की अपेक्षा ईश्वरवादी व्यक्ति अधिक अबौद्धिक है, क्योंकि वह अबौद्धिक लौकिक विश्वासों के अतिरिक्त उन अबौद्धिक धार्मिक विश्वासों को भी स्वीकार करता है जो लौकिक विश्वासों के विपरीत हमारे व्यावहारिक जीवन के लिए अनिवार्य नहीं हैं। लौकिक विश्वासों के साथ-साथ अबौद्धिक धार्मिक विश्वासों को स्वीकार करके ईश्वरवादी व्यक्ति अपने आप को निरीश्वरवादी व्यक्ति की अपेक्षा कहीं अधिक अबौद्धिक सिद्ध कर देता है। संक्षेप में अपने इन्हीं सब तर्कों द्वारा नीलसन ने ईश्वरवादी विचारकों के उपर्युक्त समानांतर तर्क का खंडन किया है।[97]

अभी तक मुख्यतः सैद्धांतिक निरीश्वरवाद के विषय में नीलसन के विचारों की विवेचना की गई है। जैसा कि हम ऊपर देख चुके हैं, उनके मतानुसार, इस सैद्धांतिक निरीश्वरवाद का संबंध ईश्वर के अस्तित्व के लिए प्रस्तुत किए गए प्रमाणों की निष्पक्ष परीक्षा तथा उसके स्वरूप में अनिवार्यतः पाई जानेवाली दार्शनिक कठिनाइयों के वस्तुपरक मूल्यांकन से है। यह सैद्धांतिक निरीश्वरवाद ईश्वर से संबंधित सभी महत्त्वपूर्ण समस्याओं का बौद्धिक विवेचन करता है और इसका मुख्य उद्देश्य तार्किक दृष्टि से ईश्वरवाद का खंडन करना है। लगभग सभी भारतीय निरीश्वरवादी दार्शनिक तथा अधिकतर पाश्चात्य निरीश्वरवादी विचारक प्रायः इसी सैद्धांतिक निरीश्वरवाद पर विस्तारपूर्वक विचार करते रहे हैं। परंतु हम पिछले अध्याय में अनेक बार यह बता चुके हैं कि इस सैद्धांतिक निरीश्वरवाद के अतिरिक्त कुछ निरीश्वरवादी दार्शनिकों ने एक दूसरे प्रकार के निरीश्वरवाद का भी प्रतिपादन किया है जिसे 'व्यावहारिक निरीश्वरवाद' कहा जाता है और जिसे नीलसन ने 'सक्रिय निरीश्वरवाद' की भी संज्ञा दी है। यह व्यावहारिक अथवा सक्रिय निरीश्वरवाद मूलतः सैद्धांतिक निरीश्वरवाद पर ही आधारित रहता है, क्योंकि इसे स्वीकार करनेवाले विचारक किसी भी रूप में ईश्वर के अस्तित्व में विश्वास नहीं करते। वे ईश्वर पर विचार किए बिना ही मानव-जीवन की समस्त समस्याओं की व्याख्या और उनका समाधान करना संभव तथा आवश्यक मानते हैं। परंतु सैद्धांतिक निरीश्वरवादियों के विपरीत ये व्यावहारिक निरीश्वरवादी विचारक ईश्वर के अस्तित्व तथा स्वरूप से संबंधित दार्शनिक एवं तत्त्वमीमांसीय समस्याओं में उलझना व्यर्थ समझते हैं। उनका मत है कि इन दार्शनिक समस्याओं के विषय में विचार-विमर्श तथा वाद-विवाद करना अपने समय और अपनी शक्ति को व्यर्थ नष्ट करना है। इसी कारण वे ईश्वर के विरुद्ध अपने कोई विशेष मौलिक तर्क देने के स्थान पर सैद्धांतिक निरीश्वरवादियों की इस आधारभूत मान्यता को स्वीकार कर लेते हैं कि ईश्वर का अस्तित्व नहीं है। हम पिछले अध्याय में और प्रस्तुत अध्याय के द्वितीय खंड में देख चुके हैं कि फ़ॉयरबाक, डार्विन, मार्क्स तथा फ़्रॉयड ऐसे ही व्यावहारिक निरीश्वरवादी विचारक हैं। इसी प्रकार, भारत में गौतम बुद्ध भी इस

97. देखिए, काई नीलसन, 'फ़िलॉसॉफ़ी ऐंड एथीइज़्म', पृ. 219-221.

व्यावहारिक निरीश्वरवाद का ही समर्थन करते थे जिसकी विवेचना हम पाँचवें अध्याय में कर चुके हैं।

यहाँ संक्षेप में इस प्रश्न पर विचार करना आवश्यक है कि नीलसन किस प्रकार के निरीश्वरवाद में विश्वास करते हैं। उन्होंने ईश्वर के अस्तित्व और स्वरूप के विषय में जो कुछ कहा है उससे यह स्पष्ट है कि वे सैद्धांतिक निरीश्वरवाद तथा व्यावहारिक निरीश्वरवाद दोनों को समान रूप से महत्त्वपूर्ण मानते हैं। जैसा कि हम ऊपर बता चुके हैं, उन्होंने ईश्वर के अस्तित्व के विरुद्ध अनेक सैद्धांतिक तर्क दिए हैं और उसके स्वरूप में विद्यमान दार्शनिक कठिनाइयों का भी बौद्धिक विवेचन किया है। ये तथ्य निश्चय ही सैद्धांतिक निरीश्वरवाद में उनकी विशेष रुचि के स्पष्ट प्रमाण हैं। परंतु नीलसन की विवेचना केवल सैद्धांतिक निरीश्वरवाद तक ही सीमित नहीं है; वे अपने आप को व्यावहारिक निरीश्वरवादी अथवा सक्रिय निरीश्वरवादी भी मानते हैं। इस संबंध में उन्होंने स्पष्ट कहा है कि वे भी फॉयरबाक, मार्क्स, नित्शे, डेविड स्ट्रॉस और फ्रॉयड की भाँति व्यावहारिक निरीश्वरवादी हैं।[98] यही कारण है कि उन्होंने सैद्धांतिक निरीश्वरवाद के साथ-साथ व्यावहारिक निरीश्वरवाद के स्वरूप और उद्देश्य की भी व्याख्या की है।

नीलसन का कथन है कि व्यावहारिक निरीश्वरवाद सैद्धांतिक निरीश्वरवाद को स्वीकार करते हुए उससे कहीं अधिक आगे जाता है। व्यावहारिक निरीश्वरवादी यह मानते हैं कि ईश्वर के विरुद्ध तर्क देने के साथ-साथ हमें उसके संबंध में मनुष्य के व्यावहारिक दृष्टिकोण में भी परिवर्तन करने का प्रयास करना चाहिए। हमें मनुष्य को ईश्वर तथा अन्य समस्त अलौकिक शक्तियों के मिथ्या अवलंब से मुक्त करके उसे आत्म-निर्भर बनाने का प्रयास करना चाहिए जिससे वह ईश्वर-रहित विश्व में सार्थक, सुखमय और सफल जीवन व्यतीत कर सके। हमें केवल बौद्धिक दृष्टि से ही धर्म की व्यर्थता को सिद्ध नहीं करना है, अपितु मनुष्य को इतना स्वावलंबी भी बनाना है कि उसके जीवन में धर्म की आवश्यकता ही न रहे। इसके लिए जीवन तथा जगत् के प्रति मानव के धार्मिक एवं ईश्वरवादी दृष्टिकोण में आमूल परिवर्तन करना आवश्यक होगा और फ़ॉयरबाक, नीत्शे, डार्विन, मार्क्स आदि निरीश्वरवादी विचारकों ने इसी दिशा में प्रयास किया था। नीलसन के मतानुसार, फॉयरबाक सर्वप्रमुख व्यावहारिक निरीश्वरवादी थे जो यह मानते थे कि हमें ईश्वर के मित्रों को मनुष्य के मित्रों में, श्रद्धालुओं को विचारकों में, उपासकों को श्रमिकों में और परलोकवादियों को इहलोक-वादियों में परिवर्तित कर देना चाहिए। वस्तुतः यही व्यावहारिक निरीश्वरवाद है जिसका नीलसन पूर्णतः समर्थन करते हैं।[99]

इस प्रकार उपर्युक्त संपूर्ण विवेचन के आधार पर हम निश्चयपूर्वक यह कह सकते हैं कि नीलसन बीसवीं शताब्दी के प्रमुख निरीश्वरवादी विचारक हैं और उन्होंने इस सिद्धांत के विकास में बहुत महत्त्वपूर्ण योगदान किया है।

98. देखिए, वही पुस्तक, पृ. 123.

99. देखिए, वही पुस्तक, पृ. 123.

6. जॉर्ज एच. स्मिथ

एयर, कार्नैप, फ़्ल्यू तथा नीलसन की भाँति बीसवीं शताब्दी के एक अन्य समाकालीन पाश्चात्य विचारक, जॉर्ज एच. स्मिथ ने भी मुख्यतः भाषा-विश्लेषण के आधार पर निरीश्वरवाद का प्रबल समर्थन किया है। इस सिद्धांत पर उनकी प्रथम महत्त्वपूर्ण पुस्तक, 'एथीइज़्म : दि केस अगेंस्ट गॉड' 1971 में प्रकाशित हुई थी। अपनी इस विस्तृत पुस्तक में उन्होंने निरीश्वरवाद के स्वरूप तथा वर्गीकरण की व्याख्या करने के साथ-साथ ईश्वर विषयक अमानवत्वारोपी तत्त्वमीमांसीय अवधारणा और ईश्वर के अस्तित्व से संबंधित कुछ प्रमुख परंपरागत प्रमाणों का अनेक तर्कों द्वारा खंडन किया है। इसके अतिरिक्त स्मिथ ने आस्था एवं श्रद्धा के विरुद्ध भी अनेक प्रबल तर्क प्रस्तुत किए हैं, क्योंकि बहुत-से ईश्वरवादी विचारक ईश्वर की सत्ता में विश्वास करने के लिए इन दोनों को आवश्यक मानते हैं। अपनी इस पुस्तक के अंतिम भाग में उन्होंने यह सिद्ध किया है कि नैतिकता का एकमात्र मूल आधार मनुष्य का स्वभाव तथा उसका सामाजिक जीवन है, अतः उसे ईश्वर की इच्छा अथवा आज्ञा पर आधारित मानना अनुचित और अयुक्तिसंगत है। इस प्रकार स्मिथ की यह पुस्तक निरीश्वरवाद के सभी प्रमुख पक्षों की सविस्तार विवेचना करती है जिसके कारण इस सिद्धांत के विकास में इसे उनका महत्त्वपूर्ण योगदान माना जा सकता है।

उपर्युक्त पुस्तक के अतिरिक्त स्मिथ ने निरीश्वरवाद के संबंध में एक अन्य पुस्तक भी लिखी है जिसका शीर्षक है 'एथीइज़्म, एन रैंड, ऐंड अदर हेरेसीज़' और जो 1991 में प्रकाशित हुई थी। जैसा कि इस पुस्तक के शीर्षक से ही स्पष्ट है, इसमें उन्होंने निरीश्वरवाद के स्वरूप के साथ-साथ इस सिद्धांत का समर्थन करनेवाली एक विदुषी महिला, एन रैंड के विचारों की विस्तारपूर्वक व्याख्या की है। यह पुस्तक स्मिथ के निबंधों का संग्रह है जिसमें उन्होंने मानव-समाज के लिए निरीश्वरवादी विचारधारा के महत्त्व और उसकी प्रासंगिकता को प्रमाणित करने का प्रयास किया है, जिसे वे बौद्धिक तथा तर्कसंगत विचारधारा मानते हैं। उनका मत है कि मानव-जीवन की समस्याओं पर तर्कसंगत रूप से विचार करने की प्रवृत्ति अपने आप में एक नैतिक सद्गुण है जिसे निरीश्वरवाद विशेष महत्त्व देता है। इस दृष्टि से निरीश्वरवाद सभी धार्मिक सिद्धांतों--जिनमें ईश्वरवाद भी सम्मिलित है--की अपेक्षा कहीं अधिक युक्तिसंगत सिद्धांत है। निरीश्वरवाद के स्वरूप तथा वर्गीकरण के विषय में स्मिथ के विचारों की संक्षिप्त चर्चा हम प्रस्तुत पुस्तक के दूसरे अध्याय में कर चुके हैं। यहाँ इस सिद्धांत के विभिन्न पक्षों के संबंध में उनके मत पर कुछ विस्तार से विचार किया जाएगा।

अपने जीवन में निरीश्वरवाद के विकास के विषय में स्मिथ स्पष्ट रूप से यह कहते हैं कि प्रारंभ में वे ईश्वरवादी थे, किंतु कालांतर में अपने अनुभव तथा अध्ययन के फलस्वरूप उन्होंने ईश्वर की सत्ता में विश्वास करना छोड़ दिया और वे निरीश्वर-वादी हो गए। ईश्वरवाद तथा निरीश्वरवाद के स्थान पर युक्तिसंगत विकल्प के रूप में अज्ञेयवाद को उन्होंने कभी भी स्वीकार नहीं किया, क्योंकि उनके समक्ष मूल प्रश्न यह नहीं था कि हम ईश्वर को जान सकते हैं या नहीं, अपितु यह था कि हम तर्कसंगत

रूप से ईश्वर के अस्तित्व में विश्वास कर सकते हैं अथवा नहीं।[100] स्मिथ के इन विचारों से यह स्पष्ट है कि उनके द्वारा निरीश्वरवाद का समर्थन जीवन और जगत् के संबंध में उनके अपने दार्शनिक चिंतन का तार्किक परिणाम था।

जैसा कि हम दूसरे अध्याय में बता चुके हैं, फ़्ल्यू की भाँति स्मिथ भी निरीश्वरवाद की नकारात्मक परिभाषा देते हैं जो उनके विचार में इसकी सकारात्मक परिभाषा की अपेक्षा कहीं अधिक व्यापक, तर्कसंगत और इसकी दीर्घकालीन परंपरा के अनुरूप है। इस नकारात्मक परिभाषा के अनुसार, ईश्वर की सत्ता में विश्वास का अभाव ही निरीश्वरवाद है। निरीश्वरवादी वह है जो ईश्वर के अस्तित्व में विश्वास नहीं करता, अतः ईश्वर विषयक विश्वास की अनुपस्थिति को 'निरीश्वरवाद' कहा जा सकता है। ऐसे निरीश्वरवाद को स्वीकार करनेवाले व्यक्ति के लिए यह सकारात्मक दावा करना आवश्यक नहीं है कि ईश्वर की सत्ता नहीं है। 'क्या आप ईश्वर के अस्तित्व में विश्वास करते हैं?' इस प्रश्न का यदि कोई व्यक्ति नकारात्मक उत्तर देता है जो वह निरीश्वरवादी है।[101] पूर्वोल्लिखित अपनी दूसरी पुस्तक के तीसरे अध्याय में स्मिथ ने निरीश्वरवाद के स्वरूप के संबंध में अपने इसी मत की सविस्तार व्याख्या की है। इस दूसरी पुस्तक के प्रकाशन से लगभग बारह वर्ष पूर्व अपनी प्रथम पुस्तक में भी उन्होंने निरीश्वरवाद के विषय में अपना यही मत प्रस्तुत किया था जिसकी विवेचना हम दूसरे अध्याय में कर चुके हैं।

स्मिथ के मतानुसार, ईश्वरवाद का अर्थ है ईश्वर या अन्य अति-प्राकृतिक देवी-देवताओं में विश्वास करना, अतः इसके विरोधी सिद्धांत, निरीश्वरवाद का अर्थ है ऐसे ईश्वर अथवा देवी-देवताओं में विश्वास न करना। अपने इसी मत की व्याख्या करते हुए वे कहते हैं : "शाब्दिक दृष्टि से 'निरीश्वरवाद' का अर्थ है ईश्वरवाद के बिना अथवा ईश्वर या देवी-देवताओं में विश्वास के बिना। इसलिए निरीश्वरवाद ईश्वर विषयक विश्वास का अभाव है। जो व्यक्ति ईश्वर के अस्तित्व या अति-प्राकृतिक सत्ता में विश्वास नहीं करता उसे वास्तव में निरीश्वरवादी कहा जाता है। . . . अपने मूल रूप में निरीश्वरवाद कोई विश्वास नहीं है; यह विश्वास का अभाव है। निरीश्वरवादी मुख्यतः वह व्यक्ति नहीं है जो यह विश्वास करता है कि ईश्वर का अस्तित्व नहीं है; अपितु वह ईश्वर के अस्तित्व में विश्वास नहीं करता। यहाँ 'निरीश्वरवाद' शब्द की जो परिभाषा दी गई है उसके अनुसार इसका क्षेत्र उन अर्थों की अपेक्षा अधिक व्यापक है जो सामान्यतः इसके साथ संबद्ध किए जाते हैं।"[102] इस प्रकार स्मिथ निरीश्वरवाद को मूलतः ऐसा नकारात्मक सिद्धांत मानते हैं जो ईश्वर या किसी अन्य अति-प्राकृतिक सत्ता से संबंधित विश्वास के अभाव को अभिव्यक्त करता है।

वस्तुतः स्मिथ का विचार है कि 'ईश्वरवाद' तथा 'निरीश्वरवाद' ये दोनों वर्णनात्मक शब्द हैं—अर्थात्, ये क्रमशः ईश्वर के अस्तित्व में विश्वास की उपस्थिति और इस विश्वास की अनुपस्थिति को ही व्यक्त करते हैं। ये शब्द हमें यह नहीं बताते कि इस

100. देखिए, जॉर्ज स्मिथ, 'एथीइज़्म, एन रैंड, ऐंड अदर हेरेसीज़', पृ. 30.

101. देखिए, वही पुस्तक, पृ. 35.

102. जॉर्ज स्मिथ, 'एथीइज़्म : दि केस अगेंस्ट गॉड', पृ. 7.

विश्वास की उपस्थिति तथा अनुपस्थिति के कारण क्या हैं। किसी व्यक्ति को 'ईश्वरवादी' कहने का अर्थ यही है कि वह ईश्वर की सत्ता में विश्वास करता है। इसी प्रकार, किसी व्यक्ति को 'निरीश्वरवादी' कहने का अर्थ यही है कि वह ईश्वर की सत्ता में विश्वास नहीं करता। इन शब्दों के प्रयोग से हमें यह ज्ञात नहीं होता कि ईश्वरवादी ईश्वर के अस्तित्व में क्यों विश्वास करता है और निरीश्वरवादी उसके अस्तित्व में विश्वास क्यों नहीं करता। स्मिथ का कथन है कि निरीश्वरवादी द्वारा ईश्वर की सत्ता में विश्वास न करने के अनेक कारण हो सकते हैं जिनमें से कुछ निम्नलिखित हैं : (1) यह संभव है कि उसने ईश्वर की अवधारणा के विषय में पहले कभी कुछ सुना ही न हो। स्पष्ट है कि ईश्वर की अवधारणा से अपरिचित व्यक्ति उसके अस्तित्व में विश्वास नहीं कर सकता। (2) यह संभव है कि ईश्वर की अवधारणा से परिचित होते हुए भी वह अति-प्राकृतिक सत्ता के विचार को ही असंगत मानता हो। (3) अंत में यह भी संभव है कि वह ईश्वर विषयक विश्वास को निराधार मानता हो—अर्थात्, वह यह समझता हो कि इस विश्वास के लिए कोई विश्वसनीय युक्ति अथवा प्रमाण उपलब्ध नहीं है। ये सभी या इनमें से कोई भी एक कारण किसी व्यक्ति को निरीश्वरवादी बना सकता है।[103] हम आगे देखेंगे कि स्मिथ इनमें से अंतिम दो कारणों को तर्कसंगत रूप से निरीश्वरवाद का समर्थन करने के लिए प्रमुख कारण मानते हैं।

अन्य बहुत-से निरीश्वरवादी दार्शनिकों की भाँति स्मिथ ने भी ईश्वर के स्वरूप पर विचार करते हुए सर्वप्रथम यह मूल प्रश्न उठाया है कि 'ईश्वर' शब्द का ठीक-ठीक अर्थ क्या है। जब ईश्वरवादी व्यक्ति यह कहता है कि वह ईश्वर के अस्तित्व में विश्वास करता है तो स्मिथ के अनुसार सर्वप्रथम उससे यह प्रश्न किया जाना चाहिए कि 'ईश्वर' शब्द से उसका वास्तविक तात्पर्य क्या है। दूसरे शब्दों में, हमारे समक्ष प्रश्न यह है कि उस वस्तु, व्यक्ति, प्राणी या सत्ता का ठीक-ठीक स्वरूप क्या है जिसे ईश्वरवादी विचारक 'ईश्वर' की संज्ञा देता है। स्मिथ का कथन है कि ईश्वर के अस्तित्व के संबंध में प्रमाणों की माँग करने से पूर्व हमारे लिए इस प्रश्न का उत्तर जानना अनिवार्य है, क्योंकि इस उत्तर के अभाव में हम यह नहीं जान सकते कि हम किस के अस्तित्व के विषय में प्रमाणों की माँग कर रहे हैं। इतना ही नहीं, यदि हमसे यह कहा जाए कि हमें आस्था के आधार पर ईश्वर के अस्तित्व को स्वीकार कर लेना चाहिए तो भी इस अनुरोध को मानने से पूर्व हमारे लिए यह जानना आवश्यक है कि वह—अर्थात्, उसका स्वरूप—क्या है जिसमें हमें आस्था रखने के लिए कहा जा रहा है अथवा जिसे हम आस्था के आधार पर स्वीकार कर रहे हैं। यदि ईश्वरवादी व्यक्ति इस प्रश्न का उत्तर देने में असमर्थ है तो उसके द्वारा प्रयुक्त 'ईश्वर' शब्द निरर्थक हो जाता है और हमारे लिए ईश्वर की अवधारणा अबोधगम्य हो जाती है। ऐसी स्थिति में ईश्वर की सत्ता के लिए प्रमाणों की माँग करने का भी कोई अर्थ नहीं हो सकता, क्योंकि उस वस्तु के संबंध में प्रमाणों की बात करना व्यर्थ है जिसके विषय में हम

103. देखिए, वही पुस्तक, पृ. 8.

कुछ भी नहीं जानते।[104] इस प्रकार अन्य अनेक निरीश्वरवादी विचारकों के समान स्मिथ ने भी सर्वप्रथम ईश्वर के स्वरूप से संबंधित समस्या पर विचार किया है।

ईश्वर के विषय में प्रचलित तत्त्वमीमांसीय अवधारणा के अनुसार उसका स्वरूप स्पष्ट करते हुए स्मिथ कहते हैं कि वे 'ईश्वर' शब्द का प्रयोग ऐसी सत्ता के लिए कर रहे हैं जिसे अति-प्राकृतिक तथा अनुभवातीत सत्ता माना जाता है। उनका विचार है कि 'ईश्वर' शब्द के इस अर्थ में दो प्रमुख मान्यताएँ निहित हैं : (1) ईश्वर वह है जो प्रकृति से परे है–अर्थात्, जो किसी भी रूप में प्रकृति या ब्रह्माण्ड का भाग नहीं है। (2) ईश्वर किसी प्रकार की सत्ता है जिसका ईश्वरवादी व्यक्ति के विचार में अस्तित्व है। इसका तात्पर्य यह है कि 'ईश्वर' शब्द का अर्थ 'प्रकृति' शब्द के अर्थ से मूलतः भिन्न है। ये दोनों शब्द निश्चय ही समानार्थक नहीं हो सकते, क्योंकि यदि इन्हें समानार्थक मान लिया जाए तो 'प्रकृति' शब्द के अतिरिक्त 'ईश्वर' शब्द का प्रयोग करना निरर्थक हो जाता है। इस प्रकार यह स्पष्ट है कि 'प्रकृति' तथा 'ईश्वर' ये दोनों शब्द एक ही सत्ता का बोध नहीं कराते जैसा कि कुछ दार्शनिक मानते हैं। इन दार्शनिकों से यह प्रश्न किया जा सकता है कि यदि 'ईश्वर' का अर्थ वही है जो 'प्रकृति' का है तो 'प्रकृति' शब्द के अतिरिक्त 'ईश्वर' शब्द का प्रयोग करने की क्या आवश्यकता है। वस्तुतः जो दार्शनिक ईश्वर और प्रकृति को एक ही मानते हैं वे निरीश्वरवाद का समर्थन करते हैं–फिर चाहे वे इस तथ्य को स्वीकार करें या न करें। यही कारण है कि अधिकतर ईश्वरवादी विचारक ईश्वर तथा प्रकृति के स्वरूप में आधारभूत अंतर को स्वीकार करते हुए ईश्वर को एक ऐसी सत्ता मानते हैं जो प्रकृति से मूलतः भिन्न और उससे परे है। ईश्वर के स्वरूप के विषय में स्मिथ ने भी इसी मत को स्वीकार किया है।[105]

ईश्वरवादी विचारकों द्वारा ईश्वर को 'अति-प्राकृतिक' सत्ता मानने का अर्थ स्पष्ट करते हुए स्मिथ कहते हैं कि इस अर्थ में ईश्वर और समस्त प्राकृतिक वस्तुओं में जो अंतर है वह मात्रा का न होकर वस्तुतः प्रकार का है। ईश्वर सभी प्राकृतिक वस्तुओं से परे है और उसका स्वरूप इन प्राकृतिक वस्तुओं के स्वरूप से मूलतः भिन्न है। समस्त प्राकृतिक वस्तुएँ कारण-कार्य-संबंध सहित अनिवार्य प्राकृतिक नियमों द्वारा शासित होती हैं, किंतु ईश्वर पर ये नियम लागू नहीं होते, क्योंकि वह इन नियमों का रचयिता और इनसे ऊपर है। किसी भी रूप में ब्रह्माण्ड का भाग न होने के कारण ईश्वर का दिक् और काल के अंतर्गत अस्तित्व नहीं है; उसका अस्तित्व इन दोनों से ऊपर तथा परे है। स्मिथ के अनुसार, ईश्वरवादी विचारक मुख्यतः इसी अर्थ में ईश्वर को 'अति-प्राकृतिक सत्ता' मानते हैं। इन विचारकों के इस मत का अनिवार्य परिणाम यह है कि ऐसा अति-प्राकृतिक ईश्वर किसी भी रूप में मनुष्य के ज्ञान का विषय नहीं हो सकता। वह मनुष्य की तर्कबुद्धि और उसके अनुभव तथा ज्ञान से परे होने के कारण सदा उसके लिए अज्ञात बना रहता है। इतना ही नहीं, वह मनुष्य के लिए सिद्धांततः भी अज्ञेय हो जाता है–अर्थात्, मनुष्य सैद्धांतिक दृष्टि से भी उसे किसी भी

104. देखिए, वही पुस्तक, पृ. 29-30.

105. देखिए, वही पुस्तक, पृ. 32.

रूप में कभी नहीं जान सकता। मनुष्य की सीमित तर्कबुद्धि ईश्वर के वास्तविक स्वरूप को कभी नहीं समझ सकती, अतः उसका ईश्वर विषयक ज्ञान अनिवार्यतः अपूर्ण और अपर्याप्त होता है। वास्तव में ईश्वर स्वरूपतः ऐसी सत्ता है जो मानव के लिए सदैव अबोधगम्य बनी रहती है। इसी अर्थ में ईश्वर को रहस्यमयी सत्ता माना जाता है जो मनुष्य के ज्ञान से परे है। स्मिथ का कथन है कि सभी ईश्वरवादी विचारक किसी-न-किसी रूप में इस मत का समर्थन करते हैं। इसका कारण यह है कि जो ईश्वर उपर्युक्त अर्थ में 'अति-प्राकृतिक' है उसका अज्ञात और अज्ञेय होना अनिवार्य है। मनुष्य सैद्धांतिक दृष्टि से भी केवल उन्हीं वस्तुओं को जान सकता है जो प्राकृतिक नियमों द्वारा शासित होती हैं और जिनका दिक् एवं काल के अंतर्गत अस्तित्व है, किंतु ईश्वर को 'अति-प्राकृतिक सत्ता' कहकर इन सबसे परे माना जाता है। ऐसी स्थिति में ईश्वर निश्चय ही मनुष्य के ज्ञान का विषय नहीं हो सकता। इस प्रकार स्मिथ के विचार में ईश्वर को 'अति-प्राकृतिक सत्ता' मानना हमें अनिवार्यतः उसके स्वरूप से संबंधित अज्ञेयवाद की ओर ले जाता है।[106]

ईश्वर के स्वरूप के विषय में अपने उपर्युक्त विचारों का संक्षिप्त सारांश प्रस्तुत करते हुए स्मिथ ने लिखा है : "ईश्वर एक अति-प्राकृतिक सत्ता है जिसका तत्त्वमीमांसीय दृष्टि से अर्थ यह है कि ईश्वर ब्रह्माण्ड के प्राकृतिक नियमों के अधीन नहीं है; और जिसका ज्ञानमीमांसा की दृष्टि से अर्थ यह है कि ईश्वर मानवीय समझ से परे है। ईश्वर के अति-प्राकृतिक होने से संबंधित विश्वास और उसके अज्ञेय होने से संबंधित विश्वास—ये ईश्वरवाद के मूल विश्वास हैं।"[107] वस्तुतः अपने निरीश्वरवादी सिद्धांत को उचित और युक्तिसंगत सिद्ध करने के लिए स्मिथ ने ईश्वरवाद संबंधी इन दोनों मूल विश्वासों का अनेक तर्कों द्वारा सविस्तार खंडन किया है।

तत्त्वमीमांसीय दृष्टि से ईश्वर को अति-प्राकृतिक सत्ता मानने से संबंधित विचार के विरुद्ध स्मिथ का प्रथम तर्क यह है कि ईश्वरवादियों का यह विचार पूर्णतः नकारात्मक है—अर्थात्, यह हमें केवल इतना ही बताता है कि ईश्वर कोई प्राकृतिक वस्तु या सत्ता नहीं है। इस विचार से हमें यह ज्ञात नहीं होता कि ईश्वर का स्वरूप क्या है। दूसरे शब्दों में, ईश्वर को अति-प्राकृतिक सत्ता मानने से संबंधित विचार हमें उसके स्वरूप के विषय में किसी प्रकार का सकारात्मक ज्ञान प्रदान नहीं करता। जब ईश्वरवादी व्यक्ति यह कहता है कि ईश्वर अति-प्राकृतिक सत्ता है तो वह हमें ईश्वर की कोई सकारात्मक विशेषता नहीं बताता जिसके आधार पर हम यह जान सकें कि उसका स्वरूप क्या है। इस प्रकार स्मिथ के अनुसार, ईश्वर की अति-प्राकृतिक सत्ता के नकारात्मक विचार द्वारा हम उसके संबंध में सकारात्मक रूप से कुछ भी नहीं जान पाते।[108]

ईश्वर की अति-प्राकृतिक सत्ता के विचार के विरुद्ध एक अन्य महत्त्वपूर्ण तर्क प्रस्तुत करते हुए स्मिथ कहते हैं कि प्रत्येक वस्तु की कुछ अपनी निश्चित विशेषताएँ

106. देखिए, वही पुस्तक, पृ. 37-39.

107. वही पुस्तक, पृ. 39.

108. देखिए, वही पुस्तक, पृ. 39.

होती हैं जो उसके स्वरूप तथा कार्यों और उसकी क्षमताओं को निर्धारित करती हैं। इन विशेषताओं के आधार पर ही हम किसी वस्तु के स्वरूप को समझने और उसे अन्य सभी वस्तुओं से पृथक् करने में समर्थ होते हैं। उदाहरणार्थ, वृक्ष की अपनी निश्चित विशेषताएँ ही उसे पत्थर, पशु, पक्षी तथा मनुष्य से पृथक् करती हैं। यही बात अन्य सभी वस्तुओं के विषय में भी कही जा सकती है जिनका प्रकृति–अर्थात्, दिक् और काल–के अंतर्गत अस्तित्व है अथवा हो सकता है। यह स्पष्ट है कि किसी वस्तु की अपनी निश्चित विशेषताएँ उसे अनिवार्यतः सीमित करती हैं। इसका अर्थ यह है कि प्रत्येक वस्तु के स्वरूप तथा व्यवहार की कुछ अनिवार्य सीमाएँ होती हैं जो यह निर्धारित करती हैं कि वह क्या कर सकती है और क्या नहीं कर सकती। सभी वस्तुएँ–चाहे वे सजीव हों या निर्जीव–अपनी निश्चित विशेषताओं और अनिवार्य सीमाओं के अंतर्गत कारण-कार्य के नियम तथा अन्य प्राकृतिक नियमों के अनुसार ही कार्य करती हैं। कोई वस्तु किसी भी समय पर और किसी भी स्थिति में अकारण कुछ भी नहीं कर सकती। वस्तुतः इन्हीं तथ्यों के कारण हम प्राकृतिक वस्तुओं के विषय में भविष्यवाणी करने में समर्थ होते हैं। इतना ही नहीं, उपर्युक्त सभी तथ्य वे अनिवार्य शर्तें हैं जिनके आधार पर हम किसी वस्तु के अस्तित्व का अर्थ समझ सकते हैं।[109]

अपने उपर्युक्त तर्क के आधार पर स्मिथ ने यह कहा है कि वास्तव में ईश्वर की अति-प्राकृतिक सत्ता का विचार मनुष्य के लिए अबोधगम्य है। उनके मतानुसार, हम ऐसी किसी वस्तु के अस्तित्व की कल्पना भी नहीं कर सकते जो संपूर्ण प्राकृतिक ब्रह्माण्ड तथा दिक्-काल से परे हो और जिस पर प्राकृतिक नियम लागू न होते हों। इसका कारण यह है कि प्रत्येक वस्तु का अस्तित्व दिक् और काल के अंतर्गत ही संभव है, किंतु ईश्वरवादी विचारक ईश्वर को इन दोनों से परे मानते हैं। ऐसी स्थिति में हम दिक्-कालातीत ईश्वर के अस्तित्व के विषय में सार्थकतापूर्वक चिंतन भी नहीं कर सकते। ईश्वरवादी विचारक हमें यह नहीं बताते कि ऐसे ईश्वर के अस्तित्व के संबंध में हमारे लिए सोचना कैसे संभव है। ये विचारक एक ओर तो यह कहते हैं कि ईश्वर का अस्तित्व है और दूसरी ओर वे उसके प्रसंग में उन सभी उपर्युक्त शर्तों का निषेध करते हैं जिन्हें किसी वस्तु के अस्तित्व के लिए अनिवार्य शर्तें माना जाता है। इसी कारण ये ईश्वरवादी विचारक ईश्वर को अति-प्राकृतिक सत्ता मानते हैं जिसका अर्थ यह है कि उसका अस्तित्व तो अवश्य है, किंतु वह प्रकृति अथवा दिक् और काल के अंतर्गत न होकर उनसे परे है। परंतु स्मिथ का मत है कि इस रूप में ईश्वर के अस्तित्व की बात करना हमारे लिए निरर्थक और अबोधगम्य है, क्योंकि हम प्रकृति या दिक्-काल से परे किसी वस्तु के अस्तित्व के विचार को नहीं समझ सकते।

ईश्वर की अति-प्राकृतिक सत्ता के विचार के विरुद्ध अपने उपर्युक्त तर्कों की सविस्तार व्याख्या करते हुए स्मिथ ने लिखा है : "यदि किसी अति-प्राकृतिक सत्ता को प्राकृतिक नियम से मुक्त रखना है तो उसके कोई विशेष निश्चित गुण नहीं हो सकते। ये गुण सीमाएँ निश्चित करेंगे और ये सीमाएँ इस अति-प्राकृतिक सत्ता की क्षमताओं

109. देखिए, वही पुस्तक, पृ. 39-40.

को सीमित करेंगी। इस स्थिति में अति-प्राकृतिक सत्ता कारण-कार्य-संबंधों के अधीन हो जाएगी जो प्राकृतिक वस्तु के अस्तित्व के लक्षण हैं और जो इस सत्ता को ईश्वर होने के अयोग्य बना देंगे। इसलिए हमें अवश्य ही किसी प्रकार एक ऐसी सत्ता की कल्पना करनी होगी जिसका कोई विशेष स्वरूप नहीं है, जो अनिश्चित है–दूसरे शब्दों में, जो विशेष रूप से कुछ नहीं है। परंतु ये गुण (अथवा यह कहना अधिक उचित होगा कि गुणों का अभाव) स्वयं अस्तित्व के विचार के ही विरुद्ध हैं। किसी वस्तु के अस्तित्व का अर्थ है शून्य के विपरीत कोई वस्तु होना, और किसी वस्तु के होने का अर्थ है कोई विशेष वस्तु होना। यदि ईश्वर के कुछ गुण हैं (जो उसके अस्तित्व के लिए अवश्य होने ही चाहिए) तो ये गुण अनिवार्यतः कुछ विशेष गुण होंगे, किंतु निश्चित गुण प्रदान करना–यह कहना कि कोई सत्ता वह न होकर यह है–उस सत्ता की क्षमताओं को सीमित करना है और उसे उन क्षमताओं द्वारा निर्धारित एकरूपता के अधीन लाना है। यदि कोई अति-प्राकृतिक सत्ता किसी प्राकृतिक वस्तु से मूलतः भिन्न है तो इसका कोई सीमित स्वरूप नहीं होना चाहिए–जिसका अर्थ है बिना स्वरूप के किसी वस्तु का अस्तित्व होना। यदि हमें ईश्वर के विषय में सार्थक चर्चा करनी है तो हमें अवश्य ही यह मानना चाहिए कि इस ईश्वर के गुण हैं जिनके द्वारा इसे पहचाना जा सकता है। परंतु ज़ब एक बार प्राकृतिक नियम की सीमाओं से पृथक् अति-प्राकृतिक सत्ता के विचार को स्वीकार कर लिया जाता है तो हम ईश्वर को किसी प्रकार के निश्चित गुण प्रदान करने की संभावना को समाप्त कर देते हैं, क्योंकि ऐसा करके हम अपने ईश्वर को सीमाओं के क्षेत्र में ले आते हैं और इसलिए वह प्राकृतिक नियम के क्षेत्र के अंतर्गत आ जाता है।"[110] इस प्रकार उपर्युक्त विस्तृत उद्धरण से यह स्पष्ट है कि स्मिथ अति-प्राकृतिक सत्ता के रूप में ईश्वर के अस्तित्व के विचार को निरर्थक और अबोधगम्य विचार मानते हैं।

यहाँ यह उल्लेखनीय है कि कुछ ईश्वरवादी दार्शनिकों ने भी ईश्वर के अस्तित्व से संबंधित उपर्युक्त विचार को असंगत और निरर्थक मानकर अस्वीकार किया है। इन दार्शनिकों में एक प्रभावशाली समकालीनं पाश्चात्य ईश्वरवादी दार्शनिक, पॉल तिलिक का नाम प्रमुख है। तिलिक का मत है कि ईश्वर के अस्तित्व या अनस्तित्व के विषय में प्रश्न ही नहीं उठाया जा सकता, क्योंकि वह इस अवधारणा से परे है। जो दार्शनिक ईश्वर के अस्तित्व या अनस्तित्व की चर्चा करते हैं वे वास्तव में उसके मूल स्वरूप से अनभिज्ञ हैं। अपनी इसी मान्यता के कारण तिलिक यह कहते हैं कि ईश्वर के अस्तित्व का समर्थन करना भी उतना ही निरीश्वरवादी विचार है जितना उसके अस्तित्व का खंडन करना। स्पष्टतः इसका तात्पर्य यह है कि ईश्वर के अस्तित्व के लिए प्रमाण देकर ईश्वरवादी दार्शनिक अंततः उस निरीश्वरवाद का ही समर्थन करते हैं जिसका वे विरोध करना चाहते हैं। ईश्वर के अस्तित्व से संबंधित अवधारणा के विषय में अपनी उपर्युक्त मान्यता की व्याख्या करते हुए तिलिक ने लिखा है : "ईश्वर को अस्तित्वपूर्ण सत्ता कहने के प्रयास के साथ गंभीर कठिनाइयाँ संबद्ध हैं। . . . ईश्वर के अस्तित्व से संबंधित प्रश्न न तो पूछा जा सकता है और न उसका उत्तर दिया जा सकता है।

110. वही पुस्तक, पृ. 41.

यदि यह प्रश्न पूछा जाता है तो यह उसके विषय में है जो अपने स्वरूप के कारण ही अस्तित्व से ऊपर है, और इसलिए इस प्रश्न का उत्तर–चाहे वह नकारात्मक हो या सकारात्मक–परोक्षतः ईश्वर के स्वरूप का निषेध करता है। ईश्वर के अस्तित्व का समर्थन करना उतना ही निरीश्वरवादी विचार है जितना उसका खंडन करना।"[111] इस प्रकार यह स्पष्ट है कि तिलिक ईश्वर के अस्तित्व से संबंधित ईश्वरवादी विचारकों के संपूर्ण प्रयास को असंगत तथा अनुचित मानते हैं।

तिलिक के अतिरिक्त एक अन्य समकालीन पाश्चात्य ईश्वरवादी दार्शनिक, जॉन ए.टी. रॉबिन्सन ने भी उनके उपर्युक्त मत को स्वीकार किया है। मूलतः इसी मत का समर्थन करते हुए वे कहते हैं : "अपनी परिभाषा की दृष्टि से ईश्वर अंतिम सत्ता है। और कोई भी व्यक्ति इस संबंध में तर्क नहीं कर सकता कि अंतिम सत्ता का अस्तित्व है। वह केवल इतना ही पूछ सकता है कि अंतिम सत्ता कैसी होती है।"[112] इस प्रकार तिलिक की भाँति रॉबिन्सन भी अति-प्राकृतिक सत्ता के रूप में ईश्वर के अस्तित्व से संबंधित विचार की सार्थकता को अस्वीकार करते हैं। इन दोनों दार्शनिकों के उपर्युक्त विचारों को ध्यान में रखते हुए हम यह कह सकते हैं कि कुछ ईश्वरवादी दार्शनिक भी ईश्वर के अस्तित्व को प्रमाणित करने के लिए किए गए संपूर्ण प्रयास को अनुचित एवं निरर्थक मानते हैं।

यहाँ यह प्रश्न उठाया जा सकता है कि ईश्वर के अस्तित्व के विरुद्ध ऊपर दिए गए तर्कों का उन ईश्वरवादी विचारकों पर क्या प्रभाव पड़ सकता है जो उसे अति-प्राकृतिक सत्ता मानकर उसके अस्तित्व का समर्थन करते हैं। इस प्रश्न का उत्तर देते हुए स्मिथ कहते हैं कि ये ईश्वरवादी विचारक इन तर्कों से पूर्णतः अप्रभावित रह सकते हैं। ये विचारक निरीश्वरवादी दार्शनिकों के इस मत को स्वीकार कर सकते हैं कि अति-प्राकृतिक ईश्वर के अस्तित्व की अवधारणा मनुष्य के लिए अबोधगम्य है। परंतु फिर भी अपने ईश्वरवाद के समर्थन में वे यह कह सकते हैं कि इससे ईश्वर के अस्तित्व का खंडन नहीं होता; इससे केवल इतना ही सिद्ध होता है कि मनुष्य अति-प्राकृतिक सत्ता के रूप में ईश्वर को नहीं जान सकता। यह तथ्य ईश्वरवाद के विरुद्ध नहीं है, क्योंकि ईश्वरवादी व्यक्ति तो यह मानते ही हैं कि ईश्वर मनुष्य के अनुभव और ज्ञान से परे है। सीमित प्राणी होने के कारण मनुष्य असीम अति-प्राकृतिक ईश्वर को जानने में नितांत असमर्थ है। इस प्रकार स्मिथ के अनुसार, निरीश्वरवादी तथा ईश्वरवादी दोनों ही इस तथ्य को स्वीकार कर सकते हैं कि अति-प्राकृतिक सत्ता के रूप में ईश्वर के अस्तित्व का विचार मनुष्य के लिए अबोधगम्य है। परंतु इस तथ्य से ये दोनों जो निष्कर्ष निकालते हैं वे एक-दूसरे के ठीक विपरीत या विरोधी हैं। इस तथ्य के आधार पर निरीश्वरवादी यह कहता है कि ईश्वर की अवधारणा निरर्थक तथा अबोधगम्य है, अतः उसकी सत्ता में विश्वास करना अनुचित और अयुक्तिसंगत है, जबकि ईश्वरवादी इसी तथ्य को ईश्वर की अज्ञेयता के प्रमाण के रूप में प्रस्तुत करता है। ऐसी स्थिति में स्मिथ के मतानुसार, हमारे लिए यह निर्णय करना

111. पॉल तिलिक, 'सिस्टेमैटिक थियॉलॉजी', खंड 1, पृ. 236-237.

112. जॉन ए.टी. रॉबिन्सन, 'ऑनेस्ट टु गॉड', पृ. 29.

कठिन हो जाता है कि इन दोनों परस्पर विरोधी निष्कर्षों में से किस निष्कर्ष को स्वीकार किया जाना चाहिए।[113] इसी कठिनाई को ध्यान में रखते हुए उन्होंने ईश्वर को अज्ञेय मानने की समस्या पर कुछ विस्तार से विचार किया है।

स्मिथ का कथन है कि सभी ईश्वरवादी विचारक किसी-न-किसी रूप में ईश्वर की अज्ञेयता को स्वीकार करते हैं। इन विचारकों का यह मूल विश्वास है कि ईश्वर मनुष्य के लिए अज्ञेय है, किंतु उनमें ईश्वर के स्वरूप की अज्ञेयता की मात्रा के विषय में कुछ मतभेद अवश्य है। इस मतभेद के होते हुए भी सभी ईश्वरवादी दार्शनिक यह मानते हैं कि ईश्वर केवल अज्ञात ही नहीं है, अपितु वह सिद्धांततः भी अज्ञेय है। दूसरे शब्दों में, इसका तात्पर्य यह है कि मनुष्य के लिए ईश्वर केवल वर्तमान काल में ही अज्ञात नहीं है, प्रत्युत वह सैद्धांतिक दृष्टि से भी ईश्वर के स्वरूप को कभी नहीं जान सकता। इस अज्ञेयवाद को ईश्वर के संबंध में प्रायः प्रयुक्त 'अवर्णनीय', 'अनिर्वचनीय', 'अनुभवातीत', 'अगम्य', 'अगोचर' आदि अनेक शब्दों द्वारा अभिव्यक्त किया जाता है। जब ईश्वरवादी व्यक्ति ईश्वर के विषय में इन शब्दों तथा ऐसे ही अन्य शब्दों का प्रयोग करते हैं तो स्पष्टतः इससे उनका तात्पर्य यही होता है कि मनुष्य के लिए उसके स्वरूप को जानना संभव नहीं है। ईश्वर विषयक इसी सिद्धांत को स्मिथ ने 'धार्मिक अज्ञेयवाद' की संज्ञा दी है जो उनके विचार में ईश्वर के स्वरूप से संबंधित ज्ञान का पूर्णतः निषेध करता है।[114] इस अज्ञेयवाद के विरुद्ध अनेक प्रबल तर्क प्रस्तुत करते हुए उन्होंने यह सिद्ध किया है कि इसका अंतिम तर्कसंगत परिणाम निरीश्वरवाद ही हो सकता है।

उपर्युक्त ईश्वर विषयक अज्ञेयवाद के विरुद्ध स्मिथ का प्रथम तर्क यह है कि यदि ईश्वरवादी व्यक्ति ईश्वर को वास्तव में अज्ञात और अज्ञेय मानता है तो वह निश्चय ही उसके संबंध में कुछ भी नहीं कह सकता। यदि उसका विश्वास है कि ईश्वर अवर्णनीय है तो वह किसी भी रूप में उसका वर्णन नहीं कर सकता। ऐसी स्थिति में उसके लिए ईश्वर के विषय में पूर्णतः मौन रहने के अतिरिक्त अन्य कोई विकल्प नहीं है। यदि वह ईश्वर के स्वरूप के संबंध में कुछ भी कहता है तो उसके इस कथन में असंगति या स्वतोव्याघात का आ जाना अनिवार्य है। इसका कारण यह है कि जिस ईश्वर को वह स्वयं अज्ञात और अज्ञेय मानता है उसके विषय में कुछ भी कहना उसे जानने का दावा करना है जो स्पष्टतः स्वतोव्याघातपूर्ण है। स्मिथ का कथन है कि यदि कोई ईश्वरवादी व्यक्ति ईश्वर विषयक अज्ञेयवाद को स्वीकार करता है तो निरीश्वरवादी व्यक्ति के साथ उसका परिसंवाद इस प्रकार होगा—ईश्वरवादी : 'मैं ईश्वर में विश्वास करता हूँ।' निरीश्वरवादी : 'ईश्वर क्या है?' ईश्वरवादी : 'मैं नहीं जानता।' निरीश्वरवादी : 'तो फिर वह क्या है जिसमें आप विश्वास करते हैं?' ईश्वरवादी : 'मैं यह भी नहीं जानता।' निरीश्वरवादी : 'तो फिर आपके इस कथन का क्या महत्त्व है कि आप ईश्वर में विश्वास करते हैं? ईश्वर में आपके विश्वास करने और न करने में क्या अंतर है?' इस परिसंवाद से यह स्पष्ट है कि ईश्वर को अज्ञेय माननेवाला व्यक्ति

113. देखिए, जार्ज एच. स्मिथ, 'एथीइज़्म : दि केस अगेंस्ट गॉड', पृ. 41-42.

114. देखिए, वही पुस्तक, पृ. 42.

अपने ईश्वर विषयक विश्वास की कोई संतोषप्रद व्याख्या नहीं कर पाता। वस्तुतः उसकी यह कठिनाई उसके अज्ञेयवाद का अनिवार्य परिणाम है।

ईश्वर विषयक अज्ञेयवाद के विरुद्ध स्मिथ ने दूसरा तर्क यह दिया है कि ईश्वर के अस्तित्व में विश्वास करनेवाला व्यक्ति स्वयं उसके संबंध में कुछ जानने का दावा अवश्य करता है जो उसके अपने सिद्धांत, अज्ञेयवाद के विपरीत है। जब वह यह कहता है कि ईश्वर का अस्तित्व है तो स्पष्टतः इसका अर्थ यही है कि वह कम-से-कम उसके अस्तित्व के विषय में तो जानता ही है, क्योंकि इस ज्ञान के बिना वह उसके अस्तित्व में विश्वास का दावा नहीं कर सकता। यह कहना कि किसी वस्तु का अस्तित्व है निश्चय ही उसके स्वरूप के विषय में कुछ जानने का दावा करना है जिससे अज्ञेयवाद का खंडन होता है। यदि कोई व्यक्ति किसी वस्तु के समस्त गुणों को अस्वीकार करते हुए उसके स्वरूप के संबंध में ज्ञान का निषेध करता है तो वह वास्तव में उस वस्तु के अस्तित्व का ही निषेध करता है। अपने इसी मत की पुष्टि करने के लिए स्मिथ ने उन्नीसवीं शताब्दी के प्रसिद्ध निरीश्वरवादी दार्शनिक, लुडविग फ़ॉयरबाक के निम्नलिखित कथन को उद्धृत किया है : "किसी सत्ता के समस्त गुणों का निषेध करना स्वयं उस सत्ता का निषेध करने के समान है। जो सत्ता गुणों से रहित है वह किसी के मनस् का विषय नहीं हो सकती, और ऐसी सत्ता लगभग अस्तित्वहीन है।"[115] स्मिथ फ़ॉयरबाक के इस मत को पूर्णतः स्वीकार करते हैं। उनका कथन है कि किसी ऐसी वस्तु के अस्तित्व का दावा करना जो स्वरूपतः अज्ञात और अज्ञेय है गंभीर असंगति अथवा स्वतोव्याघात से परिपूर्ण है। जो व्यक्ति ईश्वर के अस्तित्व का दावा करता है उससे यह प्रश्न किया जा सकता है कि यदि ईश्वर को जानना असंभव है तो यह कैसे जाना जा सकता है कि उसका अस्तित्व है। जो ईश्वरवादी व्यक्ति यह कहता है कि ईश्वर अज्ञेय है उसके लिए सर्वप्रथम यह जानना आवश्यक है कि ईश्वर का अस्तित्व है जिसका अर्थ यह है कि वह उसके विषय में इतना तो जानता ही है। दूसरे शब्दों में, अज्ञेय ईश्वर के अस्तित्व का दावा करना अज्ञेय के ज्ञान का दावा करना है जिसका अर्थ यह है कि वह वास्तव में अज्ञेय नहीं है अथवा नहीं हो सकता। इस प्रकार स्मिथ का स्पष्ट तथा निश्चित मत है कि ईश्वरवादी व्यक्ति ईश्वर के अस्तित्व में विश्वास करते हुए तर्कसंगत रूप से उसे अज्ञेय नहीं मान सकता और यदि वह उसे अज्ञेय मानता है तो वह उसके अस्तित्व का दावा नहीं कर सकता। परंतु ईश्वरवादी व्यक्ति की मूल समस्या यह है कि वह ईश्वर के अस्तित्व का दावा भी करता है और इसके साथ ही वह उसे अज्ञात तथा अज्ञेय भी मानता है जिसके कारण उसके विचारों में गंभीर स्वतोव्याघात उत्पन्न हो जाता है।

ईश्वर संबंधी अज्ञेयवाद के विरुद्ध स्मिथ का तीसरा और अंतिम तर्क यह है कि ईश्वर को अज्ञात तथा अज्ञेय मानना उसे मनुष्य के लिए अबोधगम्य मानने के समान है जिसके परिणामस्वरूप 'ईश्वर' शब्द वास्तव में एक निरर्थक ध्वनि मात्र रह जाता है। यदि ईश्वरवादी व्यक्ति यह कहता है कि ईश्वर का अस्तित्व है और यदि वह 'ईश्वर' शब्द को अबोधगम्य मानता है तो मनुष्य के लिए इस शब्द का कोई अर्थ

115. लुडविग फ़ॉयरबाक, 'दि असैंस ऑफ़ क्रिश्चियेनिटी', पृ. 14.

नहीं हो सकता। इसका कारण यह है कि इस अबोधगम्य शब्द का प्रयोग करने पर मनुष्य यह नहीं समझ पाता कि इसे किस वस्तु के लिए प्रयुक्त किया जा रहा है और उस वस्तु का स्वरूप क्या है। ऐसी स्थिति में 'ईश्वर' शब्द का प्रयोग करना हमारे लिए उसी प्रकार निरर्थक हो जाता है जिस प्रकार 'मीन्वर' शब्द का प्रयोग करना। 'मीन्वर' शब्द की भाँति 'ईश्वर' शब्द का प्रयोग करके भी हम यह जानने में नितांत असमर्थ रहते हैं कि हम कौन-सी और कैसी वस्तु के विषय में बात कर रहे हैं। इसका अनिवार्य परिणाम यही होता है कि ईश्वर से संबंधित हमारी संपूर्ण चर्चा एक अनर्गल या निरर्थक प्रलाप मात्र रह जाती है। इस तथ्य को ध्यान में रखते हुए स्मिथ कहते हैं कि ऐसी ईश्वर विषयक चर्चा करनेवाले ईश्वरवादी व्यक्ति के विचारों को तार्किक अथवा दार्शनिक दृष्टि से कोई महत्त्व देना संभव नहीं है। यदि ईश्वर वास्तव में हमारे लिए अज्ञात तथा अज्ञेय है जैसा कि ईश्वरवादी व्यक्ति मानता है तो हम ईश्वर के किसी गुण को कभी नहीं जान सकते और यही बात उसकी अज्ञेयता या अबोधगम्यता के विषय में भी कही जा सकती है।

जैसा कि ऊपर कहा गया है, ईश्वर के संबंध में अज्ञेयवाद को स्वीकार करने का अंतिम तर्कसंगत परिणाम उसके विषय में पूर्णतः मौन रहना ही हो सकता है। ईश्वर को अज्ञात तथा अज्ञेय कहकर उसके अस्तित्व का दावा करना और उसके स्वरूप का वर्णन करना उसी प्रकार स्वतोव्याघातपूर्ण है जिस प्रकार यह कहना कि ईश्वर की व्याख्या यही कहकर की जा सकती है कि उसकी व्याख्या नहीं की जा सकती। स्मिथ के मतानुसार, ईश्वरवादी व्यक्तियों के ऐसे असंगत विचारों को कोई भी विवेकशील मनुष्य सार्थक और महत्त्वपूर्ण नहीं मान सकता। वस्तुतः इन व्यक्तियों के ऐसे विचारों के कारण ही ईश्वर की अवधारणा हमारे लिए निरर्थक तथा अबोधगम्य हो जाती है जिसका समर्थन करना विवेक और तर्कबुद्धि के विरुद्ध है। इस प्रकार अपने उपर्युक्त सभी तर्कों के आधार पर स्मिथ ने यही निष्कर्ष निकाला है कि अज्ञेयवाद का अनिवार्य तार्किक परिणाम केवल निरीश्वरवाद ही हो सकता है।[116] उनका कथन है कि अज्ञेय ईश्वर के विचार का खंडन करके उन्होंने परोक्षतः अतिप्राकृतिक सत्ता के रूप में ईश्वर की अवधारणा का भी खंडन कर दिया है। यदि अज्ञात और अज्ञेय ईश्वर के अस्तित्व का दावा करना अयुक्तिसंगत है तो अनुभवातीत अति-प्राकृतिक सत्ता के रूप में उसके अस्तित्व को स्वीकार करना भी तर्क-विरुद्ध है। ऐसी स्थिति में स्मिथ के अनुसार, ईश्वरवाद के स्थान पर निरीश्वरवाद में विश्वास करना ही हमारे समक्ष एकमात्र तर्कसंगत विकल्प रह जाता है।

अपनी पुस्तक, 'एथीइज़्म : दि केस अगेंस्ट गॉड' के तीसरे अध्याय में स्मिथ ने ईसाई धर्म द्वारा स्वीकृत ईश्वर की अवधारणा की सविस्तार तीव्र आलोचना की है। यद्यपि उन्होंने अपनी इस आलोचना को ईसाई धर्म में प्रचलित ईश्वर की अवधारणा तक ही सीमित रखा है, फिर भी यह कहना अनुचित न होगा कि वास्तव में उनकी यह आलोचना सभी ईश्वरवादी धर्मों द्वारा मान्य ईश्वर की सामान्य अवधारणा पर

116. अज्ञेयवाद के विरुद्ध स्मिथ के इन सभी तर्कों के लिए देखिए उनकी पूर्वोल्लिखित पुस्तक, 'एथीइज़्म : दि केस अगेंस्ट गॉड', पृ. 43-45.

पर्याप्त सीमा तक लागू होती है। इसका कारण यह है कि ये ईश्वरवादी धर्म ईश्वर की जिस अवधारणा में विश्वास करते हैं वह मूलतः समान ही है। उदाहरणार्थ, हिंदू धर्म के कुछ संप्रदायों, ईसाई धर्म, इस्लाम, यहूदी धर्म आदि ईश्वरवादी धर्मों में ईश्वर के अस्तित्व और स्वरूप के विषय में जो विचार प्रस्तुत किए गए हैं उनमें कोई आधारभूत अंतर नहीं है। ऐसी स्थिति में स्मिथ ने ईसाई धर्म के ईश्वर के विरुद्ध जो तर्क दिए हैं उन्हें अन्य ईश्वरवादी धर्मों के ईश्वर के विरुद्ध भी सत्य और प्रामाणिक माना जा सकता है। इस तथ्य को ध्यान में रखते हुए हम यह कह सकते हैं कि उनके ये तर्क केवल ईसाई धर्म के ईश्वर के विरुद्ध न होकर वस्तुतः ईश्वरवाद के विरुद्ध हैं जिनके द्वारा दार्शनिक दृष्टि से इस सिद्धांत का खंडन होता है। यह समझना कठिन नहीं है कि निरीश्वरवाद की पुष्टि के लिए स्मिथ के इन तर्कों का बहुत महत्त्व है, अतः यहाँ इन पर कुछ विस्तार से विचार करना प्रासंगिक तथा उचित होगा।

ईसाई धर्म के ईश्वर की अवधारणा के विरुद्ध अपने तर्क प्रस्तुत करने से पूर्व स्मिथ ने इस धर्म द्वारा मान्य ईश्वर के स्वरूप को स्पष्ट करने का प्रयास किया है। उनका कथन है कि ईसाई धर्म के अनुयायी ईश्वर के स्वरूप का वर्णन करने के लिए उसमें जिन विशेष गुणों को आरोपित करते हैं उनका उल्लेख इस धर्म की एक पुस्तक, 'नेशनल कैथॉलिक अल्मानैक' (पृ. 360) में स्पष्ट रूप से किया गया है। इस पुस्तक में ईश्वर के जो प्रमुख गुण बताए गए हैं उनके अनुसार ईश्वर "सर्वशक्तिमान, नित्य, पवित्र, अनश्वर, अपरिवर्तनशील, अबोधगम्य, अवर्णनीय, असीम, अदृश्य, न्यायशील, प्रेममय, दयालु, अत्यंत महान, सर्वज्ञ, सर्वव्यापक, पूर्ण, सर्वोच्च तथा सत्य" है। ईश्वर के इन गुणों की इस सूची पर ध्यानपूर्वक विचार करने से यह स्पष्ट हो जाता है कि इसमें कुछ गुणों की अनावश्यक पुनरावृत्ति की गई है। उदाहरणार्थ, 'नित्य', 'अनश्वर' तथा 'अपरिवर्तनशील' का अर्थ लगभग समान ही है। इसी प्रकार, 'अबोधगम्य' और 'अवर्णनीय' भी समानार्थक शब्द हैं। इस अनावश्यक पुनरावृत्ति के अतिरिक्त उपर्युक्त सूची में वर्णित कुछ गुणों में अंतर्विरोध को स्पष्टतः देखा जा सकता है। इस अंतर्विरोध पर टिप्पणी करते हुए स्मिथ ने कहा है कि एक ओर तो ईश्वर को 'अबोधगम्य' तथा 'अवर्णनीय' कहा गया है और दूसरी ओर उसके बहुत-से गुणों का वर्णन भी किया गया है जिसका उद्देश्य हमें उसके स्वरूप को समझने में समर्थ बनाना है। यहाँ मूल प्रश्न यह है कि यदि ईश्वर वास्तव में 'अबोधगम्य' तथा अवर्णनीय' है और उसका स्वरूप मानवीय ज्ञान एवं अनुभव से परे है तो ईश्वरवादी विचारक उसके इतने सारे गुणों का वर्णन कैसे अथवा किस आधार पर कर सकता है। स्मिथ का यह प्रश्न निश्चय ही बहुत महत्त्वपूर्ण है जिसका ईश्वरवादी दार्शनिक कोई युक्तिसंगत और संतोषप्रद उत्तर नहीं दे पाते। इस संबंध में वास्तविक स्थिति यह है कि ये दार्शनिक ईश्वर के स्वरूप को मनुष्य के लिए अज्ञात और अज्ञेय मानकर मूलतः अज्ञेयवाद का ही समर्थन करते हैं जिसके विरुद्ध स्मिथ अपने तर्क पहले ही प्रस्तुत कर चुके हैं। इस प्रकार स्मिथ के अनुसार, ईश्वर के स्वरूप के विषय में ईश्वरवादी दार्शनिकों के विचारों में गंभीर असंगति अथवा स्वतोव्याघात विद्यमान है।[117]

117. देखिए, वही पुस्तक, पृ. 48.

हम देख चुके हैं कि ईश्वरवादी विचारक ईश्वर को अति-प्राकृतिक सत्ता मानते हुए भी उसके स्वरूप को स्पष्ट करने के लिए उसके बहुत-से गुणों का विस्तृत वर्णन करते हैं। स्मिथ का कथन है कि ये विचारक ईश्वर के विषय में अपनी इन मान्यताओं के कारण गंभीर द्विविधा में फँस जाते हैं जिससे मुक्त होना तर्कसंगत रूप से संभव नहीं है। एक ओर तो ये ईश्वरवादी विचारक ईश्वर को ऐसी अति-प्राकृतिक सत्ता मानते हैं जो असीम तथा संपूर्ण प्रकृति से परे है और दूसरी ओर वे अज्ञेयवाद से बचने के लिए उसके अनेक गुणों का वर्णन भी करते हैं जिससे उसके स्वरूप की व्याख्या की जा सके। परंतु, जैसा कि पहले बताया गया है, किसी वस्तु के गुणों का वर्णन करना उसे अनिवार्यतः सीमित करना है। जिस वस्तु का अस्तित्व है और जिसमें कुछ विशेष गुण हैं वह अवश्य ही सीमित होती है, क्योंकि ये गुण उसके निश्चित स्वरूप को निर्धारित करते हैं। ऐसी स्थिति में ईश्वर को अति-प्राकृतिक तथा असीम मानना और इसके साथ ही उसके कुछ विशेष गुणों का भी वर्णन करना तार्किक दृष्टि से संभव नहीं है। इस दार्शनिक कठिनाई से बचने के लिए ईश्वरवादी विचारक ईश्वर के गुणों को असीम गुण मान लेते हैं जो उनके विचार में उसके स्वरूप को सीमित नहीं करते। इन विचारकों का मत है कि ईश्वर में शक्ति, ज्ञान, शुभत्व, प्रेम, करुणा आदि जो गुण पाए जाते हैं वे वास्तव में असीम हैं, अतः ये गुण उसे सीमित नहीं करते। अपनी इस मान्यता द्वारा ये विचारक ईश्वर के स्वरूप को भी स्पष्ट करना चाहते हैं और साथ ही वे उसे असीम मानने के विषय में अपना दावा भी बनाए रखना चाहते हैं। परंतु स्मिथ का कथन है कि इन ईश्वरवादी विचारकों का यह प्रयास वस्तुतः कभी सफल नहीं हो सकता। इसका कारण यह है कि 'असीम गुण' की बात करना असंगत और स्वतोव्याघातपूर्ण है। किसी वस्तु के गुणों का वर्णन करना अनिवार्यतः उसके कुछ निश्चित गुणों को बताना है जो अपनी सीमाओं से कभी मुक्त नहीं हो सकते। यही बात ईश्वर के गुणों के संबंध में भी कही जा सकती है। यदि ईश्वर में कुछ विशेष गुण विद्यमान हैं तो निश्चय ही ये गुण असीम नहीं हो सकते, क्योंकि 'असीम गुण' का विचार ही असंगत और स्वतोव्याघातपूर्ण है। इसी कारण स्मिथ के मतानुसार, जब ईश्वरवादी विचारक ईश्वर को असीम मानते हुए उसके कुछ विशेष गुणों का वर्णन करते हैं तो उनकी ईश्वर विषयक अवधारणा मनुष्य के लिए निरर्थक और अबोधगम्य हो जाती है।[118]

वस्तुतः स्मिथ के विचार में ईश्वरवादी दार्शनिकों के समक्ष मूल समस्या यह है कि यदि वे ईश्वर को अति-प्राकृतिक सत्ता मानते हैं तो उन्हें उसके स्वरूप को अवर्णनीय एवं अज्ञेय मानना पड़ेगा और यदि वे ईश्वर की अवधारणा को सार्थकता प्रदान करने के लिए अज्ञेयवाद से बचना चाहते हैं तो उन्हें यह सिद्ध करना पड़ेगा कि उसे किन्हीं उपायों द्वारा कुछ सीमा तक जाना जा सकता है। इस समस्या का संतोषप्रद समाधान असंभव प्रतीत होता है, किंतु फिर भी कुछ ईश्वरवादी दार्शनिकों ने इसके समाधान के लिए दो विभिन्न उपाय बताए हैं जिन्हें 'नकारात्मक उपाय' तथा 'सकारात्मक उपाय' कहा जाता है। इन दार्शनिकों का कथन है कि मुख्यतः इन दोनों उपायों द्वारा ईश्वर

118. देखिए, वही पुस्तक, पृ. 49-50.

के स्वरूप को कुछ सीमा तक समझा जा सकता है। नकारात्मक उपाय हमें यह बताता है कि ईश्वर क्या नहीं है, जबकि सकारात्मक उपाय के माध्यम से हम यह जान सकते हैं कि वह क्या और कैसा है। स्मिथ ने अनेक तर्कों के आधार पर यह सिद्ध करने का प्रयास किया है कि वास्तव में अति-प्राकृतिक तथा अज्ञेय ईश्वर के स्वरूप को इन दोनों उपायों में से किसी भी उपाय द्वारा जानना संभव नहीं है।

प्रमुख मध्ययुगीन ईश्वरवादी पाश्चात्य दार्शनिक, टॉमस ऐक्वाइनस ने ईश्वर के स्वरूप को जानने के लिए नकारात्मक उपाय का स्पष्टतः समर्थन किया है। यह नकारात्मक उपाय इस मान्यता पर आधारित है कि हम यह तो नहीं जान सकते कि ईश्वर क्या है, किंतु यह जान सकते हैं कि वह क्या नहीं है।[119] असीम ईश्वर के स्वरूप की व्याख्या करने तथा उसे समस्त सीमित वस्तुओं से पृथक् करने के लिए यह नकारात्मक उपाय हमें यह बताता है कि ऐसी कौन-सी विशेषताएँ हैं जो ईश्वर में नहीं पाई जा सकतीं। इन विशेषताओं का वर्णन करने के लिए ईश्वर में कुछ ऐसे गुणों को आरोपित किया जाता है जो स्पष्टतः नकारात्मक होते हैं। उदाहरणार्थ, 'अपरिवर्तनशीलता' से हमें यह ज्ञात होता है कि ईश्वर में कभी किसी प्रकार का परिवर्तन नहीं होता। इसी प्रकार, ईश्वर को 'असीम', 'अदृश्य' तथा 'अवर्णनीय' कहने का अर्थ क्रमशः यह है कि वह सीमित नहीं है, उसे देखा नहीं जा सकता और उसका वर्णन नहीं किया जा सकता। इन प्रत्यक्षतः नकारात्मक गुणों के अतिरिक्त ईश्वर के कुछ गुण ऐसे भी हैं जो सकारात्मक प्रतीत होते हुए भी वास्तव में नकारात्मक अर्थ का बोध कराते हैं। उदाहरणार्थ, ईश्वर को 'नित्य' अथवा 'शाश्वत' कहने का तात्पर्य यह है कि वह कालातीत है–अर्थात्, वह काल के अंतर्गत सम्मिलित नहीं है और उस पर काल में घटित घटनाओं का कोई प्रभाव नहीं पड़ता। इस प्रकार नकारात्मक उपाय का समर्थन करनेवाले ईश्वरवादी दार्शनिकों के अनुसार, ईश्वर के नकारात्मक गुणों द्वारा हम यह जान सकते हैं कि वह क्या नहीं है जिससे हमें यह ज्ञात होता है कि वह संसार की समस्त सीमित वस्तुओं से मूलतः भिन्न है। यहाँ यह उल्लेखनीय है कि भारतीय दर्शन में सुविख्यात अद्वैतवादी दार्शनिक, शंकर ने ब्रह्म के स्वरूप के विषय में भी 'नेति-नेति' कहकर मुख्यतः इसी नकारात्मक उपाय को स्वीकार किया है।

उपर्युक्त नकारात्मक उपाय के विरुद्ध स्मिथ ने अनेक तर्क प्रस्तुत किए हैं जो उसे ईश्वर के ज्ञान के विषय में असफल सिद्ध करते हैं। सर्वप्रथम इसके विरुद्ध उनका कथन है कि यदि ईश्वर के स्वरूप का वर्णन केवल नकारात्मक गुणों द्वारा किया जाए तो उसके अस्तित्व-रहित वस्तुओं से पृथक् करना असंभव हो जाता है। यदि हम किसी वस्तु के संबंध में केवल इतना ही कह सकते हैं कि वह क्या नहीं है तो उस वस्तु और शून्य में वस्तुतः कोई अंतर नहीं रह जाता। ऐसी स्थिति में यदि ईश्वरवादी व्यक्ति अपने ईश्वर विषयक विश्वास को अभाव या शून्य संबंधी विश्वास से पृथक् करना चाहता है तो उसे ईश्वर के संबंध में सकारात्मक रूप से कुछ अवश्य बताना पड़ेगा।

नकारात्मक उपाय के विरुद्ध स्मिथ का दूसरा तर्क यह है कि अपने आप में इसका कोई महत्त्व नहीं है, क्योंकि यह अनिवार्यतः पराश्रित है। जब तक हम किसी वस्तु

119. देखिए, टॉमस ऐक्वाइनस, 'सम्मा थियॉलॉजिका', भाग 1, प्रश्न 3, प्राक्कथन.

के विषय में सकारात्मक रूप से यह नहीं जानते कि वह क्या है तब तक हम यह नहीं कह सकते कि वह क्या नहीं है। यही कारण है कि ईश्वर के स्वरूप के संबंध में किसी प्रकार के सकारात्मक ज्ञान के बिना हम यह नहीं कह सकते कि वह क्या नहीं है। यदि हम ईश्वर के संबंध में सकारात्मक रूप से कुछ भी नहीं जानते तो हम सार्थकतापूर्वक यह नहीं कह सकते कि कौन-से गुण उसमें विद्यमान नहीं हैं। दूसरे शब्दों में, यह कहने से पूर्व कि ईश्वर क्या नहीं है हमारे लिए यह जानना अनिवार्य है कि वह क्या है। यदि मनुष्य ईश्वर के स्वरूप के विषय में कुछ भी नहीं जानता तो वह यह नहीं कह सकता कि कौन-सी विशेषताएँ या कौन-से गुण उसके स्वरूप के विरुद्ध हैं। जो वस्तु अज्ञात और अज्ञेय है उसके विरोधी गुणों को हम कभी नहीं जान सकते। ईश्वरवादी व्यक्ति यह कैसे जानता है कि सीमित होने का विचार ईश्वर के स्वरूप के विरुद्ध है? वह किस आधार पर यह कह सकता है कि ईश्वर सीमित प्राणी नहीं हो सकता? इसी प्रकार, वह यह कैसे जानता है कि ईश्वर कोई भौतिक तथा दृश्य प्राणी नहीं है और उसके स्वरूप में कभी कोई परिवर्तन नहीं होता? इन प्रश्नों तथा ऐसे ही अन्य प्रश्नों का उत्तर ईश्वर के स्वरूप के विषय में किसी प्रकार के सकारात्मक ज्ञान के बिना नहीं दिया जा सकता। इससे यह स्पष्ट है कि ईश्वर के स्वरूप से संबंधित नकारात्मक उपाय अंततः सकारात्मक उपाय पर ही निर्भर है जो हमें बताता है कि ईश्वर क्या है। यदि ईश्वर को सकारात्मक रूप से जानना संभव नहीं है तो वास्तव में उसे जाना ही नहीं जा सकता जिसका अर्थ यह है कि हमें उसके विषय में अज्ञेयवाद को स्वीकार करना पड़ेगा जिसके विरुद्ध पहले ही अनेक तर्क प्रस्तुत किए जा चुके हैं। स्मिथ का कथन है कि ईश्वरवादी विचारक ईश्वर के नकारात्मक गुणों का वर्णन करके उसे असीम सिद्ध करना चाहता है जिसका अनिवार्य परिणाम अज्ञेयवाद ही हो सकता है, क्योंकि असीम तथा अवर्णनीय ईश्वर की अवधारणा मनुष्य के लिए अबोधगम्य है। इस प्रकार नकारात्मक उपाय के संबंध में स्मिथ का निष्कर्ष यह है कि ईश्वर के नकारात्मक असीम गुण स्वतोव्याघातपूर्ण होने के कारण हमें उसके स्वरूप के विषय में किसी प्रकार का वास्तविक ज्ञान प्रदान नहीं करते।[120]

नकारात्मक उपाय की उपर्युक्त समस्याओं को ध्यान में रखते हुए ईश्वरवादी दार्शनिक ईश्वर के स्वरूप से संबंधित ज्ञान के लिए सकारात्मक उपाय का प्रयोग करना भी आवश्यक मानते हैं। इन दार्शनिकों का कथन है कि ये दोनों उपाय सम्मिलित रूप में हमें ईश्वर के स्वरूप के विषय में कुछ सीमा तक ज्ञान प्रदान कर सकते हैं। नकारात्मक उपाय के साथ-साथ सकारात्मक उपाय का समर्थन करनेवाले ईश्वरवादी दार्शनिक ईश्वर में कुछ सकारात्मक गुण भी आरोपित करते हैं। उदाहरणार्थ, ऐक्वाइनस सजीवता, बुद्धिमत्ता, संकल्प, ज्ञान, प्रेम, न्याय, दया, शक्ति आदि गुणों को भी ईश्वर के आवश्यक गुण मानते हैं। उनका मत है कि इन सकारात्मक गुणों के माध्यम से हम कुछ सीमा तक ईश्वर के स्वरूप को जान सकते हैं। इस प्रकार ईश्वर में आरोपित इन सकारात्मक गुणों द्वारा उसे जानने का उपाय ही सकारात्मक उपाय है जो हमें यह बताता है कि ईश्वर का स्वरूप क्या और कैसा है।

120. देखिए, जॉर्ज स्मिथ, 'एथीइज़्म : दि केस अगेंस्ट गॉड', पृ. 51-54.

स्मिथ ने नकारात्मक उपाय की भाँति उपर्युक्त सकारात्मक उपाय की भी तीव्र अलोचना की है। इस उपाय के विरुद्ध उनकी प्रथम आपत्ति यह है कि इसके द्वारा ईश्वर में जिन गुणों को आरोपित किया जाता है वे उसके आधारभूत गुण न होकर वास्तव में केवल गौण गुण हैं। इसका कारण यह है कि ये गुण ईश्वर के अस्तित्व के स्थान पर उसके व्यक्तित्व को ही अभिव्यक्त करते हैं। ये गुण हमें यह नहीं बताते कि अस्तित्वपूर्ण सत्ता के रूप में ईश्वर का मूल स्वरूप क्या है। दूसरे शब्दों में, सकारात्मक उपाय का प्रयोग करनेवाले ईश्वरवादी दार्शनिक इस प्रश्न का कोई संतोषप्रद उत्तर नहीं दे पाते कि उस ईश्वर का स्वरूप क्या है जिसमें ये सकारात्मक गुण विद्यमान रहते हैं। जब ये दार्शनिक यह कहते हैं कि ईश्वर में शक्ति, ज्ञान, प्रेम, करुणा, न्याय आदि सकारात्मक गुण पाए जाते हैं तो इससे हमें यह ज्ञात नहीं होता कि स्वयं वह ईश्वर क्या है जिसमें ये वैयक्तिक गुण आरोपित किए गए हैं। स्मिथ का कथन है कि यदि ये ईश्वरवादी दार्शनिक ईश्वर को अज्ञेय होने से बचाना चाहते हैं तो उन्हें इस प्रश्न का संतोषजनक उत्तर अवश्य देना पड़ेगा कि वास्तव में वह ईश्वर क्या है जो इन सकारात्मग गुणों से संपन्न है। जब तक वे इस मूल प्रश्न का उत्तर नहीं देते तब तक ईश्वर के स्वरूप के ज्ञान से संबंधित उनका यह सकारात्मक उपाय व्यर्थ है।

ईश्वर के स्वरूप को जानने के लिए उपर्युक्त सकारात्मक उपाय के विरुद्ध स्मिथ की दूसरी प्रमुख आपत्ति यह है कि इसका प्रयोग करनेवाले ईश्वरवादी दार्शनिक ईश्वर में जिन सकारात्मक गुणों को आरोपित करते हैं वे वास्तव में मनुष्य के गुण हैं जो अनिवार्यतः सीमित प्राणी है। इसी कारण जब इन मानवीय गुणों को असीम तथा अति-प्राकृतिक ईश्वर में आरोपित किया जाता है तो मनुष्य के लिए इनका कोई अर्थ नहीं रह जाता। हम मूलतः मानवीय प्रसंगों में ही 'शक्ति', 'ज्ञान', 'प्रेम', 'करुणा', 'न्याय' आदि शब्दों का अर्थ समझते हैं, किंतु जब ये शब्द मनुष्य से पूर्णतः भिन्न असीम तथा अति-प्राकृतिक ईश्वर के लिए प्रयुक्त होते हैं तो ये हमारे लिए निरर्थक हो जाते हैं। अपनी इस आपत्ति को कुछ उदाहरणों द्वारा स्पष्ट करते हुए स्मिथ कहते हैं कि इस संबंध में निम्नलिखित प्रश्नों पर विचार कीजिए–(1) जब ईश्वरवादी व्यक्ति ईश्वर को 'सजीव' कहता है तो क्या वह उसे उस अर्थ में 'सजीव' मानता है जिस अर्थ में मनुष्य और अन्य सभी प्राणी 'सजीव' हैं? यदि ऐसा है तो ईश्वर को भी शरीरवान भौतिक प्राणी मानना पड़ेगा जिसकी मृत्यु अनिवार्य है। इसका कारण यह है कि हमारे लिए 'सजीव' शब्द का यही अर्थ है, किंतु ईश्वरवादी व्यक्ति तो ईश्वर को शरीर-रहित अभौतिक सत्ता मानते है जो नित्य या अनश्वर है। ऐसी स्थिति में यह शब्द ईश्वर के प्रसंग में हमारे लिए निरर्थक हो जाता है। (2) जब ईश्वर को 'बुद्धिमान' और 'सर्वज्ञ' कहा जाता है तो क्या उसका ज्ञान भी मानवीय ज्ञान के समान होता है? यदि ऐसी बात है तो यह मानना पड़ेगा कि ईश्वर को भी केवल प्रयास द्वारा ज्ञान प्राप्त हो सकता है और वह भी ग़लतियाँ कर सकता है, किंतु ईश्वरवादी व्यक्ति को यह स्वीकार्य नहीं हो सकता। स्पष्ट है कि ईश्वर के लिए प्रयुक्त होने पर 'ज्ञान' शब्द का हमारे लिए कोई अर्थ नहीं रह जाता। (3) जब ईश्वर को 'सर्वशक्तिमान' कहकर उसमें विशेष शक्ति होने की बात कही जाती है तो क्या इस प्रसंग में भी

'शक्ति' शब्द का वही अर्थ होता है जो हम सामान्यतः समझते हैं? यदि ऐसा है तो ईश्वर को भी शक्ति की दृष्टि से मनुष्य की भाँति सीमित मानना पड़ेगा। परंतु ईश्वरवादी व्यक्ति तो ईश्वर में 'असीम शक्ति' होने का दावा करता है जो स्वतोव्याघातपूर्ण है, क्योंकि, जैसा कि हम पहले ही बता चुके हैं, 'असीम गुण' के विचार में ही स्वतोव्याघात विद्यमान है। (4) जब ईश्वर को 'प्रेममय' कहा जाता है तो क्या 'प्रेम' शब्द का वही अर्थ होता है जो हम जानते हैं? यदि ऐसा है तो ईश्वर में भी भावनाओं अथवा संवेगों के अस्तित्व को स्वीकार करना पड़ेगा। परंतु शरीर-रहित अभौतिक ईश्वर में भावनाओं या संवेगों का अस्तित्व संभव नहीं है, अतः उसके प्रसंग में 'प्रेम' शब्द हमारे लिए निरर्थक हो जाता है। ईश्वर में आरोपित अन्य सभी सकारात्मक गुणों के विरुद्ध भी ऐसी ही आपत्ति उठाई जा सकती है।

स्मिथ के मतानुसार, उपर्युक्त प्रश्नों से यह स्पष्ट है कि यदि ईश्वरवादी व्यक्ति ईश्वर में आरोपित किए गए सकारात्मक गुणों का वही अर्थ मानता है जो मानवीय संदर्भ में है तो उसे ईश्वर को भी मूलतः मनुष्य के समान मानना पड़ेगा, किंतु अधिकतर ईश्वरवादी दार्शनिक ईश्वर के विषय में इस मानवत्वारोपी अवधारणा को स्वीकार नहीं करते। इसके विपरीत यदि ईश्वरवादी व्यक्ति यह कहता है कि ईश्वर के सकारात्मक गुणों का अर्थ वह नहीं है जो मानवीय प्रसंग में होता है तो हमारे लिए उसके इन गुणों का कोई अर्थ नहीं रह जाता और ऐसी स्थिति में वह पूर्णतः अज्ञेय हो जाता है। इस प्रकार स्मिथ के विचार में ईश्वर के नकारात्मक गुणों की भाँति उसके सकारात्मक गुण भी अंततः हमें अज्ञेयवाद की ओर ले जाते हैं।[121] संक्षेप में अपने इन तर्कों द्वारा उन्होंने यह सिद्ध किया है कि ईश्वर के स्वरूप से संबंधित ज्ञान के विषय में सकारात्मक उपाय भी उतना ही व्यर्थ है जितना नकारात्मक उपाय।

सकारात्मक उपाय के संबंध में अपने उपर्युक्त निष्कर्ष को प्रस्तुत करते हुए स्मिथ कहते हैं : "ईश्वर के विषय में सार्थकतापूर्वक बात करने के लिए या तो हम मानवीय भाषा का उपयोग कर सकते हैं और ऐसा करने पर ईश्वर सीमित वस्तु से स्वरूपतः भिन्न नहीं रह जाता, अथवा मानवीय भाषा का ईश्वर के संबंध में बिल्कुल ही प्रयोग नहीं किया जा सकता और ऐसी स्थिति में 'ईश्वर' शब्द निरर्थक हो जाता है। यह कहकर कि ईश्वर अति-प्राकृतिक तथा अज्ञेय है ईसाई व्यक्ति ईश्वर को वास्तव में भाषा एवं अभिव्यक्ति के क्षेत्र से बहिष्कृत कर देता है जिसके फलस्वरूप वह स्वयं भी तर्कसंगत विचार-विमर्श के प्रसंग से हट जाता है।"[122] इस प्रकार स्मिथ मनुष्य को ईश्वर के स्वरूप का ज्ञान प्रदान करने की दृष्टि से नकारात्मक उपाय की भाँति सकारात्मक उपाय को भी पूर्णतः असफल मानते हैं, क्योंकि उनके अनुसार इन दोनों उपायों का अनिवार्य अंतिम परिणाम अज्ञेयवाद ही हो सकता है।

यहाँ यह उल्लेखनीय है कि ईश्वर को अज्ञेयवाद तथा मानवत्वारोपी अवधारणा इन दोनों से बचाने के लिए कुछ ईश्वरवादी दार्शनिकों ने जिस सादृश्य-सिद्धांत का प्रतिपादन किया है उसका भी स्मिथ तर्कतः खंडन करते हैं। अन्य अनेक निरीश्वरवादी

121. देखिए, वही पुस्तक, पृ. 55-56.

122. वही पुस्तक, पृ. 56.

पाश्चात्य दार्शनिकों की भाँति स्मिथ ने भी इस सिद्धांत के विरुद्ध कुछ प्रबल तर्क प्रस्तुत किए हैं जिन पर यहाँ संक्षेप में विचार करना आवश्यक है। जैसा कि हम पहले ही बता चुके हैं, सादृश्य-सिद्धांत के समर्थकों के मतानुसार, जब हम ईश्वर के संबंध में सकारात्मक गुणों का बोध करानेवाले 'शक्ति', 'ज्ञान', 'शुभत्व', 'प्रेम', 'करुणा', 'न्याय' आदि शब्दों का प्रयोग करते हैं तो इन शब्दों का अर्थ न तो ठीक वही होता है जो मानवीय प्रसंग में समझा जाता है और न ही इस अर्थ से पूर्णतः भिन्न तथा असंबद्ध होता है। वस्तुतः ईश्वर के लिए प्रयुक्त होने पर इन शब्दों का अर्थ उस सादृश्य पर आधारित रहता है जो मनुष्य और ईश्वर में पाया जाता है। इसी सादृश्य की सहायता से हम ईश्वर के प्रसंग में प्रयुक्त इन शब्दों का अर्थ भली-भाँति समझ लेते हैं। इस सादृश्य-सिद्धांत की विस्तृत व्याख्या हम प्रस्तुत अध्याय में पहले ही कर चुके हैं, अतः यहाँ इसकी पुनरावृत्ति की आवश्यकता नहीं है। यहाँ इस संबंध में इतना कह देना ही पर्याप्त होगा कि कुछ ईश्वरवादी दार्शनिक अपने इस सिद्धांत द्वारा उन जटिल समस्याओं का समाधान करना चाहते हैं जो ईश्वर में सकारात्मक मानवीय गुणों को आरोपित करने के कारण उत्पन्न होती हैं और जिनकी विस्तृत विवेचना ऊपर की गई है। परंतु स्मिथ का मत है कि यह सिद्धांत इन समस्याओं का समाधान करने में असमर्थ है।

सादृश्य-सिद्धांत के विरुद्ध स्मिथ का प्रथम तर्क यह है कि यह सिद्धांत मनुष्य और ईश्वर के जिस सादृश्य पर आधारित है वह वस्तुतः संभव ही नहीं है। इसका कारण यह है कि स्वरूप की दृष्टि से ईश्वर मनुष्य से पूर्णतः भिन्न है और ऐसी स्थिति में इन दोनों में किसी प्रकार की समानता नहीं हो सकती। हम देख चुके हैं कि ईश्वर अशरीरी, असीम तथा अति-प्राकृतिक सत्ता है जबकि मनुष्य शरीरवान और सीमित प्राणी है जिसका अस्तित्व केवल प्रकृति के अंतर्गत ही संभव है। इन दोनों के स्वरूप में जो आधारभूत अंतर है वह वस्तुतः मात्रा का नहीं, अपितु प्रकार का है। इसका तात्पर्य यह है कि ईश्वर में जो सकारात्मक गुण आरोपित किए जाते हैं वे मनुष्य के गुणों की तुलना में मात्रा की दृष्टि से अधिक नहीं हैं, अपितु ईश्वर के प्रसंग में उनका स्वरूप ही पूर्णतः भिन्न होता है। संभवतः यही कारण है कि मनुष्य के विपरीत ईश्वर को अज्ञात और अज्ञेय माना जाता है। इन्हीं तथ्यों को ध्यान में रखते हुए स्मिथ यह कहते हैं कि हम न तो ईश्वर के गुणों की परीक्षा कर सकते हैं और न उसके गुणों की मनुष्य के गुणों के साथ तुलना करके यह निष्कर्ष निकाल सकते हैं कि इन दोनों में कुछ समान गुण पाए जाते हैं। यदि ईश्वर अति-प्राकृतिक और अज्ञेय न होता और यदि हमें उसके स्वरूप का कुछ ज्ञान होता तो हम उसके गुणों की मनुष्य के गुणों के साथ तुलना कर सकते थे। हम दोनों के स्वरूप से संबंधित इस ज्ञान के आधार पर ही इनमें कुछ सादृश्य स्थापित कर सकते थे जो हमें ईश्वर के गुणों को कुछ सीमा तक समझने में समर्थ बना सकता था। परंतु ईश्वर के स्वरूप से पूर्णतः अनभिज्ञ होने के कारण हमारे लिए मनुष्य के साथ उसका कोई सादृश्य स्थापित करना संभव नहीं है।

मनुष्य तथा ईश्वर में विद्यमान उपर्युक्त पूर्ण भिन्नता को ध्यान में रखते हुए स्मिथ कहते हैं कि यदि हमें ईश्वर के स्वरूप का कुछ ज्ञान होता तो उसके गुणों को समझने

के लिए हमें इस सादृश्य की वास्तव में कोई आवश्यकता ही न होती। इस सादृश्य की आवश्यकता का मूल कारण यह है कि हम ईश्वर के स्वरूप को बिल्कुल नहीं जानते और मनुष्य तथा ईश्वर में अलंघ्य अंतराल है जो इन दोनों में किसी प्रकार की समानता की संभावना को पूर्ण रूप से समाप्त कर देता है। ऐसी स्थिति में ईश्वरवादी दार्शनिक यह तर्क नहीं दे सकते कि ईश्वर में भी वे ही गुण विद्यमान हैं जो मनुष्य में पाए जाते हैं, किंतु ये गुण ईश्वर में बहुत अधिक मात्रा में होते हैं। ईश्वर कोई महामानव नहीं है जिसमें 'शक्ति', 'ज्ञान', 'शुभत्व', 'प्रेम', 'करुणा' आदि गुण अत्यधिक मात्रा में विद्यमान रहते हैं; वह तो मनुष्य से मूलतः भिन्न है। भौतिक तथा सीमित मनुष्य और अभौतिक एवं असीम ईश्वर में वस्तुतः किसी प्रकार का सादृश्य संभव नहीं है।

सादृश्य-सिद्धांत के विरुद्ध स्मिथ के उपर्युक्त तर्क के उत्तर में इस सिद्धांत के समर्थक यह कहते हैं कि मनुष्य तथा ईश्वर में जो सादृश्य है वह वास्तव में उनके अपने-अपने स्वरूप के अनुपात के अनुसार ही है। इसका तात्पर्य यह है कि मनुष्य का प्रेम या शुभत्व उसके अपने सीमित स्वरूप के अनुपात के अनुसार सीमित होता है, जबकि असीम ईश्वर का प्रेम अथवा शुभत्व उसके अपने स्वरूप के अनुपात के अनुसार असीम है। यही बात मनुष्य और ईश्वर में विद्यमान अन्य सभी सकारात्मक गुणों के विषय में भी कही जा सकती है। मनुष्य और ईश्वर दोनों में समस्त सकारात्मक गुण अपने-अपने स्वरूप के अनुपात के अनुसार ही होते हैं। वस्तुतः इसी दृष्टि से इन दोनों में विद्यमान सादृश्य को भली-भाँति समझा जा सकता है। इस प्रकार के सादृश्य को 'अनुपातिक सादृश्य' कहा जाता है।

परंतु स्मिथ ने सादृश्य-सिद्धांत के विरुद्ध दिए गए अपने दूसरे तर्क द्वारा उपर्युक्त अनुपातिक सादृश्य का भी खंडन किया है। उनका कथन है कि किन्हीं दो वस्तुओं में सादृश्य को समझने के लिए उन दोनों के स्वरूप का कुछ ज्ञान होना अनिवार्य है। यदि हम इन दो वस्तुओं में से एक के स्वरूप को तो जानते हैं और दूसरी के स्वरूप को बिल्कुल नहीं जानते तो हम इन दोनों में पाए जानेवाले सादृश्य को कभी नहीं समझ सकते। इस दृष्टि से विचार करने पर यह स्पष्ट हो जाता है कि हमारे लिए मनुष्य और ईश्वर के सादृश्य को समझना संभव नहीं है। इसका कारण यह है कि हम केवल मनुष्य के स्वरूप को ही जानते हैं, किंतु हम ईश्वर के स्वरूप से पूर्णतः अनभिज्ञ हैं। ऐसी स्थिति में हमारे लिए यह कहने का कोई अर्थ नहीं हो सकता कि मनुष्य के सकारात्मक गुण उसके अपने स्वरूप के अनुपात के अनुसार होते हैं और ईश्वर के सकारात्मक गुण उसके अपने स्वरूप के अनुपात के अनुसार। जब हम ईश्वर के स्वरूप को जानते ही नहीं तो हम उसके सकारात्मक गुणों के अनुपात को भी नहीं जान सकते और न ही उसके इन गुणों की मनुष्य के सकारात्मक गुणों के साथ कोई तुलना कर सकते हैं। इसी कारण अज्ञात और अज्ञेय ईश्वर में मानवीय सकारात्मक गुणों को आरोपित करना हमारे लिए निरर्थक हो जाता है। वस्तुतः जब तक हम केवल मनुष्य के स्वरूप को ही जानते हैं और ईश्वर के स्वरूप से पूर्णतः अनभिज्ञ हैं तब तक हमारे लिए यह कहने का कोई अर्थ नहीं हो सकता कि मानवीय शुभत्व मनुष्य

के अनुपात के अनुसार तथा ईश्वरीय शुभत्व ईश्वर के अनुपात के अनुसार होता है। हम मनुष्य के स्वरूप से परिचित हैं, अतः हम मनवीय शुभत्व के अर्थ को भी समझते हैं। परंतु हम यह बिल्कुल नहीं जानते कि ईश्वर का स्वरूप क्या है और इसी कारण हमारे लिए ईश्वरीय शुभत्व का अर्थ समझना भी असंभव है। इस प्रकार अपने उपर्युक्त तर्कों के आधार पर स्मिथ ने यह सिद्ध किया है कि सादृश्य-सिद्धांत ईश्वर में आरोपित सकारात्मक गुणों की संतोषप्रद व्याख्या करने में असमर्थ है, अतः इस सिद्धांत द्वारा हम उसके स्वरूप का ज्ञान प्राप्त नहीं कर सकते।[123] संक्षेप में सादृश्य-सिद्धांत के विरुद्ध उनकी मुख्य आपत्ति यह है कि यह सिद्धांत हमें अज्ञेयवाद से नहीं बचा सकता जैसा कि इसके समर्थकों का दावा है।

जैसा कि हम ऊपर देख चुके हैं, नकारात्मक उपाय के साथ-साथ सकारात्मक उपाय को स्वीकार करनेवाले ईश्वरवादी दार्शनिकों द्वारा ईश्वर में सकारात्मक गुणों को आरोपित करने का मूल उद्देश्य यह था कि मनुष्य को उसके स्वरूप का कुछ ज्ञान प्राप्त हो सके। परंतु सकारात्मक उपाय तथा सादृश्य-सिद्धांत के विरुद्ध प्रस्तुत किए गए स्मिथ के उपर्युक्त तर्कों से यह स्पष्ट है कि ये दार्शनिक अपने इस उद्देश्य में सफल नहीं हुए। इन दार्शनिकों की इस असफलता का प्रमुख कारण ईश्वर के विषय में इनकी यह आधारभूत मान्यता है कि वह अभौतिक, असीम तथा अति-प्राकृतिक सत्ता है, अतः वह मनुष्य से पूर्णतः भिन्न है। ईश्वरवादी दार्शनिकों की इस मान्यता के परिणामस्वरूप हम सकारात्मक मानवीय गुणों को सार्थकतापूर्वक ईश्वर में आरोपित नहीं कर सकते जिसके कारण वह हमारे लिए सदा अज्ञेय ही बना रहता है। ईश्वर के स्वरूप के विषय में इन दार्शनिकों की इसी मूल समस्या की व्याख्या करते हुए स्मिथ ने लिखा है : "यदि ईसाई धर्म का ईश्वर अज्ञेय तथा स्वरूप की दृष्टि से सीमित वस्तु से पूर्णतः भिन्न है तो सादृश्य द्वारा अथवा उसके बिना हम इस विचार को ही नहीं समझ सकते कि उसके स्वरूप में सकारात्मक गुणों को आरोपित करने का अर्थ क्या है, क्योंकि हमें उसके स्वरूप का ज्ञान नहीं है। . . . जब तक ईसाई धर्म का ईश्वर अज्ञेय बना रहता है, जब तक वह ऐसी प्रत्येक वस्तु से पूर्णतः भिन्न है जिसका अनुभव हमें प्राप्त है तब तक हम ईश्वर में सकारात्मक गुणों को सार्थकतापूर्वक कभी भी आरोपित नहीं कर सकते। यह कहना कि ईश्वर 'शुभ' अथवा 'बुद्धिमान' है यह कहने के अतिरिक्त और कुछ नहीं है कि किसी अज्ञेय सत्ता में कुछ अज्ञात गुण अज्ञेय रूप में विद्यमान हैं। ईश्वर के सकारात्मक गुण भ्रामक रूप से केवल इसी बात की पुनरावृत्ति करते हैं कि ईश्वर मनुष्य की समझ से परे है। सादृश्य-सिद्धांत के बावजूद सकारात्मक उपाय ईश्वर को अज्ञेयवाद की विस्मृति से बचाने में असमर्थ है। नकारात्मक गुणों की भाँति ईश्वर के सकारात्मक गुण भी केवल ऐसे साधन हैं जिनके द्वारा ईसाई व्यक्ति अपने अज्ञेय ईश्वर को छिपाता है और उसके वेष को बदलने की आशा करता है।"[124] इस प्रकार नकारात्मक तथा सकारात्मक दोनों उपायों के संबंध में स्मिथ का

123. देखिए, वही पुस्तक, पृ. 57-59.

124. वही पुस्तक, पृ. 59-60.

मूल निष्कर्ष यही है कि ईश्वरवादी दार्शनिक ईश्वर में जिन नकारात्मक एवं सकारात्मक गुणों को आरोपित करते हैं उनके द्वारा हमें उसके स्वरूप का कोई ज्ञान प्राप्त नहीं होता, अतः उसकी अवधारणा हमारे लिए पूर्णतः अबोधगम्य और निरर्थक ही बनी रहती है।

ईश्वर के स्वरूप की अज्ञेयता के विषय में अपने उपर्युक्त निष्कर्ष की पुष्टि के लिए स्मिथ ने उसके कुछ अन्य प्रमुख गुणों का भी आलोचनात्मक मूल्यांकन किया है। उनका कथन है कि ईश्वर के इन गुणों का मूल्यांकन करते समय हमें इनसे संबंधित निम्नलिखित प्रश्नों पर अवश्य विचार करना चाहिए : (1) सर्वप्रथम यह देखना आवश्यक है कि ईश्वर का कोई गुण स्वतोव्याघातपूर्ण तो नहीं है। यदि किसी गुण में स्वतोव्याघात विद्यमान है तो उसका अस्तित्व नहीं हो सकता और ऐसी स्थिति में उस वस्तु का भी अस्तित्व संभव नहीं है जिसमें वह गुण आरोपित किया जाता है। (2) फिर इस प्रश्न पर भी विचार करना आवश्यक है कि ईश्वर में परस्पर विरोधी गुण तो नहीं पाए जाते। यदि ईश्वर में परस्पर विरोधी गुण विद्यमान हैं तो हम यह निश्चयपूर्वक कह सकते हैं कि तार्किक दृष्टि से उसका अस्तित्व संभव नहीं है। (3) इन प्रश्नों के अतिरिक्त यह प्रश्न भी विचारणीय है कि ईश्वर में जो गुण बताए जाते हैं उनका उचित प्रसंग में प्रयोग किया जाता है या नहीं। सभी शब्द अपने विशेष प्रसंगों में ही सार्थक होते हैं, अतः यदि किसी शब्द का ग़लत प्रसंग में प्रयोग किया जाए तो वह निरर्थक हो जाता है। उदाहरणार्थ, यदि हम 'लाल' शब्द का प्रयोग वस्तु के रंग के स्थान पर उसके आकार के लिए करें तो ग़लत प्रयोग के कारण यह शब्द हमारे लिए निरर्थक हो जाएगा। ठीक यही बात ईश्वर के लिए प्रयुक्त होने पर 'शक्ति', 'ज्ञान', 'प्रेम', 'शुभ', 'न्याय' आदि शब्दों के विषय में भी कही जा सकती है। जैसा कि हम पहले ही बता चुके हैं, ईश्वर के विषय में प्रयुक्त होने पर ये शब्द हमारे लिए अबोधगम्य हो जाते हैं। (4) इन सब प्रश्नों के साथ-साथ हमें इस प्रश्न पर भी विचार करना चाहिए कि ईश्वर में जो गुण आरोपित किया जाता है वह हमें वस्तुतः उसके विषय में किसी प्रकार का ज्ञान प्रदान करता है या नहीं। यदि ईश्वर का कोई गुण हमें केवल इतना ही बताता है कि वह क्या नहीं है तो इससे उसके स्वरूप के ज्ञान के संबंध में हमें कोई सहायता नहीं मिलती। हम ऊपर देख चुके हैं कि ईश्वर के सभी नकारात्मक गुण वास्तव में इसी प्रकार के गुण हैं। (5) यहाँ इस प्रश्न पर भी विचार करना आवश्यक है कि ईश्वर के गुणों को हमारे लिए जानना संभव है या नहीं। यदि हम उसके असीम गुणों को जान ही नहीं सकते तो यह स्पष्ट है कि इनके द्वारा हमें उसके स्वरूप का ज्ञान प्राप्त नहीं हो सकता। दूसरे शब्दों में, हम अज्ञेय ईश्वर को उसके अज्ञेय गुणों के माध्यम से कभी नहीं जान सकते। (6) अंत में यह प्रश्न भी विचारणीय है कि ईश्वर के गुण उन तथ्यों के विरुद्ध तो नहीं हैं जिन्हें हम भली-भाँति जानते हैं। उदाहरणार्थ, यह कहा जाता है कि इस विश्व का रचयिता ईश्वर सर्वशक्तिमान, सर्वज्ञ तथा पूर्णतः शुभ या अत्यंत करुणामय है, किंतु उसके द्वारा रचित विश्व में दुःख तथा दुर्गुण या दुष्टता के रूप में विद्यमान अशुभ अथवा बुराई से संबंधित सर्वज्ञात तथ्य उसके इन सभी गुणों के विरुद्ध है जिसके फलस्वरूप उस बहुचर्चित

समस्या का जन्म होता है जिसे 'अशुभ की समस्या' कहा जाता है और जिसका उल्लेख हम पिछले अध्यायों में अनेक बार कर चुके हैं। वस्तुतः विश्व में विद्यमान अशुभ या बुराई से यही सिद्ध होता है कि इसके रचयिता के रूप में उपर्युक्त गुणों से संपन्न ईश्वर का अस्तित्व नहीं है। इस प्रकार स्मिथ ने उपर्युक्त सभी प्रश्नों पर विचार करते हुए ईश्वर के कुछ मुख्य गुणों की आलोचनात्मक परीक्षा की है जिसके आधार पर उन्होंने अत में यही निष्कर्ष निकाला है कि ये गुण भी हमें ईश्वर के स्वरूप का ज्ञान प्रदान नहीं करते।[125]

यह सर्वविदित तथ्य है कि ईश्वर को अशरीरी या अभौतिक सत्ता माना जाता है, अतः स्मिथ ने इस महत्त्वपूर्ण प्रश्न पर विचार किया है कि उसके इस गुण के परिणामस्वरूप कौन-सी दार्शनिक समस्याएँ उत्पन्न होती हैं। ईश्वर को अभौतिक मानने का अर्थ यह है कि उसमें किसी भी रूप में पुद्गल विद्यमान नहीं है, वह अदृश्य तथा अवर्णनीय है, उसका कोई आकार नहीं है, दिक् एवं काल के अंतर्गत उसका अस्तित्व नहीं है और उसे किसी भौतिक वस्तु की भाँति मापना या जानना असंभव है। ईश्वर के इस गुण के विषय में सर्वप्रथम स्मिथ का कथन है कि यह हमें केवल इतना ही बताता है कि ईश्वर क्या नहीं है; इसके द्वारा हमें उसके स्वरूप के संबंध में कोई सकारात्मक ज्ञान प्राप्त नहीं होता। वस्तुतः, जैसा कि पहले ही कहा गया है, यह समस्या ईश्वर के सभी नकारात्मक गुणों के विषय में उत्पन्न होती है। इस समस्या के अतिरिक्त स्मिथ के अनुसार, ईश्वर की अभौतिकता से संबंधित दूसरी दार्शनिक समस्या यह है कि 'अभौतिक वस्तु' के अस्तित्व का विचार ही स्वतोव्याघातपूर्ण है जिसे न तो समझा जा सकता है और न सकारात्मक शब्दों में अभिव्यक्त किया जा सकता है। हम किसी 'अभौतिक वस्तु' के अस्तित्व की कल्पना नहीं कर सकते, क्योंकि 'वस्तु' के अस्तित्व की अवधारणा में ही किसी-न-किसी रूप में उसके भौतिक होने का विचार अनिवार्यतः निहित रहता है।

यहाँ ईश्वरवादी विचारक यह आपत्ति उठा सकते हैं कि हमारी सामान्य भाषा में 'न्याय', 'चेतना' आदि ऐसे अनेक शब्द विद्यमान हैं जो अभौतिक वस्तुओं के अस्तित्व का बोध कराते हैं। ऐसी स्थिति में ईश्वर को भी अभौतिक सत्ता मानने में हमें कोई कठिनाई नहीं होनी चाहिए। इस आपत्ति का उत्तर देते हुए स्मिथ कहते हैं कि यद्यपि 'न्याय' और 'चेतना' शब्द हमें किन्हीं भौतिक वस्तुओं के अस्तित्व का बोध नहीं कराते, फिर भी यहाँ यह स्मरण रखना चाहिए कि इन शब्दों द्वारा हमें विशेष 'अभौतिक वस्तुओं' के अस्तित्व का भी ज्ञान नहीं होता। 'न्याय' शब्द हमें उस वांछनीय व्यवहार का ज्ञान कराता है जो मनुष्य सामाजिक प्राणी के रूप में अन्य व्यक्तियों के प्रति करता है। इसी प्रकार, 'चेतना' शब्द से हमें किसी प्राणी की उस मानसिक अवस्था का ज्ञान होता है जिसे वह निर्जीव वस्तु के विपरीत सजीव प्राणी होने के कारण अनुभव करता है। इससे स्पष्ट है कि 'न्याय' और 'चेतना' ऐसे शब्द नहीं हैं जो हमें किन्हीं विशेष 'अभौतिक वस्तुओं' के अस्तित्व का बोध कराते हैं। यही बात ऐसे अन्य सभी शब्दों के विषय में भी कही जा सकती है जो भौतिक वस्तुओं के स्थान पर अभौतिक विचारों

125. देखिए, वही पुस्तक, पृ. 60-62.

या मानसिक अवस्थाओं को अभिव्यक्त करते हैं। परंतु स्मिथ का कथन है कि ईश्वरवादी विचारक ईश्वर को अभौतिक मानते हुए भी अस्तित्ववान मानते हैं जो असंगत और स्वतोव्याघातपूर्ण है। वस्तुतः 'अभौतिक' शब्द किसी विशेष प्रकार के अस्तित्व का द्योतक न होकर उस रूप में अस्तित्व की अवधारणा का ही निषेध करता है जिस रूप में हम उसे समझते हैं अथवा समझ सकते हैं। इस प्रकार स्मिथ के मतानुसार, ईश्वर को अभौतिक सत्ता मानने का अनिवार्य परिणाम यही होता है कि वह हमारे लिए पूर्णतः अबोधगम्य तथा अज्ञेय हो जाता है।[126]

अभौतिकता की भाँति ईश्वर का एक अन्य गुण है उसका असीम होना। ईश्वरवादी विचारक ईश्वर को सभी दृष्टियों से असीम मानते हैं जिसका अर्थ यह है कि उसके किसी गुण की कोई सीमा नहीं है। ईश्वर के इस नकारात्मक गुण की व्याख्या करते हुए स्मिथ कहते हैं कि ईश्वर केवल एक सत्ता ही नहीं है, अपितु वह असीम सत्ता है; वह केवल शुभ तथा बुद्धिमान ही नहीं है, अपितु असीम शुभत्व और असीम बुद्धिमत्ता है। परंतु स्मिथ के अनुसार, यहाँ कठिनाई यह है कि मनुष्य जिन वस्तुओं को जानता है या जान सकता है वे सभी किसी-न-किसी रूप में अनिवार्यतः सीमित होती हैं। वह ऐसी किसी वस्तु की कल्पना भी नहीं कर सकता जो वास्तविक अर्थ में असीम हो—अर्थात्, जिसकी कोई सीमा न हो। ऐसी स्थिति में ईश्वरवादी दार्शनिकों द्वारा ईश्वर को असीम कहने का स्पष्ट तात्पर्य यही है कि वह मनुष्य के लिए पूर्णतः अज्ञेय है। ये दार्शनिक ईश्वर को असीम मानने के इस अनिवार्य परिणाम को स्वयं स्पष्ट रूप से स्वीकार करते हैं। उदाहरणार्थ, टॉमस ऐक्वाइनस के मतानुसार, किसी मनुष्य के लिए अपनी सीमित बुद्धि द्वारा असीम ईश्वर को जानना असंभव है, अतः वह उसके लिए सदा अबोधगम्य ही बना रहता है।[127] ऐक्वाइनस की भाँति अन्य ईश्वरवादी विचारक भी ईश्वर को असीम मानने के कारण उसे मनुष्य के लिए अज्ञेय मानते हैं। इसी तथ्य को ध्यान में रखते हुए स्मिथ कहते हैं कि ईश्वर की अभौतिकता के समान उसका असीम होना भी हमें उसके संबंध में अंततः अज्ञेयवाद की ओर ही ले जाता है।[128]

ईश्वर के उपर्युक्त नकारात्मक गुणों की विवेचना करने के पश्चात स्मिथ ने उसके कुछ महत्त्वपूर्ण सकारात्मक गुणों पर भी आलोचनात्मक दृष्टि से विचार किया है। इस संबंध में सर्वप्रथम वे ईश्वर की सर्वशक्तिमत्ता के फलस्वरूप उत्पन्न होनेवाली कुछ गंभीर दार्शनिक समस्याओं का विवेचन करते हैं। जैसा कि पहले ही कहा गया है, ईश्वर को सर्वशक्तिमान माना जाता है जिसका सामान्यतः यह अर्थ समझा जाता है कि वह सब कुछ करने में समर्थ है। साधारण ईश्वरवादी व्यक्ति प्रायः इसी अर्थ में ईश्वर की सर्वशक्तिमता को स्वीकार करता है। परंतु इस व्यापक अर्थ में ईश्वर को सर्वशक्तिमान मानने के कारण ऐसी अनेक गंभीर दार्शनिक समस्याएँ उत्पन्न होती हैं जिनका संतोषप्रद समाधान संभव नहीं है। इस संबंध में सर्वप्रथम स्मिथ ने उस समस्या पर विचार किया है जिसकी उनसे पूर्व भी अनेक दार्शनिक चर्चा करते रहे हैं। समस्या

126. देखिए, वही पुस्तक, पृ. 67-68.

127. देखिए, टॉमस ऐक्वाइनस, 'सम्मा थियॉलोजिका', भाग 1, प्रश्न 12, उत्तर 7.

128. देखिए, जॉर्ज एच. स्मिथ, 'एथीइज़्म : दि केस अगेंस्ट गॉड', पृ. 68-69.

यह है कि क्या ईश्वर वह सब कुछ भी कर सकता है जो तार्किक दृष्टि से असंभव है। उदाहरणार्थ, क्या ईश्वर किसी ऐसी वस्तु का निर्माण कर सकता है जो एक ही साथ चौकोर तथा गोल दोनों हो और क्या वह विवाहित कुँआरे पुरुष को उत्पन्न कर सकता है? ऐसे कार्य तार्किक दृष्टि से असंभव माने जाते हैं और इसी कारण यह कहा जाता है कि ऐसी वस्तुओं का भी अस्तित्व नहीं हो सकता। यदि ईश्वरवादी दार्शनिक यह दावा करते हैं कि ईश्वर ऐसे असंभव कार्य कर सकता है तो यह स्पष्ट है कि तार्किक दृष्टि से स्वयं उसका अस्तित्व भी असंभव हो जाता है। संभवतः इसी तथ्य को ध्यान में रखते हुए अनेक ईश्वरवादी विचारकों ने स्पष्ट रूप से यह स्वीकार किया है कि ईश्वर इस प्रकार के तार्किक दृष्टि से असंभव कार्य नहीं कर सकता। परंतु इन विचारकों का मत है कि इससे ईश्वर की शक्ति में किसी प्रकार का ह्रास नहीं होता, क्योंकि ऐसे कार्यों के संपन्न होने की संभावना ही नहीं है। इस समस्या के संबंध में ऐक्वाइनस ने स्पष्ट कहा है कि शक्ति का प्रयोग उन्हीं कार्यों के लिए किया जा सकता है जो तार्किक दृष्टि से संभव हों और जिनमें कोई स्वतोव्याघात न हो, अतः ईश्वर के सर्वशक्तिमान होने का अर्थ यह है कि वह ऐसे सभी कार्य कर सकता है जो तार्किक दृष्टि से संभव हैं। 'ईश्वर तार्किक दृष्टि से असंभव कार्य नहीं कर सकता' यह कहने के स्थान पर वास्तव में यह कहना अधिक उचित होगा कि 'ऐसे कार्य किए ही नहीं जा सकते।'[129] इस संबंध में अन्य बहुत-से ईश्वरवादी विचारक भी ऐक्वाइनस के इसी मत का समर्थन करते हैं।

ईश्वर की सर्वशक्तिमत्ता के विषय में ऐक्वाइनस तथा अन्य ईश्वरवादी दार्शनिकों के उपर्युक्त विचारों से यह स्पष्ट है कि उनके अनुसार ईश्वर वह सब कुछ कर सकता है जो तार्किक दृष्टि से संभव है–अर्थात्, जिसकी कल्पना की जा सकती है। अब यहाँ इस प्रश्न पर विचार करना आवश्यक है कि ईश्वर की सर्वशक्तिमत्ता के इस संशोधित अर्थ को स्वीकार करने के कारण किस प्रकार की समस्या उत्पन्न होती है। इसी प्रश्न का उत्तर देते हुए स्मिथ कहते हैं कि यदि ईश्वर की सर्वशक्तिमत्ता का यह अर्थ है तो संसार की कोई भी वस्तु किसी भी अन्य वस्तु में परिवर्तित हो सकती है और वह किसी भी समय पर कुछ भी कर सकती है। उदाहरणार्थ, यदि इस अर्थ में ईश्वर सर्वशक्तिमान है तो वह वृक्ष को मनुष्य में परिवर्तित कर सकता है, मनुष्य को पर्वत बना सकता है, बिल्ली के गर्भ से हाथी का बच्चा उत्पन्न कर सकता है, इत्यादि। ये सब कार्य और ऐसे ही अन्य सभी कार्य तार्किक दृष्टि से संभव हैं, क्योंकि हम इनकी कल्पना कर सकते हैं। परंतु स्मिथ का विचार है कि अनिवार्य प्राकृतिक नियमों के विरुद्ध होने के कारण इस प्रकार के कार्य भी वस्तुतः स्वतोव्याघातपूर्ण हैं। ईश्वर के लिए ऐसे कार्यों को संभव मानना 'संभव' शब्द के उपहास करने के अतिरिक्त और कुछ नहीं है। यह सर्वविदित वैज्ञानिक तथ्य है कि प्रत्येक वस्तु के कुछ निश्चित गुण होते हैं जो उसके स्वरूप तथा कार्यों और उसकी शक्तियों एवं सीमाओं को अनिवार्यतः निर्धारित करते हैं। इसका अर्थ यही है कि कोई भी वस्तु यों ही किसी अन्य वस्तु में परिवर्तित नहीं हो सकती और वह किसी भी समय पर कुछ भी नहीं कर सकती।

129. देखिए, टॉमस ऐक्वाइनस, 'सम्मा थियॉलॉजिका', भाग 1, प्रश्न 25, उत्तर 3.

वस्तुतः इस नियम को न मानना एक ऐसे अराजकतापूर्ण विश्व को स्वीकार करना है जहाँ कारण-कार्य के नियम तथा अन्य अनिवार्य प्राकृतिक नियमों का कोई महत्त्व नहीं है और इसलिए जहाँ कभी भी कुछ भी हो सकता है। स्मिथ का कथन है कि यदि ईश्वर उपर्युक्त संशोधित अर्थ में सर्वशक्तिमान है तो निश्चय ही हमें ऐसे अराजकतापूर्ण विश्व की संभावना को स्वीकार करना पड़ेगा, क्योंकि इस अर्थ के अनुसार ईश्वर वे सभी असंगत एवं स्वतोव्याघातपूर्ण कार्य कर सकता है जो तार्किक दृष्टि से संभव हैं और जिनकी कल्पना की जा सकती है। यह स्पष्ट है कि इस अराजकतापूर्ण विश्व में किसी भी वस्तु की कोई बौद्धिक व्याख्या करना संभव नहीं होगा। संभवतः यही कारण है कि जॉन स्टुअर्ट मिल ने इस संशोधित अर्थ में भी ईश्वर की सर्वशक्तिमत्ता का निषेध किया था।[130] स्मिथ के उपर्युक्त विचारों से यह स्पष्ट है कि इस संबंध में वे भी मिल के मत का पूर्णतः समर्थन करते हैं।

ईश्वर की सर्वशक्तिमत्ता से संबंधित एक अन्य गंभीर समस्या को प्रस्तुत करते हुए स्मिथ ने कहा है कि ईश्वरवादी विचारक उसकी जिस शक्ति का वर्णन करते हैं उसे हम कभी नहीं समझ सकते, क्योंकि वह मानवीय शक्ति से पूर्णतः भिन्न और अत्यंत रहस्यमयी है। ये विचारक ईश्वर को जिस अर्थ में सर्वशक्तिमान मानते हैं उसे ध्यान में रखते हुए हमें यही कहना पड़ेगा कि किसी भी कार्य को संपन्न करने के लिए ईश्वर किसी प्रकार के साधनों का प्रयोग नहीं करता, वह कोई कर्म भी नहीं करता और उसका कोई लक्ष्य भी नहीं होता। मनुष्य को अपनी सीमित शक्ति के कारण ही किसी कार्य को संपन्न करने के लिए कुछ साधनों का प्रयोग करना पड़ता है और इन साधनों के प्रयोग के लिए उसे कुछ कर्म करने पड़ते हैं जिनके द्वारा वह अपने किसी अपूर्ण लक्ष्य को प्राप्त करना चाहता है। परंतु सर्वशक्तिमान ईश्वर के लिए इन सबकी कोई आवश्यकता नहीं है। वह किसी प्रकार के साधनों का प्रयोग किए बिना और कोई भी कर्म न करते हुए सब कुछ कर सकता है। इसके अतिरिक्त ईश्वर का कोई लक्ष्य भी नहीं हो सकता, क्योंकि लक्ष्य तभी संभव है जब किसी अतृप्त इच्छा की पूर्ति करनी हो और सर्वशक्तिमान ईश्वर की तो कोई अतृप्त इच्छा हो ही नहीं सकती। स्पष्टतः इसका अर्थ यही है कि ईश्वर अपनी शक्ति का प्रयोग साधनों, कर्मों तथा लक्ष्य के बिना ही करता है। दूसरे शब्दों में, ईश्वर जब, जैसे और जो कुछ चाहता है वह सब तुरंत अपने आप हो जाता है। इसी कारण स्मिथ यह कहते हैं कि सर्वशक्तिमान ईश्वर की यह शक्ति मनुष्य के लिए एक रहस्यपूर्ण जादू है जिसे समझने में वह पूर्णतः असमर्थ है। वस्तुतः ईश्वरवादी विचारक भी इस समस्या से अपरिचित नहीं हैं। वे स्वयं इस तथ्य को स्पष्टतः स्वीकार करते हैं कि सीमित मनुष्य के लिए ईश्वर की असीम शक्ति को समझना और उसकी व्याख्या करना संभव नहीं है। ईश्वर की यह शक्ति वैसी शक्ति नहीं है जिसे मनुष्य जानता है और जिसका वह प्रयोग करता है; यह ईश्वरीय शक्ति उसके लिए पूर्णतः रहस्यमयी वस्तु है। ईश्वर अपनी इस असीम शक्ति का प्रयोग कब, क्यों और कैसे करता है—यह हम सीमित मनुष्य कभी नहीं जान सकते। स्मिथ के अनुसार, ईश्वरवादी विचारकों के इस मत से यही सिद्ध होता है कि

130. देखिए, जे.एस. मिल, 'एथीइज़्म', संपादक, रिचर्ड टेलर, पृ. 33-34.

ईश्वर की सर्वशक्तिमत्ता हमारे लिए पूर्णतः अबोधगम्य तथा अज्ञेय है, अतः उसका यह गुण भी हमें अंततः अज्ञेयवाद को ही स्वीकार करने के लिए बाध्य करता है।[131]

ईश्वर की सर्वशक्तिमत्ता की भाँति उसकी सर्वज्ञता के कारण भी अनेक गंभीर दार्शनिक समस्याएँ उत्पन्न होती हैं जिनकी ओर स्मिथ ने हमारा ध्यान आकृष्ट किया है। ईश्वर को सर्वज्ञ माना जाता है जिसका अर्थ यह है कि वह भूत, वर्तमान तथा भविष्यत् सभी कालों की समस्त घटनाओं को प्रत्यक्षतः और निश्चित रूप से जानता है। ईश्वर की शक्ति के समान उसके इस व्यापक ज्ञान की भी कोई सीमा नहीं है। स्मिथ के विचार में ईश्वर की इस सर्वज्ञता से संबंधित प्रथम समस्या यह है कि उसका यह गुण मनुष्य के संकल्प-स्वातंत्र्य का निषेध करता है। यदि भविष्य में किए जानेवाले मनुष्य के समस्त कर्मों को ईश्वर पहले से ही पूर्णतः जानता है और यदि ईश्वर का यह ज्ञान कभी मिथ्या सिद्ध नहीं हो सकता तो निश्चय ही मनुष्य अपने इन कर्मों में कभी कोई परिवर्तन नहीं कर सकता। वस्तुतः मनुष्य के सभी कर्मों के विषय में ईश्वर के इस अमिथ्यापनीय एवं सुनिश्चित ज्ञान से यही सिद्ध होता है कि उसके ये कर्म पूर्व-निश्चित हैं जिन पर उसका कोई नियंत्रण नहीं है। यदि मनुष्य अपने कर्मों को स्वेच्छया परिवर्तित और नियंत्रित नहीं कर सकता तो यह स्पष्ट है कि वह उन्हें करने के लिए स्वतंत्र न होकर वास्तव में बाध्य है। परंतु इसके विपरीत मनुष्य के संकल्प-स्वातंत्र्य को स्वीकार करते हुए यदि यह माना जाए कि वह अपनी इच्छा से अपने कर्मों को परिवर्तित और नियंत्रित कर सकता है तो ईश्वर उसके भावी कर्मों को निश्चित रूप से नहीं जान सकता। इस प्रकार स्मिथ के मतानुसार, ईश्वर की सर्वज्ञता और मानवीय संकल्प-स्वातंत्र्य परस्पर विरोधी होने के कारण एक-दूसरे का अनिवार्यतः निषेध करते हैं और यदि मनुष्य कर्म करने के लिए स्वतंत्र नहीं है तो नैतिकता का कोई अर्थ एवं महत्त्व नहीं रह जाता। ऐसी स्थिति में मनुष्य के उचित और अनुचित कर्मों के लिए उसकी प्रशंसा तथा निंदा करना व्यर्थ हो जाता है।

वस्तुतः यदि ईश्वर की सर्वज्ञता और सर्वशक्तिमत्ता दोनों को एक साथ स्वीकार किया जाए जैसा कि ईश्वरवादी दार्शनिक करते हैं तो निश्चय ही मानव के संकल्प-स्वातंत्रय की संभावना समाप्त हो जाती है। इसका कारण यह है कि यदि मनुष्य सर्वशक्तिमान ईश्वर की इच्छा के विरुद्ध कुछ नहीं कर सकता और यदि ईश्वर पहले से ही पूर्णतः यह जानता है कि मनुष्य कब क्या करेगा जिसे वह वास्तव में अवश्य करता है तो यह कहना निरर्थक है कि वह कर्म करने के लिए स्वतंत्र है। यदि ईश्वर सर्वशक्तिमान और सर्वज्ञ दोनों है, जैसा कि ईश्वरवादी व्यक्ति मानते हैं, तो निश्चय ही मनुष्य अपने कर्म करने के लिए बिल्कुल स्वतंत्र नहीं है। इस प्रकार यह स्पष्ट है कि ईश्वर की सर्वशक्तिमत्ता तथा सर्वज्ञता ये दोनों गुण सम्मिलित रूप में मानवीय संकल्प-स्वातंत्र्य का अनिवार्यतः निषेध करते हैं। परंतु, जहाँ तक मुझे ज्ञात है, स्मिथ ने ईश्वर की सर्वशक्तिमत्ता के प्रसंग में मानवीय संकल्प-स्वातंत्र्य के निषेध का उल्लेख नहीं किया है। जैसा कि हम ऊपर देख चुके हैं, वे केवल ईश्वर की सर्वज्ञता के प्रसंग में ही इस समस्या की चर्चा करते हैं।

131. देखिए, जॉर्ज एच. स्मिथ, 'एथीइज़्म : दि केस अगेंस्ट गॉड', पृ. 69-73.

स्मिथ का कथन है कि ईश्वरवादी विचारकों ने मनुष्य के संकल्प-स्वातंत्र्य के साथ ईश्वर की सर्वज्ञता की संगति स्थापित करने के लिए जो प्रयास किया है उसमें उन्हें कोई सफलता प्राप्त नहीं हुई है। उदाहरणार्थ, कुछ ईश्वरवादी दार्शनिकों का मत है कि ईश्वर का पूर्व-ज्ञान मनुष्य के कर्मों को निर्धारित नहीं करता जिन्हें करने के लिए वह स्वतंत्र है। ईश्वर मनुष्य द्वारा भविष्य में किए जानेवाले कर्मों को पहले से जानता अवश्य है, किंतु वह उसे इन कर्मों को करने के लिए बाध्य नहीं करता, अतः उसकी सर्वज्ञता मानवीय संकल्प-स्वातंत्र्य में बाधक सिद्ध नहीं होती।[132] ईश्वरवादी विचारकों के इस तर्क का खंडन करते हुए स्मिथ कहते हैं कि यह वास्तव में ईश्वर की सर्वज्ञता के साथ मनुष्य के संकल्प-स्वातंत्र्य की संगति स्थापित नहीं कर पाता। इसका कारण यह है कि यदि मनुष्य द्वारा भविष्य में किए जानेवाले प्रत्येक कर्म को ईश्वर पहले से ही निश्चित रूप से जानता है तो मनुष्य वह कर्म अवश्य करेगा, क्योंकि ईश्वर का पूर्व-ज्ञान मिथ्या नहीं हो सकता। यदि मैं भविष्य में केवल वही कर्म कर सकता हूँ जिसे ईश्वर पहले से ही पूर्णतः जानता है तो यह स्पष्ट है कि मैं वह कर्म करने के लिए स्वतंत्र नहीं हूँ। ऐसी स्थिति में ईश्वरवादी विचारकों का यह मत तर्कसंगत प्रतीत नहीं होता कि ईश्वर के सर्वज्ञ होते हुए भी मनुष्य कर्म करने के लिए स्वतंत्र है। स्मिथ का विचार है कि इस समस्या का समाधान करने के लिए इन विचारकों ने जो अन्य तर्क दिए हैं वे भी वास्तव में इसका कोई संतोषप्रद समाधान नहीं कर पाते।

मानवीय संकल्प-स्वातंत्र्य के निषेध के अतिरिक्त स्मिथ के अनुसार ईश्वर की सर्वज्ञता से संबंधित दूसरी समस्या यह है कि इसके द्वारा उसकी सर्वशक्तिमत्ता का अनिवार्यतः खंडन होता है। इस समस्या को स्पष्ट करने के लिए वे यह प्रश्न उठाते हैं कि क्या ईश्वर भविष्य में होनेवाली घटनाओं में कोई परिवर्तन कर सकता है। यदि सर्वज्ञ होने के कारण ईश्वर इन भावी घटनाओं को निश्चित रूप से जानता है तो वह इनमें किसी प्रकार का परिवर्तन नहीं कर सकता और उसकी यह असमर्थता स्पष्टतः उसकी सर्वशक्तिमत्ता का निषेध करती है। इसके विपरीत यदि यह कहा जाए कि ईश्वर सर्वशक्तिमान होने के कारण इन भावी घटनाओं में परिवर्तन कर सकता है तो यह मानना पड़ेगा कि वह इन घटनाओं को निश्चित रूप से तथा पूर्णतः नहीं जानता जिससे उसकी सर्वज्ञता का खंडन होता है। इस प्रकार यह स्पष्ट है कि ईश्वर के इन दोनों गुणों में पारस्परिक असंगति या अंतर्विरोध विद्यमान है जिसके कारण तर्कसंगत रूप से ईश्वर में इन दोनों को एक ही साथ स्वीकार करना संभव नहीं है।

उपर्युक्त दो समस्याओं के अतिरिक्त स्मिथ के विचार में ईश्वर की सर्वज्ञता से संबंधित सर्वाधिक गंभीर अंतिम समस्या यह है कि मानवीय ज्ञान के साथ ईश्वर के ज्ञान की कोई समानता नहीं है जिसके कारण उसका यह ज्ञान हमारे लिए रहस्यपूर्ण तथा अबोधगम्य हो जाता है। ईश्वरीय ज्ञान की इस अबोधगम्यता का कारण यह है कि इस ज्ञान में उन सभी तत्त्वों का अभाव है जो मानवीय ज्ञान के लिए अनिवार्य माने जाते हैं। सर्वप्रथम ज्ञान-प्राप्ति के लिए चेतनापूर्ण सजीव प्राणी का होना अनिवार्य

132. देखिए, रॉबर्ट जे. क्रेचे, 'गॉड ऐंड रियेलिटी', पृ. 68.

है, क्योंकि केवल ऐसा प्राणी ही किसी वस्तु को जान सकता है। यह सर्वविदित तथ्य है कि चेतना के अभाव में किसी प्रकार का ज्ञान संभव नहीं है, किंतु यह चेतना केवल शरीरवान प्राणी में ही हो सकती है। शरीर के बिना विशुद्ध चेतना की कल्पना करना हमारे लिए संभव ही नहीं है। अब प्रश्न यह है कि क्या ईश्वर ऐसा सजीव प्राणी है जिसमें चेतना विद्यमान हो। इस प्रश्न का उत्तर केवल नकारात्मक ही हो सकता है, क्योंकि ईश्वर को अभौतिक तथा शरीर-रहित सत्ता माना जाता है जिसके लिए जीवन या सजीव होने का कोई अर्थ नहीं हो सकता और ऐसे शरीर-रहित ईश्वर में चेतना के विद्यमान होने की कल्पना भी नहीं की जा सकती। इस प्रकार यह स्पष्ट है कि ईश्वर चेतनायुक्त सजीव प्राणी नहीं है। ऐसी स्थिति में हमारे लिए यह समझना असंभव है कि वह किसी प्रकार का ज्ञान कैसे प्राप्त कर सकता है। ईश्वरवादी विचारक ईश्वर को शरीर-रहित विशुद्ध चैतन्य सत्ता मानते हैं। परंतु इस संबंध में कठिनाई यह है कि हम शरीर के अभाव में चैतन्य या चेतना के अस्तित्व की न तो सार्थकतापूर्वक बात कर सकते हैं और न ही उसे समझ सकते हैं। दूसरे शब्दों में, ऐसी शरीर-रहित विशुद्ध चेतना की अवधारणा हमारे लिए निरर्थक और अबोधगम्य है। इसी कारण हम ईश्वर द्वारा किसी प्रकार के ज्ञान की प्राप्ति का अर्थ समझने में असमर्थ हैं जिसके फलस्वरूप उसकी सर्वज्ञता की अवधारणा हमारे लिए निरर्थक हो जाती है। इस प्रकार स्मिथ के अनुसार ईश्वर के संबंध में ज्ञान की प्रथम अनिवार्य शर्त ही पूरी नहीं होती।

ज्ञान-प्राप्ति के लिए चेतनापूर्ण सजीव प्राणी होने के साथ-साथ ज्ञाता में ज्ञेय वस्तुओं की अमूर्त अवधारणाओं को समझने की क्षमता का होना भी आवश्यक है। हम अपना संपूर्ण ज्ञान विभिन्न प्रकार की अमूर्त मानसिक अवधारणाओं के रूप में ही प्राप्त करते हैं। इस ज्ञान की प्राप्ति के लिए ज्ञाता द्वारा किया गया मानसिक प्रयास भी आवश्यक होता है जिसके बिना वह बाह्य वस्तुओं को नहीं जान सकता। इसका अर्थ यह है कि मनुष्य इन वस्तुओं का ज्ञान मूलतः बाह्य जगत् से प्राप्त करता है। सीमित प्राणी होने के कारण वह इस ज्ञान की प्राप्ति में भूल भी कर सकता है, अतः उसे अपने ज्ञान की प्रामाणिकता के लिए सत्यापन की भी आवश्यकता पड़ती है। इस प्रकार ज्ञान की प्राप्ति का स्रोत और उसकी प्रामाणिकता के लिए सत्यापन ये दोनों तत्त्व ज्ञान के आवश्यक तत्त्व हैं। हम अनिवार्यतः किसी स्रोत से ज्ञान प्राप्त करते हैं और फिर किसी विधि या साधन द्वारा इस ज्ञान को सत्यापित करते हैं। परंतु ईश्वरवादी विचारक जब ईश्वर को सर्वज्ञ कहते हैं तो वे उसके ज्ञान से इन दोनों तत्त्वों का निराकरण करना चाहते हैं। वास्तव में इन विचारकों के लिए ऐसा करना अनिवार्य है, क्योंकि यदि वे ईश्वरीय ज्ञान में इन दोनों तत्त्वों की उपस्थिति को स्वीकार करते हैं तो इससे ईश्वर की सर्वज्ञता का खंडन होता है। यदि यह मान लिया जाए कि ईश्वर ने अपना संपूर्ण ज्ञान कहीं से प्राप्त किया है तो इसका अर्थ यह होगा कि इस ज्ञान को प्राप्त करने से पूर्व वह सर्वज्ञ नहीं था और यह स्थिति ईश्वरवादी विचारकों को स्वीकार्य नहीं हो सकती। इसी प्रकार, यदि यह कहा जाए कि ईश्वर के ज्ञान का सत्यापन हुआ है तो यह मानना पड़ेगा कि इस सत्यापन से पूर्व उसका यह ज्ञान अनिश्चित था जिससे उसके अमिथ्यापनीय ज्ञान की मान्यता का खंडन होता है और यह मान्यता उसकी सर्वज्ञता के लिए आवश्यक है। स्पष्ट है कि ईश्वर के ज्ञान में

उपर्युक्त दोनों तत्त्वों की उपस्थिति को स्वीकार करने के फलस्वरूप ईश्वरवादी विचारकों को उसकी सर्वज्ञता का परित्याग करना पड़ेगा जिसके लिए वे कभी उद्यत नहीं हो सकते। इतना ही नहीं, ईश्वर के ज्ञान में इन दोनों में से किसी एक तत्त्व को उपस्थित मान लेने के कारण भी उसकी सर्वज्ञता समाप्त हो जाती है। संभवतः इसी कठिनाई को ध्यान में रखते हुए ईश्वरवादी दार्शनिक यह कहते हैं कि ईश्वर ने अपना ज्ञान न तो कहीं से प्राप्त किया है और न ही उसके ज्ञान के सत्यापन की कोई आवश्यकता है। ईश्वर का ज्ञान तो पूर्णतः निश्चित, अमिथ्यापनीय तथा उसके अपने स्वरूप में ही निहित है। उसका ज्ञान अवधारणाओं के रूप में नहीं है जैसा कि मनुष्य का ज्ञान होता है। ईश्वरीय ज्ञान के स्वरूप के विषय में ईश्वरवादी दार्शनिकों की इन मान्यताओं से यह स्पष्ट है कि उनके अनुसार ईश्वर का ज्ञान मनुष्य के ज्ञान से पूर्णतः भिन्न प्रकार का है। ऐसी स्थिति में हमारे लिए यह मान लेना आवश्यक हो जाता है कि मनुष्य ईश्वर के ज्ञान को कभी नहीं समझ सकता। दूसरे शब्दों में, ईश्वरीय ज्ञान हमारे लिए अबोधगम्य तथा अज्ञेय है। इसी कारण स्मिथ यह कहते हैं कि ईश्वर के अन्य गुणों की भाँति उसकी सर्वज्ञता का अंतिम परिणाम भी अज्ञेयवाद ही हो सकता है। इस प्रकार अपने उपर्युक्त सभी तर्कों द्वारा उन्होंने ईश्वर की सर्वज्ञता का खंडन किया है।[133]

अंत में स्मिथ ने ईश्वर के एक अन्य सकारात्मक गुण, पूर्ण शुभत्व या असीम करुणा की भी विस्तृत विवेचना की है। ईश्वरवादी व्यक्ति यह दावा करते हैं कि ईश्वर पूर्णतः शुभ अथवा अत्यंत दयालु है। इसका अर्थ यह है कि ईश्वर के स्वरूप में किसी प्रकार की कोई बुराई नहीं है और उसके समस्त कर्म अनिवार्यतः सभी प्राणियों के कल्याण के लिए ही होते हैं। उसका शुभत्व असीम है और वह कभी भी कोई अशुभ कर्म नहीं कर सकता। ईश्वर के इस गुण के कारण सभी ईश्वरोपासक उसकी विशेष रूप से स्तुति करते हैं। परंतु स्मिथ का कथन है कि ईश्वर के इस गुण के परिणामस्वरूप भी ईश्वरवाद के लिए अनेक गंभीर दार्शनिक समस्याएँ उत्पन्न होती हैं। इस संबंध में प्रथम समस्या यह है कि ईश्वर की इच्छा उसके शुभत्व का प्रतिमान नहीं हो सकता। यह प्रतिमान केवल मानवीय नैतिकता से ही प्राप्त किया जा सकता है। यदि ईश्वरवादी व्यक्ति यह कहते हैं कि ईश्वर जो कुछ करता है वही शुभ है तो 'शुभ' शब्द हमारे लिए निरर्थक हो जाता है, क्योंकि ऐसी स्थिति में हमें ईश्वर के उस कर्म को भी पूर्णतः शुभ मानना पड़ेगा जो प्राणियों के लिए अकारण व्यापक रूप से भयंकर असह्य दुःख उत्पन्न करता है। यह स्पष्ट है कि इस मान्यता के कारण हमारे लिए शुभ और अशुभ में भेद करना असंभव हो जाएगा। फिर यहाँ यह कठिनाई भी है कि यदि ईश्वर शुभ कर्म के अतिरिक्त और कुछ कर ही नहीं सकता तो उसके कर्मों के संबंध में हमारे लिए 'नैतिकता' का कोई अर्थ नहीं रह जाता। हम किसी मनुष्य के विषय में नैतिकता का प्रश्न तभी उठाते हैं जब वह स्वतंत्रतापूर्वक शुभ और अशुभ कर्मों में चुनाव कर सके। यदि वह ऐसा कर ही नहीं सकता तो उसके कर्मों को शुभ या अशुभ कहना निरर्थक है। वस्तुतः हम ईश्वर को नैतिक दृष्टि से उत्कृष्टतम तभी कह सकते हैं जब

133. देखिए, जॉर्ज एच. स्मिथ, 'एथीइज़्म : दि केस अगेंस्ट गॉड', पृ. 73-76.

वह अशुभ कर्म करने में समर्थ होते हुए भी सदैव केवल शुभ कर्म करे। इस प्रकार केवल मानवीय नैतिक प्रतिमान के आधार पर ही ईश्वर के प्रसंग में सार्थकतापूर्वक पूर्ण शुभत्व की बात की जा सकती है। परंतु ईश्वरवादी व्यक्ति यह दावा करते हैं कि ईश्वर का कोई कर्म अशुभ हो ही नहीं सकता और उनके इस दावे के कारण हमारे लिए ईश्वर के प्रसंग में 'शुभ' शब्द अबोधगम्य हो जाता है।

स्मिथ के मतानुसार, ईश्वर के असीम तथा पूर्ण शुभत्व के संबंध में दूसरी प्रमुख दार्शनिक समस्या यह है कि उसके द्वारा रचित विश्व में अशुभ या बुराई क्यों विद्यमान है। हम पहले ही अनेक बार यह बता चुके हैं कि इस संसार में दुःख तथा दुर्गुण के रूप में बुराई स्पष्टतः दिखाई देती है और मनुष्य सहित सभी प्राणियों को अपने जीवन में इस बुराई का सामना अवश्य करना पड़ता है। ऐसी स्थिति में स्वभावतः यह प्रश्न उठता है कि सर्वज्ञ, सर्वशक्तिमान तथा पूर्णतः शुभ ईश्वर द्वारा रचित इस विश्व में यह व्यापक बुराई क्यों पाई जाती है। इसी प्रश्न का संबंध अशुभ की समस्या से है जिसकी चर्चा हम अनेक प्रसंगों में पहले भी कर चुके हैं और जो ईश्वरवाद की एक प्रमुख समस्या है। इस समस्या की व्याख्या करते हुए स्मिथ ने लिखा है : "संक्षेप में अशुभ की समस्या यह है : यदि ईश्वर यह नहीं जानता कि अशुभ या बुराई है तो वह सर्वज्ञ नहीं है। यदि ईश्वर यह जानता है कि बुराई है किंतु वह उसे रोक नहीं सकता तो वह सर्वशक्तिमान नहीं है। यदि ईश्वर यह जानता है कि बुराई है और वह उसे रोक भी सकता है किंतु रोकना नहीं चाहता तो वह सर्वहितैषी या पूर्णतः शुभ नहीं है। यदि . . . ईश्वर सर्वज्ञ तथा सर्वशक्तिमान है तो हम अनिवार्यतः यही निष्कर्ष निकाल सकते हैं कि वह सर्वहितकारी अथवा पूर्णतः शुभ नहीं है। विश्व में बुराई या अशुभ का अस्तित्व इस संभावना को समाप्त कर देता है।"[134] स्मिथ द्वारा की गई अशुभ की समस्या की इस व्याख्या से यह स्पष्ट है कि विश्व में विद्यमान बुराई तथा इसके रचयिता सर्वज्ञ, सर्वशक्तिमान और पूर्णतः शुभ ईश्वर में संगति स्थापित करना असंभव है। वस्तुतः यह समस्या ईश्वरवाद के विरुद्ध एक गंभीर चुनौती है जिसका प्रयोग बहुत प्राचीन काल से भारतीय तथा पाश्चात्य निरीश्वरवादी दार्शनिक इस सिद्धांत का खंडन करने के लिए करते रहे हैं। अन्य निरीश्वरवादी दार्शनिकों की भाँति स्मिथ ने भी सविस्तार अनेक तर्कों द्वारा यह सिद्ध किया है कि अभी तक ईश्वरवादी विचारकों ने इस अशुभ की समस्या के जो समाधान प्रस्तुत किए हैं वे सभी अयुक्तिसंगत होने के कारण असंतोषप्रद हैं, अतः यह गंभीर समस्या उस रूप में ईश्वर के अस्तित्व का निश्चय ही खंडन करती है जिस रूप में ये विचारक उसे स्वीकार करते हैं। स्मिथ निरीश्वरवादी दार्शनिकों के इस मत का भी समर्थन करते हैं कि इस समस्या का कोई संतोषजनक समाधान संभव नहीं है।[135]

ईश्वर के कुछ प्रमुख गुणों के उपर्युक्त संपूर्ण विवेचन के आधार पर स्मिथ ने उसकी अवधारणा की सार्थकता के विषय में अपना निषेधात्मक निष्कर्ष स्पष्ट रूप से प्रस्तुत किया है। उनके अनुसार, इस विवेचन से यही सिद्ध होता है कि ईश्वर के

134. वही पुस्तक, पृ. 81.

135. देखिए, वही पुस्तक, पृ. 79-87. इस समस्या के विस्तृत अध्ययन के लिए देखिए लेखक की एक अन्य पुस्तक, 'धर्म-दर्शन की मूल समस्याएँ', द्वितीय संस्करण, 1995, अध्याय 6.

स्वरूप के विषय में हमें कुछ ज्ञान प्रदान करने के लिए ईश्वरवादी विचारकों ने उसके जिन गुणों का वर्णन किया है वे स्वयं ही हमारे लिए अबोधगम्य हैं। ईश्वर के ये गुण उसके स्वरूप का ज्ञान प्रदान करने के स्थान पर हमारे इसी मत की पुष्टि करते हैं कि वह अज्ञात और अज्ञेय है। ऐसी स्थिति में जब ये विचारक ईश्वर में विश्वास करते हैं तथा उसके संबंध में कुछ कहते हैं तो वे स्वयं भी यह नहीं जानते कि वे किसमें विश्वास कर रहे हैं और किसकी चर्चा कर रहे हैं। दूसरे शब्दों में, ये ईश्वरवादी विचारक ईश्वर के अस्तित्व का दावा करते समय स्वयं इस तथ्य से पूर्णतः अनभिज्ञ होते हैं कि वे किसके अस्तित्व की बात कर रहे हैं। स्मिथ का कथन है कि इन विचारकों की यह अनभिज्ञता ईश्वर विषयक विश्वास को निश्चित रूप से अबौद्धिक तथा अयुक्तिसंगत सिद्ध करती है जिसके फलस्वरूप ईश्वरवाद का मूल आधार ही समाप्त हो जाता है। हम ऊपर देख चुके हैं कि यह सिद्धांत जिस ईश्वर के अस्तित्व में विश्वास करने का दावा करता है उसके समस्त गुण हमारे लिए अबोधगम्य हैं, क्योंकि उनमें अनेक असंगतियाँ तथा स्वतोव्याघात विद्यमान हैं। ईश्वर के विषय में यह आधारभूत तथ्य निरीश्वरवादी दार्शनिकों के इसी मत को प्रमाणित करता है कि वस्तुतः ईश्वरवाद के स्थान पर निरीश्वरवाद ही बौद्धिक एवं तर्कसंगत सिद्धांत है।

ईश्वरवाद तथा निरीश्वरवाद के संबंध में अपने उपर्युक्त निष्कर्ष को प्रस्तुत करते हुए स्मिथ कहते हैं : "ईश्वर के गुण अधिकांशतः अबोधगम्य हैं, और जिस सीमा तक हम उनका अर्थ समझ पाते हैं वे एक-दूसरे का खंडन करते हैं। संक्षेप में इससे निरीश्वरवाद का दावा पूर्णतः प्रमाणित हो जाता है। अपरिभाषित रूप में 'ईश्वर' एक निरर्थक ध्वनि है। जब परंपरागत दृष्टि से 'ईश्वर' की परिभाषा की जाती है तो वह अबोधगम्यता के दलदल में धँस जाता है। इसलिए विवेकशील मनुष्य के समक्ष ईश्वरवाद को अस्वीकार करने के अतिरिक्त अन्य कोई विकल्प नहीं है। ईश्वरवाद के निराकरण के फलस्वरूप निरीश्वरवाद विजयी हो गया है। . . . जिस प्रकार तार्किक दृष्टि से गोल चतुर्भुज का अस्तित्व असंभव है, उसी प्रकार असंगतियों तथा स्वतोव्याघातों से परिपूर्ण ईश्वर की अवधारणा का किसी वास्तविक वस्तु की ओर संकेत करना भी तार्किक दृष्टि से असंभव है। ईश्वर की परिभाषा से संबंधित प्रयासों को ध्यान में रखते हुए हम अब निश्चयपूर्वक यह कह सकते हैं कि ईश्वर का अस्तित्व नहीं है। इस प्रकार हमारा निरीश्वरवाद ईश्वर विषयक विश्वास के अभाव से इस विश्वास की सत्यता के पूर्ण निषेध के जटिल स्तर तक विकसित हो गया है। . . . जो व्यक्ति अति-प्राकृतिक सत्ता में विश्वास से संबंधित ईश्वरवाद का समर्थन करता है वह इसके साथ ही किसी अज्ञेय सत्ता में विश्वास से संबंधित अबौद्धिक या अयुक्तिसंगत सिद्धांत का भी समर्थन करता है।"[136] इस उद्धरण से यह स्पष्ट है कि स्मिथ के विचार में विवेकशील मनुष्य अबौद्धिक ईश्वरवाद के स्थान पर केवल निरीश्वरवाद को ही स्वीकार कर सकता है जो ईश्वरवाद का एकमात्र तर्कसंगत विकल्प है।

इस प्रकार ईश्वरवाद के विरुद्ध तथा निरीश्वरवाद के समर्थन में स्मिथ द्वारा प्रस्तुत किए गए उपर्युक्त समस्त तर्कों को ध्यान में रखते हुए हम यह कह सकते हैं कि वे

136. जॉर्ज एच. स्मिथ, 'एथीइज़्म : दि केस अगेंस्ट गॉड', पृ. 88-89.

बीसवीं शताब्दी के एक प्रमुख निरीश्वरवादी विचारक हैं। स्मिथ के अतिरिक्त अन्य अनेक पाश्चात्य निरीश्वरवादी दार्शनिकों ने भी मुख्यतः भाषा-विश्लेषण के आधार पर ईश्वर की अवधारणा का खंडन करते हुए निरीश्वरवाद का समर्थन किया है, किंतु यहाँ स्थानाभाव के कारण इन दार्शनिकों के विचारों को प्रस्तुत करना संभव नहीं है। इस संबंध में यहाँ इतना कह देना ही पर्याप्त होगा कि बीसवीं शताब्दी में विश्लेषणात्मक दर्शन ने निरीश्वरवाद के विकास में बहुत महत्त्वपूर्ण योगदान किया है।

7. जियां-पॉल सार्त्र

प्रस्तुत अध्याय के पिछले खण्डों में बीसवीं शताब्दी के उन प्रमुख निरीश्वरवादी दार्शनिकों के सिद्धांतों की विवेचना की गई है जिनका संबंध मनोविश्लेषणवाद, तर्कीय प्रत्यक्षवाद तथा भाषा-विश्लेषण अथवा विश्लेषणात्मक दर्शन से है। इन विचारधाराओं के अतिरिक्त वर्तमान शताब्दी की एक अन्य महत्त्वपूर्ण दार्शनिक विचारधारा में भी निरीश्वरवाद का कुछ विकास हुआ है जिस पर यहाँ संक्षेप में विचार करना आवश्यक है। इस नवीन विचारधारा को 'अस्तित्ववाद' की संज्ञा दी जाती है जिसके कुछ प्रमुख समर्थकों ने स्पष्ट रूप से निरीश्वरवाद को स्वीकार किया है। इन विचारकों के निरीश्वरवादी सिद्धांतों को प्रस्तुत करने से पूर्व यहाँ संक्षेप में अस्तित्ववाद के अर्थ और स्वरूप को स्पष्ट कर देना आवश्यक है।

'अस्तित्ववाद' शब्द का प्रयोग द्वितीय विश्वयुद्ध के पश्चात सर्वप्रथम गैब्रियल मार्सेल ने किया था जो फ्रांस के मुख्य अस्तित्ववादी दार्शनिक माने जाते हैं, किंतु इस विचारधारा के मूल सिद्धांत हमें उन्नीसवीं शताब्दी के धर्मशास्त्री तथा दार्शनिक और डेनमार्क के निवासी, सोरेन कीर्केगार्ड (1813-1855) के दर्शन में प्राप्त होते हैं। यह तथ्य इस बात का प्रमाण है कि वास्तव में अस्तित्ववाद का उदय उन्नीसवीं शताब्दी के पूर्वार्ध में ही हो चुका था। इसके पश्चात यूरोप के अनेक दार्शनिकों ने इस विचारधारा के विकास में अपना महत्त्वपूर्ण योगदान किया जिनके नामों का उल्लेख हम प्रसंगानुसार बाद में करेंगे। यहाँ संक्षेप में इस प्रश्न पर विचार करना आवश्यक है कि इस विचारधारा को 'अस्तित्ववाद' क्यों कहा जाता है और इसकी मूल विशेषताएँ क्या हैं।

वस्तुतः इस नवीन दार्शनिक विचारधारा को 'अस्तित्ववाद' की संज्ञा देने का प्रमुख कारण यह है कि इसके अनुसार मनुष्य का अस्तित्व उसके सार या मूल तत्त्व से पहले आता है। यह वह आधारभूत मान्यता है जिसे सभी अस्तित्ववादी किसी-न-किसी रूप में अवश्य स्वीकार करते हैं। इस मान्यता का तात्पर्य यह है कि मनुष्य का अस्तित्व किसी प्रयोजन का साधन नहीं है और उसकी व्याख्या किसी विशेष वैज्ञानिक या दार्शनिक सिद्धांत के आधार पर नहीं की जा सकती। व्यक्ति के रूप में प्रत्येक मनुष्य की अपनी अद्वितीय प्रतिष्ठा है और वह निरपेक्ष रूप से स्वतंत्र तथा अपने समस्त कर्मों के लिए पूर्णतः उत्तरदायी है। प्रत्येक व्यक्ति स्वयं ही अपने जीवन को अर्थ एवं महत्त्व देता है और आज वह जो कुछ है उसका एकमात्र उत्तरदायित्व केवल उसी पर है। वास्तव में यही अस्तित्ववाद का मूल सिद्धांत है जिसे हम सार्त्र के निरीश्वरवादी दर्शन की विवेचना करते हुए बाद में और अधिक विस्तार से स्पष्ट करेंगे। यहाँ यह

बता देना आवश्यक है कि इस विचारधारा की अन्य सभी विशेषताएँ इसके इसी मूल सिद्धांत से संबद्ध हैं और इन्हें इसी सिद्धांत के अनिवार्य परिणाम माना जा सकता है।

अस्तित्ववाद की प्रथम विशेषता है मनुष्य की निरपेक्ष स्वतंत्रता जिसका अर्थ यह है कि उसके कर्म किसी प्रकार की बाह्य अथवा मनोवैज्ञानिक बाध्यता द्वारा निर्धारित नहीं होते। उसमें जो आत्मचेतना या अपने आप को जानने की क्षमता है वही उसे अन्य सभी प्राणियों से पृथक् करती है और उसे पूर्णतः स्वतंत्र बनाती है। मनुष्य जो कुछ है अथवा बनता है वह स्वतंत्रतापूर्वक किए गए उसके अपने कर्मों का अनिवार्य परिणाम है जिसके लिए अन्य कोई उत्तरदायी नहीं है।

व्यक्ति की 'आत्मनिष्ठता' या 'सब्जेक्टिविटी' अस्तित्ववाद की दूसरी मुख्य विशेषता है जिसके अनुसार मनुष्य अद्वितीय तथा अन्य सभी वस्तुओं और प्राणियों से भिन्न है। प्रत्येक व्यक्ति को अपने कर्मों का चुनाव स्वयं ही करना पड़ता है और कोई भी बाह्य शक्ति इस संबंध में उसका मार्गदर्शन नहीं कर सकती। वह स्वयं ही अपने कर्मों के विषय में निर्णय करता है और इस प्रकार अपने भविष्य का निर्माण स्वयं करता है। जो अस्तित्ववादी विचारक ईश्वर की सत्ता में विश्वास करते हैं वे भी यह मानते हैं कि इस संबंध में ईश्वर मनुष्य की कोई सहायता नहीं करता। इसके अतिरिक्त अस्तित्ववाद के समर्थकों के मतानुसार, मनुष्य का कोई निश्चित स्वभाव या स्वरूप नहीं है जिससे प्रेरित होकर वह कर्म करता है। सभी अस्तित्ववादी विचारक–चाहे वे ईश्वरवादी हों या निरीश्वरवादी–इस मान्यता में विश्वास करते हैं। उनका विचार है कि सभी मनुष्य सम्मिलित रूप में स्वयं ही मानवता की परिभाषा करते हैं जिसकी व्याख्या किसी विशेष सिद्धांत के आधार पर नहीं की जा सकती।

अस्तित्ववाद की तीसरी विशेषता है मनुष्य की प्रतिबद्धता की अनिवार्यता में विश्वास। इस सिद्धांत के समर्थकों का मत है कि प्रत्येक व्यक्ति किसी-न-किसी प्रकार की प्रतिबद्धता का अनुभव अवश्य करता है। यदि कोई व्यक्ति यह कहता है कि वह कोई निर्णय नहीं करेगा तो उसका यह कथन भी स्वयं एक निर्णय है जिसके प्रति वह अपने आप को प्रतिबद्ध मानता है। वस्तुतः मनुष्य होने के कारण हम किसी-न-किसी प्रकार की प्रतिबद्धता का अनुभव किए बिना रह ही नहीं सकते।

अस्तित्ववाद की उपर्युक्त विशेषताओं से यह स्पष्ट है कि ये सभी परस्पर अनिवार्यतः संबद्ध हैं। सभी अस्तित्ववादी विचारक इन विशेषताओं को किसी-न-किसी रूप में अवश्य स्वीकार करते हैं। उनके अनुसार, अपनी इन विशेषताओं के कारण अस्तित्ववाद जगत् में मनुष्य को विशेष प्रतिष्ठा और अद्वितीय स्थान प्रदान करता है, अतः हम किसी भी वैज्ञानिक या दार्शनिक सिद्धांत के आधार पर एक तटस्थ वस्तु के रूप में मनुष्य का मूल्यांकन नहीं कर सकते। इस प्रकार उपर्युक्त विवेचन से यह स्पष्ट है कि सभी अस्तित्ववादी विचारक मानव की पूर्ण स्वतंत्रता, विशेष प्रतिष्ठा, प्रतिबद्धता एवं अद्वितीयता को स्वीकार करते हैं और उनकी यही आधारभूत मान्यता उनके सिद्धांत, अस्तित्ववाद को अन्य समस्त दार्शनिक सिद्धांतों से पृथक् करती है।

जैसा कि हम ऊपर संकेत कर चुके हैं, अस्तित्ववाद के समर्थकों को मुख्य दो वर्गों में विभाजित किया गया है। प्रथम बर्ग में उन विचारकों को रखा जाता है जो

ईश्वर के अस्तित्व में विश्वास करते हैं। इन विचारकों के अस्तित्ववाद को 'धार्मिक अस्तित्ववाद' कहा जाता है जिसके प्रणेता सोरेन कीर्केगार्ड थे। कीर्केगार्ड के अतिरिक्त गैब्रियल मार्सेल, कार्ल जैस्पर्स, विल हरबर्ग आदि विचारक भी धार्मिक अस्तित्ववाद का समर्थन करते हैं। दूसरे वर्ग के अंतर्गत वे अस्तित्ववादी विचारक सम्मिलित हैं जो ईश्वर की सत्ता को स्वीकार नहीं करते। इन विचारकों के अस्तित्ववाद को 'निरीश्वरवादी अस्तित्ववाद' अथवा 'मानवतावादी अस्तित्ववाद' की संज्ञा दी जाती है। जियां-पॉल सार्त्र, अल्बर्ट कामू, एम. मरलो-पॉन्टी, साइमन डी बीवोयर आदि विचारक इसी निरीश्वरवादी या मानवतावादी अस्तित्ववाद में विश्वास करते हैं। इन विचारकों का मत है कि मनुष्य इस संसार में नितांत अकेला है, क्योंकि ऐसी कोई बाह्य शक्ति अथवा सत्ता नहीं है जो उसकी सहायता कर सके और जिस पर वह निर्भर रह सके। इसी कारण मनुष्य को अपनी सहायता स्वयं करनी होगी और अपने प्रयास द्वारा उसे अपने भविष्य का निर्माण भी स्वयं ही करना होगा। वह अपने कर्मों का उत्तरदायित्व किसी अन्य शक्ति या सत्ता पर नहीं डाल सकता। इस निरीश्वरवादी अस्तित्ववाद पर उन्नीसवीं शताब्दी के प्रसिद्ध जर्मन दार्शनिक, फ्रैड्रिक विल्हेल्म नीत्शे (1844-1900) के ईश्वर-विरोधी दर्शन का पर्याप्त प्रभाव पड़ा है जिन्होंने यह घोषणा की थी कि 'ईश्वर की मृत्यु हो चुकी है'। परंतु दार्शनिक सिद्धांत के रूप में इस निरीश्वरवादी अथवा मानवतावादी अस्तित्ववाद को प्रस्तुत करने का श्रेय सार्त्र को ही दिया जाता है जो इस सिद्धांत के प्रमुख प्रणेता थे, अतः यहाँ हम इस सिद्धांत के प्रतिनिधि विचारक के रूप में उनके मत की विवेचना करेंगे।

फ्रांस के सुविख्यात दार्शनिक तथा साहित्यकार, जियां पॉल सार्त्र (1905-1980) का जन्म पैरिस में 21 जून, 1905 में हुआ था। वे अपने पिता को कभी नहीं देख सके, क्योंकि उनके शैशव-काल में ही उनके पिता की मृत्यु हो गई थी। सार्त्र का पालन-पोषण धर्मपरायण ईसाई परिवार में हुआ था। उनकी माता कैथॉलिक संप्रदाय के सिद्धांतों में विश्वास करती थीं और उनके नाना प्रोटेस्टेंट संप्रदाय के सिद्धांतों में। इन परस्पर विरोधी धार्मिक सिद्धांतों को स्वीकार करनेवाले परिवार में रहने के कारण सार्त्र बाल्यकाल से ही यह मानने लगे थे कि इन दोनों ईसाई संप्रदायों में से किसी के भी धार्मिक सिद्धांत सत्य नहीं हैं। ईसाई धर्म के सिद्धांतों के प्रति उनके विरोध की यह बाल्यकालीन भावना उनके जीवन में सदा बनी रही। अपनी आत्मकथा, 'दि वर्ड्स' में सार्त्र ने लिखा है कि जब वे लगभग 12 वर्ष के थे तो एक दिन उन्होंने ईश्वर के विषय में सोचना आरंभ किया। ईश्वर के अस्तित्व पर विचार करते हुए उन्हें ऐसा प्रतीत हुआ कि वह आकाश में कहीं लुप्त हो गया है। उसी दिन उन्होंने यह निर्णय कर लिया था कि ईश्वर का अस्तित्व नहीं है और इसके पश्चात वे आजीवन अपने इसी निर्णय को स्वीकार करते रहे। इस प्रकार वे बाल्यकाल से ही ईश्वर विषयक विश्वास का परित्याग करके निरीश्वरवादी हो गए थे, किंतु उनका यह निरीश्वरवाद ईश्वर की सत्ता के विरुद्ध दार्शनिक तर्कों या प्रमाणों का परिणाम नहीं था।

अपने छात्र-जीवन में सार्त्र ने दर्शनशास्त्र तथा मनोविज्ञान का अध्ययन किया था। वे यह मानते थे कि इन दोनों का साहित्य के साथ बहुत घनिष्ठ संबंध है और ये

दोनों उसके पूरक या सहायक हैं। उन्होंने अपने दार्शनिक विचारों को मुख्यतः अपनी कहानियों और अपने उपन्यासों तथा नाटकों के माध्यम से अभिव्यक्त किया। इस प्रकार सार्त्र के लिए उनका साहित्य उनके अस्तित्ववादी दर्शन की अभिव्यक्ति का सशक्त माध्यम बना। वस्तुतः वे बाल्यकाल से ही महान लेखक या साहित्यकार बनने का सपना देखने लगे थे जिसे उन्होंने अंततः अपने जीवन में साकार किया। कुछ समय तक शिक्षक तथा सैनिक के रूप में कार्य करते हुए सार्त्र ने जीवन और जगत् का गहरा एवं व्यापक अनुभव प्राप्त किया था जिसकी अभिव्यक्ति हमें उनके साहित्य और दर्शन में प्राप्त होती है। वे सत्य की खोज करना और उसे जनता के समक्ष प्रस्तुत करना अपने लेखन-कार्य का मूल उद्देश्य मानते थे। उन्होंने बाल्यकाल से ही महत्त्वपूर्ण ग्रंथ तथा साहसपूर्ण कहानियाँ पढ़ना आरंभ कर दिया था और सात वर्ष की अल्पायु से वे स्वयं भी कहानियाँ लिखने लगे थे। इस प्रकार सार्त्र के जीवन में साहित्य-सृजन का कार्य उनकी बाल्यावस्था से ही आरंभ हो गया था जो आजीवन निरंतर चलता रहा। वे साहित्य को संसार में वांछनीय परिवर्तन का महत्त्वपूर्ण साधन मानते थे और इसी दृष्टि से उन्होंने अपना लेखन-कार्य किया था।

कहानियों, उपन्यासों तथा नाटकों के अतिरिक्त सार्त्र ने मनोविज्ञान एवं दर्शन पर भी अनेक महत्त्वपूर्ण पुस्तकों की रचना की थी। मनोविज्ञान से संबंधित उनकी तीन प्रमुख पुस्तकें हैं 'दि ट्रान्सेंडेंस ऑफ दि ईगो', 'दि इमोशन्ज़' तथा 'साइकॉलॉजी ऑफ़ दि इमैजिनेशन' जो क्रमशः 1936, 1939 और 1940 में प्रकाशित हुई थीं। अपने अस्तित्ववादी दर्शन पर उन्होंने जो प्रथम पुस्तक लिखी थी वह है 'बीइंग ऐंड नथिंगनेस' जो 1943 में प्रकाशित हुई थी और जिसे आज भी इस दर्शन की महत्त्वपूर्ण कृति माना जाता है। इस पुस्तक में सार्त्र ने अपने निरीश्वरवादी अस्तित्ववाद की विवेचना करते हुए सविस्तार इस बात का वर्णन किया है कि ईश्वर-रहित संसार में मनुष्य की स्थिति क्या होगी। उनका कथन है कि पूर्णतः स्वतंत्र होने के कारण मनुष्य को स्वयं ही अपने जीवन के लिए मूल्यों का निर्माण करना होगा और अपने भविष्य का उत्तरदायित्व भी स्वीकार करना होगा। 1960 में प्रकाशित अपनी एक अन्य महत्त्वपूर्ण विस्तृत पुस्तक, 'दि क्रिटिक ऑफ़ डाएलेक्टिकल रीज़न' में सार्त्र ने अपने सामाजिक दर्शन की सविस्तार विवेचना की है जो उनके निरीश्वरवादी अस्तित्ववाद के अनुरूप है। इस पुस्तक में उन्होंने मार्क्सवाद का स्पष्ट रूप से समर्थन किया है जिसे वे आधुनिक युग का प्रभावशाली दर्शन मानते हैं और जिसकी वे अपने अस्तित्ववाद के अनुसार व्याख्या करते हैं। सार्त्र का कथन है कि उनका मानवतावादी अस्तित्ववाद मूलतः मार्क्सवादी दर्शन पर आधारित है और इसके साथ ही यह अस्तित्ववाद इस दर्शन का नवीन विश्लेषण भी प्रस्तुत करता है। 1971-72 में प्रकाशित अपनी अंतिम पुस्तक, 'दि फ़ैमिली ईडियट' में उन्होंने अपने अस्तित्ववादी मनोविश्लेषणवाद को मार्क्सवाद के सामाजिक दर्शन के साथ जोड़कर यह समझने का प्रयास किया है कि व्यक्ति अपने परिवार, समाज तथा विभिन्न ऐतिहासिक आंदोलनों के संबंध में क्या और किस प्रकार की प्रतिक्रिया करता है। इस प्रकार सार्त्र के उपर्युक्त विचारों से यह स्पष्ट है कि उनके निरीश्वरवादी या मानवतावादी अस्तित्ववाद पर मार्क्सवाद के सामाजिक दर्शन का पर्याप्त प्रभाव पड़ा है।

साहित्य, मनोविज्ञान तथा दर्शन के अतिरिक्त सामाजिक एवं राजनीतिक समस्याओं में विशेष रुचि रखने के कारण सार्त्र अपने देश की और अंतर्राष्ट्रीय राजनीति में भी सक्रिय भाग लेते रहे। उनका संबंध फ्रांस के समाजवादी दल से था जिसके मार्क्सवादी दर्शन का वे समर्थन करते थे। 1966-67 में बरट्रेंड रसल के नेतृत्व में विभिन्न देशों के जिन राजनीतिक नेताओं ने विएतनाम पर अमेरिका के आक्रमण की निंदा की थी उनमें सार्त्र भी सम्मिलित थे। इससे स्पष्ट है कि वे संपूर्ण विश्व में सभी व्यक्तियों के मानवीय अधिकारों के प्रति जागरूक थे। 1964 में सार्त्र को उनके साहित्य के लिए 'नोंबेल पुरस्कार' दिया गया था जो विश्व का सर्वाधिक प्रतिष्ठित एवं गौरवपूर्ण पुरस्कार माना जाता है, किंतु उन्होंने यह पुरस्कार स्वीकार नहीं किया, क्योंकि उनका विचार था कि यह पुरस्कार राजनीति से प्रेरित होकर दिया जाता रहा है। इसके अतिरिक्त वे यह पुरस्कार ग्रहण करके अपने आप को किसी विशेष संस्था के साथ सदा के लिए संबद्ध नहीं करना चाहते थे। उनके द्वारा यह विश्व-प्रतिष्ठित पुरस्कार लेने से इन्कार करना इस बात का स्पष्ट प्रमाण है कि वे भौतिक समृद्धि तथा अंतर्राष्ट्रीय ख्याति की चिंता नहीं करते थे।

लगभग सत्तर वर्ष की आयु से सार्त्र का स्वास्थ्य बहुत खराब रहने लगा था। अपने जीवन के अंतिम वर्षों में वे पूर्णतः दृष्टिहीन हो गए थे, अतः स्वयं कुछ भी पढ़ना और लिखना उनके लिए संभव नहीं रह गया था। परंतु फिर भी वे वैचारिक दृष्टि से निष्क्रिय नहीं रहे। अपने मित्रों तथा सहयोगियों के साथ वार्तालाप द्वारा वे विभिन्न समस्याओं के विषय में अपने विचार प्रायः अभिव्यक्त करते रहे। अंततः इसी दृष्टिहीनता की स्थिति में 15 अप्रैल, 1980 में उनका निधन हो गया। यद्यपि सार्त्र के अंतिम संस्कार के लिए फ्रांस की सरकार द्वारा औपचारिक रूप से कोई कार्यक्रम आयोजित नहीं किया गया था, फिर भी लगभग पचास हज़ार व्यक्ति उन्हें श्रद्धांजलि अर्पित करने के उद्देश्य से उनके इस अंतिम संस्कार में अपने आप सम्मिलित हुए जो उनकी लोकप्रियता का ज्वलंत प्रमाण है।

सार्त्र ने व्यवस्थित रूप से अपने निरीश्वरवादी अस्तित्ववाद की विस्तृत व्याख्या सर्वप्रथम अपनी पुस्तक, 'बीइंग ऐंड नथिंगनेस' में की थी जो उनकी बहुत कठिन दार्शनिक कृति मानी जाती है। इस पुस्तक के प्रकाशन के दो वर्ष पश्चात् 1945 में उन्होंने निरीश्वरवादी अस्तित्ववाद पर पैरिस में एक भाषण दिया था जो 1946 में 'ऐग्ज़िस्टैंशिलेज़्म ऐंड ह्यूमैनिज़्म' नामक पुस्तक के रूप में प्रकाशित हुआ था। इस संक्षिप्त पुस्तक में उन्होंने बहुत सरल भाषा-शैली में अपने इस सिद्धांत की प्रमुख विशेषताओं का विवेचन किया है और इसके विरुद्ध आलोचकों द्वारा उठाई गई कुछ मुख्य आपत्तियों का उत्तर भी दिया है। इसी कारण निरीश्वरवादी अथवा मानवतावादी अस्तित्ववाद के संबंध में उनकी यह दूसरी पुस्तक बहुत लोकप्रिय हुई है। यहाँ मुख्यतः सार्त्र की इसी पुस्तक के आधार पर अस्तित्ववाद तथा निरीश्वरवाद के विषय में उनकी कुछ प्रमुख दार्शनिक मान्यताओं को प्रस्तुत किया जाएगा।

सर्वप्रथम सार्त्र अस्तित्ववाद की व्याख्या करते हुए यह स्पष्ट करते हैं कि वे इसे 'मानवतावादी अस्तित्ववाद' क्यों कहते हैं। अस्तित्ववाद के अर्थ के विषय में उनका

कथन है कि यह सिद्धांत मनुष्य के सार या मूल तत्त्व (असेंस) से पूर्व उसके अस्तित्व (ऐग्ज़िस्टैंस) को स्वीकार करना अनिवार्य मानता है। इस सिद्धांत के अनुसार, मानव का अस्तित्व उसके मूल तत्त्व से अनिवार्यतः पहले आता है। इसका तात्पर्य यह है कि मानव के जिस अनिवार्य लक्षण के कारण हम उसे 'मनुष्य' की संज्ञा देते हैं उस लक्षण से पूर्व हमें मनुष्य के अस्तित्व को अवश्य स्वीकार करना पड़ेगा जो इस लक्षण से पहले आता है और इसलिए जो इस पर निर्भर नहीं है। उदाहरणार्थ, यदि मनुष्य की विवेकशीलता को उसका ऐसा अनिवार्य लक्षण मान लिया जाए जो उसे 'मनुष्य' बनाता है तो इस विवेकशीलता को मनुष्य का सार या मूल तत्त्व कहा जाएगा, किंतु सार्त्र के विचार में हमें मनुष्य की इस विवेकशीलता को महत्त्व देने से पूर्व इस अनिवार्य तथ्य को स्वीकार करना पड़ेगा कि मनुष्य का अपना स्वतंत्र अस्तित्व है जो उसकी विवेकशीलता से पृथक् है और उससे पहले आता है। इसी अर्थ में सार्त्र तथा अन्य अस्तित्ववादी यह कहते हैं कि 'मनुष्य का अस्तित्व उसके मूल तत्त्व से पहले आता है' और उनका यह विचार अस्तित्ववाद का आधारभूत सिद्धांत है।

अस्तित्ववाद के उपर्युक्त मूल सिद्धांत को सार्त्र ने एक उदाहरण द्वारा इस प्रकार स्पष्ट किया है। किसी वस्तु को काटना चाकू का वह मूल तत्त्व या अनिवार्य लक्षण है जिसके कारण हम उसे 'चाकू' कहते हैं–अर्थात्, जो उसे 'चाकू' बनाता है और जो उसके अस्तित्व का मूल उद्देश्य है। परंतु चाकू का यह मूल तत्त्व उसके अस्तित्व से पहले आता है, क्योंकि जिस व्यक्ति ने इस चाकू का निर्माण किया है वह इसे बनाने से पहले ही जानता था कि वह इसका निर्माण क्यों कर रहा है। चाकू को बनाने से पूर्व इस व्यक्ति के मन में उसके अस्तित्व और उद्देश्य की मूल अवधारणा पहले से ही स्पष्टतः विद्यमान थी जिससे प्रेरित होकर उसने इसका निर्माण किया था। इसी कारण सार्त्र यह कहते हैं कि चाकू का मूल तत्त्व उसके अस्तित्व से पहले आता है। यही बात मनुष्य को छोड़कर विश्व की अन्य सभी वस्तुओं के विषय में भी कही जा सकती है। दूसरे शब्दों में, सार्त्र के अनुसार, मनुष्य के अतिरिक्त अन्य सभी वस्तुओं का मूल तत्त्व उनके अस्तित्व से पूर्व अनिवार्यतः विद्यमान रहता है। मनुष्य ही एकमात्र ऐसा प्राणी है जो इस नियम का अपवाद है और जिसके अस्तित्व को उसके मूल तत्त्व से पूर्व स्वीकार करना आवश्यक है। जैसा कि हम ऊपर बता चुके हैं, अस्तित्ववादियों की इसी आधारभूत मान्यता के कारण उनके इस दार्शनिक सिद्धांत को 'अस्तित्ववाद' की संज्ञा दी जाती है।

अस्तित्ववादियों के उपर्युक्त आधारभूत सिद्धांत की व्याख्या करते हुए सार्त्र ने लिखा है : "उनमें जो बात समान है वह केवल यही तथ्य है कि वे यह विश्वास करते हैं कि 'अस्तित्व' 'मूल तत्त्व' से पहले आता है। . . . जब हम रचयिता के रूप में ईश्वर के विषय में विचार करते हैं तो अधिकांशतः हम उसे अति-प्राकृतिक या अलौकिक निर्माता समझते हैं। . . . इस प्रकार ईश्वर के मन में विद्यमान मनुष्य की अवधारणा की तुलना कागज़ काटनेवाले चाकू की अवधारणा के साथ की जा सकती है जो उस चाकू के निर्माता के मन में है। ईश्वर मनुष्य की रचना एक विशेष विधि तथा अवधारणा के अनुसार ठीक उसी प्रकार करता है जिस प्रकार एक कारीगर

कागज़ काटनेवाला चाकू बनाता है। इस तरह प्रत्येक व्यक्ति ईश्वर की बुद्धि में विद्यमान मनुष्य की एक विशेष अवधारणा का प्रतिफल या परिणाम है। . . . निरीश्वरवादी अस्तित्ववाद, जिसका मैं प्रतिनिधि हूँ, सुसंगत रूप से 'यह घोषित करता है कि यदि ईश्वर का अस्तित्व नहीं है तो कम-से-कम एक प्राणी ऐसा है जिसका अस्तित्व उसके मूल तत्त्व से पहले आता है–अर्थात्, किसी अवधारणा के अनुसार उसकी परिभाषा करने से पूर्व ही वह विद्यमान है। वह प्राणी मनुष्य है अथवा, जैसा कि हाइडैगर ने कहा है, वह मानवीय वास्तविकता है। इस कथन से हमारा क्या तात्पर्य है कि अस्तित्व मूल तत्त्व से पहले आता है? हमारा तात्पर्य यह है कि सबसे पहले मनुष्य का अस्तित्व है, वह स्वयं अपना सामना करता है, संसार में उपस्थित होता है और फिर इसके पश्चात स्वयं अपनी परिभाषा करता है। जैसा कि अस्तित्ववादी मनुष्य को समझता है, यदि उसकी परिभाषा नहीं की जा सकती तो इसका कारण यह है कि प्रारंभ में वह कुछ भी नहीं है। वह काफ़ी समय बाद तक कुछ भी नहीं होगा और तब वह उस रूप में होगा जिस रूप में वह अपने आप को बनाएगा। इस प्रकार मानव-स्वभाव नाम की कोई वस्तु नहीं है, क्योंकि ईश्वर का अस्तित्व ही नहीं है जिसके मन में मानव-स्वभाव की अवधारणा हो। केवल मनुष्य है। . . . मनुष्य उसके अतिरिक्त और कुछ नहीं है जो वह अपने आप को बनाता है। यह अस्तित्ववाद का प्रथम सिद्धांत है। . . . इस कथन से हमारा इसके अतिरिक्त और क्या तात्पर्य हो सकता है कि एक पत्थर या एक मेज़ की अपेक्षा मनुष्य का कहीं अधिक महत्त्व है? हम यही कहना चाहते हैं कि सर्वप्रथम मनुष्य का अस्तित्व है–वह किसी भी अन्य वस्तु से पहले आता है।"[137] इस प्रकार उपर्युक्त विस्तृत उद्धरण से यह स्पष्ट है कि सार्त्र निरीश्वरवादी अस्तित्ववाद का क्या अर्थ समझते हैं और वे अपने इस सिद्धांत को 'मानवतावादी अस्तित्ववाद' की संज्ञा क्यों देते हैं।

अस्तित्ववाद द्वारा मानव के अस्तित्व को विशेष महत्त्व देने के एक अनिवार्य परिणाम का उल्लेख करते हुए सार्त्र कहते हैं कि यह सिद्धांत मनुष्य को पूर्णतः स्वतंत्र और अपने समस्त कर्मों तथा भविष्य-निर्माण के लिए उत्तरदायी मानता है। मनुष्य जो कर्म करता है और उनके जो भी परिणाम होते हैं उन सबका उत्तरदायित्व स्वयं उसी पर है, किसी अन्य बाह्य शक्ति या सत्ता पर नहीं। परंतु यहाँ यह उल्लेखनीय है कि सार्त्र के विचार में मनुष्य केवल अपने व्यक्तित्व तथा भविष्य के लिए ही उत्तरदायी नहीं है, वह सभी मनुष्यों के लिए भी उत्तरदायी है। जब वह किन्हीं कर्मों और वस्तुओं का चुनाव करता है तो वह केवल अपने लिए ही नहीं, अपितु दूसरों के लिए भी ऐसा करता है। अपने साथ-साथ अन्य सभी व्यक्तियों के प्रति भी मनुष्य के उत्तरदायित्व के विषय में सार्त्र ने अपनी उपर्युक्त मान्यता को इस प्रकार स्पष्ट किया है : "जब हम यह कहते हैं कि मनुष्य स्वयं अपने लिए उत्तरदायी है तो इससे हमारा तात्पर्य यह नहीं है कि वह केवल अपने ही व्यक्तित्व के लिए उत्तरदायी है, अपितु यह है कि वह सभी मनुष्यों के लिए उत्तरदायी है। . . . जब हम यह कहते हैं कि मनुष्य स्वयं चुनाव करता है तो इससे हमारा तात्पर्य केवल यही नहीं होता कि हममें से प्रत्येक

137. जियाँ-पॉल सार्त्र, 'ऐग्ज़िस्टैंशियलिज़्म ऐंड ह्यूमैनिज्म', पृ. 26-28.

व्यक्ति को स्वयं ही अवश्य चुनाव करना पड़ता है, अपितु इससे हमारा तात्पर्य यह भी होता है कि अपने लिए चुनाव करते समय वह सभी मनुष्यों के लिए चुनाव करता है। . . . इस या उस वस्तु में से किसी का चुनाव करना उस वस्तु के मूल्य को स्वीकार करना है जिसका चुनाव किया जाता है, क्योंकि हम किसी बुरी वस्तु का चुनाव नहीं कर सकते। हम जिस वस्तु का चुनाव करते हैं वह सदा श्रेष्ठ होती है; और जब तक वह सबके लिए श्रेष्ठ न हो तब तक हमारे लिए श्रेष्ठ नहीं हो सकती। . . . इस प्रकार हमारा उत्तरदायित्व उसकी अपेक्षा कहीं अधिक है जो हमने माना था, क्योंकि इसका संबंध संपूर्ण मानव-जाति से है। . . . परिणामतः मेरा कर्म संपूर्ण मानव-जाति की ओर से एक प्रतिबद्धता है। . . . इस प्रकार मैं स्वयं अपने लिए तथा सभी मनुष्यों के लिए उत्तरदायी हूँ, और मैं एक ऐसे मनुष्य की विशेष छवि उत्पन्न करता हूँ जैसा मेरे विचार में वह होना चाहिए।"[138]

सार्त्र के उपर्युक्त विचारों से यह स्पष्ट है कि वे मनुष्य को केवल अपने लिए ही नहीं, अपितु अन्य सभी मनुष्यों के लिए भी उत्तरदायी मानते हैं। परंतु उनकी इस मान्यता को स्वीकार करना कठिन प्रतीत होता है। यह सत्य है कि प्रत्येक व्यक्ति के कुछ कर्मों का प्रभाव प्रत्यक्ष या परोक्ष रूप से कुछ अन्य व्यक्तियों के जीवन पर भी पड़ता है अथवा पड़ सकता है, किंतु इससे यह निष्कर्ष निकालना संभवतः उचित नहीं होगा कि प्रत्येक व्यक्ति केवल अपने लिए ही नहीं, अपितु संपूर्ण मानव-जाति के लिए भी उत्तरदायी है। इसके अतिरिक्त सार्त्र के इस मत को भी स्वीकार करना बहुत कठिन है कि जो कुछ एक व्यक्ति के लिए श्रेष्ठ है वह अन्य सभी मनुष्यों के लिए भी श्रेष्ठ है या हो सकता है। वस्तुतः किसी विशेष व्यक्ति के लिए किसी वस्तु का श्रेष्ठ होना उसके अपने स्वभाव तथा उसकी परिस्थितियों पर निर्भर है जो सभी मनुष्यों के लिए समान नहीं हो सकतीं। इतना ही नहीं, सार्त्र इस महत्त्वपूर्ण तथ्य की भी उपेक्षा करते हैं कि व्यक्ति अपने सभी कर्मों के लिए सदैव अनिवार्यतः पूर्ण रूप से उत्तरदायी नहीं होता; कई बार वह उन परिस्थितियों से विवश होकर भी कर्म करता है जो उसके नियंत्रण से बाहर होती हैं और जिनमें वह प्रबल इच्छा होते हुए भी परिवर्तन नहीं कर सकता। सार्त्र के अस्तित्ववादी सिद्धांत की इस कठिनाई पर हम आगे कुछ विस्तार से विचार करेंगे। यहाँ इतना कह देना ही आवश्यक है कि अपने इस सिद्धांत के आधार पर उन्होंने मनुष्य की पूर्ण स्वतंत्रता तथा उसके व्यापक उत्तरदायित्व के संबंध में जो सामान्य निष्कर्ष निकाला है उसकी सत्यता संदिग्ध प्रतीत होती है।

जैसा कि हम ऊपर देख चुके हैं, सार्त्र निरीश्वरवादी अस्तित्ववाद में विश्वास करते हैं और वे अपने आप को इस सिद्धांत का प्रतिनिधि भी मानते हैं। यहाँ यह प्रश्न विचारणीय है कि वे अस्तित्ववाद के साथ-साथ निरीश्वरवाद को स्वीकार करना क्यों आवश्यक समझते हैं। अपनी पुस्तक, 'ऐग्ज़िस्टैंशियलिज़्म ऐंड ह्यूमैनिज़्म' में उन्होंने इस प्रश्न का स्पष्ट रूप से उत्तर दिया है। उनका कथन है कि मनुष्य की पूर्ण स्वतंत्रता से संबंधित अस्तित्ववाद की आधारभूत मान्यता के साथ ईश्वरवाद की संगति स्थापित करना असंभव है, क्योंकि ईश्वरवाद इस मान्यता का पूर्ण रूप से निषेध करता है।

138. वही पुस्तक, पृ. 29-30.

यदि रचयिता के रूप में सर्वशक्तिमान ईश्वर के अस्तित्व को स्वीकार कर लिया जाए तो मनुष्य उसकी रचना होने के कारण स्वतंत्र नहीं रह जाता। तब प्रत्येक व्यक्ति अपने रचयिता, ईश्वर के मन में पहले से विद्यमान मनुष्य की एक विशेष अवधारणा का प्रतिरूप मात्र बन जाता है जो केवल ईश्वर की इच्छा के अनुसार ही कर्म करता है। मनुष्य ऐसा कोई कर्म कर ही नहीं सकता जो उसके रचयिता, सर्वशक्तिमान ईश्वर की इच्छा के विरुद्ध हो, क्योंकि ईश्वर ही उसके स्वभाव तथा उसके अस्तित्व के उद्देश्य को निर्धारित करता है। इसी कारण सार्त्र यह कहते हैं कि ईश्वरवाद को स्वीकार कर लेने के परिणामस्वरूप मनुष्य तथा अन्य वस्तुओं के अस्तित्व में कोई आधारभूत अंतर नहीं रह जाता। यदि ईश्वरवाद सत्य है तो अन्य वस्तुओं की भाँति मनुष्य के संबंध में भी हमें यही मानना पड़ेगा कि उसका मूल तत्त्व या अनिवार्य लक्षण उसके अस्तित्व से पहले आता है जो अस्तित्ववाद के मूल सिद्धांत के विरुद्ध है। सर्वशक्तिमान ईश्वर की रचना मात्र होने के कारण मनुष्य न तो कोई कर्म करने के लिए स्वतंत्र रह जाता है और न ही उसे किसी कर्म के लिए उत्तरदायी माना जा सकता है। इस प्रकार सार्त्र के विचार में ईश्वरवाद मानव के संकल्प-स्वातंत्र्य और उससे उत्पन्न उत्तर-दायित्व दोनों को पूर्णतः समाप्त कर देता है जिन्हें अस्तित्ववाद में विशेष महत्त्व दिया गया है, अतः हमारे लिए निरीश्वरवादी अस्तित्ववाद को स्वीकार करना अनिवार्य है।[139]

सार्त्र ने अपने अस्तित्ववाद के लिए निरीश्वरवाद को स्वीकार करने के कुछ परिणामों का भी उल्लेख किया है जिन पर यहाँ विचार करना आवश्यक है। इस संबंध में सर्वप्रथम उनका कथन है कि यदि ईश्वरवाद सत्य नहीं है तो मनुष्य की स्वतंत्रता और उसका उत्तरदायित्व दोनों अखंडित रूप में बने रहते हैं। ईश्वर की सत्ता में विश्वास न करने का स्पष्ट अर्थ यह है कि मनुष्य का ऐसा कोई रचयिता नहीं है जो उसकी स्वतंत्रता में बाधक सिद्ध हो सके और उसके स्वभाव तथा अस्तित्व के उद्देश्य को पहले से ही निश्चित कर सके। यदि ईश्वर है तो मनुष्य की स्वतंत्रता भ्रम है, किंतु वास्तव में उसकी स्वतंत्रता एक अनुभव-सिद्ध तथ्य है, अतः ईश्वर विषयक विश्वास भ्रामक है। अपने इसी तर्क के आधार पर सार्त्र अस्तित्ववाद के लिए निरीश्वरवाद का समर्थन करना आवश्यक मानते हैं जो ईश्वरवाद के विपरीत मानवीय स्वतंत्रता की रक्षा करता है। उनके विचार में निरीश्वरवाद का दूसरा परिणाम यह है कि वह मनुष्य को आत्म-निर्भर तथा अपने कर्मों के लिए उत्तरदायी बनने की प्रेरणा देता है और वस्तुतः यही अस्तित्ववाद का मूल संदेश है। यदि ईश्वर का अस्तित्व नहीं है तो इसका अर्थ यह है कि मनुष्य इस संसार में नितांत अकेला है और ऐसी कोई शक्ति नहीं है जिस पर वह आश्रित रह सके। वह एक ऐसा प्राणी है जिसे इस संसार में बिल्कुल अकेला छोड़ दिया गया है और जिसे किसी का कोई सहारा उपलब्ध नहीं है। इसी अर्थ में सार्त्र तथा निरीश्वरवाद का समर्थन करनेवाले अन्य अस्तित्ववादी मनुष्य को 'परित्यक्त प्राणी' कहते हैं। मनुष्य की परित्यक्तता (अबन्डनमेंट) की इस अवधारणा का अस्तित्ववाद के लिए बहुत महत्त्व है जिसमें वे सभी अस्तित्ववादी विश्वास करते हैं जो निरीश्वरवाद के समर्थक हैं।

139. देखिए, वही पुस्तक, पृ. 27.

अस्तित्ववाद की दृष्टि से 'परित्यक्तता' अथवा 'अबन्डनमेंट' शब्द के अर्थ और उसके लिए इस अवधारणा के विशेष महत्त्व की व्याख्या करते हुए सार्त्र कहते हैं : "जब हम 'परित्यक्तता' की बात करते हैं तो . . . हमारे कहने का तात्पर्य यह होता है कि ईश्वर का अस्तित्व नहीं है और उसकी अनुपस्थिति के परिणामों को अंतिम स्थिति तक स्वीकार करना आवश्यक है। . . . इसके परिणामस्वरूप मनुष्य अकेला है, क्योंकि वह अपने भीतर या बाहर ऐसी किसी वस्तु को प्राप्त नहीं कर सकता जिस पर वह निर्भर रह सके। वह तुरंत यह मालूम कर लेता है कि उसके पास कोई बहाना नहीं है। वस्तुतः यदि अस्तित्व मूल तत्त्व से पहले आता है तो कोई भी व्यक्ति अपने कर्म की व्याख्या विशेष मानव-स्वभाव के आधार पर कभी नहीं कर सकेगा। दूसरे शब्दों में, नियतत्त्ववाद नाम की कोई वस्तु नहीं है–मनुष्य स्वतंत्र है। . . . इसके अतिरिक्त यदि ईश्वर का अस्तित्व नहीं है तो हमें ऐसे कोई मूल्य अथवा आदेश भी उपलब्ध नहीं हैं जो हमारे व्यवहार को न्यायोचित सिद्ध कर सकें। . . . हमें अकेला छोड़ दिया गया है और हमारे पास कोई बहाना भी नहीं है। इसी अर्थ में मैं यह कहता हूँ कि स्वतंत्र होना मनुष्य की बाध्यता अथवा नियति है। यही मनुष्य की नियति है, क्योंकि उसने अपने आप को उत्पन्न नहीं किया, किंतु फिर भी वह स्वतंत्र है, और जिस क्षण से उसे इस संसार में फेंका गया है उसी क्षण से वह अपने प्रत्येक कर्म के लिए उत्तरदायी है। . . . मनुष्य अब चाहे जैसा भी प्रतीत हो, उसके समक्ष एक भविष्य है जिसका उसे निर्माण करना है–एक अनिर्मित भविष्य जो उसकी प्रतीक्षा कर रहा है।"[140] इस प्रकार सार्त्र के मतानुसार, निरीश्वरवाद का समर्थन करके अस्तित्व-वादी दार्शनिक मनुष्य को स्वावलंबी बनने तथा अपने समस्त कर्मों का उत्तरदायित्व स्वीकार करने की प्रेरणा प्रदान करता है।

उपर्युक्त परिणामों के अतिरिक्त सार्त्र अस्तित्ववाद के लिए निरीश्वरवाद के एक अन्य परिणाम का भी उल्लेख करते हैं जिसकी सत्यता बहुत संदिग्ध प्रतीत होती है। उनका कथन है कि ईश्वर के अस्तित्व का न होना अस्तित्ववादी विचारक को एक विशेष कठिनाई में डाल देता है जो इस प्रकार है। यदि ईश्वर का अस्तित्व नहीं है तो मनुष्य के लिए शाश्वत मूल्यों की संभावना समाप्त हो जाती है। इसका कारण यह है कि ईश्वर के लुप्त होने के साथ-साथ उस पर निर्भर समस्त शाश्वत मूल्य भी लुप्त हो जाते हैं। तब कोई अनुभव-निरपेक्ष उच्चतम शुभ नहीं रह जाता, क्योंकि उसका चिंतन करनेवाली कोई असीम शक्ति नहीं है। यह कहीं नहीं लिखा है कि उच्चतम शुभ का अस्तित्व है और प्रत्येक व्यक्ति को ईमानदार होना चाहिए अथवा झूठ नहीं बोलना चाहिए। यह स्थिति इसलिए उत्पन्न होती है कि ईश्वर-रहित संसार में मनुष्यों के अतिरिक्त अन्य किसी की सत्ता नहीं है। इस संबंध में सार्त्र डोस्टोवस्की के इस कथन को उद्धृत करते हैं कि "यदि ईश्वर का अस्तित्व नहीं है तो सब कुछ किया जा सकता है।" स्वयं इस कथन का अनुमोदन करते हुए सार्त्र इसे अस्तित्ववाद का प्रारंभिक सोपान मानते हैं। वे स्पष्ट कहते हैं कि यदि ईश्वर का अस्तित्व नहीं है तो वास्तव में सब कुछ उचित है–अर्थात्, प्रत्येक व्यक्ति अपनी इच्छानुसार कुछ भी

140. वही पुस्तक, पृ. 32-34.

कर सकता है।[141] इस प्रकार सार्त्र के इन विचारों से यह स्पष्ट है कि उनके अनुसार निरीश्वरवाद के फलस्वरूप नैतिक मूल्यों एवं आदर्शों का ह्रास होता है अथवा हो सकता है।

परंतु निरीश्वरवाद के संबंध में सार्त्र का उपर्युक्त निष्कर्ष उचित और तर्कसंगत प्रतीत नहीं होता, क्योंकि, जैसा कि हम पिछले अध्यायों में अनेक बार विस्तारपूर्वक बता चुके हैं, नैतिकता किसी भी रूप में ईश्वर पर निर्भर नहीं है। बहुत-से निरीश्वरवादी दार्शनिकों ने अपने प्रबल तर्कों द्वारा इसी मत को भली-भाँति प्रमाणित किया है जिसकी विस्तृत विवेचना हम पहले ही कर चुके हैं। यहाँ इतना कह देना ही पर्याप्त होगा कि अस्तित्ववाद के लिए निरीश्वरवाद के इस अंतिम परिणाम के विषय में सार्त्र के मत का तर्कपूर्ण समर्थन करना संभव नहीं है।

उपर्युक्त कठिनाई के अतिरिक्त सार्त्र के निरीश्वरवाद से संबंधित एक अन्य समस्या यह है कि उनका निरीश्वरवाद किन्हीं विशेष तर्कों या प्रमाणों पर आधारित न होकर केवल उनके अपने अस्तित्ववादी दर्शन का परिणाम अथवा साधन मात्र है। वे स्पष्ट रूप से कहते हैं कि तर्कों द्वारा ईश्वर के अनस्तित्व को प्रमाणित करना उनका मुख्य उद्देश्य नहीं है। इसके विपरीत ईश्वर के अस्तित्व का निषेध करके वे केवल यही सिद्ध करना चाहते हैं कि मनुष्य पूर्णतः स्वतंत्र और अपने समस्त कर्मों के लिए स्वयं उत्तरदायी है। वह अपने इस उत्तरदायित्व से यह कहकर मुक्त नहीं हो सकता कि ईश्वर का अस्तित्व है जो उसकी स्वतंत्रता को सीमित करता है और इसलिए ईश्वर पर ही उसके कर्मों का उत्तरदायित्व है। वस्तुतः इसी कारण सार्त्र ईश्वर के अस्तित्व का निषेध करते हैं जिससे मनुष्य अपनी स्वतंत्रता को अस्वीकार करने और अपने अनिवार्य उत्तरदायित्व से बचने के लिए ऐसा मिथ्या तर्क न दे सके। इतना ही नहीं, वे यह भी कहते हैं कि यदि ईश्वर का अस्तित्व होता तो भी मनुष्य की पूर्ण स्वतंत्रता और उसके उत्तरदायित्व के संबंध में अस्तित्ववादी विचारक के दृष्टिकोण में कोई अंतर न पड़ता, क्योंकि मूल समस्या ईश्वर के अस्तित्व या अनस्तित्व की नहीं है, अपितु मनुष्य के स्वतंत्र तथा उत्तरदायी होने अथवा न होने की है।

निरीश्वरवाद के विषय में अपने उपर्युक्त अस्तित्ववादी दृष्टिकोण को स्पष्ट करते हुए सार्त्र ने लिखा है : "अस्तित्ववाद सुसंगत निरीश्वरवादी विचारधारा से पूर्ण निष्कर्ष निकालने के प्रयास के अतिरिक्त और कुछ भी नहीं है। इसका उद्देश्य मनुष्यों को निराशा में डुबा देने का ज़रा भी नहीं है। . . . अस्तित्ववाद इस अर्थ में निरीश्वरवादी नहीं है कि वह अपनी संपूर्ण शक्ति ईश्वर के अनस्तित्व को प्रमाणित करने में ही नष्ट कर देगा। इसके विपरीत वह यह घोषित करता है कि यदि ईश्वर का अस्तित्व है तो भी इससे उसके दृष्टिकोण में कोई अंतर नहीं पड़ेगा। इसका अर्थ यह नहीं है कि हम यह विश्वास करते हैं कि ईश्वर का अस्तित्व अवश्य है, किंतु हमारा विचार है कि वास्तविक समस्या उसके अस्तित्व की नहीं है; जिस बात की मनुष्य को आवश्यकता है वह यह है कि उसे अपने आप को पुनः प्राप्त करना है और यह समझना है कि उसे अपने आप से कोई भी नहीं बचा सकता–ईश्वर के अस्तित्व का समुचित प्रमाण

141. देखिए, वही पुस्तक, पृ. 33.

भी नहीं।"[142] इस प्रकार यह स्पष्ट है कि सार्त्र निरीश्वरवाद को न तो किन्हीं विशेष तर्कों द्वारा प्रमाणित करना चाहते हैं और न ही उसे अपने आप में कोई महत्त्वपूर्ण सिद्धांत मानते हैं; वे तो उसे मनुष्य की पूर्ण स्वतंत्रता तथा उसके अनिवार्य उत्तरदायित्व से संबंधित अपने अस्तित्ववादी दर्शन के मूल सिद्धांत का साधन मात्र समझते हैं जिसके फलस्वरूप उनका निरीश्वरवाद वास्तव में बहुत दुर्बल हो जाता है।

अंत में सार्त्र की इस आधारभूत मान्यता पर भी विचार करना आवश्यक प्रतीत होता है कि मनुष्य पूर्णतः स्वतंत्र है और अपने समस्त कर्मों के लिए केवल वही उत्तरदायी है। हम ऊपर देख चुके हैं कि उनके अस्तित्ववादी दर्शन में इसी मान्यता अथवा विचार का सर्वाधिक महत्त्व है जिसे वे अपने संपूर्ण दर्शन का मूल संदेश मानते हैं। वे स्पष्ट रूप से यह कहते हैं क़ि पूर्णतः स्वतंत्र होने के कारण मनुष्य स्वयं ही अपने आप को बनाता है और अन्य कोई भी शक्ति या सत्ता इसमें उसकी सहायता नहीं कर सकती। किसी-न-किसी रूप में चुनाव करना उसके लिए अनिवार्य है और इसी कारण वह स्वयं ही अपने उद्देश्यों तथा अपनी प्रतिबद्धताओं को निर्धारित करता है, अतः यदि वह अपने कर्मों के लिए मनोवेगों को उत्तरदायी मानता है अथवा अपने इस उत्तरदायित्व से बचने के लिए किन्हीं नियतत्त्ववादी सिद्धांतों का आविष्कार करता है तो वह वास्तव में स्वयं अपने आप को केवल धोखा देता है। इतना ही नहीं, सार्त्र के विचार में मनुष्य अपने समस्त मूल्यों तथा आदर्शों का निर्माण भी स्वयं ही करता है; कोई अन्य शक्ति उसे ये मूल्य एवं आदर्श प्रदान नहीं करती। वह यह नहीं कह सकता कि जिन मूल्यों और आदर्शों को वह स्वीकार करता है वे उस पर किसी बाह्य शक्ति द्वारा थोपे गए हैं। यहाँ यह भी उल्लेखनीय है कि सार्त्र मनुष्य की इस निरपेक्ष स्वतंत्रता को किसी अन्य महान आदर्श का साधन न मानकर स्वतः साध्य मानते हैं। उनका स्पष्ट कथन है कि हम सब केवल स्वतंत्रता के लिए ही स्वतंत्रता की इच्छा करते हैं, किसी अन्य वस्तु के लिए नहीं। मानवीय स्वतंत्रता अपने आप में मूल्यवान है और अन्य समस्त मूल्य अंततः इसी स्वतंत्रता पर आधारित हैं।

सार्त्र का मत है कि मनुष्य की व्यक्तिगत स्वतंत्रता तथा सामाजिक स्वतंत्रता में कोई संघर्ष नहीं है, क्योंकि प्रत्येक व्यक्ति की स्वतंत्रता अन्य व्यक्तियों की स्वतंत्रता पर निर्भर है। कोई भी व्यक्ति तब तक स्वतंत्र नहीं हो सकता जब तक अन्य सभी व्यक्ति स्वतंत्र न हों। इसी कारण सार्त्र कहते हैं कि मैं अपनी स्वतंत्रता को तब तक अपना लक्ष्य नहीं बना सकता जब तक मैं अन्य व्यक्तियों की स्वतंत्रता को भी समान रूप से अपना लक्ष्य न बना लूँ। स्पष्टतः इसका अर्थ यही है कि सभी व्यक्तियों की स्वतंत्रता का समान महत्त्व है।[143] इस प्रकार सार्त्र मनुष्य की पूर्ण स्वतंत्रता और उससे उत्पन्न उत्तरदायित्व को स्वतः साध्य मूल्य के रूप में अनिवार्य तथा सर्वाधिक महत्त्वपूर्ण मानते हैं।

परंतु सार्त्र के अस्तित्ववादी दर्शन की उपर्युक्त मान्यता का तर्कसंगत रूप से पूर्णतः समर्थन करना बहुत कठिन प्रतीत होता है। इस मान्यता का समुचित मूल्यांकन करने

142. देखिए, वही पुस्तक, पृ. 56.

143. देखिए, वही पुस्तक, पृ. 50-52.

के लिए हम मनुष्य की स्वतंत्रता पर वैयक्तिक दृष्टि से और सामाजिक दृष्टि से विचार कर सकते हैं। यह सत्य है कि प्रत्येक व्यक्ति कर्म करने के लिए कुछ सीमा तक स्वतंत्र है और उसी सीमा तक वह अपने कर्मों के लिए उत्तरदायी भी है। व्यक्ति की यही स्वतंत्रता नैतिकता का मूल आधार है। यह भी सत्य है कि अंततः मनुष्य ही अपने समस्त मूल्यों तथा आदर्शों का निर्माण करता है, ईश्वर या कोई अन्य शक्ति नहीं। परंतु इन तथ्यों से यह निष्कर्ष निकालना उचित नहीं होगा कि प्रत्येक व्यक्ति पूर्णतः स्वतंत्र है और वह जब भी जो कुछ चाहे बिना किसी बाधा के कर सकता है। व्यक्ति के रूप में मनुष्य जिन प्राकृतिक, सामाजिक तथा आर्थिक परिस्थितियों में अपना जीवन व्यतीत करता है वे निश्चित रूप से उसकी स्वतंत्रता को सीमित करती हैं और इन सब परिस्थितियों को नियंत्रित एवं परिवर्तित करना उसके लिए सदैव संभव नहीं होता। व्यक्ति के जीवन में भाग्य अथवा आकस्मिक संयोग का भी अपना ही महत्त्व है जिसकी उपेक्षा नहीं की जा सकती। कभी-कभी व्यक्ति संपूर्ण निष्ठापूर्वक अधिकतम प्रयास करने पर भी उन सब परिस्थितियों को परिवर्तित नहीं कर पाता जो उसके जीवन और भाग्य को नियंत्रित करती हैं। इसके अतिरिक्त एक अधिकारसंपन्न समुदाय के रूप में कुछ विशेष व्यक्ति जो महत्त्वपूर्ण निर्णय करते हैं उनका ऐसे असंख्य व्यक्तियों पर अच्छा या बुरा दीर्घकालीन प्रभाव पड़ता है अथवा पड़ सकता है जिनका इन निर्णयों में कोई योगदान नहीं होता। माता-पिता, विभिन्न नेताओं, प्रशासकों तथा राजनीतिज्ञों द्वारा किए गए उचित या अनुचित निर्णय इस बात के स्पष्ट प्रमाण हैं। इन निर्णयों द्वारा प्रभावित व्यक्ति अपने जीवन में जो सुख-दुःख भोगते हैं उसके लिए वे स्वयं उत्तरदायी नहीं होते, क्योंकि वे इन निर्णयों को नियंत्रित या परिवर्तित करने में असमर्थ थे। इन सभी तथ्यों से यह स्पष्ट है कि व्यक्ति के रूप में तथा समाज के सदस्य के रूप में मनुष्य की स्वतंत्रता सीमित है, अतः उसे पूर्णतः स्वतंत्र और अपने समस्त कर्मों के लिए उत्तरदायी मानना युक्तिसंगत प्रतीत नहीं होता। परंतु सार्त्र उपर्युक्त समस्त महत्त्वपूर्ण तथ्यों की उपेक्षा करते हुए सभी दृष्टियों से मनुष्य की निरपेक्ष स्वतंत्रता और उससे उत्पन्न संपूर्ण उत्तरदायित्व को अपने अस्तित्ववादी दर्शन का मूल सिद्धांत मानते हैं जिसका तर्कसंगत रूप से समर्थन करना बहुत कठिन है।

वस्तुतः सार्त्र तथा अन्य अस्तित्ववादी विचारकों का उपर्युक्त सिद्धांत उन नियतत्त्ववादी दार्शनिकों के सिद्धांत के विरुद्ध अतिवादी प्रतिक्रिया है जो मनुष्य को पूर्णतः परतंत्र और परिस्थितियों का दास मात्र मानते हैं। ये दार्शनिक प्रत्येक व्यक्ति के अपने अद्वितीय व्यक्तित्व का निषेध करते हुए यह कहते हैं कि मनुष्य जो कुछ बनता है वह केवल उसकी परिस्थितियों का अनिवार्य परिणाम है। परंतु नियतत्त्ववादी दार्शनिकों का यह सिद्धांत भी उतना ही एकांगी तथा अयुक्तिसंगत है जितना मनुष्य की पूर्ण स्वतंत्रता से संबंधित अस्तित्ववादी विचारकों का सिद्धांत। ऐसी स्थिति में इन दोनों अतिवादी सिद्धांतों के स्थान पर एक मध्यमार्गीय संतुलित सिद्धांत द्वारा मनुष्य की सीमित स्वतंत्रता को स्वीकार करना अधिक तर्कसंगत प्रतीत होता है, क्योंकि ऐसा संतुलित सिद्धांत ही मानव-जीवन के सभी अनिवार्य प्रासंगिक तथ्यों के अनुरूप मानवीय स्वतंत्रता और उत्तरदायित्व की समुचित व्याख्या कर सकता है।

जैसा कि पहले ही कहा गया है, सार्त्र के अतिरिक्त मरलो-पॉन्टी, कामू आदि कुछ अन्य अस्तित्ववादी विचारकों ने भी अपने साहित्य तथा दर्शन में किसी-न-किसी रूप में निरीश्वरवाद का समर्थन किया है, किंतु यहाँ स्थानाभाव के कारण इन सभी विचारकों के निरीश्वरवादी सिद्धांतों की विवेचना करना संभव नहीं है। यहाँ इतना कह देना ही पर्याप्त होगा कि कुछ कठिनाइयों, समस्याओं अथवा दुर्बलताओं के होते हुए भी अस्तित्ववादी विचारधारा ने बीसवीं शताब्दी में निरीश्वरवाद के विकास में अपना योगदान अवश्य किया है।

8. बरट्रेन्ड रसल

इस अध्याय को समाप्त करने से पूर्व यहाँ एक ऐसे पाश्चात्य दार्शनिक के निरीश्वरवादी तथा धर्म-विरोधी विचारों का उल्लेख कर देना आवश्यक है जो मनोविश्लेषणवाद, तर्कीय प्रत्यक्षवाद, विश्लेषणात्मक दर्शन, अस्तित्ववाद आदि किसी विशेष विचारधारा से संबद्ध नहीं थे किंतु फिर भी जिन्होंने बीसवीं शताब्दी में निरीश्वरवाद का स्पष्ट रूप से समर्थन किया था। ये हैं सुविख्यात अंग्रेज़ दार्शनिक बरट्रेन्ड रसल (1872-1970) जो महान स्वतंत्र चिंतक होने के साथ-साथ प्रख्यात समाज-सुधारक, गणितज्ञ और लेखक भी थे। उनका जन्म 18 मई, 1872 में इंग्लैण्ड के एक संपन्न परिवार में हुआ था। उनके दादा, लॉर्ड जॉन रसल विक्टोरिया के शासन-काल में दो बार इंग्लैण्ड के प्रधानमंत्री रहे थे। वे स्वयं एक स्वतंत्र विचारक थे और उन्होंने 1832 में 'रिफ़ार्म बिल' अथवा 'सुधार-विधेयक' प्रस्तुत किया था। बरट्रेन्ड रसल के माता-पिता भी पुरानी रूढ़ियों तथा अंधविश्वासों को स्वीकार न करनेवाले स्वतंत्र विचारक थे और उन्होंने अपने बच्चों के लिए ऐसे शिक्षकों की व्यवस्था की थी जो उनके समान परंपरा-विरोधी नवीन विचारों का समर्थन करते थे। इस प्रकार संपन्नता के साथ-साथ स्वतंत्र चिंतन-शक्ति भी रसल को अपने परिवार से ही प्राप्त हुई थी जो उनके दीर्घकालीन जीवन में सदा बनी रही। उनकी इस स्वतंत्र चिंतन-शक्ति में उन्नीसवीं शताब्दी के प्रसिद्ध उदार विचारक, जॉन स्टुअर्ट मिल के नवीन विचारों का अध्ययन करने के परिणामस्वरूप और अधिक वृद्धि हुई। मिल रसल के माता-पिता के मित्र थे और स्वयं रसल ने अपने उदारवादी समाज-दर्शन के लिए उनसे प्रेरणा प्राप्त की थी।

दुर्भाग्यवश रसल की बाल्यावस्था काफी कष्टप्रद रही और वे अपने जीवन के प्रारंभिक वर्षों में बहुत अकेलापन अनुभव करते थे तथा उदास रहते थे, क्योंकि उनके माता-पिता की मृत्यु उनके शैशव-काल में ही हो गई थी। माता-पिता के देहांत के दो वर्ष पश्चात् उनके दादा का भी निधन हो गया जिसके फलस्वरूप उनके पालन-पोषण का संपूर्ण उत्तरदायित्व उनकी दादी ने ले लिया जो अत्यधिक धर्मपरायण महिला थीं। अपनी दादी के संरक्षण में रसल को धार्मिक शिक्षा दी जाने लगी और उन्हें ईसाई धर्म के अनुष्ठानों का पालन करने के लिए भी बाध्य किया जाने लगा। परंतु वे बाल्यकाल से ही धर्म के प्रति उदासीन हो गए थे जिसके कारण उनमें तथा उनकी दादी में संघर्ष होने लगा और उनका जीवन दुःखपूर्ण हो गया। रसल के जीवन में उदासी तथा अकेलेपन का एक अन्य कारण यह भी था कि उन्हें पढ़ने के लिए विद्यालय में जाने

का कभी अवसर नहीं मिला और अठारह वर्ष तक उनकी संपूर्ण शिक्षा की व्यवस्था घर में ही कर दी गई थी जिसके लिए विशेष शिक्षक-शिक्षिकाओं को नियुक्त किया गया था। सर्वप्रथम अठारह वर्ष की आयु में वे कैम्ब्रिज विश्वविद्यालय में प्रविष्ट हुए जहाँ उन्होंने चार वर्ष तक दर्शनशास्त्र तथा गणित का अध्ययन किया जिसके लिए उन्हें छात्रवृत्ति प्राप्त हुई थी। इसी विश्वविद्यालय में रसल का परिचय जी.ई. मूर से हुआ और वे हीगेल के अनुयायी जे.ई. मैक्टागार्ट के संपर्क में भी आए जिनके दर्शन का प्रारंभ में उनके विचारों पर पर्याप्त प्रभाव पड़ा। परंतु बाद में वे मूर के यथार्थवादी विचारों से प्रभावित होने के कारण हीगेल के आध्यात्मिक दर्शन के प्रभाव से मुक्त हो गए। अपनी उच्च शिक्षा समाप्त करने के पश्चात् रसल ने कैम्ब्रिज विश्वविद्यालय के ट्रिनिटी कॉलेज के दर्शनशास्त्र-विभाग में कुछ वर्षों तक अध्यापन-कार्य भी किया था। 1916 में उनके विश्व-युद्ध-विरोधी विचारों के कारण इस कॉलेज के अधिकारियों ने शिक्षक के रूप में उनकी सेवा को समाप्त कर दिया। इसके पश्चात् वे लगभग बीस वर्ष तक लेखन-कार्य द्वारा जीविकोपार्जन करते रहे ।

यहाँ यह उल्लेखनीय है कि प्रथम विश्व-युद्ध से उत्पन्न असह्य मानवीय दुःख तथा व्यापक विनाश का रसल के विचारों पर गहरा प्रभाव पड़ा था। इस युद्ध से पूर्व वे गणित, तर्कशास्त्र, तत्त्वमीमांसा, ज्ञानमीमांसा आदि से संबंधित दार्शनिक समस्याओं पर अमूर्त चिंतन किया करते थे जिसमें मानव-जीवन की व्यावहारिक समस्याओं के लिए कोई स्थान नहीं था। परंतु जब उन्होंने इस युद्ध में मनुष्य द्वारा मनुष्य पर किए गए घोर अमानवीय अत्याचारों को देखा तो जीवन और जगत् के प्रति उनके दार्शनिक दृष्टिकोण में बहुत बड़ा परिवर्तन हो गया। इस युद्ध के फलस्वरूप अमूर्त चिंतन में अब उनकी कोई रुचि नहीं रही और वे मनुष्य की सामाजिक, राजनीतिक, आर्थिक, शैक्षणिक, धार्मिक तथा नैतिक समस्याओं पर व्यावहारिक एवं बौद्धिक दृष्टि से विचार करने लगे। यही कारण है कि 1916 तथा 1936 के बीच बीस वर्ष की अवधि में उन्होंने जो पुस्तकें लिखीं उनमें से अधिकतर इन्हीं समस्याओं से संबंधित हैं और इन समस्याओं के समाधान पर धर्म, रूढ़िवाद एवं अंधविश्वास का जो दुष्प्रभाव पड़ता है उसे उन्होंने अपनी इन पुस्तकों में बौद्धिक तर्कों द्वारा समाप्त करने का प्रयास किया है।

रसल की जिन पुस्तकों का संबंध विशेष रूप से मनुष्य की सामाजिक, शैक्षणिक, नैतिक, आर्थिक तथा राजनीतिक समस्याओं से है उनमें 'ऑन ऐजुकेशन, इस्पेशियली इन अर्ली चाइल्डहुड', 'स्कैप्टिकल एस्सेज़', 'मैरिज ऐंड मॉरल्ज़', 'दि कॉन्क्वेस्ट ऑफ़ हैपिनेस', 'दि साइंटिफिक आउटलुक', 'एजुकेशन ऐंड सोश्यल ऑर्डर' तथा 'रिलिजन ऐंड साइंस' उल्लेखनीय हैं जो क्रमशः 1926, 1928, 1929, 1930, 1931, 1932 और 1935 में प्रकाशित हुई थीं। इन पुस्तकों के अतिरिक्त उन्होंने दर्शनशास्त्र की विभिन्न शाखाओं पर अन्य बहुत-सी महत्त्वपूर्ण पुस्तकें भी लिखी हैं जिनमें 'फ़िलॉसॉफ़िकल एस्सेज़' (1910), 'प्रॉब्लम्स ऑफ़ फ़िलॉसॉफ़ी' (1912), 'दि ऐनालिसिस ऑफ़ माइन्ड' (1921), 'व्हाट आइ बिलिव' (1925), 'दि ऐनालिसिस ऑफ़ मैटर' (1927), 'ए हिस्ट्री ऑफ़ वेस्टर्न फ़िलॉसॉफ़ी' (1946), 'ह्यूमन नॉलेज, इट्स स्कोप ऐंड लिमिट्स'

(1948), 'ह्यूमन सोसाइटी इन ऐथिक्स ऐंड पॉलिटिक्स' (1955), 'व्हाई आइ ऐम नॉट ए क्रिश्चियन?' (1957), 'माई फ़िलॉसॉफ़िकल डेवलपमेंट' (1959) आदि के नाम विशेष रूप से उल्लेखनीय हैं।

रसल द्वारा लिखित पुस्तकों की उपर्युक्त लंबी सूची—जो केवल आंशिक है—से यह स्पष्ट है कि उनके लेखन-कार्य का क्षेत्र कितना विविध तथा विशाल था। वस्तुतः इनके इसी व्यापक लेखन-कार्य के कारण 1950 में उन्हें साहित्य के लिए 'नोबेल पुरस्कार' प्रदान किया गया था जो विश्व का सर्वोच्च पुरस्कार माना जाता है। रसल ने विभिन्न समस्याओं पर अपनी पुस्तकों में जो नवीन एवं अपारंपरिक विचार प्रस्तुत किए हैं उनमें रूढ़िवाद, अंधविश्वास, पूर्वाग्रह, धार्मिक उन्माद तथा कट्टरता और मानव-समाज के लिए हानिकारक परंपराओं का विरोध सर्वत्र दिखाई देता है। रूढ़िवाद के प्रति इस विरोध के अतिरिक्त विज्ञान का दृढ़ समर्थन तथा जीवन और जगत् के संबंध में तर्कसंगत दृष्टिकोण भी उनके विचारों की प्रमुख विशेषताएँ हैं। अपने इन्हीं परंपरा-विरोधी विचारों के कारण रसल को बहुत कष्ट सहन करने पड़े और आर्थिक हानि भी उठानी पड़ी। उदाहरणार्थ, 1916 में उन्हें ट्रिनिटी कॉलेज के शिक्षक के पद से वंचित होना पड़ा जिसका उल्लेख हम पहले ही कर चुके हैं। इसी प्रकार, अपने देश की संसद का सदस्य बनने के लिए उन्होंने अनेक बार चुनाव लड़ा, किंतु अपने स्वतंत्र और धर्मनिरपेक्ष विचारों के कारण वे सदा असफल रहे। इतना ही नहीं, इन क्रांतिकारी विचारों के फलस्वरूप उन्हें स्वयं अपने ही देश में दो बार कारावास का दंड भी भुगतना पड़ा।

परंतु उपर्युक्त सब कष्टों तथा कठिनाइयों का सामना करते हुए भी रसल ने अपने विचारों एवं सिद्धांतों को कभी नहीं छोड़ा जो उनके चरित्र की दृढ़ता का प्रबल प्रमाण है। वे उन सभी परंपराओं, विश्वासों, मान्यताओं तथा सिद्धांतों को सदा चुनौती देते रहे जिन्हें वे अयुक्तिसंगत और मनुष्य के लिए हानिकारक समझते थे। रसल के जीवन की इसी विशेषता का उल्लेख करते हुए उनके एक जीवनी-लेखक, ऐलन वुड ने कहा है : "वे निश्चय ही हमारे समय के मुख्य प्रश्नकर्ता हैं। उन्होंने गणित और धर्म तथा दर्शन के विषय में प्रश्न उठाना आरंभ किया था; वे युद्ध एवं राजनीति और कामवासना तथा शिक्षा से संबंधित स्वीकृत विचारों के विषय में प्रश्न उठाते रहे और मनुष्यों के मन को प्रगति-पथ पर अग्रसर करते रहे जिससे संसार ठीक वैसा कभी नहीं रह सका जैसे मानो उनका अस्तित्व ही न रहा हो।"[144] ऐलन वुड के इस उद्धरण से यह स्पष्ट है कि उनके मतानुसार रसल ने अपने क्रांतिकारी विचारों द्वारा संसार को निश्चय ही प्रभावित किया था। वस्तुतः इस दृष्टि से उनकी तुलना डार्विन, मार्क्स, फ्रॉयड आदि महान विचारकों के साथ की जा सकती है जिनका विश्व के इतिहास में विशेष स्थान है।

जैसा कि ऊपर कहा गया है, रसल के दर्शन का क्षेत्र बहुत विस्तृत है, किंतु यहाँ हम केवल धर्म तथा ईश्वर के विषय में उनके मत की विवेचना करेंगे। उन्होंने मुख्यतः अपनी तीन पुस्तकों में धर्म और ईश्वर के संबंध में अपने विचार प्रस्तुत किए हैं। ये

144. ऐलन वुड, 'दि ऐन्साइक्लोपीडिया ऑफ़ अनबिलीफ़' से उद्धृत, पृ. 564.

पुस्तकें हैं, 'दि साइंटिफिक आउटलुक', 'रिलिजन ऐंड साइंस' तथा 'व्हाई आइ ऐम नॉट ए क्रिश्चियन?'। इनमें से अंतिम पुस्तक का विशेष महत्त्व है, क्योंकि इसमें रसल ने धर्म तथा ईश्वर से संबंधित अपने प्रकृतिवादी एवं निरीश्वरवादी दृष्टिकोण को विस्तारपूर्वक और स्पष्ट रूप से प्रस्तुत किया है। 1957 में प्रकाशित यह पुस्तक समय-समय पर लिखे उनके कुछ दार्शनिक निबंधों का संग्रह है जिसका संपादन पॉल ऐडवर्ड्स ने किया है। इन निबंधों में से कुछ निबंध धर्म से संबंधित हैं और कुछ ईश्वर के अस्तित्व तथा स्वरूप से।

रसल 'धर्म' शब्द का प्रयोग सामान्य प्रचलित अर्थ में ही करते हैं जिसे स्पष्ट करने के लिए उन्होंने उदाहरण के रूप में ईसाई धर्म, हिंदू धर्म, इस्लाम, बौद्ध धर्म आदि का उल्लेख किया है। अनेक पाश्चात्य विचारकों के विपरीत वे यह मानते हैं कि इस सामान्य अर्थ में धर्म को स्वीकार करने के लिए ईश्वर के अस्तित्व और आत्मा की अमरता में विश्वास करना अनिवार्य नहीं है। अपनी इस मान्यता के प्रमाण के रूप में उन्होंने बौद्ध धर्म का उदाहरण दिया है जिसमें ईश्वर और आत्मा दोनों के लिए कोई स्थान नहीं है। वस्तुतः धर्म के विषय में रसल की इस मान्यता का विशेष महत्त्व है, क्योंकि उन्होंने धर्म की जो तीव्र आलोचना की है वह ईश्वर और आत्मा से संबंधित विश्वासों पर आधारित नहीं है। इसका अर्थ यह है कि उन्होंने धर्म के विरुद्ध जो आपत्तियाँ उठाई हैं वे ईश्वरवादी और निरीश्वरवादी दोनों प्रकार के धर्मों पर लागू होती हैं। हम पहले ही यह बता चुके हैं कि यद्यपि अन्य बालकों की भाँति रसल को भी धार्मिक शिक्षा दी गई थी, फिर भी वे अपनी बाल्यावस्था से ही धर्म के प्रति उदासीन होने लगे थे। जब वे केवल चौदह वर्ष के थे तभी उन्होंने आत्मा की अमरता तथा ईश्वर की सत्ता में संदेह करना आरंभ कर दिया था और आगामी चार वर्षों में उन्होंने इन दोनों में विश्वास करना छोड़ दिया। इस प्रकार लगभग अठारह वर्ष की आयु में ही वे पाश्चात्य जगत् में प्रचलित सामान्य धार्मिक विश्वासों से मुक्त हो गए थे।

अपनी पुस्तक, 'व्हाई आइ ऐम नॉट ए क्रिश्चियन?' की प्रस्तावना तथा कुछ अन्य निबंधों में रसल ने धर्म की तीव्र आलोचना की है। उनका कथन है कि बौद्ध धर्म, हिंदू धर्म, ईसाई धर्म, इस्लाम आदि संसार के सभी धर्म मिथ्या और हानिकारक हैं। ये सभी धर्म एक-दूसरे के धार्मिक सिद्धांतों का खंडन करते हैं, अतः तार्किक दृष्टि से इनमें से केवल एक धर्म ही सत्य हो सकता है। परंतु प्रत्येक धर्म के अनुयायी स्वयं अपने धर्म को छोड़कर अन्य सभी धर्मों को मिथ्या मानते हैं जिससे यही सिद्ध होता है कि वास्तव में कोई भी धर्म सत्य नहीं है। मनुष्य प्रायः उस समुदाय के धर्म को बिना किसी प्रमाण के स्वीकार कर लेता है जिसमें उसका जन्म तथा पालन-पोषण होता है और जिसमें वह अपना जीवन व्यतीत करता है। इस प्रकार रसल के अनुसार, धर्म में मनुष्य के विश्वास का मूल आधार तार्किक या बौद्धिक न होकर सामाजिक और मनोवैज्ञानिक ही है। इसका अर्थ यह है कि हम किसी धर्म के मूल सिद्धांतों या विश्वासों को प्रमाणों अथवा तर्कों द्वारा सत्य प्रमाणित नहीं कर सकते। मुख्यतः इसी कारण रसल यह कहते हैं कि प्रत्येक धर्म का मूल आधार ही मिथ्या है जिससे हम यही निष्कर्ष निकाल सकते हैं कि कोई भी धर्म सत्य नहीं है।

धर्म को मिथ्या घोषित करने के अतिरिक्त रसल उसे मनुष्य के लिए हानिकारक भी मानते हैं। इस संबंध में धर्म के विरुद्ध उनकी प्रमुख आपत्ति यह है कि वह मनुष्य की तर्क-शक्ति, संदेहशीलता, प्रश्न उठाने की प्रवृत्ति और स्वतंत्र रूप से विचार करने की क्षमता को नष्ट करने का प्रयास करता है। धर्मगुरु प्रायः मनुष्य को यही उपदेश देते हैं कि उसे केवल आस्था के आधार पर ही मूल धार्मिक सिद्धांतों तथा विश्वासों को स्वीकार कर लेना चाहिए और उनके सत्य होने के संबंध में कभी कोई संदेह या प्रश्न नहीं करना चाहिए। ऐसी अबौद्धिक धार्मिक आस्था को पवित्र सद्‌गुण के रूप में प्रचारित किया जाता है और लोगों को यह शिक्षा दी जाती है कि वे इस आस्था पर आधारित समस्त धार्मिक विश्वासों एवं सिद्धांतों को स्वीकार करने के लिए तर्क या प्रमाण की माँग न करें। इतना ही नहीं, यदि इन विश्वासों तथा सिद्धांतों के विरुद्ध स्पष्ट एवं प्रबल प्रमाण प्राप्त हो जाते हैं तो धर्मगुरुओं द्वारा इन प्रमाणों की घोर निंदा की जाती है और इनका दमन करने का प्रयास किया जाता है। रसल का कथन है कि बिना किसी प्रमाण के धार्मिक सिद्धांतों तथा विश्वासों को स्वीकार करने की यह आस्थामूलक प्रवृत्ति लगभग सभी धर्मों में स्पष्ट रूप से देखी जा सकती है। इस प्रवृत्ति का एक दुष्परिणाम यह होता है कि लोगों के मन में धार्मिक कट्‌टरता उत्पन्न हो जाती है जिसके कारण वे ऐसी ही कट्‌टरता रखनेवाले अन्य धर्मानुयायियों और विशेष रूप से धर्मनिरपेक्ष व्यक्तियों के प्रति द्वेष तथा कटुता का अनुभव करने लगते हैं। इस प्रकार रसल बिना किसी प्रमाण के कुछ विश्वासों, मान्यताओं अथवा सिद्धांतों को स्वीकार करने की उस आस्थामूलक प्रवृत्ति को मनुष्य के लिए बहुत हानिकारक मानते हैं जिसे सभी धर्मों द्वारा प्रचारित और प्रोत्साहित किया जाता है।[145]

धर्म के विरुद्ध रसल की दूसरी मुख्य आपत्ति यह है कि उसका जन्म भय से होता है और भय मनुष्य के मन में प्रायः निर्दयता उत्पन्न करता है। मनुष्य उन वस्तुओं तथा घटनाओं से भयभीत रहता है जो उसके लिए अपरिचित, रहस्यमयी अथवा उसके नियंत्रण से बाहर होती हैं। इस भय के साथ निर्दयता प्रायः संबद्ध रहती है, क्योंकि भयभीत व्यक्ति उन मनुष्यों तथा अन्य प्राणियों के प्रति बहुत क्रूर हो जाता है जिनसे वह ख़तरे का अनुभव करता है। रसल के अनुसार, इसी कारण धर्म के साथ निर्दयता सदा जुड़ी रही है और समय-समय पर होनेवाले क्रूर धर्म-युद्धों का दीर्घकालीन इतिहास इस तथ्य को भली-भाँति प्रमाणित करता है। धर्मगुरु अपने विरोधियों को क्रूरतापूर्वक नष्ट करने अथवा उन पर अमानवीय अत्याचार करने का जो प्रयास करते रहे हैं उसका कारण भी उनकी भयजनित यह निर्दयता ही है। वे इन विरोधियों को अपने धर्म और उसके कारण प्राप्त अपनी स्वतंत्रता के लिए ख़तरे के रूप में देखते थे, अतः धर्म की रक्षा के नाम पर उन्हें समाप्त करना वे अपना आवश्यक कर्तव्य समझते थे। धर्मगुरुओं के इस स्वार्थपूर्ण दृष्टिकोण के फलस्वरूप मानव-समाज में धार्मिक असहिष्णुता, कट्‌टरता, धर्मांधता एवं धार्मिक उन्माद की उत्पत्ति हुई। धर्म के साथ अनिवार्यतः संबद्ध इन्हीं बुराइयों के कारण रसल यह कहते हैं कि वह मनुष्य के लिए बौद्धिक तथा नैतिक दृष्टि से बहुत हानिकारक सिद्ध हुआ है। उनके अनुसार, समाज

145. देखिए, बरट्रेन्ड रसल, 'व्हाई आइ ऐम नॉट ए क्रिश्चियन?' की प्रस्तावना, पृ. 11-12.

के विकास एवं उत्थान में सहायक होने के स्थान पर धर्म ने उसमें दुःख, द्वेष, कट्टरता, ईर्ष्या तथा घृणा को जन्म दिया है, अतः वह मनुष्य के लिए एक रोग के समान है जिसका निराकरण करना आवश्यक है।

धर्म के विरुद्ध अपनी उपर्युक्त आपत्तियों को प्रस्तुत करते हुए रसल ने लिखा है : "मेरे विचार में धर्म मुख्यतः भय पर आधारित है। यह अंशतः अज्ञात का भय है और अंशतः इस भावना का अनुभव करना है कि आपका कोई बड़ा भाई है जो आपके समस्त दुःखों तथा विवादों में आपकी सहायता करेगा। इस संपूर्ण स्थिति का मूल आधार भय है–रहस्य का भय, पराजय का भय, मृत्यु का भय। भय निर्दयता का जनक है, और इसलिए यदि निर्दयता तथा धर्म सदा साथ-साथ रहे हैं तो कोई आश्चर्य की बात नहीं है। . . . धर्म के विषय में मेरा मत वही है जो ल्यूक्रेशियस का है। मैं इसे भय से उत्पन्न एक रोग और मानव-जाति के लिए अकथनीय दुःखों का स्रोत मानता हूँ। . . . धर्म केवल बौद्धिक दृष्टि से ही नहीं, अपितु नैतिक दृष्टि से भी हानिकारक है। इससे मेरा तात्पर्य यह है कि धर्म ऐसे नैतिक नियमों की शिक्षा देता है जो मनुष्य के आनंद में सहायक नहीं हैं। . . . धर्म के विरुद्ध आपत्तियाँ दो प्रकार की हैं–बौद्धिक तथा नैतिक। बौद्धिक आपत्ति यह है कि किसी भी धर्म को सत्य मानने के लिए कोई तर्क या प्रमाण नहीं है; नैतिक आपत्ति यह है कि धार्मिक उपदेश उस समय से चले आ रहे हैं जब मनुष्य आज की अपेक्षा अधिक क्रूर होते थे, और इसलिए ये उपदेश उन अमानवीय कृत्यों को बनाए रखते हैं जिनसे धर्म के अभाव में इस युग की नैतिक चेतना मुक्त हो सकती थी। . . . यह दृष्टिकोण कि मनुष्य को इस प्रश्न पर विचार किए बिना कि अमुक-अमुक सिद्धांत के समर्थन में कोई प्रमाण है या नहीं उसमें विश्वास करना चाहिए एक ऐसा दृष्टिकोण है जो प्रमाण के प्रति विरोध उत्पन्न करता है और हमें ऐसे प्रत्येक तथ्य पर विचार न करने के लिए प्रेरित करता है जो हमारे पूर्वाग्रहों के अनुरूप नहीं है। . . . निश्चय ही धर्म का सबसे महत्त्वपूर्ण स्रोत भय है। इस बात को वर्तमान काल में देखा जा सकता है, क्योंकि कोई भी स्थिति जो ख़तरा उत्पन्न करती है लोगों के विचार को ईश्वर की ओर उन्मुख कर देती है। युद्ध, महामारी, किसी समुद्री जहाज़ का डूब जाना–ये सब घटनाएँ लोगों को धार्मिक बना देती हैं।. . . हमारे पास ऐसा ज्ञान है जिसके द्वारा सबको सुख प्रदान किया जा सकता है। इस उद्देश्य की पूर्ति के लिए ऐसे ज्ञान के उपयोग में मुख्य बाधा धर्म की शिक्षा है। धर्म हमारे बच्चों को तर्कसंगत शिक्षा प्राप्त करने से रोकता है; धर्म हमें युद्ध के मूल कारणों का निराकरण करने से रोकता है; धर्म हमें पाप तथा दंड से संबंधित पुराने भयानक सिद्धांतों के स्थान पर वैज्ञानिक सहयोग के नैतिक नियमों की शिक्षा देने से रोकता है।"[146] इस प्रकार धर्म के संबंध में रसल के इन विचारों से यह पूर्णतः स्पष्ट है कि वे उसे व्यक्ति तथा समाज दोनों के लिए बहुत हानिकारक मानते हैं।

धर्म के प्रति अपने उपर्युक्त नकारात्मक दृष्टिकोण के कारण रसल मनुष्य को उससे मुक्त करना चाहते थे। मार्क्स की भाँति वे भी यह आशा करते थे कि भविष्य

146. वही पुस्तक, पृ. 16, 18-19, 23, 32, 36-37.

में धर्म अवश्य समाप्त हो जाएगा। धर्म के विषय में यही भविष्यवाणी करते हुए 1921 में उन्होंने अपने एक निबंध में लिखा था : "मैं स्वयं सभी ज्ञात धर्मों से असहमत हूँ और मैं आशा करता हूँ कि प्रत्येक प्रकार का धार्मिक विश्वास नष्ट हो जाएगा। . . . मैं धर्म को मानवीय तर्क-शक्ति की शैशवकालीन अवस्था और विकास की वह स्थिति मानता हूँ जिससे अब हम आगे बढ़ रहे हैं।"[147] परंतु लगभग सैंतीस वर्ष पश्चात् 1958 में रसल ने धर्म से संबंधित अपनी इस भविष्यवाणी में कुछ संशोधन किया था। तब उन्होंने टेलीविज़न को दिए गए एक साक्षात्कार में यह कहा था कि यदि व्यापक विनाशकारी युद्धों तथा अन्याय, शोषण और अत्याचारों के कारण लोगों को बहुत दुःखपूर्ण जीवन व्यतीत करने के लिए बाध्य होना पड़ा तो धर्म भी बना रहेगा, किंतु यदि लोग अपनी सामाजिक समस्याओं का समाधान करने में सफल हो गए तो वह समाप्त हो जाएगा।[148] धर्म के विषय में रसल की इस संशोधित भविष्य-वाणी से यह स्पष्ट है कि वे उसे मनुष्य के दुःखपूर्ण जीवन के साथ संबद्ध मानते हैं और यह आशा करते हैं कि विज्ञान की सहायता से अपनी समस्याओं का संतोषप्रद समाधान करने में समर्थ होने के फलस्वरूप मनुष्य को भविष्य में उसका सहारा लेने की आवश्यकता नहीं पड़ेगी। परंतु उनकी यह भविष्यवाणी कब और कहाँ तक सत्य सिद्ध होगी—इस प्रश्न का कोई निश्चित उत्तर देना बहुत कठिन है।

रसल द्वारा की गई धर्म की उपर्युक्त तीव्र आलोचना के विरुद्ध कुछ विचारक यह आपत्ति उठा सकते हैं कि उन्होंने समाज में उसकी संपूर्ण भूमिका पर निष्पक्ष रूप से विचार नहीं किया, अतः उसके महत्त्व के संबंध में उनका दृष्टिकोण तर्कसंगत और न्यायपूर्ण नहीं है। अपनी इस आपत्ति के समर्थन में ये विचारक यह तर्क दे सकते हैं कि राजनीति के कारण भी मनुष्य को बहुत हानि उठानी पड़ी है। इसी प्रकार, विज्ञान के दुरुपयोग के फलस्वरूप भी मानव-जाति को अत्यधिक कष्ट सहन करना पड़ा है। ऐसी स्थिति में मनुष्य को दुःख पहुँचाने के लिए केवल धर्म की निंदा करना उचित एवं न्यायसंगत नहीं है। यहाँ इस प्रश्न पर विचार करना रोचक तथा प्रासंगिक होगा कि रसल इस आपत्ति का क्या उत्तर दे सकते हैं। इसके उत्तर में संभवतः सर्वप्रथम वे यह कह सकते हैं कि यदि राजनीति तथा विज्ञान के कारण भी मनुष्य को दुःख पहुँचा है तो इससे धर्म द्वारा उत्पन्न किया दुःख उचित एवं न्यायपूर्ण सिद्ध नहीं होता। वास्तव में इसी आधार पर उन्होंने राजनीति और विज्ञान की भी कटु आलोचना की है। इसके अतिरिक्त उपर्युक्त आपत्ति का उत्तर देते हुए रसल यह भी कह सकते हैं कि इसके द्वारा उन सभी आरोपों का खंडन नहीं होता जो उन्होंने धर्म के विरुद्ध लगाए हैं। उदाहरणार्थ, यह आपत्ति धर्म के विरुद्ध उनके इन आरोपों का खंडन नहीं करती कि तर्कों द्वारा प्रमाणित न हो सकने के कारण उसके मूल सिद्धांत मिथ्या हैं और इन सिद्धांतों को बिना किसी प्रमाण के स्वीकार करने के लिए मनुष्य को प्रेरित करके वह उसकी तर्क-शक्ति, संदेहशीलता तथा प्रश्न उठाने की प्रवृत्ति को नष्ट कर देता है। इसी प्रकार, यह आपत्ति धर्म के विरुद्ध रसल के इस आरोप का भी कोई

147. बरट्रेन्ड रसल, 'स्कैप्टिकल एस्सेज़', पृ. 101.

148. देखिए, बरट्रेन्ड रसल, 'स्पीक्स हिज़ माइन्ड', पृ. 31.

उत्तर नहीं देती कि वह समाज में असहिष्णुता, कट्टरता और धार्मिक उन्माद को जन्म देता है जो मनुष्य के लिए बहुत घातक हैं। वस्तुतः रसल ने धर्म के विरुद्ध जो आपत्तियाँ उठाई हैं उनमें कुछ अतिशयोक्ति हो सकती है, किंतु सब मिलाकर वे उचित और तर्कसंगत प्रतीत होती हैं।

यहाँ यह उल्लेखनीय है कि रसल उस नैतिक अर्थ में धर्म की आलोचना नहीं करते जिस अर्थ में प्राचीन भारतीय मनीषियों ने 'धर्म' शब्द का प्रयोग किया है। समाज में नैतिकता के महत्त्व के संबंध में रसल ने जो कुछ कहा है उससे यह स्पष्ट है कि इन भारतीय मनीषियों की भाँति वे भी पुरुषार्थ, सत्य और कर्तव्य के अर्थ में धर्म का पूर्णतः समर्थन करते हैं। वे केवल अलौकिक या अति-प्राकृतिक सत्ताओं में विश्वास से संबंधित उस सामान्य अर्थ में धर्म की निंदा करते हैं जो जन-साधारण में प्रचलित है और जिसके अनुसार विश्व में भिन्न-भिन्न धर्मों का उदय तथा विकास हुआ है।

धर्म के पश्चात अब ईश्वर की सत्ता के संबंध में रसल के मत पर विचार करना आवश्यक है। जैसा कि पहले कहा गया है, वे मुख्यतः निरीश्वरवाद के समर्थक हैं, क्योंकि उन्होंने ईश्वरवाद का स्पष्ट रूप से खंडन किया है। उन्होंने ईश्वर के विषय में जो कुछ कहा है उससे हम यही निष्कर्ष निकाल सकते हैं कि वे उसके अस्तित्व में विश्वास नहीं करते और इस व्यापक अर्थ में उन्हें निश्चय ही 'निरीश्वरवादी' कहा जा सकता है। कुछ विद्वानों का विचार है कि रसल निरीश्वरवाद के स्थान पर अज्ञेयवाद का समर्थन करते हैं, किंतु हम देख चुके हैं कि ईश्वर विषयक विश्वास के अभाव के अर्थ में अज्ञेयवाद भी निरीश्वरवाद का ही एक रूप है। इस दृष्टि से इन दोनों सिद्धांतों में कोई आधारभूत अंतर नहीं है। यदि अज्ञेयवादी से यह प्रश्न किया जाए कि क्या वह ईश्वर की सत्ता में विश्वास करता है तो वह भी निरीश्वरवादी की भाँति इस प्रश्न का नकारात्मक उत्तर ही देगा, अतः यह कहना अनुचित न होगा कि ईश्वर विषयक विश्वास के संबंध में इन दोनों के मत मूलतः भिन्न नहीं हैं। इस तथ्य को ध्यान में रखते हुए रसल को निरीश्वरवादी विचारक मानना तर्कसंगत प्रतीत होता है।

अन्य निरीश्वरवादी दार्शनिकों की भाँति रसल ने भी ईश्वर के अस्तित्व से संबंधित प्रमुख परंपरागत प्रमाणों का अनेक तर्कों द्वारा खंडन किया है जिससे यह सिद्ध होता है कि वे भी निरीश्वरवादी विचारधारा में विश्वास करते हैं। इस संबंध में सर्वप्रथम उन्होंने सृष्टि-कारण युक्ति के विरुद्ध अपने कुछ तर्क प्रस्तुत किए हैं। हम पिछले अध्यायों में अनेक बार यह स्पष्ट कर चुके हैं कि इस युक्ति द्वारा ईश्वरवादी विचारक विश्व के आदि-कारण तथा रचयिता के रूप में ईश्वर के अस्तित्व को सिद्ध करने का प्रयास करते हैं। परंतु अन्य निरीश्वरवादी विचारकों के समान रसल भी इस युक्ति को दोषपूर्ण मानते हुए यह कहते हैं कि इसके द्वारा वास्तव में ईश्वर का अस्तित्व प्रमाणित नहीं होता। इस विषय पर एफ़.सी. कॉपलस्टन के साथ हुए वाद-विवाद में उन्होंने अपना यह मत स्पष्ट रूप से प्रस्तुत किया था। सृष्टि-कारण युक्ति के विरुद्ध रसल का मुख्य तर्क यह है कि यदि प्रत्येक वस्तु का कारण होना अनिवार्य है तो ईश्वर का भी कोई कारण अवश्य होना चाहिए और यदि ईश्वर स्वयंभू—अर्थात्, स्वयं

अपना कारण—है तो विश्व को भी स्वयंभू माना जा सकता है। इसके अतिरिक्त विश्व एक ऐसी महा समष्टि है जिसका कोई एक कारण खोजना अनुचित और निरर्थक है। वस्तुतः यह विश्व अनादि है और इसलिए इसका कोई रचयिता नहीं है।

सृष्टि-कारण युक्ति के विरुद्ध अपने उपर्युक्त तर्कों की व्याख्या करते हुए रसल ने लिखा है : "यदि प्रत्येक वस्तु का कारण होना अनिवार्य है तो ईश्वर का भी कारण होना अनिवार्य है। यदि कोई वस्तु बिना कारण के हो सकती है तो ईश्वर की भाँति विश्व भी बिना कारण के हो सकता है, अतः इस युक्ति में कोई प्रामाणिकता नहीं हो सकती। . . . यह मानने का कोई कारण नहीं है कि विश्व का अस्तित्व बिना कारण के नहीं हो सकता; न ही यह मानने का कोई कारण है कि विश्व का अस्तित्व सदैव क्यों नहीं बना रहा होगा। यह मानने का कोई कारण नहीं है कि विश्व का आरंभ हुआ था। यह विचार कि वस्तुओं का कोई आरंभ अवश्य होना चाहिए वास्तव में हमारी कल्पना की कमी का परिणाम है। . . . कारण की संपूर्ण अवधारणा वह है जो हम विशेष वस्तुओं के निरीक्षण से प्राप्त करते हैं। मैं यह मानने के लिए कोई कारण नहीं देखता कि समष्टि का कोई कारण है। . . . मैं यही कहना चाहूँगा कि ब्रह्माण्ड केवल है—अर्थात्, उसका कोई कारण नहीं है। . . . आपके तर्क में प्रतीत होनेवाले दोष को मैं एक उदाहरण द्वारा स्पष्ट कर सकता हूँ। प्रत्येक मनुष्य की माँ होती है, और इसलिए मुझे ऐसा प्रतीत होता है कि आपके तर्क के अनुसार मानव-जाति की भी कोई माँ अवश्य होनी चाहिए, किंतु यह स्पष्ट है कि मानव-जाति की कोई माँ नहीं है। . . . मैं निश्चित रूप से यह मानता हूँ कि विश्व की व्याख्या का विचार एक भूल है।"[149] संक्षेप में अपने इन्हीं तर्कों द्वारा रसल ने सृष्टि-कारण युक्ति का खंडन किया है, किंतु उनके ये तर्क लगभग वे ही हैं जो इस युक्ति के विरुद्ध अन्य बहुत-से भारतीय तथा पाश्चात्य निरीश्वरवादी विचारक उनसे पहले प्रस्तुत कर चुके थे।

सृष्टि-कारण युक्ति की भाँति ईश्वर के अस्तित्व को प्रमाणित करने के लिए दी गई प्रयोजनपरक युक्ति को भी रसल दोषपूर्ण मानते हैं। उनका कथन है कि इस युक्ति को प्रस्तुत करनेवाले ईश्वरवादी विचारकों के अनुसार, ईश्वर ने इस विश्व की प्रत्येक वस्तु का निर्माण मनुष्य के जीवन के लिए ही किया है और यदि यह विश्व अपने वर्तमान रूप से थोड़ा-सा भिन्न होता तो मनुष्य इसमें जीवित न रह पाता। इसका तात्पर्य यह है कि ईश्वर ने इस संसार की रचना मानव को जीवित रखने से संबंधित अपने प्रयोजन की पूर्ति के लिए की है जिससे यह सिद्ध होता है कि उसका अस्तित्व है। इस युक्ति के विरुद्ध रसल का प्रथम तर्क डार्विन के विकासवाद पर आधारित है। इस सिद्धांत का समर्थन करते हुए वे कहते हैं कि इसके कारण अब हम यह बात भली-भाँति जानते हैं कि प्राणियों का विकास विशेष वातावरण के अनुरूप ही क्यों होता है। वास्तव में ईश्वर प्राणियों के विकास के लिए विशेष प्राकृतिक वातावरण का निर्माण नहीं करता, अपितु इसके विपरीत स्वयं कुछ प्राणी अपने आप को अपने वातावरण के अनुकूल बना लेते हैं जिसके फलस्वरूप उनकी संख्या में वृद्धि होती है।

149. बरट्रेन्ड रसल, 'व्हाई आइ ऐम नॉट ए क्रिश्चियन', पृ. 4, 151-152. 154.

इसे ही 'अनुकूलन का सिद्धांत' कहा जाता है जो प्राणियों के विकास का मूल आधार है। इस विकास के संबंध में ईश्वर के प्रयोजन के लिए हमारे पास कोई वैज्ञानिक प्रमाण नहीं है। प्रयोजनपरक युक्ति के विरुद्ध रसल ने जो दूसरा तर्क दिया है उसका आधार विश्व का वर्तमान स्वरूप है। उनके अनुसार, इस विश्व की कमियों, त्रुटियों तथा अपूर्णताओं को ध्यान में रखते हुए ईश्वरवादी विचारकों के इस दावे में विश्वास करना संभव नहीं है कि सर्वज्ञ एवं सर्वशक्तिमान ईश्वर ने करोड़ों वर्षों में ऐसे संसार का निर्माण किया है और यह उसकी सर्वोत्तम रचना है। रसल का कथन है कि वे प्रयोजनपरक युक्ति का मूल आधार माने जानेवाले इस अयुक्तिसंगत दावे को स्वीकार नहीं कर सकते।[150] इस प्रकार उन्होंने मुख्यतः अपने इन्हीं दो तर्कों द्वारा प्रयोजन-परक युक्ति का खंडन किया है।

अपनी एक अन्य पुस्तक, 'रिलिजन ऐंड साइंस' में रसल ने प्रयोजनपरक युक्ति के विरुद्ध उपर्युक्त तर्कों की कुछ विस्तार से व्याख्या की है। उनका विचार है कि जो दार्शनिक विश्व के प्रयोजन में विश्वास करते हैं वे पहले तो यह मान लेते हैं कि इस संसार का विकास भविष्य में भी उसी दिशा में होता रहेगा जिस दिशा में अब तक होता रहा है और फिर वे यह भी मान लेते हैं कि इस संसार में अब तक जो कुछ हुआ है वह सब इसके रचयिता, ईश्वर के शुभ अभिप्राय का प्रमाण है। परंतु रसल के मतानुसार, इन दोनों बातों की सत्यता संदेहास्पद है। वस्तुतः ये दोनों बातें माननेवाले दार्शनिक इस पृथ्वी और इस पर निवास करनेवाली मानव-जाति को अत्यधिक तथा अनावश्यक महत्त्व देते हैं। वे इस तथ्य की उपेक्षा करते हैं कि यह पृथ्वी अत्यंत विशाल ब्रह्मांड का एक बहुत छोटा-सा तथा महत्त्वहीन अंश है, अतः वह संपूर्ण ब्रह्माण्ड का प्रतिनिधित्व नहीं कर सकती। यदि इस विश्व का प्रयोजन मनस् का विकास है तो हम यही कह सकते हैं कि इसका रचयिता कोई बहुत निपुण नहीं है जिसने इतने दीर्घ काल में इतना छोटा-सा कार्य किया है। यह अवश्य संभव है कि भविष्य में किसी अन्य ग्रह पर मनस् का और अधिक विकास हो जाए, किंतु इसके लिए हमारे पास कोई वैज्ञानिक प्रमाण नहीं है। रसल का मत है कि वास्तव में इस पृथ्वी पर जीवन का विकास केवल एक आकस्मिक घटना है और इतने विशाल ब्रह्माण्ड में ऐसी आकस्मिक घटना का होना कोई असंभव बात नहीं है। फिर यदि ईश्वरवादी विचारकों की यह बात मान ली जाए कि इस ब्रह्माण्ड के प्रयोजन का संबंध हमारी पृथ्वी से है तो भी इससे यह सिद्ध नहीं होता कि यह पृथ्वी सदा बनी रहेगी। इसके विपरीत वास्तविक स्थिति यह है कि सुदूर भविष्य में जब सूर्य की ज्वाला समाप्त हो जाएगी और एक महा विस्फोट के कारण वह ठंडा हो जाएगा तो संपूर्ण जीवन सहित इस पृथ्वी का भी विनाश अनिवार्य है।

प्रयोजनपरक युक्ति से संबंधित उपर्युक्त समस्या के अतिरिक्त इस युक्ति के विरुद्ध रसल यह आपत्ति भी उठाते हैं कि जो दार्शनिक ब्रह्मांड के प्रयोजन का संबंध पृथ्वी के साथ जोड़ते हैं वे अन्य प्राणियों की तुलना में मनुष्य को अनावश्यक महत्त्व देते हैं। ये दार्शनिक मनुष्य को विश्व का सर्वोत्तम प्राणी मानते हैं, किंतु वास्तव में उनकी

150. देखिए, वही पुस्तक, पृ. 6-7.

इस मान्यता का कोई तर्कसंगत कारण नहीं है। कोई अन्य प्राणी मनुष्य में विद्यमान अनेक दोषों तथा बुराइयों को देखते हुए यह कह सकता है कि उसे ईश्वर ने नहीं, अपितु शैतान ने उत्पन्न किया है। ऐसे प्राणी के लिए यह समझ पाना कठिन होगा कि हम इतनी अधिक आत्म-प्रशंसा क्यों और किस आधार पर करते हैं। रसल का कथन है कि हिंसक माने जानेवाले शेर, चीता आदि पशु भी मनुष्य की अपेक्षा कम क्रूर होते हैं। इसी प्रकार, चींटियाँ अपने समाज को मनुष्यों की अपेक्षा कहीं अधिक कुशलतापूर्वक संगठित करती हैं। इस संदर्भ में रसल यह प्रश्न भी उठाते हैं कि क्या केवल पक्षियों तथा हिरणों से परिपूर्ण संसार हमारे उस संसार की अपेक्षा कहीं अधिक श्रेष्ठ नहीं होगा जो निर्दयता, अन्याय और युद्ध से भरा हुआ है। वस्तुतः यह प्रश्न उठाकर वे अपने इस मत को प्रमाणित करना चाहते हैं कि इस संसार में मनुष्य सर्वोत्तम प्राणी नहीं है जैसा कि ईश्वरवादी विचारक दावा करते हैं। कुछ अनुकूल प्राकृतिक परिस्थितियों के परिणामस्वरूप आकस्मिक रूप से उत्पन्न होने के कारण वह सद्गुणों तथा दुर्गुणों का मिश्रण मात्र है जो उसकी उत्पत्ति को देखते हुए स्वाभाविक ही प्रतीत होता है। ऐसी स्थिति में मनुष्य को संपूर्ण ब्रह्माण्ड का सर्वोत्तम प्राणी मानकर उसी की उत्पत्ति को ईश्वर का प्रयोजन घोषित करना निश्चय ही अनुचित और अयुक्तिसंगत है।[151] इस प्रकार प्रयोजनपरक युक्ति के विषय में रसल का अंतिम निष्कर्ष यही है कि यह युक्ति भी ईश्वर की सत्ता को प्रमाणित करने में असमर्थ है।

उपर्युक्त दोनों परंपरागत युक्तियों की भाँति ईश्वर के अस्तित्व के समर्थन में दी गई नीतिपरक युक्ति का भी रसल ने खंडन किया है। इस युक्ति के संबंध में उनका कथन है कि इसके प्रमुख प्रणेता कान्ट हैं और इसे अनेक रूपों में प्रस्तुत किया जाता है। इसका एक रूप यह है कि नैतिकता का एकमात्र मूल आधार ईश्वर है और यदि उसके अस्तित्व को स्वीकार न किया जाए तो उचित-अनुचित तथा शुभ-अशुभ का कोई अर्थ नहीं रह जाएगा। नीतिपरक युक्ति के इस धार्मिक रूप के विरुद्ध रसल ने यह तर्क दिया है कि यदि ईश्वर को शुभ माना जाता है जैसा कि ईश्वरवादी विचारक दावा करते हैं तो 'शुभ', 'उचित' आदि नैतिक शब्दों के अर्थ को ईश्वर से स्वतंत्र मानना अनिवार्य है। इसका कारण यह है कि ईश्वर के आदेशों को अशुभ न मानकर शुभ ही माना जाता है और यह बात इस तथ्य पर निर्भर नहीं हो सकती कि ये आदेश स्वयं ईश्वर ने दिए हैं। वस्तुतः जब तक हम 'शुभ', 'अशुभ' आदि नैतिक शब्दों का अर्थ नहीं जानते तब तक हम ईश्वर और उसके आदेशों को सार्थकतापूर्वक शुभ नहीं कह सकते। इससे यही सिद्ध होता है कि नैतिकता और नैतिक शब्दों का अर्थ ईश्वर के अस्तित्व पर निर्भर न होकर इससे पूर्णतः स्वतंत्र है। यहाँ यह उल्लेखनीय है कि नीतिपरक युक्ति को विशेष महत्त्व देते हुए भी कान्ट उसके इस धार्मिक रूप को स्वीकार नहीं करते, क्योंकि वे नैतिकता को ईश्वर पर आधारित नहीं मानते।

रसल के अनुसार, नीतिपरक युक्ति का दूसरा रूप न्याय से संबंधित है। यह कहा जाता है कि मनुष्यों को उनके शुभ-अशुभ कर्मों के आधार पर न्याय दिलाने के लिए ईश्वर के अस्तित्व को स्वीकार करना आवश्यक है। इस युक्ति के समर्थक यह कहते

151. देखिए, बरट्रेन्ड रसल, 'रिलिजन ऐंड साइंस', पृ. 215-218, 221-222.

हैं कि यदि संपूर्ण विश्व में न्याय की स्थापना करनी है तो मनुष्यों के साथ इस पृथ्वी पर होनेवाले अन्याय का प्रतिकार करने के लिए हमें मरणोत्तर जीवन तथा स्वर्ग एवं नरक में भी विश्वास करना होगा और ऐसे ईश्वर की सत्ता को भी मानना पड़ेगा जो सबको समुचित न्याय प्रदान कर सके। ईश्वरवादी विचारकों की इस युक्ति के विषय में रसल का कथन है कि यह बहुत ही विचित्र युक्ति है। नीतिपरक युक्ति के इस दूसरे रूप के विरुद्ध अपना तर्क प्रस्तुत करते हुए उन्होंने लिखा है : "यदि आप इस विषय पर वैज्ञानिक दृष्टि से विचार करें तो आप कहेंगे : 'आख़िर मैं तो केवल इसी संसार को जानता हूँ। मैं ब्रह्माण्ड के शेष भाग को नहीं जानता। परंतु जहाँ तक मनुष्य संभावनाओं के आधार पर तर्क कर सकता है, वह यही कहेगा कि संभवतः यह संसार एक अच्छा नमूना या उदाहरण है; और यदि यहाँ अन्याय होता है तो संभावना यही है कि अन्य स्थानों पर भी अन्याय होगा। . . . इसलिए जहाँ तक इस तर्क का संबंध है, यह ईश्वर के विरुद्ध नैतिक युक्ति प्रस्तुत करता है, उसके समर्थन में नहीं।"[152] इस प्रकार रसल नीतिपरक युक्ति के इस दूसरे रूप को भी अविश्वसनीय तथा असंतोषप्रद मानते हैं।

उपर्युक्त दो रूपों के अतिरिक्त ईश्वर के अस्तित्व पर रसल के साथ हुए वाद-विवाद में एफ.सी. कॉपल्स्टन ने नीतिपरक युक्ति का एक अन्य रूप भी प्रस्तुत किया है जो संक्षेप में इस प्रकार है। कॉपल्स्टन का कथन है कि मनुष्य में नैतिक मूल्यों तथा कर्तव्यों की जो चेतना है उसकी उत्पत्ति की सर्वोत्तम व्याख्या ईश्वर के अस्तित्व से संबंधित प्राक्कल्पना के आधार पर ही की जा सकती है, क्योंकि स्वयं ईश्वर ही इनकी उत्पत्ति का मूल कारण है। विश्व में विद्यमान नैतिक व्यवस्था को भी केवल ईश्वर के माध्यम से समझा जा सकता है जिसने यह व्यवस्था स्थापित की है। मनुष्य के विशेष नैतिक अनुभव की समुचित व्याख्या भी ईश्वर के माध्यम से ही की जा सकती है जिसने उसमें यह अनुभव उत्पन्न किया है। परंतु रसल नीतिपरक युक्ति के इस रूप का भी तर्कतः खंडन करते हैं। इसके विरुद्ध उनका कथन है कि नैतिक मूल्यों तथा कर्तव्यों से संबंधित मनुष्य की चेतना का मूल आधार ईश्वर नहीं, अपितु मानव-समाज है जो शिक्षा के माध्यम से प्रत्येक व्यक्ति में यह चेतना उत्पन्न करता है। बाल्यकाल में परिवार और शिक्षकों द्वारा व्यक्ति को जो नैतिक शिक्षा दी जाती है वही इस चेतना का मूल स्रोत है। यदि इस नैतिक चेतना को ईश्वर पर निर्भर मान लिया जाए तो हमें यह स्वीकार करना पड़ेगा कि ईश्वर कुछ क्रूर मनुष्यों को अत्यंत निंदनीय अनैतिक कर्म करने की शिक्षा देता है। मानव-जाति के इतिहास का अध्ययन करने से यह ज्ञात होता है कि बहुत-से मनुष्य ऐसे कर्मों को अपना कर्तव्य मानते रहे हैं जो नैतिक दृष्टि से पूर्णतः अनुचित एवं घृणास्पद थे और इसलिए जिनका हमारी नैतिक चेतना कभी समर्थन नहीं कर सकती। इन सभी तथ्यों से यह प्रमाणित होता है कि मनुष्य में मूल्यों तथा कर्तव्यों की जो नैतिक चेतना है उसकी उत्पत्ति की व्याख्या मानवीय सामाजिक जीवन के आधार पर ही की जा सकती है, ईश्वर के आधार पर नहीं।[153] इस प्रकार

152. बरट्रेन्ड रसल, 'व्हाई आइ ऐम नॉट ए क्रिश्चियन', पृ. 8-9.

153. देखिए, वही पुस्तक, पृ. 163-164, 168.

नीतिपरक युक्ति के विषय में रसल का अंतिम निष्कर्ष यही है कि अन्य दो युक्तियों की भाँति यह युक्ति भी ईश्वर के अस्तित्व को प्रमाणित करने में सफल नहीं हो पाती।

उपर्युक्त परंपरागत युक्तियों के अतिरिक्त रसल ने ईश्वर की सत्ता के समर्थन में दी जानेवाली एक अन्य युक्ति का भी खंडन किया है जिसे वे 'प्राकृतिक नियम संबंधी युक्ति' कहते हैं। इस युक्ति की व्याख्या करते हुए उन्होंने कहा है कि लोग गुरुत्वाकर्षण जैसे प्राकृतिक नियमों के अनुसार ग्रहों को सूर्य की परिक्रमा करते हुए देखते हैं और इसलिए वे यह सोचते हैं कि ईश्वर ने ही इन नियमों का निर्माण किया है जिसके आदेश पर ये नियमित रूप से कार्य करते हैं। अपनी इस मान्यता के आधार पर वे यह निष्कर्ष निकालते हैं कि प्राकृतिक नियमों के निर्माता के रूप में ईश्वर का अस्तित्व है। इस युक्ति के विरुद्ध रसल का मुख्य तर्क यह है कि वस्तुतः यह युक्ति प्राकृतिक नियमों और मानव-निर्मित कानूनों में विद्यमान मूल अंतर को भली-भाँति न समझने के कारण प्रस्तुत की जाती है। मनुष्य द्वारा निर्मित कानून वे आदेश हैं जो आपको यह बताते हैं कि आप किस प्रकार आचरण करें और इन कानूनों का पालन करने या न करने के संबंध में आप स्वतंत्रतापूर्वक चुनाव कर सकते हैं। परंतु प्राकृतिक नियम वे नियम हैं जो हमें यह सूचित करते हैं कि घटनाएँ वास्तव में कैसे घटित होती हैं। ऐसी स्थिति में आप यह नहीं कह सकते कि इन प्राकृतिक नियमों का कोई निर्माता है जिसने इन्हें विशेष प्रकार से कार्य करने का आदेश दिया है। फिर यदि यह मान भी लिया जाए कि ईश्वर ने प्राकृतिक नियमों का निर्माण किया है तो यह प्रश्न उठता है कि उसने अन्य नियमों के स्थान पर केवल इन्हीं नियमों का निर्माण क्यों किया है। इस प्रश्न के उत्तर में यदि आप यह कहते हैं कि ईश्वर ने बिना किसी कारण के मनमाने ढंग से इन नियमों का निर्माण किया है तो इसका अर्थ यह है कि कोई वस्तु ऐसी है जो किसी नियम के अधीन नहीं है और तब आप प्राकृतिक नियमों को अनिवार्य नहीं मान सकते। इसके विपरीत उपर्युक्त प्रश्न के उत्तर में यदि आप यह कहते हैं कि ईश्वर ने किसी विशेष कारण से बाध्य या प्रेरित होकर प्राकृतिक नियमों का निर्माण किया है तो इसका अर्थ यह है कि ईश्वर स्वयं भी किसी नियम के अधीन है और तब उसे प्राकृतिक नियमों का निर्माता कहने से आपको कोई लाभ नहीं होता। इस प्रकार प्राकृतिक नियम संबंधी युक्ति के विषय में भी रसल का निष्कर्ष यही है कि अन्य युक्तियों की भाँति इस युक्ति द्वारा भी ईश्वर के अस्तित्व को प्रमाणित नहीं किया जा सकता।[154]

ईश्वर की सत्ता के समर्थन में दी गई उपर्युक्त सभी युक्तियों का खंडन करने के पश्चात रसल स्पष्ट रूप से अपना यह मत प्रस्तुत करते हैं कि उसके अस्तित्व को स्वीकार करने के लिए हमारे पास कोई तर्कसंगत एवं बौद्धिक आधार नहीं है। इसका अर्थ यह है कि दार्शनिक तथा वैज्ञानिक दृष्टि से ईश्वर के अस्तित्व को प्रमाणित करना असंभव है। रसल के मतानुसार, ठीक यही बात आत्मा की सत्ता और अमरता के विषय में भी कही जा सकती है। वस्तुतः ईश्वर और आत्मा इन दोनों से संबंधित

154. देखिए, वही पुस्तक, पृ. 4-6.

धार्मिक विश्वासों को बौद्धिक तर्कों द्वारा सत्य सिद्ध नहीं किया जा सकता। अपने इसी मत की व्याख्या करते हुए रसल कहते हैं : "विज्ञान ईश्वर और आत्मा का समर्थन नहीं करता जो ईसाई धर्म के आधारभूत सिद्धांत हैं। यह नहीं कहा जा सकता कि इनमें से कोई भी सिद्धांत धर्म के लिए अनिवार्य है, क्योंकि बौद्ध धर्म में इनमें से कोई भी सिद्धांत नहीं पाया जाता। . . . परंतु पाश्चात्य जगत् में हम लोग इन्हें धर्म के लिए कम-से-कम अनिवार्य शर्तें मानने लगे हैं। निस्संदेह लोग इन विश्वासों को स्वीकार करते रहेंगे, क्योंकि ये उसी प्रकार सुखद हैं जिस प्रकार हमारे लिए अपने आप को सज्जन और अपने शत्रुओं को दुष्ट समझना सुखद होता है। परंतु जहाँ तक मेरा संबंध है, मैं इनमें से किसी सिद्धांत के लिए कोई आधार नहीं देख पाता। मैं यह प्रमाणित करने का दावा नहीं कर सकता कि ईश्वर नहीं है। इसी प्रकार, मैं यह भी प्रमाणित नहीं कर सकता कि शैतान एक कल्पना है। . . . ये संभावित ज्ञान के क्षेत्र से भी बाहर हैं, और इसलिए इनमें से किसी पर भी विचार करने का कोई कारण नहीं है।"[155]

इस प्रकार रसल के विचार में ईश्वर तथा आत्मा से संबंधित दोनों धार्मिक विश्वास बौद्धिक दृष्टि से निराधार हैं। आत्मा संबंधी विश्वास के विरुद्ध उनका प्रमुख तर्क यह है कि हमारे शरीर में ऐसी कोई वस्तु नहीं है जो शरीर के नष्ट हो जाने के पश्चात भी बनी रहती है। वस्तुतः आत्मा का संबंध स्मृति, विचार, कल्पना आदि मानसिक क्रियाओं के साथ जोड़ा जाता है किंतु शरीर-विज्ञान ने अब यह प्रमाणित कर दिया है कि ये समस्त क्रियाएँ मूलतः हमारे मस्तिष्क पर ही निर्भर हैं। ऐसी स्थिति में मृत्यु के पश्चात जब मस्तिष्क नष्ट हो जाता है तो हमारा मानसिक जीवन भी समाप्त हो जाता है जिसे कुछ दार्शनिक आत्मा के अस्तित्व का प्रमाण मानते हैं। रसल का कथन है कि आत्मा की सत्ता और अमरता का विचार मनुष्य के मन में विद्यमान मृत्यु के भय से उत्पन्न हुआ है। यदि हम अपनी अनिवार्य मृत्यु के कारण अत्यधिक भयभीत न रहते तो हम उसके पश्चात आत्मा के रूप में सदा अमर रहने की भी कल्पना न करते। इस प्रकार रसल के अनुसार, ईश्वर विषयक विश्वास की भाँति मृत्यु के भय से उत्पन्न आत्मा की अमरता संबंधी विश्वास का भी कोई तर्कसंगत और वैज्ञानिक आधार नहीं है।[156]

यहाँ यह प्रश्न उठाया जा सकता है कि लोग ईश्वर के अस्तित्व में विश्वास क्यों करते हैं। रसल ने इस महत्त्वपूर्ण प्रश्न पर विचार किया है और इसका स्पष्ट रूप से उत्तर भी दिया है। उनका कथन है कि वास्तव में लोग तर्कों या प्रमाणों से संबंधित बौद्धिक आधार पर ईश्वर के अस्तित्व में विश्वास नहीं करते; इसके विपरीत शैशव-काल से ही उन्हें ईश्वर की सत्ता को स्वीकार करने के लिए प्रोत्साहित किया जाता है। अधिकतर परिवारों में बच्चों को प्रायः प्रारंभ से ही यह बताया जाता है कि ईश्वर, सर्वज्ञ, सर्वशक्तिमान, सर्वव्यापक तथा अत्यंत दयालु है और उसी ने इस संसार की

155. वही पुस्तक, पृ. 39-40.

156. देखिए, वही पुस्तक, पृ. 40-42.

रचना क़ी है। इसके अतिरिक्त लोग अपनी सुरक्षा के लिए भी ईश्वर का सहारा खोजते हैं, और विशेषतः संकट-काल में उससे सहायता की याचना करते हैं। ऐसा करने से उन्हें मानसिक सांत्वना प्राप्त होती है–फिर चाहे यह सांत्वना काल्पनिक और मिथ्या की क्यों न हो। ईश्वर विषयक विश्वास से संबंधित इन्हीं सामाजिक तथा मनोवैज्ञानिक कारणों को स्पष्ट करते हुए रसल ने लिखा है : "वस्तुतः जो बात लोगों को ईश्वर में विश्वास करने के लिए प्रेरित करती है वह कोई बौद्धिक युक्ति बिल्कुल नहीं है। अधिकतर लोग ईश्वर में विश्वास करते हैं, क्योंकि उन्हें शैशव-काल से ही ऐसा करने की शिक्षा दी गई है, और यही मुख्य कारण है। फिर मेरा विचार है कि दूसरा सर्वाधिक प्रबल कारण है सुरक्षा की इच्छा–इस प्रकार की भावना कि कोई बड़ा भाई है जो आपकी देखभाल करेगा। यह भावना ईश्वर में विश्वास करने के लिए लोगों की इच्छा को प्रभावित करने में बहुत गहरी भूमिका निभाती है।"[157] इस प्रकार रसल का स्पष्ट तथा निश्चित मत है कि ईश्वर विषयक विश्वास का आधार बौद्धिक न होकर सामाजिक अथवा मनोवैज्ञानिक है, अतः इसे मूलतः अबौद्धिक विश्वास ही कहा जा सकता है।

रसल के विचार में ईश्वर संबंधी विश्वास के अबौद्धिक होने का एक प्रबल प्रमाण यह भी है कि ईश्वर की सत्ता को स्वीकार करनेवाले व्यक्ति संसार से संबंधित कुछ महत्त्वपूर्ण तथ्यों की उपेक्षा करते हैं। दुःख तथा दुर्गुण के रूप में सर्वत्र विद्यमान अशुभ या बुराई का अस्तित्व एक ऐसा ही तथ्य है जो ईश्वरवाद के लिए 'अशुभ की समस्या' को जन्म देता है। जैसा कि हम पिछले अध्यायों में अनेक बार बता चुके हैं, यह समस्या ईश्वरवाद के विरुद्ध एक गंभीर चुनौती है जिसका ईश्वरवादी विचारक अभी तक कोई तर्कसंगत और संतोषप्रद उत्तर नहीं दे सके। अन्य निरीश्वरवादी दार्शनिकों की भाँति रसल ने भी 'अशुभ की समस्या' के आधार पर विश्व के रचयिता के रूप में सर्वज्ञ तथा सर्वशक्तिमान ईश्वर के अस्तित्व का खंडन किया है। उनका कथन है कि संसार में जो दुःख सर्वत्र व्याप्त है उसका अंतिम उत्तरदायित्व इसके रचयिता, ईश्वर पर ही है, क्योंकि यदि वह चाहता तो सर्वज्ञ और सर्वशक्तिमान होने के कारण इस दुःख का निराकरण कर सकता था। इस समस्या का समाधान यह तर्क देकर नहीं किया जा सकता कि प्राणियों के लिए सुखद तथा दुःखद परिणाम प्राकृतिक नियमों के फलस्वरूप उत्पन्न होते हैं जो सबके लिए समान रूप से अनिवार्य हैं। इस तर्क के विरुद्ध यह कहा जा सकता है कि सर्वशक्तिमान ईश्वर इन प्राकृतिक नियमों में यथोचित परिवर्तन कर सकता था, क्योंकि ईश्वरवादी दार्शनिकों के अनुसार स्वयं उसी ने इन नियमों का निर्माण किया है। इन दार्शनिकों के इस तर्क का खंडन करते हुए रसल यह भी कहते हैं कि जिस संसार में इतना अधिक अशुभ विद्यमान है उसका रचयिता, ईश्वर भी कम-से-कम अंशतः अवश्य ही अशुभ होगा।[158] उनका यह कथन ईश्वरवादी दार्शनिकों की इस मान्यता के विरुद्ध खुली चुनौती प्रस्तुत करता है कि ईश्वर पूर्णतः शुभ और अत्यंत दयालु है।

157. वही पुस्तक, पृ. 9.

158. देखिए, बरट्रेन्ड रसल, 'रिलिजन ऐंड साइंस', पृ. 194.

कुछ ईश्वरवादी विचारकों ने संसार में विद्यमान अशुभ के लिए ईश्वर के स्थान पर मनुष्य को ही उत्तरदायी माना है, क्योंकि उनके अनुसार ईश्वर ने मनुष्य को संकल्प की स्वतंत्रता प्रदान की है जिसका दुरुपयोग करके उसने स्वयं अपने दुष्कर्मों द्वारा दुःख उत्पन्न किया है। इसे ही 'संकल्प-स्वातंत्र्य संबंधी तर्क' कहा जाता है। परंतु रसल इन विचारकों के इस तर्क को पूर्णतः अस्वीकार करते हैं। इसके विरुद्ध उनकी प्रथम आपत्ति यह है कि यदि इसे मान लिया जाए तो भी इसके द्वारा अशुभ की समस्या का पूर्ण रूप से समाधान नहीं होता। इसका कारण यह है कि संसार में सभी प्रकार का दुःख केवल मनुष्य के पाप या दुष्कर्मों द्वारा उत्पन्न नहीं होता; भयंकर रोगों तथा प्राकृतिक आपदाओं के फलस्वरूप भी सभी प्राणियों के लिए व्यापक रूप से दुःख की उत्पत्ति होती है जिसके लिए मनुष्य उत्तरदायी नहीं है। ऐसे दुःख का उत्तरदायित्व निश्चय ही स्वयं ईश्वर पर है।

उपर्युक्त तर्क के विरुद्ध रसल की दूसरी मुख्य आपत्ति यह है कि दुःख सहनेवाले सभी मनुष्य अपने दुष्कर्मों अथवा पाप के कारण दुःख नहीं भोगते। अपनी इस आपत्ति को स्पष्ट करने के लिए उन्होंने उन छोटे बच्चों का उदाहरण दिया है जिन्होंने कोई पाप नहीं किया है किंतु फिर भी जिन्हें भयंकर रोगों के कारण असह्य दुःख भोगना पड़ता है। रसल के अनुसार, उनकी इस आपत्ति के उत्तर में कुछ धर्मपरायण ईश्वरवादी व्यक्ति यह कहते हैं कि यद्यपि स्वयं इन बच्चों ने कोई पाप नहीं किया है, फिर भी वे दुःख के अधिकारी हैं, क्योंकि उनके माता-पिता ने अवश्य पाप किया है। इस तर्क का खंडन करते हुए रसल ने कहा है कि यदि न्याय के विषय में ईश्वर की यही अवधारणा है तो वे इससे असहमत हैं और इसके विरुद्ध न्याय संबंधी अपनी अवधारणा को इसकी अपेक्षा कहीं अधिक उचित एवं तर्कसंगत मानते हैं। उनका यह कथन निश्चय ही उचित है और इसका प्रमाण यह है कि मानव-निर्मित कानून भी न्याय की उस अवधारणा का समर्थन नहीं करता जिसके अनुसार एक व्यक्ति के दुष्कर्मों का दंड दूसरे व्यक्ति को दिया जाता है।

संसार में विद्यमान अशुभ या बुराई के लिए मनुष्य को उत्तरदायी मानने के संबंध में ईश्वरवादी दार्शनिकों के उपर्युक्त तर्क के विरुद्ध रसल की अंतिम आपत्ति यह है कि जिस संसार में हम रहते हैं उसकी रचना यदि ईश्वर की योजना के अनुसार हुई है तो हमें घोर अत्याचारी तथा क्रूर नीरो को ईश्वर की तुलना में संत ही मानना पड़ेगा। उनके इस कथन का तात्पर्य यही है कि जिस ईश्वर को पूर्णतः शुभ तथा अत्यंत करुणामय कहा जाता है वास्तव में उसकी निर्दयता की कोई सीमा नहीं है। परंतु रसल का मत है कि सौभाग्यवश ईश्वर के प्रति हमारा यह रोष निरर्थक है, क्योंकि इस बात का कोई प्रमाण नहीं है कि उसका अस्तित्व है और यह संसार उसकी रचना है। वस्तुतः ऐसा प्रमाण न होने के कारण हम ईश्वर के प्रति उस अनावश्यक तथा निरर्थक घृणा से बच जाते हैं जो उसका अस्तित्व सिद्ध होने पर किसी भी साहसी और दयालु मनुष्य के मन में स्वभावतः उत्पन्न हो सकती है।[159] इस प्रकार अन्य निरीश्वरवादी विचारकों के समान रसल ने भी अपने इन सभी तर्कों द्वारा यह

159. देखिए, बरट्रेन्ड रसल, 'दि साइंटिफ़िक आउटलुक', पृ. 135-136.

प्रमाणित किया है कि संसार में सर्वत्र व्याप्त दुःख एवं दुर्गुण के रूप में अशुभ या बुराई के आधार पर उसके रचयिता, सर्वज्ञ और सर्वशक्तिमान ईश्वर के अस्तित्व का खंडन होता है।

रसल तथा अन्य निरीश्वरवादी दार्शनिकों के उपर्युक्त ईश्वर-रहित जीवन-दर्शन के विरुद्ध प्रायः यह आपत्ति उठाई जाती है कि उनका यह दर्शन मनुष्य को कोई सहारा अथवा सांत्वना प्रदान नहीं करता। यह दर्शन उसे संसार में अपनी समस्याओं का समाधान करने के लिए बिल्कुल अकेला और असहाय छोड़ देता है। ईश्वरवादी व्यक्तियों की इस आपत्ति पर रसल ने स्वयं विचार किया है और वे इसे स्पष्ट रूप से स्वीकार करते हैं। इसके संबंध में उनका कथन है कि मनुष्य का विकास और उत्थान तभी संभव है जब वह तथ्यों को स्वीकार करके साहसपूर्वक उनका सामना करना सीख ले–फिर ये तथ्य चाहे कितने ही कठोर तथा अप्रिय क्यों न हों। मनुष्य को यह भली-भाँति समझ लेना होगा कि प्रकृति उसके सुख और दुःख दोनों के प्रति पूर्णतः उदासीन है। विश्व में घटित होनेवाली समस्त घटनाएँ अनिवार्य प्राकृतिक नियमों द्वारा ही शासित होती हैं जिनका मनुष्य के सुख-दुःख से कोई संबंध नहीं है। यह समझना उसका बहुत बड़ा भ्रम है कि प्रकृति में कुछ घटनाएँ उसे सुख प्रदान करने के लिए घटित होती हैं और कुछ दुःख देने के लिए। प्रकृति के विषय में मनुष्य का यह विचार इस विशाल ब्रह्माण्ड में अपने आप को अनुचित एवं अनावश्यक महत्त्व देने के अतिरिक्त और कुछ नहीं है। इसके विपरीत वास्तविकता यह है कि इतने बड़े ब्रह्माण्ड तथा अनंत दिक्-काल में मनुष्य की स्थिति बहुत तुच्छ एवं नगण्य है और उसका जीवन भी क्षणिक है।

रसल का मत है कि यदि मनुष्य उपर्युक्त कठोर वास्तविकता को समझ ले तो वह संसार में उन्नति कर सकता है और अपने जीवन में आनंद भी प्राप्त कर सकता है। तब वह अपनी सभी क्षमताओं अथवा शक्तियों का समुचित उपयोग करते हुए उन समस्त समस्याओं का समाधान करने के लिए स्वयं प्रयास कर सकता है जिनका सामना उसे करना पड़ता है। ऐसी स्थिति में मनुष्य को ईश्वर या किसी अन्य काल्पनिक सत्ता पर आश्रित रहने और अपनी असफलताओं के लिए ऐसी सत्ता के प्रति निरर्थक शिकायत करके अपना समय नष्ट करने की आवश्यकता नहीं पड़ेगी। इसका कारण यह है कि तब उसका जीवन कठोर वास्तविकता द्वारा शासित होगा और वह केवल उन्हीं वस्तुओं को प्राप्त करने का प्रयास करेगा जिन्हें प्राप्त करना उसके लिए संभव है। वह मिथ्या मृग-तृष्णाओं तथा परलोक या स्वर्ग के काल्पनिक सुखों के पीछे भागकर अपना समय और अपनी शक्ति नष्ट नहीं करेगा।

रसल के विचार में अपने जीवन से संबंधित कठोर सत्यों एवं वास्तविकताओं को जानने और साहसपूर्वक उनका सामना करने के अतिरिक्त मनुष्य की प्रगति के लिए अन्य कोई मार्ग नहीं है। अपने इसी यथार्थवादी जीवन-दर्शन की व्याख्या करते हुए उन्होंने लिखा है : "मैं यह विश्वास नहीं कर सकता कि किसी अप्रिय वस्तु के समर्थन में विद्यमान प्रमाण का सामना करने से इन्कार करने के लिए कभी कोई अच्छा बहाना हो सकता है। मानव-जाति सुदृढ़ साहस द्वारा केवल सत्य का अनुसरण करके ही

समृद्ध हो सकती है, किसी भ्रांति द्वारा नहीं–फिर यह भ्रांति चाहे कितनी ही महान क्यों न हो।"[160] रसल के इन विचारों से यह स्पष्ट है कि मार्क्स तथा फ्रायड की भाँति वे भी मनुष्य को काल्पनिक ईश्वर संबंधी विश्वास के परिणामस्वरूप प्राप्त होनेवाली मिथ्या सांत्वना से मुक्त करके उसे आत्म-निर्भर बनने और जीवन की कठोर वास्तविकताओं का साहसपूर्वक सामना करने के लिए प्रोत्साहित करते हैं। वस्तुतः यह कहना अनुचित न होगा कि इन महान विचारकों के निरीश्वरवादी यथार्थ जीवन-दर्शन का निष्ठापूर्वक अनुसरण करना ही मानव-जाति के सर्वांगीण विकास एवं उत्थान का एकमात्र तर्कसंगत मार्ग है। संपूर्ण भारतीय तथा पाश्चात्य निरीश्वरवादी दर्शन का यही मूल संदेश है जिसे शताब्दियों पूर्व महात्मा गौतम बुद्ध ने 'आत्म-दीपो भव' कहकर मानव-जाति के समक्ष प्रस्तुत किया था। प्रश्न यह है कि क्या मनुष्य इस महान जीवन-दर्शन के अनुरूप आचरण कर सकेगा।

160. बरट्रेन्ड रसल, 'फ़ैक्ट ऐंड फ़िक्शन', पृ. 46.

पारिभाषिक हिंदी शब्दों के अंग्रेज़ी पर्याय

'अ'

अंतः प्रज्ञा–Intuition
अंतर्निहित–Immanent
अंतर्मुखी–Introvert
अंतर्वर्ती–Immanent
अंतर्वेशन–Interpolation
अंतिम–Ultimate
अचेतन–Unconscious
अज्ञेयवाद–Agnosticism
अज्ञेयवादी–Agnostic
अति प्राकृतिक–Super natural
अति मानवीय–Super human
अतींद्रिय–Extra Sensory, transcendent
अतींद्रिय दृष्टि–Clairvoyance
अतींद्रिय श्रवण–Clair-audience
अधि धर्मशास्त्र–Meta-theology
अधि धर्मशास्त्रीय–Meta-theological
अधि नीतिशास्त्र–Meta-ethics
अध्यात्मवाद–Spiritualism
अनुकूलन–Adaptation
अननुमोदन–Disapproval
अनन्यता–Identity
अनवस्था–Regress
अनस्तित्व–Non existence
अनियमितता–Irregularity
अनिवार्य–Necessary
अनिवार्यता–Necessity
अनुभव–Experience
अनुभवातीत–Transcendent
अनुभवात्मक–Empirical
अनुमोदन–Approval
अनेकार्थकता का सिद्धांत–Pluralist theory of meaning
अनेकेश्वरवाद–Polytheism
अपराध बोध–Guilt feeling
अपरिमित–Infinite
अपरोक्ष–Direct
अबोधगम्य–Unintelligible
अभिवृत्ति–Attitude
अमरता–Immortality
अमानवत्वारोपी–Non-anthropomorphic
अमिथ्यापनीय–Unfalsifiable
अलगाव–Alienation
अवधारणा–Concept
अवर्णनीय–Inexpressible
अशुभ–Evil
असंगति–Inconsistency
असंज्ञानात्मक–Non-cognitive

असत्यापनीय–Unverifiable
असममित–Asymmetrical
अस्तित्व–Existence
असीमित–Infinite

'आ'

आकस्मिक–Contingent
आकस्मिकता–Contingency
आकारिक–Formal
आख्यान–Story
आगमनात्मक–Inductive
आचरण नीति–Policy of action
आत्मा–Self, Soul
आत्मनिरीक्षण–Introspcction
आत्मनिष्ठ–Subjective
आदिम जाति–Tribe
आदेश–Command
आधिकारिक–Authoritative
आधिकारिकता–Authoritativeness
आनुवंशिकता–Heredity
आपातिक–Contingent
आप्त वचन–Authority
आप्त वाक्य–Authority
आस्था–Faith

'इ'

इंद्रियजन्य अनुभव–Sense experience
इंद्रिय संवेदन–Sensation
इच्छापूर्ति–Wishfulfilment
इहलौकिक–Secular
इहलोकवाद–Secularism

'ई'

ईश्वरवाद–Theism
ईश्वरवादी–Theist

'उ'

उदात्तीकरण–Sublimation
उद्देश्य–Subject, Purpose
उपयोग–Use
उपयोग सिद्धांत–Use-theory
उपादान कारण–Material Cause

'ए'

एकतत्त्ववाद–Monism
एकता–Unity
एकरूपता–Uniformity
एकेश्वरवाद–Monotheism

'ऐ'

ऐच्छिक–Voluntary

'क'

कथन–Statement
कसौटी–Criterion
कल्याण–Well-being
कारण-कार्य का सिद्धांत–Law of Causation
कारणता–Causality
कारणपरक–Causal
कारणमूलक–Causal
काल–Time
क्षणिकता–Transiency

'ग'

गति–Motion
गुण–Attribute, quality
गुरुत्वाकर्षण–Gravitation

'च'

चिंता–Concern
चमत्कार–Miracle
चेतना–Consciousness

'छ'

छद्म-कथन–Psuedo-statement

'ज'

जनजाति–Tribe
जनजातीय–Tribal
जीवन पद्धति–Way of life
जीवविज्ञान–Biology
जीवशास्त्र–Biology
जैविक–Biological
ज्ञानमीमांसा–Epistemology
ज्ञानमीमांसात्मक–Epistemological

ज्ञानात्मकता–Neotic quality

'ट'

टोटेमवाद–Totemism

'त'

तटस्थेश्वरवाद–Deism
तत्त्वमीमांसा–Metaphysics
तत्त्वमीमांसीय–Metaphysical
तथ्य–Fact
तथ्यपरक–Factual
तथ्यात्मक–Factual
तर्कना–Reasoning
तर्कबुद्धि–Reason
तर्कशास्त्र–Logic
तर्कसंगत–Rational
तादात्म्य–Identity
तार्किक–Logical
तर्कीय–Logical

'द'

दमन–Repression
दिक्–Space
दिव्यतत्त्व–Numinous
दिव्यानुभूति–Numinous feeling
दृष्टांत कथा–Parable
दैववाद–Fatalism
दैवी प्रकाशना–Revelation
दोष–Fallacy
द्रव्य–Substance
द्वंद्वात्मक–Dialectical

'ध'

धर्मदर्शन–Philosophy of Religion
धर्मनिरपेक्ष–Secular
धर्मनिरपेक्षवाद–Secularism
धर्म-परिवर्तन–Conversion
धर्मशास्त्रज्ञ–Theologian
धर्मशास्त्र–Theology
धर्मशास्त्री–Theologian
धर्मशास्त्रीय–Theological
धर्मांतरण–Conversion
धार्मिक–Religious
ध्यान–Meditation

'न'

नकारात्मक–Negative
नित्य–Eternal
निमित्त कारण–Efficient cause
नियतत्त्ववाद–Determinism
नियतिवाद–Fatalism
नियामक–Normative
निरीश्वरवाद–Atheism, non-theism
निरीश्वरवादी–Non theist, Atheist
निरूपाधिक–Unconditioned
निर्गमन–Immanation
निर्बौद्धिक–Non-rational
निर्व्यक्तिकरण–Depersonalization
निश्चयात्मकता–Certainity
निष्क्रियता–Passivity
निष्ठा–Allegiance
नीतिपरक–Moral
नैतिक–Moral
नृविज्ञानी–Anthropologist
नृविज्ञान–Anthropology

'प'

पर-चित्त ज्ञान–Telepathy
परम–Ultimate
परमतत्त्व–Absolute
परा मनोविज्ञान–Para psychology
परामर्श–Advice
परामर्शात्मक–Prescriptive
परिचयात्मक ज्ञान–Knowledge by Acquaintance
परिभाषा–Definition
पर्यावरण–Environment, atmosphere
पलायनवाद–Escapism
पलायनवादी–Escapist
पवित्र–Sacred, Holy
पाप–Sin
पारलौकिक–Eschatological
पितृमनोग्रंथि–Oedipus Complex

पुद्‌गल–Matter
पुनरुक्ति–Tautology
पूजा–Worship
पूर्णतः–Conclusively
पूर्वज पूजा–Ancestor-worship
प्रकटन–Disclosure
प्रकृति-पूजा–Nature-Worship
प्रक्रिया–Process
प्रक्षेप, प्रक्षेपण–Projection
प्रणाली–Method
प्रतिकृति–Replica
प्रतिगमन–Regression
प्रतिज्ञप्ति–Proposition
प्रतिनिधि–Representative
प्रतिबद्धता–Commitment
प्रतिमान–Standard
प्रतिरूप–Model
प्रतीक–Symbol
प्रतीकात्मक–Symbolic
प्रत्यक्ष–Perception
प्रत्यक्षवाद–Positivism
प्रत्यय–Idea
प्रत्ययवाद–Idealism
प्रत्ययसत्ता युक्ति–Ontological Argument
प्रभावी–Persuasive
प्रमाण–Proof
प्रयोग–Experiment
प्रयोजन–Purpose
प्रयोजनकर्त्ता–Designer
प्रयोजनपरक–Teleological
प्रयोजनमूलक–Teleological
प्रयोजनवाद–Teleology
प्रसंभाव्य–Probable
प्राकृतिक–Natural
प्राकृतिक चुनाव–Natural Selection
प्राक्कल्पना–Hypothesis
प्रागनुभविक–A priori
प्रायिक–Probable
प्रायिकता–Probability
प्रार्थना–Prayer
प्रौद्योगिकी–Technology

'ब'

बहिर्मुखी–Extrovert
बहुतत्त्ववाद–Pluralism
बहुदेववाद–Polytheism
बोधगम्य–Intelligible
बोधगम्यता–Intelligibility
बौद्धिक–Rational
ब्रह्माण्ड–Universe

'भ'

भाषा के खेल–Language Games
भाषा विश्लेषण–Linguistic Analysis
भूगर्भशास्त्र–Geology
भौतिकवाद–Materialism
भौतिकी–Physics
भ्रम–Illusion

'म'

मन–Mind
मनस्–Mind
मनोविश्लेषणवाद–Psycho-Analysis
मरणोत्तर सत्यापन–Eschatological Verification
मातृमनोग्रंथि–Electra Complex
मानवतावाद–Humanism
मानवतावादी–Humanist
मानवत्वारोपी–Anthropomorphic
मानवशास्त्र–Anthropology
मानावाद–Manaism
मिथ्याकरण–Falsification
मिथ्यापनीय–Falsifiable
मिथ्यापनीयता–Falsifiability

'य'

युक्ति–Argument
युक्तिसंगत–Rational
योग्यतम की उत्तरजीविता–Survival of the fittest

'र'

रचनावाद–Creationism

रसायन विज्ञान–Chemistry
रहस्य–Mystery
रहस्यवाद–Mysticism
रहस्यवादी–Mystic
रहस्यात्मक–Mystical

'व'

वर्जना–Taboo
वर्णनात्मक ज्ञान–Knowledge by description
वस्तुगत–Objective
वस्तुनिष्ठ–Objective
वस्तुपरक–Objective
विकासवाद–Evolutionism
विधि–Method
विधेय–Predicate
विरोधाभास–Paradox
विश्लेषणात्मक–Analytic
विश्वास–Belief
विषय–Subject
वैराग्य–Detachment
व्यक्तिनिष्ठ–Subjective
व्यवस्था–Order
व्याघात–Contradiction

'श'

शाश्वत–Eternal
शुभत्व–Goodness
श्रुति–Revelation
श्रुतिमूलक–Reveled

'स'

संकल्पना–Conception
संकल्प-स्वातंत्र्य–Freedom of will
संगति–Consistency
संज्ञानात्मक–Congitive
संदर्भ–Context
संदेहवाद–Scepticism
संदेहवादी–Sceptic
संवाद सिद्धांत–Correspondence theory
संवेगवाद–Emotivism
संवेगवादी–Emotivist
संशयवाद–Scepticism
संश्लेषणात्मक–Synthetic
सकारात्मक–Positive
सत्ता–Existence, Reality
सत्यापन–Verification
सत्यापनीयता–Verifiability
सत्स्वरूप–Being Itself
समन्वय–Synthesis
सममित–Symmetrical
समरूपता का नियम–Law of Uniformity
समुदाय–Group
सर्वज्ञ–Omniscient
सर्वज्ञता–Omniscience
सर्वव्यापक–Omnipresent
सर्वव्यापकता–Omnipresence
सर्वशक्तिमान–Omnipotent
सर्वशक्तिमत्ता–Omnipotence
सर्वात्मवाद–Animism
सर्वेश्वरवाद–Pantheism
साक्षात–Direct
सादृश्य–Analogy
सादृश्यमूलक–Analogical
साम्यानुमान–Analogy
सायुज्य–Communion
सार्वजनीन–Universalizable
सार्वजनीनता–Universalizability
सार्वभौम–Universal
सृष्टिमूलक–Cosmological
सौंदर्यशास्त्र–Aesthetics
सौंदर्यात्मक–Aesthetic
स्तनपायी–Mammal
स्वतोव्याघात–Self Contradiction
स्वयंभू–Self Caused

'ह'

हित–Interest

www.ingramcontent.com/pod-product-compliance
Lightning Source LLC
LaVergne TN
LVHW010630051026
849532LV00001B/19
* 9 7 8 8 1 7 0 2 3 9 2 3 9 *